7판 ZEITHAML

서비스마케팅

SERVICES MARKETING:
INTEGRATING CUSTOMER FOCUS ACROSS THE FIRM

7판

ZEITHAML 서비스마케팅

Valarie A. Zeithaml, Mary Jo Bitner, Dwayne D. Gremler 지음

배일현 · 김원겸 · 윤호정 옮김 전인수 감수

McGraw Hill

교문사

Services Marketing, 7th Edition

1 2 3 4 5 6 7 8 9 10 GMP 20 22

Original: Services Marketing, 7th Edition © 2018
By Valarie A. Zeithaml, Mary Jo Bitner, Dwayne Gremler
ISBN 978-0-078-11210-2

This authorized Korean translation edition is jointly published by McGraw-Hill Education Korea, Ltd. and GYOMOON Publisher. This edition is authorized for sale in the Republic of Korea.

This book is exclusively distributed by GYOMOON Publisher.

When ordering this title, please use ISBN 978-89-3632-325-7

Printed in Korea

저자 소개

Mary Jo Bitner (left), Dwayne Gremler, and Valarie Zeithaml

Valarie A. Zeithaml *University of North Carolina-Chapel Hill*

Valarie A. Zeithaml(발레리 A. 자이타믈) 교수는 The Kenan-Flagler Business School of the University of North Carolina at Chapel Hill의 석좌교수(Van Pelt Professor)로 자타가 공인하는 서비스마케팅의 개척자이다. 그녀는 The Robert H. Smith School of Business at the University of Maryland에서 MBA와 박사 학위를 받은 후 지금까지 줄곧 서비스품질과 서비스경영을 연구하고 가르치는 데 전념해 왔다. 그녀는 『*Delivering Quality Service: Balancing Customer Perceptions and Expectations*』(1990)와 『*Driving Customer Equity: How Customer Lifetime Value Is Reshaping Corporate Strategy*』(2000)라는 탁월한 두 저서의 공동 저자이다. 앞의 책은 20판을 거듭하며 스테디셀러이고 2002년에는 뒤의 책인 『*Driving Customer Equity: How Customer Lifetime Value Is Reshaping Corporate Strategy*』로 지난 3년간 최고의 마케팅 서적에 수여하는 Berry-American Marketing Association에서 수여하는 첫 번째 수상자가 되기도 했다. 2014년에 그녀는 『*Profiting from Services and Solutions: What Product Companies Need to Know*』를 Mary Jo Bitner, Stephen Brown, and Jim Salas와 공동 출간했다.

2008년 미국마케팅협회(American Marketing Association)가 수여하는 Paul D. Converse 상을 수상했는데, 이 상은 4년마다 논문, 저술, 학술활동 등으로 마케팅 발전에 공헌한 한 명 이상의 학자에게 주어지는 올림픽 메달과 같은 상이다. 위와 같은 왕성한 학술활동은 이 책의 기본이 되는 갭모델을 만드는 데 촉매 역할을 했다. 그녀는 2009년에 마케팅 교육에 대한 리더십과 마케팅분야에 대한 광범위한 공헌을 인정받아 우수한 교육자에게 주는 *American Marketing Association/Irwin/McGraw-Hill Distinguished Marketing Educator* 상을 수상하기도 했다. 그녀는 현장, 산업 및 사회에 관한 연구의 광범위한 영향을 인정받아 2012년 Bullard Research Impact Award를 수상했으며 2015년에는 미국마케팅협회(American Marketing Association) 평생 펠로우로 지명되었다. Thomson Reuters의 2014년 발표목록은 그녀를 "2014 World's Most Influential Scientific Minds"에 포함시켰으며, 이는 지난 11년 동안의 인용 데이터를 분석하여 가장 영향력 있는 연구를 발표한 학자들을 선정한 결과이다.

Zeithaml 박사는 University of North Carolina의 Gerald Barrett 교수상과 Duke University의 Fuqua School Outstanding MBA 강의상을 포함하여 5개의 교육상을 수상했다. 그녀는 또한 Journal of Consumer Research의 Robert Ferber 소비자연구상을 포함하여 수많은 연구상을 수상했다. *Journal of Marketing*의 Harold H. Maynard 상, *Journal of Marketing*의 MSI Paul Root 상, *Journal of the Academy of Marketing Science*의 Jagdish Sheth 상, *Journal of Marketing Research*의 William F. O'Dell 상 등이 주요 수상 경력이다. 그녀는 60개 이상의 서비스 및 제품 기업을 컨설팅했다. Zeithaml 박사는 2000~2003년까지 미국마케팅협회(American Marketing Association) 이사, 2000~2006년까지 마케팅과학연구소의 학술 이사로 활동했다. 그녀는 2018년 현재 미국마케팅협회 이사회 의장이다.

Mary Jo Bitner *Arizona State University*

두 번째 저자인 Mary Jo Bitner(메리 조 비트너) 교수는 서비스리더십 센터(Center for Services Leadership)의 공동 센터장이며, Edward M. Carson 대표, 그리고 Arizona State University(ASU; 애리조나 주립대학교) W. P. Carey School of Business(경영대학원) 마케팅 전공 교수이다. Bitner 박사는 교수 및 연구자로서의 경력을 통해 전 세계적으로 인정받고 있으며, 특히 서비스마케팅 및 서비스경영 분야의 세계 최고의 학자 중 한 명으로 손꼽히고 있다. ASU에서 그녀는 서비스리더십센터를 설립했는데, 이 센터는 서비스마케팅 및 서비스경영의 요람으로 대학 최고의 연구센터로 인정받고 있다. 그녀는 이 분야에서 전문적인 리더십을 발휘했는데, 2011~2014년까지 미국마케팅협회 이사로 활동했으며 2013~2017년까지 Journal of Service Research의 편집장을 역임했다.

Bitner 박사는 마케팅 및 서비스리더십 분야를 특화하여 W. P. Carey 경영대학원의 전문적 과정 개발을 주도하며 ASU의 경영대학원 순위를 끌어올렸다. ASU의 W. P. Carey 경영대학원의 전문적인 학위과정은 20년 이상 지속되고 있는데, 졸업생들은 전 세계 유명기업에서 서비스 및 고객중심전략을 구현하는 데 중추적 역할을 하고 있다.

Bitner 박사는 교육과 연구분야에서의 공로를 인정받아 많은 상을 받았다. 미국마케팅협회(American Marketing Association)에서 수여하는 서비스 부문 공로상을 받았고, IBM의 지원을 받는 학자로 지명되기도 했다. 2013년에는 서비스 과학 분야에서의 평생 공로를 인정받아 ISSIP(International Society for Service Industry Professionals) 펠로우에 등록되었고, 2014년에는 미국마케팅관리협회(Marketing Management Association)로부터 마케팅 혁신가 상을 받기도 했다. 그녀는 ASU에서 W. P. Carey School of Business(경영대학원) 박사과정의 교육 우수상 및 최우수 교수상을 받았고, 중국 상하이 푸단 대학교에서 석좌교수로 재직하면서 ASU의 EMBA 프로그램을 수년간 담당했다.

Bitner 박사는 서비스를 통해 탁월함과 경쟁력을 추구하고자 하는 수많은 서비스 및 제조 기업을 교육하고 컨설팅했다. 그녀의 현재 연구는 재화중심기업의 서비스투입전략(service infusion strategies)과 서비스의 고객 만족도를 결정하는 데 있어서 기술 및 접점 직원의 전략적 역할에 관한 것이다. 2014년에 Bitner 박사는 공동 저자인 Valarie Zeithaml, Stephen Brown 및 Jim Salas와 함께 『*Profiting from Services and Solutions: What Product Companies Need to Know*』라는 거래지향(trade-oriented)적인 서적을 출간했다. 그녀는 서비스마케팅 및 서비스관리와 관련된 수많은 논문을 *Journal of Marketing, Journal of Service Research, Journal of Marketing Research, Journal of Retailing, Journal of Service Management, Journal of the Academy of Marketing Science, Sloan Management Review, Academy of Management Executive* 등의 저널에 게재하고 있다.

Dwayne D. Gremler *Bowling Green State University*

Dwayne D. Gremler(드웨인 D. 그레믈러) 교수는 오하이오주 Bowling Green State University(BGSU; 볼링그린주립대학교)의 마케팅 교수이다. 그는 Arizona State University(ASU; 애리조나 주립대학교) W. P. Carey School of Business(경영대학원)에서 MBA와 박사 학위를 받았다. Gremler 교수의 학문적 경력을 전체적으로 살펴보면, 그는 서비스마케팅 문제의 연구 및 교육에 열정적인 옹호자였다. 그는 미국마케팅협회 서비스분과 위원장으로 활동해 왔으며 호주, 네덜란드, 프랑스, 포르투갈, 핀란드, 미국에서 서비스마케팅 컨퍼런스를 개최하도록 도왔다. 또한 그는 여러 국가에서 서비스마케팅에 대한 세미나를 진행했고, 서비스마케팅 연구발표자로 초대되었다. Gremler 박사의 연구는 고객충성도, 서비스제공과정에서 고객과 직원의 상호작용, 서비스보증, 구전커뮤니케이션 등의 분야에 집중되고 있다.

Gremler 박사는 12개 이상의 국가에서 세미나를 진행했으며, 서비스마케팅 문제에 관한 연구의 발표자로 초대되기도 했다. 그는 40개 이상의 저널에 연구논문을 발표했는데, 주요 연구들은 *Journal of Marketing, Journal of the Academy of Marketing Science, Journal of Service Research, Journal of Retailing, Journal of Business Research, Journal of Service Management* 및 *Journal of Marketing Education*에 게재되었다. Gremler 박사는 7개의 연구상을 수상했는데, 미국마케팅협회 *Journal of Marketing* 발표논문 중 최고의 서비스분야 논문에게 수여하는 연구논문상(2011)과 *Journal of Service Research*에 발표된 최고의 연구논문상(2002)이 대표적인 수상경력이다. 2014년에는 미국마케팅협회의 서비스분과에서 수여하는 Christopher Lovelock Career Contributions Award를 수상했다. 2006년에는 네덜란드의 마스트리히트 대학교(University of Maastricht)에서 미국 정부의 지원을 받는 풀브라이트 교수로 활동하면서 서비스마케팅 과정을 담당했다. Gremler 교수의 최근 연구는 서비스 산업에서 서비스 제공시 고객과 직원 간의 상호 작용, 서비스 보증, 서비스스케이프, 구전커뮤니케이션 및 고객충성도에 관한 것이다.

Gremler 박사는 지난 20년 동안 서비스마케팅 과정을 가르쳤으며 이 기간 동안 미국에서 누구보다도 더 많이 이 과목의 학부 수업을 담당한 것으로 확인되었다. 그는 Academy of Marketing Science Outstanding Marketing Teacher Award(2009), BGSU 경영대학 동문들이 수여하는 Alumni Undergraduate Teaching Award(2010), 미국마케팅관리협회의 Hormel Teaching Excellence Award(2011)를 비롯한 여러 개의 교육상을 받았다.

Gremler 교수는 2015년에 Bowling Green State University 이사회로부터 최우수 강의 교수(Distinguished Teaching Professor)로 지명되었다.

역자 서문

서비스마케팅의 필요성은 느끼고 있으나 어떻게 접근해야 할지 몰라 암중모색하던 1996년에 이 책이 나왔다. 원서를 처음 대했을 때의 신선함과 놀라움은 25년이 지난 지금도 생생하다. "서비스품질의 갭 모델(gap model of service quality)"이란 틀로 애매하고 복잡한 서비스마케팅을 명확히 정의하고 구체적으로 그 내용을 제시하고 있었기 때문이다. 초판을 발행한 1996년 이후 판을 거듭하여 7판으로 버전 업되어 변모를 거듭하지만, 변함없이 서비스품질의 갭 모델이라는 기본틀을 지키고 있어 보기 드물게 지조 있는(?) 책이다. 이런 지조와 신선한 틀에 반하여 판을 건너뛰며 우리말로 소개하는 행운을 감사하며 서문을 쓴다. 아울러, 이번 7판의 역자서문은 6판까지 역자로 참여하셨던 전인수 교수님이 작성하신 내용을 토대로 업그레이드했다는 것을 미리 밝힌다.

서비스품질의 갭 모델

역자는 이 책을 지속적으로 대하고 있어 생소하지 않지만 공부하는 학생이나 실무담당자는 처음이라 생소할 것 같아 본서의 기본이 되는 서비스품질의 갭 모델을 간단히 소개하기로 한다.

이 모델은 우리가 익히 알고 있는 포장소비재와 달리 무형성인 서비스를 잘 마케팅하여 이익을 내려면 어떻게 해야 할까라는 고민에서 시작한다. 서비스품질이 좋으면 이익으로 이어질 것으로 보아 "좋은 서비스"를 서비스품질로 정의 및 측정하는 데서 이 모델은 출발한다. 따라서 서비스품질(service quality)은 이 모델의 핵심개념이다. 또한, 이 모델은 서비스품질에 문제가 있는 원인을 갭(gap)이라는 이름으로 정의하고 측정하는데, 기본적으로 고객 갭(customer gap)과 제공자 갭(provider gap) 두 가지로 나누고 제공자 갭은 다시 네 가지로 나누고 있다.

갭 모델은 명확하여 모호한 서비스마케팅의 틀을 잡는 데 획기적인 공헌을 하였으나 몇 가지 약점을 지니고 있다. 일반적으로 기업에서 가장 중요시하는 고객만족 대신 서비스품질을 핵심개념으로 사용하고 있고, 기존의 서비스마케팅믹스인 7P와의 연결이 모호하여 포장소비재 마케팅과의 비교가 어렵다. 더 큰 결점은 재화와 서비스를 별개로 보는 관점이다. 요즘은 재화와 서비스의 구분이 모호해져 하이브리드화하는 비즈니스모델이 늘어나는데, 둘을 두부 자르듯 잘라 이것은 서비스마케팅, 저것은 재화마케팅이라고 하는 논리에 문제가 있음을 지적한다. 장점만 있고 단점이 없는 서비스마케팅 틀이 있으면 좋으련만 아직은 대안이 없어 서비스품질의 갭 모델은 아직도 유효하다고 보아 7판을 번역하였다. 오래지 않아 새로운 틀의 서비스마케팅이 나올 것으로 기대한다.

판을 거듭하면서 변화하는 내용

초판은 Zeithaml 교수님과 Bitner 교수님 두 분이 집필했으나 4판부터 Gremler 교수가 참여하여 지금은 세 분의 공동저자로 판마다 약간씩 변화가 있다. 우선 6판부터 가장 큰 변화가 있었다. 5판까지 있던 두 개의 챕터를 제외했다는 점이다. “서비스에서의 소비자행동”과 “중간상과 전자경로를 통한 서비스제공”을 삭제했다. 역자의 입장으로 볼 때 “서비스에서의 소비자행동”을 제외한 것은 매우 성급한 판단으로 우려되는 바가 있으나 “중간상과 전자경로를 통한 서비스제공”을 제외한 것은 원래의 내용이 신통하지 않았기 때문에 손실이 아니라고 본다. 하지만 역자의 재량으로 6판 번역까지는 “서비스에서의 소비자행동”과 “중간상과 전자경로를 통한 서비스제공”을 그대로 살렸다.

그러나, 6판을 번역한 지 5년이 지나 7판이 출간되었고, 이제는 두 챕터를 삭제해도 무방할 것 같아 “서비스에서의 소비자행동”과 “중간상과 전자경로를 통한 서비스제공”을 삭제했다.

즉, 7판에서는 원저자의 입장을 존중하여 원서 그대로 번역하는 데 집중했다. 또한, 우리나라 실정에 유익하지 않은 것으로 생각되는 내용이라 6판 번역에서는 생략했던 전략적 통찰(Strategy Insight), 주목받는 기술(Technology Spotlight), 세계적 추세(Global Features), 예시(Exhibit)를 모두 완역했다. 4차 산업혁명과 글로벌라이제이션이 더욱 심화되는 상황에 매우 유익한 사례들이 소개되어 학부는 물론 대학원 수업에서도 매우 의미있는 교재가 될 것으로 판단된다.

감사와 마무리

초판 번역은 각 챕터를 여러 명이 나누어 초고를 번역하였고 전인수 교수님이 마무리하셨다. 두 번째 번역과 세 번째 번역인 4판과 6판은 내(배일현)가 전인수 교수님과 함께 공동역자로 참여했다.

7판은 은퇴하신 전인수 교수님의 고사로 인해 3명의 공동 역자가 작업에 참여했다. 첫 번째 역자인 나(1~6장)를 비롯해 배재대학교의 김원겸 교수님(7~11장)과 세종대학교의 윤호정 교수님(12~16장)이 참여했다. 먼저, 초벌 번역을 끝내고 출판사로 넘기기 전까지는 다시 내가 마무리했다. 여러 가지로 바쁜 와중에도 두 분이 너무나 꼼꼼하게 번역을 해주셔서 6판까지의 번역시간에 비하면 정말로 너무나 많은 시간을 절약할 수 있었다. ‘백지장도 맞들면 낫다’는 것을 정말 몸소 체험할 수 있었다. 이번 7판 번역에도 주위의 분들이 많은 도움을 주셨다. 특히, 서울시립대학교 경영대학의 최우진 교수님, 그리고 세종대학교 경영학과의 조현승 학생과 배재대학교 대학원 우승희 학생에게 감사의 말씀을 전한다. 번역의 고통을 알기에 7판을 건너뛰고 최대한 번역작업을 미루고 싶었는데 김원겸 교수님, 윤호정 교수님과 두 분의 도움으로 정말로 진일보한 번역서가 탄생할 수 있었다.

역자 서문을 쓰면서 초판 번역부터 6판까지 참여하셨던 전인수 교수님께 다시 한 번 감사드린다는 말씀을 드리고 싶다. 1998년에 처음으로 『서비스마케팅』을 번역하셔서 대한민국의 서비스마케팅 분야에 새바람을 일으키셨다. 또한, 은퇴(2020년 8월)하시기까지 이론은 물론 실무적인 측면에서 한국 마케팅학계에 큰 공헌을 하셨다. 현재 녹색소비자연대 전국협의회 이사장으로 활동하시면서 국가와 사회에 공헌하고 계시는데, 번역하는 동안 전 교수님의 노고가 1판부터 전해 내려온 번역 문구 하나하나에 묻어 있다는 것을 느낄 수 있었다.

있을 수 있는 오역에 대해 면피하고 싶지는 않다. 오역이나 표현상 서툰 내용이 있다면 전적으로 역자들의 책임이니 아래의 이메일로 꼭 연락을 주시기 바란다. 정말로 6판 번역서 중에 오류가 있는 부분을 지적하신다고 역자에게 전화를 주신 분도 있다. 진심으로 감사드린다.

1998년 처음 번역하여 20여 년이 지났지만 본서는 학자나 학생들이 지속적으로 찾는 도서로 꾸준히 관심받고 있다. 이러한 책의 번역서 출간에 도움을 주신 교문사의 류제동, 류원식 공동대표와, 박현수 팀장님, 성혜진 과장님에게 감사드린다. 또한, 지난 20년 동안 대표적인 서비스마케팅 교재로 자리잡을 수 있도록 많은 도움 주신 분들에게 고맙다는 말씀을 드리고 싶다.

2022년 2월

협성대학교 배일현(baeih@omail.uhs.ac.kr)
배재대학교 김원겸(wkkim@pcu.ac.kr)
세종대학교 윤호정(hjan335@sejong.ac.kr)

차례

Part 2 고객초점

Chapter 03 서비스에 대한 고객기대

Chapter 04 서비스에 대한 고객지각

Part 3 고객요구에 대한 이해

Chapter 05 조사를 통한 고객기대의 경청

Chapter 06 고객관계구축

Chapter 07 서비스회복

Part 4 서비스설계와 표준의 설정

Chapter 08 서비스의 혁신과 설계

Chapter 09 고객이 정의한 서비스표준

Chapter 10 물리적 증거와 서비스스케이프

Part 5 서비스제공과 수행

Chapter 11 서비스제공에서 직원의 역할

Chapter 12 서비스제공에서 고객의 역할

Chapter 13 수요와 공급능력의 관리

Part 6 서비스약속 관리하기

Chapter 14 통합 서비스마케팅 커뮤니케이션

Chapter 15 서비스의 가격책정

Part 7 서비스품질과 이익

Chapter 16 서비스품질의 재무적·경제적 효과

Part 1

서비스마케팅을 위한 기초

제1부에서는 서비스마케팅을 학습하는 데 기본적으로 필요한 개념들을 제시할 것이다. 제1장에서는 나머지 15개 장에서 언급될 내용들의 기본으로서 최근의 서비스마케팅 트렌드, 이슈 그리고 기회를 소개한다. 제2장에서는 본서의 토대를 이루고 있는 개념적 틀, 즉 서비스 품질의 갭 모델을 소개한다. 제3장부터는 구체적 갭을 메우기 위한 내용을 다루게 될 것이며, 이러한 내용은 서비스 경영자에게 큰 도움이 되는 지식과 기법이 될 것이다.

Chapter 01

서비스에 대한 도입

본 장의 목적은 다음과 같다.

1. 먼저 서비스가 무엇인지를 설명하고 서비스산업의 중요한 추세를 알아본다.
2. 특별히 서비스마케팅의 개념과 실질적인 예가 필요한 이유를 설명하고 또한 필요성이 증가하는 이유를 논의한다.
3. 기술발전이 서비스산업에 미친 중요한 영향을 탐색한다.
4. 재화와 서비스 간의 근본적인 차이를 설명하고 이로 인한 서비스산업의 기회와 도전을 설명한다.
5. 본서 전체의 기초가 되는 유용한 기본적인 틀이자 주제인 고객초점의 철학과 확장된 마케팅믹스를 설명한다.

모든 산업이 서비스 비즈니스이다[1]

현대산업에서는 종종 “모든 산업이 서비스”이고 “모든 비즈니스가 서비스”라고 강조한다. 디즈니, 메리어트, 스타벅스 같은 브랜드 아이콘(brand icons)들이 대표적인 서비스기업이라는 데 누구도 의문을 품지 않는다. 서비스는 이러한 기업들의 비즈니스 분야에서 핵심 전략이며 서비스 우수성(service excellence)은 이러한 기업들의 핵심 성공요인이다. 제조업을 기반으로 세계적인 기업에 이름을 올린 지멘스(Siemens), IBM, 카디날 헬스(Cardinal Health), 제너럴 일렉트릭(General Electric) 같은 기업들도 현재는 서비스를 주력으로 제공하는 기업으로 탈바꿈하였다. 이러한 기업들은 제품과 관련된 교육(training), 수리 및 유통과 같은 필수 서비스뿐만 아니라 컨설팅, 정보기술 서비스, 비즈니스 프로세스 아웃소싱과 같은 보다 정교한 서비스를 제공함으로써 경쟁기업과 효과적으로 경쟁한다. 애플이나 삼성과 같은 소비재 제조기업조차도 다양한 서비스를 제공하고 있다. 이러한 기업의 대표적인 생산제품인 스마트폰이나 태블릿 PC의 경우에는 서비스 자체가 제품에 내장되어 있다. 현대인들의 대부분은 이러한 제품을 이용한 서비스를 일상생활에서 거의 매일 이용하고 있다. 과거에는 이러한 서비스가 없어도 일상생활이 가능했지만, 스마트폰은 매우 짧은 시간에 우리의 일상생활에 스며들어 중요하면서 필수적인 서비스를 매일 제공하고 있다.

결론적으로 말하면, 급부상하는 대부분의 새로운 비즈니스 모델은 서비스 모델이며, 이 중 대부분은 기술에 기반을 두고 있다. 예를 들면, 우버(Uber)나 에어비앤비(Airbnb)와 같은 기업들이 전체 서비스산업의 판을 흔들고 있다고 할 수 있다.

다음 기업들의 사례는 우리가 학습하게 될 서비스 비즈니스의 종류와 특징과 다양성에 관해서 설명하고 있다.

메리어트

메리어트(Marriott)는 미국 "최고의 서비스 기업(best service companies)" 명단에서 항상 최상위에 위치하는 기업이며, 미국 경제잡지인 포춘(*Fortune*)에서 매년 발표하는 가장 존경받는 기업목록에서도 상위권을 차지하고 있는 기업이다. 이렇게 높은 순위에 매년 위치할 수 있는 단 하나의 이유는 직원과 고객에게 몰입하는 서비스에 집중하기 때문이다. 메리어트에서는 사람이 우선이다. 메리어트의 핵심 가치는 "우리가 직원을 성심껏 대하면 직원은 고객을 성심껏 응대할 것이며, 고객은 다시 방문할 것이다"인데, 이러한 가치는 여러 언어로 번역되어 세계적으로 유명한 19개 호텔에 전수되었다. 고객과 직원 모두를 위한 탁월한 서비스는 수십 년 동안 메리어트의 성공 비결 중 하나였다.

제너럴 일렉트릭

많은 전통적인 제조업체와 첨단 기업들은 수십 년에 걸쳐 서비스를 제공하는 기업으로 진화해 왔으며 이제 그중 상당수가 데이터 기반(date-driven) 서비스기업으로 더욱 발전하고 있다. 제너럴 일렉트릭(General Electric, GE)은 자사 제품에서 파생된 데이터를 기반으로 구축된 디지털 서비스 및 서비스에 집중하는 방향으로 핵심 성장전략을 전환한 대표적인 기업이다. 잭 웰치(Jack Welch) 前 CEO가 회사를 거대한 서비스기업으로 탈바꿈시킨 것처럼, 잭 웰치에 이어 대표이사에 오른 제프 이멜트(Jeff Immelt)도 2020년까지 GE를 세계 10대 소프트웨어 기업 및 디지털 서비스기업으로 만들기 위해 디지털 혁신에 집중했다. 오웬(Owen)이라는 젊은이가 출연하는 인기 있는 GE 광고 캠페인은 디지털 산업 혁신에 대한 노력과 오웬과 같은 사람을 고용하여 발전을 추진하려는 기업의 열망을 보여주고 있다.

애플

많은 산업에서 제품은 서비스 제공을 위한 수단이 되고 있다. 이러한 현상은 전자제품에서보다 확실하게 나타나고 있는데, 스마트폰에 있는 모든 애플리케이션은 정보, 엔터테인먼트, 쇼핑뿐만 아니라 일상생활에서의 고유한 솔루션을 제공하고 있다. 이 모든 것이 서비스인 것이다. 전화기 자체는 서비스를 제공하는 용기(container)에 불과하다. 서비스기업으로서 애플(Apple)의 위상은 미국의 유명 시사잡지인 *24/7 Wall Street*에서 발표한 기업순위에서 서비스 분야 3위에 오르면서 인정받았다. 애플은 기술과 제품디자인 분야에서 항상 선도자의 위치에 있지만, 고객이 애플에 기대하는 혁신적인 서비스와 솔루션을 제공하고 개발하는 것에 중점을 두고 있다.

우버

기술, 협업 및 공유경제는 오늘날 새로운 서비스를 다양하게 만들어내고 있다. 일부 서비스의 경우에는 수명이 짧지만 실제로 지속 가능한 산업으로 발전하는 서비스도 다수 존재한다. 교통서비스 산업에서 탁월하면서도 파격적인 비즈니스 모델로 급속한 성장을 경험한 우버(Uber)의 사례는 가장 잘 알려진 성공사례 중 하나이다. 기술발전은 우버의 비즈니스 모델을 가능하게 했으며, 협업하려는 소비자의 의지는 우버 성공의 토대가 되었다. 우버는 자차를 운전하는 개별 운전자와 이 차량을 이용하여 이동을 원하는 고객을 기술을 이용하여 연결하였다. 우버가 개발한 기술은 운전자와 승객의 위치, 이용 가능성, 지불 및 평가를 추적하여 매우 효율적이면서 맞춤화된 서비스 제공을 가능하게 했다. 일부 국가에서는 택시와 다른 교통수단의 반대로 어려움에 직면하고 있지만, 우버의 전 세계적인 급속한 확장은 우버가 제공한 서비스 모델의 견고함에 대한 증거이다.

도입 사례에서 밝혔듯이 서비스는 산업 전반에 걸쳐서 광범위하게 퍼져 있기 때문에 모든 기업에게 수익 창출의 기회로 작용하고 있다. 또한, 기술발전으로 인한 기업과 산업계의 디지털화는 서비스산업의 성장과 혁신을 견인하고 있다. 하지만 실제로 미시간대학교의 미국국가고객만족도(American Customer Satisfaction Index, ACSI)는 다른 제품과 비교했을 때 서비스의 점수가 늘 낮았다는 것을 보여 준다.[2] 경제성장 측면에서 서비스산업이 갖는 잠재적인 이익과 경쟁우위 및 서비스에 대한 고객만족의 전반적인 하락을 감안할 때, 서비스마케팅, 서비스경영, 서비스제공에서 뛰어난 기업의 기회와 잠재력이 결코 작지 않다고 할 수 있을 것이다.

본서는 서비스마케팅과 서비스경영에 접근할 수 있는 안목(lens)을 제공할 것이다. 본서에서 습득한 내용은 전통적인 제조업 분야의 오랜 역사를 가지고 있는 제너럴 일렉트릭(GE)이나 순수 서비스기업에 적용할 수 있을 것이다. 본서를 공부하면서 기업의 모든 분야에 걸쳐 기본이 되는 주제인 고객초점(customer focus)을 확인하게 될 것이다. 그래서 본서의 부제를 "기업 전체를 고객초점으로 통합(integrating customer focus across the firm)"으로 덧붙였다.

서비스란 무엇인가?

간단히 말해서 "서비스는 하나의 기업이나 개인이 다른 기업이나 개인을 위해서 제공하거나 공동생산(coproduced)하여 창출하는 **행위**(deeds), **과정**(processes) 및 **성과**(performances)"이다. 도입 사례에서 살펴본 4개 기업의 사례는 서비스를 제공하는 기업들의 유형이나 서비스에 대한 의미의 범위에 관해 설명하고 있다. 본서에서는 이처럼 간단하면서도 넓은 의미로 서비스를 정의하지만 산업의 분류에서 서비스는 다양한 방식으로 정의해 왔음을 알아둘 필요가 있다. 서비스의 정의가 다양함을 인지하면 서비스에 대한 논의나 서비스부문을 정의할 때 발생할 수 있는 혼동이나 의견 불일치를 해결할 수 있다. 우리의 단순하고 넓은 정의와 부합할 수 있는 또 다른 정의는 "서비스는 생산물이 물리적인 제품이나 구조물이 아니며, 일반적으로 생산되는 시점에서 소멸되고, 구매자에게 무형적인 형태(예를 들면 편리함, 즐거움, 적시성, 편안함 또는 건강)의 부가가치를 제공하는 모든 경제적인 활동을 포함한다"[3]는 것이다. 미국 경제의 서비스 분야를 포함하고 있는 산업의 범위는 그림 1.1에서 보는 바와 같다.

서비스산업, 제품으로서의 서비스, 고객서비스, 본원적 서비스

서비스마케팅과 서비스경영에 대한 논의를 시작하면서 **서비스산업과 기업**, **제품으로의 서비스**, **고객서비스**, **본원적 서비스** 간의 차이를 구분하는 것은 중요하다. 본서에서 다루게 될 기법과 전략들은 이러한 범주 어디에도 적용될 수 있다.

서비스산업과 기업(service industries and companies)은 주요 제품이 서비스인, 즉 서비스부문 내에서 전형적으로 분류되는 산업과 기업들을 지칭한다. 다음의 기업들은 순수 서비스기업으로 간주될 수 있다. 숙박업인 메리어트 인터내셔널(Marriott International), 항공운수업인 아메리칸항공(American Airlines), 금융서비스인 찰스슈왑(Charles Schwab), 건강관리업인 메이요클리닉(Mayo Clinic) 등이다. 전체 서비스 부문은 그림 1.1에 제시된 것처럼 다양한 서비스산업으로 구성되어 있다. 이러한 기업들은 핵심제공물로서 서비스를 판매한다.

제품으로서의 서비스(services as products)는 부가가치서비스라고 할 수 있는데 고객에게 가치가 있어 지불 의사가 있고 시장에서 거래되는 광범위한 종류의 무형적인 제품제공물을 말한다. 제품으로서 서비스는 서비스기업이 판매할 수도 있고 제조업자나 기술 회사와 같은 비서비스 회사가 판매할 수도 있다. 예를 들면, 전통적으로 순수 서비스 회사인 엑센추어(Accenture)와 같은 회사와 경쟁하기 위해서 IBM과 휴렛패커드(Hewlett-Packard)는 시장에 정보기술 컨설팅서비스를 제공한다. 백화점을 포함한 유통업을 예로 들면 메이시(Macys)와 같은 백화점은 선물포장과 운송서비스를 팔고, 펫스마트(PetSmart)와 같은 애견소매점은 애견미용과 훈련서비스를 판매하며, VWR과 같은 세계에서 가장 큰 화학제품 공급업체는 연

그림 1.1
미국 국내총생산에서 서비스산업의 공헌(2016)

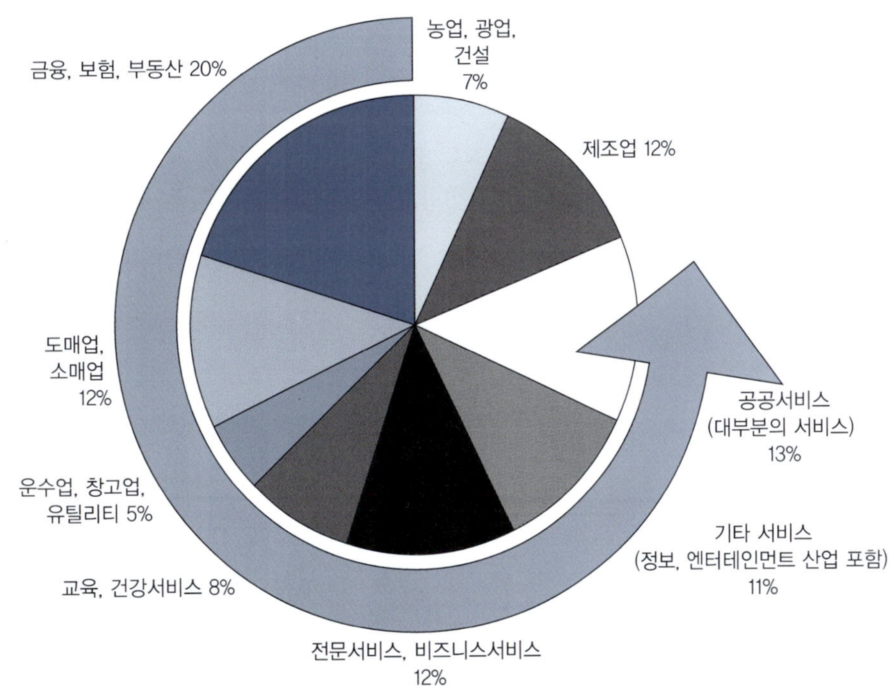

자료 : *Survey of Current Business*, Online, April 2016.

구소 고객들에게 실험기기 교정이나 장비유지 및 재고관리와 같은 서비스를 제공한다.

고객서비스(customer service)는 또한 서비스가 무엇을 의미하는지 알아보는 또 다른 방법이다. 고객서비스는 기업의 핵심제품(core products)을 뒷받침하기 위해 제공되는 서비스이다. 기업들은 일반적으로 고객서비스에 대해 비용을 요구하지 않는다. 고객서비스는 소매점 직원이 고객이 원하는 항목을 찾도록 도와주거나 질문에 답해 주는 것과 같이 고객서비스가 가능한 접점에서 발생하거나, 전화 또는 실시간 채팅을 제공하는 인터넷을 통해 일어날 수 있다. 많은 기업들이 고객서비스 콜센터를 운영하고 있으며, 종종 24시간 내내 직원을 상주시킨다. 어떤 경우 고객 서비스는 인적인 상호작용없이 기기간(machine-to-machine)의 커뮤니케이션을 통해 원격으로 제공되기도 한다. 서비스의 제공방법에 관계없이 양질의 고객서비스는 고객관계 구축에 필수적이지만, 순수한 고객서비스는 기업이 판매를 위해 제공하는 서비스와 혼동해서는 안 된다.

파생된 서비스(derived service)는 서비스가 무엇을 의미하는지 알아보는 또 다른 방법이다. *Journal of Marketing*에서 우수논문상을 수상한 스티브 바고(Steve Vargo)와 밥 러시(Bob Lusch)는 그들이 공저한 논문에서 모든 제품과 물리적 재화는 그들이 제공한 서비스에 의해 가치가 평가되어야 한다는 새로운 이론을 마케팅학계에 제안했다.[4] 저명한 경제학자들, 마케터들, 철학자들의 이론에 토대를 두고 두 저자는 물리적 제품으로부터 나온 가치는 제품 그 자체가 아니라, 제품에 의해 제공된 서비스라고 주장한다. 예를 들면, 약이 의학적 서비스를 제공하고, 면도기가 면도 서비스를 제공하며, 컴퓨터가 정보와 데이터 조작 서비스를 제공한다고 주장하는 것이다. 비록 이러한 관점이 다소 추상적이긴 하지만, 미래에는 현재 우리가 서비스를 생각하는 것보다 좀 더 넓게 생각할 수도 있음을 시사하고 있다.

유형성 스펙트럼

서비스에 대한 보다 넓은 정의에 따르면 무형성(intangibility)은 제공물의 서비스 여부를 결정하는 주요 결정요소이다. 이것이 사실이긴 하지만, 극소수의 제품만이 순수하게 무형적이

그림 1.2 유형성 스펙트럼

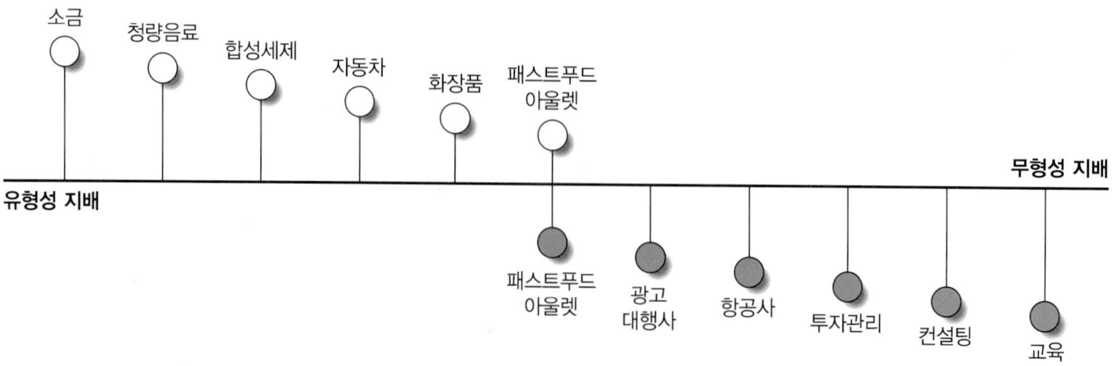

자료 : L. G. Shostack, "Breaking Free from Product Marketing", *Journal of Marketing* 41 (April, 1977), pp. 73–80, American Marketing Association.

거나 완전히 유형적이라는 것도 사실이다. 그렇지만 서비스는 제품에 비해 **"보다 무형적"**이며 제품은 서비스에 비해 **"보다 유형적"**인 경향이 있다. 예를 들어 패스트푸드산업은 서비스업으로 분류되지만 음식, 포장 등과 같은 많은 유형적인 요소도 지니고 있다. 반면에 제조업으로 분류되는 자동차산업은 애프터서비스와 같은 많은 무형적인 요소를 제공하고 있다. 그림 1.2에 나타난 유형성 스펙트럼(tangibility spectrum)은 이러한 연속선 개념을 반영하고 있다. 본서에서 사용하고 있는 넓은 서비스 개념은 완전한 "순수서비스"나 "순수재화"는 거의 없다는 것을 인정하고 있다. 우리가 서비스마케팅이라는 본서를 통해 논의하게 될 과제나 접근법들은 그림 1.2의 스펙트럼상의 오른쪽 부분, 즉 무형성이 지배적인 제공물과 주로 관련된다.

서비스분야의 추세

우리는 현대 경제의 많은 부분이 서비스에 의해 지배되고 있음을 자주 들어왔지만, 미국이나 여러 선진국들이 하루 밤새 갑자기 서비스경제 중심의 모습을 가지게 된 것은 아니라는 사실도 알아야 한다. 미국의 경우 1929년 초에 노동인구의 55%가 서비스 부문에 종사하였고, 1948년 국민총생산(GNP)의 약 54%가 서비스 부문에서 창출되었다. 그림 1.3과 그림 1.4의 자료들은 서비스에 대한 증가추세가 지속되고, 2016년에 접어들어 서비스 부문이 국내총생산(GDP)의 81%, 2014년에는 고용인구의 80%를 담당하게 되었음을 보여준다. 그러나 이 자료는 제조업이 제공하는 서비스는 포함하지 않은 것이다. 제조업이 고용한 종업원의 수와 서비스 가치는 제조 부문의 자료로 분류된다.

그림 1.3
산업별 미국 고용자의 비율

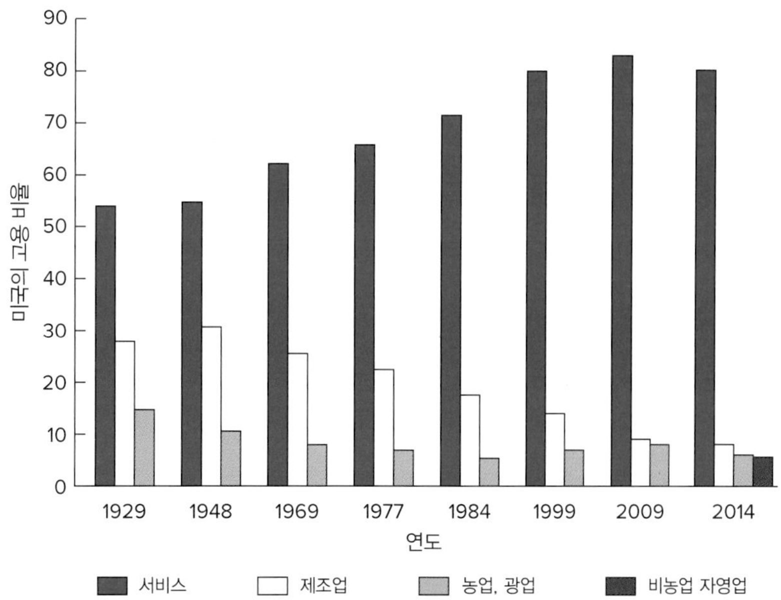

자료 : Bureau of Labor Statistics, Online, December 2015; *Survey of Current Business*, Online, March 2011; *Survey of Current Business*, February 2001, Table B.8, July 1988, Table 6.6B, and July 1992, Table 6.4C; E. Ginzberg and G. J. Vojta, "The Service Sector of the U.S. Economy," *Scientific American* 244 (1981), pp. 31–39.

그림 1.4
미국 GDP의 산업별 비율

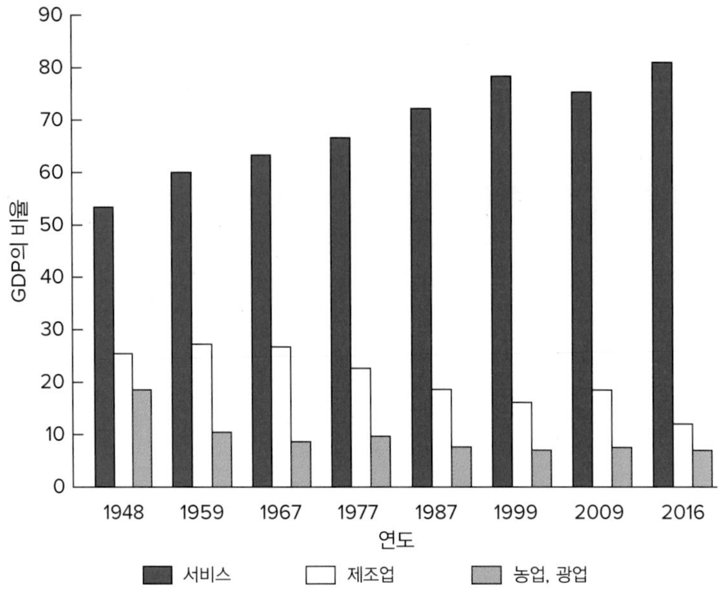

자료 : Survey of Current Business, Online, April 2016; *Survey of Current Business*, Online, March 2011; *Survey of Current Business*, February 2001, Table B.3, and August 1996, Table 11; E. Ginzberg and G. J. Vojta, "The Service Sector of the U.S. Economy," *Scientific American* 244 (1981), pp. 31–39.

왜 서비스마케팅인가?

서비스마케팅, 서비스품질 및 서비스경영에 관한 학습이 왜 중요한가? 서비스에 관한 책과 강의에 대한 수요를 유발시키고 있는 서비스마케팅과 재화마케팅의 차이는 무엇인가? 많은 요인이 서비스마케팅의 성장을 이끌어 왔고 많은 산업, 기업, 개개인들이 서비스 분야를 정의하는 개념, 틀, 전략의 범위를 규정하고 있다.

서비스 중심 경제

우선 서비스마케팅의 개념과 전략은 세계 및 미국 경제에서 그 중요성이 증가하는 서비스산업의 엄청난 성장에 힘입어 발전되어 왔다. 앞서 언급한 바와 같이 2014년도 미국 총고용인구의 80% 이상을 서비스 부문에서 고용하고 있으며, 2016년도 국내총생산(GDP)의 81% 이상을 서비스산업이 차지하고 있다. 즉, 절대다수가 서비스산업에 종사하고 있으며, 특히 건강관리(health care)와 정보기술 전문서비스에 종사하는 노동자가 많은 비중을 차지하고 있다.

서비스의 경제적 중요성을 보여주는 또 다른 지표는 전 세계적으로 성장하고 있는 서비스 부문의 무역을 들 수 있다. 사실 2000년 미국 무역수지를 살펴보면 재화 부문에서는 적자를 보인 반면 서비스 부문의 수출이 84%를 차지할 만큼 성장하였고, 2015년에는 2,270억 달러의 흑자를 기록했다. 미국의 경우 서비스분야의 수출액은 전 세계적으로 부동의 1위를 차지

국가	2015년도 서비스 분야 GDP 퍼센트
홍콩	93
영국	80
네덜란드	80
프랑스	79
미국	78
싱가포르	76
일본	72
브라질	72
캐나다	71
독일	69
뉴질랜드	69
호주	67
스웨덴	65
멕시코	62
인도	54
중국	48

자료 : *The CIA World Factbook*, 2015.

하고 있다.[5,6]

전 세계 경제에서 서비스산업의 우월성이 계속 증가하고 있는 것은 선진국뿐만 아니라 신흥개발도상국에서도 나타나고 있는데 중국의 경우에는 중앙정부가 서비스산업에 특권을 주어 장려하고 있는 실정이다(위 표 참조). 서비스 부문의 엄청난 성장과 경제적 공헌도로 인해 서비스 부문의 이슈와 도전은 최근 높은 관심을 불러일으키고 있다.

제조업에서 사업 강령으로 떠오르는 서비스

서비스마케팅 또는 서비스경영의 발전은 초기에는 금융, 운송, 접객, 의료와 같은 서비스산업에 대한 관심으로부터 시작되었다. 이러한 전통적 서비스산업이 발전하고 좀 더 경쟁이 심화됨으로써 보다 효과적인 서비스경영에 대한 욕구와 마케팅 전략에 대한 필요성이 증가하게 된 것이다. 그러나 지금은 모든 산업에 걸쳐서 서비스 혁신과 서비스 성장전략의 가치가 중요시되고 있다.[7] 제조업자(GE, Caterpillar), 테크놀로지 기업(Avnet, Xerox, IBM), 소매업자(PetSmart)와 포장소비재기업(Proctor & Gamble)까지도 서비스가 주도하는 성장잠재력을 주목하기 시작했다. 이 모든 기업들이 좋은 제품만으로는 장기적인 성공을 보장하지 못한다는 것을 알고 있다.

예를 들어, 제록스(Xerox) 같은 기업들은 한 기업 내에서 디지털과 종이 문서 모두를 관리할 수 있는 문서관리 서비스를 제공하고 있다. 이러한 유형의 서비스는 기존의 프린터나 복사기의 수리 및 유지보수 서비스 사업을 훨씬 뛰어넘는 것이다. 대규모의 애견용품 소매상인 펫스마트(PetSmart)도 최근에는 애견호텔, 애견미용, 애견훈련 같은 서비스를 제공하면서 많은 성장을 하고 있다. 피앤지(Proctor & Gamble)와 같은 기업은 자사의 유명브랜드와 서비스를 결합하여 Mr. Clean 세차나 Tide 드라이클리닝 서비스 사업을 시작했으며, 세탁세제를 정기적으로 배송하는 타이드 스핀(Tide Spin)도 운영하고 있다(제8장의 **전략적 통찰** 참조). 이러한 유명브랜드의 엄청난 가치를 이용하여 조심스럽게 서비스제품으로 브랜드 확장을 한 것이다. 서비스산업의 전문성을 확장하기 위하여 많은 기업들은 관련 기업과 제휴하거나 혹은 매입하기도 한다. 예를 들면, IBM은 프라이스워터하우스쿠퍼스(PricewaterhouseCoopers)를, 휴렛패커드(Hewlett-Packard)는 EDS를, 그리고 델(Dell)은 페로시스템즈(Perot Systems)를 매입했는데 이러한 예는 수도 없이 많다.

왜 많은 기업들이 서비스산업에 집중하고 있을까? 많은 이유들이 있는데 그 이유는 다음과 같다. 첫째, 많은 산업에서의 제품표준화는 많은 제품에 대한 가격과 이윤에 대한 압박을 초래하고 있다. 서비스를 이용하여 기업은 제품을 고객화함으로써 고객에게 더 많은 가치를 제공할 수 있다. 둘째, 고객들은 특히 기업과 기업간 시장인, BtoB 분야에서 서비스와 솔루션을 요구하고 있다. 고객은 여러 상황에서 많은 제품과 관련한 서비스를 해당 기업이 제공하고 해결해 주기를 바란다. 셋째, 서비스는 종종 제품보다 많은 이윤을 창출하여 기업의 확고한 수익성을 위한 플랫폼을 제공할 수 있다. 본서 전반에서 학습하겠지만 충성도(loyalty)와 고객만족의 많은 부분이 서비스품질과 서비스 제공물에 의해 창출된다. 다시 말해, 이러한 서비스 관련 지식은 높은 서비스품질을 통해 고객 충성도를 견고히 하고 서비스를 발전시켜야 하는 또 다른 이유를 기업들에게 제공한다. 마지막으로 많은 기업들이 심한 경쟁을 하고 있는 오늘날의 시장에서 서비스만이 유일한 차별화 수단이기 때문이다.

많은 기업들이 서비스에 중점을 두면서 문화적 변화 및 판매와 유통에서의 문제, 서비스 설계 및 제공에 대한 전문 지식의 필요성 등으로 인하여 심각한 문제에 봉착하기도 한다. 이러한 기업들은 전형적으로 엔지니어링, 테크놀로지, 과학 또는 운영 관련 기업들인데, 이들 기업의 전문성은 그동안 생산제품에 달려 있었다. 하지만 이들 기업이 서비스에 중점을 두는 변화와 서비스를 통한 성장을 추구하면서 서비스에 대한 새로운 개념 정립이 필요하다는 것을 깨닫게 되었고, 서비스를 관리하고 마케팅하기 위한 특별한 개념과 접근들이 점점 더 필요하다는 것도 알게 되었다.[8]

규제가 완화된 산업과 전문 서비스업에서 요구

사업 수행방식이 급속히 변화된 규제가 완화된 산업과 전문 서비스업에서 서비스마케팅을 필요로 하고 있다. 지난 수십 년간 항공, 금융, 통신, 트럭수송을 포함한 거대 서비스사업 부문에 대한 규제가 미국 정부에 의해 점차적으로 완화되어 왔다. 이러한 규제 완화는 다른 나라에서도 마찬가지이다. 이에 따라 정부에 의해 엄격하게 통제되던 마케팅 의사결정이 현재는 부분적으로 또는 전적으로 개별 기업의 통제권으로 넘어오게 되었다.[9] 예를 들면, 전통적으로 모든 항공사의 요금, 항로, 여행사에 지불하는 수수료가 정부에 의해 결정되고 감독되었다. 규제완화가 이루어지면서 항공사들은 그들의 가격구조와 항로를 자율적으로 결정하고 있는데, 규제완화를 통해 항공산업의 구조가 변화됨으로써 보다 정교하면서, 고객중심적이고, 경쟁에 민감하게 반응할 수 있는 마케팅의 필요성이 급격히 증가한 것이다.

또한 전문 서비스 제공자들(예를 들면 내과의사, 변호사, 회계사, 엔지니어, 건축가)의 사업 수행에서도 비록 제한된 범위이지만 광고가 허용되고, 경쟁이 보다 치열해짐에 따라 서비스에 걸맞는 새로운 개념과 접근법을 필요로 하게 되었다. 전통적으로 전문 서비스 제공자들은 **마케팅**이라는 용어를 사용하는 것을 회피하는 경향이 있었지만, 오늘날에는 고객을 보다 잘 이해하고 세분화하여 양질의 서비스를 제공하며, 경쟁업체가 증가하는 가운데 자신의 입지를 강화할 수 있는 새로운 방식을 모색하고 있다.

서비스마케팅은 다르다

이러한 여러 가지 요인들로 인해 서비스의 마케팅과 경영은 무언가 다른 점이 있음을 느꼈을 것이다. 즉 제조업, 특히 포장소비재 회사에는 해당되지 않는 과제와 문제들이 있는 것이다. 이러한 차이와 의문은 경영컨설트인 게리 니즐리(Gary Knisely)의 일련의 인터뷰에서 제기되었다(예시 1.1 참조). 예를 들어 엔지니어링이나 컨설팅과 같이 핵심제공물이 직원이 수행하는 행위일 때 어떻게 하면 일관성 있는 품질을 유지할 수 있는가? 서비스부문의 기업들이 마케팅의 중요성을 깨닫고 마케팅인력을 당시에 세계적으로 뛰어난 포장소비재 기업인 피앤지(P&G), 제너럴 푸드, 코닥 등에서 주로 스카웃하였다. 그러나 포장소비재 산업에서 뛰어난 능력을 보이던 사람들이 의료, 은행, 기타 서비스산업으로 옮겨온 뒤 그들의 기술과 경험을 그대로 이전할 수는 없다는 것을 알게 되었다. 즉, 그들은 포장소비재를 비롯한 제조업에서의 경험이 서비스마케팅에 바로 적용할 수 없다는 것을 깨닫고 딜레마에 직면한 것이다. 결국 서비스를 마케팅하고 경영하기 위한 새로운 개념과 접근법이 필요하다는 것을 인정하게 된 것이다. 서비스 마케터들은 이러한 과제를 해결하기 위해 학제 간에 연구를 진행하게 되었고 학계와 비즈니스 실무자가 함께 협력하여 서비스를 위한 마케팅 실무를 개발하고 문서화하기 시작했다. 서비스 부문의 연구가 진전됨에 따라 서비스가 기업 제공물의 필수요소에 포함되는 모든 비즈니스를 대상으로 그 연구범위가 확장되었다.

좋은 서비스가 곧 이익이다

20세기 후반부에 많은 기업들이 서비스산업에 급하게 뛰어들면서, 경쟁우위를 창출하고 경쟁자와 차별화하기 위한 방법으로 서비스 품질을 향상시키거나 서비스 기반 산업에 투자했다. 이러한 대규모의 투자는 고객을 잘 접대하고 질 높은 서비스를 제공하는 것이 좋은 성과를 창출한다고 믿는 경영자의 직관과 신념에 근거한다. 실제로, 질 높은 서비스를 위한 노력은 전 산업에 걸쳐서 많은 기업들에게 성공의 초석이 되었다. 이러한 예로서 레오날드 베리(Leonard Berry)의 저서 『서비스정신의 발견(*Discovering the Soul of Service*)』에서는 위와 같은 14개 기업이 상세하게 소개되고 있다.[10] 이 책에서 주로 다뤘던 기업들은 그 책이 출판된

예시 1.1 서비스마케팅은 다른가? 역사적 시각

미국의 유명 컨설팅 회사 존슨 스미스 & 니즐리(Johnson Smith & Knisely)의 대표인 게리 니즐리(Gary Knisely)는 1979년에 주요 기업의 서비스마케팅 담당자를 대상으로 인터뷰를 진행했다. 특히, 니즐리는 그 당시에 마케팅 분야의 유일한 능력으로 인정받았던 소비재 마케팅에서 광범위한 경험을 쌓은 후 서비스 분야로 이직하여 일하고 있는 다수의 고위 마케팅 임원들을 인터뷰했다.

조사대상자인 임원들에게서 차이점을 발견했는데, 이러한 차이점은 소비재마케팅에서 경험했던 관행을 서비스에 직접 적용하려는 시도로부터 기인했다. 이전에 피앤지(P&G)에서 근무했던 홀리데이 인(Holiday Inns Inc.)의 쇼어(James L. Schorr)는 소비재회사의 마케팅시스템을 서비스기업에 그대로 적용하기 힘들다는 것을 발견했다. 게리 니즐리(Gary Knisely)는 다른 기업 임원들과의 인터뷰에서도 반복되는 특징들을 발견했는데 다음과 같다.

첫째, 서비스는 소비재마케팅보다 더 많은 마케팅믹스가 존재한다는 것이다. 쇼어는 제조업비즈니스보다 서비스비즈니스가 마케팅과 운영이 더욱 밀접하게 연결되어 있다고 주장하면서, 서비스의 생산과정은 마케팅 과정의 일부분이라고 주장했다. 둘째, 고객과 만나는 접점은 일반 소비재마케팅과 서비스마케팅의 주요한 차이라는 것을 발견했다. 포장소비재 기업의 임원들은 그들의 고객과 직접 대화하는 것을 상상해본 적이 없었다. 쇼어에게 호텔객실 마케팅은 사람과 사람 간의 판매로 요약되었다. 캐틀린(Robert L. Catlin)은 항공산업에서의 경험을 언급하면서 "서비스업에 종사하는 직원들은 서비스제품의 다른 속성만큼이나 소비자의 마음속에 기억되는 중요한 제품이다"라고 언급했다. 고객들은 효과가 있다고 믿기 때문에 제품을 구매한다. 하지만 서비스를 통해 사람들은 자신이 좋아하는 사람을 상대하고, 직원들이 그들을 좋아할 것이라고 믿기 때문에 서비스를 구매하는 경향이 있다. 이러한 사고 과정은 고객과 직원이 만나는 접점을 마케팅에서 매우 중요한 구성요소로 간주한다.

주요 임원들은 제품과 서비스의 공통적인 마케팅믹스가 두 가지 측면에서 마케팅전략에 매우 상이한 의미를 내포하고 있다고 언급했다. 즉, 서비스의 유통과 판매는 소비자가 카트를 이용하여 선반에 진열된 제품을 선택하는 전통적인 제품판매 방식과는 다르다는 것이다. 즉, 서비스의 경우에는 소비자가 자신의 욕구를 충족시켜줄 수 있는 서비스제품에 노출되었다 할지라도 종업원의 상황에 의존할 수밖에 없다. 즉, 서비스제품 관리자는 종업원의 "정신적 여유(mental shelf space)"와 시간을 이용하여 경쟁한다고 할 수 있다. United States Trust Co.의 그룹마케팅 책임자인 우즈(Rodney Woods)의 경우 서비스 대 제품 마케팅에서 가장 중요한 요소는 가격이었다. 일찍이 식품기업 필스버리(Pillsbury), 제약회사 브리스톨마이어스(Bristol-Myers) 그리고 피앤지(P&G)와 같은 대형 포장소비재기업에서 수많은 경험을 쌓았던 우즈도 서비스의 생산 및 배송과 관련된 비용을 결정하는 과정은 일반 소비재 제품의 과정보다 매우 어렵다는 것을 파악했다. 또한, 가격을 판촉무기로 사용하는 이점도 서비스에서는 상이하게 작용하며 판촉가격 인하는 힘들게 쌓아온 제품의 포지셔닝과 이미지를 약화시키는 경향이 있다는 것도 인지했다.

학자들이 상품과 서비스의 마케팅관리가 차이점이 있는지에 대해서 치열하게 논쟁하고 있는 동안, 두 영역 모두에서 경험이 있는 최고 관리자들은 지금부터 약 40여 년 전인 1979년에도 그 차이를 뚜렷하게 인지하고 있었다. 오늘날에도 이 차이들은 동일하다. 초기의 서비스 마케터가 지적한 차이들은 오늘날 실행하고 있는 많은 아이디어, 개념, 그리고 전략의 원동력이 되었다.

자료 : 위의 내용은 게리 킨슬리(Gary Knisely)가 수행한 인터뷰를 기반으로 하며, 1979년 1월 15일, 2월 19일, 3월 19일 및 5월 14일 출간한 〈*Advertising Age*〉의 내용을 참고하였다.

시기에 평균 31년 된 회사들이었다. 그런데, 14개 기업의 총 활동연수 407년 중에 이익을 창출한 것은 단지 5년에 불과하다. 베리는 연구를 통해서 성공적인 기업들은 9가지 일반적인 서비스 관련 변수를 공유하는 것을 발견했는데, 가치지향적 리더십, 직원 성공을 위한 아낌없는 투자, 그리고 조직의 기본적인 토대가 고객과 파트너의 신뢰를 기반으로 한 관계라는 것이다.

1990년대 중반 이후로 기업들이 서비스전략의 본질적 효과에 대한 구체적인 증거를 요구하자 연구자들은 적절하게 수행된 서비스전략이 매우 유익할 수 있다는 설득력 있는 증거를 제시한다. 마케팅과학연구소(Marketing Science Institute)의 후원을 받은 연구는 고객만족, 이윤창출, 그리고 서비스 질에 초점을 맞춘 기업전략이 비용절감이나 기타 목표를 달성하려는 전략보다 유익함을 보여준다.[11] 하버드 경영대학(Harvard Business School)의 연구는 내부서비스와 직원만족이 고객만족과 기업의 궁극적인 이익으로 연결된다는 "서비스 이익 사슬(service-profit chain)"에 대한 사례를 개발했다.[12] 그리고 적지 않은 연구결과가 서비스 성과에서 도출된 고객만족이 고객충성도 제고와 이익으로 연결되는 과정을 보여준다.[13] 미시간대학교의 미국국가고객만족도(American Customer Satisfaction Index, ACSI)는 고객만족이 주주의 가치와 직접적으로 연결된다는 자료를 제시했다. ACSI 순위 상위 25% 기업들은 하위 25%에 있는 기업이 보여주는 것보다 더 높은 주주가치를 보여준다. ACSI에 기반을 둔 연구 결과들은 상위 20%의 기업성과가 스탠다드 앤 푸어(S&P) 500, 나스닥, 다우존스 산업평균지수를 상회하는 것으로 보고하고 있다.[14]

이러한 성공의 핵심 요인은 적절한 전략을 선택하고 그 전략을 정확히 잘 수행하는 것이다. 서비스 분야에서 저명한 3명의 선도학자인 헤스켓(James L. Heskett), 새서(W. Earl Sasser Jr.), 쉴레싱어(Leonard A. Schlesinger)는 그들의 공동저서 『위대한 서비스리더가 알고 행동해야 할 것들(*What Great Service Leaders Know and Do*)』에서 서비스 실패와 성공에 관한 많은 내용을 다루고 있다. 본서는 정확한 선택을 하고 뛰어난 수행능력을 제공하도록 독자들을 안내할 것이다. 또한 본서 전반에 걸쳐 서비스전략과 이익의 관계 및 그것의 한계를 지적할 것이다. 제1장의 **전략적 통찰**에서는 기업이 서비스를 통해 성공적으로, 그리고 수익성 있게 경쟁하는 방법에 관해 소개하고, 본서의 마지막 장인 제16장에서 서비스가 재무성과에 미치는 효과를 종합적으로 정리할 것이다.

그러나 서비스는 평판이 나쁘다

서비스의 중요성과 이익잠재력에도 불구하고, 소비자들은 서비스 분야의 많은 기업과 산업에서 전반적으로 서비스 품질이 높지 않다고 인식하고 있다.[16] 비즈니스위크지의 커버스토리 "서비스는 왜 평판이 나쁜가?"와 월스트리트 저널의 "무례한 대우를 받으면서도 우리는 비용을 지불한다"라는 사설에서 서비스 품질과 가치를 묻는 기사를 접할 수 있다.[17] 그리고 비록 예외가 있지만, 서비스 산업의 미국국가고객만족도지수(ACSI)는 내구재나 비내구재 제품의 만족도보다 평균적으로 낮다. 특히 운송, 통신, 그리고 공공시설 부문에서 ACSI 점수가 낮다.[18]

서비스에 대한 이러한 비난은 어느 수준에서 서비스가 더 좋아지지 않을 때 더 곤혹스럽게 느껴진다. 예를 들어, 건강관리산업 한 가지만 생각해 보자. 미국과 선진국에서 기대수명이 계속 증가한 반면 병을 예방하고 치료하는 능력이 결코 이를 앞선 적은 없었다. 또한 통신산업을 보면 전 세계 사람들과 빠르고, 효과적이며, 저렴하게 통신하는 것이 그 어느 때보다 쉬워졌으며, 엄청난 양의 정보, 엔터테인먼트, 음악에 대한 접근은 불과 10년 전에 비하면 믿을 수 없이 발전하였다. 확실히 어떤 면에서는 많은 산업에서 서비스가 그 어느 때보다 더 좋아졌다고 할 수 있다.

서비스품질이 향상되고 있음에도 불구하고, 오늘날 기업이 제공한 서비스에 고객이 만족하지 않는다는 명백한 증거들은 다수 발견되고 있다. 왜 그런 현상들이 발생하는지에 대한 설명은 또한 다수 존재하는데 다음의 내용이 이를 설명하고 있다.

전략적 통찰 서비스를 이용하여 전략적으로 경쟁하기

기업은 서비스를 이용하여 다양한 방식으로 수익을 창출하면서 경쟁할 수 있다. 저자들은 산업 전반에 걸친 기업들의 분석과 다른 기업들의 벤치마킹을 통해서 기업이 서비스를 이용하여 다른 기업과 경쟁할 수 있는 주요 방법 네 가지를 확인하였다. 기업들은 주어진 여건에서 네 가지 방법 중 하나 혹은 두 개의 전략에 집중하는 경향이 있지만, 그 이상의 전략을 활용하기도 한다.

전형적인 틀을 벗어난 고객서비스

전형적인 틀에서 벗어난 고객서비스 제공으로 명성을 확보하여 경쟁우위를 확보한 기업이 있다. 사우스웨스트 항공(Southwest Airlines), 메이요클리닉(Mayo Clinic), 자포스(Zapoos)닷컴(신발 및 의류 온라인 판매기업), 제인 사이클(Zane Cycles; 코네티컷주에 위치한 소규모의 자전거 판매점) 등이 많은 사례 중에 일부이다. 이러한 기업들은 고객들을 위해 자신들만의 고유한 방식으로 서비스를 제공하는 데 중점을 두고 있다. 이러한 기업이 제공하는 특별한 서비스는 다음과 같다.

- 사우스웨스트 항공에서는 고객들에게 기내 게임과 농담뿐만 아니라 직원들의 독특한 유머감각을 전한다.
- 로비에 있는 그랜드피아노와 환자 옆에 밀착해서 환자와 눈을 맞추면서 앉아 있는 의사는 "환자에 대한 최고의 관심만이 메이요클리닉 병원에서 유일하게 고려되어야 하는 사항"임을 알려주고 있다.
- 제인사이클의 "타이어 펑크 클럽(flat tire club)"

혁신적이면서 첨단서비스

다른 기업들은 혁신적이면서 최첨단의 서비스를 제공함으로써 경쟁한다. 예를 들면, 업계 최초 또는 최고가 되거나 새로운 발명, 기술 또는 과학분야의 선도자 역할을 하는데, 효과적이면서 혁신적인 온라인 소매업의 선두주자인 아마존 같은 기업이 여기에 해당한다. 메이요클리닉도 이러한 범주에 속한다. 미국 의료분야 선두기업인 메이요클리닉은 진단하기 매우 어렵거나 치명적인 질병으로 고통받고 있는 환자를 세심하게 치료한다. 메이요클리닉의 연구중심적, 팀지향적인 조직구조와 의학상담모델은 항상 이 병원을 미국에서 선두권에 유지할 수 있게 해주는 원동력이다.

기술을 통해 기업은 서비스 가능성을 확장하고 고객 삶의 필수적인 부분이 되는 제품을 만들 수 있다. 예를 들면, 아마존 에코(Amazon Echo)는 음악을 재생하고, 최신 기상정보를 제공하며, 집으로 배송할 제품을 주문하는 인터넷 연결장치이다. 이 장치는 음성을 이용하여 가정의 온도 조절기 및 스마트 전구와 같은 다양한 인터넷 연결 제품을 제어할 수도 있다.

부가가치, 수익 창출 서비스

최근 제조업, 정보 기술 및 기타 비서비스 산업 분야의 주요 추세는 부가가치, 수익 창출 서비스의 도입이다. 이러한 산업에 종사하는 기업들은 생산된 제품만으로는 판매를 실행하면서 이익을 창출하기가 어렵다는 것을 인지했다. IBM, 휴렛패커드(Hewlett-Packard), 지멘스(Siemens) 및 제너럴 일렉트릭(General Electric)과 같은 많은 기업들이 자신들의 제품에 서비스를 추가했다.

수익 창출 서비스에 대한 초점은 소매기업에도 적용되고 있다. 예를 들어, 미국에서 가장 큰 애완동물 소매유통기업인 펫스마트(PetSmart)는 비교적 수익성이 낮은 이 산업에서 효과적으로 경쟁할 수 있는 방법으로 최근 몇 년 동안 새로운 서비스를 도입했다. 이 회사는 "애완동물 부모(pet parents)"를 대상으로 특별한 서비스를 제공하는데 특수 서비스에는 애완동물 훈련, 애완동물 미용, 심야보호 등이 포함된다.

차별화된 서비스문화

마지막으로, 기업은 업계 최고의 직원을 채용한 후 서비스문화를 교육하여 기업들과 경쟁할 수 있다. 우수한 인력을 채용하면 기업은 최고의 서비스를 제공할 수 있다는 측면에서 경쟁 우위를 점할 수 있는데, 이러한 방법은 "선택받은 제품의 고용주", "선택받은 제품의 공급자"가 될 수 있는 지름길인 것이다. 이러한 접근방식을 사용하는 대표적인 기업은 사우스웨스트 항공, 메이요클리닉, 디즈니, 메리어트 호텔 등이다. 메리어트 호텔의 기본적인 기업 철학은 "직원을 먼저 성심껏 대하면, 그들이 고객을 성심껏 응대할 것이다"인데 이 철학은 자회사인 페어필드 인(Fairfield Inns)에서 리츠칼튼(Ritz Carlton)에 이르기까지 모든 메리어트(Marriott) 브랜드에 스며들어 메리어트가 호텔업계에서 세계적인 경쟁우위를 차지할 수 있도록 해주고 있다.

자료 : Center for Services Leadership, W. P. Carey School of Business, Arizona State University(www.wpcarey.asu.edu/csl).

- 차별화된 세분시장에서 계산된 수익성을 기반으로 단계별 서비스를 제공하는 기업들이 증가함에 따라 실제로 많은 고객들이 과거에 비해 서비스를 적게 받고 있다.
- 기업이 셀프서비스와 기술기반서비스의 사용을 증가시키면서 인적인 상호작용이라든가 개개인의 특성이 고려되지 않기 때문에 서비스 감소로 인식된다.
- 고객의 기대는 몇몇 기업으로부터 받은 훌륭한 서비스로 인해 상승한다. 그래서 다른 기업들에게도 같은 기대를 하지만 자주 실망하곤 한다.
- 기업의 비용 절감으로 인한 불충분한 시스템과 부족한 일손으로 양질의 서비스를 제공하지 못하고 있다.
- 경쟁적인 고용시장의 결과로 능력 있는 사람은 곧 승진을 하거나 좀 더 나은 기회를 찾아 떠나게 되고, 숙련되지 못한 사람들이 서비스업의 일선에서 일하게 되었다.
- 많은 기업들이 고객초점과 서비스품질을 립서비스한다. 하지만 이들 기업은 립서비스에 걸맞는 서비스품질을 제공하는 데 필요한 직원 교육, 보상, 그리고 지원을 제공하지 못하고 있다.

이와 같은 설명에 대해 논쟁이 있을 수는 있다. 하지만 서비스마케팅과 서비스경영 분야에 있는 학생, 교수, 그리고 경영자에게 "해결해야 할 일이 너무나 많다"는 메시지는 확연히 전달하고 있다. 본서에서 우리는 서비스로 성공한 사례를 많이 소개할 것이다. 우리는 또한 "서비스는 평판이 나쁘다(service stinks)"는 통념을 역으로 바꾸는 데 도움을 줄 수 있는 많은 도구, 개념, 그리고 전략을 자세히 기술할 것이다.

서비스와 기술

앞부분에서 서비스마케팅의 기원과 존재 이유에 대해 논의했다. 여기서는 또 다른 주요 추세인 기술, 특히 정보기술이 서비스마케팅에 미치는 커다란 영향에 대해 논의할 것이다. 이후 각 장에서 관련된 정보기술의 영향을 간단히 소개할 것이다. 연구자인 러스트(Roland T. Rust)와 후앙(Ming-Hui Huang)에 따르면 정보기술은 "서비스 혁명(service revolution)"을 일으켜 서비스 부문의 확장과 경제의 모든 범주에서 서비스의 중요성을 증가시키고 있다.[19] 이번 절에서는 서비스와 관련된 기술 이슈, 그리고 이것으로 인한 도전과 기회를 탐색할 수 있는 몇 가지 사례를 소개할 것이다. 세계화(globalization)와 함께 기술 발전은 서비스마케팅에 영향을 주는 가장 중요한 추세로 자리 잡고 있다.

새로운 서비스제공물

최근 몇 년간을 살펴보면, 서비스혁신을 가져온 기본적인 동력이 기술이라는 사실은 너무나도 당연하게 여겨진다. 자동음성메일, 자동응답시스템, 스마트폰, ATM, 그 외 또 다른 서비스들은 분명 새로운 기술로 인해 가능한 것이다. 과연 이러한 기술서비스가 없을 경우 세상이 어떻게 달라질지 상상해보면 그 중요성을 깨닫게 될 것이다.

인터넷 사용자의 폭발적인 증가에 따라 다양하면서 새로운 서비스들이 나타나고 있는데, 예를 들어 아마존과 구글, 알파벳(Alphabet) 같은 인터넷 기반 기업들은 전에 없던 서비스를 제공하고 있고 또한 전에는 상상할 수 없었던 수많은 애플리케이션 서비스들이 스마트폰을 통해 제공되고 있다. 또한, 기존 기업이나 산업에서도 인터넷이 새로운 서비스를 보다 잘 제공할 수 있다는 사실을 알게 되었다.[20] 예를 들어 월스트리트저널은 고객들이 자신의 선호도와 필요에 맞게 신문기사를 구성할 수 있도록 하는 쌍방향 판(interactive edition)을 제공하고 있다. 대학의 경우 대면 프로그램으로는 교육을 받기 불가능한 학생들을 대상으로 온라인 학위 프로그램을 제공하고 있다.

저자가 이 책을 집필하는 동안에도 다양하면서 새로운 서비스기술이 진화 및 발전하고 있으며, 이러한 발전된 기술은 점점 더 빠른 속도로 우리 눈앞에 다가오고 있다.[21] 예를 들어, 모바일과 차량이 결합된 "커넥티드 카(connected car)"는 사람들이 도로에 있는 동안 기존 및 새로운 서비스를 사용할 수 있게 하고 있다. 이미 수많은 차량들이 운전자에게 특정 장소를 안내해주는 지도 및 길 안내 소프트웨어를 갖추고 있다. 또한, 차체 내장 시스템에서 선호하는 소매점이 일정 거리 내에 있는 경우 쇼핑 정보를 운전자에게 제공하고 있다. 여행 중에 이 시스템은 기상 예보와 경보를 제공하며, 숙박해야 하는 경우 근처 호텔을 예약하고 식당을 추천하여 저녁식사 예약을 할 수 있게 하고 있다. 의료기술 분야에서의 진보는 의료진이 원격으로 환자를 진료하고 처방전을 제공하며 수술까지도 가능하도록 하였다. 또한 존 디어(John Deere), 캐터필러(Caterpillar), GE 같은 대규모 제조기업은 원격으로 장비를 조정하며, 인터넷을 통해 고객에게 양질의 정보와 서비스를 제공하고 있다. 기계로부터 전송되는 데이터에 의존하는 정교한 서비스는 사물인터넷 또는 IoT(Internet of Things)로 알려져 있는데, IoT는 대량의 데이터를 생성하는 것 이외에도 수많은 새로운 서비스제공의 기회를 출현시키고 있다.[22]

서비스를 제공하는 새로운 방식

새로운 서비스 제공물들이 주는 기회 외에도 기술은 보다 더 쉽고, 편리하고, 생산적인 방식으로 기존의 서비스를 제공할 수 있는 접근법을 제공한다. 기술은 기본적인 고객서비스 기능들(대금지불, 질문, 계좌기록 체크, 주문추적), 거래(소매 혹은 기업 간 거래), 그리고 찾거나 혹은 배우고자 하는 정보에 쉽게 접근하게 한다. 이 장에서 소개하는 **주목받는 기술** 코너에서는 기술의 진화에 따라 고객서비스가 어떻게 변화되어 왔는지를 소개하고 있다. 예를 들어 기업들은 대면접촉 서비스에서 전화 기반 서비스로, 이어서 인터넷기반 서비스로 변화하여 지금은 무선 서비스로 대화형 음성 응답 시스템을 광범위하게 사용하고 있다. 흥미롭게도 많은 기업들이 이러한 방식을 일주하여 다시 원점인 대면접촉 서비스로 돌아오고 있다.

기술은 또한 구매를 위한 직거래 수단을 제공하여 거래를 용이하게 한다. 금융서비스에서,

찰스슈왑은 전통적인 브로커에서 자사 고객의 70% 이상이 온라인 거래를 하는 온라인 금융 서비스 회사로 변신하였다. 미국 금융소프트웨어 개발기업 인튜이트(Intuit)는 고객이 금융 생활을 편리하게 할 수 있도록 설계된 터보택스(TurboTax), 퀵북스(QuickBooks) 같은 기술 기반 서비스를 제공하고 있다. 인튜이트가 개발한 무료 애플리케이션 민트(Mint)는 모든 은행에 있는 고객의 거래계좌와 카드지출 내역을 즉석에서 확인할 수 있으며, 자금 관리나 청구서 알림 서비스 등도 고객에게 제공한다. 기술의 발전은 많은 BtoB 기업 서비스의 거래와 제공방법 또한 변화시켰다. 예를 들면, 거대 기술기업인 시스코시스템은 온라인으로 주문을 받고 서비스를 제공한다.

마지막으로 기술, 특히 인터넷은 고객들이 정보를 찾거나 배울 수 있으며 또한 서로 협력할 수 있는 가장 쉬운 방법이 되었다. 과거에는 정보에 접촉하는 것이 결코 쉬운 일이 아니었다. 예를 들어, 현재 2만여 개 이상의 웹사이트가 건강 관련 정보를 제공하고 있는데, 이들 사이트를 통해 질병, 의약품, 그리고 진료문제 등에 대한 답변을 얻을 수 있다. 온라인 건강 관리 정보 사용에 관해 연구한 퓨(the Pew) 연구소에 따르면 인터넷을 사용하는 미국인들 중에서 80%의 사람들이 웹상에서 건강 혹은 의학정보를 찾는다고 한다.[23] 또한, 기술은 기업이나 개인사업자와 고객과의 커뮤니케이션을 용이하게 해주는데. 에어비앤비(Airbnb), 우버(Uber) 그리고 프리랜서 중개사이트인 파이버(Fiverr) 등이 이러한 기술에 의해 탄생한 기업이다. 이러한 유형의 서비스는 "공유경제(shared economy)"의 성장을 촉진하는데, 때로는 이러한 서비스를 1920년대 연주자들의 고용형태인 초단기 계약형태에서 유래된 "긱 경제(Gig Economy)"라고도 한다.[24]

고객과 직원 모두를 더 잘하게 한다

기술을 통해 직원과 고객 모두 서비스를 보다 효과적으로 제공받을 수 있다.[25] 셀프서비스 기술을 사용하여 고객들은 보다 효과적으로 자신들의 욕구를 충족시키고 있다. 온라인뱅킹의 경우 은행 직원의 도움 없이 고객들이 자신의 계정에 접속하고, 잔고를 확인하며, 대출을 신청하고, 다른 계좌로 돈을 이체하며, 필요한 은행 업무를 처리할 수 있다. 온라인 쇼핑과 인터넷, 스마트폰을 통해 가능한 수많은 서비스 도구들이 지속적으로 소비자의 삶을 변화시켜 왔다. 소셜미디어를 통해서도 고객과 기업은 서로 소통하고 협동할 수 있다.

직원들에게 있어, 기술은 서비스제공을 보다 효과적이고 효율적으로 할 수 있도록 하는 엄청난 자원이다. 고객관계관리(CRM)와 판매보조 소프트웨어는 현장 직원들이 보다 나은 서비스를 제공하도록 지원하는 영역이다. 제품과 서비스 제공물뿐만 아니라 개별 고객에 대한 정보에 즉각적으로 접속할 수 있게 되면, 직원들이 보다 나은 서비스를 고객에게 제공할 수 있을 것이다. 이러한 유형의 정보는 직원들이 고객의 욕구에 맞춰 서비스를 고객화할 수 있게 해준다. 또한 이러한 기술들은 고객과 제품에 대한 정보가 종이파일로 되어 있고, 또한 판매부서의 고위층 및 고객서비스 담당자에게만 접근이 허락되었던 과거보다 훨씬 더 효율적이고 시기적절하게 서비스를 제공할 수 있게 한다.

주목받는 기술 고객서비스의 변화 트렌드

기업의 지속적인 관심과 지원을 받는 우수한 고객서비스는 브랜드 아이덴티티 구축과 성공적인 서비스 제공에 매우 중요하다. 이러한 서비스에는 고객의 질문에 응답하거나 주문을 받는 것, 정산처리, 일정 예약 등과 같은 업무들이 해당한다. 이러한 필수적인 업무로 인해 고객과 기업의 관계를 구축할 수도 있지만, 관계 종료의 원인이 되기도 하다. 고객응대 품질의 정도는 서비스기업, 제조기업, 소비재기업 등 거의 모든 기업의 브랜드 아이덴티티 구축에 의미 있는 영향을 미친다. 소비자에게 좋은 인상을 남기고 고객과의 관계를 지속하는 데 매우 중요하기 때문에 고객서비스는 때때로 기업의 "출입문(front door)" 또는 "얼굴(face)"이라고도 불린다.

그렇다면, 기술의 발전으로 인해 고객과의 서비스 접점은 어떻게 변하였을까? 오래전에 제공되었던 모든 고객서비스는 종업원과 고객 간에 직접적인 상호작용을 하는 대면접점(face-to-face) 서비스가 주를 이루었다. 서비스를 구매하기 위해서 고객은 직접 점포나 서비스 제공자를 방문해야 했다. 전화의 도입으로 고객은 월요일부터 금요일(오전 8시부터 오후 5시)까지 기업과 유선으로 접촉할 수 있었다. 고객서비스는 점점 비대면화되어 갔지만 전화의 도입으로 인해 서비스제공은 확실히 효율성을 제고할 수 있었다. 컴퓨터 기술의 발전은 고객서비스 담당자의 업무 또한 효율성을 높일 수 있도록 하였다. 컴퓨터 정보시스템과 고객데이터 파일을 이용하여 고객서비스 담당자는 서버에서 고객정보를 불러와 고객의 요구에 응대할 수 있게 되었다.

기술이 더욱 발전하면서 기업들은 고객서비스 기능을 집중화하기 시작했고, 대규모의 콜센터를 인건비가 저렴하면서 언어에 능통한 국가로 이전하여 24시간 운영하였다. 그러나, 여전히 이러한 유형의 콜센터에서 주로 제공하는 고객서비스는 직원과 고객이 일대일로 직접 대화하는 대인관계(interpersonal)형 서비스이다.

효율적이지만 고객들로부터 혹독한 비난을 받고 있는 자동응답 시스템의 출현과 급속한 확산은 대부분의 기업의 고객서비스를 매뉴얼 중심의 자동화된 서비스로 발전시켰다. 거의 모든 산업과 비즈니스에서 소비자들은 이러한 유형의 시스템을 접하게 되었지만 사용시간의 지연, 혼란스러운 옵션 또는 통화목적에 맞는 옵션이

서비스를 전 세계로 확장

기술이 서비스에 도입됨으로써 전에는 불가능하게만 여겨지던 전 세계의 고객들을 대상으로 서비스를 제공할 수 있는 가능성이 열렸다. 인터넷 자체는 국경이 없다. 따라서 정보, 고객서비스, 그리고 거래는 전 세계의 국가와 대륙을 넘나들며 인터넷에 접속하는 그 어떤 고객도 접근 가능하다. 또한 기술은 글로벌 기업의 직원들이 손쉽게 정보공유, 질문요청, 그리고 가상 팀에서 일하는 것을 가능하게 한다. 이 모든 기술은 서비스 비즈니스의 효율성뿐만 아니라 세계화를 촉진한다. 이번 장의 **세계적 추세** 코너에서는 서비스 분야 일자리의 전 세계적인 이동과 어디에서든 서비스를 생산할 수 있는 능력에 중점을 둔다.

인터넷이 곧 하나의 서비스다

기술의 영향을 살펴보면 인터넷이 "하나의 큰 서비스"라는 흥미로운 사실을 깨닫게 된다. 인터넷으로 운영되는 모든 사업체와 조직은 본질적으로 정보 제공, 기본적인 고객서비스 기능 수행, 거래 촉진 또는 개인 간의 사회적 상호작용을 촉진하는 서비스를 제공한다. 모바일 기술이나 사물인터넷은 이러한 기업들이 제공하는 서비스의 핵심이다. 그러므로 서비스마케팅과 서비스경영에서 배운 모든 도구, 개념, 그리고 전략은 인터넷이나 e-비즈니스 세상에 직접 적용된다. 그러나 기술과 인터넷은 사람들의 사업방식과 제공물을 바꾸지만 고객은 여전

없는 경우 등에 실망한다. 이러한 상황과 유사하게, 고객은 자동응답시스템에서 쉽게 빠져나오지 못하거나 상담원과의 대화가 어려울 경우에 분노한다.

자동응답시스템의 기능을 능가하는 인터넷의 폭발적인 보급은 대부분의 기업에서 제공하는 서비스를 대폭 변화시켰다. 인터넷상에서 이메일, 웹사이트, 로봇, FAQs, 온라인채팅 등을 이용하여 서비스를 제공하고 있다. 이러한 경우 직원과의 직접적인 상호작용은 없으며 고객이 실제로 자신의 서비스를 수행한다. 또 다른 경우에는 사람이 서비스에 전혀 개입하지 않는다. 예를 들어 B2B (Business-to-Business) 영역에 있는 많은 제조업체는 고객이나 직원의 개입 없이 설비의 원격제어 서비스나 자동화된 기계를 이용한 서비스를 제공한다.

이러한 IT 기술의 끊임없는 확산으로 기업은 고객의 서비스에 대한 기대의 정도가 달라졌다는 것을 인지했다. 고객들은 자동응답시스템, 이메일, 인터넷을 통한 셀프서비스, 원격제어서비스 중 어떤 도구를 이용하여 서비스를 받을 것인지에 대해 선택을 요구받고 있다. 대분분의 경우 고객이 이러한 자동화된 시스템을 선호하여 요구한다. 그러나, 시스템이 원활하게 작동하지 않거나, 서비스실패에 대한 회복시스템이 부재하거나, 또는 대인서비스와 비교하여 장점이 없는 경우에는 이러한 시스템에 대한 불만족이 크다. 흥미롭게도, 인터넷이나 자동응답시스템을 통한 서비스가 원활하게 작동하지 않을 때, 고객은 전통적인 서비스 제공방법인 직접 또는 전화를 통한 서비스를 찾아 처음부터 다시 시작한다.

자료 : J. A. Nickell, "To Voice Mail Hell and Back," Busi₩-ness 2.0, July 10, 2001, pp. 49-53; M. L. Meuter, A. L. Ostrom, R. I. Roundtree, and M. J. Bitner, "Self-Service Technologies: Understanding Customer Satisfaction with Technology-Based Service Encounters," *Journal of Marketing* 64 (July 2000), pp. 50-64; S. Ali, "If you want to Scream, Press," The Wall Street Journal, October 30, 2006, p. R4; J. Light, "With Customer Service, Real Person Trumps Text," *The Wall Street Journal*, April 25, 2011, p. B7.

히 가장 기본적인 서비스를 원한다. 뭔가 잘못되었을 때 신뢰할 수 있는 처리를 해주고, 쉬운 접근, 대응시스템, 융통성, 사과, 그리고 문제가 발생했을 때 보상을 원한다.[26] 많은 벤처기업 또는 창업(start-ups)기업들이 업무, 물류, 그리고 서비스 추적 등의 실패와 고객지식 부족으로 실패했거나 고통받은 것을 돌이켜보면 이를 알 수 있다.[27]

기술과 서비스의 역설과 어두운 면

기술이 서비스를 지원하고 개선할 수 있는 잠재력은 분명 크지만 부정적인 결과도 가져올 수 있다. 소비자연구로 유명한 미크(David Mick)와 후르니어(Suaan Fournier)는 기술제품과 고객서비스에 대해 여러 가지 역설을 제시하고 있다.[28] 예를 들어, 그들은 기술이 개인의 자유와 독립을 촉진할 수 있지만, 유연성이 없는 경우에는 사용이 제한적이거나 제약이 가해질 수 있다는 것을 지적한다. 또한, 기술은 사람들 사이의 사회적 상호작용과 친밀감을 촉진할 수 있지만, 사람들을 고립시키거나 분리시킬 수도 있다는 이중성을 지니고 있다. 이 절에서는 이와 관련한 몇 가지 내용을 조명해 본다.

기업이 인터넷을 통해 고객과 직접적으로 상호작용하고 고객에 관한 정보를 파악하면서 개인정보 보호 및 비밀 유지가 중요한 이슈로 떠오르고 있다. 예를 들어, 이러한 이슈로 인해 정보기술을 적용하는 데 많은 장애가 있다. 한편 모든 고객이 기업과 상호작용하는 수단으로

세계적 추세 서비스업의 국제적 이동

정보 기술이 점점 더 정교해짐에 따라 서비스기업의 해외 진출은 엄청난 속도로 증가하고 있다. 고객과의 밀접한 접촉이나 개인적 접촉을 통해 제공되던 서비스를 이제는 인터넷이나 비디오 및 통신 기술을 통해 제공할 수 있다. 기술의 발전은 이러한 서비스제품을 생산하고 지원하는 직업 활동이 전 세계 거의 모든 곳에서 수행될 수 있음을 의미한다. 이러한 현상은 "서비스업의 국제적 이동(migration of service jobs)"이라고 불리는데, 미국이나 영국에서 제공되던 서비스가 현재는 인도, 파키스탄, 필리핀, 동유럽 국가뿐만 아니라 최근에는 중국, 콜롬비아 및 브라질 등에서도 제공하고 있다.

이러한 서비스업의 세계화는 여러 가지 측면에서 피할 수 없지만 상당한 논란거리가 되었다. 한 가지 분명한 우려는 고임금을 받을 수 있는 서비스업 일자리 중 일부가 저임금 국가로 이동하여 사라졌다는 것이며, 이러한 우려는 일자리를 잃어버린 서비스업 종사자 개인에게 매우 현실적인 상황이 되었다는 것이다. 그러나, 그 수치는 예상만큼 높지는 않다. 미국 메사추세츠 주 캠브리지에 위치하고 있는 포레스터 리서치(Forrester Research)는 지난 2015년까지 330만 개의 첨단 기술 및 서비스 일자리가 미국에서 해외로 빠져나갈 것으로 예상했었다. 다른 기관들은 그 수가 훨씬 더 많을 것으로 추정한다. 이러한 우려의 또 다른 측면은 해외 일자리가 혁신을 촉진하고 다른 영역에서 일자리를 창출하며, 생산성을 증가시켜 소비자에게는 이익이 되고 기업은 글로벌 시장에서 경쟁력을 유지할 수 있다는 주장이다. 사실 미국의 노동통계청(Bureau of Labor Statistics)은 2000~2010년까지 10년 동안 미국 시장에 2,200만 개의 새로운 서비스 분야의 일자리(주로 의료, 사회서비스, 교통, 통신 분야)가 창출될 것으로 예상했다. 서비스업의 국제적 이동에 대한 구체적인 결과는 정확하게 알려지지 않았지만 서비스의 세계화는 계속될 것이며 그 결과 사람과 국가 간의 경계가 더욱 축소될 것이다.

서비스업의 국제적 이동은 고객콜센터나 IT 관련 전화상담서비스뿐만 아니라 산업이나 기술의 수준이 고도화된 서비스도 포함된다. 소프트웨어 개발, IT 컨설팅, 칩 설계, 재무 분석, 산업 공학, 약물 분석 및 연구는 글로벌 기업들이 인도에서 수행하는 서비스의 몇 가지 사례에 불과하다. 의료 진단 및 의료 기록의 판독 또한 비디오, 인터넷 및 스캔 기술을 통해 원격으로 수행할 수 있다.

대기업들이 행하는 서비스업의 해외 이동 이외에, 다른 직종에서는 개별 근로자와의 계약을 통해 좀 더 단편적으로 이루어지고 있다. "휴먼 클라우드(Human Clod)" 또는 "긱 경제(Gic Economy)"라고 불리는 시장의 근로자들은 개방형 온라인 시장이나 지리적, 언어적 경계를 뛰어넘는 특정 온라인 플랫폼을 통해 자신의 기술(skills)이나 시간(time)을 판매한다. 이러한 온라인 경제를 이용한 구매자와 판매자 간의 개별 협상을 통해 화이트컬러의 직종(고숙련 및 최소한의 기술이 필요한 일자리)이 수행되고 이에 대한 비용이 지불된다. 예를 들어 업워크(Upwork), 프리랜서(Freelancer) 및 피플퍼아우어(People Per Hour) 같은 온라인 플랫폼기업들은 카피라이팅, IT, 디자인 작업, 법률서비스 및 관리서비스와 같은 작업을 수행하는데 개인 고객들은 이러한 작업에 "입찰"하고 수행한 작업에 대한 대가를 받는다.

© David pearson/Alamy Stock Photo

미국기업 딜로이트사의 인도 하이데라바드 콜센터

서비스업의 국제적인 이동이 현재 왜 발생하는 것일까? 이러한 현상이 가속화되고 있는 근본적 원인은 정교한 정보기술의 급격한 발전과 이에 대한 접근성이 용이하기 때문이다. 서비스업은 정보집약적인 특징을 가지고 있는 관계로 현대사회에서는 직접적인 대면접촉 없이도 정보를 쉽게 공유할 수 있다. 예를 들어, 인도의 방갈로르에 위치하고 있는 존 웰치(John F. Welch) 기술 센터에서는 4,000명 이상의 인도 국적 연구원, 엔지니어 및 과학자가 제너럴 일렉트릭(General Electric) 계열사의 연구에 참여하고 있다. 이들이 수행하는 프로젝트는 DVD에 사용할 재료 개발, GE 공장의 생산성 향상, 터빈 엔진 블레이드(turbine engine blade)의 설계 조정 등 다양한 영역에 걸쳐 있다. 설계작업 또한 인도에서 수행할 수 있으며(다른 곳의 엔지니어와 팀을 구성할 수도 있음) 이에 대한 결과는 필요할 때마다 세계 어느 곳이든 즉시 전송할 수 있다. 또 다른 글로벌 거대 컨설팅기업인 딜로이트(Deloitte)는 27,000명에 가까운 현지 직원을 고용하여 인도 중부의 하이데라바드에 있는 딜로이트 인도(Deloitte US India) 사업장의 현대식 빌딩 11개에서 근무하도록 하고 있다. 이들은 딜로이트(Deloitte)와 글로벌 고객을 위해 행정업무, 감사, 인수와 합병(M&A)에 관한 연구, 프로젝트에 기반한 컨설팅 업무 등을 수행한다. 이러한 모든 업무들이 정해진 시간에 원활하게 수행된다면 고객은 어디에서 수행해도 중요하지 않다.

자료 : U. Karmarkar, "Will You Survive the Services Revolution?" *Harvard Business Review*, 82 (June 2004), pp. 100–107; M. N. Baily and D. Farrell, "Exploding the Myths of Offshoring," *The McKinsey Quarterly*, online at www.mckinseyquarterly.com, July 2004; A. Vashistha and A. Vashistha, *The Offshore Nation* (New York: McGraw-Hill, 2006); A. King, "Inside Deloitte's Indian Growth Engine," *The Australian Financial Review*, April 13, 2016, p. 1; S. O'Connor, "Cloud Atlas: The New World of Work," Financial Times, October 9, 2015, p. 11; A. L. Sussman and J. Zumbrun, "'Gig' Economy Spreads Broadly," *The Wall Street Journal*, March 26–27, 2016, p. A1.

써 기술을 사용하는 것에 관심을 가지고 있는 것은 아니다. 고객의 기술적응성에 대한 연구를 보면 일부 고객은 기업과 상호작용하는 수단으로써 기술을 이용하는 것에 대해서 별로 관심이 없거나 사용할 준비가 되어 있지 않다.[29] 직원들 또한 그들의 업무에 기술이 도입되는 것을 꺼려할 수 있다. 특히, 옳든 그르든 간에, 기술이 인간의 노동력을 대체하거나 그들의 일자리를 빼앗을 수 있다고 생각할 때 더욱 그러하다.

기술 도입으로 인해 사람과의 접촉이 감소하면, 대다수의 사람들은 이러한 감소가 인간관계 측면과 삶의 질에 있어서 별로 이롭지 않은 것으로 생각하고 있다. 부모들은 아이들이 컴퓨터와 스마트폰을 이용하여 게임을 하고, 정보를 찾고, 얼굴을 보지 않아도 되는 트위터나 페이스북 같은 SNS를 이용한 커뮤니케이션에 시간을 보내는 것을 바라보면서 걱정할지도 모른다. 아울러 같은 차를 타고 있는 동료나, 직장에서 옆 사무실 직원과 커뮤니케이션을 할 경우에도 이메일이나 온라인채팅으로 이야기할 정도로 기술을 이용한 의사소통 수단에 점점 더 의존하고 있다. 일상생활에 기술을 도입하는 과정에서 의도하지 않은 결과와 장단점들이 현재 주요 연구 대상 중 한 분야인데, 스탠포드 대학에서는 정신의학(psychiatry)을 포함한 의학 분야로부터 컴퓨터과학 및 엔지니어링까지 학제 간에 관심을 가지고 연구하고 있다.[30]

끝으로 기술 투자비의 회수가 불확실하다. 투자로 인한 생산성이나 고객만족에 미치는 성과는 오랜 시간이 소요되거나 때때로 그 성과가 전혀 나타나지 않을 수도 있다. 예를 들어 컨설팅 회사인 맥킨지가 보고한 바에 따르면, 어떤 회사는 자사의 광고와 서비스를 인터넷으로 이전하여 4,000만 달러의 비용을 줄일 수 있을 것으로 예상하였다. 그러나 이 회사는 예상을 밑도는 고객들의 사용률과 초기에 인터넷 애플리케이션을 사용한 사람들의 예상치 못한 후속 통화 및 이메일, 교차 판매 기회 부족으로 인한 매출 손실로 인해 1,600만 달러의 손해를 감수해야만 했다.[31]

서비스의 특징

재화와 서비스 간에 차이가 존재한다는 것에 대한 의견은 일치한다. 서비스의 이러한 특징으로 인해 여러 가지 관리적 이슈가 제기된다.[32] 차이가 나는 이러한 특징들은 그림 1.2의 유형성 스펙트럼처럼 연속적인 개념으로 정리될 수 있다. 다시 말해, 서비스는 재화보다 이질적이고, 무형적이며, 재화보다 평가하기가 어렵다. 그러나 이들 차이는 흑백으로 구분할 수 있을 만큼 명확한 것은 아니다.[33]

표 1.1은 재화와 서비스 간의 차이 그리고 이런 특징들의 시사점을 요약하고 있다. 본서에서는 마케터에 의해 무시되었던 이러한 특징들을 설명하기 위해 수많은 전략, 수단, 그리고 기본틀을 개발한다. 최근에는 이렇게 구분되는 특징들이 서비스만의 독특함이 아니라 재화와 관련된 것으로 보기 시작했는데, 즉 "모든 상품은 서비스다", "경제적 교환은 근본적으로 서비스 제공이다"와 같은 주장이 이를 대변해 준다.[34] 비록 이러한 관점은 모든 유형의 조직

들이 서비스마케팅의 기본틀, 도구, 그리고 전략으로부터 가치 있는 통찰력을 얻을 수 있음을 시사하고 있다.

무형성

서비스의 가장 독특한 특성이 바로 무형성(intangibility)이다. 왜냐하면 서비스는 객체(objects)라기보다는 행위이고 성과이기 때문에 우리가 유형적 제품처럼 보거나, 느끼거나, 맛보거나 만질 수는 없다. 예를 들어, 의료서비스 제공자가 환자나 그 가족을 위해 수행하는 수술, 진단, 검사, 치료 등의 행위가 있다. 환자가 장비나 입원실과 같은 서비스의 일부인 유형적 요소를 보거나 만질 수는 있을지라도 실제 서비스는 보거나 만질 수 있는 것이 아니다. 사실 의료를 비롯한 많은 서비스는 소비자가 이해하기가 쉽지 않다. 비록 절개, 붕대 감기, 통증과 같은 서비스의 유형적 증거가 꽤 분명할지라도 심지어는 진단이나 수술이 환자에게 행해진 뒤에도 수행된 서비스를 완전히 이해하지 못할 수 있다.

마케팅 시사점 무형성은 몇 가지 시사점을 관리자에게 제공해준다. 첫째, 서비스는 저장될 수 없다는 것이다. 그러므로 수요의 변동을 관리하기가 어렵다. 예를 들어 2월에 피닉스(Phoenix)에 있는 리조트 숙박시설에 대한 엄청난 수요가 있다고 하자. 7월에는 이러한 수요가 거의 없다. 그러나 리조트 소유주들은 1년 내내 동일한 수의 방을 가지고 있다. 둘째, 서비스는 쉽게 특허권을 인정받을 수 없다. 따라서 새로운 개념의 서비스는 경쟁자에 의해 쉽게 모방된다. 서비스는 알기 쉽게 전시되거나 고객에게 쉽게 소통할 수 없기 때문에 소비자가 쉽게 품질을 평가하기가 어려울 수도 있다. 마지막으로, 서비스는 가격책정도 마찬가지이지만 광고나 판촉물에 무엇을 포함시킬 것인가에 대한 의사결정도 쉽지가 않다. 서비스 단위당 실제 원가를 산정하기 어렵고 "가격/품질의 관계"도 복잡하다.

이질성

서비스는 대부분 사람의 행위에 의해 생산되고, 소비되며, 때로는 기업과 고객의 공동생산에 의한 성과이기 때문에 정확하게 동일한 품질의 서비스가 존재하는 것은 불가능하다. 서비스를 제공하는 직원들의 행위는 오늘과 내일이 다르고 또한 시간마다 달라질 수 있다. 이러한 이질성(heterogeneity)은 고객도 똑같지 않기 때문에 생기는 결과이기도 하다. 각 고객은 독특한 요구사항을 가지고 있고 독특한 방식의 서비스 경험을 원한다. 이와 같이 서비스와 관련된 이질성은 직원과 고객 사이의 상호작용의 결과이며 그때 발생할 수 있는 모든 변이성(變異性)을 말한다. 예를 들어, 세무사가 같은 날 두 명의 다른 고객에게 서비스를 한다면 고객의 개인적인 욕구와 개성에 따라 또는 세무사가 상쾌한 아침에 상담을 하는지 아니면 피곤한 퇴근시간 무렵에 하는지에 따라 고객의 서비스경험은 달라질 수 있다.

마케팅 시사점 서비스는 시간, 조직, 그리고 사람을 막론하고 이질성이라는 특징이 있기 때문에 일관성 있는 서비스품질을 보증하기가 쉽지 않다. 실제로 서비스품질은 서비스 제공자가 통제할 수 없는 많은 요인들로 인해 달라진다. 예를 들면 소비자가 자신의 욕구를 직원에게 얼마나 잘 설명해줄 수 있는가 하는 능력이라든지 소비자의 욕구를 충족시킬 직원의 능력 또는 의지, 다른 고객이 기다리고 있는지의 여부, 그리고 서비스에 대한 기대 수준 등을 들 수 있다. 이러한 복잡한 요인들 때문에 서비스 관리자는 항상 서비스가 원래 계획된 방식대로 제공될 것이라고 확신할 수가 없다. 때때로, 서비스는 아웃소싱에 의해 제공되는데, 이런 경우 제공물의 이질성에 대한 가능성은 더욱 증가하게 된다.

생산과 소비의 동시성

대부분의 재화가 먼저 생산되고 그 다음 판매되고 소비되는 순서를 거치는 반면, 서비스는 먼저 판매되고 다음으로 생산과 소비가 동시에 이루어진다. 예를 들어, 자동차는 디트로이트에서 생산되어 샌프란시스코로 운송된 뒤, 2개월 후 판매되고 몇 년에 걸쳐 소비된다. 그러나 식당 서비스는 서비스가 판매되기 전까지는 공급될 수 없으며 생산과 소비가 동시에 이루어진다. 이러한 "생산과 소비의 동시성(simultaneous production and consumption)"으로 인해 서비스가 생산되는 현장에 소비자가 존재하며 생산되는 모습을 바라볼 수도 있고 심지어는 생산과정에 참여할 수도 있다.

또한 생산과 소비의 동시성은 서비스제공 중에 고객이 다른 고객과 상호작용하여 다른 사람의 서비스 경험에도 영향을 미칠 수 있음을 암시한다. 예를 들어, 비행기 안에서 모르는 사람과 서로 옆자리에 앉았을 때 그들은 상호 서비스경험에 영향을 미칠 수 있다. 업무차 비행기를 탄 사람이 이러한 사실을 미리 알고 있다면 어린아이를 데리고 탄 가족과 최대한 거리를 두고 앉으려 할 것이 분명하다. 또한 생산과 소비의 동시성으로 인해 서비스 제공자 자신

표 1.1 재화 대 서비스

재화	서비스	관리적 의미
유형	무형	• 서비스는 저장할 수 없다. • 서비스는 쉽게 특허를 낼 수 없다. • 서비스는 쉽게 전시되거나 소통할 수 없다. • 가격 책정이 어렵다.
표준	이질	• 서비스 제공과 고객만족은 직원과 고객의 행위에 달렸다. • 서비스 품질은 많은 통제 불가능한 요인에 달렸다. • 제공된 서비스가 계획되거나 촉진된 것과 일치하는지를 확실히 알기 어렵다.
생산과 소비가 분리	생상과 소비가 동시	• 고객이 거래에 참여하거나 영향을 미친다. • 고객이 서로에게 영향을 미친다. • 직원이 서비스 성과에 영향을 미친다. • 분산화가 필수적이다. • 대량생산이 어렵다.
미소멸	소멸	• 수요와 공급을 맞추기 어렵다. • 서비스는 반품되거나 재판매될 수 없다.

자료 : A. Parasuraman, V. A. Zeithaml, and L. L. Berry, "A Conceptual Model of Service Quality and Its Implications for Future Research," *Journal of Marketing* 49 (Fall 1985), pp. 41–50.

대학교 수업에서 학생들은 교수 및 동료학생들과 서비스경험을 공동생산한다.

이 서비스 자체일 뿐만 아니라 소비자의 서비스 경험에 중요한 영향을 미치는 역할을 하기도 한다. 흥미롭게도 기술의 발전으로 많은 서비스들이 다른 곳에서 동시에 소비되기도 하며, 그 결과로 몇몇 서비스 제공자들은 생산과 소비의 동시성으로 인한 어려움을 겪기도 한다.[35] 예를 들어, 온라인 교육의 발전으로 인해 실시간 수업을 인터넷상에서 진행할 수 있을 뿐만 아니라 녹화영상을 이용하여 시간차를 두고 수업을 제공할 수도 있다.

마케팅 시사점 서비스는 일반적으로 생산과 소비가 동시에 이루어지기 때문에 대량생산을 하기가 매우 어렵다. 서비스품질과 고객만족은 직원의 행동 그리고 직원/고객 간의 상호작용을 포함한 "현장성(real time)"에 많이 달렸다. 서비스의 현장성은 개별 소비자를 위해 고객화된 제품을 제공할 수 있는 기회가 된다는 점에서 분명 이점이 있다. 또한 생산과 소비의 동시성은 서비스를 집중화하여 규모의 경제를 달성하는 것이 불가능함을 의미한다. 비록 정보기술에 의해 서비스제공의 발전이 이런 서비스에 대한 요구를 많이 변화시켰지만, 그래도 서비스를 소비자가 편리한 현장에서 직접 제공하기 위해서는 분권화하여 운영할 필요가 있다. 또한 생산과 소비의 동시성으로 인해, 고객은 생산과정을 지켜보고 관여하기도 하기 때문에 서비스 거래의 결과에 긍정적이든 부정적이든 영향을 미칠 수 있다.

소멸성

소멸성(perishability)이란 서비스는 저장하거나, 재판매하거나, 돌려받을 수 없음을 말하는 것이다. 판매되지 않은 비행기 좌석이나 식당의 좌석, 변호사의 시간, 전화선의 용량 등은 이후에 재활용하거나 다시 판매할 수 없다. 반면에 재화는 재고로 저장할 수 있고 훗날 재판매할 수 있으며 심지어 소비자가 불만을 느낄 때는 회수할 수도 있는 것이다. 그러나 소비자가 방금 제공받은 헤어스타일이 맘에 안 든다고 반환하거나 다른 소비자에게 다시 팔아버릴 수 있는가? 그렇기 때문에 소멸성은 대부분의 서비스에 바람직하지 않은 결과를 가져올 가능성을 내포하고 있다.

마케팅 시사점 서비스의 소멸성과 관련해서 마케터가 직면한 근본적인 과제는 재고를 보유할 수 없다는 점이다. 따라서 수요예측과 창의적인 기획력이 시설 활용도를 높이는 데 매우 중요하다. 서비스를 회수하거나 재판매할 수 없다는 사실은 서비스가 잘못되었을 때 강력한 회복전략(recovery strategy)이 강구돼야 함을 암시한다. 예를 들어, 잘못 다듬어진 헤어스타일은 다시 되돌릴 수 없다. 그러나 이러한 문제가 발생했을 때 미용사는 고객의 마음을 돌이킬 수 있는 전략을 세울 수 있으며 또한 그렇게 해야 한다.

탐색품질, 경험품질, 신뢰품질

재화와 서비스의 평가과정에서 나타나는 차이를 분석하는 기본틀로 경제학자들이 제안한 "제공물의 속성 분류"가 있다.[36] 경제학자들은 먼저 소비재 제품의 속성을 두 가지 범주로 구분했다. 즉, 소비자가 제품을 구매하기 이전에 파악할 수 있는 속성인 **탐색품질**(search qualities) 속성과 오로지 구매 후나 소비 중에만 느낄 수 있는 **경험품질**(experience qualities) 속성으로 구분하였다. 탐색품질 속성은 색상, 스타일, 가격, 적합성, 느낌, 딱딱함, 향기 등을 나타내는 개념이고, 경험품질 속성은 맛이나 내구성, 편안함 등을 나타내는 개념이다. 자동차, 의류, 가구, 보석 같은 제품들은 탐색품질 속성이 높아 구매 이전에 그 제품에 대해 거의 완벽하게 파악할 수 있다. 반면에 휴가나 레스토랑에서의 식사와 같은 제품은 경험품질의 속성이 높아 구매하여 소비하기 이전에는 그 속성을 충분히 알 수 있거나 판단할 수 없다. 또 하나의 속성 범주인 **신뢰품질**(credence qualities) 속성은 소비자가 구매 후나 소비 이후에도 평가하기 어려운 속성을 나타내는 개념이다.[37] 신뢰품질이 높은 예로는 맹장수술, 자동차의 브레이크 리라이닝(relining) 또는 컴퓨터 소프트웨어 업데이트 같은 것을 들 수 있다. 소비자는 병원에서의 치료를 받거나 정비업체에서 리라이닝을 끝낸 후에도 이러한 서비스가 필요했는지 또는 제대로 행해졌는지를 평가할 수 있을 만큼 충분한 의학적 또는 기술적 지식을 가지고 있지 못하다.

그림 1.5는 품질평가의 어려움으로 제공물을 평가하여 탐색품질 속성이 높은 것, 경험품질 속성이 높은 것, 그리고 신뢰품질 속성이 높은 것으로 나열하여 연속선상에 표시한 것이다. 탐색품질 속성이 높은 제공물은 가장 평가하기 쉬운 것들이다(연속선의 왼쪽 끝). 경험품질 속성이 높은 제공물은 구매하고 소비를 해봐야 평가가 가능하기 때문에 보다 평가하기 어렵다(연속선의 가운데). 신뢰품질 속성이 높은 제품은 소비한 후에도 기대가 충족되었는지 평가하는 것이 용이하지 않거나 그럴만한 충분한 지식이 없기 때문에 가장 평가하기 어렵다(연속선의 오른쪽 끝). 대부분의 서비스가 독특한 품질로 인해 연속선의 오른쪽에 속하는 반면 대부분의 재화는 연속선의 왼쪽 끝에 해당된다는 것이다. 그렇기 때문에 재화보다 서비스를

그림 1.5
제품품질 평가 연속성

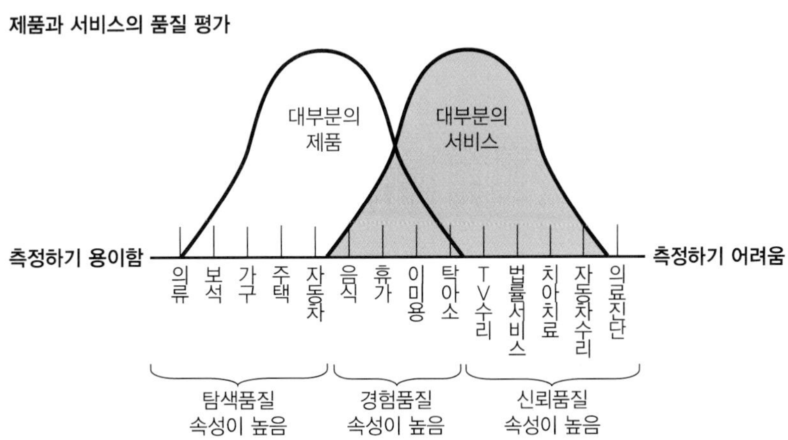

평가하는 것이 더 어렵고 구매 또한 그렇다. 결과적으로 평가 시 겪는 어려움 때문에 소비자는 서비스를 평가할 때 재화를 평가할 때와는 다른 단서(cues)나 과정(process)에 의존하게 되는 것이다.

서비스마케터가 직면한 도전과 의문

이러한 서비스의 근본적인 특징으로 인해 서비스마케터는 매우 실제적이고 특이한 과제에 직면하게 된다. 이러한 과제를 질문으로 표현했는데 아래에 제시된 질문에 답해야 한다는 과제가 서비스 경영자에게 여전히 남겨져 있다.

- 서비스가 무형적이고 표준화되지 않은 상태에서 **서비스품질을 어떻게 정의하고 향상시킬 수 있는가?**
- 서비스가 본질적으로 무형적인 과정으로 제공되고 고객과 제공자가 서비스를 공동생산하는 경우에 **새로운 서비스를 어떻게 효과적으로 설계하고 시험할 것인가?**
- 고객에게 제공되는 마케팅믹스 중 일부가 서비스 제공자인 직원일 때 기업은 **어떻게 일관성 있고 적합한 이미지를 확신할 수 있는가?**
- 제공능력은 제한돼 있고 서비스 자체가 바로 소멸되기 쉬운 상황에서 기업은 **어떻게 변화하는 수요에 대응할 수 있는가?**
- 서비스는 생산현장에서 바로 제공되기 때문에 직원이 서비스의 핵심적인 구성요소가 된다. 이들을 **어떻게 채용하고 동기부여할 것인가?**
- 서비스의 실제 생산원가를 산정하기 어렵고 가격이 품질의 지각과 관련이 있을 때 **가격은 어떻게 책정하여야 하는가?**
- 마케팅, 생산, 인적자원관리와 같은 기능 영역 중 어느 하나에서 이루어진 결정이 나머지 다른 영역에 영향을 미칠 때 기업은 **전략적 · 전술적 의사결정을 제대로 내리기 위해 어떻게 조직화되어야 하는가?**
- 조직의 효율성과 고객만족 양자를 극대화하기 위해 **"표준화와 고객화"의 균형을 어떻게 맞출 것인가?**
- 서비스 과정이 법적으로 보장받을 수 없을 때 조직은 **어떻게 경쟁자로부터 새로운 개념의 서비스를 보호할 수 있는가?**
- 제공물이 무형적이고 쉽게 시험해보거나 전시될 수 없을 때 소비자가 의사결정하기 전에 **어떻게 소비자에게 품질과 가치를 전달할 수 있는가?**
- 조직의 직원과 고객의 상호작용이 서비스 결과에 영향을 미칠 수 있을 때, 조직은 **일관된 품질의 서비스제공을 어떻게 보장할 수 있는가?**

서비스마케팅믹스

서비스 경영자와 마케터들에게 제기되는 이러한 수많은 질문은 본서에서 다양한 도구와 전략으로 답할 것이다. 때때로 이러한 도구들은 여기에서 소개하는 서비스마케팅믹스처럼 전통적인 마케팅도구를 서비스에 맞게 수정한 것일 수 있다. 때로는 제8장에서 소개하는 서비스청사진처럼 근본적으로 새로운 것일 수도 있다.

전통적 마케팅믹스

마케팅에서 가장 기본적인 개념인 **마케팅믹스**는 고객을 만족시키거나 고객과 소통하는 데 사용할 수 있는 요소 중 기업이 통제할 수 있는 요소이다. 전통적 마케팅믹스(traditional marketing mix)는 **제품**(product), **가격**(price), **유통**(place), 그리고 **촉진**(promotion) 등 4Ps로 구성된다. 이러한 요소들은 어떤 마케팅 교재나 마케팅전략에서도 핵심 의사결정변수로서 취급된다. 그리고 믹스라는 용어가 사용된 이유는 "각 변수들이 서로 상호 관련을 맺고 있고 서로 일정부분을 의존하고 있다"는 의미를 표현하기 위해서이다. 더 나아가 마케팅믹스의 "믹스"가 담고 있는 의미는 주어진 시기, 주어진 세분시장에 가장 적합한 믹스(optimal mix)가 있음을 함축하기도 한다.

4Ps의 각 영역별 주요 전략적 의사결정 항목이 **표 1.2**에 제시되어 있다. 성공적인 서비스마케팅을 위해서는 제품, 가격, 유통, 그리고 촉진에 대한 세심한 관리 또한 필수적이다. 그러나 4Ps 전략이 서비스에 적용될 때는 다소 수정될 필요가 있다. 예를 들어, 전통적으로 촉진은 인적판매, 광고, 판매촉진, 그리고 홍보와 관련된 의사결정으로 생각되어 왔다. 서비스에서도 이러한 요소들은 중요하다. 그러나 점원, 티켓 판매원, 간호사, 전화 받는 사람 등과 같이 서비스는 생산과 소비가 동시에 이루어지기 때문에 서비스 제공자가 서비스가 제공되는 현장에서 촉진에 관여하게 된다.

확장된 서비스믹스

서비스는 생산과 소비가 동시에 이루어지기 때문에, 고객은 기업의 생산공장에 참여하는 것과 마찬가지로 기업의 구성원과 직접 접촉하고 서비스의 생산과정에 실제로 참여하기도 한다. 또한 서비스는 무형성이라는 특징을 갖고 있기 때문에 소비자가 느끼게 될 서비스 경험을 미리 이해시킬 수 있는 어떤 유형적인 단서를 보여 줄 수도 있다. 예를 들어, 호텔업에서는 직원의 태도나 행동 이외에도 호텔의 설계와 장식이 고객의 지각과 경험에 영향을 미치게 된다.

이러한 부가적인 커뮤니케이션 변수들의 중요성을 깨닫자 서비스마케터는 **표 1.2**와 같은 "**확장된 마케팅믹스**(expanded mix for services)"라는 새로운 개념을 받아들인다.[38] 서비스에 적용되는 확장된 마케팅믹스란 전통적인 4Ps에 **사람**(people), **물리적 증거**(physical evidence), **과정**(process) 등을 포함한다.

표 1.2 서비스마케팅믹스 : 확장된 마케팅믹스

제품	유통	촉진	가격	사람	물리적 증거	과정
물리적 제품 특징	경로유형	촉진믹스	유연성	직원	시설 설계	활동의 흐름
품질수준	노출	판매원	가격수준	리크루팅	장비	표준화
액세서리	중간상	선발	조건	훈련	표식	고객화
포장	점포입지	훈련	차별화	동기부여	직원 의상	단계의 수
보증	수송	인센티브	할인	보상	기타 유형 단서	단순
제품계열	보관	광고	공제	팀워크	보고서	복잡
브랜딩	경로관리	매체유형		고객	명함	고객 관여도
		광고유형		교육	연설문	
		판매촉진		훈련	보증	
		홍보				
		인터넷/웹전략				

사람(people) 서비스 제공에 참여하여 구매자의 지각에 영향을 미치는 모든 행위자로, 즉 서비스가 제공되는 순간에 존재하는 직원, 고객, 그리고 다른 고객들

서비스 제공에 참여하는 모든 행위자는 고객이 경험하게 되는 서비스에 대한 단서를 고객에게 제공한다. 예를 들면, 이들의 태도와 행동, 옷차림, 외모 등은 모두 서비스에 대한 고객의 서비스지각에 영향을 미친다. 특히 컨설팅, 상담, 교육 그리고 기타 전문적인 관계기반서비스(relation-based service)를 제공하는 경우 서비스 제공자 또는 접점직원(contact person)이 바로 서비스라고 할 정도로 매우 중요할 수 있다. 반면에 접점직원이 서비스 제공에서 상대적으로 작은 역할을 하는 경우도 있는데, 예를 들면 전화 설치기사, 항공사의 화물처리인, 장비발송원 등을 들 수 있다. 하지만 여러 연구에서 이들 서비스 제공자들조차도 서비스접점에서 중요한 역할을 할 수 있다고 한다.

또한 많은 서비스 상황에서 고객 자신도 서비스 제공과정에 영향을 미칠 수 있으며, 따라서 서비스품질과 고객 자신의 만족도에도 영향을 미칠 수 있다. 예를 들어, 컨설팅기업의 고객은 컨설턴트가 제공하는 추천사항들을 실행하고 요구한 정보를 적시에 제공함으로써, 서비스품질에 영향을 줄 수 있다. 유사한 예로, 환자들이 의사가 정해 놓은 건강관리요법을 따르느냐 따르지 않느냐에 따라 서비스품질은 상당히 다를 수 있다.

고객들은 자신이 지각하는 서비스성과에 영향을 미칠 뿐만 아니라 다른 고객들에게도 영향을 준다. 극장, 야구장, 그리고 강의실의 경우 고객들은 다른 고객의 경험을 강화하거나 저하시킬 수가 있어 그들이 지각하는 서비스품질에 영향을 줄 수 있다.

물리적 증거(physical evidence) 서비스가 제공되는 접점에서 서비스의 수행이나 소통을 촉진하는 유형적 요소

서비스의 물리적 증거는 서비스와 관련된 모든 유형적인 요소, 예를 들면 안내책자, 편지

서식(letterhead), 명함, 보고서 형식, 표식, 장비 등 모든 것을 포함한다고 볼 수 있다. 그리고 어떤 경우에는 서비스가 제공되는 물리적 공간설비, 예를 들면 은행의 점포시설 등을 포함한다. 통신서비스와 같은 경우에 물적 공간설비는 별 관련이 없을 수 있는데 청구서, 수선차량의 외양 등과 같은 다른 유형적인 요소가 품질의 중요한 지표가 될 수 있다. 특별히 소비자가 서비스의 품질을 판단할 만한 별다른 대리지표가 없을 때, 이러한 단서가 중요한 역할을 한다. 물리적 증거 단서는 기업이 자사의 목적, 세분시장, 서비스의 본질과 관련하여 일관성 있고 강력한 메시지를 고객에게 보낼 수 있는 기회를 제공해준다.

과정(process) 서비스가 제공되고, 소비되고, 공동 생산되는 실행절차, 메커니즘, 그리고 활동의 흐름. 즉 서비스제공 및 운영시스템

고객이 경험하는 제공 절차나 서비스의 운영 흐름 또한 고객이 서비스를 판단하는 증거가 된다. 일부 서비스는 매우 복잡해서 제공과정을 완료하기 위해서는 고객에게 복잡하고 포괄적인 행동을 요구하기도 한다. 매우 관료화된 서비스조직에서 흔히 이러한 패턴을 볼 수 있으며 이렇게 지루한 절차 때문에 고객을 놓칠 수도 있다. 제공과정과 관련된 또 하나의 특징은 과정이 표준화돼 있는지(production-line/standardized), 고객화돼 있는지의(empowered/customized) 여부이다. 어떤 접근법이 본질적으로 보다 우월한가에 대한 정답은 없지만 이는 소비자가 서비스를 판단하는 데 사용하는 단서로 작용할 수 있다. 예를 들어 성공적으로 운영되고 있는 두 항공사인 미국의 사우스웨스트항공과 싱가포르항공의 경우 완전히 서로 다른 서비스제공 모델을 가지고 있다. 사우스웨스트항공은 운항횟수가 많은 비교적 짧은 거리의 국내 항공편에만 주력하면서 "기내식 미제공, 배정좌석 없음, 표준화된 필수(no-frills) 서비스"를 낮은 가격에 제공한다. 예시 1.2에서 설명된 것처럼 사우스웨스트항공이 제공하는 모든 서비스는 기업의 비전 그리고 시장에서의 위상과 일치한다. 반면에 싱가포르항공은 비즈니스 여행자에게 초점을 맞추고 있으며, 개별 여행자의 요구를 충족시키는 데 특히 관심을 기울이고 있다. 그래서 서비스 제공과정이 개인에 맞게 고도로 고객화되어 있으며 직원들은 고객의 욕구에 따라 비표준적인 서비스를 수행할 수 있는 권한을 위임받고 있다. 상당히 판이한 제공과정을 갖는 이 두 항공사는 모두 성공적으로 운영되고 있다.

사람, 물리적 증거, 그리고 과정이라는 세 가지 요소가 마케팅믹스에 포함되는 이유는 이들은 기업의 통제범위 내에 있으며 고객의 만족과 재구매는 물론이거니와 초기 구매의사결정에 영향을 미칠 수 있기 때문이다. 새로운 마케팅믹스요소 외에 전통적 요소들도 이후의 장에서 심도 있게 논의할 것이다.

고객초점의 지속

고객을 기업전략의 중심에 두고 있는 현대마케팅의 관점과 일치시키기 위해 저자들은 고객초점을 본서의 전체 내용에 담았다.[39] 사실, 본서의 부제는 "기업 전체를 통합하는 **고객초점**"이다. 고객을 주시하는 모든 전략을 개발하고, 고객에게 미치는 영향을 이해하여 실행한다. 예를 들어, 새로운 서비스의 개발과 이를 커뮤니케이션하는 의사결정이 고객관점으로 통합된다. 운영과 인적자원 결정 또한 고객에 미치는 영향을 고려하여 이루어진다. 본서에 포함된 모든 도구, 전략, 그리고 기본틀의 토대는 고객이다. 본서에 기술된 서비스마케팅믹스는 서비스의 독특함에 화답하는 중요한 도구로, 고객을 중심에 두고 있다.

본서에서는 고객을 가치 있고, 개발 가능하며, 유지할 만한 자산으로 본다. 본서에서 제시한 전략과 도구는 고객과 한 번 거래하여 이윤을 창출하는 관점과 상반되는 고객관계 구축과 충성도에 초점을 맞추고 있다. 고객관계관리는 소프트웨어 프로그램이 아니라 기본철학 내지는 사상인 건축(architecture)적인 관점으로 접근한다. 각 장에서 완전한 고객관계를 구축하는 데 필요한 요소가 고려될 것이다.

예시 1.2 사우스웨스트항공 : 사람, 과정, 물리적 증거의 조화

사우스웨스트항공은 미국 여행자들에게 저가이지만 신뢰성이 높은 항공사로 소문이 나 있다. 또한, 과잉서비스를 제공하지 않지만, 편리하며, 재미있고 믿을 수 있는 항공사로 고객들에게 확고하게 포지셔닝되어 있다. 이러한 확고한 위치는 누구도 근접할 수 없는 높은 가치(high value)를 의미한다. 이러한 성과는 사우스웨스트항공이 제공하는 서비스마케팅믹스의 모든 구성요소가 조화를 이루면서 쌓은 결과이며, 이러한 전략적 포지셔닝을 40년이 넘는 기간 동안 일관되게 유지하면서 매년 수익을 올리고 있다. 사우스웨스트항공의 이러한 기록은 미국의 어느 항공사도 달성하지 못한 성과이다.

이러한 성공에는 몇 가지 이유가 있는데, 첫 번째 이유는 항공사의 저비용구조이다. 이 항공사는 오직 한 가지 유형의 비행기인 보잉 737(Boeing 737s) 계열의 중형 비행기만 운항하고 있다. 한 가지 유형의 비행기만 운항하기 때문에 유지보수 및 운영절차를 표준화할 수 있고 이로 인해 연료효율성도 증가시킬 수 있었다. 또한, 사우스웨스트항공은 기내식을 제공하지 않고, 사전에 좌석도 할당하지 않으며, 직원들의 이직률도 매우 낮다. 사우스웨스트항공 창립부터 2001년까지 대표이사직을 맡고 그 이후에는 회장과 명예회장으로 활동한 켈러허(Herb Kelleher)는 고객보다 직원이 우선이라는 철학을 가지고 기업을 운영한 것으로 주목을 받았다. 미국 중남부 텍사스주의 댈러스(Dallas)에 본사를 두고 있는 사우스웨스트항공은 높은 고객만족도와 고객충성도를 동시에 달성하면서 또한, 선호받는 고용주를 보유한 저비용항공사가 되었다. 대부분의 다른 항공사들과는 달리 위탁수화물에 대해 요금을 부과하지 않겠다는 사우스웨스트항공의 방침은 고객들에게는 환영받고 경쟁 항공사들과는 차별화된 전략이다. 사우스웨스트항공은 항공업계에서 최고의 고객서비스 기록들을 보유하고 있다. 최상의 수화물처리, 최고의 정시출도착, 신속한 고객불만 처리 등의 성과로 항공업계 최고 권위의 상인 트리플 크라운(Triple Crown)을 여러 번 수상했다.

사우스웨스트항공의 성공을 자세히 분석해보면 모든 마케팅믹스의 구성요소가 매우 성공적으로 시장의 위치에 잘 맞추어져 있는 것을 발견할 수 있다. 즉, 확장된 서비스마케팅믹스인 사람, 과정, 물리적 증거가 항공사의 이미지와 가치를 확고히 하는데 조화를 이루고 있음을 파악할 수 있다.

- **사람(people)** 사우스웨스트항공은 직원과 고객 간의 커뮤니케이션을 매우 효과적으로 관리한다. 직원들은 노조에 가입되어 있지만 업무를 즐길 수 있도록 훈련받고, 비행에서 "재미(fun)"가 무엇을 의미하는지에 대해서도 교육을 받는다. 또한, 비행을 가볍고 즐겁게 만드는데 필요한 행동을 할 수 있는 권한이 부여된다. 직원들은 보통 그들의 잠재력이나 태도 때문에 고용되는데, 항공사에서 필요로 하는 고도의 기술은 훈련으로 획득될 수 있기 때문이다. 그리고, 사우스웨스트항공사는 미국 전체 항공사 중 가장 생산성이 높은 인력을 보유한 항공사이기도 하다. 사우스웨스트 항공사의 고객도 물론 여기에 포함되는데, 비행 중에 고객과 승무원이 서로 자연스럽게 농담을 하기도 하며 고객만족을 표현한 감사편지는 항공기에 넘쳐 흐른다.

사우스웨스트 항공의 직원들

- **과정(process)** 사우스웨스트항공의 서비스제공 과정 또한 항공사의 확고한 위치를 다지는 데 큰 역할을 했다. 사우스웨스트항공은 좌석을 사전에 할당하지 않고 고객이 원하는 별도의 존(zone)만 지정해 준 후 선착순 탑승하여 원하는 자리에 착석하는 시스템을 고수하고 있다. 극히 드문 경우를 제외하고 항공사는 고객의 수화물을 다른 항공사의 연결항공편으로 배송하지 않으며, 기내식 또한 제공되지 않는다. 이러한 서비스 제공과정은 매우 효율적이고 표준화되어 있는 관계로 전체적인 비용절감을 가능하게 하는데, 고객들에게는 저렴한 요금에 신속한 서비스를 제공할 수 있다. 고객도 자신의 역할을 기꺼이 수행하려 하는데, 이 또한 사우스웨스트항공이 제공하는 서비스에 많은 도움을 준다.
- **물리적 증거(physical evidence)** 사우스웨스트항공과 관련된 모든 물리적 증거 또한 항공사의 입지를 다지는 데 도움을 주고 있다. 승무원이나 지상직 직원들은 자유롭게 옷을 입고 출근하며, 여름에는 반바지를 입기도 한다. 이 모든 것이 고객에게 "흥(fun)"을 돋우기 위한 전략이며 승무원들이 편안해야 고객에게 더 몰입할 수 있다는 경영철학이 내포되어 있는 기업의 방침이다. 기내식 서비스를 제공하지 않음으로써 저렴한 요금으로 서비스를 제공하는 항공사의 이미지 또한 고객들에게 확인시켜주고 있다. 많은 사람들이 항공사에서 제공하는 음식에 대해 비난하기 때문에 기내식 서비스의 미제공이 사우스웨스트항공의 가치를 훼손하지는 않는다. 사우스웨스트항공의 간결하면서 사용하기 쉬운 웹사이트는 고객들에게 항공사의 강력하면서 일관된 이미지를 제공해주는 또 하나의 물리적 증거이다.

이와 같이 확장된 서비스마케팅믹스를 이용한 사우스웨스트항공의 일관된 포지셔닝은 고객의 마음속에 특유의 이미지를 강화하여 최고의 가치를 지닌 항공사로서의 입지를 다지게 하고 있다.

자료 : K. Freiberg and J. Freiberg, *Nuts! Southwest Airlines' Crazy Recipe for Business and Personal Success* (Austin, TX: Bard Press, 1996); K. Labich, "Is Herb Kelleher America's Best CEO?" *Fortune*, May 2, 1994; H. Kelleher and K. Brooker, "The Chairman of the Board Looks Back," *Fortune*, May 28, 2001, pp. 62–76; J. H. Gitell, *The Southwest Airlines Way* (New York: McGraw-Hill, 2003); M. Unnikrishnan, "Southwest Remains Firmly Opposed to Baggage Fees," *Aviation Daily*, October 12, 2015, pp. 1–2.

요약

제1장은 점차 서비스 중심으로 변해가는 세계경제와 비즈니스 현실을 소개하여 서비스마케팅을 학습하는 발판을 놓는다. 현대 세계경제를 서비스가 지배하고 있는 사실, 경쟁우위를 확보하기 위한 사업강령으로서 서비스, 규제가 완화된 산업과 전문서비스업에서의 요구, 기술적 진보를 통해 새롭게 출현하는 서비스, 그리고 도전을 요구하고 기회를 제공하는 독특한 서비스 특징에 대해 논의했다. 또한 서비스를 행위, 과정, 그리고 성과로 보는 넓은 의미로 정의했으며 순수서비스, 부가가치서비스, 고객서비스, 그리고 파생된 서비스의 특징을 비교 기술했다.

서비스경제에 대한 기본적인 이해를 바탕으로 재화와 서비스의 주요 특징을 비교하여 서비스업을 경영하는 데 요구되는 독특한 전략과 개념의 필요성을 제시했다. 재화와 비교되는 서비스의 기본적인 특징은 무형성, 이질성, 생산과 소비의 동시성, 그리고 소멸성 등이다. 이러한 기본적인 특징들 때문에, 서비스 경영자는 어떻게 서비스품질을 일관성 있게 제공할 것인가라는 복잡한 과제에 직면하게 된다.

끝으로 이후 장들의 기초가 될 두 가지 주제를 설명함으로써 제1장을 마무리한다. 즉, 서비스마케팅믹스 혹은 확장된 마케팅믹스 그리고 본서 전체를 통합하는 고객초점이다. 본서의 나머지 부분에서는 서비스를 판매하고 제공하는 기업이 직면하는 도전과 기회를 탐색할 것이며, 효과적인 서비스 경영자 내지는 챔피언(champion)이 되는 데 도움을 줄 수 있는 솔루션을 개발하는 데 초점을 맞출 것이다.

토의문제

1 서비스 제공물과 고객서비스를 무엇으로 구별하는가? 구체적인 예를 드시오.

2 기술이 서비스의 본질과 서비스 제공물을 어떻게 변화시키는가?

3 재화와 서비스의 기본적인 특징은 무엇인가? 이러한 특징이 에어비앤비, GE, 사우스웨스트항공 그리고 당신이 일하는 회사에서 갖는 의미는 무엇인가?

4 본서의 기본틀 중의 하나가 서비스마케팅믹스이다. 사람, 물리적 증거, 그리고 과정이란 새로운 요소가 왜 마케팅믹스에 포함되는지 논의하라. 어떻게 고객들에게 이 요소들을 소통하고, 이를 통해 고객을 만족시킬 수 있는가?

5 자신이 경험했거나 현재 수행하고 있는 서비스를 생각해 보시오. 조직이 얼마나 효과적으로 서비스마케팅믹스를 관리하고 있다고 생각하는가?

6 당신이 경험했거나 현재 수행하고 있는 서비스를 다시 생각해 보시오. 자신이 속한 조직은 표 1.1에 나타난 도전들을 얼마나 잘 처리하고 있는가?

7 서비스품질이 경쟁우위로 어떻게 작용하고 있는가? 자동차, 컴퓨터, 그리고 자신이 실제로 구입한 다른 소비재에서 이 문제를 생각해 보시오.

연습문제

1 자신의 한 달 예산을 대략적으로 산정해 보라. 자기 예산에서 서비스와 재화에 대한 지출이 몇 퍼센트나 차지하는가? 구매한 서비스가 가치 있는가? 어떤 의미에서 그런가? 만약 지출을 줄여야 한다면 무엇을 줄이겠는가?

2 예컨대 대형마트인 타겟(TARGET) 또는 백화점 노드스트롬 그리고, 버거킹과 고급레스토랑과 같이 자신이 생각하기에 매우 다르게 포지셔닝돼 있다고 생각하는 두 개의 서비스 제공기업을 방문하라. 관찰한 바에 따라 서비스마케팅믹스의 각 요소를 비교해 보라.

3 인터넷이나 스마트폰이 출현하기 전에 결코 시도한 적이 없던 서비스를 시용해 보고 이 서비스의 이점을 분석하라. 서비스를 쉽게 이용하는 데 필요한 정보는 충분한가? 같은 편익을 얻는 다른 방법과 이 서비스를 비교해 보라.

참고문헌

1 Sources for Chapter Opener: S. L. Vargo and R. R. Lusch, "Evolving to a New Dominant Logic for Marketing," *Journal of Marketing* 68 (January 2004), pp. 1–17; www.sdlogic.net; M. B. Sauter, T. C. Frohlich, and S. Stebbins, "2015's Customer Service Hall of Fame," *24/7 Wall Street as Reported in USA Today*, http://www .usatoday.com/story/money/business/2015/07/24/24-7-wall-st-customer-service -hallfame/30599943/; D. Leonard and R. Clough, "Move Fast and Break Things," *Bloomberg Businessweek*, March 21–27, 2016, pp. 54–59; Fortune Magazine's World's Most Admired Companies, 2016; D. MacMillan, "Saudis Back Uber as Market Heats Up," *The Wall Street Journal*, June 2, 2016, p. A1.

2 www.theacsi.org, accessed, May 2016.

3 J. B. Quinn, J. J. Baruch, and P. C. Paquette, "Technology in Services," *Scientific American* 257 (December 1987), pp. 50–58.

4 Vargo and Lusch, "Evolving to a New Dominant Logic for Marketing," pp. 1–17; R. F. Lusch and S. L. Vargo (eds.), *The Service–Dominant Logic of Marketing: Dialog, Debate, and Directions* (New York: M. E. Sharpe, 2006); *Journal of the Academy of Marketing Science*, Special Issue or the Service–Dominant Logic, Winter 2008.

5 W. M. Cox, "An Order of Prosperity to Go," *The New York Times*, February 17, 2010.

6 United States Census Bureau, "U.S. International Trade in Goods and Services, December 2015," www.census.gov, accessed May 10, 2016.

7 M. Sawhney, S. Balasubramanian, and V. V. Krishnan, "Creating Growth with Services," *Sloan Management Review* 45 (Winter 2004), pp. 34–43.

8 For research on the topic of goods firms transitioning to services, see: V. A. Zeithaml, S. W. Brown, M. J. Bitner, and J. Salas, *Profiting from Services and Solutions: What Product–Centric Firms Need to Know* (New York, NY, Business Expert Press, 2014). R. Oliva and R. Kallenberg, "Managing the Transition from Products to Services," *International Journal of Service Industry Management* 14 (2003), pp. 160–172; W. A. Neu and S. W. Brown, "Forming Successful Business–to–Business Services in Goods–Dominant Firms," *Journal of Service Research* 8 (August 2005), pp. 3–17; W. Reinartz and W. Ulaga, "How to Sell Services More Profitably," *Harvard Business Review* 86 (May 2008), pp. 90–96; A. Gustafsson, S. Brax, and L. Witell (eds), "Service Infusion in Manufacturing Industries," *special issue of the Journal of Service Management* 21 (2010).

9 R. H. K. Vietor, *Contrived Competition* (Cambridge, MA: Harvard University Press, 1994).

10 L. Berry, *Discovering the Soul of Service* (New York: The Free Press, 1999).

11 R. T. Rust, C. Moorman, and P. R. Dickson, "Getting Return on Quality: Revenue Expansion, Cost Reduction, or Both?" *Journal of Marketing* 66 (October 2002), pp. 7–24.

12 J. L. Heskett, T. O. Jones, G. W. Loveman, W. E. Sasser Jr., and L. A. Schlesinger, "Putting the Service–Profit Chain to Work," *Harvard Business Review* 72 (March–April 1994), pp. 164–174.

13 E. W. Anderson and V. Mittal, "Strengthening the Satisfaction–Profit Chain," *Journal of Service Research* 3 (November 2000), pp. 107–120; S. Gupta and V. A. Zeithaml, "Customer Metrics and Their Impact on Financial Performance," Marketing Science 25 (December 2006), pp. 718–739.

14 C. Fornell, S. Mithias, F. V. Morgeson III, and M. S. Krishnan, "Customer Satisfac₩–tion and Stock Prices; High Returns, Low Risk," *Journal of Marketing* 70 (January 2006), pp. 3–14; "Economic Indicator," www.theacsi.org, accessed May 11, 2016.

15 J. L. Heskett, W. E. Sasser Jr., and L. A. Schlesinger, *What Great Service Leaders Know and Do* (Oakland, CA: Berrett–Koehler Publishers, Inc., 2015).

16 C. Fishman, "But Wait, You Promised . . . ," *Fast Company*, April 2001, pp. 116–127.

17 D. Brady, "Why Service Stinks," BusinessWeek, October 23, 2000, pp. 116 – 128; P. Noonan, "We Pay Them to Be Rude to Us," *The Wall Street Journal*, August 14 – 15, 2010, p. A11.

18 www.theacsi.org, accessed May 10, 2016.

19 R. T. Rust and M-H Huang, "The Service Revolution and the Transformation of Marketing Science," *Marketing Science* 33 (March/April 2014), pp. 206 – 221.

20 L. P. Willcocks and R. Plant, "Getting from Bricks to Clicks," *Sloan Management Review* 42 (Spring 2001), pp. 50 – 59.

21 I. C. L. Ng, *Creating New Markets in the Digital Economy* (Cambridge, UK: Cambridge University Press, 2014).

22 M. E. Porter and J. E. Heppelmann, "How Smart Connected Products are Transforming Companies," *Harvard Business Review* 92 (October 2015), pp. 64 – 88.

23 "The Social Life of Health Information, 2011," *Pew Internet and American Life Project*, www.pewinternet.org, accessed, July 7, 2011.

24 K. Steinmatz, "Exclusive: See How Big the Gig Economy Really Is," *Time*, Janu₩-ary 6, 2016, http://time.com/4169532/sharing-economy-poll/.

25 M. J. Bitner, S. W. Brown, and M. L. Meuter, "Technology Infusion in Service Encounters," *Journal of the Academy of Marketing Science* 28 (Winter 2000), pp. 138 – 149.

26 M. J. Bitner, "Self-Service Technologies: What Do Customers Expect?" *Market-ing Management* 10 (Spring 2001), pp. 10 – 11.

27 R. Hallowell, "Service in E-Commerce: Findings from Exploratory Research," *Harvard Business School*, Module Note, N9-800-418, May 31, 2000.

28 D. G. Mick and S. Fournier, "Paradoxes of Technology: Consumer Cognizance, Emotions, and Coping Strategies," *Journal of Consumer Research* 25 (September 1998), pp. 123 – 147.

29 A. Parasuraman and C. L. Colby, *Techno-Ready Marketing: How and Why Your Customers Adopt Technology* (New York: The Free Press, 2001); A. Parasuraman and C. L. Colby, "An Updated and Streamlined Technology Readiness Index: TRI 2.0," *Journal of Service Research* 18 (February 2015), pp. 59 – 74.

30 J. O. C. Hamilton, "Separation Anxiety," *Stanford Magazine*, January – February 2011, pp. 55 – 59.

31 "Customer Care in a New World," McKinsey & Company, 2001.

32 Discussion of these issues is found in many services marketing publications. The discussion here is based on V. A. Zeithaml, A. Parasuraman, and L. L. Berry, "Problems and Strategies in Services Marketing," *Journal of Marketing* 49 (Spring 1985), pp. 33 – 46. For another viewpoint on the subject of goods vs. services, see: C. Lovelock and E. Gummesson, "Whither Services Marketing? In Search of a New Paradigm and Fresh

Perspectives," *Journal of Service Research* 7 (August 2004), pp. 20–41. See also: K. Hellen and J. Gummerus, "Re–Investigating the Nature of Tangibility/Intangibility and Its Influence on Consumer Experiences," *Journal of Service Management* 24 (2013), pp. 130–150.

33 For research supporting the idea of goods–services continua, see D. Iacobucci, "An Empirical Examination of Some Basic Tenets in Services: Goods–Services Con₩–tinua," in *Advances in Services Marketing and Management*, eds. T. A. Swartz, D. E. Bowen, and S. W. Brown (Greenwich, CT: JAI Press, 1992), vol. 1, pp. 23–52.

34 S. L. Vargo and R. F. Lusch, "The Four Service Marketing Myths," *Journal of Service Research* 6 (May 2004), pp. 324–335.

35 H. T. Keh and J. Pang, "Customer Reactions to Service Separation," *Journal of Marketing* 74 (March 2010), pp. 55–70.

36 P. Nelson, "Information and Consumer Behavior," *Journal of Political Economy* 78 (1970), pp. 311–329.

37 M. R. Darby and E. Karni, "Free Competition and the Optimal Amount of Fraud," *Journal of Law and Economics* 16 (April 1973), pp. 67–86.

38 B. H. Booms and M. J. Bitner, "Marketing Strategies and Organizational Struc₩–tures for Service Firms," in *Marketing of Services*, eds. J. H. Donnelly and W. R. George (Chicago: American Marketing Association, 1981), pp. 47–51.

39 See: G. S. Day and C. Moorman, *Strategy from the Outside In: Profiting from Customer Value* (New York: McGraw–Hill, 2010); J. Bliss, Chief Customer Offi₩–cer 2.0: *How to Build Your Customer–Driven Growth Engine* (Hoboken, NJ: John Wiley & Sons, Inc., 2015).

Chapter 02

본서의 개념적 틀 : 서비스품질의 갭 모델

본 장의 목적은 다음과 같다.

1. 본서의 기본 틀인 서비스품질 갭 모델을 소개한다.
2. 갭 모델이 기업이나 조직의 서비스품질을 이해하는 데 유용한 체계임을 보여준다.
3. 고객기대와 고객지각 간의 차이인 고객 갭을 좁히는 데 가장 중요한 것이 서비스품질 갭임을 보여준다.
4. 기업에서 발생하는 4가지의 갭, 즉 제공자 갭이 고객 갭의 원인임을 보여준다.
5. 4가지 제공자 갭의 원인들을 밝힌다.

트레이더 조의 서비스 품질 : 활기가 넘치는 식료품 전문점

식료품 쇼핑에서 다른 곳에 비유할 수 없는 고객경험을 원한다면 주식시장에 상장하지 않은 비공개(private-held) 식료품 전문점인 트레이더 조(Trader Joe's) 이상의 매장을 찾을 필요가 없다. 트레이더 조에서는 80% 이상의 PB(private brand) 상품을 판매하고 있는데, 스페큘러스(Speculoos) 쿠키 버터, 다크초콜릿 땅콩버터 컵, "2달러짜리 드링크(Two-Buck Chuck)"로 유명한 2.99달러 찰스 쇼(Charles Shaw) 와인, 화이트 체다 콘 퍼프 같은 독점상품뿐만 아니라 자신들의 PB 상품을 다른 식료품점들과는 비교할 수 없는 우수한 서비스와 함께 제공한다.

매장에 처음 입장하면서부터 고객은 트레이더 조의 독특함을 느낄 수 있다. 일반적인 마트들이 50,000SKUs(Stock Keeping Units; 상품단위재고) 정도의 물품을 진열하여 판매하고 있는 데 반해 트레이더 조는 엄선된 4,000SKUs만 보유하고 있다. 직원들은 모두 하와이안 셔츠를 입고 즐겁게, 그리고 열정적으로 근무하고 있다. 만약, 고객이 제품에 대해 문의하면 직원은 절대 손으로 가리키지 않고 해당 제품의 위치까지 고객과 동반한 후 고객이 제품을 경험할 수 있도록 포장을 뜯겠다고 제안한다. 벽은 삼나무 판자로 장식되어 있고 손으로 쓴 안내판을 광고에 이용하며 마트 곳곳에는 미국 남쪽 바다의 정취가 퍼져 있다. 마트 대부분의 통로에서는 최신 유행의 트렌디한 제품을 고객이 경험하도록 하고 있으며, 직원 간의 대화가 필요한 경우에는 구내인터폰을 사용하지 않고 벨을 울린다. 그리고 선반에는 "트레이더 조"라는 브랜드로 혁신적이며 다른 마트에서는 찾기 힘든 맛있는 음식이 가득하다. 미국 경제잡지 포춘(*Fortune*)의 코윗(Beth Kowitt)은 "트레이더 조는 평범한 식료품 체인이 아니다. 식료품 쇼핑을 집안일의 문화 체험으로 승격시키는 이색적이며 흥미로운 마트다"라고 언급했다.[1]

트레이더 조는 고객에게 탁월한 경험을 제공할뿐만 아니라 모든 제품을 저렴한 가격에 제공한다. 가치(value)가 기업의 포지셔닝을 기반으로 하는 철학이기 때문에 항상 놀라운 가격에 우수한 제품들을 고객에게 매일 제공한다. 가능한 경우에는 항상 공급자로부터 직접 구매하고, 최상의 가격에 공급받기 위해 열심히 흥정하며, 대량구매와 조기에 계약하는 것을 지향한다. 또한, 고객이 만족하지 않는 제품은 신속하게 제거되는데 이 모든 것이 매장유지비용을 절감하는 데 도움이 된다. 물론, 이러한 운영방식은 고객에게도 도움이 되어 가계비용을 절감하도록 한다.

트레이더 조의 인기 PB 상품

트레이더 조는 비공식적이면서 정성적인 조사를 통해 고객의 소리에 귀를 기울인다. 이러한 조사는 표적집단이나 고객센터를 통해 이루어지지 않으며, 기업은 수신자 부담 무료전화번호나 고객을 관리하는 이메일 주소도 가지고 있지 않다. 고객과의 대화를 통해 그들이 무엇을 원하는지를 파악하며, 선장(captain)이라 불리는 관리자는 판매제품과 관련한 모든 일들이 벌어지는 현장에서 대부분의 업무시간을 보낸다. 선원(crew members)이라 불리는 판매스태프는 누구든지 제품공급자에게 고객들이 어떤 제품을 좋아하는지 이메일을 보낼 수도 있다.

트레이더 조의 매장 인테리어 또한 독특한데, 계산대에는 컨베이어벨트가 없으며, 부패하기 쉬운 물건은 무게당 판매가 아니라 단위당 판매를 하므로 계산속도가 빠르다. 제품 진열에 대한 결정은 판매 또는 수익이 아니라 구매자에게 어떻게 진열하는 것이 가장 최선인지를 고려하여 수행한다. 기업의 홈페이지에는 직원들이 "바다 요리 식자재의 상인이며, 고객의 집으로 가져갈 멋진 품목들을 전 세계에서 찾는 상인"이기 때문에 모두 하와이안 셔츠를 입고 미국 남쪽 바다의 이미지를 연상시킨다고 설명한다.[2] 벨은 트레이더 조의 고유 명물인데, 해양 전통에 따른 커뮤니케이션을 하는 간단한 시스템이다. 벨이 한 번 울리면 계산대 하나를 더 열어야 한다는 의미이고, 두 번의 벨은 고객이 결제할 때 추가 요구에 응해야 함을 의미하고, 세 번의 벨은 관리자를 부르는 신호이다.

그렇다면, 기업은 직원들로부터 기업의 방침에 대한 적극적인 참여를 어떻게 얻을 수 있을까?

트레이더 조

트레이더 조는 직원을 최대화해야 할 자산으로 여기는데, 이는 더 나은 운영 효율성과 고객 서비스로 이어져 결국은 높은 판매성과를 얻게 된다. 매장 감독 선원(supervisory crew)급의 연봉이 45,000~75,000달러 수준에서 시작하며 관라자인 선장(captain)급이 10만 달러 초반의 연봉을 받는다. 회사는 또한 직원 총 소득의 15.4%를 세금이 유예되는 퇴직 계좌에 기부한다(www.traderjoes.com, 2016년 10월 15일 기준).[3] 이러한 보상은 전체의 일부에 지나지 않는다. 화합하려는 팀 분위기가 직원 모두에게 퍼져 있고, 관리자를 포함한 모든 직원은 마트의 모든 일에 적극 참여하려 하며 수많은 작업에 협력한다. 직원들은 고객에게 무료샘플을 제공하는 것 이외에도 매장을 방문하여 어쩔 줄 모르는 아이들에게 스티커를 나누어 주며, 고객이 구매에 만족하지 않으면 응대한 후 환불도 해준다.

트레이더 조는 마케팅 및 광고에 많은 돈을 쓰지 않는 것으로 알려져 있으며 공식 페이스북(Facebook) 또는 트위터(Twitter) 계정도 없다. 2017년에 인스타그램(Instagram) 계정을 만들었을 뿐이다. 대부분의 소비자들은 입소문을 통해 트레이더 조의 이야기를 접한다. 거의 모든 프로모션은 트레이더 조를 경험한 열성고객이 자신이 좋아하는 스낵이나 매장에서의 경험을 자신의 소셜미디어에 업로드하는 것을 기반으로 이루어진다. 이러한 프로모션의 한 형태는 재미있는 이야기와 제품 정보가 담긴 트레이더 조의 유머러스한 뉴스레터인 '피어리스 플라이어(*Fearless Flyer*)'이다.

위와 같이 탁월한 서비스와 가치를 트레이더 조는 고객에게 어떻게 제공할 수 있을까? 본 장에서는 이러한 질문을 검토하기 위한 개념적 틀, 즉 고객에게 우수한 서비스를 제공하기 위한 개념적 틀을 설명할 것이다.

서비스마케팅은 많은 다양한 전략, 기술, 그리고 과업을 포함하는 복잡한 내용이다. 서비스기업의 경영자들은 이 까다로운 주제에 접근하는 체계화된 방식을 알지 못하여 오랫 동안 혼란을 겪어 왔다. 본서는 구조화되고 통합된 방식으로 서비스를 보는 한 가지 접근방법을 착안하고 있는데 서비스품질 갭 모델이 바로 그것이다.[4] 이 모델은 서비스마케팅의 핵심개념, 전략, 의사결정을 정리하고, 본서 나머지 부분의 구조를 안내해 주는 데 이용될 것이다. 본서의 각 부분들은 이 장에서 서술되는 각각의 갭에 연결되어 있다.

고객 갭

고객 갭(customer gap)이란 그림 2.1과 같이 고객기대와 고객지각 간의 차이를 말한다. 고객기대는 고객이 서비스를 경험할 때 사용하는 기준 또는 준거점이며, 반면 고객지각은 실제 서비스 경험에 대한 주관적 평가이다. 고객기대는 보통 고객이 발생해야 하거나 발생할 것이라고 믿는 것으로 구성된다. 예를 들면 고급 레스토랑에 갈 때에는 높은 수준의 서비스를 기

그림 2.1 고객 갭

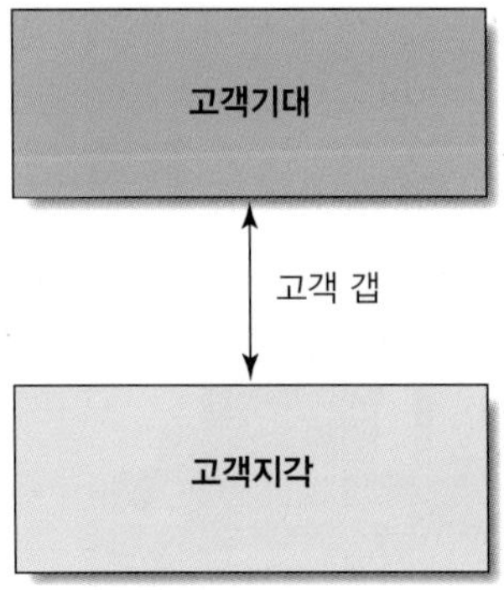

대하는데, 이 기대는 패스트푸드 레스토랑에서 기대하는 것보다 훨씬 높은 차원의 기대이다. 고객의 기대와 지각 사이의 갭을 줄이는 것이 좋은 품질의 서비스를 제공하는 데 결정적인데 그것이 바로 갭 모델의 기본이다.

고객만족과 고객초점은 기업 경쟁력의 원천으로 매우 중요하기 때문에 좋은 품질의 서비스제공에 관심을 갖고 있는 모든 기업은 우선 고객을 정확히 이해해야 한다. 이러한 이유로 우리는 이후의 모든 주제들과 관련을 맺고 있는 기대, 지각, 소비자행동 등 고객 관련 개념들을 본서에서 자세히 설명할 것이다. 이들 고객 관련 개념들은 재화가 아니라 서비스에 관련된 내용이기 때문에 기존의 재화 관련 개념들과는 차이가 있다. 예를 들어, 재화와 서비스는 고객의 평가과정이 다르다. 그러나 안타깝게도 고객 평가과정에 관해 알려진 지식의 대부분은 재화에 관한 것이다.

고객기대의 원천은 가격, 광고, 판매촉진 등과 같이 마케터에 의해 통제 가능한 요인과 개인적 욕구, 구전 커뮤니케이션, 경쟁제공물 등과 같이 마케터가 제한적으로 영향을 미치는 요인들로 구성된다. 이상적으로는 기대와 지각이 동일할 수 있는데, 고객이 받을 수 있고 받아야 한다고 생각하는 것을 그들이 받았다고 지각할 수 있다. 그러나 현실적으로 고객기대와 지각은 어느 정도의 간격으로 분리되어 있다. 넓게 보면 서비스마케팅의 목표는 이러한 간격을 메우는 것이다. 따라서 본서는 이러한 고객 갭을 없애기 위해 고안된 전략과 실무를 설명하는 데 모든 지면을 할애하고 있다. 제3장에서 고객기대에 대해 자세히 설명하고 고객지각에 대해서는 제4장에서 설명할 것이다.

제공자 갭

모든 중요한 고객 갭을 메우기 위해 갭 모형은 네 가지의 **제공자 갭**(provider gaps)을 메우는 것을 제안한다. 제공자 갭이란 서비스를 제공하는 조직 내에서 발생하는 것으로 다음의 내용들을 포함한다.

갭 1 : 경청 갭(the listening gap)
갭 2 : 서비스설계와 표준 갭(the service design and standards gap)
갭 3 : 서비스성과 갭(the sevice performance gap)
갭 4 : 의사소통 갭(the communication gap)

본 장의 나머지 부분에서 갭 모델 전체를 설명할 것이다.

제공자 갭 1 : 경청 갭

제공자 갭 1, 즉 **경청 갭**(the listening gap)은 서비스에 대한 고객의 기대와 이러한 기대에 대한 기업 이해의 차이를 말한다. 많은 기업이 고객의 기대를 충족시키지 못하는 첫 번째 이유는 기업이 고객의 기대를 정확히 이해하지 못하기 때문이다. 경영자들이 고객기대를 정확히 알지 못하는 경우는 여러 가지이다. 그들이 고객과 직접적인 상호작용이 없는 경우, 고객기대를 파악할 의지가 없는 경우, 고객기대에 응할 준비가 안 된 경우 등이다. 우선순위를 부여하는 권한과 그렇게 하는 것에 대한 책임을 가진 사람이 고객의 서비스기대를 정확히 이해하지 못하는 경우, 자원배분을 최적으로 하지 못하여 질 낮은 서비스품질을 산출하는 악순환에 빠지게 된다. 본서에서는 서비스제공자 갭 1의 책임을 경영자로부터 서비스정책과 절차를 바꾸고 영향을 미칠 수 있는 권한을 가진 조직 내 모든 구성원으로 넓힌다. 오늘날 변화하는 조직에서는 서비스제공을 조정할 수 있는 권한이 많은 경우 담당 팀이나 현장 관리자에게 위임되어 있다. 특히 기업 간 전자상거래의 경우에는 고객팀(account team)이 고객의 기대에

그림 2.2
제공자 갭 1 : 경청 갭을 일으키는 주요 요인

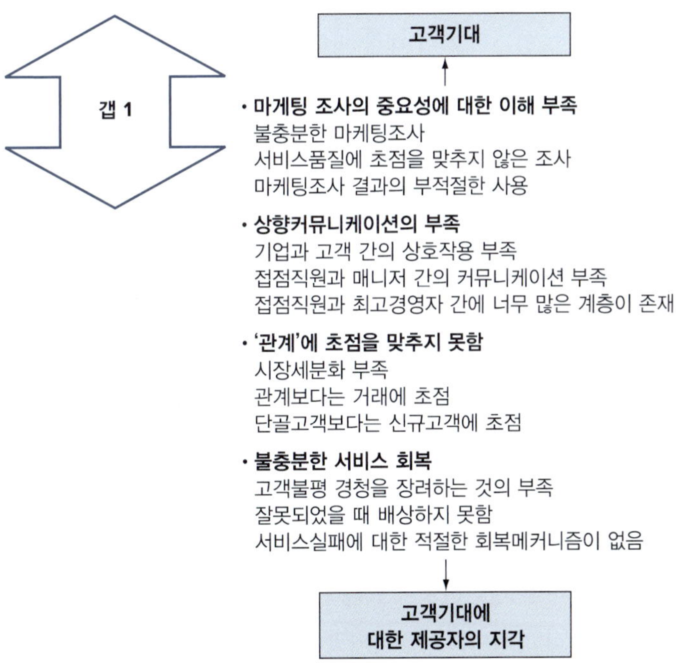

어떻게 부응할 것인지에 대해 스스로가 결정을 내린다.

그림 2.2는 제공자 갭 1, 즉 경청 갭(the listening gap)을 일으키는 핵심 요인들을 보여준다. 부적절한 **고객조사경향**(customer research orientation)이 핵심요인 중 하나이다.

경영자나 권한을 부여받은 직원이 고객기대에 대한 정확한 정보를 갖지 못하면, 이 갭은 커지게 된다. 고객기대에 관한 정보를 획득하는 공식적 · 비공식적 방법은 다양한 고객조사를 통해 개발되어 있다. 고객인터뷰, 서베이법, 불만처리시스템, 고객패널조사 등과 같은 전통적인 조사방법들은 고객에 가까이 다가가기 위해 사용되는 도구이다. 또한 구조화된 브레인스토밍 사용이나 온라인 비평 등을 모니터링할 필요가 있다.

경청 갭과 관련된 또 다른 핵심요인은 **상향커뮤니케이션**(upward communication)의 부족이다. 현장 직원은 일반적으로 고객을 다루는 많은 노하우를 갖고 있다. 만약 경영자가 현장의 직원들과 접촉하지 않는다면 그들이 알고 있는 것을 이해하지 못할 것이며 따라서 갭은 커지게 된다.

또한 경청 갭은 고객과 관계를 유지하고 그들과의 관계를 강화시키는 **관계마케팅**(relationship marketing)의 부족과도 관련되어 있다. 조직이 기존 고객과 강한 유대관계를 갖고 있다면, 갭 1이 발생할 가능성은 적다. 관계마케팅은 고객유지보다 새로운 고객의 획득을 강조하는 전통적인 거래마케팅과는 구분된다. 관계마케팅은 고객들에게 훌륭한 품질의 서비스를 제공한다면 고객들이 이들 기업과 보다 많은 것을 함께할 것이라는 점을 인식하고 있는 IBM이나 GE 같은 BtoB 기업들이 항상 그 사례의 주인공이었다. 다른 BtoB 기업과 최종소비자를 상대하는 많은 기업들은 짧은 식견으로 보거나 각 판매를 한 번의 거래로 간주한다. 기업이 새로운 고객을 유인하는 데 너무 많은 초점을 두게 되면 기존 고객의 변화하는 욕구와 기대를 이해하지 못할 수 있다. 정보기술의 발전으로 기업들은 고객과의 관계를 쌓는 데 사용할 수 있는 고객에 대한 방대한 양의 자료를 얻고 통합할 수 있는 능력을 갖게 되었다. 항공사, 렌트카회사, 신용카드회사, 호텔 등이 실행하는 상용고객우대 프로그램(frequent flyer travel program)이 그 예이다.

제공자 갭 1과 연관되는 마지막 주요 요인은 부적절한 **서비스회복**(service recovery)이다. 고객기대 이해에 강한 의지를 갖고 또한 명확히 이해하기도 하는 초우량기업에서조차도 가끔 서비스회복에 실패한다. 한 기업이 서비스회복의 중요성을 이해하는 데 다음과 같은 질문은 매우 중요하다. 왜 사람들이 불만을 제기하는지, 그들이 불만을 제기할 때 기대하는 것은 무엇인지, 그리고 부득이한 서비스실패를 다루는 효과적인 서비스회복 전략을 어떻게 개발해야 하는지 등이다. 서비스회복 전략에는 잘 정의된 불평처리절차, 즉각적인 반응을 위해 접점직원에게 권한위임, 실시간(real time)으로 실패점을 수정하는 것들이 포함된다. 또한 서비스보증이나 이행하지 못한 약속에 대한 고객보상 방법이 포함되기도 한다.

경청 갭의 요인을 해결하기 위해 본서는 다양한 조사방법들을 통하여 어떻게 고객을 이해할 수 있는지(제5장), 어떻게 고객과 강력한 관계를 쌓고 오랫동안 고객의 욕구를 이해하는지(제6장), 그리고 서비스가 잘못되었을 때 회복전략은 어떻게 하는지(제7장)에 대한 내용들을 고객이 기대하는 바를 파악하는 것은 갭을 줄여서 우수한 서비스를 제공할 수 있는 기업의 첫 번째 단계이다. 본서 제5장에서는 고객 서베이 및 불만조사를 포함하여 기업이 고객의 행동을 파악하는 여러 가지 방법에 관해 설명하지만 고객기대를 이해하는 것은 매우 어려운 일이다. 고객을 "희망 모드(wish mode)"로 전환하는 방식은 '갭 1'을 줄이기 위한 혁신적인 접근법으로, 세계 최대 가구소매업체인 IKEA가 시카고에 점포를 열었을 때 성공적으로 입증되었다. 이 접근 방식에서는 각각 12명의 고객으로 구성된 9개 그룹에게 이상적인 IKEA 쇼핑 경험을 생각해 내도록 요청했다. 그들에게 IKEA의 새로운 매장을 기존의 매장과는 철저히 다르게 디자인해야 한다고 요청했다. 점포는 어떻게 디자인되고 쇼핑경험은 어떻게 변화되었을까? IKEA의 쇼핑 과정을 설계하는 데 관여했던 매디슨(Jason Madison)은 고객이 다음과 같은 진술을 했다고 보고했다;

© Volodymyr Kyrylyuk/Shutterstock

IKEA 매장

"나는 모든 부서나 제품이 어디에 있는지 정확히 알고 있기 때문에 혼란스럽지 않습니다."

"하나의 항목을 구입하면, 관련 품목이 그 근처에 모두 진열되어 있습니다."

"쇼핑은 즐겁고 편안한 경험입니다."

매장 설계 전문가는 아니었지만, 고객들은 자신의 욕구와 취향에 만족할 수 있도록 매장을 실제로 디자인하도록 요청받았다.

IKEA의 접근 방식에서 중요한 것은 기업이 고객의 욕구를 조사한 것에 끝나지 않고 조사결과에 따라 도출된 기대를 매장의 서비스 설계에 반영했다는 것이다. 매장 설계 디자이너들은 쇼핑객이 랜드마크라고 생각하는 8각형의 아트리움을 매장 중앙에 건축하여 고객들이 판매 아이템들을 쉽게 찾을 수 있도록 했다. 또 다른 고객들의 기대에 부응하여 판매 아이템들을 관련 제품과 함께 그룹화했다. 고객들이 피곤하거나 배고플 때, 위층의 카페테리아 레스토랑에서 스웨덴 음식을 경험할 수 있도록 했다. 고객은 새로 오픈한 시카고 IKEA 매장에 매우 만족해(고객의 85%가 "매우 우수함" 또는 "매우 좋음"으로 평가) 다른 지역의 IKEA 매장보다 재방문 횟수가 높으며 약 1시간 더 매장에 머무르는 것으로 밝혀졌다. 이러한 행위들은 '갭 2'를 줄일 수 있는데 고객기대에 기초하여 매장과 서비스를 설계했기 때문이다.

IKEA는 4개의 제공자 갭을 줄이는 것을 훌륭하게 해결했다. IKEA 납품업자는 엄격하게 선정되며, 품질과 일관성을 보장하기 위해 신중하게 관리된다. IKEA는 30개국 이상에 출점했음에도 불구하고 표준, 디자인 및 접근 방식을 모든 매장에서 매우 일관되게 유지하면서 갭 2인 '서비스 설계와 표준 갭'을 줄이고 있다. IKEA는 필요한 경우에는 중요한 표준도 변경한다. 2006년에 IKEA는 긴 대기시간을 줄여달라는 고객의 요구를 해결하기 위해 매우 중요한 조치를 취했다. 회사 관리자는 계산대의 혼잡으로 인해 고객이 제품구매를 포기하고 매장을 떠나는 것을 파악하고, 손바닥으로 쥘 수 있는 초소형(handheld) 기술을 사용하여 이동식 계산기인 "라인 버스팅(line busting)"을 구축했다. 고객이 몰리는 피크타임에는 직원이 추가로 투입되어 계산대 주변을 돌아다니면서 대기하고 있는 고객들 중 신용카드 지불이 가능한 고객들의 결제를 초소형 이동식 계산기를 이용하여 처리해주고 영수증을 건네준다.

서비스스케이프(매장 내부와 외부의 독특하고 고객지향적인 물리적 증거)를 이용하여 IKEA는 갭 2의 격차를 더욱 좁히고 있다. IKEA는 또한, '갭 3'을 줄이는 데 도움이 되는 강력한 직원문화, 엄격한 고용절차 및 직원교육으로 잘 알려져 있다. 제12장에서는 기업이 '갭 3'을 줄일 수 있는 다른 방법(제품의 배송, 조립, 제조에 고객을 참여시키는 혁신적인 서비스개념)에 대해 설명할 것이다. 이러한 서비스를 성공적으로 제공하기 위해, 기업은 카탈로그를 통한 고객 교육을 철저히 하는데, 이러한 기업전략이 '갭 4'를 줄이는 데 도움을 준다.

자료 : J. Magidson and G. Brandyberry, "Putting Customers in the 'Wish Mode,'" *Harvard Business Review* 79(September 2001), pp. 26–28. "Who You Gonna Call?" *Chain Store Age*(January 2006), p. 8.

다룰 것이다. 이러한 방법을 통해 첫 번째 갭을 최소화할 수 있을 것이다.

제공자 갭 2 : 서비스설계와 표준 갭

탁월한 서비스품질을 제공하기 위해 고객기대를 정확히 지각하는 것은 필수조건이지만 충분조건은 아니다. 또 다른 선결조건은 고객기대에 대한 정확한 지각을 반영할 수 있는 서비스설계와 성과표준의 마련이다. 서비스기업에서 흔히 일어나는 문제 중의 하나가 고객기대에 대한 이해를 서비스 "품질명세(明細)"로 전환시키는 것의 어려움이다. 제공자 갭 2는 고객기대에 대한 기업의 이해와 고객 중심적 서비스설계 및 표준 간의 차이 때문에 생긴다. 고객중심적 표준은 고객이 직접 말하고 느끼는 그들의 요구조건에 초점을 두고 있다는 점에서 대부분의 서비스기업이 활용하는 전통적인 성과표준인 기업 중심적 표준과는 다르다. 즉, 생산성이나 효율성과 같은 기업의 관심사에 맞춘 것이 아니라 고객기대나 고객의 우선순위에 부응하여 마련된 표준인 것이다.

그림 2.3에서 보는 바와 같이 **서비스설계와 표준 갭**이라고 부르는 제공자 갭 2가 서비스기업에서 발생할 수 있는 이유는 다양하다. 표준설정에 권한을 가진 경영자들은 때때로 고객기대가 비논리적이고 비현실적이라고 믿고 있다. 또한 그들은 서비스가 갖는 다양성으로 인해 표준화가 불가능하기 때문에 표준을 설정하는 것이 무의미하다고 생각할 수 있다. 어떤 경우에는 이러한 주장들이 타당할지라도, 대개 이러한 주장은 탁월한 서비스를 제공하기 위해 필요한 서비스표준을 설정하는 데 있어서 어려운 과제를 해내기 싫어하는 경영자의 합리화를 위한 변명일 따름이다. 기술변화와 진보가 특히 이 갭을 줄이는 데 도움이 되는데, 이 장의 주목받는 기술 코너에서는 이러한 내용을 다룬다.

서비스의 무형성 때문에 서비스를 서술하고 의사소통하기 어려워 적절한 서비스설계와 표

그림 2.3
제공자 갭 2 : 서비스설계와 표준 갭을 일으키는 주요 요인

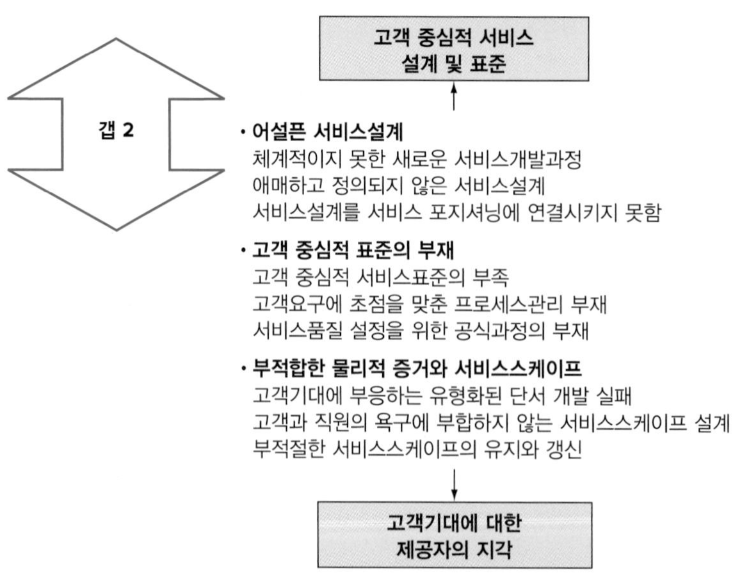

준을 마련하지 못할 수도 있다. 이러한 어려움은 새로운 서비스를 개발할 때 더욱 명확하다. 경영자, 현장접점직원, 후방접점직원, 그리고 지원스태프 등 서비스와 관련되어 일하는 모든 직원들이 새로운 서비스에 대한 동일한 개념을 가지고 일하는 것은 중요하다. 이미 존재하는 서비스조차도 직원 모두가 서비스 및 이와 관련된 이슈에 대해 동일한 비전을 가지고 있지 않다면, 그것을 향상시키기 위한 어떠한 노력도 어려움을 겪게 될 것이다. 제공자 갭 2를 피하는 가장 중요한 방법 중 하나는 지나친 단순화, 불완전성, 주관성 그리고 편견 없이 명확히 서비스를 설계하는 것이다. 그렇게 하기 위해서는 신/기존 서비스들을 발전시키고 향상시키는 것을 도와줄 수 있는 도구들이 필요하다. 제8장에서는 서비스를 위한 독특한 도구들인 서비스청사진 등을 비롯하여, **서비스개발과 설계**에서 효과적인 도구들을 설명할 것이다.

고객과의 접점에 있는 직원을 평가하고 보상하는 기준인 서비스표준은 이들이 제공한 서비스품질에 결정적인 영향을 미친다. 서비스표준은 접점에 있는 직원들에게 경영층이 우선시 하는 요소가 무엇이고 실제 인사고과에 반영하는 성과의 유형이 무엇인지를 알리는 신호(signal)이다. 서비스표준이 없거나 또는 현재 서비스표준이 고객기대를 반영하고 있지 않다면, 고객이 지각하는 서비스품질은 매우 낮을 것이다. 서비스표준이 고객이 기대하는 바를 반영하고 있을 때, 고객이 받는 서비스에 대한 지각(perception)은 향상될 것이다. 제9장에서는 조금 더 진보된 **고객정의 서비스표준**을 다룰 것이며, 만약 그것이 적절하게 발전된다면 제공자 갭 2와 고객 갭을 메울 수 있음을 보여줄 것이다.

제10장에서는 고객기대를 충족하고 서비스를 설계하는 데 있어서 **물리적 증거**(physical evidence)의 역할에 초점을 맞춘다. 물리적 증거는 서비스제공의 편의시설과 환경인 서비스스케이프와 기타 물리적 증거로 구성된다. 기타 물리적 증거는 서비스를 제공할 때 사용하는 명함, 보고서, 표지판(signage), 인터넷 사용(presence), 장비, 설비 등을 일컫는다. 한편 제10장에서 집중적으로 다루게 될 **서비스스케이프**(servicescape)는 레스토랑, 호텔, 놀이공원, 헬스클럽, 병원, 학교 등을 생각해보면 바로 이해할 수 있다. 서비스스케이프는 무형적인 서비스를 유형화시키는 단서가 되고 서비스 경험을 즐겁게 한다는 점에서 매우 중요하다. 제11장에서 물리적 증거의 중요성, 그것이 담당하는 많은 역할, 그리고 고객기대에 부응하는 물리적 증거와 서비스스케이프를 효과적으로 설계하는 전략에 대해 논의할 것이다.

제공자 갭 3 : 서비스성과 갭

일단 서비스설계와 표준이 제자리를 잡고 나면, 고품질의 서비스를 제공하는 제대로 된 과정에 진입한 것처럼 보인다. 이러한 가정은 옳지만 아직도 탁월한 품질의 서비스를 제공하기에는 충분치 않다. 실제로 제공되는 서비스가 서비스설계와 표준에 일치하거나 더 높기 위해서는 이를 뒷받침하는 시스템, 절차, 그리고 사람이 필요하다.

제공자 갭 3, 즉 **서비스성과 갭**(the service performance gap)은 고객 중심의 서비스설계 및 표준과 접점직원이 실제로 제공한 서비스성과 간의 차이를 말한다. 서비스수행에 대한 가이드라인이 존재하고 고객을 적절히 다룬다고 해서 서비스품질의 높은 성과가 확실히 달성되는 것은 아니다. 서비스표준을 정한 대로 달성하기 위해서는 사람, 시스템, 기술 등의 적절한 자원의 뒷받침이 있어야 하고 직원에 대한 효과적인 지원이 있어야 한다. 효과적인 직원지원이란 설정된 표준과 일치한 성과에 기초하여 직원의 성과를 측정하고 보상하는 것을 말한다. 서비스표준이 간혹 정확하게 고객의 기대를 반영하고 있다 하더라도 기업에서 서비스표준이 달성되도록 요구하고, 격려하지 않으면 서비스표준은 아무 소용이 없다. 서비스제공이 표준에 미치지 못한다면 고객이 기대하는 바를 제공할 수 없기 때문이다. 성과 갭을 메우는 것은 바로 고객 갭을 메우는 것인데, 이를 위해서 서비스표준을 달성할 수 있도록 필요한 모든 자원을 적절히 지원해야 한다.

기존의 연구문헌들과 현장경험을 통해 보면 서비스성과 갭을 메우는 데 장애가 되는 몇 가지 핵심적인 요인을 파악할 수 있다(그림 2.4 참조). 직원이 접점에서 자신이 수행해야 할 역할을 명확히 이해하지 못함, 고객과 경영자 사이에서 느끼는 갈등, 효과적이지 못한 채용, 직원에게 맞지 않는 기술, 직원에 대한 부적절한 보상과 평가, 권한위임과 팀워크의 부족 등이 이러한 장애요인에 해당한다. 이 요인들은 모두 채용, 교육, 피드백, 직무설계, 동기부여, 조직구조 등과 같은 인적자원관리와 관련된 것이다. 더 나은 서비스성과를 제공하기 위해서 이러한 문제들은 마케팅과 인적자원부서에서 반드시 함께 해결해야 한다.

제공자 갭 3에 있어 또 다른 중요한 변수는 고객이다. 접점직원과 중간상이 서비스제공에

그림 2.4
제공자 갭 3 : 서비스성과 갭을 일으키는 주요 요인

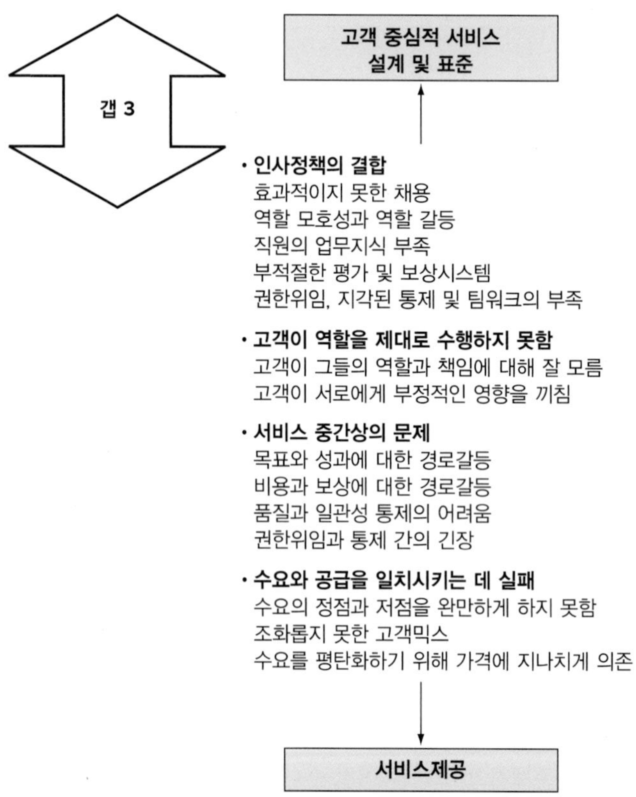

있어 100% 일관성을 갖는다 하더라도 또 하나의 통제 불가능한 변수인 고객이 서비스제공에 변이성(variability)을 가져오게 한다. 서비스제공자에게 꼭 알려야 할 정보를 고객이 말해주지 않거나, 고객이 지시사항을 인지하거나 따르기를 소홀히 하는 등 고객이 그들의 역할을 적절히 수행하지 않는다면 서비스품질이 나빠질 수 있다. 또한 고객이 파괴적이거나(disruptive), 자신에게 할당된 서비스제공 시간보다 더 사용한다면, 고객이 다른 고객의 서비스품질에 부정적인 영향을 끼칠 수 있다. 고객의 역할을 이해하는 것과 고객이 그들 상호 간에 어떻게 해야 하는지가 서비스의 제공과 성과에 막대한 영향을 끼칠 수 있다.

갭 3과 관련된 세 번째 어려움은 서비스가 소매상, 프랜차이즈 가맹점, 대리인, 브로커 등과 같은 **중간상**을 통해 제공되는 경우 발생하는 문제들이다. 서비스품질은 고객과 서비스제공자 간에 이루어지는 인간적인 상호작용을 통해 달성되기 때문에 서비스가 실제 고객에게 제공되는 접점에 대한 통제가 매우 중요하나 이는 쉽지가 않다. 대부분의 서비스나 많은 제조기업이 직면하고 있는 어려운 과제는 기업을 대신해서 고객과 상호작용하지만 직접 통제할 수 없는 중간상들로 하여금 높은 서비스품질과 일관성을 유지하게 하는 것이다. 프랜차이즈 가맹점들의 서비스품질은 프랜차이즈 본부가 정해 놓은 규정대로 가맹점이 서비스를 제공하는지의 여부에 달려 있다. 고객이 서비스품질을 평가하는 시점은 프랜차이즈 가맹점이 서비스를 수행할 때이기 때문이다. 프랜차이즈 가맹점과 함께 여타 유형의 중간상들 역시 좋은 서비스제공에 매우 중요한 역할을 한다. 따라서 서비스기업은 자사의 목표를 달성하기 위해 중간상을 통제하거나 동기부여시킬 수 있는 방법을 개발해야만 한다.

서비스성과 갭과 관련된 또 하나의 쟁점은 서비스기업이 **수요와 제공역량을 잘 조정할 필요가 있다는 것**이다. 서비스는 소멸성이 있어 재고로 보관할 수 없기 때문에, 서비스기업은 초과수요나 수요부족의 상황에 자주 직면하게 된다. 초과수요를 대처할 만한 재고가 없다는 것은 서비스기업에 있어 고객의 욕구를 다룰 만한 제공역량이 없다는 것인데 이 경우 기업은 매출을 놓치게 된다. 한편, 수요부족의 상황에서는 기업의 제공역량이 제대로 활용되지 않고 있다는 것이다. 대부분의 기업은 수요와 공급을 조절하기 위해 교차교육(cross training)이나 직원 수의 조절 등과 같은 운영전략에 의존하고 있다. 이러한 상황에서 마케팅전략을 사용하는 기업은 별로 없다. 즉 가격변경, 광고, 촉진, 대안 서비스제공 등과 같은 수요관리 마케팅 전략의 활용을 통해 공급관리 방식을 보완할 수 있을 것이다.

우리는 제11장에서 직원의 역할을 다루는 전략들을 다룰 것이고, 제12장에서는 고객, 제13장에서는 수요와 공급역량에 대해 논의할 것이다.

제공자 갭 4 : 의사소통 갭

제공자 갭 4, 즉 **의사소통 갭**(the communication gap)은 서비스제공과 서비스제공자의 외부커뮤니케이션 간의 차이를 나타내고 있다. 매체광고, 판매원, 기타 커뮤니케이션을 통해 서비스기업이 약속한 서비스수준은 고객이 서비스품질을 평가할 때 기준으로 사용하는 고객의 기대를 높일 수 있다. 따라서 약속된 서비스와 실제 서비스 간의 차이는 고객 갭을 확대시

주목받는 기술 서비스품질 갭모델에 대한 기술의 중요한 영향들

초창기의 서비스제품들은 원격으로 제공될 수 없었기 때문에 대부분의 고객은 서비스제공자와 대면 상황에서 서비스를 제공받는 것이 일반적이었다. 그러나, 기술이 발전하면서 언제 어디서나 서비스를 제공하거나 소비할 수 있는 환경이 확산되고 아울러, 서비스 접근 용이성의 고도화 및 서비스의 국제화로 인해 이전의 기본적인 서비스제공 방식인 대면서비스를 감소시켰다. 이러한 변화의 대부분은 초기에 갭모델을 개발할 당시에는 반영되지 않았다. 기술, 특히 정보기술의 발전은 서비스제공 방식, 서비스 혁신 및 서비스 관리에 엄청난 영향을 미쳤다. 즉, 아래에서 설명하는 것처럼, 기술의 발전은 갭 모델 전반에 영향을 미쳤다.

고객 갭(Customer Gap)에 대한 기술의 영향

기술의 발전은 고객 갭에 상당한 영향을 미쳤다. 먼저, 서비스의 본질 자체가 변하였는데, 현재 제공되는 대부분의 서비스들은 직원에 의해 직접 제공되기보다는 기술을 이용해 제공되고 있다. 개인이 촬영하는 사진산업을 예로 들면, 과거에는 개인이 사진을 촬영한 후 필름을 현상소에 가져다주고 인화를 주문하여 현상된 사진을 가족이나 친구들과 공유할 수 있었다. 사진앨범을 제작하고 다른 사람들과 사진을 공유하는 것은 노동집약적 과정이었는데, 종종 상당한 시간과 비용이 투입되었으며 다양한 서비스 업체를 함께 연결해야 완성할 수 있는 작업이었다. 이제 고객은 디지털카메라나 스마트폰을 이용하여 필름 없이 원하는 만큼 사진을 찍을 수 있고, 자신의 프린터를 이용하여 인쇄하며, 온라인에서 사진을 관리하고 공유하고 있다.

기술은 또한 서비스에 대한 지식이나 정보를 얻는 방식을 획기적으로 변화시켰다. 현재는 인터넷 검색을 통해 자신이 여행하려는 지역을 가상으로 경험할 수도 있으며, 서비스제공 점포의 사진보기, 가격비교, 서비스 체험까지도 가능해졌다. 즉, 구매하기 전에 고객이 얻을 수 있는 정보의 양과 유형은 기술이 발전하기 이전보다 획기적으로 증가하였다. 이러한 정보들의 유용성은 서비스를 비교하고 판단하는 고객들의 기대와 능력에 영향을 미쳤다. 이전의 고객들은 서비스제품에 대한 정보를 구매 이전에 수집하는 것이 어려웠기 때문에 소매점에 진열된 제품처럼 서비스제품을 비교할 수 있는 능력이 부족했다. 인터넷의 출현은 서비스제품도 일반제품처럼 동일하게 비교할 수 있는 가능성을 제공했다.

제공자 갭 1(Provider Gap 1)에 대한 기술의 영향

기술이 제공자 갭 1에 미친 큰 영향은 기업들이 이전에는 상상하지 못했던 방법으로 고객을 파악할 수 있도록 한 것이다. 이러한 방법 중 가장 널리 사용되는 방법은 큰 영향력을 가진 페이스북, 트위터, 구글 같은 SNS 기업 등을 통해 수행되는 마케팅 조사이다. 기업이 트위터에 올린 고객의 불만에 대해 성실하게 응답할 경우, 고객들은 기업이 고객의 불만이나 의견에 귀를 기울이고 있다고 생각한다. 이러한 방법에서 가장 중요한 것은 고객이 특별한 문제에 대한 불만이나 해결책을 구할 때, 정직한 정보를 제공하는 것이다.

당신이 페이스북 이용자라면 서비스를 직접 그리고, 개별적으로 타겟팅하는 플랫폼의 놀라운 기능을 알고 있을 것이다. 본서 저자 중의 한 명은 고객이 바로 요리할 수 있도록 미리 포장된 음식을 배송하는 기업인 플레이티드(Plated)의 회원이다. 그런데, 그녀는 현재 플레이티드의 경쟁업체인 블루에이프런(Blue Apron)이나 헬로후레시(Hello Fresh)로부터 광고를 계속 받고 있다. 그녀는 노드스트롬(Nordstrom) 백화점 고객이기도 한데, 페이스북을 통해서 노드스트롬이나 플레이티드의 제품을 구매한 적이 없음에도 불구하고 소매업체로부터 정기적인 광고를 받는다. 페이스북과 구글은 고객의 욕구와 의견을 추적할 수 있는 수학적 모델을 개발하여 소매유통업체인 아마존과 같은 역량을 보유하고 있다.

더욱 발전된 최첨단 기술은 당신이 누구이고, 당신이 그들의 제품에 어떻게 반응하는지에 대한 중요한 정보를 수집할 수 있는 소매업체의 냉동고와 선반이다. 미국소매협회(National Retail Federation)에서 매년 주최하는 빅 쇼(Big Shaw)에서 한 참가업체는 두 가지 놀라운 기능을 갖춘 냉동고를 전시했다. 첫째, 냉동고의 유리는 터치스크린으로 만들어져서 애니메이션광고를 계속 내보내 고객의 관심을 끌 수 있도록 했으며, 고객은 문을 열지 않고도 냉동고 속의 제품에 대한 정보를 파악할 수 있도록 했다. 둘째, 냉동고의 상단에 카메라가 설치되어 있어 고객이 제품을 바라볼 때의 얼굴 표정을 분석해 기록할 수 있도록 했다.

제공자 갭 2(Provider Gap 2)에 대한 기술의 영향

서비스 설계와 표준갭은 고객기대를 충족시키기 위한 대인서비스(interpersonal service) 및 실시간(real-time)으로 운영되는 서비스에 초점이 맞추어져 있다. 대인 서비스에 내재된 가변성(variability)은 설계 및 표준화를 상당히 어렵게 만들었는데, 현재는 제공자 갭 2를 좁히기 위해 기술을 이용한 서비스와 프로세스에 대한 관심이 증가하고 있다. 인터넷에서 제공되는 고도로 표준화된 기술 지원 서비스를 통해 점점 더 고객의 기대치를 충족할 수 있게 되었는데, 아마존에서 운영되는 온라인에서 도서판매 서비스를 예로 들면 다음과 같다. 즉, 고도로 정교화된 기술인프라를 통해 아마존은 주문, 지불, 배송 및 추천 상품서비스를 개인 고객별로 제공할 수 있다. 만약 이러한 서비스를 전통적인 도서판매 상황에서 시도한다면, 고객에게 제공하는 서비스가 매우 특이하고 일관성도 없으며, 비용도 많이 소요될 것이다.

기술은 우버(Uber)나 에어비앤비(Airbnb), 그리고 다양한 스마트 서비스(커넥티드 카, 연료소비를 모니터링 할 수 있는 스마트미터기(smart meters), 원격 건강체크 서비스)와 같이 현재는 당연하게 받아들여지고 있는 서비스 혁신의 기본적인 동력 역할을 했다. 그리고, 기존의 기업들은 정보기술을 바탕으로 새로운 서비스제품을 출시했다. 즉, 정보기술의 발전은 "사물인터넷(Internet of Things)"을 이용한 통합서비스 제공을 가능하게 했다.

기술은 또한 수십 년 동안 생각하지 못했던 고객의 요구와 기대를 충족시킬 수 있는 새로운 서비스의 개발도 촉진했다. 매우 새로우면서 혁신적인 방법으로 고객의 기대를 충족하기 위한 방법이 의료분야에서는 제공되고 있는데, 원격으로 환자의 상태를 진료하고, 입체화된 비디오를 통해 의사에게 수술 테크닉을 교육하는 것은 새로운 기술이 적용된 의료분야의 대표적인 사례이다.

제공자 갭 3(Provider Gap 3)에 대한 기술의 영향

기술의 발전은 고객과 접촉하면서 서비스를 제공하는 현장 직원에게도 매우 효과적이면서 효율적인 서비스제공을 가능하게 했다. 정보보안업체인 시만텍(Symantec)의 직원들은 '온라인 채팅'을 통해 고객서비스를 동시에 처리할 수 있다. 이러한 기능을 통한 더욱 신속한 업무처리로 인해 효율성이 증가했으며 이는 보다 만족스러운 고객경험을 제공할 수 있도록 했다. 이러한 역량은 직원들이 업무를 더욱 빨리 처리하고 효율성을 높이는 것을 가능하게 하여 결국은 더 높은 고객만족을 창출할 수 있도록 한다.

기술은 고객에게 권한위임도 가능하게 했다. 고객은 기술을 이용하여 서비스의 공동생산에 더 깊은 참여가 가능해졌고 자신의 서비스 경험에 가치를 더할 수 있게 되었다. 셀프서비스 기술(직원의 참여나 상호작용 없이 전적으로 고객에 의해 진행되는 서비스)은 제공자 갭 3을 좁히는 기업의 방식을 변화시켰다. 이러한 기술은 기업들이 비용절감과 효율성(잠재적 매출성장, 고객만족도 제고, 경쟁우위)을 확인하면서 확산했는데, 의료산업의 경우 환자는 웹사이트를 통해 특정 질병, 약물 및 약물 상호 작용, 의사의 전문성 및 병원 정보에 접근할 수 있기때문에 이전보다 더 많은 정보에 기초한 의사결정을 할 수 있다. 위와 같은 사례에서 알 수 있듯이 기술 발전은 서비스 제공에 대한 고객 참여를 촉진하였다. 이로 인해, 제공자 갭 3이 개념화되는 방법과 갭을 줄일 수 있는 해법에 대한 기업의 사고를 변화시켰다.

제공자 갭 4(Provider Gap 4)에 대한 기술의 영향

전통적으로 커뮤니케이션 채널은 기술의 유입에 대한 영향을 많이 받았다. 기술의 발전으로 인해 블로그, 타깃고객 이메일, 고객커뮤니티, 상담원 채팅 등을 포함하여 서비스기업이 고객과 커뮤니케이션할 수 있는 채널이 새롭게 많이 탄생했다. 효과적으로 통합관리되어야 하는 수많은 커뮤니케이션 채널과 유형들이 폭발적으로 증가하면서 고객에게 일관된 메시지를 제공하는 어려움은 더욱 증가했다. 이러한 새로운 채널은 점점 더 많은 고객이 기업과의 커뮤니케이션 수단으로 사용하기 때문에 단순히 기업이 고려할 수 있는 선택이 아니라 필수가 되었다. 온라인 브랜드 커뮤니티와 쉽고 빠른 인터넷 커뮤니케이션은 기업이나 고객의 통제 여부와 관계없이 서비스기업에 대한 고객 기대에 영향을 미칠 수 있다. 구전(WOM) 커뮤니케이션이 B2B 산업재기업 및 B2C 소비재기업 모두에게 중요하다는 것은 잘 알려져 있는데, 개인 간 정보 교환방식인 P2P(peer-to-peer)와 고객 간 커뮤니케이션 같은 오늘날의 새로운 방식들은 서비스 산업에서 구전(WOM) 커뮤니케이션의 중요성을 더욱 확고히 했다. 또한 기술은 그리 멀지 않은 과거에는 서비스제공이 불가능했던 지역으로의 진출을 허용하여 전 세계 소비자를 상대할 수 있는 잠재력을 가져다주었다. 인터넷 그 자체는 경계가 없기때문에, 국가와 대륙을 넘어 웹에 액세스할 수 있는 모든 고객과 거래하고 그들에게 서비스도 제공할 수 있다.

위와 같이, 본 주목받는 기술 코너에서는 최근 수십 년 동안 각 공급자 갭을 줄이기 위한 것과 관련된 전략관 관련하여 기술의 심오한 영향을 설명했다. 즉, 기술발전의 사례와 이러한 혁신이 기업전략에 어떻게 영향을 미치는지에 대해 살펴보았다.

자료 : L. Northrup, January 19, 2016 at https://consumerist.com/2016/01/19/this-freezer-case-knows-when-youre-frowning-atthe-bagel-bites/; J. Boitnott, pulled June 17 at http://www.inc.com/john-boitnott/howto-learn-more-about-your-customers-through-twitter.html; M. J. Bitner, V. A. Zeithaml, and D. D. Gremler, "Technology's Critical Impact on the Gaps Model of Service Quality," in *The Handbook of Service Science*, ed. P. Maglio, J. Spohrer, and C. Kieliszewski (Springer, Berlin, Heidelberg, Germany, 2009)

그림 2.5
제공자 갭 4 : 의사소통 갭을 일으키는 주요 요인

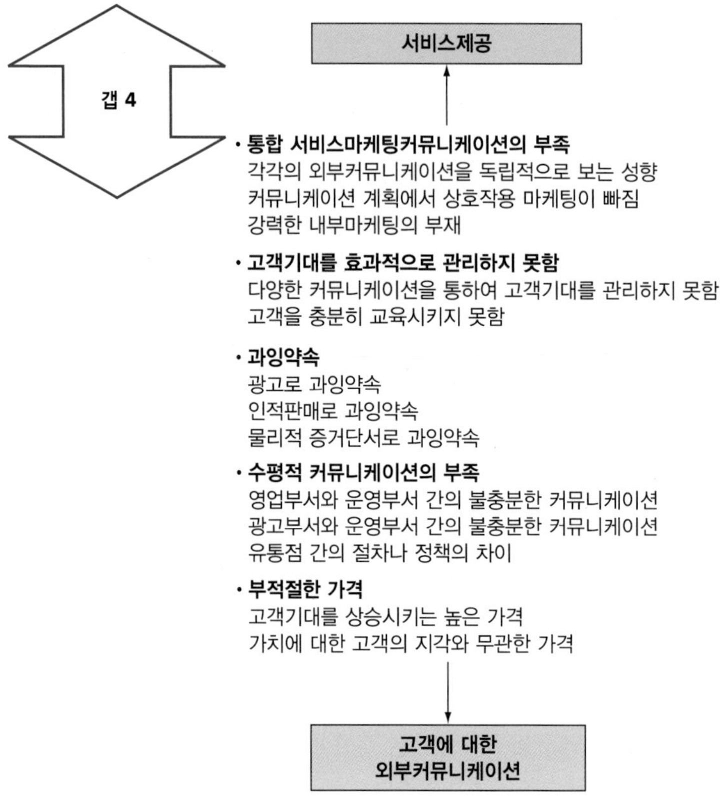

킬 수 있다. 약속에 미치지 못하는 경우는 여러 가지 이유로 생길 수 있다. 광고나 인적 판매를 통한 지키지 못할 약속, 영업과 마케팅 간의 부적절한 조정, 서비스 판매경로 간의 정책 및 절차의 차이 등이다. 그림 2.5는 의사소통 갭을 일으키는 핵심요인들을 보여준다.

과장된 주장으로 고객의 기대를 과도하게 부풀리게 하는 경우도 있지만, 외부커뮤니케이션은 고객의 서비스 품질평가에 영향을 미치기도 하여 중요하다. 예컨대, 고객교육도 외부커뮤니케이션인데 서비스기업은 흔히 고객이 서비스를 적절히 이용할 수 있도록 교육할 수 있는 기회를 포착하는 데 실패한다. 고객기대관리 또한 그 예이다. 서비스기업은 서비스거래에서 고객이 제공받을 것에 대한 기대를 관리하는 것을 소홀히 하고 있는 경우가 많다.

서비스기업의 커뮤니케이션과 관련된 주요 어려움 중의 하나는 여러 부서가 관련되어 있다는 점이다. 서비스광고라는 것이 사람이 행하는 것(what people do)에 대한 약속이고, "사람이 행하는 것"은 물리적 재화를 생산해 내는 기계를 통제하듯 통제할 수 없는 것이기 때문에, 서비스 커뮤니케이션은 마케팅부서 외의 기타 부서들과 밀접한 관련을 맺게 된다. 이러한 형태의 마케팅을 **상호작용 마케팅**(interactive marketing)이라 부른다. 상호작용 마케팅은 직원과 고객 간의 접촉으로 이루어지는 것으로서, 생산기업과 서비스기업에서 사용되어 왔던 전통적인 형태의 **외부마케팅**(external marketing)과 조화를 이루어야 한다. 서비스를 촉진하는 직원이 서비스제공의 실제를 완전히 이해하지 못할 때, 그들은 지키지 못할 약속을 하거나 고객의 관점에서 커뮤니케이션하지 못해 고품질 서비스를 제대로 전하지 못하게 된다. 이러한 이유로 고객은 서비스품질을 낮게 지각하게 한다. 따라서 외부커뮤니케이션과 실제 서비스제공을 제대로 조화시키는 것은 의사소통 갭을 줄이고, 이에 따라 고객 갭도 줄어들게 한다.

제공자 갭 4와 관련된 또 다른 쟁점은 서비스의 가격이다. 포장 소비재 혹은 심지어는 내구성 소비재의 경우에는 많은 고객이 구매 전에 경쟁자의 제품과 비교해 적당한 가격을 판단할 수 있는 지식을 충분히 갖고 있다. 그러나 서비스에서는 많은 고객들이 구매와 소비 전에는 가격에 대한 내부준거가격을 잘 알지 못한다. 상시 최저가(everyday low prices)와 같은 할인정책과 쿠폰발행 같은 가격전략은, 가격에 대한 준거가격이 없는 서비스 상황에서는 명백히 달라질 필요가 있다. 즉, 서비스에 대한 가격책정은 재화의 가격책정보다 복잡하다.

요약하자면, 마케팅커뮤니케이션이나 가격과 같은 외부커뮤니케이션은 서비스제공에서의 기대를 높임으로써 커다란 고객 갭을 창출해 낼 수 있다. 그러므로 서비스제공을 향상시키는 것과 더불어 과장된 약속으로 보다 높은 기대를 하지 않도록 고객에 대한 모든 커뮤니케이션을 관리할 필요가 있다. 제14장에서는 통합 서비스마케팅커뮤니케이션을, 제15장에서는 커뮤니케이션 목표를 달성하기 위한 가격전략을 다룰 것이다.

전체 종합 : 갭 메우기

그림 2.6에 제시된 전체적인 개념적 모델은 서비스품질을 향상시키고자 하는 경영자에게 명확한 메시지를 던져 주고 있다. 고객 갭을 없애는 방법은 제공자 갭 1부터 갭 4까지를 없애는 것이다. 제공자 갭 1에서 갭 4까지 중에서 한 개 또는 그 이상이 남아 있는 경우, 고객은 서비스가 부족하다고 생각할 것이다. 서비스품질 제공의 갭 모델은 서비스기업이 서비스품질과 서비스마케팅을 향상시키는 기본틀로 사용할 수 있을 것이다. 본 장의 전략적통찰 부문에서

그림 2.6
서비스품질의 갭 모델

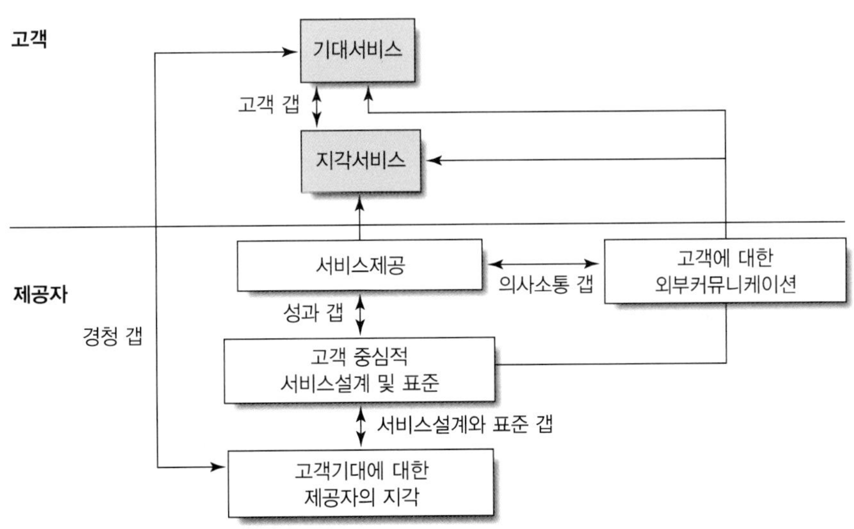

전략적 통찰 기업의 서비스 전략을 평가하기 위해 갭모델 이용하기

본 장에서 특별히 다루고, 본서의 기본틀로 쓰인 갭 모델은 서비스 평가와 조직의 역량을 평가하는 데 유용한 방법이다. 갭 모델은 많은 기업에 의해 서비스 평가 또는 모니터링의 도구로 사용되어 왔다. 왜냐하면 이 모델은 포괄적이며 서비스품질에 영향을 미치는 모든 요인을 모니터링할 수 있는 방법을 제공하고 있기 때문이다. 이 도구를 사용하기 위해 기업은 각각의 갭과 갭의 크기에 영향을 미치는 요인들에 대한 자료를 수집해야 한다. 본서 전반에 걸쳐 각각의 갭을 보다 자세히 학습하게 되겠지만, 우선 여기서 기본적인 갭 평가표를 제공한다. 본 장 끝의 연습문제 1번에서, 이 평가표를 사용해 한 기업의 서비스품질 갭을 파악하도록 하는 문제가 제시된다. 우선 연습 삼아, 도입 사례로 쓰인 트레이더 조의 접근이 어떻게 각각의 갭을 메울 수 있었는지 살펴볼 수 있을 것이다.

서비스품질 갭 모델 평가표

각각의 갭에 대한 다음 요인들에 대한 질문은, 그 요인에 대해 조직이 잘하고 있는지를 나타낸다.
1은 "나쁨", 10은 "매우 탁월함"으로 10점 척도를 사용하고 있다.

고객 갭 1. 기업이 서비스품질에 대한 고객의 기대를 얼마나 잘 이해하는가? 2. 기업이 서비스에 대한 고객지각을 얼마나 잘 이해하는가?	**1 = 나쁨** **10 = 매우 탁월함**
제공자 갭 1 : 경청 갭 **1. 시장 조사 지향성** • 시장조사의 정도와 유형이 서비스에 대한 고객기대를 이해하는 데 적절한가? • 기업이 서비스규정을 결정하는 데 이러한 정보를 사용하는가? **2. 상향커뮤니케이션** • 고객이 기대하는 것을 알기 위해 경영자와 고객이 충분히 상호작용하는가? • 고객이 접촉하는 접점직원이 경영자에게 고객기대를 이야기하는가? **3. 관계에 초점** • 기업이 각기 다른 고객 세분시장에서의 기대를 이해하는 정도는 어떠한가? • 기업이 거래보다 고객과의 관계에 초점을 맞추는 정도는 어떠한가? **4. 서비스회복** • 기업의 서비스회복 노력은 얼마나 효과적인가? • 기업은 서비스실패에 대해 잘 대비하고 있는가? **제공자 갭 1의 점수**	**1 = 나쁨** **10 = 매우 탁월함**
제공자 갭 2 : 서비스설계와 표준 갭 **5. 체계적인 서비스설계** 기업의 서비스 개발과정은 얼마나 효과적인가? 새로운 서비스는 고객과 직원을 위해 분명히 정의되어 있는가?	**1 = 나쁨** **10 = 매우 탁월함**

는 갭모델을 이용한 **서비스품질 갭 평가**(service quality gap audit)에 대해 설명한다.

이 모델은 고객 갭에서 시작한다. 다시 말해 고객 갭의 본질과 크기를 이해하는 것이 서비스품질 향상의 시작이다. 서비스기업은 고객에게 초점을 맞추고 고객에 대한 지식을 이용하여 경영전략을 이끌어나가야 하기 때문에 우리가 강조하는 갭 모델은 타당하다.

6. 고객정의 표준의 존재

기업의 서비스표준은 얼마나 효과적인가?
서비스표준이 고객기대에 부응하여 정의되는가?
서비스품질 목표를 설정하고 추적하는 과정이 얼마나 효과적인가?

7. 적절한 물리적 증거단서와 서비스스케이프

기업의 물리적 설비, 장치, 그리고 다른 유형의 자산들은 얼마나 적절하고, 매력적이며 효과적인가?

제공자 갭 2의 점수

제공자 갭 3 : 서비스성과 갭

8. 효과적인 인적자원정책

기업의 직원 채용, 고용, 훈련, 보상 그리고 권한위임은 얼마나 효과적으로 행해지고 있는가?
서비스제공의 일관성은 직원, 팀들, 부서들, 그리고 지점들 모두에서 지켜지고 있는가?

9. 고객의 효과적인 역할 수행

고객은 그들의 역할과 책임들을 이해하고 있는가?
기업은 고객이 그들의 역할을 수행하도록 잘 관리하고 있는가? 특히 고객 간에 부합하지 않는 고객을 잘 관리하는가?

10. 서비스 중간상과의 효과적인 연결

서비스 중간상과 기업은 잘 연결되고 있는가?
목표, 성과, 비용, 그리고 보상에 대해 갈등이 있는가?
모든 소매점에서 서비스품질이 일관성 있게 제공되고 있는가?

11. 수요와 공급의 연결

기업은 수요와 공급의 변동을 얼마나 잘 조화시킬 수 있는가?

제공자 갭 3의 점수

1 = 나쁨
10 = 매우 탁월함

제공자 갭 4 : 의사소통 갭

12. 통합 서비스마케팅 커뮤니케이션

접점직원과 고객 간의 상호작용을 포함하여 기업의 모든 커뮤니케이션은 동일한 메시지와 서비스품질을 잘 표현하고 있는가?
기업이 고객으로부터 자신들이 받게 될 것에 대해 잘 소통하고 있는가?
기업은 과장된 약속과 과도한 판매를 피하고 있는가?
서비스품질이 약속한 것에 부합하도록 조직 내 여러 부서 간에 서로 잘 커뮤니케이션하고 있는가?

13. 가격책정

기업은 가격이 너무 높아서 고객의 기대가 상승하는 것에 대하여 조심하고 있는가?
기업은 소비자가 인식하고 있는 가치와 일관된 가격을 유지하고 있는가?

제공자 갭 4의 점수

1 = 나쁨
10 = 매우 탁월함

각 갭의 점수를 가능한 최대 점수와 비교하라. 특정한 갭이 다른 갭들보다 약한가? 각 갭 중 어떤 것이 주목할 필요가 있는가? 본서의 나머지 부분에서 각 갭의 핵심요인을 향상시키는 방안에 대해 더욱 자세하게 설명할 것이다.

요약

본 장은 그림 2.6과 같은 서비스품질에 대한 갭 모델 전체를 설명하고 있다. 이 모델은 서비스 제공을 이해하고 향상시키는 기본틀이다. 본서는 여기서 제시하는 갭 모델을 중심으로 구성되어 있다. 갭 모델은 다음과 같은 다섯 가지의 핵심 갭에 초점을 맞추어 구성된다.

고객 갭 : 기대와 지각의 차이
제공자 갭 1 : 고객의 기대를 알지 못함
제공자 갭 2 : 적합한 서비스설계와 표준을 선택하지 못함
제공자 갭 3 : 서비스 표준을 제대로 제공하지 못함
제공자 갭 4 : 성과가 약속에 미치지 못함

갭 모델은 고객에서 시작하여 이들의 기대와 지각을 메우는 방안을 중심으로 기업이 해야 할 과업을 제시하여 서비스마케팅의 핵심콘셉트, 전략, 그리고 의사결정을 규정하고 있다. 본서의 마지막 장인 제16장에서는 서비스품질의 재무적 시사점, 서비스품질과 재무적 성과 간의 관계를 보여주는 연구와 자료를 학습할 것이다.

토의문제

1 자신이 받았던 서비스에 대해 생각해 보라. 그 서비스에서 자신의 기대와 지각 간에 차이가 있었는가? 자신이 기대했지만 받지 못한 것은 구체적으로 무엇인가?

2 "희망 모드(wish mode)"를 생각하고 IKEA에 대해 논의하라. 평소 자신이 받는 서비스에 대해 생각해 보고, 희망모드로 생각해 보자. 서비스와 그것을 제공하는 방식을 어떻게 바꿀 수 있는가?

3 만약 자신이 서비스기업의 경영자로 갭 모델을 적용하여 서비스를 향상시키기 원한다면 어떤 갭부터 시작할 것인가? 왜 그런가? 갭을 메워나가기 위해 어떠한 지시를 할 것인가?

4 다른 3가지의 제공자 갭보다 먼저 제공자 갭 4(의사소통 갭)를 메울 수 있는가? 가능하다면 어떻게 그렇게 할 수 있을까?

5 4가지 제공자 갭들 중에서 가장 좁히기 어려운 것은 어느 것이라고 생각하는가? 그 이유는 무엇인가?

연습문제

1 인터뷰하기 위한 한 조직을 선정한 후 서비스품질 갭 모델을 기본틀로 사용하라. 경영자에게 해당 조직이 이 장에서 열거한 요인들로 인해 어려움을 겪고 있는지 질문해 보라. 그림 2.2부터 그림 2.5까지 설명한 여러 요인들 중 경영자를 가장 크게 괴롭히고 있는 것은 어느 것인가? 그 문제들을 해결하기 위해 기업은 무엇을 하고 있는가?

2 인터넷을 사용하여 월트 디즈니, 메리어트, 리츠칼튼 또는 다른 유명한 고품질 서비스기업의 홈페이지를 방문해 보라. 이들 기업은 4가지 갭 중 어떤 제공자 갭을 잘 메우고 있는가? 어떻게 그렇다고 말할 수 있는가?

3 자신이 살고 있는 지역의 비영리기업이나 정부기관(출신학교가 공립학교라면 그중 한 학교를 택할 수 있다)과 인터뷰하라. 그 조직에 통합된 서비스품질 갭 모델을 적용할 수 있는지 논의하라.

참고문헌

1 B. Kowitt, *Fortune Magazine*, September 6, 2010, p. 87.

2 Trader Joe's webpage www.traderjoes.com, pulled March 29, 2016.

3 Emily Co, www.popsugar.com, February 1, 2016, accessed March 29, 2016.

4 The gaps model of service quality that provides the structure for this text was developed by and is fully presented in V. A. Zeithaml, A. Parasuraman, and L. L. Berry, *Delivering Quality Service: Balancing Customer Perceptions and Expectations* (New York: The Free Press, 1990).

Part 2

고객초점

고객 갭

아래 그림은 서비스품질 갭 모델의 기본이 되는 두 상자를 보여주고 있는데, 이는 서비스마케팅에서 중요한 역할을 하는 두 가지 개념인 고객기대와 고객지각에 해당한다. 고객기대는 성과의 표준이나 성과의 준거점으로 서비스경험과 대비되어 비교되며, 이는 고객이 서비스제공 시 발생해야 하거나 발생할 것이라고 믿는 것이다. 고객지각은 실제적인 서비스경험에 대한 주관적인 평가이다.

고객 갭

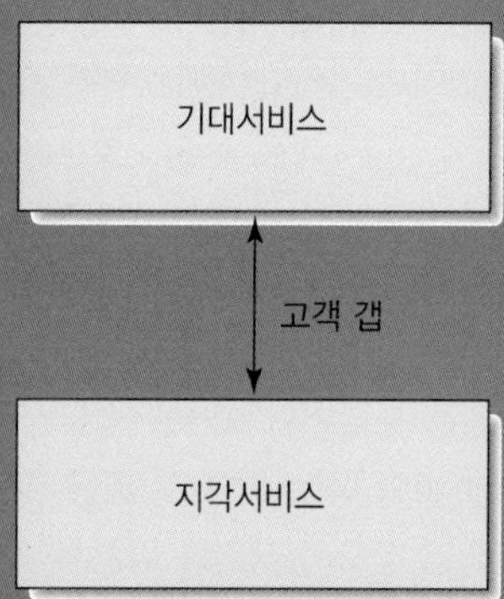

탁월한 서비스마케팅은 고객초점을 요구하기 때문에 본서의 제2부에서는 고객 갭과 기타 관련된 개념을 설명하는 데 집중할 것이다. 제3장에서는 고객기대에 대해서, 제4장에서는 고객지각과 관련하여 보다 자세하게 살펴볼 것이다. 고객이 무엇을 원하고 그들이 받은 것을 어떻게 평가하는지에 대해 파악하는 것은 효과적인 서비스를 설계하는 데 토대가 된다.

Chapter **03**

서비스에 대한 고객기대

본 장의 목적은 다음과 같다.

1. 고객이 서비스성과에 대해 갖는 기대의 유형을 알아본다.
2. 서비스에 대한 고객기대의 원천에 대해 논의해 본다.
3. 최종고객과 비즈니스 고객 간, 순수서비스와 제품 관련 서비스 간, 서비스를 경험한 고객과 경험하지 않은 고객 간에 기대의 유형과 원천이 유사함을 확인한다.
4. 고객기대와 관련된 몇 가지 중요한 쟁점을 파악한다.

고객이 한 나라에서 다른 나라로 여행할 때는 틀림없이 고객의 기대와 서비스제공 사이에 가장 큰 갭이 존재한다. 예를 들면, 일본에서는 고객이 "왕"이다. 도쿄에 있는 대형 백화점은 오전에 개장할 때 직원이 줄을 서서 들어오는 고객에게 머리를 숙이는 정중한 인사로 환영한다. 몇 년 전 일본어를 할 줄 모르면서 도쿄를 방문한 우리의 동료들 중 한 명이 백화점에서 서예용 펜을 찾고 있는데 여덟 명 정도의 직원이 나서서 친절하게 도와주었다. 비록 그 펜이 몇 푼 되지는 않지만 몇몇 판매직원은 통역을 할 수 있는 사람을 찾아 여기저기 카운터를 찾아다녔고, 몇몇은 매장에서 좋은 선물이 될 만한 훌륭한 펜이 있는지 찾아다녔으며, 또 다른 몇몇은 다른 점포에 더 훌륭한 펜이 있는가를 알아보고 있었다.

일본인 고객은 일본 내에서 아주 훌륭한 대우를 받아 왔기 때문에 영국과 같은 선진국에서 쇼

© YOSHIKAZU TSUNO/AFP/Getty Image

도쿄의 한 판매원이 탁월한 고객서비를 제공하고 있다.

핑을 할 때도 종종 과도한 서비스를 기대하기도 한다. 일본인 관광객 중 한 명이 런던의 한 백화점에서 쇼핑을 하고 있는데, 두 명의 백화점 점원이 그에게 서비스를 제공하지 않고 잡담하고 있는 것을 보고 당황해서 물건을 구입하지 않고 그냥 나왔다고 한다.[1] 일본에서의 일반적인 고객 서비스를 알고 있다면 그의 불쾌감을 이해할 수 있을 것이다.

호텔 서비스에 대한 기대도 한 나라와 다른 나라 간에 차이가 있을 수 있다. 미국에서의 "2성(two-star)" 호텔은 일반적으로 객실이 깨끗할 것으로 고객이 기대할 수 있음을 의미하는 것으로 해석된다. 즉, 편안한 침대, 간소하게 장식된 객실, 전자레인지, 냉장고, 컬러 텔레비전, 소파 베드(sofa bed), 전화기, 커피 메이커와 같은 현대적인 편의 시설을 갖추고 매일 객실 청소 서비스를 제공하는 호텔을 의미한다. 이러한 호텔을 이용하는 고객은 호화스러운 방이나 아름답고 넓은 방을 원하지 않는다. 또한 추가적인 서비스에 대해서 비용을 지불하려고도 하지 않는다. 단지 깨끗한 방과 안전한게 머무를 수 있는 공간을 원할 뿐이다. 책상과 음성사서함(voicemail), 그리고 고속인터넷을 객실에서 사용할 수 있으면 만족한다. 그러나, 영국으로 여행을 간 숙련된 여행가가 런던의 2성 호텔에서 이러한 서비스를 찾는다면 매우 놀랄 것이다.

사실, 우리 저자 중의 한 명은 런던에서의 호텔에 대한 고객기대는 다르다는 것을 직접 경험했다. 그는 어린이 두 명을 포함하여 가족 4명이 4일간 묵을 수 있도록 여행사를 통해 런던의 2성 호텔을 예약했다. 그러나, 런던의 이 호텔은 기대에 미치지 못했다. 객실에서는 2명 이상 숙박하지 못하게 했으며 24인치 샤워룸과 완전히 걸쇠가 잠기지 않는 출입문, 전구가 없는 복도, 벌레가 통과할 수 있는 큰 구멍이 있는 화장실벽 등을 갖추고 있었다. 게다가 매일 하는 객실 청소는 쓰레기통을 비우는 것으로 끝났으며 직원이 다른 방으로 청소를 하러 가면서도 문을 열어 놓은 채 이동해서 도난의 염려가 있었다. 새로운 타올이나 침대시트가 제공되지 않았으며 객실의 어느 것도 청소를 하지 않았다. 우리가 이러한 것을 숙련된 유럽의 여행가에게 이야기했을 때 그는 놀라지 않았지만 확실히 호텔의 서비스수준은 기대 이하였다. 물론 영국 런던의 모든 2성 호텔의 서비스가 이토록 형편없지는 않다. 그러나, 우리의 많은 유럽 친구들이 런던 같이 물가가 비싼 곳에서는 우리가 미국에서 경험하는 2성 호텔 서비스를 제공받는다는 것이 매우 찾아보기 힘들다는 것에 우리는 매우 놀랐다. 그들의 서비스에 대한 기대는 우리와 확실히 달랐다.

고객기대(customer expectations)는 서비스제공에 대한 고객의 신념으로 서비스성과를 평가하는 표준 또는 준거점으로 쓰인다. 고객은 자신이 갖는 서비스에 대한 준거점을 기준으로 지각된 서비스성과를 비교하여 서비스의 질을 평가하기 때문에 기업 입장에서는 고객기대를 잘 이해하는 일이 무엇보다 중요하다. 즉, 높은 수준의 서비스품질을 제공하는 데 있어 고객기대를 파악하는 것이 가장 중요한 첫 단계이다. 어떤 기업이 고객이 원하는 바를 잘못 파악한 경우에, 만약 다른 기업이 정확하게 고객의 기대를 파악하고 이를 충족시킨다면 고객을 잃을 수밖에 없을 것이며, 아울러 고객이 별로 중요시 하지 않는 것에 돈과 시간, 그리고 여타 자원을 낭비하는 결과를 초래할 것이다. 이렇게 되면 경쟁이 치열한 시장에서는 기업의 존립 자체가 위태로울 수 있다.

성공적인 서비스마케팅을 위해 이해하고 탐색해야 할 필요가 있는 고객기대는 다음과 같다. 서비스에 대해 고객이 가지고 있는 기대 유형은 무엇인가? 고객기대의 형성에 가장 큰 영향을 주는 요인은 무엇인가? 기대를 바꾸는 데 이러한 요인들이 어떤 역할을 하는가? 어떻게 고객의 기대를 충족시키고 더 나아가 넘어설 수 있는가?

본 장에서 우리는 고객기대에 대한 사고의 기본틀을 제공하고자 한다.[2] 본 장은 크게 세 부분으로 구성되었는데 다음과 같다. (1) 기대서비스의 의미와 유형, (2) 서비스에 대한 고객의 기대에 영향을 미치는 요인, (3) 고객의 서비스기대와 관련된 쟁점이다.

서비스기대

서비스에 대한 기대가 서비스제공을 평가하는 준거점이기 때문에, 기대의 수준은 고객이 갖는 준거점에 따라 매우 다양할 수 있다. 대부분의 사람들은 고객의 기대가 무엇인지를 직관적으로 알 수 있다고 믿지만, 서비스마케터는 고객기대를 이해하고 측정하고 관리하기 위하여 보다 철저하고 명확하게 고객기대를 정의할 필요가 있다.

자신이 레스토랑에 가는 계획을 하고 있다고 상상해보라. 그림 3.1은 가능한 서비스기대의 연속된 형태를 보여주고 있다. 연속선상의 왼쪽은 기대의 여러 가지 유형 또는 수준을 높은

그림 3.1
고객기대의 여러 수준

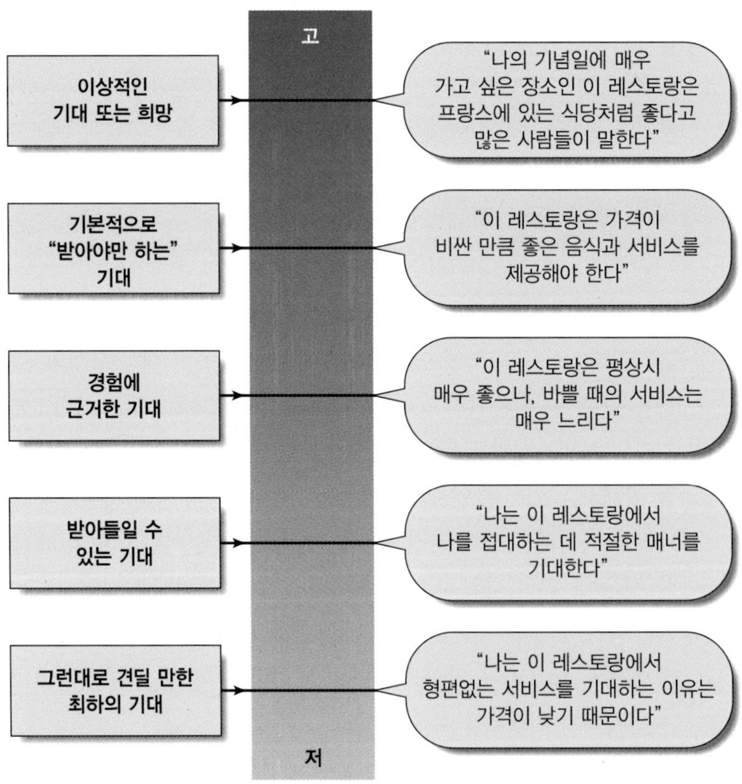

자료 : The ideas presented in this figure are based upon R. K. Teas, "Expectations, Performance Evaluation, and Consumers' Perceptions of Quality," *Journal of Marketing* (October 1993), pp. 18–34.

쪽부터 낮은 쪽으로 배열하고 있다. 각 수준의 기대에 이름을 부여하였으며, 연속선상의 오른쪽에는 당신이 고려하고 있는 레스토랑의 사례로 묘사하고 있다. 당신이 가지고 있는 기대가 레스토랑 성과의 궁극적 평가에 매우 중요하다는 것에 주의하라. 준거점이 됨을 상기한다면 그 중요성을 짐작할 수 있을 것이다. 적은 돈을 내고 최소한 인내수준의 기대를 가지고 레스토랑에 갔는데, 좋은 음식이 즉시 제공되었다고 가정하자. 대신에 많은 돈을 내고 이상적인 기대 혹은 희망기대 수준의 레스토랑에 방문했는데 좋지만 환상적이지는 않은 음식이 제공되었다고 가정해 보라. 어느 레스토랑의 경험이 최고라고 판단할까? 그 답은 당신이 갖고 있는 준거점에 달려 있을 것이다.

고객기대의 개념이 서비스 평가에 매우 중요하기 때문에 기대수준에 대해 간단히 언급하면서 본 장을 시작한다.

기대의 유형

그림 3.1에서 보듯이 고객이 서비스에 대해 가지고 있는 기대는 그 유형이 다양하다. 하지만 본 장에서는 두 가지 유형에 중점을 둘 것이다. 첫 번째 유형은 **희망서비스**(desired service)인데 고객이 받기를 바라는 수준의 서비스를 말한다. 희망서비스란 고객이 "받을 수 있고(can be)", "받아야만 한다고(should be)" 믿는 수준의 서비스이다.[3] 예컨대 어떤 고객이 매력적이고 멋있는 데이트 상대나 결혼상대를 만날 것을 기대하면서 온라인으로 미팅을 주선하는 서비스회사와 계약했다고 하자. 이 경우 고객의 기대에는 희망과 바람(hopes and wishes)이 반영돼 있다. 졸업이 임박한 학생이 대학의 취업정보센터에서 제공하는 프로그램에 참여하는 것도 마찬가지이다. 이때 취업지원센터 서비스에 대한 학생의 기대는 무엇일까? 결국 학생은 적절한 월급과 지위를 보장해 줄 수 있는 직업을 찾아줄 수 있는 회사에 입사하길 원할 것이다. 왜냐하면 학생이 바라고 원하는 것이 바로 그것이기 때문이다.

그러나 학생은 경제상황 때문에 기업들이 이상적인 일자리를 공급하지 못한다는 것을 인지할 것이다. 그리고 대학의 취업지원센터가 학생이 관심을 가지고 있을 수 있는 모든 회사와 거래관계를 맺고 있는 것은 아니다. 이처럼 고객은 희망하는 서비스가 채워지기를 바라기는 하지만 이것이 항상 가능한 것이 아니라는 것을 깨닫는다. 이러한 이유로 해서 그들은 희망수준보다 낮은 수준의 기대를 갖게 된다. 여러 가지 여건을 고려하여 허용 가능한 최저수준의 기대를 **최저서비스**(adequate service)라고 한다.[4] 때때로 경제불황 시기에는 높은 지식과 기술을 갖추고 대학을 졸업한 많은 학생들이 패스트푸드 레스토랑 일자리나 무급 인턴사원을 받아들였다. 그들의 희망과 바람, 즉 그들이 희망하는 서비스의 기대 수준은 여전히 높으나, 경제가 불황인 시장 환경에서는 기대가 충족되기 어렵다는 것을 인지하고 있기 때문이다. 그들의 취업지원센터의 최저서비스 표준은 희망서비스 수준보다 훨씬 낮다. 어떤 졸업생들은 돈을 벌 수만 있다면 아무 일자리나 받아들이며 또 다른 졸업생들은 경험을 쌓기 위하여 단기간의 무급 인턴사원제도도 받아들인다. 최저서비스란 "그런대로 견딜 만한 최소의 기대수준(minimum tolerable expectation)"[5]을 의미하는 것이며 이는 고객이 받아들일 수 있

세계적 추세 개인서비스의 글로벌 아웃소싱 : 고객의 기대는 무엇인가?

서비스의 특성으로 인해 기업은 종종 서비스 제공기업으로부터 고객이 무엇을 기대하는지 파악하는 것에 어려움을 느낀다. 직접 만나보지도 못한 해외 거래처에 업무의 대부분을 아웃소싱하는 경우, 고객이 기대하는 것이 무엇인지도 모르는 상황의 어려움을 상상해보라. 미국의 많은 가정이 해외에 있는 서비스업체와 접촉할 때 이러한 상황에 종종 직면한다.

개인고객 서비스의 해외이동(offshoring)

제1장에서 언급한 바와 같이, 많은 미국 기업들이 서비스 분야의 해외 아웃소싱을 운영하고 있는데, 미국 이외의 지역에서 제공되는 서비스에 연간 200억 달러 이상이 지출되고 있다. 점점 더 많은 미국의 가정들이 개인 업무를 처리하기 위해 외국의 서비스센터와 접촉하고 있다. 인스턴트메시지, 컴퓨터 스캔, 이메일 첨부파일 등 가정에서 사용할 수 있는 기술의 발전으로 인해 상호작용이 필요 없는 서비스들이 해외에서 제공되고 있다. 이와 같이 해외로 아웃소싱할 수 있는 서비스는 콜센터를 포함하여 인테리어 디자인, 워드 프로세싱, 법률 서비스, 벽화(mural painting), 웨딩 기획, 개인 웹사이트 디자인, 조경 디자인 등 다양한데 기술이 발전하면서 그 영역은 점점 더 확대되고 있다.

- 한 고객은 여동생의 결혼식에서 하객들에게 보여줄 간결하면서 전문성 있는 비디오를 제작하기를 원했다. 그는 웹상에서 루마니아의 그래픽 아티스트를 찾았고, 그 아티스트는 영화 스타워즈의 음악을 배경으로 2분짜리 비디오를 59달러라는 저렴한 가격에 제작해 주었다.
- 한 남자는 그의 어머니가 뉴욕에서 보낸 어린 시절의 경험에 대해 아이들에게 설명하면서 사용할 동화책을 제작할 수 있는 그래픽 아티스트를 찾았다. 그는 전화번호부를 이용하여 지역의 아티스트를 검색하지 않고, 프리랜서 중계사이트인 구루(Guru.com)를 이용했다. 그는, 말레이시아, 우크라이나, 레바논 등과 같은 나라의 아티스트에게 일주일 동안 80여 개의 제안서를 받았고 결국 300달러에 25개의 그림을 그려주겠다고 제안한 필리핀 여성을 고용했다.
- 한 가정은 딸을 위해 온라인 가정교사를 고용했다. 지역의 가정교사에게 시간당 40달러의 견적을 받은 후, 그들은 매일 2시간, 주 5일 교육에 한 달에 99달러밖에 지불하지 않는 인도의 온라인 가정교사를 웹상에서 발견했다. 강의는 단지 가족이 보유하고 있는 태블릿 PC와 인스턴트 메시지, 그리고 커뮤니케이션이 가능한 헤드셋만이 필요했다.
- 고객은 프리랜서 웹사이트인 피버닷컴(Fiverr.com)을 통해 해외 판매자가 제공하는 다양한 서비스를 구매할 수 있다. 제공 서비스에는 로고 디자인, 개인 비서(personal assistance) 업무, 편집작업, 이력서 작성, 화이트보드 애니매이션(white board animation) 등이 포함된다. 피버(Fiverr)는 글로벌 서비스제공팀을 그들의 가장 큰 자산이라고 간주한다. 캘리포니아에 거주하는 경영진은 취침 전에 업무 및 프로젝트와 관련한 지시를 내리고, 다음 날 아침에 기상하여 다양한 국가로부터 전송된 신선한 아이디어와 피드백을 경험한다.

서비스에 대한 기대

소비자 수준의 아웃소싱 서비스는 몇 가지 문제를 수반한다. 본 장에서 설명했듯이 희망서비스(desired service) 기대는 명시적 서비스약속, 묵시적 서비스 약속, 구전 커뮤니케이션, 과거경험에 의해 영향을 받는다. 그러나, 앞서 제시한 방법으로 해외에서 서비스를 아웃소싱할 경우에는 이러한 영향요인 중 많은 부분이 존재하지 않는다. 예를 들면, 이러한 서비스 제공업체와의 커뮤니케이션은 대부분 이메일, 온라인 채팅 또는 무료 인터넷 전화를 통해 이루어진다. 또한, 묵시적 · 명시적 약속의 내용은 제한적으로 제공되고, 구전 커뮤니케이션은 인터넷이나 소셜미디어에 국한되며, 고객경험은 최초인 경우가 대부분이다. 고객을 더욱 혼란스럽게 만드는 것은, 많은 사람들이 인터넷을 통해 경험했던 서비스 제품의 노출을 제한적으로 하며, 또한 대부분의 고객이 외국에서 제공하는 서비스를 경험한 적이 없다는 것이다.

이러한 상황에서, 고객은 그들의 서비스에 대한 기대를 전달하려고 시도할 수 있지만, 곧 장애물에 직면한다. 즉, 서비스제공자의 모국어가 영어가 아닌 경우 오해의 소지가 있다. 예를 들면, 한 고객이 이집트

는 최저수준의 서비스이고, 고객이 그래도 서비스를 받았다고 생각할 수 있는 최저상태를 말한다.

그림 3.2에서는 기대를 나타내는 그림의 위와 아래의 경계를 두 가지의 기대수준으로 표현하고 있다. 이 그림은 고객이 두 가지의 기대수준, 즉 그들이 바라는 수준과 그들이 겨우 받아들일 만한 수준으로 서비스성과를 평가한다는 것을 말해 주고 있다. 본 장의 **세계적 추세** 코너에서는 기업이 다른 나라의 고객에게 서비스를 제공할 때 고객의 기대를 파악하는데 있어 기업이 직면하는 어려움에 관해 설명한다.

에 있는 아웃소싱 업체와 거래하면서 언어 문제를 겪었다. 아웃소싱 업체는 고객을 위해 개인 웹 사이트를 만들었지만 초안에는 철자가 틀린 단어가 몇 개 포함되어 있었다. 당연히 설명과 지침을 이메일로 다시 보냈는데, 언어차이(language gap)로 인해 내용을 서비스업체가 이해하는 데 시간이 많이 소요되었다. 따라서 해외 제공 업체에 서비스를 아웃소싱하려는 고객은 기대 수준을 전달하는 데 상당한 에너지와 노력을 기울여야 할 것으로 예상할 수 있다.

월스트리트 저널의 게임맨(Ellen Gameman) 기자는 뉴욕에서 애리조나로 이사하는 사람들을 위한 이사안내장의 디자인 업무를 인도에 본사를 둔 아웃소싱 업체에게 요청했다. 인도업체는 디자인을 잘 수행했지만 커뮤니케이션에서 몇 가지 오류가 있었다. (1) 처음에는 사막 배경에 상록수를 넣었고, (2) 동쪽의 뉴욕에서 서쪽의 애리조나 방향으로 이동하는 설명서를 디자인해야 하는데, 서쪽에서 동쪽으로 안내를 하는 오류를 범했다. 처음에 작업지시를 할 때, 그녀가 원하는 내용이 무엇인지 정확하게 설명하지 않았다. 그녀는 아웃소싱업체에게 일반적인 아이디어를 제시한 다음 창의력을 발휘하도록 요청했다. 인도업체는 이러한 내용을 반영하여 수정했지만, 변화를 요구할 때마다 가격이 올랐다.

외국의 서비스 제공업체를 이용하려면 고객은 자신의 기대수준을 재설정해야 할 수도 있다. 어느 한 고객은 자신의 개인소득세 신고를 아웃소싱하기로 결정했다. 그는 자신의 수입명세와 관련 영수증을 해외 업체에 이메일로 보낸 후 50달러의 비용을 지불하고 이틀만에 세금 신고를 완료했다. 이는 H&R Block과 같은 미국 회사가 청구하는 비용의 약 1/3이다. 그러나 그는 미국 회계사가 작성하지 않았기 때문에, 세금신고서에 대리인보고가 아닌 "자기 보고(self–prepared)"로 신고서를 제출해야 했다.

해외 서비스업체를 이용할 때 직면하는 또 하나의 문제는 신뢰이다. 수천 마일 떨어진 외국에 상주하는 직원에게 개인정보와 관련된 업무를 맡길 수 있는 고객의 수는 어느 정도 될까? 고객이 서비스로부터 기대하고 있는 서비스품질에 대한 정보를 제공하기 위해, 피버닷컴(Fiverr.com) 같은 기업을 비롯한 많은 서비스제공 웹사이트에서는 기업에 대한 피드백을 고객이 남길 수 있도록 평가시스템을 운영한다. 일부 업체는 자신의 사무실과 회사소개를 담은 짧은 비디오를 인터넷에 게시하여 고객의 기대를 형성하는 데 도움을 주고 또한 신뢰도 얻고 있다.

© Manan Vatsyayana/Getty Images

미국 고객 중 일부는 인도의 서비스업체로부터 과외수업을 받고 있다.

자료 : E. Gamerman, "Outsourcing Your Life," *The Wall Street Journal*, June 2, 2007, pp. P1, P4; A. Blinder, "Offshoring: The Next Industrial Revolution?" *Foreign Affairs* 85 (March/April 2006), pp. 113–118; E. Gamerman, e–mail communication, July 30, 2007; A. Ngo, "The Death of the Handshake: Rise of Digital Team," *Fiverr*, www.fiverr.com, accessed July 12, 2016

그림 3.2
고객기대의 두 수준

허용구간

제1장에서 언급하였듯이 서비스는 서비스회사에 따라, 같은 회사라도 직원에 따라, 심지어 같은 직원이더라도 상황에 따라 달라질 수 있는 이질적인 특성을 갖고 있다. 고객이 이러한 다양성을 인지하고 기꺼이 받아들일 수 있는 범위가 바로 그림 3.3으로 표현된 "**허용구간**(zone of tolerance)"이다. 만약 서비스가 최저서비스의 수준에 미치지 못하면 고객은 실망할 것이며, 이러한 서비스를 제공한 회사에 대해 불만족할 것이다. 반대로 서비스가 허용구간의 맨 윗선보다 높은 수준, 즉 희망서비스를 능가하는 경우 고객은 매우 기뻐할 것이며 아마도 놀라기까지 할 것이다.

서비스가 허용구간 안에 존재할 경우 고객은 서비스성과에 별다른 주의를 보이지 않는다. 하지만 서비스가 허용구간 밖에 있는 경우(매우 낮거나 높거나), 고객은 긍정적이든 부정적이든 서비스에 주의를 기울이게 된다. 예를 들어 고객이 극장 티켓을 구매하기 위해 줄을 서는 상황을 생각해 보라. 대부분의 고객은 이 과정을 거치기 위해 기다려야 하는 시간의 받아들일 수 있는 범위를 가지고 있다. 아마도 5~10분 사이일 것이다. 만약 구매시간이 그 정도의 시간 내에서 이루어진다면 고객은 별다른 신경을 쓰지 않고 기다릴 것이다. 만약 고객이 계산대에 줄을 섰을 때 충분한 수의 계산직원이 있고 줄을 선 이후로 2, 3분 내에 티켓을 구매한다면 서비스에 대해 생각해보게 되고 꽤 괜찮다고 느낄 것이다. 반대로 만약 고객이 15분가량이나 줄을 서서 기다린다면 해당 고객뿐만 아니라 그 줄에 서 있던 모든 다른 고객들도 불평을 하고, 시계를 자주 바라보게 될 것이다. 그 기다림의 시간이 허용구간(여기에서는 10분)으로부터 아래로 떨어질수록 점점 더 기분이 나빠질 것이다.

고객의 서비스 기대수준은 다양하지만 상한선이 "희망서비스" 수준이고 하한선이 "최저서비스" 수준이다(그림 3.3 참조). 그런대로 참을만하다고 여기는 서비스의 수준과 희망하는 서비스의 수준 간의 차이를 보여주는 것이 허용구간이며, 이 허용구간은 하나의 고객에 대한 경우에서도 상황에 따라 확장될 수 있기도 하고 줄어들 수도 있다. 예컨대 항공기를 이용하려는 어떤 고객이 시간에 쫓기고 있거나 약속시간이 걱정될 때는 허용구간이 매우 좁을 것이다. 비행기에 탑승하기 전까지 발생하는 모든 절차에 대해 1분이 지연되더라도 실제 1분보다 더 길게 느끼게 되고 그 고객의 최저서비스 수준은 상승하게 된다.

그림 3.3
허용구간

한편 공항에 여유 있게 도착한 고객들은 시간에 쫓기는 고객들보다 줄 서서 기다리는 시간에 훨씬 덜 신경을 쓸 것이다. 마케터는 반드시 허용구간의 범위뿐만 아니라, 언제 그리고 어떻게 이 허용구간이 고객에 따라 커졌다 작아졌다 하는지를 이해해야 한다.

서비스 허용구간은 고객에 따라 다르다

고객마다 다른 허용구간을 갖는다는 것이 서비스의 다양성(variability)을 보여주는 또 하나의 측면이다. 어떤 고객은 허용구간이 좁아(종종 그들이 생각하는 받아들일 수 있는 최소한이 크기 때문에) 서비스제공자로부터 한치의 오차도 없는 정확한 서비스를 요구하는 반면 어떤 고객은 넓은 범위의 서비스기대를 가지고 있다. 예컨대, 매우 바쁜 고객은 시간에 항상 쫓기기 마련이며, 따라서 기다리는 시간이 대체로 짧기를 바라며, 받아들일 수 있는 기다림의 시간 구간도 좁다. 배관공이나 가정에서 사용하는 기기의 수리공을 집에서 만나기로 하였을 때, 재택근무를 하거나 무직 상태인 고객보다 집 밖에서 일하는 고객이 시간약속에 대한 허용범위가 보다 제한적이다. 예를 들어, 항공사의 경우에는 새로운 서비스 기술에 대한 고객의 요구를 충분히 이해애야 한다(주목받는 기술 참조)

고객의 허용구간은 가격과 같이 기업이 통제 가능한 요인들을 포함하여 많은 요인들에 의해 확대되거나 축소될 수 있다. 가격이 오를 경우, 고객은 어설픈(poor) 서비스에 대해서 잘 참지 못하는 경향이 있다. 이런 경우, 최저서비스의 수준이 상향조정되기 때문에 허용구간은 좁아진다. 본 장의 후반부에 우리는 고객의 허용구간에 영향을 미치는 요인들로, 기업이 통제 가능한 요인과 기타 요인들을 설명할 것이다.

고객 허용구간의 변동은 누적된 경험으로 인한 증분적 상향이동 경향의 희망서비스 수준이라기보다는 상황 환경에 따른 신속한 상향 또는 하향 변화하는 최저서비스 수준 변화의 함수이다. 희망서비스는 최저서비스와 비교할 때 상대적으로 안정적이어서 상하향으로 이동하고 경쟁과 다른 요인들에 영향을 받는다. 허용구간의 변동은 아코디언의 움직임에 비교할 수 있으나 대부분은 희망서비스 수준보다는 최저서비스 수준에서 발생하는 급격한 변동(the gyration)에 영향을 받는다.

허용구간은 서비스 차원에 따라 다르다

고객의 허용구간은 서비스 속성 또는 차원에 따라 달라진다. 서비스성과에서 특정 차원이 차지하는 중요성이 클수록 허용구간은 더 좁아지기 마련이다. 일반적으로 고객은 서비스의 다른 어떤 결함보다 신뢰할 수 없는 서비스(지키지 못한 약속, 서비스 실수)에 더 참을성이 없는데, 이것은 고객이 이 차원에 보다 높은 기대를 한다는 뜻이다. 고객은 가장 중요한 서비스 차원 또는 속성에 대해 더 높은 기대 수준을 갖고 있을 뿐만 아니라, 가장 중요한 서비스 차원에 대한 허용구간의 범위를 작게 하고 희망서비스 수준이나 최저서비스 수준을 높게 유지함으로써 덜 중요한 요인에 대해서는 그들의 기대를 낮출 수도 있다.[6] 그림 3.4는 가장 중요한 차원(신뢰성 차원)과 덜 중요한 차원(공감성 차원)에서 허용구간의 차이를 보여준다.[7]

그림 3.4
서비스 차원에 따른 허용 구간

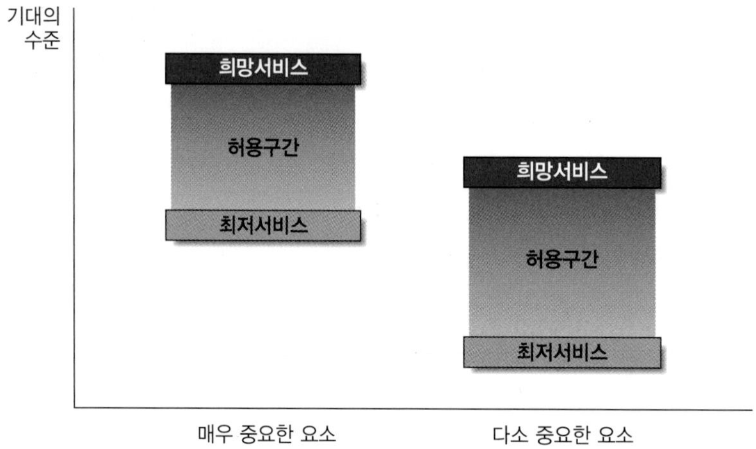

자료 : Adapted from L. L. Berry, A. Parasuraman, and V. A. Zeithaml, "Ten Lessons for Improving Service Quality," *Marketing Science Institute*, Report No. 93-104 (May 1993).

서비스에 대한 고객기대에 영향을 미치는 요인

고객이 서비스를 평가할 때 기대가 매우 중요한 역할을 하기 때문에, 마케터는 기대를 형성하는 요인을 이해할 필요가 있다. 이 절에서 우리는 고객의 기대수준에 영향을 미치는 많은 요인들을 분류해 보려 한다.

희망서비스 기대의 원천

개인적 욕구

그림 3.5에서 보는 바와 같이 고객이 희망하는 서비스기대 수준에 가장 큰 영향을 미치는 세 가지 요인이 있다. 그중 첫 번째인 **개인적 욕구**(personal needs)는 고객의 삶이 잘 유지되는 데 필수불가결한 신체적 · 정신적 상태나 조건을 말하는 것으로 희망서비스 수준을 형성하는 데 기본축이 되는 요인이다. 개인적 욕구는 다시 신체적 · 사회적 · 심리적 · 기능적 범주로 분류될 수 있다. 직장에서의 근무가 끝나자마자 바로 야구경기장을 방문한 야구팬은 배도 고프고 목도 마를 것이기 때문에 음식이나 음료수 판매원이 그의 좌석으로 자주 와 주길 바랄 것이다. 반면에 저녁을 먹고 온 야구팬은 판매원에 대한 희망서비스 수준이 보다 낮다. 사회적이고 사교적인 욕구를 높게 갖고 있는 고객은 호텔의 부가서비스에 상대적으로 높은 기대를 갖고 있을 수 있다. 예컨대, 그는 라이브 음악과 춤이 있는 바(bar)가 호텔에 있기를 바랄 것이다. 희망서비스에 대한 개인적 욕구의 효과는 두 명의 산업보험 가입고객이 갖는 다른 기대에 관한 예를 통해 쉽게 이해될 수 있다.

그림 3.5
희망서비스 기대의 원천

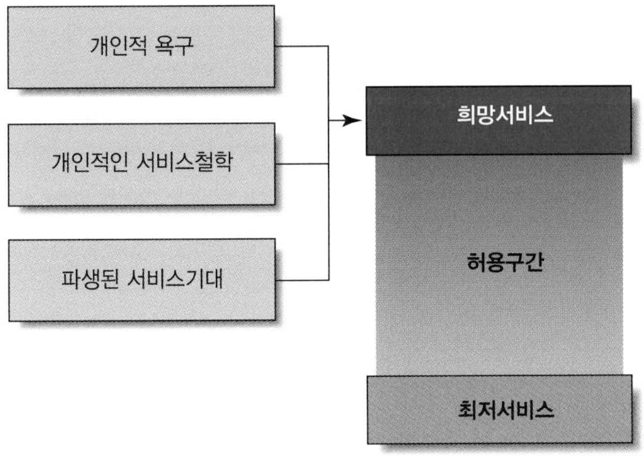

"나는 보험브로커가 많은 일을 해주기를 기대한다. 왜냐하면 나는 직원이 없기 때문이다…. 나는 브로커가 나의 사업에 대해 많이 파악하기를 바라고 알고 있는 것을 보험회사에 전달해 주기를 바란다…."

"나의 기대는 다르다… 나는 보험 관련 업무를 비롯하여 사무적인 일을 도와줄 직원들이 있기 때문에 보험브로커를 최소한으로만 사용한다."[8]

개인적인 서비스 철학

희망서비스 기대에 영향을 미치는 두 번째 요인은 **개인적인 서비스 철학**(personal service phiolosophy)인데 이것은 서비스에 대한 최고의 기대치와 서비스제공자의 적절한 수행에 대한 고객의 기본적이면서 일반적인 태도이다. 당신이 레스토랑에서 종업원으로 고용된 적이 있다면 당신은 그 일을 하면서 겪고 훈련받은 것을 바탕으로 형성된 레스토랑 서비스에 대한 표준을 가지게 될 것이다. 예를 들어, 당신은 웨이터들이 주문을 받기 위해 고객을 15분 이상 기다리지 않게 해야 한다고 믿는다. 주방이 어떻게 운영되는지 알고 있다면 종업원 경험이 없는 사람보다 미지근한 음식과 잘못된 주문에 대해 덜 인내할 것이다. 일반적으로 서비스업에 종사하거나 종사한 경험이 있는 고객은 특히 강한 서비스 철학을 가지고 있는 것으로 보인다.

파생된 서비스기대

희망서비스 기대에 영향을 미치는 다른 요인은 **파생된 서비스기대**(derived service expectation)로서, 이는 어떤 사람의 기대가 다른 사람 또는 다른 집단으로부터 파생되어 형성되는 것을 말한다. 예컨대, 가장 좋아하는 숙모님의 90번째 생일파티를 준비하고 있는 어느 대가족에 속해 있는 조카가 모든 식구들을 대신해서 생일파티를 위한 레스토랑을 선택하려 한다고 하자. 이때 그녀의 기대 일부는 다른 가족구성원들로부터 파생된 기대라고 볼 수

주목받는 기술 기술을 이용한 공항서비스에 대한 고객의 기대

마케터가 직면하는 가장 어려운 과업 중 하나가 고객이 서비스로부터 기대하는 것을 이해하는 것인데, 제공하는 서비스에 기술이 포함될 때는 더욱 어려움을 느끼게 된다. 대부분의 고객은 서비스에 기술이 도입되는 초기에 불편함을 느낀다. 심지어 기술의 도입으로 서비스 개선이 이루어지는 상황에서도 기술을 이해하지 못하거나 변화의 두려움 때문에 고객은 저항한다. 서비스를 더욱 쉽고 빠르게 제공받을 수 있는 기술이 전 세계 공항을 포함하여 전체 서비스에 확산되고 있다. 일부 고객은 이러한 서비스를 수용하고 또 다른 일부는 기술 수용에 부정적이다. 본 코너에서는 서로 다른 운명을 맞이하는 두 가지 혁신에 대해서 설명한다.

고객이 수용한 서비스 기술 중 하나는 항공사 자동체크인 시스템이다. 고객은 컴퓨터 스크린 앞에서 자신의 신용카드를 읽힌 다음 터치패드를 이용하여 탑승권과 영수증을 받는다. 국제선을 포함하여 대부분의 항공사 고객은 자신의 수화물을 자동으로 위탁할 수 있으며, 항공사 직원은 고객이 탑승구에 도착하기 전에 고객의 수화물을 항공기에 싣는다. 이러한 서비스는 항공사 직원이 처음부터 관여하는 것보다 시간이 덜 소요되기 때문에 대부분의 항공사는 탑승수속 카운터의 직원 수보다 더 많은 컴퓨터 스크린을 공항에 설치하여 고객의 시간을 상당 부분 절약하고 있다. 공항에 처음으로 자동체크인 시스템이 설치되었을 때, 고객은 기계로부터 무엇을 기대하고 또 기계를 어떻게 사용하는지 몰랐다. 고객이 이러한 시스템에 적응할 때까지 항공사는 직원을 추가로 배치했고, 현재는 사람이 하던 일을 기술을 이용하여 기계로 전환하는 데 성공했다. 최근에는 대부분의 대형 항공사들이 스마트폰 앱을 통한 사전 좌석할당, 출발 및 도착 게이트 알림, 예약된 항공기 탑승의 여정 확인, 단골고객의 최근 동향 알림 등의 서비스를 제공하고 있다.

고객에 의해 조금 느리게 수용되기는 했지만, 또 하나의 인기있는 공항서비스 기술은 주차장 고속출구(exit express) 시스템이다. 이 시스템은 고객이 공항주차장을 떠날 때 출구에서 이용하는 유인요금소를 대체하는 기술이다. 이 시스템을 이용하면 고객은 공항터미널을 나가기 전에 기계(지하철 승차권 판매기와 유사)를 이용하여 요금을 미리 지불할 수 있다. 기계에 주차권을 넣고 신용카드나 현금을 투입하면 주차요금을 미리 지불할 수 있다. 공항 주차장을 출발할 때는 여러 개의 고속출구 게이트 중 하나를 이용하여 지불 확인티켓을 출구 앞 기계에 투입하면 된다. 일반적으로 공항에서는 직원이 상주해 있는 소수의 주차장 출구를 여전히 운영하고 있다. 놀랍게도, 많은 공항들은 고객의 고속출구 시스템 사용률이 그들이 기대한만큼 높지 않다는 것을 파악했다.

그렇다면, 공항을 빨리 떠날 수 있을 것이라는 고객의 기대를 명확하게 충족시키거나 능가할 수 있는 고속출구시스템의 활용률이 낮은 이유는 무엇일까? 한 가지 이유는 공항에서 이러한 시스템에 대한 홍보를 계속하고 있음에도 불구하고 시스템이 어떻게 작동하는지 고객이 잘 모르기 때문인 것으로 추측할 수 있다. 또한, 공항에서 정보를 충분히 전달하지 못하기 때문에 고속출구시스템이 제공하는 혜택을 명확하게 알지 못할 수 있으며, 이로 인해 고객은 요금소가 있는 기존 시스템이 충분히 빠르다고 믿을 수 있

있다. 가족을 위한 휴가를 부모가 선택하는 경우나, 집안 청소서비스를 배우자가 선택하는 경우, 또는 회사오피스로 사용할 사무실을 사원이 선택하는 경우 등이 모두 이에 해당하는 예로서 이 경우 고객의 개인적 기대수준은 증가한다. 그 이유는 서비스를 직접 받게 될 다른 사람들로부터 파생된 기대에 의해 강화되기 때문이다. 산업서비스 시장의 고객은 그들의 고객 입장에서 산업서비스를 구매해야 하기 때문에 그들 고객에 의해 기대가 파생된다. 대규모 컴퓨터업체의 고객인 보험회사의 정보기술 부서장은 그가 서비스를 제공하고 있는 보험고객이 "컴퓨터가 고장났을 때 불평하는" 수준에 기준하여 정보서비스가 제공될 것을 기대한다. 시스템이 잘 돌아가도록 해야 한다는 기대는 그 자신의 희망일 뿐만 아니라 기업 고객의 압력으로부터도 파생된다.

© andresr/Getty Images RF

일부 항공사들은 고객들이 휴대폰을 사용하여 체크인하는 것을 허용한다.

다. 또 다른 이유는 대부분의 공항에서 고속출구시스템 키오스크 근처에 상주 직원을 배치하지 않았기 때문이다. 그러나, 항공사들은 자동체크인 시스템의 서비스실패에 대응하고 고객의 친밀도가 높아질 때까지 자동체크인시스템 근처에 항상 직원을 상주시켜 기술수용 속도를 제고할 수 있었다. 또한, 고객은 문제가 발생하면 당황하여 해결방법을 잘 모를 수도 있다. 마지막으로, 설득력 있는 이유는 많은 고객들이 자동입출금기(automated teller machine, ATM)가 처음 도입되었을 때 불신했던 방식으로 기술을 신뢰하지 않는다는 것이다.

수년에 걸쳐 고객들은 기술이 가져온 항공여행의 다양한 변화에 적응해왔다. 불과 20년 전만 해도 대부분의 여행자는 항공권 구입이 가능한 판매처를 방문하여 탑승권을 구매했다. 대부분의 미국 국내선에서 '사전 체크인(advanced check-in)'이 가능해지면서 고객들은 공항에 도착하기 전(최대 출발 24시간 전)에 체크인할 수 있으며 탑승권을 직접 인쇄하는 것에도 익숙해졌다. 이제 대부분의 항공사는 고객의 스마트폰으로 전자 탑승권(바코드 포함)을 직접 보낼 수 있으므로 고객은 인쇄된 탑승권을 휴대할 필요가 없다. 고속출구시스템처럼 일부 고객은 전자 탑승권 사용을 느리게 받아들이고 있다. 그들은 기술이 어떻게 작동하는지 이해하지 못하며, 전자 탑승권을 찾는 방법 또한 이해하지 못한다. 그들은 뒤에서 다른 승객들이 줄을 서서 기다리고 있는 상황에서 재빨리 스마트폰을 검색해야 할 때 불안해하며, 여행 중 기술이 잘 작동하지 않을 때 어떻게 해야 할지 확신이 서지 않는다.

기술의 도입으로 인해 한층 편리해진 서비스가 고객의 기대를 충족시키려면 기술이 고객에게 신뢰받고, 고객에게 이해되어야 하며, 고객에게 가치 있는 것으로 평가받아야 한다. 그렇지 않으면 대규모 투자에도 불구하고 고객의 기대에 부응하거나 기대를 초과한다는 약속이 실현되지 않는다.

자료 : M. L. Meuter, M. J. Bitner, A. L. Ostrom, and S. W. Brown, "Choosing among Alternative Service Delivery Modes: An Investigation of Customer Trial of Self-Service Technologies," *Journal of Marketing* 69 (April 2005), pp. 61–83.

최저서비스 기대의 원천

고객이 받아들일 만하다고 느끼는 수준인 최저서비스에는 다양한 유형의 요인들이 영향을 미친다. 이러한 영향요인들은 일반적으로 단기적이며 희망서비스에 영향을 미치는 요인보다 더 많이 변동하는 경향이 있다. 그림 3.6에는 최저서비스를 형성하는 세 가지 요인이 나타나 있는데 지각된 서비스대안, 상황요인, 그리고 예상서비스이다.

초기 서비스에서 발생된 문제는 기대를 높이도록 유도할 수 있다. 처음에 서비스가 제대로 제공되는 것은 매우 중요하다. 왜냐하면 고객은 다른 어떤 차원보다 서비스 신뢰성을 중요하게 생각하기 때문이다. 회복단계에서 서비스가 실패한다면, 실패를 바로 잡는 두 번째 단계, 즉 서비스 회복에 신뢰성을 갖도록 하는 것은 처음보다 더욱 중요하다. 자동차수리 서비스가 이것을 잘 나타내는 사례이다. 당신의 자동차가 브레이크에 결함이 있어 수리를 맡겼다면 당신은 수리센터가 브레이크를 한 번에 수리할 것을 기대한다. 수리 후에도 그 브레이크에 다른 문제가 생긴다면 당신이 생각하는 최저 수준의 서비스 수준은 올라갈 것이다. 일시적으로 서비스 수준을 강화시키는 요인이 작동하는 상황에서는 최저서비스 수준은 올라가고 허용수준은 좁아질 것이다.

지각된 서비스대안

지각된 서비스대안(perceived service alternatives)은 고객이 서비스를 받을 수 있는 제공자나, 고객 스스로 수행할 수 있다고 지각하는 서비스를 말한다. 만약 고객이 선택할 수 있는 서비스제공자가 여럿 있다고 믿는 경우나 그들 스스로 서비스를 수행할 수 있는 경우(잔디깎기나 마굿간 치우기 등) 고객이 기대하는 최저서비스 수준은 그렇지 않은 경우보다 높을 것이다. 예컨대, 아주 조그마한 공항이 있는 지방의 중소도시에 거주하는 항공사 고객은 별다른 대안이 없을 것이다. 이런 고객에게는 대안의 수가 매우 제한되어 있기 때문에 현재 항공사의 서비스 수준에 보다 관대할 수 있다. 즉, 무수한 항공사들이 취항하는 대도시에 거주하는 사람보다 낮은 수준의 서비스를 받아들일 가능성이 더 높다는 것이다. 고객의 지각에서 서비스 대안이 존재하면 최저서비스 수준은 증가하고 허용구간은 줄어든다.

서비스마케터는 고객이 지각하는 대안들을 명확히 이해하는 것이 중요하다. 앞서 말한 작은 도시의 공항을 이용해야 하는 사람의 경우 그 사람의 입장에서 보면 오히려 더 많은 대안이 존재할 수도 있다. 예컨대, 인근 대도시로 가는 리무진서비스, 철도서비스, 또는 자동차 이용을 대안으로 고려할 수 있다는 것이다. 즉, 서비스마케터는 기업의 관점에서보다 고객의 관점에서 대안을 파악하도록 해야 한다. 예컨대, 항공사는 고객의 관점에서 새롭게 서비스를 제공하는 기술을 완전히 이해해야 한다.

그림 3.6
최저서비스 기대의 원천

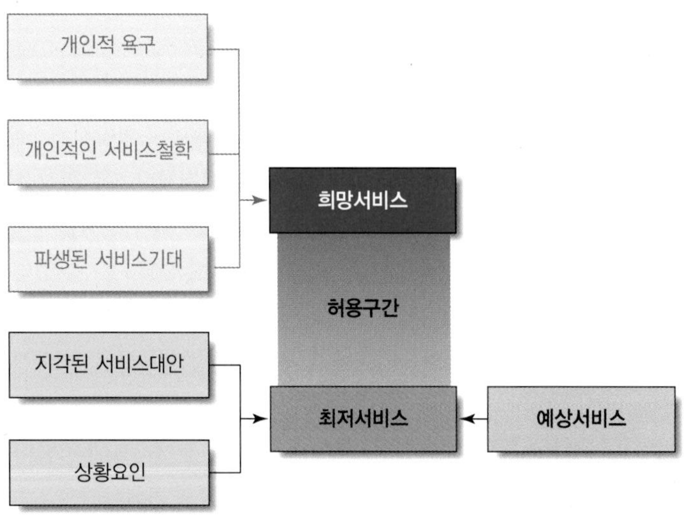

상황요인

최저서비스는 **상황요인**(situational factors)에 의해서도 영향을 받는데 이는 일반적으로 자연스럽게 동시에 고려된다. **통제 불가능한 상황요인**의 한 유형은 고객이 서비스제공자의 통제를 벗어난 것이라고 보는 서비스 성과 조건을 포함한다. 예를 들어 태풍, 토네이도, 지진과 같이 한순간에 많은 사람들에게 영향을 주는 재난은 지리적 위치에 따른 보험 고객의 서비스 기대를 낮출 것이다. 왜냐하면 그들은 보험사의 서비스에 대한 수요가 많아질 것으로 인식하기 때문이다. 허리케인 카트리나(2005년 8월 말 미국 남동부를 강타한 대형 태풍)에 따른 재난 시기에 많은 사람들이 친구와 가족들에게 연락을 취하려고 했었기 때문에 통신과 인터넷 서비스는 그 질이 좋지 않았다. 유사하게 뉴올리언스의 리츠칼튼, 옴니, 그리고 메리어트호텔의 투숙객들은 일반적으로 제공받을 수 있는 수준의 서비스를 받을 수 없다는 것을 빨리 체감하였다. 이러한 모든 종류의 서비스에 대하여 고객들은 문제의 원천을 이해하였기 때문에 당시의 서비스 수준에 대해 전혀 불만을 가지지 않았다. 이에 따르면 상황요인이 서비스제공자의 잘못이 아니라는 것을 인식하고 있는 고객은 최저서비스의 낮은 수준을 허용할 것이다. 상황요인은 종종 허용수준을 넓힘으로써 적정 서비스 수준을 낮출 수 있다.

개인적 상황요인(personal situational factors)은 단기의 개인적 요소로서 고객이 서비스에 대한 욕구를 더욱 자각하도록 한다. 사고로 인한 자동차보험에 대한 필요나 바쁜 업무시간에 사무기기가 고장난 경우와 같이 서비스가 긴급하게 필요로 되는 개인적 위급상황은 필요한 민감도와 허용 가능한 고려 수준으로 최저서비스 기대의 수준을 높인다. 모든 고객의 주문을 받는 데 있어서 네트워크 연결상태에 영향받는 온라인 기업은 주문이 폭주하는 기간에는 인터넷 서비스를 평소보다 많이 필요로 하게 될 것이다. 어떤 시스템 고장이라도 다른 기간에 비해 바쁜 기간에는 인내하기 어려울 것이다. 개인적 상황요인의 영향은 다음과 같은 연구에 참여한 두 명에 의한 언급에서 분명함을 찾을 수 있다.

> 자동차보험 고객 내 문제의 본질은 내 기대에 영향을 미친다. 예를 들어, 음주운전 사고로 인하여 자동차의 깨진 유리창을 수리하는 것과 환자의 뇌를 긴급하게 수술하는 것은 차이가 있는 것이다.
>
> 사무기기 수리서비스 고객 X-레이 기계의 눈금측정에 문제가 있었다. 긴급한 상황에 대비하기 위해 그들이 얼마나 빠른 시간에 와서 고장난 기계를 고칠 수 있는지가 관건이었다.[9]

예상서비스

최저서비스에 영향을 미치는 마지막 요인은 **예상서비스**(predicted service)인데 고객이 예상하는 서비스의 수준을 말한다(그림 3.7 참조). 예상서비스는 거래와 교환이 이루어지는 동안에 고객이 예측하는 수준이다. 고객은 가능한 서비스성과를 확률적으로 계산해 보거나 서비스 수준을 추정하여 받게 될 서비스를 예측한다. 만일 고객이 서비스가 좋을 것으로 예측한다면 나쁜 서비스를 예측할 때보다 최저서비스 수준은 높아질 것이다. 예컨대, 대학가에 거주하는 사람의 경우 여름방학과 같이 대체로 학생들이 캠퍼스에 없는 시기에 레스토랑에 간

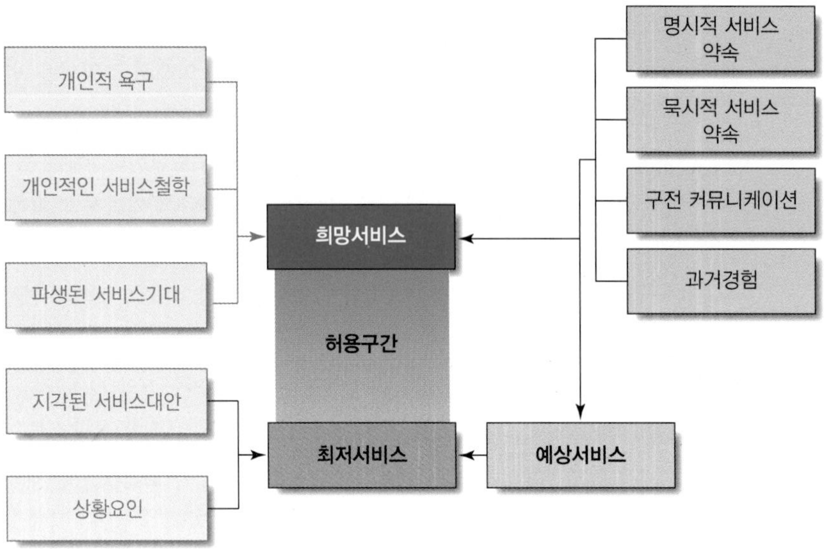

그림 3.7
희망서비스 기대와 예상서비스 기대의 원천

다면 더 빠른 서비스를 받을 수 있을 것으로 예측하여 더 높은 수준의 최저서비스를 원할 수 있다. 한편, 케이블 서비스 회사 그리고 유틸리티서비스의 고객들은 일 년 중 많은 학생들이 집을 구하고 전화를 설치하는 시즌에는 일주일 내에 전화 설치가 어렵다는 것을 예상하고 있다. 이런 경우에 최저서비스는 낮아지고 따라서 허용구간도 넓어진다.

예상서비스는 서비스제공자와의 전반적인 관계보다는 개별적인 거래에서 고객이 받을 것으로 예상하는 서비스에 대한 추정치이다. 고객의 희망서비스와 최저서비스는 많은 개별적인 서비스거래를 통해 형성된 전반적인 평가치를 의미하는 반면, 예상서비스는 다음 서비스에서 경험하게 될 것으로 보는 예측치이다. 개별적인 거래에서 받을 것으로 예측하는 것이기 때문에 예상서비스는 최저서비스 수준을 결정하는 데 영향을 미치는 것으로 본다.

희망서비스 기대 및 예상서비스 기대의 원천

소비자가 서비스 구매에 관심을 갖게 되면, 그들은 다양한 원천으로부터 정보를 탐색하거나 얻게 될 가능성이 높다. 예를 들면, 상점에 전화를 하거나, 친구에게 물어보거나, 아니면 신문광고를 추적하여 필요한 서비스를 최저가에 찾을 수 있다. 또한 TV 시청, 인터넷 서핑 또는 만족할 만한 서비스를 경험한 동료들의 이야기를 경청함으로써 서비스에 대한 정보를 구할 수도 있다. 이러한 능동적 · 수동적 형태의 외적인 정보 수집과 더불어, 소비자는 서비스에 관해 기억하고 있는 내부정보를 탐색함으로써 내적인 정보 수집을 할 수도 있다. 이 절에서는 희망서비스와 예상서비스에 영향을 미치는 네 가지 요인에 대해 논의하려 한다. 이들 요인은 명시적 서비스약속, 묵시적 서비스약속, 구전 커뮤니케이션, 그리고 과거경험이다.

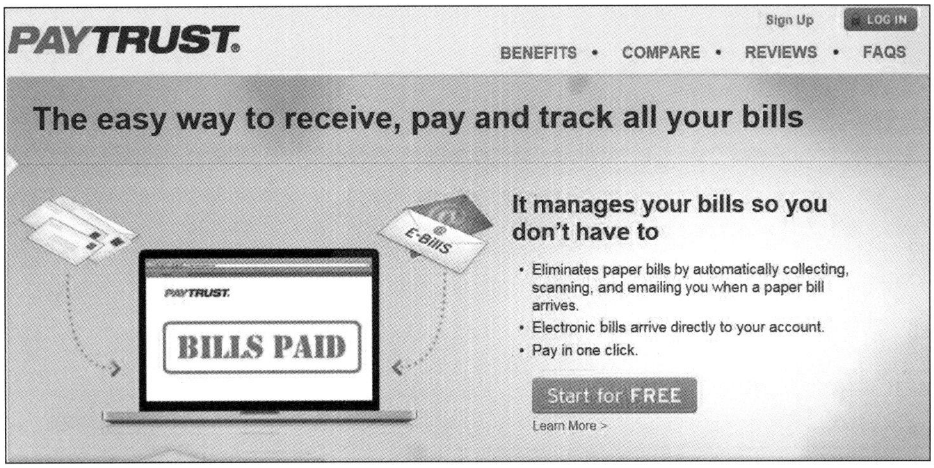

© Paytrust

Paytrust의 명시적 서비스약속은 희망서비스의 기대에 영향을 미친다.

명시적 서비스약속

명시적 서비스약속(explicit service promises)은 서비스기업이 소비자에게 제시한 인적 · 비인적 서비스약속을 말한다. 기업의 판매원이나 서비스직원이 제시한 약속은 인적인 것이고, 기업의 홈페이지, 광고 또는 팸플릿, 기타 문자화된 매체를 통해 제시한 약속은 비인적인 것이다. 그림의 웹페이지는 온라인 결제서비스 기업인 페이트러스트(Paytrust)사의 홈페이지인데 인터넷상에서 기업의 약속을 명시하고 있다. 이 웹페이지에서 페이트러스트는 모든 결제가 온라인에서 완벽하게 이루어질 수 있다는 것을 제시함으로써 고객의 기대에 영향을 미친다. 명시적 서비스약속은 기대에 영향을 미치는 요인 중 서비스제공자가 통제할 수 있는 몇 안 되는 요인 중 하나이다.

궁극적으로 어떤 것이 제공되는가에 대해 명확히 약속하는 것은 고객의 기대를 관리하는 논리적이고 적절한 방식일 수 있다. 그러나 서비스를 제공하는 기업이나 직원은 때때로 사업기회를 얻어 내기 위해 또는 무심코 미래에 제공하게 될 서비스에 대해 최상의 수준을 제시함으로써 지키지 못할 약속을 하는 경우가 있다. 지키지 못할 약속을 하는 경우, 회사의 서비스직원이 지켜야 할 약속을 알지 못하는 경우가 있는데, 그 이유는 서비스가 점차 고객화됨에 따라 쉽게 정의하거나 반복하기가 어려워지기 때문이다. 또한 책임자는 서비스가 언제 어느 형태로 제공될지 모를 수도 있다.

모든 명시적 서비스약속은 고객의 희망서비스 기대에 직접적이면서 강하게 영향을 미친다. 만약 기업의 홈페이지에서 오디오 및 비디오 설정을 면밀히 하고, 고객이 원하는 다양한 구성요소와 홈네트워크를 모두 연결하여 고객 맞춤형 홈시어터(home theater) 시스템을 설계할 수 있다고 광고하는 경우, 고객의 희망은 바로 이 약속에 의해 형성될 것이다. 명시적 서비스약속이 고객의 기대에 미치는 강한 영향의 예로 한 호텔 고객이 언급한 다음과 같은 문구에서 엿볼 수 있다. "그들은 아름다운 광고를 통해 사람들을 설레게 한다. 호텔에 들어서는 순간 당신을 환영하는 벨과 휘슬(whistle)이 일순간 울려 퍼질 것으로 당신은 기대할 것이다. 그러나 그러한 일은 결코 일어나지 않는다." 또한 사무기기 보수서비스를 받은 한 고객은 다음과 같이 언급하고 있다. "사무기기를 구입할 때 고객이 얻고자 하는 약속은 바로 경쟁력 있는 서비스이다. 하지만 서비스를 받아보면 잘 지켜지지 않는 약속임을 알 수 있다." 최근 들어 많은 기업이 비즈니스고객들의 욕구에 부응하여 "토털 솔루션(total solution)"이란 위험한 약속을 하고 있다. 이러한 약속은 제공하기가 아주 어렵다.

명시적 서비스약속은 희망서비스 기대와 예상서비스 기대 모두에 영향을 미친다. 즉, 명시적 서비스약속은 고객이 희망하는 서비스 수준과 다음에 받게 될 서비스 수준을 예상하게도 한다.

묵시적 서비스약속

© Svetlana Larina/Shutterstock

호화로운 인테리어를 갖춘 기업은 고객에게 더 많은 기대를 유도할 수 있다.

묵시적 서비스약속(implicit service promises)이란 희망서비스 기대와 예상서비스 기대를 추론하게 하는 서비스 관련 단서(cues)를 말한다. 명시적 서비스약속이 직접 영향을 미치지만 묵시적 서비스약속은 추론하게 하기 때문에 간접적이다. 서비스품질을 예상하는 데 사용할 수 있는 단서는 주로 가격이지만 서비스와 관련된 여타 유형적 요소도 있다. 대체로 가격이 높을수록, 유형적 요소가 강한 인상을 남길수록, 고객은 그 서비스로부터 보다 더 많은 것을 기대한다. 예컨대, 판이하게 다른 가격을 제시하는 두 기업의 보험상품을 구입하고자 하는 고객을 가정해 보자. 보다 높은 가격을 제시한 기업이 보다 높은 서비스 질과 보다 나은 보장을 제공할 것이라고 생각할 수 있다. 또 겉으로 보기에 럭셔리한 로비를 갖춘 호화스러운 호텔에 숙박하는 고객은 그렇지 않은 호텔에 숙박할 때보다 더 높은 수준의 서비스를 기대하게 된다.

구전 커뮤니케이션

서비스에 대한 기대수준을 형성하는 데 있어 **구전 커뮤니케이션**(word-of-mouth communication)의 중요성은 매우 잘 정리되어 있다.[10] 기업이 고객에게 제시하는 것보다 소셜네트워크 웹사이트를 통해 알게 된 사람들로부터의 구전을 통한 커뮤니케이션이 예상서비스와 희망서비스 기대에 더 큰 영향을 미친다고 한다.[11] 구전으로 전해지는 정보는 편견이 없기 때문에 정보가치성이 높다. 구전 커뮤니케이션은 직접 구매하거나 경험하기 전에는 평가가 어려운 서비스에 중요한 영향을 미친다. 컨슈머 리포트, 친구 또는 가족 등을 포함한 전문가들과 소셜미디어(페이스북, 트위터 등) 또한 희망서비스 기대와 예상서비스 기대에 큰 영향을 미칠 수 있는 구전 원천이다.

과거경험

과거경험(past experience)은 고객이 이전에 해당 서비스에 노출되었을 때 갖는 느낌을 말하는 것으로 고객의 희망 및 예상 기대에 영향을 미치는 또 하나의 요소이다. 예컨대, 당신이 어떤 호텔에 숙박할 때 얼마 전 그 호텔에서 숙박한 경험이 있다면 양자를 비교하게 될 것이다. 그러나 고객이 현재 이용하려는 서비스기업과 관련된 경험만을 과거경험으로 보는 것은 극히 제한적인 관점이다. 즉, 호텔에 들어간 고객은 그 호텔에서의 경험뿐만 아니라 다른 호텔에서의 경험도 비교할 것이다. 더 나아가 고객은 다른 산업, 예를 들면 병원입원실에서의 경험 등과도 비교할 수 있다. 케이블방송 서비스의 고객은 흔히 케이블서비스를 전화서비스와 비교하여 나쁘다고 한다. 과거경험은 주요 서비스제공자, 유사한 서비스제공의 전형적인 성과, 그리고 마지막으로 구매한 서비스에 대한 경험 등과 함께 이전의 경험을 포괄한다.[12]

이들 원천들은 마케터가 영향을 미칠 수 있는 가능성과 신뢰도(credibility) 관점에서 다양하다. 본 장의 전략적 통찰 코너에서는 고객의 기대에 영향을 미치는 다양한 요인들을 분석해 보고, 서비스마케터는 그 요인들에게 어떻게 영향을 미칠 수 있는지를 보여준다. 제14장에서 서비스마케터가 기대를 관리하고 약속에 맞는 서비스를 제공하기 위해 사용할 수 있는 전략에 대해 논의할 것이다.

서비스에 대한 고객기대와 관련된 쟁점

다음에서 제시되는 쟁점은 고객기대와 관련해서 현재 서비스마케터의 관심을 끄는 주제들이다. 이들 쟁점은 고객기대와 관련하여 저자들이 가장 많이 받는 질문이다.

- 고객의 기대가 "비현실적"일 때 서비스마케터가 해야 할 일은 무엇인가?
- 기업은 고객을 감동시키려 애써야 하는가?
- 어떻게 하면 서비스에 대한 고객의 기대를 뛰어 넘을 수 있는가?
- 고객의 서비스에 대한 기대는 지속적으로 상승하는가?
- 어떻게 하면 고객의 기대를 충족시키는 데 있어 경쟁자보다 앞설 수 있는가?

고객의 기대가 "비현실적"일 때 서비스마케터가 해야 할 일은 무엇인가?

경영자나 서비스직원이 고객의 기대에 대하여 질문하는 것을 두려워하는 경향이 있는데 이것이 고객기대를 이해하는 데 장애요인이 되고 있다. 이러한 두려움은 대개 고객의 기대가 과장되어 있고 비현실적이며 질문하면 오히려 기대가 더 높아질 것이라는 생각 때문이다. 하지만 일반적으로 고객의 서비스에 대한 기대는 예시 3.1에서 보는 바와 같이 매우 단순하고 기본적이다. "간단히 말해서 고객은 서비스기업이 하기로 돼 있는 것만을 그대로 해주길 바라고 있다. 고객은 환상적인 것이 아니라 기본적인 것을 원하며, 공허한 약속보다는 실행하

전략적 통찰 서비스마케터는 어떻게 고객의 기대에 영향을 미칠 수 있을까?

서비스기업의 관리자는 본 장에서 설명한 정보를 활용하여 어떻게 서비스제품을 기획하고, 개선하면서 마케팅 활동을 할 수 있을까? 먼저, 관리자는 전체 고객뿐만 아니라 세분시장, 심지어 특정 고객의 핵심적인 기대 원천과 그것의 상대적 중요성을 파악해야 한다. 예를 들면, 희망서비스 및 예상서비스에 영향을 주는 원천인 구전 커뮤니케이션, 명시적 서비스약속, 묵시적 서비스 약속, 그리고 과거경험 등의 상대적 중요성을 파악해야 한다. 이러한 기대 원천 중 일부(지각된 서비스 대안, 상황요인)는 시간이 지남에 따라 변동폭이 크지만 다른 원천(개인적인 서비스철학, 개인적 욕구)은 상당히 안정적이고 고정적이다. 여기에서는 고객의 기대에 영향을 줄 수 있는 몇 가지 방법에 대해서 설명한다.

영향요인	가능한 전략
개인적 욕구	• 서비스가 욕구를 해결하는 방법에 관해 고객에게 교육한다.
개인적인 서비스철학	• 시장조사를 통해 고객별 개인적인 서비스철학을 정리 및 분석하고 이 정보를 서비스 제공 및 설계에 활용한다.
파생된 서비스기대	• 시장조사를 통해 파생된 서비스기대의 원천을 파악한다. 그런 다음에 서비스가 영향력 있는 고객의 요구사항을 만족시킬 수 있다고 목표고객에게 광고하고 마케팅한다.
지각된 서비스대안	• 경쟁제품의 특성을 충분히 파악하고 가능하면 적절하게 결합한다.
상황요인	• 성수기나 긴급한 경우에는 서비스의 제공 역량을 증가시킨다. • 고객을 안심시키기 위해 발생하는 상황요인에 관계없이 보증제도를 활용하여 서비스 회복을 보장한다.
예상서비스	• 일반적으로 예상할 수 있는 것보다 서비스 제공의 질이 높을 때에는 미래의 서비스접점에 대한 기대가 부풀려지지 않도록 고객에게 알려준다.
명시적 서비스약속	• 이상적인 서비스제공보다는 실제로 서비스가 제공되는 내용을 반영하여 실질적이면서 명확한 약속을 한다. • 고객과 접촉하는 현장직원에게 광고나 인적판매에서 행한 약속을 정확하게 이행했다는 것을 피드백한다. • 경쟁기업과 가격이나 광고를 활용하여 경쟁하는 것을 지양하라. 왜냐하면, 경쟁사는 그들이 고객을 충족시킬 수 있는 범위 이상으로 서비스를 과장하여 고객의 초점을 잃게 할 수도 있다. • 고객과의 약속에 집중하도록 할 수 있는 서비스 보증을 통해 서비스 약속을 공식화하고 약속이 이행되지 않은 횟수에 대해서는 종업원에게 피드백한다.
묵시적 서비스약속	• 서비스의 유형성이 약속과 일치했고, 제공된 서비스의 수준과 유형이 정확하게 반영되었음을 확인시켜준다. • 중요한 서비스 속성들이 높은 수준에서 제공되었기 때문에 기업의 가격프리미엄이 정당했음을 확인시킨다.
구전 커뮤니케이션	• 의견선도자나 추천인들을 활용한 광고를 이용하여 구전커뮤니케이션을 시뮬레이션한다. • 영향력 있는 집단과 의견선도자들을 식별하고 그들에게 마케팅노력을 집중한다. • 인센티브제도를 활용하여 기존 고객들이 서비스에 대한 긍정적인 의견을 말하거나 소셜미디어를 통해 칭찬을 게시하도록 한다.
과거경험	• 마케팅조사를 활용하여 유사한 서비스에 대한 고객의 이전 경험을 정리 및 분석한다.

는 것을 원한다."[13] 또한 고객은 약속한 대로 서비스가 제공되기를 바란다. 고객은 정시이륙, 호텔의 청결한 객실, 따뜻한 음식, 예정된 시간에 서비스제공자의 방문 등과 같이 기본적인 서비스를 원한다. 그러나 불행하게도 많은 고객은 서비스기업이 그들의 기본적인 기대도 충

족시켜주지 못하는 것에 실망하고 있다.

고객의 기대가 실현가능한 것인지를 파악하는 간단한 방법은 그들에게 질문하는 것이다. 고객기대를 조사하고 고객에게 질문하는 것이 그들의 기대수준을 올리기보다는 오히려 고객을 위해 기업이 무엇인가 하고 있다는 믿음을 높여주는 것이다. 최악의 경우는 고객기대를 이해하는 데 높은 관심을 보여 놓고 아무것도 하지 않는 것이다. 따라서 고객이 현재 어떤 서비스를 받고 있는지 파악하는 것이 최소한이고 더 나아가 그들의 기대와 관련된 문제를 해결하도록 노력하고 있음을 보여주어야 한다. 노력했음에도 불구하고 고객이 제시한 기대를 제대로 제공하지 못하는 경우가 많다. 이러한 경우 대처방안은 고객의 희망서비스가 현재 왜 제공되지 못하는가를 고객에게 이해시키거나 그러한 서비스를 앞으로 제공하기 위해 계획하고 있는 노력을 알 수 있게 하는 것이다. 또 다른 접근법으로는 고객이 현재 받고 있는 서비스를 보다 잘 활용할 수 있도록 교육하는 캠페인을 전개하는 것이다. 개선된 서비스를 고객에게 알려주면 회사의 서비스 개선 노력을 신뢰하게 된다.

기업은 고객을 감동시키려 애써야 하는가?

일부 경영컨설턴트들은 서비스기업이 경쟁우위를 확보하기 위해 고객을 감동(delight)시켜야 한다고 주장한다. 그들이 말하는 **고객감동**이란 고객의 기대가 놀랄 만할 정도(surprising degree)로 초과하여 가슴 깊이 갖게 되는 긍정적인 감정 상태를 말한다.[14] 고객을 감동시키는 서비스를 "긍정적으로 놀라운 서비스"로 설명하기도 한다. 다시 말해 기대 이상(unexpected), 가끔(random), 특별한(extraordinary), 가격과 비례하지 않는(disproportionately) 긍정적인 서비스를 말한다.[15]

그림 3.8
의무인자, 만족인자, 감동인자

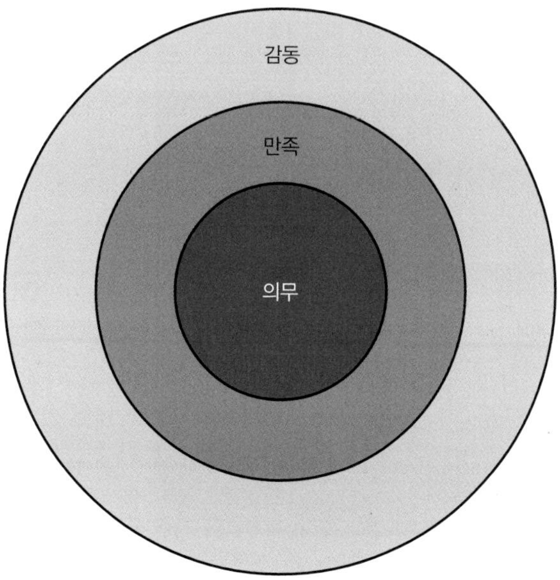

그림 3.8에 나타난 것처럼 경영자들이 감동을 상상할 수 있는 한 가지 방법은 제품과 서비스의 특징을 동심원(concentric rings)으로 그려보는 것이다.[16] 동심원의 가장 깊숙한 중심인 황소의 눈(bull's-eye)은 제품 또는 서비스의 기본적인 기능인 핵심속성을 말하며, **의무인자**(musts)라고도 한다. 핵심속성은 별로 눈에 띄지는 않지만 반드시 제공해야 하는 것이다. 의무인자 주위를 둘러싸고 있는 동심원이 **만족인자**(satisfiers)이다. 이들은 제품의 기본적인 기능을 넘어서 더 큰 만족을 줄 수 있는 잠재성을 지닌 속성들이다. 동심원의 바깥 원은 **감동인자**(delight)로 기대 이상이면서 놀랄 만한 즐거움을 주는 속성들이다. 이러한 속성들은 소비자들이 발견하리라고 예상치 못하는 것들이라 이러한 것을 경험하게 되면 매우 놀라고 흥분한다. 예를 들어, 수업 의무인자는 교수, 강의실, 강의 개요, 그리고 학급미팅으로 이루어져 있다. 만족인자는 재미있고 친절한 교수, 흥미로운 강의, 최신 시청각 교육장치가 있는 강의실이 포함될 것이다. 감동인자에는 수업에 등록한 학생에게 무료로 교과서를 배포하거나 강의 첫날 다과를 제공하는 것이 포함될 수 있다.

고객을 감동시키는 것은 매우 좋은 아이디어라 반복구매와 고객충성도를 유도할 수 있지만 고객에게 감동을 줄 정도의 서비스를 제공하는 것은 큰 비용이 들고 큰 노력이 요구된다.[17] 제4장에서 더 자세히 논의하겠지만, 고객감동으로 충성도가 형성되지는 않는다. 더 중요한 것은 고객의 서비스문제에 대한 해결책을 찾기 위해 최소한의 노력으로 만족스러운 서비스를 제공하는 것이다.[18] 즉, 비용에 대비된 감동의 편익이 세밀하게 검토돼야 한다. 따라서, 제공하는 감동의 편익에 대한 평가가 필요하며, 이때 고려할 사항이 감동의 지속력과 경쟁적 의미이다.

지속력(staying power)이란 얼마나 오랫동안 감동경험이 자사에 대한 소비자의 특별한 관심을 유지하는가이다. 만일 바로 사라지고 잊을 수 있는 감동이라면 많은 비용의 대가는 없을 것이다. 대신에 고객이 감동을 기억하고 있고, 그에 맞게 기대의 수준을 상승시킨다면, 기업은 미래를 위해 더욱더 비용을 지출할 것이고, 미래를 위해 서비스기준을 높일 것이다. 연구결과들에서 고객을 감동시키는 것이 실질적으로 고객의 기대를 증가시키고, 시간이 흐를수록 소비자들을 만족시키는 것을 더 어렵게 한다고 한다.[19]

감동의 경쟁적 의미(competitive implication)란 고객감동이 동일 산업 내의 다른 기업에 대한 기대에 영향을 미친다는 것이다. 만일 동일 산업의 경쟁자가 감동전략을 따라가지 못한다면, 소비자의 증가된 기대로 인

감동한 고객

해 불리한 조건에 처하게 될 것이다. 만일 어느 교수나 강사가 담당하는 수업에서 교과서를 무료로 나누어주었다면 이 수업의 학생들은 다른 수업시간에서도 무료 교과서를 기대할 것이다. 그 결과 무료 교과서를 배부하는 학급과 그렇지 않은 학급 간에 수강생의 수는 큰 차이가 날 수 있다. 그러나 만일 경쟁자가 쉽게 고객감동전략을 모방할 수 있다면, 고객이 감동한다 할지라도 기업의 편익은 사라질 것이다. 또한 모방으로 인해 모든 기업의 비용이 증가하고 이익이 잠식되기 때문에 결국 산업 내의 모든 기업은 손해를 보게 된다. 따라서 고객을 감동시키려 한다면, 다른 기업이 쉽게 모방할 수 없는 분야에서 실행해야 한다.

어떻게 하면 고객기대를 뛰어넘을 수 있는가?

오늘날 많은 기업이 고객기대를 초과하는 것, 즉 고객이 기대하는 것보다 더 많은 것을 제공함으로써 그들을 놀라게 하고 감동하게 하는 것에 대해 언급한다. 하나의 예는 캘리포니아 북부 태평양 연안에 위치한 페블 비치(Pebble Beach) 리조트이다. 이 골프 리조트는 고객의 기대를 넘어서는 것뿐만 아니라 실제로 종업원 업무카드의 뒷면에 다음과 같은 문구를 인쇄하여 놓았다. "서비스를 제공하는 모든 순간에 그들의 일생에 한 번뿐인 서비스를 경험하도록 하여 모든 고객의 기대를 넘어서라." 이러한 신념은 다음과 같은 의문을 제기한다. 서비스 제공자가 단지 고객의 기대만 충족시키는 것이 좋은가 아니면 고객의 기대를 초과하는 것이 좋은가?

첫째, 기본적 서비스에 대한 고객의 기대를 초과하기란 사실상 불가능하다는 점을 알아야 한다. 예약한 룸을 이용할 수 있어야 하는 것과 같은 기본적인 약속은 기업 입장에서 당연히 해야만 하는 것이다.[20] 고객의 기본적 서비스에 대한 기대인 **예시 3.1**의 예들을 생각해 보라. 만약 서비스 제공자가 이러한 기본적인 서비스를 당신에게 제공했을 때 당신은 과연 기뻐할까? 결론은 기본적 서비스를 잘 제공하여 고객을 늘 감동시킨다는 것은 정말 어렵다는 것이다.

그렇다면 기업은 고객의 기대를 어떻게 초과하여 그들을 기쁘게 할 수 있을까? 어떠한 서비스든 간에 고객과의 관계를 개발하는 것이 고객의 서비스기대를 넘어서는 하나의 접근법일 수 있다. 군인 및 군무원에게 보험을 판매하는 USAA(United States Automobile Association)사는 고객과 대면접촉을 거의 갖지 않는 대기업이 어떻게 고객을 잘 이해하여 개별화된 서비스를 제공할 수 있는지를 보여주고 있다. 최첨단의 이미징시스템(imaging system)을 활용하여 USAA사의 모든 직원은 고객의 경력과 요구조건, 최근 접촉내용 등을 몇 초 안에 검색하여 고객에게 대응할 수 있다. 보험회사와 대부분의 전화접촉 서비스에 대해 별로 기대하고 있지 않던 고객들은 USAA사 서비스직원의 배려에 놀라고 감동하게 된다.

정보기술을 활용한 유사한 예는 말콤볼드리지(Malcolm Baldrige) 품질대상을 두 번 받은 리츠칼튼호텔이다. 이 호텔은 철저히 개별화된 배려를 고객에게 제공한다. 이 호텔은 직원들에게 고객이 좋아하는 것과 싫어하는 것을 적도록 하고 이를 컴퓨터의 고객프로필에 입력하도록 훈련시킨다. 리츠칼튼은 수십 만에 달하는 단골고객의 선호에 대한 정보를 가지고 보다 고객화된 서비스를 제공하고 있다. 이러한 서비스를 하는 이유는 단순히 고객의 기대를 충족

예시 3.1 서비스고객은 기본적인 것을 원한다

기대	고객이 진정으로 원하는 내용	서비스 제공자의 행동
역량 (competency)	• "모든 것을 처음에 제대로 수리해 주기를 원한다." • "서비스가 어떻게 제공되는지를 알기를 원한다."	• 가전제품 수리기사 : 고장난 냉장고가 일주일 후에 다시 고장나지 않도록 수리해라. • 여행사 직원 : 여행자에게 방문한 국가들의 비자 요건에 대한 정보를 제대로 제공해라.
설명	• "무슨 일이 일어나는지 알고 싶다." • "약관에 대해서 알고 싶다."	• 항공사 카운터 직원 : 지연된 항공편에 대한 설명을 자주 업데이트하여 고객에게 제공하라. • 보험회사 직원 : 보험약관에 대해서 자세히 설명하고 보장범위에 대한 고객의 질문에 명확하게 설명하라.
존경	• "나는 소중한 고객처럼 대우받고 싶다."	• 호텔 데스크 직원 : 배정된 방에 대한 고객의 불만을 듣고 바로 해결해라. • 병원 접수처 직원 : 환자들 개개인이 병원에 들어올 때 눈을 맞추면서 인사해라.
위생	• "시설이 깨끗하게 계속 유지되기를 원한다." • "고객들은 자신들이 직장에 있는 동안 수리공들이 자신의 집을 깨끗하게 유지하면서 수리하기를 원한다."	• 레스토랑 관리자 : 15분마다 레스토랑 바닥을 체크하면서 필요시에 바닥을 청소해라. • 배관공 : 고객의 집에서 이동할 때 신발덮개를 이용하라.
유연성	• "나의 상황을 이해하기를 원한다." • "나는 규정을 유연하게 적용하기를 원한다."	• 골프 강사 : 고객과 그의 딸에게 동시에 레슨을 제공하라. • 신용카드 서비스 관리자 : 고객의 지불내역을 검토하고 일반적인 상황이 아니면 연체료를 면제하라.
긴급성 (urgency)	• "나의 상황을 진지하게 받아들이고 신속하게 해결하기를 원한다."	• 지게차 서비스 관리자 : 24시간 내에 교체부품을 준비한 후 수리를 완료하라. • 세무사 : 기존 고객의 질의에 대해서는 4시간 내에 응답하고, 잠재적인 신규고객의 경우에는 영업일 기준 1일 이내에 응답하라.
일관성	• "매번 동일한 수준의 서비스를 받기를 원한다."	• 세탁소 직원 : 매번 동일한 수준의 세탁을 제공하고 매번 같은 곳에 바지 주름을 잡아라. • 오일교환기사 : 고객이 방문할 때마다 6개의 유동액을 확인한 후 오일을 충전하라.
번거로움 제거 (hassle-free)	• "나는 서비스 과정이 더욱 간단하고 쉬워지기를 원한다."	• 잔디관리기술자 : 고객의 요청이 없어도 분기마다 방문하여 잔디를 관리하고 서비스가 마무리되면 바로 고객이 결제를 선택할 수 있도록 한다. • 컴퓨터 원격수리기사 : 컴퓨터 수리를 완료한 후 고객의 추가적인 요청이 없어도 필요한 소프트웨어를 업데이트해 준다.
신속성 (promptness)	• "나는 서비스받기 위해 오래 기다리는 것을 원하지 않는다." • "나는 빨리 도움받기를 원한다."	• 우체국 직원 : 대기고객이 6명을 넘으면 후방지원 직원을 투입한다. • 금융설계사 : 모든 전화 질의는 2시간 내에 응답하고 이메일을 통한 질의는 4시간 이내에 응답한다.
능력 (competence)	• "나는 그들이 문제를 제대로 파악하고 수리하기를 원한다."	• 자동차 수리 기사 : 자동차가 어떤 상태인지 설명한 후 오래된 부품이 무엇이 문제인지 알려준다. • 재단사 : 고객이 매장에 있는 동안 의류의 수선 및 크기 조정에 대한 과정을 설명한다.
공정	• "나는 다른 고객과 동일한 대우를 원한다."	• 렌터카회사 직원 : 고객이 다른 지역에서 왔거나 신규 고객이라 하더라도 고객이 지정한 차량을 보유하여 그녀의 예약을 존중하라.
공감	• "나는 그들이 나의 입장에서 판단하기를 원한다." • 나는 그들이 나의 관점에서 상황을 바라보기를 원한다.	• 소매점 직원 : "고객님이 겪은 일에 대해서 유감스럽게 생각합니다"라는 말을 하면서 고객을 돕기 위해 혼신의 노력을 기울인다. • 수의사 : 애완동물이 고객에게 매우 중요하다고 가정하고 애완동물의 건강상태를 설명하면서 치료에 대한 열정을 보여준다.

자료 : Source: Adapted from "Understanding Customer Expectations of Service" by A. Parasuraman, L.L. Berry, and V.A. Zeithaml, *Sloan Management Review* 32 (Spring 1991), pp. 39–48.

시켜주는 것을 넘어 그들에게 "기념이 될 만한 방문(memorable visit)"의 기억을 심어주기 위해서이다. 이처럼 서비스기업은 고객의 기대를 초과 충족시키는 데 고객에 관한 정보를 이용할 수 있다. 단골고객이 숙박을 위해 중앙예약실에 전화를 했을 때, 예약직원은 그 고객의 취향에 관한 정보를 불러올 수 있다. 불러온 정보를 예약하려는 특정 호텔에 전자통신네트워크를 통해 전송한다. 전송받은 예약된 호텔은 고객신상과 선호도에 대한 자료를 서비스직원에게 전달한다. 그러면 직원들은 체크인 시 단골에게 친하게 인사하며 맞아들이고 고객의 욕구나 취향을 예상하여 미리 대처한다.[21]

이러한 접근법이 얼마나 성과를 거두고 있는가? 아주 성공적이다. 제이디파워 앤 어소시에이츠(J. D. Power and Associates)에 의해 매년 실시되는 고급호텔의 독립적 조사에 따르면 리츠칼튼은 2007년부터 2015년까지 일곱 번에 걸쳐 고객만족도 부분 최고 순위에 올랐다.[22]

기대를 초과할 수 있는 다른 한 수단은 고객의 기대를 초과할 가능성을 높이기 위해 의도적으로 서비스제공을 적게 약속하는 것이다.[23] 이러한 전략은 적게 약속하고 많이 제공하는 것이다. 만일 서비스약속이 제공되는 서비스 수준보다 낮다면 고객은 자주 감동할 것이다. 비록 이러한 추리가 논리적으로 들리겠지만, 기업은 이러한 전략을 사용하기 전에 두 가지 잠재적인 문제를 고려해야 한다. 먼저, 기업과 정기적으로 상호작용하는 고객들은 기업이 적게 약속하고 그에 맞게 기대수준을 조절한다는 것을 알아차리기 때문에 감동의 바람직한 편익을 얻기가 어렵다. 기업이 반복해서 하나의 서비스 시간(내일 오후 5시 이전에 상품이 도착하지 않음)을 약속하고, 이를 항상 능가하는(오늘 오후에 상품이 도착) 서비스를 제공한다면 고객은 이러한 패턴을 바로 알게 될 것이다. 다음으로, 판매에서 적게 약속하는 것은 잠재적으로 제공물의 경쟁력을 감소시키기 때문에, 경쟁자가 제공하는 것에 의해 조절되어야 한다. 경쟁강도가 높을 때 핵심적인 서비스를 정직하게 제시해야 한다. 제시하는 방법에는 광고와 인적판매 등 명시적인 것이 있고, 서비스 시설과 서비스의 가격 등 묵시적인 것이 있다. 기업이 약속을 적절히 통제하여 서비스를 일관되게 제공하는 것이 더 좋은 접근법이 될 수도 있다.

서비스제공을 증가시키지 않고 기대를 초과하는 마지막 방법은 특별한 서비스를 일상적이 아니라 독특하게 느끼도록 하는 것이다. 노스캐롤라이나주의 랄리-더램(Raleigh-Durham) 공항과 샬롯(Charlotte)공항 간의 비행을 상상해 보자. 비행시간은 30분이 되지 않기에 음료서비스를 하기에는 너무 짧은 거리다. 그러나 비행 중에 의욕 있는 승무원이 어떻게 해서든지 음료서비스를 하려고 한다고 인터컴으로 방송한다. 또한 모든 승객들에게 음료를 제공하지 못할 수도 있다고 방송한다. 이처럼 기내에서 고객이 음료서비스를 기대하지 않도록 하면서도 서비스를 제공하여 독특한 느낌을 줄 수 있다. 이러한 시나리오에서, 승객들은 감동했으나 이로 인해 정상적 서비스에 대한 기대가 높아지지는 않는다. 하지만 이것은 어디까지나 시나리오이고 오늘날까지 대부분의 고객이 음료서비스를 받지 못했으며, 사실 기대하지도 않는다.

고객기대는 지속적으로 상승하는가?

본 장의 앞부분에서 예시한 바와 같이 서비스에 대한 고객의 기대는 매우 역동적이다. 여러 서비스산업과 마찬가지로 신용카드와 휴대전화산업과 관련한 모든 기업들은 치열한 전쟁을 하고 있으며, 따라서 서비스의 수준을 경쟁적으로 올리고 있다. 서비스에 대한 고객기대, 특히 최저서비스기대는 서비스제공 또는 약속 증가에 비례하여 재빨리 올라간다. 이처럼 매우 경쟁적이고 급변하는 산업에서 특히 기대는 빨리 상승하고 있다. 그렇기 때문에 기업은 최저서비스기대를 모니터할 필요가 있으며 급변하는 산업일수록 모니터링을 더 자주 할 필요가 있다.

한편 희망서비스기대는 이보다 훨씬 안정적이다. 왜냐하면 희망서비스기대는 개인적인 욕구나 개인적 서비스 철학과 같은 지속적인 요인에 의해 영향을 받아 비교적 출발 때부터 높은 수준에서 형성되어 유지되는 경향이 있기 때문이다.

어떻게 하면 고객기대를 충족시키는 데 있어 경쟁자보다 앞설 수 있는가?

다른 모든 조건이 동일하다면 기업의 목적은 경쟁자보다 더 잘 고객의 기대를 충족시키는 데 있다. 급변하는 환경으로 인해 최저서비스기대가 급속히 변화하고 있는 현실에서 어떻게 하면 경쟁자보다 고객기대 충족에서 앞설 수 있는가?

최저서비스기대는 고객이 기대하는 최소의 성과수준으로 경쟁 서비스 이용가능성 등을 포함한 다양한 외부적 요인과 개인적 요인을 반영한 것이다(그림 3.7 참조). 성과가 이 수준에 미치지 못하는 기업은 경쟁적으로 불리한 상황에 처하고 있으며 차이가 클수록 경쟁적 불리는 더욱 악화될 것이다. 이러한 기업의 고객은 허용할 만한 대안이 존재하는 것을 지각하는 순간 그것으로 옮겨갈 준비가 되어 있는 "억지(reluctant)고객"이다.

만약 기업이 경쟁적으로 유리한 상황으로 옮겨가고자 한다면 최저서비스 기대수준을 초과하는 서비스를 제공해야 할 것이다. 하지만 최저서비스 수준을 넘기는 것은 일시적인 우위를 나타내는 지표에 불과하다. 고객의 최저서비스 수준은 희망서비스 수준과는 달리 변화 가능한 것이기 때문에 경쟁자의 서비스약속이나 서비스제공 수준이 높아짐에 따라 급속도로 높아진다. 만약 어떤 기업의 서비스 수준이 최저서비스 수준보다 간신히 위에 있다면, 경쟁상대는 빠르게 이러한 유리한 조건을 잠식할 수 있다. 고객충성도가 변하지 않는 진정한 고객 프랜차이즈를 구축하기 위해서는 기업은 지속적으로 최저서비스 수준뿐만 아니라 희망서비스 수준 또한 초과되도록 노력해야 한다. 경쟁자가 따라오기 어려운 예외적인 서비스를 통해 고객의 충성도를 강화할 수 있다.

기업은 또한 경쟁자에 비해 고객에게 그들의 약속을 어떻게 보여줄 것인지에 대해 고민할 수도 있다. 제14장에서 우리는 기업의 약속을 고객에게 전달하는 다양한 기법을 소개할 것이나 여기에서는 두 가지 방법만 고려하기로 한다. 첫째, 판매원이 어떤 산업에서 상향된 판매약속을 충족시킬 수 있는 경쟁자가 없는 것을 파악하고 있다면 그는 그 사실을 고객에게 알려줄 수 있을 것이고 따라서 경쟁 판매원의 약속이 타당하지 않다고 주장할 것이다. 두 번째는 제공자가 서비스제공에 관해 "신뢰 판매(reality check)"에 따라 판매하도록 하는 것이다. 건축업자로부터 새로운 집을 하나 구매하였다고 생각해 보자. 다소 정확하지는 않을 수 있어도 구매한 집의 품질에 관해 전형적인 판매 약속이 있었을 것이다. 집에 관한 계약을 완료하기 전에 건축업자는 마지막 점검을 할 것이다. 집 앞에서 건축업자는 새로운 집은 3,000~5,000개의 요소를 가지고 있으며 자신의 경험에서 보면 전형적으로 새 집은 100~150개의 결함을 가진다는 점을 알려준다. 이러한 "신뢰판매(reality check)"에 따르면 그 집에서 발견된 32개의 결함은 상대적으로 적은 양으로 보인다.

요약

서비스에 대한 고객기대의 본질과 결정요인을 나타내는 개념적 모형을 이용하여 우리는 두 가지 유형의 서비스기대를 제시하였다. 고객이 원하는 것을 반영한 희망서비스와 고객이 기꺼이 받아들이는 최저서비스이다. 희망서비스 수준은 최저서비스 수준보다 덜 변한다. 허용구간은 이것을 두 가지 기대 수준으로 분류한다. 이러한 허용구간은 고객에 따라 다르며 같은 고객에 대해서도 확장되거나 축소될 수 있다.

고객기대는 다양한 요인(원천)에 의해서 영향을 받는다. 희망서비스기대는 개인적 욕구, 개인적인 서비스 철학, 파생된 서비스기대, 명시적 서비스 약속, 묵시적 서비스 약속, 구전 커뮤니케이션, 그리고 고객의 과거경험에 의해 영향받는다. 최저서비스기대는 지각된 서비스 대안과 상황요인에 의해 영향받는다. 서비스기대의 유형과 원천은 최종소비자나 산업재 고객, 순수서비스나 제품 관련 서비스, 경험을 해본 고객이나 해보지 않은 고객 모두에게 유사하다.

토의문제

1 희망서비스와 최저서비스 간의 차이는 무엇인가? 왜 서비스마케터는 이 두 가지 유형의 서비스 기대를 이해할 필요가 있는가?

2 당신이 구매한 최근의 서비스를 생각해 보라. 당신의 기대에 영향을 미친 요인 중 의사결정에 가장 중요하게 영향을 미친 것은 무엇인가? 그 이유는 무엇인가?

3 희망서비스기대는 최저서비스기대보다 왜 더 안정적인가?

4 기술 변화가 어떻게 고객기대에 영향을 미치는가?

5 서비스기업의 명시적 서비스약속이 너무 높아 당신을 실망하게 만든 몇 가지 예를 설명해 보라.

6 컴퓨터시스템을 구입하려는 중소기업이 있다고 가정해 보자. 고객기대에 영향을 미치는 요인 중 당신이 중요하다고 생각하는 요인은 무엇인가? 어느 요인이 가장 영향을 많이 미치는가? 어떤 요인이 의사결정에 가장 적은 영향을 미치는가?

7 요인에 영향을 주기 위하여 어떠한 전략을 본 장에 추가할 수 있는가?

8 당신의 서비스기대 중 어느 것이라도 비현실적이라고 생각하는 것이 있는가? 어떤 것인가? 서비스마케터가 이러한 비현실적인 기대를 해결해 주어야 한다고 생각하는가?

9 당신의 견해에서 볼 때 어느 서비스기업이 효과적으로 고객 프랜차이즈(고객애호도 불변)를 구축하고 있는가?

10 직관적으로 생각할 때 서비스기업의 경영자는 고객의 허용구간이 넓기를 바랄 것이다. 그러나 고객이 넓은 허용구간을 갖는다면 탁월한 서비스를 보유하고 기업은 고객 애호도를 갖기가 어렵지 않을까? 탁월한 서비스기업은 평범한 서비스기업의 경쟁력을 낮추기 위해 고객의 허용구간을 좁히는 것이 더 좋지 않을까? 우수한 서비스기업이 고객의 허용구간을 좁혀서 경쟁자의 서비스를 따돌릴 수 있지 않을까?

11 서비스마케터는 그들의 고객을 감동시켜야만 하는가?

연습문제

1 어떤 요인이 이 과목에 대한 당신의 기대에 영향을 미쳤는가? 그중 가장 중요한 요인은 무엇인가? 이 과목이 필수과목이라면 당신의 기대는 어떻게 바뀌겠는가?(다시 말해, 이 과목이 선택과목이 아니라 필수과목일 때 당신의 기대는 어떻게 변화하겠는가?)

2 하루 동안 자신이 사용한 서비스를 기록해 보라. 그리고 각 서비스를 경험하기 전에 자신이 예상한 서비스수준이 무엇인지 파악해 보라. 그리고 서비스를 경험한 후 자신의 기대가 충족되었는지 또는 초과되었는지 기록해 보라. 이러한 결과가 해당 서비스업체와의 향후 거래에 어떻게 영향을 미칠까?

3 서비스기업이 자신의 기대를 초과한 경우를 다섯 가지만 생각해 보라. 당신은 그러한 서비스에 어떻게 반응하였는가? 이런 사건들이 향후 기업과 상호작용하는 데 영향을 미쳤는가? 어떠한 방식으로 영향을 미쳤는가?

참고문헌

1 "Japanese Put Tourism on a Higher Plane," *International Herald Tribune*, February 3, 1992, p. 8.

2 The model on which this chapter is based is taken from V. A. Zeithaml, L. L. Berry, and A.

Parasuraman, "The Nature and Determinants of Customer Expectations of Service," *Journal of the Academy of Marketing Science* 21 (Winter 1993), pp. 1 – 12.

3 See sources such as C. Gronroos, *Strategic Management and Marketing in the Service Sector* (Helsingfors, Sweden: Swedish School of Economics and Business Administration, 1982); R. K. Teas and T. E. DeCarlo, "An Examination and Extension of the Zone-of-Tolerance Model: A Comparison to Performance-Based Models of Perceived Quality," *Journal of Service Research* 6 (February 2004), pp. 272 – 286; K. B. Yap and J. C. Sweeney, "Zone-of-Tolerance Moderates the Service Quality-Outcome Relationship," *Journal of Services Marketing* 21 (2007), pp. 137 – 148.

4 R. B. Woodruff, E. R. Cadotte, and R. L. Jenkins, "Expectations and Norms in Models of Consumer Satisfaction," *Journal of Marketing Research* 24 (August 1987), pp. 305 – 314.

5 J. A. Miller, "Studying Satisfaction, Modifying Models, Eliciting Expectations, Posing Problems, and Making Meaningful Measurements," in *Conceptualization and Measurement of Consumer Satisfaction and Dissatisfaction*, ed. H. K. Hunt (Bloomington: Indiana University School of Business, 1977), pp. 72 – 91.

6 A. Parasuraman, L. L. Berry, and V. A. Zeithaml, "Understanding Customer Expectations of Service," *Sloan Management Review* 32 (Spring 1991), p. 42.

7 L. L. Berry, A. Parasuraman, and V. A. Zeithaml, "Ten Lessons for Improving Service Quality," *Marketing Science Institute*, Report No. 93 – 104 (May 1993).

8 Parasuraman, Berry, and Zeithaml, "Understanding Customer Expectations of Service," p. 7.

9 Ibid., p. 8.

10 D. L. Davis, J. G. Guiltinan, and W. H. Jones, "Service Characteristics, Consumer Research, and the Classification of Retail Services," *Journal of Retailing* 55 (Fall 1979), pp. 3 – 21; W. R. George and L. L. Berry, "Guidelines for the Advertising of Services," *Business Horizons* 24 (May – June 1981), pp. 52 – 56; F. v. Wangenheim and T. Bayón, "The Effect of Word-of-Mouth on Services Switching: Measurement and Moderating Variables," *European Journal of Marketing* 38 (2004), pp. 1173 – 1185; T. J. Brown, T. E. Barry, P. A. Dacin, and R. F. Gunst, "Spreading the Word: Investigating Antecedents of Consumers' Positive Word-of-Mouth Intentions and Behaviors in a Retailing Context," *Journal of the Academy of Marketing Science* 33 (Spring 2005), pp. 123 – 138. For a meta-analysis of the effect of electronic word-of-mouth communication on services, see A. B. Rosario, F. Sotgiu, K. de Valck, and T. H. A. Bijmolt, "The Effect of Electronic Word of Mouth on Sales: A Meta-Analytic Review of Platform, Product, and Metric Factors," *Journal of Marketing Research* 53 (June 2016), pp. 297 – 318.

11 M. Trusov, R. E. Bucklin, and K. Pauwels, "Effects of Word-of-Mouth versus Traditional Marketing: Findings from an Internet Social Networking Site," *Journal of Marketing* 73 (September 2009), pp. 90 – 102.

12 Discussions of the role of past experience in shaping customer expectations of service are included in L. L. Berry, "Cultivating Service Brand Equity," *Journal of the Academy of Marketing Science* 28 (Winter 2000), pp. 128–137; and R. L. Hess Jr., S. Ganesan, and N. M. Klein, "Interactional Service Failures in a Psuedorelationship: The Role of Organizational Attributions," *Journal of Retailing* 83 (January 2007), pp. 79–95.

13 Parasuraman, Berry, and Zeithaml, "Understanding Customer Expectations of Service," p. 40.

14 R. T. Rust and R. L. Oliver, "Should We Delight the Customer?" *Journal of the Academy of Marketing Science* 28 (Winter 2000), pp. 86–94.

15 T. S. Gross, *Positively Outrageous Service* (Chicago: Dearborn Trade Publishing, 2004).

16 J. Clemmer, "The Three Rings of Perceived Value," *Canadian Manager* 15 (Summer 1990), pp. 12–15.

17 T. Keiningham and T. Vavra, *The Customer Delight Principle: Exceeding Customers' Expectations for Bottom–Line Success* (New York: Mcgraw–Hill, 2001); R. Chitturi, R. Raghunathan, and V. Mahajan, "Delight by Design: The Role of Hedonic versus Utilitarian Benefits," *Journal of Marketing* 72 (May 2008), pp. 48–63; D. C. Barnes, M. B. Beauchamp, and C. Webster, "To Delight, or Not to Delight? This Is the Question Service Firms Must Address," *Journal of Marketing Theory and Practice* 18 (Summer 2010), pp. 275–283.

18 M. Dixon, K. Freeman, and N. Toman, "Stop Trying to Delight Your Customers," *Harvard Business Review* 88 (July–August 2010), pp. 116–122.

19 Rust and Oliver, "Should We Delight the Customer?"

20 Parasuraman, Berry, and Zeithaml, "Understanding Customer Expectations," p. 41.

21 "How the Ritz–Carlton Hotel Company Delivers 'Memorable' Service to Customers," *Executive Report on Customer Satisfaction* 6 (March 15, 1993), pp. 1–4; L. A. Dhir, "Top Ten Things Luxury Guests Absolutely Want," http://www.hospitalitynet.org/news/4060166.html, accessed June 28, 2016.

22 J. D. Power and Associates, http://businesscenter.jdpower.com/, accessed February 15, 2016.

23 W. H. Davidow and B. Uttal, "Service Companies: Focus or Falter," *Harvard Business Review* 67 (July–August, 1989), pp. 77–85; C. Sewell and P. B. Brown, *Customers for Life: How to Turn That One–Time Buyer into a Lifetime Customer* (New York: Random House, 2002).

Chapter 04

서비스에 대한 고객지각

본 장의 목적은 다음과 같다.

1. 서비스에 대한 고객지각과 고객만족, 서비스품질 및 개별 서비스접점 간의 관계에 영향을 미치는 요인을 이해하기 위한 확고한 근거를 제공한다.
2. 고객만족이란 무엇이며, 어떠한 요인의 영향을 받으며, 그로부터 얻어진 중요한 성과 등을 설명한다.
3. 서비스품질과 그것의 다섯 가지 핵심 차원인 신뢰성, 응답성, 확신성, 공감성, 유형성을 자세히 설명한다.
4. 서비스접점, 즉 진실의 순간(moments of truth)이 고객의 지각을 형성하는 데 없어서는 안 될 초석(building blocks)임을 보여준다.

전략적으로 차별화된 서비스를 제공하는 제인 사이클

코네티컷주의 브랜포드에 있는 제인 사이클(Zane's Cycle)이 제공하는 서비스는 기업의 핵심성공요인인데, 그것은 다른 자전거 판매경쟁사들과 비교할 때 확실히 차별화된 것이었다.[1] 제인 사이클의 40대 최고경영자(CEO)인 크리스 제인(Chris Zane)은 원래의 소유자로부터 상점을 매입하기 위해 그의 할아버지로부터 2만 달러를 빌리기 위한 설득을 했던 16살 이후로 줄곧 제인 사이클의 최고경영자였다. 젊은 시절의 그는"탁월한(unparalleled) 서비스", "1 대 1 마케팅", "고객관계", "직원존중과 권한부여"와 같은 기본원칙을 중심으로 사업을 구축하였다. 그 이후로, 기업은 연매출액(소매와 기업판매 포함) 1,000만 달러 이상 달성할 정도로 성장해 왔고, 제인은 소규모의 몇 안 되는 16개의 경쟁업체들을 거의 제거했다. 게다가, 제인 사이클은 월마트와 같은 대규모 업체와 경쟁하기 위한 꽤 성공적인 방법을 개발하였다. 그리고 기업들이 직원에게 보상선물로 자전거를 제공하도록 하는 완전히 새로운 사업을 구축하였다. 그렇다면 그의 경쟁자를 폐업 상태에 이르도록 어떻게 독창적인 서비스를 제공하였는가? 여기에 몇 가지 기업의 전형적인 서비스 전략들의 예들이 있다.

- **평생 무료서비스**(lifetime free service) : 제인 사이클에서 판매한 자전거는"평생 무료서비스"를 받을 수 있다. 이는 자전거사업 자체를 자전거를 판매하는 사업이 아니라 서비스비즈니스로 정의하였기 때문에 가능했다. 또한 무료서비스(고객이 자전거를 소유한 동안의 무료서비스)는 고객으로 하여금 점포를 다시 방문하게 하여 고객과 지속적인 관계를 구축할 수 있는 기회를 제공하는

좋은 방법이다.

- **평생 부품보증**(lifetime parts warranty) : 평생 무료서비스 전략에 이어서, 제인은 곧 평생 부품보증도 뒤따라야 한다는 것을 깨달았다. 제인은 소수의 공급업체와 거래함으로써 이것을 가능하게 했고, 공급업체에게는 제품에 책임을 지도록 하였다.
- **90일 가격보상**(90-day price protection) : 제인 사이클의 판매가격이 높다(평생 무료서비스를 제공하기 위해)는 소문과 신념들을 불식시키기 위해, 제인은 90일 가격보증제를 실시하였다. 즉, 90일 이내에 고객이 지불한 가격보다 더 저렴하게 동일한 자전거를 구매할 수 있는 곳을 발견하면 현금 리베이트에 추가로 10%를 돌려받을 수 있도록 하였다. 왜냐하면 제인은 고객과 진정성 있는 관계를 구축하였기 때문에 매우 적은 고객들만이 다른 경쟁업체에서 쇼핑을 하거나 꼼꼼하게 가격을 비교하였는데, 그 결과 매우 적은 수의 고객만이 환불요구를 했다. 그리고 그들이 환불해 주었을 때도, 고객들은 바로 제인에서 즉시 그 현금을 소비하였다.
- **플랫보험**(flat insurance) : 처음 자전거를 구입한 고객이나 경험이 적은 바이커들에게 바람 빠진 타이어에 대한 걱정은 매우 위협적이다. 그래서 제인은 소정의 연회비로 "플랫보험"을 제안했다. 비록 몇몇 타이어들은 서비스 보증정책에 따라 수리되지만, 자신의 플랫보험을 사용하기 위하여 상점을 재방문하는 바이커들은 충성고객으로 볼 수 있다. 이들에게는 진행하던 모든 작업을 멈추고 서비스를 제공하게 된다. 즉, 바로 자전거를 수리공에게 보내어 새 타이어로 교환하게 하고 깨끗이 자전거를 청소한 후에 고객에게 인도되는데 매우 짧은 시간에 이러한 것들이 이루어지게 된다. 또다시, 고객(점포의 누구라도)은 구매를 했지만 결코 사용하지 않았던 플랫보험의 사용으로 기대 이상의 매우 기쁜 경험을 갖게 되며, 제인의 고객관계는 더욱 강화되고 또한 비용절감을 할 수 있다.
- **1달러 미만의 사은품**(less than $1 giveaways) : 제인이 고객감동을 실현할 수 있는 또 하나의 방법은 1달러 미만의 작지만 꼭 필요한 부품을 고객에게 사은품으로 제공함으로써 가능했다. 이는 고객에게 제공하는 불과 몇 센트의 비용으로 현재 또는 차후 방문을 통하여 그보다 더 큰 추가구매가 발생하도록 한다.
- **어린이 놀이방**(kid's play area) : 제인의 어린이 놀이방은 부모들이 쇼핑을 하는 동안 어린이들이 재미있게 놀 수 있는 인기 있는 장소이다. 일부는 심지어 그들의 자녀가 재미있게 놀고 있는 바로 코앞에서 비밀로 해야 할 "크리스마스 자전거"를 구입하기도 한다.
- **무료커피가 제공되는 커피와 스내플 바**(coffee and snapple bar, with free coffee) : 매우 바빠서 고객이 부득이 기다려야 하거나 또는 기다리는 사람들의 사회적인 사교장소를 제공하기 위해 크리스 제인은 스위스의 자전거점포에서 보았던 마호가니 커피(mahogany coffee) 바를 구비하였다. 여기에서는 커피와 다른 음료들이 제공되었고, 고객들은 큰 유리 창문을 통해서 자전거가 수리되는 과정을 볼 수 있다. 그리고 한 잔에 1달러 미만의 커피 원가 때문에 추가요금은 없다.
- **어린이 자전거 업그레이드**(kids bike upgrades) : 제인의 가장 혁신적인 서비스 전략들 중 하나는 그들이 월마트와 경쟁하는 데 있어서 계속 우위를 가질 수 있는 정책이다. 이것은 부모가 아이의 자전거를 정가에 구입한 후 몇 년이 지나 다음 단계에 구입할 대형 자전거에 일부 금액을 예치할 수 있도록 하는 거래방법이다. 그들의 많은 서비스 전략 중 하나는 소급인데 그들이 이 정책을 처음 시작했을 때 제인은 지난 몇 년 이내에 작은 자전거를 구입하였던 모든 사람들에게 업그레이드된 계획에 대한 정보를 우편엽서를 통해 발송했다.

아마도 당신은 위에서 언급한 "믿어지지 않는" 서비스를 제인 사이클이 어떻게 이윤을 고갈시키지 않으면서 고객에게 제공할 수 있는지 궁금할 것이다. 사실 제인사이클은 매우 수익률이 높아서 재정적으로 성공한 기업이다. 크리스 제인은 다른 우수한 CEO처럼 판매전략을 가볍게 운영하지 않으면서 냉철하고 정량적인 재무분석에 중점을 두고 기업을 운영했다. 제인은 경쟁자들에게는 유감스러운 일이지만 훌륭한 서비스가 고객충성도를 견고히 하는 중요한 열쇠이며, 결국 고객충성도는 성장과 이익을 이끌어 낸다는 것을 일찍 파악했다. 제인 사이클이 미국의 저명한 비즈니스 잡지, 패스트컴퍼니 매거진(Fast Company Magazine)의 고객만족대상 부문에서 "지역 대상(local heroes)"을 수상한 것은 당연한 것이었다.

미국 코네티컷주 브랜포드에 위치하고 있는 제인 사이클

최고품질의 자전거, 우수한 서비스품질, 소소하지만 다양한 추가혜택, 직원들의 예상하지 못한 관심 등 이 모든 것이 제인 사이클 고객의 만족도를 높여 주고 있다. 랜즈 앤드(Land's End), IBM 글로벌 서비스(Global Service), 아마존닷컴, 리츠칼튼 호텔 같은 서비스 분야의 랜드마크 기업들도 마찬가지이다. 이러한 기업들의 핵심제품 품질과 모범적인 고객서비스는 높은 고객만족도의 결과로 나타난다.

고객 갭

고객이 서비스를 어떻게 지각하며, 그들이 경험한 서비스품질을 어떻게 평가하고 있고, 그에 대해 만족하는지 등이 본 장에서 우리가 다룰 주제들이다. 우리는 갭 모델의 **지각서비스**(perceived service)에 초점을 두고 논의할 것이다. 또한 본 장 전체에 걸쳐 지각은 항상 기대에 대비하여 상대적으로 고려된다는 점을 주목해야 한다. 기대는 유동적이라 평가 또한 시간에 따라, 사람에 따라, 문화에 따라 달라질 수 있기 때문이다. 오늘 좋은 품질의 서비스라고

해서 내일도 좋다고 할 수는 없다. 따라서 서비스품질이나 고객만족은 객관적인 기준이 아니라 **고객의 서비스지각**(customers' perception of the service)에 달려 있음을 강조한다.

만족 대 서비스품질

언론 분야에 종사하는 기자나 사업현장에 종사하는 실무자들은 **만족**(satisfaction)과 **품질**(quality)이라는 용어를 혼용하고 있으나, 연구자들은 두 개념을 정확히 정의하고 측정하기 위해 오랫동안 토론해 왔다.[2] 그 결과 두 개념의 원인과 결과는 근본적으로 다르다는 데 점차 의견 일치를 보이고 있다.[3] 비록 두 개념 간에 공통점이 있을지라도, **서비스품질**은 구체적으로 서비스의 차원에 초점을 둔 반면에, 만족은 좀 더 넓은 개념으로 보아야 한다. 이러한 관점에서 보면, **지각된 서비스품질**은 고객만족 구성요소의 하나에 불과하다. 그림 4.1은 두 개념 사이의 관계를 도식화하고 있다.

그림 4.1에서 보듯이 서비스품질은 신뢰성, 응답성, 확신성, 공감성, 유형성 등에 대한 고객의 지각을 반영한 평가이다.[4] 반면에 만족은 더 포괄적이라서 상황요인, 개인요인을 비롯해서 서비스품질, 제품품질, 그리고 가격에 대한 지각에 의해 영향을 받는다. 예를 들어, 헬스클럽의 서비스품질은 운동기구가 잘 구비돼 있고 필요한 때 장비들이 잘 작동하는지, 직원들이 고객의 요구에 잘 응대하는지, 트레이너가 얼마나 숙련되어 있는지, 시설이 잘 관리되고 있는지 등으로 판단한다. 반면 헬스클럽에서의 고객만족은 서비스품질의 지각, 제품품질의 지각(헬스전문매장에서 판매되는 제품의 품질), 회원권 가격,[5] 고객의 감정상태와 같은 개인요인, 날씨나 헬스클럽을 차로 오가면서 겪는 일들 같은 조절 불가능한 상황요인에 의해서도 영향을 받는 보다 넓은 개념이다.[6]

그림 4.1
서비스품질, 고객만족, 고객충성도의 관계

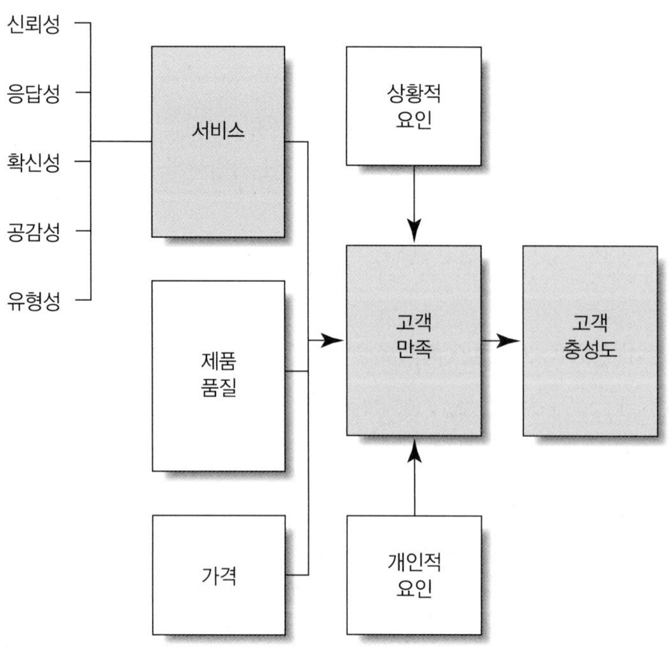

거래지각 대 누적지각

지각을 논의하는 데 있어서, 고객이 경험한 기업에 대한 전체적인 지각뿐만 아니라 구체적인 거래접점에 대한 지각(transaction perceptions)도 고려해야 한다.[7] 예를 들어, 은행의 경우 고객은 지점의 어떤 직원과의 만남에서 받은 대우를 생각할 것이며, 여러 만남에 근거하여 특정 거래경험에 대한 평가를 하게 된다. 이러한 거래지각은 매우 미세하며 구체적이다. 동일한 은행고객은 일정 기간 동안 그가 경험한 여러 거래접점의 지각에 근거하여 은행서비스에 대한 전반적인 평가를 하게 될 것이다. 이러한 경험에는 은행지점에서의 여러 개인접점뿐만 아니라 온라인뱅킹을 비롯한 여러 곳에 설치된 ATM 사용경험 등을 포함한다. 좀 더 넓게 보면, 은행에서 그가 겪은 경험과 은행에 대해 그가 알고 있는 모든 것에 근거하여 은행서비스 또는 전체은행 산업에 대한 지각을 갖게 될 수도 있다.

따라서 연구자들은 이러한 지각의 다양한 관점을 이해하는 것이 중요하며, 이들 관점은 경쟁적이기보다는 상호보완적이라고 한다.[8] 구체적인 거래단계에서 지각을 이해하는 것은 서비스쟁점을 밝혀내고 즉각적인 변화를 모색해 가는 데 중요하다. 또한 본 장의 말미에서 논의하게 되듯이, 이러한 각각의 접점들은 고객이 누적경험(cumulative experience)을 평가하는 데 초석(building blocks)이 된다. 한편, 누적지각은 기업에 대한 전반적인 충성도를 보다 잘 나타내는 예측치로 볼 수 있다. 즉, 고객충성도는 대부분 하나의 접점에 의해 결정되는 것이 아니라 고객이 경험한 모든 것에 대한 평가로 결정된다.

고객만족

고객만족이란 무엇인가?

"만족의 정의에 대한 질문을 받기 전까지는 모든 사람이 만족이 무엇인지 알고 있다. 하지만 질문을 받으면 아무도 모르는 것처럼 보인다."[9] 고객만족에 대한 전문가 및 연구자로서 존경받아온 리차드 올리버(Richard L. Oliver)의 말을 인용한 이 표현은 고객만족의 기본적 정의에 대한 쟁점을 표현하고 있다. 이전의 여러 정의에 근거하여 올리버는 다음과 같이 만족을 정의한다.

> 만족은 소비자의 성취반응(fulfillment response)이다. 즉, 제품 또는 서비스의 기능 또는 제품 또는 서비스 그 자체가 만족스러운 수준의 소비 만족도를 제공한다고 판단하는 것이다.

조금 덜 학술적인 용어로 설명하면, **만족**이란 어떤 제품이나 서비스가 고객의 욕구나 기대를 충족시켰는지의 여부이다. 욕구나 기대를 충족시키지 못한, 즉 실패는 제품이나 서비스의 **불만족**(dissatisfaction)을 초래하는 것으로 간주할 수 있다.

자신의 욕구가 충족되었다는 사실에 대한 **성취감**(fulfillment) 외에도, 만족은 서비스제공

상황이나 서비스 유형에 따라 다른 유형의 감정(feeling)과 관련될 수도 있다.[10] 예를 들면, 만족은 고객이 일상적으로 시간이 경과함에 따라 받게 되거나 생각지도 않게 갖게 된 서비스에 대한 수동적 반응인 **흡족함**(contentment)으로 볼 수도 있다. 만족은 또한 소비자가 좋은 감정이나 행복감을 느끼는 서비스에 대한 **기쁨**(pleasure)의 감정이기도 하다. 긍정적인 방법으로 고객을 깜짝 놀라게 하는 서비스의 경우, 만족은 **감동**(delight)을 의미한다. 부정적 측면을 제거해야 만족에 이르는 상황이라면, 고객만족은 **안도감**(sense of relief)이라고도 할 수 있다. 마지막으로 제품이나 서비스와 관련한 긍정적·부정적 경험이 혼합되어 있을 때, 만족은 양면적 감정의 **교차**(feelings of ambivalence)라고 할 수도 있다.

고객만족은 특정 시간에 특정 장소에서 측정되는 경향이 있어 정적인(static) 것처럼 보이지만, 만족은 동적(dynamic)이며 다양한 요인과 시간의 흐름에 의해 영향을 받는다.[11] 특히, 제품 사용이나 서비스 경험이 시간이 경과함에 따라 발생하는 경우, 만족은 고객이 중점을 두는 사용단계나 경험주기에 따라 매우 다양할 수 있다. 사용단계나 경험주기가 중요한 이유는, 새로운 서비스나 이전에 경험하지 못한 서비스에서는 고객기대가 첫 번째 구매시점에서 거의 형성될 수 없고, 경험과정이 전개됨에 따라 서서히 형성되기 때문이다. 서비스주기를 통하여 소비자는 때때로 좋은, 때때로 나쁜 다양한 경험을 할 수 있는데, 각각은 궁극적으로 만족에 영향을 줄 것이다.

무엇이 고객만족을 결정하는가?

그림 4.1에서 보듯이, 고객만족은 구체적인 제품이나 서비스특징, 제품이나 서비스품질에 대한 지각, 그리고 가격에 의해 영향을 받는다. 게다가 고객의 기분(mood)이나 감정상태와 같은 개인적 요인과 가족구성원의 의견과 같은 상황요인 역시 만족에 영향을 미친다.

제품특징과 서비스특징

제품이나 서비스에 대한 고객만족은 제품이나 서비스의 특징(features)에 대한 고객의 평가에 의해 상당한 영향을 받는다.[12] 리조트호텔과 같은 서비스의 경우 수영장, 골프장의 이용가능성, 레스토랑, 숙박시설의 안락함과 사생활 보호, 직원의 공손함과 배려, 숙박가격 등이 중요한 특징들에 포함될 것이다. 만족과 관련한 조사를 할 때, 대부분의 기업들은 여러 가지 조사방법을 통해 고객이 중요하게 생각하는 특징과 속성이 무엇인지를 결정하고 그것에 대한 지각도 알아본다. 연구들에 따르면 서비스의 유형과 서비스의 중요성(criticality)에 따라 고객들은 여러 가지 서비스 특징들(예를 들어 가격수준, 품질, 개인적 친분, 고객화 수준) 간에 상쇄관계가 있음을 보여주고 있다.[13]

고객감정

고객의 감정 역시 제품이나 서비스에 대한 만족지각에 영향을 줄 수 있다.[14] 이러한 감정은 안정적인데, 기존의 감정일 수 있다. 휴가 중일 때와 같이 당신의 인생에서 매우 행복한 상태에 있다고 생각해보라. 기분이 좋은 상태, 그리고 행복한 감정과 긍정적인 마음가짐이 당신이 경험하는 서비스 지각에 영향을 준다. 반대로 당신의 기분이 나쁠 때, 당신의 부정적인 기분은 서비스에 대한 반응에 전이되어, 사소한 문제에 대해서도 과잉반응하거나 부정적으로 반응하게 할 수도 있다. 서비스를 시작하기도 전부터 강한 감정(긍정적이든 부정적이든)을 느끼는 "고감정 서비스(high emotion service)"는 고객의 감정이 만족도에 미치는 영향이 높아진다. 예를 들어, 출생, 결혼, 질병 또는 사망과 관련된 서비스의 경우에는 고객의 감정이 다른 서비스에 비교하여 특히 많은 영향을 미친다.[15]

서비스를 받기 전에 이미 존재하는 감정도 있지만 어떤 특별한 감정은 소비경험 자체로부터 형성되어 서비스와 함께 고객의 만족에 영향을 준다. 래프팅을 대상으로 진행한 연구에 따르면 가이드가 여행에 대한 고객들의 감정적인 반응에 강한 영향을 미치며(긍정과 부정적 감정 모두), 이러한 감정은 전반적인 여행만족으로 연결됨을 보여준다.[16] 행복, 기쁨, 의기양양(elation), 다정함 같은 긍정적인 감정은 래프팅 동안 고객의 만족을 강화시킨다. 반면 슬픔, 비애, 후회, 노여움과 같은 부정적인 감정은 고객만족을 떨어뜨린다. 전반적으로 래프팅에서 긍정적인 감정은 부정적인 감정보다 만족에 더 강한 영향을 준다. 이러한 긍정적인 감정은 다음 사진에 잘 나타나 있다. 연구자들은 감정전이이론을 바탕으로 한 다른 상황에서 비디오대여점과 컨설팅서비스에 종사하는 종업원의 감정표현, 즉 진정성(authenticity)이 직접적으로 고객의 감정에 영향을 미친다는 것을 발견하였다.[17] 또한, 유사한 감정전이효과가 중국의 레스토랑 서비스 회복 과정에서도 종업원에 의해 일련의 감정적 표현이 있음이 입증되었다. 이 연구에서 종업원의 긍정적 또는 부정적 감정 모두가 고객의 감정 상태와 최종만족에 영향을 미치는 것을 밝혀냈다.[18]

서비스의 성공 또는 실패의 원인에 대한 귀인

사건의 지각된 원인인 **귀인**(attributions) 역시 만족에 영향을 준다.[19] 예상치 못한 결과로 인

래프팅하는 동안 고객들은 많은 긍정적 감정을 경험하면서 서비스에 대한 만족이 증가된다.

© David L. Ryan/The Boston Globe/Getty Images

하여 놀랐을 때(서비스가 기대한 것 보다 훨씬 더 좋거나 훨씬 나쁠 경우), 소비자는 그 이유를 찾는 경향이 있으며, 이유에 대한 평가는 만족에 영향을 준다. 예를 들어, 비만센터의 고객이 원하는 만큼 체중감량에 실패했을 경우, 그녀는 비만센터에 대한 만족이나 불만족의 수준을 결정하기 전에 원인을 찾으려 할 것이다.[20] 자신이 열심히 하지 않았기 때문인지, 다이어트 계획이 비효과적이었는지, 아니면 주위환경이 식이요법을 어렵게 했는지에 따라 실패원인에 대한 부분적인 책임을 자신이 지기 때문에 불만족 수준은 달라질 수 있다.

실패 원인이 고객에게 있지 않더라도 고객만족은 또 다른 유형의 귀인에 의해 영향을 받는다. 예를 들어, 여행사를 대상으로 수행된 연구에 따르면 고객은 서비스 실패 이유가 여행사의 통제 범위를 벗어났다고 느끼거나 다시는 발생할 가능성이 낮은 드문 실수라고 생각하는 경우 여행사가 범한 가격 오류에 덜 불만족한다.[21]

공평성의 지각

고객만족은 또한 공평성(equity, fairness)에 의해서도 영향을 받는다.[22] 고객은 스스로에게 질문한다. 다른 고객들과 비교할 때 나는 공평하게 대우받았는가? 다른 고객들이 더 좋은 대우를 받았거나, 더 좋은 가격이나, 더 좋은 품질의 서비스를 받지는 않았는가? 내가 지불한 서비스 가격은 공평한가? 나는 내가 지불한 비용이나 투입한 노력에 대비하여 대우를 제대로 받았는가? 특히 공평성은 서비스회복 상황에서 고객만족에 결정적인 영향을 미친다. 제7장에서 다시 논의하게 되겠지만 서비스 실패의 회복과정에서 느끼는 만족도, 주로 공평성의 지각에 영향을 받는다. 때때로 극도의 불공정한 경우에는 기업의 행위에 대해 미국연방통상위원회(Federal Trade Commission, FTC)의 조사가 진행되기도 한다. 예를 들어 AT&T는 많은 소비자들에게 불공정하고 심지어 잘 알지도 못하는 거래로 인한 "추가전화요금 부과(mobile cramming)"를 금지하기 위해 법적 소송을 하기도 했다. 이러한 거래로 인해 고객은 주문하거나 승인한 적이 없는 서비스에 대한 제3자 가입으로 억울한 휴대폰 요금을 지불해야 했었다.[23]

다른 고객, 가족구성원, 그리고 동료

제품과 서비스특징, 감정과 신념 외에 고객만족은 다른 사람의 영향을 받기도 한다.[24] 예를 들면, 가족휴가장소의 결정과 만족은 가족구성원들의 상호작용과 감정표현에 의해 영향을 받는다.[25] 이후에도 여행에 대한 만족 또는 불만족은 가족 구성원들의 감정표현, 즉 선택적인 기억과 가족구성원 사이에서 되풀이되는 이야기에 의해 영향을 받을 것이다. 이와 유사하게, 111페이지 그림에 나타난 래프팅에 대한 만족은 개인적인 지각에 의해 확실하게 영향을 받겠지만, 래프팅을 같이 한 다른 사람의 경험, 행동, 의견에 의해서 더 큰 영향을 받는다고 볼 수 있다. 기업에서도 이러한 예를 볼 수 있다. 새로 구입한 CRM 소프트웨어와 같은 새로운 서비스에 대한 만족은 개별적인 경험뿐 아니라 다른 동료들이 하는 말, 이들의 사용 느낌, 조직 전체의 허용성 등에 의해 영향을 받을 것이다.

국가고객만족지수

기업성과와 생활의 질에서 갖는 고객만족의 중요성으로 인하여, 많은 국가들은 거시적인 수준에서 고객만족을 측정하고 추적하는 국가고객만족지수를 갖는다.[26] 많은 공공정책 입안자들은 국가고객만족지수가 지금까지 사용된 생산성이나 물가 척도와 함께 국가경제의 건전성을 나타내는 지표로 사용될 수 있고 또 되어야 한다고 믿는다. 생산성이나 물가지수는 한 나라의 경제적 산출물을 양으로 측정하는 데 반해, 국가고객만족지수는 **질**을 측정하기 위해 도입된 것이다. 1989년 스웨덴 고객만족지수(Swedish Customer Satisfaction Barometer)에 의해 처음으로 국가고객만족지수가 시작되었다.[27] 이후에 독일(Deutsche Kundenbarometer, DK, 1992), 미국(American Customer Satisfaction Index, ACSI, 1994), 스위스(Swiss Index of Customer Satisfaction, SWICS, 1998)에서 국가고객만족지수를 측정하게 되었다.[28] 보다 최근에는 영국, 인도네시아, 도미니카공화국, 터키, 멕시코, 콜롬비아, 그리고 싱가포르를 포함한 다른 나라들이 국가고객만족지수를 만드는 데 ACSI 방법을 채택하였다.[29]

미국고객만족지수

미시간대학 국가품질연구센터의 연구자들에 의해 개발된 미국고객만족지수(ACSI)[30]는 상품이나 서비스에 대한 만족척도(measure)이다. 이 척도는 분기별로 정부기관을 포함하여 모든 주요 경제 분야를 대표하는 200개의 기업에 대한 고객지각을 추적한다. 주요 산업의 하부 시장들을 포함한 각 산업군(群) 내에서 가장 큰 기업들이 조사대상으로 선택된다. 그리고 기업별로 현 사용자 250여 명을 대상으로 인터뷰를 실시한다. 이들 기업은 품질, 가치, 만족, 기대, 불만, 미래의 충성도에 대한 고객지각으로부터 산출된 ACSI 점수를 받는다.[31]

2015년 산업별 ACSI 결과는 **표 4.1**과 같다.[32] 흥미롭게도 산업 전반에 걸쳐서 백분율 기준 ACSI 점수가 전년도에 비해 크게 감소했다. 표에서 보는 바와 같이 대부분의 내구재 및 비내구재가 표의 최상위로부터 중간(76점 이상) 부분을 차지했고, 가장 낮은 점수인 63점을 기록한 유료 TV 서비스나 인터넷 서비스 제공기업이 표의 가장 아래 부분에 위치하고 있다. 하지만 이러한 순위들을 산업평균 측면에서만 중요한 의미를 갖는다. 거의 모든 산업 분야에서 고객만족을 기준으로 뛰어난 개별 기업들은 존재한다. 예를 들어, 2015년 항공사에 대한 점수는 스피릿(Spirit)항공 62점에서 젯블루항공과 사우스웨스트항공 80점으로 기업별 편차가 존재한다.

고객만족 결과

왜 모두가 이렇게 고객만족에 관심을 기울이는가? 앞 단락에서 논의하였듯이 몇몇 공공정책 입안자들은 고객만족이 국가경제 건전성의 중요한 척도라고 믿는다. 그들은 경제적 효율성과 가격통계만으로는 충분하지 않다고 생각한다. 그들은 또한 만족을 생활의 질에 대한 중요한 척도(indicator)로 믿고 있다. 더 나아가, 많은 사람들은 고객만족이 기업의 수익이나 주식가치와 같은 다른 경제건전성 척도들과도 서로 관련이 있다고 생각한다. 미시간대학의 연

표 4.1
미국 고객만족도-산업별 순위

산업	고객만족점수(2015)	전년 대비 변화율
고급 레스토랑	82	0.0
TV 및 비디오	82	−4.7
소비자 택배	81	−1.2
신용조합	81	−4.7
가전제품	81	1.3
공공시설	80	−5.0
인터넷소매업	80	−2.4
자동차 및 경차	79	−3.7
손해보험	79	0.0
청량음료	79	−3.7
운동화	78	−2.5
휴대폰	78	0.0
인터넷여행사	78	1.3
생명보험	77	−3.8
패스트푸드	77	−3.8
개인관리 및 청소용품	77	−6.1
개인용 컴퓨터	77	−1.3
전문소매점	77	−2.5
외래진료	76	1.3
의류	76	−2.6
은행	76	0.0
양조	76	−3.8
식품제조	76	−3.8
인터넷 투자서비스	76	−7.3
인터넷 검색 및 정보	76	−5.0
주유소	75	2.7
호텔	75	−1.3
컴퓨터 소프트웨어	74	−2.6
백화점 및 할인마트	74	−3.9
병원	74	1.4
인터넷 소셜미디어	74	4.2
투자자 소유시설	74	−2.7
건강관리 및 개인관리 전문점	73	−5.2
인터넷뉴스 및 의견	73	−1.4
지방 공공시설	73	−6.8
슈퍼마켓	73	−3.9
무선전화 서비스	70	−2.8
항공사	69	4.3
유선전화 서비스	69	−5.5
건강보험	69	−1.4
미국 우편서비스	69	5.8
인터넷 서비스 제공자	63	0.0w
유료 TV 서비스	63	−3.1

자료 : "American Customer Satisfaction Index—Ratings by Industry," ACSI website, www.theacsi.org.

그림 4.2 ACSI 주식 포트폴리오의 재무적 성과

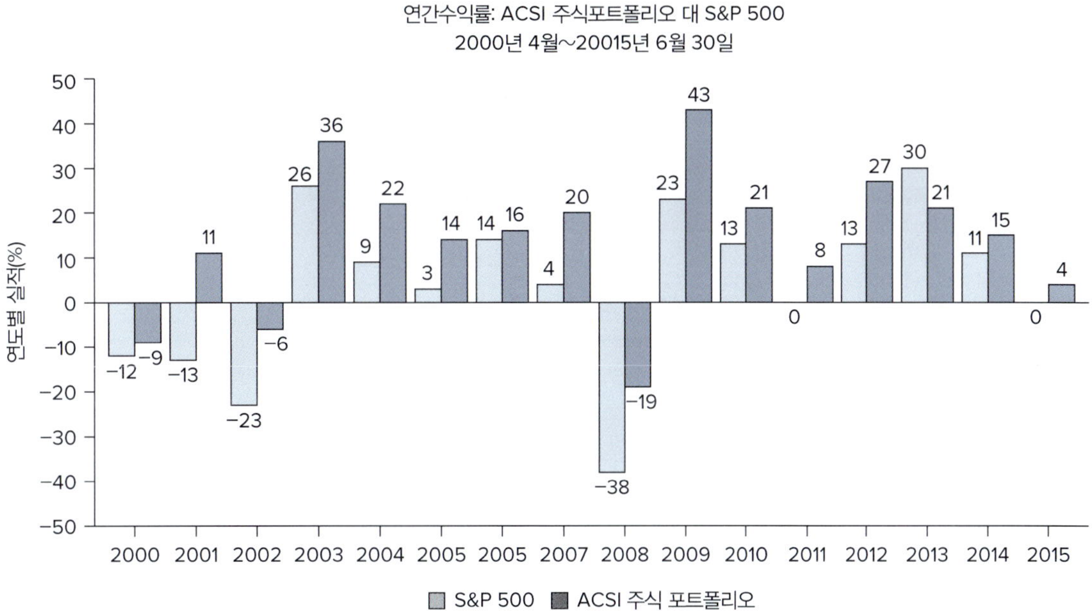

자료 : ACSI website, www.theacsi.org, "National Economic Indicator, Financial Indicator," accessed May 21, 2016.

구자들은 S&P 500 기업들 중 ACSI 지수에서 우수한 성과를 내는 기업들(ACSI stock portfolio)의 재무적 지표가 S&P 500 기업들과 비교할 때 우수함을 밝혔다. 이러한 관계는 그림 4.2에서 확인할 수 있는데 ACSI 지수에서 우수한 성과를 내는 기업들의 재무적 성과가 S&P 500 기업들보다 월등하게 높은 것을 알 수 있다.[33]

그러나 이러한 거시경제적인 의미를 넘어서, 개별 기업들은 높아지는 고객만족 수준이 고객충성도와 수익에 연결될 수 있다는 것을 발견하였다.[34] 몇몇 연구는 서비스에 투자하고 고객만족에 중점을 두는 기업들이 그들의 주주에게 초과수익을 제공한다는 것을 밝혔다.[35] 또 다른 연구는 소매상의 고객서비스전략에 관한 발표가 이 기업들에게 유의한 비정상수익률을 가져오고 평균적으로 1.09%의 시장가치를 증가시키는 것으로 나타났다.[36] 연구는 또한 고객만족에서 높은 수준과 긍정적인 변화를 보인 기업들로 구성된 포트폴리오가 다른 기업들로 구성된 포트폴리오 보다 좋은 성과를 나타낸다는 것을 보여주고 있다.[37]

그림 4.3에서 보듯이, 고객만족과 고객충성도 사이엔 중요한 관계가 존재한다. 이러한 관계는 고객이 매우 만족한 경우 특히 강하게 나타난다. 단지 고객을 만족시키는 정도로는 고객충성도를 얻기 어렵다. 만족 이상이나 감동시켜야 비로소 충성도를 달성할 수 있는 것이다. 제록스사가 바로 고객만족과 충성도의 관계를 확인한 최초 기업 중 하나다. 제록스사는 광범위한 고객조사를 통해 고객만족척도에서 제록스에 5점(매우 만족)을 준 고객은 4점(다소 만족)을 준 고객보다 제록스장비를 재구매할 확률이 6배나 높은 것으로 나타났다는 것을 발견하였다.[38] 엔터프라이즈렌터카(Enterprise Rent-A-Car)사는 그들의 대여에 가장 높은 평점

그림 4.3
고객만족과 충성도의 관계

자료 : J. L. Heskett, W. E. Sasser Jr., and L. A. Schlesinger, *The Service Profit Chain: How Leading Companies Link Profit and Growth to Loyalty, Satisfaction, and Value* (New York: The Free Press, 1997), p. 83. The Free Press, a Division of Simon & Schuster, Inc.

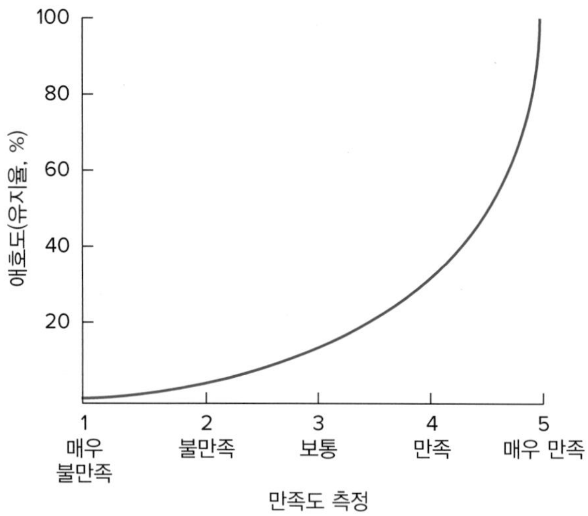

을 준 고객들이 두 번째로 높은 평점을 준 고객들보다 다시 자동차를 대여할 가능성이 세 배 정도 높은 것을 알아냈다.[39] TARP 월드와이드(TARP Worldwide)사에 의해 제공된 정보도 비슷한 결과를 제시하고 있다. 즉, 전 세계적으로 8,000명의 다양한 산업의 고객을 대상으로 한 10개의 연구 데이터를 바탕으로 한 정보에서 TARP는 "매우 만족"한 고객의 96%가 동일한 회사로부터 "반드시 재구매"할 것이라고 응답한다는 것을 밝혔다. 그 수는 "다소 만족"한 고객을 대상으로 하면 단지 52%로 급격하게 하락한다. "보통 또는 매우 불만족"한 고객의 단 7%만이 반드시 재구매 할 것이라고 응답하였다.[40]

만족 스펙트럼의 반대편 상에서, 연구자들은 불만족과 비충성도(disloyalty) 또는 이탈(defection) 사이에 강한 상관관계가 존재하고 있음을 밝혀냈다. 고객들의 불만족이 특정 수준에 도달했거나, 중요한 서비스 속성에서 불만족하였을 때 고객충성도는 가파르게 떨어진다.[41] 이러한 관계에 대해서 이 정도로 설명하고 충성도를 높이기 위한 마케팅은 제6장에서 다시 논의할 것이다. 그러나 고객만족과 충성도 그리고 기업수익성 사이에는 분명한 관계가 있음을 확인한다. 따라서 많은 기업들은 고객만족의 토대를 이해하고, 고객만족을 향상시킬 수 있는 방법에 유의한 시간과 돈을 투자하고 있는 것이다.

서비스품질

이제부터 우리는 고객지각의 결정적 요소인 **서비스품질**을 살펴보도록 한다. 순수서비스(pure services)의 경우(예 : 건강관리, 금융서비스, 교육) 서비스품질은 고객의 서비스 평가에서 지배적인 요소이다. 재화와 결합되어 제공되는 서비스의 경우(예 : IT 서비스, 자동차서비스)도 역시 서비스품질은 고객만족을 결정하는 데 있어 그 중요성은 마찬가지이다. 앞서 제시한 그림 4.1은 이러한 관계를 잘 보여주고 있다. 여기에서는 그림 4.1의 왼쪽 부분에 초점을 두고, 서비스품질을 형성하는 근본적 요인에 대해 알아보도록 하겠다. 먼저 고객이 **무엇**을 평가하는지에 대해 논의한 후 그들의 판단을 형성하는 데 의존하는 서비스의 다섯 가지 차원에 대해 자세히 살펴보도록 한다.

결과품질, 상호작용품질, 그리고 물리적 환경품질

서비스품질을 평가할 때 고객이 평가하는 것은 무엇인가? 수년에 걸쳐, 서비스연구자들은 제공된 서비스의 기술적인 결과, 서비스가 제공되는 과정, 서비스가 제공되는 물리적 환경, 품질 등에 근거하여 서비스품질을 평가하는 것으로 보고 있다.[42] 소송의 경우를 예로 들면, 고객은 소송의 결과, 즉 기술적 결과품질(technical outcome quality)과 상호작용품질(interaction quality)로서 법률서비스의 품질을 평가할 것이다. 상호작용품질에는 변호사의 전화응답, 고객에 대한 공감, 정중함, 경청 등과 같은 요인들이 포함된다. 유사한 예로 레스토랑 고객은 식사에 대한 지각(기술적인 결과품질)과 함께 식사가 어떻게 제공되었으며 직원과 어떻게 상호작용이 일어났는지에(상호작용품질) 따라 서비스를 평가한다. 법률회사와 레스토랑의 장식과 환경(물리적 환경품질) 또한 전체적인 서비스품질에 대한 고객의 지각에 영향을 준다.

서비스품질의 차원

연구에 따르면 소비자는 품질을 평가할 때 1차원적으로 지각하지 않고 상황과 관련된 여러 요소에 근거하여 품질을 평가한다고 한다. 서비스품질의 차원은 이 분야 연구의 선구자인 파라슈라만(A. Parasuraman), 자이타믈(Valarie Zeithaml), 베리(Leonard Berry)에 의하여 정립되었다. 이들은 다양한 서비스 상황에 적용되는 서비스품질의 다섯 가지 차원을 구체적으로 제시하고 있다.[43] 그림 4.1은 서비스품질의 선행변수인 다섯 가지 차원을 잘 보여주고 있다. 이러한 다섯 차원은 이들을 측정하는 척도와 함께(SERVQUAL 척도 개발) 제5장에서 다시 논의될 것이다.

- **신뢰성**(reliability) : 약속한 서비스를 정확하게 수행하는 능력
- **응답성**(responsiveness) : 고객을 돕고 즉각적으로 서비스를 제공하려는 의지
- **확신성**(assurance) : 직원의 지식, 정중함, 그리고 믿음과 확신을 심어주는 능력
- **공감성**(empathy) : 보살핌, 고객에게 주어지는 개별적 관심
- **유형성**(tangibles) : 물리적 시설, 장비, 인력, 커뮤니케이션 도구 등의 외관

이러한 차원들은 소비자가 마음속으로 서비스품질에 대한 정보를 어떻게 조직화하는가를 나타낸다. 탐색적 연구와 계량적 연구를 통해 이들 다섯 차원들이 은행, 보험, 가전제품수리 및 보수, 증권업, 장거리전화서비스, 자동차수리서비스 등의 품질평가에 적합함이 밝혀졌다.

또한 이들 차원은 소매업 및 비즈니스 서비스에도 적용할 수 있을 뿐만 아니라 내부서비스에도 적합하다. 때때로 고객은 이들 차원 모두를 사용하여 서비스품질을 지각하기도 하지만 어떤 때는 일부 차원으로만 지각하기도 한다. 예를 들어, ATM으로 서비스를 받는 경우를 생각해보면, 공감성은 적절한 차원이 아닐 수도 있다. 또한 전화로 수리방문 일정을 잡는 경우 유형성은 관련이 없다.

연구자들은 120페이지의 세계적 추세 코너에서 논의한 바와 같이 문화적 차이 역시 다섯 가지 차원의 상대적 중요성에 영향을 준다고 한다. 서비스품질 차원에서 흥미로운 차이는 그것들 스스로가 특정 국가에 따른 연구에 나타나 있다. 예를 들면, 파키스탄에서 실시된 서비스품질 차원을 기반으로 한 연구는 유형성(tangibles), 신뢰성(reliability), 확신성(assurance), 성실성(sincerity), 개인화(personalization), 그리고 형식성(formality)의 차원으로 나타난다고 하였다.[44] 이 연구는 또한 문화적 차이가 원래의 차원과 약간 다르게 이해될 수 있는 원인이 될 수 있다고 설명하고 있다. 파키스탄에서 "신뢰성(reliability)"은 절대적인 의미를 갖는 것이라기보다 "대부분의 약속이 지켜짐", "보고서나 기타 문서에 최소한의 오류가 있음" 그리고 "서비스가 일반적으로 필요할 때 제공됨"으로 해석된다.

계속해서 우리는 원래의 다섯 개 SERVQUAL 차원 각각을 살펴보고 고객이 이들 차원을 어떻게 평가하는지 실례를 제시한다.

신뢰성 : 약속대로 제공

© Tim Boyle/Getty Images

컴퓨터 관련 Total 수리업체를 표방하는 긱 스쿼드(Geek Squad, 괴짜들이 만든 팀이라는 의미)는 고객에게 서비스품질의 5가지 서비스 차원 중 응답성이 좋은 기업으로 포지셔닝하고 있다.

고객들에게 **신뢰성**(reliability)은 서비스품질을 지각하는 데 있어서 다섯 가지 차원 중 가장 중요한 요인이다.[45] 신뢰성은 약속한 서비스를 정확히 제공하는 능력으로 정의된다. 광의(廣義)로 보면 신뢰성이란 기업이 배달, 서비스제공, 문제해결 등에서 직접적으로 한 약속이나 가격책정에서 간접적으로 한 약속을 제대로 제공하는 것이다. 고객은 약속을 지키는 기업과 거래하기를 원하며 특히 서비스의 핵심속성이나 서비스결과와 관련된 약속일 경우 더욱 그러하다.

신뢰성을 효과적으로 활용하는 기업이 페더럴 익스프레스(Federal Express)이다. 페더럴 익스프레스(페덱스, Fedex)의 "반드시, 더 빨리 목적지에 도착해야 한다"와 "세계 어느 곳이든 정시에" 두 가지 슬로건은 수십 년 동안 이 기업의 신뢰 메시지를 잘 반영하고 있다. 그러나, 페더럴 익스프레스처럼 신뢰성으로 명백하게 위상을 정하지 않더라도, 이 차원은 고객에게 매우 중요하다. 따라서 모든 기업은 신뢰성에 대한 고객의 기대를 이해할 필요가 있다. 고객이 구매하겠다고 생각하는 핵심서비스를 제공하지 못하는 기업은 가장 직접적인 방법으로 고객의 기대를 저버림으로써 고객으로부터 외면당한다.

응답성 : 도우려는 의지

응답성(responsiveness)이란 고객을 돕고 즉각적으로 서비스를 제공하고자 하는 의지이다. 이 차원은 고객의 요구, 질문, 불만, 문제 등을 처리하는 주의(attentiveness)와 신속성(promptness)을 강조한다. 응답성은 도움, 질문에 대한 대답, 문제해결을 하는 데 기다리는 시간으로 고객에게 전달된다.

응답성 차원에서 앞서가기 위해서는, 서비스제공과정이나 문제해결과정을 기업의 관점이 아니라 고객의 관점에서 보아야 한다. 내부처리상 필요하여 만들어 놓은 처리속도와 신속성 같은 기준은 속도와 신속성에 대한 고객의 요구와 다를 수 있기 때문이다. 응답성을 높이기 위해서, 기업은 숙련된 직원으로 구성된 고객서비스부서뿐만 아니라 모든 접점에서 신속하게 반응하는 접점직원을 갖추어야 한다. 긱 스쿼드(Geek Squad)의 컴퓨터, 태블릿, 인터넷 원격수리를 비롯한 컴퓨터와 관련 주변기기에 대한 24시간, 365일 연중무휴 기술지원 서비스는 빠른 서비스 응답성을 통해 기업의 명성을 쌓았다. 즉, "바이러스는 근무시간에만 감염되지 않는다"는 슬로건으로 고객을 유인했다. 응답성에 대한 지각은 고객이 기업과 통화를 시도했을 경우 대기해야 하거나 계속 통화 중일 때, 자동음성녹음 시스템으로 연결될 때, 기업의 웹 사이트에 접속장애가 발생했을 때 감소한다.

확신성 : 믿음과 확신을 심어주기

확신성(assurance)은 회사와 직원의 지식, 정중함, 믿음과 확신을 심어주는 능력으로 정의된다. 이 차원은 고객에게 위험이 높다고 지각되는 서비스나 은행, 보험, 증권업, 의료, 법률 등의 서비스와 같이 결과를 평가할 능력에 대해 자신이 없을 경우 특히 중요하다.

믿음(trust)과 확신(confidence)은 증권중개인, 보험대리인, 변호사, 컨설턴트 등과 같이 고객에게 기업의 서비스를 연결하는 사람에게 중요하다. 이러한 서비스의 경우 기업은 핵심 접촉 인물과 고객 사이에 믿음과 애호가 형성되기를 바란다. "퍼스널 뱅커(personal banker)"란 개념은 이런 아이디어에 착안한 것으로, 어떤 고객을 위한 은행원이 선정되면 고객과 개인적으로 친하게 되고 고객에 대한 모든 은행서비스를 조정하게 된다.

또 다른 경우, 믿음과 확신은 사람이 아니라 조직 자체에서 중요하다. 올스테이트(Allstate) 보험회사의 "당신은 올스테이트와 좋은 관계에 있습니다"라는 슬로건과 푸르덴셜(Prudential) 보험회사의 "바위(푸르덴셜의 상징물)의 한 조각을 소유하십시오"와 같은 슬로건은 기업 전체가 고객과의 신뢰관계 구축에 힘쓰는 예라 할 수 있다. 페덱스는 "걱정마세요, 페덱스입니다"라는 슬로건을 사용하여 전통적인 신뢰 메시지를 넘어 확신과 믿음에 초점을 두는 광고 캠페인을 시행하고 있다.

세계적 추세 문화에 따른 서비스품질의 지각과 고객의 분노

전 세계 국가별로 고객은 서비스 경험을 다르게 인식하고 경험하며 이에 반응한다.

서비스품질

신뢰성, 응답성, 확신성, 공감성, 유형성 등 다섯 가지 서비스품질 차원의 개발은 미국 내의 다양한 상황에서 수행된 연구를 기반으로 하고 있다. 미국에서는 서비스품질 요소 중 신뢰성이 가장 중요한 차원으로 간주되고 있으며, 다음으로는 응답성이 다른 세 가지 차원과 비교할 때 상대적으로 중요한 것으로 여겨진다. 그렇다면, 국가별 · 문화별로 살펴보면 어떻게 될까? 서비스품질 차원이 여전히 중요할까? 어떤 차원이 가장 중요할까? 이러한 질문에 대한 응답은 다문화 환경 또는 여러 국가에서 서비스를 제공하는 기업들에게 매우 유용하다.

연구자들은 홉스테드(Geert Hofstede)의 문화차원이론을 이용하여 서비스품질의 중요성이 문화의 다양성에 따라 어떻게 달라지는지에 대한 평가를 진행했다. 예를 들면, 권력거리(power distance)는 구성원이 그 사회에 존재하는 불평등을 수용하는 정도를 말한다. 연구 결과에 의하면 대부분의 아시아 국가들이 높은 권력거리 점수권에 위치하고 있는 반면 서방국가는 낮은 권력거리 점수권에 분포되는 특징을 가지고 있었다. 대략적으로 말하면, 개인주의(individualism)는 서양문화의 특징인 자기중심적 사고의 특징을 갖고 있으며 집단주의(collectivism) 특징을 갖는 동양에서는 반대의 양상을 띠고 있다. 다른 차원[남성문화(masculinity), 불확실성 회피(uncertainty avoidance), 장기지향성(long term orientation)]에 대해서도 문화 간에 유사한 비교연구가 이루어졌다. 주요 연구주제는 소비자가 다섯 가지 서비스품질 차원에 부여하는 상대적 중요성에 이러한 유형의 문화적 차이가 영향을 미치는지 여부이다.

오른쪽 그림에서는 다양한 문화적 차원으로 분류한 고객집단별로 지각하는 서비스품질 차원의 중요성에 큰 차이가 있음을 보여주고 있다. 각 집단별 특징은 다음과 같다.

- *추종형*(followers) : 큰 권력거리, 높은 집단주의, 높은 남성적 문화, 중간 정도의 불확실성 회피, 단기 지향성
- *균형 추구형*(balance seekers) : 작은 권력거리, 높은 집단주의, 중간 정도의 남성적 문화, 높은 불확실성 회피, 중기 지향성
- *자신감 충만형*(self–confidents) : 작은 권력거리, 높은 개인주의, 중간 정도의 여성적 문화, 낮은 불확실성 회피, 장기 지향성
- *감각 추구형*(sensory seekers) : 큰 권력거리, 중간 정도의 개인주의, 높은 남성적 문화, 낮은 불확실성 회피, 단기 지향성
- *기능 분석형*(functional analyzers) : 작은 권력거리, 중간 정도의 개인주의, 중간 정도의 여성적 문화, 높은 불확실성 회피, 장기 지향성

그림에서는 서비스품질 차원이 문화 전반에 걸쳐 관련성이 있는 것을 확실히 보여주고 있다. 그러나, 상대적인 중요성은 문화적 가치의 지향에 따라 다양함을 알 수 있다.

고객 분노

서비스 경험에 대한 극도의 부정적인 반응은 고객의 분노와 관련이 있다. 다음과 같은 상황에서 고객은 극도의 화를 내고 좌절감을 느끼며, 종종 부정적 입소문을 퍼뜨린다. 심지어는 거래를 중단하며 기업을 겨냥한 보복이나 복수에 가담하기도 한다.

공감성 : 고객을 개개인으로 대하기

공감성(empathy)은 기업이 고객 개개인에게 제공하는 관심(attention)과 보살핌(caring)이다. 고객화된 서비스를 통해 고객이 독특하고 특별하며, 그들의 욕구를 이해해야 한다는 것이 공감성의 핵심이다. 고객은 서비스를 제공하는 기업이 자신을 이해하고 중요하게 생각해 주기를 원한다. 작은 서비스기업의 직원은 흔히 고객의 이름을 알고 고객의 개별적인 욕구와 기호까지 파악하는 관계를 구축한다. 대규모 기업과 경쟁하는 이러한 작은 기업에게 공감성은 분명 장점으로 작용한다.

기업을 대상으로 하는 서비스의 경우(BtoB) 고객은 서비스제공사가 자사의 사업과 쟁점에 대해 잘 이해하고 있기를 바란다. 여러 소규모 컴퓨터 관련 컨설팅기업들이 자신들을 특정 산업의 전문기업으로 포지셔닝하여 큰 기업과 경쟁하여 성공하고 있다. 비록 큰 기업이 우월한 자원을 가졌더라도 작은 기업은 고객의 쟁점과 요구에 대해 더 많은 지식을 갖고 보다 고

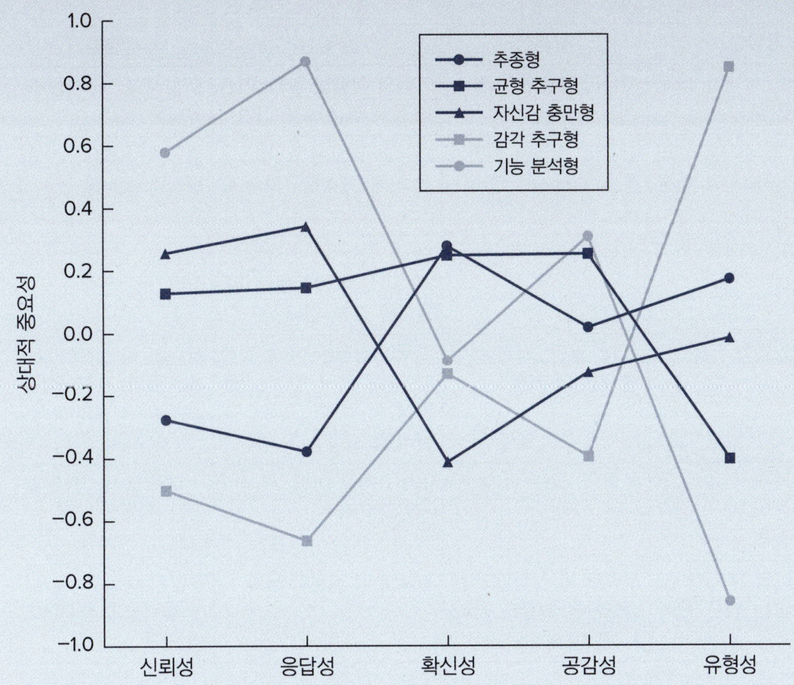

2년마다 실시한 연구에 따르면 미국에서의 고객분노는 증가하고 있는 것으로 나타났다. 2015년에 발표한 결과에 따르면 고객의 54%가 2014년에 제품이나 서비스에서 심각한 문제를 경험했으며, 이 중 66%가 분노감을 느낀 것으로 밝혀졌다. 다른 연구에서는 동양(중국, 태국)과 서양(호주, 미국)에서의 분노에 대한 경험과 반응을 비교하여 몇 가지 놀라운 차이점을 발견했다. 연구자들은 높은 기대와 적은 인내심으로 인해 서양문화권 고객들이 동양문화권 고객들보다 서비스 실패에 대한 분노를 경험할 가능성이 높다는 것을 밝혀냈다. 그러나, 다소 놀라운 결과는 분노를 경험한 동양문화권 고객은 복수에 대한 감정을 공론화하고 공공연히 자신들의 감정을 표출하며, 때로는 물리적인 방법을 사용하는 것으로 나타났다. 동양문화권 고객은 분노의 감정을 서서히 느끼지만 참을 수 있는 한계점을 초과하면 자신들의 분노를 더욱 강력하게 표현한다. 동양 문화권에서는 현장 접접 직원에게 분노와 적개심을 표현하는 것이 어느 정도 용인되지만, 서양 문화권에서의 그러한 행동은 금기시되고 있다.

자료 : G. Hofstede, *Cultures and Orga-nizations: Software of the Mind* (New York, McGraw-Hill, 1991); O. Furrer, B. Shaw-Ching Liu, and D. Sudhar-shan, "The Relationships between Culture and Service Quality Per-ceptions," *Journal of Service Research* 2 (May 2000), pp. 355 - 371; www.geert-hofstede.com; Customer Rage Study (2015), accessed May 21, 2016, Customer Rage www.wpcarey.asu.edu/csl; P. G. Patterson, M. K. Brady, and J. R. McColl-Kennedy, "Geysers or Bubbling Hot Springs: A Cross-Cultural Examination of Customer Rage from Eastern and Western Perspectives," *Journal of Service Research* 19 (August 2016), pp. 243 - 259

객화된 서비스를 제공할 수 있다고 지각되기 때문이다.

유형성 : 서비스를 물리적으로 표현

유형성(tangibles)은 물리적 시설, 장비, 인력, 각종 커뮤니케이션 도구 등의 외관으로 정의된다. 유형성은 고객, 특히 신규고객이 품질을 평가하는 데 사용하는 서비스의 물리적 표현과 이미지를 제공한다. 유형성은 특히 레스토랑, 호텔, 소매점포, 엔터테인먼트기업 등과 같이 고객이 서비스를 받기 위해 시설을 방문하는 접객업에서 강조된다.

흔히 서비스기업은 자신들의 이미지를 높이거나 품질 신호로 유형성을 사용하지만, 대부분의 기업은 다른 차원과 함께 유형성을 결합하여 서비스품질을 높인다. 예를 들면, 미국의 카센터 서비스 체인 기업인 지피 루브(Jiffy Lube)사는 "빠르고 효과적인 서비스와 편안하고 깨끗한 대기공간"을 제공함으로써 응답성과 유형성을 함께 강조한다. 이와는 대조적으로 서

표 4.2 고객이 서비스품질의 다섯 가지 차원을 평가하는 예시

산업	신뢰성	응답성	확신성	공감성	유형성
자동차수리 (소비자고객)	문제를 처음에 수정, 약속시간에 준비	이용 용이, 무대기, 요구에 대한 반응	지식이 많은 수리공	고객의 이름을 알고, 이전의 문제 및 선호를 기억	수선시설, 대기장소, 유니폼, 장비
항공사 (소비자고객)	일정에 따라 목적지로 출발과 도착	발매, 탑승, 수하물 처리에 대한 신속하고 빠른 대응	신인도, 탁월한 안전기록, 유능한 승무원	고객의 특별한 요구에 대한 이해, 고객욕구의 예측	항공기, 발매소, 수하물지역, 유니폼
의료 (소비자고객)	일정에 따른 약속 준수, 정확한 진찰	이용 용이, 무대기, 자신 경청	지식, 기술, 신뢰, 평판	한 개인으로서 환자를 이해, 이전의 문제를 기억, 올바른 경청, 안내	대기실, 검사실, 의료장비, 문서자료
건축가 (사업고객)	약속된 시간에 예산 내의 설계도 전달	전화응답, 변화 수용	신뢰, 평판, 사회에 명성, 지식과 기술	고객이 산업을 이해, 고객의 특정 요구 및 이해를 인정 및 적응, 고객에 대한 이해 노력	사무실 공간, 보고서, 스스로의 계획, 청구서 작성, 직원의 복장
정보 처리 (내부고객)	요청할 때 필요한 정보 제공	요청에 대한 신속한 대응, 관료적이 아닌, 신속한 문체 처리	통찰력 있는 스태프, 숙련, 신임	내부고객을 이해, 부서나 개인의 이해	내부보고서, 사무실 공간, 직원의 복장
인터넷증권업 (소비자고객, 사업자고객)	정확한 정보의 제공, 고객의 요구를 정확히 이행	이용 용이와 휴지(休止) 시간이 없는 빠른 웹사이트	사이트 내 신뢰할 만한 정보원천, 브랜드 인지, 사이트에 대한 신뢰	필요할 때 사람이 응답	전단지, 브로셔 및 다른 출력물과 웹사이트의 외관

비스품질의 유형성에 관심을 두지 않는 기업들은 이로 인해 다른 좋은 점을 손상시키고 있다.

표 4.2는 소비자와 비즈니스 서비스 두 가지 모두를 포함하여 다양한 서비스 상황에 따라 고객이 서비스품질의 다섯 가지 차원을 어떻게 판단하는지 그 실례를 보여준다.

E-서비스품질

전자소매(e-tailing)와 e-서비스의 성장은 많은 기업들에게 다음과 같은 의문을 품게 했다. 즉, 웹상에서 어떻게 서비스품질을 평가하는지 또한 비인터넷(non-internet) 서비스의 품질을 판단하는 데 사용하는 기준과 차이가 있는지에 대한 의구심이다.[46] 마케팅과학연구소(Marketing Science Institute)의 지원을 받아 고객이 어떻게 e-서비스를 판단하는지 이해하기 위한 한층 더 체계적인 연구가 진행되었다.[47] 연구에 의하면, **E-S-QUAL**은 웹사이트가 효율적인지, 또한 효과적인 쇼핑, 구매, 그리고 배송을 촉진하는 정도로 정의된다. 표적집단을 대상으로 한 탐색적 인터뷰와 두 단계의 실험을 통해 분석한 연구에 따르면 총 일곱 개의 차원으로 E-S-QUAL을 규정할 수 있다고 한다. 핵심서비스 평가를 위한 네 가지 차원과 서비스회복 평가를 위한 세 가지 차원이다.

고객이 문제점이나 의문점을 경험하지 않은 웹사이트를 판단할 때 사용하는 네 가지 핵심 차원은 다음과 같다.[48]

- **효율성**(efficiency) : 웹사이트 접속과 이용의 편리함, 속도
- **실행성**(fulfillment) : 주문 배송 및 품목 가용성에 대한 사이트의 약속이 이행되는 정도
- **시스템 이용 가능성**(system availability) : 웹사이트의 정확한 기술적 기능
- **보안성**(privacy) : 웹사이트의 안전성과 고객정보를 보호하는 정도

또한 연구는 문제점이나 의문점이 있는 경우, 고객이 서비스회복을 판단할 때 사용하는 세 가지 차원을 다음과 같이 제시하고 있다.

- **응답성**(responsiveness) : 웹사이트를 통한 효과적인 문제해결과 반품의 신속한 처리
- **배상**(compensation) : 문제 발생 시 웹사이트가 고객에게 배상하는 정도
- **접촉**(contact) : 전화나 온라인을 통한 도움의 이용 가능성

고객노력

고객노력(customer effort)은 품질, 만족과는 별개로 고객 충성도를 이끄는 또 하나의 원동력으로서 기업의 상당한 관심을 받아왔다. 75,000명 이상의 B2C, B2B 고객을 대상으로 실시한 비대면 서비스 상호작용(실시간 전화응답, 웹기반 상호작용, 채팅 상담, e-mail 상담 포함)에 관한 설문조사에서 연구자들은 다음과 같은 내용을 밝혀냈다. 고객 충성도는 고객을 기쁘게 하거나 고객을 만족시키는 것보다는 오히려 고객이 문제를 해결하는 데 소요되는 노력을 최소화시키는 것에서 도출된다는 것을 밝혔다.[49] 연구자들은 고객을 번거롭게 하는 것(high effort)들로 인해 고객이 기업으로부터 멀어지며, 고객을 기쁘게 한다고 해도 고객의 재구매 가능성은 낮다고 주장했다. 고객서비스 상황에서 이러한 결과들은 엄청난 의미를 가지고 있다. 고객은 해결해야 할 문제가 있을 경우에는 최소한의 노력으로 신속하게 해결되기를 원한다. 이러한 상황에서 기업은 고객상담에 대한 후속전화의 필요성을 예상하고 이를 예방하는 데 집중해야 고객의 번거로움을 줄일 수 있다고 연구자들은 제안하고 있다. 또한, 고객과 정서적으로 상호작용하며 고객이 문제를 해결하기 위해 다른 서비스 채널로 전환할 필요성을 최소화하면서 신속하지만 진정성을 가지고 고객을 응대해야 한다고 주장한다.

많은 기업들이 충성도를 예측하는 방법으로 고객노력을 측정하고 있는데, 이는 고객서비스 상황에서 좋은 변수로 평가되고 있다. 이 개념은 또한 서비스품질의 5가지 차원 및 e-서비스품질의 차원과 매우 잘 양립하고 있으며, 고객의 기대를 초과하거나 기쁘게 하는 것보다는 기본적인 서비스 제공에 중점을 두고 있다. 하지만, 기본적인 고객서비스 이외에도 고객이 기쁨을 얻고 싶어 하는 서비스상황(예 : 오랫동안 기다려온 휴가, 특별콘서트, 첫 번째 또는 50번째 기념일의 저녁 식사)이 다수 존재할 수 있다. 또 다른 경우에는 고객이 서비스 제공과정에 공동으로 참여하면서 상당한 개인적 노력을 기울이는 것을 선호하거나 기대할 수

있다. 다시 말하면, 고객들은 자신의 노력을 최소화하려고 하지 않는데 결혼식, 학위과정, 의료서비스 같은 중요한 서비스 경험 등이 여기에 해당한다. 이러한 경우에는 충성도를 결정하는 데 있어서 고객노력보다 다른 요소가 더 중요할 수 있다. 고객은 어떤 상황에서도 자신의 노력을 낭비하지 않으려고 하지만 항상 노력을 최소화하려는 것도 아니다.

서비스접점 : 고객지각의 초석(礎石)

이제까지 우리는 고객만족과 서비스품질에 대해 구체적으로 살펴보았다. 전략적 통찰에서 논의되는 바와 같이 현대 기업은 서비스품질, 만족, 그리고 충성도에 따라 그들 자신을 차별화함으로써 보다 효과적으로 경쟁할 수 있음을 인지하고 있다. 이제 우리는 고객지각의 초석(building blocks)인 서비스접점, 즉 **진실의 순간**(moments of truth)에 대해 살펴보도록 한다. 서비스접점에서 약속이 지켜지거나 깨어지기도 하며, 때로는 고무처럼 유연하게 변하기도 한다. 서비스접점에서의 유연성을 실시간 마케팅(real-time marketing)이라고도 한다. 고객들은 이러한 서비스접점에 근거하여 서비스품질에 대한 지각을 하게 된다.

서비스접점 또는 진실의 순간

고객의 관점에서 보면 서비스에 대한 가장 생생한 인상은 고객이 서비스기업과 서로 상호작용하는 **서비스접점**(service encounters) 또는 "**진실의 순간**(moments of truth)"에 경험하게 된다. 서비스접점의 예를 호텔에서 들어보면 체크인하고, 벨보이가 방으로 안내하고, 레스토랑에서 식사를 하고, 모닝콜을 부탁하고, 체크아웃하는 것이다. 이러한 접점들을 연결지어 생각하기 위해서는 서비스접점흐름도(service encounter cascade)를 그려보면 편리하다(그림 4-4 참조). 고객이 기업의 서비스품질을 경험하게 되는 곳이 바로 서비스접점이며 또한 서비스접점은 고객의 전반적인 만족도를 형성하게 하고 재구매의도를 갖게 하는 데 영향을

그림 4.4
호텔방문에서의 서비스접점 흐름도

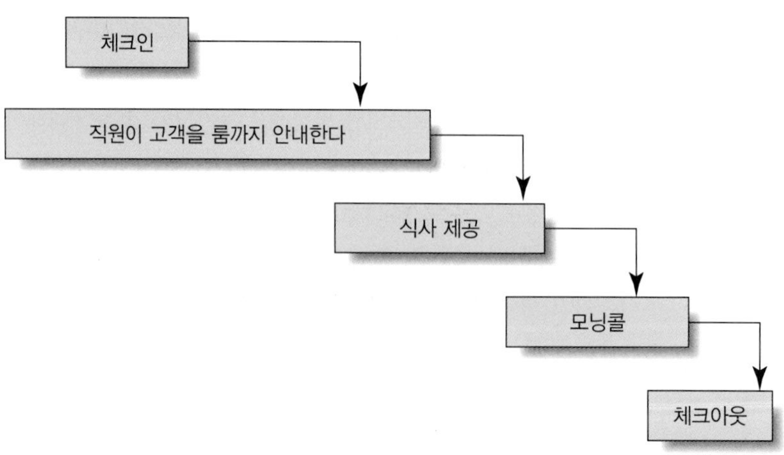

미친다. 따라서 조직의 관점에서 볼 때, 각각의 접점은 서비스제공자의 품질을 고객에게 보여주고 고객의 충성도를 증대시킬 수 있는 기회가 된다. 고객의 경험을 형성하기 위해 연속되는 접점을 연결할 수도 있다. 호텔의 경우, 모든 개별 접점은 제5장에 설명된 대로 "끝과 끝이 맞닿은(end-to-end) 고객경험" 또는 "고객 여정(customer journey)"을 구성하기 위해 함께 연결될 수 있다. 이러한 "고객 여정"에는 많은 접점이 포함될 수 있는데 장기체류의 경우에는 며칠 또는 몇 주에 걸쳐 연장될 수 있다.

서비스에 따라 서비스접점이 거의 없는 경우도 있고 많은 경우도 있다. 디즈니사는 놀이공원 고객들이 1회 방문하여 대략 74번의 서비스접점을 경험하게 된다고 추정하고 있는데 이 중 어느 하나에서라도 부정적인 경험이 발생하면 전체에 대한 평가가 부정적이 될 수 있다고 생각한다. 서비스접점흐름도의 초기 단계에서 발생하는 실수나 문제들은 이후 연속되는 단계에 영향을 미치기 때문에 특히 더 조심해야 한다. 메리어트호텔(Marriott Hotel)의 경우 광범위한 고객조사를 통해 고객충성도에 가장 큰 영향을 미치는 서비스가 무엇인지를 조사했다. 그 결과 상위 5위 안의 요인 중 네 가지가 손님이 투숙하는 기간 중 첫 10분 동안 발생한다는 것을 알아냈다.[50]

접점의 중요성

서비스접점흐름도의 초기 사건들이 특히 중요하지만, 모든 접점이 고객의 만족이나 충성도를 결정하는 데 중요하게 작용할 수 있다. 고객이 어떤 기업과 처음으로 거래하는 경우라면 종종 최초 접점이 기업의 전반적인 첫인상을 결정하게 될 것이다. 최초로 거래하는 경우 다른 기준이 없기 때문에 일반적으로 전화접점이나 기업직원과의 접점 경험이 다른 요인들보다도 중요하게 작용할 수 있다. 예컨대 가전제품이 고장나서 수리공을 부르는 경우 오랫동안 전화기를 들고 기다려야 하거나 아무리 빠르더라도 2주일 후에야 수리공을 보낼 수 있다고 한다면 전화를 끊고 다른 기업에 전화하는 것이 당연할 것이다. 처음의 전화접점에서 고객을 소홀히 대한다면 그 기업의 수리서비스 기술이 아무리 우수하다 하더라도 이를 증명할 기회를 잃게 되는 것이다.

고객이 기업과 여러 면에서 상호작용을 할 때라도 하나하나의 접점이 고객의 기억 속에 기업의 전체적인 이미지를 형성하는 데 중요하게 작용한다. 기술로 연결된 현대 세계에서 이러한 접점은 사람들뿐만 아니라 웹사이트와 다른 인터넷에 기반한 경로를 통하거나 또는 전화를 통해 온라인상에서 발생할 수 있다. 긍정적인 경험은 고품질의 기업이미지를 갖게 하는 반면, 부정적인 경험은 반대의 효과를 초래한다. 한편 고객이 어떤 때는 긍정적인 경험을 하고 어떤 때는 부정적인 경험을 하게 되면, 이들이 혼합되서 영향을 미쳐 고객은 기업의 품질에 대해 확신을 하지 못하게 되고, 서비스제공의 일관성과 지속성을 의심하게 되어, 경쟁자의 유혹에 넘어가기 쉽다. 예컨대, 푸드업체의 서비스를 받는 대기업의 직원은 회사 식당과 카페테리아에서 그 기업의 관리자나 접점직원과 접하면서 연속적으로 긍정적인 접점경험을 할 수 있다. 이러한 접점은 기업 웹사이트, 이메일, 전화 또는 사람들을 통한 온라인을 포함

전략적 통찰 고객만족과 순이익(bottom line)

고객만족과 기업의 성장, 수익성 및 시장 점유율과 같은 전략적 기업 목표 간의 관계는 매우 복잡하다. 고객을 만족시키지 못하는 기업의 경우에는 장기적인 성장과 수익성을 기대하기 어렵다. 한편으로는, 고객만족도 향상을 위한 투자가 성장, 수익성 또는 시장점유율 등의 증가로 자동 보상받는 것도 아니다. 본 장에서는 서비스만족도, 충성도, 기업성과 간의 근본적이면서 긍정적인 관계에 중점을 두었다. 수십 년에 걸쳐 진행된 연구의 축적을 기초하여 수행된 한 연구는 이러한 관계가 광범위한 산업과 상황에서 존재한다는 것을 명확하게 밝혀냈다. 마케팅 과학 연구소(Marketing Science Institute)에서 발행하는 저널에 게재된 이 연구는 이러한 중요한 관계에 대한 기본적이면서 핵심적인 믿음들을 재확인해주고 있다. 그러나, 여기에는 중요하지만 미묘한 차이가 있다는 것을 아무도 부인하지 않고 있는데, 마케팅 관리자들은 이러한 차이를 파악하고 있어야 한다. 단순히 고객만족도를 향상시킨다고 해서 순이익의 증가를 보장하지 못하며, 이러한 성과의 수준을 정확하게 예측하는 것은 더욱 어렵다.

이러한 전략적 관계의 미묘한 차이와 복잡성은 케이닝햄(Timothy Keiningham), 굽타(Sunil Gupta), 악소이(Lerzan Aksoy), 부오예(Alexander Buoye) 등이 연구하여 MIT 경영대학원에서 발행하는 슬로운 매니지먼트 리뷰(Sloan Management Review)에 발표했다. 이 연구팀은 고객만족도와 고객지출 간의 직접적인 상관관계가 약하며, 고객만족에 대한 투자수익률이 종종 매우 낮고, 또한 절대적인 만족수준은 진정으로 중요한 것이 아니라는 것을 밝혀냈다. 대신 중요한 것은 경쟁 대안들과 비교한 상대적 만족도의 수준이라는 것이다.

연구자들은 "만족이 비용으로서의 가치가 있는지"를 결정할 때 고려해야 할 몇 가지 이슈를 다음과 같이 제기하고 있다.

이슈 1 : 손해보는 고객 감동(MONEY-LOSING DELIGHTERS)

본 장의 앞부분에서 설명했던 고객노력에 대한 연구와 유사하게 연구자들은 고객을 기쁘게 하는 것에 대한 혜택이 분명치 않다는 것을 밝혀냈다. 그들은 고객이 "매우 만족"하지만 그러한 경우 높은 만족 비용으로 인해 수익성이 떨어지는 여러 기업의 사례에 주목했다. 어떤 경우에는 기업이 이익을 전혀 창출하지 않는 매우 낮은 가격을 제공함으로써 매우 만족스러운 고객을 창출할 수 있다. 연구자들은 전자상거래 기업 그루폰(Groupon)을 예로 들면서, 이 기업은 고객만족도 측면에서 최고 실적을 낸 6개 카테고리가 실제로는 수익을 내지 못한다는 것을 지적했다. 따라서, 마케팅 관리자는 고객을 만족시키는데 소요되는 비용과 그에 따르는 잠재적인 보상을 주의 깊게 살펴보아야 한다.

이슈 2 : 작은 것이 종종 더 행복하다(SMALLER OFTEN EQUALS HAPPIER)

높은 고객만족도와 시장점유율 사이에 긍정적인 상관관계가 있을 것이라는 개념은 어느 정도 논리적인 것처럼 보인다. 그러나, 이 연구자들은 고객만족도와 시장 점유율이 나란히 병행하지 않는다는 것을 밝혀냈다. 실제로 가장 높은 고객만족도를 경험한 고객 중 일부는 작은 규모의 기업 또는 시장장점유율에서 리더가 아닌 기업으로부터 경험했다. 반대로, 시장점유율이 높은 기업이 반드시

한 다양한 경로를 통해 발생할 수 있다. 이러한 경험은 푸드시설을 실질적으로 관리하는 운영관리자와의 만남에서도 이어질 수 있다. 어떤 접점에서는 긍정적인 경험을 또 다른 접점에서는 부정적인 경험을 하는 경우 전체적인 품질인상은 혼합될 수 있다. 이처럼 경험이 다양하고 차이가 나는 경우 푸드업체의 서비스품질을 의심하게 되고 이 업체에 대한 기대에 확신을 갖지 못한다.

모든 접점이 중요한 것은 사실이지만 모든 접점이 관계를 구축하는 데 있어 똑같이 중요한 것은 아니다. 모든 조직에서 어떤 접점은 고객만족의 주요 열쇠가 될 수 있다. 앞서 언급한 바와 같이 메리어트호텔의 경우 가장 중요한 것은 초기 접점이다. 병원의 경우 간호사와의 만남이 식사서비스나 퇴원 시 직원과의 만남보다 환자의 만족을 결정하는 데 더 중요하다는

최고 수준의 만족도를 제공하는 것도 아니었다. 이러한 현상의 예로는 맥도날드와 월마트가 포함되는데, 이들은 자신들의 분야에서 시장점유율 1위 기업이지만 어떤 방식으로도 고객에게 최고 수준의 만족을 제공하지 못하고 있다. 이러한 현상에 대한 가능한 설명은 이러한 시장 리더가 광범위한 산업 범주에서 가져야 하는 다양한 소구라고 할 수 있다. 이들 기업은 다양한 욕구와 유형의 고객에게 서비스를 제공하면서 다양성을 높이고 전반적인 만족도는 낮춘다. 따라서, 시장점유율이 기업의 주요 목표인 경우에는 그에 상응하는 고객 만족도에 대한 투자를 신중하게 검토해야 한다.

이슈 3 : 1등이 되는 것의 중요성(THE IMPORTANCE OF BEING NO. 1)

연구자들은 또한 고객만족도가 고객이 특정 기업에 지출할 금액, 즉 "지갑점유율(share of wallet)"을 잘 예측하지 못한다는 것을 발견했다. 그들은 고객의 지갑점유율이 상대적인 만족도와 관련이 있다는 것을 결정적으로 밝혀냈다. 즉, 지갑점유율은 다른 브랜드와 비교하여 특정 서비스브랜드를 어떻게 느끼고 있는가에 따라 결정이 된다는 것이다. 따라서, 절대적인 만족은 지출이나 지갑점유율에 대한 좋은 예측변수가 아니며, 오히려 중요한 것은 상대적인 만족이라는 것이다.

그렇다면, 마케팅 관리자는 어떻게 해야 할까?

우선, 만족한 고객 없이는 어떤 기업도 오래 생존할 수 없다는 것을 모든 마케팅 관리자가 이해하는 것이 중요하다. 그리고, 불만족한 고객이 너무 많으면 기업이 빨리 도태될 수 있다. 이 두 가지는 근본적인 진리이다. 그래서, 마케팅 관리자는 눈을 크게 뜨고 기업목표를 명확히 이해하면서 고객만족 분야의 업무를 실행해야 하며, 또한 이러한 업무를 기업의 만족 전략과 일치시켜야 한다. 예를 들어, 기업의 최우선 목표가 시장 점유율을 높이고 시장 리더가 되는 것이라면 고객만족을 위한 더 많은 관용이 필요하다. 종종 전체 시장을 목표로 하는 브랜드는 더 작은 시장이나 틈새시장을 공략하는 경쟁업체와 비교할 때 고객만족 측면에서 어려움을 겪는다. 기업의 최우선 목표가 수익(특히 단기적으로)을 극대화하는 것이라면 고객만족에 투자하는 비용을 신중하게 고려하고 편익들과 균형을 이루도록 해야 한다. 어떤 고객이 수익성이 있는지 이해하기 위한 신중한 시장세분화는 가장 수익성이 높은(또는 잠재적으로 수익성 있는) 고객의 만족도를 제고하기 위한 보다 표적화된 투자 또한 허용할 것이다.

※ **결론** : 고객 만족에 대하여 신중하게 생각하고 그것이 회사 목표의 전체 방향에 어떻게 적합한지 이해하라. 그런 다음 측정하고 그에 따라 투자하라. 그러나, 고객만족을 무시하거나 중요하지 않다고 무시하지 마라.

자료 : V. Mittal and C. Frennea, "Customer Satisfaction: A Strategic Review and Guidelines for Managers," Marketing Science Institute, 2010; S. Gupta and V. Zeithaml, "Customer Metrics and Their Impact on Financial Performance," *Market-ing Science* 25 (November-December 2006), pp. 718-739; T. Keiningham, S. Gupta, L. Aksoy, and A. Buoye, "The High Price of Customer Satisfaction," *MIT Sloan Management Review*, 55 (April 2014), pp. 37-46; T. Keiningham, L. Aksoy and L. Williams, *The Wallet Allocation Rule* (Hoboken, NJ: John Wiley & Sons, Inc., 2015).

연구가 있다.[51] 서비스품질은 부정적이거나 실패한 서비스 접점의 시기, 빈도, 근접성 측면에서 즐거운 서비스 접점에 비해 사건의 패턴에 영향을 받을 것이라는 연구 결과도 있다.[52]

일반적으로 중요하다고 생각하는 핵심접점들 외에, "썩은 사과 한 알(one bad apple)"의 속담처럼 전체를 망치는, 즉 과거에 고객들이 어떠한 경험을 했든 간에 그들을 떠나게 만드는 중요한 접점이 있다. 이렇게 중요한 접점은 예시 4.1에 언급된 은행고객의 이야기처럼 고객들에게 매우 중요한 사건(예컨대, 아주 중요한 납기일 전에 핵심부품을 배달하지 못한 경우)일 수도 있고 사소한 것일 수도 있다. 마찬가지로 이들 접점에서 긍정적인 경험을 하게 되면 평생 한 기업의 고객이 되는 수도 있다. 콜센터 관련 연구에서도 이와 유사한 결론을 내리고 있다. 고객이 경험하게 되는 연속적인 서비스의 평균품질도 중요하지만 만족은 그 일련의

예시 4.1 한 개의 핵심접점이 30년 거래 관계를 무효로 만들다

"은행에 1달러를 저축했든 백만 달러를 저축했든 간에 은행은 주차권을 줘야 한다"라고 존 베리어(John Barrier)는 말했다. 어느날 베리어는 워싱턴주의 스포캔(Spokane)에 있는 어느 은행을 방문했다. 그는 평소 입던 해진 옷을 입고 그의 픽업트럭을 끌고와 은행 옆에 있는 주차장에 세워두었다. 은행에서 수표를 현금으로 바꾼 후에 차를 몰고 나가다가 주차요원의 제지를 받았는데 주차요원은 주차료로 60센트를 지불하거나 은행에서 주차권을 받아와야 한다고 말했다. 베리어는 아무런 문제가 없다고 생각하고 다시 은행 안으로 들어갔다(그 은행은 그가 30년간 거래를 해오던 곳이었다). 은행원은 그를 위아래로 훑어본 후 그의 전표에 도장을 찍는 것을 거절하면서, 은행이 승인하는 주차는 오직 은행과 거래가 있는 사람들만을 위한 것이며 수표를 현금으로 교환하는 것은 거래가 아니라고 말했다. 그러자 베리어는 은행 관리자와의 만남을 요구했다. 그 역시 베리어를 위아래로 훑어본 후 주차전표에 승인해주는 것을 거절하면서 뒤돌아섰다. 그러자 베리어는 "좋아요. 당신들이 나를 필요로 하지 않는다면 나도 당신들이 필요 없어요"라고 말하며 예금해 둔 백만 달러를 모두 인출하여 경쟁은행으로 가져가 버렸다.

자료 : "Shabby Millionaire Closer Account, Gives Bank Lesson about Snobbery."Reprinted with Permission of United Press International from *The Arizona Republic issue of February* 21, 1989, p. A3.

과정 중 최고의 긍정적 경험을 제공함으로써 더욱 강화될 수 있다고 한다.[53] 이와 유사한 다른 연구들도 "모든 접점에서 경험이 동일하게 발생되지는 않으며" 실제로 어느 한 접점에서 진정으로 기쁜(또는 최고의) 경험을 경험함으로써 얻어지는 효익이 존재한다고 주장한다.

서비스접점의 유형

서비스접점은 고객이 서비스조직과 상호작용을 할 때마다 발생한다. 서비스접점은 일반적으로 **원격접점**(remote encounters), **기술매개접점**(technology-mediated encounters), **대면접점**(face-to-face encounters)의 세 가지 유형으로 나눌 수 있다.[54] 고객이 서비스기업과 상호작용하게 될 때, 이러한 접점의 중 하나 또는 모두를 경험하게 된다.

첫째, 어떠한 인적접촉 없이 서비스기업과 접촉하는 **원격접점**(remote encounters)이다. 예를 들면, 고객이 ATM을 이용하여 은행과 거래하거나 또는 인터넷 웹사이트를 통한 소매상과의 거래 등이 원격접점에 해당한다. 또한 원격접점은 기업이 청구서나 기타 정보를 규격우편이나 이메일을 통해 소비자에게 전달하는 것도 해당된다. 비록 원격접점에서는 직접적인 인적접촉은 일어나지 않지만 고객의 품질지각을 긍정적으로 높이거나 강화할 수 있는 기회가 될 수는 있다. 원격접점에서는 서비스의 물리적 증거, 기술적 프로세스, 그리고 시스템이 품질 판단의 근본이 된다. 제품 구입, 비행기표 구입, 수리점검, 보수유지, 포장과 선적 등은 인터넷을 통해 이용가능한 몇 가지 예이다. 서비스 접점의 이러한 유형 전부는 원격접점으로 분류될 수 있다(주목받는 기술 참조).

둘째, 보험회사, 공공서비스, 통신회사와 같은 많은 조직에서 기업은 전화 또는 실시간 채팅과 기술기반 커뮤니케이션을 통해 실제 고객과 실시간으로 만날 수 있는데 이를 **기술매개접점**(technology-mediated encounters)이라 한다. 제조업이든, 서비스업이든 대부분의 기업들은 고객서비스, 문의, 그리고 주문을 주로 전화로 한다. 전화접점의 품질평가는 원격접점의 품질평가와 다른데, 이는 상호작용에서 잠재적인 가변성이 존재하기 때문이다.[55] 이 경우 목소리의 음색, 직원의 지식, 효과적/효율적으로 소비자 문제를 처리하는 데 있어서의 능력 등이 기술매개접점의 품질을 판단하는 데 중요한 기준이 된다. 이메일이나 메시지 교환 또는 실시간 채팅을 사용하는 접점의 경우와 같이 신호에 의존할 사람의 목소리가 없는 곳에서 실제 선택된 단어와 커뮤니케이션 톤(tone of communication)은 품질에 결정적 영향을 미칠 수 있다.

셋째, 직원과 고객이 직접 만나는 **대면접점**(face-to-face encounters)이다. 메이요클리닉(Mayo Clinic)을 예로 들면, 고객과의 대면접점은 환자와 접수직원, 환자, 의사, 연구기술자, 음식서비스직원, 약국직원 기타 다른 직원들과의 만남이다. 기업과 기업 간에 발생하는 거래를 예로 들면 IBM 같은 기업에서의 대면접점은 구매자와 영업사원, 배달직원, 유지보수 요원, 전문컨설턴트와의 만남에서 일어난다. 다른 유형에 비해 대면접점의 서비스품질을 파악하고 판단하기가 가장 복잡하다. 언어적 행동뿐만 아니라 비언어적 행동도 중요한 품질결정 요인이 되는데, 직원의 복장이나 기타 서비스관련 도구들(장비, 브로셔, 물리적 설비) 같은 유형적 단서들이 있다. 또한 서비스기업과 상호작용하는 중에 수행되는 고객 자신의 행동도 대면접점의 서비스품질에 영향을 미치게 된다.

서비스접점에서의 즐거움과 불쾌함의 원천

서비스접점의 초석으로서 서비스접점의 중요성 때문에, 연구자들은 서비스접점에서 고객이 갖게 되는 호의적/비호의적 지각의 원천을 밝히기 위해 다양한 여건에서 연구하고 있다. 이러한 연구들은 고객과 직원들로 하여금 자신들이 경험한 만족 또는 불만족 서비스접점의 사건을 서술하도록 하기 위해 핵심사건조사법(Critical Incident Technique)을 활용한다(이 연구 기술에 대한 자세한 내용과 참고문헌은 제5장을 참고).

서비스접점과 관련된 수많은 이야기들에 근거하여 분석해 보면 고객만족/불만족을 가져온 사건은 회복(서비스실패 후), 적응성, 자발성, 대처 등의 네 가지 범주로 분류된다.[56] 이들은 여러 산업에서 일어나는 모든 접점상의 사건들을 포괄한다.

회복 : 서비스제공시스템의 실패에 대한 직원의 대응

첫 번째 범주는 서비스제공시스템상의 문제로 인해 발생하는 모든 사건을 포함하는데 이 경우 직원은 고객의 불평에 대해 어떤 식으로든 대응해야 하는 상황이다. 서비스실패의 예로는 호텔객실을 이용할 수 없는 경우, 6시간이나 연착한 비행기, 우편주문 기업의 잘못된 배달, 서류처리상의 실수 등이 있다. 서비스실패에 대한 직원 반응이 고객으로 하여금 그 사건을 호의적으로 혹은 비호의적으로 기억하게 한다. 직원의 행동과 고객의 반응을 포함한 서비스 회복(recovery)에 대한 미묘한 차이는 연구자들과 기업에 의해 광범위하게 연구되었다. 본서의 7장을 중심으로 전체 부분에 걸쳐 서비스 회복에 관한 연구 및 우수 사례들이 소개되고 있다.

주목받는 기술 고객은 아마존을 사랑한다

아마존의 웹사이트(Amazon.com)에 따르면 아마존은 "온라인상에서 구매할 수 있는 모든 제품을 찾고 발견할 수 있는 지구에서 가장 고객 중심적인 기업을 추구"한다. 세계적인 기업 아마존의 CEO 제프 베조스(Jeff Bezos)는 항상 고객이 최우선이라는 신념을 가지고 있는데, 2011년 주주들에게 보낸 편지에서 "주주의 장기적인 이익은 고객의 이익과 완벽하게 일치한다"고 언급했다. 고객, 관계, 가치에 대한 명확한 초점을 바탕으로 2015년도 아마존의 순매출은 전년 대비 20% 증가한 1,070억 달러에 달했다. 아마존은 2015년 미국 고객만족도 지수에서 83점을 획득했는데, 이는 모든 산업에서 가장 높은 평가를 받은 기업 중 하나이다. 베조스는 "고객이 우선이다. 고객이 원하는 제품에 초점을 맞추고 관계를 구축하면 기업은 자연스럽게 수익을 올릴 수 있다"[58]고 언급했다.

아마존은 역사적으로 대인판매가 지배했던 서적 판매를 핵심 비즈니스로 구축하면서 웹 기반 서비스 경험을 제공하는 온라인 판매로 성공적인 전환을 했다. 그렇다면, 아마존이 무엇을 하고 고객들은 왜 그렇게 아마존을 좋아하는지 자세히 살펴보자. 1995년 7월에 설립된 아마존은 오프라인 서점에서 보유할 수 있는 것보다 더 다양하면서 많은 서적을 제공할 수 있을 정도로 성장했다. 따라서, 다양한 책의 선택과 이용 가능성은 고객에게 인기를 얻는 핵심 요인 중 하나였다. 그러나, 이것은 시작에 불과했다. 다양한 선택 외에도 아마존은 고객이 다른 고객과 어울리고, 책에 대해 토론하고, 서점 직원의 추천을 받을 수 있는 동네 서점의 느낌을 줄 수 있도록 상당한 노력을 기울였다.

아마존은 수년간 사용자의 피드백을 해당 도서의 웹페이지에 업로드할 수 있도록 하였고, "미리 보기(look inside)" 기능을 추가하여 독자들이 책에 쉽게 접근할 수 있도록 했다. "원 클릭 쇼핑(1-Click®Shopping)"을 통한 결제와 함께 개별고객에게 맞춤형 쇼핑 경험을 제공한다. 아마존에서는 고객이 키워드를 입력하면 방대한 데이터베이스가 검색을 시작하여 사실상 모든 주제에 관한 관련 서적을 찾을 수 있다. 일대일 마케팅 시스템을 통해 아마존은 개별 고객이 구매하는 제품을 추적하고 관심을 가질 만한 추가 서적에 대한 정보를 제공할 수 있다.

2007년에 아마존은 고객이 개인용 전자 리더기로 책과 기타 인쇄물을 읽을 수 있는 기술 장치인 킨들(Kindle)을 출시했다. 그러나, 킨들은 독서용 기기 이상의 성능을 가지고 있어 소유자는 하루 24시간 작동하는 무선 연결을 통해 책을 쇼핑하고, 리뷰를 읽고, 책을 몇 초 만에 구매 및 다운로드할 수 있다. 위스퍼싱크(Whispersync) 기술을 사용하면 고객이 어디를 가든지 독서 라이브러리를 이용할 수 있고, 모든 하이라이트, 메모 및 가장 최근에 읽은 페이지에 즉시 접근할 수 있다. 불과 몇 년 만에 킨들의 책 판매량은 종이책을 제치고 아마존에서 가장 인기 있는 책 판매 범주가 되었다.

다른 혁신 및 서비스와 마찬가지로 아마존은 고객의 관점에서 킨들을 설계하였는데, 최신 기술을 따라잡기보다는 진실한 독자의 충성도를 지속시키기 위해 디자인을 개선하고 기능을 변경했다. 킨들을 구동하는 기술은 고객에게 보이지 않았으며, 개선은 고객의 경험을 향상시키기 위해 시행되었다. 베조스는 "대부분의 책에서 비디오와 애니메이션을 추가하는 것은 도움이 되지 않는다. 기술을 개선한다기 보다는 더 산만해진다. 단편적인 비디오를 추가한다고 해서 해밍웨이의 저서를 개선할 수 없다"고 언급했다.

아마존이 고객을 위한 기술기반 서비스기업이면서 기술에 의해 탄생한 기업이라는 것을 부인할 사람은 아무도 없을 것이다. 2006년 출시된 아마존 웹 서비스(Amazon Web Services, AWS)의 급속한 성장은 이러한 사실을 증명한다. AWS는 기업들이 데이터 스토리지와 컴퓨팅을 아마존 클라우드에 오프로드할 수 있게 해주었으며 최근에는 데이터베이스, 개발자 도구, 분석 소프트웨어를 포트폴리오의 기능에 추가했다.

또한 2015년에 아마존은 아마존 음성 기기(Amazon Echo device)를 출시하여 스마트 홈 자동화 기술로 확장했다. 알렉사(Alexa)라고도 알려진 기기는 음악을 재생하고 최신 뉴스, 날씨 및 스포츠 경기 결과와 같은 정보를 제공할 수 있는 자동 활성화 스피커로 시작되었다. 아마존은 우버(Uber), 네스트(Nest)의 온도 조절

적응성 : 고객의 욕구와 요구에 대한 직원의 반응

서비스접점상의 만족/불만족과 관련된 두 번째 사건범주는 서비스과정에서 발생한 고객의 특별한 욕구와 요구에 대해 서비스제공시스템이 어떻게 적응하는 가이다. 특별한 요구를 하는 경우, 고객은 직원과 시스템의 유연성을 이용하여 서비스접점의 품질을 평가한다. 적응성

© Patrick Fallon/Bloomberg/Getty Images

아마존의 CEO인 제프 베조스와 아마존 킨들(Kindle)

기, 필립스 휴(Philips Hue) 전구 및 도미노 피자와 같은 가정의 다른 앱 및 스마트 장치와 통신할 수 있는 "기술"을 출시하여 알렉사를 지속적으로 발전시켜 왔다. 음성 기술을 다양한 앱 및 기기와 상호작용할 수 있도록 함으로써 고객은 자신의 라이프스타일에 가장 적합한 방식으로 알렉사를 유연하게 사용할 수 있다. 이러한 고객 중심 철학은 고객들이 "알렉사를 사랑한다", "아마존에 지불한 돈 중 최고", "알렉사, 내 사랑, 당신은 거의 완벽한 나의 배우자"와 같은 리뷰를 남기도록 한다.

마지막으로, 아마존 프라임은 아마존 고객들을 위해 이틀 이내에 제품을 무료로 배송하는 소박한 프로그램으로 시작했는데, 현재는 음악, 영화, 책, 사진 보관, 그리고 다른 많은 추가 혜택을 연간 요금으로 제공하는 서비스로 성장했다.

아마존이 소매 및 독서 서비스 제공 기술의 최전선에 있기 때문에 장기적인 성공을 의심하는 사람은 거의 없다. 어느 면으로 보나, 고객을 기업전략의 중심에 두는 기업의 철학이 효과를 거둔 것으로 판단된다.

자료 : Amazon.com, www.amazon.com, accessed July 18, 2011; ACSI results at www.theacsi.org, 2015; A. Penenberg, "The Evolution of Amazon," Fast Company,July - August 2009, pp. 66 - 72, 74; J. Authors, "An Amazing 10-year Amazonian Adventure LONG VIEW," Financial Times, April 28, 2007, p. 24; G. Fowler, "Kindle to Go 'Mass Market,'" *The Wall Street Journal*, July 29, 2010, p. 6; S. Woo, "Amazon Grows—at a High Price," *The Wall Street Journal*, January 28, 2011, p. B1; "Amazon.com Announces Fourth Quarter Sales Up 22% to $35.7 Billion," Businesswire.com, January 28, 2016, http://www.businesswire.com/news/home/20160128006357/en/Amazon.com-Announces-Fourth-Quarter-Sales-22-35.7; G. A. Fowler, "Amazon's Alexa Listens and Learns," *The Wall Street Journal, April 14, 2016, p. D1.*

(adaptability)으로 분류된 사건들은 모두 고객의 욕구에 맞춘 서비스의 고객화와 관련되어 있다. 한 연구에서는 물리적 시설, 지식, 재무적 자원, 시간 제약 등을 포함하는 "고객의 결핍"에 따른 고객의 특별요구의 유형을 분류했다.[57] 고객이 특별히 요구하는 많은 것들이 직원 입장에서는 일상적으로 대하는 일일 수 있다. 그러나 중요한 것은 고객은 자신들의 개인적인

요구에 따라 수행되는 일들을 대단히 특별한 것으로 생각한다는 것이다. 외부고객이나 내부고객 모두 자신들의 요구를 수용하려 하고 시스템에 적응시키려 할 때 기뻐한다는 것이다. 반면에 약속이 이행되지 않거나 적응하려는 의지가 없을 때 화를 내고 실망한다. 접점직원은 고객의 욕구를 시스템에 적응시킬 수 있는 능력이 고객만족의 중요한 원천이라고 생각하고 있고, 반면 회사 내 제약조건으로 인해 이러한 유연성을 발휘하지 못할 때 실망하게 된다.

자발성 : 자발적인 직원 행동

시스템 실패나 특별한 요구가 없는 경우에도 고객은 서비스접점을 만족스럽거나 불만족스럽게 기억할 수 있다. 고객의 서비스지각에 영향을 미치는 세 번째 범주가 바로 직원의 자발성(spontaneity)이다. 이 사건들 중 만족한 사례는 고객에게 유쾌한 놀라움을 경험하게 하는 것이다. 예컨대, 특별한 관심을 보이거나 특별대우를 하거나 요구하지도 않았는데 무언가 기분 좋은 것을 받을 때 고객은 만족한다. 반면 이것으로 분류된 사건들 중 불만족스러운 사례는 무례함, 절도, 차별대우, 그리고 고객무시와 같은 부정적이면서 용납하기 어려운 직원 행동이 대표적이다.

대처 : 문제고객에 대한 직원의 반응

이 범주로 분류되는 사건은 직원들에게 고객이 매우 만족하거나 불만스러워한 서비스접점에서의 사건을 설명하도록 요청받으면서 밝혀진다. 앞서 언급한 세 가지 범주와 관련된 사건들을 설명하는 과정에서 직원들은 불만족의 원인이 고객 자신에게 있는 경우도 언급하게 된다. 이런 고객은 기본적으로 비협조적인데, 즉 서비스공급자나 다른 고객 및 산업규범을 따르려 하지 않는다. 이런 경우 접점에서 고객을 기쁘게 하기 위해 직원이 할 수 있는 일은 아무것도 없다. 이러한 사건을 기술하는 데 "대처(coping)"란 용어를 쓰는 이유는 이러한 문제고객(problem customers)들을 다루는 데 요령이 필요하기 때문이다. 문제고객이 접점에서 만족하는 경우는 거의 없다.[59] 또한 흥미로운 사실은 고객 스스로는 소위 "문제고객" 사건으로 분류되는 일이 자신과 관련이 없다고 생각한다는 것이다. 고객은 불만족한 서비스접점의 외적 원인을 지적하기 힘든 경우, 그 사건을 다시 기억하거나 언급하려 하지 않기 때문이다.

표 4.3은 서비스접점에서의 만족과 불만족을 일으키는 구체적인 직원의 행동을 네 가지 주제별로 요약하여 제시하고 있다. 이 표의 왼쪽에는 각 범주별 직원이 해야 할 행동(권유사항)이, 오른쪽에는 각 범주별로 하지 말아야 할 행동(금지사항)이 제시되어 있다.

기술기반 서비스접점

지금까지 논의된 서비스접점들에 대한 모든 연구와 서비스접점 평가의 기초가 되는 모든 주제는 대면접점(face-to-face)이나 콜센터 같은 음성접점(voice-to-voice)을 포함한 직원과 고객 간의 대인서비스를 기반으로 한다. 즉, 대부분의 연구가 대면접점을 대상으로 하고 있다. 연구자들은 또한 대화형 키오스크(interactive kiosk), 모바일 애플리케이션, 자동 전화

표 4.3 서비스 접점 사건에 근거한 서비스행동지침 – 권유사항 및 금지사항

주제	권유사항	금지사항
회복	문제를 인정한다 원인을 설명한다 사과한다 보상한다/업그레이드한다 옵션을 제공한다 책임을 진다	고객을 무시한다 고객을 비난한다 고객이 알아서 하도록 놓아둔다 다운그레이드한다 잘못이 없는 것처럼 행동한다 책임을 전가한다
적응성	욕구의 심각성을 파악한다 인정한다 예측한다 수용하려 애쓴다 시스템을 조정한다 규정 및 방침을 설명한다 책임을 진다	무시한다 약속을 하지만 지키지 못한다 시도를 기꺼이 하지 않는다 고객을 당황하게 한다 고객을 비웃는다 책임을 회피한다 책임을 전가한다
자발성	여유를 갖는다 준비한다 욕구를 예측한다 경청한다 정보를 제공한다 공감을 보인다	안절부절한다 무시한다 고함친다/비웃는다/욕설한다 고객의 것을 훔치다 차별대우한다
대처	경청한다 수용하려 애쓴다 설명한다 고객을 놓아준다	고객불만을 개별적인 것으로 생각한다 고객불만이 다른 고객에게 영향을 미치게 놓아둔다

시스템 등 온/오프라인 기술기반 서비스접점 만족도의 원천 또한 조사했다. 서비스 기술 선택의 이용가능성이 증가한다는 것은 이전에 고객이 직접 제공받았던 서비스의 기술적 발전으로 인해 획기적인 혁신을 경험하게 해주는 대안들이 급속도로 증가하고 있다는 것이다. 이러한 다양한 유형의 접점에서 만족의 원천은 많은 유사점이 있지만 몇 가지 차이점이 존재한다.[60]

서비스가 기술을 통해 제공되든 대면을 통해 제공되든, 고객은 여전히 기업이 핵심 약속을 이행하기를 기대한다. 고객은 기술이 안정적으로 작동하고 그들의 요구가 신속하고 효율적으로 충족되기를 기대한다. 기술기반 서비스접점의 실패는 종종 기술시스템의 실패, 후속 조치 과정에서의 실패, 열악한 웹사이트와 기술 설계의 미비 또는 고객의 사용 오류 등의 형태로 발생한다. 기술 제공 서비스에서 실패가 발생했을 때, 고객의 가장 큰 불만 중 하나는 문제를 쉽게 해결할 수 있는 효과적인 서비스 복구가 없다는 점이다. 즉, 기업이 처음에는 책임을 회피하는 경향이 있어서 고객콜센터에 전화를 자주 해야 한다는 것 또한 고객의 가장 큰 불만 중 하나이다. 고객에게 실시간 채팅 및 온라인 도움말 매뉴얼을 보다 정교하게 제공하는 것은 기업이 이러한 문제를 해결하는 몇 가지 방법에 포함된다.

고객은 대면 접점처럼 자신의 욕구를 충족시킬 수 있도록 시스템이 조정되어 고객화된 서비스를 제공할 수 있는 능력과 **시스템의 유연성**을 기대한다. 서비스의 이러한 측면은 처음에는 동일한 서비스를 지속적으로 표준화하고 일관되게 제공하는 것이 목표인 기술기반 서비스와는 반직관적(counterintuitive)으로 보일 수 있다. 그러나 고객은 표준화된 서비스가 자신의 욕구를 충족시키지 못하면 그 서비스에 관심이 없다. 따라서, 기술기반 서비스는 자동음성 응답 시스템과 같이 고객의 욕구를 파악하기 위한 일련의 질문을 통해 적용할 수 있는 기술을 개발하거나 고객에 대한 학습과 고객의 구매 또는 검색 이력에 기반한 맞춤형 선택사항을 제공한다. 예를 들어, 넷플릭스(Netflix)와 아마존 프라임(Amazon Prime)은 개별 고객이 영화, 책 및 기타 구매 카테고리에서 무엇을 선호하는지 파악하고 있으며, 개인 기록을 기반으로 각 개인에게 정교한 추천을 제공한다. **주목받는 기술** 코너에서 소개된 아마존은 기술을 활용하여 고객화된 서비스를 제공하는 가장 잘 알려진 기업이다. 또한 마이크로소프트의 코타나(Cortana), 아마존의 알렉사(Alexa), 애플의 시리(Siri)와 같은 자동화된 인공지능 비서 시스템 또한 점점 더 고객화되고 고객의 질문과 요청에 적응할 수 있다.

또한, 기술기반 서비스가 **다른 대안보다 낫다고** 인지하면 고객은 기꺼이 사용한다. 대인, 대면접점, 오프라인 등의 대안과 비교할 때 기술기반 서비스가 더 쉽고, 더 안정적이며, 시간이나 비용을 절약하는가? 한 연구에 따르면 개인적인 대안과 비교할 때 셀프서비스 기술(예 : 언제든지 사용할 수 있음, 사용하기 위해 집에서 나갈 필요가 없음)의 인지된 편의성은 고객의 기술기반 서비스 선택에 큰 동기를 부여하는 것으로 나타났다.[61] 그러나, 더 편리하고 혁신적이며 다른 이점을 제공하더라도 모든 고객이 기술기반 서비스에 관심이 있거나 사용할 의사가 있는 것은 아니다. 또 다른 연구에서는 기술서비스 도입과 관련하여 고객을 다음과 같이 5개의 범주로 분류할 수 있다고 했다.[62]

- 회의론자(Skeptics, 소비자의 38%) – 기술을 사용하는 것에 대해서 극도로 긍정적이지도 부정적이지도 않으면서 기술 사용에 초연한 소비자
- 탐험자(Explorer, 18%) – 새로운 기술을 사용하려는 동기가 높은 소비자
- 회피자(Avoiders, 16%) – 새로운 기술을 사용하려는 동기가 없고 기술사용에 저항하는 소비자
- 개척자(Pioneers, 16%) – 새로운 기술사용에 대해 강한 긍정과 강한 부정적 견해 모두를 가지고 있는 소비자
- 미수용자(Hesitaters, 13%) – 매우 혁신적이지 않기 때문에 새로운 기술을 사용할 가능성이 낮은 소비자

서비스산업에서의 기술 혁신은 계속 진행될 것이며, 대부분의 고객은 시간이 지남에 따라 기술을 이용하여 제공하는 서비스를 점점 더 많이 사용하게 될 것이다. 일부 상황에서는 로봇도 서비스 옵션이 될 수 있다.[63] 그러나, 항상 그랬던 것처럼 서비스가 제공되는 방식에 관계없이 고객은 여전히 신뢰할(서비스 실패 시 회복이 가능해야 함) 수 있고, 개인화되며 편리한 서비스접점을 원한다.

요약

본 장은 고객만족과 서비스품질이라는 두 가지 측면으로 서비스에 대한 고객지각에 대해 설명하였다. 이렇게 고객지각에 영향을 미치는 중요한 요인들 서로가 영향을 미친다. 고객만족은 넓은 지각으로 상품의 속성이나 특징뿐 아니라 고객들의 감정적인 반응, 귀인, 공평성에 영향을 받는다. 제품의 서비스 구성요소에 대한 고객의 지각인 서비스품질 역시 고객만족의 중요한 결정요인이다. 순수서비스의 경우에는 서비스품질이 만족에 가장 중요한 결정요소이다. 우리는 서비스품질지각이 신뢰성, 응답성, 확신성, 공감성, 유형성이라는 다섯 가지 요인에 기초하고 있음을 설명했다.

본 장의 또 하나의 주요 목적은 만족과 품질을 구축하는 데 초석이 되는 서비스접점 또는 "진실의 순간"을 소개하는 것이다. 우리는 모든 서비스접점(먼 거리에서 일어나는 것이든, 전화를 통한 것이든, 대인간에 일어나는 것이든)이 품질과 만족에 대한 고객의 지각을 구축하기 위한 기회가 된다고 설명했다. 서비스접점에서 겪는 즐거움과 불쾌함의 원인이 되는 사건들을 설명하였다. 마지막으로 모든 접점에서 서비스증거를 관리하는 중요성에 대해서도 논의하였다.

제3장과 제4장에서는 고객에 초점을 둔 서비스와 관련된 문제들을 다루었다. 이 두 개의 장을 통해 서비스 기대 및 지각에 대한 탄탄한 이해를 하는 데 도움이 되었을 것이다. 본서의 나머지 부분에서 우리는 고객의 지각과 기대 사이에 갭을 좁히기 위해 기업이 사용할 수 있는 전략을 설명할 것이다.

토의문제

1 고객만족이란 무엇이며, 이것은 왜 중요한가? 고객만족이 다음에 제시한 것들에 의해 어떠한 영향을 받는지 논의해 보라(제품속성, 특징, 고객정서, 성공이나 실패의 귀인, 공평성지각, 가족 구성원들과 다른 고객들).

2 ACSI란 무엇인가? 이러한 국가고객만족지수가 GDP, 물가, 생산성과 함께 국가경제의 건전성을 판단하는 데 포함돼야 한다고 생각하는가?

3 일반적으로 서비스기업들이 내구재와 비내구재 제품기업들에 비해 ACSI 평가에서 낮은 평가를 받는 이유는 무엇인가?

4 서비스품질과 고객만족의 차이에 대해 논하라.

5 서비스품질의 다섯 가지 차원을 나열하고 정의하라. 당신과 이용하는 은행, 의사, 식당에서 서비스차원에 대해 설명해 보고, 어떤 차원에서 이러한 조직들이 그들의 경쟁자들과 구별된다고 생각하는가?

6 최근 자신이 경험한 원격접점, 기술매개접점(전화, 실시간 메시지나 채팅), 대면접점에 대해 기술하여 보고, 접점을 어떻게 평가하였으며, 각각의 경우 만족/불만족을 결정하는 데 있어 가장 중요한 요인들은 무엇이었는가?

7 항공사에서의 "접점흐름도(encounter cascade)"를 그려보라. 그 흐름도에서 전체적인 항공사 품질을 지각하는 데 있어 가장 중요한 접점은 무엇이라고 생각하는가?

8 예시 4.1에서 노신사가 30년간 거래해 오던 은행을 바꾼 이유는 무엇인가? 예시에서 다루고 있는 불만족의 근본 이유는 무엇인가?

9 자신이 헬스클럽 매니저라 생각하고, 고객의 긍정적 지각을 최대화하기 위해 사용할 수 있는 일반적인 전략들에 대해 설명하라. 성공하고 싶다면 어떻게 해야 할 것인가?

연습문제

1 일주일 동안 다른 조직들을 상대로 자신의 서비스접점 일지를 써보아라(최소한 다섯 개). 다음에 오는 질문들을 각각의 일지에 기입하라. 어떤 상황에서 그 접점을 이용하였는가? 그 직원은 뭐라고 말하고 행동하였는가? 자신은 그 접점을 어떻게 평가하였는가? 정확하게 무엇이 그 접점을 그렇게 평가하도록 하였는가? 조직은 무엇을 달리 수행해야 할까? 서비스접점에서의 만족/불만족 사건을 네 가지 범주(회복/적응성/자발성/대처)로 분류하라.

2 미국이 아닌 문화적 배경을 가진 사람을 취재하여, 서비스품질에 관해 질문하고, 다섯 가지 차원이 적절한지 물어보라. 또한 그 나라에서 은행(또는 다른 유형의 서비스)의 서비스품질을 결정하는 데 있어 가장 중요한 것은 무엇인지 질문하라.

3 지역서비스 기업의 직원을 취재하여 그 기업과 관련된 품질의 다섯 가지 요인을 파악하라. 어떤 요인이 가장 중요한가? 기업의 상황과 관련 없는 요인도 있는가? 어떤 요인이 그 기업에서 가장 중요하며 그 이유는 무엇인가?

4 기업의 매니저, 소유주 또는 사장을 취재하여 그들이 고객만족을 보장하기 위해 쓰는 전략들에 대해 논의하여 보라. 서비스품질이 어떻게 전략과 연결되는가? 이 사람이 고객만족과 서비스품질을 어떻게 측정하는지 밝혀내라.

5 Amazon.com의 웹사이트와 전통적인 서점을 방문하여 보라. 두 경험을 어떻게 비교하였는가?

두 가지 다른 상황에서, 만족과 서비스품질의 지각에 가장 영향을 미치는 요인들은 무엇인지 비교 · 대조하라. 자신은 언제 어떤 것을 이용할 것인가?

참고문헌

1 C. Zane, *Reinventing the Wheel* (Dallas, TX: BenBella Books, 2011); "Creating Lifetime Customers," http://www.Christopherzanecom/media/, accessed July 2011; A. Danigelis, "Local Hero: Zane's Cycles," *Fast Company*, September 2006, p. 60; D. Fenn, *Alpha Dogs: How Your Small Business Can Become a Leader of the Pack* (New York: Collins, 2003); Chris Zane presentation at "Compete through Service" Symposium, November 2010, Center for Services Leadership, Arizona State University. Also see excellent YouTube videos of Chris Zane speaking to business audiences about his strategy, accessed 2016.

2 For more discussion of the debate on the distinctions between quality and satisfaction, see A. Parasuraman, V. A. Zeithaml, and L. L. Berry, "Reassessment of Expectations as a Comparison Standard in Measuring Service Quality: Implications for Future Research," *Journal of Marketing* 58 (January 1994), pp. 111–124; R. L. Oliver, "A Conceptual Model of Service Quality and Service Satisfaction: Compatible Goals, Different Concepts," in *Advances in Services Marketing and Management*, vol. 2, ed. T. A. Swartz, D. E. Bowen, and S. W. Brown (Greenwich, CT: JAI Press, 1994), pp. 65–85; M. J. Bitner and A. R. Hubbert, "Encounter Satisfaction vs. Overall Satisfaction vs. Quality: The Customer's Voice," in *Service Quality: New Directions in Theory and Practice*, ed. R. T. Rust and R. L. Oliver (Newbury Park, CA: Sage, 1993), pp. 71–93; D. Iacobucci, K. A. Grayson, and A. L. Omstrom, "The Calculus of Service Quality and Customer Satisfaction: Theory and Empirical Differentiation and Integration," in *Advances in Services Marketing and Management*, vol. 3, ed. T. A. Swartz, D. E. Bowen, and S. W. Brown (Greenwich, CT: JAI Press, 1994), pp. 1–67; P. A. Dabholkar, C. D. Shepherd, and D. I. Thorpe, "A Comprehensive Framework for Service Quality: An Investigation of Critical Conceptual and Measurement Issues through a Longitudinal Study," *Journal of Retailing* 76 (Summer 2000), pp. 139–173; J. J. Cronin Jr., M. K. Brady, and G. T. M. Hult, "Assessing the Effects of Quality, Value, and Customer Satisfaction on Consumer Behavioral Intentions in Service Environments," *Journal of Retailing* 76 (Summer 2000), pp. 193–218.

3 See, in particular, Parasuraman, Zeithaml, and Berry, "Reassessment of Expectations"; Oliver, "A Conceptual Model of Service Quality"; and M. K. Brady and J. J. Cronin Jr., "Some New Thoughts on Conceptualizing Perceived Service Quality: A Hierarchical Approach," *Journal of Marketing* 65 (July 2001), pp. 34–49.

4 A. Parasuraman, V. A. Zeithaml, and L. L. Berry, "SERVQUAL: A Multiple-Item Scale for Measuring Consumer Perceptions of Service Quality," *Journal of Retailing* 64 (Spring 1988), pp. 12–40.

5 Parasuraman, Zeithaml, and Berry, "Reassessment of Expectations."

6 Oliver, "A Conceptual Model of Service Quality."

7 See V. Mittal, P. Kumar, and M. Tsiros, "Attribute–Level Performance, Satisfaction, and Behavioral Intentions over Time," *Journal of Marketing* 63 (April 1999), pp. 88–101; L. L. Olsen and M. D. Johnson, "Service Equity, Satisfaction, and Loyalty: From Transaction–Specific to Cumulative Evaluations," *Journal of Service Research* 5 (February 2003), pp. 184–195; P. C. Verhoef, G. Antonides, and A. N. De Hoog, "Service Encounters as a Sequence of Events: The Importance of Peak Experiences," *Journal of Service Research* 7 (August 2004), pp. 53–64.

8 Olsen and Johnson, "Service Equity, Satisfaction, and Loyalty."

9 R. L. Oliver, *Satisfaction: A Behavioral Perspective on the Consumer* (New York: McGraw–Hill, 1997).

10 For a more detailed discussion of the different types of satisfaction, see E. Arnould, L. Price, and G. Zinkhan, *Consumers*, 2nd ed. (New York: McGraw–Hill, 2004), pp. 754–796.

11 S. Fournier and D. G. Mick, "Rediscovering Satisfaction," *Journal of Marketing* 63 (October 1999), pp. 5–23; Verhoef, Antonides, and De Hoog, "Service Encounters as a Sequence of Events;" G. Pizzi, G. L. Marzocchi, C. Orsinger, A. Zammit, "The Temporal Construal of Customer Satisfaction," *Journal of Service Research* 18 (November 2015), pp. 484–497.

12 Oliver, *Satisfaction*, chap. 2.

13 A. Ostrom and D. Iacobucci, "Consumer Trade–Offs and the Evaluation of Services," *Journal of Marketing* 59 (January 1995), pp. 17–28.

14 For more on emotions and satisfaction, see Oliver, Satisfaction, chap. 11; L. L. Price, E. J. Arnould, and S. L. Deibler, "Consumers' Emotional Responses to Service Encounters," *International Journal of Service Industry Management* 6 (1995), pp. 34–63.

15 L. L. Berry, S. W. Davis, and J. Wilmet, "When the Customer is Stressed," *Harvard Business Review*, October 2015, Vol. 93, No. 10, pp. 86–94.

16 L. L. Price, E. J. Arnould, and P. Tierney, "Going to Extremes: Managing Service Encounters and Assessing Provider Performance," *Journal of Marketing* 59 (April 1995), pp. 83–97.

17 T. Hennig–Thurau, M. Groth, M. Paul, and D. D. Gremler, "Are All Smiles Created Equal? How Emotional Contagion and Emotional Labor Affect Service Relationships," *Journal of Marketing* 70 (July 2006), pp. 58–73.

18 J. Du, X. Fan, and T. Feng, "Multiple Emotional Contagions in Service Encounters," *Journal of the Academy of Marketing Science* 39 (June 2011), pp. 449–466.

19 For more on attributions and satisfaction, see V. S. Folkes, "Recent Attribution Research in Consumer Behavior: A Review and New Directions," *Journal of Consumer Research* 14 (March 1988), pp. 548–565; and Oliver, Satisfaction, chap. 10; and Y. Van Vaerenbergh, C. Orsingher, I. Vermeir, and B. Lariviere, "A Meta–Analysis of Relationships Linking Service

Failure Attributions to Customer Outcomes," *Journal of Service Research* 17 (November 2014), pp. 381-398.

20 A. R. Hubbert, "Customer Co-Creation of Service Outcomes: Effects of Locus of Causality Attributions," doctoral dissertation, Arizona State University, Tempe, Az, 1995.

21 M. J. Bitner, "Evaluating Service Encounters: The Effects of Physical Surroundings and Employee Responses," *Journal of Marketing* 54 (April 1990), pp. 69-82.

22 For more on fairness and satisfaction, see E. C. Clemmer and B. Schneider, "Fair Service," in *Advances in Services Marketing and Management*, vol. 5, ed. T. A. Swartz, D. E. Bowen, and S. W. Brown (Greenwich, CT: JAI Press, 1996), pp. 109-126; Oliver, *Satisfaction*, chap. 7; Olsen and Johnson, "Service Equity, Satisfaction, and Loyally;" K. Seiders and L. L. Berry, "Service Fairness: What It Is and Why It Matters," *Academy of Management Executive* 12 (May 1998), pp. 8-20.

23 C. Miranda, "AT&T's $105 Million "Cramming" Settlement Leads to Refunds," Federal Trade Commission Consumer Information, October 8, 2014, https://www.consumer.ftc.gov/blog/atts-105-million-cramming-settlement-leads-refunds.

24 Fournier and Mick, "Rediscovering Satisfaction."

25 A. M. Epp and L. L. Price, "Designing Solutions around Customer Network Identity Goals," *Journal of Marketing* 75 (March 2011), pp. 36-54.

26 C. Fornell, M. D. Johnson, E. W. Anderson, J. Cha, and B. E. Bryant, "The American Customer Satisfaction Index: Nature, Purpose, and Findings," *Journal of Marketing* 60 (October 1996), pp. 7-18; ACSI *10-Year Report Analysis (1994-2004)*, University of Michigan, National Quality Research Center, 2005, www.theacsi.org.

27 E. W. Anderson, C. Fornell, and D. R. Lehmann, "Customer Satisfaction, Market Share, and Profitability: Findings from Sweden," *Journal of Marketing* 58 (July 1994), pp. 53-66.

28 M. Bruhn and M. A. Grund, "Theory, Development and Implementation of National Customer Satisfaction Indices: The Swiss Index of Customer Satisfaction (SWICS)," *Total Quality Management* 11 (2000), pp. S1017-S1028; A. Meyer and F. Dornach, "The German Customer Barometer," http://www.servicebarometer.de.or.

29 See www.theacsi.org and F. V. Morgeson III, S. Mithas, T. L. Keiningham, and L. Aksoy, "An Investigation of the Cross-national Determinants of Customer Satisfaction," *Journal of the Academy of Marketing Science* 39 (April 2011), pp. 198-215.

30 Fornell, Johnson, Anderson, Cha, and Bryant, "The American Customer Satisfaction Index;" ACSI *10-Year Report Analysis*.

31 For a listing of companies and their scores, go to the ACSI website at www.theacsi.org.

32 ACSI website, www.theacsi.org.

33 Ibid, "National Economic Indicator, Financial Indicator," ACSI website, accessed May 21,

2016, www.theacsi.org.

34 See J. L. Heskett, W. E. Sasser Jr., and L. A. Schlesinger, *The Service Profit Chain* (New York: Free Press, 1997); S. Gupta and V. A. Zeithaml, "Customer Metrics and Their Impact on Financial Performance," *Marketing Science* 25 (November－December 2006), pp. 718－739.

35 C. Fornell, S. Mithas, F. V. Morgeson III, and M.S. Krishnan, "Customer Satisfaction and Stock Prices: High Returns, Low Risk," *Journal of Marketing* 70 (January 2006), pp. 3－14.

36 M. A. Wiles, "The Effect of Customer Service on Retailers' Shareholder Wealth: The Role of Availability and Reputation Cues," *Journal of Retailing*, Special Issue on Service Excellence 83 (January 2007), pp. 19－32.

37 L. Aksoy, B. Cooil, C. Groening, T. L. Keiningham, and A. Yalcin, "The Long–Term Stock Market Valuation of Customer Satisfaction," *Journal of Marketing* 72 (July 2008), pp. 105－122.

38 M. A. J. Menezes and J. Serbin, *Xerox Corporation: The Customer Satisfaction Program*, case no. 591–055 (Boston: Harvard Business School, 1991).

39 F. F. Reichheld, "The One Number You Need to Grow," *Harvard Business Review*, December 2003, pp. 47－54.

40 Information provided by TARP Worldwide, Inc., August 2007.

41 E. W. Anderson and V. Mittal, "Strengthening the Satisfaction－Profit Chain," *Journal of Service Research* 3 (November 2000), pp. 107－120; B. Hindo, "Satisfaction Not Guaranteed," *BusinessWeek*, June 19, 2006, pp. 32－36.

42 Brady and Cronin, "Some New Thoughts on Conceptualizing Perceived Service Quality"; C. Gronroos, "A Service Quality Model and Its Marketing Implications," *European Journal of Marketing* 18 (1984), pp. 36－44; R. T. Rust and R. L. Oliver, "Service Quality Insights and Managerial Implications from the Frontier," *in Service Quality: New Directions in Theory and Practice*, ed. R. T. Rust and R. L. Oliver (Thousand Oaks, CA: Sage, 1994), pp. 1－19; M. J. Bitner, "Managing the Evidence of Service," in *The Service Quality Handbook*, ed. E. E. Scheuing and W. F. Christopher (New York, AMACOM, 1993), pp. 358－370.

43 Parasuraman, Zeithaml, and Berry, "SERVQUAL: A Multiple–Item Scale." Details on the SERVQUAL Scale and the actual items used to assess the dimensions are provided in Chapter 5.

44 N. Raajpoot, "Reconceptualizing Service Encounter Quality in a Non–Western Context," *Journal of Service Research* 7 (Novemer 2004), pp. 181－201.

45 Parasuraman, Zeithaml, and Berry, "SERVQUAL: A Multiple–Item Scale."

46 For more on customer satisfaction and service quality delivery via the Internet and technology see: M. L. Meuter, A. L. Ostrom, R. I. Roundtree, and M. J. Bitner, "Self–Service

Technologies: Understanding Customer Satisfaction with Technology-Based Service Encounters," *Journal of Marketing* 64 (July 2000), pp. 50–64; V. A. Zeithaml, A. Parasuraman, and A. Malhotra, "Service Quality Delivery through Web Sites: A Critical Review of Extant Knowledge," *Journal of the Academy of Marketing Science* 30 (Fall 2002), pp. 362–375; M. Wolfinbarger and M. Gilly, "Etailq: Dimensionalizing, Measuring and Predicting Etail Quality," *Journal of Retailing* 79 (2003), pp. 183–198; B. B. Holloway and S. E. Beatty, "Satisfiers and Dissatisfiers in the Online Environment," *Journal of Service Research* 10 (May 2008), pp. 347–364.

47 A. Parasuraman, V. A. Zeithaml, and A. Malhotra, "E-S-QUAL: A Multiple-Item Scale for Assessing Electronic Service Quality," *Journal of Service Research* 7 (February 2005), pp. 213–233.

48 Ibid.

49 M. Dixon, N. Toman, and R. Delisi, *The Effortless Experience: Conquering the New Battleground for Customer Loyalty* (London: Penguin Books, Ltd., 2013); M. Dixon, K. Freeman, and N. Toman, "Stop Trying to Delight Your Customers," *Harvard Business Review*, July–August 2010, pp. 116–122.

50 "How Marriott Makes a Great First Impression," *The Service Edge* 6 (May 1993), p. 5.

51 A. G. Woodside, L. L. Frey, and R. T. Daly, "Linking Service Quality, Customer Satisfaction, and Behavioral Intention," *Journal of Health Care Marketing* 9 (December 1989), pp. 5–17.

52 K. Sivakumar, M. Lei, and B. Dong, "Service Quality: The Impact of Frequency, Timing, Proximity, and Sequence of Failures and Delights," *Journal of Marketing* 78 (January 2014), pp. 41–58.

53 Verhoef, Antonides, and De Hoog, "Service Encounters as a Sequence of Events."

54 G. L. Shostack, "Planning the Service Encounter," in *The Service Encounter*, ed. J. A. Czepiel, M. R. Solomon, and C. F. Surprenant (Lexington, MA: Lexington Books, 1985), pp. 243–254.

55 Ibid.

56 For a complete discussion of the research on which this section is based, see M. J. Bitner, B. H. Booms, and M. S. Tetreault, "The Service Encounter: Diagnosing Favorable and Unfavorable Incidents," *Journal of Marketing* 54 (January 1990), pp. 71–84; M. J. Bitner, B. H. Booms, and L. A. Mohr, "Critical Service Encounters: The Employee's View," *Journal of Marketing* 58 (October 1994), pp. 95–106; D. Gremler and M. J. Bitner, "Classifying Service Encounter Satisfaction across Industries," in *Marketing Theory and Applications*, ed. C. T. Allen et al. (Chicago: American Marketing Association, 1992), pp. 111–118; D. Gremler, M. J. Bitner, and K. R. Evans, "The Internal Service Encounter," *Journal of Service Industry Management* 5 (1994), pp. 34–56.

57 S. E. Beatty, J. Ogilvie, W. M. Northington, M. P. Harrison, B. B. Holloway, and S. Wang,

"Frontline Service Employee Compliance with Customer Special Requests," *Journal of Service Research* 19 (May 2016), pp. 158 – 173.

58 Amazon.com, www.amazon.com, accessed July 18, 2011.

59 Bitner, Booms, and Mohr, "Critical Service Encounters."

60 M. L. Meuter, A. L. Ostrom, R. I. Roundtree, and M. J. Bitner, "Self–Service Technologies: Understanding Customer Satisfaction with Technology–Based Service Encounters," *Journal of Marketing* 64 (July 2000), pp. 50 – 64; M. J. Bitner, S. W. Brown, and M. L. Meuter, "Technology Infusion in Service Encounters," *Journal of the Academy of Marketing Science* 28 (Winter 2000), pp. 138 – 149; Parasuraman, Zeithaml, and Malhotra, "E–S–QUAL: A Multiple–Item Scale."

61 J. E. Collier and S. E. Kimes, "Only If It Is Convenient: Understanding How Convenience Influences Self–Service Technology Evaluation," *Journal of Service Research* 16 (February 2013), pp. 39 – 51.

62 A. Parasuraman and C. L. Colby, "An Updated and Streamlined Technology Readiness Index: TRI 2.0," *Journal of Service Research* 18 (February 2015), pp. 59 – 74.

63 J. van Doorn, M. Mende, S. M. Noble, J. Hulland, A. L. Ostrom, D. Grewal, and J. A. Peterson, "Domo Arigato Mr. Roboto: Emergence of Automated Social Presence in Organizational Frontlines and Customers' Service Experiences," *Journal of Service Research* 20 (February 2017), forthcoming.

Part 3

고객요구에 대한 이해

경청 갭(Listening Gap)

고객이 기대하는 것을 파악하지 못하는 것은 고객의 기대를 제공하지 못하는 근본적인 원인 중 하나이다. 제공자 갭 1(provider gap 1), 경청 갭은 서비스에 대한 고객의 기대와 그러한 기대에 관한 기업의 이해 간에 차이를 나타낸다. 아래의 그림에서 고객과 기업 사이에 선을 하나 그었는데, 선의 위쪽은 고객의 기대를, 선의 아래쪽은 그러한 기대에 대한 제공자의 지각을 보여준다. 이러한 배열(alignment)은 고객이 기대하는 것과 기업이 지각하는 것이 항상 일치하지는 않는다는 것을 나타낸다.

제3부에서는 제공자 갭 1을 좁히기 위한 세 가지 방법을 설명한다. 제5장에서 우리는 기업이 조사를 통해 고객기대를 경청하는 자세한 방법에 대해 알아본다. 서베이, 핵심사건연구, 불평조사(solicitation)를 포함한 고객조사의 공식적 · 비공식적 방법에 대해 기술한다. 고객기대를 경청하는 하나의 중요한 방법인 접점직원으로부터 경영자에 대해 기술한 후 접점직원으로부터 경영자에게로 향하는 상향커뮤니케이션에 대해서도 논의할 것이다.

제공자 갭 1 : 경청 갭

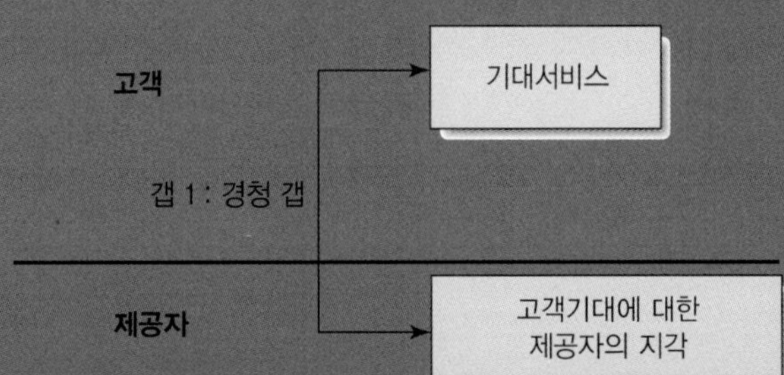

제6장에서는 고객을 유지하고 그들과의 관계를 강화시키기 위한 기업전략으로, 관계마케팅이라 불리는 접근법에 대해 다룰 것이다. 관계마케팅은 고객과의 관계를 유지하기보다 새로운 고객을 획득하는 데 초점을 두는 경향이 있는 전통적 접근법인 거래마케팅과는 구별된다. 조직이 기존 고객과 강한 유대관계를 갖고 있으면, 시간이 지날수록 좀 더 면밀하게 기대를 경청할 수 있는 기회가 증가하여 경청 갭은 덜 발생할 것이다. 전환장벽의 설립(creation)과 관계 결속(relationship bond)의 개발을 포함한 다양한 전략들은 관계개발의 수단, 즉 고객충성도를 구축하기 위한 수단으로서 제안된다.

제7장에서는 제공자 갭 1을 줄이기 위해 요구되는 또 다른 주요한 전략인 서비스회복에 대해 설명한다. 서비스회복은 왜 고객들이 불만을 토로하는지, 그들이 불평할 때 기대하는 것은 무엇인지, 서비스실패를 어떻게 다루어야 하는지에 대한 이해를 포함한다. 서비스회복을 채택하고 있는 기업은 불평을 다루는 절차를 만들고, 실패를 수정하기 위해 실시간으로 상호작용할 수 있는 권한을 직원들에게 부여하고, 서비스를 보증해야 한다. 뛰어난 서비스회복 전략은 서비스실패로부터 통찰력을 얻으려 노력하고, 기업이 고객과 그들의 기대를 더 잘 이해할 수 있도록 해준다.

Chapter 05

조사를 통한 고객기대의 경청

본 장의 목적은 다음과 같다.

1. 서비스업에서 사용되는 마케팅조사의 유형과 지침을 제시한다.
2. 마케팅조사를 통해 얻은 정보가 서비스업에서 어떻게 사용될 수 있고 또 어떻게 사용해야 하는지를 제시한다.
3. 경영자와 고객 간의 상호작용과 커뮤니케이션을 촉진하는 전략을 제시한다.
4. 접점직원과 경영자 간의 상호작용을 가능케 하고 촉진하는 방법을 제시한다.

고객여정 조사를 통한 고객경험의 개선

당신이 본 장을 학습하면서 파악하겠지만, 고객의 기대와 지각(perceptions)을 완전히 이해하려면 다양한 조사 접근법이 필요하다. 당신은 또한 대부분의 서비스 관련 조사 접근법이 고객과 기업 간의 개별적인 만남 등의 접점을 측정하거나, 서비스가 마무리될 때 전반적인 품질과 만족에 대해 고객에게 질의한 것을 바탕으로 평가가 진행된다는 것을 파악하게 될 것이다. 본 장에서 논의하겠지만 이 두 가지 주요 측정방법은 각각 장점이 있지만 한계점도 존재한다. 한 번의 전화 통화, 서비스 방문 또는 판매와 같은 고객 접점이나 개별적 상호작용을 측정하면 기업이 각각의 접점에서의 성과를 이해하는 데 도움이 된다. 또한, 측정을 통해 고객과의 상호작용 및 평가 부분에서 직원들의 성과를 파악할 수 있기 때문에 서비스 과정의 개선이 가능하다.

그러나, 개별 점점을 따로 측정할 때의 문제는 각각의 점점을 최적화(만족도 95% 이상)할 수는 있지만 전반적인 고객 만족도는 현저히 낮아질 수 있다는 것이다. 예를 들어 고객이 여러 번 전화를 걸어야 하는 서비스(서비스를 시작하기 위해, 서비스를 사용하기 위해, 질문하기 위해, 불편사항을 문의하기 위해, 추가 불편사항 문의하기 위해)를 고려해 보자. 각 전화 통화마다 짧은 설문조사가 수행되면 고객이 각각의 접점을 높게 평가할 수 있지만, 서비스를 위해 너무 많은 전화를 해야 했기 때문에 전체 서비스에 대해서는 지루하고 혼란스러우며 불만족스러운 것으로 평가할 것이다. 또한, 조사보고서 맨 아래의 서비스에 대한 요약 점수는 기업이 가장 중요한 접점을 정확히 파악하는 데 있어서는 여러 가지 한계점을 갖는다.

최근에는 서비스의 첫 번째 접점부터 마지막 접점(end-to-end)까지 고객의 서비스 경험에 관여하는 모든 접점, 즉 "고객여정(customer journey)"을 포괄적으로 조사하는 혁신적인 방법이 주목받고 있다. 조사 전문가들은 전체경험과 함께 고객 자신의 눈을 통해 경험한 서비스의 내용을 조사해야만 기업이 서비스품질을 개선할 수 있는 방법을 실질적으로 파악할 수 있다고 제언한다. 고객여정이란 서비스 제품경험 이전, 도중, 그리고 이후에 발생하는 모든 접점의 클러스터(cluster)이다. 이러한 클러스터의 예로는 서비스에 관한 결정, 서비스 사용 시작, 문제 해결, 서비스 업그레이드 또는 가입 서비스에 대한 갱신 등이 있다. 고객 여정은 각각의 클러스터에 포함된 여러 접점을 개별적인 측정방법이 존재하는 분리된 이벤트로 보지 않고, 고객이 인지하는 모든 접점을 연결된 사건으로 간주하는 조사기법이다. 따라서, 개별 접점이 아닌 연결된 클러스터를 측정해야 한다.

그렇다면, 기업은 어떻게 여정에 초점을 맞춘 측정방법을 사용할 수 있을까? 아마도 10년 이내에 당신이 구매할 가능성이 있는 주방 리모델링을 예로 들어 보자. 미국의 대표적인 주택 인테리어 소매 체인점인 로우스(Lowe's)와 홈디포(Home Depot) 같은 업체는 이 문제를 어떻게 해결할까? 맥킨지 컨설팅에 의하면 다음과 같은 여섯 가지 단계가 고객경험여정을 관리하는 데 중요하다. 첫 번째 단계는 한 발 물러서서 고객의 관점에서 그들이 취하는 여정의 특성을 파악하는 것이다. 두 번째 단계는 고객이 여정을 이동할 때 각 접점을 어떻게 탐색하는지 이해하는 것이다. 세 번째 단계는 여정의 각 접점에서 고객의 욕구, 기대를 기업이 예상할 수 있어야 한다. 기업은 각각의 접점이 아니라 클러스터 차원에서 이를 결정하기 위한 조사접근 방식을 개발해야 한다. 기업은 단순히 목표집단을 조사하는 것이 아니라 고객 다이어리(customer dairies)나 민족지학적(ethnographic) 관찰을 통해 고객의 고충에 대한 공감을 심화시키는 기법을 사용해야 한다. 이러한 유형의 접근방식에서는 조사원들이 매장에서 직접 고객을 관찰하거나 동행하며, 서비스 과정 중에 고객과 함께 지속적인 실시간 테스트 및 서비스 설계를 반복해서 수행한다.

네 번째 단계는 성과가 좋은 것과 그렇지 않은 것을 철저하게 분석하고 이해하는 것이다. 다섯 번째 단계는 여정을 개선하기 위한 가장 중요한 갭과 기회에 대한 우선순위를 정해야 한다. 마지막으로 여섯 번째 단계는 근본적인 원인을 찾아내어 문제를 해결해야 한다.

고객조사에 따르면 개별 접점보다 전체 고객 경험을 측정하는 것이 큰 이점이 있는 것으로 나타났다. 예를 들어, 맥킨지는 최근 연구에서 고객 경험을 단순히 평균 수준에서 놀라게 하는 수준으로 개선해도 고객이 제품이나 서비스를 재구매할 가능성이 30~50% 증가할 수 있다는 사실을 발견했다.[1]

고객기대 충족에 대한 높은 관심에도 불구하고, 많은 기업이 자신들의 입장에서 고객을 생각하는 우(愚)를 범하고 있다. 즉, 고객이 **실제로 원하는 것**(customers do want)을 찾아내려하기보다 **고객이 원해야 하는 것**(customers should want)을 알고 있다고 믿고 있는 것이다. 이럴 경우 기업은 고객기대에 부합하지 않는 서비스를 제공하게 된다. 즉, 고객이 실제로 중시하는 특징이 제외되거나 제공되는 서비스 특징도 부적합한 경우가 있다. 서비스는 명확하게 규정된 유형적인 단서가 거의 없기 때문에 서비스기업은 고객기대를 파악하지 못할 위험이 제조기업보다 높다. 기업은 "고객의 입장에서 자신을 생각하는" 접근법을 택해야 한다. 고객의 입장에서 자신을 생각하기 위해서는 마케팅조사가 필요하다. 본 장에서 논의할 마케팅조사는 제조업에서 사용하는 조사방법보다 훨씬 많은 의미를 내포하고 있다. 다시 말해 서비스

기업이 고객기대에 맞게 서비스를 제공할 수 있도록 하는 경청 포트폴리오(a portfolio of listening)라고 할 수 있다.

고객조사를 이용한 고객기대 이해

고객기대의 파악은 제공되는 서비스품질에 지대한 영향을 미치는데, 서비스에 대한 고객기대와 지각을 이해하는 주요 수단이 고객조사이다. 제조업에서와 마찬가지로, 서비스업에서도 고객조사를 하지 않는 기업은 고객을 이해할 수 없다. 또한 고객조사를 한다 하더라도 고객기대를 조사의 주제로 삼지 않으면 변화하는 고객의 요구조건을 쫓아가지 못하기 때문에 필요한 것을 알아내기 어렵다. 고객조사는 고객에게 가장 중요한 속성, 이들 속성에서 고객이 바라는 수준, 서비스제공 과정에서 만약 문제가 발생했을 때 기업이 해줄 수 있고 또 해주어야 한다고 고객이 생각하는 것 등의 쟁점에 초점을 맞추어야 한다. 서비스기업이 규모가 작고 마케팅조사를 하기엔 자원이 부족할지라도, 고객기대를 조사할만한 작은 수단은 있어야 한다.

이 절에서 우리는 고객기대와 지각을 파악하게 해주는 서비스마케팅조사의 구성요소에 대해 논의하고자 한다. 그리고 다음 절에서는 서비스마케팅조사의 효과를 극대화하기 위해, 일반적인 고객조사의 전술들이 서비스에 맞도록 어떻게 조정돼야 하는가에 초점을 맞추어 설명할 것이다.

서비스에 대한 조사목적

누가 뭐라 해도 서비스마케팅조사의 첫 단계, 즉 문제와 조사목적의 규정이 가장 중요하다. 이 단계에서 서비스마케터는 조사를 통해 풀어야 할 **문제**나 대답해야 할 **질문**들을 던지게 된다. 예를 들면, 다음과 같은 질문이 있을 수 있다. 현재 우리 기업이 제공하는 서비스를 고객은 어떻게 바라보는가? 고객이 요구하는 것은 무엇인가? 새로 도입하려는 서비스에 대한 고객의 반응은 어떠한가? 또는 지금으로부터 5년간 고객이 기업에게 바라는 바가 무엇인가?

기업이 조사하려는 문제가 무엇인가에 따라 전혀 다른 조사전략이 필요하기 때문에, 시간과 자원을 투입해 철저하고 정확하게 문제를 규정하는 것이 필수적이다. 그러나 1단계의 중요성에도 불구하고 많은 고객조사가 목적에 대한 충분한 고려 없이 시작되고 있다.

조사목적(research objectives)은 실행과 관련된 구체적 질문(action question)으로 전환되어야 한다. 여러 가지 다양한 질문과 목적이 마케팅조사에서 정의되는데, 다음에 기술되는 것이 서비스마케팅 조사에서 가장 흔한 조사목적이다.

- 서비스에 대한 고객요구와 고객기대를 찾아낸다.
- 서비스성과를 모니터하고 추적한다.

- 경쟁자와 비교해서 전반적인 기업의 성과를 평가한다.
- 고객기대와 고객지각 간의 갭을 평가한다.
- 서비스회복(service recovery)을 위해 불만족 고객을 찾아낸다.
- 서비스제공 변경 효과를 측정한다.
- 평가, 인정, 보상을 위해 개인이나 팀의 서비스성과를 평가한다.
- 새로운 서비스에 대한 고객기대를 결정한다.
- 산업 내의 변화하는 고객기대를 모니터한다.
- 고객의 미래기대를 예측한다.

이러한 조사목적 중 고객의 욕구, 불만족 등은 재화를 대상으로 하는 조사에서도 대부분 적용된다. 그러나 서비스조사에서는 특별히 주의를 요하는 몇 가지 부가적인 요소가 포함된다.

첫째, 서비스조사는 서비스를 제공하는 사람의 변동성과 이질성으로 인해 자동차와 같은 재화와는 달리 단일시점에서 단 한 번의 성과 조사만으로 충분치 않다. 서비스조사의 주요 초점은 개인, 팀, 지점, 조직, 경쟁자 등 다양한 분석수준에서 인간의 행위를 포착해야 하기 때문에 지속적으로 행해야 한다. 서비스직원이 일을 잘하고 있을 때라도, 서비스제공자는 지속적으로 성과를 추적해야 하는데 이는 서비스제공 과정과 관련된 잠재적 변동 가능성이 항상 존재하기 때문이다.

서비스조사의 두 번째 독특한 특징은 기대와 지각 간의 갭이 있을 수 있음을 항상 염두에 두고 모니터할 필요가 있다는 것이다. 지각과 기대는 항상 변할 수 있기 때문에 이 갭 또한 항상 유동적이다. 갭이 성과가 낮아져서 발생하는가, 아니면 기대가 높아져서 발생하는가를 늘 생각해야 한다.

예시 5.1은 몇 가지 서비스조사 목적을 정리한 것이다. 일단 정해진 조사목적은 조사유형, 자료수집방법, 정보사용방식 등에 관한 의사결정에 방향을 제시해 준다. 예시 5.1에 추가되어야 할 내용은 본 장의 여러 절에서 설명된다.

효과적인 서비스마케팅조사의 기준

서비스마케팅조사는 조사연구와 조사목적을 해결하고 전반적인 측정 전략을 실행하기 위해 필요한 조사유형의 포트폴리오로 정의될 수 있다. 따라서 여러 가지 조사유형이 고려될 필요가 있다. 또한 효과적인 서비스마케팅 조사에 대한 기준(그림 5.1 참조)을 파악하면 큰 도움이 된다.

양적 조사와 질적 조사를 포함하라

설문지를 사용한 조사(survey)와 통계치가 마케팅조사의 전부는 아니다. **질적 조사**(qualitive research)는 탐색적이고 기초적이며, 문제를 보다 명확히 정의하고 보다 공식적인 조사를 준비하기 위해 사용되며, 공식적인 조사가 필요 없을 때 통찰력(insight)을 얻기 위해 시행된다.

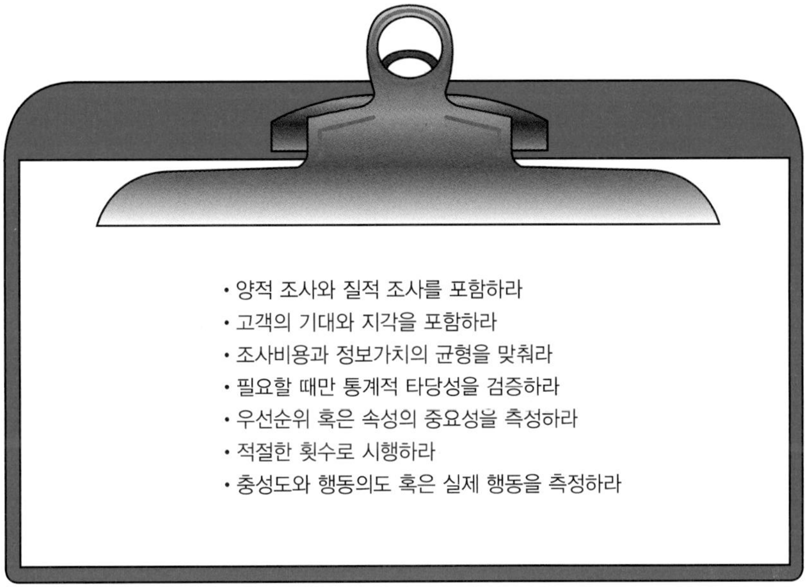

그림 5.1
효과적인 서비스마케팅 조사의 기준

표적집단면접법(Focus Geoup Interview), 핵심사건연구(본 장의 후반부에서 좀 더 자세히 논의된다), 서비스거래의 직접관찰 등을 통해 얻은 통찰력은 고객에게 던질 올바른 질문을 마케터에게 제시한다. 이처럼 질적 조사의 결과는 양적 조사를 설계하는 데 중요한 역할을 하므로 종종 첫 번째로 시행되는 조사유형이다. 또한 질적 조사는 양적 조사 다음에 행할 수도 있다. 양적 조사 결과로 얻은 자료를 해석하고 개선노력을 시작하는 데 도움이 되기 때문이다.[2]

가장 혁신적이면서 성공적인 질적 조사 중의 하나가 하버드 대학의 제럴드 잘트만(Gerald Zaltman) 교수가 개발하고 최첨단 조사 컨설팅 기업인 올손 잘트만(Olson Zaltman Associates)이 발전시킨 조사방법인 잘트만식 은유추출기법(Zaltman Metaphor Elicitation Technique, ZMET)이다. 이 방법은 조사 대상 소비자들에게 인터뷰가 시작되기 전에 조사 주제와 관련된 자신들의 생각과 느낌을 시각화한 그림을 가져오도록 요청한다. 그런 다음 2시간 동안의 심층 인터뷰를 진행하는데, 이러한 스토리텔링은 연구자가 고객의 믿음과 감정의 바탕이 되는 은유들을 깊이 파헤칠 수 있게 해준다. ZMET는 정량적 결과치가 없지만 기업이 광고 또는 마케팅 캠페인을 구축할 수 있는 통찰력 있는 결과를 제공한다.[3]

마케팅에서의 **양적 조사**(quantitative research)는 고객의 특징, 태도, 행위를 실증적으로 설명하고 마케터가 검토하기를 원하는 구체적인 가설을 검증하는 데 필요하다. 이런 연구들은 고객만족, 서비스속성의 중요성, 서비스품질 갭, 가치에 대한 지각 등을 계량화하는 데 필수적이며 경영자에게 경쟁자를 평가하기 위한 기준을 제공한다. 끝으로 양적 조사는 추가의 질적 조사를 통해 보다 철저한 조사가 필요한 구체적인 서비스 문제를 밝혀낼 수 있다.

고객의 기대와 지각을 포함하라

제3장에서 논의한 바와 같이 기대는 고객에게 서비스를 지각하는 기준이자 준거점으로 작용

한다. 서비스품질의 평가에서 고객은 사전에 기대하고 있던 바와 서비스접점에서 지각한 바를 비교한다. 이러한 이유로 단지 서비스에 대한 지각만을 조사하려는 측정은 서비스품질 판단에 대해 중요한 부분을 놓치고 있는 것이다. 즉, 고객기대에 대한 측정을 포함할 필요가 있다는 것이다.

조사에서 기대에 대한 측정을 포함하는 방식에는 여러 가지가 있다. 먼저, 고객에게 중요한 서비스 특성이나 속성과 같이 고객요구에 대한 기초조사가 바로 기대조사이다. 기대의 내용(content)은 포커스그룹 인터뷰와 같은 질적 조사 방법을 통해 파악될 수 있다. 다음으로, 고객기대의 **수준**(level)에 대한 조사도 필요하다. 수준을 파악하면 지각과 기대 간의 갭을 계산할 수 있다.

조사비용과 정보가치의 균형을 맞춰라

기업이 얻을 편익과 가치를 고려한 조사비용의 평가는 또 하나의 중요한 기준이 된다. 여러 가지 비용 중 한 가지는 고객조사기업에 대한 직접비용, 응답자에 대한 보상, 그리고 직원들의 정보수집에 대한 기업내부비용을 포함하는 금전적 지출이다. 또한 자료수집에서 그 자료를 사용할 수 있을 때까지의 시간간격과 직원이 조사를 수행하는 데 투입하는 시간을 포함하는 시간비용도 중요하다. 그러나 공교롭게도 이러한 비용과 기타비용은 기업이 보다 나은 의사결정, 고객유지, 성공적인 신제품 발매를 위해 심사숙고해야 할 부분이다.

필요한 때만 통계적 타당성을 검증하라

이미 앞서 살펴본 바와 같이 조사는 복합적이고 다양한 목적을 지닌다. 따라서 이들 목적이 조사의 적절한 유형과 방법론을 결정짓게 된다. 예컨대, 어떤 유형의 조사는 무엇을 측정하기보다는 고객과의 관계를 구축하기 위해 이용된다. 이들 조사는 고객과 직접 접촉하는 접점직원에게 고객의 요구를 파악하게 하고, 고객의 요구를 충족시키기 위해 직원과 기업이 하는 노력의 강점과 약점을 진단하며, 고객의 요구를 충족시키는 계획을 준비하고, 기업이 고객요구를 충족시키려 행한 계획을 일정기간(보통 1년) 후 평가하기도 한다. 이들 조사의 가장 기본적인 목적은 접점직원이 고객만족에 가장 효과적인 구체적 행동조항을 식별하게 해주는 것이다. 이러한 유형의 조사는 세련된 양적 분석이나 익명의 고객, 세심한 표본추출, 또는 엄밀한 통계적 타당성을 필요로 하지는 않는다.

반면에 직원의 급여인상과 보너스에 직결되는 전반적인 서비스품질은 표본추출과 통계적 타당성을 신중하게 고려해야 한다. 우리 저자들 중 한 명이 함께 일했던 어느 기업은 고객만족점수를 기초로 영업사원에게 임금을 지불하고 있었는데, 고객만족을 조사하기 위한 고객표본을 영업사원이 직접 추출할 수 있었다. 당연히 이 기업의 영업사원들은 그들이 만족시킨 고객들만 조사하면 되는 것을 알았고, 그로 인해 인위적으로 고객만족점수가 조작되어 측정시스템의 신뢰성을 떨어뜨렸다.

모든 유형의 조사가 통계적 타당성을 검증할 수 있는 것은 아니며 또한 모든 종류의 조사가 꼭 타당성 검사를 필요로 하는 것은 아니다. 특히 대부분의 질적 조사는 통계적 타당성을 검증하기 어렵다.

우선순위 또는 중요성을 측정하라

고객은 서비스에 대해 많은 요구를 하고 있으나 이들이 모두 동일하게 중요한 것은 아니다. 경영자가 서비스를 개선시키려 할 때, 흔히 범하기 쉬운 실수 중 하나가 별로 중요하지 않은 일에 자원을 투입하는 것이다. 이러한 실수로 인해 기업서비스에 대한 고객의 인식이 개선되지 않기 때문에 고객이 느끼는 서비스는 별로 나아진 것이 없다는 것이다. 서비스의 차원과 속성의 상대적 중요성을 측정하는 것은 경영자가 자원을 효과적으로 배분하는 데 도움이 된다. 따라서 조사를 통해 고객의 우선순위를 상세히 파악해야 한다.

적절한 횟수로 시행하라

고객기대와 지각은 유동적이기 때문에 기업은 서비스품질에 대한 조사를 제도화시킬 필요가 있다. 서비스에 대한 1회 조사는 단지 한순간의 단면(snapshot)만을 보는 것이다. 자사의 서비스가 시장에서 어떻게 수용되고 있는지를 완전히 이해하기 위해서는 고객조사가 지속적으로 이루어져야 한다. 적절한 횟수로 마케팅조사가 반복되지 않으면 경영자는 자사가 전진하는지, 뒤로 퇴보하는지 말할 수 없게 되고 서비스개선 노력도 의미가 있는지 알 수 없게 된다. 그렇다면 지속적인 조사란 도대체 몇 번을 말하는가? 이에 대한 대답은 기업이 제공하는 서비스의 유형과 기업이 수행하는 서비스조사방법 및 목적에 따라 다를 수 있다. 다양한 조사유형은 본 장의 다음 절에서 논의될 것이고, 각 유형별 시행횟수도 제시할 것이다.

충성도와 행동의도 또는 행동을 측정하라

서비스조사의 중요한 추세는 전반적 만족도, 서비스품질점수, 그리고 서비스품질의 긍정적/부정적 결과를 측정하는 것이다. 특히 **행동의도**(behavioral intentions) 중 가장 자주 사용되는 것은 타인에게 서비스를 추천하려는 의도와 재구매의도(repurchase intent)이다. 이러한 행동의도는 서비스품질의 긍정적/부정적 결과를 반영해 주는 측정치가 된다. 긍정적 행동의도는 기업에 대한 긍정적인 구전의도, 타인에게 추천하려는 의도, 충성도의 유지, 기업에 대한 보다 많은 지출의도, 프리미엄 가격을 지불하려는 의도 등이다. 반대로 부정적 행동의도는 타인에게 부정적인 구전, 기업과 거래를 줄이는 것, 다른 기업으로 거래처를 바꾸는 것, 소비자보호국(Better Business Bureau, BBB)과 같은 외부조직과 소셜미디어 경로를 이용하여 다른 기업에 불만을 토로한다. 보다 구체적인 행동은 서비스의 유형에 따라 달라질 수 있다. 예를 들면, 의료서비스와 관련된 행동은 의사의 처방지시를 따르는 것, 처방약의 복용, 그리고 재방문 등이 있다. 이러한 행동의 추적은 서비스개선의 상대적 가치를 평가하는 데 도움이 되고 이탈할 위험이 있는 고객을 식별하는 데도 도움이 된다.

효과적인 서비스마케팅조사의 요소

좋은 서비스마케팅조사에서는 여러 가지 조사연구 유형을 병행하여 사용하고 있다. 전반적인 서비스마케팅조사가 어떠한 조사방법들로 이루어져 있는가 하는 것은 기업별로 다를 수 있는데, 이는 서비스품질조사의 다양한 활용이(직원 성과평가로부터 광고캠페인 개발 또는 전략계획에 이르기까지) 다양한 측면의 정보를 요구하기 때문이다. 만약 어떤 기업이 서비스조사의 모든 유형을 시행한다면 그 기업의 조사 포트폴리오는 예시 5.1과 같을 것이다. 그러나 그러한 기업은 거의 없다. 어느 기업이든지 각 기업의 포트폴리오는 기업자원에 알맞고 고객을 이해하는 데 필요한 핵심영역을 해결할 수 있어야 한다. 따라서 각기 다른 조사목적에 대한 적합한 조사유형을 알려주기 위해 예시 5.1의 두 번째 열에 알맞은 목적을 제시하였다. 이 절에서는 각각의 주요 조사유형을 설명하고 각 유형이 앞서 기술한 기준들과 어떻게 관련되는지 보여준다. 주목받는 기술 코너에서는 온라인에서 수행된 조사에 대해 논한다.

불평조사

많은 이들이 서비스기업의 직원에게 불평을 하지만 그 불평과 관련하여 아무 일도 일어나지 않는다는 것을 알 수 있다. 이를 해결하기 위해 아무도 나서지 않으면 다음번에도 똑같은 문제의 서비스를 겪게 될 것이다. 이 얼마나 실망스러운 일인가? 좋은 서비스조직은 고객의 불만을 심각하게 받아들인다. 이들은 불만을 단순히 경청할 뿐만 아니라 그들의 서비스와 서비스직원들이 개선할 것을 찾아내기 위한 의사소통의 수단으로 **불평조사**(complaint solicitation)를 한다.

베일(Vail), 브레컨리지(Breckenridge), 헤븐리(Heavenly), 키스톤(Keystone), 비버 크리크 리조트(Beaver Creek Resort) 등을 소유하고 있는 베일 리조트(Vail Resort)는 고객의 불평과 의견을 포착하는 데 혁신적인 방법을 가지고 있다. 이 리조트는 조사원을 고용하여 그들이 스키어와 함께 리프트에 탑승하여 질문을 하고 고객의 응답을 바로 퍼스널 컴퓨터에 입력한다. 그런 다음 조사원들은 스키를 타고 내려와서 또다시 다른 고객과 올라간다. 그리고 그 결과를 본부에 있는 컴퓨터로 전송하는 것으로 하루 일을 마감한다. 그들은 일주일에 200여 명의 스키어들을 조사하고 반복되는 고객불평과 의견을 찾는다. 예를 들어, 만약 조사원들이 어떤 리프트 라인이나 레스토랑의 서비스에 대해 많은 불평을 들었다면 그 구역의 매니저가 신속하게 그 문제를 해결할 수 있도록 경고를 한다. 수집된 자료는 주말에 열리는 주간 미팅에서 보고된다.

불평을 조사로 사용하는 기업들은 불만족한 고객을 찾아내고, 가능하다면 그 불평이 있는 곳에서 문제를 수정하고, 공통되는 서비스 실패점을 파악하는 데 사용한다. 이 조사방법은 재화와 서비스에 모두 사용될 수 있지만, 특히 서비스에서 중요하다. 실시간으로 서비스 실패점을 개선하고 접점직원의 성과를 바로 잡거나 향상시켜야 하기 때문이다. 불평조사는 기업이 하는 조사유형 가운데 가장 쉬운 것 중 하나이기 때문에 고객과 접촉을 유지하는 유일

예시 5.1 효과적인 서비스마케팅조사의 요소

조사유형	주요 조사목적	정보비용			
		질적/양적	금전	시간	빈도
불평조사	• 불만족 고객의 파악과 처리 • 서비스실패점 파악	질적	낮음	낮음	지속적
핵심사건연구	• 접점에서 "최상의 서비스" 파악 • 양적 조사의 기초자료로 고객요구 파악 • 서비스실패점 파악 • 고객접점시스템의 강 · 약점 파악	질적	낮음	보통	주기적
요구사항조사	• 양적 조사 기초자료로 고객요구 파악	질적	보통	보통	주기적
관계조사와 SERVQUAL 조사	• 서비스성과의 모니터링 및 탐지 • 경쟁사와 비교해서 전반적 기업성과 평가 • 만족과 행동의도 간의 관계 파악 • 고객의 기대와 지각 간의 갭 평가	양적	보통	보통	매년
추적전화 또는 사후거래조사	• 서비스거래의 성과에 즉각적인 피드백 • 서비스제공에서 변화의 효과성 측정 • 개인과 팀의 서비스성과 평가 • 과정개선을위한 입력자료로 사용 • 서비스실패점 파악	양적	낮음	낮음	지속적
소셜미디어	• 불만족 고객의 정의/주의 • 구전을 촉진 • 다른 광고의 효과를 측정	양적 질적	낮음	보통	지속적
서비스기대 회의 및 검토	• 주요 고객과 대화 모색 • 대규모 개별 고객이 원하는 것을 파악하고 서비스가 제대로 제공되었는지를 확인 • 주요 고객과의 연결 마감	질적	보통	보통	매년
과정체크포인트 평가	• 장기적이고 전문적인 서비스 제공에 대한 고객의 지각 • 서비스문제를 서비스관계 초기에 해결	양적	보통	보통	주기적
시장지향의 민속학	• 자연환경에서 고객 조사 • 편견 없는 방법으로 미국 이외의 문화권고객 연구	질적	보통	낮음	주기적
미스테리쇼핑	• 평가, 인정, 보상을 위한 개별 직원의 성과 측정 • 고객접점시스템의 강 · 약점 파악	양적	낮음	낮음	분기별
고객패널	• 변화하는 고객기대 모니터 • 새로운 서비스 아이디어를 평가하고 제안하기 위해 고객포럼 제공	질적	보통	보통	지속적
이탈고객조사	• 고객이탈의 이유 파악 • 고객기대와 지각 간의 갭 평가	질적	낮음	낮음	지속적
미래기대연구	• 새로운 서비스아이디어의 개발과 실험	질적	낮음	낮음	주기적
데이터베이스 마케팅조사	• 정보기술과 데이터베이스 정보를 사용하는 고객의 개별적 요구 파악	양적	높음	높음	지속적

주목받는 기술 웹에서 고객조사 수행하기

인터넷에서 가장 흥미로운 응용프로그램 중 하나는 온라인 조사(online research)인데, 고객이 귀찮아하는 의견카드(comment cards)와 전화 통화를 소비자에게는 도전적이면서 흥미로운 사이버조사로 대체한다. 이러한 응용프로그램은 빠르게 성장하고 있다. 그 이유는 분명한데 인터넷 조사는 기꺼이 조사에 참여해주는 다수의 응답자 이외에도 마케터에게는 다음과 같은 이점을 제공한다:

- **속도(speed).** 우편 설문지를 통해 데이터를 수집하는 데 3~4개월이 소요되고, 면접관을 교육하고 전화 설문지를 통해 데이터를 얻는 데 6~8주의 기간이 필요한 반면에 온라인 설문조사는 신속하게 준비하고 실행할 수 있다. 많은 연구를 수행하기에 충분한 300~400개의 샘플을 주말 안에 완료할 수 있으며, 그 결과는 바로 다음 주에 안전한 웹사이트에서 클라이언트가 볼 수 있도록 제공된다. 한 시장조사업체는 2시간 만에 1,000건의 고객만족도 조사를 완료한 것으로 알려지기도 했다.
- **동일한 품질(equivalent quality).** 한 연구팀은 온라인 조사방법을 사용할 경우에도 데이터의 품질이 비슷하다는 것을 발견했다: "대규모로 B2B 서비스품질 평가를 하는 조사연구에서, 공개 및 비공개 질문에 대한 응답의 정확성 및 완전성을 분석한 결과 온라인 설문조사와 우편 설문조사가 동등한 결과를 산출하는 것으로 나타났다."[4]
- **접근하기 어려운 응답자집단을 목표로 하는 능력(ability to target hard-to-reach populations).** 연구, 특히 세분화 연구의 전통적인 어려움 중 하나는 특정 라이프스타일이나 관심 있는 프로필에 맞는 응답자를 찾아 접근하는 것이다. 접근하기 어려운 B2B 시장은 미국 리서치 기업들이 수행한 모든 고객 조사 연구의 약 4분의 1 정도 차지하는 것으로 보고되고 있다. 의사, 변호사, 기타 전문직 종사자, 워킹맘은 모두 가치가 있지만 접근하기 어려운 고객 그룹이다. 이러한 집단은 광고 삽입에 비용이 많이 드는 특별 관심 잡지(예 : 전문잡지 또는 취미 관련 출판물)를 읽을 수 있다. 설문 조사를 위해서는 서비스기업이 해당 잡지의 구독자 리스트를 큰 비용을 주고 구매해야만 가능하다. 그러나 특수 관심사를 위한 온라인 사이트는 설문조사 배너를 식별하게 해서 응답자의 접근을 매우 용이하게 할 수 있다.
- **소득을 이용하여 고객을 표적으로 삼는 능력(ability to target customers with money).** 온라인 조사를 통하여 서비스기업은 소득이 높고 교육 수준이 높으며 지출 의향이 높은 고객에게 접근할 수 있다. 컴퓨터를 이용하여 정기적으로 온라인 서비스를 경험하는 소비자는 이러한 인구 통계학적 대상 그룹에 속하는 경향이 있으며 온라인을 통해 이들을 효과적으로 조사할 수 있다. 모든 전화 가입자를 대상으로 한 기존 연구에서 얻은 표본과 비교했을 때, 온라인 사용자의 표본은 마케팅 잠재력 측면에서 훨씬 나은 경우가 많다.
- **멀티미디어를 사용하여 비디오 및 오디오를 제공할 기회(opportunity to use multimedia to present video).** 전화 설문조사는 음성만으로 제한되는 반면 우편 설문조사는 2차원 시각자료로 제한된다. 과거에는 조사 중인 서비스의 진정한 의미와 감각을 느낄 수 있도록 조사에 필요한 전체 범위의 오디오 및 비디오를 응답자에게 직접 제공하면서 설문조사를 수행해야 했는데, 주제 및 표본의 크기에 따라 1인당 30~150달러의 많은 비용이 소요되었다. 온라인 조사는 적은 비용으로 모든 멀티미디어의 가능성을 활용하여 응답자에게 더 실제적이고 광범위한 조사환경의 제공이 가능하다.
- **조사 면접관이 존재하지 않아 면접관 오류나 편향이 없음(no interviewers—and therefore no interviewer errors or

한 방법으로 이것을 사용하는 기업이 많다. 불행하게도 불평조사 한 가지만으로 불충분한 정보원이라는 것을 보여주는 연구는 많다. 제7장에서 논의하겠지만 실제로 기업에 불평을 제기하는 고객의 비율은 낮으며 나머지는 불평을 지닌 채로 있거나 다른 사람에게 얘기한다.

불평조사가 효과적이려면 기업은 다양한 경로를 통해 불평을 접수하고 이들의 유형과 빈도수를 엄격하게 기록할 필요가 있으며 가장 빈번히 발생하는 것부터 제거해 나가야 한다. 불평경로는 서비스 현장의 접점직원, 서비스를 제공하는 중개상, 매니저, 불평을 접수하는 소비자보호단체 등이다. 기업은 개별 고객의 문제를 해결해 주는 동시에 실패를 가져오는 일

interviewer bias). 편견은 면접관의 기분이 좋지 않거나, 피곤하거나, 조급하거나, 객관적이지 않을 때 발생한다. 이러한 문제는 인적 인터뷰에서는 발생하지만 온라인 인터뷰에서는 발생하지 않는다.

- **모순되거나 불성실한 답변을 제거할 수 있는 데이터 품질 통제 가능**(control over data quality, which can eliminate contradictory or nonsensical answers). 전통적인 설문 조사에서는 모든 데이터를 검토하여 불성실한 응답을 제거하는 "데이터 정리 및 편집"이라는 단계가 필요하다. 온라인 조사에서는 전자 점검(electronic check) 같은 도구를 사전에 조사 프로그램에 내장하여 이러한 문제를 해결할 수 있다.
- **저렴한 조사비용**(inexpensive research). 데이터 수집 비용은 조사에서 가장 비용이 많이 드는 부분이 될 수 있으며 데이터 수집에서 가장 비싼 부분은 참여를 독려하기 위해 응답자에게 비용을 지불하는 것이다. 놀랍게도 온라인을 통한 고객 조사는 다른 접근 방식보다 10~80% 저렴하다. 인터넷은 또한 다른 설문조사 방식에서 일반적으로 발생하는 우편요금, 전화비용, 인건비 및 인쇄비용을 제거해 준다. 응답자들은 또한 면접관이 설문조사를 수행하는 데 소요되는 시간의 절반에 웹 기반 설문조사를 완료하는 것으로 나타나고 있으며, 이는 아마도 인센티브가 필요하지 않은 원인일 수 있다.

한 가지 추가적이지만 현재까지 입증되지 않은 이점은 응답률이 70%에 이른다는 것이다. 이는 사이버 연구의 상호작용 특성이 응답자에게 설문조사에 참여하는 것을 재미있게 해줄 수 있다는 사실에서 기인한다. 전통적인 설문조사에서는 소비자들이 답하도록 하는 것이 점점 더 어려워지고 있지만, 인터넷 설문조사의 오락적 가치는 응답자 모집을 더욱 쉽게 만든다. 한 연구에 따르면 소비자들은 서면자료를 사용한 설문조사보다 동일한 내용의 전자 설문조사를 완료할 가능성이 5배 더 높으며, 연구자들은 또한 다음과 같은 세 가지 추가 이점을 얻는 것으로 나타났다: (1) 소비자는 전통적인 설문조사보다 더 많은 질문에 답하면서 전자 설문조사를 더 오래 "활용(play)"한다; (2)응답자들은 자신의 답변에 더욱 집중하는 경향이 있다; (3) 전자 설문조사의 오락적 가치는 설문조사를 완료하는 데 필요한 응답자의 지각 시간(perceived time)을 실제로 감소시켜 준다.

온라인 연구의 장점은 단점보다 훨씬 많을 것이다. 하지만 마케팅 관리자들은 단점도 있다는 점을 인지할 필요가 있다. 아마도 가장 큰 문제는 표본의 구성일 것이다. 대부분의 전화 및 우편 설문조사에 사용되는 절차와 달리, 일반적으로 응답자 수가 한정되지 않고 설문조사에 답하는 수로 표본이 구성된다는 편의성의 문제이다. 이는 응답자가 다른 웹사이트의 조사에도 참가하여 같은 설문에 대한 답변을 중복해서 할 때 특히 문제가 된다. 이러한 경우에 마케팅 관리자는 응답자가 누구인지, 그들이 실제로 설문조사에 응답하기에 적합한 대상인지조차 모를 수 있다. 이 문제를 해결하기 위해 기업은 전화나 전자 메일로 응답자를 사전에 평가한 다음 응답자가 조사에 맞는 요구사항을 충족할 수 있도록 충분한 인구통계정보를 요청한다. 또한 응답자를 선별하기 위해 인터넷 설문조사 초기에 적절한 질문을 할 수도 있다.

자료 : R. Kottler, "Eight Tips Offer Best Practices for Online Market Research, *Marketing News*, April 1, 2005; E. Deutskens, K. de Ruyter, and M. Wetzels, "An Assessment of Equivalence Between Online and Mail Surveys in Service Research," *Journal of Service Research* 8 (May 2006), pp. 346 – 355.

반적 패턴을 정의하고 바로 잡아야 한다. 보다 세련된 불평 처리방식에서는 고객 불평을 고객의 의견(부정적이든 긍정적이든)뿐만 아니라 질문까지 포괄하는 것으로 넓게 정의한다. 기업은 이러한 고객의 소리를 저장해야 하며 가능한 자주(주별 또는 월별) 보고해야 한다.

핵심사건연구

핵심사건조사법(critical incident technique, CIT)은 고객이 서비스접점에서 경험한 만족 또는 불만족한 경험을 이야기하도록 하는 질적인 인터뷰 절차이다. 서비스업에서 어떤 마케팅

조사방법을 사용하는지를 조사한 연구에 따르면 CIT는 호텔, 레스토랑, 항공사, 놀이공원, 자동차정비소, 소매상, 은행, 케이블 TV, 대중교통, 교육 등 거의 전 분야에서 사용되는 것으로 보고되고 있다.[5] CIT를 사용한 핵심사건연구는 서비스에 대한 소비자 평가, 서비스실패와 회복, 직원, 서비스제공에서 소비자 참여, 그리고 서비스경험 등 광범위한 주제에서 이루어지고 있다.[6] 이 기법으로 (내부 또는 외부의) 고객들은 다음과 같은 질문을 받는다.

- 고객의 입장에서 매우 만족하거나 불만족한 상호작용을 경험한 때를 상기해 보시오.
- 그때 어떤 일이 일어났었는가?
- 이러한 상황을 이끈 특별한 환경은 무엇인가?
- 정확히 종업원(또는 기업구성원)이 말하거나 행동한 것은 무엇인가?
- 당신의 상호작용을 만족스럽거나 불만족스럽게 느끼도록 만든 것은 무엇 때문인가?
- 무엇이 다르게 이루어졌어야 하는가?

때때로 접점직원은 고객의 입장이 되어 동일한 질문에 답해야 한다 : 즉 "고객의 입장이 되어보라. 즉, 고객의 눈으로 기업을 바라보도록 노력하라. 그리고 지금 당신 기업의 고객이 특별히 당신 또는 동료직원과 특히 만족스럽거나 불만족스러운 상호작용을 했던 최근 시간을 상기하라." 그런 다음, 사건의 기저에 존재하는 **만족/불만족**의 공통 주제를 결정하기 위해 이야기의 내용이 분석된다. 제4장에서 우리는 (실패 후) 회복, 적응성, 자발성, 대처의 연구를 통해 정의되어 온 서비스접점에서 기쁨과 불쾌함의 원천인 네 가지 공통 주제에 대하여 기술하였다. 개별 기업은 그들의 기업 또는 산업에 대한 만족과 불만족의 원천을 정의하기 위해 이러한 연구들을 수행하였다.

CIT는 여러 가지 이점이 있다. 첫째, 자료가 소비자 자신의 말로 표현되고 그들의 생각을 반영하기 때문에 생생하다. 둘째, 이 방법은 기업과 직원이 행동하고 반응하는 것에 대한 구체적인 정보를 제공하기 때문에 조사결과를 행동으로 옮기기가 쉽다. 셋째, 대부분의 다른 질적 방법과 마찬가지로 CIT는 주제와 서비스가 잘 알려지지 않고 다른 정보도 거의 존재하지 않을 때 유용하다. 마지막으로 이 방법은 조사자가 정의한 문제에 답하는 것이 아니라 조사자와 응답자가 지각을 공유하기 때문에 다른 문화권의 고객지각 평가에 잘 맞다.[7]

요구사항조사

요구사항조사(requirements research)는 고객이 서비스에서 기대하는 편익과 속성을 파악하는 것이다. 요구사항조사는 설문조사에 포함되어야 할 질문의 내용과 기업이 수행해야 할 개선점을 결정하는 데 매우 중요하며 필수적이다. 질적 방법으로 조사를 시작하는 것이 적절한데, 설문지 개발의 사전테스트 단계 전에 요구사항조사를 하는 것이 좋다. 공교롭게도 많은 기업들은 요구사항조사에 근거하여 설문지를 만들기보다 직관이나 회사의 방침에 따라 설문 내용을 결정하는 경우가 많다. 개별 기업은 그들의 기업 또는 산업에 대한 만족과 불만족의 원천을 정의하기 위해 이러한 연구들을 수행하였다.

서비스업에 효과적인 요구사항조사의 한 가지 접근법은 다른 유사한 서비스에서 이미 조사된 고객의 요구사항을 검토하는 것이다. 서비스품질의 다섯 가지 차원은 산업에 상관없이 일반화가 가능하고 때로 이 차원들이 드러나는 방식 또한 매우 유사하다. 병원 환자와 호텔의 고객을 예로 들면, 서비스를 이용할 때 이들이 기대하는 특징의 많은 부분이 유사하다. 병원의 전문적인 의료서비스 외에 환자는 호텔의 고객과 마찬가지로 편안한 방, 정중한 직원, 맛좋은 식사 등을 기대한다. 이와 같이 공통적인 고객기대를 갖는 업종이 있는 경우, 경영자는 관련 서비스에서 이루어진 기존 조사를 통해 정보를 얻을 수 있다. 예를 들어, 병원보다는 호텔이 마케팅이나 고객조사를 더 오래 해왔기 때문에 호텔 손님의 기대에 관한 조사내용은 병원 환자의 기대를 이해하는 데 정보가 될 수 있다. 필라델피아에 있는 앨버트 아인슈타인 의료센터(Albert Einstein Medical Center)의 병원 경영자는 환자들을 이해하고 돌보는 것에 관한 정보를 얻기 위해 9개의 지역 호텔 임원들에게 자문을 구했다. 결과적으로 음식의 질 개선, 읽기 쉬운 이름표, 쉽게 눈에 띄는 안내 데스크, 입원실에 라디오 설치 등 많은 개선이 이루어졌다.[8]

관계조사와 SERVQUAL 조사

관계조사(relationship research)는 조사의 한 유형으로 기업과 고객의 관계에 대한 모든 요소(서비스, 제품, 가격을 포함)에 대해 질문을 던지는 것이다. 이러한 포괄적인 접근법은 기업이 고객관계의 강점과 약점을 진단하는 데 매우 유용하다. 예를 들어, 페덱스사는 만족도를 평가하고, 불만족의 이유를 식별하고, 시간경과에 따른 만족도를 모니터링하기 위해 다양한 종류의 고객만족도 관련 연구를 수행한다. 페덱스사는 분기마다 2,400건의 전화 인터뷰를 실시하여 미국 국내 서비스속성 17개, 해외 서비스속성 22개, 드롭박스(drop-box) 속성 8개, 서비스센터 속성 8개를 측정한다. 페덱스사는 또한 전문화된 사업부문에 대한 10개의 표적만족연구도 실시하였다.

관계조사는 기준선(base-line)을 제공하는 초기 조사와 함께 매년 서비스성과를 모니터하고 탐지하는 데 사용된다. 또한 관계조사는 자사의 성과와 경쟁사를 비교하는 데도 효과적인데, 종종 가장 잘하는 경쟁자를 벤치마킹할 때 많이 사용한다. 이 경우 조사의 주체가 누구인지 모르도록 해야 하며, 핵심 대상기업과 하나 또는 그 이상의 경쟁자에 관한 질문을 포함해야 한다.

서비스품질의 올바른 측정은 성과개선을 필요로 하는 서비스 측면의 파악, 각각의 측면에 얼마나 많은 개선이 필요한지에 대한 평가, 그리고 개선 노력의 효과에 대한 평가를 위해 매우 필요하다. 내구성이나 결함의 수와 같은 지표에 의해 객관적으로 측정되는 제품품질과는 달리, 서비스품질은 추상적이기 때문에 서비스에 대한 고객평가를 측정하는 설문조사에서 가장 잘 파악된다. 특히 서비스품질 측정을 위해 개발된 최초의 측정법 중의 하나가 **SERVQUAL 조사**(SERVQUAL research)이다.

SERVQUAL 척도는 21가지 서비스 속성을 포함하며, 이들 속성은 서비스품질의 다섯 가지 차원(제4장에서 논의했음), 즉 신뢰성, 응답성, 확신성, 공감성, 유형성으로 분류된다. 때때로 이 조사는 고객에게 각각의 속성에 대한 두 개의 다른 평가를 요구한다. 하나는 이 분야에 뛰어난 기업으로부터 고객이 기대하는 서비스 수준을 반영한 평가이며, 다른 하나는 그 분야 내 특정 기업의 서비스 공급에 대한 고객지각에 대한 평가이다. 기대와 지각평가 차이는 서비스품질을 양적으로 측정하는 구성요소가 된다. 예시 5.2는 기대와 지각의 표현뿐만 아니라 기본적인 SERVQUAL 척도의 항목들을 보여준다.[9] SERVQUAL조사를 통해 수집된 자료는 다음과 같은 여러 가지 목적으로 사용된다.

- 각 서비스속성에 대한 평균 갭(고객의 지각과 기대 차이) 점수를 구하기 위해
- 다섯 가지 SERVQUAL 차원에 따라 기업의 서비스품질을 평가하기 위해
- 고객의 기대와 지각(서비스의 개별속성이나 SERVQUAL 차원에 대해)을 시간의 변화에 따라 추적하기 위해
- 경쟁사와 자사의 SERVQUAL 점수를 비교하기 위해
- 기업의 서비스성과 평가에 현저한 차이를 보이는 세분시장을 파악하기 위해
- 내부서비스품질을 평가하기 위해(즉, 동일 기업 내에서 한 부서가 다른 부서에게 행한 서비스품질)

이러한 측정문항은 서비스품질 평가에 초점을 맞춘 많은 연구결과를 가져왔고 전 세계 서비스업에서 사용된다. SERVQUAL을 이용한 많은 연구들이 다양한 분야에서 적용되고 있다. 부동산중개업, 개업의사, 대중 레크리에이션 프로그램, 치과대학, 경영대학, 직업소개소, 타이어 매장, 전동 운송회사, 회계법인, 할인점, 백화점, 가스나 전기설비회사, 병원, 은행, 해충 박멸, 드라이클리닝, 패스트푸드, 고등교육 등 다양한 분야에서 사용되고 있다.

추적전화 또는 사후거래조사

SERVQUAL 조사의 목적이 고객과의 전반적인 관계를 평가하기 위한 것이라면, 사후거래조사(trailer calls or posttransaction surveys)의 목적은 고객과의 핵심접점에 관한 정보를 수집하는 것이다. 이 방법에서 고객은 특정 거래가 발생한 직후 거래 만족도와 상호작용한 접점직원에 대한 몇 가지 질문을 받게 된다(그래서 **추적전화**라 명명한다). 이 조사는 다양한 고객을 상대로 지속적으로 수행하기 때문에 단지 불만족 고객으로부터만 정보를 얻는 불만조사보다 효과적인 방법이라고 볼 수 있다.

예컨대, 페어필드인 호텔에서는 고객이 숙박 후 체크아웃할 때 컴퓨터 단말기를 이용하여 호텔에서의 경험에 관한 4~5개의 질문에 응답하도록 요청한다. 이 방법은 객실 안에 놓여 있는 고객의견카드에 비해 고객의 참여율을 높일 수 있고 응답시간이 짧다는 이점이 있다. 다른 회사에서는 이메일에 의해 거래조사가 이루어지기도 한다(Best Buy, Geek Squad,

예시 5.2 SERVQUAL–서비스품질에 대한 고객기대를 파악하기 위한 다차원척도

SERVQUAL 척도는 1988년 처음 소개되었으며 이후 수많은 개선과 수정을 거쳐 왔다. 척도는 5개의 서비스품질차원에 대한 21개의 지각 관련 항목이 포함되어 있으며 또한 기대 항목도 포함되어 있다. SERVQUAL 척도는 다양한 포맷으로 사용이 가능한데 여기서는 기대항목과 21개의 지각 항목을 제시하고 있다.

지각(perceptions)

신뢰성(reliability) 차원에 관한 지각문항							
	강한 부정						강한 긍정
1. XYZ 기업은 어떤 시간에 어떤 것을 하겠다고 약속하면 그렇게 한다.	1	2	3	4	5	6	7
2. XYZ 기업은 처음에 정확히 서비스를 제공한다.	1	2	3	4	5	6	7
3. XYZ 기업은 약속한 시간에 서비스를 제공한다.	1	2	3	4	5	6	7
4. XYZ 기업은 무결점 서비스 기록을 강조한다.	1	2	3	4	5	6	7
응답성(responsiveness) 차원에 관한 문항							
1. XYZ 기업은 서비스가 언제 제공되는지를 정확히 고객에게 알린다.	1	2	3	4	5	6	7
2. XYZ 기업의 직원들은 당신에게 즉각적으로 서비스를 제공한다.	1	2	3	4	5	6	7
3. XYZ 기업 직원들은 언제나 기꺼이 당신을 도와주려 한다.	1	2	3	4	5	6	7
4. XYZ 기업 직원들은 아무리 바빠도 당신의 요청에는 반드시 반응한다.	1	2	3	4	5	6	7
확신성(assurance) 차원에 관한 문항							
1. XYZ 기업 직원들의 행동은 당신에게 확신을 준다.	1	2	3	4	5	6	7
2. XYZ 기업과의 거래는 안전하다는 느낌이 든다.	1	2	3	4	5	6	7
3. XYZ 기업 직원들은 항상 당신에게 정중하다.	1	2	3	4	5	6	7
4. XYZ 기업 직원들은 당신의 질문에 답할 수 있는 자식을 가지고 있다.	1	2	3	4	5	6	7
공감성(empathy) 차원에 관한 문항							
1. XYZ 기업은 당신에게 개별적인 관심을 보인다.	1	2	3	4	5	6	7
2. XYZ 기업의 직원 중에는 당신에게 개인적인 관심을 보이는 직원이 있다.	1	2	3	4	5	6	7
3. XYZ 기업은 당신의 최고관심사를 진심으로 소중히 여긴다.	1	2	3	4	5	6	7
4. XYZ 기업의 직원들은 당신의 구체적인 욕구를 이해한다.	1	2	3	4	5	6	7
5. XYZ 기업은 모든 고객의 편리한 서비스시간을 가지고 있다.	1	2	3	4	5	6	7
유형성(tangibles) 차원에 관한 문항							
1. XYZ 기업은 최신설비를 갖추고 있다.	1	2	3	4	5	6	7
2. XYZ 기업의 물리적 시설은 시각적으로 호감이 간다.	1	2	3	4	5	6	7
3. XYZ 기업의 직원들은 단정하게 보인다.	1	2	3	4	5	6	7
4. XYZ 기업은 서비스제공과 관련된 팸플릿이나 알림표 같은 것이 시각적으로 호소력 있다.	1	2	3	4	5	6	7

기대(expectations) : SERVQUAL을 이용한 고객기대를 측정하는 몇 가지 포맷

기대와 관련된 문항(앞의 지각문항과 비교해서)

	강한 부정						강한 긍정
고객이 문제가 있을 때, 뛰어난 기업은 그 문제를 해결하기 위해 진지한 관심을 보여줄 것이다.	1	2	3	4	5	6	7

준거기대(referent expectation) 포맷

1. '세계일류'의 기업이라고 생각하는 기업이 7점이라고 생각하고 답하라. 당신은 다음과 같은 서비스 특징에 대해 XYZ 기업의 성과가 어느 정도일 것이라고 생각하는가?

	낮음						높음
성실하고 이해심 깊은 직원	1	2	3	4	5	6	7
적시에 제대로 제공되는 서비스	1	2	3	4	5	6	7

2. 당신이 초우량 기업으로부터 기대하는 서비스의 수준과 비교해서 다음과 같은 서비스 특징에 대해 XYZ 기업의 성과는 어느 정도일 것이라고 생각하는가?

	낮음						높음
성실하고 이해심 깊은 직원	1	2	3	4	5	6	7
적시에 제대로 제공되는 서비스	1	2	3	4	5	6	7

기대/지각(expectation/perception) 결합 포맷

다음 각 문항에 대해서 XYZ 기업의 서비스가 당신의 기대와 비교해서 어느 정도의 수준인지 표시된 숫자에 원으로 표시하라.

	나의 기대 서비스보다 낮다			나의 기대 서비스와 같다			나의 기대 서비스보다 높다		
1. 즉각적인 서비스	1	2	3	4	5	6	7	8	9
2. 정중한 직원	1	2	3	4	5	6	7	8	9

희망서비스와 적절서비스를 구별하는 기대 포맷

다음의 각 문항에 대해서, XYZ 기업의 성과를 당신이 기대했던 서비스 수준과 비교하여 해당하는 숫자에 원으로 표시하라.

	나의 최저서비스 수준과 비교해서 XYZ기업의 성과는									나의 희망서비스 수준과 비교해서 XYZ기업의 성과는								
	낮다			같다			높다			낮다			같다			높다		
1. 즉각적인 서비스	1	2	3	4	5	6	7	8	9	1	2	3	4	5	6	7	8	7
2. 정중한 직원	1	2	3	4	5	6	7	8	9	1	2	3	4	5	6	7	8	9

자료 : A. Parasuraman, V. A. Zeithaml, and L. L. Berry, "A Conceptual Model of Service Quality and Its Implications for Future Research," *Journal of Marketing* 49 (Fall 1985), pp. 41–50.

and Panera Bread). 고객은 800 무료전화나 영수증에 기록되어 있는 웹사이트에 접속하여 조사를 완성하도록 요구받는다. 조사를 완성하면 그 상점에서 제공하는 상품이나 쿠폰을 얻을 수 있는 인센티브를 제공한다.

사후거래조사의 또 다른 강력한 이점은 고객이 만족했음을 확인하는 서비스로 받아들인다는 사실이다. 즉, 사후조사는 마케팅조사 수단과 고객서비스라는 두 가지 역할을 담당하는 것이다. 이 조사는 간단하면서 신선한 것으로 경영자에게 고객과의 상호작용에 관한 지속적인 정보를 제공한다. 더욱이 이 조사를 통해 높은 성과에 대해 보상하고 낮은 성과는 바로 잡을 수 있도록 서비스품질 성과와 담당 접점직원을 연관시킬 수 있다. 또한 접점직원은 어떻게, 언제 평가받는지 알기 때문에 접점직원이 보다 나은 서비스를 제공하도록 하는 인센티브로도 작용한다. 본 장의 도입 사례 부분에서는 이 접근 방식의 몇 가지 제한 사항을 설명하고 거래 후 설문조사만으로 개선할 수 있는 혁신적인 방법으로 고객여정(customer journey)의 측정에 대해 논의했다.

서비스기대 회의 및 검토

대규모 거래가 이루어지는 기업 간 거래상황에서, 매년 지정된 기간에 고객의 기대를 파악한 다음, 그 기대가 충족되었는지의 여부를 다음에(보통 1년 뒤) 파악하는 것이 매우 효과적이다. 서비스가 아니라 제품을 생산하는 기업에서도, 서비스기대 회의는 특정 판매 부서(sales team)가 기대를 조사하고 제대로 충족시켰는지의 여부를 처리할 수 있다. 이제껏 논의한 다양한 조사방법과는 달리, 이러한 회의는 객관적이고 편견 없는 조사원에 의해 수행되는 것이 아니라 판매부서의 부서장이 주도하여 진행하기 때문에 고객의 기대를 보다 자세히 파악할 수 있다. 판매부서가 서비스기대를 다루는 것이 당연하다고 생각되겠지만, 고객의 기대를 경청하기보다는 고객에게 이야기하는 것에 습관되어 있기 때문에 이러한 방법이 추천되는 것이다. 판매부서는 자신을 변호하고 변명하는 대신에 고객을 이해하는 훈련을 받을 필요가 있다. 판매원으로 하여금 경청하도록 하는 훈련을 하기 위해 어떤 회사는 판매현장에 마케팅조사원이 함께 가서 정해진 포맷에서 벗어날 때마다 책상 밑에서 경고하는 방법을 사용하기도 한다.

경청하도록 하기 위해 만든 포맷은 다음과 같다. (1) 포커스그룹인터뷰에서 미리 파악한 8~10가지 기본요구사항이 해당 고객의 기대인지를 확인한다. (2) 과거에 판매부서가 잘 이행한 요구사항과 개선이 필요한 사항을 질문한다. (3) 고객에게 요구사항에 대한 상대적 중요성 순위를 매기도록 부탁한다. 정보를 입수한 판매부서는 고객의 요구사항을 중심으로 연간 목표를 세운다. 그런 다음에, 계획이 고객의 욕구를 충족시킬 수 있는지를 확인하고 만약 어렵다면 고객에게 그 사실을 알려 기대를 조정하도록 한다. 일 년 동안 계획을 실행한 후 판매부서는 또 다시 고객을 방문하여 제대로 충족되었는지를 확인하고 다음 해의 새로운 기대치를 정한다.

과정체크포인트 평가

컨설팅, 건설, 건축업과 같은 전문서비스는 오랜 시간에 걸쳐 제공되는 것이라 고객에 대한 정보를 수집하는 데 분명한 방법과 기간이 없다. 따라서 전체 계획을 완성할 때까지 기다리는 것은 그때까지 해결되지 못한 많은 문제를 미루는 것이 되므로 바람직하지 못한 일이다. 이러한 상황에서 현명한 서비스제공자는 서비스제공 과정을 명확히 한 다음 가장 빈번한 접점을 중심으로 만족 여부를 피드백하게 한다. 예를 들어 경영컨설팅회사는 고객에게 서비스를 제공하는 다음과 같은 과정을 정할 수 있다. (1) 정보수집, (2) 문제의 원인 진단, (3) 대안 솔루션 제시, (4) 대안선택, (5) 솔루션 실행 등의 순서이다. 그 다음에, 계획된 일이 잘 진행되고 있는지를 확인하기 위해 **과정체크포인트**를 고객과 합의한다. 예컨대, 문제의 원인을 밝혀낸 후, 대안 솔루션을 제시하기 전을 체크포인트로 정할 수 있다. 이러한 체크포인트는 고객 여정에서 핵심적인 부분이다.

시장지향의 민속학

구조화된 설문지는 사람들이 자신의 행동을 의식하고 회상할 수 있으며, 자신의 생각을 기꺼이 조사원에게 설명한다는 가정(assumption)에서 작성된다. 다른 문화의 고객이 어떻게 서비스를 평가하고 이용하는지 완전히 이해하는 데는 **시장지향의 민속학**(market-oriented ethnography)이 필수적이고 효과적이다. IDEO라 불리는 새로운 제품/서비스기업이 연구를 디자인하기 위한 접근을 하던 도중에 발견되었는데, 이 방법은 조사자가 자연스러운 상황에서 소비행동을 관찰하도록 하는 것이다. 이 방법의 목표는 고객이 레스토랑에서 식사를 하거나 콘서트에 참석하는 등 실제 환경에서 어떻게 서비스를 이용하는지 관찰함으로써 고객의 소비세계에 가능한 한 들어가는 것이다. 시장지향 민속학에 속하는 방법으로 관찰, 인터뷰, 사실기록, 예술품(artifacts)과 같은 소유물의 검토 등이다. 관찰은 참여관찰자로서 경험에 들어가 일어나고 있는 일을 직접 보고 질문하는 것이다. 일반 소비자보다 그 문화의 핵심응답자와의 1:1 인터뷰는 문화에 기초를 둔 행동에 대한 통찰력을 제공하며, 사실기록(documents)과 예술품과 같은 소유물에 대한 검토는 생활양식과 사용양식을 이해하는 데 통찰력을 제공한다.[10] 본 장의 앞 부분에서 설명한 잘트만식 은유추출기법, 즉 ZMET는 민속학 연구의 한 형태이다.

베스트웨스턴인터내셔널(Best Western International)은 시니어(실버) 고객시장을 좀 더 잘 이해하기 위해 다음과 같은 방법을 사용한다. 시니어들이 이용하는 시설에 가서 그들에게 질문하기보다, 전국을 여행하는 55세 이상 25쌍의 커플에게 비디오테이프에 여행과정을 녹화할 수 있도록 돈을 지불한다. 이렇게 하여 시니어들이 보고하는 방법보다 커플들이 어떻게 실질적으로 의사결정을 하는지 경청할 수 있었다. 이러한 조사에서 얻은 통찰력은 그들이 알고 있는 것과 분명히 달랐다. 매우 주목할 만한 발견은 돈 걱정을 하지 않아도 되는데도 불구하고 호텔직원과 숙박비를 흥정한다는 사실이었다. 시니어들은 흥정에서 스릴을 맛보고 있는 것이다. 다음 예시가 그것을 잘 보여주고 있다.

화질이 선명치 못한 비디오테이프를 가진 60대 여자가 호텔 침대에 앉아 있다. 하루 종일 길에서 보낸 이 여자는 남편에게 말한다. "잘했어요!", "우리는 안내데스크의 직원을 멋지게 물리쳤고, 훌륭한 방을 얻었어요"라고 하면서 기뻐했다.[11]

시니어 고객들은 베스트웨스턴에 아무것도 공헌하지 않은 채, 할인으로 절약한 돈으로 다른 곳에서 더 좋은 저녁식사를 하고 있었다. "할인은 중요한 것에 사용되지 않고 있었다. 우리는 조사를 통해 무엇이 옳은 것인지 알게 되었다"고 베스트웨스턴의 경영자는 말한다. 이러한 발견은 전통적인 조사나 고객에게 직접 질문하는 것으로는 알아내기 어렵다. 속마음을 읽어낼 수 없기 때문이다.

미스테리쇼핑

미스테리쇼핑(mystery shopping)은 마케팅조사 기업 직원들이 고객인 것처럼 가장하고 서비스를 경험하여 필요한 조사를 하는 독특한 방식이다. 이러한 **미스테리손님**(mystery shopper)은 고객이 중요시 여기는 기준에 대해 미리 교육을 받고, 미리 정해 놓은 설문지에 근거하여 객관적인 평가를 하거나 그들에 대한 질적인 느낌을 가지는 자유로운 질문 문항을 이용한다. 이 설문지에는 고객에게 중요한 서비스품질이나 이슈를 알아내는 항목이 포함된다. 예를 들어, 오봉팽(Au Bon Pain)베이커리 카페는 음식을 먹는 매장에 미스테리손님을 보내 접점직원, 레스토랑, 음식에 대한 설문지를 작성케 한다. 이때 직원들은 다음과 같은 기준에 의해 평가된다.

- 고객이 입구에 들어선 후 3초 이내에 인사하는가?
- 상냥하게 인사하는가?
- 주문받을 때 추가 품목을 권하는가?
- 음식을 가져다 주기 전에 지불을 요청하는가?
- 영수증을 받았는가?
- 거스름돈을 정확하게 받았는가?
- 주문한 음식이 정확하게 나왔는가?

오봉팽베이커리 카페는 보상시스템의 핵심요소로 미스테리쇼핑을 사용함으로써 접점직원이 서비스표준대로 일하도록 유도한다. 좋은 점수를 받은 직원은 이름이 매장 게시판에 붙여지고 보너스와 함께 축하편지도 받는다. 또한 높은 점수를 받은 매장 매니저는 자사 카탈로그에 있는 품목과 교환할 수 있는 초록색 우표 같은 "우수 클럽(club excellence)" 달러를 즉석보너스로 받는다. 아마 더 중요한 것은 순환(shift)매니저와 구역(district)매니저가 주는 총점에 따라 매달 지급되는 이윤분배형 현금보너스일 것이다. 78% 미만 점수는 보너스 대상에서 제외되며, 반면 높은 점수는 상당한 보너스를 가져다준다.

미스테리쇼핑은 직원들이 언제든지 평가받을 수 있다는 것을 알기 때문에 이들을 지속적으로 긴장하게 한다. 직원들은 자사가 정한 서비스표준에 의해 평가받고 있음을 알기 때문에 그렇지 않을 때보다 더 충실히 서비스표준을 수행할 수 있다. 따라서 미스테리쇼핑은 서비스 표준을 강화하는 데 매우 효과적인 방법이라 할 수 있다.

고객패널

고객패널(customer panels)은 일정기간 서비스에 대한 고객의 태도와 지각을 기업에 알려주기 위해 모집된 고객집단이다. 그들은 정기적으로, 그리고 적시에 고객정보를 기업에게 알려주기 때문에 시장의 맥박을 전해준다고 할 수 있다. 고객패널을 구성할 때 이들이 최종소비자 중에 규모가 큰 세분시장의 의견을 반영할 수 있도록 구성해야 한다.

영화를 개봉하기 전에 시사회를 갖는 것과 같이 고객패널은 엔터테인먼트사업에서 사용되기도 한다. 완성에 가깝지만 아직 편집이 끝나지 않은 필름을 표적고객에 속하는 고객패널에게 공개한다. 이 고객패널의 기본적인 활동은 시사회 인터뷰나 영화 반응을 알아보는 포커스그룹 인터뷰에 참여하는 것이다. 그들은 영화의 엔딩(ending)에 대한 반응을 묻는 일반적인 질문이나, 구체적 줄거리의 내용 하나하나에 질문을 받을 수도 있다. 따라서 영화는 이 고객패널의 반응에 근거하여 완성도를 높이기 위해 수정되고 편집된다. 극단적인 경우, 고객의견으로 인해 영화 전체 엔딩이 바뀌기도 한다.

이탈고객조사

이탈고객조사(lost customer research)는 자사의 서비스를 더 이상 구매하길 원하지 않는 고객을 찾아 그들이 왜 떠났는지 알아보는 것이다. 이탈고객조사는 불만족을 야기한 특정한 사건이나 거래 중단의 원인을 알아낼 수 있는 개방형의 심층 질문을 던지는 것으로, 직원들이 하는 출구인터뷰(exit interview)와 유사한 방법이다. 이 경우 개방형 질문이 아니라 표준형 질문을 할 수도 있다. 예컨대, 미국 중서부의 한 제조업체는 옛 고객에게 우편설문으로 여러 단계에서 자사와의 관계가 어떠했는지를 질문한다. 또한 이 조사는 고객이 거래 중단을 한 구체적인 이유를 찾아내고 또한 그들이 구매를 줄이고 있는 이유를 설명하도록 한다.

이탈고객조사의 이점은 서비스의 실패점과 문제점을 파악할 수 있다는 것이며, 이를 통해 미래에 이탈 가능한 고객에 대한 조기경보시스템을 구축할 수 있다는 것이다. 또 하나의 이점은 이탈고객의 비용 산정에 활용할 수도 있다는 것이다.

미래기대조사

고객기대는 매우 역동적인데, 특히 경쟁적이고 적대적인 시장에서는 매우 급속도로 변화한다. 경쟁이 치열해지고 소비자의 기호가 변화하고 소비자의 지식이 점점 늘어남에 따라 기업은 지속적으로 그들의 정보와 전략을 최신 것으로 수정해야 한다. 이런 역동적인 시장상황에서, 기업은 고객의 현재 기대뿐만 아니라 미래기대(미래에 바람직한 서비스특성)까지 이해하길 원한다. **미래기대조사**(future expectation research)에는 다양한 유형의 조사가 있다. 첫째, **특징조사**(feature research)는 환경검색과 미래에 바람직하다고 생각하는 서비스특징에 관하여 질문하는 것이다. 둘째, **선도사용자조사**(lead user research)는 의견선도자나 혁신자를 대상으로 기존 제품이나 서비스를 통해 충족되지 않고 있는 요구사항이 무엇인지를 알아보는 것이다.

종종 기대조사의 대상이 되는 고객의 참여가 토론의 대상이 된다. 서비스설계자나 개발자는 새롭게 급변하는 산업과 서비스업에서 고객 자신이 원하는 것이 무엇인지 모른다고 주장한다. 반면 서비스개발자는 존재하지 않는 욕구를 표적으로 발전되어야 한다고 반박한다. 이 문제를 연구하는 연구자들은 통신서비스에서 최종수요자와 전문가인 개발자를 비교하여 수요자의 공헌이 얼마만큼 되는지를 평가한다. 연구는 세 집단으로 구성된다. 연구결과 사용자는 좀 더 독창적이지만 덜 생산적인 아이디어를 내는 것으로 나타났다. 그러나 시제품(protoype)이 만들어졌을 때 이를 테스트하고 조사하기 위해 초대된 소비자는 긍정적인 결과를 보여주었다.[12]

마케팅조사결과의 분석과 해석

고객조사자가 당면한 가장 큰 과제 중의 하나는 복잡한 자료를 경영자, 매니저 및 접점직원들에게 이해하고 읽기 쉬운 형태로 재빨리 전달하여 그들의 의사결정을 도울 수 있느냐 하는 것이다. 예컨대, 많은 기업에서 "빅 데이터"에 근거하여 전략을 수립하고 있으나 단지 정교한 데이터베이스를 갖는다고 하여 경영자의 의사결정에 도움이 되는 것은 아니다. 고객조사결과를 활용하려는 사람들 중 대다수는 통계적인 지식을 갖고 있지 않으며, 컴퓨터 출력결과나 다른 전문적인 조사정보를 분석할 만한 시간이나 전문성도 가지고 있지 않다. 고객조사프로세스의 기본목적은 명쾌하고 적절한 양식으로 관계자에게 명확하게 정보를 전달하는 것이다. 그렇게 하기 위해서는 다음과 같은 사항을 고려해야 한다. 누가 이 정보를 사용하는가?, 이 정보가 그들에게 왜 필요한가?, 그들은 이 정보를 어떻게 사용할 것인가?, 이 정보는 다른 문화권에서도 동일한 의미를 가지는가? 등이다. 사용자가 자료를 확실히 이해할 때 정보를 보다 적절히 이용할 수 있다. 그러므로 사용자가 자료를 어떻게 해석하는지 이해하지 못하거나 조사에 대한 신뢰가 부족할 때 조사를 위해 투입된 시간과 노력은 수포로 돌아갈 것이다.

조사된 정보를 전달하는 효과적인 방식은 결과를 그래픽으로 처리하는 것이다. 본 장에서 논의된 다양한 마케팅조사 자료를 그래픽 처리한 예시를 설명한다.

고객여정과 경험 지도

본 장의 도입 사례 부분에서 설명했듯이 고객여정(customer journey) 및 클러스터의 측정은

전략적 통찰 빅 데이터는 소비 조사에 분야에 새로운 도구로 활용된다

비즈니스 분야에서 최근에 자주 듣게 되는 용어 중 하나가 "빅 데이터(big data)"이다. 맥킨지글로벌연구소(McKinsey Global Institute)에 따르면 "빅 데이터란 기존의 데이터베이스 도구를 활용하여 캡쳐, 저장, 관리 및 분석하기에는 너무나 큰 대량의 정형 및 비정형의 데이터 집합"을 말한다. 여기에는 기업이 필요로 하는 거의 모든 정보를 이해하고 연결하기 위해 사용할 수 있는 방대하면서 새로운 정보의 흐름에 접근하는 것이 포함되며, 그중 대부분은 고객을 이해하는 데 매우 중요하다. 그러나, 나중에 설명하겠지만 빅 데이터는 의사결정을 내리고 전략적 영향을 판단할 때에만 유용하게 사용할 수 있다.

당신은 아마도 아마존의 빅 데이터와 알고리즘에 친숙할 것이다. 아마존은 당신이 무엇을 구매하는지 추적할 수 있을 뿐만 아니라, 당신이 다른 사이트에서 보고 있는 다른 제품, 웹사이트를 통해 이동하는 방법, 쇼핑 제안과 댓글이 당신에게 어떤 영향을 미치는지, 그리고 당신이 다음에 무엇을 구매할 것인지까지 추적할 수 있다. 매카피(Andrew McAffee)와 브린욜프슨(Erik Brynjolfsson)이 설명한 바와 같이, 빅 데이터는 이전의 분석 접근방식과는 크게 세 가지 차이점을 가지고 있다.

- **규모(Volume)** 기가바이트(gigabytes, 2의 30승)가 아닌 엑사바이트(exabytes, 2의 60승)를 상상해 보라. 기업은 인터넷을 활용하여 고객에 대한 정보를 페타바이트까지 수집할 수 있다. 페타바이트는 1천 조(2의 50승) 바이트(2천만 개의 문서 파일 캐비닛에 해당)이며 엑사바이트는 페타바이트의 1,000배이다!
- **속도(Velocity)** 마케팅 조사원이 데이터를 수집하는 데 더 이상 몇 주 또는 몇 개월이 걸리지 않는다. 이제 데이터 수집을 실시간으로 수행할 수 있으므로 기업은 조사 수행과 거의 동시에 통찰력을 얻을 수 있다.
- **다양성(Variety)** 빅 데이터에는 소셜 네트워크, 스마트폰, 이미지, 텍스트, 위치, 센서 판독값 등의 정보가 포함된다.

회의론자(skeptics)들은 기업들이 의사결정에 유용하게 활용할 수 있는 알고리즘을 사용하지 않는 한 빅 데이터는 단지 데이터일 뿐이라고 주장한다. 데이터와 데이터 간의 관계를 도출할 수 있지만 이러한 관계가 얼마나 타당하고 가치 있을까? 빅 데이터의 한계를 보여 주는 매우 평판이 좋지 않은 예로, 몇 년 전 최고의 과학 전문지 네이처(Nature)에 실린 "구글 플루 트렌드(Google Flu Trends)"가 있다. 당시 구글은 일격을 가했는데, 질병통제센터(Centers for Disease Control)보다 미국 전역에 퍼진 인플루엔자를 더 빨리 추적할 수 있었다(구글은 1일 지연, CDC는 1주일 이상 지연). 불행히도, 구글은 다음 해에는 이 기능을 복제할 수 없었다.

위의 예에서 볼 수 있듯이 빅 데이터는 관리자가 신뢰할 수 있는 결정을 내리고 전략에 영향을 미칠 수 있을 때만 유용하다. 한 연구팀은 데이터를 위해 데이터를 사용하는 것이 아니라, 기업이 데이터를 유용하게 사용하는 데 필요한 세 가지 중요한 내용을 다루는 저서를 출간했다. 첫째, 빅 데이터가 기업이 가치를 창출할 수 있는 많은 기회를 제공하지만, 입증되지 않은 데이터에 대한 투자와 상관관계(x는 y와 관계가 있음)를 인과관계(x는 y를 유발함)로 오인하는 문제와 같은 빅 데이터의 "어두운 면"을 보여 준다. 둘째, 빅 데이터로부터 답을 얻는 데 필요한 구체적인 분석 접근방식을 설명한다. 셋째, 데이터로부터 가치를 얻기 위해 기업 내에서 마케팅 분석 기능을 구성하는 방법에 대한 해결책을 다루고 있다. 이 저서는 빅 데이터에 대한 여러 가지 의견을 설명하는 논문과 저서 중 하나일 것이다.

또 다른 중요한 질문은 데이터 기반 기업이 직관(intuition)이나 구조화된 기업 데이터베이스를 통해 "전통적인(old-fashioned)" 방식으로 결정을 내리는 기업보다 우수한 성과를 내는 기업인지의 여부이다. 매사추세츠공대(Massachusetts Institute of Technology, MIT) 디지털비즈니스센터와 펜실바니아 대학(University of Pennsylvania)의 와튼스쿨(Wharton School)은 더 많은 기업들이 스스로를 데이터 중심 기업으로 규정할수록 재무 및 운영 측면에서 더 나은 성과를 도출한다는 사실을 발견했다. 실제로 데이터 중심 의사결정을 내리는 업계 상위 1/3의 기업은 생산성이 5%, 수익성이 6% 더 높다는 사실을 발견했다.

빅 데이터가 제공하는 이점에도 불구하고 관리자와 연구원의 통찰력은 여전히 필요하다. 데밍(W. Edwards Deming)이나 드러커(Peter Drucker)가 언급했듯이 "측정하지 않는 것은 관리할 수 없다." 그리고 좋은 전략적 결정을 내리기 위해서는 이러한 측정치를 현명하게 사용해야 한다.

자료 : P. Verhoef, E. Kooge, and N. Walk, *Creating Value with Big Data Analytics: Making Smarter Marketing Decisions* (New York: Routlege, 2016); A. McAfee and E. Brynjolfsson, "Big Data: the Management Revolution," *Harvard Business Review* 90(October 2012), pp. 61–67; McKinsey Global Institute, "Big Data—The Next Frontier for Innovation Competition," www.mckinsey.com, 2011; H. Chen, R. H. L. Chiang, and V. C. Storey, "Business Intelligence and Analytics: From Big Data to Big Impact," *MIS Quarterly* 36 (December 2012), pp. 1165–1188.

그림 5.2 주방 리모델링 서비스에 대한 고객여정과 경험지도

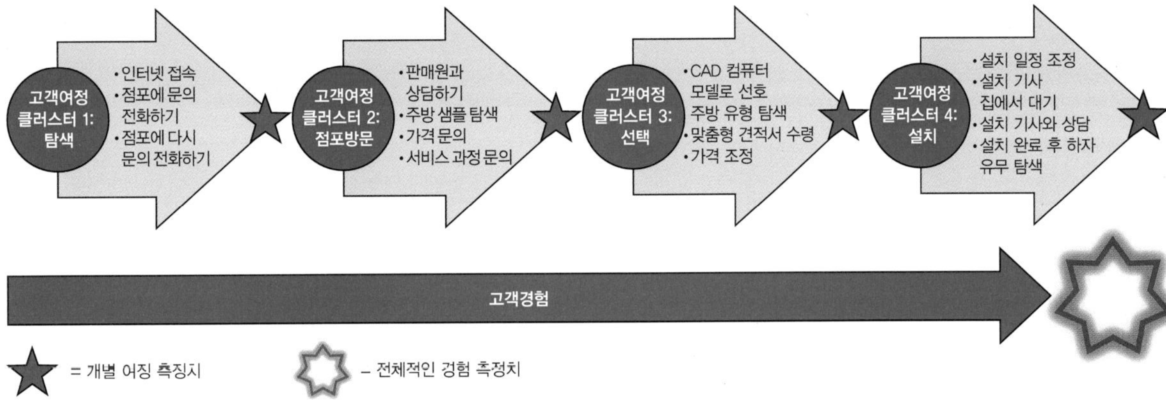

최첨단 조사방법이다. 고객의 관점에서 클러스터를 살펴봄으로써 기업은 여정을 더욱 단순하면서 우수하게 재설계할 수 있다. 개별 서비스 접점의 측정은 좁은 의미에서는 긍정적일 수 있다. 즉, 격리된 접점의 직원은 각 접점에 대한 질문에 답하거나 문제가 발생할 때 그것을 해결할 수 있다. 그러나 근본적인 문제는 피할 수 없고, 근본 원인 또한 해결되지 않기 때문에 각 접점에서 축적된 전체적인 경험은 고객에게 부정적인 것으로 남아 있을 수 있다.

그림 5.2는 가상의 주방 리모델링을 보여주고 있다. 첫 번째 여정의 클러스터에는 인터넷 검색, 관련 잡지 탐색, 최근 구매를 한 친구 또는 이웃에게 문의 등의 접점이 포함된다. 이 클러스터는 가격과 프로세스에 대한 불확실성으로 인해 고객들이 심사숙고하는 단계이다. 이 단계에서 고객은 일반적으로 친구와 이웃에 의존한다. 두 번째 클러스터에서는 고객이 매장을 방문하여 주방 샘플을 살펴보고, 판매원과 상담하면서 가격 및 서비스 프로세스에 대한 문제를 해결하려고 노력한다. 이 단계에서 기업이 제공할 수 있는 해결책 중 하나는 특정 고객이 원하는 속성으로 주방의 CAD 컴퓨터 모델을 구축하고 비용을 추정하는 것이다. 고객의 선택 여정 클러스터 단계에서, 기업은 제품의 정확한 사양과 서비스 일정이 포함된 주방 리모델링 계획안을 이메일을 통해 고객에게 전달할 수 있다. 이 단계에서는 고객이 즉각적인 조치를 할 수 있도록 동기 부여하기 위해 가격 인하 등의 프로모션이 구매 시에 제공될 수 있다는 것을 제안서에 포함할 수 있다. 배송 및 설치가 다음 클러스터가 될 것이며 다음 단계에서는 고객의 전체적인(end-to-end) 경험이 완성될 것이다.

이러한 경험의 측정은 그림 5.2에서 볼 수 있듯이 **여정**이 끝나는 부분에서 작은 별 모양으로 표시되는 조사 또는 기타 접근방식이 포함된다. 전체적인 고객 경험의 최종 측정값은 일곱 개 면의 큰 별로 표시된다.

중요도/성과 매트릭스

고객조사에서 가장 유용한 분석유형 중의 하나는 중요도/성과 매트릭스이다. 이 도표는 고객

세계적 추세 신흥국 시장에서의 소비자조사 수행

브라질, 러시아, 인도, 중국 같은 신흥국 시장에서 소비자조사를 수행할 경우, 미국에 기반을 둔 마케터들은 성공적인 수행을 위해서 자신들의 관행을 수정해야 한다. 슈타인바흐(Linda Steinbach)와 바일(Virginia Weil)의 주장에 따르면, 마케팅 담당자는 잘못된 정보나 분석에 기초한 잘못된 결정을 내리지 않도록 조사 수행 전에 해당 지역의 중요한 배경에 관한 정보를 파악해야 한다. 세계 최고의 글로벌 마케팅 조사기업 중 하나인 시노베이트(Synovate)에서 주요고객 담당 이사를 맡고 있는 슈타인바흐와 바일은 4개의 신흥국 시장을 조사할 때, 해야 할 일과 하지 말아야 할 일에 대한 유용한 목록을 제공했다. 다음의 내용은 슈타인바흐(Linda Steinbach)와 바일(Virginia Weil)이 저술한 『전술에서 개인화로: 신흥 시장에서 시장 조사를 수행하기 위한 시노베이트의 팁』이라는 책에서 발췌한 것이다.

브라질

브라질에서 시장 조사를 할 때, 마케터는 다음을 인지해야 한다:

- "공식" 통계를 포함한 2차 조사는 부분적으로 출처 수가 적고 출처 간에 불일치가 있기 때문에 전적으로 신뢰해서는 안 된다.
- 소비자들이 폭력에 대해 우려하기 때문에 대면 면접관이 직접 가정을 방문하여 면접할 가능성은 낮다. 전화 및 웹 설문조사가 더 나은 옵션이다.
- 개인 연락처는 매우 중요하기 때문에 누군가를 알고 있는 사람과 접촉하면 조사원들이 훨씬 더 빨리 접근할 수 있다.
- 비슷한 맥락에서 미리 참고사항을 숙지하는 것은 필수 사항이다. 브라질 사람이 알고 존경하는 사람과 거래를 했다면 그 정보는 매우 유용하게 사용될 수 있다.
- 가격은 일반 소비자와 기업 구매자 모두에게 중요하다.

러시아

스타인바흐와 바일은 대부분의 러시아 경영자들이 러시아어를 구사하고 러시아인을 상대하는 것을 선호하기 때문에 기업들이 러시아에서 조사를 수행할 때 현지 기업과 연계해야 한다는 것을 권고했다. 숙지해야 할 기타 사항은 다음과 같다:

- 2차 조사는 출처가 제한되고 불일치해 정확하지 않을 것으로 보인다.
- B-to-B에 대한 대면 조사는 전화 설문 조사보다 훨씬 선호된다.
- 조사 패키지 또는 설문 조사를 배달하는 현지 우편 서비스를 이용하면 몇 주가 걸리므로 다른 배포 방법을 사용하라.
- 개인적인 접촉도 매우 중요하지만 콜드 콜링(cold calling; 영업 담당자가 잠재 고객에게 전화로 비즈니스를 권유하는 것)도 효과적이다.
- 러시아 대부분의 연구자들은 수학적 배경을 가지고 있어서 그들이 결과물을 제시할 때는 해결책에 대한 매우 구체적인 설명으로 이어진다.
- 러시아 기업들은 러시아가 다른 나라들과 매우 다르다고 굳게 믿고 있기 때문에 조사결과에 대한 각각의 전략적 권장 사항들이 러시아의 현실을 반영하고 있다고 확신하도록 해야 한다.
- 러시아는 11개 시간대가 있고 기온 범위는 0도에서 영하 40도까지 분포되어 있어 아웃도어 마케팅이나 연구 활동이 이러한 환경에

그림 5.3
중요도/성과 매트릭스

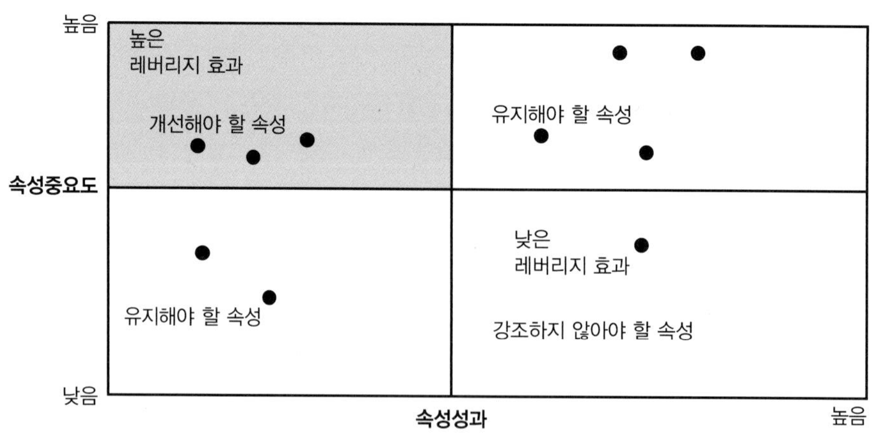

영향을 받을 수 있다.

- 러시아를 대표하는 조사결과로 인정받기 위해서는 총 7개 지역의 53개 도시를 대상으로 설문조사를 실시해야 한다.
- 개인주의보다는 공동책임주의(집단주의)가 핵심 가치다.

인도

성인의 70%만이 글을 읽을 수 있고 인도인의 3분의 1은 하루 70센트에 해당하는 돈으로 생활한다. 이러한 인구통계적 특징의 일부가 다음과 같이 조사에 영향을 미친다:

- 소비자 조사를 단순하게 하라. 복잡한 개념에 대한 인터뷰의 질은 낮을 가능성이 높다.
- 영어는 비즈니스 언어이지만 소비자들 사이에 14개의 "제1언어"가 있고 또한 많은 방언이 있다.
- 많은 사람들이 가정의 빈곤에 민감하기 때문에 가정인터뷰를 원하지 않을 것이다.
- B-to-B 설문조사의 경우 이메일이 일반적이고 전화 인터뷰도 가능하지만, 실제 대면 인터뷰는 어렵다.
- 공공부문의 부패는 흔한 일이며, 어떤 경우에서든 원활한 일처리를 위해 현금 지급이 요구될 수 있다.
- 젠더(gender), 즉 남녀 관계가 중요하다. 많은 여성 또는 그 여성의 배우자가 비공식적인 환경에서의 남성 조사 면접관을 불편해할 것이다.

중국

중국은 13억 명이 넘는 소비자를 보유하고 있으므로 많은 제품 분야에서 핵심 소비시장이다. 중국에서 조사 연구를 수행할 경우 인지해야 할 사실은 다음과 같다.

- 정치, 종교, 성은 너무 민감한 주제로 간주되어 설문조사에 포함될 수 없다.
- 기업의 직원들이 멀리 떨어져 있기 때문에 대면 B-to-B 인터뷰가 어렵다.
- 공식 언어는 표준 중국어지만 여전히 지역 방언이 강하다.
- 인터뷰 대상 고객이 교육을 받았으며 40세 미만이면 온라인 인터뷰가 가능하다.
- 중국은 면적이 매우 크기 때문에 마케터와 연구원이 갖추어야 할 행동 양식과 정교함이 지역별로 다를 수 있다.
- 대부분의 프로젝트에는 많은 회의가 필요하고 많은 사람들이 참여한다.
- 중국인들은 위계질서를 깊이 따르고 있으며 체면유지 또한 매우 중요하게 여긴다.
- 비즈니스를 할 경우, 기업 관계보다 개인적인 관계인 "꾸안시(Guanzi)"의 의미를 이해하는 것이 중요하다.

자료 : L. Steinbach and V. Weil, "From Tactical to Personal: Synovate's Tips for Conducting Market Research in Emerging Markets," *Marketing News*, April 30, 2011.

지각에 관한 정보와 중요도 등급에 관한 정보를 같이 반영하고 있는데 그 예가 **그림 5.3**에 제시되어 있다. 중요도는 수직축에, 성과는 수평축에 표시되어 있다. 이 매트릭스는 다양한 형태로 변형하여 사용할 수 있다. 어떤 기업은 수평축을 기대와 지각 간의 갭으로 정의하기도 하고, 또는 경쟁사 대비 성과를 나타내기도 한다. 그림에서 음영이 들어가 있는 칸은 중요도가 높고 성과가 낮은 곳이기 때문에 서비스품질 향상노력을 통해 가장 큰 효과를 볼 수 있는 영역임을 나타내고 있다. 그러므로 개선될 필요가 가장 높은 속성들이다. 윗부분 오른쪽에 위치한 사분면은 중요도도 높고 성과도 높기 때문에 그대로 유지되어야 할 속성이다. 매트릭스 아랫부분에 있는 두 개의 사분면은 비교적 덜 중요한 속성을 포함하고 있는 칸인데, 한쪽은 잘 수행되고 있고 다른 쪽은 그렇지 못하다. 이 두 개의 사분면 모두 위쪽 사분면의 속성들만큼 깊게 고려하는 속성들이 아니기 때문에 위쪽의 칸들만큼 서비스개선의 이점이 있는 것은 아니다.

마케팅조사 정보의 활용

아무리 조사가 적절히 설계되고 잘 수행되었다 하더라도 고객기대에 관한 조사는 고객을 이해하는 첫 걸음에 불과하다. 서비스기업은 반드시 조사결과를 의미 있는 방식으로 활용할 수 있어야 한다. 조사자료의 잘못된 활용(또는 비활용)은 **고객기대를 이해**하는 데 있어서 오히려 큰 갭을 발생시킬 수 있다. 예컨대, 경영자가 일상의 과업을 수행하기가 너무 바빠서 조사결과보고서를 읽지 않는다면, 기업은 이용 가능한 자원을 활용하는 데 실패할 것이다. 그리고 고객이 조사연구에 참여했는데 기업이 어떤 변화의 모습을 보여 주지 않는다면, 고객은 그 기업에 좌절하고 분개할 것이다. 조사내용을 잘 활용해야 고객기대와 고객기대에 대한 경영자지각 간의 갭을 메울 수 있다. 경영자는 조사된 정보와 통찰을 통한 학습을 행동으로 옮겨야 하고 아울러 조사의 목적이 개선활동과 고객만족임을 잊지 말아야 한다.

조사계획은 고객에 관한 자료를 어떻게 사용할 것인지를 구체화시켜 놓아야 한다. 즉, 조사는 적시에 구체적으로 신뢰성 있게 행동으로 전환될 수 있어야 한다. 또한 기업은 불만족한 고객에 즉각적으로 반응할 수 있는 시스템도 가지고 있어야 한다.

상향커뮤니케이션

일부 서비스기업, 특히 소규모 지역회사들의 경우에는 소유주 또는 매니저가 항상 고객과 직접 접촉하여 고객의 기대와 지각에 대한 지식을 제일 먼저 얻는 경우가 있다. 그러나 대규모 서비스기업에서는 경영자가 고객이 원하는 바를 직접 경험할 기회를 언제나 갖는 것은 아니다.

기업의 규모가 커질수록 경영자가 고객과 직접 만나고 고객기대에 관한 정보를 직접 얻는다는 것이 점점 어려워진다. 아무리 경영자가 조사보고서를 읽고 숙지해 본들 실제 서비스에서 경험한 것을 전달할 기회를 가져보지 않는 한 고객의 실제 마음을 알 수 없을 것이다. 어떤 일에 대한 관념적 생각만으로는 접점에서 일어나는 복잡 다양한 현상을 이해하지 못한다. 진정으로 고객의 욕구를 이해하기 위해서는 경영자가 점포에서 실제 발생하는 일, 고객과의 서비스 전화, 서비스 대기 줄서기, 서비스접점 등에 직접 참여하여 얻는 지식이 필요하다. 경청 갭이 메워지기 위해서는 대규모 기업의 경영자가 어떤 형태로든 고객과 직접 접촉해 볼 필요가 있다.

상향커뮤니케이션의 목적

예시 5.3은 조직 내의 상향커뮤니케이션(upward communication) 개선을 위한 주요 조사목적을 보여준다. 조사목적에는 고객에 관한 지식을 직접 얻는 것, 내부 서비스품질을 개선시키는 것, 종업원에 관한 정보를 직접 얻는 것, 서비스개선을 위한 아이디어를 얻는 것 등이 포함된다. 이들 목적은 두 가지 상호작용 조사프로그램의 개선으로 달성될 수 있는데, 하나

예시 5.3 상향커뮤니케이션 개선을 위한 주요 조사목적

조사(상호작용)의 유형	조사목적	질적/양적 조사	정보의 비용		
			금전	시간	시행횟수
경영자가 고객 방문하기	고객에 관해 직접적으로 지식 얻기	질적 조사	중간	중간	지속적
경영자가 고객의 소리 청취	고객에 관해 직접적으로 지식 얻기	질적 조사	낮음	낮음	지속적
중간고객에 대한 조사	최종고객에 대한 심도 깊은 정보 얻기	양적 조사	중간	중간	매년
내부고객에 대한 조사	내부 서비스품질의 개선	양적 조사	중간	중간	매년
경영자가 직원 방문 및 소리 청취	직원에 관해 직접적으로 지식 얻기	질적 조사	중간	중간	지속적
직원 제안	서비스개선을 위한 아이디어 얻기	질적 조사	낮음	낮음	지속적

는 고객으로부터 경영자에 이르는 커뮤니케이션의 효과를 개선하는 것이고, 다른 하나는 직원과 경영자 간의 커뮤니케이션을 개선하기 위한 프로그램을 설계하는 것이다.

상향커뮤니케이션을 위한 조사

경영자가 고객 방문하기

이 접근법은 기업 간에 거래가 이루어지는 서비스마케팅에서 흔히 이용되고 있다. 어떤 경우에는 판매기업의 경영자가 고객기업의 직원(예 : 영업사원)과 만나 판매를 하거나 서비스 요청을 받기도 하고 또 다른 경우에는 판매기업의 경영자가 고객기업의 비슷한 직급에 있는 사람과 만나 협의를 하기도 한다.

경영자 또는 중간관리자가 직접 고객의 소리를 청취

고객과의 직접적인 상호작용은 중간관리자로 하여금 고객의 기대와 욕구를 심도있고 명확하게 이해하게 해 준다. 많은 기업들은 고객의 이해를 쉽게 하기 위해 초보적인 업무를 수행할 관리자들을 필요로 한다. 미국에서 두 번째로 유명한 투석처치기업인 다비타(DaVita)사의 부회장은 기술자와 함께 아픈 환자를 신중히 처치하는 데 도움을 주며 3일의 시간을 보냈다.[13] 월트디즈니, 컨티넨탈 에어라인, 아마존닷컴, 그리고 시스코를 포함한 서비스기업의 증가는 관리자가 고객의 입장에서 시간을 보내면서 고객과 상호작용하기도 하고 직접 제공하는 서비스를 경험할 것을 요구한다. 비공식적인 상호작용을 촉진시킬 수 있는 최상의 방법은 실제 접촉이 일어나는 공식적인 프로그램을 마련하는 것이다.

중간고객에 대한 조사

중간고객(예 : 접점직원, 딜러, 유통업자, 대리인, 브로커)은 최종고객에게 봉사하고 기업으로부터 봉사를 받는 사람들이다. 최종고객에게 봉사하는 중간고객들의 욕구와 기대를 조사하는 것은 **최종고객에 대한 서비스**를 향상시키고 그들에 관한 정보를 얻는 데 효율적이며 유용한 방식이 될 수 있다. 기업은 중간고객과의 상호작용을 통해 최종고객의 기대와 문제를 이해하는 기회를 가질 수 있다. 또한 이러한 조사는 최종고객에게 좋은 서비스를 제공하는 데 핵심적 과정인 중간고객의 서비스기대를 이해하고 충족시키는 데 도움이 된다.

내부고객에 대한 조사

서비스를 수행하는 직원 자신들은 서로의 직무를 잘 수행할 수 있도록 지원해 주는 내부고객이다. 제11장에서 논의하겠지만 직원 자신이 받는 내부서비스의 품질과 그들의 고객에게 제공하는 서비스품질 간에는 직접적으로 강한 상관관계가 존재한다. 그런 이유로 내부고객들 간에 주고받는 서비스에 초점을 두어 직원에 대해 조사하는 것은 매우 중요한 일이다. 즉, 회사 내부고객에 대한 조사는 서비스만족도에 초점을 맞춘 직원에 대한 의견조사로 보아야 한다. 직원에 대한 조사는 서비스품질에 대한 고객조사를 보완해 줄 수 있다. 즉, 고객조사는 무슨 일이 일어나고 있는가에 대한 통찰력을 제공해 주는 반면에, 직원 조사는 왜 그런 일이 일어나고 있는가에 대한 통찰력을 제공해 준다. 이 두 가지 유형의 조사는 서비스품질을 향상시키는 데 각각 독특하면서 중요한 역할을 한다. 외부고객에만 초점을 맞추어 서비스품질 조사를 하는 기업은 풍부하고 생동감 있는 정보의 원천을 놓쳐 버리는 셈이다.

경영자 또는 중간관리자가 직접 직원의 소리를 청취

실제 서비스를 수행하는 직원은 서비스를 관찰하고 문제점을 파악할 수 있는 가장 좋은 위치에 있는 사람이다. 고객과의 접점에 있는 직원은 주기적으로 고객과 접촉하기 때문에 고객의 기대와 지각에 관해 가장 잘 이해하고 있다. 만약 그들이 알고 있는 정보가 최고경영자에게 전해진다면 고객에 대한 최고경영자의 이해도 향상될 수 있을 것이다. 사실 많은 기업에서 고객에 대한 최고경영자의 이해 정도는 접점직원과 외부고객(예컨대 독립적인 보험대리인, 소매상)들로부터 받는 커뮤니케이션의 범위와 유형에 크게 의존하고 있다. 이러한 커뮤니케이션 경로가 단절된다면 관리자는 서비스제공 과정에서 발생하는 문제나 고객의 기대가 어떻게 변하고 있는지에 대해 피드백을 받을 수 없게 될 것이다.

성공적인 대형 할인마트인 월마트(Wal Mart)의 설립자 샘 월튼(Sam Walton)은 이렇게 말했다. "우리에게 최고의 아이디어를 제공하는 사람은 배송과 재고관리 직원이다."[14] 새로운 아이디어를 제공하는 원천과 항상 접촉하기 위해 그는 판매원을 도와주고, 수표 확인을 해주기도 하는 등 점포에서 직접 일하면서 무수히 많은 시간을 보냈는데, 심지어는 상품하역장에서 도넛 상자를 운반하여 직원들을 놀라게 하기도 했다.[15] 또한 그는 월마트의 트럭운전기사를 만나기 위해 밀밭에 그의 비행기를 착륙시킨 것으로도 유명하다. 비행기 조종사는 그의

예시 5.4 상향커뮤니케이션을 활용하는 "세계 최고의 아웃도어 및 캠핑장비 기업" 카벨라의 직원들

낚시, 사냥, 사격, 야영, 동굴탐험 등의 취미를 가지고 있지 않다면 세계에서 가장 큰 인터넷(우편주문 포함) 소매 아웃도어(캠핑장비 포함) 기업인 "카벨라(Cabela's)"를 모를 수도 있다. 카탈로그를 통하여 플라이 낚시 미끼를 전문으로 판매하는 기업으로 1961년에 설립된 이 회사는 고객이 1위라는 철학과 직원들이 그 철학을 실현하는 데 결정적이라는 신념으로 급성장했다. 이 회사는 창립 30년 동안 카탈로그를 통해 판매하는 소매업체였기 때문에 소비자에게 제품을 설명하는 것은 야외 활동에 대해 잘 알고 있는 직원에 크게 의존했다.

믿을 수 없을 정도로 많고(245,000개 품목), 다양한 제품믹스(사냥, 양궁, 사격, 광학, 캠핑, 보트 타기, 낚시)는 "카벨라"가 아웃도어 고객의 욕구를 충족시키는 궁극의 원천으로 활용된다. 그러나, 품목이 너무 많아 고객의 욕구와 제품을 일치시키는 데 어려움이 있다. 이러한 도전에서 참신하고 창의적인 해결책들이 탄생했고, 이는 직원을 고객만큼 행복하게 만들었다. 회사는 직원들이 판매제품을 사용하여 제품을 철저하게 파악할 수 있도록 제품을 대여해 주기로 결정했다. 광범위한 대여 프로그램을 통해 일반적으로 아웃도어 활동을 좋아하는 직원들은 한 달 동안 제품을 대여할 수 있다. 이 기간 동안 직원은 고객이 질문할 내용을 파악하고 이에 대한 해답을 탐색하게 된다. 직원들은 제품뿐만 아니라 고객이 제품을 사용할 때의 경험에 대해서도 전문가가 된다.

해당 직원은 제품을 사용하고 반환한 후 다른 모든 직원에게 제품에 대해 알려주는데, 상세한 설명을 하거나 제품의 장단점에 대한 서류를 작성한다. 이 정보는 직원, 심지어 콜센터 담당자까지 쉽게 접근할 수 있는 "품목 노트(item note)"라는 거대한 제품 데이터베이스의 일부가 되어 고객의 질문(가장 난해한 질문도 포함)에 빠르고 정확하게 응답할 수 있다.

상향커뮤니케이션은 회사의 공동 설립자인 카벨라(Jim Cabela)까지 확장된다. 카벨라는 담당 직원에게 내용을 전달하기 전에 접수되는 모든 고객의 의견을 가로채서 읽는다. 그는 직원들이 정보를 지속적으로 파악하고 있는지 확인할 수 있도록 고객이 원하는 사항을 주시하는 것을 좋아한다.

자료 : M. A. Prospero, "Leading Listener Winner: Cabela's," *Fast Company*, October 2005, p. 47.

지시에 따라 200마일의 좁은 길을 따라 착륙했고, 그는 자사의 운전기사와 여행을 하면서 운전기사가 월마트에 관해 말하는 것에 귀를 기울였다.

직원 제안

대부분의 기업은 현장 접점직원들이 업무를 개선하기 위해 아이디어를 경영자에게 전달할 수 있도록 직원제안(employee suggestion) 프로그램과 같은 제도를 마련하고 있다. 전통적인 제안함 또는 건의함에서 시작된 제안시스템은 꽤 오랜 역사를 가지고 있다. 효과적인 제안시스템이 되려면 직원이 자신의 제안이 어떻게 처리되는지를 살펴볼 수 있는 권한이 있어야 한다. 즉, 감독자가 즉각적으로 제안을 실행하고, 직원이 지속적인 직무개선에 참여하며, 감독자가 아이디어에 대해 즉각적으로 반응하는 과정을 알 수 있어야 하는 것이다. 오늘날의 기업에서는 직원 스스로가 문제를 발견하고 해결방안을 개발하도록 권장하는 "자율관리작업팀(self-directed work teams)" 같은 제도를 통해 직원으로부터의 제안을 활성화시키고 있다.

상향커뮤니케이션의 효익

상향커뮤니케이션을 통해 경영자는 기업의 활동과 성과에 관한 정보를 얻을 수 있다. 커뮤니케이션의 유형은 공식적인 것(예컨대, 서비스제공에서의 문제와 예외사항에 대한 보고)과 비공식적인 것(예컨대, 접점직원과 경영자 간의 대화)이 있을 수 있다. 접점직원에 가까이 있는 매니저는 직원을 기쁘게 해준다는 점 외에도 고객에 관해 보다 많은 것을 학습할 수 있다는 이점이 있다.[16] 이러한 기업에서는 예시 5.4에서 설명하는 바와 같이 접점직원으로부터의 상향커뮤니케이션을 고취하고, 인정하고, 보상해 준다. 고객과 정기적으로 접촉하는 직원으로부터 경영자에 이르는 중요한 경로를 통해 경영자는 고객의 기대에 관해 학습하게 되고 이에 따라 제공자 갭 1이 좁아질 수 있다.

요약

본 장에서는 고객의 지각과 기대를 이해하는 데 있어서 고객조사의 역할에 대해 토의해 보았다. 본 장은 서비스마케팅조사 프로그램에 포함되어야 하는 효과적인 서비스조사에 대한 기준을 기술하는 것으로 시작하였다. 다음으로 효과적인 서비스조사 프로그램에서 필요한 요인에 관하여 논의하였고 어떤 접근법이 그 기준을 만족시킬 수 있는지를 지적하였다. 예시 5.1에서 보는 바와 같이 조사의 유형과 기법에 덧붙여 본 장에서 기술한 표들은 어떻게 전자기술, 그리고 다른 기술들이 관리자가 수집할 수 있는 정보에 추가되는지를 보여주었다.

본 장은 핵심사건연구와 미스테리쇼핑, 서비스기대 충족 및 검토, 과정체크 포인트평가, 데이터베이스조사를 포함한 서비스조사의 주요 유형을 정의했다. 또한 서비스조사에서 중요한 주제인 조사목적과 자료제시도 논의하였다. 마지막으로 경영자가 고객과 고객접점직원에 의한 정보를 획득하고 사용하는 방법인 상향커뮤니케이션에 대해 설명하였다. 이러한 주제들은 고객기대와 고객기대에 대한 기업의 이해 사이의 경청 갭(서비스품질의 갭 모델 4개 중 첫 번째 갭)을 좁히는 내용이다.

토의문제

1 고객조사가 시행되기 전에 먼저 조사목적이 정해져야 하는 이유를 다섯 가지 들어보라.

2 서비스마케팅조사에서 왜 질적, 양적 조사방법이 모두 필요한가?

3 예시 5.1에 나타난 조사방법들 간에 조사횟수가 다른 이유는?

4 기업에게 일상적인 실패점(point)을 파악하게 해주는 조사유형들을 비교하고 대조하라(예시 5.1의 제2열 참조). 이들 유형 중 가장 좋은 정보를 제공해 주는 유형은? 그 이유는 무엇인가?

5 서비스기업은 어떠한 상황에서 요구조사가 필요한가?

6 기업이 조사정보를 활용하지 못한다면 그 이유는 무엇이라고 생각하는가? 어떻게 보다 많은 정보를 활용하도록 중간관리자에게 동기부여할 수 있는가? 어떻게 현장 접점직원이 정보를 활용하도록 동기부여할 수 있는가?

7 주어진 고객조사 예산으로 고객조사와 상향커뮤니케이션에 예산을 배분한다면 어떤 비율로 하겠는가? 그 이유는 무엇인가?

8 중간고객에 대한 조사를 통해 어떤 종류의 정보를 얻을 수 있는가? 서비스제공자는 알지 못하나 중간고객은 알고 있는 정보는 무엇인가?

9 제품과 서비스를 조사함에 있어서 인터넷조사와 전통적인 조사 중 어느 방법이 더 나은가?

연습문제

1 마케팅조사에 대한 인터뷰를 위해 지역의 서비스조직을 선택하라. 그 기업의 목적과 현재 사용하고 있는 고객조사의 유형이 무엇인지 파악하라. 본 장의 정보를 활용하여, 그 마케팅조사가 효과적인지 생각해 보라. 강점과 약점은?

2 자신이 소비한 서비스의 하나를 선택하라. 만약 그 서비스에 대해 조사하려 한다면 어떠한 질문을 조사에 포함시키고 싶은가? 몇 가지 예를 들어보라. 해당 서비스에 어떠한 종류의 조사(관계 대 거래 중심)가 가장 적절한가? 조사내용을 행동으로 옮길 수 있도록 하기 위해 경영자에게 추천하고 싶은 것은?

3 만약 자신이 다니는 대학의 경영자라면 대학의 외부, 내부고객을 이해하는 데 필수적인 조사유형(예시 5.1 참조)은 무엇이라고 생각되는가? 만약 자신이 단 세 가지 유형만을 선택해야 한다면 어떤 것을 선택하겠는가? 그 이유는?

4 본 장의 SERVQUAL 표를 사용하여 자신이 이용한 서비스기업에 대한 설문지를 작성하라. 10명에게 그 설문지를 주고 이를 통해 자신이 배운 것이 무엇인지 서술하라.

5 핵심사건기법의 효과를 이해하기 위해 자신이 직접 레스토랑서비스에 대해 조언해 보라. 고객으로서 레스토랑과 특히 만족스러운 상호작용을 한 때가 언제인지 생각해 보라. 여기에 나오는 지침을 따르라. 그리고 레스토랑서비스를 분석하면서 당신의 요구사항에 대해 이해한 것은 무엇인지 논의해 보라.

a. 언제 사건이 일어났는가?

b. 이 상황을 이끈 구체적인 배경은 무엇인가?

c. 직원(기업)이 말한 것과 행동한 것은 정확히 무엇인가?

d. 무엇이 상호작용을 만족스러웠다고 느끼게 했는가?

e. 다르게 행해질 수 있었거나 행해졌어야 하는 것은 무엇인가?

참고문헌

1 Sources for the chapter opener include H. Fanderl, K. Neher, and A. Pulido, "Are You Really Listening to What Your Customers are Saying?" *McKinsey Newsletter*, March 2016, pp. 1–6; N. Maechler, K. Neher, and R. Park, "From Touchpoints to Journeys: Seeing the World as Customers Do," *McKinsey Newsletter*, March 2016, pp. 1–10; D. Edelman and M. Singer, "The New Customer Decision Journey," *McKinsey Newsletter*, October 2015, pp. 1–3; X. Lhuer, T. Olanrewaju, and H. Yeon, "What It Takes to Deliver Breakthrough Customer Service," *McKinsey Insights*, November 2015, pp. 1–3.

2 A. Parasuraman, L. L. Berry, and V. A. Zeithaml, "Guidelines for Conducting Service Quality Research," *Marketing Research: A Magazine of Management and Applications*, December 1990, pp. 34–44.

3 "Zaltman Metaphor Elicitation Technique," Olson Zaltman, [insert accessed date here], www.olsonzaltman.com/zmet.

4 J. Neff, "Chasing the Cheaters Who Undermine Online Research," *Advertising Age*, March 31, 2008, p. 12; B. Johnson, "Forget Phone and Mail: Online's the Best Place to Administer Surveys," *Advertising Age*, July 17, 2006, p. 23.

5 This section is based on a comprehensive assessment of the critical incident technique in D. D. Gremler, "The Critical Incident Technique in Service Research," *Journal of Service Research* 7 (August 2004), pp. 65–89.

6 For detailed discussions of the critical incident technique, see J. C. Flanagan, "The Critical Incident Technique," *Psychological Bulletin* 51 (July 1954), pp. 327–358; M. J. Bitner, J. D. Nyquist, and B. H. Booms, "The Critical Incident as a Technique for Analyzing the Service Encounter," in *Services Marketing in a Changing Environment*, ed. T. M. Bloch, G. D. Upah, and V. A. Zeithaml (Chicago: American Marketing Association, 1985), pp. 48–51; S. Wilson–Pessano, "Defining Professional Competence: The Critical Incident Technique 40 Years Later," presentation to the Annual Meeting of the American Educational Research Association, New Orleans, 1988; I. Roos, "Methods of Investigating Critical Incidents," *Journal of Service Research* 4 (February 2002), pp. 193–204; Gremler, "The Critical Incident Technique in Service Research."

7 Ibid.

8 J. Carey, J. Buckley, and J. Smith, "Hospital Hospitality," *Newsweek*, *February* 11, 1985, p. 78.

9 See V. A. Zeithaml and A. Parasuraman, *Service Quality*, MSI Relevant Knowledge Series (Cambridge, MA: Marketing Science Institute, 2004) for a complete review of this research, including the many publications by the original authors of SERVQUAL and the extensions by other authors.

10 E. Day, "Researchers Must Enter Consumer's World," *Marketing News*, August 17, 1998, p. 17.

11 G. Khermouch, "Consumers in the Mist," *BusinessWeek*, February 26, 2001, pp. 92-93.

12 P. R. Magnusson, J. Mathing, and P. Kristensson, "Managing User Involvement in Service Innovation: Experiments with Innovating End Users," *Journal of Service Research* 6 (November 2003), pp. 111-124.

13 J. S. Lublin, "Top Brass Try Life in the Trenches," *The Wall Street Journal*, June 25, 2007, p. B1.

14 S. Koepp, "Make That Sale, Mr. Sam," *Time*, May 18, 1987.

15 Ibid.

16 Zeithaml, Parasuraman, and Berry, *Delivering Quality Service*, p. 64.

Chapter 06

고객관계구축

본 장의 목적은 다음과 같다.

1. 관계마케팅의 내용, 목표, 그리고 장기적 관계가 기업과 고객에게 주는 편익에 대해 설명한다.
2. 고객관계가치를 측정하는 이유와 방법에 관해 설명한다.
3. 관계마케팅 노력을 집중해야 할 표적인 고객수익성 세분시장(customer profitability segments) 개념을 소개한다.
4. 관계구축전략인 핵심서비스품질, 전환장벽, 그리고 관계적 유대를 설명한다.
5. "고객이 항상 옳은 것은 아니다"라는 다소 논쟁의 여지가 있는 주장을 포함하여 관계마케팅이 직면한 도전에 대해 논의하려 한다.

장기적 관계에 중점을 두고 있는 USAA

USAA(The United States Automobile Association)사는 고객과의 장기적인 관계구축에 특히 중점을 두고 있는 기업 중 하나다.[1] 고객유지는 고객충성도가 인기 있는 비즈니스 콘셉트로 자리 잡기 이전부터 이 기업의 핵심가치였다. 1922년부터 USAA는 전 · 현직 미국 직업군인과 그들 가족에 집중하여 그들의 욕구를 충족시킬 수 있는 보험서비스를 제공하고 있다. 텍사스주의 샌안토니오(San Antonio)에 본사를 두고 있는 USAA는 1,300억 달러 이상의 자산을 소유 관리하고 있다. 2010~2016년까지 미국 경제잡지 포춘(Fortune)에서 선정한 미국에서 가장 일하기 좋은 기업 100위 안에 들었고, 회원유지율은 98%에 육박한다.[2]

이 회사의 목적은 "직업군인으로 생활하면서 접할 수 있는 사건들을 생각하고, 사건 발생 시 도울 수 있는 방법들을 제시하는 것"이다. 이 회사는 기존 고객에 대한 서비스제공에 초점을 맞추고 있고 이들과 함께 성장한다. 이를 위해 설문조사를 비롯하여 경영진과 정기적으로 만나는 자문위원회를 통해 광범위하게 고객을 조사한다. 또한 최고의 직원을 유지하고 이들을 고객지향적인 목표로 보상한다. 고객지향적 목표란 고객의 질문 및 요구사항을 차후의 조치가 필요 없도록 한번에 해결해주는 비율을 말한다. USAA는 고객유지가 가장 중요함을 믿고 있기 때문에 유지율에 근거하여 중간관리자와 경영자에게 보너스를 지급한다. 이처럼 회사가 강조한 것들은 지속적으로 보상을 해왔다. 이러한 강조는 기업에게도 성과로 나타났다: 회원의 92%가 USAA와의 관계를 매우 강하게 느끼고 있으므로 평생 USAA와의 거래를 지속할 계획을 갖는 것으로 보고하고 있다.[3]

© USAA

USAA : 최고의 고객서비스 대상 수상 목록에 정기적으로 포함되는 기업

USAA : 지속적으로 고객서비스대상 수상

아래의 글은 어떻게 USAA가 그들의 회원에게 경청을 시도하는지에 대한 인상적인 예를 비즈니스위크(*Business Week*)로부터 발췌하였다.

> 많은 기업들은 고객의 목소리를 경청하고 있다고 립서비스를 제공한다. USAA에서는, 그 음성을 소위 "서라운드 사운드(surround sound)"라는 것으로 변환한다. 이는 직원들이 회원들의 독특한 요구에 대하여 공감하는 것을 훈련하는 종합적인 방식이다. "우리는 이 분야에 발생하는 가슴이 찢어지는 듯한 일들을 사안의 경중에 관계없이 모두 보상해주기를 원합니다"라고 엘리자베스 D. 콘클린(Elizabeth D. Conklyn) [전] 수석부회장은 말하면서 한마디 덧붙였다. "우리는 회원뿐만 아니라 회원의 가족까지도 공감할 수 있는 서비스를 개발하려고 시도합니다."[4]

USAA는 회원 서비스 담당자가 자신의 회원들의 상황을 함께 공감하는 데 필요한 강화된 군사인지프로그램을 개발해 왔다. 예를 들어, 직원들은 방탄조끼와 군용 헬멧을 착용한 채 65파운드(약 30킬로그램) 백팩을 어깨에 메는 경험을 해야 한다. 그리고, 필드에서 병사들에게 주어지는 "즉석식사"를 경험하며 해외 주둔 군부대로부터 온 실제 편지를 읽기도 한다. 언제 사망할지도 모르는 아들이 전쟁터에서 어머니에게 보내온 편지를 읽어보는 것은 직원들에게 결코 흔한 일이 아니다.

USAA는 고객유지 및 고객과 장기적인 관계구축에 초점을 두고 있는 가장 대표적인 사례이다. 하지만 USAA와는 달리 많은 기업들이 고객관계에 초점을 두는 데 실패하고 있다. 그들은 고객을 양성하고 유지할 필요가 있는 자산으로 보기보다는 신규고객을 획득하는 데만 열중하는 경향이 있다. 신규고객에 집중하다보니 단기적 판촉, 가격할인, 화려한 광고라는 함정에 쉽게 빠진다. 이러한 조치로는 신규고객을 유지하기 어렵다. 반면 관계기반의 철학을 도입하면 기업은 장기적이고 심층적으로 고객을 이해하기 시작하고 그들의 변화하는 욕구와 기대를 더 잘 충족시킬 수 있다.

지속적으로 고객을 이해하고 장기적 관계를 구축하기 위한 마케팅전략을 본 장에서 다루고자 한다.

관계마케팅

지난 수십 년 동안 기업들은 자신들의 마케팅활동과 노력을 거래(transaction) 중심에서 관계(relationship) 중심으로 변화시켜왔다. 기업이 "품질, 서비스 및 혁신 등을 통해 고객과의 장기적인 관계를 약속"함에 따라 고객은 파트너이자 공동 창조자가 되었다.[5]

© Xavier Bonghi/The Image Bank/Getty Images

고객과의 관계에 몰입하게 되면 기업은 장기적인 혜택을 경험한다.

관계마케팅(relationship marketing)이란 마케팅 패러다임이 획득/거래 중심에서 유지/관계 중심으로 이동하는 것을 나타낸다.[6] 관계마케팅(또는 관계경영)은 신규고객의 획득보다는 기존 고객의 **유지와 향상**에 초점을 맞추는 사업철학이자 전략적 지향성이다. 관계마케팅 철학은 고객이 가치를 찾아 계속 제공자를 바꾸기보다는 한 조직과 지속적으로 관계를 맺는 것을 더 선호한다는 것을 가정한다. 새로운 고객을 유인하는 것보다 기존 고객을 유지하는 비용이 훨씬 저렴하다는 사실에 기초하여[7], 성공적인 마케터는 고객을 유지하는 데 효과적인 전략을 수립하고 실행한다. 도입 사례에서는 USAA가 관계마케팅 철학으로 그들의 사업을 구축하는 방법을 보여주고 있다.

기업은 대체적으로 고객을 유인하는 데 초점을 두고(1차 행동), 이후에 그들을 유지하는 데는(2차 행동) 별로 관심을 두지 않는다고 한다.[8] 홀리데이인(Holiday Inns)의 前 마케팅 부사장 제임스 쇼어(James L. Schorr)는 소위 말하는 "마케팅의 양동이이론(bucket theory of marketing)"으로 유명해졌다.[9] 그에 따르면 "마케팅의 양동이이론"이란 마케팅이 하나의 커다란 양동이와 같다는 것이다. 판매, 광고 및 판촉 프로그램 등은 양동이에 물을 쏟아붓는 것으로, 이들 프로그램들이 효과적으로 지속되는한 양동이는 항상 가득찬 상태로 있을 수 있다. 그러나 양동이에 구멍이 있다는 점이 문제라고 한다. 사업이 잘 운영되어 호텔이 그들의 약속을 잘 제공할 때는 양동이의 구멍이 작아서 고객은 거의 떠나지 않는다. 그러나 운영이 잘 되지 않아 고객이 서비스에 불만족하게 되면 꼭대기에서 부어대는 속도보다 빠르게 구멍을 통해 양동이를 빠져나간다(그림 6.1 참조).

양동이이론(bucket theory)은 양동이의 구멍을 막아보자는 데 초점을 두는 관계전략이 "왜 의미가 있는지"를 보여주고 있다. 역사적으로 마케터들은 고객의 획득에 보다 많은 관심을 보여 왔다. 그렇기 때문에 획득전략에서 관계전략으로 이동하기 위해서는 마인드, 조직문화, 그리고 직원보상시스템 등의 변화가 필요하다. 예컨대, 많은 조직에서 시행하는 판매 인

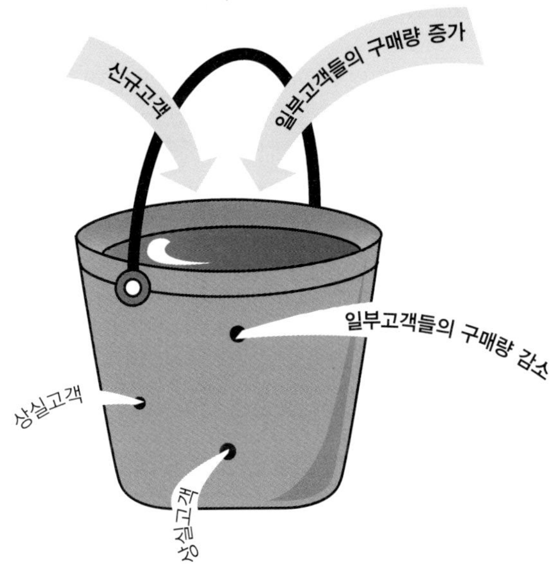

그림 6.1
양동이의 구멍 : 왜 관계 개발 전략이 분명해야 하는가?

센티브시스템은 신규고객 창출에 대한 보상이다. 기존 고객 유지에 대한 보상시스템을 갖춘 기업은 거의 없다. 이처럼 임직원이 고객유지라는 관점을 갖는다 해도 현재와 같은 조직시스템으로는 이의 실행을 뒷받침해 주지 못한다.

고객관계의 진화

기업과 고객의 관계도 다른 사회적 관계와 마찬가지로 시간이 지남에 따라 진화하는 경향이 있다. 제공자와 고객 사이에서 일어나는 교환관계는 이방인에서 아는 사이로, 친구로, 파트너로 진화할 가능성이 많다.[10] 예시 6.1은 관계의 연속적인 수준에서 서로 다른 이슈들을 보여주고 있다.

이방인으로서의 고객

이방인(strangers)이란 기업에 대해 알지 못하거나 기업과 어떤 거래도(상호작용) 경험하지 못한 고객들을 말한다. 산업수준에서 보면 이방인이란 아직 시장에 진입조차 하지 못한 고객들로 정의할 수 있다. 기업수준에서는 자사의 고객이 아닌 경쟁사의 고객들을 포함할 수도 있다. 이 시점에서 분명한 것은 기업이 고객과의 어떠한 관계도 갖고 있지 않는다는 것이다. 따라서 기업이 이방인인 잠재고객에 대해 할 일은 고객을 **유인**(attract)하고 거래 성사를 **획득**(acquire)하기 위해 그들과 커뮤니케이션을 시작하는 것이다. 따라서 이러한 고객들을 대상으로 하는 마케팅노력의 중요한 내용은 잠재고객들이 자사의 제공물과 친숙해지도록 하고 나아가 그들로 하여금 자사의 제공물을 시용해 보도록 격려하는 것이다.

예시 6.1 교환관계의 유형

고객 상황	이방인	아는 사이	친구	파트너
제품 제공	경쟁제품이나 대체재와 비교하여 매력적이어야 함.	다른 대부분의 경쟁 브랜드를 만족스럽게 대체할 수 있는 패리티(parity) 제품의 형태를 갖추어야 함.	특정 세분시장에 적합한 차별화된 제품	개별고객 또는 조직에 맞춘 고객화된 제품 또는 전용자원
경쟁우위의 원천	매력	만족	만족 + 신뢰	만족 + 신뢰 + 몰입
구매행동	흥미, 탐색, 시용	만족은 구매 활동을 촉진하고 강화하며 시장 정보를 검색할 필요성을 감소시킴.	구매 행동을 계속하려면 기업에 대한 신뢰가 필요함.	고객화된 제품을 만들고 고객의 상황과 욕구변화에 맞추어 제품을 지속적으로 수정하기 위해서는 정보공유와 고객에게 맞는 특별한 투자가 필요함.
판매행위 초점	기업의 제품에 대한 인지(제품시용 유도)가 초기판매를 촉진함.	고객(식별)에 대한 친숙함과 일반적인 지식이 판매를 촉진함.	고객의 욕구와 상황에 대한 구체적인 지식이 판매를 촉진함.	고객의 욕구와 상황에 대한 구체적인 지식, 그리고 고객에게 맞는 특별한 투자가 판매를 촉진함.
관계시간 범위	**없음** : 구매자는 이전에 회사와 상호작용하거나 회사에 대한 지식이 없을 수 있음.	**단기** : 구매자가 많은 노력이나 비용 없이 기업을 변경할 수 있기 때문에 일반적으로 짧음.	**중간** : 차별화된 신뢰를 쌓고 모방하는 데 시간이 오래 걸리기 때문에 일반적으로 친구 관계보다 길.	**장기** : 고객의 요구사항에 대한 자세한 지식의 개발, 공급업체의 고유한 자원 등 상호연결된 활동을 구축(또는 교체)하는데 시간이 걸리기 때문에 일반적으로 길.
경쟁우위의 지속	**낮음** : 일반적으로 낮은 수준으로, 기업은 제공 가치 측면에서 고객의 시용을 유도하기 위해 지속적으로 매력적인 방법을 모색해야 함.	**낮음** : 일반적으로 낮지만, 제품이 산업표준의 한 형태일지라도 판매 및 제공방식에 고유한 가치를 구축하는 방법에 따라 경쟁자는 다양함.	**중간** : 일반적으로 중간이지만 고객의 요구와 상황의 이질성을 이해하는 경쟁업체의 능력과 이러한 지식을 의미있고 차별화된 제품으로 변환하는 능력에 따라 달라짐.	**높음** : 일반적으로 높지만 고객과 공급업체 간의 상호연결된 활동이 얼마나 독특하고 효과적인지에 따라 달라짐.
관계마케팅의 주요 목표	고객의 관심 **획득**	고객의 욕구와 요구 **만족**	고객 **유지**	고객과의 관계 **향상**

자료 : Adapted from M. D. Johnson and F. Selnes, "Customer Portfolio Management: Toward a Dynamic Theory of Exchange Relationships," *Journal of Marketing* 68 (April 2004), p. 5.

아는 사이로서의 고객

일단 고객이 기업의 제공물을 알고 시용하면 친근해져 고객과 기업은 **아는 사이**(acquaintances)가 된다. **아는 사이로서의 관계단계**에서 기업의 주요 목적은 고객을 "**만족**"시키는 것이다. 또한 이 단계에서 기업은 일반적으로 경쟁자보다 나은 가치제안을 고객에게 제공하는 데 관심이 있다. 고객이 만족하고 교환을 통해 그들이 받은 것이 공정한 가치로 지각되는 한 고객은 아는 사이가 의미 있다고 생각하기 때문이다. 반복적 상호작용(repetitive interaction)을 통해서 고객은 경험을 획득하고 해당 기업의 제품이나 제공물에 점점 더 친숙하게 된다. 이러한 상호작용은 교환에서 기대되는 편익에 대한 고객의 불확실성을 감소시켜, 경쟁사에 비해 상대적으로 기업의 매력도를 증가시킬 수 있다. 반복적 상호작용은 광고나 판촉과 같은 촉진활동을 도와주고, 고객의 기업에 대한 지식을 향상시킬 수 있도록 한다. 그러므로 아는 사이로서의 관계단계는 주로 고객의 지각된 위험 및 제공자의 비용을 감소시켜 거래를 용이하게 한다.

친구로서의 고객

한 고객이 어떤 기업으로부터 반복구매를 하면 기업은 이 고객의 욕구를 구체적으로 알게 되어 그 욕구를 직접 해결하는 제공물을 창조할 수 있게 된다. 독특한 제공물과 이를 통한 차별화된 가치의 제공은 교환관계의 단계를 아는 사이에서 친구로 전환시킨다. 이렇게 아는 사이에서 친구 단계로의 전환, 특히 서비스 교환관계에서는 신뢰가 필요하다.[11] 앞 장에서 논의한 것처럼 고객은 구매와 소비 이전에 서비스 성과를 평가하기가 어렵다. 더구나 신뢰품질이 높은 서비스에서는 고객이 서비스를 경험한 후조차도 서비스성과를 분별하지 못할 수도 있다. 그러므로 고객은 제공자가 약속한 것을 이행할 것으로 믿어야만 한다. 고객이 친구가 되면 그들은 기업과 친밀해질 뿐만 아니라 기업이 훨씬 더 탁월한 가치를 제공할 것으로 믿게 된다.

친구(friends) **단계**에서 기업의 주요 목적은 고객의 **유지**이다. 친구 단계에서 고객은 기업의 제공물에 대해 높이 평가할 것이고 아마도 기업과 관련된 다른 서비스에 대해서도 매우 호의적일 것이다. 친구 단계에서 기업의 경쟁우위는 훨씬 높다. 왜냐하면 제공물이 훨씬 더 독특하고(경쟁사의 모방이 훨씬 어렵고), 고객이 이런 독특성을 신뢰하기 때문이다.[12]

파트너로서의 고객

고객이 기업과 계속해서 상호작용하게 됨에 따라 신뢰의 수준은 점점 더 높아지고 고객은 좀 더 고객화(customized)된 제품, 제공물, 그리고 상호작용 서비스를 받게 될 것이다. 친구관계 단계에서 강조되는 신뢰는 파트너 단계에 필수조건이지만 충분조건은 아니다.[13] 즉, 신뢰가 몰입을 이끌어 낼 수 있지만 몰입 자체는 아니다. 몰입이야말로 관계의 지속기간을 연장하는 데 핵심이다.[14] 깊은 신뢰와 몰입은 "더 좋은 대안을 찾는(finding a better alternative)" 것과 같은 전통적인 방법으로 문제를 해결하고자 하는 고객의 욕구를 줄일 수 있다. 더 좋은 대안을 찾는 욕구를 줄이려고 하면 기업은 개별화되고 고객화된 제품을 제공할 수 있도록 고객에 대한 지식과 정보시스템을 활용해야 한다.

파트너(partners) **단계**에서 기업은 관계를 **향상**(enhancing)시키는 데 관심을 갖는다. 고객들은 기업이 그들의 변화하는 욕구를 이해하고 지속적으로 그들의 제품 및 서비스 믹스를 개선하고 발전시킴으로써 관계를 발전시키기 위해 노력한다고 느낄 때, 좀 더 관계를 지속하고자 할 것이다. 이러한 관계를 강화시켜 기업은 고객이 경쟁사의 유혹에 넘어가지 않을 뿐만 아니라, 오랜 기간 동안 기업의 제품 및 서비스를 추가적으로 구매하기를 기대한다. 이러한 애호고객을 보유하고 있다는 것은 기업에게 견고한 기반을 제공할 뿐만 아니라 미래의 잠

주목받는 기술 고객정보시스템을 통한 고객관계 개선

오늘날의 고객정보시스템의 잠재력은 이전의 어떤 전통적인 마케팅정보시스템보다 훨씬 탁월하다. 현재는 개별고객으로부터 획득할 수 있는 정보를 이용하여 이전에는 차별화하지 못했던 서비스를 개인의 수준에 맞게 기업이 고객화하는 것을 가능하게 한다.

힐튼호텔의 OnQ 시스템

힐튼호텔은 고객관계관리(CRM) 시스템의 기반을 제공하는 "OnQ"라는 통합 기술 플랫폼을 보유하고 있다. OnQ는 고객이 호텔 또는 중앙예약, 웹사이트 또는 에이치아너스(HHonors) 로열티 프로그램 멤버십을 통해 힐튼에 제공하는 모든 개인 프로필 정보를 중앙 집중화하여 "고객 프로필 관리자(Guest Profile Manager)"를 만든다. 프로필은 에이치아너스(HHonors) 회원이거나 1년 동안 4번 이상 힐튼 호텔을 방문하는 모든 고객을 대상으로 작성된다. 이러한 시스템은 전 세계 6개 대륙, 100여 개 국가에 있는 힐튼의 4,600개 이상의 호텔과 760,000개 객실에서 정보수집이 가능하도록 정보기술에 대한 엄청난 투자를 필요로 한다. OnQ를 통해 수집된 정보는 고객의 숙박 이력 및 이전 방문 시 발생한 모든 불만 사항과 통합된다. 이러한 전체 정보 파일을 통해 힐튼의 300,000명 직원 중 다수는 적절한 환영 메시지, 객실 업그레이드 또는 이전 방문과 관련된 정보로 고객을 인식하고 응대할 수 있다.

고객과 관계를 구축하기 위한 정보 사용

"OnQ"는 힐튼 호텔이 고객의 관심사와 선호도를 파악하고 기억할 수 있는 메커니즘을 제공한다. 힐튼의 前 정보담당 최고책임자(CIO)인 하비(Tim Harvey)는 아래와 같이 설명하고 있다.

> 마치 할머니가 집에 오실 때와 같습니다. 직원은 그녀가 누구인지 정확히 알고 있습니다. 직원은 그녀가 아침 식사로 무엇을 드시는지도 정확히 알고 있습니다. 직원은 그녀가 어떤 종류의 베개를 좋아하는지도 알고 있습니다. 그녀가 계단을 올라갈 수 있는지 여부를 알고 있으므로 그녀를 어떤 객실에 배정해야 하는지 알 수 있습니다. 우리는 호텔 사업에 대해서도 같은 열정을 가지고 있습니다. 우리는 우리의 고객이 누구인지 알고 싶고 그들과 접촉할 기회가 있을 때마다 그 고객을 돌보고 싶습니다. 따라서 "OnQ"의 가치는 주로 고객에 대한 깊은 지식과 함께 해당 정보를 갖는 것입니다.

모든 고객에 대한 정보를 수집하는 것은 쉬운 일이 아니다. 특히, 힐튼의 경우에는 힐튼 (Hilton)호텔, 콘래드(Conrad) 호텔&리조트, 더블트리(Doubletree), 엠버시 스위츠(Embassy Suites), 햄프턴 인(Hampton Inn), 힐튼 가든 인(Hilton Garden Inn), 홈우드 스위츠(Homewood Suites), 월도프 아스토리아(Waldorf–Astoria) 등의 기업이 소유 및 관리하는 호텔뿐만 아니라 프랜차이즈로 운영되는 다양한 브랜드를 고려할 때 더욱 그러하다. "OnQ"는 다양한 시설, 다양한 브랜드 및 현지 요구 사항이 있는 다양한 국가로부터 힐튼 고객에 대한 정보를 수집하고 관리하는 방법을 제공한다.

고객에게 옵션 제공

수년에 걸쳐 많은 고객이 힐튼과 인터넷을 통해 접촉했으며 이러한 방식으로 예약된 객실의 비율은 꾸준히 증가했다. 그러나, 대면

재적 성장을 보장해 준다. 이는 본 장의 서두에 제시된 USAA의 사례에서도 확실히 입증된 바 있다. USAA 직업군인 회원들 역시 나이가 들고 자녀들이 성장함에 따라 보험에 대한 욕구가 점차 증대되었다.

그 외에 다른 예들도 얼마든지 찾을 수 있다. 당좌예금계좌를 갖고 있는 고객이 저축예금계좌를 마련하거나, 대출을 받거나, 재무적인 조언을 받는 등 은행의 서비스를 추가적으로 이용하여 보다 나은 고객이 될 수 있다. 그리고 산업재의 경우에도 특정 제품을 공급받을 때, 주요한 세 업체로부터 똑같은 비율로 구매하는 것보다 특정 공급업자로부터 75%를 공급받을 때 더 좋은 고객이 될 수 있다. 사실 최근 들어 많은 기업들이 고객에게 특정 제품 또는 서비스를 독점적으로 공급하는 "독점적 공급자(exclusive supplier)"가 되기를 열망하고 있다. 이

접촉이 부족함에도 불구하고 힐튼은 "OnQ"를 통해 이러한 고객들과 친밀한 관계를 맺을 수 있었다. 고객이 인터넷을 사용하여 자신을 식별하면 힐튼은 고객이 에이치아너스(HHonors) 회원인지 그리고, 고객이 선호하는 객실 유형 및 선호하는 객실 내 설비(amenities)를 파악한다. "OnQ"는 또한 항공사 좌석을 미리 체크인하는 것처럼 고객이 호텔에 도착하기 전에 인터넷을 통해 체크인할 수 있는 기능을 제공한다. 고객은 호텔 평면도를 보고 사용 가능한 모든 객실을 확인한 다음 원하는 객실을 선택할 수 있는데, 늦잠 자는 것을 좋아하는 고객이나 수영장에서 가까운 고객을 위해 건물 서쪽의 방을 선택하게 할 수도 있다.

힐튼은 또한 비교적 소규모 그룹의 모임주최자가 전체 이벤트나 모임을 처음부터 끝까지 인터넷에서 예약할 수 있도록 허용하고 예약을 즉시 확인할 수 있도록 했다. 가족 모임, 결혼식 파티 또는 스포츠 행사 참석과 같이 25개 이하의 객실이 필요한 그룹을 대표하는 잠재고객은 모든 힐튼 브랜드에서 객실 이용 가능 여부를 확인할 수 있다. "OnQ" 아마추어 이벤트 플래너를 통해 중소기업 관리자 또는 가족 대표는 가격, 객실 유형 및 지역 명소와의 근접성을 기준으로 자신의 요구에 가장 적합한 호텔을 찾을 수 있다. 주최자는 제안 요청이나 대기 기간 없이 객실, 회의 공간, 음식 및 음료, 시청각 장비 등을 최대 1년 전에 미리 예약할 수 있다.

또한 "OnQ"를 통해 플래너는 그룹 예약 세부 정보 및 객실 정보에 대해 24시간 내내 항상 온라인 접근을 포함하여 객실 블록을 관리할 수 있다. 플래너는 이벤트를 위해 누가 객실을 예약했는지 즉시 확인하거나 고객을 대신하여 객실을 예약할 수 있으므로 항상 총 인원 수를 추적할 수 있다.

성과

"OnQ"는 고객 관계를 얼마나 잘 관리하고 있을까? 힐튼은 2015년과 2016년에 미국 고객 만족도지수(American Customer Satisfaction Index)에서 미국 최고의 호텔 기업으로 선정되었다. 그리고, 힐튼 계열 브랜드 중 힐튼 가든 인(Hilton Garden Inn), 엠버시 스위츠(Embassy Suites), 홈우드 스위츠(Homewood Suites) 3개는 미국 마케팅 조사기관 제이디 파워앤 어소시에이츠(J. D. Power and Associates)가 수행한 독립적인 조사에서 호텔부문 고객만족도 최우수상을 정기적으로 수상하고 있다. 2001년 이후 이 세 개 브랜드가 통합 30회 이상 1위를 차지했다. 또한 하비(Tim Harvey)는 "OnQ"가 완전히 가동되면 최고의 고객으로부터 힐튼의 "지갑 점유율(share of wallet)"이 40%에서 60%로 증가할 것으로 추정했다. 많은 고객들과 힐튼의 관계는 "OnQ"를 통해 확실히 강화되었다.

자료 : Tim Harvey, Interview on ZDNet.com, http://www.zdnet.com/article/hilton-hotels-tim-harvey-cio/, accessed February 12, 2016; www.hilton.com, accessed July 6, 2016; http://news.hiltonworldwide.com/assets/HWW/docs/brandFactSheets/HWW_Corporate_Fact_Sheet.pdf, accessed July 6, 2016; http://news.hiltonworldwide.com/assets/HWW/docs/brandFactSheets/Diversity_Fact_Sheet.pdf, accessed July 6, 2016

그림 6.2
관계마케팅의 목표 : 고객을 사다리 위쪽으로 이동시키기

와 같이 오랜 시간에 걸쳐 강화된 관계는 조직의 시장점유율과 이익을 증대시킨다. 본 장의 주목받는 기술 코너에서는 힐튼호텔(Hilton Hotel)이 고객과의 관계를 강화하기 위해 정보기술을 어떻게 성공적으로 활용하는지를 보여준다.

관계마케팅의 목표

관계의 연속선에 따라 고객관계가 진화한다는 지금까지의 논의는 기업이 고객과의 관계를 강화시킬 수 있는 방법을 보여준다. 어떤 고객의 관계가치가 증가함에 따라 제공자는 좀 더 밀접한 관계를 맺고자 할 것이다. 그러므로 관계마케팅의 주요 목표는 **"조직에게 수익을 가져다주는 몰입된 고객기반을 구축하고 유지하는 것"**이다. 그림 6.2는 관계마케팅의 목표를 도식화하여 보여주고 있다. 유인이 필요한 이방인에서 관계를 시작하여 고객을 최고 단계로까지 끌어올리는 것이 바로 관계마케팅의 목표이다. 획득(acquiring), 만족(satisfying), 유지(retaining), 향상(enhancing)으로 이어지는 사다리는 고객의 문제해결 관점에서 보면 다르게 표현할 수 있다. 고객의 입장에서 보면 아는 사이 단계가 만족 형성, 친구 단계가 신뢰 형성, 그리고 파트너 단계가 몰입 형성에 해당한다.

그리고 기업의 자원할당 관점에서 보면 관계진화에 부합한 차별화되고 고객화된 가치의 창조와 제공이라고 할 수 있다. 고객이 만족에 기반한 아는 사이에서, 신뢰에 기반한 친구로, 몰입에 기반한 파트너로 이동함에 따라 제공받는 가치와 협동수준도 그만큼 높아질 필요가 있다.

고객과 기업에 돌아가는 편익

고객–기업관계에서 양 당사자는 모두 고객유지를 통해 편익을 얻을 수 있다. 즉, 충성고객기반을 구축하고 유지하는 것은 조직에게 유리할 뿐만 아니라 장기적 관계를 통해 고객 자신 또한 편익을 얻을 수 있다.

고객에게 돌아가는 편익

선택권이 고객에게 있다고 할 때, 고객이 우리 기업에 대해 충성도를 갖고, 남아 있다는 것은 그들이 우리 기업으로부터 받는 가치가 경쟁사의 수준보다 상대적으로 높다는 것을 의미한다. 소비자에게 있어 **"가치"**는 "받은 것(get)"과 "준 것(give)"을 비교하는 것을 의미한다(15장에서 가치에 대해 더욱 심도 있게 다룬다). 소비자는 준 것보다(금전적 · 비금전적 비용) 받은 것(품질, 만족, 구체적인 편익)이 더 많아야만 관계를 유지하려 할 것이다. 그러므로 기업은 고객의 관점에서 가치를 지속적으로 제공해야 하고, 이때 고객이 받는 편익은 관계를 지속하려는 인센티브로 작용한다.

또한 서비스가치로부터 받는 근본적인 편익의 수준을 넘어 고객은 기업과의 장기적 관계로 인하여 다른 여러 방법으로 편익을 얻을 수 있다. 심지어 이러한 관계 편익은 서비스의 핵심속성보다 더 고객의 기업 충성도를 높이는 역할을 한다. 관계편익의 구체적인 유형으로 신뢰 편익, 사회적 편익, 특별대우 편익 등이 있다.[15]

신뢰 편익(confidence benefits) 신뢰 편익은 제공자에 대한 믿음의 감정으로 성과를 미리 예측할 수 있기 때문에 걱정을 줄여주고 편안함을 느끼게 한다. 한 고객이 서비스제공자와의 관계를 발전시킨 이후에 생성된 신뢰를 다음과 같이 기술하고 있다.

> 어느 정도 편안한 경험을 서비스제공자로부터 했다. 다시 말해, 서비스제공자가 나를 잘 알고 있기

때문에 제대로 된 서비스를 제공받을 것이라는 것을 알고 있다…. 낮은 수준의 서비스를 받을 것이라는 걱정은 별로 하지 않는다. 당신도 알다시피 다 잘될 것이고 만약 잘못되더라도 사후처리를 잘 해줄 것을 알고 있기 때문이다.[16]

현재 연구된 모든 서비스 영역에서 신뢰 편익은 고객에게 가장 중요한 편익으로 나타나고 있다. 대부분의 소비자는 서비스제공자를 바꾸려 하지 않는데, 특히 관계에 상당 수준의 투자를 하여 전환비용이 있는 경우 더 그렇다. 전환비용으로는 금전적 비용뿐만 아니라 심리적, 시간적 비용도 상당히 크게 발생한다. 대부분의 소비자(개인 또는 기업)는 시간과 돈의 기회비용 때문에 삶의 질을 향상시킬 수 있는 단순한 의사결정 방안을 지속적으로 모색하고 있다. 소비자는 서비스제공자와 관계를 유지함으로써 보다 중요한 다른 일에 더 많은 신경을 쓸 수 있게 된다.

사회적 편익(social benefits) 장기적으로 고객은 서비스제공자에 대해 친밀한 감정을 느끼고 심지어 그들과 사회적 관계를 가질 수도 있다. 이러한 유대는 고객들이 단골 기업의 경쟁사에서 더 나은 품질 또는 더 낮은 가격의 제품을 제공한다는 것을 알고 있는 경우에도 덜 전환하도록 할 것이다. 헤어스타일리스트에 대한 고객의 다음과 같은 언급은 사회적 편익을 잘 설명한다.

"나는 그를 좋아해…. 그는 정말 재미있고, 그에게서는 신나는 이야기가 끊이질 않아. 그는 지금 친구와도 같아…. 익숙한 누군가와 함께 하는 것이 훨씬 더 즐거워. 나는 그들과 함께 하는 비즈니스를 진심으로 즐기고 있어."

고객과 장기적인 관계를 맺고 있는 서비스제공자는 실제로 소비자의 사회지원시스템(social support system)이 되는 경우도 있다.[17] 위의 예에서처럼 헤어드레서는 고객의 절친한 친구가 될 수 있다. 또한 지역 소매상의 경영자는 이웃 간 네트워크에서 중심적인 위치를 차지할 수 있다. 헬스클럽이나 레스토랑의 경영자는 고객과 개인적으로 친분을 쌓을 수 있다. 사립학교의 교장은 학생의 가족과 친분이 있고 그들이 원하는 바도 알고 있다. 리버 가이드(river guide)는 래프팅을 즐기는 사람의 친구가 될 수 있다.[18]

이러한 사적 관계는 최종소비자와의 관계에서뿐만 아니라 기업 대 기업의 관계에서도 생길 수 있다. 이러한 관계를 통한 사회지원은 제공되는 서비스의 기술적 편익을 넘어서 소비자의 삶의 질(개인적 또는 직장생활)에 중요한 영향을 미친다. 서비스제공자와 고객 사이에 존재하는 신뢰 편익과 사회적 편익은 고객충성도의 기반이 된다. 이러한 고객 편익의 이면에는 유능한 직원이 기업을 떠나면서 고객을 데려갈 수 있는 위험도 존재한다.[19]

특별대우 편익(special treatments benefits) 특별대우는 다음에 제시된 인용문에서처럼 특별한 거래나 특별한 가격, 우대 또는 많은 상황에서 당신에게 "유리하게 해석해주는"(benefit of doubt) 편익을 받게 되는 것을 의미한다.

> 나는 다음과 같이 말하는 당신이 관계를 구축했을 때부터 특별대우를 받는다고 생각한다. 소아과 의사는 내 딸아이가 다른 아픈 아이들과 접촉하는 것을 피하도록 하기 위해 내가 병원에 올 때 뒷문을 사용할 수 있도록 허락해 주었다. 내가 매우 바쁜 경우에는 기다리지 않고 바로 나를 진료해 준다.

> 당신은 많은 상황에서 당신에게 유리하게 해석해주는 편익을 얻게 된다. 예컨대 나는 항상 비자(VISA)카드 청구를 마감 납기일 전에 납부했다. 한 번은 내가 지불한 돈이 납기일에 지불되지 못했다. 내가 전화를 걸자 나의 과거 이력을 조사해보고 그들은 내가 항상 납기일 전에 지불해 왔다는 사실을 깨달았다. 그러자 그들은 연체료를 요구하지 않았다.

흥미롭게도 특별대우 편익은 중요하기도 하지만 서비스관계에서 받는 다른 종류의 편익보다는 덜 중요하다.[20] 비록 특별대우 편익이 몇몇 산업(항공업에서 상용고객우대 프로그램의 편익을 생각해보라)에서는 고객충성도에 매우 중요하지만 다른 산업(의료나 법률서비스 같은 곳)에서는 그렇지 않다.

기업에게 돌아가는 편익

단골고객을 유지하고 발전시킴으로써 기업이 얻는 편익은 매우 많다. 기업이 고객들과 밀접한 관계를 유지함으로써 얻는 것에는 경제적 편익 외에도 여러 가지의 고객행동 편익과 인적자원관리 편익이 있다.

경제적 편익(economic benefits) 고객유지를 통한 경제적 편익으로 가장 일반적으로 인용되는 것 중의 한 가지는 시간이 지속됨에 따라 **구매가 증가**한다는 사실이다; 많은 산업 분야의 고객 또한 특정 관계 파트너에게 매년 더 많은 비용을 지출하는 경향이 있다.[21] 고객이 기업에 대해 알게 되고, 경쟁사에 비해 상대적으로 그 기업의 서비스품질에 만족한다면 고객은 그 기업과 보다 많은 거래를 하려 할 것이다. 이러한 연구들은 매우 만족한 고객들이 서비스제공자에 대해 **더 많이 지불하려는** 경향이 있다는 것도 밝히고 있다.[22]

© Yellow Dog Productions/Taxi/Getty Images

만족한 충성고객은 강력한 구전을 서비스기업에 제공한다.

또 다른 경제적 편익으로는 보다 **낮은 비용**을 들 수 있다. 몇몇 통계치들은 확실한 고객의 반복구매가 마케팅비용을 90%나 절감시킬 수 있음을 보여준다.[23] 신규 고객을 유인하는 데는 많은 초기비용(광고 및 기타 촉진비용, 계좌개설에 따른 운영비용, 신규고객과 사귀기 위해 소비하는 시간비용 등)이 들어간다. 단기적으로 볼 때 이러한 초기비용은 신규고객으로부터 얻는 수익을 초과할 수 있기 때문에 고객과 장기적 관계를 구축해야 기업에게 이익이 된다. 관계를 유지하는 비용은 시간이 지남에 따라 점점 낮아지는 경향이 있다. 제16장에서 고객유지에 따른 재무적 영향에 대해 좀 더 구체적으로 알아보도록 한다.

고객행동 편익(customer behavior benefits) 서비스기업이 단골고객으로부터 얻을 수 있는 이점은 구매를 통한 이익과 같이 직접적인 재무적 기여 수준을 훨씬 능가할 수 있다.[24] 아마도 기업이 장기고객으로부터 얻는 가장 보편적으로 인정되고 있는 고객행동 편익은 **구전 커뮤니케이션**을 통한 무료광고이다. 제품을 평가하기가 복잡하고 어려운 경우 구매하는 데 위험이 따르기 때문에 많은 서비스에서 소비자들끼리 서비스경험에 대해 서로 충고를 해주곤 한다. 특히, 만족한 충성고객은 대면 커뮤니케이션과 소셜미디어를 통해 기업에 대해 강력한 긍정적 구전을 제공할 것이다. 이러한 구전광고는 기업에서 돈을 지불하고 사용하는 여타의 다른 광고보다 효과적이어서 신규고객을 유인하는 비용을 감소시키는 효과가 있다.

구전 커뮤니케이션과 더불어, 또 다른 고객행동편익은 우정(friendships)과 격려(encouragement)의 형태로 다른 고객에게 제공되는 **사회적 지지**(social support)이다.[25] 예컨대 물리치료클리닉에서 무릎수술 후 회복 중인 환자는 재활치료를 받는 동안 다른 환자들이 격려해주고 감정적으로 응원을 해줄 때 훨씬 더 치료를 잘 받을 수 있다. 또한, 단골고객은 제공자와의 경험 때문에 멘토(mentor)로서 활동할 수 있다. 즉, 다른 고객들이 정해진 행동규칙을 명시적 또는 묵시적으로 이해할 수 있도록 돕는다.[26]

인적자원관리 편익(human resources management benefits) 단골고객은 기업에게 인적자원관리의 편익을 제공한다. 첫째, 제공자에 대한 경험과 지식이 있어 단골고객은 **서비스제공 과정에서 도움을 제공**하여 서비스의 공동생산(co-production)에 공헌할 수 있다. 때로 경험이 많은 고객은 서비스직원의 과업을 훨씬 쉽게 만들기도 한다. 예컨대 의료서비스를 정기적으로 제공받는 여성 환자는 시스템이 운영되는 방법에 대해 잘 알 것이다. 그녀는 방문할 때 이미 약물치료가 있을 것임을 안다. 병원에서 개인수표로 결제할 수 없다는 사실을 알고 있는 경우 직불카드(debit card)로 계산할 것이다. 그리고 의사를 기다리지 않고 신속히 유방 X선 검사를 예약할 수 있다. 두 번째 편익은 기업의 절차나 과정을 잘 알고 있는 단골고객은 기업이 자신들을 위해 무엇을 해줄 수 있는지에 대한 현실적인 기대를 가질 수 있다는 것이다.[27] 고객유지의 세 번째 편익은 **직원유지**이다. 기업이 만족한 고객을 안정적인 기반으로 갖고 있는 경우 직원유지가 쉬워진다. 사람들은 고객이 기뻐하고 충성도를 갖고 있는 기업에서 일하려 한다. 이들 기업에서는 신규고객을 경쟁적으로 모집하기보다는 기존 고객을 지속적으로 만족시켜 고객과의 관계를 강화하는 데 더 많은 시간을 보낼 수 있다. 그렇게 되면 고객은 더 만족하게 되고 더 나은 고객이 되는 상향적 선순환(positive upward spiral)에 접어든다. 이렇게 되면 직원은 기업에 오래 있길 원하기 때문에 서비스품질이 향상되고 이직에 따른 인사관리비용이 감소하여 장기적으로 수익에 도움이 된다.

예시 6.2 인튜이트사의 고객관계가치 계산

고객은 인튜이트(Intuit)의 개인 금융 소프트웨어인 민트(Mint)에 무료로 가입할 수 있다. 인튜이트는 또한 무료로 청구서 지불 서비스를 제공한다. 다양한 서비스를 무료로 제공함에도 불구하고 인튜이트가 평가하는 민트 고객의 관계 가치는 실제로 0보다 클 수 있다. 어떻게 이것이 가능할까?

첫째, 민트는 새로운 당좌(checking), 저축(savings), 중개(brokerage) 계좌를 제안하는 "저장 방법" 기능이 있다. 고객이 계좌에 가입하면 민트는 추천 수수료를 받는다. 또한, 인튜이트 고객이 사용할 추가제품도 제안한다. 일단 고객이 민트 소프트웨어 사용에 푹 빠져들면, 고객이 흥미를 느낄 수 있는 몇 가지 또 다른 인튜이트 제품이 있다. 예를 들어 개인의 필요에 따라 50~100달러에 회원가입을 한 민트 고객은, 이전에 생성된 민트 데이터를 자동으로 사용하여 연방 및 주 소득세 신고를 준비하는 데 도움이 되는 소프트웨어인 터보택스(TurboTax)를 구입할 수 있다.

인튜이트는 또한 자영업자와 소기업 대표이사들이 장부를 관리할 수 있도록 도와주는 회계 소프트웨어 프로그램 퀵북(QuickBook)을 월 10~40달러 사이의 가격으로 제공한다. 고객들은 또한 봉투와 예금 전표가 들어 있는 수표를 약 200달러(250팩 기준)에 구매할 수 있다. 또한 소규모 비즈니스 고객은 매달 약 30달러(기준인원을 초과하면 직원 1명당 2달러 추가됨)에 인튜이트 급여 서비스를 구입할 수 있다.

고객이 이러한 모든 서비스를 사용하는 경우 단 1년 동안 산출되는 수익은 약 730~1,140달러 정도가 되며 여기에는 추천 수수료가 포함되지 않는다.(인튜이트는 고급 회계 소프트웨어 및 프로어드바이저(ProAdvisor) 프로그램과 같은 몇 가지 다른 서비스를 제공하며 이는 규모가 큰 기업이 관심을 가질 수 있다. 또한 인튜이트는 비즈니스 고객에게 신용카드결제 서비스를 제공하고 거래 금액의 일정 비율에 해당하는 소액의 수수료를 결제 건수에 비례해서 받는다.)

첫 해가 지난 후에 만족한 인튜이트 고객은 최신 제품기능과 세금정보를 얻기 위해 매년 소프트웨어 업데이트를 지속적으로 구입할 가능성이 높다. 5년 동안 이 단일 고객으로부터 발생하는 수익은 3,650~5,700달러 사이가 될 수 있다.

마지막으로, 이렇게 만족한 고객은 새로운 신규고객을 인튜이트에 추천할 가능성이 높기 때문에 초기의 고객관계가치를 향상시킬 수 있다. 1년에 한 번만 새로운 고객을 추천해도 첫 번째 고객의 관계가치 잠재력은 단 몇 년 만에 수천 달러로 증가할 수 있다!

© David pearson/Alamy Stock Photo

※ 이 예의 수치는 http://www.intuit.com에 나열된 2016년 가격을 기준으로 했음.

고객의 관계가치

고객의 관계가치(relationship value)란 기업의 수입과 수익성에 대한 일생동안의 공헌도로 고객을 보는 계산인데 고객생애가치(customer lifetime value)라고도 한다. 이러한 계산은 기업이 고객과 장기적인 관계를 구축하고자 할 때 명백히 필요하다. 장기적 관계의 잠재적인 재무적 가치는 얼마이며 **고객손실**(losing customer)의 재무적 손실은 얼마인지를 계산할 필요가 있다. 여기서는 간단하게 고객의 관계가치에 영향을 미치는 요인을 살펴보고, 고객생애가치를 계산하는 몇 가지 방법들을 제시할 것이다. 제16장에서 생애가치의 재무적 계산을 구체적으로 설명한다.

고객의 "**생애가치**"(lifetime value) 또는 "관계가치"는 평균수명에 영향을 받는다. 평균수익은 생애에 걸친 관련 기간당 창출된 수익, 기간에 따른 추가 제품 및 서비스 판매, 시간이 지나면서 고객이 창출한 추천, 그리고 제품 및 서비스제공 관련 비용 등으로 산출한다.[28] 생애가치는 때때로 단지 고객이 살아가는 동안의 평생 수익원만을 의미하기도 한다. 대체로 비용까지 고려하는데, 이런 경우 생애가치는 사실 **생애수익성**(lifetime profitability)을 의미한다. 예시 6.2는 인튜이트(Intuit, 미국 금융소프트웨어 기업) 소프트웨어 고객의 잠재적 관계가치를 계산할 때 고려할 수 있는 몇 가지 요소의 사례를 제공한다.

만약 기업이 고객을 상실함으로써 입게 되는 손해가 얼마인지 알 수 있다면 고객을 유지하기 위해 필요한 투자액을 정확히 산출할 수 있을 것이다. 단골고객의 금전적 가치를 평가하는 한 가지 방법은 고객이 경쟁사로 옮겨가지 않고 단골고객으로 남아 있음으로써 증가하는 가치 또는 이익을 추정하는 것이다. 과거의 연구결과들은 고객유지율 혹은 충성도가 5% 증가할 때, 기업의 총이익이 낮게는 25%에서 높게는 95%까지 급격히 증가하는 것을 밝혀냈다.[29]

시간의 흐름에 따라 나타나는 실제 비용과 수익흐름을 파악할 수 있는 보다 정교한 회계시스템을 통해 기업은 고객유지에 따른 금전적 가치와 비용을 보다 정확하게 산출할 수 있다. 이 시스템은 단지 장기적인 수익흐름만이 아니라 단골고객과 관련된 모든 편익과 비용의 금전적 가치를 측정하려는 것이다. 구전광고의 가치, 직원유지, 고객유지비용의 감소 등이 이 계산에 포함될 수 있다.[30]

예컨대, 표 6.1은 세계 최대 전자결제 기업인 "퍼스트 데이터 코퍼레이션"(First Data Corporation)의 자회사인 "텔레체크 인터내셔널"(TeleCheck International)사 비즈니스 고객의 평균적인 생애가치를 추정하는 방법을 보여주고 있다(표에 제시된 제품명과 자료는 실제와 다르다). "텔레체크 인터내셔널"은 수표보증, 확인 및 추심서비스를 비즈니스 고객들에게 제공하는 대규모 수표 승인(check acceptance) 기업이다. 표 6.1은 핵심제품인 퀵리스판스(QuickResponse)로부터의 수익증가와 단위당 서비스 비용의 감소, 신제품인 패스트트랙(FastTrack)의 매출 증가, 그리고 추천으로 인한 이익 증가 등 5년 동안의 추청치를 포함하고 있다. 표 6.1은 "텔레체크 인터내셔널" 기본제품으로부터의 연간 20%의 매출 증가가 5년의 고객 수명 동안 연간 33%의 영업이익 증가를 가져올 수 있다고 추정했다.[31]

표 6.1 재화 대 서비스

재화	0년	1년	2년	3년	4년	5년
수익[a]						
퀵리스판스	–	$33,000	$39,600	$47,520	$57,024	$68,429
패스트트랙	–	–	5,500	6,600	7,920	9,504
비용						
퀵리스판스	$6,600	$24,090	$28,908	$34,690	$41,629	$49,953
패스트트랙	–	–	4,152	4,983	5,980	7,175
고객의 수명가치						
퀵리스판스	$6,600)	$8,910	$10,692	$12,830	$26,397	$18,476
패스트트랙	–	–	1,348	1,617	1,940	2,329
절약된 관리간접비의 할당[b]	–	–	1,155	1,486	1,663	1,995
추천을 통한 이익[c]	–	–	1,100	1,650	3,300	6,600
총이익	($6,600)	$8,910	$14,295	$17,583	$22,300	$29,400

주 : 제품명과 데이터는 가상적 수치다. 그 결과 제품별 이익은 과장되어 있다.

a. 두 제품의 수익이 매년 20%씩 증가한다고 가정한다.

b. 고객과 직원의 학습곡선효과로 인한 감소비용을 반영하기 위해, 수익관련 비용이 매년 15%씩 감소하는 것으로 본다.

c. 다음과 같은 근거하여 측정하였음 : (1) 기존 고객으로부터 새로운 고객으로의 구전의 중요성, (2) 만족한 고객이 새로운 고객에게 추천하는 빈도, (3) 고객추천의 크기, (4) 새로운 고객의 수명가치 측정

자료 : J. L. Heskett, W. E. Sasser, L. A. Schlesinger, The Service Profit Chain: How Leading Companies Link Profit and Growth to Loyalty (New York: The Free Press, 1997), p. 201.

수익성에 따른 고객세분시장

기업은 뛰어난 서비스로 모든 고객을 잘 대응할 수 있기를 원한다. 그러나 기업은 각 고객의 관계가치가 달라 모든 고객의 기대를 충족(그리고 확실히 초과하지 않더라도)시키는 것이 실제 가능하지도 않고 이익이 되지도 않는다는 것도 알고 있다.[32] 예컨대 페덱스는 수익성을 기초로 하여 내부적으로 고객을 좋음(good), 나쁨(bad), 매우 나쁨(ugly)의 세 범주로 분류했다. 기업은 모든 고객을 동일하게 다루기보다는 수익성이 좋은 고객과는 관계를 강화하기 위해 특별히 주의를 기울였고, 수익성이 나쁜 고객은 수익성이 좋은 방향으로 움직일 수 있도록 노력했으며, 수익성이 매우 나쁜 고객들은 이용을 줄이려(discourages) 했다.[33] 다른 기업들도 마찬가지로 세분시장을 파악하기 위해 노력하고 있는데, 기업에게 가져다주는 현재 및 미래수익성의 차이를 근거로 고객계층(tiers of customer)을 나누고 있다. 이렇게 하면 고객세분시장에 대한 비용과 수익을 추적할 수 있기 때문에 사용(usage) 또는 사용량(volume)에 따라 세분시장을 분류하는 방법보다 더 유용한 재무적 의미를 기업에게 제공한다.[34] 수익성 있는 고객층(bands)을 명확히 한 후, 기업은 파악된 층에 적합한 서비스 및 서비스수준을 제

공한다. 기업의 이익에 도움이 되는 옳은(right) 고객층에 근거하여 충성도 높은 단골고객을 구축하는 것은 기업의 이익을 증대시킬 것이다. 몇몇 연구들은 수익성 높은 우량고객의 유지율이 5% 증가할 때, 기업의 이익이 60% 이상 증가한다고 보고하고 있다.[35]

수익성계층 – 고객피라미드

비록 적지 않은 사람들이 페덱스(FedEx)사가 고객들을 "좋음, 나쁨, 매우 나쁨"으로 분류하는 것을 부정적으로 볼 수 있지만, 각 세분시장에 대한 이런 명칭(label)은 내부적으로 매우 유용할 수 있다. 분류명칭은 수익성 있는 고객을 지속적으로 추적하는 데 도움을 주기 때문이다. 실제로 모든 기업은 수익성 측면에서, 고객마다 수준이 다르다는 것을 알고 있다.

수익성 측면에서 고객이 어떻게 다른지를 유용하게 잘 보여주고 있는 접근법이 **그림 6.3**에서 제시하고 있는 4단계 시스템(4-tier system)이다.

1. **플래티넘층**(platinum tier) : 기업에게 가장 수익성이 높은 고객이다. 일반적으로 제품을 많이 사용하는 다량사용자(heavy user)이고, 가격에 민감하지 않다. 새로운 제공물을 기꺼이 수용하고 구매를 시도하려 하며 기업에 헌신적인 고객이다.
2. **골드층**(gold tier) : 이들의 수익성은 플래티넘층의 고객수준만큼 높지 않다. 왜냐하면 이러한 고객들은 충성도가 낮거나 이윤을 제한하는 가격할인을 원하기 때문이다. 그들은 단지 한 기업보다는 다양한 기업과 거래하면서 위험을 최소화하고자 하는 다량사용자(heavy user) 고객들이다.
3. **아이언층**(iron tier) : 이들은 기업이 생산시설을 가동하는 데 필요한 최소한의 구매를 하는 고객들이다. 그러나 실제 그들의 사용수준, 충성도, 수익성은 특별한 대우를 받을 만큼 충분히 크지 않다.
4. **리드(납)층**(lead tier) : 이들은 기업에게 초과비용이 들게 하는 고객들로 구성된다. 이들은 자신들에게 주어진 비용과 자신들이 내는 수익성 이상의 배려를 요구한다. 그리고 때때로

그림 6.3
고객피라미드

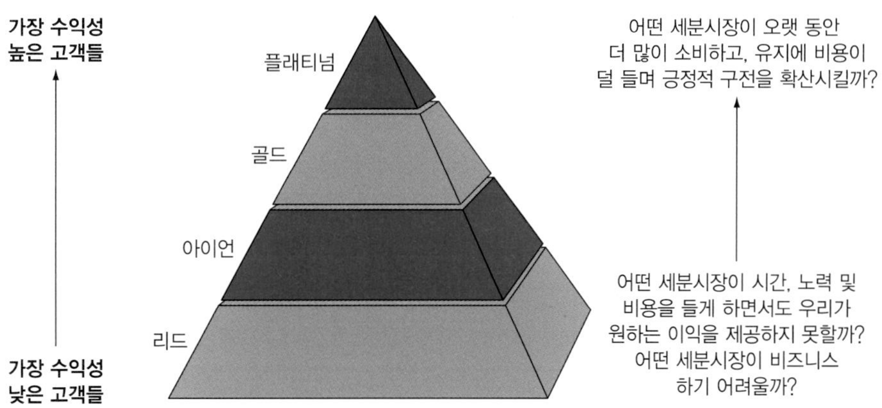

기업에 대해 다른 사람들에게 불평을 하거나 기업의 자원을 활용하지 못하게 하는 문제고객이기도 하다.

위와 같은 분류는 표면적으로는 아메리칸 에어라인(American Airline)과 같은 항공사에서 실행하는 기존의 사용 세분화를 연상케 하지만 매우 다르다. 전통적인 분류와 고객피라미드는 두 가지 측면에서 명확하게 다르다. 첫째, 고객피라미드에서는 모든 단계에서 사용량보다는 수익성 차원으로 정의한다. 둘째, 하위층은 실제로 상위층과는 다른 관심을 필요로 하는 고객층을 명확하게 표현한다. 하위층 고객에 대해서는 고객의 행동을 변화시키든지(수익증대를 통해 그들을 좀 더 수익성 있는 고객으로 만들기), 기업의 비용구조를 변화시켜야 한다(비용절감을 통해 그들을 좀 더 수익성 있는 고객으로 만들기).

일단 고객분류가 완료되면 각 단계별로 고객층이 명확해지고 무엇으로 동기부여하고 어떤 서비스를 제공해야 할지가 명확해지며 각각의 고객층으로부터 얻는 수익도 다르다는 것을 알 수 있다. 즉, 서비스제공자에게 많은 충성도를 가진 고객과 서비스에 대한 많은 욕구를 가진 고객이 서비스를 공유할 때 기업은 이익을 얻기 위한 기회를 증가시켜야 한다는 것이다. 단골고객과의 관계를 공고히 하고, 기존 고객에게 판매를 증가시키며 또한 판매시점에서 수익을 증가시켜 기업은 잠재수익을 제고시킬 수 있다.

고객관점에서 보는 수익성계층

수익성에 따라 고객층을 나누는 것은 기업의 관점에서는 이해가 되지만 고객의 관점에서는 항상 이해되는 것이 아니다. 더구나 고객들은 자신이 덜 바람직한 세분시장으로 분류되는 것에 대해서 기분 나쁘게 생각할 것이다.[36] 예를 들어, 일부 기업의 경우(예 : eTrade) 우수 고객들은 그들이 개인적으로 접촉할 수 있는 고객담당자가 있다. 보다 낮은 수익성을 내는 그 다음의 고객층에서는 한 담당자가 100명의 고객을 상대로 서비스를 제공한다. 그 외 대부분의 고객은 수신자부담 전화, 자동응답시스템 또는 웹사이트의 추천을 통해 서비스를 제공받는다. 고객들은 이렇게 불공평한 서비스제공시스템을 알고 있고, 많은 사람들은 이러한 사실에 저항하고 분개한다. 이는 비즈니스의 관점에서는 이해가 가는 일이지만 고객은 그들이 받는 서비스 수준에 대해 실망하고 그 결과 기업이 제공하는 제공물의 품질이 형편없다고 생각한다. 그러므로 고객에 대한 커뮤니케이션이 점점 더 중요해지고 있다. 이를 통해 고객은 기대할 수 있는 서비스의 수준을 알고, 좀 더 빠르거나 개별화된 서비스를 받기 위해 그들이 해야 하거나 지불해야 하는 것을 이해할 수 있기 때문이다.

수익성을 기초로 고객을 일일이 세분화하는 것은 고객의 사생활 침해라는 문제를 야기할 수 있다. 누가 수익성 있는 고객이고 누가 그렇지 않은 고객인지를 파악하기 위해 기업은 소비자에 대한 방대한 양의 개별화된 행동적 · 개인적 자료를 수집해야 한다. 오늘날 많은 소비자들은 이러한 방식이 사생활을 침해하는 것으로 생각할 때 분노하고, 특히 그들이 불공정하다고 느끼는 차별적인 결과를 야기했을 때 이러한 분노는 더 커진다.

수익성계층을 활용하여 비즈니스 의사결정하기

신중한 경영자는 과거고객의 구매행동에 대한 자료가 예측하는 데는 도움이 되지만 오해의 소지가 있다는 것도 잘 알고 있다.[37] 고객이 오늘 소비하거나 과거에 지출한 금액이 그들이 미래에 무엇을 할지(가치가 있을지)를 반영하는 것은 아니다. 대학생들에게 서비스를 제공하는 은행들은 이러한 사실을 잘 안다. 일반적인 대학생은 금융서비스에 대한 최소한의 욕구(예금계좌 또는 직불카드)만을 가지고 있고 많은 돈을 예금하려 하지 않는다. 그러나 몇 년 내에 이 학생들은 직업을 갖게 되고, 가정을 이루고, 주택을 구입할 수 있어 잠재적으로 매우 수익성 높은 고객이 될 수 있다. 일반적으로 기업은 지속적으로 많이 사용하는 고객들과 관계를 유지하려 하고 변덕스럽거나 사용량 및 사용횟수가 적은 고객들을 이탈시키려 한다. 그러나 아쉽게도 기업은 매우 자주 신중히 대해야 하는 서로 다른 두 집단을 대하게 된다. 변덕스러운 대량 구매고객과 지속적으로 구매하는 소량 구매고객이 그것이다. 그래서 일관된 현금흐름이 관계된 상황에서는 적은 수익을 내는 이력을 가지고 있더라도 변함없는 고객으로 포함시켜 고객 포트폴리오를 갖는 것이 기업에게 도움이 될 수 있다.[38]

어떤 서비스제공자들은 실제로 이전에 다른 기업에게는 마케팅 노력의 가치가 없는 것으로 여겨졌던 고객들을 표적으로 정하여 성공하고 있다.[39] 급료업무처리기업인 페이첵스(Paychex)는 경쟁사들이 수익성이 없다고 판단하여 간과한 소규모 비즈니스를 표적으로 하여 성공하였다. 유사하게 프로그레시브 인슈어런스(Progressive Insurance)는 다른 보험회사들이 충분한 관계가치를 느끼지 못하는 바람직하지 않은 고객들(젊은 자동차 운전자, 사고기록이 있는 운전자)에게 자동차 보험을 성공적으로 판매하고 있다. 이와 같은 예에서 알 수 있듯이 기업들은 고객가치를 계산할 때, 신중하면서 전략적으로 실행해야 한다는 것을 암시하고 있다.

관계개발 전략

본 장은 관계마케팅의 이론적인 근거에 초점을 맞추고 있다. 강력한 관계구축에 따른 기업과 고객의 편익, 고객의 관계가치에 대해 지금까지 논의하였다. 본 절에서는 강력한 고객관계(충성도)를 구축하는 데에 영향을 미치는 요인인 핵심서비스제공, 전환장벽, 관계유대 등을 논의하려 한다. 그림 6.4에 제시된 이러한 요인들은 기업이 기존 고객을 유지하기 위해 사용하는 구체적 전략의 이론적 근거가 될 것이다.

핵심서비스제공

만약 기업이 우수한 서비스품질과 고객만족이란 견고한 기반을 가지고 있지 않으면 유지전략은 장기적으로 성공하기 힘들 것이다. 본 절에서 설명하는 모든 유지전략은 제공되는 품질과 가치가 경쟁력이 있다는 가정에 기초하고 있다. 분명히 기업은 고객의 기대를 최소수준에

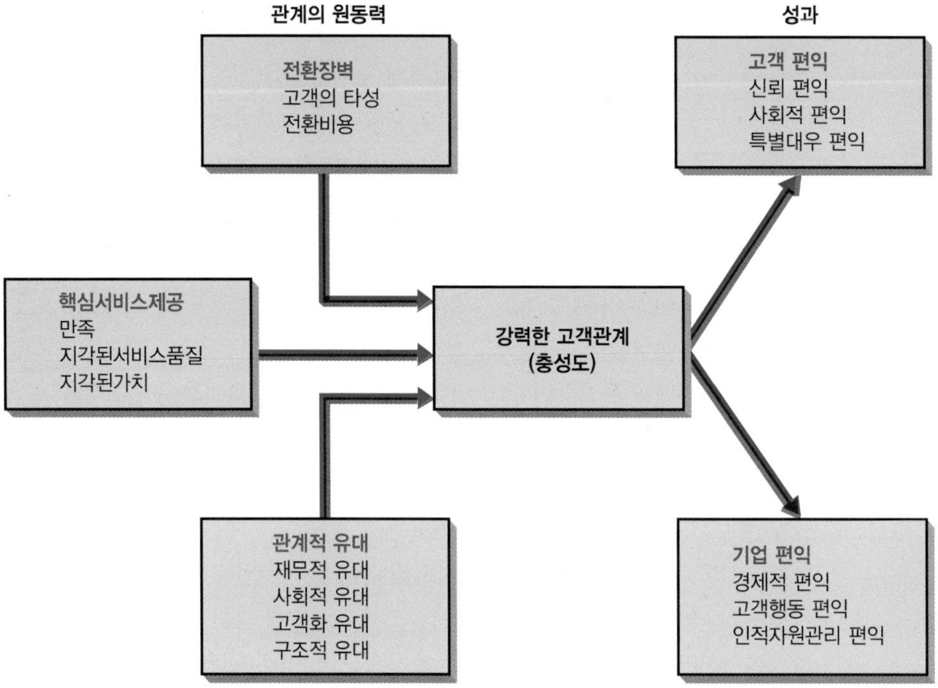

그림 6.4
관계개발모델

서 충족시키고 고객에게 지각된 가치를 제공하는 것과 같은 핵심서비스를 제공함(core service provision)으로써 관계개발 프로세스를 시작해야 한다.[40] 열등한 서비스로 관계전략을 설계하는 것은 좋지 않다. 앞서 제시된 두 사례인 인튜이트(Intuit)와 USAA는 고객에게 제공하는 핵심서비스와 제품의 품질이 성공적 관계전략을 위해 필수적이라는 주장에 설득력 있는 근거를 제시하고 있다. 이 두 기업은 충성도가 높은 고객기반으로부터 엄청난 혜택을 받고 있는데, 두 기업 모두 뛰어난 품질을 제공했고, 이를 기반으로 성공을 굳건히 하기 위해 관계전략을 사용하였다.

전환장벽

서비스제공자를 바꾸려 할 때, 고객은 기존 서비스제공자로부터 떠나 새로운 서비스제공자와 관계를 시작하는 일을 어렵게 하는 수많은 장벽에 부딪힐 수 있다. 관련 연구들에 따르면 전환장벽(switching barriers)은 관계에서 벗어나고자 하는 의사결정에 영향을 미치고 또한 고객유지를 도와준다고 한다.[41]

고객의 타성

고객이 기업과의 관계개발에 몰입하는 한 가지 이유는 기업을 바꾸는 데는 많은 노력이 필요하기 때문이다. 흔히 소비자들은 제공자를 바꾸는 것에 대해서 "그게 그거지" 하고 매우 단순하게 말한다. 타성(inertia)은 심지어 불만족한 고객들이 제공자와 관계를 유지하는 이유이기도 하다. 학자들은 사람들이 더 높은 만족을 찾지 않고, 관계 내에 머무르는 이유는 관계를 그만두는 것이 그들의 생활을 재구성하도록 하기 때문이라고 한다. 생활의 재구성이란 새로운 생활습관을 개발하고, 오랜 우정을 바꾸어 새로운 우정을 쌓는 것을 말한다.[42] 모든 것이 노력과 행동의 변화를 요구한다. 그러나 사람들은 행동을 바꾸는 것을 좋아하지 않는다.

고객을 유지하기 위해 기업은 서비스제공자를 바꾸는 데 따르는 고객의 **지각된 노력**(perceived effort)을 증가시키려 할 것이다.[43] 만약 고객이 전환하는 데 많은 노력이 필요하다고 믿는다면, 고객은 좀 더 관계에 남아 있으려 할 것이다. 예컨대 자동차 수리상은 고객의 자동차에 대한 완벽하고 꼼꼼한 정비이력을 유지 · 보유하고자 할 것이다. 이러한 기록은 고객이 자동차서비스에 대해 기억해야 하는 부담을 덜어준다. 만약 그 자동차가 새로운 정비회사에게 보내지면 완벽한 정비이력을 제시하는 데 상당한 노력을 기울여야만 한다. 반대로 만약 기업이 경쟁사의 고객을 유인하고자 하면 전환에 따르는 고객의 타성을 극복할 수 있도록 가능한 많은 프로세스를 자동화해야 할 것이다.

전환비용

많은 경우 고객은 전환하고 구매하는 데 따르는 비용 때문에 기업에 대한 충성도를 갖게 된다. 전환에 따르는 어려움인 전환비용은 실제로 있을 수도 있고 지각된 비용일 수도 있으며 금전적 · 비금전적 비용을 포괄한다. **전환비용**(switching cost)은 시간, 돈, 노력의 투입을 포함하며 **시작비용**(setup costs), **탐색비용**(search costs), **학습비용**(learning costs), 그리고 **계약비용**(contractual costs) 등으로 나누어진다.[44] 예를 들면 환자가 의사를 바꿀 때 기본검사를 다시 하거나, 치과의사를 바꿀 때 새로 X-레이 촬영을 하는 비용이 시작비용에 해당한다. 앞서 논의한 것처럼 서비스는 다음과 같은 특성들 때문에 탐색비용이 발생한다. 높은 경험품질 및 신뢰품질 속성뿐만 아니라 무형성, 이질성, 그리고 생산과 소비의 동시성 때문에 대체서비스에 대한 정보를 획득하는 데 따르는 높은 탐색비용이 필요할 수도 있다. 학습비용은 제품 또는 서비스를 사용하는 방법의 특수성을 학습하는 것과 관련된 비용이다. 여러 가지 상황에서 기업을 바꾸고자 하는 고객들은 사용하는 데 필요한 스킬이나 노하우가 필요할 수 있다. 계약비용은 고객이 위약금을 지불할 때 발생하는데(예 : 주택담보대출의 조기상환수수료, 이동전화서비스의 조기계약해지 위약금 등), 관계의 조기종료를 불가능하게 하지는 않더라도 고객에게 재정적인 부담을 부과할 수 있다.

기업은 고객이 관계로부터 이탈하는 것을 어렵도록 만들거나 최소한 어려움을 지각하도록 하기 위한 목적으로 전환비용을 증가시키려 할 수도 있다. 실제로 이동전화서비스나 헬스클럽 등 많은 서비스에서 계약서에 이러한 비용을 명시하고 서명하도록 한다. 반면 신규고객을 유인하기 위해, 서비스 제공자는 현재 그들과 관계를 맺고 있지 않은 고객의 전환비용을 낮추는 전략을 실행할 수도 있다. 전환에 따른 시작비용을 줄이기 위해, 제공자는 고객이 해야 하는 서류업무를 대신 해주려고 할 것이다. 예컨대 어떤 은행은 고객과의 마케팅커뮤니케이션을 하면서 전환비용을 낮추기 위한 시도를 하고 또 다른 은행은 경쟁은행으로부터 고객의 온라인 결제정보를 자동적으로 가져올 수 있는 "스위치 키트(switch kits)"를 도입하고 있다. 이러한 도구는 고객이 다른 은행으로 거래처를 바꾸거나 결제은행을 바꾸는 것을 방지해주는 데 있어서 가장 큰 장벽인 전환비용을 감소시켜 준다.[45]

관계유대

전환장벽은 고객이 극복해야 하기(have to) 때문에 기업과의 관계를 유지하는 제약으로 작용한다. 그러나 고객이 원하기(want to) 때문에 기업과의 관계를 유지하도록 촉진하는 활동을 할 수도 있다.[46] 본 장에서 제시하는 기본틀은 관계마케팅이 다른 수준에서 이루어질 수 있음을 제안하고, 연속적인 이들 유대수준은 기업을 고객에게 보다 가까이 다가설 수 있도록 하는 연결고리가 되며 결과적으로 지속적 경쟁우위의 잠재력이 증가하게 된다.[47] 유대수준에 대한 아이디어를 토대로 그림 6.5에 나타나는 네 가지 유형의 유지전략을 논의할 것이다. 그러나 어떤 유지전략도 우수한 핵심서비스를 기반으로 해야 한다는 점을 명심해야 할 것이다.

제1수준 : 재무적 유대

제1수준에서 고객은 주로 재무적 인센티브(많은 양을 구매하는 고객에게 낮은 가격을 제시하고 오랫동안 거래한 고객에게 가격할인 혜택 제공)를 통해 기업과 관계를 맺고 있다. 예를 들면, 항공업이나 호텔, 렌트카 회사와 같은 여행 관련 서비스업을 생각해보자. "상용고객우대제도"는 특정 항공사를 자주 이용하는 여행객들에게 재무적 인센티브와 보상을 제공하는 프로그램이다. 호텔과 렌터카 업체도 이와 같은 프로그램을 시행하고 있다. 여러 기업에서 재

그림 6.5
관계전략의 수준

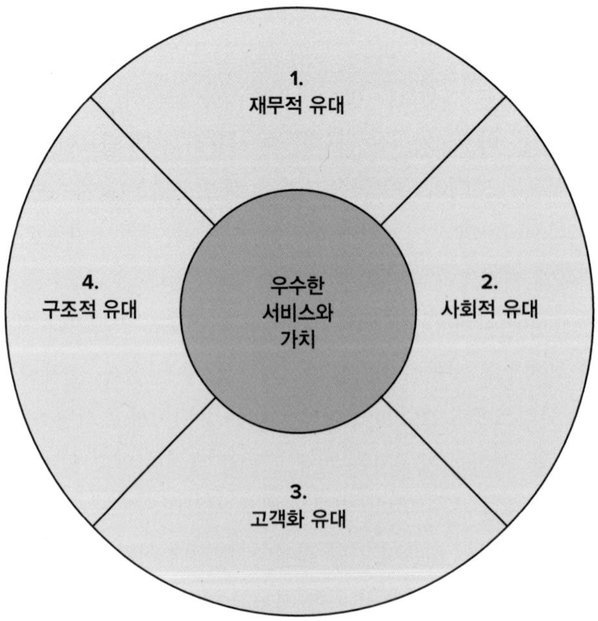

무적 인센티브 프로그램을 많이 사용하는 이유는 시행에 어려움이 적고, 적어도 단기적으로는 이익을 가져다주는 경우가 흔히 있기 때문이다. 그러나 불행히도 재무적 인센티브는 다른 관계전략과 결합되지 않으면 결국은 경쟁자로부터 자사를 차별화시키지 못할 뿐만 아니라 경쟁사들이 모방하기 쉽기 때문에 기업에게 장기적인 이익을 제공하지는 못한다.

묶음판매와 서비스의 교차판매에 초점을 맞춘 재무적 보상에 주로 의존하는 재무적 유대(financial bonds)도 있다. 위와 동일한 상용고객우대제도를 예로 살펴보자. 많은 항공사들은 그들의 보상프로그램을 호텔 체인, 자동차 렌트 그리고 어떤 경우엔 신용카드 사용에 연계시키고 있다. 항공사 마일리지 점수를 다른 기업의 서비스 사용과 연계시킴으로써 고객은 그들의 충성도에 대한 대가로 더 큰 재무적 편익을 누릴 수 있다.

물론 점점 더 많이, 더 널리 재무적 유대가 유지전략으로 사용되지만, 이것을 시행하는 데는 주의가 필요하다.[48] 앞서 언급했듯이, 재무적 유대를 강화하기 위한 프로그램들은 너무 쉽게 모방될 수 있다는 점을 유의해야 한다. 그리고, 재무적 유대의 경우 충성도를 높이도록 구조화하지 않으면 단지 신규고객을 유인하기 위한 수단으로 사용되어 고객이 끝없이 기업 사이를 왔다 갔다 하게 만들 수 있음도 주의해야 한다.

제2수준 : 사회적 유대

제2수준은 재무적 인센티브 이상의 것으로 기업과 소비자를 묶는 것이다. 가격이 여전히 중요하지만, 제2수준에서는 마케터가 사회적 유대(social bonds)와 대인관계(interpersonal) 유대를 통해 고객과 장기적인 관계를 구축하려 하는 것을 말한다.[49] 기업은 "고객"을 각각의 이름을 가진 얼굴로 간주하여 그들의 개별적인 욕구를 이해하고자 한다.

사회적 유대 및 대인관계 유대는 개인적인 서비스제공자(헤어드레서, 카운셀러, 의료서비스제공자)와 고객 사이, 그리고 전문직 서비스제공자(변호사, 회계사, 교사)와 고객 사이에서 흔히 볼 수 있다. 치과의사의 경우, 환자가 진료실로 들어오기 전 몇 분 동안 환자의 기록을 살펴봄으로써 환자의 개인적 특성(직업, 가족사항, 관심, 치과진료기록) 등에 대한 기억을 떠올린다.[50] 이러한 개인적 특성을 알고 있고 대화를 나눔으로써 치과의사는 환자 개개인에 대해 진심으로 관심을 보이고 사회적 유대를 구축할 수 있다.

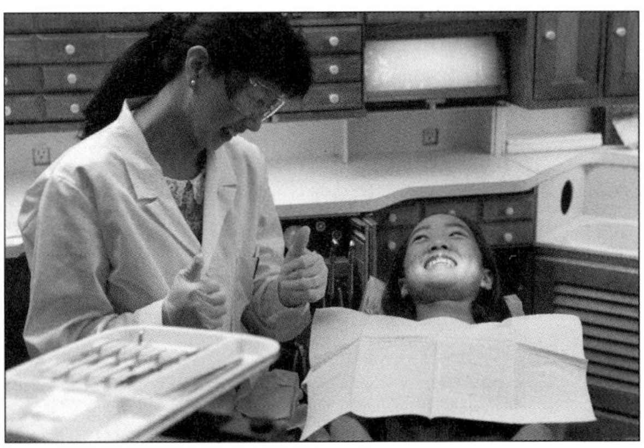

© Keith Brofsky/Getty Images

제2수준전략은 고객과 서비스를 제공하는 종업원 사이에서 긍정적인 사회적 유대를 만들어준다.

대인관계 유대는 기업 간의 거래에서도 흔히 볼 수 있다. 기업 간 거래에서 고객은 해당 기업의 세일즈맨이나 관련 부서 관리자들과 대인관계를 발전시킨다.[51] 충성도를 쌓는 데 있어 지속적인 관계가치를 인지한 캐터필러사는 자사의 성공을 전 세계의 광범위하고 안정적인 유통 조직 덕분이라고 믿고 있다. 캐터필러에서는 유통망이 세일즈맨이자 관계관리자이기 때문이다. 캐터필러는 세계에서 가장 큰 채굴, 건설 및 농

글로벌 추세 충성고객과 관계구축이 잘 이루어지고 있는 에어비앤비

© Martin Bureau/AFP/Getty Images

에어비앤비는 게스트와 호스트를 연결하기 위해 인터넷에 의존한다.

에어비앤비(Airbnb)는 설립한 지 불과 10년도 안 되어 글로벌 환대(hospitality)산업 분야의 주인공으로 등극했다. 에어비앤비는 2007년 당시 룸메이트였던 체스키(Brian Chesky)와 가비아(Joe Gebbia)가 샌프란시스코에서 자신들의 다락방을 임대할 형편이 안 되면서 시작되었다. 그들은 거실을 침대와 아침 식사를 할 수 있는 공간으로 만들어 에어 매트리스에 세 명의 손님을 받고 아침 식사를 제공했다; 그래서 회사는 당시에 "에어베드 & 브랙퍼스트(Airbed & Breakfast)"라고 불리었다. 그들은 결국 기업명을 "에어비앤비(Airbnb)"로 변경했고, 임대(rent)할 개인 자산에 대한 온라인 데이터베이스를 제공하는 중개자가 되어 현재는 호스트(hosts)와 게스트(guests) 두 가지 유형의 고객에게 서비스를 제공하고 있다. 에어비앤비의 호스트는 에어비앤비 웹사이트에 숙박시설(싱글룸, 객실 세트, 아파트, 선상가옥, 전체주택)을 임대할 목적으로 하우스보트 또는 전체주택 같은 부동산을 등록하는 고객이다. 숙박시설 등록은 무료이며 호스트는 1박, 1주 또는 월 청구 금액을 결정한다. 여행자(게스트)는 장소, 객실 유형(예 : 개인 객실 또는 공유 객실), 가격, 크기, 편의시설 및 호스트의 사용 언어 등의 세부 정보를 입력하여 에어비앤비에서 임대할 수 있는 숙박시설의 데이터베이스를 검색하는 고객이다.

에어비앤비의 시작은 초라했지만 설립 이후 단시간에 글로벌 입지를 구축했다. 다음의 성과를 보면 이해할 것이다. 2016년 기준 에어비앤비는 6,000만 명 이상의 사용자, 64만 명의 호스트, 200만 개의 숙박업소 리스트를 보유하고 있으며, 1박 평균 50만 명이 숙박하고 있다. 또한, 에어비앤비는 전 세계 200여 개국 57,000개의 도시에서 이용할 수 있다. 에어비앤비의 2015년도 수익은 9억 달러였으며, 2016년 기준 기업가치는 250억 달러로 평가받고 있다. 이 가치는 인터콘티넨탈 호텔그룹(Inter Continental Hotels Group)이나 하야트호텔(Hyatt Hotels)보다 높기 때문에 에어비앤비가 세계 최대의 환대산업 브랜드라고 볼 수 있다.

고객과의 관계구축

에어비앤비의 글로벌 성공 비결은 고객과 강력한 관계를 구축하는 능력이다. 다양한 국가의 호스트 및 게스트와의 관계를 발전시키기 위해 에어비앤비는 모든 부서가 운영 방식에 대해 신뢰감을 가질 수 있도록 한다. 호스트들은 그들의 집이 깨끗하고, 고객들을 환영하며 열쇠를 넘겨주기 위해 제시간에 숙소에 도착한다는 것에 동의해야 한다. 그런 다음, 게스트는 숙소를 안전하고 깔끔하게 사용하는 데 동의해야 하며, 에어비앤비는 모든 과정이 잘 진행되도록 촉진하고 혹시 문제가 발생하는 경우 중개자 또는 보상원의 역할을 하는 데 동의한다. 에어비앤비를 통해 예약(또는 수락)하기 전에 각 고객(호스트, 게스트 또는 둘 다)은 철저한(온라인) 프로필을 만들어 책임감을 길러야 한다. 에어비앤비는 고객이 자신의 얼굴이 선명하게 보이는 프로필 사진을 업로드하고, 개인 수준에서 자신을 드러내는 상세한 설명을 작성하도록 권장한다. 또한 고객은 자신만의 에어비앤비 심벌을 만들고 30초 프로필 동영상을 업로드하여 에어비앤비 커뮤니티에 자신이 누구인지 추가로 설명할 수 있다.

에어비앤비는 고객과의 관계를 더욱 발전시키기 위한 안전장치 플랫폼의 일부로 "공인된(Verified) ID"를 사용한다. 즉, 고객은 다른 게스트와 숙소를 공유하거나 호스트가 되기 전에 고객 자신의 각 정부가 발행한 신분증(여권, 운전면허증 등)이나 소셜네트워크 서비스 계정(페이스북 또는 링크드인 등) 및 연락처 정보를 통해 신원을 입증해야 한다. 에어비앤비는 예약 내역, 결제, 리뷰, 게스트와 호스트 간 커뮤니케이션 등을 토대로 각각의 예약에 "신뢰 점수(trust score)"를 부여하기도 한다. 에어비앤비는 이와 같은 기능을 자사 서비스에 대한 고객의 신뢰와 확신을 제고하는 데 사용한다.

고객 간의 사회적 유대 촉진

에어비앤비는 성공 요인 중 일부를 인간이 인간을 상대하고 싶어하는 특성을 잘 이해한 덕분이라고 설명한다. 고객은 노트북, 태블릿 또는 스마트폰에서 에어비앤비의 서비스에 접속할 수 있으며 대부분의 고객은 믿을 수 있는 사람과 즉시 연결되었다고 느낀다. 에어비앤비는 호스트와 게스트 간의 강력한 사회적 관계를 구축하기 위해 에어비앤비 그룹(Airbnb Groups)을 통해 전 세계의 특색 있는 충성고객을 구축하고, 호스트와 게스트 간의 커뮤니케이션 촉진, 예약 후 리뷰 제공 및 직접 이벤트도 주최한다. 이는 앞서 언급한 다른 안전 예방 조치들과 함께 고객들이 서로 신뢰할 뿐만 아니라 에어비앤비의 브랜드 전체를 신뢰하도록 유도한다.

충성도 구축

에어비앤비는 호텔 체인들이 자주 사용하는 호스트나 게스트를 위한 전통적인 보상프로그램을 제공하지 않는다. 대신에 다음을 통해 호스트와의 충성도(loyalty)를 구축하는 데 중점을 둔다.

- **"슈퍼호스트(Superhosts)" 부여.** 이베이(eBay)의 파워셀러(PowerSeller) 또는 구글의 트러스티드 스토어(Trusted Stores)와 마찬가지로 게스트에게 지속적으로 훌륭한 경험을 제공하는 호스트들은 뛰어난 리뷰로 보상을 받고 에어비앤비 슈퍼호스트 프로그램의 일원이 된다.
- **특전 제공.** "슈퍼호스트" 자격을 획득한 호스트는 홈페이지 리스트에 "슈퍼호스트" 배지가 업로드되며, 우선 순위 지원 및 여행 쿠폰 제공 등 여러 가지 혜택을 받을 수 있다. 이들은 "에어비앤비 픽스(Airbnb Picks)"와 같은 눈에 띄는 위치에 업로드되고 선호목록에서도 상위권에 위치하며, 회사의 분기별 잡지인 "파인애플"에도 게재되고 있다.
- **지역(local)그룹 생성.** 에어비앤비는 호스트가 함께 모여 서로에게서 경험을 공유할 수 있는 지역 그룹 플랫폼을 만들었다. "에어비앤비 오픈(Airbnb Open)"이라는 제목의 한 이벤트에서는 1,500명의 호스트가 직접 만나 에어비앤비의 미래 계획과 제품 관련 소식을 공유할 수 있었다.

에어비앤비는 게스트와의 충성도를 높이기 위해 영감(inspiration)을 주는 이메일을 주기적으로 보내고 고객이 향후 여행을 가고 싶은 곳의 "위시리스트(wish list)"를 만들 수 있도록 한다. 그러한 노력이 사람들의 행동을 바꾸고 실제로 더 많이 여행하게 만드는 것을 경험했다.

핵심서비스 제공에 집중

에어비앤비는 응답성(responsiveness)이 고객에게 매우 중요하다고 생각한다. 그래서, 전 세계 12개 언어로 연중무휴 서비스를 제공하며 고객이 도움이 필요할 때는 언제든지 쉽게 이용할 수 있다. 호스트가 신속하게 응답하도록 장려하고 게스트가 호스트의 응답을 평가할 수 있는 시스템을 갖추고 있다. 고객에게 훌륭한 경험을 제공하기 위해 에어비앤비는 소셜미디어를 모니터링하여 고객서비스 문제가 신속하게 처리되도록 하는 부서를 보유하고 있다.

좋은 숙박 경험을 촉진하기 위해 에어비앤비는 각 고객(호스트와 게스트 모두)이 숙박 후 즉시 상대방에 대한 리뷰를 작성하도록 권장한다. 이 리뷰 시스템은 호스트와 게스트 모두에게 책임을 물을 수 있는 일종의 품질관리시스템의 역할을 한다. 리뷰는 호스트 및 게스트에 대한 통찰력(insjghts)을 제공할 뿐만 아니라, 방문 장소, 저녁식사 장소 또는 "현지인"만이 알 수 있는 것들에 대한 "현지인 정보(insider tips)"를 제공한다. 에어비앤비는 호스트와 게스트, 특히 해외에 방문한 게스트가 호스트들의 삶과 그들이 어떻게 사는지 볼 수 있도록 도와줌으로써 더 기억에 남는 경험을 제공할 수 있다고 생각한다.

"공유(sharing)" 경제에서 사람들은 점점 더 다른 사람들(흔히 서로 모르는 사람들)과의 직접적인 관계를 신뢰하고 있다; 그러나 상대방과의 신뢰가 깨지면 중개자(예 : 에어비앤비)에 의존하는 경향이 있다. 이러한 이유로 에어비앤비는 그들의 서비스에 대한 추가적인 신뢰를 제공하고 호스트를 보호하기 위해 100만 달러를 보증하고 있다. 즉, 에어비앤비는 사이트의 모든 예약이 "호스트 보증(Host Guarantee)"의 적용을 받는다는 것을 명시한다. 이 보증에는 에어비앤비가 호스트에게 최대 100만 달러의 재산 피해를 무료로 배상할 것이라고 명시되어 있다. 에어비앤비에게 고객의 신뢰를 얻는 것보다 더 중요한 것은 없다. 사실, 호스트가 자신의 가장 소중한 소유물(집과 소지품)을 완전히 낯선 사람에게 맡기도록 설득하는 것이 에어비앤비 비즈니스 모델의 가장 큰 장애물이다.

신뢰를 바탕으로 하는 서비스

에어비앤비는 스스로를 단순한 서비스 그 이상으로 생각한다. 신뢰를 기반으로 하는 글로벌 커뮤니티를 구축했으며 각 거래는 단순한 구매가 아니라 경험이라고 믿고 있다. 에어비앤비는 사람들이 신뢰할 수 있는 안전망 역할을 하여 낯선 사람을 접대하거나 다른 사람의 집에서 잠을 잘 수 있다는 자신감을 주기 때문에 환대산업에서 경쟁력 있는 기업으로 성장하였고 또한 국제적으로 충성도 높은 고객기반을 구축할 수 있었다.

자료 : Katerina Jeng, "Trust in the Sharing Economy: 3 Lessonsto Learn From Airbnb," https://brandfolder.com/blog/shared-story-3/building-trust/; Brett Lyons, "Customer Loyalty: Lessons from Airbnb," http://www.tlsasalestraining.com/content/customer-loyalty-lessons-airbnb; Rachel Botsman, "Where Does Loyalty Lie in the Collaborative Economy," http://rachelbotsman.com/work/where-does-loyalty-in-lie-in-the-collaborative-economy/.

업용 중장비 제조업체이다. 물론 그들의 기술 및 제품 품질이 우수하지만 성공의 많은 부분이 세계적으로 제공되는 강력한 판매 네트워크와 제품지원 서비스를 통해 실현되었다고 말한다. 캐터필러의 딜러들이 제공하는 지역시장에 대한 정보와 고객들과의 밀접한 관계가 매우 귀중하다. 캐터필러의 딜러들은 그들의 서비스 영역에서 커뮤니티 활동에 깊이 관여하고 있고, 그 지역에서 생활하고 있는 비즈니스 리더들로 통하는 경향이 있다. 고객과의 장기적 관계에서 쌓은 사회적 유대는 기업의 성공에 매우 중요한 요소이다.

때때로 고객과 기업의 관계보다 "**고객들 간**(among customers)"의 관계로 인해 고객과 조직 간에서 사회적 유대가 생기는 경우도 있다.[52] 이러한 유대는 헬스클럽, 컨트리클럽, 교육시설 등을 비롯하여 고객들이 서로 상호작용하는 서비스 환경에서 흔히 형성된다. 고객이 다른 고객들과 맺는 장기적인 사회적 관계는 그들이 다른 조직으로 전환하는 것을 방지할 수 있도록 해주는 중요한 요소이다. 본 장의 글로벌 추세 코너에서는 에어비앤비(Airbnb)가 고객 간의 사회적 관계를 구축하는 데 집중했던 전략에 관해서 설명한다.

사회적 유대 하나만으로 고객을 기업에 영구히 붙들어 맬 수는 없지만 가격인센티브에 비해 경쟁자들이 모방하기에 훨씬 어려운 특징임은 분명하다.[53] 다른 서비스제공자로 전환할 강력한 유인이 없는 경우, 사회적 유대는 고객들을 관계 속에 붙들어 매는 역할을 한다.[54] 재무적 인센티브와 결합되어 사용될 경우 사회적 유대 전략은 더욱 효과적일 수 있다.

제3수준 : 고객화 유대

제3수준인 고객화 유대(customization bonds)는 제1, 2수준의 유대전략들을 포함하면서 그 이상의 무엇을 포함하고 있다. 고객화접근은 고객충성도가 개별 고객의 친밀한 지식, 즉 **고객친밀성**(customer intimacy)과 개별 고객의 욕구충족을 통해 제고될 수 있다고 제안한다.

고객화 유대를 설명하는 데 있어서 고객 자신이 좋아하는 음악을 찾아 즐길 수 있는 인터넷 기반 음악서비스 기업인 판도라(Pandora)는 좋은 예이다. 판도라는 독특한 특성을 가진 1만여 명의 서로 다른 아티스트들의 약 100만 곡이 넘는 곡을 각각의 장르별로 범주화한 거대한 데이터베이스를 가지고 있다. 고객은 이렇게 광범위한 데이터베이스를 이용하여 자신이 좋아하는 아티스트나 장르의 곡들을 맞춤형으로 제공받을 수 있다. 고객은 자신이 좋아하는 노래나 아티스트를 파악해 최대 100개 이상의 독특한 "스테이션(stations)" 계정을 만들 수 있는데, 판도라의 전문가시스템은 고객의 특성을 분석하여 곡을 추천한다. 이를 위해 판도라는 숙련된 음악 분석가가 450개의 뚜렷한 음악적 특성, 즉 음악적 "인자(gene)"를 사용하여 각 노래를 분석한다. 이러한 음악적 인자를 종합하면 멜로디, 하모니, 리듬에서부터 악기(instrumentation), 관현악(orchestration), 편곡(arrangement), 가사(lyrics), 노래(singing), 가창법(vocal harmony)과 같은 음악적 특성을 포착할 수 있다. 그런 다음 판도라는 이 정보를 활용하여 개별 고객의 고유한 취향과 입맛에 맞게 곡을 맞춤화하여 제공하고 있다. 앞서 설명한 주목받는 기술 코너에서는 힐튼 호텔이 정보기술을 활용하여 다수의 개별 고객의 욕구에 맞게 서비스를 맞춤화하는 방법을 설명했다.

© Cardinal Health

카디날헬스의 벨류링크서비스는 그들의 병원 고객과 구조적 유대를 쌓게 해준다.

제4수준 : 구조적 유대

제4수준인 구조적 유대(structural bonds)는 제1, 2, 3수준의 유대뿐만 아니라 개별화된 시스템설계까지 포함하기 때문에 모방하기가 가장 어렵다. 구조적 유대는 서비스제공자가 고객에게 보다 개별화된 서비스를 제공하는 서비스제공시스템을 설계함으로써 창출된다. 고객화된 서비스제공시스템은 대부분 기술에 기반을 두고 있으며 고객의 생산성을 높이는 데 공헌한다.

카디날헬스(Cardina Health)사의 사례를 통해 기업 간의 관계에서 구조적 유대의 예를 찾아볼 수 있다. 미국에서 두 번째로 큰 의약품 유통회사인 카디날헬스는 병원고객과 긴밀히 협력하여 병원에 공급하는 물품의 주문, 배송, 청구시스템을 개선하는 방법을 구축하면서 공급업체로서의 가치를 크게 향상시켰다. 카디날헬스의 많은 병원고객은 대량의 재고를 유지 및 관리할 필요가 없는 "적시(just-in-time)" 유통 프로그램인 밸류링크(ValueLink®) 서비스를 사용한다. 이러한 정교한 시스템을 사용하여 재고목록을 추적함으로써 밸류링크는 카디날헬스에게 하루에도 몇 번씩 병원 고객이 필요한 제품을 고객이 사용하는 현장에 즉시 배달하도록 명령한다. 고객은 밸류링크를 병원의 데이터베이스 주문시스템에 연결시켜 배송효율을 높이고 있는데, 카디날헬스는 미국 내 200개 이상의 급성 환자 치료 병원들과 구조적으로 연결되어 있다. 밸류링크가 제공하는 향상된 서비스 외에도 카디날헬스는 이 시스템을 이용하는 고객들에게 매년 평균 재고비용의 30~60%, 인건비의 25~30% 절감을 제공하는 것으로 추산하고 있다.[55]

관계마케팅이 직면한 문제

장기적인 고객관계의 편익으로 볼 때, 기업은 어떤 고객과의 관계도 종료하거나 거절하려 하지 않을 것이다. 그러나 기업이나 고객 혹은 둘 다 그들의 관계를 종료해야만 하는 상황이 발생한다. 본 장의 마지막 절에서는 기업이 실제로 관계종료를 고려하는 상황과 관계종료가 어떻게 발생하는지에 대해 논의하도록 한다. 또한 고객 입장에서 관계를 종료하고 서비스제공자를 바꾸기로 결정하는 상황에 대해 알아보도록 한다.

고객이 항상 옳은 것은 아니다

모든 고객이 좋은 고객이라는 가정은 "고객은 항상 옳다"라는 신성불가침의 비즈니스 신념에도 부합된다. 그러나 서비스 종사자라면 이러한 신념이 항상 옳은 것은 아니고, 경우에 따라서는 기업과 고객 모두에게 관계를 지속하지 않는 것이 더 나을 수도 있다는 사실을 알고 있다. 다음에서는 모든 관계가 다 좋은 것은 아니며 모든 고객이 항상 옳은 것은 아니라는 관점에서 고객관계를 설명할 것이다.

잘못된 세분시장

서비스기업은 모든 고객을 표적으로 삼을 수 없으므로 보다 적절한 세분시장을 선택해야 한다. 기업이 충족시킬 수 없는 욕구를 가진 고객과 관계를 구축하는 것은 양자 모두에게 도움이 안 된다. 예컨대 어떤 학교가 아주 빡빡한 주간 MBA 프로그램을 가지고 있다면 풀타임 직장을 가진 사람들은 지원하기가 아주 곤란할 것이다. 또한 정부 관련 전문법률회사(로펌)가 신용이나 부동산 문제에 관한 조언을 구하는 개인에게 서비스하는 것은 의미가 없다. 이 두 가지 예에서처럼 기업은 고객의 욕구를 충족시키는 데 어려움을 겪을 수 있다. 종종 기업들은 더 좋은 것들을 제공받는 고객에게 서비스하는 것을 동의함으로써 판매를 시도하기도 한다.

또한 양립할 수 없는 세분시장들과 동시에 관계를 구축하는 것도 현명한 처사가 아니다. 많은 서비스업(예를 들어 레스토랑, 호텔, 패키지여행, 오락, 교육)에서 고객은 함께 서비스를 받는 경우가 많은데, 이때 서로가 지각된 가치에 영향을 미칠 수 있다. 그러므로 핵심세분시장에 대한 서비스의 가치를 극대화하기 위해서 기업은 양립할 수 없는 수익성 적은 시장은 포기할 수도 있다. 예컨대 컨퍼런스 호텔에서 심각한 교육프로그램에 대해 논의하기 위해 와 있는 기업의 경영진들과 수학여행을 온 학생들을 같이 투숙시킨다는 것은 현명하지 못한 일이다. 만약 경영자들이 주요 장기고객이라면 호텔은 기꺼이 이들을 유지하기 위해 놀러온 사람들을 포기할 수 있어야 한다.

장기적으로 타산이 안 맞는 경우

윤리적 또는 법적 제약만 없다면 기업은 타산이 안 맞는 고객과 장기적 관계를 지속하지 않을 수도 있다. 일부 세분시장은 기업이 제공하는 서비스로 그들의 욕구를 충족시킬 수 있을지라도 기업에게는 이익이 안 되는 경우가 있다. 세분시장에 적합한 마케팅전략을 개발할 만큼 수익성 있는 고객의 수가 충분치 않은 경우, 세분시장이 서비스비용을 부담할 능력이 없는 경우, 세분시장으로부터 얻게 되는 수익흐름이 사업을 시작하고 유지하는 데 드는 비용을 회수하지 못할 경우가 이러한 예에 해당한다.

세분시장 수준이 아니라 개별 고객의 수준에서 볼 때도 기업이 신용이 좋지 않거나 위험이 높은 고객과 관계를 구축하는 것은 이익이 안 된다. 소매상, 은행, 신용보증회사, 그리고 신용카드회사의 경우 신용기록을 믿을 수 없는 개인과는 거래를 중지하고 있다. 단기적 매출을 올리는 데는 도움이 될 수도 있지만 장기적으로 보면 지급불능의 위험이 있으므로 기업 입장에서 관계를 지속하는 것은 현명하지 못하기 때문이다. 유사한 예로 일부 렌트카 업체는 고객의 운전기록을 조사하여 위험도가 높은 운전자에게는 대여를 거절한다.[56] 이러한 조치는 논란의 여지는 있지만 자동차 렌트 업체의 입장에서는 당연한 행동이다. 왜냐하면 사고율이 높은 운전자와 관계를 중단함으로써 보험료와 사고배상 요청을 줄일(그러므로 모범운전자들에게 렌트비용을 낮추어줌) 수 있기 때문이다.

실제로 산정해 보면 조직의 수익성에 도움이 되지 않는 잘못된(wrong) 고객과 관계를 맺음으로써 금전적 비용 외에 시간적 비용을 초래하는 경우도 있다. 아마도 대부분의 사람들은 은행, 소매상 심지어는 교육장소에서 일부 고객이 서비스제공자의 시간을 너무 오래 사용해 기다려야 했던 경험이 있을 것이다. 그러나 일반적으로 특정 고객 때문에 소비된 시간의 금전적 가치는 서비스가격에 산정되지 않고 있다.

기업 대 기업 관계에서는 고객에 대한 시간적 비용의 다양성이 훨씬 더 명확하게 나타난다. 어떤 고객은 지나친 전화, 과도한 정보요구 및 기타 행위들로 공급자의 자원을 상당히 소모시킬 수 있다. 로펌의 경우 시간은 본질적으로 기업이 지닌 유일한 자원이기 때문에 고객은 그들이 사용한 시간만큼 대금을 지불해야 한다. 하지만 대부분의 서비스업에서는 고객이 사용한 시간과는 상관없이 동일한 비용을 지불하고 있다.

어려운 고객

경영자들이 "고객은 항상 옳다"라는 말을 되풀이하다 보니 서비스 조직의 직원 모두가 이 말을 당연한 듯이 받아들이고 있다고 생각할 수 있다. 정말 그런가? 아마도 무조건 그렇다고 말하기는 어려울 것이다. 사실 고객이 항상 옳은 것은 아니다. 아무리 자주 들더라도 이는 사실이 아님을 서비스를 제공하는 직원들은 이미 알고 있다.

많은 상황에서 기업들은 "**역기능 고객**(dysfunctional customers)" 때문에 서비스접점에서 실패한 경험을 가지고 있다. 역기능 고객의 행동이란 서비스접점에서 의도적 또는 비의도적으로 서비스기능을 방해하는 행동을 말한다.[57] 이러한 고객들은 "지옥으로부터 온 고객(customers from hell)", "문제고객(problem customers)", 또는 "얼간이고객(jay customers)" 등으로 묘사된다. 우리 중 누군가는 호텔에서 머무는 동안 방 밖으로 나와서 서로 싸우는 술 취한 고객 때문에 새벽 4시에 잠을 깬 경험이 있을 것이다. 지배인은 결국 경찰을 부르고 다른 고객들로부터 격리시킬 것을 요청한다. 렌트카 회사의 어떤 고객은 렌트기간의 거의 막바지에 이르러서 뒷자리에서 조그만 얼룩을 발견했기 때문에 2주의 렌트기간에 대한 어떤 비용도 지불할 수 없다고 주장한다.[58] 고객의 이러한 행동은 서비스제공자와 다른 서비스이용자에게는 문제 있는 행동으로 보일 수 있다.

역기능 고객의 행동은 직원, 다른 고객, 그리고 기업에 영향을 미칠 수 있다. 연구결과 역기능 고객의 행동에 노출된 경험은 직원의 심리, 감정, 행동, 그리고 신체상태에 영향을 미칠 수 있다고 한다.[59] 예컨대 고객의 무례하고 위협적이며 방해가 되는 공격적이거나 파괴적인 행동에 노출된 경험이 있는 접점직원들은 동기 및 의욕을 상실할 뿐만 아니라 부정적인 기분(mood)을 갖게 된다. 이러한 고객들과 관계를 유지하는 일은 매우 어렵고 직원들에게 종종 스트레스를 준다(208페이지 사진 참조).[60] 역기능 고객은 또한 다른 고객들에게도 영향을 미칠 수 있다. 이러한 행동은 다른 고객들의 서비스경험을 망칠 수 있고, 특히 그것이 떠들썩하거나 사리에 맞지 않는 불만을 포함하는 경우 이를 목격한 다른 고객들에게 전염될 수도 있다.

전략적 통찰 "고객은 항상 옳다" : 낡은 신념을 재고하라

"고객은 항상 옳다"라는 낡은 신념은 오랫동안 비즈니스의 기본 규칙으로 운영되어 왔기 때문에 많은 기업들에게는 "절대적인 진리"로 자리 잡고 있다. 그러나, 현실적으로는 고객도 때때로 틀릴 때가 있다. 고객과의 문제가 극단으로 치닫게 되면 기업은 문제를 어떻게 처리할지 고심하게 된다. 서비스관리자는 직원을 해고할 수 있는 상황이 생길 수도 있다는 것을 이해하고, 이러한 상황에서는 다음의 전략을 고객에게 적용할 수 있다.

스프린트(SPRINT)/넥스텔(NEXTEL)은 1,000명의 고객을 해고했다

2007년 6월 29일 미국의 이동통신기업인 스프린트/넥스텔(스프린트와 넥스텔이 통합하여 2021년 기준 미국 3위 시장점유율 보유)은 5,300만 고객 중 약 1,000명에게 사실상 기업에서 해고되었다는 편지를 보냈다. 그렇게 함으로써 스프린트는 고객서비스센터에 자주 접촉하는 고객에게 다음 달 말에 서비스를 취소한다고 알려서 거래를 중단하려고 했다. 스프린트는 고객에게 보낸 편지에서 다음과 같이 언급했다. "당사는 최선을 다해 귀하의 문제 제기와 요구사항을 해결하기 위해 노력했지만, 현재까지 저희에게 문의하신 많은 이동통신 관련 요구사항을 충족시켜드릴 수 없다고 판단하게 되었습니다."

고객은 서비스 계약이 종료되더라도 최종 청구서에 어떠한 비용도 청구되지 않을 것이며, 기업은 조기 해약 수수료도 포기할 것이라는 내용도 함께 전달받았다. 고객은 또한 전화번호를 유지하려면 7월 30일까지 다른 무선 통신업체로 이동하라는 지침도 받았다.

기업으로부터 해고 통보를 받은 1,000명의 고객은 한 달에 평균 25번 스프린트의 고객서비스센터에 전화를 걸었는데, 이는 일반 고객보다 40배 더 자주 전화하는 것이었다. 스프린트는 이러한 고객들이 요구하는 높은 서비스 비용을 처리하기에는 이들에게 충분한 수익을 창출하지 못하고 있다고 판단했다. 기업은 6개월 이상 동안 내부 검토를 수행하여 이러한 고객들이 어떤 유형의 문제를 갖고 있는지, 고객서비스센터에 문의할 때 어떤 정보를 찾고 있었는지 확인했다. 검토 결과, 이러한 고객들은 스프린트 직원이 문제를 해결했다고 느낀 후에도 동일한 문제에 대해 계속 전화하는 경우가 많았다. 또한 일부 고객은 고객서비스 담당자가 누설할 수 없는 다른 고객의 계정에 대한 정보를 반복적으로 요청했다. 스프린트는 동일한 문제를 반복해서 해결하는 데 소요되는 시간이 다른 고객에게 서비스를 제공하는 능력에 영향을 미친다고 밝혔다.

[결과]

이와 같은 정책 결정 초기에 스프린트의 이러한 움직임은 비즈니스 언론에서 대서특필되었고, 1,000명의 고객 중 일부로부터 부정적인 입소문을 불러일으켰으며 단기적으로 일부 신규고객을 잃게 했을 수도 있었다. 그러나, 고객서비스센터에 문의하는 다른 고객들의 경험만족도가 향상되었다. 실제로, 불과 3년 후에 미국 최고의 마케팅 조사기업인 제이디파워 앤 어소시에이츠(J. D. Power and Associates)가 선정하는 40대 고객서비스 챔피언 기업 중 하나로 스프린트가 선정될 정도로 고객에 대한 서비스 만족도가 향상되었다.

제인사이클은 고객에게 "나가세요... 그리고 당신의 모든 친구에게 말하십시오"라고 말했다

미국 경제잡지 비즈니스 호라이즌(Business Horizons)은 코네티컷주 브랜포드에 자리잡고 있으면서 고객서비스에 대한 헌신적인 노력으로 잘 알려진 자전거매장, 제인사이클에 대한 다음의 기사를

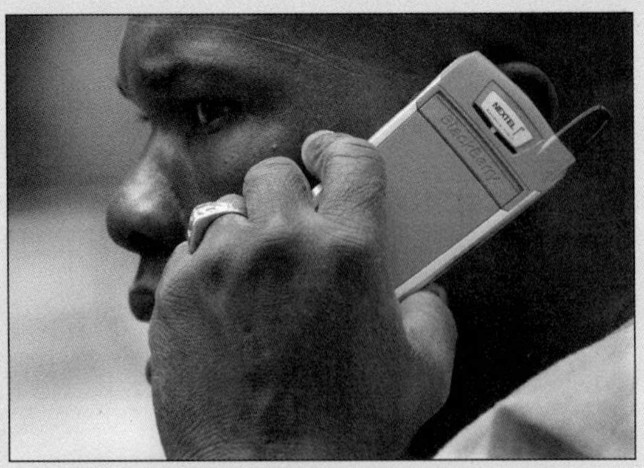

© Mark Lennihan/AP Photo

불만을 품은 스프린트/넥스텔 고객

게재했다(제이사이클에 대한 자세한 내용은 제4장 도입 사례 참조).

> 한 아버지가 딸을 위해 수리된 자전거를 픽업하고 있었는데, 딸은 아빠에게 말하지 않고 직원의 타이어 교체 권고안(앞뒤 바퀴 교체에 40달러)을 승인했다. 직원은 바퀴 교체에 대해 고객으로부터 허락받았으며 추가로 확인했음을 인내심을 가지고 반복적으로 설명했지만, 고객은 욕설을 퍼붓고 소리를 지르며 다음과 같이 말했다. "나를 바보라고 생각하나요? 아니면 당신이 바보에요? 지금 나에게 바가지를 씌우려는 거잖아요!" 이때, 가게 주인인 제인이 고객에게 다가가서 말했다. "저는 크리스 제인입니다. 내 점포에서 나가세요. 그리고 모든 친구들에게 알리십시오!" 고객이 계산대를 세게 치면서 40달러를 던져 놓고 쫓겨난 후에, 포위된 직원이 제인을 바라보며 "....그리고 모든 친구들에게 말하라고?"

제인은 매장 앞까지 나온 다른 종업원들에게 자신은 무례하고 호전적인 고객보다 종업원을 더 소중하게 여긴다는 것을 분명히 보여주고 싶었다고 설명했다. 그는 또한 "고객을 매장 밖으로 내보낸 것은 이번이 처음이며 직원들이 누구로부터도 학대받는 것을 용납하지 않을 것입니다…. 저는 직원들이 제가 그들을 존중하고 그들이 우리의 고객을 존중하기를 바란다는 것을 알아야 한다고 생각합니다. 간단히 말해서, 내가 고객에게 무례한 행동을 한 직원을 해고할 의사가 있다면 직원에게 무례하게 행동한 고객도 기꺼이 해고당해야 합니다"라고 말했다.

[결과]

해고된 고객은 집에 돌아와 서비스접점에 대해 곰곰이 생각한 후 3시간 뒤 제인에게 전화를 걸어 사과했다. 그는 점포를 방문하기 전에 아내와 말다툼을 해서 이미 기분이 나쁜 상태였다고 설명했다. 고객은 집으로 돌아와서 직원의 설명이 정확한지 확인한 후, 자신의 행동이 비합리적이었다는 것을 깨달았다. 그 고객은 제인사이클에 다시 방문해도 되는지도 문의했다. 그는 또한 비록 고객을 잃을 수도 있었는데 직원을 지원해준 주인을 존경한다고 언급했다. 제인은 고객에게 전화해 준 것에 대해 감사를 표하고 점포에 다시 돌아온다는 그를 환영했으며 사과는 직원에게 전달될 것이라고 말했다.

이벤트 플래너가 중요한 고객에게 다음과 같이 말했다. "두 번 다시 안돼"

워싱턴 DC에 자리잡고 있는 이벤트 기획회사인 캐피탈 서비스(Capitol Services Inc., CSI)는 잠재적으로 수익성이 매우 높은 주요 자동차 회사의 비즈니스를 확보하기 위해 상당한 시간과 비용을 투자한다. 워싱턴 DC의 한 박물관에서 고객을 위한 최초의 이벤트가 진행되는 동안, 이벤트를 감독하는 관리자(CSI 직원이 아닌 다른 기업을 위해 일하는 직원)는 CSI 직원에게 매우 까다롭고 모욕적이며 무례한 행동을 했다. 그녀의 의견에 의하면 CSI가 이벤트에서 한 거의 모든 행동이 부족했다고 지적했다. 행사는 계획대로 정확하게 진행되고 있었고 일정 등이 세세하게 관리되고 있었다. CSI 직원들은 자신들이 정당한 이유 없이 지적당하고 있다고 느꼈다. 기업의 대표인 헤인라인(David Hainline)은 고객 담당자에게 접근하여 CSI가 이벤트를 예정대로 종료하겠지만 다시는 그녀와 거래하지 않을 것이라고 말했다. 다시 잘 생각해보면 이 결정은 잠재적인 관계가치가 매우 높은 고객을 잃을 수도 있는 결정이었다.

[결과]

행사는 약속대로 진행됐지만 기분이 좋지 않았던 스태프는 기뻐하지 않았다. 행사가 끝난 후 그녀는 CSI가 서비스에 대해 받아야 할 금액을 인하할 것을 요구하여 당초 계약금액보다 60,000달러 낮은 금액을 행사비용으로 받았다. 몇 달 후 헤인라인 대표이사는 자동차 회사와 회의를 하면서 스미소니언 박물관에서 발생한 상황에 대한 설명으로 회의를 시작했다. 기업들은 이러한 상황을 이해하고 CSI가 워싱턴 DC에서 다음 이벤트를 주관하는데 동의했다. 이러한 일련의 상황 후에 CSI 직원들은 경영진으로부터 존경받고 또 든든한 지원을 받고 있다고 느꼈다.

고객과의 관계를 종료하는 것이 올바른 전략적 결정일 수 있다

서비스제공자가 아무리 많은 수익을 창출하더라도 모든 고객에게 서비스를 제공할 의무가 있는 것은 아니다. 고객과의 관계를 발전시키기 위한 서비스 마케팅 전략이 관리자들로부터 많은 관심을 받는 것이 당연하지만, 때때로 고객과의 관계를 끝내기 위한 전략을 선택하는 것이 가장 신중한 접근방식일 수 있다.

자료 : S. Srivastava, "Sprint Drops Clients over Excessive Inquiries," *The Wall Street Journal*, July 7, 2007, p. A3; L. L. Berry and K. Seiders, "Serving Unfair Customers," *Business Horizons* 51 (January/February 2008), pp. 29–37; D. Hainline, President, Capitol Services Inc., Washington, DC, personal interview, August 15, 2007

© Ocean/Corbis RF

어떤 고객에게 서비스를 제공하는 것은 불가능하지는 않더라도 어려울 수 있다.

끝으로 역기능 고객의 행동은 기업에 직접비와 간접비를 초래케 할 수 있다. 직접비에는 손상된 자산의 복구비용, 인상된 보험료, 절도에 의한 재산손실, 역기능 고객 때문에 영향받은 다른 고객에 대한 보상, 그리고 역기능 고객의 불법적 요구로 발생되는 비용 등이 해당된다. 간접비에는 역기능 행동을 처리할 만한 직원들을 유인하고 보유하는 비용, 역기능 행동으로 인한 결근 시에도 나가는 인건비, 역기능 행동을 다루기 위해 증가된 작업량 등이 포함된다.

비즈니스관계의 종료

본 장의 서두에서 언급했듯이, 기업은 그들이 목표로 하는 세분시장에 속하지 않고 장기적으로 수익성이 없는 고객들 또는 관계를 맺기 어렵거나 문제가 있는 고객들을 명확하게 구분할 수 있다. 기업이 모든 고객과 지속적으로 관계를 유지하고자 하는 것은 아니다. 서비스관계의 효과적인 관리를 위해서, 관리자는 관계를 구축하는 방법뿐만 아니라 관계를 끝내는 방법도 알아야 한다. 그러나 원만하게 관계를 그만두기란 쉽지 않다. 만약 기업이 관계를 종료하고자 한다면 고객은 실망하고 당황하거나 상처받을 것이다. 본 장의 **전략적 통찰** 코너에서는 세 개의 기업이 고객과의 관계를 어떻게 종료하는지를 설명한다.

관계종료

관계종료(relationship endings)는 관계의 유형에 따라 다양한 방식으로 이루어진다.[61] 어떤 상황에서 관계는 특정한 목적을 위해서나 특정 기간 동안 구축될 수 있기 때문에, 그 목적이 달성되거나 시간이 경과되면 종료된다. 예컨대 주택 페인트칠 서비스를 제공하는 업체는 주택 외부에 페인트를 칠하는 4일 동안만 고객과의 관계에 집중할 것이다. 그러나 양 당사자는 관계의 종료가 예정되어 있음을 이해하고 있다. 즉, 집의 페인트칠 작업이 끝나고 고객이 그 서비스에 대한 요금을 지불했을 때 관계는 종료된다. 때때로 관계는 자연스럽게 종료되기도 한다.[62] 예컨대 어린아이들의 피아노 레슨은 아이가 성장하거나, 다른 음악영역(노래 부르기, 색소폰 연주 등)에 관심을 가지게 되면 이에 대한 욕구는 감소하거나 아예 없어진다. 또 다른 상황에서는 관계의 종료가 강제적으로 발생할 수 있다. 예를 들어, 서비스제공자가 이사를 하면 접근이 어려운 고객들로 하여금 다른 기업을 선택할 수밖에 없도록 한다. 또 관계종료는 고객이 그들의 의무를 이행하지 않기 때문에 발생하기도 한다. 예컨대 은행은 예금계좌에 잔액이 규칙적으로 부족한 고객들과는 관계를 중단할 수 있다. 관계종료의 이유가 무엇이든 기업은 관계를 종료하고자 하는 이유를 명확히 설명해야 한다. 그래서 고객들이 종료가 왜 발생하는지 이해할 수 있도록 해야 한다.[63]

기업은 고객과의 관계를 그만둘 수밖에 없을까?

고객 관계에서 기업이 직면하는 어려움에 대한 논의에서 도출할 수 있는 논리적인 결론은 아마도 기업에 적합하지 않은 고객을 제거해야 한다는 것이다. 많은 기업이 골치 아픈(troublesome) 고객은 일반적으로 수익성이 낮고 충성도가 낮으며 비즈니스를 유지하는 것이 비생산적일 수 있다는 믿음에 따라 이러한 의사결정을 한다.[64] 고객과의 관계를 종료하는 또 다른 이유는 이러한 고객들이 직원의 삶의 질과 사기(morale)에 미치는 부정적인 영향 때문이다.

기업들은 최근에 "고객 해고(firing customer)"를 더욱 쉽게 정당화하고 있다. 예를 들어 우버(Uber), 리프트(Lyft) 및 에어비앤비(Airbnb) 같은 서비스기업은 운전자와 호스트가 고객을 리뷰하고 평가할 수 있도록 한다. 고객이 낮은 점수를 받거나 충분한 인원으로부터 여러 불만 사항이 접수되는 경우, 해당 고객은 서비스 이용이 거절되거나 기업의 웹사이트를 이용하여 서비스를 예약하는 것이 더 이상 불가능해질 수 있다. 유사한 예로, 온라인 식당 예약 회사인 오픈테이블(OpenTable)은 회원 식당의 고객에 대한 (내부)메모를 작성할 수 있는 기능을 제공한다(예 : 음식을 자주 반품하는 경우). 기업의 웹사이트는 또한 고객이 얼마나 많은 예약을 지키지 않았는지 추적한다. 1년 이내에 4개 이상의 예약을 어겼다면 사이트에서 예약이 금지된다.[65]

비록 좋은 아이디어처럼 들릴 수도 있지만 고객과의 관계를 그만두는 것은 간단하지 않다. 그리고 부정적 신문기사나 부정적 구전을 피할 수 있는 방법으로 행해야 한다. 때때로 가격 인상이나 이전에는 무료로 주던 서비스에 대한 요금부과가 수익성 없는 고객들을 떠나게 할 수도 있다. 고객이 그들의 욕구를 더 잘 충족시켜 줄 수 있는 새로운 공급자를 찾을 수 있도록 돕는 것도 비생산적 관계를 원만하게 그만둘 수 있는 또 다른 방법이다. 만약 고객의 요구가 지나치다면 기대를 조정하거나 고객에게 서비스를 제공할 수 있는 좀 더 효율적인 방법을 찾음으로써 관계는 유지될 수 있을 것이다. 만약 그렇지 않다면 양 당사자는 원만하게 관계를 종료할 수 있는 방법을 찾아야 한다.

요약

본 장에서 우리는 고객과 장기적 관계를 맺어야 하는 근거와 그로 인한 편익, 장기적 관계를 구축하기 위한 전략에 초점을 맞추었다. 신규고객을 획득하는 데만 초점을 맞추는 기업은 기존 고객을 잘 이해하는 데 실패할 것이고, 그로 인해 아마도 앞문으로 들어오는 고객의 수만큼, 아니면 그 이상으로 뒷문을 통해 고객은 빠져나갈 것이다. 수명가치의 측정은 기존 고객 유지의 중요성을 강조한다.

조직이 기존 고객을 유지하는 데 사용하는 전략은 산업여건과 문화여건을 고려하여 고객의 요구에 맞게 고객화해야 한다. 그러나 일반적으로 고객관계는 강력한 고객관계의 개발에 영향을 미치는 다양한 요인에 의해 형성되며 다음과 같은 요인들이 있다. (1) 기업이 제공하는 핵심서비스품질에 대한 고객의 전반적 평가, (2) 관계를 그만두려 할 때 고객이 직면하게 되는 전환장벽, (3) 고객과 기업이 맺은 관계적 유대이다. 고객과 강력한 관계를 개발함으로써 그리고 고객관계에 영향을 미치는 요소에 초점을 맞춤으로써, 조직은 장기적으로 고객의 기대를 정확하게 이해할 수 있고 이를 통해 서비스품질의 '갭 1'을 좁힐 수 있을 것이다.

본 장은 고객과의 관계개발에서 기업이 직면하게 되는 어려움에 관한 논의로 결론을 맺고 있다. 물론 장기적인 고객관계는 매우 중요하고 수익성이 높을 수 있다. 그러나 그렇다고 해서 기업이 아무 고객과 쉽게 관계를 구축하려 해서는 안 된다. 다시 말해 "고객이 항상 옳은 것은 아니다." 실제로 어떤 상황에서는 고객, 기업 둘 모두를 위해서 몇몇 고객들과 관계를 그만두는 것이 기업에게 더 나을 수 있다.

토의문제

1 관계마케팅 또는 유지마케팅이 마케팅에서 전통적으로 강조하는 바와 어떻게 다른지 논의해 보라.

2 고객과 기업의 관계가 시간에 따라 어떻게 발전하는지 설명해보라. 본 장에서 논의한 관계의 각 수준을 고려하여 당신이 그 수준의 관계를 맺고 있는 기업을 확인하고 그들의 마케팅노력이 다른 기업과 어떻게 다른지 논의해 보라.

3 자신이 단골고객으로 있는 서비스기업을 먼저 생각하라. 왜 자신이 그 서비스제공자에게 충성도가 높다고 생각하는가? 다른 제공자로 전환하지 않고 단골고객으로 있음으로써 얻는 편익은 무엇인가? 만약 전환을 한다면 무슨 일이 발생했을 때인가?

4 3번 질문에서 거론한 기업이 당신을 고객으로 유지함으로써 얻는 편익은 무엇이라고 생각하는가? 기업에 대한 자신의 "생애가치"를 계산해 보라.

5 기업의 관점에서 "고객수익성 세분시장"의 이면 논리를 설명해 보라. 또한 이것의 실행에 대해 고객이 생각할 수 있는 것을 논의해 보라.

6 본서에서 논의된 다양한 전환장벽에 대해 설명해 보라. 은행, 휴대전화 서비스제공자, 대학을 전환하는 데 있어 당신이 직면하게 될 전환장벽으로 무엇이 있는가?

7 유지전략의 네 수준에 대해 기술하고 각 유형의 예를 제시해 보라. 다시 3, 4번 질문에서 제시한 서비스기업을 생각하여 자신이 단골고객인 이유를 네 수준으로 설명해 보라. 즉, 자신과 기업과의 유대관계가 어떤 유형에 속한다고 보는가?

8 직접 현장 서비스직원으로 일해 본 적이 있는가? 직접 "어려운 고객"을 다루어 본 기억이 있는가? 그러한 상황에서 어떻게 대처해야 했었는지 논의해 보라. 현장직원의 매니저라면 접점직원이 문제고객을 다루는 데 어떻게 도와주겠는가?

연습문제

1 자신이 살고 있는 지역의 서비스기업 경영자와 인터뷰해 보라. 표적시장이 누구인지를 논의해 보고 고객의 생애가치를 추정해 보라. 이 질문에 답하려면 경영자로부터 가능한 한 많은 정보를 얻어야 할 것이다. 만약 경영자가 정보를 제공해 주지 않으면 추정해서 답하라.

2 소규모로 집단을 나누어 다음 질문에 대해 토의해 보라. "고객이 항상 옳은가?", 즉 기업에 대해서 고객이 옳지 않은 경우가 있는가?

3 구체적인 기업(예 : 직장, 친숙한 산업 내 하나의 기업 등)을 선택하여 해당 기업 고객의 생애가치를 계산해 보라. 산정에 필요한 경우 추정을 해도 좋다. 본 장의 아이디어와 개념을 이용하여 "평생고객"의 수를 증가시키기 위한 관계마케팅전략을 제시해 보라.

참고문헌

1 USAA is featured in the following two books, and material in this section is drawn from them: L. L. Berry, *Discovering the Soul of Service* (New York: The Free Press, 1999); F. F. Reichheld, Loyalty Rules! (Boston: Harvard Business School Press, 2001).

2 "Top Ten Customer-Centric Companies of 2014," Talkdesk, Inc., January 13, 2015, www.talkdesk.com,/blog/top-10-customer-centric-companies-of-2014/.

3 Reported in the 2015 USAA Annual Report to members, content.usaa.com /mcontent/static_assets/Media/report-to-member-2015.pdf, accessed July 18, 2016.

4 J. McGregor, "Customer Service Champs," *BusinessWeek*, March 5, 2007, pp. 52–64.

5 F. E. Webster Jr., "The Changing Role of Marketing in the Corporation," *Journal of Marketing* 56 (October 1992), pp. 1–17.

6 For discussions of relationship marketing and its influence on the marketing of services, consumer goods, strategic alliances, distribution channels, and buyer–seller interactions, see *Journal of the Academy of Marketing Science*, Special Issue on Relationship Marketing (vol. 23, Fall 1995). Some of the early roots of this paradigm shift can be found in C. Gronroos, *Service Management and Marketing* (New York: Lexington Books, 1990); E. Gummesson, "The New Marketing—Developing Long-Term Interactive Relationships," *Long Range Planning* 20 (1987), pp. 10–20. For reviews of relationship marketing across a spectrum of topics, see J. N. Sheth, *Handbook of Relationship Marketing* (Thousand Oaks, CA: Sage, 2000); and R. M. Morgan, J. Turner Parish, and G. Deitz, *Handbook on Research in Relationship Marketing* (Cheltenham, UK: Edward Elgar Publishing, 2015).

7 A commonly mentioned "rule of thumb" suggests that acquiring new customers can cost five times more than satisfying and retaining current customers; see A. E. Webber, "B2B Customer Experience Priorities in an Economic Downturn: Key Customer Usability Initiatives in a Soft Economy," *Forrester Research*, February 19, 2008.

8 L. L. Berry and A. Parasuraman, *Marketing Services* (New York: Free Press, 1991), chap. 8.

9 G. Knisely, "Comparing Marketing Management in Package Goods and Service Organizations," a series of interviews appearing in *Advertising Age*, January 15, February 19, March 19, and May 14, 1979.

10 This discussion is based on M. D. Johnson and F. Selnes, "Customer Portfolio Management: Toward a Dynamic Theory of Exchange Relationships," *Journal of Marketing* 68 (April 2004), pp. 1–17.

11 R. M. Morgan and S. D. Hunt, "The Commitment-Trust Theory of Relationship Marketing," *Journal of Marketing* 58 (July 1994), pp. 20–38; N. Bendapudi and L. L. Berry, "Customers' Motivations for Maintaining Relationships with Service Providers," *Journal of Retailing* 73 (Spring 1997), pp. 15–37; N. Nguyen, A. Leclec, and G. LeBlanc, "The Mediating Role of Customer Trust on Customer Loyalty," *Journal of Service Science and Management* 6 (March 2013), pp. 96–109.

12 Johnson and Selnes, "Customer Portfolio Management."

13 Ibid.

14 See also D. Siredeshmukh, J. Singh, and B. Sabol, "Customer Trust, Value, and Loyalty in Relational Exchanges," *Journal of Marketing* 66 (January 2002), pp. 15–37 and R. W. Palmatier, "Interfirm Relational Drivers of Customer Value," *Journal of Marketing* 72 (July 2008), pp. 77–89.

15 The three types of relational benefits discussed in this section are drawn from K. P.

Gwinner, D. D. Gremler, and M. J. Bitner, "Relational Benefits in Service Industries: The Customer's Perspective," *Journal of the Academy of Marketing Science* 26 (Spring 1998), pp. 101–114. For a recent review of research on relational benefits, see D. D. Gremler and K. P. Gwinner, "Relational Benefits Research: A Synthesis," in *Handbook on Research in Relationship Marketing*, ed. R. M. Morgan, J. Turner Parish, and G. Deitz (Cheltenham, UK: Edward Elgar Publishing, 2015), pp. 32–74.

16 K. P. Gwinner, D. D. Gremler, and M. J. Bitner, "Relational Benefits in Service Industries: The Customer's Perspective," *Journal of the Academy of Marketing Science* 26 (Spring 1998), p 104.

17 See M. B. Adelman, A. Ahuvia, and C. Goodwin, "Beyond Smiling: Social Support and Service Quality," in *Service Quality: New Directions in Theory and Practice*, ed. R. T. Rust and R. L. Oliver (Thousand Oaks, CA: Sage Publications, 1994), pp. 139–172; C. Goodwin, "Communality as a Dimension of Service Relationships," *Journal of Consumer Psychology* 5 (1996), pp. 387–415.

18 E. J. Arnould and L. L. Price, "River Magic: Extraordinary Experience and the Extended Service Encounter," *Journal of Consumer Research* 20 (June 1993), pp. 24–45.

19 N. Bendapudi and R. P. Leone, "How to Lose Your Star Performer Without Losing Customers, Too," *Harvard Business Review* 79 (November 2001), pp. 104–115; L. L. Bove and L. W. Johnson, "Customer Loyalty to One Service Worker: Should It Be Discouraged?," *International Journal of Research in Marketing* 23 (2006), pp. 79–91.

20 Compare Gwinner, Gremler, and Bitner, "Relational Benefits in Service Industries" and T. Hennig–Thurau, K. P. Gwinner, and D. D. Gremler, "Understanding Relationship Marketing Outcomes: An Integration of Relational Benefits and Relationship Quality," *Journal of Service Research* 4 (February 2002), pp. 230–247 with R. Lacey, J. Suh, and R. M. Morgan, "Differential Effects of Preferential Treatment Levels on Relational Outcomes," *Journal of Service Research* 9 (February 2007), pp. 241–256.

21 F. F. Reichheld and W. E. Sasser Jr., "Zero Defections: Quality Comes to Services," *Harvard Business Review* 68 (September–October 1990), pp. 105–111; F. F. Reichheld, The Loyalty Effect (Boston: Harvard Business School Press, 1996); S. Gupta and V. Zeithaml, "Customer Metrics and Their Impact on Financial Performance," *Marketing Science* 25 (November–December 2006), pp. 718–739.

22 C. Homburg, N. Koschate, and W. D. Hoyer, "Do Satisfied Customers Really Pay More? A Study of the Relationship between Customer Satisfaction and Willingness to Pay," *Journal of Marketing* 69 (April 2005), pp. 84–96.

23 R. Dhar and R. Glazer, "Hedging Customers," *Harvard Business Review* 81 (May 2003), pp. 86–92.

24 D. D. Gremler and S. W. Brown, "The Loyalty Ripple Effect: Appreciating the Full Value of Customers," *International Journal of Service Industry Management* 10 (1999), pp. 271–291.

25 M. S. Rosenbaum and C. A. Massiah, "When Customers Receive Support from Other Customers: Exploring the Influence of Intercustomer Social Support on Customer Voluntary Performance," *Journal of Service Research* 9 (February 2007), pp. 257–270; Gremler and Gwinner, "Relational Benefits Research: A Synthesis."

26 S. J. Grove and R. P. Fisk, "The Impact of Other Customers on Service Experiences: A Critical Incident Examination of 'Getting Along,'" *Journal of Retailing 73 (Spring 1997), pp. 63–85.*

27 P. J. Danaher, D. M. Conroy, and J. R. McColl-Kennedy, "Who Wants a Relationship? Conditions When Consumers Expect a Relationship with Their Service Provider," *Journal of Service Research* 11 (August 2008), pp. 43–62.

28 I. Garnefeld, A. Eggert, S. V. Helm, and S. S. Tax, "Growing Existing Customers' Revenue Streams Through Customer Referral Programs," *Journal of Marketing* 77 (July 2014), pp. 17–32.

29 F. F. Reichheld and P. Schefter, "E-Loyalty: Your Secret Weapon on the Web," *Harvard Business Review* 78 (July/August 2000), pp. 105–113.

30 Additional frameworks for calculating lifetime customer value that include a variety of other variables can be found in W. J. Reinartz and V. Kumar, "The Impact of Customer Relationship Characteristics on Profitable Lifetime Duration," *Journal of Marketing* 67 (January 2003), pp. 77–99; Dhar and Glazer, "Hedging Customers"; H. K. Stahl, K. Matzler, and H. H. Hinterhuber, "Linking Customer Lifetime Value with Shareholder Value," *Industrial Marketing Management* 32 (2003), pp. 267–279.

31 This example is cited in J. L. Heskett, W. E. Sasser Jr., and L. A. Schlesinger, *The Service Profit Chain* (New York: The Free Press, 1997), pp. 200–201.

32 For more on customer profitability segments and related strategies, see V. A. Zeithaml, R. T. Rust, and K. N. Lemon, "The Customer Pyramid: Creating and Serving Profitable Customers," *California Management Review* 43 (Summer 2001), pp. 118–142.

33 R. Brooks, "Alienating Customers Isn't Always a Bad Idea, Many Firms Discover," *The Wall Street Journal*, January 7, 1999, p. A1.

34 C. Homburg, M. Droll, and D. Totzek, "Customer Prioritization: Does It Pay Off, and How Should It Be Implemented?" *Journal of Marketing* 72 (September 2008), pp. 110–130.

35 F. Reichheld, "Loyalty-Based Management," *Harvard Business Review 71 (March–April 1993), pp. 64–74.*

36 D. Brady, "Why Service Stinks," *BusinessWeek*, October 23, 2000, pp. 118–128.

37 Dhar and Glazer, "Hedging Customers."

38 C. O. Tarsi, R. N. Bolton, M. D. Hutt, and B. A. Walker, "Balancing Risk and Return in a Customer Portfolio," *Journal of Marketing* 75 (May 2011), pp. 1–17.

39 D. Rosenblum, D. Tomlinson, and L. Scott, "Bottom–Feeding for Blockbuster Businesses," *Harvard Business Review* 81 (March 2003), pp. 52–59.

40 M. D. Johnson, A. Herrman, and F. Huber, "The Evolution of Loyalty Intentions," *Journal of Marketing* 70 (April 2006), pp. 122–132.

41 See T. A. Burnham, J. K. Frels, and V. Mahajan, "Consumer Switching Costs: A Typology, Antecedents, and Consequences," *Journal of the Academy of Marketing Science* 32 (Spring 2003), pp. 109–126; F. Selnes, "An Examination of the Effect of Product Performance on Brand Reputation, Satisfaction, and Loyalty," *European Journal of Marketing* 27 (2003), 19–35; M. Colgate, V. T.–U. Tong, C. K.–C. Lee, and J. U. Farley, "Back from the Brink: Why Customers Stay," *Journal of Service Research* 9 (February 2007), pp. 211–228.

42 L. White and V. Yanamandram, "Why Customers Stay: Reasons and Consequences of Inertia in Financial Services," *Managing Service Quality* 14 (2004), pp. 183–194. See also Y. F. Kuo, T. L. Hu, and S. C. Yang, "Effects of Inertia and Satisfaction in Female Online Shoppers on Repeat–Purchase Intention: The Moderating Roles of Word–of–Mouth and Alternative Attraction," *Managing Service Quality* 23 (2012), pp. 168–187.

43 Colgate, Tong, Lee, and Farley, "Back from the Brink."

44 See J. P. Guiltinan, "A Classification of Switching Costs with Implications for Relationship Marketing," in *Marketing Theory and Practice*, ed. T. L. Childers, R. P. Bagozzi, and J. P. Peter (Chicago: American Marketing Association, 1989), pp. 216–220; P. G. Patterson and T. Smith, "A Cross–Cultural Study of Switching Barriers and Propensity to Stay with Service Providers," *Journal of Retailing* 79 (Summer 2003), pp. 107–120; M. A. Jones, K. E. Reynolds, D. L. Mothersbaugh, and S. E. Beatty, "The Positive and Negative Effects of Switching Costs on Relational Outcomes," *Journal of Service Research* 9 (May 2007), pp. 335–355.

45 See D. Pick, "'Switching Is Easy'—Service Firm Communications to Encourage Customer Switching," *Journal of Retailing and Consumer Services* 21 (2014), pp. 502–509; and J. J. Kim, "Banks Push Harder to Get You to Switch—Services Aim to Ease Hassle of Moving Your Accounts," *The Wall Street Journal*, October 12, 2006, p. D1.

46 See Bendapudi and Berry, "Customers' Motivations for Maintaining Relationships with Service Providers"; H. S. Bansal, P. G. Irving, and S. F. Taylor, "A Three–Component Model of Customer Commitment to Service Providers,"*Journal of the Academy of Marketing Science* 32 (Summer 2004), pp. 234–250.

47 Figure 6.6 and the discussion of the four levels of relationship strategies is based on Berry and Parasuraman, *Marketing Services*, pp. 136–142.

48 For more information on cautions to be considered in implementing rewards strategies, see H. T. Keh and Y. H. Lee, "Do Reward Programs Build Loyalty for Services? The Moderating

Effect of Satisfaction on Type and Timing of Rewards," *Journal of Retailing* 82 (June 2006), pp. 127–136; L. Meyer-Waarden and C. Benavent, "Rewards That Reward," *The Wall Street Journal*, September 17, 2008, p. R5; J. D. Hansen, G. D. Deitz, and R. M. Morgan, "Taxonomy of Service-based Loyalty Program Members," *Journal of Services Marketing* 24 (2010), pp. 271–282; R. Lacey, "Relationship Marketing Tools: Understanding the Value of Loyalty Programs," in *Handbook on Research in Relationship Marketing*, ed. R. M. Morgan, J. Turner Parish, and G. Deitz (Cheltenham, UK: Edward Elgar Publishing, 2015), pp. 104–122.

49 C. K. Yim, D. K. Tse, and K. W. Chan, "Strengthening Customer Loyalty through Intimacy and Passion: Roles of Customer-Firm Affection and Customer-Staff Relationships in Services," *Journal of Marketing Research* 45 (December 2008), pp. 741–756.

50 Colgate, Tong, Lee, and Farley, "Back from the Brink."

51 Bendapudi and Leone, "How to Lose Your Star Performer Without Losing Customers"; E. Anderson and S. D. Jap, "The Dark Side of Close Relationships," *Sloan Management Review* 46 (Spring 2005), pp. 75–82; R. W. Palmatier, R. P. Dant, D. Grewal, and K. R. Evans, "Factors Influencing the Effectiveness of Relationship Marketing: A Meta-Analysis," *Journal of Marketing* 70 (October 2006), pp. 136–153. However, some scholars have recently questioned the use of the relationship metaphor in business-to-business contexts; see L. A. Bettencourt, C. P. Blocker, M. B. Houston, and D. J. Flint, "Rethinking Customer Relationships," *Business Horizons* 58 (2015), pp. 99–108; C. P. Blocker, M. B. Houston, and D. J. Flint, "Unpacking What a 'Relationship' Means to Commercial Buyers: How the Relationship Metaphor Creates Tension and Obscures Experience," *Journal of Consumer Research* 38 (February 2012), pp. 886–908.

52 Rosenbaum and Massiah, "When Customers Receive Support from Other Customers."

53 W. Ulaga and A. Eggert, "Value-Based Differentiation in Business Relationships: Gaining and Sustaining Key Supplier Status," *Journal of Marketing* 70 (January 2006), pp. 119–136.

54 D. D. Gremler and S. W. Brown, "Service Loyalty: Its Nature, Importance, and Implications," in *Advancing Service Quality: A Global Perspective*, ed. B. Edvardsson, S. W. Brown, R. Johnston, and E. E. Scheuing (Jamaica, NY: International Service Quality Association, 1996), pp. 171–180; H. Hansen, K. Sandvik, and F. Selnes, "Direct and Indirect Effects of Commitment to a Service Employee on the Intention to Stay," *Journal of Service Research* 5 (May 2003), pp. 356–368.

55 A. Andersen, *Best Practices: Building Your Business with Customer-Focused Solutions* (New York: Simon & Schuster, 1998), pp. 125–127; http://www.cardinalhealth.com/en/services/acute/logistics-solutions-acute/distribution/valuelink-services.html, accessed July 6, 2016.

56 S. Stellin, "Avoiding Surprises at the Car Rental Counter," *The New York Times*, June 4, 2006, p. TR6.

57 See L. C. Harris and K. L. Reynolds, "The Consequences of Dysfunctional Customer Behavior," *Journal of Service Research* 6 (November 2003), p. 145, for cites; see also, A. A. Grandey, D. N. Dickter, and H. P. Sin, "The Customer Is Not Always Right: Customer Aggression and Emotion Regulation of Service Employees," *Journal of Organizational Behavior* 25 (2004), pp. 397–418. Also see R. Fisk, S. Grove, L. C. Harris, D. A. Keeffe, K. L. Daunt, R. Russell-Bennett, and J. Wirtz, "Customers Behaving Badly: A State of the Art Review, Research Agenda, and Implications for Practitioners," *Journal of Services Marketing* 24 (2010), pp. 417–429.

58 K. Ohnezeit, recruiting supervisor for Enterprise Rent-A-Car, personal communication, February 12, 2004.

59 See Harris and Reynolds, "The Consequences of Dysfunctional Customer Behavior."

60 L. L. Berry and K. Seiders, "Serving Unfair Customers," *Business Horizons* 51 (January/February 2008), pp. 29–37.

61 For a detailed discussion on relationship ending, see A. Halinen and J. Tähtinen, "A Process Theory of Relationship Ending," *International Journal of Service Industry Management* 13 (2002), pp. 163–180.

62 H. Åkerlund, "Fading Customer Relationships in Professional Services," *Managing Service Quality* 15 (2005), pp. 156–71.

63 M. Haenlein and A. M. Kaplan, "Unprofitable Customers and Their Management," *Business Horizons* 52 (2009), pp. 89–97; M. Haenlein, A. M. Kaplan, and D. Schoder, "Valuing the Real Option of Abandoning Unprofitable Customers When Calculating Customer Lifetime Value," *Journal of Marketing* 70 (July 2006), pp. 5–20.

64 For additional thoughts on firing customers, see J. Shin, K. Sudhir, and D. H. Yoon, "When to 'Fire' Customers: Customer Cost-Based Pricing," *Management Science* 58 (May 2012), pp. 932–947.

65 J. Weed, "For Uber, Airbnb and Other Companies, Customer Ratings Go Both Ways, @ *New York Times*, December 1, 2014, www.nytimes.com/2014/12/02/business/for-uber-airbnb-and-other-companies-customer-ratings-go-both-ways.html.

Chapter 07

서비스회복

본 장의 목적은 다음과 같다.

1. 서비스실패 회복이 고객유지 및 충성도 구축에서 얼마나 중요한지를 설명한다.
2. 고객불평의 본질과 사람들이 불평을 하거나 하지 않는 이유에 대해 논의한다.
3. 고객이 불평할 때 그들이 원하는 반응을 설명한다.
4. 서비스실패 후에 고객을 진정시키는 방법과 문제를 해결하는 것 등을 포함한 효과적인 서비스회복 전략을 제시한다.
5. 서비스회복 전략의 한 가지 유형으로 서비스보증(서비스보증의 편익과 보증을 사용해야 할 때)에 대해 논의한다.

뉴욕 JFK 공항에서 젯블루항공이 겪은 밸런타인데이 폭풍우

젯블루(JetBlue)항공은 2000년도에 뉴욕시(New York City)에서 플로리다주의 포트 로더데일(Fort Laudedale)과 뉴욕주의 버팔로(Buffalo)까지 경쟁사보다 65% 정도 낮은 가격으로 매일 운행할 것을 약속했다. 그 당시 젯블루항공은 300명의 직원이 있었고 고객들에게는 지정좌석제와 가죽장식, 개별 좌석마다 위성 TV를 갖춘 스크린을 제공하여 편의성을 향상시켰다. 친절하면서 깔끔한 유니폼을 입은 승무원이 동물모양 크래커, 오레오 쿠키, 블루 감자칩을 제공하였으며, 게다가 가격까지 매우 저렴하여 많은 고객들이 젯블루항공을 이용하고 있었다. 2007년 초반까지 젯블루항공은 9,300명의 직원이 125대의 비행기로 미국 및 카브리해 52개 도시에 매일 575회 운항하는 항공사로 성장하였으며 고객들에게 항공사의 인기는 매우 높았다. 그 결과 젯블루항공은 서비스의 우수성을 인정받아 많은 상을 받았으며 제이디파워 앤 어소시에이츠(J. D. Power and Associates)의 항공사만족도 순위에서 항상 상위권에 포함되었다.

그러나 젯블루항공의 우수한 서비스에 대한 명성은 2007년 2월 14일 밸런타인데이에 뉴욕 JFK 공항에 약 5센티미터의 눈을 동반한 폭풍이 밀어닥쳤을 때 문제가 발생했다. 수요일에 밀어닥친 그 날의 기상 상황은 미국 동부의 모든 항공회사에게 비상사태였지만, 특히 젯블루항공이 가장 주목을 받았었던 날이었다. 왜일까? 고객친화적(customer-friendly)인 접근으로 명성을 쌓은 항공사들은 놀랄 만한 항공기 연착 및 고장으로 인해 곤혹스런 상황이었다. 2월 14일 이후 6일 동안 1,000편이 넘는 항공스케줄이 취소되었다. 승객들은 10시간 넘게 비행기에 갇혀 있었고, 평균 4시간 가까이

© Richard Drew/AP Photo

젯블루항공의 일부 고객은 9시간 이상 터미널과 기내에서 대기해야 했다.

지연되었다. 젯블루항공이 정상적인 업무를 진행하는 데 거의 1주일이 걸렸다.

무슨 일이 실제로 일어났을까? 뒤에서 언급하겠지만 젯블루항공은 나쁜 날씨 조건에서 신속하게 판단해야 하는 상황에서 의사결정의 미숙함으로 인해 게이트에 승객들이 꽉 차도록 했고 상당한 대기고객이 발생하는 결과를 초래하였다. 기상이 악화된 밸런타인데이에 젯블루항공의 대처는 능숙하지 못했다. 젯블루항공은 폭설이 발생한 후에 즉시 판단해야 하는 항공편 취소를 결정하지 못했고, 그로 인해 일부 승객들은 최대 10시간 동안 비행기 안에 대기한채 활주로에 묶여 있었다. 초기에 취소결정을 하지 못하고 지연결정을 내린 관계로 공항은 비행기 탑승을 시도하려는 고객들로 넘쳤지만 항공편은 일주일 동안 줄줄이 취소되는 결과를 가져 왔다.

불행하게도 전 세계의 미디어 수도인 뉴욕에서 이러한 일을 경험한 관계로 젯블루항공의 서비스실패는 주요 언론의 도마 위에 올랐다. 아마도 가장 엄청난 일격은 3월 5일자 비즈니스 위크(*Business Week*)에 게재되었는데 고객 서비스부분의 최고 기업이었던 젯블루항공이 겪은 그 당시의 상황을 "하나의 기이한 휘청거림(one extraordinary stumble)"으로 표지기사화했다. 델타항공사와 아메리칸항공사도 이와 같은 비슷한 문제가 있었지만 왜 젯블루항공만 주목을 받았을까? 고객들은 다른 항공사들보다 젯블루항공에 더 큰 기대를 했기 때문이다.

확실히 젯블루항공의 서비스실패는 고객들이 경험한 대부분의 실패들보다 언론에 더 많은 관심을 받았다. 고객들은 분명히 서비스실패와 같은 경험을 하는 것을 좋아하지 않지만, 더 중요한 것은 수많은 상황에 어떻게 기업이 대처하는가이다. 폭풍우를 맞았을 때의 초기 반응이 이상적이지는 않았지만 젯블루항공은 본 장에서 논의한 서비스회복에 대한 많은 제안을 따랐으며 겸손하고 공개적으로 자주 사과하며 신속하게 대처했다. 젯블루항공은 궁극적으로 고객의 권리 장전을 만들어 고객에게 분명한 약속을 함으로써 많은 불확실성을 제거하고 회사가 약속을 지키기 위해 노력하고 있다는 강력한 신호를 제시했다.

제5, 6장에서는 조사를 통해 고객을 이해하고, 고객 개개인의 요구를 파악하고, 고객과의 강력한 관계구축 등에 대해 논의하였다. 서비스 성공의 기반이 되는 서비스설계, 제공, 커뮤니케이션은 다른 장에서 논의할 것이다. 고객을 잘 이해하고 서비스설계를 잘 한다고 하더라도 서비스실패를 피할 수는 없다. 세계적 수준의 서비스시스템을 갖춘 최고의 기업일지라도 서비스실패는 피해가기 어렵다.

고객을 완벽하게 이해하고 유지하려면, 서비스실패가 발생했을 때 고객이 원하는 것을 파악해야 하고 서비스회복에 효과적인 전략을 실행해야 한다. 본 장의 서두에 설명한 도입사례에서는 한 기업이 서비스 제공에 실패했을 때 기업이 직면하는 문제에 대해서 서술했다.

서비스실패와 서비스회복의 영향

서비스실패(service failure)는 일반적으로 서비스불만족을 일컫는 것으로 고객의 서비스기대 이하의 성과로 정의할 수 있다. **서비스회복**(service recovery)은 고객의 상황을 개선하기 위해 서비스실패에 대응하여 기업이나 조직이 취하는 조치를 말한다. 실패는 수많은 이유로 인해 발생할 수 있다. 예컨대, 약속한 시간에 서비스 이용이 불가능한 경우, 너무 늦게 또는 너무 천천히 제공되는 경우, 결과가 부정확하거나 형편없이 실행되고 직원들이 무례하거나 성의가 없는 경우 등이다.[1]

이러한 모든 종류의 서비스실패는 고객에게 부정적 감정을 발생하게 하는데, 실제로 서비스에서 문제를 경험한 고객의 45%만이 종업원에게 불만을 표현하며, 이 중 1~5%만이 관리자나 기업의 본부에 전달되는 것으로 나타났다.[2] 이러한 현상은 그림 7.1에서 제시하는 바와 같이 빙산의 일각(tip of the iceberg)으로 종종 일컬어지는데, 관리자들이 실패를 경험하고 불평하지 않는 100명의 고객 중 20명 정도의 불만을 고객의 모든 불평으로 알고 있다는 것을 시사하고 있다. 서비스가 고객에게 분명하게 제공되지 않을 때 그들은 이탈하고 부정적 경험을 다른 고객에게 이야기하는 결과가 초래될 수 있다. 심지어 소비자보호단체 또는 법적 채널을 통해 기업에게 위협을 가할 수 있다.

그림 7.1
불평고객 : 빙산의 일각

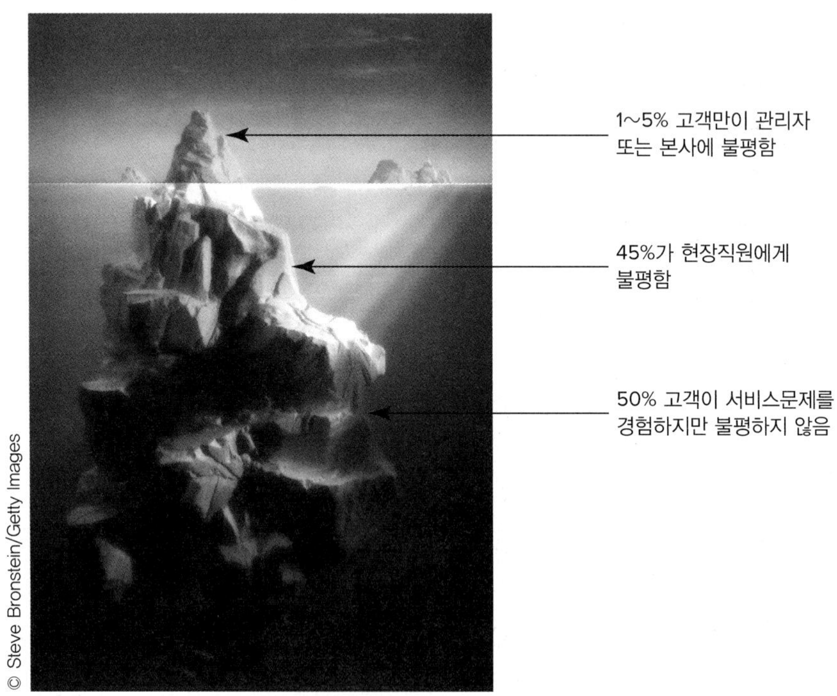

자료 : Data from TARP Worldwide Inc., 2007.

서비스회복의 효과

지금까지 진행된 여러 연구에서 고객문제의 효과적 해결이 고객만족, 충성도, 구전(word-of-mouth) 커뮤니케이션, 수익 등에 큰 영향을 미친다는 사실을 확인할 수 있다.[3] 즉, 서비스실패를 경험했지만 기업의 서비스회복 노력으로 만족한 고객은 문제가 해결되지 않은 고객들보다 훨씬 충성도가 높다. 제6장에서 논의한 바와 같이, 충성도는 수익성으로 직결된다. 그림 7.2에서 보는 것처럼 고객분노 연구(customer rage study)자료는 이러한 관계를 입증한다.[4] 불평(complain)을 한 후 그들의 문제가 만족스럽게 해결된 고객의 41%는 동일한 서비스 제공자에게 다시 서비스를 구입하는 것으로 나타나 우수한 서비스회복 효과를 보여준다. 예시 7.1에 설명한 바와 같이 때때로 기업은 서비스회복을 잘 수행하여 고객이 처음부터 실패하지 않았을 때 보다 고객이 더 만족하게 되는데 이것을 "서비스회복의 역설(service recovery paradox)"이라고 한다.

잘 설계되고 원활하게 실행되는 서비스회복 전략은 지속적인 개선노력의 일환으로 서비스를 개선시키는 정보를 제공하기도 한다. 또한 과거의 서비스회복 경험을 기초로 서비스 프로세스, 시스템 및 성과를 조정함으로써 서비스를 "처음에 제대로 할(doing it right the first time)" 가능성을 높일 수 있다. 처음에 제대로 하면 실패로 인한 비용은 감소하고 처음에 만족하는 고객은 늘어날 것이다.

불행히도 많은 기업들이 효과적인 회복전략을 채택하지 못하고 있다. 연구에서는 심각한 문제를 경험한 고객의 63%가 기업으로부터 아무런 보상도 받지 못하고 있는 것으로 나타났다.[5] 서비스회복이 제공되지 않거나 비효과적인 서비스회복을 제공하는 경우, 기업에 대단히 부정적인 영향을 미친다. 첫째, 앞서 언급한 고객 분노 연구(customer rage study) 및 기타 조사 결과, 불만을 제기한 후 서비스회복 절차에 불만을 품은 고객이 불만을 제기하지 않은

그림 7.2
불만족한 고객의 재구매 의도

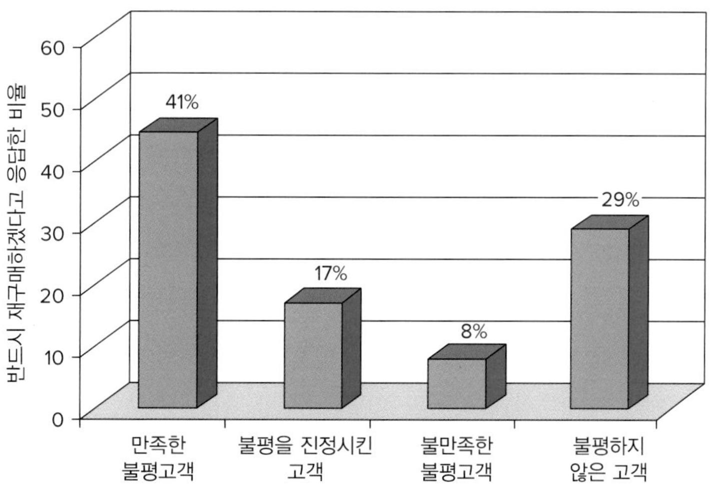

자료 : 2015 Customer Rage Study, conducted by Customer Care Measurement and Consulting and the Center for Services Leadership at Arizona State University.

예시 7.1 서비스회복의 역설

처음에 불만족한 서비스를 경험했지만 훌륭한 서비스회복을 경험한 고객이 문제가 전혀 없는 고객보다 더 만족하고 재구매할 가능성이 더 높을 수 있다. 즉 고객이 서비스실패를 경험하지 않았을 때보다 서비스실패를 경험한 후 더 만족하는 경우가 있다는 것이다.[9] 예를 들어, 렌터카를 빌리기 위해 렌터카회사 데스크에 도착한 고객이 자신이 예약한 크기와 가격에 맞는 자동차가 모두 대여되었다고 가정하자. 회복노력의 일환으로 렌터카회사의 직원은 기존의 가격으로 즉시 이 손님에게 더 좋은 차를 제공한다. 이러한 보상은 고객을 감동시켜 미래에 좀 더 충성도 높은 고객을 만들 것이다. 물론 이런 극단적인 예시는 드물지만, 처음에는 실망했지만 좋은 서비스회복을 받은 고객이 훨씬 더 만족하여 결과적으로 충성고객이 된다는 생각을 **회복역설**(recovery paradox)이라고 한다.

기업이 "문제를 해결하기(fix the problem)" 위해 의도적으로 접근해야(screw up) 하는가? 그렇게 하여 고객만족을 높일 수 있다면 의도된 전략의 가치가 있는가? 합리적이지는 않지만 논리적 결론은 기업은 **고객을 실망시키기 위해 계획하고**(plan to disappointment customers) 성공적인 서비스회복을 제공함으로써 고객으로부터 더 높은 충성도를 얻는다고 할 수 있다.

이러한 접근법의 문제점은 무엇일까?

- 본 장의 서두에서 지적했듯이 대다수의 고객은 문제를 경험했을 때 불평을 쉽게 이야기하지 않는다. 성공적인 회복은 기업이 문제에 대해 알고 그것을 잘 회복할 수 있을 때만 가능하다. 만약 고객이 기업에게 그들의 실패를 알리지 않는다면(대부분 모름) 불만족한 결과만 초래할 것이다.
- 실수를 바로잡는 데는 처음 서비스보다 더 많은 비용이 많이 든다. 서비스를 더 빨리 특별히 해야 하기 때문이다.
- 서비스실패를 권하는(encourage) 것은 다소 우스꽝스러운 일로 보인다. "처음에 제대로 하기"와 같은 신뢰성은 무엇보다 중요한 서비스품질이다.
- 연구에서는 서비스회복의 결과로 고객만족이 증가했다 할지라도 재구매와 지각된 기업이미지는 증가하지 않는다고 보고하고 있다. 즉, 고객은 결국 기업을 높게 평가할 필요성을 못 느낀다는 것이다.[10]
- 비록 회복역설은 훌륭한 서비스회복을 경험한 후 고객이 더욱 만족한다고 하지만 실제로 고객이 훨씬 더 만족할 것이라는 어떠한 확실한 보장도 없다.

회복역설은 지극히 맥락(context) 및 상황(situation) 의존적이다. 어떤 고객은 저녁예약이 잘못된 경우 나중에 사용할 수 있는 상품권을 제공받고 레스토랑을 용서하는 일이 쉬울 수도 있다. 그러나 청혼을 계획하고 레스토랑을 찾은 고객에게 훗날의 저녁은 무의미할 수 있다.

회복역설은 호기심을 자극하는 주제로 구체적이고 실증적인 연구로 이어진다. 구체적 연구에 따르면 비록 회복역설을 지지하는 일화적(anecdotal) 증거가 있기는 하지만, 이러한 현상이 지배적이지는 않다고 한다. 한 연구에서 매우 높은 수준의 서비스회복만이 만족과 충성도를 증가시킨다는 사실을 발견했다.[11] 또한 이 연구에 따르면 고객들이 재구매 여부를 결정할 때 최근 경험에 가장 큰 비중을 둔다고 한다. 만약 최근 경험이 부정적이었다면 기업에 대한 전반적 감정은 감소하고 재구매의도 역시 크게 감소할 것이다. 만약 회복노력이 매우 뛰어나지 않다면, 처음에 서비스가 제대로 제공되었을 때 고객들이 가질 수 있었던 수준을 능가하는 재구매의도를 가질 수 있게 하기는 어려울 것이다. 또 다른 연구는 고객이 서비스실패를 대수롭지 않게 생각할 때 서비스회복의 역설이 발생할 수 있다고 제안한다. 또한, 이전에 서비스실패를 경험하지 못한 고객에게 실패를 했거나, 서비스실패가 고객의 부주의로 인해 발생했거나, 고객이 실패의 원인에 대해 기업책임이 적다고 느낄 때에도 서비스회복의 역설이 발생하기 쉽다고 제안한다.[12] 명확한 것은 서비스회복역설이 발생하기 위해서는 딱 알맞은 조건이 갖추어져야 한다는 것이다.

이처럼 회복역설이 적용되는 경우에 대해 다양한 의견이 있지만 "처음에 제대로 하기(doing it right the first time)"가 결국에는 가장 안전한 최선의 전략이다.[13] 그러나 실패가 발생했을 때는 부정적 영향을 감소시키기 위해 뛰어난 회복노력에 최선을 다해야 한다. 실패가 완전히 극복될 수 있다면, 실패가 덜 중요한 것이라면, 회복노력이 명백히 최고의 수준이라면, 실패가 처음이라면 회복역설은 나타날 수 있다.[14]

고객보다 재구매할 가능성이 훨씬 낮다는 사실이 밝혀졌다. 이는 서비스회복 불량의 영향력을 시사한다![6] 둘째, 잘못된 서비스 경험에 따른 회복 부진은 사실상 두 가지 좋지 않은 경험("이중 편차"라고도 함)을 만들어 내고, 고객 불만족으로 인해 회사를 공개적으로 비판할 기회를 적극적으로 추구하게 된다.[7] 고객이 서비스실패를 경험했을 때, 문제가 해소되었든 안 되었든 상관없이 결과를 다른 사람들에게 이야기한다. 또한 최근 연구에 따르면 기업의 회복

노력에 만족한 고객은 그들의 긍정적 경험을 평균 9명에게 이야기하는 반면 불만족한 고객은 부정적 경험을 평균 22명에게 이야기한다고 한다.[8] 인터넷상에서는 이런 이야기를 공유할 수 있기 때문에, 불만족한 고객의 잠재적 도달범위는 훨씬 넓다(기업의 서비스회복 노력에 만족하지 못한 유나이티드항공의 고객에 대한 예시 7.2 참조). 셋째, 효과 적인 회복전략 없이 반복되는 서비스실패는 심지어 직원들까지 화나게 만들 것이다. 직원 사기 저하 및 직원 이탈의 비용이 매우 클 수 있으나 효과적인 서비스회복 전략을 갖지 못해 발생되는 비용에서 흔히 간과된다.

고객이 서비스실패에 대응하는 방법

서비스실패를 경험한 고객은 그림 7.3과 같이 다양한 방법으로 대응할 수 있다.[15] 연구에 따르면 서비스실패 후에 화(anger), 불평(discontent), 실망(disappointment), 자책감(self-pity), 걱정(anxiety), 후회(regret)와 같은 다양한 부정적 감정이 발생한다.[16] 이러한 초기의 부정적 감정은 서비스회복 노력에 대한 평가와 서비스제공자에게 되돌아갈 것인지 아닌지에 대한 의사결정에도 영향을 미친다.

많은 고객이 불만족을 단순히 언급하거나 아무런 조치도 하지 않는 등 매우 소극적이다. 조치를 취하든, 취하지 않든 고객은 서비스제공자와 관계를 유지할지 경쟁사로 전환할지를

그림 7.3
서비스실패에 따른
고객불평행동

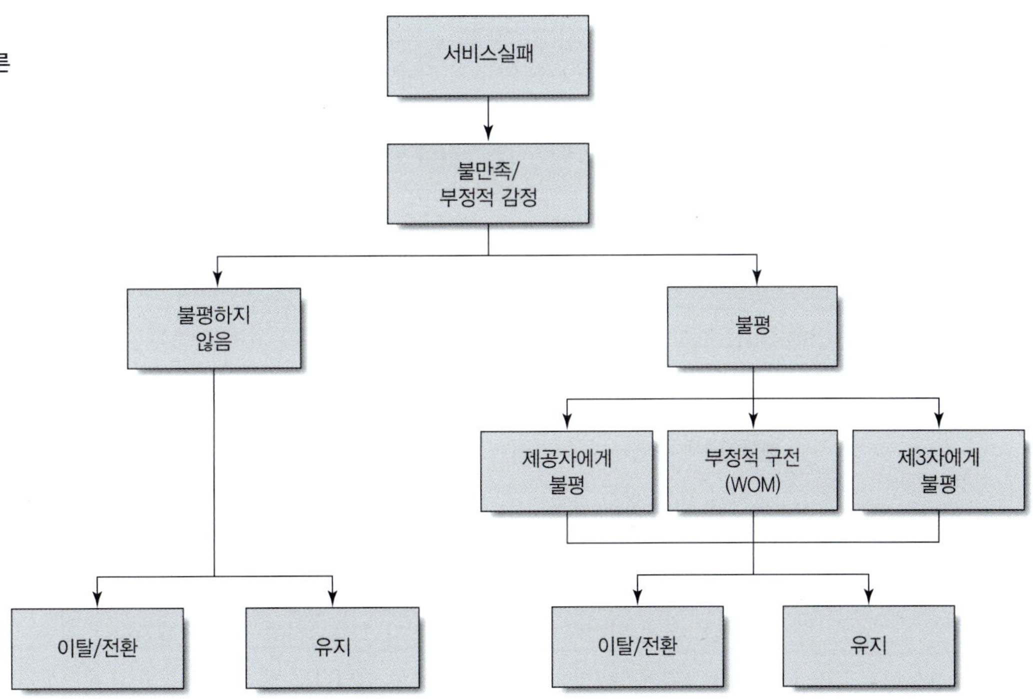

예시 7.2 인터넷에 유포된 형편없는 서비스회복 사례 : "고객의 기타를 파손시킨 유나이티드항공"

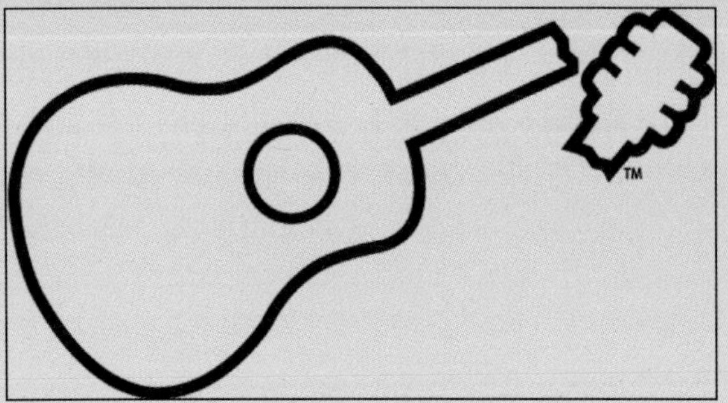

고객의 기타를 파손시킨 유나이티드항공

음악가 데이브 캐롤(Dave Carroll)이 유나이티드항공(United Airlines)을 이용해 여행을 하던 중 그의 기타가 수화물 취급자의 부주의로 인해 부서졌다. 파손사고 후 15개월 동안 유나이티드항공으로부터 아무런 해결책도 없어 보상을 요구했던 캐롤은 유튜브에 "유나이티드항공이 기타를 파손시키다(United Breaks Guitars)"라는 제목으로 자신의 경험에 대한 뮤직비디오를 올렸다. 눈길을 사로잡는 노래가 담긴 비디오는 순식간에 입소문이 났고 로스앤젤레스 타임스, CNN, CBS 모닝쇼 등 수많은 뉴스 매체들의 주목을 받았다. 한 달도 채 되지 않아, 이 동영상은 460만 회 이상 조회되어 유나이티드항공의 주식은 폭락했고 주주들은 1억 8,000만 달러 이상의 손실을 입었다.

문제는 캐롤이 미국 시카고 오헤어 공항(Chicago's O'Hare Airport)에서 이륙할 때까지 기다리는 동안 수화물 취급자들이 그의 기타를 활주로에 던지는 것을 목격하면서 시작되었다. 캐롤은 즉시 유나이티드항공 승무원에게 문제를 제기했고, 승무원들은 목적지인 네브래스카주 오마하(Omaha) 공항에 도착했을 때 지상 작업자에게 이 문제를 해결하라고 지시했다. 불행히도, 공항에 도착했을 때 지상 승무원들은 자리를 비웠고, 캐롤은 그들이 자신의 3,500달러짜리 테일러 기타(Taylor guitar)를 망가뜨렸다는 의혹만 확인할 수 있었다. 그 후 15개월 동안 캐롤은 "책임을 떠넘기시나요, 묻지 마세요, 죄송합니다, 당신의 주장은 아무데도 전해질 수 없습니다(pass the buck, don't ask me, I'm sorry sir, your claim can go nowhere)"라고 노래했다.

결국 캐롤과 유나이티드항공은 교착상태에 빠졌고, 캐롤은 그의 경험에 대한 영상과 함께 세 곡의 시리즈를 쓸 것이라고 항공사에 알렸다. 그의 목표는 1년 안에 동영상 조회 수가 적어도 100만 회 이상이 되도록 하는 것이었다. 이 동영상은 2009년 7월 6일 유튜브에 업로드되었고 캐롤의 친구들은 이 동영상의 링크를 디그(Digg)와 다른 소셜 뉴스 사이트에 올렸다. 그들은 또한 불만을 품은 다른 유나이티드항공 고객들과 제이 레노(Jay Leno), 지미 팰론(Jimmy Fallon), 페레즈 힐튼(Perez Hilton) 등 TV 스타들과의 링크를 트위터에 올렸다. 컨슈머리스트(Consumerlist)와 다른 뉴스 매체들도 그 비디오를 입수했고, 그것은 산불처럼 번졌다. 불과 나흘 만인 7월 10일까지 이 동영상은 160만 회 이상 조회되었다.

유나이티드항공은 트위터를 통해 "이 동영상은 우리에게 감동을 주었고 우리는 그것을 바로잡기 위해 캐롤에게 직접 연락했다"라고 발표했다. 유나이티드항공사는 이 같은 정서를 반복하며 정기적으로 트위터에 올렸다. 일단 유나이티드항공사가 캐롤과 연락을 취하자, 그들은 캐롤이 기타를 수리하는 데 소요된 1,200달러와 추가적으로 1,200달러의 항공바우처를 제공했다. 하지만 캐롤에게 이것은 너무 작고, 너무 늦은 조치였다. 캐롤은 비슷한 상황에 처한 다른 고객에게 보상금을 지급할 것을 제안했고, 유나이티드항공은 결국 3,000달러를 음악 학교

결정한다. 앞서 논의했듯이 불평하지 않는 고객은 잘 돌아오지 않는다. 따라서 불만족한 고객의 수동성은 미래 성공에 위협이 된다고 할 수 있다.

사람들이 불평하는 (혹은 불평하지 않는) 이유

그림 7.1에서 언급했듯이 서비스실패를 경험한 많은 상황에서 어떤 조치도 취하지 않는 고객은 그에 대해 적지 않은 이유를 가지고 있다. 그들은 종종 불평하는 것을 시간과 노력의 낭비라고 생각한다.[17] 즉, 이들은 자신의 행동으로 자신뿐만 아니라 다른 사람들에게 긍정적인 어떤 일도 발생하지 않을 것으로 믿는다. 많은 고객이 불만 처리 과정에 대해 확신이 없을 수 있으므로 불만 처리가 아무 소용이 없다고 생각하고 불만을 제기하는 것을 자제한다. 때때로 고객은 기업에 불만을 신고하기가 너무 어렵다고 생각하고 불만을 제기하기 위해 너무 많은

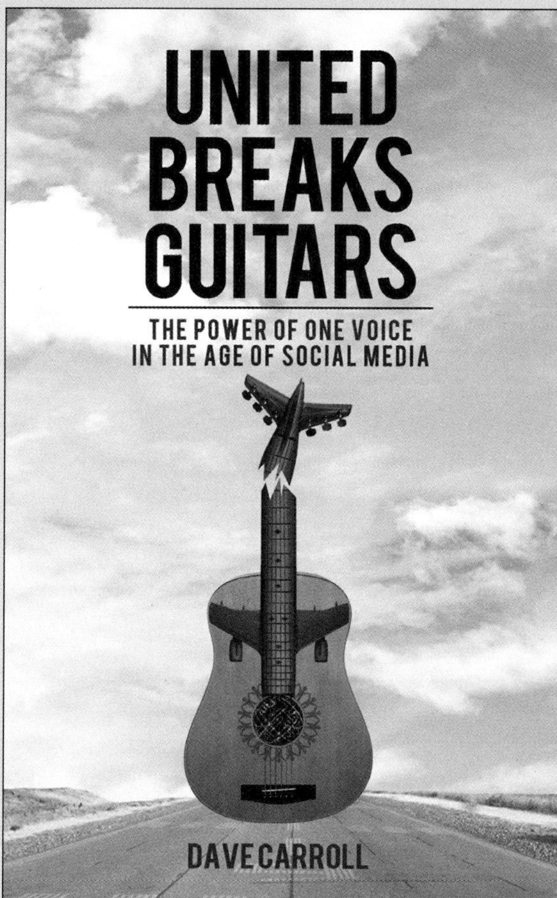

데이브 캐롤이 쓴 유나이티드항공의 서비스경험에 관한 책

에 기부하기로 결정했다. 몇 달 후, 캐롤은 그의 주장이 거부되어서는 안 된다고 인정한 유나이티드항공사 경영진을 만났다. 이후 유나이티드항공사는 고객 서비스 교육에서 캐롤의 비디오를 사용하여 유사한 사건이 다시는 발생하지 않도록 보장하고 있다.

하지만 유나이티드항공의 뒤늦은 시정조치에도 불구하고 피해는 컸다. 캐롤의 비디오가 공개된 후 며칠 동안 유나이티드항공의 주가는 10% 하락했다. 잘못 처리된 고객 불만사항 하나로 1억 8,000만 달러의 손실이 발생한 것이다. 그 이후로도 1,600만 명 이상의 사람들이 이 비디오를 시청했다. 이러한 결과는 항공사가 최초 불만사항을 해결하는 데 1,200달러밖에 소요되지 않았을 것이라는 점을 고려할 때 특히 충격적이다. 이 사례는 고객의 문제 및 불만을 세심하게 처리하는 것이 중요하다는 점을 의미한다. 고객의 불만이 소수의 가까운 친구와 가족에게만 전해지던 시대는 지났다. 이제, 인터넷의 영향으로, 불만 사항들은 몇 시간 안에 수백만 명의 동정 어린 소비자들(sympathetic ears)에게까지 전해질 가능성이 높다는 것을 명심해야 한다!

자료 : J. Deighton and L. Kornfeld, United Breaks Guitars (Case Study), Boston: Harvard Business Publishing, 2010; "United Breaks Guitars" YouTube video, 4:36, posted by "sonsofmaxwell," July 6, 2009, https://www.youtube.com/watch?v=5YGc4zOqozo; and R. Sawhney, "Broken Guitar Has United Playing the Blues to the Tune of $180 Million," *FastCompany*, July 30, 2009, http://www.fastcompany .com/1320152/broken-guitar-has-united-playing-blues-tune-180-million.

일을 해야 하는 것에 처벌을 받는 것처럼 느낄 수도 있다. 불평하지 않는 사람들이 자신의 부정적 경험을 "감정에 치우친 대처(emotion-focused coping)"로 해소하기도 한다. 감정에 치우친 대처에는 자기비난(self-blame), 부정(denial), 그리고 사회적 지원추구 등이 포함된다.[18] 이들은 서비스실패를 그들 자신의 실수로 느끼고 보상을 받을 만한 일이 아니라고 생각한다.

어떤 고객은 몇 가지 신념으로 다른 고객들보다 더 불평을 한다. 이들은 불평이 긍정적 결과를 가져오고 사회적 편익이 있으며 불평하는 것이 정당하다는 개인적 규범도 가지고 있다. 이들은 어떤 형태로든 서비스실패에 대해 보상받아야 하고 보상받을 것으로 기대한다. 이들은 공정한 대우와 좋은 서비스는 기업의 당연한 의무이며 서비스실패가 발생한 경우, 누군가가 그것을 회복하려는 노력을 해야 한다고 믿는다. 이들은 불평에 대해 사회적 책임을(다른 사람들이 비슷한 상황에 처하지 않도록 돕기 위해 또는 서비스제공자를 처벌하기 위해) 느끼는 경우도 있다. 극소수의 소비자들만이 단지 불평을 하거나 문제를 발생시키는 일을 즐기는 불평(complaining) 성격을 가지고 있다.

실패의 개인적 관련성(personal relevance) 또한 사람들이 불평을 할지 여부에 영향을 줄 수 있다.[19] 만약 서비스실패가 정말로 중요한 것이고, 실패가 소비자에게 매우 중요한 결과를 발생시키며, 소비자가 서비스 경험에서 높은 자아관여도(ego involvement)를 갖는다면 그들은 좀 더 불평을 하고자 할 것이다. 예시 7.2에서 설명한 유나이티드항공의 상황은 한 고객에게 특히 중요하다고 간주되는 서비스의 실패를 보여준다. 이러한 상황에서 고객의 감정이 고조되었을 때에는 서비스실패가 고객 분노의 원인이 될 수 있음을 의미한다.[20]

소비자들은 비싸지 않고 종종 구매하는 서비스(자동차 내에서 제공받는 패스트푸드 서비스, 택시, 고객서비스 전화)보다 비싸고, 위험이 높고, 자아관여도가 높은 서비스(패키지 휴가, 항공여행 및 의료서비스)에 대해 더 불평을 하려 할 것이다. 비싸지 않고 자주 구매하는 서비스는 불평을 하기 위해 시간을 소비할 만큼 중요하지 않다. 하지만 소비자에게 덜 중요하여 당장은 불평을 하지 않는 경우라도 불만족한 접점은 다음번에 고객을 다른 업체로 발을 돌리게 할 것이다.

고객불평행동의 유형

서비스실패로 인해 고객이 불평을 한다면 다양한 형태로 나타날 수 있다. 불만족한 고객은 즉시 반응할 수 있는 서비스제공자에게 그 자리에서 바로 불평을 할 수 있다. 이러한 행동은 기업에게 매우 좋은 시나리오이다. 왜냐하면, 바로 그 순간은 고객을 만족시킬 수 있는 두 번째 기회이며, 미래에도 비즈니스 관계를 지속할 수 있기 때문이다. 불평을 즉시 하지 않는 고객들은 나중에 전화, 서면, 인터넷, 소셜미디어를 통해 서비스제공자에게 불평할 수도 있다. 이런 경우에도 기업은 또 한 번의 회복기회를 갖게 되는 것이다. 연구자들은 이러한 형태의 전향적(proactive) 불평을 **표현**(voice)반응 또는 **배상청구**(seeking redress)라고 한다.

어떤 소비자는 서비스제공자에게 직접 불평하지 않고 친구, 친척, 동료에게 부정적 구전을 퍼뜨리기도 한다. 이러한 부정적 구전 커뮤니케이션은 고객의 부정적인 느낌을 강화시킬 뿐만 아니라 다른 사람들에게까지 부정적인 인상을 확대시키기 때문에 기업에게 매우 치명적일 수 있다. 해당 기업에게 부정적 구전을 해주지 않는다면 기업은 회복할 기회조차 갖지 못한다. 최근 들어, 고객들은 인터넷을 통해 불평을 한다. 웹상의 고객의견 플랫폼, 블로그, 트위터, 페이스북 같은 소셜미디어를 포함한[21] 다양한 웹사이트는 고객의 불평을 도와주어 많은 사람들에게 부정적 구전 커뮤니케이션이 확산되도록 한다. 어떤 고객은 제품 또는 서비스 실패에 불만족하여 해당 기업의 현재 및 잠재고객들을 대상으로 안티사이트를 만들기도 한다. 화가 난 고객들은 이러한 "불만족 관련 사이트(gripe sites)"를 통해,[22] 기업의 무능과 악행(evil)을 다른 고객들에게 확산시키는 방식으로 기업에 대한 불평을 전달한다.[23]

끝으로 고객은 소비자보호국(Better Business Bureau)과 같은 제3자, 정부산하의 소비자보호원, 공공기관, 전문가협회 또는 법적 대리인에게 불평을 표현할지도 모른다. 행동을 취하는 것 또는 취하지 않는 것이 중요한 것이 아니다. 서비스제공자의 단골고객이 될지(patronize) 또는 다른 서비스제공자로 전환할지 여부를 결정하는 것이 가장 중요하다.

불평을 하는 고객들의 유형

서비스실패에 반응하는 방법에 근거하여 불평을 하는 사람들을 **수동적 불평고객**(passives), **표현적 불평고객**(voicers), **분노표출형 불평고객**(irates), **행동지향적 불평고객**(activists) 등 4가지로 분류할 수 있다.[24] 비록 불평고객 유형의 비율은 산업과 상황에 따라 다르겠지만 이들 4가지 유형은 모든 기업과 산업분야에서 찾아볼 수 있다.

© Corbis RF

분노표출형 불평고객은 다른 사람들과 불평을 공유하려는 경향이 있다.

소극적으로 불평하는 사람 : 수동적 불평고객

이러한 유형의 고객은 어떤 조치를 취할 가능성이 가장 적다. 이들은 제공자에게 어떤 것도 말하려 하지 않을 것이고, 다른 사람들에게 부정적 구전을 하려 하지도 않을 것이다. 또한 제3자에게 불평을 하지도 않는다. 이들은 불평결과가 투입하게 될 시간과 노력에 대한 보상을 해주지 못할 것으로 생각하는, 즉 불평의 효율성에 대해 의구심을 가진다. 이들의 개인적 가치 및 규범이 불평을 하지 않게 하는 경우도 있다.

불평을 표현하는 사람 : 표현적 불평고객

이러한 유형의 고객들은 서비스제공자에게 적극적으로 불평하고자 한다. 그러나 이들은 부정적 구전을 퍼뜨리거나, 전환하거나, 제3자에게 불평을 하려 하지는 않을 것이다. "이러한 고객들은 서비스제공자에게 최고의 친구로 여겨질 수 있다!" 이들은 적극적으로 불평을 하여 기업에게 두 번째 기회를 주기 때문이다. 이들은 불평이 사회적 편익을 제공한다고 믿고 있어 불평을 표현하는 데 주저하지 않는다. 이들은 서비스제공자에게 불평한 결과가 긍정적일 것으로 믿고, 구전의 확산 및 제3자에게 불평하는 것이 덜 긍정적이라고 생각한다. 이들의 개인적 규범도 자신들의 불평과 일치한다.

화내면서 불평하는 사람 : 분노표출형 불평고객

이러한 유형의 소비자들은 친구나 친척들에게 부정적 구전을 하고 다른 업체로 전환할 의도가 높다. 이들이 서비스제공자에게 불평을 하는 성향은 평균수준이다. 이들은 제3자에게는 불평을 하려 하지는 않지만 불평해 보아야 들어주지도 않는다는 소외의식을 가지고 있다. 비록 이들이 서비스제공자에게 불평하는 것이 사회적 편익을 제공할 수 있다고 믿는다 해도 이들의 명칭(irates, 분노표출형 불평고객)에 나타나 있듯이 서비스제공자에게 화를 낼 것이다. 이들은 서비스제공자에게 두 번째 기회를 주지 않고 대신 친구와 친척들에게 구전을 확산시키면서 경쟁자에게로 전환할 것이다. 이와 같은 유형의 고객은 다른 유형의 고객보다 더 인터넷상에서 자신의 경험을 다른 이들과 공유하기 위해 블로그를 만들어 불만을 표현하기도 한다.

행동으로 불평하는 사람 : 행동지향적 불평고객

이러한 유형의 소비자들은 모든 차원에서 평균 이상의 불평성향을 갖는다. 이들은 서비스제공자에게 불평을 하고, 다른 사람들에게도 말하며, 제3자에게도 불평을 한다. 이들의 개인적 규범과 불평은 일치한다. 이들은 모든 유형의 불평에 대한 결과가 긍정적인 의미를 갖는 것으로 여긴다.

서비스회복전략 : 고객 진정시키기

많은 기업들이 실망한 고객들에게 뛰어난 서비스회복의 제공이 중요하다는 데 대해 인식을 같이하고 있다. 이어지는 두 개의 절에서 우리는 그들의 전략에 대해 알아보고 벤치마킹한 기업의 사례 및 그들이 실시한 것을 공유하고자 한다.

뛰어난 서비스회복이란 그림 7.4에 나타난 것처럼 함께 일하는 데 필요로 하는 다양한 전략들의 실제적인 조화라는 사실이 매우 명확하다. 일반적으로 서비스회복전략은 두 가지 종류로 분류된다. 하나는 고객과의 관계를 회복하기 위해 기업이 행하는 행동으로 "고객 진정시키기(fix the customer)"이다. 두 번째 유형은 문제를 올바르게 해결하려는 행동으로 이상적으로는 문제가 다시 발생하지 않게 하는 것을 말하는데 다시 말하면 "문제 해결하기(fix the problem)"라고 할 수 있다. 확실히 이 두 가지 유형의 행위는 매우 중요하다. 하지만 많은 경우에 문제를 해결하기 전에 고객을 진정시키는 것이 필요하다. 그러므로 우리는 고객을 진정시키는 전략부터 논의하려 한다. 기본적인 "처음에 제대로 하기"를 시작으로 각각의 전략에 대해 살펴보도록 하겠다.

고객이 불평하는 데 시간과 노력을 들였을 때 일반적으로 기대수준이 높아진다. 이들은 기업이 책임을 다할 것을 기대하며, 신속한 문제해결을 희망한다. 이들은 슬픔과 불편함으로 인한 혼란에 대해 보상받기를 기대하며, 회복과정에서 제대로 대우받기를 원한다. 230페이지의 예시 7.3은 이러한 종류의 서비스회복을 요약한 것이다.

그림 7.4
서비스회복전략

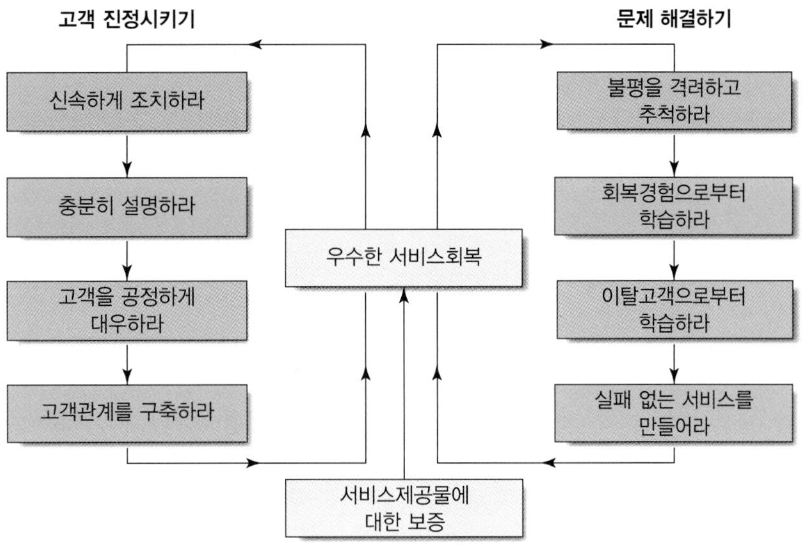

신속하게 조치하라

불평하는 고객들은 빠른 대응조치를 원한다.[25] 그래서, 기업이 서비스실패를 했거나 고객으로부터 불평을 접했을 때, 신속한 조치를 위해서 항상 준비하고 있어야 한다. 그림 7.5에서 볼 수 있듯이 기업의 서비스실패에 대한 회복을 즉시 또는 24시간 이내에 경험한 고객 중 1/3 이상이 매우 만족한 것으로 나타났다.[26]

그림 7.5
서비스실패에 대한 기업 대응의 적시성 정도에 따른 고객만족

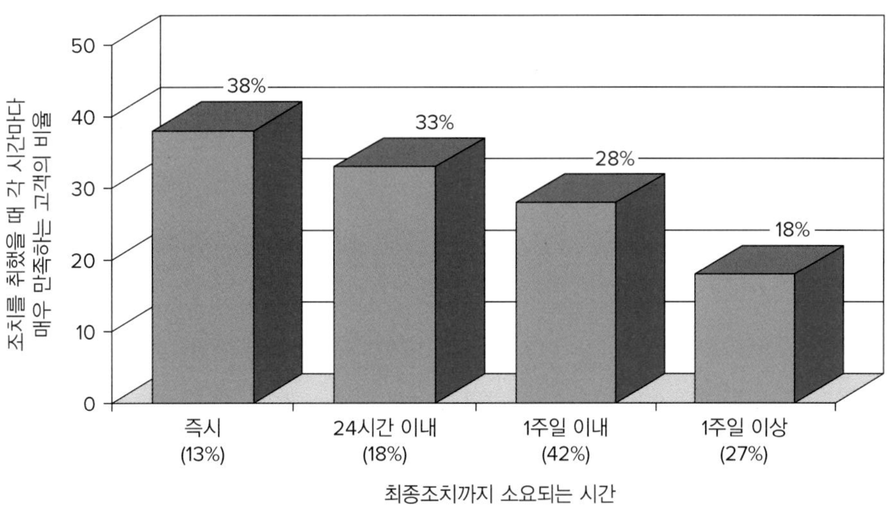

아래쪽 괄호 안에 표기된 비율은 총 응답자 중 최종조치까지 소요된 시간에 대해 응답한 비율이다. 즉, 총 응답자 중 13%가 즉시 서비스회복에 대한 조치를 경험했으며, 그중 38%가 완전히 만족했다는 것을 의미한다.

자료 : 2015 Customer Rage Study, conducted by Customer Care Measurement and Consulting and the Center for Services Leadership at Arizona State University.

예시 7.3 서비스 영웅 이야기

도움이 절실한 사람에게 식료품을 배달해준 식료품 전문체인점 트레이더 조

89세의 한 남성이 크리스마스 휴가 직전에 폭설로 인해 펜실베이니아에 있는 자신의 집에 고립되어 있었는데, 더 큰 폭풍이 몰아칠 것이라는 예보까지 있는 상황이었다. 그의 딸은 악천후로 인해 식량이 떨어질까 걱정하며 아버지에게 필요한 식료품을 기꺼이 배달해 주기를 바라는 마음으로 지역의 여러 식료품점에 전화를 걸었다.

마침내 그녀는 트레이더 조(Trader JOE's) 의 한 체인점 직원과 통화가 되었는데, 이 식료품 체인점은 일반적으로 배달을 하지 않지만 회사에서 극단적인 상황을 감안하여 예외적으로 배달을 해주겠다는 답을 들었다. 직원은 그 여성의 주문을 받았고, 만약 집에 오랫동안 갇혔을 때를 대비해 필요한 모든 것을 준비할 수 있도록 아버지의 저염식(low-sodium) 식단에 도움이 되는 추가적인 상품을 제안하기까지 했다.

식료품 대금을 지불하려 할 때, 주문을 받은 직원은 그녀에게 걱정하지 말라며 식료품과 배달료는 무료라고 말했다. 직원은 크리스마스 축하인사를 하며 대화를 마쳤고, 그녀의 아버지는 30분도 채 지나지 않아 식료품을 배달받았다.

이 사례는 서비스회복이 단순한 실수를 시정하는 것 이상임을 보여준다. 기업이 자연재해와 같은 통제할 수 없는 상황으로 인해 서비스회복이 필요한 경우에도 직원이 고객을 위해 올바른 조치를 할 수 있도록 권한을 부여하는 것은 고객과 지속적이고 의미 있는 관계를 구축할 수 있는 좋은 방법이다.

어머니의 임종을 지킬 수 있도록 승객의 항공편을 연기시켜준 유나이티드항공

앞서 예시 7.2에서 소개했듯이 비록 유나이티드항공이 고객의 기타를 파손시킨 부정적인 사례가 있었지만, 고객들을 위해 그 이상으로 노력한 사례도 있다.

유나이티드항공의 고객이었던 드레이크(Kerry Drake)는 임종 시간이 얼마 남지 않은 어머니를 만나기 위해 초조한 마음으로 샌프란시스코에서 텍사스주 북서부 도시인 러벅(Lubbock)으로 가는 비행기에 탑승했다. 드레이크는 만일 경유지인 휴스턴(Houston)에서 연결편 비행기를 놓치게 되면 어머니의 임종을 볼 수 없을 것이라는 것을 알고 있었다.

샌프란시스코에서 휴스턴행 첫 비행기가 지연되었을 때, 드레이크는 러벅행 연결 항공편을 놓치고, 어머니의 임종을 볼 수 없다는 것을 깨달았다. 결국 드레이크는 비행기에서 슬픔을 참지 못하고 울음을 터뜨렸다.

승무원이 이 승객의 상황을 알게 되자 기장에게 알렸고, 기장은 휴스턴에서 러벅으로 가는 다음 비행기로 무전을 보냈다. 드레이크의 상황에 공감하며 휴스턴에서 대기하고 있던 승무원들은 드레이크를 기다리기 위해 비행기의 출발을 연기시켰다.

드레이크가 여정의 마지막 구간을 위해 게이트에 도착했을 때, 승무원들은 그의 이름을 부르면서 맞이했다. 유나이티드항공 직원들의 협조적인 노력으로 인해, 드레이크는 제시간에 병원에 도착해서 어머니에게 작별인사를 할 수 있었다.

항공사들은 종종 그들의 효율성과 정시 비행 횟수로 성과가 평가되기 때문에 이 이야기는 주목할 가치가 있다. 당시 유나이티드항공 직원들은 이 고객의 상황이 항공사의 일정을 준수하는 것보다 더 중요하다고 판단했고, 승객에게 어머니의 마지막 임종순간을 지킬 수 있도록 값진 선물을 선사할 수 있었다.

자료 : Sources: G. Ciotti, "10 Stories of Unforgettable Customer Service," *Help Scout*, www.helpscout.net, accessed on June 17, 2016; K. Hetter, "United Airlines Delays Flight for Man to See Dying Mother," *CNN*, March 10, 2013, http://edition.cnn.com/2013/03/06/travel/united-flight-delay-dying-mother/.

불행하게도 많은 기업들은 고객이 문제를 해결하기 위해 여러 명의 직원을 거치도록 하고 있다. 이를 핑퐁현상(ping-ponging)이라고도 하는데, 문제를 해결하기 위해서 고객은 여러 담당부서를 몇 번이나 왔다 갔다 해야 한다. 한 연구에서는 고객이 문제를 해결하기 위해 평균 4.2회의 종업원 접촉이 필요한 것으로 나타났다.[27] 이 연구에서는 문제가 한 번의 접촉으로 해결이 된다면 고객의 35%가 만족하지만, 3번 이상의 접촉이 필요하면 만족도가 9%로 떨어진다고 주장했다.[28] 트위터를 사용하는 고객 중 81%가 트윗을 통해 제기한 불만사항에 대해 당일 응답을 기대한고 한다.[29] 핵심은 바로 여기에 있다. 서비스실패에 대한 신속한 조치는 불만족한 고객을 달래고 향후에도 고객으로 계속 유지할 수 있는 좋은 방법이다.

문제를 즉시 처리할 수 있는 능력은 기업에서 시스템이나 절차를 갖추어야 할 뿐만 아니라 직원에게 권한을 부여할 때 제고될 수 있다. 다시 말해, 직원은 문제에 부딪혔을 때 처리할 수 있도록 훈련되어야 하며 아울러 직원에게 권한도 위임해야 한다. 처리되지 않은 문제는 문제를 더 크게 만들 수 있다. 앞서 지적했듯이 고객은 서비스가 실패했을 때 핑퐁현상을 경험할 수 있다. 권한위임에 대해서는 제11장에서 더 자세히 다룰 것인데, 직원에게 권한위임은 신속한 불만 처리와 핑퐁현상을 줄이는 것은 물론 불만족한 고객을 진정시키는 데 도움을 준다. 예컨대, 리츠칼튼(Ritz-Carlton)호텔은 고객으로부터 불평을 접한 첫 번째 직원이 문제가 해결되었다고 확신할 때까지 그 문제에 대한 책임을 진다. 만약 호텔 복도에서 한참 전구를 고치던 보수 관리원이 고객으로부터 불평을 들었다면 그는 불평에 대한 책임을 갖게 되고 작업장으로 돌아가기 전에 그 문제를 적절히 처리해야 한다.

문제나 불평을 빠르게 해결할 수 있는 또 다른 방법은 고객이 직접 자신의 불평이나 문제를 해결할 수 있는 시스템을 구축하는 것이다. 이러한 접근은 기술적인 시스템을 통하여 가능하다. 고객은 직접 기업의 시스템에 접근하여 즉각 해결책을 전송받는 방법으로 자신의 서비스문제를 해결하는 것이다. 페덱스(FedEx)는 이러한 전략의 일환으로 소포추적시스템을 활용하고 있으며, 인터넷보안소프트웨어 제품을 제조하는 시만텍(Symantec)도 이러한 방법을 이용하고 있다.

적절한 커뮤니케이션을 제공하라

이해와 책임을 표현하라

많은 서비스실패 상황에서, 고객은 기업에게 지나치게 비현실적인 조치를 기대하지는 않는다. 그러나 이들은 어떤 일이 발생했는지 이해하고자 하며 기업이 자신의 행동(또는 행동하지 않음)에 대해 책임을 다하기를 기대한다.[30] **표 7.1**에서 볼 수 있듯이 고객관리협회 CCM(Customer Care Measurement)의 한 연구에서 고객이 심각한 문제를 경험했을 때 이들이 추구하는 가장 일반적인 12가지 "조치(remedies)"를 파악했다.[31] 조치 중 4가지는 제품 수리 및 서비스 시정, 환불, 경험한 불편에 대한 전액배상, 차후에 무료로 제품이나 서비스를 제공하는 것이다. 그러나 흥미롭게도 나머지 8가지 조치는 발생한 사건에 대한 기업의 설명, 같은 문제가 반복되지 않을 것이라는 확신, 고객의 번거로움에 대한 기업의 감사, 기업의 사과, 품위 있는 대우, 일상적인 언어 사용, 고객의 입장 견지, 고객의 불만을 기업에게 표현할 수 있는 기회 제공 등 기업입장에서 비용이 거의 발생되지 않는 비금전적인 조치다.

이러한 8가지 비금전적 조치의 핵심은 고객과 직원 간의 커뮤니케이션이다. 서비스실패 후 많은 고객들에게 이해와 책임은 매우 중요하다. 왜냐하면 고객이 불공정한(injustice) 일이 발생했다고 지각한다면 누군가는 비난받아야 하기 때문이다.

서비스실패 후 일이 잘못되었을 때 고객은 사과받기를 기대한다. 고객은 기업이 예의와 존중을 표현할 것을 기대한다. 고객은 또한 같은 문제가 재발하지 않도록 하는 기업의 대처를 알고자 한다.[32] **표 7.1**에서 제시하는 바와 같이 기업이 고객과 간단한 소통이라도 한다면 고객

표 7.1 서비스실패 대응을 위해 고객이 기업에게 요구하는 상위 12가지 해결책

해결책	희망비율(%)	반영비율(%)
품위 있는 대우	93%	32%
기업이 고객입장 되기	83%	19%
문제가 반복되지 않을 것이라는 확신 제공	81%	15%
제품 수리/서비스 시정	80%	25%
문제 발생 이유에 대한 설명	80%	18%
일상적인 언어로 대화; 매뉴얼에 있지 않은 진실한 응답	79%	29%
업무에 대한 감사	76%	27%
사과	75%	28%
분노표현/고객 입장에서 이야기하기	58%	35%
환불	57%	18%
차후 무료로 제품 또는 서비스 제공	44%	8%
시간 손실, 불편 또는 부상에 대한 금전적 보상	42%	5%

주) 회색 음영부분은 비금전적 해결책임.
자료 : 2015 Customer Rage Study, conducted by Customer Care Measurement and Consulting and the Center for Services Leadership at Arizona State University.

의 불만족은 조절될 수 있을 것이다. 고객은 확실히 이러한 커뮤니케이션에 가치를 둔다. 왜냐하면 이런 비금전적 치료는 불평 처리과정에서의 만족, 지속적 충성도, 그리고 긍정적 구전 커뮤니케이션에 상당한 영향을 미치기 때문이다.[33] 물론 기업이 심각한 서비스 장애를 완전히 회복하려면 적절한 보상을 제공하는 것과 같이 단순히 잘 사과하는 것보다 더 많은 노력을 기울여야 한다.[34]

충분한 설명을 제공하라

많은 서비스실패 상황에서 고객은 서비스실패가 발생한 원인을 이해하려 노력할 것이다. 실패에 대한 설명은 부정적인 행동의 확산 방지와 고객에 대한 감사의 마음을 전달하는 데 도움이 된다.[35] 연구에 따르면 기업이 실패에 대해 충분한 보상을 하지 못하더라도 고객에게 적절한 설명이 제공된다면 불만족은 감소할 수 있을 것이라고 한다.[36] 설명이 충분한 것으로 지각되기 위해서는 두 가지 주요 특성이 포함되어야 한다. 첫째, 설명의 **내용**이 적절해야 한다. 관련 있는 사실과 적절한 정보는 발생한 사건에 대한 고객의 이해를 돕는 데 있어 매우 중요하다. 둘째, 설명을 제공하는 **스타일** 또는 설명을 제공하는 방법 또한 고객의 불만족을 줄일 수 있다. 스타일은 신뢰성(credibility)이나 성실성(sincerity)과 같이 설명을 해주는 사람의 개인적 특성을 포함한다. 기업이 제시한 설명이 정직하고 성실하며 거짓이 없는 것으로 고객에게 지각되면 가장 효과적이다. 예를 들어, 고객이 진료실에서 오랫동안 대기해야 하는 경우, 고객은 대기해야 하는 이유에 대한 설명이 없으면 과소평가되거나 무시당한다고 느끼기 시작할 것이다. 하지만 직원이 직접 와서 기다리게 한 것에 대해 사과하고, 응급환자가 들어왔기 때문이라고 친절하게 설명한다면, 고객은 정상 참작할 수 있는 상황을 더 잘 이해하고 대기하는 것에 더 관대해질 것이다.

© Corbis RF

서비스실패를 경험한 고객은 기업으로부터 어떤 일이 벌어졌는지 설명받기를 원한다.

고객을 공정하게 대하라

고객은 또한 그들의 불평을 다루는 데 있어서 공평하고(fairness) 공정하게(justice) 대우받기를 원한다. 서비스회복 분야의 전문가인 스티브 브라운(Steve Brown)과 스티브 택스(Steve Tax)는 불평처리에서 고객이 기대하는 공정성의 유형을 다음과 같은 3가지로 나누고 있다. **결과공정성**(outcome fairness), **절차공정성**(procedural fairness), 그리고 **상호작용공정성**(interactional fairness)이다.[37] 결과공정성은 고객이 불평을 통해 받는 결과에, 절차공정성은 불평처리의 정책과 규칙 및 적시성(timeliness)에, 상호작용공정성은 불평처리과정에서 받는 대인관계에 각각 초점을 맞춘다.[38] 예시 7.4는 불만해결 경험을 보고한 고객에 대한 브라운(Brown)의 연구에서 취한 각 유형의 공정성을 설명한 것이다. 본 장의 세계적 추세에서는 다양한 문화권의 고객이 공정한 서비스회복에 대해 어떻게 생각하는지 설명한다.

결과공정성

서비스회복 노력을 하는 데 있어서 기업은 고객의 불만족 수준에 맞는 보상이나 결과를 제공해야 한다. 이러한 보상은 금전적 보상, 사과, 차후의 무료서비스 제공, 가격할인, 수리 및 교환의 형태를 띠고 있다. 고객은 교환에서 공평성(equity)을 기대한다. 이들은 기업의 실수에 대해 최소한 고객이 고생한 정도만큼 "받은 것"을 느끼고 싶어 한다. 기업의 처벌은 잘못한 수준에 부합해야 한다. 고객은 형평성(equality)을 기대한다. 즉, 고객은 동일한 유형의 서비스실패를 경험한 다른 고객만큼 보상받기를 원한다. 이들은 또한 기업이 보상에 대한 선택권을 제공할 때 좋아한다. 예컨대, 스튜디오에 사진을 주문한 학생이 약속대로 인화되지 않은 사진을 받았을 때는 이에 대한 보상으로 환불받거나 무료로 더 나은 패키지를 제공받을지 여부를 선택할 수 있다. 결과공정성은 특히 고객이 서비스실패에 대해 부정적인 감정반응을 보일 때 매우 중요한데, 이런 상황에서 회복노력은 고객의 관점에서 결과를 개선하는 데 초점을 맞추어야 한다.[39]

예를 들어, 한 아마존(Amazon) 이용고객이 크리스마스 선물로 신형 플레이스테이션(PlayStation)을 주문했고, 예정대로 그의 집 현관 앞으로 소포가 배달되었다. 하지만 그 소포는 고객이 집안으로 가져오기 전에 도난당했다. 아마존은 크리스마스에 맞춰 서둘러 두 번째 플레이스테이션 상품을 무료로 배송해 고객에게 보상했다. 이 고객은 도난당한 소포가 아

예시 7.4 서비스회복에서의 공정성 테마

	공정한 사례	불공정한 사례
결과공정성 : 고객이 불평을 통해 받는 결과	"식당 종업원은 문제가 있다는 데 동의했고, 샌드위치를 주방으로 가져가서 교체하게 했다. 음료도 무료로 제공받았다." "호텔에서 퇴실할 때 프론트 직원에게 새벽 3시 45분에 소란으로 인해 잠이 깬 것에 대해 불평을 했다. 호텔 직원은 사과를 한 후 복도 건너편에 문제가 있어 소방서에서 전화가 왔었기 때문이라고 알려주며 불편에 대한 사례로 보너스 포인트 2,000점을 제공해 주었다. "	"그들이 환불을 거부하거나 불편함과 식어빠진 음식에 대한 보상을 거부한 것은 변명의 여지가 없다." "우리가 탑승했을 때 조종사는 비행기에 장비 문제가 있다고 발표했고, 나중에 고객 서비스 담당자는 다음 날까지 비행할 수 없을 것이라고 말했다. 하룻밤을 더 보내야 하므로 형님 댁으로 돌아가기 위한 택시비라도 부담해 달라고 항공사에 요청했다. 그러나 그들은 거절했다."
절차공정성 : 불평 처리 정책, 규칙 및 적시성	"호텔 매니저는 누가 잘못했는지는 중요하지 않으며 즉시 문제에 대해 책임질 것이라고 말했다." "이 제품은 평생 보증이 제공된다. 그러나 고장이 났을 때 영수증을 찾을 수 없었다. 고객 서비스 담당자는 고장과 관련된 사진을 찍어 주소와 함께 보내주기만 하면 새 제품을 보내주겠다고 말했다. 아무런 질문도 하지 않고 말이다."	"그들은 전화번호를 알려주는 대신 문제를 해결하는 데 도움을 줬어야 했다. 전화를 했지만 아무도 받지 않았고, 실제로 직원과 통화할 기회도 없었다." "다음 날 나는 그들이 내 주문 처리에 실수를 했다는 것을 알리기 위해 돌아왔다. 내가 바로 앞에 있는 동안 매니저는 그 자리에서 대처하기보다는 내가 온라인으로 민원을 제출했는지 물었다. 내가 "아니오"라고 말하자 "그 매니저는 내가 해야 할 일은 먼저 온라인 민원접수부터 하는 것이라고 말했다."
상호작용공정성 : 불평 처리과정에서 경험하는 대인관계	"은행 대출 담당자는 매우 정중하고, 전문지식이 풍부하며, 사려 깊었다. 불평 사항에 대한 진행 상황에 대해 계속 알려주었다." "기기를 휴대전화와 동기화하는 데 문제가 있었다. 도움을 요청하기 위해 전화를 걸었을 때 담당자는 매우 친절했고, 참을성 있게 절차를 안내해 주었다."	"에어컨 고장으로 인한 내 불평을 처리하는 담당자는 아무런 조치도 취하지 않았고, 신경도 안 쓰는 것 같았다." "나는 이 문제에 대해 2주 동안 "Dan"에게 여러 번 연락했다. 그는 나에게 "걱정하지 마세요", "제가 처리해 드리겠습니다"라고 반복해서 말했다. 하지만 그 후 내 전화통화와 이메일 메시지에 응답하지 않았다. 그의 행동은 내 문제를 큰 우선순위로 생각하지 않는다고 느껴지게 했다."

자료 : Adapted from S. S. Tax and S. W. Brown, "Recovering and Learning from Service Failure," *Sloan Management Review* 40 (Fall 1998), p. 79, Massachusetts Institute of Technology.

마존의 잘못이 아니라는 점을 감안하여 최종 결과(소포 내용물의 적시 교체)가 적절하다고 생각했다.[40]

반면, 만약 고객이 지나치게 보상받는다고 생각하면 불편함을 느낄 수도 있다. 서비스 보증을 시행한 도미노피자는 초창기에 배달시간이 30분 이상 소요될 경우 피자를 무료로 제공했다. 많은 고객은 이러한 수준의 보상에 대해 불편함을 느꼈다. 특히 배달하는 사람이 단지 몇 분 늦었을 경우에는 더욱 불편해했다. 이 경우 "처벌의 수준은 잘못한 수준보다 훨씬 높다." 때문에 도미노피자는 늦은 배달에 대한 보상으로 3달러를 할인해주는 합리적인 방법을 채택했다. 이후 정시배달을 위해 과속운전을 하는 직원들이 문제를 야기시킴에 따라 늦은 배달시간에 대한 보상제는 완전히 폐지했다.

절차공정성

공정한 보상과 더불어 고객은 불평처리과정의 정책, 규칙 및 적시성에서도 공정성을 기대한다. 고객은 불평과정에 쉽게 접근하기를 원하고 그들이 접하는 첫 번째 사람에 의해 문제가 빨리 바람직하게 해결되는 것을 좋아한다. 고객은 기업이 그들의 불평처리절차를 개개인의 상황에 맞게 수정해주는 것에 감사한다. 특히 기업 대 기업 간의 서비스실패에서 기업은 고객에게 "실패에 대해 보상하기 위해 우리가 무엇을 할 수 있는가?"라고 물어본다. 많은 경우 실제로 고객이 원하는 것은 기업이 예상하는 것보다 낮은 수준이다.

공정한 절차의 특징은 명확성(clarity), 신속성(speed), 번거로움 없는(absence of hassles) 절차다. 불공정한 절차는 고객이 느리고, 오래 끌고(prolonged), 불편한 것으로 지각하는 것들이다. 또한 고객은 만약 자신들이 받은 서비스실패를 입증해야 한다면 불공정하다고 느낄 수 있다. 즉, 그들이 틀린 것처럼 생각될 때 또는 그들이 그렇지 않다는 것을 입증할 수 있을 때까지 거짓말을 하는 것처럼 보일 때 불공정하다고 느낀다.

서비스회복 중 절차공정성에 대한 전형적인 사례는 거의 30년이 지난 지금도 여전히 재연되고 있는 클럽메드-칸쿤(Club Med-Cancun)의 사례이다. 클럽메드 단체 휴가고객들은 뉴욕에서 목적지인 멕시코 칸쿤지역까지 가는 데 여러 가지 어려움을 겪었다. 비행기는 6시간 늦게 이륙해 예상치 못한 두 번의 불시착을 거쳐 착륙하기 30분 전에 목적지 공항 상공을 선회했다. 이 모든 지연과 불상사로 인해 비행기는 예정보다 10시간 넘게 비행 중이었고 기내 음식과 음료도 떨어졌다. 마침내 새벽 2시에 목적지 공항에 도착했는데, 착륙이 너무 거칠어 산소마스크와 수하물이 머리 위에서 떨어졌다. 비행기가 게이트에 도착했을 때, 승객들은 굶주림으로 기진맥진했고 휴가가 시작되기도 전에 망했다고 확신했다. 그러나 클럽메드-칸쿤 리조트의 총책임자인 보르톨리(Silvio de Bortoli)는 이 끔직한 비행이 진행 중이라는 소식을 듣고 즉시 해결책(antidote)을 준비했다. 그는 리조트 직원의 절반을 공항으로 데려갔고, 그 공항에서 스낵과 음료 테이블을 배치하고 생동감 있는 음악을 재생하기 위해 스테레오 시스템도 설치했다. 고객들이 공항 입국장으로 들어서자 개별적으로 환영인사를 하며 가방을 들어주고, 고충을 경청해주면서 기사가 있는 승용차로 리조트까지 안내했다. 고객들이 클럽메드에 도착하자 리조트 직원들은 마리아치 밴드와 샴페인이 있는 화려한 연회로 맞이했다. 게다가 나머지 절반의 직원들은 다른 손님들을 불러 모아 함께 새로 온 고객들을 맞이하고 해가 질 때까지 파티를 계속했다. 문제가 클럽메드의 잘못이 아니었음에도 불구하고 이 회사는 늦게 도착해 투숙이 지연된 고객들에게 즉각 보상하기 위해 그들의 방식대로 최선을 다했다. 휴가를 즐기려던 고객들이 고통스러운 비행을 마치고 목적지에 도착한 후 더 이상 번거로움이 없었다.

상호작용공정성

공정한 보상, 고객을 번거롭게 하지 않음(hassle-free), 신속한 절차 외에도 고객은 사려 깊고, 성실하며, 공손하게 대우받기를 기대한다. 고객이 기업과 직원이 불친절한 태도로 문제

세계적 추세 문화 전반에 걸친 서비스회복

상황, 국가, 문화에 관계없이 서비스실패는 불가피하므로, 적절한 서비스회복 절차는 모든 기업에게 필요하다. 여러 국가에서 사업을 운영하는 서비스기업과 미국, 영국, 호주와 같은 다민족 국가에서 운영되는 서비스기업은 문화적 다양성과 그에 따른 서비스 및 서비스회복에 대한 다양한 기대에 민감하게 대응해야 할 필요가 있다.

귀인 기대

서비스실패가 발생하면 고객은 예상치 못한 사건에 대해 자발적으로 추론하거나 책임을 전가하게 된다. 마틸라(Anna Mattila)와 페터슨(Paul Patterson)은 문화 전반에 걸친 서비스회복에 대한 연구에서 서구 국가에서는 서비스실패가 기업이 통제할 수 없는 어떤 외부 요인으로 인해 발생한 경우 고객은 서비스실패를 둘러싼 맥락이나 상황(특히 회사에서 무슨 일이 일어났는지 설명이 제공되는 경우)으로 원인을 돌린다는 사실을 발견했다. 그러한 행동은 고객이 기업과 직원의 탓으로 돌리는 비난을 줄일 수 있으며, 따라서 전반적인 지각적 품질(overall perceived quality)에 대한 고객의 인식을 손상시키지 않을 수 있다. 그러나 동양 문화권 고객의 경우 인과적 설명은 실패에 대한 책임이 어디에 귀속되는지에 상대적으로 거의 영향을 받지 않는다. 이러한 고객은 문제에 대한 신속한 해결과 가족 및 친구들의 눈에 "체면(face)"을 되찾기 위해 현장 직원이 아닌 관리자의 진정한 사과와 같은 다른 해결방법을 선호한다. 동양 국가의 고객은 불확실하고 모호한 상황에 대한 인내성이 낮다. 따라서 이들 고객은 서비스실패가 회복될 때 통제감(sense of control)을 갖는 것을 선호한다. 즉, 회사는 상황을 회복하기 위해 수행 중인 조치가 무엇인지 정확히 알려줌으로써 이러한 통제감을 제공할 수 있다.

공정성 기대

결과공정성

마틸라(Mattila)와 패터슨(Patterson)은 서비스회복 공정성 문제도 연구했다. 연구에서 서양(예 : 미국) 고객이 동양(예 : 태국 또는 말레이시아) 고객보다 서비스 실패가 발생했을 때 유형적(tangible)인 보상(예 : 가격 할인)을 받는 데 더 관심이 있고, 보상을 받을 것으로 기대한다는 것을 발견했다. 보상을 제공하는 것은 특히 미국 고객의 공정성을 회복하는 데 효과적이다. 분명히 미국 소비자들은 결과공정성에 특히 관심이 있다. 실제로 미국 고객은 일반적으로 동양 문화권의 소비자보다 더 적극적이고, 보상을 요구하는 데 더 익숙하다. 서구적 맥락에서 서비스회복에 대한 이전 연구는 보상이 서비스회복 후 만족도와 충성도에 대해 문화 전반에 걸쳐 긍정적인 글로벌 특성 서비스회복 효과를 갖는다는 것을 일관되게 보여주었다. 일반적으로 불확실성 회피가 높은 경향이 있는 동양 문화권 고객은 서비스실패가 발생했을 때 다른 유형의 구제책을 선호한다. 동양 문화에서는 개인의 이익보다는 손실을 피하는 데 초점을 맞추는 경향이 있다. 동아시아 고객들은 다른 사람들과 어울리고 갈등과 대립을 피해야 한다고 강조한다.

상호작용공정성

마틸라와 패터슨의 연구에 따르면, 서구 문화권에서 서비스실패에 대한 설명을 제공하면 서비스 제공자가 무능하거나 무관심하고 게으르다는 생각에서 고객의 초점이 멀어질 수 있다. 이러한 설명은 서구 고객들로 하여금 실패의 원인으로 상황을 더 주목하게 만드는 경향이 있다. 그러나 동양 문화권 고객은 상황적 제약을 인식하고 사회적 조화를 유지하며 체면을 잃지 않으려고 할 가능성이 더 높다. 그들에게 있어 상호작용 공정성은 특히 두드러진 것으로 보인다. 따라서 기분이 상한 동양 고객을 정중하고 격식을 갖춰 공감하는 태도로 설명하고 대우하는 것이 유형적 제공의 보상보다 더 중요하다.

절차공정성

미국에서 활동하는 서비스기업들은 서비스실패로 인한 손실이나 불편에 대한 보상으로 이어지는 번거롭지 않고 빠른 회복 절차를 고객이 선호한다는 것을 인지해야 한다. 보상은 일반적으로 미국 고객의 공정

를 해결하려 노력하지 않는다고 느낄 때 상호작용공정성은 특히 중요하다. 일부 직원의 이러한 유형의 행동들은 이상하게 보일 수 있다. 즉, 이러한 여건에서 왜 고객에게 무례하게 또는 불친절하게 대하는가? 이는 훈련과 권한위임의 부족에 기인한다. 고객보상에 대한 권한이 없어 좌절한 접점직원은 무관심하거나 사려 깊지 못한 방식으로 반응할 수 있다. 특히 고객이 화가 났거나 무례할 경우에는 더욱 그렇다.

예시 7.3에서 소개한 트레이더 조 식료품점은, 직원이 폭설로 고립된 고객의 아버지를 위해 추가 품목까지 제안하면서 배려하고 도움을 주었다. 직원은 배달이 기업의 업무에 포함되어 있지 않음에도 불구하고 무료로 식료품을 집에까지 배달해주었다. 마지막으로, 직원은 고객

성 인식의 주요 동인이지만, 실패회복과정의 속도와 편의성도 중요하게 여기는 것으로 보인다. 동양 문화권에서는 고객과 접촉하는 직원보다 관리자의 진정한 사과가 특히 바람직하다. 이러한 절차를 통해 고객은 가족과 친구의 눈에 "체면"을 되찾을 수 있다. 동양 고객들은 통제력을 갖고 싶어 하기 때문에 경영진이 상황을 바로잡기 위해 무엇을 하고 있는지 지속적으로 알려주는 것도 매력적이다.

고객의 분노

전 세계적으로 이전보다 더 자주 발생하는 현상인 고객 분노는 최근 몇 년 동안 점점 더 주목받고 있다. 분노에 대한 에피소드는 직접적인 분노표출을 접하는 현장 직원뿐만 아니라 서비스 브랜드에도 심각한 결과를 초래한다. 페터슨(Paul Patterson), 브래디(Mike Brady), 맥콜-케네디(Janet McColl-Kennedy)는 최근 동양과 서양 문화권 고객의 분노에 대해 연구했다. 이 연구결과에 따르면 동양 소비자(중국과 태국)가 서비스 실패나 열악한 서비스 회복에 직면했을 때 분노를 더디게 표현하는 경향이 있지만, 일단 화가 나면 최일선 서비스 직원에 대한 분노 표현은 서양 고객(호주 및 미국)보다 더 솔직하고, 공격적이며, 복수심에 불타는 경향이 있는 것으로 나타났다.

이 연구자들은 동양 집단주의 문화권의 사람들이 대부분의 메시지가 상황적 맥락에 있거나 사람에게 내재된 비언어적 의사소통 방식을 사용하며, 명시적인 메시지로 직접 전달되는 의사소통 방식은 거의 없다고 주장한다. 이러한 비언어적 표현이 분노사례 증가와 관련이 있음을 발견했다. 반대로 서구 문화에서 의사소통은 더 노골적인 경향이 있으며 대부분 말에 의존하는데, 이는 분노 감정이 쌓이는 것을 더 쉽게 감지할 수 있음을 의미한다. 그들은 또한 "체면"은 동양 문화에서 근본적으로 중요한 개념이며, 부실한 서비스에 따른 체면 상실에 대처하고 체면을 회복하는 방법을 이해하는 것이 고객의 분노를 방지할 수 있는 핵심이라고 지적했다. 동양 문화에서 체면을 잃는 것(즉, 수치를 당하는 것)은 개인적으로 비참한 결과를 초래할 수 있으며 어떤 대가를 치르더라도 피하는 것이 이상적이다. 동양 문화에서 체면에 대한 관심은 매우 광범위해서 효과적인 대인관계 및 행동을 형성하는 데 지배적인 힘이 된다. 이와 대조적으로, 서구 문화권의 사람들은 체면에 상대적으로 주의를 기울이지 않는다.

그렇다면, 고객의 분노를 억제하기 위해 현장 직원들은 무엇을 해야 할까? 본 장에서는 서구 문화권의 고객을 대하는 몇 가지 방법을 논의한다. 동양 문화권 고객에게 서비스할 때 직원들은 경계심을 갖고 얼굴 표정(예 : 찡그리기, 실망 표시) 및 신체 자세와 같은 상황에 맞는 비언어적 신호를 관찰하도록 훈련을 받아야 한다. 물론 동양 고객에 대한 부정적인 감정과 미묘한 표현(고객 불평)을 감지하는 것은 종종 평가하기 어렵다. 따라서 눈을 굴리거나 목소리를 높이는 등의 표현이 분명한 상황으로 사건이 진행되면 직원들은 이를 즉시 분노가 임박했다는 중요한 신호로 인식해야 한다. 또한 이 연구에서는 체면상실을 다룰 때, 고위 관리자/감독자의 진심 어린 사과가 체면 보호에 매우 중요한 계층적, 권력거리 문화에서 모든 의사소통 행동의 중요한 부분이라고 제안했다.

모든 서비스 상황에서와 마찬가지로 서비스회복과정에서 기업은 문화 및 기타 요소가 중요한 역할을 한다는 사실을 주의 깊게 인식할 필요가 있다. 이상의 연구에서 볼 수 있듯이 모든 문화권의 고객은 강력한 서비스회복을 기대하지만, 회복 유형이나 공정성 차원에서 강조해야 할 선호도는 다를 수 있다.

자료 : A. S. Mattila and P. G. Patterson, "Service Recovery and Fairness Perceptions in Collectivist and Individualist Contexts," Journal of Service Research 6 (May 2004), pp. 336–346; A. S. Mattila and P. G. Patterson, "The Impact of Culture on Consumers' Perceptions of Service Recovery Efforts," Journal of Retailing 80 (Fall 2004), pp. 196–206; P. G. Patterson, M. K. Brady, and J. R. McColl-Kennedy, "Geysers or Bubbling Hot Springs? A Cross-Cultural Examination of Customer Rage from Eastern and Western Perspectives," Journal of Service Research 19 (August 2016), pp. 243–259.

에게 크리스마스 인사를 하고 개인적인 온정을 전하며 고객을 배려하는 기업이라는 것을 보여주었다.

고객관계를 구축하라

제6장에서 장기적 고객관계 구축의 중요성에 대해 논의했다. 관계마케팅의 한 가지 추가적인 편익은 만약 기업이 서비스제공에 실패했더라도 기업과 강력한 관계를 가진 고객은 서비스 실패를 더 잘 용서하고, 기업의 서비스회복 노력에 좀 더 개방적이라는 사실이다. 다시 말해, 기업이 고객과 강력한 관계를 구축하고 있다면 고객을 진정시키는 것이 더 쉬울 수도 있다.

실제로 한 연구에서는 고객과 기업 간의 강력한 관계가 고객만족에 대한 실패의 부정적 영향으로부터 기업을 보호하는 데 도움을 줄 수 있다고 한다.[41] 예컨대, 고객과 직원 사이의 관계는 실패 후 만족의 증가, 충성의도의 증대, 부정적 구전 커뮤니케이션의 감소 등의 편익을 제공한다.[42] 또 다른 연구는 관계를 지속할 것으로 기대하는 고객은 장기적 관점에서 공정성의 균형을 고려하기 때문에 서비스회복 기대가 낮은 경향이 있고, 실패에 대한 즉각적인 보상을 덜 요구할 수도 있다고 한다.[43] 그러므로 실패가 발생했을 때, 강력한 고객관계의 구축은 서비스기업에게 중요한 완충장치를 제공할 수 있다.[44]

서비스회복전략 : 문제 해결하기

종종 서비스회복 절차에서 가장 시급하고 즉시 해결해야 하는 것은 "고객 진정시키기(fix the customer)"이다. 그러나 다양한 상황에서 벌어지는 형편없는 서비스에 대한 개선 또한 필요하다. 서비스실패는 고객이 처음에 기대했던 것을 제공하기 위해 가능하다면 재가공(reworking), 재작업(redoing), 재배달(redelivering)을 해야 하기 때문이다. 만약 해당 고객이든 다른 고객이든 간에 문제가 다시 발생한다면 서비스제공절차 자체를 수정해야 할 필요가 있다. 본 절에서는 기업이 장 · 단기적으로 "문제 해결하기(fix the problem)"에 도움을 줄 수 있는 전략을 다룬다.

불평을 격려하고 추적하라

100% 서비스품질, 무결점을 목표로 하는 조직에서라도 실패는 발생하기 마련이다. 따라서 서비스회복전략의 중요한 요소는 불평을 장려하고 추적하는 것이다. 본 장의 **전략적 통찰**에서는 고객불평을 장려할 수 있는 몇 가지 방법을 설명한다.

기업은 불평을 격려하고 추적하기 위해 다양한 방법을 사용할 수 있다. 고객조사는 제5장에서 논의하였듯이 만족조사, 핵심사건연구, 이탈고객조사를 통해 이러한 목적에 맞게 구체적으로 설계될 수 있다. 최근 몇 년 동안에는 수신자 부담 콜센터와 이메일을 사용하는 대신 고객들이 소셜 미디어를 통해 불만을 토로하고 있다. 기업들은 다양한 신기술을 사용하여 온라인에서 제기되는 고객 불평을 추적, 분석, 분류하고 이에 대응하고 있다. 예를 들어, 아마존은 인공지능을 이용해 온라인 불평사항의 핵심 단어를 파악한 다음 불평을 제기한 고객에게 적절한 대응방안을 제안한다. 마찬가지로, 브리티시항공(British Airways)은 데이터베이스에서 각 고객에 대한 정보와 과거에 유사한 상황에서 어떤 솔루션이 제공되었는지에 관한 데이터를 검색하여 고객을 가장 잘 만족시킬 수 있는 방법을 파악할 수 있다.[45]

어떤 경우에는 고객이 문제가 존재한다는 것을 알기 전에, 기술을 통해 서비스 직원들이 문제를 진단할 수 있도록 하여 문제와 불평이 발생하기 전에 그것을 예측할 수 있다. IBM, 존 디어(John Deere), 캐터필러(Caterpillar)와 같은 기업의 정보시스템은 장비실패를 예측하며(고객은 아직까지 알지 못하지만 수리가 필요한), 어떤 부분 및 도구의 수리가 필요하게 될지도 예측한다. 또한 문제의 특성을 알고 있는 지역의 현장 기술자에게 전자경고장을 발송하기도 한다.

회복경험으로부터 학습하라

서비스회복 상황은 결함이 있는 서비스를 수정하고 고객과의 유대를 강화할 수 있는 단순한 기회 그 이상이며, 서비스제공을 개선하는 데 유용한 정보를 제공할 수 있다. 서비스회복 노력과 솔루션을 잘 추적함으로써 경영자는 서비스제공시스템의 구조적인 문제점을 발견할 수 있다. 인과분석(root-cause analysis)을 통해 기업은 문제가 발생하게 된 원인을 파악하고 프로세스를 수정할 수 있으며 때로는 서비스회복이 필요 없도록 완전하게 바꿀 수도 있다.

리츠칼튼호텔의 모든 직원들은 "즉각적 행동 양식(instant action forms)"이라고 불리는 서비스회복시스템을 통해 즉각적으로 서비스실패를 기록하고 그것을 해결할 수 있는 조치를 제안한다. 직원 개개인은 그들이 받은 모든 불평에 대해서 책임을 갖고 서비스회복이 이루어지는 과정을 지켜보아야 한다. 경영자가 명령하는 것이 아니라 직원이 경영자에게 서비스실패의 원천 및 해결책을 보고한다. 햄프턴인(Hampton Inn)호텔에서는 서비스보증을 실행해야 하는 상황(그림 7.6 참조)이 발생할 때마다 그 과정이 기록되고 그 정보는 관리자에게 전달된다. 이러한 정보는 고객 데이터베이스에 저장되고 분석할 수 있도록 체계적으로 정리한다. 많은 실패상황에서 공통의 문제가 관찰되면 서비스절차나 속성을 바꾸는 조치를 취한다. 게다가 개인적 데이터파일은 직원에게 전송된다. 그래서 고객이 다시 리츠칼튼호텔을 방문했을 때, 직원들은 이전 경험에 대해 알 수 있고 특정 고객에게 동일한 실패상황이 발생되지 않도록 할 수 있다.

그림 7.6
100% 보증을 하고 있는 햄프턴인호텔

전략적 통찰 불평 제기 및 서비스실패 보고

서비스실패는 서비스제공 프로세스 전반에 걸쳐 다양한 방식으로 여러 번 발생할 수 있다. 그러나 많은 고객들이 기업에 적절하게 알리지 않는 한 기업이 서비스 장애가 발생했음을 알기는 불가능하지는 않지만 매우 어렵다. 안타깝게도 실제로 회사에 불평을 표현하는 고객 비율은 상대적으로 낮다. 따라서 경영진은 고객이 서비스실패를 경험하거나 서비스제공에 만족하지 못했을 때 어떻게 불평을 제기할 수 있도록 할 것인가를 주요 과제로 고려해야 한다. 불평을 제기할 수 있도록 회사가 할 수 있는 일은 무엇인가? 다음은 고려해야 할 몇 가지 사항이다.

- **불평이 회사에게 좋은 것이라는 사고방식을 발전시켜라.** 기업의 직원들은 불평하는 고객들을 흔히 적(enemy)으로 간주하는 경우가 많다. 보다 신중한 접근방식은 불평을 제기하는 고객이 회사의 친구라는 사고방식을 발전시키는 것이다. 불평은 회사에 귀중한 피드백을 제공하여 고객이 겪은 서비스실패를 해결할 뿐만 아니라 다른(목소리가 덜 큰) 고객도 경험할 수 있는 문제["빙산의 일각(tip of the iceberg)" 현상]를 식별할 수 있는 기회가 된다. 한 연구에서는 "불평을 신고하는 고객은 최고의 분석가와 컨설턴트에게 품위와 존경심을 가지고 대우받아야 한다"고 제안했다. 어떤 기업은 불평을 제기한 모든 고객을 VIP 리스트에 올려 놓는다. 불평불만을 수용하는 것은 진정으로 고객과 가까운 기업이라는 사실을 반영하는 것이다.
- **불평을 제기하기 쉽게 하라.** 기업이 열악한 서비스를 경험하는 고객의 이야기를 진정으로 듣고 싶다면, 고객이 자신의 경험을 기업과 쉽게 공유할 수 있도록 해야 한다. 고객은 불만사항이 있는 경우 누구에게 말해야 할지, 절차가 어떤지, 어떤 내용이 포함되는지 전혀 알지 못하는 경우가 많다. 그러므로 불평은 제기하기 쉬워야 한다. 불만사항이 있을 때 고객이 가장 원하지 않는 것은 복잡하고 접근하기 어려운 불평 처리절차에 직면하는 것이다. 고객은 문제가 발생했을 때 어디로 가야 하는지, 누구에게 이야기해야 하는지 알고 있어야 하며, 자신의 노력으로 인해 긍정적인 결과를 얻을 수 있을 것이라는 확신을 갖게 해야 한다. 기술 발전으로 인해 무료 고객콜센터, 회사 이메일 주소, 소셜 미디어 및 웹 사이트 피드백 양식 등 고객이 불만을 제기할 수 있는 다양한 방법을 제공할 수 있게 되었다. 일부 레스토랑은 계산서를 기다리는 동안 고객에게 테이블 위에 설치된 판매시점시스템(POS-system)의 간단한 설문조사에 응하도록 요청하기 시작했다. 기업은 고객들에게 불만을 제기하는 것이 쉽고 그러한 피드백을 환영하고 감사한다는 점을 정기적으로 전달해야 한다.
- **고객과 동반자 관계가 될 수 있도록 장려하라.** 고객은 기업이 원하는 결과를 달성하기 위해 자신이 취할 수 있는 적극적인 역할을 인식하지 못할 수 있다. 고객이 기업와의 관계를 동반자 관계로 인식할 수 있도록 지원함으로써 서비스 프로세스 전반에 걸쳐 불만을 제기할 가능성이 높아지며, 문제가 발생할 때 기업이 이를 시정하거나 예방할 수 있는 기회를 얻게 된다.
- **감사한 마음을 표현하라.** 불평제기는 기업이 문제를 해결하고 향후 서비스를 개선할 수 있는 기회를 제공하는 귀중한 피드백

이탈고객으로부터 학습하라

효과적인 서비스회복전략의 또 다른 주요 요소는 이탈 또는 이탈을 결정한 고객으로부터 학습하는 것이다. 고객이 떠난 이유를 파악하기 위한 공식적 시장조사는 미래의 서비스실패를 예방하는 데 도움이 될 수 있다. 그러나 이러한 형태의 조사는 어렵고 기업에게는 심지어 고통스러울 수도 있다. 실패를 조사하는 것을 좋아하는 사람은 아무도 없다. 그러나 이러한 조사는 동일한 실수를 예방하고, 미래에 더 많은 고객이탈 가능성을 줄이기 위해서 필수적이다.[46]

제5장에서 설명했듯이, 이탈고객조사는 고객이 떠난 실제 이유를 파악하기 위한 심층조사를 포함한다. 이러한 정보는 정확하게 비즈니스를 이해하는 숙련된 조사원이 실시하는 조사 또는 심층 인터뷰를 통해 효과적으로 획득될 수 있다. 또한 이러한 유형의 조사는 기업의 상

이므로 불평은 있는 그대로 처리되어야 한다. 고객에 대한 감사의 표시는 고객이 제기한 의견을 기업이 중시하고, 동시에 제기한 불만사항을 해결하여 이전과 차이를 만들어 줄 것이라는 기대를 갖도록 한다. 또한, 고객이 미래에 다시 불만을 제기할 가능성을 높이는 데에도 도움이 된다.

- **적극적으로 경청하라.** 직원들은 특히 이상적이지 않은 서비스를 제안하는 단서를 포착할 수 있는지 확인하기 위해 고객의 의견에 적극적으로 귀를 기울이도록 격려하고 훈련을 받아야 한다. 레스토랑 고객은 웨이터의 "식사는 어떠세요?"라는 질문에 "괜찮습니다"라고 대답할 수 있다. 그러나 고객의 몸짓과 목소리 톤 또는 먹지 않은 음식의 양은 모든 것이 좋지 않다는 것을 나타낼 수 있다. 일부 고객은 불만을 표명하는 데 적극적이지 않을 수 있지만 무언가 잘못되었다는 단서를 남길 수 있다. 직원과 관리자는 고객의 실제 말뿐 아니라 고객이 실제로 의사소통을 원하거나 시도하려는 내용에 대해 지속적으로 확인하고 경청해야 한다.
- **고객에게 구체적인 서비스 문제에 대해 질문하라.** 서비스실패를 파악하는 매우 간단하고 비공식적인 방법은 간단하게 질문하는 것이다. 출장고객 비율이 높은 한 호텔의 관리자는 매일 오전 7시 45분에서 8시 45분 사이에 프런트 데스크에 상주하는 것을 중요시하는데, 그 이유는 출장객의 약 80%가 그 시간에 체크아웃하기 때문이다. 예컨대, 체크아웃 과정에서 관리자는 "저희 호텔에서 지내시기는 어땠습니까?"라는 질문에 "예", "좋아요" 또는 "괜찮습니다"로 대답할 수 있는 질문을 피하고, 대신 고객이 특정 피드백을 제공하도록 요청하는 간단하지만 구체적인 질문을 한다(예 : "객실 안의 시설을 어떻게 개선하면 좋을까요?" 또는 "레크리에이션 센터를 개선하기 위해 무엇을 해야 합니까?" 등). 고객에게 간단하게 "예" 또는 "아니오"로 대답할 수 없는 매우 구체적인 질문을 하면 고객이 만족하지 못한 기대치를 쉽게 지적할 수 있다.
- **간단한 서비스 이용 중 추적조사(trailer surveys)를 실시하라.** 서비스를 이용 중인 고객에게 전화를 걸면 실시간으로 문제를 파악하여 즉각적인 회복이 가능하다. 예를 들어, 엔터프라이즈 렌터카회사(Enterprise Rent-A-Car Company)는 고객이 렌터카를 인수한 다음 날 정기적으로 전화를 걸어 차량에 문제가 없는지 질문한다. 깨진 유리창이나 연기 냄새가 나는 차량 등 문제를 신고하는 고객에게는 별도의 질문이나 번거로움 없이 그날 대체 차량을 가져다준다. 이러한 조사는 B2B 서비스에서 특히 주요 이슈가 되기 전에 문제를 조기에 해결하는 데 효과적이다.

자료 : Sources: S. S. Tax and S. W. Brown, "Recovering and Learning from Service Failure," *Sloan Management Review* 40 (Fall 1998), pp. 75-88; O. Harari, "Thank Heaven for Complainers," *Management Review* 81 (January 1992), p. 59; A. Obston, "Getting Customers to Complain," *Entrepreneur.com*, October 18, 2004, https://www.entrepreneur.com/article/72908; M. Solomon, "Restaurant Customer Service and Technology: Chili's' Tableside (POS) and Mobile Approach," *Forbes.com*, May 29, 2016, http://www.forbes.com/sites/micahsolomon/2016/05/29/restaurant-customer-service-and-technology-how-chilis-does-it-tableside-pos-and-via-mobile/#1dd277c15783.

급자들이 실시하는 것이 바람직하다. 특히 고객의 규모가 크고, 한 고객이 이탈하는 것이 매우 큰 영향을 받는 기업 대 기업 간의 관계에서는 더욱 그렇다. 심층조사에서 고객이탈의 실제적이고 핵심적인 이유를 알기 위해 지속적으로 "왜" 또는 "그것에 대해 좀 더 구체적으로 말해주세요"라는 질문을 한다.[47]

이러한 종류의 조사를 하면서 기업은 단지 기업을 떠난 모든 고객이 아니라 그들 중 기업에게 좀 더 중요하고 수익성이 있는 고객들에게 초점을 맞추어야 한다. 호주의 한 보험회사에서는 이탈한 고객에 대한 학습을 위해 심층조사를 실시했으나 이탈한 고객들이 그 기업에 가장 수익성이 적은 고객인 경향이 있다는 사실만을 발견했다. 이러한 수익성 없는 고객들을 유지하기 위한 심층조사는 그럴만한 가치가 없을 것으로 신속하게 결정했다.

실패 없는 서비스하기 – 처음부터 제대로 하기!

서비스품질에 대한 첫 번째 규칙과 논쟁의 여지가 없는 서비스회복전략은 처음에 제대로 서비스를 제공하는 것이다. 이런 경우 회복이 불필요하고, 고객은 그들이 기대하는 것을 얻으며, 서비스를 다시 제공하거나 실패에 대한 보상비용을 피할 수 있다. 이미 학습했듯이 "신뢰성" 또는 "처음에 제대로 하는 것(do it right the first time)"은 산업여건을 불문하고 서비스품질에서 가장 중요한 차원이다.[48] 실제로 한 연구에서는 많은 고객들이 부정적인 경험을 하지 않았기 때문에 기존의 거래기업을 계속 이용하고 있다는 결과를 제시했다.[49]

서비스운영 전문가 딕 체이스(Dick Chase)는 서비스 신뢰성을 향상시키기 위해 서비스영역에 **실수예방장치**(poka yokes)라는 품질개념을 도입할 것을 제안한다.[50] 실수예방장치는 실수가 발생하지 않도록 하기 위해 적재적소에 설치된 자동경고 및 통제장치이다. 이것은 품질통제 메커니즘인데 전형적으로 조립라인에서 사용된다. 체이스는 실수방지장치가 서비스의 "실수예방(mistakeproof)"뿐만 아니라, 필수적인 절차를 따르도록 하기 위해서, 그리고 적절한 시기에 적당한 순서에 따른 방식으로 각 서비스 단계가 진행될 수 있도록 하기 위해서 서비스분야에 적용될 수 있다고 한다. 예컨대 병원의 수많은 실수예방장치는 생명을 위협할 수 있는 실수를 피하기 위해 절차를 따르도록 한다. 수술도구의 정리함은 특정 도구를 나타내는 모양을 띠고 있고 각 도구는 제자리에 놓여 있다. 이러한 방식으로 의사 및 의료진들은 환자의 수술이 끝나기 전에 모든 도구들이 제자리에 놓여 있음을 확인한다.[51]

한편 실수예방장치는 서비스가 깨끗하고 잘 보관되고 있으며 또한 서류가 정확하고 최신화되어 있음을 보여주는 서비스의 유형성이기도 하다. 또한 실수예방장치는 직원행동에 대해서도 실시될 수 있고(체크리스트, 역할행동, 재확인신호) 심지어 고객들이 효과적으로 실행하는지 확인하기 위해서도 사용될 수 있다. 본서 4부, 5부, 즉 서비스설계 및 표준의 설정, 서비스제공 및 실행부문에서 논의되고 있는 전략의 대부분은 서비스 신뢰성을 목표로 하고 있으며, 실수예방장치에 대한 기본적인 안전장치 개념의 적용으로 볼 수 있다.

더 근본적으로 처음에 제대로 하는 문화를 형성하는 것이 중요하다. 이러한 문화에서 모든 사람은 신뢰성의 중요도를 이해한다. 직원과 경영자는 모든 고객의 만족을 목표로 서비스를 향상시키기 위한 방법을 모색한다. 무결점 문화에서 직원은 제6장에 설명한 "고객의 관계가치" 개념에 대해 완전히 이해하고 높이 평가한다. 따라서 그들은 **"항상"** 그리고 **"모든 고객"**에게 높은 수준의 서비스품질을 제공하도록 동기부여된다.

서비스보증

보증(guarantee)은 고객을 진정시키면서 동시에 문제를 해결할 수 있는 특별한 유형의 회복방식이다. 보증은 기업이 제공하기로 한 제품을 약속한 대로 제공하겠다는 서약 또는 확신인데, 만약 이것이 지켜지지 않을 경우 기업은 어떤 형태로든 배상을 하겠다는 의미이다. 제품에 대해서는 보증이 흔히 이루어지지만 서비스에서 보증이 사용되기 시작한 건 단지 최근의 일이다.[52] 전통적으로, 많은 사람들은 서비스의 무형성과 가변적인 특성 때문에 쉽게 보증을 약속할 수 없다고 믿어 왔다. 무엇이 보증된다는 것인가? 유형제품의 경우, 고객은 기업이 약속한대로 수행할 것을 보증받고 그렇지 않은 경우 교환이나 환불에 대한 보장을 다짐받는다. 서비스의 경우, 일반적으로 수행된 것을 되돌리거나 원상태로 돌릴 수는 없다. 그러나 점점 더 많은 기업들이 그들의 서비스를 보증할 수 있는 방법들을 발견하고 있고 그렇게 하는 것이 상당한 편익이 있음을 인지하게 됨에 따라 서비스보증에 대한 회의적인 시각은 사라지고 있다.

기업들은 효과적인 서비스보증이 기업의 서비스회복전략을 보완할 수 있다는 사실을 깨닫고 있다. 서비스보증은 그림 7.4에 제시된 서비스회복전략의 실행을 돕는 하나의 도구 역할을 한다. 그림 7.6에서 제시한 햄프턴인호텔은 효과적인 보증의 한 예이다.

효과적인 보증의 특징

서비스 보증에는 최소한 서비스에 대한 약속과 이를 어길 경우 적절한 보상이 포함되어야 한다. 이 두 가지 요소를 염두에 두고 어떤 특성은 일부 보증을 다른 보증보다 더 효과적으로 만드는 경향이 있다. 가장 효과적인 보증은 제한이 없을(limited restrictions) 뿐만 아니라 의미 있어야 하며(meaningful), 이해하기 쉽고(easy to understand), 청구하기 쉬워야 하는(easy to invoke) 등 유사한 특성이 있다.[53]

제한된 한도 및 예외사항이 없어야 함

효과적인 보증은 많은 법률 문서와 관련된 “만약, 그리고 또는 예외(if, and, or but)” 조건 및 예외사항이 없어야 한다.[54] 제한 횟수가 있는 서비스 보증은 수많은 예외 또는 조건을 가진 보증보다 고객이 이해하기 쉽고 회사가 소통하기도 쉽다. 예를 들어, 햄프턴인호텔의 보증(그림 7.6 참조)은 어떠한 조건도 부과하지 않는다. 일부 보증은 법무부서에서 작성한 것처럼 나타날 수 있으며(그리고 종종 있음), 모든 종류의 제한, 증거 필요 및 제한이 포함된 경우도 있다. 제한 횟수가 많은 보증은 일반적으로 효과적이지 않으며 포함된 조건의 수에 비례하여 힘을 잃는 경향이 있다.

의미 있어야 함

효과적인 보증은 **의미가 있어야**(meaningful)한다. 명백한 것이나 당연한 것을 보증하는 것은 고객들에게 의미가 없다. 예컨대, 생수배달회사는 약속한 날짜에 물을 배달해 줄 것을 보증했고 그렇지 못할 경우 다음번에 무료로 물을 배달해 줄 것이라고 약속한다. 그 산업에서 예정된 날짜에 정확하게 물을 배달하는 것은 다른 모든 경쟁자들도 충족시켜 줄 수 있는 기대이다. 그러므로 고객들에게 이러한 보증은 의미가 없다. 이것은 자동차에 바퀴가 네 개 달린 것을 보증하는 것과 같다. 문제가 발생했을 경우 환불 또한 의미가 있어야 한다. 고객은 그들의 불만족, 시간, 심지어 이와 관련해 벌어진 언쟁에 대해서 어느 정도 배상받기를 기대한다. 저자 중의 한 명은 대학교 학생들에게 수업에 대한 보증을 제공했다. 3학점 코스 비용 및 교과서 비용에 대한 배상은 형편없는 교육서비스에 대한 보상으로, 학생들에게 꽤 의미 있는 것으로 지각되었다.[55]

이해하기 쉬워야 함

기업의 보증은 또한 고객과 직원 모두가 **이해하기 쉬워야**(easy to understand)한다. 만일 문구가 혼돈을 주거나 보증서의 설명이 장황하면, 고객이나 직원 모두 어떤 내용이 보증되는 것인지 명확하지 않을 수 있다. 베니건스 레스토랑은 점심시간에 15분 이내에 빨리 식사를 제공하는 서비스를 제공하면서 "빠른 점심 아니면 공짜로(It's Fast or It's Free)"라는 보증으로 고객과 약속을 하고 많이 기다릴 필요가 없다는 광고를 하면서 고객에게 15분 이내에 음식을 제공할 것을 종업원에게 교육하고 있다.

청구하기 쉬워야 함

위의 조건과 유사하지만 효과적인 보증은 **청구하기 쉬워야**(easy to invoke)한다는 것이다.

트위터를 통해 발송된 캘리포니아 피자 키친(California Pizza Kitchen)의 서비스보증광고

캘리포니아 피자 키친(California Pizza Kitchen)은 고객이 새로운 메뉴 상품을 선택하도록 권장하기 위해 앞의 그림에 제시된 보증을 제공한다. 보증을 청구하기 위해 고객은 웨이터에게 자신이 선호하는, 즉 "좋아하는(favorite)" 메뉴를 알리기만 하면 되며 이것은 추가 비용 없이 제공된다. 보증을 청구하기 위해 상세한 편지를 쓰게 하거나 서비스실패를 입증할 만한 문서를 고객에게 요구하는 것은 시간낭비이고, 보증을 가치 없게 만드는 함정이다. 특히 서비스의 금액이 상대적으로 적은 경우는 더욱 그렇다.

서비스보증의 유형

서비스보증은 **무조건적 만족보증**(unconditional satisfaction guarantees) 또는 **서비스속성보증**(service attribute guarantees)이 될 수 있다. 무조건적 만족보증은 문제가 결과든 과정이든 서비스의 어느 측면과 관련이 있어도 고객선호와 관계가 있어야 하며, 어떤 제한이나 조건이 있어서는 안 된다. 앞서 예로 든 햄프턴인호텔의 보증은 무조건적 만족보증이다. 다양한 기업에 소프트웨어를 제공하는 기업 인플렉트라(Inflectra)도 고객들에게 무조건적 만족보증을 제공하고 있다.[56] 만약 고객이 행복하지 않다면, 고객은 서비스에 대한 환불을 요청할 수 있다. 프로페셔널 스태핑 그룹(Professional Staffing Group)은 인력서비스(staffing service)를 제공하면서 무조건적인 보증을 제공한다. 만약 고객에게 제공된 인력에 만족하지 않는다면 고객은 비용을 지불하지 않아도 된다. 또한, 카탈로그 소매업체인 랜즈 엔드(Lands' End)는 자사의 보증을 "기간보증(Guaranteed. Period)"으로 줄여서 표현하고 있다.

다른 경우, 기업은 고객에게 중요한 서비스의 특정 부분에 대해서 보증을 제공한다. 예컨대, 페덱스는 배송약정서에 따라 소포가 배송되지 않을 경우 환불을 보증한다. 벤저민 프랭클린 배관회사(Benjamin Franklin Plumbing)는 배관공사 서비스를 위해 정시에 도착할 것을 다음과 같이 약속한다: "지연되는 일이 있다면, 우리 회사가 비용을 지불합니다." 약속된 시간 내에 고객의 집에 직원이 도착하지 않으면 청구 시스템은 자동으로 최종 청구서에서 지각한 1분당 5달러를 빼준다.[57] 앞서 언급한 베니건스 레스토랑의 보증은 고객이 매장에 방문 후 15분 이상 기다리지 않아도 식사를 제공받을 수 있다. 이러한 모든 사례에서 기업은 고객에게 중요한 것으로 생각되는 서비스의 요소에 대해 보증을 약속한다.

서비스보증의 편익

"현재 서비스조직에서의 보증은 단지 마케팅 도구로서 뿐만 아니라 기업 전체에 걸쳐 품질을 정의하고, 개선하고, 유지하기 위한 수단임을 깨닫고 있다." 효과적인 서비스보증이 기업에 주는 편익은 매우 많다.[58]

- **좋은 보증은 기업으로 하여금 고객에 초점을 맞추게 한다** : 의미 있는 보증을 개발하기 위해, 기업은 고객에게 중요한 것(그들이 기대하는 것과 가치 있게 여기는 것)이 무엇인지를 파악해야 한다. 많은 경우, "만족"을 보증하지만 보증이 효과를 발휘하기 위해서 기

업은 고객에게 만족이 의미하는 것(그들이 가치 있다고 여기고 기대하는 것)을 명확히 이해해야 한다.

- **효과적인 보증은 조직에 명백한 기준을 제시한다** : 보증은 기업이 직원들에게 기대하는 것을 명확히 정의하고, 기대하는 것을 직원들에게 소통하는 역할을 한다. 보증은 직원들의 행동을 신속하게 조정할 수 있는 서비스지향적 목표를 제공한다. 예컨대, 피자헛의 보증은 다음과 같다. "만약 고객께서 우리의 피자에 만족하지 못한다면 우리에게 알려주십시오. 우리는 문제를 해결해드리거나 환불해드릴 것입니다." 이 말은 직원들에게 고객이 불평할 때 어떻게 대처해야 하는지를 정확히 알도록 한다. 이는 또한 고객에게 제대로 대처하는 것이 기업의 중요한 목표임을 분명히 하는 것이기도 하다.
- **좋은 보증은 고객으로부터 대표성 있는 피드백을 유도한다** : 보증은 고객이 불평하도록 인센티브를 제공한다. 따라서 단순히 자신의 문제만 표현하는 상대적 소수의 고객보다 좀 더 대표성 있는 피드백을 기업에게 제공할 수 있다. 보증은 고객에게 불평할 수 있는 권리를 가지고 있음을 알려주는 것이다.
- **보증이 필요할 때가 바로 서비스회복 기회임을 파악한다** : 만약, 고객이 서비스실패 후 즉각 해결되는 경험을 했다면 불만족은 조절될 수 있으며, 적어도 증가하지는 않는다. 빠른 서비스회복은 고객을 만족시키고 충성도를 유지하게 한다.
- **보증으로 발생된 정보는 추적할 수 있고, 지속적인 개선노력에 통합될 수 있다** : 보증은 고객의 의견을 경청할 수 있는 구조화된 메커니즘을 제공하며, 그로 인해 경청 갭을 감소시킬 수 있다. 고객과 서비스운영 사이의 피드백은 보증을 통해 강화될 수 있다.
- **고객 입장에서 보증은 위험을 감소시키고 조직에 대한 신뢰를 구축한다** : 서비스가 무형이고 개인적이거나 자아와 관련되어 있기 때문에 고객은 불확실성을 감소시킬 정보나 단서를 찾고자 한다. 보증은 위험을 감소시키고 구매 전 서비스에 대한 긍정적 평가를 일으킬 수 있다.[59]

고객인지도 및 충성도 구축, 긍정적 구전, 서비스향상, 서비스회복 비용의 감소 등을 통해 수익성을 높이는 것이 효과적인 보증의 최종목표이다. 간접적으로 보증은 좀 더 긍정적인 서비스문화를 창출함으로써 직원의 이직률을 줄일 수 있다.

보증을 사용할 경우와 사용하지 말아야 할 경우

서비스보증이 모든 기업에게 적합한 것은 아니다. 그리고 모든 서비스 상황에서 적합한 것도 아니다. 보증에 대한 전략을 세우기 전에, 기업은 여러 가지 중요한 질문을 해볼 필요가 있다. 서비스보증을 실행하는 데 필요한 질문의 예는 다음과 같다. 누가 보증을 결정할까? 언제 서비스보증이 의미가 있는가? 어떤 유형의 보증을 해야 하나? 이러한 질문에 답하는 가이드라인으로 보증이 올바르지 않은 경우를 제시하면 다음과 같다.

- **기업의 기존 서비스품질이 형편없다** : 보증제도를 마련하기 전에, 기업은 현재 안고 있는 중요한 품질문제를 개선해야 한다. 비록 보증이 이러한 실패와 형편없는 품질에 대하여 주의를 끌 수 있게 할지라도, 보증을 실천하는 비용이 다른 어떤 편익보다 더 클 수 있다. 이러한 비용에는 고객의 호감을 잃게 되는 비용뿐만 아니라 형편없는 서비스에 대한 실제 금전적 지출까지 포함된다.
- **보증이 기업의 이미지에 맞지 않는다** : 만약 기업이 이미 수준 높은 품질에 대한 명성을 얻고 있고, 암묵적으로 그들의 서비스에 대해 보증을 하고 있다면, 공식적인 보증이 불필요하고 제한적인 편익을 제공할 수도 있다.[60] 예컨대, 포시즌호텔에서 명시적인 보증을 제공하고 있다면, 최고급 호텔체인(high-end hotel chain)에서는 암묵적으로 보증을 실시한다고 알고 있기 때문에 이미 높은 수준의 품질을 기대하고 있는 고객들에게 혼란을 줄 수 있다. 연구에 따르면 포시즌호텔이나 리츠칼튼호텔과 같은 최고급호텔에서 보증을 제공하여 얻는 편익은 그보다 품질이 낮은 호텔들이 보증하여 얻는 편익보다 적고, 편익이 비용에 못 미친다고 한다.[61]
- **서비스품질에 대한 통제가 사실상 어렵다** : 서비스제공자는 실제로 서비스품질을 통제할 수 없는 상황에 직면하게 된다. 대학에서 MBA 과정에 입학하는 학생에게 졸업과 동시에 취업이 가능하다고 보증하는 것은 보증의 좋은 사례가 되지 못한다. 졸업 당시에 구직시장이 어떻게 변할지 모르고 통제 불가능하기 때문이다. 유사하게, 기상상태의 예측 불가능성과 통제 불가능성 때문에 겨울에 시카고에서 출발하는 항공기는 아마 정시출발을 보증할 수 없을 것이다.
- **고객이 보증을 남용할 잠재적 가능성이 있다** : 서비스보증에 대한 고객의 속임수, 부당한 탄원과 같은 기회주의적 고객행동에 대한 두려움은 기업이 보증을 제공하는 것을 주저하게 하는 일반적인 이유이다.[62] 한 연구에 따르면 고객의 대부분이 정기적(반복적)인 고객이 아닌 상황에서 보증이 훨씬 더 많이 남용되는 경향이 있음을 발견했다.[63] 그러나, 서비스보증에 대한 고객의 남용은 상당히 소수이고, 거의 확산되지도 않는다.[64] 예를 들면, 햄프턴인호텔의 경우 불만족한 고객에게 객실 수익의 0.5% 미만의 환불을 해주고 있다.
- **보증 비용이 편익을 초과한다** : 어떤 것에 대해 투자할 때, 기업은 조심스럽게 예상된 편익(고객충성도, 품질개선, 신규고객 유인, 구전광고)에 대해 예상되는 비용을 계산해야 할 것이다(실패에 대한 보상과 향상에 사용될 비용).
- **고객은 서비스에서 위험을 거의 지각하지 못한다** : 보증은 고객이 기업 및 그들의 서비스 품질에 대해 불확실성을 가질 때 효과적이다. 보증은 불확실성을 완화시킬 수 있고 지각된 위험을 줄일 수 있도록 돕는다.[65] 만약 고객이 위험을 거의 지각하지 못하고, 서비스가 상대적으로 비싸지 않고, 잠재적으로 다른 대안 제공자가 많으며, 품질이 상대적으로 다양하지 않다면, 보증은 아마도 다른 촉진적 가치보다 기업에게 미미한 효과를 나타낼 것이다.

예시 7.5 서비스보증 이행 시 고려해야 할 질문

서비스보증 결정 주체

- 회사에 보증 챔피언이 있는가?
- 고위 경영진이 보증을 약속하는가?
- 보증 설계는 팀의 노력인가?
- 고객이 정보를 제공하고 있는가?

어떤 상황에서 보증이 의미가 있는가?

- 품질기준은 얼마나 높은가?
- 보증을 제공할 수 있는가?
- 고객 위험은 얼마나 높은가?
- 경쟁기업은 보증을 제공하고 있는가?
- 기업의 문화는 보증과 양립하는가?

어떤 유형의 보증을 제공해야 하는가?

- 무조건적 보증을 제공해야 하는가 아니면 구체적인 결과를 보증해야 하는가?
- 우리 회사의 서비스는 측정 가능한가?
- 우리 회사의 구체적인 보증 내용은 무엇인가?
- 통제할 수 없는 것은 무엇인가?
- 우리 회사가 특히 불합리한 유발 요인에 취약한가?
- 보상액은 얼마 정도여야 하는가?
- 환불 시 잘못된 메시지가 전송되는가?
- 전액 환불이 고객에게 죄책감을 느끼게 할 가능성이 있는가?
- 보증을 쉽게 실행할 수 있는가?

자료 : A. L. Ostrom and C. W. L. Hart, "Service Guarantees: Research and Practice," in *Handbook of Services Marketing and Management*, ed. D. Iacobucci and T. Swartz (Thousand Oaks, CA: Sage Publications, 2000).

서비스회복에 따른 전환과 유지

서비스실패가 잘 처리되고 이러한 회복노력을 고객이 어떻게 생각하는지가 고객의 충성도와 전환에 영향을 미친다. 항공사 고객들을 대상으로 한 연구에서, 서비스회복에 불만족한 고객들은 문제가 해결되어 만족한 고객보다 항공사와의 관계가 약해지거나 와해되었다고 생각할 가능성이 4배 더 높고, 다른 항공사로 전환할 가능성도 더 높다는 것을 발견했다.[66] 서비스실패 이후 회복노력은 고객이 새로운 제공자로 전환할지 여부를 결정하는 하나의 추가적 결정요인이다. 실패의 규모와 중요성도 재구매 의사결정에 영향을 미친다. 실패의 수준이 심각하다면 고객은 어떤 회복노력에 상관없이 전환하려 할 것이다.[67]

기업과 고객관계의 특성 또한 고객이 제공자와 관계를 유지할지, 전환할지에 대한 결정에 영향을 미칠 것이다. 서비스제공자와 "진정한 관계(true relationship)"를 갖는 고객은 형편없이 처리된 서비스실패를 좀 더 쉽게 용서하며, "의사 관계(pseudo relationship)" 또는 기업과 "첫 접점(first-time encounter)"의 만남을 갖는 사람보다 덜 전환하고자 할 것이다.[68] 진정한 관계는 고객이 장기간에 걸쳐 동일한 서비스제공자와 지속적으로 접촉하는 것이다. 처음으로 접점을 갖는 사람은 단지 한 번 서비스제공자와 접촉하는 거래고객이다. 그리고 의사 관계(pseudo relationship)를 맺는 사람은 동일한 기업과 여러 차례 상호작용하는 고객이지만 매번 서비스제공자가 다르다.

또 다른 연구에서는 전환에 대한 고객 개개인의 태도가 서비스제공자와 관계를 지속할지 여부에 강력한 영향을 미치고, 심지어 전환에 대한 이런 태도는 서비스에 대한 기본적인 만족보다 훨씬 더 큰 영향을 미친다고 한다.[69] 이러한 연구는 어떤 고객의 경우는 그들의 서비스실패 상황이 어떻게 처리되었는지에 관계없이 서비스제공자를 전환하려는 경향이 더 많다고 한다. 예컨대, 온라인 서비스상황에서 위험회피 성향과 같은 개인적 특성뿐만 아니라 연령이나 소득과 같은 인구통계적 특성이 온라인 서비스제공자와 관계를 지속할지, 전환할지에 대한 결정에 영향을 미칠 것으로 가정한다.[70] 연구 결과 "온라인 서비스전환자"의 특징은 서비스를 구매하는 데 긍정적 커뮤니케이션의 영향을 받는, 서비스를 덜 사용하는, 서비스에 덜 만족하고 덜 관여되는, 소득 및 교육수준이 낮은, 그리고 위험을 감수하려는 경향이 낮은 사람들이다.

끝으로 다른 서비스제공자로 전환할지에 관한 결정은 서비스실패나 형편없는 서비스회복 직후에 이루어지는 것이 아니라 사건의 축적에 따라 이루어진다는 연구가 있다. 즉, 서비스 전환은 결정이 이루어지는 그 특정 순간에 이루어지는 것이라기보다는 일련의 의사결정 및 오랜 시간에 걸친 중요한 서비스접점의 성과로 볼 수 있다.[71] 전환을 서비스접점의 연속된 과정으로 보는 관점은 기업이 고객의 전환결정을 막기 위해 과정에 미리 개입하여 잠재적으로 고객의 상호작용을 추적하고 또한 일련의 사건에 근거하여 이탈 가능성을 예측할 것을 제안한다. 비록 고객이 서비스제공자를 전환할 것을 결정했더라도 서비스실패와 형편없는 서비스회복은 이런 행동을 야기한 하나의 이유에 불과하다. 대략 200건의 서비스전환사건에 대한 연구에서 이탈결정의 근간을 이루는 8가지 이유를 알아냈다.[72] 이러한 이유는(가격, 불편, 핵심서비스실패, 서비스접점실패, 서비스실패에 대한 반응, 경쟁, 윤리적 문제, 비자발적 전환) 그림 7.7에 제시되어 있다. 약 200개의 사건에서 한 가지 문제로 서비스제공자를 전환하는 것으로 나타났으며, 특히 서비스실패와 관련된 문제가 중요한 것으로 나타났다. 전환 응답자의 25%가 핵심서비스실패로 인해, 20%는 서비스접점의 실패로 서비스전환을 하였다. 그림 7.7에 제시된 중복 원인 중에서 29%가 핵심서비스실패를, 18%가 서비스접점실패를 서비스제공자 전환에 대한 이유로 들었다. 서비스실패에 대한 어설픈 대응은 11%의 응답자가 전환을 야기하는 이유로 언급하였다. 이러한 연구결과가 제안하는 것처럼 서비스실패는 고객이 기업을 전환하도록 만들 수 있다.[73] 따라서 서비스실패의 영향을 최소화하기 위해서는 뛰어난 서비스회복이 필요하다.

그림 7.7
서비스전환 이유

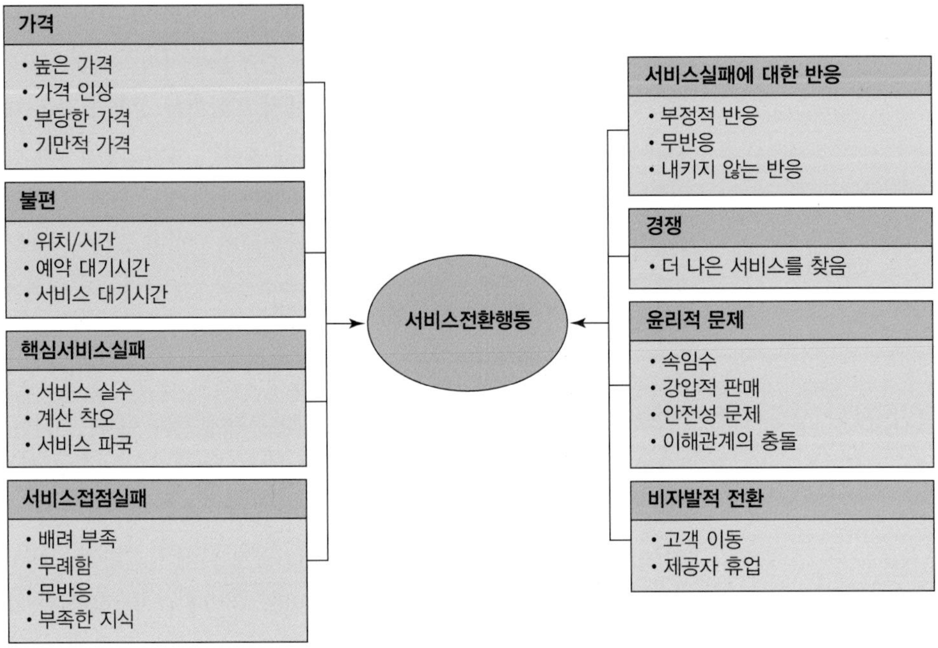

자료 : S. Keaveney, "Customer Switching Behavior in Service Industries: An Exploratory Study," *Journal of Marketing* 59 (April 1995), pp. 71–82, American Marketing Association.

요약

본서의 3부(제5, 6, 7장)에서는 기업이 그들의 목표를 달성하기 위해 사용하는 많은 전략뿐만 아니라 고객의 기대를 이해하는 것의 중요성에 초점을 맞추고 있다. 고객의 기대를 이해하는 것에는 무언가 잘못되거나 서비스실패가 발생했을 때, 준비되어야 하는 것과 무엇을 해야 하는지에 대해 아는 것이 포함된다. 본 장에서 우리는 서비스실패 시 고객의 상황을 개선하기 위해 기업이 취하는 서비스회복에 초점을 맞추고 있다.

본 장에서는 고객을 유지하는 데 있어서 효과적 서비스회복전략의 중요성과 긍정적 구전 커뮤니케이션을 증대시키는 것에 대해서 배웠다. 효과적인 서비스회복전략의 또 다른 중요한 편익은 서비스향상에 도움을 주는 정보를 제공한다는 것이다. 형편없는 서비스회복의 부정적 확산 가능성은 매우 크다. 부정적 구전, 고객이탈, 품질에 관련된 설명이 제공되지 않았을 때 비즈니스의 쇠퇴 등이다.

본 장에서는 고객이 서비스실패에 대해 반응하는 방법 그리고 어떤 사람들은 실패에 대해 불평을 하고 반면 다른 사람들은 불평하지 않는 이유에 대해서도 학습했다. 또 고객이 불평을 할 때 공정하게 대우받기를 바란다는 사실에 대해서도 배웠다. 단지 그들이 받는 실제적 결과나 보상의 측면에서 뿐만 아니라 이용되는 절차와 인간적인 관계를 갖는 방식에 있어서도 그렇다. 본 장에서는 기업과 산업에 걸쳐 서비스회복의 효과성에 충분한 향상의 여지가 있음을 지적했다.

본 장의 두 번째 부분에서는 서비스회복을 위해 기업이 사용하는 구체적 전략에 초점을 맞추고 있다. 기업은 서비스실패 후에 고객을 진정시키기 위해 다음과 같이 (1) 신속하게 해결하라, (2) 서비스실패 후에 고객에게 충분한 설명을 제공하라, (3) 서비스회복과정에서 고객을 공정하게 대우하라, (4) 실패가 발생했을 때 완충장치로 활용할 수 있도록 고객과의 관계를 구축하라 등을 학습했다. 그리고 서비스실패의 재발 방지와 고객을 진정시키기 위해 (1) 불평을 격려하고 추적하라, (2) 회복경험으로부터 학습하라, (3) 이탈고객으로부터 학습하라. 그리고 (4) 처음부터 제대로 서비스를 제공함으로써 서비스실패를 방지하라 등을 제시하였다. 본 장은 많은 기업이 서비스회복을 용이하게 하고 고객욕구 경청의 토대를 마련하여 고객 경청 갭을 줄이기 위한 도구로 사용하고 있는 서비스보증에 대한 논의로 끝맺음을 하고 있다. 서비스보증의 편익, 좋은 보증의 요소, 다양한 환경에서 보증을 사용하는 것에 대한 찬반양론에 대해 학습했다.

토의문제

1 서비스기업이 강력한 회복전략을 갖는 것은 왜 중요한가? 특정 서비스조직으로부터 바람직한 수준에 못 미치는 서비스를 받았을 경우를 생각해 보시오. 어떤 회복노력이 있었는가? 기업이 고객을 진정시키기 위해 무엇을 했는가? 문제를 해결하기 위해 무엇을 했는가? 무엇이 다르게 행해졌어야 했는가? 당신은 여전히 그 기업으로부터 서비스를 구매하는가? 왜 그런가? 또는 왜 그렇지 않은가? 당신은 당신의 경험에 대해 다른 사람들에게 이야기했는가?

2 효과적인 서비스회복전략을 수립해 놓은 기업의 편익에 대해 논의하시오. 당신이 경험한(또는 직원으로서 제공한) 효과적인 서비스회복의 예를 제시해 보시오. 이러한 특정한 상황에서 기업은 어떤 방식으로 편익을 얻었는가?

3 회복에 관한 역설에 대해 설명하고 이것이 서비스기업의 경영자에게 주는 시사점에 대해 논의하시오.

4 서비스실패에 대해 고객이 취할 수 있는 반응의 종류에 대해 논의하시오. 당신은 어떤 유형의 불평자인가? 왜? 경영자로서 당신은 당신의 고객들이 표현하는 사람이 되도록 격려하기를 원하는가? 만약 그렇다면, 어떻게 하겠는가?

5 예시 7.2를 검토하시오. 당신이 유나이티드항공의 경영진이었다면 어떻게 조치했겠는가?

6 "불평은 선물이다" 그리고 "불평하는 고객은 당신의 친구이다"라는 두 인용문장에 내포되어 있는 논리를 설명하시오.

7 당신이 잘 알고 있는 기업을 선택하시오. 그 기업이 이상적인 서비스회복전략을 구축할 수 있는 방법에 대해 설명하시오.

8 효과적인 서비스보증을 제공하는 기업에게 어떤 편익이 있는가? 모든 서비스조직이 그것을 가지는가?

9 본 장에서 이미 제시된 것 외에 기업 또는 조직에 의해 현재 제공되고 있는 서비스보증의 예를 세 가지 들어 보시오(인터넷상에서 쉽게 찾을 수 있을 것이다). 본 장에서 제시한 기준을 근거로 좋은 보증 또는 형편없는 보증의 사례는 어떤 것이 있는가?

연습문제

1 당신이 경험한 기대수준에 못 미치는 서비스에 대해 서비스기업에게 불평의 편지를 써보시오(또는 직접 불평을 표현해도 된다). 서비스회복을 위해 당신이 기업에게 기대하는 것은 무엇인가?(후에, 당신이 서비스회복에 만족했는지, 무엇이 다르게 행해졌어야 했는지, 당신이 서비스를 계속 사용할지 그렇지 않을지, 당신의 불평의 결과를 같은 과 동료들에게 이야기해 주시오.)

2 서비스회복 경험에 대해 5명과 인터뷰하시오. 어떤 일이 발생했고, 그들은 기업이 무엇을 하기를 원하는가? 본 장에서 제시된 회복 공정성의 정의에 근거해 그들은 공정하게 대우받았는가? 미래에 그들은 기업으로 되돌아갈 것인가?

3 기업에서 사용되고 있는 서비스회복 전략에 대해 관리자와 인터뷰를 하시오. 당신의 질문을 구조화하기 위해 그림 7.4에 제시된 전략을 사용하시오.

4 당신이 잘 알고 있는 서비스를 선택하시오. 제공되는 서비스에 대해 설명하고 그것을 위한 좋은 서비스보증을 개발하시오. 당신의 보증이 좋은 이유에 대해 논의하고 그것을 행하는 기업이 얻는 편익에 대해 열거하시오.

참고문헌

1 For research that shows different types of service failures, see M. J. Bitner, B. H. Booms, and M. S. Tetreault, "The Service Encounter: Diagnosing Favorable and Unfavorable Incidents," *Journal of Marketing* 54 (January 1990), pp. 71–84; S. M. Keaveney, "Customer Switching Behavior in Service Industries: An Exploratory Study," *Journal of Marketing* 59 (April 1995), pp. 71–82.

2 Information provided by TARP Worldwide Inc., based on data from 10 studies (representing responses from more than 8,000 customers) conducted in 2006 and 2007. Companies from the following industries were included: retail (stores, catalog and online), auto financing, and insurance (property/casualty).

3 For research on important outcomes associated with service recovery, see S. S. Tax, S. W. Brown, and M. Chandrashekaran, "Customer Evaluations of Service Complaint Experiences: Implications for Relationship Marketing," *Journal of Marketing* 62 (April 1998), pp. 60–76; S. S. Tax and S. W. Brown, "Recovering and Learning from Service Failure," *Sloan Management Review* 40 (Fall 1998), pp. 75–88; A. K. Smith and R. N. Bolton, "An Experimental Investigation of Customer Reactions to Service Failure and Recovery Encounters," *Journal of Service Research* 1 (August 1998), pp. 65–81; R. N. Bolton, "A Dynamic Model of the Customer's Relationship with a Continuous Service Provider: The Role of Satisfaction," *Marketing Science* 17 (1998), pp. 45–65; A. K. Smith and R. N. Bolton, "The Effect of Customers' Emotional Responses to Service Failures on Their Recovery Effort Evaluations and Satisfaction Judgments," *Journal of the Academy of Marketing Science* 30 (Winter 2002), pp. 5–23; C. M. Voorhees, M. K. Brady, and D. M. Horowitz, "A Voice from the Silent Masses: An Exploratory and Comparative Analysis of Noncomplainers," *Journal of the Academy of Marketing Science* 34 (Fall 2006), pp. 514–527; C. Orsingher, S. Valentini, and M. de Angelis, "A Meta-Analysis of Satisfaction with Complaint Handling in Services," *Journal of the Academy of Marketing Science* 38 (2010), pp. 169–186.

4 Information included in Figure 7.2 is based on data from the 2015 Customer Rage Study, conducted by Customer Care Measurement and Consulting, Alexandria, Virginia, in collaboration with the Center for Services Leadership at Arizona State University's W. P. Carey School of Business.

5 2015 and 2013 Customer Rage Studies conducted by Customer Care Measurement and Consulting.

6 Ibid; Voorhees, Brady, and Horowitz, "A Voice from the Silent Masses."

7 Tax and Brown, "Recovering and Learning from Service Failure."

8 2015 Customer Rage Study, conducted by Customer Care Measurement and Consulting and the Center for Services Leadership at Arizona State University.

9 See C. W. Hart, J. L. Heskett, and W. E. Sasser Jr., "The Profitable Art of Service Recovery," *Harvard Business Review* 68 (July–August 1990), pp. 148–156; M. A. McCollough and S. G. Bharadwaj, "The Recovery Paradox: An Examination of Consumer

Satisfaction in Relation to Disconfirmation, Service Quality, and Attribution Based Theories," in *Marketing Theory and Applications*, ed. C. T. Allen et al. (Chicago: American Marketing Association, 1992), p. 119.

10 C. A. de Matos, J. L. Henrique, and C. A. V. Rossi, "Service Recovery Paradox: A Meta-analysis," *Journal of Service Research* 10 (August 2007), pp. 60–77.

11 Smith and Bolton, "An Experimental Investigation of Customer Reactions to Service Failure and Recovery Encounters."

12 V. P. Magnini, J. B. Ford, E. P. Markowski, and E. D. Honeycutt Jr., "The Service Recovery Paradox: Justifiable Theory or Smoldering Myth?" *Journal of Services Marketing* 21 (2007), pp. 213–225; J. G. Maxham III and R. G. Netemeyer, "A Longitudinal Study of Complaining Customers' Evaluations of Multiple Service Failures and Recovery Efforts," *Journal of Marketing* 66 (October 2002), pp. 57–71; M. A. McCullough, L. L. Berry, and M. S. Yadav, "An Empirical Investigation of Customer Satisfaction after Service Failure and Recovery," *Journal of Service Research* 3 (November 2000), pp. 121–137.

13 G. Knox and R. van Oest, "Customer Complaints and Recovery Effectiveness: A Customer Base Approach," *Journal of Marketing* 24 (September 2014), pp. 42–57.

14 S. Michel and M. L. Meuter, "The Service Recovery Paradox: True but Overrated?" *International Journal of Service Industry Management* 19 (2008), pp. 441–457; R. Priluck and V. Lala, "The Impact of the Recovery Paradox on Retailer–Customer Relationships," *Managing Service Quality* 19 (2009), pp. 42–59.

15 For research foundations on typologies of customer responses to failures, see R. L. Day and E. L. Landon Jr., "Towards a Theory of Consumer Complaining Behavior," in *Consumer and Industrial Buying Behavior*, ed. A. Woodside, J. Sheth, and P. Bennett (Amsterdam: North–Holland, 1977); J. Singh, "Consumer Complaint Intentions and Behavior: Definitional and Taxonomical Issues," *Journal of Marketing* 52 (January 1988), pp. 93–107; J. Singh, "Voice, Exit, and Negative Word–of–Mouth Behaviors: An Investigation across Three Service Categories," *Journal of the Academy of Marketing Science* 18 (Winter 1990), pp. 1–15.

16 Smith and Bolton, "The Effect of Customers' Emotional Responses to Service Failures."; M. Zeelenberg and R. Pieters, "Beyond Valence in Customer Dissatisfaction: A Review and New Findings on Behavioral Responses to Regret and Disappointment in Failed Services," *Journal of Business Research* 57 (2004), pp. 445–455.

17 Voorhees, Brady, and Horowitz, "A Voice from the Silent Masses."

18 N. Stephens and K. P. Gwinner, "Why Don't Some People Complain? A Cognitive–Emotive Process Model of Consumer Complaining Behavior," *Journal of the Academy of Marketing Science* 26 (Spring 1998), pp. 172–189.

19 Ibid.

20 For additional reading on customer rage, see J. R. McColl-Kennedy, P. G. Patterson, A. K. Smith, and M. K. Brady, "Customer Rage Episodes: Emotions, Expressions, and Behaviors," *Journal of Retailing* 85 (2009), pp. 222-237 and P. G. Patterson, J. R. McColl-Kennedy, A. K. Smith, and Z. Lu, "Customer Rage: Triggers, Tipping Points, and Take-Outs," *California Management Review* 52 (Fall 2009), pp. 6-28; J. Surachartkumtonkun, J. R. McColl-Kennedy, and P. G. Patterson, "Unpacking Customer Rage Elicitation: A Dynamic Model," *Journal of Service Research* 19 (February 2016), pp. 57-71.

21 T. Hennig-Thurau, K. P. Gwinner, G. Walsh, and D. D. Gremler, "Electronic Word-of-Mouth via Consumer-Opinion Platforms: What Motivates Consumers to Articulate Themselves on the Internet?" *Journal of Interactive Marketing* 18 (Winter 2004), pp. 38-52.

22 Many such websites exist; examples include www.untied.com (for United Airlines experiences), www.starbucked.com (for Starbucks), www.homedepotsucks.com (for The Home Depot), www.paypalsucks.com (for PayPal), www.ihatedell.net (for Dell), and www.farmersinsurancegroupsucks.com (for Farmers Insurance).

23 J. C. Ward and A. L. Ostrom, "Complaining to the Masses: The Role of Protest Framing in Customer-Created Complaint Web Sites," *Journal of Consumer Research* 33 (September 2006), pp. 220-230.

24 J. Singh, "A Typology of Consumer Dissatisfaction Response Styles," *Journal of Retailing* 66 (Spring 1990), pp. 57-99.

25 Davidow, "Organizational Responses to Customer Complaints."

26 2015 Customer Rage Study, conducted by Customer Care Measurement and Consulting and the Center for Services Leadership at Arizona State University.

27 Ibid.

28 Ibid.

29 R. Holmes, "How to Keep Client Rants from Going Viral," Wall Street Journal (December 9, 2013), http://blogs.wsj.com/accelerators/2013/12/09/ryan-holmes-how-to-keep-client-rants-from-going-viral/, accessed July 6, 2016.

30 J. R. McColl-Kennedy and B. A. Sparks, "Application of Fairness Theory to Service Failures and Service Recovery," *Journal of Service Research* 5 (February 2003), pp. 251-266; M. Davidow, "Organizational Responses to Customer Complaints: What Works and What Doesn't," *Journal of Service Research* 5 (February 2003), pp. 225-250.

31 2015 Customer Rage Study, conducted by Customer Care Measurement and Consulting and the Center for Services Leadership at Arizona State University.

32 Davidow, "Organizational Responses to Customer Complaints." Also see T. Gruber, "I Want to Believe They Really Care: How Complaining Customers Want to Be Treated by Frontline Employees," Journal of Service Management 22 (2011), pp. 85-110.

33 2007 National Customer Rage Study conducted by Customer Care Alliance.

34 H. Roschk and S. Kaiser, "The Nature of an Apology: An Experimental Study on How to Apologize after a Service Failure," *Marketing Letters* 24 (September 2013), pp. 293–309.

35 L. L. Berry and K. Seiders, "Serving Unfair Customers," *Business Horizons* 51 (January/February 2008), pp. 29–37.

36 J. Dunning, A. Pecotich, and A. O'Cass, "What Happens When Things Go Wrong? Retail Sales Explanations and Their Effects," *Psychology and Marketing* 21 (2004), pp. 553–572; McColl-Kennedy and Sparks, "Application of Fairness Theory to Service Failures and Service Recovery"; Davidow, "Organizational Responses to Customer Complaints"; Berry and Seiders, "Serving Unfair Customers"; G. Bradley and B. Sparks, "Explanations: If, When, and How They Aid Service Recovery," *Journal of Services Marketing* 26 (2012), pp. 41–50.

37 See Tax, Brown, and Chandrashekaran, "Customer Evaluations of Service Complaint Experiences"; Tax and Brown, "Recovering and Learning from Service Failure."

38 Tax and Brown, "Recovering and Learning from Service Failure."

39 Smith and Bolton, "The Effect of Customers' Emotional Responses to Service Failures."

40 S. Conradt, "11 of the Best Customer Service Stories Ever," *Mental Floss, December* 15, 2015, http://mentalfloss.com/article/30198/11-best-customer-service-stories-ever.

41 Hess, Ganesan, and Klein, "Service Failure and Recovery"; Priluck, "Relationship Marketing Can Mitigate Product and Service Failures."

42 T. DeWitt and M. K. Brady, "Rethinking Service Recovery Strategies: The Effect of Rapport on Consumer Responses to Service Failure," *Journal of Service Research* 6 (November 2003), pp. 193–207.

43 Hess, Ganesan, and Klein, "Service Failure and Recovery."

44 Y. Gregoire, T. M. Tripp, and R. Legoux, "When Customer Love Turns Into Lasting Hate: The Effects of Relationship Strength and Time on Customer Revenge and Avoidance," *Journal of Marketing* 73 (November 2009), pp. 18–32. However, other research suggests an opposite effect; that is, customers with strong relationships to a firm may actually "raise the bar" in terms of their service recovery expectations and feel betrayed if the firm fails them. See B. B. Holloway, S. Wang, and S. E. Beatty, "Betrayal? Relationship Quality Implications in Service Recovery," *Journal of Services Marketing* 23 (2009), pp. 385–396.

45 T. W. Andreassen and S. Streukens, "Online Complaining: Understanding the Adoption Process and the Role of Individual and Situational Characteristics," Managing Service Quality 23 (2013), pp. 4–24.

46 F. F. Reichheld, "Learning from Customer Defections," *Harvard Business Review* 74(March–April 1996), pp. 56–69; A. Miner, "Learning from 'Lost' Customers,"

CustomerThink, June 8, 2010, http://customerthink.com/learning_from_lost_customers/.

47 Ibid.

48 A. Parasuraman, V. A. Zeithaml, and L. L. Berry, "SERVQUAL: A Multiple–Item Scale for Measuring Consumer Perceptions of Service Quality," *Journal of Retailing* 64 (Spring 1988), pp. 64–79.

49 M. Colgate, V. T.–U. Tong, C. K.–C. Lee, and J. U. Farley, "Back from the Brink: Why Customers Stay," *Journal of Service Research* 9 (February 2007), pp. 211–228.

50 R. B. Chase and D. M. Stewart, "Make Your Service Fail–Safe," *Sloan Management Review* 35 (Spring 1994), pp. 35–44.

51 Ibid.

52 For an extensive discussion of why service guarantees have historically been rare, see M. McCollough, "Service Guarantees: A Review and Explanation of Their Continued Rarity," *Academy of Marketing Studies Journal* 14 (2010), pp. 27–54.

53 These characteristics are discussed in C. W. L. Hart, "The Power of Unconditional Guarantees," *Harvard Business Review* 66 (July–August 1988), pp. 54–62; C. W. L. Hart, Extraordinary Guarantees (New York: AMACOM, 1993); and B. Berman and A. Mathur, "Planning and Implementing Effective Service Guarantee Programs," *Business Horizons* 57 (2014), pp. 107–116.

54 Berman and Mathur, "Planning and Implementing Effective Service Guarantee Programs."

55 For more information, see M. A. McCollough and D. D. Gremler, "Guaranteeing Student Satisfaction: An Exercise in Treating Students as Customers," *Journal of Marketing Education* 21 (August 1999), pp. 118–130; D. D. Gremler and M. A. McCollough, "Student Satisfaction Guarantees: An Empirical Examination of Attitudes, Antecedents, and Consequences," *Journal of Marketing Education* 24 (August 2002), pp. 150–160.

56 Infractra website, https://www.inflectra.com/Company/Reasons–To–Buy–From–Us.aspx #Guarantee, accessed June 13, 2016.

57 Ben Franklin website, http://www.benjaminfranklinplumbing.com/our–difference/our–guarantee, accessed January 8, 2017.

58 A. L. Ostrom and C. W. L. Hart, "Service Guarantees: Research and Practice," in *Handbook of Services Marketing and Management*, ed. D. Iacobucci and T. Swartz (Thousand Oaks, CA: Sage, 2000), pp. 299–316; Hart, "The Power of Unconditional Guarantees"; Hart, Extraordinary Guarantees. For a discussion of additional benefits from offering service guarantees, see Berman and Mathur, "Planning and Implementing Effective Service Guarantee Programs.

59 A. L. Ostrom and D. Iacobucci, "The Effect of Guarantees on Consumers' Evaluation of Services," *Journal of Services Marketing* 12 (1998), pp. 362–378; S. B. Lidén and P.

Skålén, "The Effect of Service Guarantees on Service Recovery," *International Journal of Service Industry Management* 14 (2003), pp. 36–58.

60 A. L. Roggeveen, R. C. Goodstein, and D. Grewal, "Improving the Effect of Guarantees: The Role of a Retailer's Reputation," *Journal of Retailing* 90 (2014), pp. 27–39.

61 J. Wirtz, D. Kum, and K. S. Lee, "Should a Firm with a Reputation for Outstanding Service Quality Offer a Service Guarantee?" *Journal of Services Marketing* 14 (2000), pp. 502–512.

62 J. Wirtz, "Development of a Service Guarantee Model," *Asia Pacific Journal of Management* 15 (April 1998), pp. 51–75.

63 J. Wirtz and D. Kum, "Consumer Cheating on Service Guarantees," *Journal of the Academy of Marketing Science* 32 (Spring 2004), pp. 159–175.

64 Wirtz, "Development of a Service Guarantee Model."

65 Ostrom and Iacobucci, "The Effect of Guarantees."

66 P. G. Mostert, C. F. De Meyer, and L. R. J. Van Rensburg, "The Influence of Service Failure and Service Recovery on Airline Passengers' Relationships with Domestic Airlines: An Exploratory Study," *Southern African Business Review* 13 (2009), pp. 118–140.

67 McCullough, Berry, and Yadav, "An Empirical Investigation of Customer Satisfaction After Service Failure and Recovery."

68 A. S. Mattila, "The Impact of Relationship Type on Customer Loyalty in a Context of Service Failures," *Journal of Service Research* 4 (November 2001), pp. 91–101; see also R. L. Hess Jr., S. Ganesan, and N. M. Klein, "Service Failure and Recovery: The Impact of Relationship Factors on Customer Satisfaction," *Journal of the Academy of Marketing Science* 31 (Spring 2003), pp. 127–145; R. Priluck, "Relationship Marketing Can Mitigate Product and Service Failures," *Journal of Services Marketing* 17 (2003), pp. 37–52.

69 H. S. Bansal and S. F. Taylor, "The Service Provider Switching Model (SPSM)," *Journal of Service Research* 2 (November 1999), pp. 200–218.

70 S. M. Keaveney and M. Parthasarathy, "Customer Switching Behavior in Online Services: An Exploratory Study of the Role of Selected Attitudinal, Behavioral, and Demographic Factors," *Journal of the Academy of Marketing Science* 29 (Fall 2001), pp. 374–390.

71 I. Roos, "Switching Processes in Customer Relationships," *Journal of Service Research* 2 (August 1999), pp. 68–85; I. Roos and A. Gustafsson, "Understanding Frequent Switching Patterns: A Crucial Element in Managing Customer Relationships," *Journal of Service Research* 10 (August 2007), pp. 93–108.

72 Keaveney, "Customer Switching Behavior in Service Industries."

73 F. Buttle and J. Burton, "Does Service Failure Influence Customer Loyalty?," *Journal of Consumer Behaviour* 1 (2002), pp. 217–227; Y. Wang, S. Wu, H. Lin, and Y. Wang, "The Relationship of Service Failure Severity, Service Recovery Justice, and Perceived Switching

Costs with Customer Loyalty in the Context of e-tailing," *International Journal of Information Management* 31 (August 2011), pp. 350-359; R. Frankel, S. R. Swanson, and M. Sagan, "Service Switching, Word-of-Mouth, and New Provider Search: A Five Country Exploratory Study," *International Journal of Management and Marketing Research* 6 (2013), pp. 11-20.

Part **4**

서비스설계와 표준의 설정

고객의 서비스기대를 충족시키는 것은 고객이 기대하는 것에 대한 이해뿐 아니라 그러한 지식을 행위로 옮기는 것까지 요구한다. 행위에는 몇 가지 형태가 있다. 고객의 요구에 기초한 혁신적 서비스설계, 고객의 기대대로 서비스가 이행되는 것을 확실하게 하기 위한 서비스표준의 설정, 서비스와 관련한 적절한 단서와 분위기(ambience)를 창출하는 물리적 증거의 제공이다. 이러한 행위들이 일어나지 않을 때에는 아래 그림에 나타난 것과 같은 갭(서비스설계와 표준 갭)이 생긴다.

제4부에서는 이러한 갭을 줄이는 효과적인 전략뿐만 아니라 갭 2의 원인을 파악하는 방법과 개념에 대해서 학습하게 될 것이다.

제공자 갭 2 : 서비스설계와 표준 갭

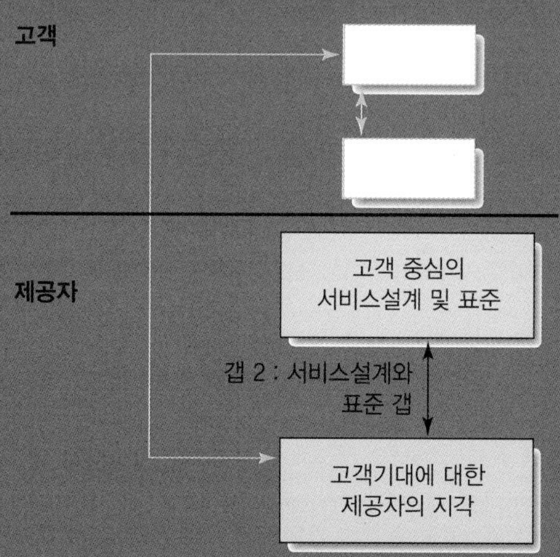

제8장에서는 혁신적 서비스를 개발하고 설계하는 데 있어서 가장 효과적인 방법에 관해 기술할 것인데, 특히 서비스청사진(bluepriting)이라 불리는 도구에 대하여 설명할 것이다. 제9장에서는 기업이 정의한 표준과 고객이 정의한 표준을 구별하는 것과, 이것들을 어떻게 개발할 수 있는지를 파악하게 하는 데 도움을 줄 것이다. 제10장은 물리적 증거의 전략적 중요성, 그것의 다양한 역할, 물리적 증거를 효과적으로 설계하기 위한 전략, 고객기대에 부응하기 위한 서비스스케이프에 대해 학습한다.

Chapter 08

서비스의 혁신과 설계

본 장의 목적은 다음과 같다.

1. 서비스혁신과 설계가 안고 있는 어려움을 알아본다.
2. 서비스제공의 혁신, 고객역할에 대한 혁신, 서비스 해결을 통한 혁신 등 서로 다른 서비스 혁신의 유형을 제시한다.
3. 서비스설계를 하는 데 있어서 고객과 직원의 서비스참여에 대한 중요성과 서비스혁신 설계에 대하여 논의한다.
4. 서비스혁신과 전개과정에 있어서 신서비스 개발프로세스의 독특한 요소와 단계를 제시한다.
5. 서비스청사진의 가치와 서비스청사진을 작성하고 읽는 방법을 설명한다.

혁신적 서비스는 펫스마트의 성장과 수익엔진이다[1]

세계경제의 침체에도 불구하고, 혁신적인 서비스를 제공하는 미국 애완용품 선도유통업체인 펫스마트(PetSmart)는 높은 성장추세를 지속적으로 유지하고 있다. 미국, 캐나다, 푸에르토리코에 1,400개 이상의 애완동물 점포들을 보유하고 있으며, 2015년 매출액 71억 달러를 달성한 펫스마트의 비전은 "애완동물들의 토털 라이프타임 케어"를 통하여 "애완동물 부모(주인)"에게 서비스를 제공하는 것이다. 애완동물 부모들은 애완동물을 어린아이들처럼 대하는 사람들이며 애완견을 위해 자신의 욕구를 희생하고 애완견들을 위하여 제품과 서비스를 자주 이용할 의지가 있는 사람들이다.

펫스마트는 요람에서 무덤까지 애완동물의 제품과 서비스를 지원하는 "토털 라이프타임 케어"를 목표로 설정하고 있다. 애완동물 식품, 장난감 및 액세서리 판매가 비전의 일부분이지만, "토털 라이프스타일 케어"는 더 많은 것을 의미한다. 기업은 또한 애완동물 호텔들을 통하여 야간 케어, 데이 케어, 미용(grooming), 종합적인 애완동물 트레이닝도 서비스로 제공한다. 펫스마트의 애완동물 호텔은 24시간 애완동물의 안전과 건강 그리고 전문적인 케어를 제공할 뿐만 아니라 총체적인 "애완동물 경험"을 촉진한다. 이 경험에는 애완동물들이 서로 사교할 수 있는 그룹 놀이시간과 특별 간식들이 제공되며 애완동물 부모들이 전화를 걸어 애완동물과 통화를 할 수 있는 "본 부스(bone booth)"도 포함하고 있다. 애완동물 부모는 유리로 된 "아트리움 룸"에서 동물 채널에 맞춰진 TV가 있는 스위트룸에 이르기까지 애완동물을 위한 숙박시설을 선택할 수 있다. 그 밖에 애완동물이 호텔에 머무는 동안 애완동물들을 위한 개별 트레이닝 캠프, 특별 스낵, 그리고 목욕이 포

펫스마트에서 운영하는 애완동물 호텔

함된 서비스가 추가된다. 펫스마트는 치아관리와 네일, 빗질과 털 다듬기, 목욕 및 다른 특별서비스들을 포함하는 몸단장 패키지도 제공한다. 몸단장 서비스의 경우 만약 애완동물 부모가 자신의 애완동물이 단장한 후에 만족하지 않을 경우 환불해 주는 "룩스 그레이트 보증(Looks Great Guarantee)"을 제공한다.

펫스마트가 항상 혁신적인 서비스를 시장에 내놓은 것은 아니다. 사실, 1990년대 후반까지 펫스마트는 "마트"에 중점을 두어 "애완동물 용품을 취급하는 펫마트(PetsMart)"로만 알려졌었는데, 대부분이 식품, 장난감, 그리고 전통적인 애완동물 관련제품들을 주로 판매하는 창고형 소매점이었다. 그러나 기존의 제품 카테고리가 월마트와 중복되는 것이 많아 제품에서 얻는 마진은 매우 적었고, 그런 관계로 온라인으로 소매제품을 시험판매한 기간에 수익이 난 것을 제외하고는 근본적으로 수익성 감소의 딜레마를 해결할 수 없었다. 2000년대 초반, 전통적인 소매영역에서 운영의 효율성에 중점을 둔 서비스분야로의 전환이 기업을 회생시켰다. 서비스는 그 이후로 펫스마트의 성장과 이익에 중요한 엔진이 되었으며, 이러한 혁신적인 서비스로의 전환은 기업의 장기비전 그리고 애완동물에 대한 몰입과 매우 일치한다. 이러한 몰입은 동물 복지와 동물 입양에 전념하는 독립된 비영리단체인 펫스마트 자선단체(PetSmart Charities)에도 반영된다. 이러한 몰입의 일환으로 모든 경영진이 자신의 애완동물들과 함께 찍은 사진을 볼 수 있는 웹사이트를 제공했으며, 매주 금요일에는 사무실에 그들의 애완동물과 함께 일을 할 수 있도록 허용하였다.

애완동물 용품 판매 중심에서 서비스로의 전환은 과감했으며, 펫스마트에게는 미용공간이나 호텔공간을 수용할 수 있는 점포재설계에 대한 과감한 투자가 필요했다. 이는 기존의 점포설계에 비해 보다 넓은 공간과 다양한 레이아웃, 독특한 스타일이 필요하였다. 애완견 서비스로의 전환은 친근한 서비스 상황에서 애완동물과 애완동물 보호자와 효과적으로 상호작용할 수 있는 능력을 가진 직원을 고용하고 또 훈련시키는 데에도 많은 투자가 필요했다. 예를 들면, 기업이 대대적으로 애완견 몸치장(grooming) 서비스사업을 시작했을 때 이러한 고품질 서비스전략을 이해하고 지원할 수 있는 능숙한 애완동물 미용사가 펫스마트에는 부족하다는 것을 깨달았다. 따라서 기업은 자체적으로 애완동물 미용사들을 12주, 400시간 동안 교육하고 인증해주는 프로그램을 개발했다. 점포 재구성 및 애완동물 미용사 교육계획들은 인적자원 및 사업영역 재설계, 그리고 기업이 세계화하는 과정에서 직면하는 통합의 과정을 나타내고 있다. 펫스마트가 주력품목을 제품판매에서 서비스로 전환한 것은 분명히 지금까지 그들이 해온 선택 중 최고의 전략 중 하나이다.

도입 사례에서 소개한 펫스마트는 서비스혁신에서 어떻게 그러한 큰 성공을 거두었을까? 새로운 서비스를 시장에 출시했을 때 다른 기업들은 왜 실패하는가? 새로운 사업을 시작하기로 했거나 기업에서 새로운 서비스혁신을 시장에 출시하기를 원할 때, 어떻게 하면 성공확률을 높일 수 있을까?

신제품과 신서비스 성공에 관련된 60개 이상의 연구에서 **제품/서비스 특성**(고객욕구를 충족시킨 제품, 경쟁 제품을 뛰어넘는 제품우위, 정교한 기술), **전략 특성**(신제품 출시에 초점을 맞춘 연구 및 개발(R&D)과 출시를 지원하는 인적자원에 전념), **프로세스 특성**(마케팅, 사전개발, 기술, 출시 숙련도), **시장 특성**(시장잠재력) 등과 관련된 변수가 신제품 성공에 중요한 것으로 나타났다.[2] 한편 실패도 여러 가지 원인이 존재한다. 독특한 편익의 부재, 불충분한 수요, 새로운 제품이나 서비스에 대한 비현실적인 목표, 서비스와 조직 내 사업 포트폴리오(portfolio)와의 낮은 적합도, 좋지 않은 입지, 재정지원의 부족, 제품을 개발하고 소개하는 데 필요한 시간을 확보하지 못하는 것 등이다.[3] 훌륭한 서비스 아이디어가 본 장에서 강조하게 될 개발과 설계(design)의 결함으로 인해 실패하는 경우가 있다. 많은 기업들이 미래 성장 전략으로 서비스산업으로의 진출을 모색하고 있어, 서비스제공과 개발은 도전과 기회를 동시에 가지고 있다.

서비스설계가 안고 있는 어려움

입원, 골프레슨, NBA 농구경기, 정교한 정보기술처럼 서비스는 매우 무형적이고 과정지향적이기 때문에 설명하고 전달하기가 어렵다. 일주일간의 휴양지 휴가, 6개월간의 컨설팅 계약, 10주일간의 체중감량 프로그램과 같이 서비스는 장기간에 걸쳐 제공될 수 있어 그것을 정의하고 설명하기가 더욱 어려울 수 있다. 뿐만 아니라 서비스는 직원을 통해 고객에게 제공되고, 고객과 함께 생산하는 경우도 많기 때문에 가변적일 수밖에 없다. 즉, 두 가지 서비스가 좀처럼 같을 수 없을 뿐만 아니라 똑같은 방식으로 제공될 수도 없다. 우리가 본서의 제1장에서 논의했던 서비스의 이러한 특성들이 서비스설계를 어렵게 하는 핵심요인이다. 전 세계의 글로벌 기업과 정부는 위와 같은 도전과 세계 경제에서 서비스가 차지하는 비중이 지배적임에도 불구하고 기업과 연구 분야에서 서비스혁신에 대한 집중도가 지나치게 낮다는 사실을 인식하고 이런 사실에 각성하고 있다.[4] 본 장의 세계적 추세에서는 기업과 국가 경제를 위한 우선순위로서 서비스혁신의 중요성에 대해 논의한다.

서비스제공물은 만질 수도, 탐색할 수도, 시험할 수도 없기 때문에 흔히 말(words)로 묘사된다. 그러나 단지 몇 마디의 말로 서비스를 묘사하는 것은 몇 가지 위험에 빠질 수 있다고 한다.[5] 그 첫 번째 위험은 **지나친 단순화**(oversimplification)다. 즉, “포트폴리오 관리”를 “주식의 구매 및 판매”로 사용하는 것은 우주왕복선을 “날아가는 물체(something that flies)”로 표현하는 것과 같다고 한다. “우주왕복선 대신 어떤 이는 새를 그릴 것이고 또 다른 이는 헬

세계적 추세 글로벌 서비스혁신 필요성

모든 경제 부문에 걸친 혁신은 개별 기업, 정부 기관 및 전체 경제의 지속적인 성장과 경쟁력을 위해 필요하다. 약 80개 지표를 기반으로 하는 글로벌혁신지수(Global Innovation Index, GII)는 전반적인 역량과 혁신 성공을 기반으로 매년 국가 순위를 매긴다(2015년 상위 25개 국가 자료 참조). 상위 25개국으로 구성된 국가는 수년 동안 크게 변하지 않았지만, 이 보고서는 중간 소득 국가(예 : 중국, 베트남, 인도)와 저소득 국가(예 : 말라위, 케냐, 캄보디아)에서도 "혁신 성취자"와 상위 25위 순위에서 예측 가능한 고소득 국가들을 식별하고 있다. 보고서는 또한 개발도상국과 선진국 간의 기술 격차가 줄어들고 있다고 지적한다. 코넬대학교(Cornell University), 인시아드(INSEAD), 세계지적재산권기구(The World Intellectual Property Organization, WIPO)가 매년 발표하는 이 지수는 일반적으로 서비스혁신과 혁신을 구분하지 않는다. 그러나 대부분의 경제에서 서비스의 우세 또는 성장은 논리적으로 서비스 혁신이 중요하다는 것을 시사한다.

특히 서비스에 초점을 맞춘 2015년 "급변하는 상황에서의 서비스 연구 우선순위(Service Research Priorities in a Rapidly Changing Context)" 연구에서는 "서비스혁신 촉진"을 최우선 순위 중 하나로 꼽았다. 실무와 연구 모두에 대한 우선순위를 파악하기 위해 이 연구는 글로벌 서비스혁신 필요성(Global Feature Global Service Innovation Imperative) 및 분야와 기능 전반에 걸친 학계와 비즈니스 실무자의 의견을 기반으로 했다. 37개국 사람들을 대상으로 인터뷰, 설문조사 및 원탁회의를 진행했다. 연구 결과는 연구의 우선순위와 지식 격차를 파악한다. 연구에서 파악한 12가지 우선순위 중 서비스 혁신 촉진은 중요도 3위, 지식격차는 4위를 기록했다. 다음 5가지 하위 주제는 기업 및 국가에서 서비스혁신을 발전시키기 위해 지식이 필요한 구체적인 분야로 간주된 것이다:

- 복잡한 서비스 시스템과 가치 네트워크 내에서의 혁신
- 지속적인 서비스혁신의 원동력 파악
- 서비스혁신 프로세스 전반에 걸쳐 고객과 파트너의 협업 관리
- 크라우드소싱(crowdsourcing)과 개방형 혁신(open innovation)을 통한 서비스혁신
- 서비스-제품, 서비스-프로세스 및 비즈니스 모델 혁신 간의 상호 관계에 대한 이해

일반적으로 혁신과 특히 서비스혁신의 중요성에도 불구하고 유럽의 서비스혁신 정책에 대한 벤치마킹 검토는 정책의 다양성과 국가 간 서비스혁신에 대한 집중도가 매우 높은 것으로 보고되었다. 이 보고서에서는 서비스혁신 정책과 관행이 매우 발전된 몇몇 국가, 즉 핀란드, 스웨덴, 아일랜드를 언급했다. 또한 서비스혁신에 대한 정책적 관심을 유

리콥터를 그릴 것이며 천사를 그리는 사람도 있을 것이다"[6]라고 하면서 지나친 단순화의 위험을 지적하고 있다. 금융 포트폴리오 관리와 같은 복잡한 서비스 시스템을 설명하기에는 말(words)만으로는 충분하지 않다. 서비스기업과 고객의 네트워크, 그리고 제공물의 진화로 인해 현대경제에서 서비스시스템의 복잡성은 날로 증가하고 있다.[7] 이러한 복잡한 상황에서 지나친 단순화의 위험은 더욱 더 커지고 있다.

두 번째 위험은 **불완전성**(incompleteness)이다. 서비스를 표현할 때 사람들(직원, 관리자, 고객)은 자신에게 익숙하지 않은 서비스의 세부항목이나 요소를 빠뜨리는 경향이 있다. 일반적으로 사람들은 증권 중개업자가 고객으로부터 어떻게 주문을 받는지를 상당히 자신 있게 설명할 수 있을 것으로 생각한다. 하지만 한 달간의 거래가 어떻게 이루어지는지를 정확히 설명할 수 있겠는가? 또한 쌍방향 컴퓨터시스템이 어떻게 작동되는지도 설명할 수 있겠는가? 그리고 이러한 두 서비스가 어떻게 주문처리 프로세스에 통합돼 있는지 설명할 수 있겠는가?

세 번째 위험은 **주관성**(subjectivity)이다. 어떤 사람이 말로 서비스를 표현하는 것은 그 서비스에 대한 노출 정도와 개인적인 경험에 의해 왜곡될 수 있다. 패스트푸드점을 이용한 경험이 있는 모든 사람이 그 서비스가 무엇인지를 이해할 것이라고 가정하는 것은 얼핏 보면 당연할지는 몰라도 잘못된 것이다. 심지어 서비스제공 조직의 직원들까지도 부서에 따라 서비스를 매우 다르게 표현하기도 한다.

지해 온 다른 국가들 중 오스트리아, 독일, 덴마크도 언급하고 있다.

미국에서는 서비스혁신의 필요성에 대한 인식이 높아지고 있는 배경에는 IBM의 리더십이 크게 작용하고 있다. 이 회사는 서비스혁신의 미래와 서비스 경제를 위한 숙련된 전문가를 개발하기 위한 "서비스 과학, 관리 및 엔지니어링(Service Science, Management and Engineering, SSME)"이라는 잠재적인 새로운 분야를 형성하기 위한 글로벌 동향을 촉진시켰다. IBM은 시스코(Cisco), 휴렛패커드(Hewlett-Packard) 및 여러 대학과 함께 국제서비스산업전문가협회(International Society for Service Industry Professionals, ISSIP)를 공동 설립했다. ISSIP의 사명은 상호 연결된 세계를 위한 서비스혁신을 촉진하는 것이며, 기관과 개인이 글로벌 서비스 경제에서 성장하고 성공할 수 있도록 돕는 것을 목적으로 하고 있다. 미국에서 서비스혁신의 주요 추진력은 민간 부문에서 나왔지만, 정부기관, 특히 국립과학재단(National Science Foundation, NSF)이 이에 대응하기 시작했다. 수년 동안 NSF는 혁신을 위한 파트너십을 통해 혁신 역량 구축(PFI/BIC) 프로그램 등 특정 연구 제안에 대한 스마트 서비스 시스템 자금 지원을 제공해왔다.

2015년 글로벌혁신지수(GII) 순위 상위 25개 국가

1. 스위스
2. 영국
3. 스웨덴
4. 네덜란드
5. 미국
6. 핀란드
7. 싱가포르
8. 아일랜드
9. 룩셈부르크
10. 덴마크
11. 홍콩
12. 독일
13. 아이슬란드
14. 대한민국
15. 뉴질랜드
16. 캐나다
17. 호주
18. 오스트리아
19. 일본
20. 노르웨이
21. 프랑스
22. 이스라엘
23. 에스토니아
24. 체코
25. 벨기에

자료 : Cornell University, INSEAD, and WIPO, "The Global Innovation Index 2015: Effective Innovation Policies for Development," Ithaca, Fontainebleau, and Geneva, 2015, Creative Commons Attribution; A. L. Ostrom, A. Parasuraman, D. E. Bowen, L. Patricio, and C. A. Voss, "Service Research Priorities in a Rapidly Changing Context," *Journal of Service Research* 18 (May 2015), pp. 127-159; European Commission, ESIC European Service Innovation Centre Discussion Paper, "Service Innovation Policy—A Benchmarking Review," January 2015, www.issip.org

서비스를 단지 몇 마디의 말로 표현하는 데 직면하게 되는 마지막 위험은 **편향된 해석**(biased interpretation)이다. 어떤 두 사람도 한 단어를 정확히 같은 뜻으로 해석하지 않는다. 예컨대, 매니저가 창구서비스 직원에게 고객의 요구에 더 유연하고 빠르게 반응하도록 지시한다고 하자. 유연성을 더 구체적으로 정의하지 않는 한, 직원은 매니저와 전혀 다르게 그 말을 해석할 것이다.

이러한 위험들은 이전에 고객이 전혀 경험한 적이 없고 기존의 서비스를 변화시키려고 시도할 때 서비스혁신이나 개발과정에서 매우 명확하게 나타난다.[8]

서비스혁신 시 고려해야 할 중요한 요소

본 절에서는 신서비스를 혁신하거나 개발할 때 고려해야 할 중요한 요소를 중점적으로 다룬다. 제1장에 언급했듯이 서비스의 본질적인 특징과 바로 앞 절에서 언급한 서비스개발과 혁신에 대한 쟁점으로 인해 많은 서비스관리자들이 서비스혁신은 유형제품과 다르다는 것을 명확하게 깨달았다. 서비스는 무형적이면서 과정에 기초하고 있고, 접점직원과 고객 간의 상호작용을 수반하므로, 서비스혁신과정에 직원과 고객 모두(both)를 포함시키는 것이 매우 중요하다. 모든 요소가 확실히 고려되고 통합되어야 하기 때문에 때때로 디자인사고(design thinking)라고 불리는 시스템 또는 디자인마인드를 이용하는 것이 중요하다. 이러한 도구에 대한 배경으로서 여러 가지 고려요인을 살펴볼 것이며, 본 장의 나머지 부문에서는 접근방법을 다룰 것이다.

고객과 종업원을 포함시켜라

서비스는 생산과 소비, 그리고 재생산이 동시에 일어나고 때로는 접점직원과 고객 간의 상호작용을 수반하므로, 신서비스의 설계과정 전반에 걸쳐 직원과 고객 모두를 포함시키는 것이 매우 중요하다.[9] 직원이 서비스 그 자체인 경우가 빈번하며, 그 정도는 아니더라도 이들이 서비스를 수행하고(perform) 제공하므로(deliver), 서비스를 설계하고 개발하는 데 이들을 참여시키는 것은 매우 유익하다. 특히 접점직원은 고객과 심리적으로나 신체적으로 가까이 있기 때문에 서비스혁신에 대한 고객의 욕구를 파악하는 데 매우 중요하다.[10] 또한 설계 및 혁신 프로세스에 직원을 참여시킴으로써 서비스를 잘 제공하기 위해 해결해야 할 조직 내의 문제를 파악할 수 있기 때문에 신서비스의 성공 가능성은 그만큼 커진다.[11]

고객 또한 서비스제공 또는 재창출에 적극적으로 참여할 수 있기 때문에 새로운 서비스 개발과정에 당연히 포함시켜야 한다. 고객은 자신의 욕구에 관한 정보를 제공할 뿐만 아니라 신서비스의 개념과 설계과정(특히 고객이 서비스과정에 직접 참여하는 경우)에 도움을 줄 수 있다. 뱅크오브아메리카(Bank of America) 역시 애틀랜타 지점에서 일련의 실험을 통해 얻은 결과를 이용하여 은행지점의 새로운 서비스혁신으로 큰 성공을 거두었다.[12] 실험은 새로운 서비스를 지점의 시스템 전체에 더 광범위하게 출시하기 전에 실시간으로 실제 고객과 함께 더 엄격하게 테스트하도록 설계되었다. 유사하게, 메이요클리닉(Mayo Clinic)은 미네소타주 로체스터에 혁신센터를 설립했는데 실제 환자들을 실험에 참가시켜 서비스혁신을 실험하고 있으며, 의사들은 혁신을 도입하기 전에 서비스혁신의 원형(prototype)을 만들어 실험하고 있다(본 장 후반부의 예시 8.2 참조).

서비스설계 사고와 기술을 활용하라

서비스혁신과 설계의 쟁점 중 하나가 서비스는 과정이고, 그 자체가 실험이며 시간이 많이 소요된다는 것이다. 어떤 경우에는 서비스를 제공하는 데 필요한 시간이 몇 분이 될 수도 있다. 그러나 대학의 학위과정이나 서비스 아웃소싱 계약 같은 경우에는 서비스를 제공하는 데 몇 시간, 하루, 일주일 또는 몇 년이 걸릴 수도 있다. 서비스는 서로 연관된 단계나 행위가 결합되고 또한 많은 사람과 절차 그리고 유형요소들이 함께 연관되어 생산이 이루어진다. 예를 들면, 직원, 고객, 하청업자, 기술, 설비, 물리적 공간이 서비스제품에 포함되기 때문에 서비스설계 시에 모든 요인이 고려되어야 하며, 서비스 제공물과 시스템을 설계하려면 여러 기능 간에, 그리고 다른 조직 전반에 걸쳐 협업과 조정이 필요하다.

서비스혁신의 복잡성과 요구조건들을 파악하기 시작하면서 '서비스설계' 분야가 새롭게 부상하고 있으며 비즈니스 실무자, 설계 컨설턴트, 서비스마케터, 그리고 다양한 분야의 학자들의 관심이 증가하고 있다. 서비스과학의 연구 우선순위를 파악한 세계적인 연구에서 서비스설계는 미래의 상위 12위권 안에 속하는 연구분야 중의 한 분야로 밝혀졌다.[13] 또한 많은 글로벌 서비스컨설턴트 기업들이 서비스설계 분야에 집중하고 있다. 미국에 기반을 두고 있는 IDEO사, 영국의 엔진서비스설계(Engine Service Design)사, 리브/워크(Live/Work)사 모두 서비스설계에 집중하고 있는 기업이다.

그렇다면, 무엇이 서비스설계(service design)이고 무엇이 서비스설계 사고(service design thinking)인가?, 그리고 서비스컨설팅기업들은 서비스혁신을 하는 데 고객기업에게 어떤 도움을 주는가? 통용되고 있는 하나의 정의는 없지만 기업과 전문가가 생각하고 있는 두 가지의 정의가 있다:

> "서비스설계는 고객의 시각에서 바라볼 때 서비스공간이 유용하고(useful) 쓸모 있고(usable), 바람직해야(desirable) 하며, 공급자의 시각에서서는 효율적이고(efficient) 독특해야(distinct) 한다.
>
> – 독일 퀼른대학교(University of Cologne)의 버짓 마거(Birgit Mager) 서비스설계 담당교수 –[14]

> "서비스설계는 서비스전략과 서비스혁신 아이디어를 도출하는 데 주력하는 것이다. 즉, 고객(customer), 단골고객(client), 직원, 비즈니스 파트너, 시민 모두를 위한 전체적인 경험으로 창출되어 다양한 내 · 외부 주주들의 조율에 의해 완성되어야 한다.
>
> – 미국 애리조나대학교(Arizona State University)의 서비스리더십센터 –[15]

서비스설계 분야에서 학제 간 협동을 장려하고 상호작용을 중시하며 고객경험에 중점을 두는 상황에서 다음 5가지 서비스설계 사고(service design thinking) 원칙을 제안하고 있다.[16]

- **사용자중심**(user–centered) : 서비스는 고객의 시각에서 경험되고 설계되어야 한다.
- **공동생산**(cocreative) : 관련되는 모든 이들이 서비스설계과정에 참여해야 한다.
- **연속적**(sequencing) : 서비스는 상호행동의 연속으로 시각화되어야 한다.
- **증거**(evidencing) : 무형적인 서비스는 물리적 실체로서 시각화되어야 한다.
- **총체적**(holistic) : 서비스의 전체적인 환경이 고려되어야 한다.

위와 같은 원칙에 집착하는 서비스설계사는 "시각화(visualizing), 형상화(formulating)를 하려고 하며 아직 유용하지 않은 해결책도 조율(choreographing)하려고 한다."[17] 또한, 위와 같은 원칙에 기초하여 서비스경험을 개선 · 혁신 · 설계하면서 특히 서비스혁신 분야에 새로운 용어, 기술, 방법들이 개발되고 적용되는 결과를 낳았다.[18] 예를 들면, **고객여정**(customer journey), **페르소나**(personas), **공동창조**(cocreation), **터치포인트**(touch points), **서비스원형**(service prototype) 같은 용어는 서비스설계사들 사이에서 자주 사용되는 용어이다. 스토

주목받는 기술 페이스북 : 급진적인 서비스혁신

2004년 하버드대 학생 마크 저커버그(Mark Zuckerberg)의 기숙사 방에서 페이스북(Facebook)이 출범했을 당시 페이스북은 교내 학생들을 위한 커뮤니케이션 수단에 불과했다. 데이비스 커크패트릭(David Kirkpatrick)의 권위 있는 책에 따르면 페이스북의 시작은 같은 해 하버드대학에서 있었던 저커버그의 다른 프로젝트[먼저 코스매치(Course Match. 특정 수업에 등록한 학생과 친구들이 어떤 수업을 들었는지 알 수 있는 방법)와 페이스매시(Facemash. 캠퍼스에서 누가 가장 매력적인 사람인지 알아내는 것을 목적으로 함]로 거슬러 올라간다. 2004년 겨울 저커버그는 이전 프로젝트에 개인이 자신의 프로필을 만들도록 초대하는 요소를 추가하여 더페이스북닷컴(Thefacebook.com)을 시작했다. 원래 페이스북 콘셉트는 제한적이었고 순수했다. 그 당시 대부분의 소셜네트워크와 마찬가지로 주요 목적은 사람들이 사회적으로 연결되도록 돕는 것이었는데, 종종 데이트를 위해 사용되었으며 처음에는 하버드 학생들로 제한되었다. 이후 빠르게 다른 학교들이 페이스북에 가입하고 학생들을 위한 사이트를 만들어줄 것을 요구했다. 2004학년도 말까지 34개 학교가 가입했고 페이스북 사용자는 약 10만 명이었다. 그것은 단지 시작에 불과했다.

몇 년 만에 페이스북(2005년 이름 변경)은 소셜 미디어의 강자로 성장했다. 2010년, 약 1억 4,300만 명의 미국인이 페이스북에서 활동했고, 이는 전체 인구의 46.8%에 해당했다. 2016년 3월 페이스북 웹사이트 통계에 따르면, 전 세계적으로 10억 9,000만 명의 일일 활성 사용자(active daily users)가 있었으며, 이 중 84% 이상이 미국과 캐나다 이외의 지역에 거주하고 있다. 월별 활성 사용자를 포함하면 그 숫자는 15억 명 이상이다. 사용자는 상태 업데이트에 반응하고, 댓글을 달고, 공유하고, 스크롤하는 데 시간을 보내며 평균 사용자는 사이트에서 하루에 약 20분을 소비한다. 이는 온라인에서 소비하는 전체 시간의 거의 20%를 차지하므로 페이스북은 현재 온라인에서 가장 가치 있는 웹사이트 중 하나가 되었다. 2015년 페이스북의 연간 수익은 179억 달러 이상을 기록했다고 보고했다.

분명히 페이스북은 놀라운 성장을 보여준 급진적인 서비스혁신이며 엄청난 인기를 끌고 있다. 이전에 존재했던 것과 같은 것은 없으며 그 한계와 경계는 알 수 없다. 하버드 학생들을 위한 최초의 기본 소셜 사이트에서 회사는 복잡한 소셜 네트워킹 거대 기업으로 발전했다. 일부에서는 사진 공유 산업, 게임 등 전체 산업이 페이스북을 통해 변모했다는 주장도 나온다. 페이스북은 개인의 소셜 연결을 촉진하는 원래 초점을 훨씬 넘어서 스마트폰 사용자가 자신의 친구 중 물리적으로 근처에 있는 친구를 확인하여 사용자에게 메시지를 보낼 수 있는 기회를 제공하는 "가까운 친구들

리텔링, 서비스사파리, 셰도윙(shadowing, 가시도 높이기), 스토리보드(storyboard), 서비스역할극(service role-play) 등도 서비스설계 시 사용되는 방법론에 포함된다. 서비스설계의 중요한 방법 중 하나가 본 장의 후반부에서 다룰 서비스청사진(service blueprinting)이다. 예시 8.2의 메이요클리닉 혁신센터(Mayo Clinic's Center for Innovation) 사례는 서비스디자인 싱킹 실천에 대해 설명한다.

서비스혁신의 유형

서비스혁신은 다양한 방식으로 정의되어 왔다. 때때로 사람들이 서비스혁신에 대해 언급할 때 서비스제공물 자체와 관련된 혁신이나 개선에 대해서 말한다. 예를 들면, 맥도날드의 레스토랑 내부재설계 및 메뉴 변경은 제공물 혁신의 사례다. 다른 경우 서비스혁신은 조직을 좀 더 생산적이고 효율적으로 만드는 내부서비스 과정과 관련된다. 전방접점직원을 위해 새로운 기술지원시스템을 도입하는 것도 서비스혁신의 한 유형이다. 다른 경우의 서비스혁신

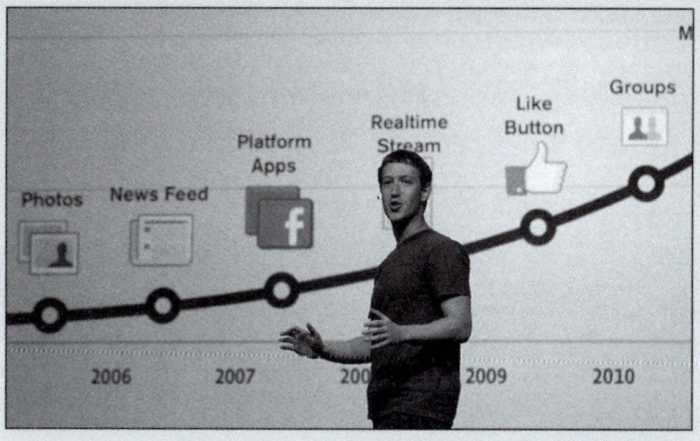

© Justin Sullivan/Getty Images

회사의 급속한 성장에 대해 설명하고 있는 페이스북 최고경영자(CEO), 마크 저커버그

(Nearby Friends)"과 같은 많은 새로운 기능과 휴대전화 애플리케이션을 도입해 사용자가 원할 경우 서로 메시지를 주고받고, 만날 수 있는 기회를 제공했다.

페이스북의 역사와 발전과정을 고려하면 이 회사의 미래는 밝을 것이라고 쉽게 상상할 수 있다. 매우 혁신적이고 광범위하며, 사람들이 기술을 통해 상호 작용하기를 원하는 방식을 예상하고 이해하는 것 같다. 그럼에도 불구하고 회사에는 여전히 도전과제가 있다. 사용자 개인 정보 보호 문제는 자주 제기되는데, 최근 페이스북은 사용자가 개인 정보에 대한 접근을 제어할 수 있는 훨씬 더 엄격한 옵션을 만들어 해결했다. 경쟁은 항상 도전이며 페이스북은 관련성을 유지하기 위해 인스타그램(Instagram), 왓츠앱(WhatsApp) 등 전략적 인수를 계속해 왔다. 최근 페이스북은 30억 달러의 구매 제안을 거절한 스냅챗(Snapchat)과 경쟁하기 위해 사용자가 사진과 동영상에 필터를 적용할 수 있는 애플리케이션인 마스커레이드(Masquerade)도 인수했다.

온라인 소셜 네트워킹 세계에서 누가 성공하고 누가 실패하는지 시간이 말해줄 것이다. 결과가 어떻든 저커버그와 페이스북은 앞으로 개인, 기업, 정부, 산업계에 영향을 미칠 네트워킹 분야에서 혁명과 서비스혁신에 나설 것이 확실하다.

자료 : D. Gelles, "Every Industry Is Going to Be Rethought in a Social Way," *Financial Times*, December 4, 2010, p. 14; D. Kirkpatrick, The Facebook Effect, New York: Simon & Schuster Paperbacks, 2010; www.facebook.com, accessed June 2016; Facebook 2015 Annual Report; J. D'Onfro, "Here's How Much Time People Spend on Facebook per Day," *Business Insider*, July 8, 2015, http://www.businessinsider.com/how-much-time-people-spend-on-facebook-per-day-2015-7; I. Lunden, "Facebook Acquires Video Filter App Masqrd to Square Up to Snapchat," *TechCrunch*, March 9, 2016, https://techcrunch.com/2016/03/09/facebook-acquires-video-filter-app-msqrd-to-square-up-to-snapchat/.

은 고객의 역할을 의미 있게 변화시키거나 고객경험을 향상시키는 것과 관련 있다. 예를 들면, 셀프서비스의 혁신성을 증가시켜 많은 산업에서 고객의 역할에 변화를 주었다. 주목받는 기술 코너에서 살펴본 페이스북 같은 기업은 급진적인 서비스혁신의 전형적인 예이다. 또한 **서비스혁신**이라는 용어는 조직 내에서 중요한 변화의 구상과도 관계가 있는데, 예를 들면 전통적인 제조기업이나 운영지향적(operation-driven)인 기업이 제품 자체보다는 서비스를 혁신하여 시장지향적 기업으로 전환하려 할 때가 이에 해당한다. 좀 더 거시적인 수준에서 보면, 서비스혁신은 전체 산업 그리고 서비스시스템과 연결될 수 있다. 예를 들면, IBM의 현재 스마트플래닛(Smart Planet) 구상은 서비스혁신을 통하여 헬스케어, 교육, 교통, 정부의 전체적인 시스템을 변경시키는 데 초점을 두고 있다.

본 절에서는 서비스제공혁신, 고객역할의 혁신, 서비스해결을 통한 혁신 등 서비스혁신의 유형과 의미에 대해서 학습할 것이다.

서비스제공 혁신

모든 신서비스가 동일한 정도로 "새로운 것"일 수 없다는 것을 기억해야 한다. 신서비스 유형은 대혁신에서부터 보다 작은 스타일 변화까지 아래에 기술하는 것처럼 다양하다.

- **대혁신**(major or radical innovation)은 아직 정의되지 않은 시장을 위한 신서비스이다. 과거의 사례로 최초의 TV 방송 서비스, 페더럴 익스프레스의 전국적인 24시간 소포배달 서비스가 이에 속한다. 클라우드(Cloud), 모바일 애플리케이션, 사물 인터넷 등을 통한 급진적 혁신 사례들이 현재와 미래에 많이 제공될 것이다. 예를 들어, 기계와 사람으로부터 수집된 데이터에 의해 생성된 많은 새로운 서비스(예 : 기계의 원격 수리 서비스, 사람을 위한 원격 건강진단 서비스)는 서비스혁신을 지원할 수 있는 데이터와 소프트웨어가 존재하기 전까지는 전혀 생각하지 못했다. 현재 그리고 미래에는 정보, 컴퓨터 및 인터넷에 기반을 둔 기술의 발달로 인해 많은 대혁신이 나타날 것이다. 종종 이러한 대혁신은 새로운 브랜드시장을 창출한다.[19]
- **창업 비즈니스**(start-up business)는 기존 제품과 동일한 본원적(generic) 욕구를 충족시키기 위해 신서비스를 도입하는 것이다. 이러한 서비스의 예로는 대체 형태의 의료서비스 제공을 위한 건강유지 프로그램을 제공하는 기업의 출현, 금융 거래를 위한 온라인 뱅킹, 전통적인 택시 및 리무진 서비스와 경쟁하는 승차공유서비스 등을 들 수 있다. 다양하면서 새로운 모바일 애플리케이션도 이 범주에 속한다.
- **기존 시장에 대한 신서비스**(new service for the currently served market)는 비록 그 서비스를 다른 기업에서 제공한 적이 있다고 할지라도 해당 기업에서 기존 고객에게 제공한 적이 없는 서비스를 제공하는 것을 말한다. 소매점이 커피를 마실 수 있는 바를 제공하면서 아이들에게는 놀이터(children's play area)를 제공하고, 헬스클럽이 영양과 관련된 강의를 하고, 항공사가 운항 중에 팩스, 전화, 인터넷서비스를 제공하는 것 등이 그 예이다. 때때로 이들은 위와 같은 적절한 서비스향상으로 시장에 출시된다. 그러나, 도입 사례에서 언급한 펫스마트의 펫호텔처럼 혁신적이면서 독보적인 서비스를 출시하기도 한다.
- **서비스계열확장**(service line extension)은 새롭게 추가된 식당의 메뉴, 항공사의 새로운 노선, 법률회사가 추가로 제공하는 법률서비스, 대학이 추가로 운영하는 새로운 형태의 교육과정 또는 학위와 같이 기존의 서비스계열을 확장하는 것이다.
- **서비스향상**(service improvement)은 아마도 가장 흔한 서비스혁신의 유형인데 기존 서비스를 좀 더 빨리 제공하든지, 서비스시간을 늘리든지, 호텔 객실에 편의시설(무선인터넷 연결 추가)을 추가하는 것 등이 이에 속한다.
- **스타일 변화**(style change)는 비록 현저하게 고객의 지각, 감정, 태도에 중요한 영향을 미칠 수는 있지만 가장 간단한 서비스혁신이다. 레스토랑의 인테리어 색상 변경, 기업로고의 변경, 웹사이트 재구축이나 비행기를 다른 색으로 도색하는 것 등이 이에 속한다. 이들은 서비스를 근본적으로 변화시키는 것이 아니라 단지 외형만을 바꾸는 것으로 소비재의 포장 변경과 유사하다고 볼 수 있다.

고객의 역할 혁신

앞 절에서 설명한 서비스혁신은 서비스제공물을 급속하게 한 방향으로 변화시키거나 또는 스타일을 다른 방향으로 변경하는 등 여러 가지 방법을 통해 서비스제공물에 변화를 주는 혁신이다. 또한, 서비스혁신은 서비스이용 또는 공동생산 과정에서 고객의 주어진 역할에 변화를 주어 발생하기도 한다. 예를 들면, 고객이 서비스상황에서 사용자, 구매자, 지불자의 역할을 한다고 가정하면 이러한 역할을 수정하여 새로운 서비스를 창출할 수 있다.[20]

많은 혁신적 변화들이 고객의 역할을 수정하여 효과적으로 변경되고 있다. 예를 들어, 미국의 영화대여업체 넷플릭스(Netflix)는 영화를 대여하는 과정에서 고객의 역할을 혁신적으로 변경했다. 고객들은 보통 그들이 거주하는 지역의 블록버스터 점포에 예정된 시간에 방문하여 영화 한 편당 가격을 지불하고 대여했는데, 넷플릭스는 고객에게 우편을 통하여 받을 수 있도록 하였고, 또한 서비스계약에 기초하여 지불하고 준비가 되면 언제든지 반환할 수 있도록 하였다. 여전히 우편을 통해 영화를 대여할 수 있지만 이제는 고객이 스마트폰, TV 또는 다른 기기로 직접 영화, TV 에피소드 및 기타 콘텐츠를 인터넷을 통해 스트리밍하는 경우가 더 많아졌다. 즉, 집안에서 영화시청을 하는 것은 변화가 없지만 영화를 수령하는 방식, 대여료 지불방식, 반환방식 등을 혁신적으로 변화시켰다.

서비스솔루션을 통한 혁신

많은 기업들은 고객이 독보적인 서비스를 원하지는 않지만 그들의 문제를 해결할 수 있는 혁신적인 솔루션(solution)을 원한다는 것을 인지하고 있다. 전통적인 시각에서 솔루션은 기업이 고객에게 제공하는 "제품과 서비스의 묶음(bundles of goods and service)"으로 간주된다. 그러나, 튤리(Kapil Tuli), 콜리(Ajay Kohli), 바라와즈(Sundar Bhradwaj)의 연구에서는 고객의 정의관점에서 바라보면 솔루션이 제품과 서비스의 묶음이 아니라 서비스제공 시 고객이 접하는 일련의 과정이라는 것이다. 이러한 관련 과정은 (1) 고객요구표준, (2) 제품이나 서비스의 고객화 또는 통합, (3) 통합된 솔루션의 제공, (4) 서비스 제공 후의 지원으로 구성된다.[21] 또 다른 연구자 베튼코트(Lance Betton Court)는 "서비스혁신은 고객문제의 이해에 대한 결과이고 그것을 해결하기 위한 직무이다. 따라서 고객의 문제해결을 도와줌으로써 솔루션을 개발하는 것이다"라고 했다.[22] 베튼코트의 연구에서는 어떤 고객들이 이러한 것들을 이해하고 서비스와 솔루션을 개발, 경험, 그리고 행하는지를 설명하고 있다. 또 다른 연구에서는 고객행위사슬(customer activity chain)과 고객행위향상을 통한 서비스와 솔루션의 개발에 초점을 두고 있다.[23] 예를 들면, 미국의 앨범업체인 셔터플라이(Shutterfly)사는 사진을 통한 고객의 추억 공유를 향상시키기 위해 모든 종류의 온라인서비스를 제공하고 있다.

고객을 위한 솔루션이라는 관점에서 볼 때, 기업들은 고객과 함께 많은 시간을 공유하고, 고객의 문제를 관찰하고 경청하며, 혁신적 솔루션을 통해 제기될 수 있는 문제점을 밝혀내기 시작했다. 이러한 것들은 BtoB(business-to-business) 상황에서 기업이 사업절차 아웃소싱(business process outsourcing), 전문영역컨설팅, 관리서비스 같은 그들의 전통적인 생산제품을 멀리하라는 것으로 해석되기도 하는데, 제록스는 기존의 일반서류관리 이외에 디지털 서류관리 서비스를 제공한다.[24] 캐터필러(Caterpillar)사는 장비 브랜드에 상관없이 고객이 소유한 토목공사 장비를 관리하는 서비스를 제공한다.

솔루션은 BtoB(business-to-business) 상황에서만 관련이 있지는 않다. 도입 사례에서 다룬 펫스마트가 애완견과 애완견 부모(주인)를 위해 "요람에서 무덤까지" 솔루션을 제공한 것과, 셔터플라이의 사진 관리 옵션, 로우스(Lowe's)의 가상주택 디자인 서비스 등의 솔루션은 명확하게 고객에게 초점을 맞춘 것이다. 최신 연구에서는 가족구성원의 상호목표와 집단목표를 고려한 고객의 여행 및 휴가 솔루션의 설계가 적절한지에 대해서 지적하기도 했다.[25] 여행업에서의 전형적인 접근방식은 가족구성원이 여행을 통해 얻으려고 하는 여러 가지 목적보다는 목적지의 특성이나 특징에 집중했었기 때문이다. 페이스북 같은 경우는 소비자 솔루션의 명확한 예인데, 고객을 위한 포괄적 · 혁신적 · 사회적 솔루션이라고 할 수 있다.

상호 연결된 제품을 통한 서비스혁신

오늘날 비즈니스에서 가장 보편적이고 광범위한 추세 중 하나는 제품의 디지털화다. 가전제품부터 산업용 장비, 의료 장비, 의류, 통신 기기에 이르기까지 모든 것에는 센서가 내장되어 있고 통신할 수 있다. 제품은 내장된 센서를 통해 지속적으로 데이터, 즉 캡처, 연결 및 정보로 변환할 수 있는 데이터를 방출한다. 궁극적으로 이러한 정보는 종종 새로운 서비스 비즈니스 모델을 기반으로 하는 혁신적인 서비스로 변환될 수 있다.

다음은 연결된 제품을 통해 혁신된 서비스 유형의 몇 가지 사례다. 교통흐름을 모니터링하고 최적화하는 데 도움이 되는 교통 신호, 성능을 모니터링하고 고장 및 유지관리 요구사항을 예측하는 센서가 장착된 트럭, 성능 및 안전성을 높이기 위한 승차 진단(onboard diagnostics)장치가 있는 자동차, 사용량을 모니터링하고 통신하는 운동화, 원격으로 제어할 수 있는 가전제품 및 홈 시스템 등이 이에 해당한다. 모든 경우에 서비스를 제공하는 것은 데이터 자체가 아니라 해당 데이터를 사용하여 고객의 문제를 해결하고 고객의 지식과 능력을 향상시키거나 새로운 기능을 만드는 데 사용된다. 예시 8.1은 상호 연결된 제품이 오래되고 증가하는 의약품 규정의 준수 문제를 해결하는 데 어떻게 도움이 되는지를 설명하고 있다.

이러한 제품의 디지털 변환은 인터넷과 연결된 센서가 제품에 포함된 "사물 인터넷(Internet of Things)" 또는 IOT라고도 한다. IOT는 상호 연결된 제품 간에 전달되는 데이터를 기반으로 하는 서비스의 폭발적인 확대를 불러일으켰다. 그러나 이 데이터는 누군가가 가치 제안(즉, 다른 데이터와 결합된 데이터가 고객을 위해 무엇을 할 수 있는지)을 파악하고, 올바른 데이터를 캡처하고, 소비자, 기업 고객 또는 정부에 유용한 데이터로부터 통찰력을 얻을 때까지 서비스가 되지 않는다.

IOT는 거의 모든 산업에 영향을 미치고 있으며 그 잠재력은 계속 증가하고 있다. 가트너사(Gartner, Inc.)는 2020년까지 208억 대의 IOT 장치가 설치될 것으로 추정했는데, 그 숫자는 2020년 이후에도 계속해서 증가할 것이다.[26] 상호 연결된 제품은 경쟁, 기업의 관행 변

예시 8.1 센서가 포함된 알약으로 환자의 약물 사용 추적

오늘날 의학계에서 가장 큰 문제 중 하나는 환자의 규정 준수(순응도)다. 많은 환자들이 의지부족, 건망증 또는 의료 계획의 복잡성에 대한 혼란으로 인해 처방된 의료 요법을 준수하지 않는다. 인구가 고령화되면서 이 문제는 더 큰 문제로 커질 가능성이 높다. 사랑하는 사람들은 가족 구성원의 알약 복용을 모니터링해야 하는 필요성 때문에 종종 어려움을 겪는데, 이것은 부담이 될 수 있고 가뜩이나 어려운 상황에 상당한 스트레스를 더해줄 수도 있다. 가족 구성원이 다른 도시에 사는 경우, 이것은 더욱 어렵다. 사회는 또한 응급실 방문, 병원 입원, 심지어 중요한 심리적 약물 요법을 준수하지 않는 환자들에 대한 제도화 비용 등의 형태로 의약품 미준수에 대한 대가를 치르고 있다.

프로테우스 디지털 헬스(Proteus Digital Health)사에 따르면, 다양한 이유로 모든 약품의 50%는 처방대로 복용되지 않는다고 했다. 이 회사는 이러한 문제를 해결하기 위해 프로테우스 디스커버(Proteus Discover)라는 서비스를 제공한다. 프로테우스 디스커버는 섭취 가능한 센서, 소형 웨어러블 센서 패치, 모바일 장치의 애플리케이션 및 공급자 포털로 구성된다. 모래알만한 섭취 가능한 센서가 약물에 내장되어 있다. 환자가 약을 복용하면 센서가 웨어러블 패치에 약을 복용했다는 신호를 보낸다. 그런 다음 이 정보는 환자의 모바일 장치로 전송되어 간병인과 가족 구성원(환자의 허가 하에)이 데이터에 접근할 수 있는 클라우드로 전송된다. 환자가 지정한 사람은 누구든지 약을 복용했는지 확인하거나 환자에게 복용하도록 알릴 수 있다. 또한 이 시스템은 환자의 활동 및 휴식 시간과 같은 기타 건강 행동을 추적한다.

투자자들도 프로테우스사를 신뢰한다. 이 회사는 2016년 미공개 투자자들로부터 5,000만 달러를 유치하여 총 4억 5,000만 달러 이상으로 자본금을 확대했다. 기존 투자자로는 메드트로닉(Medtronic), 이토추(Itochu), 세인트주드메디컬(St. Jude Medical), 카이저 퍼머넌트 벤처스(Kaiser Permanente Ventures)가 있다. 이 서비스는 환자와 환자의 가족에 대한 중요한 요구와 더 나은 의료 준수에 대한 사회적 요구도 명확하게 해결해 준다. 연결된 제품 또는 연결된 알약은 서비스 혁신을 가능하게 하는 기술 혁신이다.

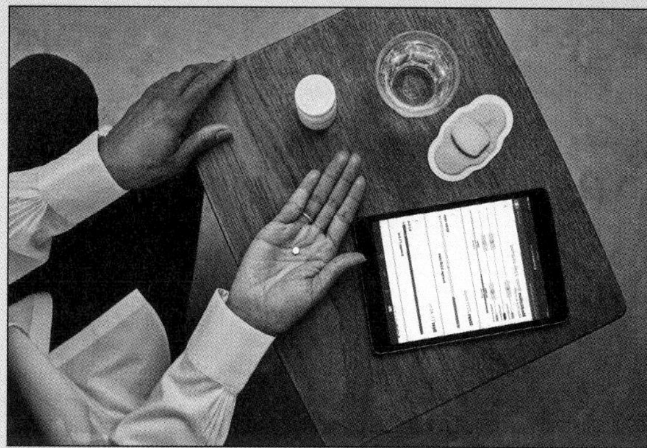

© Petr Krejci/Proteus Digital

프로테우스 디지털 헬스는 알약에 들어 있는 소형의 섭취 가능한 센서를 사용하여 복약규정 준수를 추적하고 모니터링하는 시스템을 제공한다.

자료 : www.proteus.com, accessed July 22, 2016; A. Pai, "Proteus Digital Health Raises Another $50M for Ingestible Sensor-Enabled Digital Medicine," *MobiHealthNews*, April 15, 2016,http://www.mobihealthnews.com/content/proteus-digital-health-raises-another-50m-ingestible-sensor-enabled-digital-medicine.

화, 예고되지 않은 서비스혁신의 기회를 제공한다는 측면에서 산업 전반에 걸쳐 기업에게 가장 큰 변화, 도전 및 기회가 될 수 있다.[27]

서비스혁신과 개발단계

여기에서는 신서비스의 개발 시에 따라야 할 실질적인 단계에 초점을 맞추려 한다. 이들 단계는 앞서 논의한 모든 유형의 신서비스에 적용될 수 있으며, 제조업의 신제품 개발과정과 매우 유사하다. 그러나 서비스는 고유한 특성을 지니고 있기 때문에 신서비스 개발프로세스 또한 다르다.[28] 그림 8.1은 신서비스 개발의 기본원칙과 단계를 보여주고 있는데, 비록 이들이 제조업의 그것과 유사하게 보이지만, 실행 면에서 매우 다르다.[29] 또 다른 쟁점은 신서비스

그림 8.1
신서비스개발 단계

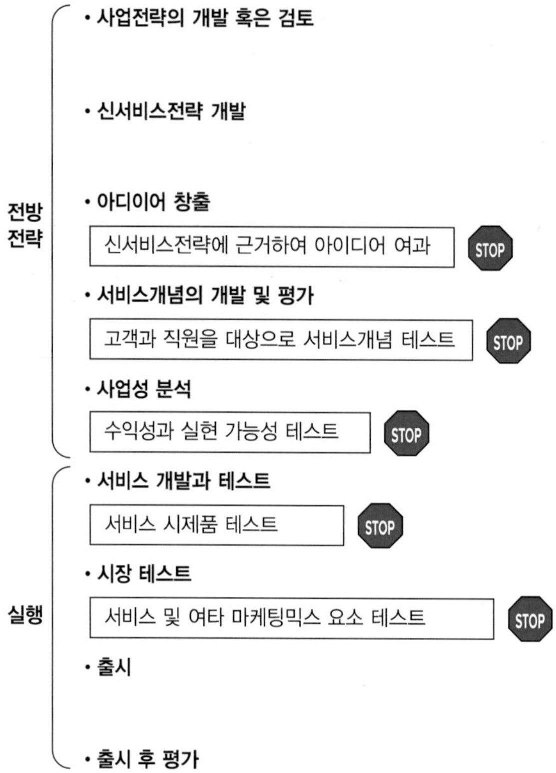

개발단계가 기존 시스템의 인력, 기술, 내부절차, 설비 등의 조정을 포함하고 있기 때문에 발생하는 문제이다. 아울러 개발프로세스의 초기 단계에서의 개념 정의를 하고 다시 시제품 개발단계에서의 개념 정의를 다시 해야 하는 어려움도 있다. 이러한 어려움 때문에 서비스기업은 신제품혁신에서 제조업이나 소비재기업보다 구조화된 개발프로세스를 덜 사용한다.[30]

신제품개발 프로세스모델의 기본 가정은 신제품아이디어가 특정 단계의 성공기준을 만족시키지 못하면 그 단계에서 개발이 중단될 수 있다는 것이다.[31] 그림 8.1은 개발프로세스를 분리하여 중요 단계의 체크포인트를 보여주고 있다(멈춤 표시가 되어 있음). 이들 체크포인트는 신서비스가 다음 단계로 넘어가기 전에 충족시켜야 하는 필요조건을 기술하고 있다.

그러나 그림 8.1에서 신서비스나 신제품개발의 단계를 제시하고 있지만 완전한 선형(linear) 프로세스가 드물다. 많은 기업들이 신서비스 개발프로세스를 신속하게 진행하기 위해 몇몇 단계를 동시에 수행하기도 하고, 심지어 특정 단계를 생략하기도 했다. 신서비스/제품 개발프로세스의 다양한 부분의 동시개발과 중복단계는 "**유연제품개발**(flexible product development)"로 표현된다.

이렇게 유연한 개발, 즉 신속한 프로세스는 제품과 서비스가 매우 빠르게 발전하는 정보기술산업에서 특히 중요하다. 이러한 환경에서 컴퓨터기술은 기업이 고객의 의견과 욕구를 제품과 서비스가 출시될 때까지 모니터링하도록 해준다. 때때로, 서비스의 다음 신제품은 현제품이 출시되는 동시에 계획한다. 만일 단계가 동시에 다루어질지라도, 그림 8.1에 논의된 중요 체크포인트는 성공의 기회를 극대화하기 위해 평가하여야 한다는 것이다.

그림 8.1에서 제시한 프로세스는 전방계획(front-end planning)과 실행(implementation)의 두 부분으로 나누어져 있다. 전방(front end)은 어떤 서비스개념을 개발할 것인지를 나타내는 것이고, 후방(back end)은 서비스개념이 실행되는지를 나타낸다. 제품과 서비스혁신의 가장 큰 약점이 어디에서 발생하는지 질문했을 때, 경영자는 일반적으로 **"퍼지프론트엔드**(fuzzy front end; 프로젝트에 착수하기 전, 사실에 근거하여 모든 가능성을 신중히 따져보는 초기단계. 즉 신제품개발 단계 중 전방전략단계)"와 관련된 문제들이라고 대답한다.[32] 프론트 엔드(front end)는 상대적인 추상성 때문에 헷갈린다는 의미의 "퍼지(fuzzy)"라고 하며, 이는 제조업 제품보다 무형적이고 가변적인 서비스에서 더욱 분명하게 나타난다.

전방계획(front-end planning)

사업전략개발이나 재검토(business strategy development or review)

신서비스의 개발에서 첫 번째 단계는 비전과 미션의 재검토에서 시작한다. 신서비스전략과 구체적인 신서비스 아이디어는 기업의 거대한 전략적 미션과 비전에 맞아야 한다. 예를 들면, 도입 사례에서 언급한 펫스마트는 "애완동물을 일생 동안 돌보는 것"을 통해 "애완동물의 부모"로서 봉사하는 것이 그들의 미션이다. 이러한 미션은 점포에서 제공하는 전통적인 사료, 장난감, 액세서리의 판매뿐만 아니라 훈련, 털 손질(grooming), 야간보호, 주간보호와 같은 많은 신서비스의 개발을 이끌었다. 펫스마트는 신서비스전략을 기업의 미션에 일치시켰다.

신서비스전략의 개발(new service strategy development)

연구에 따르면 제품포트폴리오전략과 신제품이나 서비스개발을 하기 위한 명확한 조직구조(이것들이 토대가 됨)가 성공을 위해 매우 중요하다고 한다. 어떤 기업에 적합한 서비스유형은 그 기업의 목적, 비전, 능력 및 성장계획에 달려 있다. 따라서 시장, 서비스유형, 시간범위, 수익기준 등에서 먼저 신서비스전략을 정의함으로써 아이디어 창출이 보다 용이해진다. 예컨대, 대혁신에서 스타일변화에 이르는 연속선상의 특정 수준에 신서비스 개발의 초점을 맞출 수도 있고, 특별한 세분시장을 겨냥하여 신서비스전략을 개발할 수도 있다.

신서비스전략을 개발하는 한 가지 방법은 그림 8.2에서 보는 바와 같이 성장기회를 파악하

그림 8.2
성장기회를 파악하기 위한 매트릭스

제공물	시장	
	기존 고객	신고객
기존서비스	기존 서비스 확대	시장개척
신서비스	서비스개발	다각화

자료 : Adapted from H. I. Ansoff, *Corporate Strategy* (New York: McGraw-Hill, 1965).

전략적 통찰 서비스를 통한 전략적 성장

많은 산업의 기업들이 기업의 이익과 성장은 물론 고객에게 가치를 제공하기 위해 서비스혁신에 전략적으로 집중하여 자신들의 가치를 발견하고 있다. 기존 제품에 서비스를 추가함으로써 기업은 경쟁업체와 차별화할 수 있으며, 기존의 제조 또는 소매 제품과 비교하여 새로운 서비스에서 더 높은 이윤을 얻을 수 있다. IBM 글로벌서비스는 이러한 유형의 서비스솔루션 전략에서 가장 오래되고 가장 잘 알려진 사례다. IBM과 마찬가지로 많은 기업이 B2C 및 B2B 시장에서 "서비스를 통해 성장"할 준비가 되어 있다. 이러한 방향으로 기업전략을 이동하면서 그들은 새로운 서비스를 도입하는 데 따른 복잡한 문제와 함께 좋은 기회도 빠르게 인식하고 있다. 아래의 내용에서 매우 다양한 산업 분야의 세 개의 기업과 그들의 서비스를 통한 성장전략을 설명한다.

© Ed Zurga/Bloomberg/Getty

타이드 드라이클리너—P&G의 서비스전략

프록터 앤 갬블(Procter & Gamble, P&G)

P&G는 세계에서 가장 크고 존경받는 소비재 제품 기업 중 하나다. 그래서 그들의 최근 벤처 사업 중 일부가 기업을 혁신적인 서비스에 참여시키고 있다는 것은 놀라운 일이 될 수 있다. P&G는 애자일 퍼수잇(Agile Pursuits) 프랜차이즈 자회사를 통해 잘 정립되고 존경받는 브랜드를 서비스 영역으로 확장하고 있다. 타이드 드라이클리너스(Tide Dry Cleaners), 미스터 클린세차(Mr. Clean Car Wash), 아트 오브 쉐이빙(Art of Shaving) 매장이 대표적인 사례다. 각각의 사례에서 P&G는 고객의 기대치가 특별히 높지 않고, P&G 브랜드명이 독점 기술과 고객 경험 개선을 통해 가치를 높일 수 있는 세분화된 업종을 모색하였다. 예를 들어, 타이드 드라이클리너스는 밝고 쾌활하며 대담한 색상의 간판과 인테리어, 드라이브 스루 차선, 근무 시간 외 픽업이 가능한 사물함을 갖추고 있다. 경험과 세탁 품질 자체는 일반적으로 탁하고 어둡고 때로는 불편한 세탁소에 대한 소비자의 경험과 극명하게 대조를 이루기 위한 것이다. 하지만 P&G의 서비스 확장은 모 브랜드(parent brand)에 해를 끼칠 위험이 없도록 매우 신중하고 세심한 주의를 기울여야 한다.

에릭슨(ERICSSON)

스웨덴에 본사를 두고 있는 에릭슨은 통신 장비와 관련 서비스 및 솔루션을 제공하는 세계적인 선도 기업이다. 1990년대 중반부터 첨단 기술 제품에 가치를 더해 고객, 솔루션 및 서비스에 중점을 둔 성장전략을 추구해 왔다. 에릭슨은 약 64,000명의 서비스 전문가를 고용하고 있으며, 180개 이상의 국가에서 사업을 운영하고 있다. 에릭슨 글로벌서비스(Ericsson Global Services)는 전 세계 통신 사업자에게 고객 지원 및 수익 창출이라는 핵심 비즈니스에 집중할 수 있도록 서비스를 제공하는 데 중점을 두고 있다. 예를 들어, 관리 서비스계약을 통해 운영자와 협력하여 시스템을 업그레이드하고 네트워크 계획, 설계 및 배포에 관해 운영자와 협의한

는 틀을 사용하는 것이다. 이 틀은 기업으로 하여금 성장방향을 파악할 수 있도록 하며, 창조적 아이디어를 내도록 하는 촉매제 역할을 한다. 또한 이 틀은 아이디어를 여과하는 역할도 한다. 여러 아이디어를 매트릭스의 네 칸에 분류하고 그중 한두 칸을 택하면 여과되기 때문이다. 이 매트릭스는 기업이 현재 고객이나 새로운 고객에게 맞는 성장전략을 개발할 수 있고, 기존 제공물이나 새로운 서비스제공물에 집중할 수 있도록 한다. 예를 들면, KFC는 한동안 미국 이외의 지역에서 시장개발을 한 후 서비스를 제공하여 성장했다(기존 서비스, 신고객). 20년 이상 중국에서 성장한 이후에 현재는 아프리카의 새로운 시장으로 눈을 돌렸는데,

다. 에릭슨은 시스템의 운영 효율성과 안정성의 기본을 넘어 고객의 경험에 초점을 맞추고 있다. 이들은 성과 평가에 운영 메트릭스뿐만 아니라 고객 경험 설계 및 제공 메트릭스를 포함하도록 관리형 서비스제공물을 혁신했다. 에릭슨은 운영자 외에도 정부 및 민간기업과 직접 협력한다. 에릭슨은 제조업 분야의 전통적인 기반에서 계속 벗어나면서, 고객을 위한 통합 솔루션을 제공하는 방향으로 전체 기업의 방향을 조정하고 있다.

VWR 인터내셔널

실험실 장비 공급업체로서 전 세계 유통망을 보유한 기업인 VWR 인터내셔널의 슬로건은 "우리는 과학을 가능하게 한다"이다. VWR은 "제약, 생명공학, 산업, 교육, 정부 및 의료 산업의 고객을 위한 실험실 및 생산 시설에 대한 제품, 서비스 및 솔루션을 제공하는 선도적인 글로벌 독립 공급업체"이다. 설립 후 160년 역사를 이어온 이 기업은 산업 전반에 걸쳐 고객기업의 실험실에서 수행하는 작업을 보다 효과적이고 효율적으로 작업할 수 있도록 지원한다. VWR은 모든 유형의 과학 관련 제품[예 : 비커, 피펫(pipettes), 저울 등]을 실험실 및 생산 시설에 공급하는 유통기업으로 출발했다. 기업이 성장을 거듭하면서 고객, 즉 과학실험을 실제로 수행한 기업의 직원들이 비핵심적인 활동에 많은 시간을 소비하고 있다는 사실을 깨닫게 되었다. 구체적으로 설명하면, 이러한 고임금의 과학자들은 과학 관련 시간보다 실험에 필요한 재료의 조합 구성, 소모품 주문, 장비 청소, 필요한 재료들의 조합을 구성하는 데 많은 시간을 소비했다. VWR의 서비스 기업은 VWR 카탈리스트(Catalyst)다. VWR 카탈리스트는 고객에게 최고의 업무인 과학에 집중할 수 있는 서비스를 제공하는 한편, 소모품 재고를 관리하고 장비를 청소하며, 실험실에서 효율적으로 실험을 수행할 수 있도록 재료 패키지를 맞춤화하여 지원한다. VWR 카탈리스트는 실험실의 연구자, 공급 관리자 또는 과학 지원 역할을 수행하는 고객기업의 직원과 함께 일하도록 자신들의 직원을 파견할 수도 있다. VWR 카탈리스트는 120,000명 이상의 고객을 지원하고 전 세계적으로 9,300명 이상의 직원을 고용하여 고객의 생산성과 효율성을 높이는 데 도움이 되는 혁신적인 서비스를 제공한다.

이와 같은 기업들의 서비스 분야로의 전환은 초기에는 미지의 영역으로 이끌었던 중요한 전략적 선택이었다. P&G의 사례는 고객 경험을 설계하고 현장에서 서비스를 제공하기 위해 직원을 고용하고 교육하는 등 서비스사업 운영 방법을 배우는 것을 참고할 수 있다. 에릭슨의 사례에서는 제조 및 기술 마인드에서 고객과 솔루션에 초점을 맞춘 마인드로의 전환을 의미한다. VWR은 완전히 새로운 방식으로 과학 실험실 고객과 상호작용하고 고객에게 서비스를 제공하며, 고객의 비즈니스와 더욱 친밀해지는 것을 의미한다. 그러나 잠재적인 보상은 크고 서비스와 솔루션에 대한 고객의 요구는 현실적이다. 이러한 보상과 요구는 점점 더 많은 기업들이 전략적 서비스 경로를 추구하도록 강조하는 요인으로 작용하고 있다.

자료 : M. Sawhney, S. Balasubramanian, and V. V. Krishnan, "Creating Growth with Services," *Sloan Management Review* 45 (Winter 2004), pp. 34–43; L. Coleman-Lochner and M. Clothier, "P&G Looks to Franchise Tide Dry Cleaning," *Bloomberg Business Week*, September 2, 2010; B. Brown and S. D. Anthony, "How P&G Tripled Its Innovation Success Rate," *Harvard Business Review* 89 (June 2011), pp. 64–72; L. A. Bettencourt, *Service Innovation* (New York: McGraw-Hill, 2010), https://www.ericsson.com/portfolio/services-and-solutions, accessed July 25, 2016; https://www.vwr.com/vwrcatalyst_laboratory_services.htm, accessed July 25, 2016; V. A. Zeithaml, S. W. Brown, M. J. Bitner, and J. Salas, *Profiting from Services and Solutions: What Product-Centric Firms Need to Know*, (Business Expert Press, New York 2014).

2015년에는 아프리카 대륙(대부분이 남아프리카 공화국에 있음)에 1,000개 이상의 KFC 매장이 개점했다.[33] 한편 도입 사례에서 언급한 펫스마트의 서비스는 서비스개발의 한 예이다(신서비스, 기존 고객). 타이드 드라이 클리너(Tide Dry Cleaner)와 미스터 클린 세차(Mr. Clean Car Washes)를 통한 P&G의 벤처 서비스는 다각화를 통한 성장전략의 한 예이다(신서비스, 신고객). P&G나 펫스마트처럼 많은 기업들이 서비스혁신을 통해 전략적으로 성장하고 있다.

아이디어 창출(Idea generation)

신서비스를 개발하는 다음 단계는 전 단계에서 설명한 신서비스전략에 근거하여 여과된 새로운 아이디어를 창출하는 것이다. 브레인스토밍, 직원과 고객으로부터 아이디어 유도, 선도사용자(lead user) 조사, 그리고 경쟁사의 서비스제공물에 관한 학습 등이 흔히 사용되는 접근방법들이다. 어떤 기업들은 새로운 아이디어의 모든 가능한 원천을 이용하기 위해 경쟁업체, 벤더, 제휴 파트너와 같은 제3자(outsiders)와 협력하기도 하고 합작투자나 라이센스 협정(licensing agreement)을 맺기도 한다.[34]

고객이 기업의 제품과 서비스를 어떻게 사용하는지 관찰하는 것은 새로운 혁신에 대한 창조적인 아이디어를 이끌어내는 데 효과적이다. 때때로 **공감적 설계**(empathic design)라 불리는 관찰(observation)은 고객이 그들의 욕구를 잘 알지 못하거나 말로 표현할 수 없는 상황에서 특히 효과적이다.[35] 따라서 서비스업에서 서비스를 실제로 제공하고 고객과 직접 대면하는 접점직원은 시장에 이미 제공하고 있는 서비스를 보완하고 개선하는 데 훌륭한 아이디어의 원천이 될 수 있다.[36] 어떤 기업은 직원의 내부네트워크가 혁신적 아이디어의 가장 좋은 원천일 수 있다는 것을 인지하고 직원의 네트워킹과 협업을 새로운 아이디어 창출을 장려하기 위한 방법으로 이용한다.[37]

새로운 아이디어의 원천이 기업의 내부에 존재하든 외부에 존재하든 간에, 신서비스의 탄생을 가능하게 하는 공식적인 메커니즘이 존재한다. 이러한 메커니즘에는 공식적인 서비스 개발부서 또는 새로운 아이디어를 창출하는 책임을 맡고 있는 서비스 R&D 부서, 고객 또는 직원이 새로운 서비스에 대한 아이디어를 제출할 수 있는 온라인 제안함(repository), 정기적 모임을 갖는 신서비스 개발팀, 고객과 직원을 대상으로 하는 초점집단인터뷰, 신서비스를 파악하기 위한 경쟁자분석 등이 포함된다.

서비스개념의 개발과 평가(service concept development and evaluation)

일단 아이디어가 기존사업과 신서비스전략에 적합성이 높은 것으로 판명되면, 초기 준비는 완성된 것으로 볼 수 있다. 서비스 고유의 여러 가지 특성, 특히 무형성 및 생산과 소비의 동시성으로 인하여 이 단계는 매우 복잡하다. 즉, 무형의 서비스특징을 구체적인 용어로 묘사하고 표현하는 것은 힘든 작업인데, 특히 서비스가 표준화되어 있지 않고 고객과 함께 생산할 때 그러하다. 그러므로 개념이 정확히 무엇인지 이 단계에서 합의하는 것이 중요하다.

개념을 정의하는 데 여러 관계자가 관련되기 때문에 흔히 개념에 관한 개인적인 견해가 다를 수가 있다. 예컨대 사례 하나를 들어보면, 새로운 할인증권서비스(discount brokerage service)를 설계하고 개발하면서 처음에 그 개념을 "고객을 위해 주식을 저가격으로 매수하고 매도하는" 것으로 묘사했다.[38] 초기의 개념개발단계를 거치면서 조직 내의 모든 사람이 이러한 표현을 실제 서비스로 옮기는 것에 대해 같은 생각을 가지고 있지 않음이 분명해졌다. 수많은 반복과 크고 작은 수백 가지의 문제제기를 통해 결국 할인증권서비스란 개념에 대한 합의가 이루어졌다.

개념을 명확히 정의한 다음, 서비스의 구체적인 특징을 나타내도록 서비스를 기술하고, 그 개념에 대한 고객과 직원의 초기 반응을 확인하는 것이 중요하다. 서비스설계문서(service design document)는 신서비스가 해결할 수 있는 문제를 기술해야 하며, 서비스가 주는 편익과 서비스프로세스를 상세히 설명해야 하고, 신서비스를 구매해야 하는 합당한 논리를 제공해야 한다.[39] 제공과정에서의 고객과 직원의 역할 역시 기술돼야 하는데, 서비스혁신과정에서 개념수준의 서비스청사진을 만들어보는 것도 유용하다. 그런 다음 직원과 고객에게 제시된 서비스아이디어를 이해하는지, 그 개념에 대하여 호감을 갖는지, 미충족된 욕구를 충족시키는지에 관하여 질문함으로써 서비스개념에 대한 평가가 이루어진다.

사업성 분석(business analysis)

개념개발단계에서 서비스개념이 고객과 직원에 의해 좋은 것으로 평가되면, 다음 단계로 실행 가능성과 잠재수익성 분석에 들어간다. 수요분석, 예상매출액, 비용분석, 그리고 운영상의 실행 가능성이 이 단계에서 평가된다. 서비스개념의 개발은 조직의 운영시스템과 밀접하게 연결되어 있기 때문에, 이 단계에서는 직원 고용 및 교육에 따르는 비용, 제공시스템의 개선비용, 신기술 또는 온라인 개선에 따른 비용, 설비 변경 및 기타 예상되는 운영비용 등에 관해 추산해 보아야 한다. 이러한 분석을 통해 조직은 서비스아이디어가 자사에서 정한 실행 가능성과 수익성 기준을 충족하는지를 검토할 수 있다.

실행(implementation)

신서비스 개념이 모든 전방계획의 장애물을 넘기만 하면, 실행단계로 갈 준비를 갖춘 것이다.

서비스개발과 테스트(service development and testing)

신제품 개발에 있어서 개발과 테스트 단계는 시제품을 개발하고 이의 고객 수용을 알아보는 테스트를 말한다. 서비스는 무형이며 대부분 생산과 소비가 동시에 이루어지고 종종 고객과 공동생산하기 때문에, 유형재인 제품에 비해 이 단계가 매우 어렵다. 따라서 신서비스에 이해관계를 갖는 모든 사람, 즉 고객과 서비스를 제공하는 직원뿐만 아니라 마케팅, 생산, 조직 인사 등의 부서대표들은 이 단계에 참여해야 한다. 이 단계에서 신서비스 개념의 실행을 보여주는 상세한 서비스청사진(service blueprint)이 만들어져야 한다. 이렇게 마련된 서비스청사진은 이해관계자가 참여하여 여러 번 반복해 봄으로써 완전한 것으로 진화하게 된다.

국제적으로 잘 알려진 서비스설계회사인 IDEO는 서비스혁신 실행 시, 서비스 운영 측면과 고객반응 모두를 파악하기 위해 실물 크기의 동일한 모형을 이용한다. 메리어트의 호텔체인 중의 하나인 타운플레이스 스위츠(TownePlace Suites)의 확장업무를 맡았을 때, IDEO의 스마트 공간 연구자들은 먼저 타운플레이스 스위츠 고객들의 미충족욕구는 무엇이며 어떻게 공간을 사용하는지 파악하기 위해 고객과 몇 주 동안 생활하고 대화를 나누었다.[40] 그 결과 고객이 쉽게 알아볼 수 있도록 레크리에이션 지역, 쇼핑몰, 레스토랑, 공원 등이 표기된 지도

예시 8.2 메이요클리닉의 서비스혁신

미국의 메이요클리닉(Mayo Clinic)은 100년 이상 오랜 역사를 이어오고 있으며, 전 세계적으로 가장 존경받는 의료기관 중 하나다. 이 병원은 계속해서 미국 최고의 병원 중 하나로 선정되었고 협력적 의료 모델, 수준 높은 서비스, 의료업계 최고수준의 기관으로 유명하다. 메이요는 혁신적인 전통에 따라 혁신센터(이전 명칭 SPARC Innovation Lab)를 설립하여 "보건 및 의료 경험의 혁신"에 중점을 두고 있다. 지난 50년 동안 의료 및 기술의 발전이 의료서비스의 면모를 획기적으로 변화시켰지만 환자에게 의료서비스가 제공되는 방식은 그에 부합하지 못하고 있다. 환자 검사실에서부터 대기 경험에 이르기까지 모든 것이 의학의 과학적 발전에 비해 상대적으로 거의 변하지 않았다. 메이요는 이러한 사실을 파악하고 의료서비스 제공 프로세스 및 관행에서 혁신의 최전선에 서야 한다고 판단했다.

메이요 혁신센터는 모든 유형의 서비스 및 제공 혁신, 즉 환자의 경험을 향상시키고 잠재적인 건강상의 이점이 있는 혁신을 위한 시험장이 되었다. 디자인 회사 IDEO와 협력하여 미네소타주 로체스터에 있는 시설에 실험실 및 혁신센터를 구축했는데, 이곳에서 실제 환자와 실제 메이요클리닉의 의사 및 직원들이 각종 서비스혁신 내용을 병원에 도입하기 전에 미리 테스트할 수 있다. 연구소는 메이요 시설 내 실제 클

미국 미네소타주 로체스터에 있는 메이요클리닉 혁신센터

를 벽에 거는 것을 포함하여 로비를 완전히 재설계했다. 또 하나의 변화는 객실을 일할 수 있는 공간으로 유연하게 변경할 수 있도록 재설계했다. 이러한 설계를 테스트하기 위해 IDEO는 실물 크기의 모형을 만들었고, 메리어트의 이사진과 호텔매니저, 고객을 초청하여 이에 대한 피드백을 받았다. IDEO가 수행한 유사한 서비스혁신 프로토타이핑 및 테스트 프로젝트는 월그린(Walgreen)의 21세기 약국 경험 디자인, 루푸트한자항공(Lufthansa)의 일등석 비행경험 재상상, 홀리데이인 익스프레스 유럽(Holiday Inn Express Europe)의 재설계를 통한 유럽 브랜드 개편 등 많이 있다.[41] **예시 8.2**에서는 메이요클리닉 혁신센터에서 새로운 환자 경험 개념과 건강 제공 서비스를 테스트하는 방법을 설명한다.

리닉으로 설정되고 실험은 의사와 환자(물론 사전 지식과 동의하에)가 함께 수행한다. 공간은 매우 유연성이 뛰어나 시험실, 공용 공간, 벽, 가구 및 컴퓨터를 이동시켜 다양한 구성과 서비스를 테스트할 수 있게 설계했다. 연구원들은 현장에서 의사 및 환자와 작업하면서 질문과 실험을 클리닉으로 직접 옮겨 가기도 한다.

혁신센터 내에서 연구원들은 "환자 중심 설계"라는 가장 중요한 원칙에 따라 일반적으로 의료산업 전반의 복잡하고 중요한 문제에 집중한다. 예를 들면, 다음은 메이요 혁신센터 연구원들이 서비스 개선 및 미래 혁신에 사용하는 용어인 그들이 탐구하고 "재상상(re-imagined)"한 몇 가지 주제다:

- 환자의 입장에서 통합의료는 어떤 모습으로 보일까?
- 환자의 의사소통, 이해, 만족도는 어떤 관계가 있는가?
- 보다 향상된 환자 경험을 제공하고 환자와 의사간의 의사소통을 개선하기 위해 검사실을 어떻게 재구성할 수 있는가?
- 예약을 위한 현장 접수 프로세스를 어떻게 개선할 수 있는가?
- 환자와 직원 서비스를 위해 의료시설 내 공간을 어떻게 최적화할 수 있는가?
- 환자의 충족되지 않은 교육적 요구는 무엇이며, 이러한 요구를 충족시키기 위해 서비스를 어떻게 설계할 수 있는가?

위에 열거한 것과 같이 의료서비스 제공 관행과 같은 혁신은 드물지만, 혁신센터 내에서 메이요의 사례는 서비스, 설계, 의료 원칙이 결합된 독특한 방식이다. 예를 들어, 메이요 로체스터(Mayo Rochester)의 환자 접수 프로세스는 환자가 앉아 있고 싶지만 모든 것을 서서 기다려야 하는 긴 대기줄과 좌절감으로 인해 환자에게 특히 문제가 있는 것으로 간주되었다. 다양한 분야의 연구진으로 이루어진 팀은 환자와 직원 모두를 관찰하고 그들의 의견을 경청하여 이 과제에 대한 혁신적인 해결책을 식별하는 프로세스를 시작했다. 이러한 인간 중심적이고 참여적인 접근방식을 통해, 그들은 혁신으로 변형된 내러티브(서술)를 전달함으로써 아이디어를 발전시켰고, 이를 실험실에서 시제품(prototypes)으로 테스트했다. 환자 접수 프로세스의 기본적인 혁신 아이디어는 자동화된 셀프 체크인 프로세스를 개발하는 것이었다. 셀프서비스 체크인 단말기(kiosk)의 초기 시제품은 매우 정교하지 못했다. 예를 들어, 첫 번째 버전은 컴퓨터 화면을 나타내는 종이였다. 이후 개선된 버전의 시제품은 비활성 컴퓨터 화면에서 단말기에 표시되는 실제 터치 화면으로 발전했다. 시제품의 각 버전에서 연구팀은 환자와 직원 모두로부터 피드백을 수집했다. 이 실험 결과를 토대로 메이요는 이러한 혁신적인 솔루션의 출시를 위한 연구조사에 인적 · 물적 자원을 투자했다.

또 다른 사례는 연구실에서 연구한 혁신이 스타틴(statin)계열 약물 복용을 고려하고 있는 당뇨병 환자에게 치료 옵션을 제공할 수 있는 혁신적인 방법으로 이어졌다. 다양한 형식을 통해 의학적 증거, 위험요소, 치료 옵션에 대한 정보를 제공함으로써 환자가 옵션을 이해하는 데 도움이 되도록 많은 환자-의사 간 커뮤니케이션 시제품이 테스트되었다. 시제품은 온라인 정보에서 한 페이지 분량의 의사결정 지원에 이르기까지 다양했으며, 각각은 환자 참여, 선호도, 치료 선택에 대한 순응도에 가장 효과적인 것이 무엇인지 결정하기 위해 테스트되었다. 이 경우, 혁신은 의사와의 상호작용에서 환자의 경험을 개선했을 뿐만 아니라 환자가 치료계획을 따를 가능성을 높여 궁극적으로 의료서비스 결과 자체에 영향을 미쳤다.

의료서비스 혁신에 대한 메이요클리닉의 의지는 의료서비스 설계 및 혁신과 관련된 발표자와 최신 정보지식을 토론하기 위해 매년 열리는 "변환(Transform)" 학술세미나에서도 찾아볼 수 있다.

자료 : http://www.mayo.edu/center-for-innovation, 2016; C. Salter, "A Prescription for Innovation," Fast Company (April 2006), p. 83.

시장테스트(market testing)

유형제품은 이 단계에서 촉진, 가격, 유통과 같은 마케팅믹스뿐만 아니라 제품의 수용 가능성을 알아보기 위해 제한된 거래지역에서 시장테스트가 이루어진다. 신서비스는 많은 경우 기존서비스의 제공시스템(delivery system)과 얽혀 있기 때문에 이를 따로 시험하는 것은 어렵다. 예컨대, 오직 제한된 지역에 제공시스템을 제공하기 때문에 지역 내의 독립된 시장에 신서비스를 출시하여 테스트한다는 것은 가능하지 않을 수도 있다. 그러나 마케팅믹스 변수에 대한 반응을 조사하는 다른 대안이 있다. 마케팅믹스의 변화에 대한 반응을 알아보기 위해 일정기간 서비스를 직원과 그들의 가족에게 제공할 수 있다.

또한 이 단계에서 세부 운영상황이 자연스럽게 작동하는지를 확인하기 위해 신서비스를 시험가동해 보는 것이 중요하다. 시험가동이 흔히 간과돼 서비스시스템이 계획대로 작동되고 있는지에 대한 최초의 조사가 실제 출시 때에 이루어지는 경우도 있다. 이러한 점 때문에 설계에서의 잘못을 수정하기가 더욱 어려워진다. 신서비스를 도입할 때 서비스 전문가가 "예행연습을 대신할 수 있는 것은 없다"라고 말한 것에 주목할 필요가 있다.[42]

출시(commercialization)

상업화 단계에서 서비스는 생명을 얻고 시장에 출시되는데, 이 단계에는 두 가지 주요 목적이 있다. 첫 번째는 서비스품질의 현장책임을 맡고 있는 수많은 접점직원들에게 신서비스를 수용하도록 하는 것이다. 접점직원의 수용은 설계 및 개발 프로세스의 모든 단계에 서비스를 제공하는 직원을 포함하여 주요 이해관계자들을 참여시켰다면 쉽게 이루어질 수 있다. 그렇다고 하더라도 전체 시스템에 걸쳐 신서비스를 전달하고 열정을 유지해야 하는 과제는 남아 있는데, 이는 훌륭한 내부마케팅을 통해 가능하다. 두 번째 목적은 신서비스의 모든 측면을 전체 경험주기에 걸쳐 모니터링하는 것이다. 만약 고객이 모든 서비스를 경험하는 데 6개월이 소요된다면 최소한 6개월에 걸쳐 주의 깊은 모니터링이 이루어져야 한다. 전화통화, 대면접촉, 계산서 청구, 불만, 그리고 제공에 따른 문제 등과 같은 서비스의 모든 세부항목을 평가해야 한다. 또한 운영효과와 비용도 추적해야 한다.

출시 후 평가(postintroduction evaluation)

이 단계에서는 서비스의 출시기간 동안에 수집된 정보를 재검토하며, 신서비스에 대한 시장의 실제 반응을 기초로 하여 서비스제공과정, 충원, 마케팅믹스 변수 등을 수정한다. 어떠한 서비스도 같은 상태를 유지할 수는 없다. 의도하든 의도하지 않았든 변화는 항상 발생한다. 그러므로 고객 입장에서 서비스품질을 높일 수 있는 변화가 일어나도록 재검토프로세스를 공식화하는 것이 매우 중요하다.

서비스청사진 : 서비스혁신과 설계를 위한 기술

서비스혁신, 설계, 개발의 걸림돌은 개념개발, 서비스개발 및 시장테스트 단계에서 서비스를 설명하고 묘사하기가 어렵다는 것이다. 고객기대와 서비스의 규격(specification)을 일치시키는 핵심사항 중 하나는 서비스 프로세스의 중요한 특징을 객관적으로 서술하는 것이다. 또한 직원, 고객, 관리자가 서비스를 제공하고 받는 데 있어서 그들의 역할을 제대로 알게 하고 서비스프로세스의 모든 단계와 흐름을 이해할 수 있도록 하는 묘사가 필요하다. 이 절에서는 무형의 서비스 프로세스를 설계하고 상세히 규정하는 기법인 서비스청사진에 대해 자세히 살펴보기로 한다.[43]

서비스청사진이란 무엇인가?

서비스청사진(service blueprint)이란 역할이나 관점이 상반된 사람들이 서비스에 대해 이해하고 그것을 객관적으로 다룰 수 있도록 하기 위해 서비스시스템을 명확히 나타내는 그림 또는 지도라고 할 수 있다. 청사진은 서비스개발의 설계단계에서 특히 유용하다. 서비스청사진은 서비스를 제공하는 프로세스, 고객과 직원의 역할, 고객과의 접점, 그리고 서비스의 요소들을 동시에 묘사함으로써 서비스를 시각적으로 볼 수 있게 한다(그림 8.3 참조). 서비스청사진은 고객이 경험하게 되는 서비스증거이고, 업무수행의 지침이며, 서비스제공프로세스의 단계를 나누는 방법이기도 하다. 청사진은 로지스틱스, 산업공학, 의사결정론, 컴퓨터시스템 분석, 소프트웨어 엔지니어링 등을 포함한 여러 분야에서 그 기원을 찾을 수 있는데, 어디에 적용되든지 그 핵심은 프로세스를 정의하고 설명하는 것이다.[44] 서비스는 물체(objects)라기보다는 "경험"이기 때문에, 특히 청사진은 서비스를 유용하게 설명할 수 있는 기술이다.

서비스청사진의 구성요소

그림 8.4는 서비스청사진의 주요 구성요소를 나타내고 있다.[45] 고객의 행위(action), 현장에 있는 접점직원의 행위, 후방지원부서 직원의 행위, 그리고 지원프로세스가 주요 요소이다. 서비스청사진을 그리는 규칙이 명확히 정의되어 있지 않기 때문에, 사용하는 상징, 수평라인의 수, 각 부분을 나타내는 라벨은 청사진의 복잡성에 따라 다르게 사용할 수 있다. 즉, 어떤 것을 사용해서 그리는 가의 여부는 유용하면 됐지 철칙으로 사용할 필요가 없다는 것이다. 사실, 다른 순서도접근법(mapping approach)과 비교할 때, 유연성은 서비스청사진의 중요한 강점 중 하나이다.

고객행위(customer action)에는 고객이 서비스를 구매하여 소비하고 평가하는 프로세스에서 고객이 행하는 선택, 상호작용, 기타 활동이 포함된다. 고객경험 전체가 고객행위 영역으로 청사진에 나타난다. 법률서비스를 예로 들면 고객행위는 법적 대리인 선임 여부 결정, 법적 대리인과의 통화, 직접대면, 문서의 수취, 계산서의 수취 등을 포괄한다.

고객행위와 마주 보는 위치에 접점직원의 두 가지 행위영역이 있다. 첫 번째로 고객의 눈에 띄는 **현장에 있는 접점직원의 행위**(onstage/visible contact employee actions)를 들 수 있다. 의뢰인에게 보이는 법적 대리인의 행위는 초기 상담, 중간 미팅, 법률문서의 전달 등이 이에 속한다.

두 번째로 이들을 지원하는 **후방**(backstage/invisible)**에 있는 접점직원의 행위**가 있다. 예

그림 8.3
서비스청사진

그림 8.4
서비스청사진의 구성요소

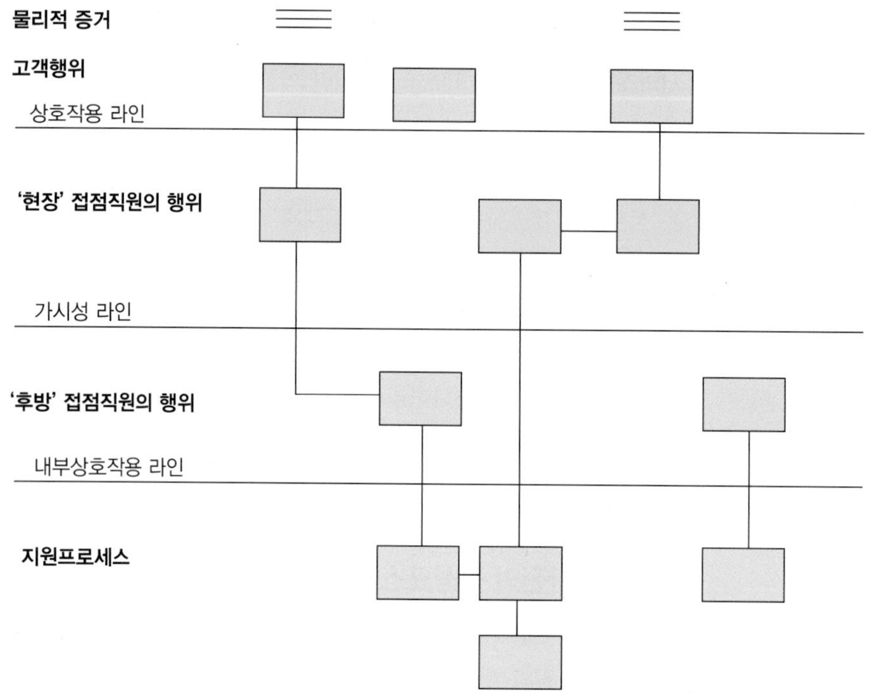

컨대, 고객과 전화통화를 하거나 미팅과 서류를 준비하는 직원의 행위가 이에 속한다. 눈에 보이지 않는 모든 접점직원의 행위는 청사진의 바로 이 영역에 포함된다.

지원프로세스(support process)는 서비스를 제공하는 접점직원을 지원하기 위해 내부에서 이루어지는 상호작용을 말한다. 다시 법률서비스를 예로 들면 스태프에 의한 법적인 조사, 문서의 준비, 미팅을 위한 비서의 지원 등이 이에 속한다.

청사진의 맨 위쪽 부분에 서비스의 **물리적 증거**(physical evidence)가 있다. 전형적으로, 접점의 각 단계 위에 서비스의 실제 물리적 증거가 명시되어 있다. 법률서비스 예에서, 법적 대리인과 직접 대면을 하는 물리적 증거는 사무실 장식, 서류, 변호사가 착용한 의류 같은 것이 해당된다.

네 가지 주요 행위영역이 세 가지의 수평라인으로 구분된다. 첫 번째는 **상호작용 라인**(line of interaction)으로 고객과 조직 간의 직접적인 상호작용을 나타낸다. 상호작용 수평라인과 수직라인이 교차하는 어느 때에 고객과 조직 또는 서비스제공자와의 직접적인 만남이 발생한다. 두 번째 수평라인은 매우 중요한 **가시성 라인**(line of visibility)이다. 이 라인은 보이지 않는 서비스 활동과 고객에게 보이는 서비스 활동을 분리한다. 청사진을 읽을 때, 활동이 라인의 위쪽에 주로 있는지 아래쪽에 있는지를 살펴보면 보이는 서비스가 얼마나 많이 고객에게 제공되는지를 간단히 알 수 있다. 또한 이 라인은 현장에서 일어나는 접점직원의 활동과 후방에서 이루어지는 활동을 구분하게 한다. 예컨대, 진료과정에서 의사는 가시성 라인의 위 또는 현장에서 실제로 환자를 진찰하고 환자의 질문에 대답을 하는 반면, 가시성 라인의 아래 또는 후방에서는 미리 환자의 차트를 읽어보고 지시를 내린다. 세 번째 라인은 **내부상호작

용 라인(line of internal interaction)인데, 이것은 접점직원의 활동과 여타 지원부서의 활동을 구분하게 한다. 수직라인과 이 라인이 교차하는 점이 내부서비스 접점이다.

서비스청사진과 다른 프로세스흐름도 간의 가장 중요한 차이점 중 하나는 고객과 서비스 프로세스에 대한 고객관점이 포함된다는 것이다. 사실 서비스청사진을 효과적으로 설계하려면 도형에 도표의 시작을 고객의 관점에서 하고 제공시스템과 연결해야 한다. 각각의 행위영역에 있는 칸은 행위자가 수행하거나 경험하게 될 단계를 보여주는 것이다.

서비스청사진의 예

그림 8.5와 그림 8.6은 두 가지 다른 서비스, 즉 특송우편 서비스와 호텔투숙서비스의 청사진을 보여 준다.[46] 이들은 서비스에서 가장 기본적인 단계를 보여주는 아주 단순한 그림이다. 각 단계마다 복잡한 그림을 그릴 수 있으며 내부프로세스도 보다 완전히 개발할 수 있다. 청사진에서는 세 가지의 수평라인으로 네 가지 행위영역뿐만 아니라 각 단계에서 고객의 관점에서 본 서비스의 물리적 증거를 보여 주고 있다.

그림 8.5의 특송우편 서비스를 제공하는 청사진을 보면, 고객의 관점에서 서비스 프로세스는 단지 전화통화, 화물수취, 화물배달이라는 세 단계만 존재한다. 프로세스는 상대적으로 표준화되어 있고, 서비스를 수행하는 사람은 전화 주문을 받는 사람과 배달하는 사람이며,

그림 8.5 특송우편 서비스에 대한 청사진

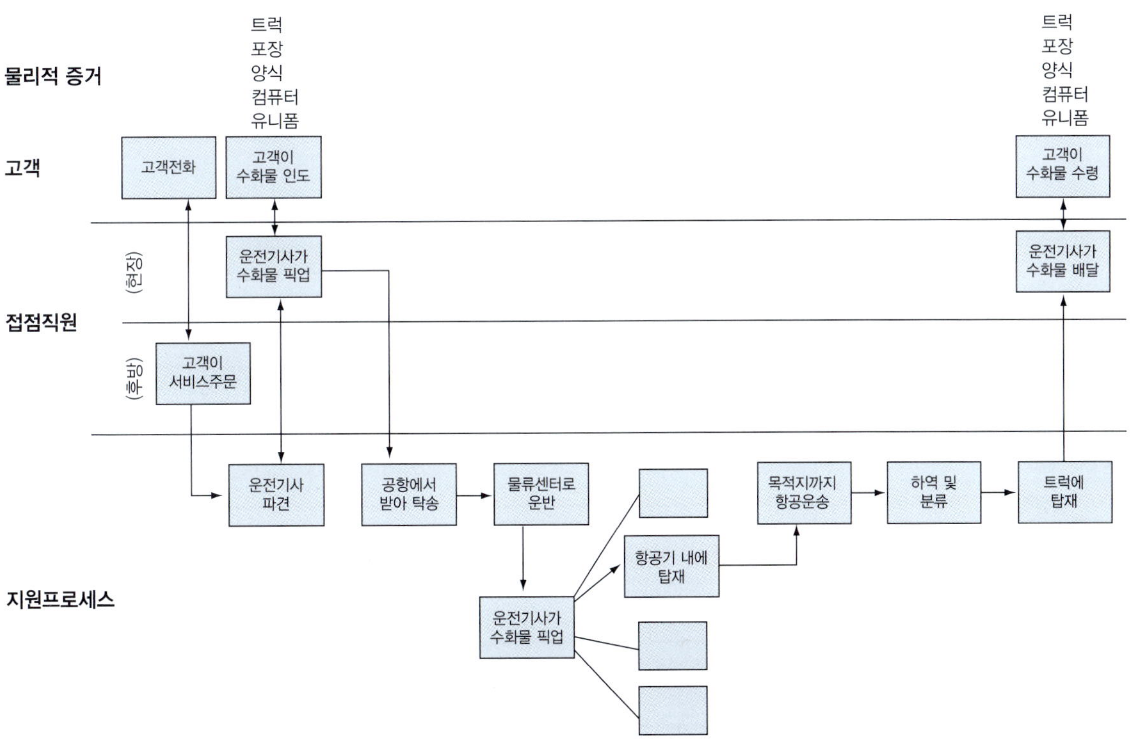

자료 : E. E. Scheuing and W. F. Christopher, *Service Quality Handbook*, 1993, AM MGMT ASSN/AMACOM(B).

물리적 증거는 화물소포, 운송 관련 서류, 트럭, 그리고 포켓용 컴퓨터 등이다. 또한 그림에서는 나타나지 않았지만 경우에 따라 고객은 온라인이나 전화로 자기 화물을 추적할 수 있다. 가시성 라인 뒤에 있는 복잡한 프로세스는 상대적으로 고객의 관심과는 거리가 멀다. 그러나 고객에게 보이는 세 단계를 효과적으로 수행하기 위해서는 보이지 않는 내부서비스가 필요하다. 내부서비스의 단계와 이것이 외부서비스 제공활동을 지원한다는 사실은 청사진을 보면 명백하게 알 수 있다. 청사진에 나타난 모든 단계에서 필요하다면 좀 더 상세한 청사진이 만들어질 수 있다. 예컨대, 만일 그림의 "짐을 하역하고 분류하는(unload and sort)" 단계가 너무 길어 지연의 원인이 되고 있음을 알고 있다면, 문제를 해결하기 위해 그 단계를 보다 상세히 나타낼 필요가 있다.

그림 8.6은 호텔투숙의 청사진을 보여 준다. 여기서 고객은 분명 특송우편 서비스의 과정보다는 더 적극적으로 서비스에 참여한다. 고객은 먼저 체크인하고, 다양한 행위가 이루어지는(가방을 받고, 잠자고, 샤워하고, 아침을 먹는 등) 객실로 가고, 마지막으로 체크아웃한다. 만일 호텔에서 1주일간의 휴가나 3일간의 비즈니스미팅을 하는 것을 나타내는 서비스청사진을 그린다면 얼마나 다양하고 복잡한 프로세스가 나타나고 얼마나 많은 상호작용이 일어날지 상상해 보라. 또한 서비스청사진을 보면, 누가 고객에게 서비스를 제공하는지 확실하게 알 수 있다. 또한 고객행위의 각 단계는 고객 숙박, 로비, 객실, 음식점 등 호텔 주차장이나 호텔의 내 · 외부공간 등 다양한 물리적 증거에서 이루어진다. 호텔의 경우 어느 정도는 표준화되어 있지만 접점직원과 다양한 물리적 증거 또한 로비에서부터 객실장식, 프론트 직원이 착용하는 유니폼까지 여러 가지이기 때문에 그 프로세스가 그림에서 보는 것처럼 상대적으로 복잡하다.

그림 8.6 호텔숙박서비스에 대한 청사진

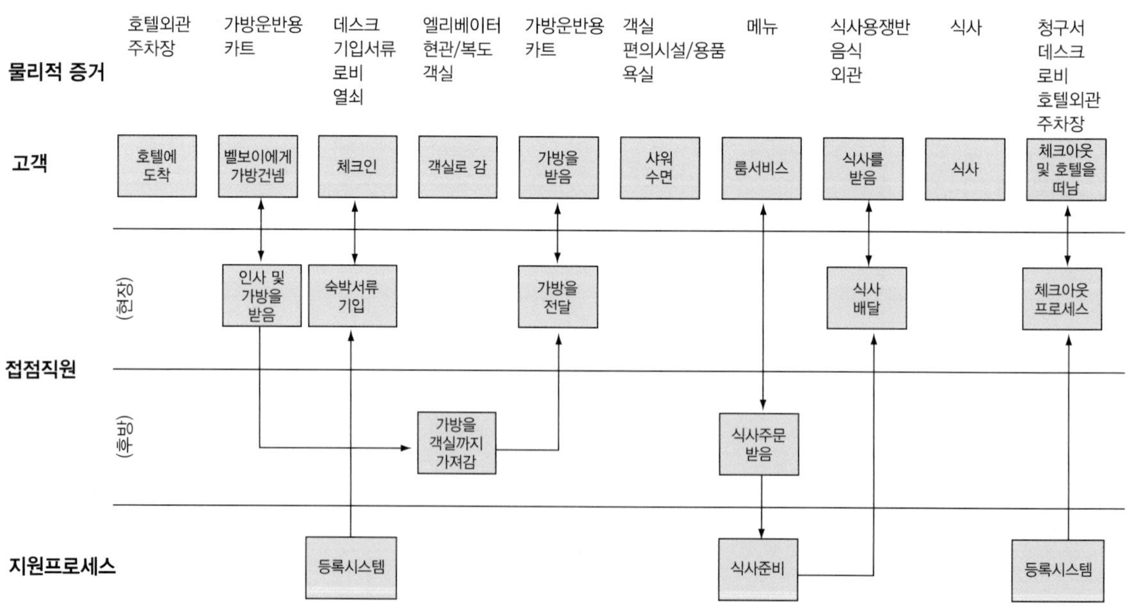

자료 : E. E. Scheuing and W. F. Christopher, *Service Quality Handbook*, 1993, AM MGMT ASSN/AMACOM(B).

기술을 통해 제공되는 셀프 서비스청사진

지금까지 논의한 서비스청사진은 직원이 서비스제공 과정 중 어느 시점에서 고객과 직접 상호작용하는 서비스에 관련된 것이다. 그러나 웹사이트나 자동화기기를 이용하여 제공되는 셀프서비스는 어떠한가? 서비스청사진이 이러한 유형의 서비스를 설계하는 데 효과적으로 사용될 수 있는가? 분명 그럴 수 있지만, 경계선을 바꾸어야 하고, 또한 청사진의 일부를 조정할 필요가 있다.

제공되는 서비스가 계획된 기능을 하지 않아 문제가 발생했을 때를 제외하면, 어떤 직원도 서비스에 연관되어 있지 않기 때문에 청사진의 접점직원 영역이 필요하지 않다. 그 대신에, 가시성 라인의 윗부분은 고객과 컴퓨터 웹사이트 간의 인터페이스(interface)나 자동화기기(electronic kiosk)와의 물리적 작용을 설명하는 데 사용할 수 있다. 이 영역이 **현장기술접점**(onestage/visible technology)이다.

많은 서비스가 상호작용 요소와 기술제공(technology-delivered) 요소를 포함하고 있다. 항공사의 체크인 프로세스를 생각해 보자. 실제적인 체크인은 자동화기기(electronic kiosk)를 통해 이루어지고 그 후에 화물검색이나 보안검색이 이루어지며 고객은 스스로 티켓을 가지고 비행기에 탑승한다. 다음의 경우는 서비스청사진의 세 가지 접촉라인인 기술, 현장접점직원, 후방접점직원이 모두 포함하는데, 그림 8.7 을 보면 DVD 대여기기의 서비스청사진으로 현장기술접점이 추가되어 있는 것을 볼 수 있다. 청사진은 DVD가 흠집이 있어서 문제가 있

그림 8.7 DVD 자동화대여기기에 대한 서비스청사진

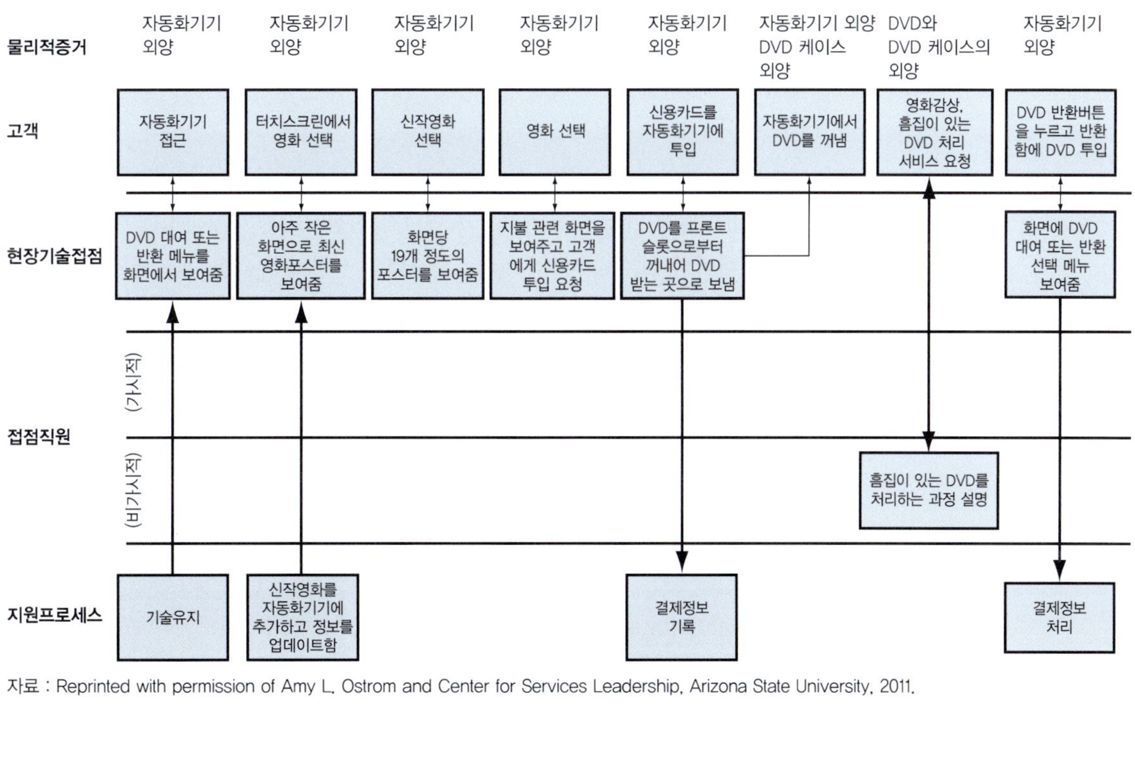

자료 : Reprinted with permission of Amy L. Ostrom and Center for Services Leadership, Arizona State University, 2011.

다면 고객이 무엇을 해야 하는지도 설명하고 있다. 만약 그런 일이 발생하면, 고객은 직원을 호출하며 이때는 후방접점직원의 서비스가 제공된다.

서비스청사진을 읽고 활용하기

서비스청사진은 각자의 목적에 따라 다양한 방식으로 읽을 수 있다. 만일 그 목적이 프로세스에 대한 고객의 견해나 고객의 경험을 이해하는 것이라면, 고객행위 영역의 왼쪽에서 오른쪽으로 읽어 나가면 된다. 이와 관련하여 여러 가지 질문을 던질 수 있다. 고객은 서비스제공을 왜 요구하는가? 고객은 어떤 선택을 하는가? 서비스의 창출에 고객은 어느 정도 개입하는가? 고객의 관점에서 본 서비스의 물리적 증거란 무엇인가? 이러한 물리적 증거는 조직의 전략과 포지셔닝에 부합하는가?

만일 그 목적이 접점직원의 역할 또는 접점직원의 행위와 현장정보기술의 통합에 대한 이해에 있다면, 청사진을 수평으로 읽어나가는 것은 마찬가지이지만 가시성 라인의 위쪽이나 아래쪽에 초점을 맞춰야 한다. 이와 관련하여 여러 질문을 던질 수 있다. 프로세스가 얼마나 합리적이고, 효율적이며, 효과적인가? 누가 우리의 고객과 상호작용을 하며 언제, 그리고 얼마나 자주 하는가? 사람과 기술 간의 상호작용이나 접촉이 고객의 시각에서 업무연결이 통합되어졌는가?

만일 목적이 서비스프로세스의 여러 요소를 통합하는 데 있거나 각 프로세스에 더 적합한 직원을 찾아내는 데 있다면 청사진은 수직으로 분석되어야 한다. 이러한 분석에서 어떤 과업과 어떤 직원이 고객에게 서비스를 제공하는 데 있어서 더 중요한지를 파악할 수 있다. 조직의 내부 깊은 곳과 고객에게 영향을 주는 일선까지의 연결 역시 청사진에 나타낼 수 있다. 여기에는 다음과 같은 질문이 포함될 수 있다. 고객과의 접점활동을 지원하기 위해 후방에서 어떠한 활동이 수행되는가? 관련된 지원활동에는 무엇이 있는가? 직원 간의 업무연결은 이루어지는가?

만일 서비스를 재설계하는 것이 목적이라면, 프로세스의 복잡성을 평가하기 위해 청사진을 전체로 보아 어떻게 바꿀 수 있으며, 그 변화가 접점직원과 내부과정에 어떤 영향을 미치는지를 알아보아야 한다. 청사진은 서비스시스템의 전반적인 효율성과 생산성을 평가할 수 있고, 잠재적 변화가 시스템을 어떻게 변화시킬 수 있는지 평가할 수도 있다.[47] 청사진은 서비스프로세스의 실패점이나 병목점을 결정하는 분석에도 사용될 수 있다. 그러한 실패점이 발견되면 시스템의 세세한 곳까지도 더욱 상세하게 초점을 맞추어 다시 청사진을 만들어야 한다.

다양한 상황에서 청사진을 적용하기 위해서는 아래의 항목들을 포함하여 사용에 대한 편익이 입증되어야 한다.[48]

- 혁신을 위한 플랫폼이 제공되어야 한다.
- 기능, 인적자원, 조직 간에 상호의존성과 역할을 인지해야 한다.

- 전략적 · 전술적 혁신을 용이하게 해야 한다.
- 혁신과 서비스지식을 이전하고 비축할 수 있어야 한다.
- 고객의 시각에서 진실의 순간(moments of truth)을 설계해야 한다.
- 서비스프로세스의 원활한 측정과 피드백을 위해 요점(critical points)을 제시해야 한다.
- 경쟁적 포지셔닝이 명확해야 한다.
- 이상적인 고객경험을 이해해야 한다.

청사진의 작성

청사진 작성(building a blueprint)의 목적과 이익은 그것을 작성하는 프로세스에서 발생한다는 점을 유념해야 한다. 청사진을 작성하는 데에는 고객으로부터의 정보뿐만 아니라 여러 기능부서 대표가 참여할 필요가 있다. 청사진의 설계와 작성은 한 사람이나 한 부서에만 할당할 작업은 아니다. 그림 8.8은 청사진 작성의 기본적인 단계를 나타내고 있다.

1단계 : 청사진으로 나타내야 할 서비스프로세스의 파악

청사진은 다양한 수준에서 개발할 수 있으므로, 시작할 때 그 수준에 대한 동의가 필요하다. 예컨대, 그림 8.5에서 살펴본 특송우편 서비스의 청사진은 가장 기초적인 서비스 개념 수준에서 작성된 것이라 자세하거나 세분시장 간의 차이를 보여주지 못하고 있다. 구체적인 청사진은 2일용 특송우편, 대규모 고객용, 인터넷용, 소매센터용 등으로 개발할 수 있다. 이들 각각의 청사진은 공통된 특징도 있지만 다른 한편으로는 독특한 특징을 지니기도 한다. 만일 프로세스 중에서 "수화물 분류"와 "하역(loading)"에서 문제나 병목현상이 생겨 고객에 대한 서비스가 늦어진다면 두 단계에 대한 상세한 청사진이 작성될 수 있다.

2단계 : 서비스를 경험하는 고객과 세분시장의 파악

시장세분화에 대한 일반적 근거는 각 세분시장의 욕구가 달라 다른 서비스나 제품 특징을 요구할 것이라는 것이다. 따라서 세분시장마다 서비스프로세스가 다양하다고 가정하여 특정 고객이나 세분시장에 맞는 청사진을 작성하는 것이 매우 유용하다. 매우 추상적이거나 개념적인 수준에서 하나의 청사진으로 종합할 수는 있다. 그러나 보다 상세한 수준까지 도달하면, 유용성을 높이고 혼란을 줄이기 위해 세분시장마다 다른 청사진을 작성해야 한다.

그림 8.8
서비스청사진 작성

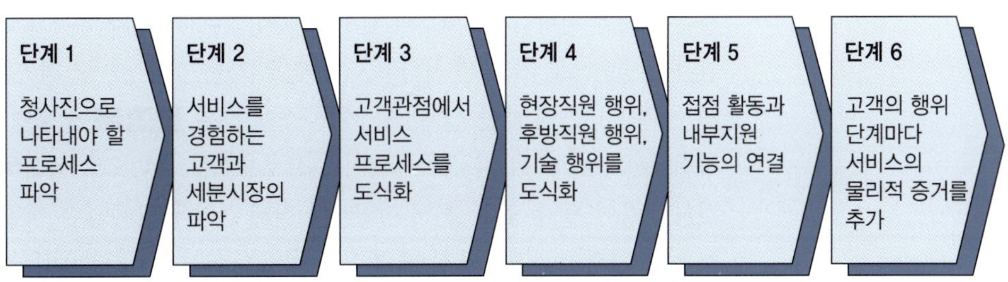

예시 8.3 아라마크 파크 앤드 데스티네이션이 실행 중인 서비스청사진

아라마크(ARAMARK)사는 푸드(food) 서비스, 환대(hospitality), 시설관리, 유니폼 서비스 분야의 아웃소싱을 전문으로 취급하는 서비스 분야의 글로벌 리더 기업이다. 아라마크의 고객은 대기업, 대학, 의료기관, 공원 및 리조트, 컨벤션 센터 및 기타 그룹 등이 있다. 이 회사는 2007년, 2009년, 2010년, 2011년 포춘지가 선정한 가장 존경받는 기업 중 1위를 차지한 바 있고, 2016년 기준 22개 국가에 약 255,000명의 직원이 활동하고 있다. 이 기업의 한 부서인 아라마크 파크 앤드 데스티네이션(ARAMARK Park and Destinations)은 알래스카주의 데날리(Denali) 국립공원, 버지니아주 셰난도어(Shenandoah) 국립공원, 애리조나주 글렌캐니언(Glen Canyon) 국립휴양지의 레이크 파월 데스티네이션스 앤드 마리나스(Lake Powell Destinations and Marinas) 등 미국 내 17개 주요 국립공원의 부대시설 서비스를 담당하고 있다. 각 공원에는 아라마크가 아웃소싱으로 수주한 3~4개의 서비스 비즈니스가 운영되고 있다.

목표 : 서비스 개선 및 고객 유지

몇 년 전, 당시 아라마크 파크스(ARAMARK Parks)의 마케팅담당 이사인 라이언(Renee Ryan)은 어려운 문제에 직면했다. 아라마크 파크스의 고객 재방문이 전반적으로 감소하고 있는 것으로 나타났기 때문이다. 특히 애리조나주의 레이크 파월 리조트 앤 마리나스에서는 하우스보트 대여, 리조트, 야영장, 보트 투어, 식음료 서비스 운영 등에서 두드러지게 나타났다. 조사결과에 따르면 많은 고객들이 파월 호수에서 경험한 내용을 다른 휴양지 방문과 비교할 때, 예상한 것과 일치하지 않았거나 익숙하지 않았기 때문에 파월 호수를 다시 방문하지 않는 것으로 나타났다. 라이언 이사는 기존의 청사진과 시각적 청사진(사진, 비디오)을 모두 사용하여 변화가 순서대로 이루어져야 하며 구체적으로 무엇을 해야 하는지를 직원들에게 이해시켰다. 그 결과 서비스 개선을 통한 고객 이익과 재방문 확대를 통한 기업의 이익 창출이 이루어졌다.

라이언은 먼저 일반적인 고객의 관점에서 전형적인 고품질의 호텔/리조트 경험의 청사진을 개발한 후 파월 호수의 리조트 경험 청사진을 설계했다. 두 가지 청사진을 비교한 결과 기본 서비스, 표준 및 프로세스의 차이점이 드러났다. 이러한 비교 과정을 통해 새로운 서비스 개발, 시설 업그레이드, 주요 서비스 요소의 현대화가 진행되었다. 특히 사진과 동영상을 활용한 서비스의 모든 측면을 보여주는 시각적인 청사진을 통해 서비스향상의 필요성이 명백해졌다.

청사진에서 또 다른 문제점이 파악되었다. 고객의 경험을 시각적으로 추적한 결과, 공원을 방문한 고객은 자신의 만족도를 제고하기 위해 휴가 기간에도 매우 열심히 여러 가지 일을 해야만 한다는 것이 밝혀졌다! 고객들은 자신이 예약한 고급스럽지만 저렴하지 않은 하우스보트 체험을 위해서 먼저 다양한 식료품 목록을 작성하고, 리조트 근처의 붐비는 상점에서 쇼핑을 한 후, 모든 식료품과 소지품을 가파른 제방을 타고 내려가 직접 배까지 운반해야 했다. 여기에 그치지 않고 여행이 시작되면, 더 많은 힘든 노동이 필요했다. 매일 밤 대형 하우스

3단계 : 고객관점에서 서비스프로세스를 도식화

이 단계는 서비스를 구매, 소비, 평가할 때 고객이 행하거나 경험하는 선택과 행위를 도식화하는 것이다. 고객의 관점으로 서비스를 파악하면 고객에 영향을 전혀 미치지 못하는 프로세스나 단계에 초점을 맞추는 것을 피할 수 있다. 그렇기 때문에, 이 단계는 누가 고객인지를 합의해야 하고, 고객이 서비스를 어떻게 경험하는지를 알아보는 연구가 필요하다.

때때로 고객관점에서 볼 때 서비스의 시작과 끝이 명확하지 않을 수도 있다. 예컨대, 미용실의 경우 고객은 서비스의 출발점을 점포에 전화를 하고 예약하는 것으로 보는 반면, 미용사들은 이를 서비스프로세스의 일부로 보지 않는다. 이와 유사하게 유방암 검사 서비스에서 환자는 병원으로 가고, 주차하고, 검사실로 가는 것을 서비스의 일부분으로 보고 있다.[49] 만일 기존 서비스에 대한 설계도를 개발 중인 경우, 예시 8.3에 설명한 아라마크(ARAMARK) 사례에서와 같이 이 시점에서 서비스 프로세스를 비디오로 녹화하거나 사진으로 촬영하는 것이 도움이 될 수 있다. 흔히 경영자나 실제 접점에 있지 않은 직원들은 고객이 무엇을 경험하는지, 고객의 관점에서 볼 때 자사 서비스가 어떻게 달라 보이는지를 잘 모른다.

© RubberBall Productions/Getty

파월 호수의 하우스보트 휴가 풍경

보트를 정박하는 것은 쉬운 일이 아니며, 선상에서 요리하는 것 또한 힘들고 시간이 많이 소요될 수 있다. 하우스 보트를 운행하는 것은 특히 경험이 부족한 가장들에게 스트레스가 될 수 있다. 육지에 있는 초라한 리조트 시설, 보트까지 이동하기 위해 필요한 고된 작업, 운행과 관련된 스트레스가 모두 합쳐져 고객이 파월 호수에서 처음 휴가를 경험하고 나면 다시 이곳을 재방문하는 것을 고민하게 만들었던 것이다.

기업의 경영진에게 보고하기 위해 모든 과정들이 매우 생생하게 청사진으로 구현됐고, 결과적으로 일련의 새로운 서비스, 기존 시설의 개보수, 새로운 서비스표준을 수행하기 위한 직원 교육, 새로운 측정 및 보상 시스템이 탄생했다. 도입된 새로운 서비스 중에는 손님의 물건을 보트로 가져다주는 기본 서비스로 시작하여 나중에 손님을 카트에 태워 보트 선착장으로 실어 나르는 다양한 수준의 컨시어지 서비스(concierge service)가 포함되었다. 고급 서비스 패키지는 손님들을 위해 식료품을 구입하고 요리사를 제공하는 것으로 확장되었으며, 그들은 파티를 함께하고 배 안에서 요리를 할 수 있었다. 보트 운행에 따른 스트레스를 줄이기 위해 숙련된 선장을 고용할 수도 있다. 그 사이에 다양한 서비스도 일품요리(la carte)처럼 제공되었다.

아라마크의 서비스청사진 활용 결과

파월호수에서 진행된 이러한 모든 서비스품질 개선 및 혁신적인 신규 서비스의 결과로 고객 불평은 50% 감소함과 동시에 재방문율이 12% 증가했고, 고객 만족도도 크게 높아졌다. 이 사례에서 청사진은 관리자가 이전에 본 적이 없는 방식으로 서비스를 바라볼 수 있도록 했다는 점에서 매우 가치가 있었다. 또한 청사진은 대화의 초점을 제공하여 변화를 이끌고 궁극적으로 새로운 서비스표준 및 조치로 이어졌다. 서비스청사진 기법을 사용하여 공원 사업부 직원들이 진정한 고객 지향성을 배양하는 데 도움이 되었다.

자료 : M. J. Bitner, A. L. Ostrom, and F. N. Morgan, "Service Blueprinting: A Practical Technique for Service Innovation," *California Management Review* 50 (Spring 2008), pp. 66–94.; Interview with Renee Ryan; www.lakepowell.com, accessed May 2016.

4단계 : 현장직원 행위, 후방직원 행위, 기술행위를 도식화

고객의 관점에서 프로세스를 나타내고, 상호작용 라인과 가시성 라인을 그리면 보이지 않는 후방활동과 보이는 현장 활동이 구분된다. 기존 서비스에서 이 단계는 접점직원들로 하여금 고객의 관점에서 볼 때 현장에서 해야 하는 활동과 후방에서 하는 활동이 무엇인지를 학습하게 해준다.

기술제공 서비스(technology-delivered service) 또는 기술과 인적제공을 결합한 서비스의 경우, 기술 인터페이스의 필수 행위들이 가시성 라인의 윗부분에 도식화될 것이다. 만약 어떤 직원도 서비스에 포함되지 않는다면, 그 영역은 "현장기술행위(onstage technology actions)"로 새롭게 호칭할 수 있을 것이다. 만약 인적제공과 기술제공 모두 포함된다면, "눈에 보이는 현장기술행위(technology actions)"와 "눈에 보이는 현장직원 활동"을 분리하는 수평라인을 추가할 필요가 있다. 추가 라인을 사용하면 서비스청사진을 쉽게 읽고 해석할 수 있다.

예시 8.4 서비스청사진 설계와 관련해 자주 제기되는 질문

어떤 프로세스를 청사진으로 설계해야 하는가?

도식화(매핑)할 프로세스는 팀 또는 조직의 목표에 따라 달라진다. 이것들이 명확하게 정의되지 않은 경우, 프로세스를 식별하는 것은 어려울 수 있다. 질문 : 서비스 청사진을 만드는 이유는 무엇인가? 우리의 목표는 무엇인가? 서비스 프로세스의 시작과 끝은 어디인가? 전체 서비스, 서비스 구성요소 또는 일정 기간에 초점을 맞추고 있는가?

하나의 청사진에 여러 세분시장을 포함할 수 있는가?

일반적으로 이 질문에 대한 대답은 '아니오'다. 세분시장이 서로 다른 서비스 프로세스 또는 속성을 필요로 한다고 가정할 때, 한 세분시장에 대한 청사진은 다른 세분시장에 대한 청사진과 매우 다르게 보일 수 있다. 매우 높은 수준(개념 청사진이라고도 함)에서만 여러 세분시장을 동시에 도식화하는 것이 적절할 수 있다.

누가 청사진을 "작성해야" 하는가?

청사진은 팀워크다. 개발단계가 아닌 개별 과제로 할당되어서는 안 된다. 모든 관련 당사자들은 그 노력에 참여하거나 대표되어야 한다. 이 작업에는 조직의 여러 직무(마케팅, 운영, 인적 자원, 시설 설계)와 관련된 직원뿐만 아니라 경우에 따라서는 고객도 포함될 수 있다.

실제 또는 원하는 서비스 프로세스를 청사진으로 설계해야 하는가?

새로운 서비스가 설계되고 있다면 원하는 서비스 프로세스부터 시작하는 것이 중요하다. 그러나 서비스 개선이나 서비스 재설계의 경우, 실제 서비스 프로세스를 먼저 도식화(적어도 개념적인 수준에서)하는 것이 매우 중요하다. 그룹이 서비스의 실제 작동방식을 알게 되면 청사진을 수정하거나 변경 및 개선의 기준으로 사용할 수 있다.

예외 또는 회복 프로세스를 청사진에 통합해야 하는가?

비교적 간단하고 일반적으로 발생하는 복구 프로세스가 많지 않다는 가정하에 청사진에 도식화하는 것이 가능할 수 있다. 그러나 이 프로세스는 빠르게 복잡해질 수 있으며 청사진을 혼동하거나 파악할 수 없게 만들 수 있다. 종종 더 나은 전략은 청사진에 일반적인 실패 지점을 표시하고 필요한 경우 서비스회복 프로세스를 위한 별도의 청사진을 개발하는 것이다.

적절한 세부 수준은 어느 정도인가?

이 질문에 대한 답은 처음부터 청사진을 작성하는 목적에 따라 달라진다. 서비스의 일반적인 특성을 전달하는 데 주로 사용되는 경우 세부 정보가 거의 없는 개념적 청사진(concept blueprint)을 사용하는 것이 가장 좋다. 서비스 프로세스를 진단하고 개선하는 데 초점을 맞추고 있다면 더 자세한 정보가 필요하다. 어떤 사람들은 다른 사람들보다 더 세부적이기 때문에, 이 질문은 항상 제기되며 팀 청사진 작업에서 해결해야 한다.

어떤 기호를 사용해야 하는가?

사용해야 하는 청사진 기호 사전은 없다. 가장 중요한 것은 청사진을 내부적으로 공유하는 경우 팀과 조직 전체에서 기호를 정의하고 비교적 단순하게 유지하며 일관되게 사용하는 것이다.

청사진에 시간 또는 비용이 포함되어야 하는가?

청사진은 매우 다양하다. 서비스 프로세스의 다양한 부분에 소요되는 시간을 줄이는 것이 청사진 작업의 목표라면 시간을 포함할 수 있다. 비용이나 목적과 관련된 그 밖의 모든 것에 대해서도 마찬가지다. 그러나 그러한 정보를 중요한 관심사가 아닌 한 청사진에 넣는 것은 바람직하지 않다.

5단계 : 접점활동과 내부지원기능의 연결

내부상호작용 라인을 그리고 접점활동을 내부지원기능과 연결하는 단계이다. 고객에 대한 내부활동(내부지원기능)의 직·간접적인 영향이 이 단계에서 명백해진다. 고객과 연결된 시각으로 보면 내부 서비스프로세스의 중요성은 증가한다. 바꾸어 말해 고객의 경험에 명백히 연결되지 않는 프로세스상의 어떤 단계는 불필요하다고 할 수 있다.

6단계 : 고객의 행위단계마다 서비스의 물리적 증거를 추가

마지막으로 고객이 서비스를 경험하는 각 단계에서 고객이 보거나 받을 수 있는 것을 가시적으로 보여주는 물리적 증거를 추가할 수 있다. 사진이나 슬라이드, 비디오 등의 시각적 청사진은 물리적 증거가 서비스품질에 미치는 영향을 분석하는 데 도움이 되고 물리적 증거가 전체 전략 및 서비스 포지셔닝과 일치하는지를 확인하는 데도 도움이 된다. 예시 8.4는 서비스 청사진 설계와 관련하여 자주 제기되는 질문에 대한 답변이다.

요약

서비스제공자는 고객의 기대를 새로운 서비스혁신과 실제 서비스 프로세스설계에 잘 부합하도록 해야 한다. 그러나 다양한 서비스의 특성(서비스의 무형성, 변이성, 고객과 공동생산)으로 인해 서비스제공물의 설계와 개발은 복잡하고 어렵다. 다수의 서비스가 출시되기 전에는 단순하고 모호하게 정의된다. 본 장에서는 서비스설계에 대한 어려움에 대해 설명하고, 그러한 어려움을 효율적으로 극복하기 위한 몇 가지 전략을 설명했다. 또한 이 장에서는 서비스제공혁신, 서비스솔루션을 통한 혁신, 고객역할을 통한 혁신, 상호 연결된 제품을 통한 혁신을 포함한 다양한 유형의 서비스혁신에 대해서 기술했다.

제조업체의 신제품개발 프로세스 적용을 통해, 서비스제공자는 자사 서비스제공물을 보다 명백하게 할 뿐만 아니라 실패를 피할 수 있다. 본 장에서 논의한 신서비스 개발프로세스는 9단계로 구성되는데, 사업과 신서비스전략의 개발을 그 시작으로 하고 있으며, 서비스의 도입 후 신서비스에 대한 평가를 그 끝으로 하고 있다. 이러한 처음과 끝 단계 사이에는 신서비스의 성공 가능성을 극대화하기 위해서 조심스럽게 체크해야 할 단계가 많이 있다. 고객을 비롯하여 직원 또는 비즈니스 파트너와 접촉해야 하며, 신서비스에 영향을 받거나 영향을 주는 모든 사람들과 접촉이 요구되는 단계를 거쳐야 한다.

특히, 서비스혁신과 설계에 유용한 서비스청사진은 신서비스 개발의 프로세스에서 매우 유용한 도구이다. 서비스청사진은 복합적으로 만들 수 있으며 단계, 제공자, 프로세스, 그리고 서비스의 물리적 증거를 시각적으로 묘사하여 완성된다. 서비스청사진의 핵심적 특성은 그 초점을 고객에 둔다는 점이다. 즉, 서비스청사진 작성은 고객의 경험과 고객의 관점으로 이루어진다.

토의문제

1 왜 서비스를 혁신하고, 설계하고 개발하기가 어려운가?

2 서비스혁신이 기업과 국가에 매우 중요한 이유는 무엇인가?

3 서비스를 말로만 서술하는 것의 위험은 무엇인가?

4 본 장에서 제시한 서비스혁신 유형 중 또 다른 유형의 예를 들어 보고 토론해 보시오.

5 본 장의 그림 8.5, 8.6, 8.7에 있는 청사진을 비교하고 대조하시오.

6 어떻게 서비스청사진을 마케팅, 인적자원, 운영에 이용할 수 있는가? 본서에 제시되어 있는 청사진 중 하나에 초점을 맞추어 논의하시오.

7 다양한 서비스를 제공하는 기업에서 신서비스를 추가하여 성장하고자 한다. 시장에 신서비스를 도입시키기 위해서 활용할 논리적인 프로세스를 서술하시오. 프로세스상 어떤 단계가 가장 어려운가? 그 이유는 무엇인가? 서비스청사진을 서비스프로세스와 어떻게 통합할 것인가?

8 성장기회의 4가지 유형인 그림 8.2에 대해 논의하시오. 기업이나 서비스를 선택하고, 4개 셀에서 각각 신서비스 개발을 통해 어떻게 성장할 수 있는지를 설명하시오.

연습문제

1 자신이 사업가라면 개발하고 싶은 신서비스에 대해서 생각해 보시오. 어떻게 그것을 할 것인가? 자신이 해야 할 일과 정보를 얻을 곳이 어느 곳인지 기술하시오.

2 자신이 살고 있는 지역이나 학교에서 새롭고 흥미 있는 서비스를 찾아서 서비스청사진으로 서비스프로세스를 도식화하시오. 이를 위해 아마도 직원 중 한 명과는 인터뷰를 해야 할 것이고 가능하면 직접 경험해 보시오. 기존 서비스의 정리가 끝난 후, 청사진을 이용해 서비스를 재설계하고 변화시켜 보시오.

3 자신과 친숙한 서비스를 선택해서, 청사진으로 고객행위의 단계를 작성하시오. 고객의 관점에서 볼 때 무엇이 "서비스증거"인가를 논의하시오.

4 TV 또는 노트북, PC에서 영화를 스트리밍하거나 RedBox의 자동대여기기에서 DVD를 대여하는 것과 같이 기술 제공 서비스에 대한 서비스청사진을 개발하시오. 이 청사진을 기존 채널(예 : 극장에서 영화 보기)을 통해 제공되는 동일한 서비스에 대해 비교 및 대조해 보시오.

5 인터넷상의 두 가지 서비스를 비교하시오. 당신의 기대를 충족시켜 주는지의 관점에서 각각의 서비스에 대해 논의하시오. 서비스프로세스나 설계가 어떻게 변화될 수 있는가? 가장 효율적인 것은 무엇인가? 그 이유는 무엇인가?

참고문헌

1 www.petsmart.com, 2016; C. Dalton, "A Passion for Pets: An Interview with Philip L. Francis, Chairperson and CEO of PetSmart, Inc.," *Business Horizons* 48 (November–December 2005), pp. 469–475; D. Brady and C. Palmeri, "The Pet Economy," *BusinessWeek*, August 6, 2007, p. 44; M. Jarman, "PetSmart Quarterly Income Up 33%," Arizona Republic, May 19, 2011, p. D1; R. Dezember, "PetSmart to Get New Leadership in Buyout," LBO Wire, March 11, 2015.

2 D. H. Henard and D. M. Szymanski, "Why Some New Products Are More Successful Than Others," *Journal of Marketing Research* 38 (August 2001), pp. 362–375.

3 R. G. Cooper, *Winning at New Products*, 3rd ed. (Cambridge, MA: Perseus, 2001); R. G. Cooper and S. J. Edgett, Product Development for the Service Sector (Cambridge, MA: Perseus Books, 1999); and C. M. Froehle, A. V. Roth, R. B. Chase, and C. A. Voss, "Antecedents of New Service Development Effectiveness," *Journal of Service Research* 3 (August 2000), pp. 3–17; R. G. Cooper, "Effective Gating: Make Product Innovation More Productive by Using Gates with Teeth," *Marketing Management* 18 (March–April 2009), pp. 12–17.

4 M. J. Bitner and S. W. Brown, "The Service Imperative," *Business Horizons 50th Anniversary Issue* 51 (January–February 2008), pp. 39–46.

5 G. L. Shostack, "Understanding Services through Blueprinting," in *Advances in Services Marketing and Management*, vol. 1, ed. T. A. Swartz, D. E. Bowen, and S. W. Brown (Greenwich, CT: JAI Press, 1992), pp. 75–90.

6 Ibid., p. 76.

7 See: S. S. Tax, D. McCutcheon, and I. F. Wilkinson, "The Service Delivery Network (SDN): A Customer-Centric Perspective of the Customer Journey," *Journal of Service Research* 16 (November 2013), pp. 454–470; J. D. Chandler and R. F. Lusch, "Service Systems: A Broadened Framework and Research Agenda on Value Propositions, Engagement, and Service Experience," *Journal of Service Research* 18 (February 2015), pp. 6–22.

8 For coverage of issues in new services development and service innovation, see *Journal of Operations Management* 20 (2002), Special Issue on New Issues and Opportunities in Service Design Research; A. Johne and C. Story, "New Service Development: A Review of the Literature and Annotated Bibliography," *European Journal of Marketing* 32 (1998), pp. 184–251; B. Edvardsson, A. Gustafsson, M. D. Johnson, and B. Sanden, *New Service Development and Innovation in the New Economy* (Lund, Sweden: Studentlitteratur AB, 2000); and B. Edvardsson, A. Gustafsson, P. Kristensson, P. Magnusson, and J. Matthing, Involving Customers in New Service Development (London: Imperial College Press, 2006); A. Gustafsson, P. Kristensson, G. Schirr, and L. Witell, *Service Innovation* (Business Expert Press, Gustafsson 2016); L. Patricio, R. Fisk, and A. Gustafsson (guest editors), *Journal of Service Research*, Special Issue on Service Design and Innovation, forthcoming 2017.

9 Gustafsson, Kristensson, Schirr, and Witell, Service Innovation.

10 A. Ordanini and A. Parasuraman, "Service Innovation Viewed through a Service Dominant Logic Lens: A Conceptual Framework and Empirical Analysis," *Journal of Service Research* 14 (February 2011), pp. 3–23.

11 B. Schneider and D. E. Bowen, "New Services Design, Development and Implementation and the Employee," in *Developing New Services*, ed. W. R. George and C. Marshall (Chicago: American Marketing Association, 1984), pp. 82–101.

12 S.Thomke, "R&D Comes to Services: Bank of America's Pathbreaking Experiments,"

Harvard Business Review 81 (April 2003), pp. 70–79.

13 See: A. L. Ostrom, M. J. Bitner, S. W. Brown, K. A. Burkhard, M. Goul, V. Smith Daniels, H. Demirkan, and E. Rabinovich, "Moving Forward and Making a Difference: Research Priorities for the Science of Service," *Journal of Service Research* 13 (February 2010), pp. 4–36; and A. L. Ostrom, A. Parasuraman, D. E. Bowen, L. Patricio and C. Voss, "Service Research Priorities in a Rapidly Changing Context," *Journal of Service Research* 18 (May 2015), pp. 127–159.

14 B. Mager on Service Design Network, www.service-design-network.org, accessed August 2011.

15 A. L. Ostrom, M. J. Bitner, S. W. Brown, K. A. Burkhard, M. Goul, V. Smith Daniels, H. Demirkan, and E. Rabinovich, "Moving Forward and Making a Difference: Research Priorities for the Science of Service," *Journal of Service Research* 13 (February 2010), pp. 4–36.

16 M. Stickdorn and J. Schneider, *This Is Service Design Thinking*, Wiley (Amsterdam, 2010), pp. 34–35.

17 B. Mager on Service Design Network, www.service-design-network.org, accessed August 2011.

18 For additional detail and background on service design and service design thinking see: S. Dasu and R. B. Chase, "Designing the Soft Side of Customer Service," *Sloan Management Review* 52 (Fall 2010), pp. 33–39; L. G. Zomerdijk and C. A. Voss, "Service Design for Experience-Centric Services," *Journal of Service Research* 13 (February 2010), pp. 67–82; L. Patricio, R. P. Fisk, J. Falcao e Cunha, and L. Constantine, "Multilevel Service Design: From Customer Value Constellation to Service Experience Blueprinting," *Journal of Service Research* 14 (May 2011), pp. 180–200; Stickdorn and Schneider, *This Is Service Design Thinking*; Service Design Network, www.service-design-network.org.

19 L. L. Berry, V. Shankar, J. T. Parish, S. Cadwallader, and T. Dotzel, "Creating New Markets through Service Innovation," *Sloan Management Review* 47 (Winter 2006), pp. 56–63.

20 S. Michel, S. W. Brown and A. S. Gallan, "An Expanded and Strategic View of Discontinuous Innovations: Deploying a Service Dominant Logic," *Journal of the Academy of Marketing Science* 36, no. 1 (March 2008), pp. 54–66.

21 K. R. Tuli, A. K Kohli, and S. G. Bharadwaj, "Rethinking Customer Solutions: From Product Bundles to Relational Processes," *Journal of Marketing* 71 (July 2007), pp. 1–17.

22 L. A. Bettencourt, Service Innovation, New York: McGraw-Hill, 2010; L. A. Bettencourt and A. W. Ulwick, "The Customer-Centered Innovation Map," *Harvard Business Review* 86 (May 2008), pp. 109–114.

23 M. Sawhney, S. Balasubramanian, and V. V. Krishnan, "Creating Growth with Services," *MIT Sloan Management Review* 45, no. 2 (Winter 2004), pp. 34–43.

24 See: C. Gronroos and P. Helle, "Adopting a Service Logic in Manufacturing," *Journal of Service Management* 21 (2010), 564–590; H. Gebauer, A. Gustafsson, and L. Witell, "Competitive Advantage Through Service Differentiation by Manufacturing Companies," *Journal of Business Research*, 64: 12 (2011), pp. 1270–1280; W. Ulaga and W. J. Reinartz, "Hybrid Offerings: How Manufacturing Firms Combine Goods and Services Successfully," *Journal of Marketing forthcoming*, 2011; V. A. Zeithaml, S. W. Brown, M. J. Bitner, and J. Salas, *Profiting from Services and Solutions: What Product–Centric Firms Need to Know*, Business Expert Press, 2014.

25 A. M. Epp and L. L. Price, "Designing Solutions Around Customer Network Identity Goals," *Journal of Marketing* 75 (March, 2011), pp. 36–54.

26 "Gartner Says 6.4 Billion Connected 'Things' Will Be in Use in 2016, Up 30 Percent from 2015," Stamford, CT, Gartner Press Release, November 10, 2015, http://www.gartner.com/newsroom/id/3165317.

27 See M. E. Porter and J. E. Heppelmann, "How Smart Connected Products are Transforming Competition," *Harvard Business Review* 92 (2014), pp. 64–88; M. E. Porter and J. E. Heppelmann, "How Smart, Connected Products Are Transforming Companies," *Harvard Business Review* 93 (2015), pp. 53–71.

28 For a discussion of these adaptations and related research issues, see I. Stuart, "Designing and Executing Memorable Service Experiences: Lights, Camera, Experiment, Integrate, Action!" *Business Horizons* 49 (2006), pp. 149–159; M. V. Tatikonda and V. A. Zeithaml, "Managing the New Service Development Process: Synthesis of Multidisciplinary Literature and Directions for Future Research," in *New Directions in Supply Chain Management: Technology, Strategy, and Implementation*, ed. T. Boone and R. Ganeshan (New York: AMACOM, 2002), pp. 200–236; and Edvardsson, Gustafsson, Johnson, and Sanden, *New Service Development and Innovation in the New Economy*.

29 See M. J. Bowers, "An Exploration into New Service Development: Organization, Process, and Structure," Doctoral dissertation, Texas A&M University, 1985; A. Khurana and S. R. Rosenthal, "Integrating the Fuzzy Front End of New Product Development," *Sloan Management Review* 38 (Winter 1997), pp. 103–120; and R. G. Cooper, Winning at New Products, 3rd ed. (Cambridge, MA: Perseus Publishing, 2001). J. Hauser, G. J. Tellis, and A. Griffin, "Research on Innovation: A Review and Agenda for Marketing Science," *Marketing Science* 25 (November–December 2006), pp. 687–717.

30 See A. Griffin, "PDMA Research on New Product Development Practices: Updating Trends and Benchmarking Best Practices," *Journal of Product Innovation Management* 14 (1997), pp. 429–458; Thomke, "R&D Comes to Services"; Organization for Economic Cooperation and Development, "Promoting Innovation in Services," 2005.

31 R. G. Cooper, "Stage Gate Systems for New Product Success," *Marketing Management* 1 (1992), pp. 20–29; J. Hawser, G. J. Tellis and A. Griffin, "Research on Innovations. A

Review and Agenda for Marketing Science," *Marketing Science* 25 (2006) pp. 687–717; Cooper, "Effective Gating."

32 A. Khurana and S. R. Rosenthal, "Integrating the Fuzzy Front End of New Product Development," *Sloan Management Review* 38 (Winter 1997), pp. 103–120.

33 J. Jargon, "KFC Savors Potential in Africa," *The Wall Street Journal, December* 8, 2010, p. B1; E. Nurse, "KFC's Secret Recipe for Africa," *CNN*, January 15, 2016, http://www.cnn.com/2016/01/15/africa/kfc–africa–expansion–mpa/

34 D. Rigby and C. Zook, "Open–Market Innovation," *Harvard Business Review* 80 (October 2002), pp. 80–89.

35 D. Leonard and J. F. Rayport, "Spark Innovation through Empathic Design," *Harvard Business Review* 75 (November–December 1997), pp. 103–113; also see P. Underhill, *Why We Buy: The Science of Shopping* (New York: Simon and Schuster, 2007).

36 See Ordanini and Parasuraman, "Service Innovation Viewed through a Service Dominant Logic Lens"; H. L. Melton and M. D. Hartline, "Customer and Frontline Employee Influence on New Service Development Performance," *Journal of Service Research* 13 (November 2011), pp. 411–425; L. McCreary, "Kaiser Permanente's Innovation on the Front Lines," *Harvard Business Review* 88 (September 2010), pp. 92–97.

37 R. Cross, A. Hargadon, S. Parise, and R. J. Thomas, "Together We Innovate," *The Wall Street Journal*, September 15–16, 2007, p. R6; J. C. Spender and B. Strong, "Who Has Innovative Ideas? Employees." *Wall Street Journal*, August 23, 2010, p. R5.

38 G. L. Shostack, "Service Design in the Operating Environment," in *Developing New Services*, ed. W. R. George and C. Marshall (Chicago: American Marketing Association, 1984), pp. 27–43.

39 E. E. Scheuing and E. M. Johnson, "A Proposed Model for New Service Development," *Journal of Services Marketing* 3 (1989), pp. 25–34.

40 L. Chamberlain, "Going Off the Beaten Path for New Design Ideas," *New York Times*, March 12, 2006, Sunday Business Section.

41 See IDEO's website for many examples of their current work, https://www.ideo.com/work/, accessed May 30, 2016.

42 Shostack, "Service Design in the Operating Environment," p. 35.

43 The service blueprinting section of the chapter draws from pioneering as well as current works in this area: G. L. Shostack, "Designing Services That Deliver," *Harvard Business Review* 62 (January–February 1984), pp. 133–139; G. L. Shostack, "Service Positioning through Structural Change," *Journal of Marketing* 51 (January 1987), pp. 34–43; and J. Kingman–Brundage, "The ABC's of Service System Blueprinting," in *Designing a Winning Service Strategy*, ed. M. J. Bitner and L. A. Crosby (Chicago: American Marketing Association, 1989), pp. 30–33; M. J. Bitner, A. L. Ostrom, and F. N. Morgan, "Service

Blueprinting: A Practical Technique for Service Innovation," *California Management Review* 50 (Spring 2008), pp. 66 – 94.

44 Shostack, "Understanding Services through Blueprinting."

45 These key components are drawn from Kingman–Brundage, "The ABC's."

46 The text explaining Figures 8.5 and 8.6 relies on M. J. Bitner, "Managing the Evidence of Service," in *The Service Quality Handbook*, ed. E. E. Scheuing and W. F. Christopher (New York: American Management Association, 1993), pp. 358 – 370.

47 S. Fliess and M. Kleinaltenkamp, "Blueprinting the Service Company: Managing Service Processes Efficiently," *Journal of Business Research* 57 (2004), pp. 392 – 404.

48 Sources: For coverage of the practical benefits of blueprinting see E. Gummesson and J. Kingman–Brundage, "Service Design and Quality: Applying Service Blueprinting and Service Mapping to Railroad Services," in *Quality Management in Services*, ed. P. Kunst and J. Lemmink (Assen/Maastricht, Netherlands: Van Gorcum, 1991); and M. J. Bitner, A. L. Ostrom, and F. N. Morgan, "Service Blueprinting: A Practical Technique for Service Innovation," *California Management Review* 50 (Spring 2008), pp. 66 – 94.

49 A. R. Hubbert, A. Garcia Sehorn, and S. W. Brown, "Service Expectations: The Consumer vs. the Provider," *International Journal of Service Industry Management* 6 (1995), pp. 6 – 21.

Chapter 09

고객이 정의한 서비스표준

본 장의 목적은 다음과 같다.

1. 기업이 정의한 서비스표준과 고객이 정의한 서비스표준의 차이를 알아본다.
2. 고객이 정의한 "하드(hard)" 표준, "소프트(soft)" 표준과 "일괄 수정(one-time fixes)"을 구분한다.
3. 고객이 정의한 서비스표준을 개발하는 데 있어서 서비스접점순서(service encounter sequence)의 중요한 역할을 설명한다.
4. 고객의 기대를 정의 가능하고, 반복 가능하며, 실행 가능한 행동과 행위로 전환하는 방법을 설명한다.
5. 고객이 정의한 서비스표준을 개발하는 프로세스를 설명한다.

페덱스사는 서비스품질지표로 표준을 설정한다

페덱스(FedEx)사에서 마케팅조사 자료는 성과를 추적하는 단순한 수치 이상이다. 이 자료는 페덱스로 하여금 서비스표준을 정하게 하고 또 그 성과를 파악할 수 있게 하는 "고객의 목소리"다. 페덱스 서비스품질지표(Service Quality Indicator, SQI)는 "거래고객마다 100% 만족, 수화물마다 100% 배달"이라는 하드 측정치로 구성된다.[1] 서비스품질지표의 개발과 구현으로 페덱스는 고객에게 초점을 맞출 수 있었고, 전 세계에서 가장 존경받는 브랜드 중 하나로 자리매김할 수 있게 되었다.

© Jb Reed/Bloomberg via Getty Images

페덱스의 전체 부서는 고객이 정의한 서비스표준을 지향하고 있다.

다른 기업의 서비스지표와 페덱스의 SQI가 다른 점은 고객피드백에 중점을 두고 있다는 점이다. 1980년대 이래로 페덱스는 고객의 불평을 기록해 왔고, 이것을 내부 프로세스를 개선하는 정보로 활용해 왔다. 고객이 가장 많이 불평하는 사항을 12가지로 나누어 "공포의 위계(hierarchy of horrors)"라고 부르고 있다. 잘못된 날짜에 배달되는 것, 제 날짜에 배달되었지만 약속한 시간보다 늦게 배달되는 것, 누락된 수화물, 분실된 수화물, 고객정보가 잘못 입력된 것, 대금결제상의 실수, 배달 시 배달원의 잘못된 행동, 손상된 수화물 등으로 나누어진다. 비록 이러한 목록이 유용하기는 했지만 문제가 일어나기 전에 고객의 불평을 예견하고 방지하기에는 역부족이었다.

그래서 1988년에 페덱스는 보다 "포괄적이면서 전향적으로 고객만족과 서비스품질을 측정하는" 12가지 항목의 SQI를 개발했다.[2] 시간이 지나면서 구성요소들은 소폭 변경되었는데, 그 구성요소는 가중치를 적용하고 있다. 최근의 페덱스 SQI 구성요소는 아래의 표와 같은데, 각각 고객이 부여한 가중치가 있다.[3]

구성요소	가중치
수화물 분실	50
수화물 손상	30
방문수령 실패	20
다른 날짜/늦은 날짜 배달	15
약속된 날짜에 픽업 실패	10
수화물 누락	10
제날짜지만 시간지연 배달	5

자료 : E-mail communication from David Spear, manager of global service and quality assurance, *FedEx Express*, June 14, 2016.

SQI의 또 다른 중요한 특징은 오류의 비율이 아니라 빈도수로 보고한다는 점이다. 페덱스의 경영층은 비율로는 회사가 고객의 불평을 제대로 파악할 수 없다는 것을 알았다. 즉, 하루에 평균 1,100만 개의 수화물이 배송되기 때문에 1%의 배달사고가 발생했다는 것은 11만 명[페덱스 익스프레스 410만 개, 페덱스 그라운드(Fedex Ground) 690만 개를 포함해 하루에 취급하는 수화물 1,100만 개의 1%]의 불만족한 고객이 발생했다는 것이다. 서비스품질지표(SQI) 보고서는 매주 사내 전체 임직원에게 배포되며 보고서를 받자마자 서비스실패의 원인이 분석된다. SQI 구성요소별 담당자와 관련 직원 모두 SQI 성과에 몰입하도록 하여, 지속적으로 고객만족 수준을 100%까지 끌어올리려 노력하고 있다. 페덱스는 자신들의 SQI 사용에 덧붙여, 자회사인 페덱스 그라운드, 페덱스 화물(FeDex Freight), 페덱스 오피스, 페덱스 서비스에서도 유사한 SQI 매트릭스(metrics)를 사용하고 있다.[4]

제5, 6, 7장에서 살펴본 것처럼 고객이 무엇을 기대하는지를 이해하는 것은 높은 품질의 서비스를 제공하는 데 있어 거쳐야 할 첫 번째 단계이다. 경영자가 고객이 원하는 것을 정확히 이해하고 나면, 그 다음 단계로 해야 할 일이 서비스품질 표준과 목표를 설정하는 것이다. 서비스기업이 고객의 기대를 충족하고, 그 수준을 넘어서는 표준을 설정하는 데는 많은 어려움이 따른다. 그 이유는 마케팅부서와 운영부서가 함께 이 일에 참여해야 하기 때문이다. 대부분의 서비스기업에서 마케팅기능과 운영기능을 통합하는 것(**기능적 통합**이라고도 부르는)은 흔히 있는 접근법이 아니다. 대부분 각자 따로 자기 부서의 목표를 정하고, 이를 추구한다.

고객의 기대에 부응하여 서비스표준을 정하는 관행이 대부분의 기업에서 흔하지 않다. 그렇게 하려면 전통적으로 깊이 침투해 있는 직무수행 프로세스를 바꾸어야 하기 때문이다. 이런 변화에는 종종 새로운 장비나 기술이 필요하기도 하며, 사내 부서담당자들의 견해를 고객관점으로 통합하는 것이 필요하기도 한다. 그러나 무엇보다 필요한 것은 서비스를 제공하는 새로운 방식을 기꺼이 받아들이려는 열린 마음이다.

적합한 서비스표준을 설정하는 데 필요한 조건

서비스행동과 행위의 표준화

고객이 기대하는 것을 구체적인 서비스품질 표준으로 바꾸는 것은 표준화하거나 일상화(routinized)할 수 있는 과업의 정도에 달려 있다. **표준화**(standardization)는 각 단계별 순서가 정해져 있고 모든 제품이 일정한 형태로 대량생산되는 유형제품처럼 일정한 순서를 가지는 프로세스를 의미한다. 반면 **고객화**(customization)는 개별 고객에게 제공하는 서비스를 어느 정도 고객의 욕구에 맞추는 것을 의미한다.[5] 표준화의 목표는 기업이 고객에게 서비스를 제공하는 과정에서 일관된 서비스를 제공하는 것이다. 또한 고객화의 목표는 개별 고객의 욕구를 충족시켜주는 것이다. 일부 경영자나 관리자는 서비스가 표준화될 수 없는 것으로 믿고 있다. 즉, 고품질의 서비스를 제공하기 위해서는 고객화가 필수적이라고 생각한다. 경영자들은 과업표준화가 직원들로 하여금 회사에 의해 통제된다는 느낌을 주어 직원에 대한 권한위임(empowerment)에도 어긋난다고 본다. 더구나 서비스는 무형이라서 측정하거나 피드백하기 어렵고 또한 모호하고 느슨한 표준이 될 수밖에 없다고 생각한다.

그러나 현실에서 보면 많은 서비스과업이 일상적이며(수표거래계좌를 개설하거나, 해충을 퇴치하기 위해 잔디에 약을 뿌리는 등), 구체적인 규칙과 표준은 매우 쉽게 만들어지고 효과적으로 실행될 수 있다. 또한 직원은 가장 효과적으로 행동하는 방법을 알고 싶어 할지 모른다. 그렇게 되면 자신의 과업을 수행하는 데 있어 보다 더 독창력을 발휘할 수 있기 때문이다.

서비스표준화는 (1) 사람이 하던 일을 기술로 대체, (2) 작업방법의 개선, (3) 두 방법의 결합 등 세 가지 유형이 있다. 기술로 대체된 예로는 테이크아웃 주문용 웹사이트와 모바일 애플리케이션, 공항 체크인 키오스크, 정교한 맞춤화가 가능한 고급 청량음료 자판기, 수리공을 직접 호출할 수 있는 스마트 오피스 장비 등이 있다. 작업방법을 개선한 예로는 몰리 메이드(Molly Maid)나 더 메이즈(The Maids) 같은 기업이 개발한 가정청소방법(home cleaning method)뿐만 아니라 H&R Block이 세무나 회계서비스 프로그램을 새롭게 개발한 것 등이 있다.

기술과 작업을 개선하는 방법은 고객에게 일관된 제공물을 제공하는 데 필수적인 서비스표준화를 촉진하는 것이다. 과업을 분할하고 그 과업을 효율적으로 제공함으로써, 거래당 소요되는 시간, 운영의 정확성, 발생하는 문제의 수 등과 같은 서비스표준을 가늠할 수 있다. 또한 작업방법을 개선하는 과정에서, 기업은 서비스가 제공되는 과정을 완전하게 이해하게 되어 적절한 서비스표준을 더 쉽게 결정할 수 있게 된다.

기술대체에 의한 표준화든 작업과정개선에 의해 이루어진 표준화든, 표준화는 갭 2를 줄여준다. 고객이 정의한 표준화란 서비스제공과 관련된 모든 요소가 일관된 방식으로 행해지는 것이 아니라, 가장 중요한 요소는 고객이 바라는 대로 행하는 것이다. 사실 고객이 정의한 표준화를 하게 되면 제11장에서 자세히 언급하게 될 직원에 대한 권한위임이 가능하다. 고객서비스 통화에 대하여 시간제한을 정해 놓은 기업의 예를 들어보자. 고객의 최우선 순위가 전화로 좋은 느낌을 받거나 문제를 해결하는 것에 있다면, 전화시간을 엄격히 정해 놓는 것은 기업관점만 생각한 것이고 고객은 관심밖에 있는 것이다. 다시 말해, 이러한 표준화는 직원도 제약하고 고객의 선호에도 위배된다. 회사가 아니라 고객관점으로 선호순위를 정하는 아메리칸 익스프레스나 L.L. 빈, 자포스닷컴(Zapos.com)과 같은 회사는 직원이 고객과 통화하는 시간을 제한하지 않고, 대신에 고객을 만족시키고 편안하게 하는 데 초점을 맞추고 있어 직원으로 하여금 통화시간에 대한 판단을 스스로 하게 한다. 이러한 기업들에서 알 수 있듯이 서비스표준화가 모든 상황에 적합한 것은 아니다.

공식적인 서비스 목표

높은 품질의 서비스를 일관성 있게 제공하는 데 성공한 기업은 서비스를 제공하는 직원을 지도하기 위해 공식적인 표준을 설정하고 있는 것으로 알려져 있다. 이들 기업은 고객에게 중요한 서비스를 얼마나 잘 수행하고 있는지를(한 거래당 소요되는 시간, 서비스실패 빈도, 고객불평의 처리속도 등) 정확히 알고 있으며, 고객의 기대를 충족시키거나 넘어서는 목표를 설정하여 꾸준히 개선하는 노력을 기울이고 있다.

서비스업에서 적절하게 사용되는 공식목표설정(formal goal setting) 유형 중의 하나는 개인의 행동이나 행위에 대한 목표설정이다. 예컨대, 접점직원의 응답성을 나타내기 위해 "고객에게 빨리 응답전화하기"로 목표를 정한 경우를 보자. 이처럼 만약 직원의 행위에 대한 서비스의 목표가 "고객에게 빨리 응답전화하기"라는 막연한 원칙으로 정해진다면, 어떤 서비스 직원도 방향을 설정하지 못할 것이다. 직원은 이런 모호한 목표를 자기 나름대로 해석할 것이며, 그 결과 일관성 없는 서비스가 제공될 것이다. 어떤 직원은 고객에게 10분 만에 전화를 할 것이며, 또 다른 고객은 2일 내지 4일을 기다려야 할지도 모른다. "빨리"란 표현은 측정이 어렵기 때문에 직원이 목표를 제대로 달성했는지를 파악할 수가 없다. 반면에 직원의 서비스 목표를 4시간 내에 고객에게 응답하는 것으로 정한다면, 그들은 얼마나 빨리 전화를 할 것인가에 대한 구체적이면서 명확한 지침을 갖게 되는 것이다. 이렇게 하면 목표충족 역시 명확하여 4시간 내에 전화를 하면 목표는 달성되는 것이고, 그렇지 않으면 달성되지 않는 것이다.

또 다른 하나는 전체 회사나 부서의 목표설정인데, 흔히 비율로 나타낸다. 예컨대, 어떤 부서는 "고객에게 4시간 내에 응답하는 것을 97% 달성"이라는 목표로 설정한 후, 목표달성 정도를 측정하기 위해 한 달 또는 1년 동안 자료를 수집한다. 워싱턴주에서 가장 오래된 역사와 최대규모의 에너지시설을 자랑하는 퓨젯사운드에너지(Puget Sound Energy, PSE)사는 30초 이내에 고객으로부터 걸려온 전화의 75%에 응답하는 것을 목표로 한다.[6]

전략적 통찰 서비스표준 정의와 고객 경험 개선을 위한 빅데이터의 사용

스마트폰, 소셜미디어, 온라인 쇼핑이 확산되면서 기업은 이전보다 더 많은 고객 데이터를 수집하고 활용할 수 있게 되었다. 이제 수집할 수 있는 데이터에는 고객의 세부적인 인구통계학적 정보, 심리분석적 정보, 구매 내역, 위치 데이터, 소셜네트워크 연결 등이 포함된다. 이처럼 놀랍도록 세분화된 데이터를 통해 서비스 공급업체는 고객의 욕구(needs), 필요(wants), 습관에 대한 더 나은 통찰력을 얻을 수 있다. 이러한 수준의 데이터는 서비스 공급자가 고객에게 가장 중요한 서비스 측면을 개선하기 위한 적절한 서비스 표준을 개발하는 데 도움이 될 수 있다.

아마존(Amazon), 오버스톡닷컴(Overstock.com), 월마트(Walmart)와 같은 많은 소매업체는 데이터를 사용하여 연령, 성별, 위치, 최근 및 과거 온라인 활동, 심지어 동일한 제안에 대한 다른 고객의 반응과 같은 요소를 포함하는 실시간 데이터를 기반으로 고객에게 제품을 추천한다.

그러나 제품 추천에 빅데이터를 사용하는 것 외에도 서비스 제공업체는 정보를 사용하여 서비스 제공 자체를 개선할 수 있다. 예를 들어, 그 회사에 불만족한 고객이 있는가? 그렇다면 그들의 공통점은 무엇일까? 무엇이 그들을 만족한 고객들과 구분 짓는가? 서비스표준을 구현함으로써 이러한 차이를 해결할 수 있는가? 등이 이에 해당한다.

고객이 회사의 어떤 점이 마음에 들지 않는지를 묻는 설문조사 데이터 외에도, 빅데이터를 통해 고객의 실제 행동을 조사할 수 있다. 예컨대, 고객은 기업에게 "나는 너무 오래 대기하고 있는 중이다."라고 말할 수 있다. 그런데 얼마나 오래 걸리는가? 통화 데이터를 수집하고 분석하면 일반 고객이 전화를 끊기 전에 13분 동안 대기한다는 것을 기업에게 알릴 수 있다. 이러한 정보는 고객을 10분 이상 기다리게 해서는 안 된다는 하드 서비스표준을 설정하도록 경영진에게 제안할 수 있다.

기업들은 시시각각의 고객 데이터에 대한 가치를 인식하기 시작했으며, 더 많은 데이터를 적극적으로 수집하고 이 데이터에 대한 실시간 액세스를 중심으로 고객 경험을 설계하기 위해 노력하고 있다. 예를 들어, 디즈니 테마파크는 이제 고객에게 무선주파수식별(radio frequency identification, RFID) 기술을 사용하여 공원 전체의 모든 움직임을 추적하는 매직밴드(MagicBand)를 착용하도록 한다. 이 밴드들로부터 수집된 데이터를 통해 디즈니사는 고객들에게 "마법(Magic)"을 극대화하는 경험을 만들어 줄 수 있다. 예컨대, 밴드를 통해 수집된 정보는 미키마우스, 백설공주 등 디즈니 놀이공원의 캐릭터로 분장한 직원에게 그들이 마주치는 아이들에 대한 정보를 전달하여 아이들의 이름을 부르고, 심지어 생일 축하 인사도 할 수 있도록 한다. 매직밴드는 또한 고객의 구매 행태도 추적하여 디즈니사로 하여금 수익을 극대화하기 위해 어떤 "마법"이 작동하는지 알 수 있게 한다. 예컨대, 디즈니사는 캐릭터가 이름을 부른 아이들의 가족이 이름을 부르지 않은 가족보다 공원에서 돈을 더 많이 썼는지, 더 자주 재방문했는지 판단할 수 있다. 만약 데이터분석 자료에서 개인적인 인사말이 고객 지출을 증가시킨다는 것이 확인된다면, 어린이의 이름을 부르며 즐겁게 인사하는 소프트 표준이 적용될 수 있을 것이다.

또한 관리자는 이 데이터를 통해 고객의 전체 경험을 간소화할 수 있다. 예를 들어, 고객이동 데이터는 놀이공원의 어느 지역이 가장 혼잡가능성이 높은지 알려줌으로써 관리자들이 공원의 다른 지역에서의 활동과 기타 행사들을 계획하여 고객을 분산시킬 수 있다. 대기 시간이 2시간을 넘지 않아야 한다는 엄격한 기준과 같은 고객 밀도 및 대기 시간과 관련된 표준을 구현하고 추적하여 고객 경험의 개선 사항을 계량화할 수 있다.

빅데이터는 이전에는 불가능했던 자세한 고객 통찰력을 제공하는 놀라운 도구로, 고객 경험을 순간이나 클릭 한 번으로 생성, 추적, 관리할 수 있게 해준다. 이러한 정보는 고객이 항상 원하는 서비스경험을 할 수 있도록 하고, 서비스 제공업체가 하드 서비스표준과 소프트 서비스표준을 모두 만들 수 있도록 하여 고객에게 어떤 경험이 가장 중요한지를 학습하는 데에도 매우 유용하다.

자료 : T. H. Davenport, L. Dalle Mule, and J. Lucker, "Know What Your Customers Want Before They Do," *Harvard Business Review* 89 (December 2011), pp. 84-92; D. Sweeney, "4 Benefits That Magic-Bands Bring to the Wonderful World of Disney Parks," Forbes, January 9, 2013, http://www.forbes.com/sites/deborahsweeney/2013/01/09/4-benefits-that-magicbands-bring-to-the-wonderful-world-of-disney-parks/#3a9a02c9396c; A. Carr, "The Messy Business of Reinventing Happiness," *Fast Company*, April 15, 2015, http://www.fastcompany.com/ 3044283/the-messy-business-of-reinventing-happiness.

일관성 있게 탁월한 서비스를 제공하는 월트디즈니, 페덱스, 싱가포르항공 같은 회사는 매우 구체적이고, 정량적이며, 측정 가능한 서비스목표를 가지고 있다. 월트디즈니사는 고객이 서비스품질을 높게 지각하는 데 공헌하는 직원의 수많은 행동과 행위에 대한 성과를 측정한다. 따라서 서비스표준은 공식적인 서비스목표 설정의 수단이라고 할 수 있다.

기업이 아닌 고객이 정의한 표준

사실 모든 서비스기업은 **기업이 정의한** 서비스표준을 가지고 있고 이를 측정하여 생산성, 효율성, 비용, 기술적 품질수준 등의 사업성과로 연결하고 있다. 고객의 기대를 충족시키지 못하고 있는 기업이 정의한 표준의 대표적인 사례 중 하나는 상담원과 대화하지 못하고 기계와 대화해야 하는 자동음성전화시스템이다. 이러한 시스템은 기업의 비용을 절감하고 실제로 일부 고객에게 더 빠른 서비스를 제공하기 때문에, 많은 기업들이 고객과 직접 대화하는 노동 집약적인 관행에서 이러한 "자동화된" 시스템을 사용하는 방식으로 전환했다. 그러나 갭 2를 메우기 위해서는 서비스표준을 기업 내부의 목표보다는 고객의 요구와 기대에 기초하여 정의해야 한다. 이 장에서 우리는 기업이 정의한 표준은 제공자 갭 2를 줄이는 행동을 유발하지 못함을 보여줄 것이다. 대신에 기업은 **고객이 정의한**, 즉 고객요구에 근거한 표준을 정해야 한다. 이러한 표준은 고객이 보고 표현하는 기대에 맞게 신중하게 선택되어야 한다.

고객의 욕구, 선호순위 및 기대수준을 파악하면 서비스를 효과적이고 효율적으로 제공할 수 있다. 고객이 정의한 서비스표준은 고객이 가치 있게 생각하는 것을 파악하여 비용을 절감케 하며, 고객이 보지 못하거나 요금을 지불하려 하지 않는 활동과 특징은 제거시킬 수 있다. 미국 각 지역의 DMV(Department of Vehicle, 미국에서 자동차 등록 및 면허업무를 관할하는 기관) 사무소를 방문하는 고객의 중요한 희망사항은 오래 기다리지 않는 것이다. 몇 년 전에 오리건(Oregon)주에서는 주정부가 DMV 사무소에서의 대기시간을 줄여 서비스를 향상시키려는 정책을 최우선 과제로 설정하였는데 결과는 매우 인상적이었다. 이 정책의 목표는 오리건주 고객이 DMV 사무소를 방문할 때 20분 이상 기다리지 않도록 하는 것이었는데, 이것은 고객 설문조사결과 사람들이 일반적으로 서비스를 받기 위해 20분 이상 기다리지 않기를 원한다는 사실을 기초로 한 것이다. 3년도 채 되지 않아 20분 이내에 서비스를 받은 고객의 비율이 52%에서 약 70%로 증가했다. 이 비율을 높이기 위해 DMV는 차량 등록 갱신, 주소 변경, 차량 매각 통지와 같은 간단한 업무를 위해 온라인 서비스나 우편과 같은 대체 경로를 사용하도록 권장하여 DMV 사무소를 방문해야 하는 사람의 수를 줄였다. DMV는 급행 카운터와 정보 키오스크를 추가하는 것을 포함하여 대기 시간을 줄이기 위한 다른 전략을 추진했다. 또한 수요가 많을 때 DMV 직원을 보다 쉽게 활용할 수 있도록 사무실 간 구제 지원일정을 잡고 대체 근무 일정도 개발했다.[7] 오리건주 DMV는 고객에게 중요한 것이 무엇인지 파악한 다음 프로세스를 구현하고 직원을 재배치하고 그에 따라 서비스를 제공하도록 직원을 교육했다.

퓨젯사운드에너지(PSE)사는 지난 몇 년간 고객이 정의한 표준을 사용해 왔다. 이 회사는 정전기간이나 횟수, 고객과의 약속 미이행, 현장출동에 많은 시간 소요 등이 고객이 생각하는 중요한 항목이라는 것을 파악했다. 그림 9.1은 퓨젯사운드에너지가 세 가지 주요 분야에서 고객이 정의한 9가지 표준을 어떻게 처리하는지에 대한 것을 보여주고 있다.

그림 9.1 퓨젯사운드에너지(PSE)사의 고객서비스표준

표준	벤치마크	성과 성취
고객만족		
고객접근센터 서비스의 결과에 대한 만족	최소한 90%	94%
조사에 근거하여 현장서비스에 대해 만족한 고객의 비율	최소한 90%	96%
불평의 수(1,000명당, 연간)	0.40 이하	0.23
고객서비스		
30초 이내에 응답하는 전화의 비율	최소한 75%	70%
운영서비스		
소규모 폭풍으로 인한 정전횟수(연간, 고객당)	1.30 이하	1.11
정전 기간(연간, 고객당)	5시간 이하, 20분	4시간, 32분
전력시스템 비상 시 고객의 전화를 받고 현장에 출동하는 데 소요되는 시간	55분 이내	54분
가스 비상상황 시 고객의 전화를 받고 현장에 출동하는 데 소요되는 시간	55분 이내	29분
서비스 약속을 지키는 비율	92%	99.6%

자료 : Puget Sound Energy 2015 Service Quality Report Card.

처음부터 고객이 정의한 표준이 기업의 관심사로부터 출발한 것이 아니라 생산성 및 효율성과 충돌할 소지는 있지만, 오히려 서비스품질이나 만족에 대한 고객의 생각을 반영하기 때문에 생산성과 효율성을 높일 수도 있다. 고객 관점에서 진화하는 서비스표준은 기업이 정의한 서비스표준과는 다를 수 있다.

고객이 정의한 서비스표준의 유형

제공자의 갭 2를 좁히는 표준은 **고객이 정의한 표준**(customer-defined standards)이다. 즉 생산성이나 효율성 같은 기업의 관심사보다는 핵심적인 고객요구를 반영하는 운영목표와 측정치이다. 재고관리와 같은 전형적인 운영표준을 예로 들어보자. 대부분의 기업은 기업의 관점에서 재고를 관리한다. 그러나 사무용품 소매업체 분야의 선도기업인 오피스디포(Office Depot)는 재고관리와 관련된 서비스측정치를 **고객 관점에서 추적**한다. 먼저, 이 기업은 "고객이 중요시하는 것이 무엇인가?"라고 질문을 하고, 이 질문에 "주당 평균 품절(stockout) 횟수"라는 답을 얻었다. 그런 다음에, 재고부족을 고객을 상대로 조사하였고 재고와 관련하여 접수되는 많은 불평과 칭찬을 참고하여 고객중심측정시스템을 설계했다. 이와 같은 고객정의 표준은 고객의 요구사항을 직원 성과의 목표나 가이드라인으로 전환시켜준다.[8] 고객이 정의한 표준은 "하드(hard)" 표준과 "소프트(soft)" 표준 두 가지 유형으로 분류된다.

고객이 정의한 하드 서비스표준

페덱스의 SQI를 구성하는 서비스표준은 하드 표준과 하드 측정치에 속한다. 이들은 **조사를 통해 관찰되거나, 시간을 측정하고, 계산될 수 있는 것들**이다. 예시 9.1은 몇몇 서비스기업들이 사용하고 있는 하드 표준의 예를 보여주고 있다. 표는 고객의 요구나 반응에 기초하여 고객이 정의한 하드 표준만을 제시하고 있다. 이러한 기업들 중의 하나인 페덱스는 상대적으로 간결하고 표준화된 기준을 가지고 있기 때문에 고객요구의 대부분을 하드 표준으로 전환할 수 있다. 또한, 페덱스의 표준은 대부분이 정시(on-time) 배달 및 직원의 무실수와 관련되어 있다. 제3장에서 강조했듯이, 고객은 신뢰성(고객과의 약속 지키기)에 대한 기대가 매우 높다. 다양한 산업 분야의 연구에 따르면 가장 빈번한 고객 불만은 서비스 실수나 문제(모든 불만의 32%) 또는 제품 성능 저하(모든 불만의 30%)와 관련이 있다.[9]

신뢰성에 대한 고객의 욕구에 답하려면, 기업은 신뢰성 표준을 만들어 "처음 할 때 정확히 하라", "너의 약속을 꼭 지켜라"와 같은 가치관을 조직 내에 심어주어야 한다. 사실 어느 서비스기업에나 적용되는 일반적인 신뢰성 표준이란 "처음에 정확히(right first time)"이다. 이것은 서비스가 고객이 요구한대로 처음에 정확히 수행되는 것을 의미한다. 제품을 배달하는 서비스라면 "처음에 정확히"가 고객에게 의미하는 것은 배달을 정확하게 하라는 것이다. 즉, 고객이 주문한 것은 포함되어야 하고, 주문하지 않은 것이 포함되서는 안 된다. 만약 설비를 설치하는 서비스라면 "처음에 정확히"란 설비를 정확하게 설치해주어 고객이 즉시 사용할 수 있도록 해주는 것을 의미한다. 신뢰성과 관련된 또 하나의 예는 "정시에 정확히(right on time)"인데 이것은 서비스가 예정된 일정대로 제공되는 것으로, 고객이 기대하는 시간이나 약속한 시간에 정확히 도착하는 것을 말한다. 재난복구나 컴퓨터서비스시스템 통합 같은 좀 더 복잡한 서비스에서 "정시에 정확히(right on time)"가 의미하는 것은 서비스가 약속한 날짜에 정확히 완료되는 것을 의미한다.

신뢰성은 서비스품질의 5가지 차원 중 서비스 고객이 가장 관심을 가지는 차원이다. 전자소매업에서, 주문을 정시에 정확하게 실행하는 것은 신뢰성의 가장 중요한 측면 중의 하나이다. 인터넷상에서 고객이 정의한 하드 표준의 가장 훌륭한 사례 중의 하나는 델 테크놀러지(Dell Technologies)가 사용하는 고객의 주문처리(fulfillment)에 대한 단일요약측정치(single summary metrics)이다. 이 매트릭스는 델(Dell)사가 순 추천고객 점수(net promoter score) 감소에 대응하여 개발한 완벽한 주문 측정치(perfect order metric)이다.[10] 순 추천고객 점수는 "당사가 기업/제품/서비스를 친구 또는 동료에게 추천할 가능성이 얼마나 됩니까?"라는 단일 질문에 대한 고객의 답변을 기초로 결정된다. 많은 고객과 상담한 후, 델사는 고객이 주문한 제품을 자사가 제공해주길 바랄 뿐이라는 사실을 알게 되었다. 이 피드백을 바탕으로 완벽한 주문 측정치는 (정시 배송 비율)×(완료된 주문 비율)×(무손상 배송 비율)×(정확한 문서와 함께 배송된 주문 비율)로 계산된다. 델사는 이러한 신뢰성 측정치에 대한 성과를 추적하고 직원들이 얼마나 잘하는지 성과를 기준으로 보상하여 직원들이 고객에게 가장 중요한 목표를 향해 노력하도록 보장한다.

예시 9.1 고객이 정의한 하드 서비스표준의 예

기업	고객의 우선순위	고객이 정의한 표준
카디날헬스	정시배달	• 약속된 시간에 모든 병원의 98% 이상 정시배달
델컴퓨터	정시배달 컴퓨터의 정확한 작동 처음에 정확히 문제해결	• 표적고객에게 배달 • 초기 고장률 • 분실, 잘못된 손상비율 • 처음, 정시에 문제해결
페덱스	정시배달	• 늦게 배달된 수화물의 수 • 틀린 날짜에 배달된 수화물의 수 • 분실된 수화물의 수
포토맷	사진의 빠른 현상	• 1시간 내에 사진현상
하니웰의 건축사업부	빠른 납품 정시납품 주문 정확성	• 주문한 날 수령 • 약속한 날 납품 • 주문한 내용 정확성
렌즈크래프터즈	안경의 빠른 회전	• 1시간 내에 안경준비
메이요클리닉	건강회복 잘 대접받는 느낌	• 환자 사망률 • 환자의 수술 감염률 • 계획되지 않은 환자의 재입원율 • 성공적으로 치료된 환자의 수 • 정시에 정해진 약속 수 • 각 환자와 함께 보낸 시간
퓨젯사운드에너지	신뢰성 반응성	• 1년, 고객당 소규모 폭풍 시 정전된 기간 • 1년, 고객당 소규모 폭풍 시 정전 횟수 • 현장출동서비스의 약속준수 비율 • 고객응답센터가 30초 이내에 고객의 전화를 받기 • 전력시스템 비상 시 고객의 전화를 받고 현장에 도착하는 시간
사회보장청	전화접속	• 5분 이내에 전화 응답률 95%
사우스웨스트항공	신뢰성 불평에 대한 응답성	• 정시도착 • 불평 제기한 편지에 대해 2주 내 응답
텍사스 인스트루먼트 방위시스템	위임승낙 보다 많은 개인접촉	• 정시 납품 • 요구한 제품사양 일치 • 개인방문의 빈도 증가
자포스닷컴	반응성	• 20초 이내에 걸려오는 전화의 80% 대답 • 4시간 이내에 이메일 문의에 대한 회신 • 10초 이내에 온라인 채팅 문의에 대한 응답

응답성(responsiveness)에 대한 하드 서비스표준은 제품을 배송하고(2일 이내), 불평을 처리하고(해가 질 때까지), 질문에 답하고(2시간 이내에), 전화에 답하고(15초 내에), 수리 요청에 응하는 시간(예상시간의 30분 오차범위 내에) 등으로 설정된다. 응답의 수준을 구체적으로 정하는 것에 덧붙여 기업은 적절한 직원으로 구성된 고객서비스 부서를 보유해야만 한다. 전화가 잘 연결되지 않고, 기다려야 하고, 자동음성시스템으로 연결되면 고객의 반응지각은 떨어진다.

서비스를 제공할 때 서비스제공자는 고객이 정한 표준을 그 문화나 나라의 실정에 맞게 수정해야 한다. 즉, 고객이 정의한 서비스표준을 고려해서 정해야 하고 또한 표준은 문화에 따라 맞게 수정되어야 한다. 본 장의 세계적 추세에서는 서비스표준의 지역적 차이를 허용하면서 보편적으로 높은 서비스품질을 달성할 수 있는 방법을 찾은 세계적인 브랜드를 보유한 기업의 사례를 알아본다.

고객이 정의한 소프트 서비스표준

고객이 중시(priorities)하는 모든 것을 모니터링하고, 시간을 재고, 계산할 수 있는 것은 아니다. 아인슈타인은 "중요하다고 모든 것을 셀 수 있는 것은 아니고 셀 수 있는 모든 것이 중요한 것은 아니다"라고 말했다. 예컨대, 직원이 쉽게 "계산하고, 측정하고, 볼 수 있는" 고객선호가 고객을 이해하고 아는 모든 것이 아니다. 하드 측정치가 구체화돼 있는 데 반해 소프트 측정치는 지각된 측정치로 나타낼 수 있다. 즉, 볼 수는 없으나 고객의 의견을 물어서 자료가 수집되는 것은 고객정의 소프트 표준이라고 부른다. 소프트 표준은 고객의 지각을 계량화하여 직원에게 고객을 만족시킬 수 있는 방향, 지침, 피드백 등을 제공한다.

소프트 표준은 전문적인 서비스의 제공과정이나 판매과정과 같은 인적접촉에서 특히 중요하다. 예시 9.2는 고객이 정의한 소프트 표준의 예를 보여주고 있다. 우리 저자 중 한 명이 컨설팅 작업을 했던 한 카지노에서는 직원들이 손님에게 적절한 수준의 관심과 존중을 제공하도록 장려하기 위해 다섯 가지 소프트 서비스표준을 수립했는데, 두 가지 문제는 고객이 중요하게 생각하는 사항이다. 이 기준 중 두 가지는 직원들이 "친절하고, 예의 바르고, 명랑하고, 쾌활하다고 표현할 수 있는 태도를 보이고" 고객과 교류할 때 "적절한 말로 인사"를 하는 것에 대한 사항이다. 앞에서 설명한 하드 서비스표준과 달리, 소프트 서비스표준은 쉽게 계량화할 수 없지만, 이러한 표준에 대한 기업의 성과는 해당 표준에 대한 고객의 인식을 파악하는 설문조사 및 기타 수단을 통해 평가될 수 있다.

많은 기업들이 고객이 정의한 하드 서비스표준과 소프트 서비스표준을 모두 갖추고 있다. 하드 표준과 소프트 표준의 차이는 포드자동차사(Ford Motor Company)에서 개발한 고객 관리 표준을 사용하여 예시 9.3에서 설명하였다.

일괄 수정

서비스의 어떤 측면을 바꾸어야 할지를 조사를 통해 알아냈다고 하자. 요구사항은 때때로 한 번에 수정으로 충족될 수 있다. **일괄 수정**(one-time fixes)이란 고객의 요구사항을 해결하는 기술, 정책 또는 절차를 한번에 수정하는 것을 말한다. 일괄 수정은 기술, 정책, 절차의 변경이기 때문에 직원의 참여가 필요하지 않다는 점이 특징이다. 일괄 수정을 서비스표준에 포함시키는 이유는 다양한 판매점(outlet)이 있는 프랜차이즈 서비스 때문이다. 다양한 판매점을 갖는 조직의 경우 일관성을 유지하기 위해 일괄 수정이 필요한 것은 수정해야 한다. 그래서 서비스표준의 논의에 "일괄 수정"을 포함시키는 것이다. 예컨대, 햄프턴인호텔의 새로운 서

세계적 추세 전 세계 서비스 표준 조정

지리적인 차이가 다양한 고객들의 기대와 관련되어 있다고 인식하는 경우 기업은 서비스표준의 문화적 또는 지역적 차이를 어떻게 조정하는가? 세계적인 브랜드를 보유한 기업은 서비스표준이 국가마다 너무 다르면 잃을 것이 많기 때문에 지역적 차이를 허용하면서도 보편적으로 높은 품질을 달성할 수 있는 방법을 찾아야 한다.

포시즌호텔앤리조트의 서비스표준 : 글로벌 표준과 로컬 표준

세계 최고급 환대(hospitality)기업인 포시즌호텔앤리조트(Four Seasons Hotels and Resorts)는 보편적인 서비스표준과 국가별로 다른 표준 간의 균형을 맞춰 40여 개국 100개 이상의 호텔과 리조트를 성공적으로 운영하고 있다. 고객 설문조사, 여행자 리뷰 및 업계 수상 부분에서 세계 최고의 호텔로 인정받으면서 가장 권위 있는 브랜드 중 하나로 지속적으로 선정된 이 기업의 성공은, 전 세계 모든 직원이 항상 기대하는 서비스표준 덕분이다. 포시즌사는 서비스표준을 정기적으로 재검토하지만, 일반적으로 표준을 공개적으로 공유하지 않는다. 그러나 2000년대 초반에 사용했던 아래의 7가지 표준에서 각 행의 첫 글자를 연결하면 특정 단어인 SERVICE가 만들어지는 것을 알 수 있다:

1. **미소**(Smile) : 직원들이 적극적으로 고객을 맞이하고, 미소를 지으며, 상냥한 태도로 분명하게 말한다.
2. **눈**(Eye) : 직원들은 지나가는 도중이라도 감사하는 마음으로 고객과 눈을 마주친다.
3. **인정**(Recognition) : 모든 직원에게 고객의 이름을 알렸을 때, 자연스러우면서 신중하게 고객의 이름을 불러 고객이 인정받는다는 느낌을 제공한다.
4. **음성**(Voice) : 직원은 허세를 부리지 말고 명확한 목소리로 세심하게, 자연스럽게, 그리고 정중하게 손님에게 말한다.
5. **정보 제공**(Informed) : 모든 고객연락담당 직원은 호텔에 대해 잘 알고, 간단한 요청을 처리하며, 다른 곳으로 손님을 추천하지 않는다.
6. **청결함**(Clean) : 직원들의 외모는 항상 청결하고, 또렷하고, 복장이 잘 손질되고, 몸에 잘 맞는 것처럼 보여야 한다.
7. **모두**(Everyone) : 어떤 고객이든, 어디서나, 항상 보살핀다.

© Glow Images/Getty Images

포시즌사의 글로벌 서비스표준은 필요에 따라 현지 문화에 맞게 조정된다.

이러한 기준 외에도 포시즌호텔은 서비스 제공의 다른 측면에 적용되는 다른 핵심 기준(예 : "직원이 도착 차량을 확인하면 30초 이내에 차량으로 이동해 문을 연다" 등)을 설정했다. 이렇게 상이한 기준들에 대한 예외는 지역적 또는 문화적으로 의미가 있는 경우에는 허용되었다. 예를 들어, 미국에서는 아침 식사 때 커피포트를 테이블에 놓아 두었다. 프랑스를 비롯한 유럽의 많은 지역에서는 고객들이 이러한 관행을 서비스가 부족하다고 인식했기 때문에 서비스직원들은 필요에 따라 직접 커피 잔에 리필해 주도록 권장했다. 유니폼과 장식에 대한 기준은 문화마다 달랐지만, 어느 곳에서나 최소한의 기대치를 충족해야 했다.

일본 도요타자동차사의 서비스표준

2005년 도요타(Toyota)자동차는 자사의 프리미엄 모델인 렉서스(Lexus)를 일본시장에서 판매하기 시작했다. 당시 렉서스는 이미 미국에서 가장 많이 판매되고 있는 명품브랜드였지만 일본에서는 인지도가 거의 없었다. 회사는 렉서스를 도요타 브랜드와 차별화할 수 있는 방법을 원했고, 그 일환으로 고객 서비스를 강조하는 데 집중하기로 결정했다. 일본은 오랫동안 전해 내려온 독특한 관습이 있는데, 도요타는 그러한 관습을 렉서스 브랜드에 적용할 수 있다고 생각했다. 도요타는 자

비스프로그램인 "메이크 잇 햄프턴(Make It Hampton)"은 모든 호텔체인점에게 60가지의 신제품과 서비스표준을 도입하도록 요구했는데, 대부분이 일괄 수정 사항이다. 첫 번째 단계에서 실행했던 것은 객실에 랩탑 데스크 제공, 야외의 대형 쓰레기통을 숨기기 위한 화분정원 구비, 환영매트(welcome mats)로 사용할 레드카펫 구비, 로비에 수공예품 설치 및 음악 준비하기 등이다.[11] 두 번째 단계에서 실행한 것은 "날아갈 듯한 침대 경험(cloud nine bed experience)"이라고 명명된 프로그램인데 바닥에서 28인치 떨어져 있는 15만 개 호텔체인의

동차 판매에 적용할 수 있는 서비스기법을 개발하기 위해 올바른 예절, 젓가락 잡기, 다다미 바닥에 앉기 등 일상적인 행동의 기술을 가르치는 도쿄의 오가사와라 류 레이호 인스티튜트(Ogasawara Ryu Reihou Institute)라는 에티켓 학교를 이용했다.

에티켓 학교의 전형적인 고객은 자녀가 훌륭한 식탁 예절과 자세를 배우기를 원하는 가정이지만, 도요타의 의뢰를 받아 몇 달 동안 렉서스 자동차 및 회사직원들과 고객의 상호작용을 연구했다. 그 결과 사무라이 행동을 본뜬 새로운 서비스표준이 개발되었다. 예를 들어, 렉서스자동차 영업사원은 다음과 같은 지시를 받는다:

- 고객이 차를 보고 있을 때 사무라이 무사의 "대기자세"처럼 몸을 5°~10° 앞으로 숙인다.
- 자동차를 구경하기 위해 방문한 손님보다 구입한 고객에게 더 정중하게 인사한다.
- 고객이 편안하도록 입을 다물고 웃는 '렉서스 페이스'를 표현한다.
- 사무라이가 칼을 뽑으려 하지 않는다는 것을 보여주기 위한 행동처럼, 왼손은 오른손 위에 올리고 손가락을 모은 후 엄지손가락을 맞대고 서서 대기한다.
- 고객이 차를 바라볼 때는 두 팔 정도 거리를 두고 서있고, 거래계약을 체결할 때에는 더 가까이 다가간다.
- 다섯 손가락을 모두 자동차문 손잡이에 대고 오른손에 이어 왼손을 이동시켜 두 손으로 우아하게 문을 연다.
- 커피나 차를 제공할 때는 두 발을 모아 바닥에 무릎을 꿇고 두 무릎은 땅에 댄다.

도요타는 이러한 표준이 많은 시장, 특히 미국에서 제대로 작동하지 않을 것이라는 점을 이해하지만, 일본에서 렉서스 브랜드가 BMW와 벤츠(Mercedes Benz)라는 두 기업의 고급자동차 리더 브랜드와 경쟁하려면 이러한 표준이 필요하다고 생각했다.

파키스탄의 서비스표준

서구 국가의 서비스품질에 대한 연구는 일반적으로 신뢰성이 가장 중요한 차원으로 나타났다. 서양국가의 고객들은 기업이 신뢰할 수 있고 정확하며 약속한 바를 이행하기를 기대한다. 그러나 파키스탄에서 수행한 연구에 따르면 고객들은 서비스품질에 대한 기준이 다른 것으로 나타났다:

- 신뢰성은 약속된 서비스를 신뢰할 수 있고 정확하게 수행할 수 있는 능력으로 개념화되었다. 파키스탄 고객들은 이러한 개념화에 동의하는 것 같지만 절대적인 관점에서 서비스 제공이 이루어질 것이라고 기대하지는 않는다. "약속은 대부분 지켜진다"는 것이 신뢰성에 대한 설명이다. 이들은 적절한 기간 내에 허용 가능한 대체 서비스가 제공되는 한, 서비스 내용이나 서비스 시기와 함께 서비스 실패를 용인할 수 있다. 일반적으로 서비스 제공업체와 장기적인 관계를 유지하는 것이 중요하다.
- 파키스탄 고객은 서비스를 제공하는 기업의 신뢰성에 대한 평가의 일환으로 서비스 이용 가능성을 중시한다. 이것은 의료 및 기타 공공 서비스의 경우에 특히 중요하다. 파키스탄에서는 서비스가 필요한 시점에 서비스를 제공하는 것이 매우 중요하다.
- 파키스탄 고객이 서비스를 평가할 때 물리적 안전도 중요한 요소다. 법질서 문제가 빈번한 사회에서 서비스 제공업체와 거래할 때 고객의 신체적 안전이 중요해진다.

이러한 연구결과는 파키스탄에서 사업을 하는 서구 문화권의 서비스 회사들이 완벽하게 신뢰할 수 있는 서비스를 필요로 하지 않는 서비스표준으로도 성공할 수 있고, 서비스회복을 강조하거나, 약속된 시간과 장기간에 걸쳐 서비스를 제공하는 데 초점을 맞추거나, 개인 안전 문제를 해결하는 서비스표준으로 성공할 수 있음을 시사한다.

자료 : R. Hallowell, D. Bowen, and C. Knoop, "Four Seasons Goes to Paris," *Academy of Management Executive* 16 (2002), pp. 7–24; A. Chozick, "The Samurai Sell: Lexus Dealers Bow to Move Swank Cars," *The Wall Street Journal*, July 9, 2007, p. A1; and N. Raajpoot, "Reconceptualizing Service Encounter Quality in a Non-Western Context," *Journal of Service Research* 7 (November 2004), pp. 181–201.

침대 높이를 31인치로 높였다. 아울러 베개를 점보사이즈로 변경, 객실마다 이불 추가, 자수(thread count)가 더 높은 것으로 침대시트 교체, 바닥시트 교체 등의 개선작업을 했다. 이러한 불만족 요인을 해결하는 데 하드나 소프트 표준이 필요한 것은 아니다. 왜냐하면 기술, 정책 혹은 절차에서 일괄 수정이 바람직한 변화를 가져오기 때문이다.

일괄 수정으로 성공한 사례로는 렌터카 회사인 허츠(Hertz's)의 빠른 체크인, 그래닛록(Granite Rock)사의 24시간 긴급서비스 등을 들 수 있다. 이들의 예에서 보면 고객이 과거와

예시 9.2 고객이 정의한 소프트 서비스표준의 예

기업	고객의 우선순위	고객이 정의한 표준
아메리칸 익스프레스	문제해결책	• 첫 전화에 문제해결(바꾸거나, 여러 번 연결하지 않기) • 적절한 지시를 해 주기 • 필요한 때 언제나 전화받기
	처리	• 경청하기 • 도움이 되는 가능한 모든 것을 하기 • 적절한 보장하기(솔직하고 정직하기)
	직원의 겸손	• 회원 가입절차 쉽게 하기 • 대금결제에 대한 설명을 잘 해주기 • 회원을 도와주는 데 진지한 관심을 보이기 • 카드회원에게 실명으로 우편물 보내기 • 통화 종료 시 감사함 표현하기
제너럴 일렉트릭	오퍼레이터의 응대기술	• 담당자가 전화받기 • 약속대로 후속 전화하기 • 잘 알고 공손하기 • 고객의 질문이나 요구를 이해하기
L.L. 빈	조용한 목소리, 고객불만 최소화	• 적절한 목소리로 전화받기 • 고객의 전화를 받는 동안 다른 업무 하지 않기
메이요클리닉	건강회복 잘 대접받는 느낌	• 치료를 향상시키는 것으로 알려진 절차 준수 • 모든 팀 구성원이 각 환자를 존중하고, 친절하며, 존엄성을 갖추고 대우하기
내이션와이드 인슈어런스	반응성	• 고객이 전화로 문제를 이야기할 때 자동응답이 아닌 교환원이 직접 받기
페닌슐라 메디컬센터	존경	• 환자 정보의 비밀 유지 • 환자에 대해서 이야기하지 않으며 공공장소에서 그들의 치료에 대해 논하지 않기 • 환자의 요구를 공감하면서 경청하기 • 환자에게 공손해야 하며 은어를 사용하지 않기 • 잡음을 최소화하기 • 환자와 잡담하지 않기
리츠칼튼	정중히 대하기	• 어떤 문제라도 즉시 해결하기 위해 신속하게 반응하기 • 적절한 전화예절 지키기 • 전화 차단하지 않기 • 가능하면 다른 직원에게 전화 바꿔 주지 않기

는 다른 방법으로 서비스를 받고싶어 하는 욕구를 빠르게 감지했는데, 허츠의 고객은 긴 대기시간에 불만을 가지고 있었다. 말콤볼드리지 품질상을 받은 그래닛록사는 채석장에서 파쇄된 돌을 고객이 24시간 언제나 배달받기를 원한다는 것을 알았다.

자사가 속한 산업 내의 대부분의 기업들이 여러 가지 이유로 고객의 요구를 등한시 하고 있을 때 허츠, 그래닛록사는 고객이 정한 표준을 기준으로 "일괄 수정"으로 서비스품질을 실질적으로 개혁한 것이다. 허츠는 비용절감과 생산성향상을 위해 "일괄 수정"으로 고속 체크아웃

예시 9.3 포드자동차사의 하드 및 소프트 서비스표준

본 장에서는 두 가지 유형의 고객이 정의한 서비스 표준에 대해 설명한다. "하드" 표준 또는 측정치는 조사를 통해 관찰되거나, 시간을 측정하고, 계산될 수 있는 것들이다. 다른 범주인 "소프트" 표준은 계산이나 시간으로 측정치를 얻을 수 없지만 대신 고객에게 요청해야 하는 의견에 기반한 측정치를 사용한다. 포드자동차사(Ford Motor Company)는 하드 표준과 소프트 표준의 차이를 보여주는 대표적인 사례를 제공한다. 몇 년 전 포드자동차는 많은 대리점에서 서비스를 제공하기 위해 고객관리 표준을 개발하려고 했다. 2,400명의 고객을 대상으로 실행한 마케팅조사에서 자동차 판매 및 서비스에 대한 구체적인 기대치에 대해 질문했다. 이 조사자료는 자동차 판매회사가 "블루 오벌 인증(Blue Oval Certified)"의 등급을 받기 위해 제공해야 하는 서비스 수준의 파악에 활용했다. 다음 7가지 구체적인 서비스표준은 자동차판매회사 서비스부서에서 고객에게 가장 중요한 것으로 밝혀졌다.

1. 고객이 요청한 서비스일로부터 1일 이내로 예약이 가능해야 한다.
2. 고객이 도착한 후 4분 이내에 서류 작성이 시작된다.
3. 고객의 서비스 요청 사항을 정중하게 파악하고 수리 주문서에 정확하게 기록한 후 고객과 함께 확인한다.
4. 고객이 처음 방문했을 때 올바른 차량 서비스를 제공한다.
5. 고객 문의 후 1분 이내에 서비스 상태에 대한 정보를 제공한다.
6. 약속된 시간에 차량의 출고를 준비한다.
7. 수행한 작업, 적용 범위 및 수리비용에 대해 자세히 설명한다.

하드 서비스표준 및 측정치

포드사가 식별한 표준 중 일부는 하드 표준 범주에 속하며 조사를 통해 관찰되거나, 시간을 측정하고, 계산될 수 있는 것들이다. 예를 들어, 위에서 열거한 표준 2와 5는 서비스센터의 종업원이 시간을 정할 수 있다. 하드 측정치는 표준 기간이 충족되는 빈도나 백분율 또는 평균 시간 자체(예 : 서류 작성이 시작되는 평균 시간)일 수 있다. 표준 1, 4, 6과 같은 다른 표준도 계산하거나 시간을 측정할 수 있다. 전화에 응답하는 서비스직원은 고객이 요청한 날로부터 하루 이내에 예약이 가능한 횟수를 기록할 수 있다. 재방문 횟수는 표준 4를 측정하기 위해 계산할 수 있으며, 고객이 차량을 인수하러 방문했을 때 약속된 시간에 준비된 차량 수를 집계할 수 있다.

소프트 서비스표준 및 측정치

표준 3과 7을 고려하고 앞서 논의한 표준과 어떻게 다른지 주목해야 한다. 이러한 표준은 소프트하기 때문에 계산하거나 시간으로 측정할 수 없는 바람직한 행동(desired behaviors)을 나타낸다. 예를 들어, 표준 3에 포함된 예의바른 행동은 계산할 수 없다. 마찬가지로 표준 7은 이러한 행동이 적절하게 수행되었는지 여부에 대한 고객의 인식 또는 의견과 같은 다른 유형의 측정치를 요구한다. 소프트 표준은 측정할 수 없는 것이 아니라 다른 방법으로 측정해야 한다.

소프트 표준은 고객 만족을 달성할 수 있는 방법으로 직원들에게 방향, 지침 및 피드백을 제공하며 고객의 인식과 신념을 측정하여 계량화할 수 있다. 소프트 표준은 특히 전문 서비스 판매 및 제공 프로세스와 같은 개인 간 상호작용에 중요하다. 소프트 표준이 효과적으로 적용되려면, 직원들에게 그들의 성과에 대한 고객의 인식과 관련된 피드백을 제공해야 한다.

포드자동차 고객관리센터에는 다양한 하드 서비스표준과 소프트 서비스표준이 있다.

기술을 도입했다. 고객이 더욱 빠른 체크인을 원하자 기업은 최근에 또 다른 "일괄 수정"을 발표했다. 또한 그래닛록사는 고객이 자주 이용하는 14곳에 24시간 이용이 가능한 ATM과 유사한 시스템을 설치했다. 고객이 카드를 입력하면 원하는 날, 원하는 시간에 공급받을 수 있도록 하는 그래닛 익스프레스(Granite Xpress) 카드를 만든 것이다.

기술에 의해 "일괄 수정"이 달성되는 경우도 있다. 기술은 고객 서비스를 향상시키고 간결하게 해주어, 특히 반복적 업무나 일상성의 틀에 박힌 직원을 자유롭게 해준다. 즉, 고객서비스 직원을 보다 중요한 일에만 집중하게 하여 개인시간을 좀 더 보낼 수 있게 해준다. 최근에 한 병원의 응급실에서는 응급의 정도가 낮은 환자가 자신의 정보를 입력할 수 있는 체크인 키오스크(check-in kiosk)를 설치해 등록하고 증상을 설명하기 위해 줄을 서서 대기하는 시간을 줄였다.[12]

고객이 정의한 서비스표준의 개발

구체적인 행위와 행동으로 고객요구를 전환

페덱스, 퓨젯사운드에너지, 자포스닷컴 같은 기업은 어떻게 탁월한 고객정의 서비스표준을 개발할 수 있었을까? 그림 9.2는 고객정의 서비스표준을 개발하는 절차를 보여주고 있다.

단계 1 : 기존 및 바람직한 서비스접점 순서를 파악하라

서비스품질에 대한 고객의 전반적인 평가는 프로세스의 여러 단계에 대한 평가가 축적된 것이다. 그러므로 각 서비스접점은 기업의 서비스표준을 정하는 데 필요한 구성요소이다. 표준설정에는 서비스접점품질이 관련되기 때문에 각 서비스접점에 대한 고객의 구체적인 요구와 선호순위를 이해해야 한다. 그러므로 고객이 정의한 표준을 설정하는 첫 번째 단계 중 하나는 **서비스접점 순서**를 그림으로 나타내는 것이다. 고객이 서비스를 제공받는 과정에서 경험한 순차적인 단계나 행동을 목록으로 작성하여 순서를 파악한다. 대안으로, 제8장에서 논의한 서비스청사진의 제일 위쪽에 있는 고객의 모든 활동을 주의 깊게 관찰함으로써 순서를 파악할 수도 있다. 고객행동으로부터 청사진의 아래로 그어진 수직선을 따라가면 서비스접점이 일어나는 포인트를 파악할 수 있다. 고객의 기대에 부응하는 표준은 그 다음에 정할 수 있다. 이상적으로, 기업은 고객의 바람직한 서비스접점순서를 찾는 데 개방적이어야 하며, 고객이 기업에게 바라는 방법을 탐색해야 한다.

호텔에 투숙하는 경우처럼 첫 번째 접점은 매우 중요하며 대부분의 서비스 환경에서 고객에게 큰 영향을 미친다.

그림 9.2 고객정의 서비스표준을 설정하는 프로세스

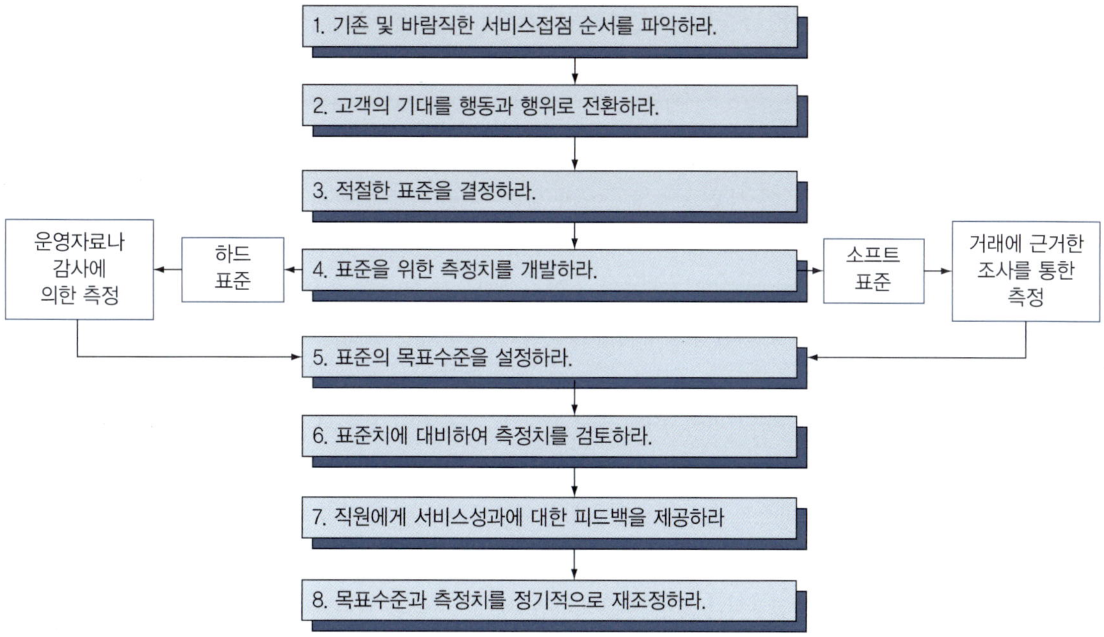

기업은 자신들이 제공하는 서비스접점 중 어떤 것이 가장 고객에게 영향을 미치는지를 파악하고 있어야 한다. 대다수 서비스가 다양한 접점을 가지고 있기 때문에, 기업과 연구자는 어떤 접점이 다른 접점보다 더 중요한지를 검토한다. 메리어트호텔은 고객이 호텔에 머물면서 경험하는 처음 10분 동안의 접점이 가장 중요하다는 것을 알았다. 그래서 이 호텔은 서비스를 개선할 때 프론트데스크 경험에 초점을 맞추어 익스프레스 체크인을 도입했다. 몇몇 연구들은 마지막 접점에서의 인상적인(strong) 마무리가 전체 만족에 큰 영향을 미치는 것을 발견하였다.[13] 그 결과 많은 호텔들이 체크아웃, 주차, 벨보이서비스 등과 같은 "마무리(back-end)" 서비스에서 강한 인상을 주는 데 초점을 맞추고 있다. 리츠칼튼호텔은 첫 번째 접점과 마무리 접점 모두 중요한 것으로 간주하면서, 만약을 위해 세 가지 서비스단계(골드표준의 일부) 중 두 개를 지침으로 활용하고 있다. 두 가지 지침은 고객의 이름을 이용한 "친절하고 진정성 있는 환영인사"와 "따뜻한 작별인사"를 고객에게 제공하라는 것이다.[14]

단계 2 : 고객의 기대를 행동과 행위로 전환하라

"기업의 스킬 향상"과 같은 포괄적인 개념으로 표준을 설정하는 것은 표준을 해석, 측정 그리고 성취하는 것을 어렵게 하기 때문에 비효율적이다. 기업에서 자료를 수집할 때, 기업은 흔히 매우 추상적인 용어로 고객요구를 파악한다. 흔히 서비스접점직원들은 수집한 자료가 너무 포괄적이고 추상적이라 별로 도움이 안 되는 것을 발견한다. 이러한 조사는 고객과의 관계에서 구체적으로 무엇이 옳고 그른지 알 수 없을 뿐만 아니라, 가장 중요한 활동을 달성하기 위해 어떤 활동이 제거되어야 하는지를 이해하는 데도 도움이 되지 않는다. 대부분의 경우 현장 근무자는 보다 나은 고객서비스를 제공하기 위해 이런 자료를 구체적인 행동으로 전환하는 것을 필요로 한다.

그림 9.3은 상부(가장 추상적)에서 하부(가장 구체적, 세부적)까지 서비스표준의 추상성/구체성 수준을 보여준다. 가장 추상적인 수준인 "고객만족, 가치, 관계"는 너무 일반적이어서 직원들이 사용하는 데 쓸모가 없다. 이런 아주 일반적 요구보다 한 단계 아래가 앞에서 이미 설명한 서비스품질에 대한 신뢰성, 응답성, 공감성, 확신성, 유형성 등의 품질 차원이다.[15] 한 단계 더 아래는 고객의 요구를 구체적으로 묘사한 속성이다. 만일 속성보다 더 아래로 내려간다면, 표준 설정의 구체성 수준에서 가장 높은 행동과 행위에 도달할 수 있다. 그러므로 이 단계는 추상적인 고객의 요구사항과 기대를 서비스접점에서 직면하게 되는 구체적인 행동과 행위로 전환시켜야 한다. 신뢰성 같은 추상적인 요구사항은 각 서비스접점마다 상이한 행동과 행위를 요구할 수 있다.

서비스기업의 마케팅정보가 대부분 이러한 목적을 위해 수집되고 있지 않아, 행동과 행위로 전환하는 데는 추가적인 정성조사가 필요할 수도 있다. 이렇게 하려면 최종결정에 관련 없는 사내부서나 조사기관이 객관적으로 행동과 행위에 관한 정보를 수집하고 해석해야 한다. 만일 정보가 편견을 갖는 기업의 관리자나 현장직원을 통해 여과된다면, 그 결과는 고객정의 표준이라기보다는 기업정의 표준이 된다. 행동과 행위를 파악하는 데 적합한 조사기법에는 제5장에서 논의한 심층면접법, 초점집단인터뷰(FGI)나 파트너링(partnering)과 같이 다른 형

그림 9.3 고객이 기대하는 것 – 실행 가능한 단계에 도달하기

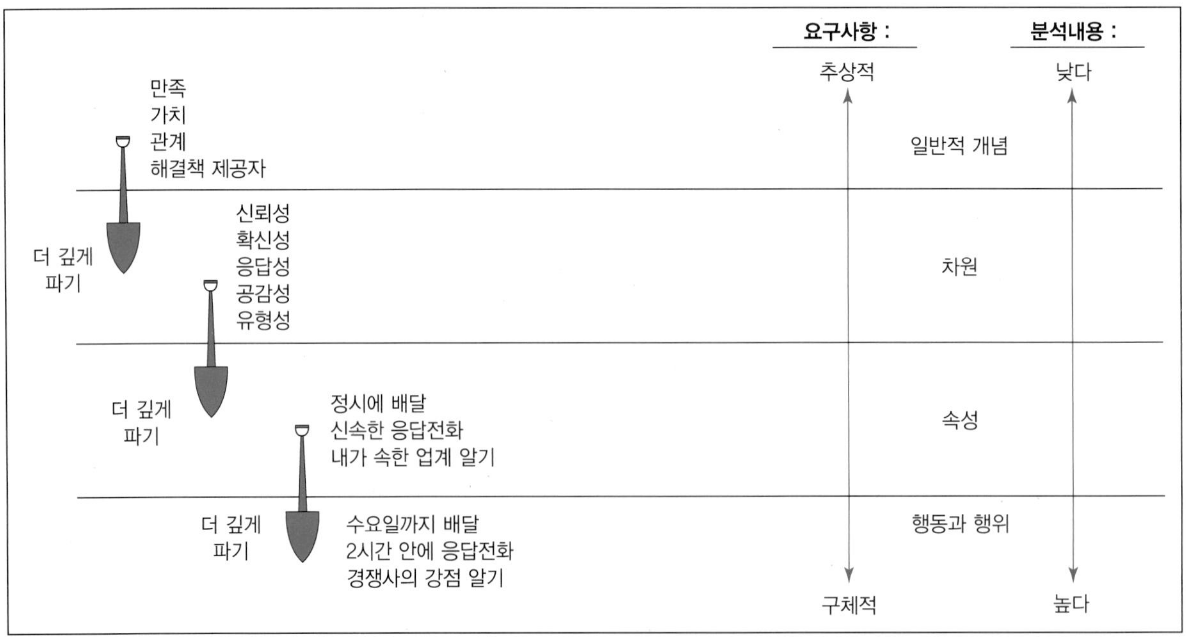

태의 조사방법 등이 있다.

예시 9.4 에서 설명하는 것처럼 오하이오주 북동부지역에 있는 존 로버츠 스파(John Robert's Spa)는 조사를 통해 7개의 전형적인 서비스접점을 밝혀냈는데, 최초에 전화로 예약하는 단계, 점포에 도착, 미용서비스를 받기 전에 종업원과 상담, 서비스 제공, 서비스의 원활한 마무리, 비용을 지불하고 스파를 떠나는 단계, 서비스경험 후의 접촉단계 등이었다. 예를 들어, 고객은 스파에 도착한 후 점장이 10분 이내에 자신을 열정적으로 맞아주기를 기대한다. 그 다음에는 예약사항을 확인한 후 자신의 코트를 카운터에 맡기고 스파시설을 둘러 볼(신규 고객의 경우) 것이다. 그리고 고객의 이름은 스파에 머무는 동안 적어도 4번 이상 불린다.

그림 9.3 의 각 단계별 실제 예는 단계마다 욕구가 어떻게 다른지를 잘 예시하고 있다. 주요 기업의 교육훈련에 대한 전통적 측정시스템에는 수업에 대한 평가에서 강사의 한 측면, 즉 능력만을 포함시켰다. 하지만 수강생들을 만족시키는 속성을 조사하는 동안 세 가지의 특별한, 보다 구체적인 요구를 알게 되었다. (1) 강사의 스타일, (2) 강사의 전문성, (3) 강사의 수업관리 능력 등이다. 보다 정교한 세 가지 속성이 강사의 능력보다 강사에게 어느 정도의 도움을 주긴 하지만, 관리자들은 이 세 가지 속성도 코스 제공을 개선하려는 강사에게 도움이 되기에는 아직도 넓다는 것을 알게 되었다. 기업이 고객정의 표준을 마련하는 프로젝트에서 학생 요구에 부합하는 강사의 구체적인 행위에 초점을 두었기 때문에 이 프로젝트는 학생 요구를 알아내는 데도 매우 유용하였다. 한 가지 포괄적 요구나 세 가지 일반적인 속성 대신에, 학생들의 요구를 강사와 관련된 14가지 세부 행동과 행위, 그리고 학습과정 내용과 관련된 11가지 세부 행동과 행위로 정교화했다. 이런 행동과 행위는 학습과정에서 좋고 나쁜 것을 분명하게 진단할 수 있게 해주었다. 이렇게 구체화된 접근을 하여 얻게 되는 추가적 이익은 행동과 행위에 대한 피드백이 개인특성에 관한 피드백보다 덜 개인적이라는 것이다. 또한 강사들도 개인 특성보다 행동을 변화시키는 것이 더 쉽다.

단계 3 : 적절한 표준을 결정하라

다음 단계에서는 행동과 행위를 하드 표준이나 소프트 표준으로 정해야 한다. 하드 표준은 종업원의 행동과 행위를 계산할 수 있는 측정치이고, 소프트 표준은 상대적으로 주관적이며 쉽게 측정될 수 없는 고객의 추상적인 요구와 관련이 있다는 것을 기억해야 한다. 기업이 이 단계에서 범하는 가장 큰 실수 중의 하나가 성급하게 하드 표준을 택하는 것이다. 기업은 운영측정에 익숙해져 있어 그러한 측정에 편향되어 있다. 그러나 하드 표준이 고객기대행동 및 행위를 충분히 포착하지 못하면 이것은 고객이 정의한 표준이 아니다. 하드 표준의 적합성 여부를 결정하는 최상의 방법은 추적전화로 소프트측정치를 구하고, 그 다음 시간을 두고 운영 측면 중에서 이러한 소프트측정치와 상관관계가 높은 것을 파악한다. 그림 9.4 는 불만처리의 속도(하드측정치)와 만족(소프트측정치) 간의 단계를 보여준다. 즉, 그림을 통해 알 수 있듯이 만족은 불만을 해결하는 데 소요되는 시간에 의존하고 있음을 알 수 있다.

다수의 행동과 행위 중 고객정의 표준설정에 포함될 우선순위를 정하는 것도 매우 중요하다.

예시 9.4 존 로버츠 스파의 서비스접점에서 기대되는 행동

존 로버츠 스파(John Robert's Spa)는 오하이오주 북동부에 위치한 미용실(hair salon)로서 탁월한 서비스로 명성을 쌓았다. 성공요인 중 일부는 고객이 직면하는 일련의 서비스접점을 이해하고 세심하게 관리하는 데 기인하며, 이를 "고객 경험 주기(customer experience cycle)"라고 부른다. 이 기업은 서비스 프로세스의 기초를 이루는 가장 일반적인 7가지 서비스 접점을 파악하고, 모든 고객이 매장에서 미용서비스를 받을 때 경험해야 할 사항을 정확하게 명시했다. 다음의 서비스 표준은 7가지 접점에 걸쳐 종업원을 대상으로 한다.

접점 1. 사전 경험단계 : 고객 관리 담당직원이 제공하는 서비스

- 전화가 오면 "존로버츠 메이필드점(John Robert's Mayfield)에 전화해 주셔서 감사합니다. 저는 직원 켈리라고 합니다. 무엇을 도와드릴까요?"라고 응대한다.
- 서비스 내용, 미용사의 자격 증명, 가용한 시간 등에 관한 고객의 질문에 충분한 시간을 할애한다.
- 각 고객에게 추가 서비스를 예약할 수 있는 기회를 제공한다.
- 통화 중 고객의 이름을 4번 이상 사용한다.
- 미용실로 오는 길을 알려준다.
- 서비스 종류, 담당자, 시간, 날짜를 확인한다.
- 전화를 끊기 전에 마지막으로, "더 도와드릴 일은 없습니까?"라고 질문한다.
- 예약된 시간으로부터 24시간 전에 고객에게 확인 전화를 한다.

접점 2. 경험 시작단계 : 점장이 제공하는 서비스

- 고객이 점포에 도착하면 8~10초 이내에 고객에게 열정적으로 인사를 한다.
- 고객의 예약사항을 확인한다.
- 고객에게 안내카드 작성을 요청한다.
- 고객 도착 즉시 담당직원에게 알려준다.
- 고객의 외투를 받아 보관하고 다과 제공을 제안한다.
- 서비스가 지연되는 경우 고객에게 알려준다.
- 고객이 미용실 전체 시설을 둘러볼 수 있게 배려한다.
- 고객에게 탈의실 위치를 안내한다.
- 고객의 대기 상태를 확인하고, 예약된 약속 시간 10분 이내에 고객서비스가 수행되지 않을 경우 담당직원에게 다시 알려준다.
- 체크인할 때 최소 4번 이상 고객 이름을 부른다.

접점 3. 사전 서비스단계 : 미용사가 제공하는 서비스

- 모든 고객과 매번 상담을 한다.
- 헤어스타일 사진집을 보여주고, 고객의 요구사항을 파악하며, 고객이 현재 미용서비스에서 기대하는 것에 대해 상담한다.
- 스트레스를 해소할 수 있도록 두피 마사지를 해준다.
- 남성 고객에게는 간단한 얼굴 마사지(minifacial)를 해준다.
- 샴푸와 린스를 해준다.
- 신규 고객에게는 흰색 가운을 사용한다.

접점 4. 본 서비스단계 : 미용사가 제공하는 서비스

- 머리를 멋지게 깎는다.
- 손과 팔을 마사지한다.
- 마사지할 때 고객의 보석을 세척해 준다.
- 전문가 수준의 대화를 한다.
- 드라이 스타일링(blow-dry styling)에 대해 설명한다.
- 서비스에 사용한 제품에 대해 설명한다.

접점 5. 사후 서비스단계 : 미용사가 제공하는 서비스

- 모든 여성 고객에게 보완 메이크업(touch-up makeup)을 실시한다.
- 해당 미용실에서 제공하는 추가 서비스에 대해 고객에게 알려준다.
  - 앞머리 무료로 다듬어주기(complimentary bang trim)
  - 향후 고객이 혼자 헤어드라이를 할 수 있도록 무료 드라이 레슨
  - 다음 번 방문 이전의 중간기간 정도에 남성 고객에게 목과 구레나룻 정리를 무료로 제공
  - 추천 인센티브 제공 : 1년 동안 신규 고객을 가장 많이 추천한 고객에게는 모든 추천 및 경품행사 때마다 5달러 상당의 상품권 제공

다음은 표준설정이 필요한 행동과 행위를 찾아내는 데 가장 중요한 기준들이다.

1. 표준은 고객에게 매우 중요한 행동과 행위에 기초해야 한다.
2. 표준은 개선되거나 유지될 필요가 있는 제공행위를 포함하고 있어야 한다.
3. 표준은 직원이 통제하고 개선할 수 있는 행동과 행위를 포함하고 있어야 한다.

접점 6. 서비스 경험 종료단계 : 여러 직원들이 제공하는 서비스

- 서비스 보조직원, 담당직원, 안내원 : 고객에게 친절하고 열정적으로 배웅을 한다.
- 미용사 및 접수 담당직원 : 서비스에 사용한 제품을 구매할 기회를 제공한다.
- 담당자 : 고객에게 명함을 준다.
- 접수담당 직원 : 고객에게 다음 약속을 잡을 수 있도록 한다.
- 접수담당 직원 : 신규 고객에게는 서비스 메뉴, 소식지, 명함, 마그넷과 5가지 질문 양식이 포함된 신규 고객 패키지를 제공한다. 만약 고객이 6주 이내에 완성된 양식을 보내오면 다음 방문 때 10% 할인받을 수 있다는 사실을 고객에게 알려준다.
- 접수담당 직원 : 체크아웃 때 고객의 이름을 4번 이상 불러준다.
- 담당자 : 향후 방문할 때 사용수 있도록 고객 이름으로 개인정보(배우자, 자녀 이름 등)를 컴퓨터에 입력한다.

접점 7. 사후 경험단계 : 지원담당 직원이 제공하는 서비스

- 고객에게 서비스 종료 후 24시간 이내에 전화를 한다.
- 고객이 서비스 종료 후 48시간 이내에 감사 엽서를 받을 수 있도록 한다.
- 고객에게 분기별 소식지를 보내준다.
- 고객에게 생일 카드를 보낸다.
- 고객에게 문제가 있으면 즉시 그 자리에서 처리한다.
- 4개월 후 고객이 유지되지 않을 경우 : 고객에게 다시 예약해야 한다는 알림카드를 발송한다.
- 8개월 후에도 고객이 유지되지 않을 경우 : 재방문 인센티브를 발송한다(예 : 다음 방문 때 25% 요금 할인).
- 12개월 후에도 고객이 유지되지 않는 경우 : 서신이나 전화로 설문조사를 실시하여 그 이유를 확인한다.

자료 : J. R. DiJulius, *Secret Service: Hidden Systems That Deliver Unforgettable Customer Value* (New York: American Management Association, 2001), pp. 8–11.

© Courtesy John Robert's Spa

존 로버츠 스파는 가장 일반적인 7가지 서비스접점에서 직원에게 기대되는 서비스 표준을 확인했다.

4. 표준은 직원에 의해 이해되고 수용되어야 한다.
5. 표준은 대응적 이라기보다는 예측적이어야 한다. 즉, 표준은 과거의 불평보다는 현재나 미래의 고객기대에 기반을 두어야 한다.
6. 표준은 현실적이면서 도전적이어야 한다.

그림 9.4
불평처리 속도에 대한 하드 측정치와 소프트 측정치 간의 관계

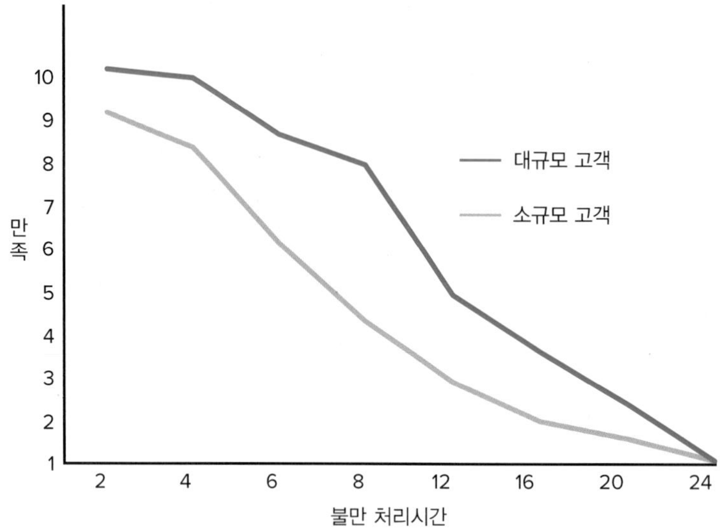

단계 4 : 표준을 위한 측정치를 개발하라

기업이 하드 표준이나 소프트 표준 중 어느 하나가 적합하다고 결정되고, 그 구체적인 표준이 고객요구사항에 가장 적합하다고 결정되면, 기업은 표준을 적절하게 파악할 수 있는 피드백 측정치를 개발해야 한다. 측정치의 두 가지 유형은 하드 측정치와 소프트 측정치이다.

하드 측정치(hard measurements)는 전형적으로 시간이나 오류를 기계적으로 계산하거나 기술에 의해 자동으로 측정되도록 한다. 소프트 측정치와 다른 점은 하드 측정치는 고객의 의견을 묻지 않고 끊임없이 측정할 수 있다는 것이다. 예컨대, 다음은 페덱스 서비스품질지표의 하드측정 요소들이다.

- **화물 분실**(missing packages) : 영업일 기준 이틀 연속 최종 처리가 되지 않은 화물의 수
- **화물 손상**(damaged packages) : 가시적이든 비가시적이든 내용물 손상으로 인한 비용청구 건수
- **약속된 날짜보다 지연배달**(wrong day, late deliveries) : 계약일 이후에 배달된 수하물의 수[16]

이와 같이 하드측정치는 실제로 정확하거나 정확하지 않은 활동이나 행위의 수를 계산하는 것이다. 이러한 행동과 행위가 정보기술을 이용하여 자동적으로 도표화되기도 한다. 뿐만 아니라 하드측정치에는 서비스 보증실수(예컨대, 서비스가 약속과 달라 재서비스를 요구하는 건수), 소요되는 시간(예컨대, 문제 혹은 불만에 답한 시간 수나 날짜, 줄서서 기다리는 시간), 관련표준과 연결된 빈도수(예컨대, 고객이 방문한 횟수, 고객이 전화질의를 포기한 횟수 등) 등이 포함될 수 있다. 통신판매업체인 L.L. Bean사는 재고품의 모델, 색상, 크기에 관한 정보를 실시간으로 갱신해주는 데이터모델을 이용하여 탁월한 고객서비스를 제공하는 것으로 유

명하다. 이 시스템 때문에 이 기업은 고객서비스에 대한 표준을 높은 수준으로 설정하고 그 목표를 달성할 수 있었다. 예컨대, 이 데이터베이스로 우수한 고객 서비스 및 주문 이행에 대한 상을 정기적으로 받을 수 있었다.[17]

고객의 요구사항을 제대로 제공하는지를 알아보는 하드측정치가 항상 분명한 것은 아니라서 실제 운영과 관련이 적은 측면을 추적할 가능성도 높다. 이러한 이유 때문에 고객의 요구사항과 강한 상관관계가 있는 소프트 측정치(조사 혹은 추적전화)로 운영성과를 측정하는 것이 바람직할 수도 있다.

소프트 측정치(soft measurements)는 직접 관찰할 수 없는 고객의 지각된 측정치에 기반을 두고 있다. 제5장에서 언급한 두 개의 조사방법인 관계조사(relationship survey)나 사후거래조사(posttransaction survey)를 통해 고객의 의견을 문서화할 수 있다. 관계조사와 SERVQUAL 조사는 기업과 고객의 관계에 관한 모든 측면을 다루며, 전형적인 속성에 관한 조사이고, 일반적으로 1년에 한 번 조사한다. 사후거래조사는 구체적인 서비스접점과 관련이 있고 짧으며(대략 6~7개의 질문항목), 가능한 한 구체적인 접점 가까이에서 행한다. 장기적이고 높은 수준의 추상성(예컨대, 속성수준)이 요구되는 관계조사는 고객의 지각을 정기적으로 파악하게 해준다. 고객이 고려하고 있는 서비스접점을 경험할 때마다 사후거래조사는 끊임없이 수행되고 지속적으로 자료를 제공한다.

단계 5 : 표준의 목표수준을 설정하라

다음 단계는 서비스표준 측정치에 대한 목표수준을 설정하는 것이다. 이 단계가 없다면 기업은 표준이 충족되었는지의 여부를 계량화할 수가 없다. 그림 9.4는 서비스기업이 적시성(timeliness)에 대한 표준을 달성하는 데 사용한 접근법을 보여주고 있다. 이 그림에서는 불평을 기업에게 이야기할 때마다, 그리고 불평이 하나씩 해결될 때마다, 직원은 이에 대한 시간을 기록한다. 또한 직원은 고객에게 불평해결에 만족하는지를 질문한 다음 기업이 얼마나 서비스를 잘 수행하고 있고 앞으로 어떻게 해야 할지를 결정하기 위해 각 불평정보를 도식화한다. 그러나 이러한 기법은 목표수준을 결정하는 여러 가지 방법 중 하나에 불과하다.

다른 기법은 지각-행위(perception-action)에 관한 단순한 상관관계 연구이다. 서비스가 반복된 과정으로 구성되어 있으면, 간단하게 고객만족 수준을 행동이나 과업의 실제 성과와 연결시킬 수 있다. 예컨대, 고객의 대기시간에 대한 표준을 결정하기 위한 간단한 연구를 생각해 보자. 필요한 정보는 대기열에서의 고객의 지각(소프트 측정치)과 그들이 실제 대기한 시간의 양(하드 측정치)이다. 여러 거래에 걸쳐 이러한 자료를 수집하면 상이한 대기시간에서 고객이 어떻게 반응하는지를 알 수 있다.

한 항공사는 체크인하기 위해 카운터에 접근하는 고객을 대상으로 이와 같은 연구를 정확히 수행하였다. 고객이 대기줄에 들어섰을 때, 안내원은 항공티켓 위에 입장시간을 날인하여 건넨다. 절차가 끝나고 고객이 대기줄을 빠져나올 때, 안내원은 퇴장시간을 날인하고 고객에게 대기시간의 지각과 처리에 따른 만족에 관하여 3~4개의 문항을 질문한다. 이렇게 해서 대기시간의 지각에 대한 영향을 평가할 수 있는 하나의 그래프를 얻을 수 있었다.

단계 6 : 표준치에 대비하여 측정치를 검토하라

밀리켄 인더스트리(Milliken Industries)사의 前 사장인 로저 밀리켄(Roger Milliken)은 "우리가 신을 믿듯이, 사람들로부터 얻은 자료를 신뢰한다"라고 말했다. 페덱스나 월트디즈니와 같이 성공한 서비스기업에서는 그들의 서비스표준과 비교하여 잘 운영되고 있는지 끊임없이 조사를 할 수 있는 운영과 관련된 정보처리시스템을 갖추고 있다. 앞서 소개했듯이 캘리포니아의 가족 중심 운영기업인 그래닛록(Granite Rock)사는 콘크리트, 아스팔트, 파석(crushed stone)제품을 취급하며, 사실에 근거한 경영관리(management by fact)를 통해 번창하고 있다. 이 기업은 정보수집, 분석과 활동에 대한 시스템을 갖추고 있다. 콘크리트와 파석의 특성 그리고 고객의 트럭이 만차가 되는 시간과 같은 프로세스를 추적하기 위해서 여러 가지 통계적 품질관계기법을 활용하고 있다. "제품–서비스차이 보고서(product–service discrepancy)"와 "결과–원인 분석(root–cause analysis)"으로 고객의 불만을 추적하고 최신화하여 전체 공장에 전달하고 있다. 보고서에는 고객 불평을 해결하는 데 소요되는 시간과 상세한 추세분석결과가 포함되어 있다. 또한 각 공장 운영추세를 4년 동안 추적할 수 있는데, 생산품질과 고객서비스에 있어서 더 이상 개선할 사항이 없을 정도에 이르렀다.

단계 7 : 직원에게 서비스성과에 대한 피드백을 제공하라

기업이 하드 표준이나 소프트 표준 중 어느 하나가 적합하다고 결정되고, 그 구체적인 표준이 고객요구사항에 가장 적합하다고 결정되면, 기업은 표준을 적절하게 파악할 수 있는 피드백 메커니즘을 개발해야 한다. 기업의 고객서비스부서가 직원을 모니터링하는 것인데 감독자가 직원과 전화통화를 하면서 경청하는 정도를 측정하는 것이 한 예가 될 수 있을 것이다. 대다수 기업의 고객서비스 번호로 전화를 했을 때, 전화가 서비스품질 목적을 위해 모니터링될 수 있음을 알리는 것을 경험했을 것이다. 이 모니터링의 목적은 고객의 욕구를 충족시키는 조직의 표준을 직원이 잘 수행하는지를 직원에게 피드백하는 데 있다. 피드백 메커니즘을 개발하는 데 가장 중요한 것은 성과를 기업의 시각이 아닌 고객 시각에서 측정하는 것이다. 예컨대, 고객서비스 전화를 담당하고 있는 직원을 모니터링하는 감독자는 직원이 고객에게 얼마나 빨리 벗어나는지에 초점을 맞추는 것이 아니라 고객의 요청을 얼마나 적절하게 처리하는지에 초점을 맞춘다.

페덱스는 서비스품질지표(SQI)의 성과를 직원에게 일주일 단위로 보여줌으로써, 모든 구성원이 회사가 어떻게 운영되는지 알도록 한다. 따라서 문제가 발생하면 알 수 있고 고칠 수 있게 된다. SQI 측정치는 고객의 지각과 강한 상관관계가 있는 모든 활동을 즉시 모든 직원에게 피드백하는 역할을 한다. SQI의 예를 포함하여 보다 일반적으로 자료와 사실을 분석하여 평가한 후 사내의 여러 수준에서 의사결정을 하는 데 활용할 수 있도록 하는 것이 서비스성과의 피드백이다. 서비스성과의 피드백은 프로세스나 서비스에 관한 의사결정을 할 수 있도록 신속하게 전달되어야 한다. 또한 서비스성과 피드백에서 서비스 요구사항에 대한 충족 책임이 조직 전체에 있음을 널리 알려야 한다. 조직의 전 부서는 내부고객에 대한 그들의 서비스를 측정하고, 외부고객의 요구와 어떻게 관련되는지를 측정할 필요가 있다.

단계 8 : 목표수준과 측정치를 정기적으로 재조정하라

마지막 단계는 고객기대에 지속적으로 부응하기 위해 목표수준, 측정치, 고객요구사항을 정기적으로 재검토해야 한다. 페덱스가 처음 SQI를 개발했을 때, 화물 분실에 가중치 10을 부여했었다. 그러나 시간이 흐르면서 고객이 다른 요소보다 화물 분실을 매우 중요하고 민감한 사항으로 간주하는 것을 파악하고 현재는 50의 가중치를 부여했다. 페이스북은 처음에 기업들이 고객에게 응답할 때 "매우 응답이 빠름(very responsive)" 배지(뒤에 설명한 **주목받는 기술** 참조)를 받는 기준을 5분으로 설정했다. 하지만 여러 기업들이 평균 응답시간 5분은 비현실적이라고 지적했다. 이 피드백을 참조하여 페이스북은 그 숫자를 좀 더 현실화하여 15분으로 수정했다. 이러한 사례에서 알 수 있듯이 서비스표준을 변경하는 데 약간의 유연성을 부여할 수도 있다.

서비스성과지수의 개발

고객이 정의한 표준을 개발하는 과정을 거친 이후 나오는 하나의 결과물이 **서비스성과지수**(service performance index)이다. 서비스성과지수란 가장 중요한 성과표준들을 포괄하는 합성지표이다. 지수의 개발은 직원의 행동을 유도할 목적으로 사용될 일련의 고객정의 표준을 파악하는 것에서 출발한다. 모든 서비스성과지수에 고객정의 표준이 포함되는 것은 아니지만, 최상의 서비스성과지수는 페덱스의 서비스품질지표(SQI) 또는 싱가포르항공의 SPI처럼 고객정의 표준을 기본으로 한다. 대부분의 기업은 다음의 순서로 서비스성과지수를 구축한다. 고객의 가장 중요한 요구사항 이해, 이 요구사항이 제공되는 서비스의 측정 가능한 측면들에 연결, 서비스문제를 파악하고 개선하기 위한 지수의 피드백 등의 순서이다. 대부분의 앞서가는 기업들은 기업 내의 보상 및 인정시스템에 피드백을 활용하기도 한다.

주목받는 기술 우수한 응답성 표준의 힘

페이스북과 트위터에 대한 기업들의 대응

소셜 네트워킹(social networking)의 사용이 전 세계적으로 점점 더 보편화됨에 따라, 기업들은 고객과의 관계를 구축하고 고객 서비스를 위한 대체 수단을 제공하기 위해 점점 더 페이스북과 트위터 같은 소셜 네트워크로 눈을 돌리고 있다. 실제로 소셜 네트워킹 사이트는 고객이 기업에 접근하는 주요 방법 중 하나가 되었으며, 기업의 대응방식에 대해 높은 기대치를 걸고 있다. 2013년에 수행한 연구결과에 따르면 고객은 소셜 미디어를 통해 적시에 대응하는 기업에 대해 보상을 제공하고 그렇지 않은 기업은 처벌해야 한다는 응답 결과가 나왔다.

구체적으로 살펴보면, 이 연구에서는 고객들이 소셜 미디어에 대한 확고한 응답성에 대해 매우 높은 기대치를 가지고 있는 것으로 나타났다. 고객의 53%는 기업이 자신의 댓글이나 트윗(부정적이든 긍정적이든)에 1시간 이내에 응답해야 한다고 생각하고 있었다. 또한 트위터에서 고객의 브랜드 상호작용이 긍정적일 경우, 고객 대다수가 소셜 미디어를 이용해 자신의 경험에 대해 긍정적인 피드백을 하거나(69%), 친구에게 브랜드를 추천하거나(68%), 열의를 보이는(61%) 것으로 나타났다는 점에 주목할 필요가 있다.

하지만 고객이 소셜 미디어에 의존하여 불평을 제기하면 1시간 이내에 응답을 기대하는 비율이 72%로 급증한다. 또한 기업이 이러한 암묵적인 마감시간을 지키지 못할 경우 고객의 60%는 추가 구매를 거부하거나 브랜드를 공개적으로 망신주기 위해 소셜 미디어를 통해 그들의 불만을 표출하는 수단으로 기업을 처벌하기 위한 조치를 취할 것이라고 답변했다.

그렇다고 소셜 네트워킹이 기업들에게 부정적 영향만 있는 것은 아니다. 이 연구는 응답 기업들이 그러한 행동에 대해 보상을 받는다는 것을 보여주었다. 고객의 34%는 응답한 기업에서 구매할 가능성이 더 높다고 답했으며, 43%는 친구와 가족들이 해당 기업의 제품을 구매하도록 추천할 가능성이 더 높다고 말했다. 또한 고객의 38%는 소셜 미디어에서 빠르게 반응하면 기업 광고를 더 잘 수용하고, 42%는 소셜 미디어를 통해 브랜드를 칭찬할 의향이 있는 것으로 나타났다.

일부 소셜 네트워킹 사이트가 고객과 기업 사이의 중개자 역할을 하는 반면, 페이스북은 촉진자 역할을 수용하였고, 심지어 기업들이 플랫폼에서 더 많은 반응을 보이도록 장려하고 있다. 2015년 페이스북은 응답시간 측면에서 기업에 기대하는 바를 고객에게 전달하기 위한 대응지표(responsiveness indicator)를 출시했다. 페이스북은 또한 기업들이 페이스북 페이지에 눈에 띄게 표시되는 "메시지에 매우 반응적임(Very responsive to messages)" 같은 문구의 배지를 획득할 수 있는 기회를 제공한다. 배지에 대한 기준을 충족하려면 기업은 지난 7일 이내에 다음과 같은 사항을 달성해야 한다: (1) 응답률은 90%, (2) 응답시간은 15분 이내. 이 상은 이전 7일 평균에 근거한 특정 기업의 페이스북 페이지에서 고객의 요구나 질의에 대한 응답을 측정하는데, 이는 실시간으로 확고한 대응 행동을 추적하고 그 점수로 평균을 낸다는 것을 의미한다.

페이스북이 설정한 하드 표준에 대한 기업의 응답성을 실시간으로 추적하는 것은 기업이 특히 높은 응답성을 문서화한 점을 고려할 때 사이트에서 일관되게 활동할 수 있는 인센티브를 제공한다.

자스포닷컴(ZAPPOS.COM)의 80/20 전화 대응

자스포닷컴은 우수한 고객 서비스로 잘 알려진 온라인 신발 회사다. 초창기부터 전화, 이메일 또는 회사와의 라이브 채팅 세션을 시작하는 고객에 대한 대응력에 높은 우선순위를 두어 왔다. 고객이 기업에 전화를 하는 이유는 신발 주문 상태를 확인하거나, 신발이 잘 맞는지 여부에 대해 불평하거나, 무료 제품에 대해 질문하기 위해서일 수 있다. 자스포사는 고객으로부터 받은 피드백을 바탕으로 전화를 통한 요구사항에 신속하게 대응하여 긍정적이고 즐거운 경험을 제공하고자 했다. 이 기업이 시행한 3가지 서비스표준은 (1) 모든 수신 전화의 80%에 대해 20초 이내에 응답하기, (2) 모든 이메일 메시지에 4시간 이내에 응답하기, (3) 10초 이내에 온라인 실시간 채팅에 응답하는 것이었다.

자스포사는 많은 기업과 달리 고객이 기업과 연락하는 데 어려움을 겪지 않도록 했다. 기업의 웹사이트는 무료 전화번호를 쉽게 찾거나 기업 대표와의 실시간 채팅을 시작할 수 있으며, 고객에게 연락을 권장하고 있다. 또한 통화 관리 시스템 기술을 사용하여 대기열에 있는 통화 수, 직원과 대화하는 고객 수, 점심시간 또는 휴식 시간에 직원 수를 지속적으로 모니터링한다. 이 기술은 통화에서 논의되는 문제의 유형 및 고객 요구를 충족하기 위해 제공되는 해결방법과 같은 다양한 기타 주제에 대한 정보를 수집한다.

자스포사는 모든 수신 전화의 80%를 20초 이내에 처리하는 표준을 일관되게 충족하기 위해 현장 전화 또는 채팅 세션에 참여할 수 있는 충분한 수의 직원이 있는지 확인한다. 이 기업은 정교한 예측 기술을 사용하여 하루 중 피크 시간, 요일 및 월 등 수신 전화에 대한 과거 추세를 분석한다. 이 기술은 또한 다른 과거 추세(예 : 회사가 새로운 신발 라인을 출시하기 시작할 때 시작된 통화 수 또는 특정 시장 부문의 지출 증가율)도 고려한다. 이 모든 정보는 콜

© Ronda Churchill/Bloomberg/Getty Images

고객으로부터 걸려오는 전화의 80%에 대해 20초 이내에 응답하는 자스포닷컴의 서비스표준은 고객 정의에 기반한 것이다.

센터로 유입되는 트래픽 수요를 예측하고 기업이 80/20 서비스표준을 충족할 수 있도록 하는 데 필요한 직원 수를 예측하기 위해 사용된다. 유사한 기술을 통해 자스포사는 이메일 메시지 및 채팅 세션에 대한 응답을 위한 서비스표준을 정기적으로 충족시킬 수 있다.

자료 : "Consumers Will Punish Brands that Fail to Respond on Twitter Quickly," Lithium, www.lithium.com/company/news-room/press-releases/2013/consumers-will-punish-brands-that-fail-to-respond-on-twitter-quickly, published on Oct. 29, 2013, accessed on July 14, 2016; facebook.com, accessed on July 14, 2016; J. Lee, "Brands Expected to Respond within an Hour on Twitter [Study]," *Search Engine Watch*, https://searchenginewatch.com/sew/study/2304492/brands-expected-to-respond-within-an-hour-on-twitter-study, published on November 1, 2013, accessed on July 14, 2016; e-mail communication with Rob Siefker, Senior Manager for Zappos CLT, Inc., August, 2010.

요약

본 장에서 고객의 기대에 대한 기업의 지각과 이 기대를 제공하기 위해 설정된 표준들 간의 차이를 논의하였다. 제공자 갭 2의 주요 원인에는 서비스 행동과 행위의 부적절한 표준, 서비스품질 목표의 설정을 위한 공식 과정의 부재, 그리고 고객정의 표준의 부족 등이 있다. 갭을 좁히는 전략과 함께 이러한 문제가 상세히 논의되었다. 서비스설계와 서비스표준의 갭을 줄이기 위해 기업에 의한 표준은 기업 내부의 목표보다는 고객의 요구나 기대에 기초해야 한다. 다시 말해, 기업정의 표준은 제공자 갭 2를 줄이는 데 효과적이지 못하다. 그러므로 기업은 고객에 의해 볼 수 있고 측정 가능한 고객의 핵심적 요구에 기초해야 한다.

본 장에서는 두 가지 유형의 서비스표준을 다루었다. 하드 표준은 조사를 통해 관찰되거나, 시간을 측정하고, 계산될 수 있는 것들이다. 소프트 표준은 직접 관찰될 수 없는 고객지각이다. 고객정의 표준은 고객이 기대하는 서비스제공의 핵심이다. 즉, 고객정의 표준은 고객에 의해 표현된 기대와 이러한 기대를 위해 제공되는 기업 활동 간의 연결이다. 이러한 서비스표준을 만드는 것이 미국 기업에서 일반적인 것은 아니다. 이렇게 되려면 마케팅부서와 생산운영부서가 마케팅조사자료를 바탕으로 함께 협력할 필요가 있다. 만일 운영표준이 고객이 좋아하는 순서대로 정의되지 못하면, 고객의 서비스지각에 영향을 미치지 못하게 된다.

토의문제

1 본 장에서 기술한 서비스측정은 제5장의 서비스측정과 어떤 차이가 있는가? 두 유형 중 어느 것이 중요하다고 생각하는가? 그 이유는 무엇인가?

2 서비스표준을 개발하기가 가장 어려운 서비스산업은 무엇인가? 그 이유는 무엇인가? 당신이 지적한 산업에서 한 기업을 택하여 이 기업에서 개발할 수 있는 세 가지 표준을 제안하시오. 직원들은 이들 표준에 대해 어떻게 반응하겠는가? 어떻게 세 가지 표준을 받아들이게 해야 하는가?

3 고객이 정의한 서비스표준이 존재한다면, 기업정의 표준 역시 필요한가? 기업 내의 모든 표준은 고객에 의해 정의될 수 있는가? 그 이유는 무엇인가? 또는 왜 그렇지 않은가? 고객이 정의하는 모든 표준에 어느 부서가 반대하는가?

4 하드 표준과 소프트 표준 간의 차이는 무엇인가? 어느 것을 직원들이 보다 쉽게 받아들일까? 그 이유는 무엇인가?

5 자신이 현재 속해 있는 대학 또는 학교를 생각해 보시오. 학생의 요구조건에 대응한 “일괄 수정”, 하드 표준, 소프트 표준의 예를 들어보시오. 현재 학교는 학생들을 위한 서비스 제공에 이러한 표준들을 사용하고 있는가? 그 이유는 무엇인가? 또는 그렇지 않은 이유는 무엇인가? 또한 자신의 이유들이 민간부분의 기업들에도 적용될 수 있다고 생각하는가? 공기업 또는 비영리기업에는 어떤가?

6 자신이 현재 이용하는 서비스에 관하여 생각해 보시오. 그런 다음 그 서비스의 서비스접점 순서를 작성하시오. 접점에서 가장 중요한 요구조건은 무엇인가? 이러한 요구조건들을 문서화하시오. 그리고 구체적 수준에서 행동 및 행위를 표현하시오.

연습문제

1 지역 서비스기업을 선택하시오. 기업을 방문하여 그 기업이 추적하는 서비스측정을 확인하시오. 그 기업은 하드 측정치를 모니터링하는가? 소프트 측정치를 모니터링하는가? 자신이 확인한 것을 기본으로 고객 서비스성과지수를 완성시키시오.

2 학교가 제공하는 서비스(예컨대, 컴퓨터, 도서관, 취업지원센터) 중 하나를 선택하시오. 학생의 기대를 충족시키기 위해 탐색되고 있는 유용한 하드 표준은 무엇인가? 어떤 소프트 표준이 적절한가? “일괄 수정”이 무엇을 개선시켰는가?

3 자신이 근무하는 또는 알고 있는 서비스기업에 관하여 생각해 보시오. 그림 9.3을 이용하여 고객의 요구조건을 각각의 수준별로 기술하시오. 그림에서 어느 수준까지 내려가면서 요구조건을 기술할 수 있는가? 그것으로 충분한가?

4 제품을 주문할 수 있는 웹사이트[예를 들면 아마존(amazon.com)이나, L.L. 빈(llbean.com)] 세 곳을 방문하시오. 기업이 제공한 약속은 무엇인가? 어떤 유형의 표준이 이 약속을 위해 설정될 수 있는가? 이것은 고객이 정의한 표준인가 혹은 기업이 정의한 표준인가?

참고문헌

1. “Taking the Measure of Quality,” *Service Savvy*, March 1992, p. 3.

2. Ibid.

3. E-mail communication from David Spear, manager of global service and quality assurance, *FedEx Express*, June 14, 2016.

4. 2015 FedEx Annual Report, http://s1.q4cdn.com/714383399/files/doc_financials/annual/FedEx_2015_Annual_Report.pdf, accessed July 6, 2016.

5. G. L. Shostack, "Breaking Free from Product Marketing," *Journal of Marketing* 41(April 1977), pp. 73–80.

6 Puget Sound Energy, "2015 Service Quality Report Card," http://pse.com/accountsandservices/NewToPSE/Documents/2774_SQI_Report_Card_2015_wb.pdf, accessed May 21, 2016.

7 Oregon Department of Transportation website, www.oregon.gov/ODOT/CS/PERFORMANCE/OnePagers/DMV Field Office Wait Time One pager.pdf, accessed July 13, 2016.

8 For a good discussion of creating service standards, see M. Solomon, "A Ritz-Carlton Caliber Experience Requires Employee Empowerment and Customer Service Standards," *Forbes*, September 18, 2013, http://www.forbes.com/sites/micahsolomon/2013/09/18/empowered-employees-vs-brand-standards-the-customer-experience-needs-both/.

9 2015 Customer Rage Study conducted by Customer Care Measurement and Consulting in collaboration with the Center for Services Leadership at Arizona State University's W. P. Carey School of Business.

10 S. Banker, "A Leading Computer Manufacturer's Perfect Order Journey," *Forbes*, February 3, 2016, www.forbes.com/sites/stevebanker/2016/02/03/a-leading-computer-manufacturers-perfect-order-journey/print/.

11 J. Weinstein, "Redesigning the Box," *Hotels* 38 (2004), p. 7.

12 J. Stengle, "ER Kiosks Let Patients Avoid Long Lines," *Associated Press*, September 13, 2007.

13 See D. E. Hansen and P. J. Danaher, "Inconsistent Performance during the Service Encounter: What's a Good Start Worth?" *Journal of Service Research* 1 (February 1999), pp. 227–235; and V. Dalakas, "The Importance of a Good Ending in a Service Encounter," *Services Marketing Quarterly* 28 (2006), pp. 35–53.

14 These are two of the "three Steps of Service" included in Ritz-Carlton's Gold Standards, which can be found on the company website at http://www.ritzcarlton.com/en/about/gold-standards, accessed May 22, 2016.

15 For a comprehensive list of service attributes found to be important across a variety of services, see M. Paul, T. Hennig-Thurau, D. D. Gremler, K. P. Gwinner, and C. Wiertz, "Toward a Theory of Repeated Purchase Drivers for Consumer Services," *Journal of the Academy of Marketing Science* 37 (Summer 2009), pp. 215–237.

16 Based on e-mail communication with David Spear, manager of global service and quality assurance, *FedEx Express*, June 16, 2016.

17 "L.L. Bean Rated #1 in Customer Satisfaction," *Trailmix* (blog) L.L. Bean, January 21, 2014, blog.llbean.com/2014/01/l-l-bean-rated-1-in-customer-satisfaction.

Chapter 10

물리적 증거와 서비스스케이프

본 장의 목적은 다음과 같다.

1. 물리적 증거, 특히 서비스스케이프가 고객의 지각과 경험에 미치는 영향을 설명한다.
2. 서비스스케이프 유형들 간의 차이, 서비스스케이프의 역할 및 전략적 의미를 사례를 통해 설명한다.
3. 마케팅, 조직행동, 환경심리학을 기반으로 한 틀을 사용하여 서비스스케이프가 왜 직원 및 고객의 행동에 영향을 미치는지를 설명한다.
4. 효과적인 물리적 증거 전략을 제안한다.

차별화된 서비스스케이프를 통해 독특한 브랜드경험을 구축한 메리어트호텔[1]

세계 최대의 호텔 기업인 메리어트 인터내셔널은 다양한 가격대, 모든 상황, 다양한 유형의 고객들을 위한 호텔브랜드를 보유하고 있다. 메리어트는 포춘(*Fortune*)지가 일하기 좋은 세계 최고의 기업 중 하나로 선정하였으며, 호텔업계에서 가장 존경받는 기업으로 상위권에 랭크되고 있다. 현재 87개 국가에서 사업을 운영하고 있으며, 약 127,500명의 직원을 고용하고 있다. 최고급의 리츠칼튼호텔과 메리어트호텔부터 저렴한 비용을 추구하는 페어필드인(Fairfield Inns)까지, 메리어트는 다양한 상황에 맞는 차별화된 호텔브랜드로 명확한 포지셔닝을 하고 있으며, 이 브랜드들이 명확하게 정의된 시장세분화를 하여 성공을 거두고 있다. 메리어트의 브랜드 및 전략담당 임원들은, 차별화된 호텔브랜드를 구축하는 것은 호텔설계, 종업원훈련, 브랜드전략의 선택, 신중한 고객세분화, 브랜드를 운영하는 구체적 기준 등이 맞물려서 조화를 이루어야 가능하다고 이야기한다.

고객관점에서 메리어트호텔의 차별적인 브랜드전략 중 가장 눈에 띄는 것은 서비스스케이프(servicescape) 또는 서비스가 제공되는 물리적 환경인 호텔의 설계 그 자체이다. 리츠칼튼(Ritz-Carlton) 브랜드의 고급스러운 디자인은 오랜 모토인 "신사 · 숙녀가 신사 · 숙녀에게 서비스를 제공(ladies and gentleman serve ladies and gentleman)"하는 콘셉트로 고급화된 호텔 포지션에 적합하다. 리츠칼튼은 운영의 기본 가치와 철학을 통해 "황금 표준 설정(setting the gold standards)"으로 세계적인 명성을 누리고 있다. 회사의 비전은 "인생에서 가장 의미 있는 여행에

©Patrick Fallon/Bloomberg/Getty Images

메리어트-코트야드호텔의 로비는 고객들이 업무와 사교활동을 편안하게 할 수 있도록 설계되어 있다.

영감을 주는 것(inspire life's most meaningful journeys)"이다. 모든 리츠칼튼의 물리적 서비스스케이프는 로비 구역부터 호평을 받는 레스토랑, 우아한 스파, 고급 소매시설에 이르기까지 최고급 럭셔리 포지셔닝을 강화시킨다. 반면에 개인적인 편안함과 스타일을 추구하는 브랜드인 메리어트 코트야드(Marriott Courtyard)의 시설은 좀 더 효율적이고 업무적인 설계에 중점을 두었다. 로비 공간은 개방적이고 유연하여 고객들이 편안하면서도 고급스러운 환경에서 사교활동, 휴식, 캐주얼한 음식을 즐길 수 있다. 위의 사진에서 볼 수 있듯이 로비에는 사무공간, 무료 인터넷 사용이 가능한 공간, 회의를 위한 효율적인 공간도 있다. 이 공간은 협업, 생산성 및 사회적 상호작용이 원활하게 이루어질 수 있도록 설계했다. 객실은 이동 가능한 작업 공간, 여러 개의 전기 콘센트, 최신 기술의 연결 등을 통해 긴 하루를 보낸 비즈니스 고객이 재충전할 수 있도록 산뜻한 색상으로 설계했다.

메리어트가 가장 최근에 출시한 호텔 브랜드는 "에디션(Edition)"이라는 부띠끄호텔(boutique hotel)인데 여행 목적지에 대한 영감(destination-inspired)을 주는 세련된 디자인과 독특함을 결합시켰다. 이러한 콘셉트를 갖추기 위해 부띠끄호텔 업계에서 유명한 선구자인 이안 쉬라저(Ian Schrager)와 협력했고, 이것은 메리어트가 완전히 새로운 시장에 진출하는 토대를 제공하였다. 에디션 브랜드 호텔은 일반적으로 규모가 작고, 호텔이 위치한 각 지역의 독특한 스타일과 독점성을 강조하는 고급 자재들을 갖추고 있다. 이 새로운 부띠끄호텔은 특별한 디자인 요소가 포지셔닝의 핵심이다. 현재 런던, 마이애미 비치, 뉴욕, 이스탄불에 독특하게 설계된 4개의 에디션 호텔이 있으며, 향후 12개의 호텔이 더 추가될 예정이다. 기존 호텔과 향후 개장 예정인 각 호텔은 독특하고 고급스러운 서비스 경관 설계를 통해 호텔이 위치한 지역의 지리적 · 문화적 독특함은 물론 지역적 특성도 반영한다.

여기에서는 메리어트호텔 계열의 18개 브랜드 중 3개만 강조해서 언급했지만, 주목할 만한 점은 18개 브랜드마다 각각 특색 있는 서비스스케이프 설계가 적용돼 중급 호텔에서 특급 호텔에 이르기까지 연속적으로 포지셔닝을 강화하고 있다는 점이다. 메리어트호텔은 서비스스케이프와 함께 직원 교육, 복장 규정, 브랜드와 일치하는 내부 프로세스를 통해 각 브랜드를 강화하고 있다.

본 장에서 우리는 서비스품질 속성에 대한 소통, 고객기대의 설정, 그리고 서비스경험의 창조에서 물리적 증거가 갖는 중요성을 설명하려 한다. 제1장에서 확장된 마케팅믹스를 소개하면서 정의하였듯이, 물리적 증거(physical evidence)란 **서비스가 제공되고 기업과 고객이 상호작용하는 환경을 말한다. 즉, 서비스의 커뮤니케이션이나 서비스의 성과를 촉진하는 유형재를 일컫는다.** 이 정의에는 서비스가 수행되고 제공되며 소비되는 곳의 물리적 시설(physical facility)을 포함하고 있으나, 본 장에서는 물리적 시설을 따로 구분하여 **서비스스케이프**(servicescape)라고 부르기로 한다.[2] 물리적 증거는 자동차수리나 건강관리처럼 신뢰품질 속성을 갖는 서비스를 제공하는 데 특히 중요하며, 또한 도입 사례의 메리어트호텔처럼 경험품질 속성을 갖는 호텔, 병원, 테마파크의 서비스에서도 중요하다.

물리적 증거

물리적 증거란 무엇인가?

고객은 구매 전에 서비스를 평가하고 서비스 경험 중 및 경험 후에 서비스에 대한 만족도를 평가하기 위해 유형단서(tangible cues) 또는 물리적 증거(physical evidence)에 의존하는 경우가 많다. 물리적 · 유형적 증거의 효과적인 설계는 제공자 갭 2를 줄이는 데 중요하다.

표 10.1은 전체적인 물리적 증거의 구성요소로 서비스스케이프를 비롯하여 여타 유형단서를 보여주고 있다. 고객에게 영향을 미치는 서비스스케이프는 표지판, 주차장, 조경과 같은 외부속성(exterior attributes)과 설계, 배치, 실내장식과 같은 내부속성(interior attributes)으로 구성된다. 온라인에 표시되는 웹 페이지(web pages)와 가상 서비스스케이프(virtual servicescape)는 기업이 서비스 경험에 대해 커뮤니케이션하기 위해 사용하는 물리적 증거의 한 형태로, 구매 전후 고객에게 서비스를 보다 더 유형적으로 경험하도록 한다(다음 페이지의 **주목받는 기술** 참조).

표 10.1
물리적 증거의 구성요소

서비스스케이프	기타 유형적 증거
시설 외관	업무용 명함
외관 설계	사무용품
방향/안내 표시	청구서
주차	보고서
조경	직원의 복장
주변환경	유니폼
시설 내부	브로셔
내부 설계	웹 페이지
설비나 장비	가상(virtual) 서비스스케이프
방향/안내 표시	
레이아웃	
공기품질/온도	
사운드/음악/향/조명	

주목받는 기술 가상 서비스스케이프 : 인터넷을 통한 서비스 경험

웹 페이지와 가상 서비스 투어를 통해 고객은 인터넷으로 서비스 경험을 미리 확인하고 실제로 현장에 있지 않고도 서비스의 유형적 증거를 볼 수 있다. 이전에 불가능하지는 않았지만 매우 어려웠던 방식으로 제공했던 서비스의 경험적 측면을 이러한 수단을 이용해 고객에게 전달할 수 있다. 다양한 산업분야의 몇 가지 예를 소개하면 다음과 같다.

여행

여행객들은 이제 여행지를 결정하거나 예약하기 전에 목적지를 미리 보거나, 호텔과 객실을 확인하며, 자연환경을 둘러보고, 엔터테인먼트 장소를 "경험(experience)"할 수 있다. 영국 여행을 예약하기 전에 여행자는 전국의 호텔, 민박 및 기타 숙박 시설을 보여주는 웹 사이트를 미리 볼 수 있다. 숙소를 선택할 때는 시설의 외관과 실제 객실을 확인할 수 있다. 미국 국립공원을 탐방하는 여행을 계획할 때 여행자는 공원 전체 영상과 공원 내 다양한 투어를 경험할 수 있다. 예를 들어, 여행을 계획하는 사람은 옐로우스톤국립공원 사이트(www.yellowstone.net/)에서 잠재적인 방문자가 되어 공원의 많은 유명한 명소를 보여주는 비디오를 볼 수 있다. 상세한 지도도 포함되어 있어 여행자는 공원에 도착하기 전에 경로를 계획하고 가능한 한 많은 명소 중에서 원하는 곳을 선택할 수 있다. 또한 웹 사이트에는 실시간 웹캠 피드(live webcam feeds)가 있어 방문자가 공원 주변의 여러 지점에서 최신 전망을 볼 수 있다.

스포츠 및 레저

스포츠 및 레저 웹 사이트와 기술 장치에 대한 라이브 피드를 통해 스포츠팬들은 이제 많은 액션을 보고, 온라인에서 다가올 스포츠 경험을 미리 할 수 있다. 대표적인 사례가 나스카(NASCAR) 자동차 경주대회다. 나스카는 경주를 아주 좋아하는 사람들은 어느 곳에서나 가장 충성도가 높은 스포츠 팬 중 하나이며, 현재 7,500만 명의 팬이 있다! 자동차 경주를 직접 체험하는 팬들을 위해 설렘 가득한 분위기와 푸짐한 먹거리, 관련 용품들을 판매하고 있다. 그리고 경주 자체는 천둥 같은 소음, 흐릿한 자동차의 시각(blurring visuals of cars) 및 최종우승자를 잘 볼 수 있는 좌석에 대한 기대와 함께 그 자체로 매우 관련이 깊다. 나스카 경주는 이러한 라이브 경험이 충분하지 않은 것처럼, 팬들에게 기술을 통해 서비스스케이프 등을 경험할 수 있는 많은 기회를 제공한다. 여러 대의 경주자동차 내부에서 실시간으로 전송되는 비디오 영상을 통해 관중은 스마트폰, 노트북PC, 태블릿PC 등을 이용하여 레이서와 지원 인력 간의 무선대화를 들을 수 있다. 자동차 조종석에서의 전망도 볼 수 있고, 심지어 사고 장면을 영상으로 가까이서 관찰할 수도 있다. 또한 나스카는 실시간 레이스 정보, 레이싱선수 관련 통계, 팬들이 월정액으로 접속할 수 있는 라이브 리더보드를 제공하는 온라인 서비스를 운영하고 있다.

독특한 소매 경험

오늘날의 독특한 소매 경험 중 많은 부분이 인터넷을 통해 효과적으로 전달되어 고객이 기대하는 것을 미리 볼 수 있다. 빌드어베어 워크숍(Build-A-Bear Workshop®)이 좋은 예다. "3~103세까지" 고객들이 이 기업의 매장을 방문하는 동안 자신만의 테디베어와 다른 털북숭이 친구들을 만들 수 있다. 이 기업은 미국, 푸에르토리코, 캐나다, 영국, 아일랜드, 프랑스에 있는 기업 소유 직영매장과 유럽, 아시아, 호주, 아프리카, 중동의 프랜차이즈 매장을 포함해 전 세계적으로 약 400개의 매장을 운영하고 있다. 상호작용적인 소매 엔터테인먼트 경험 자체는 기억에 남고 재미있으며, 매장 전체의 시각적인 테디베어 테마 환경은 이 특별한 장소에 대한 환상에 많은 영향을 미친다. 점포 운영방식과 매장 모습을 미리 보기 위해 기업 웹사이트(www.buildabear.com)에는 곰과 "워크숍 월(Workshop Wall)"을 만드는 데 관련된 각 단계를 보여주는 투어가 제공되고 있다. 매장에서 만들 수 있는 다양한 창작물의 사진을 잠재 고객에게 보여준다. 또한 어린이와 부모가 매장에서 집으로 가지고 올 수 있는 다양한 창작물과 캐릭터를 알 수 있는 활동, 게임, 동영상 등을 제공하는 '놀이(play)' 영역도 포함되어 있다. 이러한 다채로운 사진과 영상들은 매장 환경과 고객들의 감정을 전달해준다.

고등 교육

젊은이들과 그 가족이 내리는 가장 중요한 결정 중 하나는 어느 대학에 진학할 것인가이다. 수단과 능력이 있는 운이 좋은 학생들에게는 선택의 폭이 끝없이 많을 수 있다. 대학의 물리적 환경(캠퍼스 자체 및 특정 시설)은 학생들의 선택과 실제 경험에 중요한 역할을 할 수 있다. 많은 대학들이 온라인으로 캠퍼스 가상 투어를 제공하여 학생들이 미리 물리적 환경을 볼 수 있도록 한다. 미국 오리건대학교(University of Oregon)는 학생들이 캠퍼스의 다양한 영역을 클릭하여 특정 지점을 보고 설명을 들을 수 있는 가상 투어(http://www.youvisit.com/tour/60299/80256/)를 제공한다. 캠퍼스 생활의 다양한 측면에 대한 구체적인 세부 정보도 제공한다. 각 보기 내에서 예비 학생 및 가족 구성원은 360° 보기 및 비디오를 볼 수 있을 뿐만 아니라 캠퍼스의 특정 장소와 관련된 정보를 읽을 수 있다. 이러한 방식으로 대학 환경을 탐색하면 방문할 수 없거나 방문 선택 범위를 좁히고자 하는 학생들은 훨씬 더 많은 정보를 얻을 수 있다.

인터넷 기술은 분명히 기업이 서비스에 대해 소통할 수 있는 엄청난 기회를 제공한다. 인터넷상의 이미지는 서비스 제공에 대한 표준을 설정하는 고객에 대한 기대치를 만들어주며, 실제 서비스가 이러한 기대에 부응하는 것이 매우 중요하다. 인터넷에 제공되는 이미지 및 가상 서비스 투어도 서비스 브랜드의 포지셔닝을 지원하고 다른 마케팅 메시지와 일관성을 유지해야 한다.

표 10.2 는 여러 서비스분야에서의 물리적 증거의 예들을 보여주고 있다. 병원, 리조트, 어린이집과 같은 몇몇 서비스는 고객경험을 창출하고 전달하기 위해 물리적 증거에 많이 의존하고 있으며 보험, 특송우편과 같은 서비스는 물리적 증거에 조금밖에 의존하지 않는다. 각 서비스에 나열된 서비스증거는 소비자에게 서비스의 내용을 전달하며, 서비스 수행을 용이하게 하고, 고객의 경험을 추가하기도 한다. 비록 본 장에서는 우선적으로 서비스스케이프와 그것의 효과에 초점을 두고 있지만, 이러한 논의는 다른 유형의 증거에도 적용될 수 있음을 지적해둔다.

물리적 증거는 고객경험에 어떻게 영향을 미치는가?

물리적 증거, 특히 서비스스케이프는 고객경험에 깊은 영향을 미칠 수 있다. 경험이 평범하든(버스나 지하철 승차), 개인적으로 의미가 있든(목적지에서 결혼이나 병원의 분만실), 극적이든(일주일간의 긴 모험여행) 서비스스케이프는 경험에 영향을 미친다. 따라서 서비스스케이프는 경험에서 고객이 갖는 의미, 만족, 감정과 연결되고 다른 고객과 서비스를 공유하면서 경험하는 사회적, 개인적 상호작용에도 영향을 미친다.

마케터가 고객경험에 주의를 기울이기 시작하자, 경험을 창출하는 데 있어서 물리적 공간(physical space)과 유형재(tangibles)의 중요성을 깨닫게 되었다. 경험관리에 대한 선구적 컨설턴트인 루이스 카본(Lewis Carbon)은 **단서관리를 통한 경험공학**(experience engineering)이란 이름으로 경험관리 프로세스를 정리하고 있다.[3] **단서관리**(clue management)는 고객들이 그 기업에 대한 인상과 느낌을 형성하기 위해 사용한 모든 다양한 단서를 명확하게 파악하고 관리하는 프로세스를 말한다. 단서의 목록에 포함된 것은 본 장에서 논의한 물리적 증거인 유형단서들로 루이스 카본은 **기계적 단서**(mechanics clues)라고 부르고 있다. 다른 연구자나 컨설턴트들도 고객경험관리에서 물리적 시설과 물리적 증거의 중요성을 강조하고 있다.[4] 본 장에서는 물리적 증거가 고객에게 어떤 의미를 전달하는지 그리고 고객의 경험을 어떻게 형성하는지에 관한 수많은 예를 소개할 것이다.

표 10.2
고객관점에서 본 물리적 증거의 예

서비스	물리적 증거	
	서비스스케이프	기타 유형적 증거
보험	관계없음	정책 자체 청구서 정기간행물 회사 팸플릿 편지/카드 보상청구서 양식 웹 사이트
병원	건물외관 주차 방향/안내표시 대기장소 외래진료소 환자 입원실 의료장비 회복실	유니폼 보고서/사무용품 청구서 웹 사이트
항공	탑승구 비행기 외관 비행기 내부(장식, 시트, 공기) 체크인 키오스크 안전보안구역 짐 찾는 곳	티켓 기내식 유니폼 웹 사이트
특송우편	FFS(Free Standing Store) 짐 부치는 박스	트럭 유니폼 컴퓨터 휴대용 장비 웹 사이트
스포츠 행사	주차 경기장 외관 티켓 발권장소 입구 좌석 화장실 구내 매점 운동장 스코어보드	티켓 직원 유니폼 프로그램 팀 마스코트 웹 사이트

서비스스케이프의 유형

본 장은 인간과 인위적 · 자연적 · 사회적 환경과의 관계를 연구하는 환경심리학(environmental psychology)에서 가져온 여러 가지 아이디어와 개념에 의존하고 있다.[5] 서비스스케이프는 서비스 특성에 따라 달라질 수 있는데, 표 10.3은 서비스스케이프의 유형을 복잡성과 사용정도(usage)라는 두 차원으로 분류하고 있다. 매트릭스 내의 같은 칸에 위치하고 있는 조직은 물리적 시설(서비스스케이프)과 관련하여 유사한 과제와 의사결정에 직면하게 된다.

서비스스케이프의 사용 정도(servicescape usage)

첫째, 조직은 서비스스케이프로 인해 실제로 영향을 받는 사람이 **누구**인가에 따라 나눌 수 있다. 즉, 고객, 직원 아니면 전체 중 누가 서비스시설에 들어와서 영향을 받을 수 있는가? 표 10.3의 첫 번째 열은 이러한 차원으로 나눈 서비스조직의 세 가지 유형을 보여주고 있다. 이 중 첫째는 고객이 대부분의 활동을 수행하며 단지 약간의 직원만이 있는 **셀프서비스**(self-service) 환경이다. 셀프서비스 환경의 예로는 ATM, 영화관, 공항의 셀프체크인 키오스크, 골프장과 테마파크 같은 셀프서비스 위락시설, 그리고 온라인서비스 등이 있다. 셀프서비스 환경이 주를 이루는 조직은 적합한 고객을 끌어들이고, 사용하기가 쉽고, 즐겁게 할 수 있도록 시설을 설계할 수 있다.

서비스스케이프의 또 다른 극단은 서비스스케이프에 대한 고객의 참여가 거의 없는 **원격서비스**(remote service)이다. 통신, 유틸리티, 금융컨설팅, 편집(editorial) 서비스, 우편주문 서비스 등은 고객이 서비스 시설을 보지 않고 제공받을 수 있는 서비스 예이다. 사실 시설은 여러 주(state)와 국가에 걸쳐 존재할 수도 있다. 원격서비스 상황에서 고객은 서비스스케이프를 전혀 방문할 필요가 없기 때문에, 시설은 직원의 동기를 유발시킬 수 있고 생산성, 팀워크 및 운영의 효율성을 높일 수 있도록 설계될 수 있다. 다음은 2010년과 2011년 포춘지 선정 일하기 좋은 기업부문 1위를 차지했고, 2016년까지 이 부문 상위 10개 기업에 지속적으로 선정된 데이터 분석 및 소프트웨어 기업인 SAS의 사례다. 이 회사는 13,500명 이상의 직원을 위한 세차장, 미용실, 최첨단 피트니스 센터와 함께 현장에 고품질 보육시설을 갖추고 있다.

표 10.3
서비스스케이프 사용과 복잡성에 따른 서비스조직의 유형

	서비스스케이프의 복잡성	
서비스스케이프 사용 정도	**정교한(elaborate)**	**간단한(lean)**
셀프서비스 (고객만 이용)	워터파크 이베이(eBay)	ATM 세차장 간단한 인터넷서비스 간이 수화물취급소
상호서비스 (고객과 직원 모두 이용)	호텔 레스토랑 건강클리닉 병원 은행 항공사 학교	세탁소 소매점 미용실
원격서비스 (직원만 이용)	전화회사 보험회사 유틸리티 많은 전문 서비스	전화 및 우편을 이용한 주문판매 업체 자동응답기로 서비스하는 업체

자료 : From M. J. Bitner, " Servicescapes: The Impact of Physical Surroundings on Customers and Employees," *Journal of Marketing* 56 (April 1992), pp. 57–71.

대부분의 고객이 SAS 캠퍼스라 불리는 이 기업을 방문할 필요가 없기 때문에, 시설 대부분이 직원들의 웰빙과 생산성 향상을 위해 설계될 수 있었다.[6]

표 10.3에서 **상호서비스**(interpersonal service)는 두 가지 극단 사이에 위치하고 있으며, 고객과 직원 모두가 서비스스케이프 내에 존재하고 활동하는 상황이다. 호텔, 레스토랑, 병원, 교육기관, 은행 등이 이에 해당한다. 이 경우 서비스스케이프는 고객과 직원을 동시에 끌어들이고 만족시킬 수 있으며 촉진시킬 수 있도록 설계돼야 한다. 또한 서비스스케이프가 고객과 직원 간의 사회적 상호작용의 특성과 질에 어떠한 영향을 주고 있는지에 관해서도 특별한 주의가 필요하다. 유람선의 경우 서비스스케이프는 고객과 그곳에서 작업하는 직원을 지원해야 함은 물론, 두 집단 간 또는 두 집단 내의 상호작용을 촉진시켜야 한다는 점에서 상호서비스 환경의 좋은 예라 할 수 있다.

서비스스케이프의 복잡성(servicescape complexity)

표 10.3은 서비스스케이프 관리와 복잡성에 영향을 주는 또 다른 요인을 제시하고 있다. 어떤 서비스의 서비스스케이프는 요소, 공간 및 시설이 매우 간단하다. 그러한 환경을 **간단한**(lean) 환경이라고 부르는데, 쇼핑몰의 정보 키오스크(kiosks)와 페덱스의 간이수화물취급소가 여기에 속하는데, 둘 다 하나의 간단한 구조로 된 서비스를 제공한다. 간단한 서비스스케이프에서 이것의 설계는 비교적 간단하며, 특히 셀프서비스 또는 원격서비스 환경에서는 직원과 고객 사이의 상호작용이 존재하지 않기 때문에 더 그렇다.

서비스스케이프의 요소와 공간이 많고 시설이 복잡한 상황을 **정교한**(elaborate) 환경이라고 부른다. 예컨대, 병원은 여러 개의 층과 많은 병실, 복잡한 의료기기를 보유하고 있으며 물리적 설비가 수행하는 기능이 매우 복잡하다. 이러한 정교한 서비스스케이프를 세심하게 설계하면 조직의 목표를 달성할 수 있다. 예컨대, 환자의 병실은 병원 직원의 생산성을 높일 수 있고 동시에 환자가 안락함을 느끼고 만족할 수 있도록 설계되어야 한다. 정교한 상호서비스군에 포지셔닝되어 있는 병원과 같은 조직은 서비스스케이프와 관련하여 가장 복잡한 의사결정을 해야 한다. 예컨대, 미국의 의료센터 중 가장 잘 알려진 메이요클리닉(Mayo Clinic)이 애리조나의 스콧데일에 개원한 병원의 서비스스케이프 설계에서 직원, 의사, 환자, 방문자의 감정, 욕구 그리고 목적 등을 세심하게 고려했다(본 장 뒷부분 예시 10.3 참조).

서비스스케이프의 전략적 역할

분류유형(typology)의 각 셀에서, 서비스스케이프는 여러 가지 전략적 역할을 동시에 수행할 수 있다. 서비스스케이프 역할의 다양성과 그 요소 간 상호작용을 검토함으로써 서비스에서 적합한 물리적 증거를 제공하는 것이 전략적으로 얼마나 중요한가를 확인할 수 있다. 사실, 서비스스케이프는 서비스조직을 포지셔닝하는 데 가장 중요한 요소 중 하나이다.

포장

유형제품의 포장(package)과 마찬가지로, 서비스스케이프를 비롯한 여타 물리적 증거는 서비스를 "포장하고(wrap)", "내부의(inside)" 것을 이미지화하여 외부로 전달한다. 제품포장은 특별한 이미지를 표현하고, 특정 감정적 반응이 환기되도록 설계한다. 서비스의 물리적 증거도 매우 복잡한 자극들의 상호작용을 통해 제품포장과 같은 역할을 수행한다. 서비스스케이프는 조직의 외형적인 모습(outward appearance)이므로 고객의 최초 인상과 기대를 형성하는 데 매우 중요하다. 즉, 무형의 서비스를 시각적으로 은유한 것이다. 이러한 포장은 새로운 고객의 기대를 창출하기 때문에 새로운 고객에게 특히 중요하고, 또 특정 이미지를 구축하려는 새로운 서비스조직에서 특히 중요하다. 물리적 증거는 조직이 이미지를 전달할 수 있는 기회를 제공하는데, 한 개인이 "성공을 위한 옷차림(dress for success)"을 선택하는 방식과 별로 다를 게 없다. 포장 역할의 범위는 접점직원의 유니폼이나 드레스 또는 기타 외형적인 모습 등과 통합되어 확장된다.[7]

흥미롭게도 서비스 포장이 여러 가지 중요한 역할을 함에도 불구하고, 서비스 포장 설계에 대한 관심과 자원의 지출은 제품 마케팅의 그것에 미치지 못한다. 그러나 예외도 있다. 애플, 스타벅스, 페덱스, 메리어트 같은 스마트한 기업들이 대표적인 예인데, 이들은 브랜드 포지셔닝과 서비스스케이프 설계를 연결시켜 막대한 시간과 자금을 투자한다. 소매환경 설계의 영향력을 인지한 스타벅스는 다른 도시 및 국가에 있는 점포들이 시애틀 매장의 외관과 느낌을 그대로 모방하지 않도록 23,000개 매장을 독특한 환경으로 조성하는 방법을 시행하고 있다. 이 정교한 설계 접근방식의 목표는 모든 매장이 고객에게 "대량 생산된" 복제품이 아니라 현지 고유의 커피숍처럼 느껴지도록 하는 것이다.[8]

촉진재

서비스스케이프는 촉진재(facilitator)로서 서비스환경에서 사람들의 행동을 지원하는 역할도 수행한다. 서비스의 물리적 증거가 어떻게 설계되느냐에 따라 서비스환경 내에서 활동의 흐름이 촉진되거나 억제될 수 있으며, 고객과 직원의 목적이 달성되기 쉬워지거나 어려워질 수도 있다. 잘 설계된 시설은 고객에게는 유익한 서비스경험을, 직원에게는 만족스러운 서비스수행을 유도한다. 반면에 잘못된 설계는 고객과 직원 모두에게 불만을 줄 수 있다. 예컨대, 국제공항을 이용하는 승객은 표지판이 적고, 환기가 잘 안 되며, 좌석 수가 부족한 부실하게 설계된 공항에 도착했을 때 크게 불만족할 것이며, 아마도 그곳에서 일하는 직원들 역시 동기부여가 이루어지지 않을 것이다. 실제로 현재 수많은 공항들이 승객들을 위해 설계되어 있기 때문에 다양한 매장에서 쇼핑을 하고, 품질이 좋은 식당에서 식사를 하며, 환승구역과 와이파이(Wi-Fi)존에서 작업을 하며 대기시간을 보내수 있도록 하고 있다.

또한 이들 해외 여행객은 수면을 취하기 좋은 비행기 좌석의 가치를 높게 생각할 것이다. 서비스의 물리적 증거의 일부분으로서 항공기 좌석은 숙면을 취하려는 여행자의 욕구를 충족시키기 위해 해마다 개선되어 왔다. 사실, 더 좋은 좌석을 설계하려는 경쟁은 국제선 항공사 간에 주요 쟁점이고, 그 결과 비즈니스 여행자에게 더 나은 고객만족을 줄 수 있게 되었다.[9] 새로운 디자인 중 일부는 비즈니스클래스의 뒤로 누울 수 있는 "스카이침대(skybeds)", 기대어 앉을 수 있는 좌석이 있는 "스위트(suites)", 퍼스트클래스의 가죽 발판, 비즈니스 클래스 좌석 간의 전자동 칸막이를 한 경우이다.

사회화를 위한 도구

서비스스케이프의 설계는 기대역할, 행동, 관계를 직원과 고객에게 전달하는 데 도움이 된다는 점에서 직원과 고객의 사회화(socialization)를 촉진하는 도구이다. 예컨대, 전문 서비스업체에 갓 입사한 사람은 자신의 사무실 크기, 사무용 가구의 질, 그리고 자기 자리의 상대적 위치로 기업 내에서의 자신의 위치를 부분적으로 이해하게 된다.

마찬가지로 고객은 시설의 설계를 통해 직원과 대비된 그들의 역할은 무엇이고, 서비스 환경에 머무는 동안 어떠한 행동을 취해야 하며, 어떤 상호작용이 필요한지를 연상하게 된다. 예컨대, 스타벅스 매장에서는 고객이 커피를 빨리 마시고 나가는 것보다는 사교 시간(social time)을 여유 있게 보낼 수 있게 하는 좀 더 전통적인 커피전문점으로 환경을 설계해서 변화하고 있다. 사회화를 촉진하기 위해 스타벅스는 고객들이 넓은 공간에서 머무르며 상호작용할 수 있도록 편안한 안락의자와 테이블, 와이파이를 제공한다. 이러한 것의 목표는 집이나 직장에 머무르는 것이 싫증날 때 고객이 시간을 보낼 수 있는 고객을 위한 "제3의 장소(third place)"를 제공하기 위한 것이다(예시 10.2 참조).

차별화 도구

서비스스케이프인 물리적 시설의 설계는 경쟁자로부터 기업을 차별화할 수 있으며, 그 기업이 초점으로 삼고 있는 세분시장을 알릴 수도 있다. 차별화 도구(differentiator)로서 물리적 시설의 효과가 나타남에 따라, 이의 재설계를 통해 서비스기업을 재포지셔닝할 수도 있고 새로운 고객을 끌어들이는 데 사용할 수도 있다. 쇼핑몰에서, 실내장식과 심벌 및 색상, 상점으로부터 흘러나오는 음악의 종류를 통해 그 상점이 특정 세분시장을 겨냥하고 있음을 알려준다. 본 장의 앞부분에서 설명한 전략적 통찰에는 고객 및 직원의 관점에서 위치를 전략적으로 강화하고 다른 조직과 차별화하기 위해 시설의 물리적 설계를 활용한 5개 사례가 포함되어 있다.

펫스마트(PetSmart)사는 혁신적인 애완동물 호텔인 펫스호텔(PetsHotel)을 출시하는 데 서비스스케이프를 주요 차별요인으로 사용했다.[10] 애완동물을 낮 시간뿐만 아니라 밤새도록 돌보는 이 호텔은 전형적인 훈련장이나 사육시설과는 매우 다르게 설계되었다. 이 호텔은 로비공간, 다채로운 놀이공간, 안락한 침실, TV, 애완동물 주인과 전화를 할 수 있는 본 부스(bone booth) 등을 갖추고 있는데, 전통적인 훈련장들보다 가정적인 느낌을 주고 가정집에 가까운 설비를 제공한다.

물리적 시설은 특정 서비스조직의 한 영역을 다른 영역과 차별화시킬 수도 있다. 이러한

전략적 통찰 건축설계를 통한 전략적 포지셔닝

맥그로힐(McGraw-Hill)의 간행물인 비즈니스위크(*BusinessWeek*) 및 아키텍처럴레코드(*Architectural Record*)는 전략적 비즈니스 과제를 해결하는 최적의 건축 활용을 확인하기 위해 매년 열리는 국제대회를 후원한다. 기업 수상자들은 건축설계가 고객, 직원, 일반 대중 또는 세 그룹 모두에게 미치는 영향력을 명확하게 보여준다. 건축 및 서비스스케이프가 전략적 의사결정과 마케팅 포지셔닝을 실행하거나 강화하는 방법을 설명하기 위해 몇 년 동안 수상한 사례를 소개하면 다음과 같다.

애플스토어, 뉴욕(2003년, 2006년 수상 사례)

애플컴퓨터는 뉴욕 소호(Soho)지구에 매장을 설계하면서 건축가, 그래픽 디자이너, 제품 개발자, 상품기획담당 직원, 그리고 고인이 된 최고경영자(CEO) 스티브잡스(Steve Jobs) 등이 모여 회사의 철학을 전달하고 컴퓨터를 판매할 수 있는 소매 공간을 계획했다. 그 결과 박물관 같은 분위기를 조성하기 위해 몇 대의 컴퓨터만 전시할 수 있는 깨끗하고 개방적이며 넓은 매장이 탄생했다. 매장은 중앙 유리 계단, 흰색 벽 및 대형 채광창을 사용하여 현대적인 느낌을 구현했다. 2층에는 어린이들이 소프트웨어를 가지고 놀 수 있는 공간이 있으며 애플사 제품 시연을 위한 대형 회의실이 있다. 한 판사가 말했듯이 "점포는 애플처럼 정보, 상호작용 및 액세스에 관한 모든 것이다." 뉴욕시에 있는 애플 5번가 매장은 애플의 최대 규모의 매장이며, 여러 콘테스트에서 수상을 했다. 이 정육면체(cube) 모양의 점포는 구조용 강철이 없으며 팽팽한 유리 스킨과 유리 빔에 의존하여 실제 소매 공간 위에 자리 잡은 자유롭게 떠 있는 구조의 감각을 연출했다. 소호지구에 있는 매장과 마찬가지로 "큐브(cube)"는 고객 유치에 매우 효과적이며, 깔끔하게 디자인된 인테리어는 혁신적이고 미래 지향적인 애플사 제품을 실험할 수 있는 매력적인 분위기를 제공한다. 이 매장은 단위 면적당 매출이 매우 높고, 공간이 아름답고 기능적이며 수익성도 매우 높다.

에버셰즈 법무사무소, 영국 런던(2009년 수상 사례)

에버셰즈(Eversheds)는 최고의 젊은 인재를 직원으로 영입하기 위해 노력하는 글로벌 법무서비스기업(law firm)이다. 런던에 있던 본사를 이전하면서 사업장 설계를 통해 우수한 인재를 유치할 수 있는 기회를 파악했다. 설계사들은 미래를 위한 법률사무소 건립을 모색하기 위해 기존 시설에서 9개월에 걸친 새로운 설계시안 테스트를 포함한 광범위한 연구를 수행했고, 처음부터 끝까지 직원들을 함께 참여시켰다. 그 결과, 변호사와 직원 간의 협업과 커뮤니케이션을 촉진하기 위해 필요에 따라 이동할 수 있는 모듈식 가구를 포함해 전통적인 법무서비스회사 설계에서 벗어나 근본적으로 변화시켰다. 휴게실, 식당, 샤워실, 자전거 보관실, 수면실 등 편의시설도 추가되었다. 회사의 지속가능성도 설계의 핵심이었다.

© Mario Tama/Getty Images

뉴욕시 소호지구에 있는 애플스토어

예를 들어, 많은 정보와 문서를 중앙 집중화함으로써 이 회사는 접수된 문서 수를 57%, 프린터 수를 63% 줄일 수 있었다. 이 프로젝트는 또한 96%의 직원들이 새로운 사업장의 설계로 인해 더 많은 일에 대한 동기부여를 받는 등 뛰어난 성과도 거두었다.

세인트폴 세인츠볼파크 야구장(2006년 수상 사례)

미국 미네소타주 세인트폴지역에서 많은 사랑을 받고 있는 마이너리그 야구단인 세인트폴 세인츠(ST. Paul Saints)는 새로운 야구장이 필요했다. 예전 야구장은 낡았기 때문에 교체가 필요했다. 이 구단은 지역사회의 참여, 가족지향, 유머 감각으로 유명했기 때문에, 새로운 건축설계는 소박하고 친근한 분위를 유지해야 했다. 여러 번의 지역사회 공청회를 통해 디자인에 대한 의견을 얻고 사람들에게 확신을 준 후, 친근한 새 야구장이 건설되었다. 색상과 소재에서부터 건축설계의 개방성에 이르기까지 모든 것이 지역공동체 지향적이고 접근성이 용이해야 한다는 목표를 강조했다. 거리를 왕래하는 행인들은 개방형 유리창으로 둘러싸인 중앙 홀을 통해 경기장을 바라볼 수 있다. 관람객 좌석은 거리보다 높이를 낮게 배치해 비공식적이고 부담스럽지 않은 느낌을 강화했다. 낮은 물리적 구조, 거리와 비슷한 높이의 디자인이 인접 건물과 야구장을 연결해 조화롭게 연대감을 강화했다. 경기가 없는 시간에 공원은 진정한 지역공동체 자산으로 활용되는데, 산책로에서 운동을 하거나, 경기장 북쪽에 있는 애견공원에서 애완견과 함께하거나, 행사를 위해 일반인에게 무료로 개방한다. 세인트폴 세인츠 야구단은 항상 지역사회의 보물이었고, 새로운 야구장은 그러한 토대 위에 설계되고 건설되었다. 2014~2015년 7,000석 규모의 새 경기장은 연 관람객 400,000명을 기록하며 구단 매출액을 100% 증가시켰다.

샌프란시스코 재즈센터(2015년 수상 사례)

재즈 클럽과 공연장은 공통점이 많지 않지만 샌프란시스코 재즈센터(SFJAZZ Center)가 35년 역사상 처음으로 SFJAZZ 상설 공연장을 만들 때, 특성이 아주 다른 두 가지 설계요소를 연결하는 것을 목표로 했다. 재즈 그룹은 영구적이고 잘 설계된 현대적인 시설과 재즈클럽의 친밀감 및 특성도 반영되길 원했다. 재즈클럽의 특성이라는 두 번째 목표를 해결하기 위해 700석 규모의 새로운 공연장을 만들고 무대 주변에 경사가 가파른 좌석을 배치하여 어느 누구도 무대에서 45피트(13.7미터) 이상 떨어지지 않도록 했다. 극장은 관람객들이 공연자들과 가까이 자리할 수 있도록 배치되어 있다. 1층 로비에 조망이 가능한 유리벽이 거리를 지나는 사람들과 재즈센터를 연결하고 공연장으로 안내하려는 목표를 강화했다. 건물 자체는 재즈음악 장르와 잘 어울리는 리드미컬한 테마의 특징을 반영해 전면부(facade)를 강조한 설계를 했다. 신축 재즈센터 개관 후 처음 2년 동안 회원수가 3,000명에서 10,000명으로 증가했고 공연 횟수도 3배 증가했다.

스웨드은행 스톡홀름 본사(2005년 수상 사례)

스웨드은행(Swedbank)은 스웨덴 스톡홀름시 중심부에 위치한 사무실 건물을 40년 동안 본사로 사용해 왔다. 그 건물은 어두우며, 사람이 많아 붐비는 긴 복도와 개인 사무실이 있는 매우 전통적인 건물이었다. 본사를 도시 중심지에서 교외지역으로 이전하면서 은행의 미래에 대한 비전을 새로운 건물, 새로운 설계에 일치시키고자 했다. 스웨드은행은 새로운 본사건물 공간이 유연하고 2,700명의 직원들을 위한 협업과 창의성을 촉진시킬 수 있기를 희망했다. 그 결과 강철과 콘크리트로 구성된 드라마틱하고 현대적인 시설물이 건물에서 '접힘(folds)'을 형성하는 지그재그 패턴(zigzagging pattern)으로 설계했다. 접힌 부분 안에는 작업 그룹 간의 시각적인 연결이 가능한 채광창(skylights)이 있는 5개의 아트리움이 있다. 개인 사무실은 거의 없고 직원들은 특정 책상에 구애받지 않는다. 대신 칸막이, 의자, 테이블이 있는 틈새(niche) 공간, 유리로 둘러싸인 회의실이 있는 구역에서 매일 본인이 원하는 작업 장소를 선택할 수 있다. 전체 면적은 이전 건물보다 작지만, 회의공간과 유연한 업무배치를 위한 기회가 더 많다. 새로운 건물은 은행의 미래 이미지에 부합하며 공간과 에너지 사용에도 효율적이다.

자료 : "The *BusinessWeek/Architectural Record* Awards," Special Report, *BusinessWeek*, November 3, 2003, pp. 57-64; and http://archrecord.construction.com/features/bwarAwards/accessed July 2011; "Good Design is Good Business," *Architectural Record*, http://www.architecturalrecord.com/topics/148-good-design-is-good-business, accessed August 9, 2016.

예는 호텔산업에서 일반적으로 볼 수 있는 경우로서, 대형 호텔은 설계의 차별화를 통해 음식 메뉴의 등급을 나타내고 있다. 가격차별화 역시 물리적 증거의 차이를 통해 완성될 수 있다. 항공기의 경우 보다 넓은 다리 공간을 갖춘 좌석이 다른 좌석에 비해 요금이 비싼 것과 마찬가지로, 호텔에서는 물리적 즐거움을 좀 더 만끽할 수 있는 규모가 큰 객실이 더 비쌀 것이다.

서비스스케이프가 행동에 미치는 효과를 이해하는 틀

서비스스케이프의 다양한 역할과 그것이 서로 어떻게 상호작용하는지에 관해 전략적인 관점에서 사고하는 것이 매우 유용하다 할지라도, 서비스스케이프의 설계에 대하여 실질적인 결정을 하기 위해서는 왜 효과가 일어나고 또 그것을 어떻게 관리해야 하는지에 대한 이해가 필요하다. 본 절에서는 서비스스케이프와 행동 간의 관계를 이해해야 하는 이유를 설명하는 틀(framework)을 알아보려 한다. 행동에 영향을 미치는 것을 넘어 물리적 설계는 웰빙(well-being)에도 영향을 준다. 예시 10.1은 서비스스케이프의 설계가 특정 산업의 고객과 직원에게 미치는 영향을 보여주고 있다.

기본적인 틀

서비스스케이프가 행동에 미치는 효과를 이해하기 위한 틀은 기본적으로 **자극-유기체-반응**(stimulus-organism-response) 이론을 따르고 있다. 다차원인 환경은 **자극**(stimulus)이며, 고객과 직원은 자극에 반응하는 **유기체**(organism)이고, 유기체는 환경에 맞춘 **행동반응**(response)을 하게 된다. 서비스스케이프의 여러 차원이 고객과 직원에게 영향을 미칠 것이며, 영향을 받은 고객과 직원이 다른 방식으로 행동할 것으로 가정하는 것은 서비스스케이프에 대한 내적 반응(internal response)을 말한다.

간단한 사례가 이러한 이론에 대한 이해를 도와줄 것이다. 학생회관 주변 공원에 쿠키를 구워서 판매하는 카트(cookie cart)가 있다고 가정하자. 카트는 다채로운 색상으로 재미있게 설계되어 있고 쿠키를 굽는 향이 그 주위에 가득하다고 하자. 설계와 향은 어떤 식으로든 고객에게 영향을 미치게 될 서비스스케이프에 속하는 두 가지 요소이다. 이제 당신은 방금 수업을 끝낸 학생이며, 몹시 배가 고프고, 교정을 걷고 있다고 가정하자. 카트의 재미있는 설계가 당신의 주의를 끌 것이고, 그와 동시에 당신은 구운 쿠키의 향을 맡을 것이다. 재미있는 설계와 감미로운 향으로 당신은 즐거움과 동시에 긴장이 풀어지는 기분을 느낄 것이고, 그 순간 배고픔을 느낄 것이다. 당신은 카트에 이끌리게 되고, 쿠키를 구입하기로 결정할 것이다. 카트의 쿠키를 구입하는 이러한 움직임이 바로 서비스스케이프에 대응하는 행동이다. 좀 더 많은 시간이 있다면, 당신은 주인 또는 쿠키를 먹고 있는 다른 고객과 대화하기 위해 카트 안으로 들어 갈 수도 있다. 이는 서비스스케이프에 대응하는 또 다른 유형의 행동이다.

그림 10.1에 제시되어 있는 틀의 내용은 다음 절에서 상세하게 설명할 것이다. 이는 다양한

예시 10.1 의료산업의 서비스스케이프와 웰빙

의료 환경의 설계가 환자, 가족 및 직원의 복지에 지대한 영향을 미칠 수 있다는 "근거 기반 디자인(evidence-based design)" 분야에서 많은 증거들이 발견되고 있다. 특히 스트레스 감소, 입원 기간 단축, 건강 개선, 환자 만족도 향상, 안전성 개선 등의 결과가 모두 물리적 시설 설계에 영향을 받는다는 연구결과가 나왔다. 다음은 확인된 몇 가지 사례다.

소리, 음악, 소음 완화

소음을 줄이고 물 떨어지는 소리나 음악 등 듣기 좋은 소리를 도입하면 병원 내 환자와 직원에게 긍정적인 영향을 줄 수 있다는 연구 결과가 다수 있다. 병원 등 의료 환경에서 지속적으로 발생하는 소음 최소화는 무엇보다 수면장애와 스트레스를 줄이고 혈압을 낮추는 데 도움이 된다. 소음은 또한 의사와 간호사의 주의를 분산시켜 더 큰 스트레스, 의사소통 단절 및 오류를 유발할 수 있으므로 소음 감소는 직원들에게도 유익하다.

자연 및 시각적 주의전환

연구결과 긍정적인 시각적 분산은 환자의 관심을 고통과 부정적인 감정으로부터 전환시켜 심리적 · 정서적 웰빙을 향상시키는 것으로 확인되었다. 특히 정원, 실내 식물, 야외 자연경관을 볼 수 있는 창문과 같이 자연을 감상할 수 있도록 하는 것은 스트레스 완화, 통증 완화, 진통제 사용을 감소시키고 회복 속도를 높이는 것으로 나타났다. 자연채광도 매우 유익하며 환자 상태 개선 및 직원 생산성 향상과 관련이 있는 것으로 입증되었다.

1인용 병실 설계

환자에게 다인 병실 대신 1인 병실이 여러 가지 장점이 있다는 것이 많은 연구에서 확인되었다. 예컨대, 스트레스 감소, 감염률 감소, 입원기간 단축, 수면의 질 향상, 환자 만족도 증가와 같은 이점이 있다. 이러한 이점 중 상당수는 환자와 시간을 보내는 가족 및 기타 지원 인력들도 경험한다. 환자가 병실의 조명과 온도를 직접 조절할 수 있도록 해주는 것처럼, 환자에게 병실 설계와 관련된 요인을 통제할 수 있도록 하는 것도 긍정적이다.

환자 안전

물리적 시설의 설계는 의료 환경에서 가장 중요한 안전 문제에 큰 영향을 미칠 수 있다. 예를 들어, 환자의 낙상과 감염을 방지하는 것은 물리적 설계의 영향을 받을 수 있는 중요한 안전 문제다. 어떤 병원은 모든 환자용 욕실을 침대 머리가 있는 방 옆에 배치했다. 이 단순한 설계 기능은 환자가 화장실을 사용하기 위해 병실을 가로질러 갈 필요가 없어 낙상사고를 줄일 수 있었다. 의료장비를 환자의 병실로 일시적으로 이동할 수 있는 유연한 병실 설계는 환자가 입원기간 동안 다른 위치로 이동하는 것을 최소화할 수 있다. 즉, 환자가 장비가 있는 장소로 가는 것이 아니라 장비가 환자에게 가는 것이다. 환자를 병실에서 다른 장소로 옮기면 투약 오류, 환자 낙상, 감염률이 증가한다는 연구결과가 있다.

웰빙을 위한 설계

병원 관리자, 설계자, 건축가는 위에서 살펴본 연구 결과 및 기타 연구 결과에 주목하고 있다. 수많은 새로운 병원들이 1인 병실, 가능한 경우 자연채광, 음악과 정원, 핸즈프리 개인 기술 기반 통신기기, 중앙집중식 간호스테이션, 환자 이동을 최소화할 수 있는 적응형 병실로 설계하고 있다. 환자 및 가족의 웰빙과 만족도를 향상시키기 위해 가족 라운지, 식사 공간, 야간 숙박시설도 제공한다. 본 장 뒷부분의 **예시 10.3**에서는 미국 애리조나주 스코츠데일에 있는 메이요클리닉 병원(Mayo Clinic Hospital)이 이러한 근거기반 원칙을 염두에 두고 어떻게 설계되었는지 설명한다.

자료 : R. S. Ulrich, L. L Berry, X. Quan, and J. T. Parish, "A Conceptual Framework for the Domain of Evidence-Based Design," *Health Environments Research and Design Journal* 4 (Fall 2010), pp. 95–114; R. S. Ulrich, C. M. Zimring, X. Zhu, J. DuBose, H. Seo, Y. Choi, and A. Joseph, "A Review of the Research Literature on Evidence-Based Healthcare Design," *Health Environments Research and Design Journal* 1 pp. 6–125; "Good Healthcare by Design," *The Hastings Center Report* 41 (January–February 2011).

차원의 환경, 다양한 집단(고객, 직원, 그들의 상호작용)에 대한 영향, 다양한 내적 반응(인지적, 감정적, 생리적), 그리고 결과로서의 개인적 · 사회적 행동의 다양성 등을 포괄하는 **자극-유기체-반응 모델**이다.

모델에 대한 설명은 우측에 있는 **행동**부터 시작되는데, 관리자의 시각에서 볼 때 바람직한 행동과 반응은 전략적인 출발장소이다. 그 다음 SOR 모델의 **내적 반응**을 설명할 것이다. 마지막으로 물리적인 환경차원과 **환경**에 대한 전체적인 지각에 관하여 설명할 것이다.

서비스스케이프에 대한 행동

인간의 행동이 물리적 시설에 의해 영향을 받는다는 것은 명백한 사실이다. 수십 년 동안 환경심리학 분야에서 인간과 인간이 만든 환경 간의 관계에 대한 연구가 꾸준히 실행되어 왔다. 비즈니스에서 고객경험에 대한 최근의 초점 또한 설계와 물리적 공간이 고객행동에 미치는 효과에 주의를 기울이고 있다.[11] 하나의 예로서 최근 연구는 패스트푸드 점포의 재설계가 장 · 단기적으로 소비패턴과 점포이미지뿐만 아니라 고객지각에 영향을 미친다는 것을 밝혀냈다. 이 연구는 특히 단기적으로는 리모델링이 고객지각, 점포이미지, 레스토랑에서 고객이 지출하는 금액 모두에게 긍정적인 영향을 미치는 것을 밝혔다. 6개월 후에는 리모델링된 레스토랑이 고객에 새로움을 주는 레스토랑으로서의 역할은 어느 정도 상실하는 것으로 밝혀졌다.[12] 또 다른 연구에서는 이러한 동일한 유형의 효과가 있는 것으로 나타났지만, 리모델링 후 기존 고객보다 신규 고객에게서 발생하는 매출이 더 높았고 이러한 차이가 약 1년 동안 지속된다는 사실만 밝혀졌다.[13]

그림 10.1 서비스조직에서 물리적 환경–사용자 관계를 이해하기 위한 틀

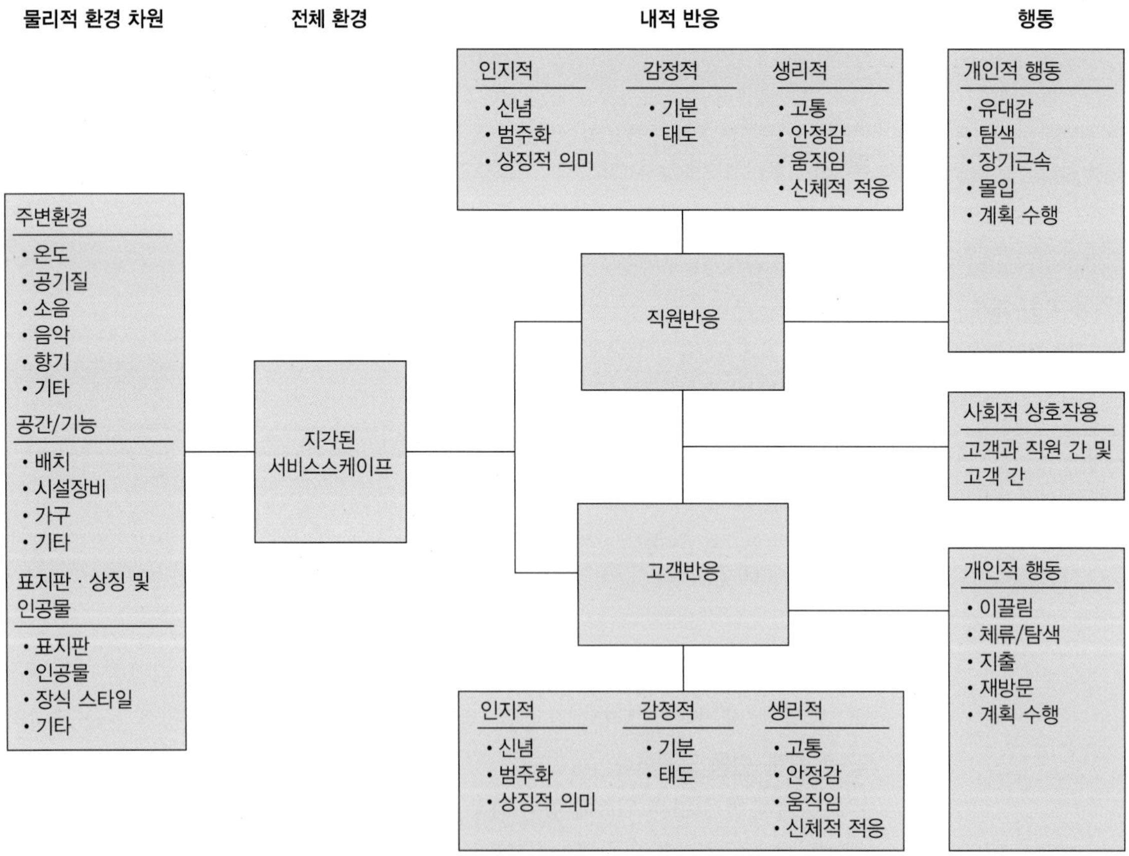

자료 : Adapted from M. J. Bitner, "Servicescapes: The Impact of Physical Surroundings on Customers and Employees," *Journal of Marketing* 56 (April 1992), pp. 57 – 71.

개인적 행동

환경심리학자들의 주장에 의하면 개인은 일반적으로 상반된 두 가지의 행동, 즉 접근(approach)과 회피(avoidance)의 행동으로 어떤 장소에 반응한다고 한다. **접근행동**(approach behaviors)에는 특정 장소에 체류하고, 탐색하며, 일하고, 친밀해지고 싶어지는 모든 긍정적인 행동이 포함된다.[14] **회피행동**(avoidance behaviors)은 이와 반대가 되는 행동, 즉 체류 · 탐색 · 작업 · 친밀을 원하지 않는 욕구를 반영하는 부정적인 행동을 포함한다. 수십 년에 걸쳐 진행된 소매환경에서의 소비자에 관한 연구를 보면 환경에 대한 지각이 접근행동(쇼핑의 즐거움, 재방문, 다른 사람들에 대한 관심과 친절, 돈의 소비, 상점을 돌아다니는 데 소비한 시간, 상점에 대한 탐색)에 영향을 받는다는 것이 밝혀지고 있다.[15] 어느 세븐일레븐(7-Eleven) 편의점 주인은 젊은 고객들이 많이 찾아오자 이미지가 손상되는 것을 막고 젊은 고객들이 떠나도록 "엘리베이터 음악"(역자 주 : 맥 빠지는 클래식음악)을 틀었다. 앞서 쿠키 카트 사례에서 사용한 향(쿠키 굽는 냄새)은 고객을 끌어들이는 데 일조하는 것을 확인할 수 있다.

서비스스케이프가 진입을 유인하거나 방해하기도 하지만 실제로 소비자와 직원이 내부에서 각자의 계획을 성공적으로 실행하는 데 영향을 미칠 수 있다. 개인은 물리적 여건에 의해 촉진될 수 있고 제한될 수도 있는 목적 또는 의도를 가지고 특정 서비스조직에 접근하게 된다. NBA 농구경기의 팬들은 넓고 출입하기 쉬운 주차장, 뚜렷한 좌석안내 표지판, 효율적인 음식서비스, 청결한 휴게실로 인해 게임을 더욱 재미있게 즐길 수 있게 된다. 직원이 직무를 효과적으로 수행하는 능력 역시 서비스스케이프에 의해 영향을 받는다. 충분한 공간, 적절한 시설, 그리고 쾌적한 온도와 공기상태는 모두 직원의 안락과 직무만족에 영향을 미치는 것들이며, 이로 인해 생산성이 제고되고, 더 오래 근무하게 되며, 동료들과 가까워지려 한다.

사회적 상호작용

개인적 행동에 미치는 서비스스케이프의 효과와 더불어, 서비스스케이프는 고객과 직원의 상호작용의 특성(nature)과 품질에 영향을 미치며, 이는 특히 상호서비스에서 그렇다. "모든 사회적 상호작용(social interactions)은 그것이 발생하는 물리적 용기(physical container)의 영향을 받는다"고 명시되어 있다.[16] 물리적 용기는 상호작용의 지속시간과 사건(events)의 실제 진행 측면에서 사회적 상호작용의 특성에 영향을 줄 수 있다.

많은 서비스 상황에서, 기업은 특정한 사건의 진행, 즉 표준적인 진행절차(standard script)는 확실히 하고, 어떤 서비스는 시간제한을 하려 할 것이다. 물리적 근접성, 좌석배치, 크기, 적응성과 같은 환경변수는 고객과 직원 사이 또는 고객과 다른 고객 간에 사회적 에피소드를 발생하게 할 수도 있고 반대로 발생하지 않게 할 수도 있다. 다음 그림에서 볼 수 있는 홀랜드 아메리카 크루즈라인(Holland America Cruise Line)은 서비스스케이프의 설계가 어떻게 주어진 여건에서 사회적 규범, 관습, 기대를 유효하게 정의하며, 이에 따라 사회적 상호작용의 특성이 어떻게 정의되는지를 보여주고 있다.[17] 예컨대, 일광욕을 할 수 있는 갑판의

© Meunierd/Shutterstock.com

사회적 상호작용은 부분적으로 서비스스케이프의 구성에 의해 정의된다.

물리적 근접성에 따라 자연스럽게 고객의 행동패턴이 규정된다. 크루즈여행은 은둔을 위해 계획된 휴가가 아니다. 반복되는 사회적 행동패턴은 물리적 여건과 관련되기 때문에 사람이 특정 물리적 여건에 직면했을 때, 어떻게 반응할지 사회적 행동을 예측할 수 있다.[18]

환경이 어떻게 사회적 상호작용을 형성하는지 그리고 이 상호작용이 그 환경에 어떻게 영향을 미치는지에 관한 사례는 풍부하다.[19] 소매 현상을 잘 보여주는 "나이키 타운" 점포를 우연히 관찰해도 "엔터테인먼트형 소매(entertainment retail)"의 형태가 어떻게 고객의 행위를 형성하는지, 동시에 고객 자신만의 경험과 현실성을 해석하고 창출해 주는지를 보여 준다.[20] 강에서 래프팅을 하는 중에도, "야생(wilderness) 서비스스케이프"는 소비자와 가이드 간의 행동, 상호작용, 그리고 전체 경험에 영향을 미친다. 이런 경우 대부분이 통제할 수 없는 자연환경이 서비스의 시설이 된다.[21] 어떤 경우에는 중요한 사회적 유대와 관계가 서비스 장소에서 이루어지기도 하는데, 이러한 곳이 개인이 자주 찾는 "제3의 장소(third place)"가 되기도 한다(예시 10.2 참조).[22]

서비스스케이프에 대한 내적 반응

직원과 고객은 다양한 차원의 물리적 환경에 대하여 인지적 · 감정적 · 생리적으로 반응하게 되는데, 이러한 반응이 주어진 환경하에서 그들의 행동에 영향을 미친다(그림 10.1의 중간 부분 참조). 다시 말해 지각된 서비스스케이프가 직접적으로 사람들의 행동을 유도하는 것이 아니라 내적 반응을 통해 영향을 미친다. 비록 여기서는 내적 반응을 각각 논의하고는 있지만, 이들은 명백히 상호의존적이다. 즉, 인지적 반응인 장소에 대한 사람들의 신념은 감정적 반응에 영향을 미칠 수도 있으며, 그 반대도 역시 가능하다. 예컨대, 고객이 치과병원 안으로 들어섰을 때, 병원이 그들의 불안감을 달래주고 위로해 주도록 설계되어 있다면(감정적 반응), 고객은 치과의사가 헌신적이고 유능하다고 생각할 것이다(인지적 반응).

환경과 인지(environment and cognition)

지각된 서비스스케이프는 장소에 대한 사람들의 신념(belief)뿐만 아니라 그 장소에 있는 사람과 제품에 대한 신념에도 영향을 미친다. 어떤 의미에서 서비스스케이프는 비언어적 커뮤니케이션인 "대상언어(object language)"로 통한다.[23] 예컨대, 변호사의 사무용 가구와 사무실 장식 및 그가 입고 있는 의상과 같이 특별한 환경 신호도 그 변호사가 성공한 사람인가, 수수료는 비싼 편인가, 그리고 신뢰할 만한 사람인가에 대한 잠재고객의 신념에 영향을 미칠 수 있다. 소비자 연구에서 상점의 분위기에 대한 묘사를 변화시킴으로써 그 상점에서 판매되고 있는 제품인 향수에 대한 신념이 변경되었다는 보고가 있다.[24] 또 다른 연구에서는 여행사

예시 10.2 "제3의 장소"에서 사회적 지원

"제3의 장소(third place)"에서 고객 간, 그리고 고객과 직원 간의 사회적 상호작용과 애착은 장소 자체에 대한 강한 애정과 충성심을 가져오는 동시에 동료애와 정서적 지원을 제공할 수 있다. "제3의 장소"는 직장(또는 학교)과 집 밖에서 정기적으로 그리고 자발적으로 모이는 공공장소 또는 상업적인 장소를 말한다. 흔히 "제3의 장소"는 회식장소, 커피숍, 주점, 선술집, 클럽 등이 일반적이지만 피트니스 클럽, 시민회관, 기타 공공모임 장소도 "제3의 장소"가 될 수 있다. 미국의 클래식 TV쇼 '치어스(Cheers)'에 나오는 동네 주점은 전형적인 "제3의 장소"다. 어떤 장소가 당신에게 "제3의 장소"가 될 수 있는지 생각해 보라. 당신에게 "제3의 장소"가 있는가?

로젠바움(Mark Rosenbaum) 등의 연구에 따르면, 사람들은 다른 모든 대안들보다 "제3의 장소"에 애착을 가질 수 있고, 그 장소에 전념하며, 그것에 대해 개인적으로 동일시하고, 그 주변에서 라이프스타일을 구성할 수 있다고 한다. 이러한 애착은 단순히 서비스를 좋아하거나 물리적 환경에서 편안함을 느끼기 때문이 아니라, 그 장소에서 다른 고객 및 직원으로부터 받는 동료애와 정서적 지원이 있기 때문이다. 이러한 감정적 애착과 상호작용은 외롭거나 다른 사람들과 접촉이 필요한 사람들에게 특히 강하다. 연구진은 미국 주요 대도시 교외에 있는 캐주얼레스토랑인 새미스(Sammy's)의 단골손님들을 관찰하고 심층 인터뷰를 진행했다. 이들은 인터뷰를 통해 외롭거나 죽음, 이혼, 질병 등으로 기존 형태의 사회적 지원을 잃은 단골고객들이 새미스 레스토랑에서 상당한 동료애와 정서적 지지를 얻었다는 사실을 확인했다. 사망, 이혼, 별거 등으로 배우자를 잃은 단골손님들은 새미스 레스토랑에서 사람들(고객과 직원)과 사회적 지원 관계를 추구하는 비중이 58% 정도로 높았다. 이 고객들 또한 새미스 레스토랑에 대한 애착과 충성심도 아주 높았다.

이 연구는 서비스스케이프가 물리적 요소에 의해 정의되기는 하지만, 사회적 상호작용, 유대감, 자주 방문하는 사람들에 대한 지원의 원천이 될 때 "제3의 장소" 특성을 가질 수 있다는 생각을 강화한다. 이러한 지원 유형의 이점은 핵심 서비스가 의도하는 이점을 훨씬 능가한다. 새미스의 단골고객들은 쾌적한 환경에서 맛있는 식사 그 이상의 혜택을 받는다. 다른 사람들과의 상호작용을 통해 그들의 일상생활이 향상되고 정서적으로 더 나아진다. 현대 사회에서 외로움과 관련된 문제(예 : 인구 고령화, 만성 질환을 앓는 가족이나 친구를 돌보는 사람들이 증가하고, 이혼이 만연하고, 근로 시간이 증가하여 결과적으로 친교시간 감소)가 증가함에 따라 사회적 지원의 한 형태로서 "제3의 장소"에 대한 중요성도 커질 수 있다. 소비자 지원 네트워크는 물리적 존재를 필요로 하지 않지만(예 : 온라인 커뮤니티는 사회적 지원을 제공할 수 있음) 물리적 장소는 종종 사람들 사이의 교제와 정서적 연결을 조성하는 데 더 쉽게 접근할 수 있고, 더 선호된다.

클래식 TV쇼 "치어스"에서 치어스주점(Cheers bar)은 전형적인 제3의 장소다.

자료 : M. S. Rosenbaum, "Exploring the Social Supportive Role of Third Places in Consumers' Lives," Journal of Service Research 9 (August 2006), pp. 59-72; A. Tombs and J. R. McColl-Kennedy, "Social-Servicescape Conceptual Model," Marketing Theory 3 (2003), pp 447-475; M. S. Rosenbaum, J. Ward, B. A. Walker, and A. L. Ostrom, "A Cup of Coffee with a Dash of Love: An Investigation of Commercial Social Support and Third Place Attachment," Journal of Service Research 10 (August 2007), pp. 43-59; and M. S. Rosenbaum, J. C. Sweeney, and C. Windhorst, "The Restorative Qualities of an Activity-Based, Third Place Cafe for Seniors," Seniors Housing and Care Journal 17 (2009), pp. 75-90; E. D. Brocato, J. Baker, and C. M. Voorhees, "Creating Consumer Attachment to Retail Service Firms Through Sense of Place," Journal of the Academy of Marketing Science 43 (2015), pp. 200-220.

의 사무실 장식이 여행사에 대한 고객의 귀인(attributions)과 신념(beliefs)에 영향을 미치고 있음을 보여 주고 있다.[25] 장식이 조직적이고 전문화돼 보이는 여행사는 그렇지 못한 여행사에 비해 보다 긍정적으로 보인다.

한편 서비스스케이프에 대한 지각은 사람들의 범주화에도 영향을 미쳐 기업의 차별화에도 영향을 미친다. 서비스스케이프에 대한 전체적인 지각(overall perception)이 고객이나 직원으로 하여금 기업을 범주화하게 한다. 연구자들은 레스토랑산업에서 특정 모양의 환경단서가 "격조 높은 좌석의 레스토랑"으로 보이게 하는가 하면, 특별한 환경 단서가 "패스트푸드점"으로 보이게도 한다고 한다.[26] 그런 상황에서, 환경 단서는 고객이 레스토랑의 유형을 범주화하고 구별하는 것을 가능하게 해주는 길라잡이(shortcut device)로서의 역할을 한다.

환경과 감정(environment and emotion)

신념에 대한 영향뿐만 아니라, 지각된 서비스스케이프는 감정적 반응(emotional responses)을 직접적으로 유도하고 이에 따른 행동에도 영향을 미친다. 특정 장소에 있다는 것 자체만으로 우리는 행복해지고 편안해지며 기분이 느슨해지는 반면, 또 다른 장소에 있을 때는 슬프고 우울하며 침울해진다. 색상, 장식, 음악 그리고 기타 분위기 요소는 특정 장소에 있는 사람들의 기분(moods)에 설명할 수 없는 잠재적인 영향을 미친다. 치과병원에서 일상적으로 있는 소리나 냄새로 인해 어떤 사람들은 공포와 불안감을 느낀다. 한편 워싱턴(Washington, D.C)에 있는 대법원(Supreme Court) 건물의 대리석 인테리어와 웅장함은 많은 사람들에게 자긍심과 경외감이 스며들게 한다. 또한 주점의 생음악과 화려한 실내장식은 흥분과 행복을 느끼게 한다. 이와 같은 예에서 나타나고 있는 소비자의 반응은 사고(thinking)를 포함하기보다는 단지 설명할 수 없는 느낌(feeling)일 뿐이다.

미국의 레저용품 전문점인 REI(Recreation Equipment Inc.)는 건물의 설계와 서비스스케이프를 통한 감정적 반응의 또 다른 예를 제공한다. 시애틀의 본점에서는 고객들에게 등산, 하이킹, 오솔길 산책을 포함한 레저스포츠의 경험을 제공하고, 인디애나주 블루밍턴에 있는 점포에서는 주변의 산악자전거 도로를 이용하는 경험을 제공한다. REI는 서비스스케이프 설계를 통해 고객에게 제품과 감정이 교감하는 경험을 하게 하여, 점포에 대한 접근 반응을 강화시킨다.

환경심리학자들은 물리적 여건에 대한 인간의 감정적 반응을 연구해 왔다.[27] 그들은 자연환경이든, 인공으로 만든 환경이든 환경은 두 가지 기본적인 차원, 즉 (1) 즐거움/불쾌함, (2) 환기의 정도(degree of arousal)(즉, 자극 또는 흥분의 양)를 갖는 감정을 유발한다고 한다. 즐거움을 주면서 환기적인 서비스스케이프를 **흥분**(exciting)이라 하고, 이에 반해 즐거움을 주면서 비환기적이거나 활기가 없는 서비스스케이프를 **풀림**(relaxing)이라고 한다. 그리고 불쾌하면서 환기적인 서비스스케이프는 **괴로움**(distressing)이라 하고, 불쾌하고 따분한 서비스스케이프는 **우울함**(gloomy)이라고 한다. 이와 같은 환경에 대한 감정적 반응들은 특정 장소에서 고객과 직원의 행동을 예측하는 데에 이용되곤 한다.

환경과 생리현상(environment and physiology)

지각된 서비스스케이프는 인간에게 생리적인 영향을 미친다. 지나치게 시끄러운 소음은 불안정의 원인이 되며, 방안의 온도는 사람들로 하여금 추위에 떨게 하거나 땀을 흘리게 하고, 공기의 질은 호흡을 곤란하게 하며, 눈부신 조명은 시력을 저하시켜 신체적 고통을 유발한다. 이와 같은 모든 물리적 반응은 사람들이 특정 환경에 계속 머물고 즐길 것인지, 아니면 회피할 것인지에 대해 직접적으로 영향을 미친다. 레스토랑에서 좌석의 안락함이 사람들이 머무는 시간에 영향을 미친다는 것은 이미 알려진 사실이다. 패스트푸드 식당의 단단한 의자는 전통적으로 대부분의 고객이 예측할 수 있는 시간 내에 그 자리를 떠날 수 있게 하는 반면에, 일부 스타벅스 커피숍의 부드럽고 안락한 의자는 사람들이 계속 머물러 있도록 한다. 마찬가지로 환경 설계 및 이와 관련된 생리적 반응은 직원이 자신의 직무를 훌륭히 수행할 수 있는지의 여부에 영향을 미친다.

엔지니어링과 설계에 관한 많은 연구는 시설설계에 대한 생리적 반응뿐만 아니라 주변 여건(ambient conditions)에 대한 생리적 반응을 밝히고 있다.[28] 그러한 연구는 **인적요인 설계**(human factors design) 또는 **인간공학**(ergonomics)으로 불리는 것이 적합하다. 인적요인 연구는 시설설계에 인간의 능력과 한계와 관련된 정보를 체계적으로 적용하는 것이다. 전 세계적으로 인구의 고령화(신체적 한계가 동반됨), 다양한 신체적 장애를 가진 사람들이 사회의 주류로 진입함에 따라 신체적 한계를 수용하기 위한 법률과 관행이 도입되고 있다. 서비스 기관은 모든 제품, 건물, 공간을 모든 사람이 최대한 활용할 수 있도록 설계하는 것을 의미하는 "유니버셜 디자인 표준 및 원칙(universal design standards and principles)"을 채택해 대응하고 있다.[29] 예를 들어, 많은 호텔 객실은 장애인을 수용할 수 있도록 설계했다. 밤에도 고령의 고객이 벽에 있는 스위치를 찾을 수 있게 전구가 내장된 스위치를 설치하였고, 관절염을 앓는 고객을 위해 모든 문과 서랍을 팔과 손목을 쓰지 않고 주먹으로 눌러 열 수 있게 손잡이(knob) 대신 레버핸들(lever handle)로 교체했다.

개인반응의 차이(variations in individual responses)

일반적으로 인간은 환경에 대하여 인지적 · 감정적 · 생리적으로 반응하며, 이들 반응은 어떤 환경에서 인간의 행동에 영향을 미친다. 그러나 그 반응이 모든 개인에 그리고 모든 시간에 동일한 것은 아니다. 기분(moods)이나 이곳에 온 목적(purpose)과 같은 임시상황(temporary conditions)뿐만 아니라 개성의 차이가 서비스스케이프에 대해 인간이 반응하는 차이를 가져온다.[30]

환경에 인간이 반응하는 차이에 영향을 미치는 것으로 나타난 개성(personality trait) 중의 하나가 **환기탐색**(arousal seeking)이다. 자극을 즐기며 더 높은 수준의 자극을 찾는 사람을 환기추구자(arousal seeker)라고 한다. 이에 반해 환기회피자(arousal avoider)는 보다 낮은 수준의 자극을 원한다. 따라서 시끄럽고 네온 조명이 화려한 실내에 들어선 환기회피자는 그러한 환경에 강한 반감을 보이는 반면, 환기추구자는 매우 즐거워할 것이다. 같은 여건에서 어떤 사람은 환경의 자극에 대한 **선별자**(screeners)가 될 수 있다.[31] 자극의 선별자는 높은 수준의 자극을 경험하면서도 그 자극에 의해 영향을 받지 않는다. 비선별자는 심지어 매우 낮은 수준의 자극까지도 민감하게 반응한다.

서비스스케이프에 와 있는 특별한 목적 역시 그 서비스스케이프에 대한 사람들의 반응에 영향을 미칠 수 있다. 한 시간의 여행을 위해 비행기에 탑승한 사람은 LA에서 상하이까지 14시간 여행을 위해 국제선 비행기에 탑승한 사람에 비해 비행기 분위기의 영향을 덜 받는다. 마찬가지로 외래환자는 병원에 2주 동안 입원해야 하는 환자에 비해 병원환경에 대한 민감도와 요구 정도가 낮을 것이다. 그리고 사업상의 미팅을 위해 리조트 호텔을 방문한 사람은 신혼여행을 위해 그곳에 온 사람들과는 다르게 환경에 반응할 것이다. 또한 일시적인 기분(mood) 역시 사람들로 하여금 환경자극에 대하여 상이하게 반응하도록 한다. 장시간의 하루 일과를 마치고 난 후 무기력하고 피곤한 상태에 있을 때, 3일의 주말 연휴로 피로가 풀렸을 때, 매우 감각적인 식당에 대해 사람들이 보이는 반응은 각각 다를 것이다.

문화적 차이 역시 환경적 특징과 선호도 그리고 소비자의 차별적 반응 때문에 서비스스케이프 디자인에 영향을 준다. 예를 들면, 중국에서는 빨간색에 대한 선호도가 전국적으로 매우 강하지만 서구에서는 이러한 선호도를 공유하지 않는다. 그리고 미국인이나 유럽인은 질서정연하고 조용한 슈퍼마켓을 선호하는 반면에 인도 사람들은 쇼핑하는 사람들이 뒤범벅이 되는 혼잡한 환경을 선호한다.[32] 이것은 인도의 대형 소매기업인 판타룬 리테일사(Pantaloon Retail Ltd.)가 서구스타일의 슈퍼마켓을 인도에 도입했을 때 깨달은 것이다. 처음에는 고객들이 넓은 쇼핑통로를 걸으면서 구경하고는 아무것도 구입하지 않고 점포를 떠나버렸다. 인도인의 소비자행동과 소비자(엘리트가 아닌 하녀, 요리사, 유모, 농부)들의 선호도를 분석한 연구결과에 의해, 판타룬은 슈퍼마켓을 시장의 분위기를 느낄 수 있도록 좀 더 혼잡스럽고, 시끄럽고, 비좁게 재설계했다. 이러한 재설계로 인하여 목표시장에서 소구할 수 있었고 당초 서구스타일의 슈퍼마켓 형태보다 매출액이 증가했다.

서비스스케이프의 환경차원

앞 절에서 서비스스케이프에서의 고객 및 직원의 행동과 그러한 행동을 일으키는 세 가지 주요 반응, 즉 인지적 · 감정적 · 생리적 반응에 관해 설명하였다. 본 절에서 우리는 이러한 반응과 행동에 영향을 미치는 환경의 복잡한 차원에 대해 설명하려 한다(그림 10.1의 왼쪽 부분). 구체적으로 환경차원은 직원과 고객의 활동을 촉진시키거나 제한시키기는 데 있어서 기업의 통제가 가능한 외적인 물리적 요인들 모두를 포함하고 있다. 무수히 많은 수단들이 환경차원에 포함될 수 있다. 예컨대, 조명, 색상, 표지판, 직물구조, 재료의 질, 가구의 스타일, 배치, 벽의 장식, 온도 등 셀 수 없이 많다. 여기서는 그림 10.1에서 보는 바와 같이 수백 개의 잠재적인 요소들을 세 가지의 혼합차원, 즉 **주변여건**(ambient conditions), **공간배치와 기능성**(spatial layout and functionality), **표지판**(signs) · **상징**(symbols) · **예술품**(artifacts) 등으로 범주화시켜 논의할 것이다. 앞서 예시 10.3에 언급한 메이요클리닉은 1998년에 미국 애리조나주의 스콧데일(Scottsdale)에 개업한 병원을 설계하는 데 있어서 환자, 의사, 직원, 그리고 방문객의 편의를 도모하도록 세 가지 차원을 잘 고려한 병원으로 유명하다.

비록 이러한 세 가지 차원들은 따로 논의되지만, 환경심리학에서 밝히고 있는 대로 현실은 환경에 대하여 전체적으로 반응한다. 즉, 개인이 자극을 개별적으로 지각한다 할지라도(예컨대, 그들은 소리의 고저, 색상, 실내장식을 분리된 요소로서 지각할 수 있다), 그 장소에 대한 행동을 결정하는 것은 자극의 전체적인 모습(total configuration)이다. 그러므로 환경의 여러 차원이 다음에서 설명하는 것처럼 독립적으로 정의되어 있을지라도, 직원과 고객은 독립적인 자극을 전체로 지각한다는 것을 알고 있는 것이 중요하다. 이 전체적 반응은 그림 10.1의 "지각된 서비스스케이프"에서 보여주고 있다.

주변여건

주변여건(ambient conditions)은 온도, 조명, 소음, 음악, 향기, 색상과 같은 환경의 배경적 특성을 포함한다. 일반적으로, 주변여건은 인간의 오감(五感)에 영향을 미친다. 때때로, 이러한 차원은 감지하기 어렵지만(가스, 화학, 초저주파 등), 특히 현장에서 장시간 근무하는 직원에게 심각한 영향을 줄 수 있다. 이들 모든 요인은 모두 특별한 서비스 시설물에 대한 인간의 느낌, 사고, 반응에 영향을 미칠 수 있다. 예컨대, 여러 연구에서 음악이 제품에 대한 소비자지각, 기다리는 시간에 대한 소비자지각, 그리고 지출한 금액의 크기 등에 미치는 영향을 밝히고 있다.[33] 쇼핑객은 상점에 음악이 없을 때보다 음악이 있을 때 줄에서 기다린 시간과 쇼핑시간이 짧았다고 지각하는 경향이 있다. 낮은 볼륨의 느린 음악은 사람들이 더욱 여유있게 쇼핑하도록 하고 더 오랜 시간 동안 쇼핑하게 하는 경향이 있다. 앞서 예시 10.3에서 논의한 메이요클리닉은 로비에 피아노를 설치하여 음악을 연주해 구성원들의 스트레스를 줄여주었다. 또한 쇼핑객은 상점에 흐르는 음악이 그 제품과 적합하거나 자신의 음악 취향과 어울린다고 느낄 때 쇼핑에 더 많은 시간을 소비한다.

다른 연구에서는 향기에 대한 소비자 반응의 효과를 보여주고 있다.[34] 예컨대, 제과점, 커피숍, 담배가게의 향기는 사람들을 그 상점으로 유인하는 데 사용할 수 있고, 기분 좋은 향기는 점포 내 체류시간을 증가시킬 수 있다. 향기의 존재는 소비한 시간의 지각을 낮추어 점포 평가를 높일 수 있다. 주변여건의 효과는 특히 극단적일 때 두드러지게 나타난다. 에어컨의 고장으로 공기가 후덥지근하며 통풍이 안 되는 연주회장에서 교향곡을 감상하는 관객은 불만족할 것이며, 이로 인한 불만족이 콘서트에 대한 그들의 감정에 반영될 것이다. 온도와 공기의 청정도가 허용한도 내에 있다면, 아마도 주변요인들은 간과될 것이다.

공간배치와 기능성

서비스 환경은 일반적으로 고객의 목적과 욕구를 충족시키기 위해 존재하므로, 물리적 환경의 **공간배치와 기능성**(spatial layout and functionality)이 특히 중요하다. 공간배치란 기계설비, 시설, 가구 등의 배열방식, 이들의 크기와 형태, 그리고 이들 간의 공간적 관계를 말한다. 그리고 기능성이란 고객과 직원의 목적달성을 용이하게 하는 능력을 뜻한다. 본 장의 앞선 예들에서 서비스스케이프의 공간배치 및 기능성 차원이 이미 설명된 바 있다. 즉, 앞서 제시한 홀랜드 아메리카 크루즈라인(Holland America Cruise Line)의 사진과 다음의 예시 10.3 메이요클리닉의 설계가 그것이다.

예시 10.3 메이요클리닉 병원의 설계

메이요클리닉(Mayo Clinic)은 미국에서 가장 유명한 의료서비스 브랜드다. 메이요는 설립된 지 100년 이상 되었으며, 전국에 3개의 클리닉을 운영하고 있다. 최초의 시설이면서 가장 잘 알려진 시설은 미네소타주 로체스터에 있고, 다른 두 클리닉은 플로리다주 잭슨빌과 애리조나주 스코츠데일에 있다. 1998년 메이요클리닉이 계획, 설계 및 건설한 최초의 병원인 메이요클리닉 병원(Mayo Clinic Hospital)을 애리조나주에 개원했다. 이 병원은 부지면적이 210에이커(약 26만 평)이며, 7개 층에 268개 병상을 보유하고 있다. 병원은 광범위한 의료 및 외과 전문 분야에 대한 입원 환자 치료를 지원한다. 21개 수술실과 완전한 설비를 갖춘 응급담당부서가 있으며, 하루 24시간 응급실 서비스를 이용할 수 있다.

이 병원 시설의 독특한 점은 환자, 의사, 직원, 방문객의 요구를 충족시키기 위해 설계에 세심한 주의를 기울였다는 것이다. 병원은 환자의 요구에 중점을 둔 "치유 환경(healing environment)"에 기반하여 설계되었다. 이러한 전반적인 목표를 달성하기 위해 병원을 어떻게 설계해야 하는지 결정하기 위해 모든 구성원과 함께 포커스 그룹(focus group)을 구성했다. 메이요클리닉 설립자들(Mayo brothers)의 인용문에는 병원 설계를 뒷받침하는 기본 신념이 담겨 있다. 이 인용문은 메이요 형제가 의료서비스를 시작한지 100년이 지난 오늘날에도 메이요가 하는 모든 일의 기초가 되고 있다. 환자에 대한 최선의 이익에 초점을 맞추려면 간병인의 요구와 환자의 가족 및 친구 지원 시스템에 대한 인식도 필요하다. 이러한 모든 관심은 병원 설계에 명확하게 고려되었다.

출입구와 5층 규모의 아트리움

환자 및 관련된 다른 사람들이 메이요 병원에 들어서면 마치 고급 호텔 로비를 연상시키는 5층 높이의 아트리움(atrium)과 마주치게 된다. 로비에는 그랜드 피아노가 놓여 있고 자원봉사자들이 하루 종일 아름답고 편안한 음악을 연주한다. 다양한 식물과 유리는 로비에 자연스러운 느낌을 주며 환영하는 분위기를 선사한다. 입구에 들어서면 바로 앞에 있는 엘리베이터가 아트리움 건너편에 보이기 때문에 어디로 가야 할지 고민하지 않아도 된다.

모든 환자 및 방문객 서비스를 함께 제공

환자와 가족들이 필요로 하는 모든 서비스(안내 데스크, 구내식당, 예배당, 환자입원, 선물가게)가 아트리움 주변에 위치해 있어 쉽게 눈에 띄고 찾아갈 수 있다. 로비에 구비되어 있는 이 모든 것이 스트레스를 줄이고 배려와 웰빙을 증진시키기 위한 의도적인 디자인으로 평화와 고요함이 스며들어 있다. 로비는 혼란스럽지 않으며 일반적인 병원 출입구와 분위기가 많이 다르다.

환자의 필요와 감정을 중심으로 한 병실 설계

병실로 가기 위해 엘리베이터에서 내리면 사람들은 다시 주변 환경에서 편안함과 평화로움을 느낀다. 문이 열리면 환자와 방문객들은 병원 부지를 둘러싸고 있는 사막과 산이 보이는 5층 높이 유리벽을 마주하게 된다. 사람들이 잘 표시된 복도를 따라 왼쪽 또는 오른쪽으로 내려가면 병실로 다가갈수록 분위기는 더욱 조용해진다. 병실(모두 1인용)은 간호사실을 중심으로 12개의 침대가 유선형(pod)으로 배치되어 있다. 간호사는 모든 병실을 20걸음 이내에 접근할 수 있다. 간호사와 다른 직원들은 휴대 전화를 이용해 의사소통하며, 많은 병원에서처럼 지속적으로 공지하는 호출 시스템이 없다.

각 병실 자체에도 흥미로운 특징이 있는데, 일부는 환자들이 설계한 것이다. 예를 들어, 병실에는 환자가 카드, 꽃, 기타 개인 물품을 놓을 수 있는 다중 선반(multi-shelf)이 있다. 각 병실에는 접이식 쿠션 침대

환경의 공간배치와 기능성은 직원에 대한 의존 없이 자신이 직접 서비스를 수행해야 하는 셀프서비스 환경에서 특히 중요하다. 따라서 ATM, 셀프서비스 식당, 주유소, 인터넷 쇼핑의 기능성은 성공과 고객만족에 결정적이다.

설비배치(facility layout)의 중요성은 특히 소매업, 환대(hospitality)산업, 그리고 레저시설에서 명확하다. 이러한 업종과 관련된 연구들은 설비배치가 고객만족, 점포성과, 그리고 고객탐색 행위에 영향을 미칠 수 있는 것으로 보고되고 있다.[35]

표지판, 상징, 예술품

물리적 환경의 대다수 항목들은 사용자들에게 그 장소에 관하여 알리는 표지판(sign) 역할을

의자가 있어 가족들이 낮잠을 자거나, 환자와 함께 밤을 보낼 수도 있다. 방문객들에게 병원 밖으로 나가야 한다는 말을 하지 않는다. 병실은 환자가 가장 많은 시간을 보내는 침대에서 바라보는 것을 고려하여 배치한다. 예를 들어, 환자가 등을 대고 누운 상태에서 보는 천장에 특별한 주의를 기울인다. 모든 병실에는 창문이 있고, 각 침대 발끝 벽면에 설치한 게시판(white board)에는 날짜, 당직 간호사 이름, 병실 전화번호 등 환자가 알고 싶어 하는 중요한 정보가 표시되어 있다.

함께 일하는 부서들을 가까운 위치에 배치

이 병원의 또 다른 흥미로운 설계상의 특징은 함께 일하는 부서가 서로 매우 가깝게 위치하고 있어 의사소통이 용이하며, 부서들이 있는 사무실 간의 보행 시간을 줄일 수 있다는 것이다. 이러한 중요한 기능을 통해 간병인은 환자와 더 많은 시간을 보내고, 직원들의 피로를 줄일 수 있다.

간호사가 환자와 보내는 서비스 시간 최대화

환자의 회복에 있어 중요한 요소는 간호사가 제공하는 서비스의 질적 수준이다. 메이요 병원의 설계 기능 대부분은 간호서비스의 품질을 용이하게 한다. 간호사실을 중심으로 병실이 유선형으로 배치되도록 한 설계를 통해 간호사를 환자와 가깝게 배치하고, 병실의 게시판을 통해 의사소통을 용이하게 하며, 소모품 및 관련 부서를 가까이 배치해서 간호사가 환자와 보내는 시간을 최대화할 수 있다.

메이요 병원의 설계는 주요 목표인 환자 치유를 촉진하는 데 있어 서비스스케이프의 중요성을 고려한 것이 명확하다. 모든 당사자들의 의견을 경청해 설계에 반영함으로써 장소 자체가 환자, 방문객, 의사, 간호사, 기타 직원의 웰빙을 촉진하는 환경을 제공한다.

메이요 병원 로비

자료 : Teamwork at Mayo: An *Experiment in Cooperative Individualism* (Rochester, MN: Mayo Press, 1998); http://www.mayo.edu; author's personal tour of the Mayo Clinic Hospital in Scottsdale; L. L. Berry and K. D. Seltman, "Building a Strong Services Brand: Lessons from Mayo Clinic," *Business Horizons* 50 (2007), pp. 199-209; and L. L. Berry and K. D. Seltman, *Management Lessons from the Mayo Clinic* (New York: McGraw-Hill, 2008).

한다. 특정 모양으로 외부와 내부에 나타난 표지판들은 명시적 단서로서의 역할을 한다. 표지판(signs)은 기업명 · 부서명처럼 명칭으로, 출구와 입구를 가리키는 지시로, 그리고 금연, 어린이는 필히 어른을 동반해야 함과 같은 행동규칙(rules of behavior)으로 사용되어 왔다. 심지어 적절한 표지판을 사용함으로써 지각된 혼잡과 스트레스를 감소시킬 수 있다.

상징(symbols)과 **예술품**(artifacts)은 어떤 장소의 의미와 그곳에서의 행동규범을 사용자에게 전달하는 묵시적 단서(implicit cues)로서 표지판(sign)보다 덜 직접적이다. 특정 환경 내의 고급 건축자재, 미술품, 자격증과 사진, 카펫, 개인물품 등은 모두 상징적 의미를 전달하고 있으며, 전체적인 미적 이미지를 창출한다. 본 장의 **세계적 추세**에서 설명하듯이 상징과 예술품은 문화적 의미를 내포하기도 한다.

세계적 추세 문화에 부합되도록 서비스스케이프를 조정하는 맥도날드

물리적 환경과 설계 요소에 대한 사람들의 반응은 그들이 생활하는 지역에서 삶의 경험을 통해 형성된 문화와 기대에 의한 영향을 많이 받는다. 설계 요소 중 하나인 색상, 즉 여러 문화에서 다양한 용도로 사용되는 색상을 생각해 보라. 개인적 공간 요구사항, 사회적 거리 선호도, 혼잡에 대한 민감도와 같은 다른 문화적 차이는 전 세계 소비자가 서비스스케이프를 경험하는 방식에 영향을 미칠 수 있다.

맥도날드사는 이러한 문화적으로 정의된 기대를 전 세계 프랜차이즈들이 서비스스케이프를 설계하는 데 있어 융통성 있게 재량권을 발휘할 수 있도록 허용하고 있다. 대부분의 맥도날드 해외프랜차이즈는 소유권의 상당 부분을 현지 국가에 위양한다. 대부분의 직원을 해당 국가 국민으로 채용하고, 마케팅 전략은 현지 소비자의 구매 및 선호 패턴을 반영한다. 모든 경우에 각 가맹점은 지역 행사뿐만 아니라 사회적 대의명분에 관여하는 "지역공동체 기관(community institution)"이다. 맥도날드의 전략은 전 세계의 체인점들이 그들이 속한 문화와 공동체를 이해하여, 그 지역사회 특성을 반영하도록 하는 것이다.

서비스스케이프가 다를 뿐만 아니라 배달 옵션도 전 세계적으로 차별화한다. 미국에서는 자동차 문화가 발달하고 공간 제약이 상대적으로 낮은 점을 반영하여 드라이브 스루(drive-through) 점포가 많다. 이와는 대조적으로, 전 세계 도시의 많은 사람들은 이제 자동차, 오토바이, 자전거를 통해 맥도날드 음식을 배달받을 수 있다. 배달을 강화한 사업은 대만의 타이페이와 같이 노동력이 풍부하고 교통 체증이 심하며 단독형 점포를 개발하기 위한 공간이 거의 없는 도시에서 잘 운영되고 수익성도 높다. 맥도날드는 설계, 배달, 마케팅전략에서 이러한 창의적인 에너지가 번성할 수 있도록 하는 동시에 운영 절차와 메뉴 표준을 매우 엄격하게 관리한다.

맥도날드를 상징하는 황금빛 아치(golden arche)가 항상 포함되지만, 전 세계를 잠깐 둘러보면 지역사회에 대한 맥도날드의 다양한 모습을 볼 수 있다:

- 이탈리아 볼로냐(Bologna) : 수백 년 동안 "아치의 도시(City of Arches)"로 알려진 볼로냐에서 맥도날드는 풍화되고 세공된 인근 지역의 역사적인 아치 모양을 취했다. 심지어 매장의 바닥도 구식 기술을 사용하여 수작업으로 완성했다. 점포는 현지 건축가와 예술가를 활용하여 황금색 아치에 현지 건축적 느낌을 더했다.
- 프랑스 파리(Paris) : 파리의 소르본 근처에 있는 현지 맥도날드 점포는 지역주민들의 학구적인 특성을 반영했다. 이 매장의 서비스스케이프는 책, 조각상, 묵직한 목재 가구가 있는 가죽으로 연결한 도서관의 모습을 하고 있다.
- 스웨덴 살렌(Salen) : 살렌에 있는 린드발렌 리조트(Lindvallen Resort) 스키장 슬로프에는 스키 리프트 옆에 맥스키(McSki)라는 이름의 세계 최초 "스키 스루(ski-thru)" 햄버거 매장이 있다. 전형적인 맥도날드 점포와 달리 맥스키 건물은 목재 패널과 주변의 자연석을 사용하여 산악스타일(mountain style)로 만들었다. 스키 이용객들은 스키를 벗지 않고 미끄러지듯이 편안하게 카운터로 갈 수 있고, 실내나 야외 좌석에 앉을 수도 있다.
- 중국 베이징(Beijing) : 이 도시에 있는 맥도날드 매장들은 역사적으로 미국에서 수행해 온 진정한 "패스트푸드" 역할과는 매우 다른 "놀기 좋은 장소(place to hang out)"가 되었다. 북경의 맥도날드 점포들은 지역사회의 일부이며 젊은이와 노인, 가족, 커플, 연인들에게 서비스를 제공하는 지역사회 공동체의 일부다. 고객들이 휴식을 취하거나, 대화를 하거나, 책을 읽거나, 음악을 즐기거나, 생일을 축하하는 등 오랜 시간 동안 머무르는 모습을 볼 수 있다. 청소년들과 젊은 커플들은 맥도날드 매장이 매우 낭만적인 환경이라고 생각한다. 가족적인 가치를 강조하는 포스터로 뒤덮인 현지 점포들의 내부 벽면을 보면 중국식 가족적 분위기를 강조한다는 것을 잘 알 수 있다.
- 일본 도쿄(Tokyo) : 일본의 맥도날드 점포들 중 일부는 도쿄의 긴자와 같은 번화한 지역에 위치하고 있지만, 대부분의 점포들은 주요 기차역이나 교통량이 많은 장소 근처에 있다. 이러한 위치의 매장들은 편안함이나 사교가 아닌 편리함과 속도에 중점을 두고 있으므로 대부분은 매장 앞 공간이 거의 없고 좌석도 많지 않다. 손님들이 서서 음식을 먹거나, 좁은 카운터의 의자에 앉아서 먹는 경우가 많다. 심지어 긴자 지역의 매장에도 좌석이 거의 없다. 일부 지역의 점포들은 1층에 작은 주문 및 서비스 공간이 있고, 2층에는 테이블이 없는 제한된 좌석이 있는 형태로 운영된다. 흥미롭게도 미국에서는 건

표지판, 상징, 예술품은 고객의 첫인상을 형성하고 새로운 서비스개념을 전달하는 데 특히 중요하다. 고객이 특정 서비스 시설에 익숙치 못할 때, 그들은 그 장소를 범주화시킬 수 있는 환경적 신호를 찾게 되고, 자신의 품질기대를 형성하기 시작한다. 치과병원에 대한 연구에서, 소비자들은 서비스제공자의 능력과 특성에 대한 신호로서 환경, 특히 실내장식의 스타일과 질적인 수준을 이용하는 것으로 밝혀졌다.[36] 또 다른 흥미로운 연구는 소비환경에서의 상징에 대한 소비자의 해석에서 민족성(ethnicity)과 성적 지향성(sexual orientation)에 대한

강을 중시하는 메뉴가 증가하는 추세인 반면, 일본 고객들은 칼로리가 높은 대형 버거를 선호한다.

- 뉴질랜드 타우포(Taupo) : 이 도시에 있는 맥도날드 점포는 폐기된 DC3 비행기를 매장의 일부로 통합해 사용하는 매우 독특한 매장이다. DC3기는 햄버거 매장이 되기 이전에 맥도날도를 상징하는 친숙한 빨간색 페인트와 황금색 아치로 장식되어 있었다. 고객들은 기내 좌석에서 음식을 먹을 수 있으며, 조종석을 구경하고 뉴질랜드 역사의 한 단면을 체험할 수 있다.

맥도날드사는 전체 체인점의 전반적인 모습을 현대화하기 위해 대대적인 개선작업을 시작했다. 기존의 많은 점포들을 전체적으로 더 깔끔하고 단순한 디자인; 플라스틱 최소화; 더 따뜻하고 차분한 색상(밝은 빨간색 대신 테라코타); 와이파이 이용편리성 향상; 혼자 식사하는 고객을 위한 높고 둥근 의자(bar stool)와 칸막이된 자리와 천으로 덮인 좌석이 있는 가족 공간을 포함한 다양한 유형의 좌석 섹션 등을 제공하는 광범위한 개선작업에 투자했다. 물론, 맥도날드를 상징하는 황금색 아치는 현재 일부 리모델링에서 "눈썹(eyebrow)" 모양으로 대체되었지만, 현대화된 디자인에서 여전히 중심역할을 담당하고 있다.

자료 : *Golden Arches East: McDonald's in East Asia*, ed. J. L. Watson (Stanford, CA: Stanford University Press, 1997); "A Unique Peak," *Franchise Times* 3 (1997), p. 46; P. Gogoi, "Mickey D's McMakeover," *BusinessWeek*, May 15, 2006, pp. 42–43; M. Arndt, "Knock Knock, It's Your Big Mac; From Sao Paulo to Shanghai, McDonald's Is Boosting Growth with Speedy Delivery," *BusinessWeek*, July 23, 2007, p. 36; M. Sanchanta and Y. Koh, "McDonald's in Japan Gives New Meaning to Supersize," *The Wall Street Journal*, January 12, 2011, p. 1; L. R. Brett, "Join the Mile Fry Club! McDonald's Opens 20-Seat Restaurant on a Vintage Luxury Plane," *Mail Online*, August 12, 2014, http://www.dailymail.co.uk/travel/travel_news/article-2722653/Join-mile-fry-club-McDonald-s-opens-20-seat-restaurant-vintage-luxury-PLANE-cabin-crew-not-included.html.

중국의 맥도날드 매장

역할을 탐구했다. 연구는 유대인이 특히 편안함을 느끼고 접근하도록 하는 특별한 장소상징을 잘 관찰하는 것으로 밝히고 있다.[37] 또한 같은 연구에서 동성애자들은 자신들을 동일시해주는 특별한 상징과 예술품을 포함한 환경에 이끌리는 것을 발견했다. 다른 상징물의 출현은, 이러한 집단에게 달갑지 않은 느낌을 주거나 차별대우하는 것으로 느끼게 한다.

물리적 증거전략을 위한 지침

본 장에서 우리는 물리적 증거의 효과, 특히 물리적 시설이나 서비스스케이프의 효과를 이해하기 위한 아이디어, 틀, 그리고 내적 반응모델을 제시하였다. 본 절에서는 효과적인 물리적 증거전략을 위한 몇 가지 일반적인 지침(guideline)을 제시하고자 한다.[38]

물리적 증거의 전략적 영향력을 파악하라

서비스의 질에 대한 기대와 지각을 결정한다는 면에서 물리적 증거는 두드러진 역할을 할 수 있다. 몇몇 조직에서는 물리적 증거의 영향력을 인정하는 것이 전략 수립을 위한 첫 단계이다. 그런 다음, 물리적 증거의 잠재력을 이용할 수 있고 전략적으로 계획할 수 있다.

효과적인 증거전략(evidence strategy)이 되기 위해서는 그 전략이 조직의 목적 및 비전과 정확히 연계되어야 한다. 따라서 전략 수립자는 조직의 목적이 무엇인지를 이해해야 하며, 그런 후 어떠한 물리적 증거가 조직의 목적을 지원할 수 있는지를 결정해야 한다. 최소한 기본적인 서비스 개념이 정의되어야 하고, 내 · 외부의 목표시장이 정의되어야 하며, 기업의 장기적 비전이 마련되어야 한다. 물리적 증거에 대한 대부분의 의사결정은 비교적 많은 시간과 고비용이 요구되므로(특히, 서비스스케이프에 대한 의사결정에서), 신중히 계획되고 관리되어야 한다.

서비스의 물리적 증거를 청사진에 표시하라

두 번째 단계는 서비스청사진을 작성하는 것이다. 모든 사람이 서비스 프로세스와 물리적 증거의 요소들을 볼 수 있어야만 한다. 서비스청사진은 서비스 증거를 묘사할 수 있는 효과적인 방법이다(서비스청사진은 제8장에서 자세하게 언급함). 서비스청사진은 여러 가지 목적으로 사용될 수 있지만, 특히 이를 통해 물리적 증거를 활용할 기회를 시각적으로 파악할 수 있다. 즉, 이 서비스청사진을 통해 사람, 프로세스, 물리적 증거를 볼 수 있다. 기업은 서비스제공에 수반된 행동, 서비스프로세스의 복잡성, 물리적 증거의 기회가 되는 인간의 상호작용 등을 이해할 수 있다. 심지어 더 유용한 서비스청사진을 작성하기 위해 서비스프로세스의 사진이나 비디오테이프를 첨가시켜 고객의 시각에서 물리적 증거를 생생하게 제공하는 청사진을 개발할 수도 있다.

서비스스케이프의 전략적 역할을 분명히 하라

본 장의 앞부분에서 우리는 서비스스케이프가 수행하는 다양한 역할을 파악하기 위해 표 10.3에서 보는 바와 같이 기업을 분류할 수 있었다. 예컨대, 건강관리센터는 테이블의 "복잡하고 상호적인" 칸(cell)에 자신을 위치시킴으로써, 서비스스케이프에 대한 의사결정이 상대적으로 복잡하다는 것을 쉽게 이해할 수 있다. 또한 서비스스케이프 전략은 어린이는 물론 서비스제공자의 욕구가 고려돼야 한다는 것과 마케팅, 조직행동, 소비자만족에 영향을 미친다는 것을 빠르게 이해할 수 있다.

때때로 고객의 관점에서는 서비스스케이프가 서비스제공 혹은 마케팅에서 어떠한 역할도 수행하고 있지 않은 것으로 보일 수도 있다. 이러한 예는 텔레커뮤니케이션이나 공익사업에서 볼 수 있다. 특정 상황에서 서비스스케이프가 수행하는 역할을 분명히 하는 것은 기회를 파악하는 데 도움을 주며, 시설설계에 관한 의사결정에 참고가 될 수 있다. 또한 서비스스케이프의 전략적 역할을 명확히 하는 것은 고객경험을 창출하는 데 서비스스케이프의 중요성을 인지하게 해준다.

물리적 증거의 기회를 파악하고 평가하라

일단 서비스증거의 현재 유형과 역할에 대한 이해가 이루어지면, 가능성 있는 변화와 개선을 파악할 수 있다. 이때 요구되는 한 가지 질문이 있다. 즉, 서비스증거를 제공할 기회가 상실된 것이 있는가이다. 보험이나 공익사업에 대한 서비스청사진을 그려 보면 서비스증거가 고객에게 제공된 적이 거의 없다는 것을 알 수 있다. 그때는 물리적 증거를 활용할 수 있다. 다음은 고객에게 대규모로 원격수리서비스(remote repair service)를 제공하는 서비스기술기업의 경우이다.

원격서비는 종종 스마트서비스(smart service)라고 불리는데 고객이 아무것도 인지하지 못하는 상황에서 멀리 떨어진 서비스제공자가 특정 기술장비를 수리하는 서비스를 말한다. 서비스청사진이 모든 서비스를 물리적 증거로 나타내지는 못한다. 그래서 고객은 지불에 대한 걱정을 하지 않고 제공받은 서비스에 대해서 고마워하지 않을 수도 있다. 따라서 이러한 것들을 해결하고 현실화하기 위해서 기업은 고객과 소통하는 방법을 개발해야 하며, 고객을 위한 서비스증거도 제공해야 한다.

한편 제공되고 있는 물리적 증거가 고객의 기대를 충족시키지 못하거나 기업의 이미지 혹은 목적을 촉진하는 데 공헌하지 못한다는 것을 발견할 수도 있다. 예컨대, 어떤 레스토랑에서 비싼 메뉴 단서는 "가족 외식(family dinning)"에 표적을 맞추고 있는 이 레스토랑의 설계와 일치하지 않는다. 가격책정이나 시설설계 모두 레스토랑의 전체적인 전략에 따라 변화될 필요가 있다.

또 한 가지 논의해야 할 쟁점은 현재의 물리적 증거가 목표시장의 욕구와 선호에 적합한지를 따져 보는 것이다. 이러한 쟁점에 대한 해답을 얻기 위해, 본 장에서 제시된 "환경–사용자의 상호작용(그림 10.1 참조)"의 틀과 본 장에서 제시한 여러 연구내용을 사용할 수 있다. 그리고 마지막으로 다음과 같은 질문이 나올 수 있다. 물리적 증거전략은 고객과 직원 모두의 욕구를 고려하고 있는가? 이 질문은 특히 서비스스케이프에 관한 의사결정과 관련이 깊다.

물리적 증거를 최신화 · 현대화하라

서비스증거, 특히 서비스스케이프는 자주 또는 정기적으로 최신화(updating)하고 현대화할 필요가 있다.[39] 비록 기업의 비전, 목적, 목표가 변하지 않더라도 시간이 지나면 최신화와 현대화가 불가피한 경우가 생긴다. 시간의 경과에 따라 유행하는 색상, 설계, 스타일을 포함한 서비스스케이프가 상이한 메시지를 전달하는 것은 명백한 사실이다. 특히 조직이 광고전략을 수립할 때 이것을 명확히 이해해야 하지만 본 장에서 언급한 대로 물리적 증거의 여러 요소가 간과되는 경우가 종종 있다.

교차기능적 참여가 필요하다

소비자에게 바람직한 이미지를 알리는 데 있어서 서비스기업은 목표고객이 원하고 이해할 수 있는 서비스증거를 제공하고 이들 간의 일관성을 유지하는 것이 중요하다. 그러나 대부분의 물리적 증거에 대한 의사결정은 많은 시간이 소요되며 조직 내 여러 부서의 참여가 필요하다. 예컨대, 직원의 유니폼에 관한 의사결정은 인적자원관리부서에서, 서비스스케이프 설계에 대한 의사결정은 설비관리부서에서, 프로세스 설계에 관한 의사결정은 주로 생산관리부서에서, 그리고 광고 및 가격책정에 관한 의사결정은 마케팅부서에서 이루어질 수 있다. 따라서 서비스의 물리적 증거가 때때로 일관되지 못하다는 것은 놀라운 것도 아니다. 특히, 서비스스케이프에 대한 의사결정을 할 때에는 물리적 증거전략을 다기능 팀(multifunction team)으로 접근하는 것이 종종 필요하다.

요약

본 장에서 우리는 고객과 직원이 지각과 경험을 형성하는 데 있어서 물리적 증거의 역할을 설명하였다. 서비스는 무형성을 특징으로 하고 있고, 생산과 소비가 동시에 이루어지므로, 서비스를 구매하기 전에 그것을 이해하고 평가하는 것은 매우 어렵다. 따라서 서비스의 물리적 증거는 구매 전에 고객의 기대를 형성시키는 주요 단서(cues)로서의 역할을 한다. 이러한 유형적인 단서, 특히 서비스스케이프는 고객이 서비스를 경험할 때 그들의 반응에 영향을 미칠 수 있다. 고객과 직원의 상호작용은 서비스스케이프 내에서 이루어지므로, 물리적 환경이 직원은 물론 직원과 고객과의 상호작용에 영향을 미친다.

본 장은 주로 서비스가 생산되고, 제공되며, 소비되는 물리적 환경 혹은 물리적 시설인 서비스스케이프에 초점을 맞추고 있다. 복잡성과 사용 정도에 따라 서비스스케이프를 분류하였다. 서비스스케이프의 일반적인 전략적 역할도 기술하였다. 또한 직원과 고객의 행동에 대한 서비스스케이프의 효과를 이해하기 위한 일반적인 틀을 제시하였다. 서비스스케이프는 고객 및 직원의 접근행동과 회피행동뿐만 아니라 그들의 사회적 상호작용에도 영향을 미친다. 물리적 환경이 서비스조직에 대한 사람들의 신념이나 인지, 공간에 대한 반응으로서의 느낌이나 감정, 물리적 시설 내에서 머무는 동안의 생리적 반응 등에 영향을 미치기 때문에 접근과 회피 같은 행동적 반응이 일어난다. 서비스스케이프의 복잡성을 이해하기 위해, 환경을 세 가지, 즉 주변여건, 공간배치와 기능성, 표지판 · 상징 · 예술품으로 범주화시켰다.

물리적 증거의 중요성과 그것이 고객 및 직원에 미치는 영향력 때문에 기업이 서비스의 유형적 증거에 대한 관리를 전략적으로 접근한다는 것이 중요하다. 이는 물리적 증거의 영향과 고객 및 직원을 지향하는 서비스 설계 의사결정이 마케팅전략의 일부분으로 조사되고 계획되어야 한다는 것을 의미한다. 본 장에서는 물리적 증거전략을 위한 지침도 제시하였다.

토의문제

1 물리적 증거란 무엇이며 왜 본서의 한 개의 장을 이 주제에 할당하는가?

2 서비스스케이프의 네 가지 전략적 역할인 포장, 촉진재, 사회화의 도구, 차별화의 도구 등을 설명하고 각각의 예를 들어보시오.

3 자신이 킨코스(Kinko's)와 유사한 복사 및 인쇄 서비스 전문점을 경영한다고 가정할 때, 표 10.3의 어느 칸에 속하는지 정하고, 그에 따라 물리적 시설을 어떻게 설계해야 할지 논의하시오.

4 효과적인 서비스 증거전략으로 제공자 갭 2를 좁힐 수 있는지 설명하시오.

5 서비스스케이프가 고객에 미치는 영향을 이해하기 위해서 고객과 직원을 틀 속에 왜 포함시켜야 하는가?(그림 10.1 참조). 틀에 의하면 어떤 행동이 서비스스케이프의 영향을 받는가? 예를 들어 보시오.

6 자신의 경험에 비추어 서비스스케이프에 의해 인지적 · 감정적 · 생리적으로 영향을 받을 때의 예를 들어 보시오.

연습문제

1 같은 산업에서 상이한(세분시장과 서비스수준에서) 두 기업을 선정하여 관찰하시오. 두 기업의 서비스포장을 설명하고 두 기업이 어떻게 다른지를 구별해 보시오. 포장이 그 기업에서 고객이 기대하는 것을 잘 나타낸다고 보는가? 어느 기업이 포장인 서비스스케이프를 과장하고 있다고 보는가?

2 물리적 증거가 고객과의 커뮤니케이션과 만족에 특히 중요하다고 믿는 특정 서비스조직을 생각해 보시오. 마케팅전략에서 차지하는 물리적 증거의 중요성을 그 조직의 경영자에게 확신시킬 수 있는 프레젠테이션을 마련해 보시오.

3 어떤 서비스를 택하여 서비스청사진을 만들어 보시오. 고객시각에서 청사진을 작성해 보고 서비스설계를 향상시킬 수 있는 변화를 제시해 보시오.

4 서비스조직을 선정하여 조직이 고객에게 커뮤니케이션하기 위해 사용하는 다양한 유형의 물리적 증거를 수집하시오. 만약 그 기업의 시설을 볼 수 있다면, 서비스스케이프의 사진을 촬영하시오. 그 기업이 고객에게 제공하려 하는 것과 물리적 증거가 부합하고 일치하는지 분석하고, 과잉 약속하고 있거나 정반대로 너무 낮게 약속하고 있는지도 분석하시오.

5 몇몇 서비스 제공회사의 웹사이트를 방문하시오. 웹사이트의 물리적 증거는 조직이 제공하는 다른 유형의 물리적 증거와 일치하는 이미지를 제공하는가?

참고문헌

1 http://fortune.com/worlds-most-admired-companies/marriott-international-29/; http://www.forbes.com/companies/marriott-international/;3. https://hotel-development.marriott.com/brands; all websites accessed August 2016.

2 The term *servicescape* used throughout this chapter, and much of the content of this chapter, are based, with permission, on M. J. Bitner, "Servicescapes: The Impact of Physical Surroundings on Customers and Employees," *Journal of Marketing* 56 (April 1992), pp. 57–71. For later contributions to this topic, see *Servicescapes: The Concept of Place in Contemporary Markets*, ed. J. F. Sherry Jr. (Chicago: NTC/Contemporary, 1998); and M. J.

Bitner, "The Servicescape," in *Handbook of Services Marketing and Management*, ed. T. A. Swartz and D. Lacobucci (Thousand Oaks, CA: Sage, 2000), pp. 37 – 50.

3 L. P. Carbone, Clued In: How to Keep Customers Coming Back Again and Again (Upper Saddle River, NJ: Prentice Hall, 2004). See also L. L. Berry and N. Bendapudi, "Clueing in Customers," *Harvard Business Review*, February 2003, pp. 100 – 106.

4 J. H. Gilmore and B. J. Pine II, "The Experience Is the Marketing," Strategic Horizons, 2002; B. J. Pine II and J. H. Gilmore, The *Experience Economy: Work Is Theater and Every Business Is a Stage* (Boston: Harvard Business School Press, 1999); and B. H. Schmitt, *Experiential Marketing* (New York: The Free Press, 1999).

5 For reviews of environmental psychology, see D. Stokols and I. Altman, *Handbook of Environmental Psychology* (New York: John Wiley, 1987); S. Saegert and G. H. Winkel, "Environmental Psychology," *Annual Review of Psychology* 41 (1990), pp. 441 – 477; and E. Sundstrom, P. A. Bell, P. L. Busby, and C. Asmus, "Environmental Psychology 1989 – 1994," *Annual Review of Psychology* 47 (1996), pp. 485 – 512.

6 http://fortune.com/best-companies/sas-institute-8/, accessed August 2016.

7 See M. R. Solomon, "Dressing for the Part: The Role of Costume in the Staging of Servicescape," in Sherry, Servicescapes; and A. Rafaeli, "Dress and Behavior of Customer Contact Employees: A Framework for Analysis," in *Advances in Services Marketing and Management*, vol. 2, ed. T. A. Swartz, D. E. Bowen, and S. W. Brown (Greenwich, CT: JAI Press, 1993), pp. 175 – 212; J. Barlow and P. Stewart, *Branded Customer Service* (San Francisco: Barrett-Koehler Publishers, 2004).

8 M. Wilson, "Can Starbucks Make 23,000 Coffee Shops Feel Unique?" August 18, 2014, http://www.fastcodesign.com/3034441/starbucks-secrets-to-make-every-store-feel-unique.

9 B. Stanley, "Qantas Flaunts Super-Jumbo Perks," The Wall Street Journal, July 25, 2007, p. D3; and S. McCartney, "A Bubble Bath and a Glass of Bubbly—at the Airport," *The Wall Street Journal*, July 10, 2007, p. D1; J. Freed, "Quantas Rolls Out New A330 Business Class Suites on Flights to Singapore and Asia," *Traveller*, January 16, 2015, http://www.traveller.com.au/qantas-rolls-out-new-a330-business-class-suites-on-flights-to-singapore-and-asia-12rm2j.

10 www.petsmart.com/services/petshotel, 2016; C. M. Dalton, "A Passion for Pets: An Interview with Philip L. Francis, Chairperson and CEO of PetSmart, Inc.," *Business Horizons*, November – December 2005, pp. 469 – 475; and D. Brady and C. Palmeri, "The Pet Economy," *BusinessWeek*, August 6, 2007, pp. 45 – 54.

11 Carbone, Clued In; Berry and Bendapudi, "Clueing in Customers"; Gilmore and Pine, "Experience Is the Marketing"; Pine and Gilmore, *The Experience Economy*; Schmitt, *Experiential Marketing*; and L. L. Berry, E. A. Wall, and L. P. Carbone, "Service Clues and

Customer Assessment of the Service Experience: Lessons from Marketing," *Academy of Management Perspectives* 20 (2006), pp. 43–57.

12 E. C. Brüggen, B. Foubert, and D. D. Gremler, "Extreme Makeover: Short– and Long Term Effects of a Remodeled Serviescape," *Journal of Marketing* 75 (September 2011), pp. 71–87.

13 T. S. Dagger and P. J. Danaher, "Comparing the Effect of Store Remodeling on New and Existing Customers," *Journal of Marketing* 78 (May 2014), pp. 62–80.

14 A. Mehrabian and J. A. Russell, An *Approach to Environmental Psychology* (Cambridge, MA: Massachusetts Institute of Technology, 1974).

15 R. Donovan and J. Rossiter, "Store Atmosphere: An Environmental Psychology Approach," *Journal of Retailing* 58 (Spring 1982), pp. 34–57.

16 D. J. Bennett and J. D. Bennett, "Making the Scene," in *Social Psychology through Symbolic Interactionism*, ed. G. Stone and H. Farberman (Waltham, MA: Ginn–Blaisdell, 1970), pp. 190–196.

17 J. P. Forgas, *Social Episodes* (London: Academic Press, 1979).

18 R. G. Barker, *Ecological Psychology* (Stanford, CA: Stanford University Press, 1968).

19 For a number of excellent papers on this topic spanning a range from toy stores to bridal salons to cybermarketspaces to Japanese retail environments and others, see Sherry, *Servicescapes: The Concept of Place in Contemporary Markets*.

20 J. F. Sherry Jr., "The Soul of the Company Store: Nike Town Chicago and the Emplace Brandscape," in Sherry, *Servicescapes*, pp. 81–108.

21 E. J. Arnould, L. L. Price, and P. Tierney, "The Wilderness Servicescape: An Ironic Commercial Landscape," in Sherry, *Servicescapes*, pp. 403–438.

22 Rosenbaum, "Exploring the Social Supportive Role of Third Places in Consumers' Lives," *Journal of Service Research* 9 (August 2006), pp. 59–72; A. Tombs and J. R. McColl–Kennedy, "Social–Servicescape Conceptual Model," *Marketing Theory* 3 (2003), pp. 447–475; and M. S. Rosenbaum, J. Ward, B. A. Walker, and A. L. Ostrom, "A Cup of Coffee with a Dash of Love: An Investigation of Commercial Social Support and Third–Place Attachment," *Journal of Service Research* 10 (August 2007), pp. 43–59.

23 A. Rapoport, *The Meaning of the Built Environment* (Beverly Hills, CA: Sage, 1982); and R. G. Golledge, "Environmental Cognition," in Stokols and Altman, *Handbook of Environmental Psychology*, vol. 1, pp. 131–174.

24 M. P. Gardner and G. Siomkos, "Toward a Methodology for Assessing Effects of In–Store Atmospherics," in *Advances in Consumer Research*, vol. 13, ed. R. J. Lutz (Ann Arbor, MI: Association for Consumer Research, 1986), pp. 27–31.

25 M. J. Bitner, "Evaluating Service Encounters: The Effects of Physical Surroundings and Employee Responses," *Journal of Marketing* 54 (April 1990), pp. 69–82.

26 J. C. Ward, M. J. Bitner, and J. Barnes, "Measuring the Prototypicality and Meaning of Retail Environments," *Journal of Retailing* 68 (Summer 1992), pp. 194–220.

27 See, for example, Mehrabian and Russell, An Approach to Environmental Psychology; J. A. Russell and U. F. Lanius, "Adaptation Level and the Affective Appraisal of Environments," *Journal of Environmental Psychology* 4 (1984), pp. 199–235; J. A. Russell and G. Pratt, "A Description of the Affective Quality Attributed to Environments," *Journal of Personality and Social Psychology* 38 (1980), pp. 311–322; J. A. Russell and J. Snodgrass, "Emotion and the Environment," in Stokols and Altman, *Handbook of Environmental Psychology*, vol. 1, pp. 245–281; J. A. Russell, L. M. Ward, and G. Pratt, "Affective Quality Attributed to Environments," Environment and Behavior 13 (May 1981), pp. 259–288; V. Kaltcheva and B. A. Weitz, "When Should a Retailer Create an Exciting Store Environment," *Journal of Marketing* 70 (January 2006), pp. 107–118.

28 See, for example, M. S. Sanders and E. J. McCormick, Human Factors in Engineering and Design, 7th ed. (New York: McGraw-Hill, 1993); and G. Salvendy (ed.), *Handbook of Human Factors and Ergonomics* (Hoboken, NJ: Wiley, 2006).

29 The Center for an Accessible Society, http://www.accessiblesociety.org/topics/universaldesign/, accessed August 2016; S. Burgstahler, "Universal Design: Process, Principles, and Applications," http://www.washington.edu/doit/universal-design-process-principles-and-applications, accessed August 2016.

30 Mehrabian and Russell, *An Approach to Environmental Psychology*; Russell and Snodgrass, "Emotion and the Environment."

31 A. Mehrabian, "Individual Differences in Stimulus Screening and Arousability," *Journal of Personality* 45 (1977), pp. 237–250.

32 E. Bellman, "In India, a Retailer Finds Key to Success Is Clutter," *The Wall Street Journal*, August 8, 2007, p. A1.

33 For research documenting the effects of music on consumers, see J. Baker, D. Grewal, and A. Parasuraman, "The Influence of Store Environment on Quality Inferences and Store Image," *Journal of the Academy of Marketing Science* 22 (Fall 1994), pp. 328–339; J. C. Chebat, C. Gelinas-Chebat, and P. Filliatrault, "Interactive Effects of Musical and Visual Cues on Time Perception: An Application to Waiting Lines in Banks," *Perceptual and Motor Skills* 77 (1993), pp. 995–1020; L. Dube, J. C. Chebat, and S. Morin, "The Effects of Background Music on Consumers' Desire to Affiliate in Buyer–Seller Interactions," *Psychology and Marketi*ng 12 (1995), pp. 305–319; J. D. Herrington and L. M. Capella, "Effects of Music in Service Environments: A Field Study," *Journal of Services Marketing* 10(1996), pp. 26–41; J. D. Herrington and L. M. Capella, "Practical Applications of Music in Service Settings," *Journal of Services Marketing* 8 (1994), pp. 50–65; M. K. Hui, L. Dube, and J. C. Chebat, "The Impact of Music on Consumers' Reactions to Waiting for Services," *Journal of Retailing* 73 (Spring 1997), pp. 87–104; A. S. Matila and J. Wirtz, "Congruency of

Scent and Music as a Driver of In-Store Evaluations and Behavior," *Journal of Retailing* 77 (Summer 2001), pp. 273–289; L. Dube and S. Morin, "Background Music Pleasure and Store Evaluation: Intensity Effects and Psychological Mechanisms," *Journal of Business Research* 54 (November 2001), pp. 107–113; J. Bakec, A. Parasuraman, D. Grewal, and G. B. Voss, "The Influence of Multiple Store Environment Cues as Perceived Merchandise Value and Patronage Intentions," *Journal of Marketing* 66 (April 2002), pp. 120–141; and S. Morin, L. Dube, and J. Chebat, "The Role of Pleasant Music in Servicescapes: A Test of the Dual Model of Environmental Perception," *Journal of Retailing* 83 (2007), pp. 115–130.

34 For research documenting the effects of scent on consumer responses, see D. J. Mitchell, B. E. Kahn, and S. C. Knasko, "There's Something in the Air: Effects of Congruent and Incongruent Ambient Odor on Consumer Decision Making," *Journal of Consumer Research* 22 (September 1995), pp. 229–238; and E. R. Spangenberg, A. E. Crowley, and P. W. Henderson, "Improving the Store Environment: Do Olfactory Cues Affect Evaluations and Behaviors?" *Journal of Marketing* 60 (April 1996), pp. 67–80; A. V. Madzharov, L. G. Block, and M. Morrin, "The Cool Scent of Power: Effects of Ambient Scent on Consumer Preferences and Choice Behavior," *Journal of Marketing* 79 (January 2015), pp. 83–96.

35 See J. M. Sulek, M. R. Lind, and A. S. Marucheck, "The Impact of a Customer Service Intervention and Facility Design on Firm Performance," *Management Science* 41 (1995), pp. 1763–1773; P. A. Titus and P. B. Everett, "Consumer Wayfinding Tasks, Strategies, and Errors: An Exploratory Field Study," *Psychology and Marketing* 13 (1996), pp. 265–290; C. Yoo, J. Park, and D. J. MacInnis, "Effects of Store Characteristics and In-Store Emotional Experiences on Store Attitude," *Journal of Business Research* 42 (1998), pp. 253–263; and K. L. Wakefield and J. G. Blodgett, "The Effect of the Servicescape on Customers' Behavioral Intentions in Leisure Service Settings," *Journal of Services Marketing* 10 (1996), pp. 45–61; Brüggen, Foubert, and Gremler, "Extreme Makeover: Short- and Long-Term Effects of a Remodeled Servicescape."

36 J. C. Ward and J. P. Eaton, "Service Environments: The Effect of Quality and Decorative Style on Emotions, Expectations, and Attributions," in *Proceedings of the American Marketing Association Summer Educators' Conference*, ed. R. Achrol and A. Mitchell (Chicago: American Marketing Association 1994), pp. 333–334.

37 M. S. Rosenbaum, "The Symbolic Servicescape: Your Kind Is Welcomed Here," *Journal of Consumer Behaviour* 4 (2005), pp. 257–267.

38 This section is adapted from M. J. Bitner, "Managing the Evidence of Service," in *The Service Quality Handbook*, ed. E. E. Scheuing and W. F. Christopher (New York: AMACOM, 1993), pp. 358–370.

39 Brüggen, Foubert, and Gremler, "Extreme Makeover: Short- and Long-Term Effects of a Remodeled Servicescape."

Part 5

서비스제공과 수행

서비스품질의 갭(gap) 모델에서, 제공자 갭 3(서비스성과 갭)은 고객 중심적 서비스표준과 실제 제공되는 서비스 사이의 차이다(아래 그림 참조). 심지어 서비스수행 및 고객응대에 관한 지침이 잘 갖추어져 있는 경우에도 고품질의 서비스수행을 보장할 수 없다. 제5부는 고객이 정의한 설계와 표준에 따라 서비스가 수행되는 것을 확실하게 할 수 있도록 하는 모든 방법들을 다루고 있다.

제공자 갭 3 : 서비스성과 갭

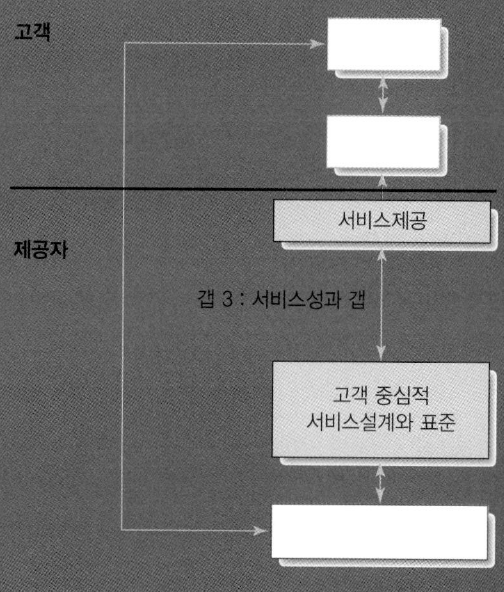

제11장은 서비스제공에서 직원들의 핵심적인 역할과 기술, 이들이 그러한 역할을 효과적으로 수행하도록 하기 위한 전략에 초점을 맞추고 있다. 특별히 문제가 되는 쟁점은 고객과 기업 사이에서 갈등을 느끼는 직원들, 잘못 채용한 직원, 부적합한 기술, 부적절한 보상과 인정, 그리고 권한위임과 팀워크의 부족 등을 포함한다.

제12장에서 우리는 고객으로부터 기인하는 가변성(variability)에 관해 논의한다. 만일 고객이 적절하게 수행하지 않는다면, 즉 그들이 행동지침을 따르지 않거나 동시에 서비스를 제공받는 다른 고객들을 방해한다면 서비스품질은 위험에 빠지게 된다. 효과적인 서비스조직들은 서비스제공 시 고객의 역할과 서비스경험의 공동창조에 대해서 잘 이해하고 있으며 고객들이 그들의 역할을 효과적으로 수행하도록 도움을 줄 수 있는 전략을 개발한다.

제13장은 일관성 있는 고품질의 서비스를 제공하기 위해 서비스기업들이 수요와 능력을 일치시킬 필요가 있음을 강조한다. 서비스기업들은 수요에 유연하게 대응할 수 있는 재고부족으로 인하여, 종종 저수요 또는 과수요(over-or underdemand) 상황을 맞게 된다. 가격변경, 광고, 촉진, 대안서비스 제공 등과 같이 수요를 관리하는 마케팅전략뿐만 아니라 파트타임 직원을 활용하거나 아웃소싱, 장비임차 또는 공유 같이 수용능력을 조정하는 전략도 이러한 어려움을 극복하는 데 도움이 될 수 있다.

Chapter 11

서비스제공에서 직원의 역할

본 장의 목적은 다음과 같다.

1. 내 · 외부 고객에게 최상의 서비스를 제공하는 것을 생활방식으로 생각하는 서비스문화 창출의 중요성에 대해 알아본다.
2. 고객을 만족시키고 서비스품질을 높이는 데 있어 서비스직원의 중추적인 역할에 대해 알아본다.
3. 경계연결역할(boundary-spanning roles)에 내재된 문제점과 기회를 파악한다.
4. 고객지향적 서비스제공을 위해 다음과 같은 사항을 알아본다. 적임자의 채용, 고품질의 서비스를 제공하는 능력의 개발, 직원이 원하는 지원시스템의 마련, 우수직원을 지키는 것 등이다.

직원이 곧 서비스이고 브랜드다

유명한 서비스 전문가인 레오날드 베리(Leonard Berry)는 찰스슈왑, 엔터프라이즈 렌터카, USAA 보험, 칙필에이(Chick-fil-A) 같은 여러 기업들의 사례를 분석하여 사람에 대한 투자가 지속적으로 성공적인 성과를 얻는 주된 원동력이라고 주장했다.[1] 왜 이러한 주장이 사실인가? 왜 이러한 기업들은 그들의 직원에게 많은 투자를 하는가?

이러한 질문에 답하기 위해서, 실제로 발생했던 사례를 살펴본다.

- 싱가포르항공을 타고 장거리 여행을 하던 중, 칭얼대는 아기가 계속 고무젖꼭지를 떨어뜨렸다. 그때마다 아이는 울었고, 누군가(엄마, 다른 승객, 승무원 등)는 고무젖꼭지를 찾아주었다. 마침내 한 승무원이 고무젖꼭지를 주워 리본을 연결하고 그 리본을 아이의 셔츠에 달아주었다. 아이와 엄마는 기뻐했고, 근처에 앉아 있던 승객들은 승무원에게 기립박수를 보냈다.[2]
- 공항에 있는 동안 한 사업가는 비행기에 탑승하기 전에 식사를 하지 못했고 이미 배가 고팠기 때문에 비행기가 목적지에 착륙할 때쯤이면 꽤 배고플 것이라고 생각했다. 그 고객은 패스트푸드를 좋아하지도 않았고 도착 후 패스트푸드점에 가고 싶지 않았기 때문에, 본인이 가장 좋아하는 식당 중 하나인 모튼(Morton's)레스토랑에 스테이크를 배달해 줄 수 있는지 장난스럽게 트위터를 통해 다음과 같이 질문했다: "헤이 @모튼(Mortons)—2시간 후에 내가 뉴어크 공항(Newark airport)에 도착하는데 공항으로 식사를 배달해 줄 수(마중 나올 수) 있나요? K씨, 감사

서비스직원들은 고객의 만족에 직접적인 영향을 미친다.

합니다. :)" 그 고객은 모튼레스토랑의 오랜 단골고객임에도 불구하고 트윗을 보낼 때 전혀 기대를 하지 않았고, 실제로 트윗 직후 비행기가 출발 준비를 하자 휴대전화를 껐다. 믿을 수 없는 일이지만, 그가 공항에 도착했을 때, 모튼레스토랑의 직원이 그를 마중 나왔다. 그 직원은 완벽한 식사를 배달하기 위해 공항까지 23마일을 운전해 왔다.[3]

- 몇 년 전 파네라제과점(Panera Bread)의 한 주차장에서 여자 고객이 중심을 잃고 넘어질 것 같은 다른 고객(여러 가지 지병으로 고생을 하고 있음)을 부축하려고 했다. 그러나 두 고객은 포장도로 끝에서 결국 넘어졌고 한 명은 오른쪽 팔이 골절되는 중상을 당했다. 치료를 받기 위해 앰뷸런스에 실려 가기 전에 파네라제과점의 종업원은 그녀에게 명함을 주면서 무엇이든지 필요한 것이 있으면 전화를 하라고 했다. 몇 시간 후에 그녀는 종업원에게 전화를 해서 자신의 차를 가지러 레스토랑으로 가도 되는지를 문의했다. 그러나 그녀가 주차장에 도착했을 때 자신의 차가 수동식 기어라서 부상당한 팔로 기어변속을 하지 못해 운전을 할 수 없다는 것을 깨달았다. 그녀가 가족들과 연락을 시도하는 동안 파네라의 직원은 그녀에게 무료로 음식을 제공했다. 가족들이 아무도 데리러 올 수 없다는 것을 알았을 때, 그녀는 종업원에게 집까지 데려다 달라고 부탁했다. 종업원은 도심에서 거의 1시간 정도 걸리는 그녀의 집까지 데려다 주었다. 그녀는 레스토랑의 종업원이 자신을 위해 헌신하는 모습에 믿을 수가 없어서 황홀감에 빠졌다.[4]

이러한 이야기는 고객을 만족시키고 고객관계를 구축하는 데 있어서 서비스직원들의 역할이 얼마나 중요한지를 보여준다. 이들 예에서 보듯이 접점 서비스직원은 조직을 대표하는 역할을 하기 때문에 그 중요성이 점차 높아지고 있다. 위의 사진에 제시된 것처럼 현장 직원들은 고객의 욕구를 이해하고 실시간으로 고객의 요구에 응하는 책임을 맡고 있다. 레오날드 베리(Leonard Berry)는 지속적으로 서비스분야에서 성공하는 기업 모두가 직원들의 결정적인 중요성을 인식하고 있음을 예시를 통해서 보여주고 있다.[5]

본 장은 고품질의 서비스제공을 가능하게 하는 접점직원을 비롯한 인적자원 관리에 초점을 맞추고 있다. 기본가정은 고객의 기대가 잘 이해되고(갭 1), 서비스가 그러한 기대에 부응하도록 설계되고 표준이 마련되어 있더라도(갭 2), 그 서비스가 그대로 제공되지 않을 때는 서비스품질에서 여전히 갭이 존재할 수 있다는 것이다. 이러한 갭을 갭 3이라고 한다. 접점직원이 서비스를 제공하기 때문에 인적자원 문제는 갭 3의 주된 원인이 된다. 서비스직원의 핵심적인 역할에 초점을 맞추어 서비스를 효과적으로 제공할 수 있는 전략을 개발하면 서비스제공 갭을 좁힐 수 있다.

서비스문화

서비스제공에서 직원의 역할을 살펴보기 전에 보다 넓은 시야를 가져야 한다. 조직 내의 직원들의 행동은 조직의 문화나 개인과 집단의 행동을 형성하는 만연된 규범과 가치에 의해 크게 영향을 받을 것이다. **기업문화**(corporate culture)란 "구성원에게 조직의 의미를 부여하고, 그들에게 행동규칙을 제공하는 공유된 가치관과 신념의 패턴"을 말한다.[6] **문화**란 "우리가 여기서 어떤 일을 하는 방법"으로 폭넓게 정의하는 경우도 있다.

기업문화가 무엇인지 이해하기 위해 교회, 동호회, 학교, 협회와 같은 자신이 구성원으로 있는 조직을 다른 각도에서 생각해 보라. 자신의 행동과 다른 사람의 행동이 조직의 가치관이나 규범에 의해 틀림없이 영향을 받고 있음을 느낄 것이다. 새로운 직장에 지원할 때 조차도 그 조직의 구성원과 대화를 통해 그들의 행동을 관찰함으로써 그 조직의 문화가 어떠하다는 것을 느낄 수 있다. 일단 직장에 들어가면 교육훈련과 행위 관찰을 통해 조직문화 전체의 그림을 그릴 수 있을 것이다.

전문가들은 고객지향적이거나 서비스지향적인 조직의 중심에는 **서비스문화**(service culture)가 자리 잡고 있다고 한다. 서비스문화란 "좋은 서비스를 소중히 생각하고, 외부고객뿐만 아니라 내부고객에게 좋은 서비스를 제공하는 것을 모든 구성원이 중요한 규범이자 자연스러운 생활방식으로 간주하는 문화"를 말한다.[7] 이 정의는 구성원의 행동에 많은 의미를 주는 다양한 의미를 함축하고 있는데, 그 의미는 다음과 같다. 첫째, "좋은 서비스를 소중히 생각한다"는 것이 서비스문화의 첫 번째 조건이다. 이는 서비스의 중요성을 강조하는 광고캠페인을 한다는 것이 아니라 구성원들의 "밑바닥 사고방식"에서 좋은 서비스를 소중하게 여긴다는 의미이다. 둘째, 외부고객뿐만 아니라 내부고객에게도 좋은 서비스를 제공한다는 것이 이 정의에서 매우 중요한 부분이다.[8] 최종소비자인 외부고객에게 좋은 서비스를 제공하는 것만으로는 충분하지 않다. 모든 조직구성원들도 동등한 서비스를 받을 자격이 있다. 마지막으로, 좋은 서비스가 "생활방식"이라고 한 것은 문화가 조직의 중요한 행동규범이기 때문이다. 서비스문화는 고객에 집중하는 조직을 창출하는 데 중요하며 기업경쟁우위의 원천으로 밝혀져 왔기 때문이다.[9]

서비스리더십의 전개

강력한 서비스문화는 탁월한 서비스에 대해 강한 열정을 보이는 리더로부터 출발한다. 레오날드 베리(Leonard Berry)에 의하면 성공적인 서비스기업의 리더는 정직(integrity), 기쁨(joy), 존경(respect)이라는 가치를 공유하는 경향이 있고, 이들은 기업 전체에 이러한 가치를 불어넣는다고 한다.[10] 리더십이란 규정집(rulebook)에 따라 명령을 내리는 것이 아니라, 리더의 가치관이 일관성 있게 밖으로 표출된 것이다. 직원들은 리더가 소중히 여기는 가치를 가지고 살아가는 모습을 볼 때 자신들도 그 가치를 소중히 여길 가능성이 높다. 리더가 내가 소중히 여기는 가치는 무엇이다라고 말하는 구두가치(espoused value)는 실제 행동으로 보여

세계적 추세 기업의 서비스문화는 얼마나 잘 전달되는가?

국제 시장은 성장을 위한 엄청난 기회를 제공하지만, 많은 기업들이 서비스를 다른 국가로 이전하려고 할 때 상당한 어려움을 겪는다. 서비스는 사람에 의존하고, 사람에 의해 제공되며, 직원과 고객 간의 상호작용이 포함된다. 가치관, 행동규범, 언어, 심지어 서비스 정의의 차이는 빠르게 분명해지고, 궁극적으로 국제적 확장의 성공에 영향을 미칠 수 있는 교육훈련, 채용, 인센티브에 영향을 미친다. 서비스문화가 강력한 기업은 자신의 문화와 가치를 다른 나라에 그대로 이전할 것인지, 아니면 대폭 수정할 것인지에 대한 문제에 직면해 있다. 다음의 몇 가지 사례는 다양한 접근방식을 보여준다.

맥도날드사의 접근방식

맥도날드사는 국제적 확장에 있어 매우 성공적이었다. 어떤 면에서는 전 세계 사람들이 맥도날드에 가면 미국적인 경험을 하고 싶어 한다는 점에서 그것은 모든 면에서 매우 "미국적인" 것으로 남아 있다. 하지만 이 회사는 문화적 차이에도 민감하다. "맥도날드"의 방식과 문화적 뉘앙스를 각색한 방식이 교묘하게 어우러져 큰 성공을 거두었다. 맥도날드가 표준을 유지하는 한 가지 방법은 전 세계 맥도날드 직원들이 매니저가 되기 전에 필수 교육을 받아야 하는 햄버거대학(Hamburger University, HU)을 이용하는 것이다. 매년 100개 이상의 국가에서 온 약 7,500명의 직원이 일리노이주 오크브룩(Oak Brook)에 위치한 햄버거대학에서 열리는 고급 운영 과정(advanced operations course)에 참석한다. 교육과정은 커뮤니케이션과 인간관계 기술에 80%를 할당하고 있다. 전 세계 다양한 국가에 진출한 맥도날드의 국제적 범위로 인해 강사는 통역사와 전자 장비를 통해 한 번에 28개의 언어로 가르치고 의사소통할 수 있다. 그 결과 모든 국가의 관리자들이 동일한 맛의 "케첩"을 가지고 있으며, 매장의 기본 인력과 운영철학은 상당히 안정적으로 유지된다. 그런 다음 장식, 메뉴 및 기타 문화적 차이 영역의 특별한 수정(현지화)이 허용된다(일부 구체적인 예는 앞서 설명한 제10장의 **세계적 추세** 참조).

UPS의 경험

UPS는 직원 생산성, 고도로 표준화된 서비스제공 프로세스 및 체계적인 교육을 기반으로 구축된 강력한 문화를 가지고 있다. 회사의 갈색 트럭과 유니폼은 미국에서 바로 알아볼 수 있다. 그러나 유럽 전역으로 확장하면서 UPS는 글로벌 인력 관리에서 다음과 같은 몇 가지 문제에 직면했다. 프랑스에서는 운전자들이 점심과 함께 와인을 마실 수 없다는 말을 들었을 때 분개했고, 영국에서 운전자의 애완견이 배달 트럭에 탑승이 금지되었을 때의 시위, 그리고 스페인에서는 갈색 UPS 트럭이 현지의 장례식 영구차(hearses)와 닮았다는 사실이 밝혀졌을 때 실망감 등이 있었다.

유럽의 디즈니랜드

디즈니사가 파리 디즈니랜드를 개장하여 유럽으로 처음 시장을 확장했을 때, 도전과 놀라움도 함께 겪었다. 디즈니사가 미국에서 사용한 고도로 구조화되고 대본화된 고객지향적인 접근방식은 유럽 직원에게 쉽게 이전되지 못했다. 특히 미국 디즈니사 직원들의 미소와 친절, 항상 고객 중심적인 행동은 젊은 프랑스 직원들의 경험과 가치에 어울리지 않았다. 디즈니 문화와 경험을 유럽으로 전하는 과정에서 회사의 가치

주는 실행가치(enacted value)보다 영향력이 낮다.[11] 즉, 문화는 리더가 **진정으로** 믿는 것을 직원들이 지각하는 것, 그리고 직원들이 리더들과 일상적 경험을 통해 조직에서 중요한 것이 무엇인지를 스스로 이해하여 갖게 되는 것이다.

서비스문화의 개발

서비스문화는 하룻밤에 만들어지는 것이 아니고, 서비스문화를 유지하는 묘책이 있는 것도 아니다. 본 장의 후반부에 논의되는 인적자원 관리와 내부마케팅은 서비스문화를 개발하고 유지하는 데 도움이 될 수 있다. 하지만 조직이 제품 혹은 운영지향적인(정부규제와 같은) 전통에 근거한 문화를 가지고 있다면, 어떤 단일 전략으로 문화를 하룻밤에 바꿀 수는 없다. 단지 하나 혹은 두 개의 큰 요인들이 아니라, 작지만 중요하고 수많은 요인들이 서비스문화를 만들고 유지하는 데 필요하다.[12] 기업이 엔지니어링, 영업 또는 운영문화에서 서비스문화로 전환할 때, 서비스문화를 구축하고 조직을 기존 패턴에서 새로운 비즈니스 수행방식으로 전

와 행동규범에 부딪혀 확장을 어렵게 만들었다. 고객들 또한 디즈니 방식으로 "교육"을 받아야 했다–예를 들어, 모든 문화권에서 긴 줄을 서서 기다리는 것이 편안한 것은 아니다. 그리고 모든 문화권이 자녀를 똑같이 대하는 것은 아니다. 예를 들어, 미국에서는 가족이 디즈니랜드에서 음식, 장난감, 그리고 자녀가 "반드시(must)" 가지고 있어야 하는 물건에 많은 돈을 쓴다. 하지만 일부 유럽 문화권에서는 이러한 행동이 너무 관대하다고 여기므로 가족들은 놀이공원을 방문할 때 입장권 외에 많은 것을 구입하지 않는다.

애플스토어의 글로벌 "서비스 단계" 제공

아마도 애플사만큼 고객과 소통을 잘하는 기업은 없을 것이다. 애플은 고객이 모든 접점에서 겪는 경험을 신중하게 고려한다. 교육의 일환으로 애플사는 약어(APPLE, 회사 이름)를 사용하여 모든 애플스토어(Apple store) 직원들에게 기대하는 "서비스 단계(steps of service)"를 아래와 같이 설명한다:

- (Approach) 개인화된 따뜻한 환영으로 고객에게 다가간다.
- (Probe) 고객의 모든 요구를 이해하기 위해 정중하게 조사한다.
- (Present) 오늘 고객이 집으로 가져갈 수 있는 솔루션을 제시한다.
- (listen) 고객의 문제나 우려 사항에 대해 경청하고 해결한다.
- (End) 애정 어린 작별 인사와 함께 재방문을 요청하며 서비스를 마무리한다.

이러한 서비스 단계는 리츠칼튼호텔 사례에서 참조해 채택한 것으로, 애플스토어 직원이 서비스 접점에서 해야 할 일에 대한 기본적인 틀을 제공해준다. "APPLE"의 이러한 조치는 애플스토어가 있는 각 국가에서 훌륭한 고객 경험을 창출하는 데 도움을 주기 위한 것이다.

애플사가 소매판매를 전 세계로 확대하는 동안 이러한 방식으로 서비스를 지속적으로 제공하는 것은 쉽지 않을 것으로 보인다. 예를 들어, 중국에서 판매 책임자를 역임한 아렌츠(Angela Ahrendts)는 애플스토어의 가장 큰 과제가 "서비스 단계"에 설명된 것과 동일한 수준의 고객 서비스를 제공하면서 애플 제품에 대한 수요를 따라잡는 것이라고 믿었다. 애플사는 인도, 홍콩, 브라질, 아랍에미리트와 같은 국가에서 확장을 계속함에 따라 서비스문화를 이전하는 데 유사한 어려움에 직면할 것이다. 이들 국가의 직원은 고객과 적절하게 상호작용하는 방법, 부정적인 방식이 아닌 긍정적인 방식으로 커뮤니케이션을 표현하는 방법, 고객이 감정적으로 반응할 때 어떻게 말해야 하는지를 학습해야 하며, 제품 판매보다는 고객의 문제 해결을 돕는다는 궁극적인 목표를 가지고 있어야 한다.

자료 : www.mcdonalds.com, accessed July 19, 2016; D. Milbank, "Can Europe Deliver?" *The Wall Street Journal*, September 30, 1994, pp. R15, R23; C. Gallo, "How the Apple Store Creates Irresistible Customer Experiences," Forbes April 10, 2015, http://www.forbes.com/; sites/carmine-gallo/2015/04/10/how-the-apple-store-creates-irresistible-customer-experiences "Apple Retail Chief Angela Ahrendts Talks Expansion in China Amid Five New Store Openi ngs," Mac Rumors (blog), http://www.macrumors.com/2015/01/15/ahrendts-china-expansion/, January 15, 2015.

환하는 데 수년간의 지속적이고 협력적인 노력이 필요하다는 것을 알게 된다. 페덱스, 찰스 슈왑, 월트디즈니, 사우스웨스트항공, 자포스, 리츠칼튼 같은 기업에서도 강력한 서비스와 고객 중심 경영을 중심에 두고 이를 유지 · 발전시키기 위해 여러 세부사항에 지속적으로 주의를 기울이고 있다.

서비스문화의 이전

국제적인 사업 확장을 통해 서비스문화를 이전하는 것(transporting) 또한 매우 어려운 문제이다. 다른 나라에 기업문화를 "수출"하는 것은 그렇게 단순한 쟁점이 아니다. 예컨대, 조직의 기업문화와 다른 국가의 문화가 충돌할 수 있다. 만약 충돌한다면 소중히 여기는 서비스 가치의 차이인지, 가치는 같은데 실행(enacted)의 차이인지를 따질 필요가 있다. 만약 소중히 여기는 가치에서 차이가 있고, 이것이 기업의 경쟁우위에 직결된다면 아마 그 기업은 성공하기 어려울 것이다. 만약 가치를 실행하는 데서 차이를 보인다면, 일부 서비스는 새로운 환경에서 수정될 수 있다.

제9장에서 설명했듯이 포시즌호텔은 전 세계 직원들에게 기대하는 "서비스(SERVICE)"라는 이름의 7가지 서비스표준을 가지고 있는데, 이는 세계적으로 동일하다. 또한 이 회사는 국가의 문화를 초월하는 여러 가지 핵심가치를 규정하고 있다. 이러한 가치 중 하나는 고객의 욕구를 예상하는 것이다. 미국의 경우에는 고객의 욕구를 예상하여 언제든지 고객이 원할 때 커피를 마실 수 있도록 호텔 레스토랑 테이블에 커피포트를 올려놓도록 하고 있다. 그러나 파리의 포시즌호텔을 오픈했을 때, 레스토랑에서는 테이블 위에 커피포트를 올려놓지 않았는데 그 이유는 커피를 자신이 따라 마시는 것이 파리 고객들에게는 호의적으로 받아들여지지 않기 때문이다. 하지만 포시즌호텔은 다른 것들은 변경하지 않았다. 예컨대, 탁월한 서비스를 제공한 직원들에게 수여하는 "이 달의 직원 프로그램"은 프랑스의 다른 기업에서는 일반적으로 수용되지 않는 프로그램이지만 파리의 포시즌호텔에서는 시행하고 있다.[13] 서비스표준과 서비스가치는 국경을 넘어 세계 도처에 이전할 수 있는 것이지만 포시즌호텔의 노력에서 볼 수 있듯이, 경영자는 이들을 어떻게 수정하여 실행할 것인지에 대해 유념해야 한다.

세계시장에는 무한한 기회가 존재하지만, 사람들의 상호작용에 많이 의존하는 서비스에는 그 나라의 법규, 문화, 언어 등이 장벽으로 작용할 수 있음을 이해해야 할 것이다. 앞서 살펴본 세계적 추세에서는 여러 기업들이 서비스 문화를 전달하려고 할 때 겪는 문제와 경험을 강조한바 있다.

서비스직원의 결정적인 중요성

서비스기업에서 흔히 인용되는 유명한 말이 있다. "서비스기업에서는 직접 고객에게 서비스를 제공하지 않더라도 어떤 누군가에게 서비스하고 있다."[14] 접점직원과 이들을 뒤에서 지원하는 직원 모두 서비스기업의 성공에 결정적으로 중요함을 시사하는 말이다. 서비스마케팅에서 사람의 중요성은 제1장에서 논의한 서비스마케팅믹스의 7개 구성요소 중의 하나인 **사람**(people)에 잘 정리되어 있다. 즉, **사람은 고객의 지각에 영향을 미치는 서비스제공상의 모든 인간 활동으로 서비스기업의 직원은 물론이거니와 고객과 그 옆에 있는 고객까지도 포함된다.**

본 장에서는 고객과 직접 대면하여 서비스를 제공하는 접점직원에만 초점을 맞추어 논의하기로 하는데 이유는 다음과 같다.

- 접점직원들이 곧 서비스이기 때문이다.
- 접점직원들이 고객의 시각에서는 서비스기업 그 자체이기 때문이다.
- 접점직원들이 곧 브랜드이기 때문이다.
- 접점직원들이 곧 마케터이기 때문이다.

많은 경우 접점직원이 곧 **서비스**이다. 예컨대, 대부분의 인적 · 전문적 서비스에서(예 : 이발, 신체단련, 유아원, 리무진차량서비스, 상담서비스, 법률서비스) 접점직원이 단독으로 전체 서비스를 제공한다. 서비스 제공물이 바로 직원이다. 그래서 서비스를 향상시키기 위해 직원에 투자하는 것은 제조업체가 제품을 개선하기 위해 투자하는 것과 같은 것이다.

접점직원이 전적으로 혼자서 서비스를 수행하지 않을지라도, 고객의 눈에는 접점직원이 바로 **서비스기업**으로 보인다. 예컨대, 로펌이나 헬스클리닉의 모든 직원이(서비스를 제공하는 전문가에서 접수원 및 사무직원에 이르기까지) 고객들에게는 기업을 대표하는 것으로 보이며, 이들이 행동하고 말하는 모든 것이 조직에 대한 고객의 지각에 영향을 미칠 수 있다. 휴식시간의 비행기 승무원이나 음식점 직원과 같이 비번인 직원들조차도 그들이 몸담고 있는 기업을 대표한다. 직원이 비록 비번일지라도 만약 이들이 고객에게 전문적인 지식을 갖추지 못한 것처럼 보이거나 무례한 언행을 한다면, 그 기업에 대한 고객의 지각은 좋지 않을 것이다. 디즈니 코퍼레이션은 고객이 보는 곳에서는 언제나 "무대 위(onstage)"의 태도와 행동을 유지하도록 직원들에게 교육하고, 비번일지라도 고객이 이들을 볼 수 없는 "무대 뒤(backstage)" 혹은 지하의 터널 속에서만 긴장을 풀도록 하고 있다.

서비스직원은 곧 **브랜드**이다. 아메리칸 익스프레스의 금융상담자, 노드스트롬 백화점의 판매원, 사우스웨스트항공의 승무원, 아베크롬비앤피치(Abercrombie & Fitch) 점포의 종업원 사례에서와 같이 고객이 가지는 기업에 대한 전체적 이미지는 고객과 직원의 상호작용에 의해 형성된다. 미국 증권사인 에드워드 존스(Edward Jones)와 거래하는 고객은 서비스직원이 고객 자신의 금융 상황과 목표에 대해 식견이 있고, 이해를 잘하고 있으며, 관심을 가지고 상호작용하고 있다면 금융서비스 분야의 좋은 제공자로 볼 것이다. 유사하게 고객은 판매원과의 상호작용으로 인해 노드스트롬백화점을 전문적이고 감성적인 기업으로 본다. 사우스웨스트항공은 외향적이며 유머감각이 있는(fun-loving) 구직자를 찾고, 아베크롬비앤피치(Abercrombie & Fitch)는 특정 "외모"를 갖추고 있는 구직자를 고용한다. 온라인 신발소매업체인 자포스는 자신들의 브랜드전략에 주로 중점을 두어 고용절차를 진행하며 입사지원자가 브랜드 홍보대사로서의 잠재성이 있는지를 평가한다.[15] 이러한 기업들은 브랜드이미지가 단지 제품을 판매하고 광고함으로써 구축되고 유지되는 것이 아니라 함께 일하는 직원들에 의해서도 형성된다는 것을 이해하고 있다. 브랜드를 창출하는 직원들의 힘을 인지하는 전략을 "브랜디드 고객 서비스(branded customer service)"라고 한다.[16] 이러한 전략을 사용하는 기업은 직원이 진정한 브랜드이며, 직원 각자가 고객 마음에 브랜드를 구축하려고 노력하는 기업이미지로 집약된다.

접점직원은 그 조직을 대표하고 고객의 만족에 직접적으로 영향을 미칠 수 있기 때문에 이들은 **마케터의 역할을 수행**하고 있는 것이다. 이들은 서비스를 유형화하고 걸어 다니는 광고게시판 역할을 한다. 또한 어떤 직원은 보다 전통적인 직원의 역할을 수행할 수도 있다. 예컨대, 은행의 창구 직원이 손님에게 다른 상품을 구매하도록 권유하는 것은 과거에 단순히 수납만 담당하던 역할과는 다르다. 본 장에서 우리는 서비스직원들이 그들의 기능을 잘 수행할 수 있도록 하는 전략을 논의하기로 한다.

서비스삼각형

서비스마케팅은 고객에게 약속을 하고 이를 지키는 것이기 때문에 한 마디로 약속이라고 할 수 있다. 서비스삼각형(service triangle) 혹은 서비스마케팅삼각형으로 알려진 전략적 프레임워크(그림 11.1 참조)는 약속을 지키고 고객관계를 유지하는 데 사람의 중요성을 시각적으로 잘 보여준다.[17] 서비스 혹은 서비스마케팅삼각형은 서비스를 개발하고, 촉진하고, 제공하기 위해 함께 작용하는 세 개의 연결그룹으로 구성된다. 삼각형의 각 꼭짓점에는 핵심 플레이어들인 기업(사업부, 부서 또는 운영단위), 고객, 제공자를 표시하고 있다. 제공자(providers)는 기업의 직원, 하청업자 혹은 기업의 서비스를 실질적으로 제공하는 아웃소싱 업체일 수 있다. 서비스를 성공적으로 제공하기 위해서는 서비스마케팅삼각형의 세 점 사이에 외부마케팅, 상호작용마케팅, 내부마케팅이라는 세 가지 유형의 마케팅이 잘 수행되어야 한다.

삼각형의 오른쪽은 기업이 고객의 기대를 형성하고 고객과 약속하는 일과 관련된 **외부마케팅**(external marketing)을 의미한다. 즉, 서비스제공 이전에 고객과 커뮤니케이션하는 모든 것은 바로 이 외부마케팅 활동으로 볼 수 있다. 그러나 외부마케팅은 단지 서비스마케팅을 위한 시작에 불과하다. 약속은 반드시 지켜져야 의미가 있기 때문이다. 삼각형의 아래쪽은 **상호작용마케팅**(interactive marketing) 또는 **리얼타임마케팅**(real-time marketing)이라고 부른다. 여기가 바로 기업이 약속한 것을 직원, 하청업자, 대리인이 제대로 지키는지 아니면 약속이 깨지는지가 판가름 나는 곳이다. 여기서는 사람이 결정적인 역할을 하며 약속이 지켜지지 않아 고객이 불만족하게 되면 결국 기업을 떠나게 된다. 삼각형의 왼쪽은 **내부마케

그림 11.1
서비스마케팅삼각형

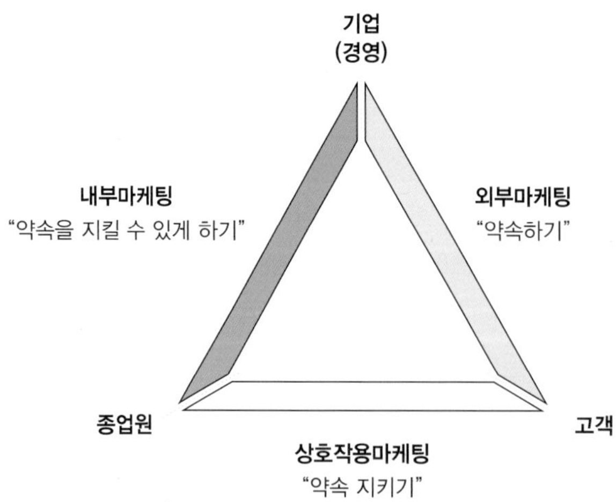

자료 : Adapted from M. J. Bitner, "Building Service Relationships: It's All about Promises," *Journal of the Academy of Marketing Science* 23 (Fall 1995), pp. 246–251; P. T. Kotler and K. L. Keller, *Marketing Management*, 15th ed. (Upper Saddle River, NJ: Pearson Prentice Hall, 2016), p. 410.

팅(internal marketing)의 중요성을 보여주고 있다. 경영자가 서비스약속을 이행하는 제공자들을 돕는 활동을 말한다. 장비와 기술을 마련하고, 교육하고, 동기를 부여하고, 보상하고, 제공하는 활동이 내부마케팅이다. 서비스하는 직원이 고객에게 한 약속을 제공할 의지나 능력이 없다면 기업은 그 약속을 지킬 수 없게 된다.

삼각형의 세 면 모두가 전체를 만드는 데 없어서는 안 되는 핵심적인 역할을 하며, 삼각형의 각 면은 균형을 갖추어야 한다. 즉, 외부마케팅을 통해 약속한 것과 동일한 것을 고객에게 제공해야 한다. 그리고 조직 내의 지원활동이 서비스 제공자가 기대하는 바와 일치해야 한다. 서비스마케팅삼각형의 균형을 유지하는 전략 중, 특히 내부마케팅과 관련된 전략이 본 장의 주제이다.

직원만족, 고객만족, 그리고 이익

만족한 직원이 만족한 고객을 창출하고 만족한 고객이 다시 직원의 직무만족을 강화한다는 구체적인 증거가 있다. 또한 몇몇 학자들은 서비스직원이 행복하지 않다면 고객만족은 달성되기 어렵다는 것을 꾸준히 주장하고 있다.[18]

슈나이더(Benjamin Schneider)와 보웬(David Bowen)은 은행지점의 고객과 직원을 대상으로 한 연구에서 **서비스를 강조하는** 조직풍토와 **직원복지를 강조하는** 조직풍토가 서비스품질에 대한 고객의 전반적인 지각과 높은 상관관계가 있음을 밝혔다.[19] 즉, 직원이 조직 내에서 경험하고 있는 서비스존중 풍토와 인적자원관리는 고객이 경험하는 서비스에 반영된다는 것이다. 유사한 연구에서는 조직에서 공정하게 대우받는다고 느끼는 직원들이 고객을 더 잘 대하고, 결과적으로 더 큰 고객만족을 가져온다고 한다.[20]

직원만족 및 충성도와 고객만족을 연결하는 기본적인 논리와 이익으로 연결되는 과정을 그림 11.2와 같은 "**서비스이익사슬**(service profit chain)"로 표현하고 있다.[21] 앞 장에서 우리는 고객만족과 유지에 초점을 맞추었고 본 장에서는 직원에 초점을 맞추고 있다. 서비스이익사슬은 내부서비스품질 간에 중요한 연계가 있음을 시사한다. 즉, 직원만족/생산성, 고객에

그림 11.2 서비스이익사슬

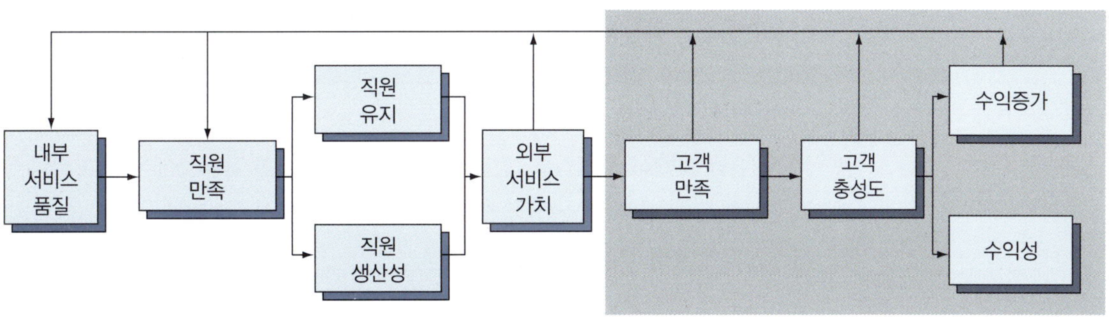

자료 : Adapted from J. L. Heskett, T. O. Jones, G. W. Loveman, W. E. Sasser Jr., and L. A. Schlesinger, "Putting the Service-Profit Chain to Work," *Harvard Business Review* 72 (March–April 1994), pp. 164–174.

게 제공된 서비스가치, 고객만족과 유지, 그리고 이익의 관련성을 설명한다.

서비스이익사슬 분야 연구자들은 이 모델이 인과관계를 가정하지 않는다는 점에 유의할 것을 권고한다. 즉, 직원만족이 고객만족의 원인이 되지는 않지만, 둘이 서로 관련되어 있어 상호작용을 한다는 것이다.[22] 서비스이익사슬은 이를 구성하는 각 요소에서 성공적으로 높은 수준에 도달한 기업은 그렇지 않은 기업과 비교해 보다 높은 성과와 이익을 달성함을 의미한다.

직원행동이 서비스품질 차원에 미치는 영향

직원의 고객지향적 행동은 서비스품질에 대한 고객의 지각에 영향을 미친다.[23] 실제로, 서비스품질의 5개 차원(신뢰성, 응답성, 확신성, 공감성, 유형성) 모두가 서비스직원들에 의해 직접적으로 영향을 받는다.

약속한대로 서비스를 제공하는 것인 **신뢰성**(reliability)은 전적으로 접점직원에 달려 있다. 심지어 주로 기술을 통해 제공되는 서비스(예컨대 항공사 또는 호텔 체크인 키오스크, 스마트폰의 은행 앱, 소매점의 셀프 체크아웃)도 후방에서 모든 시스템이 제대로 작동하고 있는지를 확인하는 직원이 있다. 서비스가 잘못되었거나 착오가 생겼을 때, 직원은 그것을 제대로 운영되게 하고, 서비스회복을 위한 조치를 취하기 때문에 중요하다.

접점직원은 또한 고객을 도우려는 의지와 서비스제공의 신속성인 **응답성**(responsiveness)에 대한 고객의 지각에 직접적으로 영향을 미친다. 특정 옷을 찾는 데 도움이 필요할 때 여러 소매점 직원으로부터 받는 반응을 생각해 보자. 어떤 직원은 당신이 있다는 것조차 무시할지도 모르는 반면, 또 다른 직원은 당신이 찾는 것을 도와주고 그 옷이 있는 다른 점포로 연락을 취해주기도 한다. 어떤 직원은 당신에게 즉각적이고 효과적으로 도움을 주는 반면, 또 다른 사람은 간단한 요청조차도 받아들이는 데 느릿느릿 움직일 수도 있는 것이다.

서비스품질의 **확신성**(assurance)은 기업의 신뢰와 신용(credibility)을 고객에게 심어주고, 전달하는 직원의 능력에 전적으로 의존한다. 조직에 대한 평판이 도움을 주기는 하지만, 결국에는 고객을 직접 상대하는 개개의 직원이 기업에 대한 신뢰를 확인시키고 구축하며 그 평판에 손상을 입히기도 하고 신뢰를 망치기도 한다. 신규사업자 혹은 상대적으로 잘 알려져 있지 않은 기업의 경우 신용과 신뢰는 전적으로 직원행동에 달려 있다.

기업이 직원을 무시하는데 고객에게 "사려 깊고 개별적인 주의"를 제공한다는 것은 상상하기 어려운 일이다. **공감성**(empathy)이란 개별 고객이 필요로 하는 것을 제공하는 데 주의를 기울이고, 경청하며, 순응하고, 그리고 융통성을 발휘하는 것을 의미한다.[24] 예컨대, 어떤 연구에서 직원이 고객지향적이며 고객과 좋은 관계를 가지고, 지각력 있고 주의 깊게 경청할 줄 알고 있을때 고객이 서비스를 더 좋게 평가하여 재방문할 가능성이 높다고 한다.[25] 직원의 외모나 복장 또한 다른 요소들(예컨대, 서비스시설, 장식, 소책자, 사인)과 함께 **유형성**(tangibles)의 중요한 부분이다.

경계연결역할

물론 여기에서 설명하고 강조하는 것들 중 많은 부분이 내부 서비스직원 모두에게 적용 가능하지만 본 장에서는 주로 고객과 직접적으로 상호작용하는 접점직원에 초점을 두기로 한다. 접점직원은 기업의 경계에서 일하기 때문에 **경계연결자**(boundary spanner)로 불리기도 한다. 다음 그림 11.3에서 보는 바와 같이, 경계연결자는 외부고객 및 환경을 기업의 내부운영과 연결한다. 이들은 자사와 외부의 정보를 해석, 이해, 여과하여 자사나 외부관계자에게 제공하는 중요한 역할을 한다.

이러한 경계연결자는 누구인가? 어떤 사람이, 어떤 직책이 경계연결역할을 담당하는가? 모든 사람, 즉 직무나 직책에 관계없이 접점에서 일하는 직원이면 누구나 경계연결자가 될 수 있다. 패스트푸드점, 호텔, 통신업, 소매업 등에서 경계연결자는 기업 내에서 가장 숙련이 안 돼 있고, 가장 임금이 낮은 직원들이다. 이들은 주문을 받는 사람, 프론트데스크 직원, 전화교환원, 점원, 트럭운전사, 그리고 배달직원들이다. 또 다른 산업에서의 경계연결자들은 좋은 보수의 가장 교육을 잘 받은 전문가들인데 예컨대, 의사, 변호사, 회계사, 컨설턴트, 건축설계사, 교사들이다.

기술이 있든 없든, 임금이 높든 낮든 관계없이 경계연결이라는 직책은 스트레스를 많이 받는 직무이다. 정신적 · 신체적 스킬과 더불어 이러한 직책은 엄청난 수준의 감정적인 노동을 요구하며, 개인 간 및 조직 간 갈등을 조정하는 능력을 필요로 하고, 직무수행상 품질과 생산성 간의 상쇄를 해결할 수 있는 능력을 요구한다. 이러한 스트레스와 상쇄는 서비스를 제공하는 것을 어렵게 하여, 서비스성과 갭을 넓힌다.

감정노동

감정노동(emotional labor)이란 양질의 서비스를 제공하는 데 필요한 육체적 혹은 정신적 노

그림 11.3
경계연결자의 중요한 역할

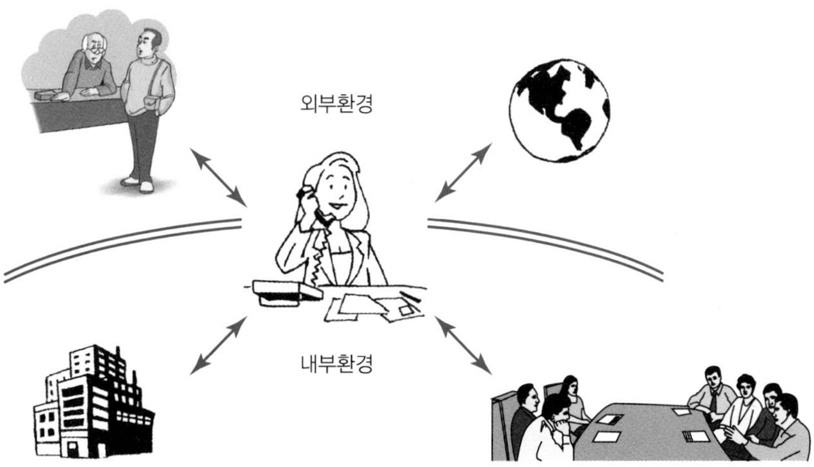

동 이상의 노동을 말하는 것으로 앨리 혹실드(Arlie Hochschild)에 의해 처음으로 사용되었다.[26] 일반적으로 기업은 경계연결역할을 하는 서비스직원에게 기업이 원하는 감정적 표현과 직원의 감정적 노동을 맞출 것을 요구한다.[27] 이러한 노동은 미소를 짓고, 눈을 마주치고, 진실한 관심을 보이고, 다시는 못 만나게 될지도 모르는 낯선 사람과 친절하게 대화를 나누는 것을 포함한다. 고객을 향한 친근감, 공손함, 공감, 응답성 등은 조직을 대신해서 이러한 책임을 떠맡고 있는 접점직원들에게 엄청난 양의 감정노동을 요구한다. 감정노동이 효과적으로 수행되려면 사람들에 대한 느낌을 잘 활용해야 한다(흔히 자신의 느낌을 억제해야 하는 경우가 많지만). 접점직원이 기분 나쁜 날이거나 혹은 감정이 상하는 일이 있더라도 고객은 이들에게 회사의 얼굴을 기대한다. 감정노동의 가장 명백한 예를 하나 들기로 한다. "자, 미소를 지어 보시죠"라고 말하면서 어떤 사업가가 비행기 승무원에게 다가갔다. 그러자 "좋습니다"라고 그녀가 응답한 후 "당신이 먼저 미소지으면, 저도 미소지을 것입니다. 좋습니까?"라고 말했다. 그가 먼저 미소를 지었다. "좋아요" 그녀가 말했다. "이제 15시간 동안 그렇게 하고 계십시요"라고 말하고는 가버렸다.[28]

본 장에서 다루게 될 많은 전략은 기업의 서비스직원들이 직무를 수행하는 곳에서 겪는 감정노동을 덜어주는 데 도움이 될 것이다. 감정적 스트레스를 처리하고 감정적 역량을 표현할(display emotional competence) 수 있는 사람을 주의 깊게 선발하는 것, 필요한 스킬을 훈련시키는 것(예 : 경청하는 기술, 문제해결), 그리고 그들에게 대처(coping) 능력 및 전략을 가르치거나 부여하는 것(예 : 직무순환, 계획된 휴식, 팀워크) 등과 관련된 전략이다.[29] 다음에 제시되는 전략적 통찰에서는 서비스기업들이 사용하는 추가적인 감정노동 전략에 대해 설명했다.

갈등의 원천

접점직원이 직무를 수행하다 보면 종종 개인 간 및 조직 간 갈등에 직면하게 된다. 그들의 좌절감이나 혼란감이 해결되지 않은 채로 남아 있으면 그것은 스트레스, 직무불만족, 고객응대 능력의 감소, 그리고 신경쇠약 등을 일으킬 수 있다.[30] 왜냐하면 접점직원이 고객을 대신해서 조직에 요구하고 동시에 수많은 고객을 한꺼번에 관리해야 하기 때문이다. 따라서 접점직원들은 불가피하게 개인/역할갈등, 조직/고객갈등, 고객 간 갈등에 직면하게 되는데 다음 절에서 보다 자세히 다루게 된다.[31]

개인/역할갈등(person/role conflict)

어떤 상황에서든 경계연결자들은 그들이 하도록 명령받는 것과 자신의 개성, 지향성 혹은 가치관 사이에서 갈등을 느낀다. 평등과 개인주의가 존중되는 미국과 같은 사회에 있어서도 서비스 직원은 "고객은 항상 옳다. 심지어 그가 틀렸을 때조차도"라는 표어에 따라 생활하도록 요구받았을 때와 같이, 자신들의 느낌이나 신념을 억제해야 할 경우 역할갈등을 느낄 것이다. 때때로 역할이 요구하는 것과 직원의 자아이미지 혹은 자존심 간 갈등이 존재할 수 있다.

한 이스라엘 서비스전문가는 자신의 문화권에서 겪은 실례를 다음과 같이 언급하고 있다. 동전을 줍기 위해 몸을 구부리는 것은 낮은 지위를 나타내는 것이다:

> 이스라엘에서는 대부분의 버스가 남자 한 사람, 즉 운전사에 의하여 관리되며, 운전사는 표를 팔기까지 한다. 버스에는 승객이 운전사에게 버스운임을 내는 어떤 설비도 마련돼 있지 않다. 직접 돈을 건네야 한다. 버스 운전자는 종종 운임을 받기 위해 거지처럼 손을 내밀어야 하는 굴욕적인 경험에 대해 불평을 늘어놓는다. 특히 버스요금을 동전으로 지불하다 동전이 우연히 버스 바닥에 떨어졌을 때 불평이 많다. 문제는 그 동전을 줍기 위해 누가 몸을 굽혀야 하는 것인가인데 '자신일까 아니면 승객일까?'라는 의문이 운전사의 갈등을 잘 반영하고 있다.[32]

개인/역할갈등은 또한 직무에 맞도록 복장을 갖추어야 하거나 자신의 외모 중 어떤 측면을 바꿀 것을 요구받는 경우에도 나타난다. 갓 학교를 졸업한 한 젊은 변호사는 사장이 긴 머리카락을 자르고 캐주얼 복장을 정장으로 바꾸라고 했을 때 새로운 직무에 대한 내적 갈등을 느낄 수 있다.

조직/고객갈등(organization/client conflict)

접점직원이 겪는 보다 일반적인 갈등은 조직과 고객이라는 두 상사 사이에서 겪는 갈등이다. 서비스 직원은 기업의 기준, 규칙 및 절차를 따르도록 되어 있다.

제9장에서 설명한 것처럼 이러한 규칙과 기준은 일반적으로 고객중심적인 내용으로 구성되어 있다. 규칙과 기준이 고객 중심적이지 않은 경우나 어떤 고객이 과도한 요구를 하는 경우, 직원은 그 규칙을 따를지 혹은 그 고객의 요구를 충족시킬지를 선택해야만 한다. 회계기업의 관리자는 짧은 세금준비기간(tax preparation season) 동안 환급을 극대화하기 위해 직원이 신속하게 고객의 세금환급을 준비하기를 원한다. 그러나 직원의 다른 상사인 고객은 개인적인 관심과 세금환급과 관련하여 자신에게 시간을 할애해 줄 것을 기대할지 모른다.[33] 직원의 갈등은 자신이 속한 조직이 그 정책적인 면에서 옳지 않다고 믿고 있거나, 고객의 요구를 수용하고 직무를 잃어버릴 위험을 감수해야 할 때, 또는 그 정책을 따라야 할지를 결정해야 할 때 가장 커진다. 이러한 갈등은 서비스 직원의 소득이 고객에 직접적으로 의존할 때 특히 심각하다. 예컨대, 팁이나 수수료에 의존하는 직원은 보다 높은 수준의 조직/고객갈등에 직면하기 쉬운데, 왜냐하면 이들은 고객과 일체가 됨으로써 보다 많은 인센티브를 받을 수 있기 때문이다.

고객 간 갈등(interclient conflict)

때때로 두 사람 이상의 고객들로부터 양립될 수 없는 기대 혹은 요구를 받았을 때 경계연결자는 갈등이 발생한다. 이는 서비스제공자가 차례로 고객에게 서비스하는 경우(예 : 은행의 창구 직원, 표 판매원, 의사)이거나 많은 고객이 동시에 서비스를 받는 경우(예 : 교사, 연예

전략적 통찰 감정노동 관리를 위한 전략

서비스 직무를 담당하고 있는 고객접점직원은 다양한 감정을 표시하거나 반대로 감정을 억제해야 하는 경우가 많다. 그러한 직원들은 많은 상황에서 자신의 업무에 개인의 정체성과 표현을 투자해야 할 필요성이 점점 더 커지고 있다. 다음 설명은 가장 일상적인 직업에서도 서비스 직원의 경험이 전통적인 제조업 근로자의 경험과 어떻게 현저하게 다른지를 보여준다:

> 조립라인 노동자는 자신의 일을 공공연하게 싫어하고, 상사를 경멸하며, 심지어 동료를 싫어할 수도 있다. 이것은 불쾌한 상황일 수 있지만, 자신이 담당한 업무를 효율적으로 완수한다면 그의 태도는 자신의 문제다. 하지만 서비스 노동자에게 있어, 직장에서 생활한다는 것은 최소한 그 일을 좋아하는 척하고, 기껏해야 자신의 직장에 온힘을 쏟고, 좋아하며, 자신이 교류하는 사람들을 진정으로 배려하는 것을 의미한다.*

감정노동은 빈번한 접촉과 오랜 시간의 전화를 통한 접촉(voice contact) 또는 고객과의 대면 접촉이 필요한 직무에서 더 자주 발생한다. 이러한 직무를 담당하는 직원들은 종종 상황에 대처하기 위해 감정적 관리가 필요하다. 본 장의 후반부에서는 직원들이 직장에서 감정노동의 현실에 대처하는 데 도움이 되는 환경을 조성하기 위해 조직을 위한 많은 전략을 제안했다. 여기에서는 일부 기업이 까다롭거나 불쾌한 고객, 제멋대로인 고객 앞에서 자신의 감정을 관리하려는 직원의 노력을 보다 직접적으로 지원하기 위해 사용하는 특정 전략을 제시한다.

감정노동 능력 심사

많은 기업들이 해당 직무의 감정노동 요건을 충족하는 데 적합한 직원을 고용하려고 한다. 정신장애 및 신체장애가 있는 사람들에게 다양한 서비스를 제공하는 조직인 던가빈(Dungarvin)사는 홈페이지에 직무 미리보기(일자리 예고편, job preview) 프로그램을 업로드해 예비 직원들에게 감정노동 요건을 공개하고 있다. 던가빈사의 의도는 특별한 요구가 있는 고객과 정기적으로 상호작용해야 하는 직원에게 요구되는 감정적 요구에 만족하는 지원자를 선별하는 것이다. 콜센터에서는 종종 구직자들에게 직무 미리보기를 제공하여 잠재 직원이 고객(종종 불만족스럽고 불행한 고객)과 상호작용하는데 필요한 감정노동을 지속적으로 발휘하는지에 대한 적합성 여부를 측정할 수 있도록 한다. 이러한 모의 고객응대 연습(simulated customer contact exercises)을 통해 기업은 예비 지원자가 자연스럽게 의사소통할 수 있는 친근감과 온정적 태도의 수준을 평가할 수 있다. 이러한 관행은 가치, 배경, 인성, 감정적 능력이 해당 직무의 감정노동 요건과 일치하는 직원을 식별하는 데 도움이 된다.

감정 관리 기술 및 적절한 행동 교육

대부분의 고객접점직원은 고객에게 예의 바르게 대해야 한다고 배운다. 그러나 고객은 공감이나 예의에 보답할 의무가 없다. 고객이 '고객은 언제나 옳다'는 특권을 행사하는 상황에서 직원들은 진정한 감정을 억누르는 데 어려움을 겪는다. 직원들이 이러한 문제에 직면할 때 대처할 수 있도록 충분한 교육을 제공하는 기업은 거의 없다. 사회학자 앨리 혹실드(Arlie Hochschild)는 **표면적 행동**(surface acting)과 **심층적 행동**(deep acting)이라는 두 가지 형태로 감정노동을 구분했다. 표면적 행동은 직원들이 실제로 존재하지 않는 감정을 느끼는 척하고 그렇게 할 때 느끼는 감정의 억압과 느끼지 않은 감정의 가장을 모두 포함하는 것이다. 심층적 행동은 생각, 이미지, 기억을 적극적으로 끌어내 관련된 감정을 유도하는 것을 포함해 직원이 고객에게 표현해야 할 실제 감정을 경험하려고 시도하는 행동이다. 소매점 점원과 항공사 승무원은 고객이 친구이거나, 또는 승객이 처음 비행기를 타는 겁에 질린 어린 아이라고 상상하는 등 심층적 행동 전략(deep-acting strategies)을 펼치도록 권장받는 경우가 많다. 기업은 또한 직원들이 자신의 부정적인 감정으로 부정적인 고객 감정을 되돌리는 자연스러운 반응을 억제하기 위해 몇 시간 동안 역할연기(role-playing)를 하도록 함으로써 고객의 나쁜 감정을 흡수하지 않도록 하는 방법을 교육할

인)에 흔히 발생한다.

차례로 고객에게 서비스하는 경우, 서비스 제공자는 추가적인 시간을 투입하고, 서비스를 고객화하여 유연하게 고객을 만족시킬 수 있을 것이다. 하지만 기다리고 있는 고객은 자신의 욕구가 적시에 충족되지 않기 때문에 불만족하게 된다. 또한, 시간문제 외에도 고객에 따라

수도 있다.

신중한 물리적 작업 환경 구성

제10장에서 논의한 바와 같이, 서비스가 제공되는 환경은 직원의 행동과 감정에 영향을 미칠 수 있다. 비행 중 응급의료상황이 발생했을 때 항공사에 전화 상담을 제공하는 기업인 메드에어(MedAire)는 생명이 위태로운 상황을 접하는 직원을 정기적으로 보유하고 있다. 이 기업은 직원들이 일상적으로 받는 스트레스를 줄이기 위해 애리조나주 템페(Tempe) 사무실을 개방형 평면으로 설계해 모든 직원들이 창문으로 나무, 잔디, 자동차 등을 볼 수 있도록 했다. 이 아이디어에서 한 걸음 더 나아가 젯블루항공사(JetBlue Airways)는 예약 담당자가 사무실 콜센터에 하루 종일 앉아 있어야 하는 대신 재택근무를 할 수 있도록 허용하고 있다.

직원의 기분전환 허용

감정노동을 해야 하는 직원들은 종종 긴장을 풀 수 있는 배출구가 필요하다. 직원들이 긴장을 풀고 불만을 털어놓을 수 있도록 허용하면 불만(좌절감)을 해소할 수 있다. 이러한 환기가 그룹 환경에서 이루어지면 감정적 지원과 격려를 제공하고, 직원들에게 다른 사람들도 동일한 문제를 겪고 있음을 알 수 있도록 하며, 회사가 감정적 기여를 인정한다는 메시지를 직원에게 전달한다. 리츠칼튼(Ritz-Carlton), 월마트(Walmart), 그리고 다른 기업들은 정기적으로 이러한 기분전환을 위한 시간을 따로 마련했다. 이러한 경험이 제공할 수 있는 카타르시스적인 이점 외에도, 다른 직원들이 유용하다고 생각한 대처 전략을 공개할 수 있다.

직원들에게 휴식 제공

직원이 고객과 전화 또는 직접 대면접촉이 확대되는 상황에서 특히 도움이 되는 전략은 직원들이 잠시 휴식을 취하여 재정비할 수 있도록 하는 것이다. 무료 콜센터를 운영하는 많은 기업에서는 고객응대 담당 직원들에게 하루종일 다른 직무로 순환근무를 시켜 고객과 전화 통화를 하지 않도록 조치한다. 고객응대 담당 직원은 서류 작업을 완료하거나 다른 업무를 완료하는 데 몇 분밖에 걸리지 않더라도, 까다롭거나 어려운 상황에서 잠시 벗어난 후 다시 활력을 얻고 기분전환이 될 수 있다. 호주의 한 콜센터는 직원 업무 공간 근처에 당구대를 두고, 직원들이 책상에서 일하는 동안 영화를 틀어 고객과 상호작용하는 데 따른 스트레스를 줄여준다.

까다로운 고객을 관리자에게 인계

일부 고객은 직원이 감당하기에는 벅찰 수도 있다. 이러한 상황에서 고객접점직원에 대한 압박을 완화하기 위해 기업은 상호작용에 대한 책임을 관리자에게 이전할 수 있다. 치킨윙 전문 레스토랑 체인인 윙존(Wing Zone)사는 화난 고객이 직원들에게 미칠 수 있는 스트레스를 잘 알고 있다. 회사 주문의 대부분은 전화로 이루어지며 직원, 특히 경험이 거의 없는 직원은 까다로운 고객을 가장 가까운 관리자에게 간단히 인계하도록 교육을 받는다. 관리자 차원에서 이러한 상황이 성공적으로 처리되지 못하면, 관리자가 수신자 부담 전화로 해당 고객을 본사로 안내할 것을 권장한다.

*Quoted from C. L. Macdonald and C. Sirianni, *Working in the Service Society*, (Philadelphia: Temple University Press, 1996), p. 4

자료 : A. Hochschild, *The Managed Heart: Commercializa-tion of Human Feeling* (Berkeley: University of California Press, 1983); B. F. Ashforth and R. H. Humphrey, "Emotional Labor in Service Roles: The Influence of Identity," *Academy of Management Review* 18 (1993), pp. 88–115; www.dungarvin.com, accessed July 20, 2016; S. D. Pugh, "Service with a Smile: Emotional Contagion in the Service Encounter," *Academy of Management Journal* 44 (2001), pp. 1018–1027; A. A. Grandey, "When 'The Show Must Go On': Surface Acting and Deep Acting as Determinants of Emotional Exhaustion and Peer-Rated Service Delivery," *Academy of Management Journal* 46 (2003), pp. 86–96; and T. Hennig-Thurau, M. Groth, M. Paul, and D. D. Gremler, "Are All Smiles Created Equal? How Employee-Customer Emotional Contagion and Emotional Labor Impact Service Relationships," *Journal of Marketing* 70 (July 2006), pp. 58–73.

선호하는 것이 달라 갈등이 생기기도 한다. 바쁘거나 개인 간의 상호작용을 덜 선호하는 다른 고객이 있을 때, 개인적으로 안면이 있고 어느 정도의 친밀감을 갖기를 좋아하는 고객에게 서비스하는 것 또한 직원에게는 갈등의 원천이 된다.

동시에 많은 고객에게 서비스하는 경우, 상이한 고객들로 구성된 집단의 욕구 전체를 충족시킨다는 것은 매우 어렵거나 불가능한 일이다. 이러한 종류의 갈등은 수많은 기대와 상이한 선호를 충족시켜야만 하는 대학의 강의실에서 쉽게 발견할 수 있다. 또한, 유흥시설(entertainment venue)이나 여러 유형의 그룹훈련 서비스에서도 나타난다.

품질/생산성 상쇄관계

접점직원들은 효과성과 효율성 모두를 요구받는다. 즉, 고객에게는 만족스러운 서비스를 제공하고, 그러면서도 비용을 아낄 것을 요구받는 것이다. 예컨대, HMO(건강관리조직)의 한 의사는 환자들에게 양질의 사려 깊은 그리고 개별적인 서비스를 제공하고, 동시에 정해진 시간 안에 일정 수의 환자를 치료해야 한다. 식료품점의 현금출납원(checker)은 고객의 안면을 익히고 정중하고 공손해야 하며, 또한 대기줄이 신속하게 이동되도록 해야 한다.[34] 이러한 품질과 수량 사이 그리고 효과성과 효율성 사이의 필연적 상쇄관계(quality/productivity trade-offs)는 현장에 있는 접점직원을 압박한다. 최근에는 서비스직원의 생산성을 높이기 위해 상쇄관계를 조절하고 이와 동시에 높은 품질의 서비스를 자유롭게 제공할 수 있는 기술이 그 어느 때보다도 많이 사용되고 있다(본 장 **주목받는 기술** 참조).

상쇄관계에 관한 가장 생생한 예가 플로리다의 버라이즌(Verizon)사 직원에 의해 발생했던 사례이다. 버라이즌사는 고객이 제기한 문제를 해결했음에도 불구하고 고객과 서비스 관련 전화통화를 할 경우에는 일정시간 이상의 통화시간을 초과하지 말라는 지침을 내렸는데 직원들은 이러한 회사의 요구에 좌절했다. 다시 말해, 직원들은 기업의 고객서비스 우선순위가 문제를 해결하는 것이 아니라 효율성(efficiencies)을 높이려는 것으로 느꼈다. 직원들은 결국 이러한 정책을 다시 고려할 것을 회사에 요구하면서 파업을 했고, 고객들은 이러한 직원들의 행동에 감사를 전했다.[35]

직원을 통해 양질의 서비스를 제공하는 전략 : 인적자원관리전략

서비스직원이 양질의 서비스를 기꺼이 제공하고 고객지향적인 방법으로 일을 수행하도록 동기부여하는 데는 복합적인 전략이 필요하다. 서비스약속을 지키도록 지원하는 이러한 전략은 **그림 11.1**의 좌측에 나타난 것처럼 흔히 **내부마케팅**(internal marketing)이라고 불리기도 한다.[36]

고객에게 한 약속을 성공적으로 지키도록 직원들을 독려하고 또 그렇게 할 수 있도록 지원하는 인적자원관리나 전략이 조직의 주요 목표로 설정되면, 조직은 사람을 통하여 양질의 서비스를 제공하는 전략을 확실히 실행할 수 있을 것이다. 여기서 설명하려는 전략은 4가지의 기본적인 주제로 요약된다. (1) 적임자를 채용해야 한다, (2) 고품질의 서비스를 제공하도록 직원을 개발해야 한다, (3) 필요한 지원시스템을 제공해야 한다, (4) 우수한 인력을 지켜야 한다. **그림 11.4**에서 보는 것처럼, 이들 각각의 기본적인 전략을 달성하기 위한 구체적인 하위전

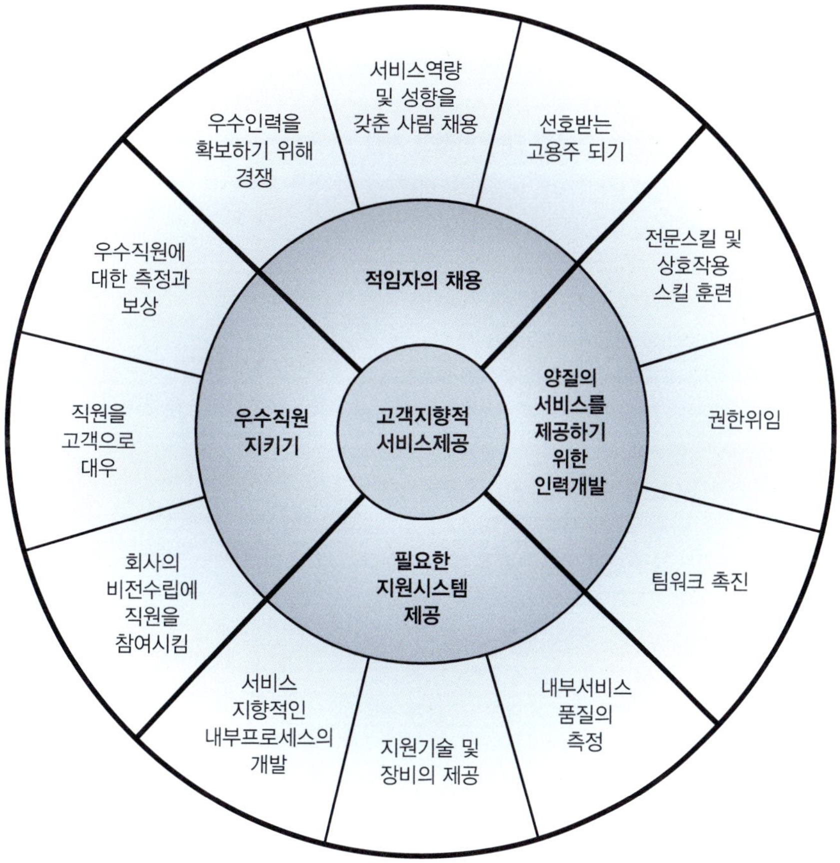

그림 11.4
사람을 통해 양질의 서비스를 제공하기 위한 인적자원관리전략

략들이 포함되어 있다.

적임자의 채용

고품질의 서비스를 효과적으로 제공하기 위해, 서비스인력을 고용하고 보충하는 데 상당한 주의(considerable attention)를 기울여야 한다. 접점직원이 기업의 계층적 서열(corporate ladder)에서 맨 아래에 있고, 임금 또한 가장 낮은 것이 기존 서비스업에서의 관례임을 비추어 볼 때, 앞서 말한 상당한 주의는 전통적인 관례와는 상반된다. 다른 극단에 있는 전문 서비스업에서는 가장 중요한 인력충원기준으로 기술, 자격증, 전문성 등을 꼽고 있고 최근에는 이러한 자격 외에 또 다른 것을 요구하고 있어 상당한 주의를 보이고 있다. 예컨대, 전문 서비스업에서 고객지향성이나 서비스지향성을 추가로 요구하는 추세가 있다. 적임자를 채용하기 위한 구체적인 방법은 그림 11.4에 3가지로 제시하고 있다.

우수인력을 확보하기 위해 경쟁하라

우수인력을 확보하기 위해 조직은 누가 우수한지를 파악하고 이들을 채용하기 위해 다른 조

주목받는 기술 기술을 통해 직원들이 고객에게 보다 효과적이고 효율적으로 서비스를 제공하는 방법

UPS 운전기사의 신뢰성 향상에 도움이 되는 최적화 기술

UPS는 매일 1,800만 개 이상의 택배화물을 배달한다. 이전에는 UPS 기사가 지도, 3×5 메모카드 및 자체 메모리를 사용하여 경로를 탐색하는 가장 좋은 방법을 알아냈다. 그러나 최적의 경로를 보다 효율적으로 결정하기 위해 UPS는 경로 최적화 시스템을 구현했다. UPS는 매일 저녁 10만 명 이상의 운전자를 위해 다음 날 일정 계획을 수립한다. 이 소프트웨어는 좌회전 횟수를 최소화하도록 각 경로를 설계해 운전자가 정지신호에서 공회전하며 낭비하는 시간과 연료를 줄인다. 또한 거의 300만 개의 우편번호 페어링으로 하루 이상의 운송시간을 단축했다. UPS의 기술을 통해 고객에 대한 기업의 지식을 포착할 수 있도록 해주었다. 이전에는 직원들이 퇴사하거나 정년퇴임할 때 수년간 쌓아온 화물 적재기술이나 경로 팁에 대한 지식도 함께 제공되었다. 이러한 지식은 새로운 운전자의 교육 시간을 단축하는 중앙 집중식 시스템에 포착되어 고객 서비스가 누락될 가능성을 줄였다. 이 기술을 통해 UPS는 경로를 보다 효율적으로 운영할 수 있었으며, 그 결과 고객에게 보다 빠르고 안정적인 배송서비스를 제공할 수 있었다.

대학 교수 및 강사를 지원하는 블랙보드

미국 대학들은 인터넷 및 기타 기술을 사용하여 캠퍼스에 네트워크로 연결된 학습 환경을 조성한다. 대학들이 사용하는 블랙보드(Blackboard)라는 도구는 강의자의 효율성을 높이는 인프라를 제공한다. 예를 들어, 블랙보드는 강의자가 거의 모든 교육 관련 자료를 구성할 수 있도록 도와준다. 교과 관리 기능 중에는 자료(읽기, 강의 계획서, 과제, 토론 질문)에 대한 전자 저장 및 접근성 통제, 수업 토론 게시판 관리, 학생 과제 수거, 온라인 퀴즈 및 시험 관리, 그룹 프로젝트 관리, 온라인 성적부 및 기타 여러 기능을 제공한다. 실제로 강의자에게 필요한 대부분의 교과 관리 작업을 블랙보드에서 처리할 수 있다. 학생들은 또한 이러한 관리 문제로 강의자를 성가시게 할 필요 없이 교과 자료에 액세스하고, 업데이트된 교과 정보를 받고, 과제를 제출할 수 있는 단일 소스를 확보하여 혜택을 누릴 수 있다.

블랙보드는 강의자에게 강의의 여러 섹션을 관리할 수 있는 기능을 제공한다. 강의자는 각 섹션에 대한 자료를 만들 필요 없이 학습 자료(예 : 유인물 또는 읽기 보충 자료)를 만들고 한 번 저장하여 모든 교과 섹션에 연결할 수 있다. 따라서 블랙보드는 강의 시간을 보다 효과적으로 사용하여 강의자가 교실 밖에서 학생들에게 접근할 수 있는 더 많은 시간을 제공한다. 또한 강의자에게 학생 학습을 추적하고 평가할 수 있는 체계적인 방법도 제공한다. 예를 들어, 블랙보드의 e-포트폴리오 옵션은 학생들의 과제를 저장하기 위한 온라인 저장소를 제공하므로 교수진과 학생 모두가 주어진 교과나 학습 프로그램에서 학생의 진행 상황을 쉽게 평가할 수 있다. 그리고 오늘날 대학생들의 욕구와 기대에 부응하여 블랙보드는 이제 학생이 원할 때마다 성적을 확인하고, 공지사항을 보

직과 경쟁할 필요가 있다. 이를 두고 레오날드 베리(Leonard Berry)와 파라슈라만(A. Parasuraman)은 "우수인력 시장점유율을 위해 경쟁하는 것"으로 표현한다.[37] 이들은 기업이 고객을 위해 마케팅 전문성을 동원하듯이 우수직원을 확보하기 위해서도 그렇게 하라고 제안한다. 우수인력 채용에 마케팅을 적용하는 예는 다음과 같다. 장기근속 근무자를 유치할 수 있도록 일자리시장을 세분화하고, 제품, 즉 직무설계를 하여 이를 널리 알리는 촉진을 하는 것이다. 금융 소프트웨어기업 인튜이트(Intuit)사, 카지노기업 하라스(Harrah's)사, 야후, 메리어트 등의 기업들은 인재채용 부사장으로 채용책임자의 직책을 변경했다. 그렇게 함으로써 채용의 중요성을 인식하게 하고 마케팅 전문성을 채용에 받아들이는 것을 돕는다.

서비스역량과 서비스성향을 갖춘 사람을 채용하라

일단 잠재직원이 파악되면, 조직은 지원자들 중에서 우수인력을 파악하기 위해 면접하고 선발하는 데 세심한 주의를 기울일 필요가 있다. 서비스직원은 서비스역량(service competen-

고, 블로그에 게시하고, 원하는 시간과 장소에 상관없이 교과 콘텐츠에 액세스할 수 있는 스마트폰 애플리케이션을 제공한다.

직원들에게 환자의 전자의료기록을 지원하는 메이요클리닉

메이요클리닉(Mayo Clinic)은 세계에서 가장 강력한 서비스 브랜드 중 하나로 인정받아 왔으며, 미국의 선도적인 의료산업 브랜드다. 여기에는 많은 이유가 있지만(본서의 다른 부분에서 언급한 바와 같이), 메이요의 기술은 암 치료, 심장 수술 또는 신경외과 등과 같은 심각한 질환이 있는 환자에게 고품질 치료를 제공하는 능력에서 핵심적인 역할을 한다. 미국 플로리다주 잭슨빌(Jacksonville)에 위치한 메이요클리닉은 지난 10년 동안 컴퓨터 시스템 기술에 1,800만 달러를 투자했으며, 대부분 전자의료기록에 중점을 두었다. 대부분의 병원들과 마찬가지로 메이요클리닉의 입원 환자 시스템은 매우 복잡하며 부서와 전문가 간에 환자 치료 업무가 조정되어야 한다. 약국 시스템, 실험실 시스템 및 모니터링 시스템을 포함해 환자 치료에 필요한 많은 시스템은 상호 연결되어야 하고 24시간 연중무휴로 작동해야 한다.

메이요클리닉의 주문입력시스템(order-entry system)을 통해 병원 의사는 검사, 치료 및 의약품을 주문할 수 있다. 항목이 입력되면 환자 치료와 관련된 일련의 활동이 자동으로 실행된다. 예를 들어, 암 치료를 위해 종양외과에 입원한 사람을 생각해 보자. 의사는 환자에게 화학요법 30분 전에 메스꺼움 방지약을 처방한 다음 특정 시간과 특정 순서에 따라 세 가지 다른 화학약품을 처방할 수 있으며, 12시간마다 치료를 반복하도록 지정할 수 있다. 이 주문입력시스템은 특정 치료를 수행해야 할 때 병원에 있는 의사, 약사 및 기타 사람들에게 자동으로 알리고 약품 투여량 및 투여 방법을 모니터링한다.

잭슨빌 메이요클리닉의 자동화 시스템(automated system)은 거의 700만 달러의 비용절감뿐만 아니라 의료진의 효율성을 높이고 환자 치료를 개선시켜 준다. 예를 들어, 새로운 검사 결과가 환자의 파일에 보고되면 간호사나 의사가 즉시 볼 수 있도록 강조 표시가 된다. 따라서 의료진은 환자 파일을 기다리거나 찾는 데 소요되는 시간을 줄일 수 있다. 전자의료기록으로 전환함으로써 메이요클리닉은 만성질환으로 고통받는 환자를 돌보는 데 있어 직원 업무절차가 더 잘 조정된다는 사실을 알게 되었다. 따라서 전자 의료기록을 통해 메이요클리닉 직원은 보다 효율적으로 양질의 의료서비스를 제공할 수 있었다.

자료 : D. Foust, "How Technology Delivers for UPS," *BusinessWeek* (March 5, 2007), p. 60; 2015 UPS Annual Report; L. L. Berry and K. D. Seltman, "Building a Strong Services Brand: Lessons from Mayo Clinic," *Business Horizons* 50 (May–June 2007), pp. 199–209; and A. M. Virzi, "A Complex Operation," *Baseline* (October 2006), pp. 56–59.

cies)과 서비스성향(service inclination)이라는 두 가지 보완적인 능력이 필요하다.[38]

서비스역량은 직무를 수행하는 데 필요한 스킬 및 지식을 말한다. 많은 경우 잠재직원들은 법학박사학위 취득 및 변호사 시험에 통과하는 것과 같은 특정 수준 및 자격 취득으로 역량을 입증한다. 이와 유사한 통과의례가 의사, 비행기조종사, 대학교수, 교사 그리고 여타 분야의 구직자에게 자신의 분야에서 서비스 직무를 얻기 위해 면접 전에 요구된다. 다른 경우에 서비스역량은 관련된 학위가 아니라 기본적인 지적 능력이나 신체적 요구사항이 될 수 있다. 예컨대, 소매점의 캐셔(cashier)는 기본적인 계산능력을 가지고 있어야 하고 현금출납기를 다룰 줄 알아야만 한다. 최근 연구에 따르면 많은 현장 직원들이 업무를 잘 수행하기 위해서는 고객의 감정을 인지, 이해 및 조절할 수 있는 능력인 충분한 수준의 감정적 역량도 갖추어야 할 필요가 있다고 한다.[39]

서비스품질의 다차원적인 특성, 즉 신뢰성, 응답성, 공감성 등을 고려하면 서비스역량 이상을 서비스직에 요구해야 한다. 그래서 **서비스성향**이라는 조건이 추가되는 것이다. 서비스

예시 11.1 업계에서 가장 빠르게 선호 받는 고용주가 된 구글

1996년 구글(Google)사의 창립자인 래리 페이지(Larry Page)와 세르게이 브린(Sergey Brin)은 온라인 검색에 대한 새로운 접근방식을 개발하여 스탠포드대학교 기숙사에 뿌리를 내리고 전 세계의 정보 검색자들에게 빠르게 퍼졌다. 이들은 계속해서 검색 접근 방식을 개선했고, 1998년에 세계 최대의 검색 엔진인 구글사를 설립하여 사용하기 쉬운 무료 서비스를 구축해 결과를 몇 초 만에 검색할 수 있도록 했다.

짧은 역사 동안 구글사는 직원들이 선호하는 고용주가 되었고, 2007년부터 2016년까지 포춘지(Fortune)가 선정한 가장 일하기 좋은 100대 기업 목록에서 7번이나 1위에 올랐다. 한 연구에 따르면 젊은 전문가 4명 중 1명은 구글사에서 일하기를 희망하고 있다. 구글사는 다음과 같은 다양한 접근방식을 사용하여 전 세계 60,000명 이상의 직원을 고용할 수 있었다.

회사 아트리움에서 함께 일하는 구글사 직원들

- **구글플렉스**(The Googleplex) – 구글 월드 본사 건물은 캘리포니아주 마운틴 뷰(Mountain View)에 있으며 "구글러스(Googlers. 직원)"를 채용하고 유지하는 것을 지원해주고 있다. 기업 웹사이트에 소개된 시설의 필수 요소 중에는 피아노가 있는 로비, 라바(lava) 램프, 전 세계의 현재 검색어를 실시간으로 보여주는 것 등이 있다. 복도에는 자전거가 있고, 바닥에는 커다란 운동용 고무 공(rubber exercise ball)이 놓여 있고, 곳곳에 있는 게시판에는 세계 각국의 언론 기사들이 게시되어 있다. 세계 3차원 회전 이미지는 지구 표면에서 우주를 향한 실시간 검색을 나타내는 빛의 지점을 표시하거나 언어별 색상으로 구분되어 있으며, 전체 인터넷의 트래픽 패턴을 표시한다.

성향이란 서비스업무 수행에 대한 관심을 말하는 것으로 고객과 동료에 서비스하는 것과 서비스에 대한 태도에 반영되기 때문에 선발에서 중시된다.[40] 처음부터 서비스성향이 어느 정도 있는 사람이 서비스직에 지원하고, 일단 서비스조직에 들어오면 서비스성향이 높아지게 된다. 그러나 어떤 사람은 다른 사람에 비해 보다 높은 서비스성향을 가진다. 한 연구에서는 배려성(helpfulness), 사려성(thoughtfulness), 사교성(sociability)과 같은 서비스지향적 성격과 서비스 효과성이 상관관계가 있는 것을 보여주고 있으며,[41] 초우량 서비스기업의 경우 특별한 스펙이나 능력보다는 서비스제공에 긍정적인 태도를 가진 직원을 채용하는 데 집중한다. 서비스직원의 이상적인 채용은 서비스역량과 서비스성향이 모두 높은 직원을 고용하는 것이다.[42]

전통적인 고용면접 외에도 많은 기업이 조직의 필요에 맞는 서비스성향을 비롯한 여타 개인적 특징을 평가하기 위해 혁신적인 방법을 사용한다. 사우스웨스트 항공은 인정, 상식, 유머감각, "할 수 있다"는 긍정적인 태도, 내가 아니라 우리로 생각하는 공감의식 등을 갖춘 사람을 찾는다. 이 회사가 이러한 서비스성향을 평가하는 한 가지 방법은 승무원 면접을 단체로 하여 서로 어떻게 상호작용하는지를 관찰하는 것이다. 또한 조종사들도 일정수준의 전문

• **레크리에이션 시설** – 웨이트 및 로잉(rowing) 머신, 라커룸, 세탁기 및 건조기, 마사지실, 다양한 비디오 게임, 테이블 축구(foosball), 피아노, 당구대, 탁구대를 갖춘 운동실을 제공한다. 또한 일주일에 두 번 주차장에서 롤러 하키(roller hockey)를 할 수 있다.
• **식당** – 본사에 11개의 무료 미식 카페테리아를 운영하고 있으며, 모든 직원에게 무료로 식사를 제공한다. 푸드 스테이션에는 "찰리스 그릴(Charlie's Grill)", "백 투 앨버커키(Back to Albuquerque)", "이스트 미츠 웨스트(East Meets West)", "베지헤즈(Vegheads)"가 있다. 스낵 룸에는 다양한 시리얼, 젤리 같은 간식, M&M, 토피, 캐슈넛, 요구르트, 당근, 신선한 과일, 기타 스낵과 신선한 주스, 소다수, 즉석 음료, 커피를 포함한 수십 가지 다양한 음료가 준비되어 있다.
• **직원을 위한 서비스** – 직원들에게 다양한 서비스가 제공된다. 예를 들어, 현장 세차 및 오일 교환은 모든 직원에게 제공하는 수많은 특전 중 하나다. 현장에서 이발도 할 수 있다. 직원들은 무료로 운동 강좌에 참석하거나, 마사지를 받을 수 있다. 중국어, 일본어, 스페인어, 프랑스어를 공부하고 개인 컨시어지에게 저녁 식사 예약을 요청할 수도 있다. 직원들이 이용할 수 있는 기타 서비스로는 보육, 현장 공증인, 직원 건강검진을 위한 5명의 의사가 현장에 있으며, 모두 무료로 이용할 수 있다. 다른 건물의 사무실을 왕래하는 직원을 위해 5곳에서 무료 Wi-Fi 지원 셔틀버스를 운행한다.
• **기타 혜택** – 직원들에게 몇 가지 다른 혜택도 제공된다. 하이브리드 자동차를 사는 사람들은 5,000달러 지원해준다. 매주 라이브 밴드가 연주하는 TGIF 파티가 열리고 "파자마 데이(pajama day, 집에서 아무것도 하지 않고 쉬는 날)" 행사가 자주 있다. 유축기가 완비된 수유실도 제공되며, 반려동물을 직장에 자유롭게 데려올 수도 있다. 또한 회사의 80/20 규칙에 따라 직원은 기본 업무에 80%의 시간을 할애하고, Gmail, Google News, Google Finance 사이트와 같은 회사에 도움이 될 것이라고 생각하는 열정적인 프로젝트에 20%를 할애할 수 있다.

구글사가 하루에 약 3,000여 건의 이력서를 받는 것은 놀라운 일이 아니다. 그리고 이상과 같은 혜택과 관련하여 직원들이 기업에 대해 긍정적인 이야기를 하도록 장려하기에 충분하지 않다면, 회사는 추천을 통해 고용된 사람당 2,000달러의 보상금을 지급한다.

자료 : A. Lashinsky, "Search and Enjoy," *Fortune*, January 29, 2007, pp. 70–82; J. Light, "Google Is No. 1 on List of Desired Employers," *The Wall Street Journal*, March 21, 2011, p. B8; J. D'Onfro, "An Insider Look at Google's Best Employee Perks," *Inc.*, September 21, 2015, www.inc.com/business-insider/best-google-benefits.html; and www.google.com, accessed July 21, 2016.

스킬을 넘어서면 팀워크를 평가하기 위해 집단으로 면접한다.[43]

선호받는 고용주가 되라

우수인력을 영입하는 한 가지 방법은 특정 산업 및 지역에서 선호받는 고용주로 알려지는 것이다. UPS는 매년 "고용주 선택지수(Employer of Choice Index)"를 만들기 위해 종업원에게 설문조사를 실시한 후에 선호받는 고용주로 남기 위한 연간 목표를 설정한다.[44] 앞서 예시 11.1에서 설명한 바와 같이 세계적인 인터넷 검색서비스 제공기업 구글은 선호받는 고용주로서의 명성을 누리고 있다. 구글은 모든 사무실에서 사용하고 있는 "일상생활에서 직원을 제일 먼저 배려하라(puts employees first when it comes to daily life)"는 문구를 자신들의 웹사이트에 공개한다.[45] 구글은 지난 10년간 포춘지가 선정한 일하기 좋은 직장 선두권에 7번 올랐고 고용주 또한 매우 선호하는 고용주로 평가받고 있다.

선호받는 고용주가 되도록 하는 또 다른 전략은 다양한 훈련기회를 제공하고, 승진기회를 주며, 내부지원을 잘해주고, 매력적인 인센티브를 도입하고, 직원이 자부심을 느끼는 좋은 서비스를 제공하는 것이다. SAS 인스티튜트(Institute)는 포춘지 선정 일하기 좋은 최고의 직장 상위 5위 안에 드는 단골기업이며, 최고경영자 또한 통계 소프트웨어 산업에서 선호받는 고용주 중의 한 명으로 평가받아 왔다. SAS의 웹사이트에는 "종업원이 기업을 변화시킨 것처럼 그들을 대한다면 그들은 기업을 변화시킬 것이다"라는 문구가 있다. 종업원을 대하는 기업철학이 잘 나타나 있는 내용이라 할 수 있다. 기업은 또한 직원을 위하여 많은 투자를 하는데 모든 직원이 자신의 독립 사무실을 가지고 있으며, 주당 35시간 근무를 유연하게 할 수 있다. 기업은 직원에게 최고급 데이케어(day care)센터를 매우 저렴하고 합리적인 가격에 직장 내에서 제공하며, 또한 헬스케어센터와 66,000평방피트의 피트니스센터를 직장 내에서 무료로 제공한다. 이러한 이유 때문에 매우 우수한 직원들을 경쟁자에게 빼앗기지 않고 있다.[46]

이러한 산업과는 달리, 보수가 적은 직원이 대부분인 메리어트 인터내셔널은 호텔산업에서 "선호받는 고용주"라는 기업목표를 가지고 있다. 직원과 관련한 메리어트의 철학도 SAS의 그것과 유사하지만 "직원이 기업으로부터 대우를 잘 받으면, 직원은 고객을 위해 성심성의껏 서비스를 제공할 것이며 고객은 다시 우리를 찾을 것이다…. 이것이 우리 기업의 기본적인 핵심가치이다"라고 메리어트호텔의 회장인 빌 메리어트(Bill Mariott)는 강조한다.[47] 메리어트는 선택근무시간제(flex time), 재택근무(telework), 압축주간노동(compressed work week), 근무변경(shift swapping), 파트타임 근무, 직무공유 등의 유연근무제(flexible work place)와 교육비 상환, 어린이와 노인보호 할인, 직무와 인생스킬 훈련, 회사 차원의 헬스 및 웰니스 프로그램 등을 직원에게 제공하여 치열한 경쟁을 하고 있는 호텔업계에서 선호받는 고용주가 운영하는 기업으로 평가받고 있다. 또한 메리어트는 직원을 위하여 30개국의 언어를 교육하는 프로그램도 제공한다. 구글이나 SAS처럼 메리어트 인터내셔널도 포춘지 선정 일하기 좋은 100대 기업에 항상 순위를 올리고 있다.

양질의 서비스를 제공하기 위한 인력개발

고객지향적인 인력을 유지 · 발전시키고 고품질의 서비스를 제공하기 위해서 기업은 직원의 능력을 개발해야 한다. 즉, 일단 적임자를 서비스직원으로 채용했다면, 품질 좋은 서비스를 제공할 수 있도록 이들을 훈련시키고 개발해야 한다.

전문스킬과 상호작용스킬의 훈련

품질 좋은 서비스를 제공하기 위해서는 필요한 **전문스킬**(technical skills) 및 지식(예 : 호텔에서의 회계정보시스템, 소매상점에서 현금출납기 사용법, 보험회사에서는 계약과정, 사업을 운영하기 위한 기업의 운영상의 규칙)과 **상호작용스킬**(interactive skills)을 지속적으로 훈련받아야 한다. 대부분의 서비스 업체는 직원에게 전문스킬을 교육시키는 데 매우관심이 많다. 이러한 스킬은 전 세계의 맥도날드 매니저들을 교육시키는 맥도날드의 햄버거대학과 같은 정형화된 교육을 통해 가르친다. 게다가, 전화서비스 훈련생들이 노련한 선배들의 대화를 들으면서 습득하기도 한다.

서비스 직원은 또한 정중하고, 배려하고, 빠르게 반응하고, 공감하는 서비스를 제공할 수 있는 대화형 기술 교육이 필요하다. 연구에 따르면, 기업들은 직원들에게 유쾌한 대화에 참여하는 방법, 질문하는 방법, 고객과 상호작용할 때 유머를 사용하는 방법을 가르쳐서 직원들에게 고객과의 관계를 발전시키는 방법(상호작용 기술의 한 유형)을 훈련시킬 수 있다.[48] 또한 직원에게 고객과의 공통점(commonalities)이나 공유할 수 있는 것을 찾아내어 즉석 대화를 이끌어내는 방법을 교육할 수 있다. 스타벅스, 시카고의 엘리시안호텔(Elysian Hotel) 같은 몇몇 기업들은 고객과 접촉하는 직원에게 커뮤니케이션이나 경청스킬, 고객의 보디랭귀지를 이해하는 방법, 고객과 친밀한 관계를 즉석에서 구축하는 방법 등을 교육한다.[49]

아웃백스테이크하우스는 웨이터(waiter)와 웨이트리스(waitress) 모두에게 고객의 테이블 옆에서 쪼그리고 앉아 고객과 몇 분 동안 대화하는 방법에 대해서 교육한다. 이러한 행동은 고객의 바로 옆에서 고객의 눈과 더 가까이 마주 볼 수 있게 하며 호감 있는 상호작용을 이끌어 낼 수 있다. 스타벅스는 인사이드 아웃(Inside Out)이라는 보드게임을 만들어서 고객과 접촉하는 바리스타를 위한 교육세션에 이용한다.[50] 게임에는 바리스타가 특별한 시나리오를 제시받는 부분이 있는데, 마지막 크리스마스 쇼핑을 마치고 피로회복 음료수를 먹기 위해 점포에 들러서 한숨을 쉬는 고객과 대화하기 같은 내용이 제시되며, 어떻게 고객의 마음을 편안하게 해줄 수 있는지 해결방법에 도전하는 것들이 포함된다.

성공한 기업은 교육에 투자를 많이 하고 이러한 교육이 기업의 사업목표 및 전략과 일치함을 분명히 한다. 예컨대, 리츠칼튼호텔의 모든 직원들은 집중적인 초기훈련을 경험하고 그들의 지갑에는 포켓사이즈의 얇은 조각 모양의 신조카드(credo card)를 지니고 다니도록 한다. 신조카드에는 서비스의 3단계, 리츠칼튼의 잘 알려진 모토인 "우리는 신사 숙녀 여러분을 모시는 신사 숙녀입니다", 그리고 신조 그 자체에 대한 구체적인 내용을 담고 있다. 게다가, 모든 호텔의 직원은 리츠칼튼의 "황금 표준(gold standards)"과 직원들의 서비스가치를 리뷰하기 위해서 매일 간략한 스탭 미팅에 참가하기 때문에 지속적으로 초기의 교육을 보충한다.

직원들에게 권한위임

많은 서비스기업들은 고객의 욕구를 정말 잘 충족시키기 위해서, 고객욕구에 즉시 응할 수 있고 잘못된 사항이 발생했을 때 즉시 시정조치를 취할 수 있도록 하기 위해서, 접점직원들에게 권한위임이 되어야 함을 깨닫고 있다. **권한위임**(empowerment)은 고객에게 최선의 서비스를 제공하는 방법을 결정할 수 있도록 직원들에게 권한, 수단, 도구 및 열망(desire)을 부여하는 것을 의미한다.

권한위임의 핵심은 직원들에게 고객에 대한 의사결정 권한을 주는 것이지만, 그것만으로는 충분하지 않다. 직원들에게 의사결정을 할 수 있는 지식과 수단 그리고 적절한 의사결정을 할 수 있도록 인센티브를 주어야 한다. 단순히 직원들에게 "이제부터 당신이 고객을 만족시키는 어떠한 행동을 해도 괜찮은 권한을 주겠소"라고 말한다고 해서 성공적인 권한위임이 되는 것은 아니다. 그 이유는, 첫째 직원(특히 과거에 위계적 조직구조에서)은 이 말을 믿으려 하지 않으며, 둘째 적절한 교육과 지도를 받지 않는다면 어떻게 해야 할지를 모르고, 마지막으로 모든 종업원이 권한위임 받기를 원하지는 않기 때문이다.[51]

한 연구에서는 접점직원에게 권한을 위임하는 것이 긍정적인 편익이 있다고 제시하고 있다. 긍정적인 편익에는 직무와 관련된 스트레스를 줄이고, 직무만족을 높이고, 더욱 창의적인 아이디어, 높은 적응성과 고객에 대해 더 좋은 결과를 가져온다는 것들이 포함된다.[52] 그러나 이러한 성공은 쉽게 찾아오지 않는다. 실제로, 몇몇 전문가들은 거의 모든 조직이 성공적인 권한위임 전략을 진정으로 활용하거나 적절하게 구현한 조직은 거의 없다고 결론을 내렸다.[53] 모든 조직에서 권한위임이 항상 문제의 해답이 되는 것은 아니다. 다음의 예시 11.2에서는 권한위임에 따른 잠재적 비용과 편익 모두를 설명하고 있다.

팀워크 촉진

많은 서비스 직무는 그 특성상 직원들이 모여서 일할 때, 고객만족이 높아진다. 서비스직은 흔히 스트레스와 긴장이 심하기 때문에 팀워크로 이를 줄일 수 있다. 또한 동료가 든든히 받쳐주고 있다고 믿으면, 좋은 서비스를 제공하여 열정을 더 발휘할 수 있다.[54] 이러한 팀워크는 메이요클리닉의 서비스철학을 이끄는 원동력이다. 메이요의 핵심원칙 중의 하나는 "인정이 많은 통합조직, 다방면에 해박한 의사, 환자의 욕구에 집중한 과학자와 건강전문가 집단으로서 의료서비스를 실행"할 수 있도록 독려하는 것이다.[55] 서비스품질을 위한 주요 요소 이외에도 "서로 돕고, 위하며 함께 목표를 달성하려는 상호공동체는 피로를 해결해주는 해독제이다."[56] 동료애와 동료의 지원은 탁월한 서비스를 제공하려는 성향을 강화하는 한편, 서비스조직의 팀워크를 촉진시킴으로써 직원의 서비스제공능력도 키울 수 있다.

팀워크를 촉진시키는 하나의 방법은 "누구나 고객은 있다(everyone has a customer)"라는 태도를 갖게 하는 것이다. 즉, 고객과 직접 대면하지 않고 직접적인 책임이 없을 경우라도 그들은 자신이 직접 대응하는 고객이 누구인지, 그리고 자신의 역할이 전체적인 서비스제공과정에서 양질의 서비스를 제공하는 마지막 단계에까지 꼭 필요한 것이라는 점을 인식할 필요가 있다. 만약 개별 직원들이 최종고객에게 좋은 서비스를 제공하는 데 자신이 어떤 역할을 하는지 알고, 또 누구를 지원해야 할지 인지하고 있다면, 팀워크는 촉진(promote teamwork)된다. 제8장에서 설명한 서비스청사진이 최종고객에게 서비스를 제공하는 데 있어서 각각의 직원이 하는 역할을 잘 보여준다.

팀의 목표와 보상 또한 팀워크를 촉진시킨다. 하라스 엔터테인먼트(Harrah's Entertain-ment)는 팀워크에 집중하여 인센티브와 보상을 제공하는 기업이다. 카지노호텔기업의 인센티브프로그램은 팀성과에 가중치를 부여하고 있으며 상대적으로 적은 40% 이하의 보상을 개인목표 달성에 할당하고 있다. 회의기획자(meeting planners)에서부터 블랙잭(blackjack) 딜러까지 하라 엔터테인먼트의 모든 직원은 고객서비스 점수에 기초하여 성과급을 받는다. 기업이 개인적인 업적과 성과를 모든 보상의 근거로 하는 것보다 개인이 속한 팀에 대해 보상할 때, 팀의 노력과 팀 정신을 고취시킬 수 있다.

예시 11.2 권한위임에 따른 잠재적 편익과 비용

편익

- **서비스제공 시 고속 온라인(quicker on-line)으로 고객의 요구에 대응할 수 있다.** 고객을 대신해서 의사결정을 할 수 있는 직원들은 과거에 거쳐야 했던 의사결정 단계, 또는 적어도 인접한 상사와 논의해야 했던 단계를 생략할 수 있어 빨리 의사결정을 할 수 있다.
- **서비스제공 시 고속 온라인으로 그 자리에서 불만족한 고객에 대응할 수 있다.** 서비스제공시스템에 문제가 생기면 고객은 즉각적인 회복을 원한다. 이러한 경우 접점직원에게 권한위임이 되어 있다면, 그 자리에서 조치를 취하여 불만족한 고객을 만족고객 내지는 단골고객으로 바꿀 수 있다.
- **직원은 그들의 직무와 자신에 대해 더 만족할 것이다.** 직원에게 의사결정을 할 수 있는 권한과 통제권을 주면, 오히려 고객만족에 대해 더 책임감을 느끼게 된다. 직무설계에 대한 수십 년간의 연구를 보면, 직원이 통제권을 가지고 있고, 의미 있는 일을 하고 있다고 느낄 때 만족도가 높아져 이직률과 결근율이 낮아진다고 한다.
- **직원이 보다 따뜻하고 열정을 가지고 고객을 대할 것이다.** 자신과 자신의 일을 더 좋게 느끼기 때문에, 이런 감정이 고객의 감정 속으로 스며들어, 결국 고객과의 상호작용에 나타내게 된다.
- **권한위임을 받은 직원에게서 더 많은 아이디어가 나온다.** 직원이 권한이 있을 때, 서비스결과에 책임을 느껴 현재의 서비스를 개선하는 아이디어나 새로운 아이디어를 내게 된다.
- **고객으로부터 더 많은 구전(WOM)효과를 얻어 낼 수 있다.** 권한을 부여받은 직원은 특별한 서비스를 고객에게 제공할 것이고, 이를 기억한 고객은 친구나 이웃에게 이야기하게 된다.

비용

- **채용과 교육훈련비용이 많이 든다.** 권한이 부여된 환경에서 일을 잘할 수 있는 직원을 찾는 데는 창의적이면서 비용이 많이 드는 선발절차를 거친다. 또한 회사, 제품 및 유연하게 일하는 방법 등에 대해서 더 많이 파악해야 하기 때문에 교육훈련에 비용이 많이 든다.
- **인건비가 높다.** 파트타임으로나 계절별로 직원을 고용할 수 없고, 책임을 지우는 만큼 임금을 지급해야 하기 때문이다.
- **서비스제공이 보다 느리고 일관성이 낮아질 수 있다.** 권한위임을 받은 직원이 한 고객과 시간을 많이 보낸다면, 전체 서비스제공 시간이 지체될 수 있다. 이로 인해 기다리는 손님의 불만이 높아질 수도 있다. 권한위임이란 또한 고객이 원하는 것을 얻게 하는 것을 의미한다. 고객만족에 대한 결정이 직원의 재량에 달려 있기 때문에 서비스제공 수준에 일관성이 부족할 수도 있게 된다.
- **고객이 공평한 대우를 받지 못했다고 생각할 수도 있다.** 고객은 모든 고객이 어떤 절차를 따르는 것이 공평(fair)하다고 생각할 수도 있다. 그래서 다른 서비스를 받는 고객을 보거나 어떤 고객에게는 특별한 조건을 없애면 불공평하다고 생각할 수 있다.
- **직원이 "점포를 송두리째 주는(give away the store)", 즉 무리한 의사결정을 할 수 있다.** 많은 사람들은 권한이 부여된 직원이 조직으로서는 도저히 감당할 수도 없는 비용이 많이 드는 의사결정을 할 수도 있다고 걱정한다. 만약 흔히 이런 일이 일어난다면 교육훈련을 다시 시키고 지침을 제시할 필요가 있다.

자료 : Adapted from "The Empowerment of Service Workers: What, Why, How, and When," by D. E. Bowen and E. E. Lawler, Sloan *Management Review* 33 (Spring 1992), pp. 31–39.

필요한 지원시스템 제공

서비스직원이 직무를 효과적이고 효율적으로 처리하기 위해서는 고객지향적인 내부지원시스템이 필요하다. 사실상 자신이 아무리 원하더라도 고객지향적인 내부지원시스템의 도움 없이는 서비스직원이 양질의 서비스를 제공한다는 것은 불가능하다. 예컨대, 은행에서 창구직원이 정확하게 거래하고 고객만족을 높이기 위해서는 고객에 대한 최신 정보를 쉽게 얻을 수 있어야 하고, 직원이 충분히 많아 고객을 기다리지 않게 해야 하며, 관리직 또한 고객지향적이어야 한다. 호주에서 시행한 콜센터의 고객서비스 성과에 관한 실험에서, 연구자들은 직무에서 사용되는 정보기술뿐만 아니라 관리자, 팀동료, 다른 부서원으로부터의 내부지원이 직원만족과 강하게 연관되어 있고 이것이 곧 고객을 만족시키는 능력임을 발견하였다.[56] 다음에서는 고객지향적 내부지원시스템을 만드는 여러 가지 전략을 제시한다.

내부서비스품질의 측정

내부서비스가 협조적으로 운영되게 하는 한 가지 방법은 내부서비스를 측정하고 보상하는 것이다. 우선 사내 모든 구성원들은 고객이 있음을 인정하고, 이 고객이 지각하는 각 구성원에 대한 내부서비스품질을 측정하게 되면, 내부서비스품질을 중시하는 기업문화를 만들어 낼 수 있다.[57] 환자에게 최고의 서비스를 제공하기 위한 탐색의 일환으로 메이요클리닉은 공식적으로 부서 간의 내부서비스품질을 매년 측정하고 있다. 내부고객 서비스감사는 양질의 내부서비스를 창조하는 데 사용되는 도구이다. 내부조직은 감사를 통해 그들의 고객을 확인하고, 고객의 욕구를 파악하고, 내부조직이 얼마나 잘하고 있는지를 측정하고, 개선책을 만든다. 이러한 프로세스는 외부고객을 상대로 한 시장조사와 유사하다.

내부서비스품질에 집중하고 이를 측정하는 위험 중 하나는 직원들이 외부고객에 대응하는 것을 잊고 내부고객의 욕구충족에 열중할 수 있다는 것이다.[58] 그러므로 내부서비스품질 측정에서 내부적으로 무엇이 전달되고 고객에게 최종 서비스가 어떻게 제공되는지 이들 간의 연결고리를 이해하는 것이 중요하다. 제8장에서 설명한 서비스청사진이 이러한 중요한 연계를 설명하는 것을 돕는다.

지원기술 및 장비제공

직원에게 적합한 장비가 없거나 있더라도 제대로 작동되지 않으면, 양질의 서비스를 제공하려는 직원의 의지가 쉽게 꺾일 수 있다. 서비스직원이 직무를 효율적이고 능률적으로 처리하기 위해서는 적합한 장비와 기술이 필요하다.

작업장의 설계 자체가 '적합한 장비와 정보기술'에 포함될 수 있다. 예를 들어, 자포스(Zapos)는 고객에게 최신 정보와 옵션을 제공할 수 있도록 그들의 창고에 있는 재고목록과 관련한 포괄적인 정보를 컴퓨터시스템으로 제공하고 있다. 사무용 가구 기업인 홀웨이즈(Hallways)의 기업시설은 벽화와 만화로 채워져 있고, 공간들은 버팀목들로 채워져 있으며, 사무실은 직원의 개인 잡동사니들로 채워져 있는데, 이 모든 것이 직원이 편안하게 고객서비스를 제공하고 팀의 일부로 느낄 수 있는 환경을 창출하기 위해 설계되었다. 사실, 온라인 신발쇼핑몰 자포스가 작업환경에서 창출하고 있는 분위기는 거의 매일 외부인들에게 개방되고 있는데 라스베이거스 본사의 큐비클(cubicles)을 통한 여행으로 잘 알려져 있다.

서비스지향적인 내부프로세스의 개발

접점직원이 좋은 서비스를 제공하도록 잘 도와주기 위해서는 조직의 내부프로세스가 고객가치와 고객만족을 염두에 두고 설계되어야 한다. 다시 말해서 내부절차가 좋은 서비스성과를 지원해야 한다. 많은 회사에서 내부프로세스는 관료주의적 규칙, 전통, 원가효율성, 내부직원 욕구에 의해 결정된다. 그러므로 서비스지향적이고, 고객지향적인 내부프로세스가 되기 위해서는 시스템의 전반적인 재설계가 필요하다. 이러한 전반적인 시스템과 프로세스의 재설계를 '프로세스 리엔지니어링'이라고 한다. 리엔지니어링을 통한 서비스지향적 내부프로세스의 개발이 그럴듯하게 들릴지도 모르지만 사실은 전통을 고수하려는 조직에서는 시행하기에 가장 어려운 전략들 중에 하나일지도 모른다.

우수직원 지키기

적임자를 직원으로 선발하고, 좋은 품질의 서비스를 제공하기 위해 교육하고, 필요한 지원시스템을 갖추는 것 외에 우수한(best) 직원이 기업을 떠나지 않도록 해야 한다. 직원의 이직, 특히 우수한 직원의 이직은 고객만족, 직원사기, 전반적인 서비스품질에 치명적인 손상을 입힐 수 있다. 어떤 회사는 직원채용에는 많은 시간을 쏟지만 그 후엔 방치하여 다른 직장을 찾아 떠나도록 하고 있다. 그림 11.4에서 언급한 것처럼 모든 전략이 우수직원을 유지하는 데 도움이 되겠지만 여기서는 특별히 몇 가지만 거론하기로 한다.

회사의 비전 수립에 직원을 참여시킴

직원들로 하여금 조직에 관심을 가지고 몰입하도록 하기 위해서는 그들로 하여금 조직의 비전을 이해하고 공감하게 해야 한다. 서비스접점직원들도 그들의 일이 회사의 비전과 목표에 부합하는지 이해할 필요가 있다. 보통은 월급이나 여타 복지혜택으로 동기유발되지만 우수한 직원은 회사의 비전이 없다고 생각하면 다른 기회를 찾아 떠나려 한다. 회사의 비전이 직원들에게 비밀로 돼 있다면 우수한 직원을 동기부여시킬 수 없으므로 최고경영자(CEO)를 비롯한 임원진은 직원들에게 회사의 비전이 무엇인지 알려줘야 한다.[59] 스타벅스의 하워드 슐츠(Howard Schulz), 페덱스의 프레드 스미스(Fred Smith), 아마존의 제프 베조스(Jeff Bezos), 자포스의 토니 셰이(Tony Hsieh) 같은 CEO들은 비전을 명확하게 직원들에게 전하는 것으로 유명하다.

미국 최대 페인트기업인 셔윈 윌리암스(Sherwin-Williams)에서는 "상표서비스(Trade Mark Service)"를 제공하기 위한 기업목표를 조직 전체를 통해 소통해 왔다. 즉, 기업비전에 서비스를 제공하는 직원을 포함시키기 위해 지난 10년간 "모든 고객을 게스트(GUEST)처럼 대하라"는 집중적 내부캠페인을 실시해 왔다. 게스트(GUEST)는 다음의 약자이다. 모든 고객을 환영해라(G-Greet every customer), 고객의 이름을 이용하라(U-Use the customer's name), 측정하고 욕구를 채워줘라(E-Evaluate and fulfill needs), 웃는 얼굴과 음성으로 고객을 대하라(S-Smile with face and voice), 감사하고 다시 초청하라(T-Thank and invite them back). 이러한 행동은 고객과 상호작용하는 셔 윌리암스의 모든 부서에 기대된다.[60] 이러한 행동은 직원들에게 강한 메시지를 주었고 회사의 비전을 강화시켰다. 비전과 방향이 명백하고 이것이 직원의 동기부여로 연결될 때 직원들은 피할 수 없는 힘든 상황을 극복하고 비전을 향한 길을 따라 기업과 함께 남아 있게 될 것이다.

직원을 고객으로 대우

만약에 서비스직원이 회사에서 소중한 존재로 존중받고, 그들의 욕구가 중요하게 여겨진다면 직원들은 조직에 오래 머물려고 할 것이다. 예컨대, 시벨시스템(Siebel System)의 설립자인 탐 시벨(Tom Siebel)은 모든 직원과 고객들에게 이익을 주는 기업문화를 만드는 것이 CEO의 주요 직무임을 다음과 같은 말로 강조했다. "만약 기업을 설립하고 높은 고객만족을 실현하는 제품과 서비스를 만들고, 인적자원을 잘 활용하고 관리하면, 시장가치와 수익률 성장과 같은 시장성과는 자연히 좋아지기 마련이다."[61]

많은 기업에서 직원 또한 고객이란 사고를 받아들여 그들에게 맞는 마케팅전략을 수립하기도 한다.[62] 기업이 직원에게 제공하는 제품은 바로 직무(job)와 그에 따른 편익, 그리고 직장생활의 질이다. 기업은 직원의 직무 및 직장생활의 욕구가 충족되고 있는지의 여부를 확인하기 위해 정기적인 내부 마케팅 조사를 실시하여 직원의 만족도와 욕구를 측정한다. 예를 들어, 예시 11.1에서 설명한 것처럼 구글(Google)사는 직원을 고객으로 대우하는 것으로 간주할 수 있는 여러 가지 정책을 실시했다. 예시에 나열된 혜택 외에도 무료 이미용 서비스, 실내 수영장, 비디오 게임, 세탁, 건강관리, 마사지 등의 다른 혜택들도 있으며 이 모든 것이 구글플렉스(Googleplex)에서 제공된다.[63] 구글을 비롯한 많은 기업들이 직원과 가족복지를 위해 많이 노력할수록 직원만족, 생산성 향상, 이직률 하락이라는 결과를 가져온다는 것을 발견했다. 그리고 직원들은 기업의 이러한 노력에 고마움을 표했고, 구글은 포춘지의 "일하고 싶은 100대 기업"에 10년 동안 매년 선정되었다.

우수직원에 대한 측정과 보상

만약 양질의 서비스를 제공하는 우수직원이 회사에 남기를 원한다면 기업은 그들에게 보상을 주고 승진시켜야 한다. 마땅히 이러해야 하지만 기업의 보상체계가 서비스의 우수한 수행과 관련되어 있지 않은 경우가 흔하다. 자칫하면 보상체계가 양질의 서비스에 나쁜 영향을 미칠 수 있는 요소인 생산성, 양, 매출액을 중시할 수도 있다. 양질의 서비스를 제공하기 위해 노력하는 직원조차도 그들의 노력을 인정받지 못하고 좋은 서비스를 제공한 것에 대한 보상이 제대로 이루어지지 않는다면 어느 시점에선가 좌절하게 되고 다른 직장을 찾아 떠나려 할 것이다.

보상 시스템은 기업이나 조직의 비전 및 진정으로 중요한 결과와 연결되어야 한다. 예컨대, 고객 만족과 유지가 중요한 결과로 간주된다면, 이러한 결과를 증진시키는 서비스 행동을 인식하고 보상해야 한다. 과거에는 하라스 카지노&호텔의 직원보상 중 일부가 고객만족도 점수와 "성과급(performance payout)"으로 연계되어 직원들이 우수한 서비스 수준을 달성하는 데 투자할 수 있었다. 직원은 예외적으로 서비스를 잘 제공한 전체팀의 성과에도 기득권을 가진다. 금전적 보상 이외에도 탁월한 직원은 회장상(chairman awards)을 수상하게 되고 그들의 이름은 하라스의 연간 리포트에 게재된다. 관리자도 고객서비스를 긍정적으로 향상시킨 성과에 기초하여 인센티브를 받게 된다. 관리자의 연간 보너스 중 25%가 고객서비스 목표달성과 연계되어 있다.[64] 유사하게, 엔터프라이즈 렌터카의 지점 관리자들은 지점의 고객만족지수가 전체지점 성과순위에서 50% 이내에 진입해야 승진이 가능하다. 서비스개선 계획이나 분석과 함께 이러한 측정치들은 고객유지에 직원들의 행동을 집중하도록 하고 있다.

고객초점과 고객만족을 반영한 새로운 시스템과 구조의 개발에서, 조직은 다양한 보상으로 눈을 돌리고 있다. 높은 봉급, 승진, 금일봉과 같은 전통적인 접근은 서비스성과와 연결될 수 있다. 어떤 조직에서는 서비스제공을 가장 잘했다고 생각하는 동료 직원에게 "동료상(peer award)"을 주도록 하여 서로 격려하도록 용기를 북돋우고 있다. 다른 유형의 보상은 고객만족 개선목표치나 고객유지목표를 달성했을 때, 특별히 조직과 팀에게 축하선물을 주는 것이다. 많은 서비스기업에서는 조직을 고객초점과 고객만족으로 옮겨가도록 하기 위해 주요 성과뿐만 아니라 작은 부분에 집요하게 주의를 기울이는 "작은 성취(small wins)"도 소중하게 평가한다.

많은 상황에서, 고객과의 관계는 기업과의 관계라기보다는 **특정 직원**과의 관계이다. 만약 그 직원이 기업을 떠나 더 이상 고객이 만날 수 없다면, 고객과 기업의 관계는 위태롭게 된다.[65] 기업은 이러한 직원을 유지하기 위해 노력해야 하는 것은 당연하다. 그러나 기업의 이러한 노력에도 불구하고, 몇몇 우수직원은 떠날 수 있다. 만약 기업이 핵심고객과 접촉하는 직원을 유지하는 것에 실패한다면, 고객에게 주는 충격을 줄이기 위해서 무엇을 할 수 있을까? 고객이 한 명의 직원보다는 여러 직원들에게 노출되고 편안함을 느끼도록 하기 위해 때때로 순환근무를 하게 할 수 있다. 기업은 또한 핵심고객들과 상호작용할 책임이 있는 직원들로 팀을 구성하기도 한다. 이러한 두 현상에서 얻는 아이디어는 고객이 기업에서 여러 직원들과 다양한 접촉을 함으로써 어느 한 명의 직원이 떠날 경우 고객을 상실하는 취약성을 줄일 수 있다는 것이다. 더 중요한 것은 고객의 마음에 긍정적인 기업이미지를 심어주는 것이며 모든 직원을 인재로 키우는 것이다.[66]

고객지향적 서비스제공

본 장에서 제시한 사례들에 따르면, 접점직원을 고용하고 격려하는 방법은 그 조직의 가치관, 문화, 역사, 그리고 비전에 따라 기업 간에 서로 상이하다.[67] 예를 들어, "양질의 서비스를 제공하는 인재를 개발하는 것"은 디즈니보다 사우스웨스트항공에서 더 차별적으로 이루어지고 있다. 디즈니에서의 오리엔테이션과 훈련과정은 구조화 · 명문화 · 표준화되어 있다. 사우스웨스트항공의 경우 고객응대 기술을 숙지시키고, 더 나아가 고객응대 시 직원이 자발적이고 임의적으로 대처할 수 있도록 권한을 위임한다. 이처럼 비록 두 조직의 스타일과 문화가 다르지만, 두 기업 모두 그림 11.4에 제시된 네 가지 주제 모두에 주의를 기울인다. 두 기업 모두 직원에게 상당한 투자를 하고, 그들이 하는 중요한 역할을 강조한다.

우리는 본서의 전반에 걸쳐 강력한 고객초점을 강조하였다. 강력한 서비스문화를 가지고 있는 기업은 분명 고객과 고객의 경험을 강조한다. 그렇게 하려면 기업이 고객접점직원을 충실하게 지원하는 환경을 만들어야 한다. 왜냐하면 이러한 접점직원들은 고객의 경험을 약속

그림 11.5 고객에 초점을 맞춘 조직도

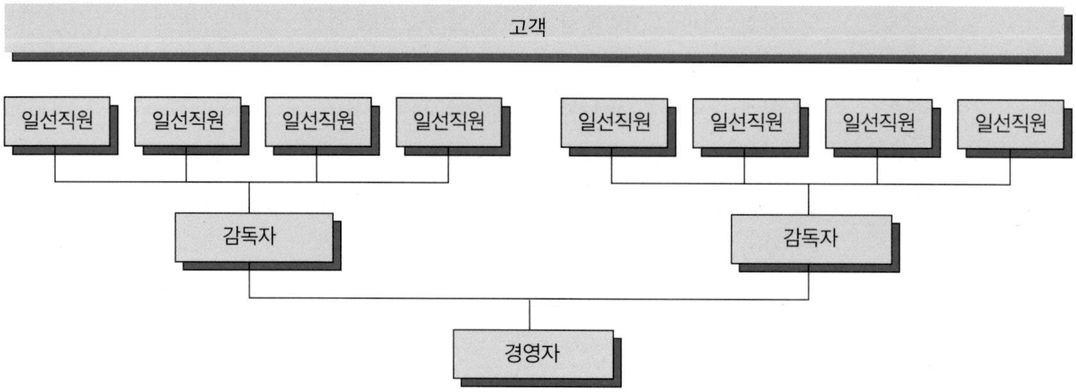

한 대로 확실히 전달하는 중요한 역할을 하기 때문이다. 역사적으로 많은 기업은 가장 중요한 직원을 상위관리자들로 보았고, 실제로 조직도에 이러한 관점을 반영한다. 이러한 접근방법은 경영자를 조직구조의 최상위에 두고, 암묵적이지만 고객은 하위에 두고 있으며 고객접점직원은 바로 고객들의 위에 두고 있다. 만약 조직의 가장 중요한 사람이 고객이라면, 그들을 조직도의 최상위에 두어야 하며, 바로 아래에 접점직원들이 위치하게 해야 한다. 이러한 관점이 고객초점에 더 일치한다(그림 11.5 참조). 그 결과, 최상위 경영자의 역할은 직원을 지휘하는 것으로부터 고객과 가장 가까운 직원들을 독려하고 지원하는 것으로 변하였다.

본 장에서 설명한 인적자원전략은 고객접점직원을 지원하는 하나의 수단이다. 정말로, 진정한 고객지향관리팀은 관리지점을 삼각형의 아래에 두기 위해 본 장의 그림 11.1에서 제시했던 서비스마케팅삼각형을 실제로 "뒤집을지도(flip)" 모른다. 그런 다음에 그림 11.6에서 보는 바와 같이 고객과 직원을 평등하게 윗부분에 위치시킨다. 강력한 서비스문화를 가지고 있는 것으로 잘 알려진 노드스트롬(Nordstrom)백화점은 직원교육용 자료로 "역피라미드

그림 11.6
서비스마케팅 역삼각형

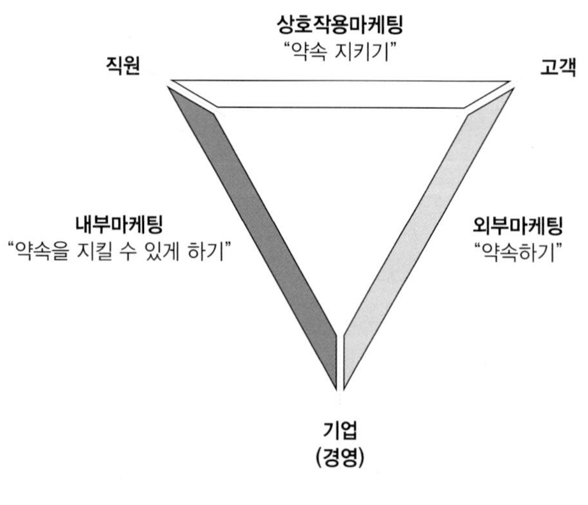

(inverted pyramid)"를 가지고 있다. 프랑스텔레콤(France Telecom)의 CEO였던 미셸 봉(Michel Bon)은 다음과 같은 표현에서 이러한 접근 철학을 간결하게 요약하였다.

> 만약 당신이 "고객은 왕이다"라는 것을 진정으로 믿는다면, 왕국에서 두 번째로 중요한 사람은 왕과 매일 직접 접촉하는 사람임이 틀림없을 것이다.[68]

서비스마케팅삼각형을 뒤집음으로써 조직에 매우 중요한 두 그룹(고객, 고객과 매일 접촉하는 직원)이 탁월한 지위에 위치하고 있음을 알 수 있다.

요약

많은 서비스가 사람과 사람 사이에서 실시간으로 제공되기 때문에, 서비스성과 갭의 축소는 인적자원전략에 많이 의존한다. 이러한 전략의 성공적인 실행은 조직 전체에 진정한 서비스 문화를 개발하고 전파하는 것으로부터 시작한다.

흔히 서비스를 제공하는 직원이 바로 서비스이며, 이들이 고객의 눈에는 회사를 대표하는 것으로 보인다. 그들은 서비스품질의 5가지 차원(신뢰성, 응답성, 확신성, 공감성, 유형성)에 많은 영향을 주어 고객의 서비스품질지각에 영향을 미친다. 고객의 욕구와 직원의 서비스제공능력을 일치시키는 것이 중요하다.

본 장에서 우리는 서비스직원의 중요한 역할과 그들이 경험하는 스트레스와 갈등을 살펴보았다. 접점직원의 업무가 얼마나 많은 갈등과 직면하며, 감정노동에 얼마나 많이 투자해야 하는지를 배웠다.

서비스직원의 중요성과 기업 내에서의 역할을 이해한 것을 토대로 하여 본 장에서는 서비스기업의 인적자원관리전략을 살펴보았다. 이들 전략은 고객만족이라는 효과성과 직무수행상의 효율성 내지 생산성을 동시에 높이는 것을 목표로 하고 있다. 이들 전략은 4가지 범주로 나누어진다. 적임자의 채용, 양질의 서비스를 제공할 수 있는 능력의 개발, 필요한 지원시스템의 제공, 우수한 직원 지키기 등이다. 이러한 전략을 실행하는 기업들은 사람을 통해 서비스품질을 제공하는 방식에서 뛰어날 것이고, '갭 3(서비스성과 갭)'은 확실히 줄어들 것이다.

토의문제

1 서비스문화를 정의하시오. 서비스문화가 왜 그렇게 중요한가? 제조업체도 서비스문화를 가질 수 있는가? 그 이유는 무엇인가? 그렇지 않다면, 그 이유는 무엇인가?

2 서비스직원이 서비스기업의 성공에 중요한 이유는 무엇인가? 마케팅 수업에서 서비스직원에 대한 내용을 본 장 전체에 할당한 이유는 무엇이라고 생각하는가?

3 감정노동이란 무엇인가? 육체노동이나 정신노동과는 어떻게 다른가?

4 접점직원으로서의 경험(현지, 파트타임 등)을 생각해 보시오. 본 장의 경계연결역할에서 설명한 갈등의 종류를 경험했는가? 수업시간에 토의할 수 있도록 구체적인 예를 들어보시오.

5 친숙한 서비스 제공자(예 : 치과의사, 의사, 변호사, 미용사)를 선택하여, 그들이 서비스품질 5가지 차원에 긍정적으로 영향을 미치는 방법을 논의해 보시오. 만약 본인이 서비스 제공자라면 어떻게 하겠는가?

6 4가지 범주의 인적자원관리전략을 설명하고 각각의 전략이 왜 고객지향적 조직을 구축하는 데 중요한지 이유를 설명하시오.

7 전문스킬과 상호작용스킬의 차이는 무엇인가? 예를 들고, 서비스제공 직원은 왜 두 가지 모두 교육을 받아야 하는가?

8 권한위임이 효과적인 서비스제공에 가장 좋은 접근법인가? 직원에 대한 권한위임에 대해 왜 그렇게 논쟁이 심하다고 생각하는가?

연습문제

1 세계적 수준의 서비스문화를 보유하고 있는 것으로 알려진 기업의 웹사이트(리츠칼튼, 페덱스, 스타벅스, 자포스 등)를 방문해 보시오. 기업의 서비스문화를 강화하기 위해 어떻게 정보를 전달하는지 논의하시오.

2 경계연결역할에 대한 절을 다시 읽고, 적어도 현직에서 갈등을 겪고 있는 접점직원 두 사람과 인터뷰하여 갈등의 원천, 효과성(품질)과 효율성(생산성) 간의 상쇄관계의 예를 들어보시오.

3 자신을 신용카드회사의 접점에 있는 고객서비스 직원들을 관리하는 매니저라고 생각하시오. 이들은 전화로 일을 한다. 즉, 고객의 요청, 문의, 불평을 주로 전화로 해결하는 상황에서 다음 3가지에 대해 답해보시오. (a) 경계연결역할을 정의하고, (b) 경계연결자로서 직원들이 겪게 될 두 가지 잠재적인 갈등에 대해 설명하고, (c) 감독자로서 이러한 갈등을 어떻게 해결할 것인지를 배운 지식에 근거하여 논의하시오.

4 인적자원전략 주제 중 한 가지 이상을 선택하여, 그 내용에 관해 서비스조직의 경영자와 인터뷰하시오. 현재의 관행과 그것을 개선하기 위한 적절한 개선책을 제안하시오.

참고문헌

1. L. L. Berry, *Discovering the Soul of Service* (New York: The Free Press, 1999).

2. Interview with Singapore Airlines senior vice president of marketing services, included in "How May I Help You?" *Fast Company* (March 2000), pp. 93 – 126.

3. G. Ciotti, "10 Stories of Unforgettable Customer Service," www.helpscout.net/10 –customer–service–stories/, accessed July 19, 2016; P. Shankman, "The Greatest Customer Service

Story Ever Told, Starring Morton's Steakhouse," http://shankman.com /the-best-customer-service-story-ever-told-starring-mortons-steakhouse/, accessed July 19, 2016.

4. Chris Shelley, Panera Bread manager, Personal Interview, December 30, 2010.

5. Berry, *Discovering the Soul of Service*.

6. S. M. Davis, Managing Corporate Culture (Cambridge, MA: Ballinger, 1985).

7. C. Grönroos, *Service Management and Marketing: Customer Management in Service Competition*, 3rd ed. (West Sussex, UK: John Wiley and Sons, 2007), p. 418.

8. See K. N. Kennedy, F. G. Lassk, and J. R. Goolsby, "Customer Mind-Set of Employees throughout the Organization," *Journal of the Academy of Marketing Science* 30 (Spring 2002), pp. 159-171.

9. R. Hallowell, D. Bowen, and C. Knoop, "Four Seasons Goes to Paris," *Academy of Management Executive* 16 (2002), pp. 7-24; J. L. Heskett, L. A. Schlesinger, and E. W. Sasser Jr., *The Service Profit Chain* (New York: The Free Press, 1997); B. Schneider and D. E. Bowen, Winning the Service Game (Boston: Harvard Business School Press, 1995); and D. E. Bowen and S. D. Pugh, "Linking Human Resource Management Practices and Customer Outcomes" in *The Routledge Companion to Strategic Human Resource Management*, ed. J. Storey, P. Wright, and D. Ulrich (Abingdon, Oxon: Routledge 2008), pp. 509-518; B. Schneider and D. E. Bowen, "Winning the Service Game; Revisiting the Rules by Which People Co-Create Value," in *Handbook of Service Science*, ed. P. P. Maglio, C. A. Kieliszewski, and J. C. Spohrer (New York: Springer, 2010), pp. 31-59.

10. Berry, *Discovering the Soul of Service*, p. 40.

11. Hallowell, Bowen, and Knoop, "Four Seasons Goes to Paris."

12. For an excellent discussion of the complexities involved in creating and sustaining a service culture, see Schneider and Bowen, *Winning the Service Game*, chap. 9. See also Michael D. Hartline, James G. Maxham III, and Daryl O. McKee, "Corridors of Influence in the Dissemination of Customer-Oriented Strategy to Customer-Contact Service Employees," *Journal of Marketing* 64 (April 2000), pp. 35-50.

13. This discussion is based on Hallowell, Bowen, and Knoop, "Four Seasons Goes to Paris."

14. This quote is most frequently attributed to J. Carlzon, former chief executive officer of Scandinavian Airline Systems.

15. P. Andruss, "Your Employees Are Your Brand," *Marketing News*, October 30, 2010, pp. 22-23.

16. J. Barlow and P. *Stewart, Branded Customer Service* (San Francisco: Barett-Koehler, 2004). For an discussion of branded service encounters, see N. J. Sirianni, M. J. Bitner, S. W. Brown, and N. Mandel, "Branded Service Encounters: Strategically Aligning Employee Behavior with the Brand Positioning," *Journal of Marketing* 77 (November 2013), pp. 108-123.

17. The conceptualization of the service triangle presented in Figure 11.1 and the related text discussion are based on M. J. Bitner, "Building Service Relationships: It's All about Promises," *Journal of the Academy of Marketing Science* 23 (Fall 1995), pp. 246–251; P. T. Kotler and K. L. Keller, Marketing Management, 15th ed. (Upper Saddle River, NJ: Pearson Prentice Hall, 2016); and Grönroos, *Service Management and Marketing*.

18. See, L. A. Schlesinger and J. L. Heskett, "The Service–Driven Service Company," *Harvard Business Review* 69 (September–October 1991), pp. 71–81; and B. Schneider, M. Ehrhart, D. Mayer, J. Saltz, and K. Niles–Jolley, "Understanding Organization–Customer Links in Service Settings," *Academy of Management Journal* 48 (December 2005), pp. 1017–1032; A. Zablah, B. D. Carlson, D. T. Donavan, J. G. Maxham, and T. J. Brown, "A Cross–Lagged Test of the Association Between Customer Satisfaction and Employee Job Satisfaction in a Relational Context," *Journal of Applied Psychology* 101 (May 2016), pp. 743–755.

19. B. Schneider and D. E. Bowen, "The Service Organization: Human Resources Management Is Crucial," *Organizational Dynamics* 21 (Spring 1993), pp. 39–52.

20. D. E. Bowen, S. W. Gilliland, and R. Folger, "How Being Fair with Employees Spills Over to Customers," *Organizational Dynamics* 27 (Winter 1999), pp. 7–23; S. Masterson, "The Trickle–Down Model of Organizational Justice: Relating Employees' and Customers' Perceptions of and Reactions to Fairness," *Journal of Applied Psychology* 86 (August 2001), pp. 594–604; J. G. Maxham III and R. G. Netemeyer, "Firms Reap What They Sow: The Effects of Shared Values and Perceived Organizational Justice on Customers' Evaluations of Complaint Handling," *Journal of Marketing* 67 (January 2003), pp. 46–62.

21. See J. L. Heskett, T. O. Jones, G. W. Loveman, W. E. Sasser Jr., and L. A. Schlesinger, "Putting the Service–Profit Chain to Work," *Harvard Business Review* 72 (March–April 1994), pp. 164–174; G. W. Loveman, "Employee Satisfaction, Customer Loyalty, and Financial Performance," *Journal of Service Research* 1 (August 1998), pp. 18–31; A. Rucci, S. P. Kirn, and R. T. Quinn, "The Employee–Customer Profit Chain at Sears," *Harvard Business Review* 76 (January–February 1998), pp. 82–97; R. Hallowell and L. L. Schlesinger, "The Service–Profit Chain," in *The Handbook for Services Marketing and Management*, ed. T. A. Swartz and D. Iacobucci (Thousand Oaks, CA: Sage, 2000), pp. 203–222; and J. Hogreve, A. Iseke, K. Derfuss, and T. Eller, "The Service–Profit Chain: A Meta–Analytic Test of a Comprehensive Theoretical Framework," *Journal of Marketing* (forthcoming 2017).

22. For additional research on the service–profit chain, see J. L. Heskett, W. E. Sasser Jr., and L. A. Schlesinger, *The Value Profit Chain: Treat Employees Like Customers and Customers Like Employees* (New York: The Free Press, 2003); G. A. Geladel and S. Young, "Test of a Service Profit Chain Model in the Retail Banking Sector," *Journal of Occupational and Organizational Psychology* 78 (March 2005), pp. 1–22; R. D. Anderson, R. D. Mackoy, V. B. Thompson, and G. Harrell, "A Bayesian Network Estimation of the Service–Profit Chain for

Transport Service Satisfaction," Decision Sciences 35 (Fall 2004), pp. 665 – 689; W. A. Kamakura, V. Mittal, F. de Rosa, and J. A. Mazzon, "Assessing the Service–Profit Chain," *Marketing Science* 21 (Summer 2002), pp. 294 – 317; Zablah, Carlson, Donavan, Maxham, and Brown, "A Cross–Lagged Test of the Association between Customer Satisfaction and Employee Job Satisfaction in a Relational Context"; and Schneider, Ehrhart, Mayer, Saltz, and Niles–Jolley, "Understanding Organization–Customer Links in Service Firms."

23. M. K. Brady and J. J. Cronin Jr., "Customer Orientation: Effects on Customer Service Perceptions and Outcome Behaviors," *Journal of Service Research* 3 (February 2001), pp. 241 – 251.

24. L. A. Bettencourt and K. Gwinner, "Customization of the Service Experience: The Role of the Frontline Employee," International Journal of Service Industry Management 7 (1996), pp. 3 – 20.

25. For research on the influence of frontline employee behaviors on customers, see D. D. Gremler and K. P. Gwinner, "Customer – Employee Rapport in Service Relationships," *Journal of Service Research* 3 (August 2000), pp. 82 – 104; and T. J. Brown, J. C. Mowen, D. T. Donavan, and J. W. Licata, "The Customer Orientation of Service Workers: Personality Trait Effects of Self and Supervisor Performance Ratings," *Journal of Marketing Research* 39 (February 2002), pp. 110 – 119; C. Delcourt, D. Gremler, A. C. R. van Riel, and M. J. H. van Birgelen, "Employee Emotional Competence: Construct Conceptualization and Validation of a Customer–Based Measure," *Journal of Service Research* 19 (February 2016), pp. 73 – 87.

26. A. Hochschild, *The Managed Heart: Commercialization of Human Feeling* (Berkeley: University of California Press, 1983).

27. T. Hennig–Thurau, M. Groth, M. Paul, and D. D. Gremler, "Are All Smiles Created Equal? How Employee–Customer Emotional Contagion and Emotional Labor Impact Service Relationships," *Journal of Marketing* 70 (July 2006), pp. 58 – 73.

28. A. Hochschild, "Emotional Labor in the Friendly Skies," *Psychology Today* 16 (June 1982), pp. 13 – 15.

29. For additional discussion on emotional labor strategies, see R. Leidner,"Emotional Labor in Service Work," *Annals of the American Academy of Political and Social Science* 561 (1999), pp. 81 – 95. For discussions of emotional dis–play rules, see A. Grandey, A. Rafaeli, S. Ravid, J. Wirtz, and D. D. Steiner, "Emotional Display Rules at Work: The Special Case of the Customer," *Journal of Service Management* 21 (2010), pp. 388 – 412; J. M. Diefendorff and G. J. Greguras, "Contextualizing Emotional Display Rules: Taking a Closer Look at Targets, Discrete Emotions, and Behavior Responses," *Journal of Management* 35 (August 2009), pp. 880 – 98. For a discussion of employee emotional competence, see Delcourt, Gremler, van Riel, and van Birgelen, "Employee Emotional Competence."

30. M. D. Hartline and O. C. Ferrell, "The Management of Customer–Contact Service Employees: An Empirical Investigation," Journal of Marketing 60 (October 1996), pp. 52–70; J. Singh, J. R. Goolsby, and G. K. Rhoads, "Burnout and Customer Service Representatives," *Journal of Marketing Research* 31 (November 1994), pp. 558–569; L. A. Bettencourt and S. W. Brown, "Role Stressors and Customer–Oriented Boundary–Spanning Behaviors in Service Organizations," *Journal of the Academy of Marketing Science* 31 (Fall 2003), pp. 394–408.

31. B. Shamir, "Between Service and Servility: Role Conflict in Subordinate Service Roles," *Human Relations* 33 (1980), pp. 741–756.

32. Ibid., pp. 744–745.

33. J. Bowen and R. C. Ford, "Managing Service Organizations: Does Having a 'Thing' Make a Difference?" *Journal of Management* 28 (June 2002), pp. 447–469.

34. V. O'Connell, "Stores Count Seconds to Trim Costs," *The Wall Street Journal*, November 13, 2008, p. A1.

35. www.consumerist.com/2008/04/21/union–hits–picket–line–to–protest–verizons–poor–custom er–service, accessed July 20, 2016.

36. For discussions of internal marketing, see L. L. Berry and A. Parasuraman, "Marketing to Employees," chap. 9 in *Marketing Services* (New York: The Free Press, 1991); C. Grönroos, "People Management: Internal Marketing as a Prerequisite for Successful Customer Management," chap. 14 in *Service Management and Marketing: Managing the Service Profit Logic*, 4th ed. (West Sussex, UK: John Wiley and Sons, 2015).

37. L. L. Berry and A. Parasuraman, "Marketing to Employees," chap. 9 in *Marketing Services* (New York: The Free Press, 1991) p. 153.

38. This section on hiring for service competencies and service inclination draws from work by B. Schneider and colleagues, specifically B. Schneider and D. Schechter, "Development of a Personnel Selection System for Service Jobs," in *Service Quality: Multidisciplinary and Multinational Perspectives*, ed. S. W. Brown, E. Gummesson, B. Edvardsson, and B. Gustavsson (Lexington, MA: Lexington Books, 1991), pp. 217–236.

39. Delcourt, Gremler, van Riel, and van Birgelen, "Employee Emotional Competence."

40. For an examination of employee interpretations of what "good service" means, see R. Di Mascio, "The Service Models of Frontline Employees," *Journal of Marketing* 74 (July 2010), pp. 63–80.

41. J. Hogan, R. Hogan, and C. M. Busch, "How to Measure Service Orientation," *Journal of Applied Psychology* 69 (1984), pp. 167–173. See also Brown, Mowen, Donavan, and Licata, "The Customer Orientation of Service Workers"; and D. T. Donavan, T. J. Brown, and J. C. Mowen, "Internal Benefits of Service–Worker Customer Orientation: Job Satisfaction, Commitment, and Organizational Citizenship Behaviors," *Journal of Marketing* 68 (January

2004), pp. 128 – 146.

42. Bowen and Pugh, "Linking Human Resource Management Practices and Customer Outcomes"; and N. Bendapudi and V. Bendapudi, "Creating the Living Brand," *Harvard Business Review* 83 (May 2005), pp. 124 – 134.

43. For additional information on Southwest Airlines hiring practices, see C. Mitchell, "Selling the Brand Inside," *Harvard Business Review* 80 (January 2002), pp. 99 – 105 and "How Hires: Taking Fun Seriously," *VoiceGlance* (blog), October 13, 2014, www.voiceglance.com/how–southwest–hires–taking–fun–seriously. 44. UPS website, sustainability.ups.com/media/KeyPerformanceIndicators_WIP.pdf, accessed July 21, 2016.

45. http://www.company–histories.com/Google–Inc–Company–History.html, accessed December 21, 2016.

46. http://money.cnn.com/video/fortune/2010/01/20/f_bctwf_sas.fortune/, accessed January 2011.

47. M. Gunther, "Marriott Family Values," *CNNMoney.com*, May 25, 2007, http://money. cnn.com/2007/05/24/news/companies/pluggedin_gunther_marriott .fortune/index.htm.

48. D. Gremler and K. Gwinner, "Rapport–Building Behaviors Used by Retail Employees," *Journal of Retailing* 84 (September 2008), pp. 308 – 324.

49. J. L. Levere, "Hotel Chains Try Training with Improve and iPods," The New York Times, September 7, 2010, p. B4; J. J. Salopek, "Improvisation: Not Just Funny Business," *Training and Development* 58 (May 2004), pp. 116 – 118.

50. J. Hempel, "Therapy with Your Latte? It's My Job," *BusinessWeek*, October 24, 2005, p. 16.

51. S. A. Bone and J. C. Mowen, " 'By–the–Book' Decision Making: How Service Employee Desire for Decision Latitude Influences Customer Selection Decisions," *Journal of Service Research* 13 (May 2010), pp. 184 – 197.

52. J. C. Chebat and P. Kollias, "The Impact of Empowerment on Customer Contact Employees' Roles in Service Organizations," *Journal of Service Research* 3 (August 2000), pp. 66 – 81; G. A. H. van der Heijden, J. J. L. Schepers, E. J. Nijssen, and A. Ordanini, "Don't Just Fix It, Make It Better! Using Frontline Service Employees to Improve Recovery Performance," *Journal of the Academy of Marketing Science* 41 (September 2013), pp. 515 – 530.

53. C. Argyris, "Empowerment: The Emperor's New Clothes," *Harvard Business Review* 76 (May – June 1998), pp. 98 – 105.

54. J. H. Gittell, "Relationships Between Service Providers and Their Impact on Customers," *Journal of Service Research* 4 (May 2002), pp. 299 – 311.

55. Mayo Clinic website, www.mayo.edu/pmts/mc4200–mc4299/mc4270.pdf, accessed July 21, 2016.

56. A. Sergeant and S. Frenkel, "When Do Customer–Contact Employees Satisfy Customers?"

Journal of Service Research 3 (August 2000), pp. 18 – 34.

57. J. Reynoso and B. Moores, "Operationalising the Quality on Internal Support Operations in Service Organisations," in *Advances in Services Marketing and Management*, vol. 6, ed. T. A. Swartz, D. E. Bowen, and S. W. Brown (Greenwich, CT: JAI Press, 1997), pp. 147 – 170.

58. Schneider and Bowen, *Winning the Service Game*, pp. 230 – 234.

59. O. Gadiesh and J. L. Gilbert, "Transforming Corner–Office Strategy into Frontline Action," *Harvard Business Review* 79 (May 2001), pp. 73 – 79.

60. Telephone Interview with Guy Papa, Training Manager, The Sherwin–Williams Company, January 6, 2011.

61. B. Fryer, "High Tech the Old Fashioned Way," *Harvard Business Review* 79 (March 2001), pp. 119 – 125.

62. L. L. Berry, "The Employee as Customer," *Journal of Retail Banking* 3 (March 1981), pp. 33 – 40; R. L. Cardy, "Employees as Customers?" *Marketing Management* 10 (2001), pp. 12 – 13; M. R. Bowers and C. L. Martin, "Trading Places Redux: Employees as Customers, Customers as Employees," *Journal of Services Marketing* 21 (2007), pp. 88 – 98.

63. computer.howstuffworks.com/googleplex.com, accessed July 21, 2016.

64. J. Mackey, "Putting the Service Profit Chain to Work: How to Earn Your Customer's Loyalty," http://www.franchising.com/articles/how_to_earn_your_customers_loyalty.html, accessed July 21, 2016.

65. N. Bendapudi and R. P. Leone, "Managing Business–to–Business Customer Relationships Following Key Contact Employee Turnover in a Vendor Firm," *Journal of Marketing* 66 (April 2002), pp. 83 – 101; S. Wang and L. Davis, "Stemming the Tide: Dealing with the Imbalance of Customer Relationship Quality with the Key Contact Employee versus with the Firm," *Journal of Services Marketing* 22 (2008), pp. 533 – 549.

66. Bendapudi and Leone, "Managing Business–to–Business Customer Relationships"; T. Jones, S. F. Taylor, and H. S. Bansal, "Commitment to a Friend, a Service Provider, and a Service Company—Are They Distinctions Worth Making?" *Journal of the Academy of Marketing Science* 36 (Winter 2008), pp. 473 – 487.

67. J. R. Katzenbach and J. A. Santamaria, "Firing Up the Front Line," *Harvard Business Review* 77 (May – June 1999), pp. 107 – 117.

68. Quoted in D. Stauffer, "The Art of Delivering Great Customer Service," *Harvard Management Update* 4 (September 1999), pp. 1 – 3.

Chapter 12

서비스제공에서 고객의 역할

본 장의 목적은 다음과 같다.

1. 성공적인 서비스제공, 서비스경험의 공동창조에서 고객의 중요성을 설명한다.
2. 서비스고객의 다양한 역할에 대해 논의한다 : 서비스 회사의 생산자원, 가치창조를 위한 공헌자, 공동창조자, 혹은 경쟁자 등의 역할이 여기에 해당한다.
3. 만족, 품질, 가치, 생산성을 높이기 위해 고객을 효과적으로 참여시키는 전략을 설명한다.

서비스 가치의 창조자이자 공동창조자로서의 고객[1]

오늘날 고객은 그 어느 때보다 더 서비스가치를 스스로 창조하고 공동으로 창조하는 데 점점 더 적극적인 역할을 수행한다. 고객은 적극적인 참여와 고객화(customization)를 통해 스스로 서비스가치를 창조하고, 지속적인 참여와 행동을 통해 시간이 지남에 따라 서비스 사용가치를 즐긴다. 사용가치는 고객이 자신의 삶에서 다양한 목적을 위해 제품과 서비스를 사용할 때 얻는 가치를 말하며 대부분 공급자와는 무관하다. 기업은 "가치를 제공하는 것"보다는 고객이 스스로 가치를 창조할 수 있는 플랫폼을 제공하는 경우가 많다. 고객은 또한 온라인, 전화 또는 몸소 직접적인 상호 작용을 통해 서비스 제공업체와 함께 가치를 창조한다. 이러한 유형의 상호작용을 통해 고객과 서비스 제공업체는 자원을 하나로 모아 고유한 가치를 공동으로 창조한다.

확장된 고객 역할은 인터넷 기반의 서비스 및 앱에서 가장 분명하게 나타난다. 현재 인터넷(애플리케이션) 기반 서비스에서의 고객들은 서비스 제공자와의 직접적인 상호작용 없이 스스로 서비스 가치를 창조하는 데 적극적인 역할을 하고 있다. 서비스 제공 업체는 플랫폼을 제공하며, 종종(항상은 아니지만) 기업과의 직접적인 상호작용을 하거나 혹은 고객이 자신을 위한 가치를 창조하게 한다. 페이스북(Facebook), 우버(Uber), 에어비앤비(Airbnb), 마이피트니스팔(MyFitnessPal) 및 아마존(Amazon)과 같은 서비스는 고객이 스스로 가치를 창조하고 공급자 및 다른 고객과 함께 가치를 창조하는 데 성공한 사례이다. 사용가치는 고객이 다양한 형태의 가치를 즐기고 지속적으로 창조하고 공동으로 창조할 때 발생한다. 소셜 및 커뮤니케이션 가치(페이스북), 구매한 제품의 체험가치

(아마존), 더 나은 체력과 건강(마이피트니스팔), 원하는 곳으로 이동하는 편리한 교통편(우버), 여행하고자 하는 장소의 합리적인 가격의 숙박 시설(에어비앤비) 등이 사용가치의 예시이다. 고객은 자신과 기업의 자원을 활용하여 각 서비스에 대해 고유한 사용가치를 창조한다.

글로벌 소매업체 이케아(IKEA)는 1950년 대에 문을 연 이래 창조자로서의 고객의 역할을 중요시하면서 전략을 구축한 회사이다. 스웨덴에 본사를 두고 있는 이케아는 세계 최대의 가정용 가구 소매업체이며 현재 28개국 300개 이상의 오프라인 매장과 온라인매장을 운영중이다. "Do-it-yourself" 또는 "DIY" 비즈니스 모델로 알려진 이케아는 가구 소매 업체에서는 일반적이지 않은 작업에 고객을 참여시킨다. 이케아의 고객은 매장의 선반에서 원하는 제품을 선택하고 집으로 옮긴 후 가구를 조립한다. 구매한 제품을 사용하면서 자신의 라이프 스타일을 유지함으로써 자신의 가치를 창출한다. 고객은 이러한 맥락에서 명확한 가치 창조자이며, 사용가치는 고객이 개인 공간에서 가구를 조립하고 이용할 때 창조된다. 이케아는 또한 광범위한 온라인 카탈로그 및 맞춤형 디자인 제작 도구를 제공하고 원하는 경우 디자이너까지 지원한다. 따라서 이케아는 고객에게 제공되는 리소스와 고객과의 상호작용을 통해 가치를 공동으로 창조한다(이케아에 대한 자세한 내용은 본 장과 제2장의 **세계적 추세** 참조).

협업, 공동제작, 공동창조, 사용가치와 같은 용어는 전략적 토론과 새로운 비즈니스 모델에서 산업 전반에 걸쳐 점점 더 보편화되고 있다. 이러한 용어의 정의는 여전히 진화하고 있지만, 기업이 고객을 "가치수령자"가 아닌 "가치창조자(Creators)" 및 "가치공동창조자(Cocreators)"로 생각하기 시작하면서 혁신적인 서비스가 등장한 것은 분명하다. 이케아는 이를 이해하고 이러한 사고를 바탕으로 매우 성공적인 비즈니스 모델을 구축하였다. 기업은 또한 고객이 하나의 기업에서 구매한 제품과 서비스를 중심으로 하는 더 큰 생태계에 참여하고 있음을 알고 있다. 이케아의 예에서, 고객의 생태계는 집이나 아파트, 전문 디자인 서비스, 다른 업체에서 제공하는 가정용품, 기타 주택거래를 위한 서비스(예 : 페인팅, 타일 작업 또는 전기), 가정용품 결정 및 사용에 관여하는 가족 및 친구 등까지 포함하고 있다. 기업이 고객에게 봉사한다는 것이 의미하는 바에 대한 관점을 넓히고 있다. 가치창조에서 고객이 수행하는 다양하고 필수적인 역할을 인식함에 따라 혁신과 새로운 비즈니스 모델의 기회가 확대되고 있다. 기업이 그들의 직접적이고 즉각적인 영향력의 범위를 넓혀 더 넓은 생태계로 눈을 돌린다면, 더 많은 기회를 잡을 것이다.

본 장에서는 서비스 가치를 스스로 창조하고 공동으로 창조하는 데 있어 고객이 하는 독특한 역할을 논의하기로 한다. 어떤 경우, 서비스고객은 공장(서비스가 생산되고 소비되는 장소)에 나타나서 직원이나 다른 고객과 상호작용을 한다. 예컨대, 수업이나 교육훈련에서 보면 학생(고객)은 공장(교실)에 앉아 다른 학생들이나 교사와 상호작용하면서 교육서비스를 함께 창조한다. 이들은 서비스 생산에 참여하기 때문에 성공적인 서비스 공동창조와 자신의 만족에 공헌할 수도 있고 오히려 그 반대일 수도 있다. 제조업의 생산시설에 고객을 참여시키는 것은 드물고 또한 제품을 생산하는데 실시간으로 고객의 요구를 받아들이기는 어렵다. 도입사례에서 보았듯이 서비스고객은 실질적으로 서비스 자체를 창조하고 공동으로 창조할 수 있으며, 어느 정도는 자신의 만족에 책임도 진다.

다른 상황에서 고객은 자신의 역할을 이해하더라도 할 수 없거나 하려고 하지 않을 수 있다. 헬스클럽에서, 회원들은 아름다운 몸을 만들기 위해 트레이너가 정한 훈련지침에 따라야 한다. 만약 일, 질병 혹은 의지부족으로 지침을 따르지 못한다면 서비스는 고객으로 인해 실패할 수 있다. 어떤 경우에는 고객이 노력에 대한 보상을 받지 못했기 때문에 정의된 역할을 수행하지 않을 수도 있다. 예를 들면, 많은 식료품점의 고객들은 자동화된 셀프계산대를 이용할 경우 속도나 편리성 측면에서 효익이 없다고 생각하기 때문에 선택하지 않을 수 있다. 서비스고객이 가격 인하, 더 좋은 편리함 등의 눈에 보이는 편익으로 보상받을 때 기꺼이 그들의 역할을 수행할 것이다.

마지막으로, 서비스성과 갭은 고객의 행동 때문이 아니라, 다른 고객의 행동 때문에 발생할 수도 있다. 서비스 공장에 있는 다른 고객은 서비스가 동시다발적으로 제공되든(비행기의 승객 또는 교실의 학생), 차례대로 제공되든(은행의 고객, 디즈니랜드의 놀이시설을 타기 위해 기다리는 고객) 서비스가 효과적이고 능률적으로 제공되는 데 영향을 미친다.

서비스공동창조에 있어서 고객의 중요성

어느 정도 수준의 고객참여는 모든 서비스 상황에서 불가피하다. 서비스는 행위 또는 성과이며, 일반적으로 생산과 동시에 소비된다. 많은 상황에서 직원과 고객, 그 자리에 있는 다른 사람들까지도 서비스생산을 위해 상호작용한다. 그렇기 때문에 고객은 서비스기업의 생산과정에 필수불가결하며, 많은 상황에서 고객 자신의 만족/불만족에 공헌할 수 있다.[2] 참여고객에 대한 견해는 고객은 언제나 기업과 공동으로 가치창조를 한다는 개념을 촉진하는 것으로서 마케팅의 새로운 논리이다.[3] 서비스제공에서 고객이 하는 역할은 제1장에서 제시한 서비스마케팅믹스의 "**사람**(people)"에 반영되어 있다. 여기서 말하는 사람이란 **서비스제공에서 어떤 역할을 수행하여 구매자의 지각에 영향을 미치는 모든 사람(배우)을 지칭**한다. 다시 말해서 서비스기업의 직원, 고객, 서비스접점에 있는 다른 고객까지 포함한다. 제11장에서는 좋은 품질의 서비스를 제공하는 데 있어서 기업의 구성원들이 하는 역할을 자세히 검토했다. 이 장에서는 서비스를 제공받고 공동 창조하는 고객과 서비스접점에 있는 동료고객(fellow customers)에 초점을 둔다.

서비스를 받는 고객

고객은 제공프로세스에 참가하기 때문에, 적절한/부적절한, 효과적/비효과적, 생산적/비생산적인 고객행동이 '갭 3'을 넓히거나 좁힐 수 있다. 표 12.1에서 보는 바와 같이 고객참여의 수준은 서비스에 따라 다르다. 어떤 경우에는 음악 연주회에서와 같이 기업의 직원들이 서비스생산은 전담하고 고객은 단지 그 자리에 와있으면 된다(**낮은 수준의 참여**). 서비스조직이 서비스를 창조하는 데 고객의 투입이 필요한 경우도 있다(**중간 수준의 참여**). 투입에는 **정보, 노력, 소유물** 등이 포함된다. 예컨대, 회계사가 고객이 세금환급을 효과적으로 받도록 하는 데는 이 세 가지 모두가 필요하다. 정보(information)는 세금납부 경력, 결혼 여부, 부양가족

표 12.1 서비스에 따른 고객의 참여수준

저 : 서비스제공 동안 고객참석만 요구됨	중간 : 서비스창조에 고객자원의 투입이 요구됨	고 : 고객과 제공자가 함께 서비스창조
서비스가 표준화되어 있음	고객자원의 투입(정보, 물질)이 표준서비스를 고객화하는 것을 도와줌	적극적인 고객참여가 고객화된 서비스를 만들어냄
개인에 관계없이 동일한 서비스가 제공됨	고객요구에 따라 제공되는 서비스가 달라짐	서비스는 고객의 구매와 적극적인 참여 없이 창조될 수 없음
요금지불만이 유일한 고객참여임	고객자원 투입은 적절한 결과를 얻기 위해 필요하며, 서비스기업은 서비스만 제공	고객투입, 선택, 행동이 성과를 공동창조함
개인서비스의 예 항공여행 모텔숙박 패스트푸드 레스토랑	 헤어컷 건강진단 풀(full)서비스 레스토랑	 결혼컨설팅 개인훈련 체중조절 프로그램
기업서비스의 예 유니폼세탁서비스 해충방제 인테리어용 온실관리서비스	 대행사가 만든 광고 캠페인 급료서비스 화물운송	 경영컨설팅 중역관리 세미나 컴퓨터 네트워크 설치

자료 : Adapted from A. R. Hubbert, "Customer Co-Creation of Service Outcomes: Effects of Locus of Causality Attributions," Doctoral dissertation, Arizona State University, Tempe, AZ, 1995.

의 수 등이고, 노력(effort)은 정보를 유용한 형태로 모으는 것이며, 소유물(physical possession)은 영수증이나 과거 세금환급서류를 말한다. 또 다른 상황에서는 고객이 서비스를 창조하는 데 진정으로(truly) 참여할 수 있다(**높은 수준의 참여**). 이러한 서비스에서는 고객이 서비스의 본질에 영향을 주는 매우 중요한 역할을 하게 된다. 예를 들면 체중감량 프로그램에서도 고객은 카운셀러와 함께 서비스과정에 참여하여 자신에게 맞는 영양 및 체력관리 프로그램을 만들게 된다. 그런 다음 프로그램을 수행하고 성과를 높이는 것은 고객의 의지에 달려 있기 때문에 그 사람의 행동 여부에 따라 특별한 성과나 가치가 부여된다. 유사하게, 복합적이고 장기적인 기업 간 컨설팅 계약에서, 고객은 쟁점의 파악, 공유된 문제해결, 지속적 커뮤니케이션, 장비와 작업공간 준비, 솔루션의 실행에 참여할 수 있다.[4] 표 12.1은 개인서비스 및 기업 간 서비스에서 참여수준의 예를 보여주고 있다. 모든 수준에서 고객이 효과적으로 참여한다면 조직의 생산성, 서비스품질 및 고객만족이 높아질 수 있다.

동료고객

많은 서비스 상황에서, 고객이 다른 고객과 함께 서비스를 받거나 다른 고객이 서비스를 받는 동안 자신의 차례가 될 때까지 대기해야만 한다. 두 경우 모두, "동료고객(fellow customers)"이 서비스접점에 존재하기 때문에 서비스 성과 또는 제공과정에 영향을 줄 수 있다. 동료고객은 고객만족이나 품질에 대한 지각을 **향상시킬** 수도 있고, 반대로 **저하시킬** 수도 있다.[5]

다른 고객이 서비스의 경험에 부정적으로 영향을 주는 몇 가지 예는 돌출행동, 지연, 혼잡,

불합치(incompatible) 욕구 등이다. 레스토랑, 호텔, 비행기와 같이 서비스를 받으면서 흥겨워야 할 곳에서 우는 아기, 흡연하는 손님, 소음, 무례한 고객 등은 동료고객의 경험에 방해가 될 수 있다. 대학 강의실이나 다른 유형의 교육, 훈련상황에서 고객은 종종 서비스를 같이 받는 고객이 랩톱컴퓨터를 사용하거나 휴대폰 문자를 주고받는 행동으로 주위를 산만하게 하여 불만을 가질 수 있다. 또 다른 경우, 과도한 요구를 하는 고객은 그들의 욕구가 충족되는 동안 다른 고객들을 기다리게 한다. 이러한 예는 은행, 우체국, 소매점의 고객서비스 접점 등에서 흔히 볼 수 있는 일들이다. 혼잡이나 과용 역시 고객의 서비스경험에 영향을 줄 수 있다. 7월 4일(미국 독립기념일) 같은 국경일에 샌디에고의 씨월드(Sea World)를 방문하거나 2월 중간 주에 같은 공원을 방문하면 매우 다른 경험을 하게 된다.

마지막으로 동시에 서비스를 제공받는 고객 중에 다른 욕구를 가지고 있는 고객은 서로에게 부정적인 영향을 줄 수 있다. 이러한 예는 레스토랑이나 대학 강의실, 병원과 같이 여러 세분시장에 동시에 서비스를 제공하는 경우에 일어날 수 있다. 중부 플로리다 관광명소에서 일어난 주요 서비스접점을 조사한 연구에서, 연구자들은 고객이 명시적 또는 묵시적 "행동규범(rules of conduct)"을 따르지 않았을 때 서로에게 부정적으로 영향을 미치는 것을 발견하였다. 고객들은 밀치기, 흡연, 음주, 불량스러운 언행, 새치기 등을 부정적인 행동으로 꼽았다. 또 다른 접점에서는 동료고객이 예의 없고, 비우호적으로 행동할 때 불만족하는 것으로 밝혀졌다.[6] 연구 결과에 따르면 다른 고객의 잘못된 행동이 전염성이 있을 수 있으며, 부적절한 행동을 하는데 원인이 될 수 있다고 한다.[7]

고객의 관심을 다른 곳으로 돌려 동료고객이 느끼는 만족과 품질을 높이게 하는 예도 있다. 때때로 다른 고객이 있다는 것 자체가 경험을 좋게 하기 때문이다. 이러한 예는 스포츠 이벤트나 극장, 기타 엔터테인먼트 현장에서 볼 수 있다. 또 다른 경우 412페이지의 사진에서 보는 바와 같이 다른 고객은 서비스경험에 사회적 차원을 덧붙이는 데 일조한다. 또 다른 상황에서 고객은 서로의 서비스 목표와 성과를 달성할 수 있도록 돕는 역할을 한다. 예컨대 웨이트 워처스(Weight Watchers) 조직의 성공은 체중감량 과정 동안에 그룹 멤버끼리 서로 보조하고 우정을 쌓도록 하는 데 있다. 그리고 건강관리서비스 제공자들은 병원에서 환자가 치유하고 회복하는 데 가족구성원들이 매우 중요하다는 것을 인지해 왔다. 일부 병원에서는 가족구성원을 건강관리팀의 일원으로 포함시킨다. 즉, ICU 병원의 경우에는 환자의 치료를 담당하는 부서(Intensive Care Units, ICUS)에 가족을 포함시켜 치료에 도움을 주도록 하고 있다.[8]

다른 연구 역시 서비스성과에 영향을 미치는 고객의 영향력을 뒷받침하고 있다. 골드짐(Gold's Gym) 프랜차이즈를 대상으로 진행한 연구에서는 다른 회원들로부터 지지를 받는 고객은 체육관의 청결 유지, 개인 간의 협동, 다른 회원들과 공감하기, 다른 사람들에게 골드짐의 멤버로 참가하라는 권유와 같은 긍정적인 행동에 더 적극적으로 참여하는 경향이 있는 것으로 밝혀졌다.[9] 중부 플로리다 관광명소를 대상으로 진행한 연구에서는 고객들이 줄을 서서 기다리거나, 사진을 찍거나, 어린이를 보호하고, 떨어뜨리거나 잃어버린 물건을 돌려주는 행동 등을 하는 동안 서로 우호적인 대화를 나눔으로써 서로의 만족을 증가시키는 것을 확인할

전략적 통찰 고객가치 공동창조 : 중요한 전략 프론티어

컨설턴트, 연구원, 전략가들은 기업들이 새로운 방식으로 고객에 대해 생각할 것을 촉구하고 있다. 고객을 수동적 대상 및 미리 설계된 상품과 서비스의 수령자로 보는 대신, 적극적인 공동가치 창조자로 보는 관점을 장려한다. 이러한 관점은 신제품에 대한 아이디어 창조에 있어 고객 참여에 초점을 두는 것을 넘고 있으며, 서비스 제공에 고객을 참여시키는 개념을 넘어서는 것이다. 고객이 서비스 제공업체 및 다른 고객과의 상호작용을 통해 스스로 공동창조의 경험을 하게 한다. 또한, 기업이 제공하는 요소를 선택하고 결합하여 자신만의 "총체적 경험"을 만들어 낸다. 고객은 특정 영역 내에서 회사가 제공하는 서비스만을 이용하는 것은 아니다. 고객은 서비스를 결합, 재구성 및 결합하여 원하는 가치를 얻는다. 예를 들어, 대학교 학위를 취득하기 위해, 학생(고등교육의 고객)들은 대학, 금융대출 제공업체, 학습 지원 단체, 기숙사 및 거주업체 등의 서비스를 골고루 이용한다.

매우 다른 상황을 소개하는 다음의 두 사례는 공동창조의 아이디어를 보다 구체적이고 전략적 가능성을 분명하게 이해하는데 도움이 된다. 본 장의 도입 사례에서 살펴본 이케아는 가치를 창조하고 공동창조하기 위해 고객과 전략적으로 협력한 기업의 또다른 예이다.

존 디어의 서비스는 장비, 소유자, 운영자 및 농업 컨설턴트를 연결한다.

존 디어

존 디어(JOHN DEERE)는 175년 전통의 글로벌 기업이다. 농장관리자 고객을 위해 고급장비, 서비스, 정보를 제공하고 온라인으로 지원을 하는 지식–혹은 자본–집약적인 농업서비스를 제공한다. 이 기업은 농부의 삶을 더 쉽고 생산적으로 만드는 데 초점을 맞추고 있다. 혁신을 위한 "체험 환경"은 광범위하게 정의되어 농부의 전문적 목표를 달성하는 데 도움이 되는 모든 것을 포함한다. 예를 들어, 팜사이트("FarmSight")라는 브랜드상표가 붙은 새로운 기술은 농부가 장비를 원격으로 모니터하여 장비의 위치와 엔진 상태를 평가하고 기계작동을 최대화하며 농업과 관련된 의사결정을 지원할 수 있도록 도와준다. 원격모니터 및 지원기능은 각 농가에 대해 고유하게 설정되며, 농부가 시스템에 적극적으로 참여해야 서비스를 충분히 활용할 수 있다. 존 디어가 제공하는 또 다른 서비스는 센서기술로 토양상태를 정밀하게 지도화하여 지역의 토양상태에 따라 씨앗과 비료를 뿌릴 수 있다. 농부의 토지 상태와 재배하는 특정 작물에 따라 센서에 의해 제공되는 정보는 상황에 맞게 조정된다. 농부는 이 기술을 작물 수확량을 보다 효과적으로 통제하는 데 사용할 수 있다. 존 디어는 존 디어 대학(John Deere University) 과정과

수 있었다.[10] 영국의 철도여행자들 간의 상호작용을 수백 시간에 걸쳐 관찰한 민족지학(ethnographic)연구는 (1) 여행과 관련한 걱정을 줄일 수 있는 중요한 서비스 관련 정보(스케줄, 흥미 있는 여행지)를 서로 교환하고, (2) 서로 즐거운 대화를 나누면서 여행을 더욱 즐겁게 만들고, (3) 어려움이나 서비스에 문제가 발생하였을 때 누군가 불평을 하는 등의 행동을 통해 서로를 돕는 것을 발견하였다.[11]

고객들이 서로 도움을 주고받는 데 있어서 동료고객의 영향은 고객들이 합법적으로 서비스를 공동생산하는 페이스북, 링크드인(LinkedIn), 이베이, 아마존, 크레이그리스트(Craigslist) 등과 같은 온라인 서비스환경에서 더욱 명백하다. 고객 간에 서로 돕는 것은 시스코의 네크워크와 같이 제한이 없다. 시스코는 기업고객에게 온라인 셀프서비스를 통한 정

온라인 학습을 제공한다. 또한 책과 출판물을 통해 농부들에게 교육의 기회를 준다. 다양한 서비스에 대한 참여, 제공되는 정보의 활용, 그 밖의 교육 기회의 활용은 모두 농부 각자의 몫이다. 존 디어는 고객 중심의 전략을 사용하여 제품과 서비스를 제공하고 있으며, 그 결과 얻은 경험은 농부와 함께 공동창조되어 독특한 가치를 형성한다. 존 디어는 전략적 혁신 패러다임을 제품이나 기술 혁신이 아닌 서비스, 솔루션, 경험을 통해 가치를 함께 창조하는 패러다임으로 전환하였다.

셔터플라이

셔터플라이(Shutterfly, Inc.)는 디지털카메라의 사진을 인화하는 기업으로 시작하였는데, 오늘날 혁신적인 온라인 클라우드 기반의 기업이 되었다. "사람들이 삶의 기쁨을 공유할 수 있도록 도와 세상을 더 나은 곳으로 만드는 것"을 비전으로, "독특하고 개인화된 사진 제품으로 가장 중요한 사람들과 개인적 관계를 깊게 하는 것"을 사명으로 하고 있다. 사진을 통한 창의적인 메모리 공유의 디지털세계에서 선두주자로, 수년 동안 셔터플라이(Shutterfly), 타이니 프린트(Tiny Prints), 웨딩 페이퍼 디바스(Wedding Paper Divas), 보로우 렌즈(Borrow Lenses), 마이 퍼블리셔(My Publisher) 및 그루브북(Groovebook) 등의 브랜드 제품군으로 성장하였다. 셔터플라이는 사진 및 비디오 저장공간, 포토북, 선물, 가정 장식, 프리미엄 카드, 초대장, 문구류 등으로 제품과 서비스를 확장하였다. 고객이 삶의 기쁨을 더 쉽게 공유할 수 있는 신기술 도입과 제품 및 서비스 확대 등 혁신의 최전선에 서 있다.

고객들은 사진을 고품질 포토북, 맞춤형 문구류, 이벤트 공지사항, 보석, 세라믹장식, 달력을 사진 선물에 결합하여 기억에 남을 추억을 만들 수 있다. 고객이 셔터플라이로 출생 카드 및 결혼 초대장 등을 디자인할 수 있다. 맞춤형 포토북을 통해 자신만의 스토리 작가가 되어 특별한 행사나 여행에 대한 추억을 영구적으로 저장하고 표현할 수 있다.

셔터플라이는 광범위한 메모리 공유 제품 및 서비스 목록을 제공하는 반면, 고객은 이를 구성하고 자신만의 사진 및 아이디어와 결합하여 자신만의 고유한 추억과 공유 방식을 창조해야 한다. 셔터플라이는 전통적인 의미로 표준화된 제품(예 : 사진 달력, 사진이 포함된 커피 머그잔, 사진 인화 서비스)을 제공하지만, 고객은 전통제품을 혁신적인 서비스(예 : 사진첩, 여행 일지, 개인 웹사이트, 사진 공유 및 저장 플랫폼)와 함께 배치하여 차별화된 고유의 가치를 창조할 수 있다. 전략적으로 셔터플라이는 "사진인쇄" 서비스에서 기억과 기쁨을 공유할 수 있는 제품, 서비스 및 솔루션 제품군을 포함하는 종합서비스로 변신하였다. 고객은 셔터플라이를 통해 스스로 가치를 창조하고 또한 공동창조한다. 고객은 창조과정 및 다른 사람과 다양한 방식으로 기억을 공유하는 과정에서 서비스가치를 인식한다.

자료 : C. Gronroos and P. Voima, "Critical Service Logic: Making Sense of Value Creation and Co-Creation," *Journal of the Academy of Marketing Science* 41 (March 2013), pp. 133-150. S. L. Vargo and R. F. Lusch, "Evolving to a New Dominant Logic for Marketing," *Journal of Marketing* 68 (January 2004), pp. 1-17; C. K. Prahalad and V. Ramaswamy, *The Future of Competition: Co-Creating Unique Value with Customers* (Boston, MA: Harvard Business School Press, 2004); M. Sawhney, S. Balasubramanian, and V. V. Krishnan, "Creating Growth with Services," *Sloan Management Review* 45 (Winter 2004), pp. 34-43; www.johndeere.com, accessed August 2016; www.shutterfly.com, accessed August 2016.

보시스템으로의 접근을 개방함으로써, 유사한 문제점을 겪는 고객 간 대화가 서로 가능하게 하여 서로 도울 수 있도록 했다.

고객의 역할

본 절에서는 서비스제공과 공동창조에서 고객이 하는 주요 역할 3가지를 좀 더 자세히 논의하려 한다. 생산자원으로서의 고객, 품질, 만족 및 가치에 기여하는 공헌자로서의 고객, 경쟁자로서의 고객 등이다.

예시 12.1 B2B 서비스에서 고객의 가치 공동창조

IBM, 맥킨지(McKinsey) 및 엑센추어(Accenture) 등의 기업의 공통점은 무엇일까? 지식 집약적 비즈니스 서비스(이하 "KIBS; Knowledge-Intensive Business Services")라고 할 수 있다. KIBS의 부가가치 활동을 통해 고객과 고도로 맞춤화된 서비스(예 : 기술 엔지니어링, 컨설팅, 소프트웨어 개발, 비즈니스 프로세스 아웃소싱)를 공동창조할 수 있다. 최적의 서비스 솔루션을 개발하고 제공하기 위해 KIBS는 서비스의 필수적인 공동 생산자로서 고객의 의견과 협조가 필요하다. KIBS 제공업체는 고객의 정확하고 상세한 정보, 인력과 자원에 대한 접근성, 불가피하게 발생하는 비상 상황에 대한 협력이 필요하다.

IT 서비스 공급자(이하 "TechCo")의 직원들을 대상으로 수행된 심층 인터뷰 및 연구결과, 여러 가지 고객특성이 KIBS와의 공동창조관계에서 고객의 참여품질을 개선하고 궁극적인 서비스 결과를 향상시킬 수 있다는 것을 확인하였다. 다음은 확인된 고객 특성을 잘 보여준다. 또한 신원을 보호하기 위해 가명을 사용한 고객의 인터뷰도 포함되어 있다. 공동창조 행위를 보이는 고객은 프로젝트의 성공에 기여하며 더 만족하게 될 것이다.

- **소통의 개방성.** 고객은 프로젝트 성공을 위한 관련 정보를 공유하는 데 솔직하다.

  "팜코(PharmCo)는 실제로 우리가 무엇을 해야 하는지, 언제 해야 하는지, 그리고 그것이 우리의 전반적인 계획에 어떻게 들어맞는지 이해하기 위해 사전 작업을 수행하였다. 우리는 처음 며칠 동안 우리가 성취하고자 하는 것에 대해 가르치는 것 외에는 아무것도 하지 않았다." – TechCo, PharmCo 고객에 대한 인터뷰에서
- **문제 해결의 공유.** 고객은 관계에서 발생하는 문제의 해결책을 위해 주도권을 갖고 공동 책임을 진다.

  "나는 고객으로서 그들이 협상테이블에 가져온 것에 대해 비판적인 생각을 할 책임이 있다고 생각한다. 단순히 받아들이는 것이 아니라 "우리 환경에 도움이 될지 모르겠다" 또는 "왜 그렇게 했는가?"와 같은 질문에 답변할 수 있어야 한다. 그래서 "왜 우리가 그렇게 하고 있지? 그게 최선의 방법인가요?"라는 질문이 많아야 한다.

  – GovCo 고객
- **관용.** 고객은 사소한 프로젝트의 문제에 직면하면 이해와 인내심을 가지고 응답한다.

  "장애물이 없고 문제가 발생하지 않는 것이 우리의 목표였다…. 그리고 그마저도 우리가 생각했던 것보다 시간이 더 걸렸다. 다시 말하지만, 누구의 잘못도 아니다. 그건 단지 발생하는 문제의 하나일 뿐이다. 단지 과정 중 하나이며, 때로는 처음에 계획했던 것보다 시간이 조금 더 걸릴 수도 있다." – EduCo 고객
- **수용.** 고객은 서비스 제공자의 욕구, 접근방식 및 전문가의 판단을 수용하려는 의지를 보여준다.

  "[만약 우리가 목표에 맞지 않는 것을 본다면,] 그들에게 전화를 걸어 물어보곤 했다. 만약 그들이 할 수 있다면, 그들은 단순히 "문제 없어요"라고 말할 것이다. 만약 지식공유시스템이 너무 어려워서

다른 고객들과이 사회적 상호작용은 서비스에 있어서 헬스클럽 고객의 만족에 영향을 줄 수 있다.

생산자원으로서의 고객

서비스에서 고객은 조직의 생산역량을 키워주는 인적자원으로 흔히 **일시적 직원**(partial employee)이라고 한다.[12] 또 어떤 경영전문가는 서비스시스템의 일부로 고객을 포함시키기 위해 조직경계를 확장시켜야 한다고 주장한다. 다시 말해서 고객이 노력, 시간 및 기타 자원으로 서비스 생산프로세스에 공헌한다면, 그들은 조직의 일부로 간주돼야 한다는 것이다.

고객자원의 투입은 조직의 생산성에 영향을 미칠 수 있다. 특히 기업 간(BtoB) 서비스에서 고객의 기여는 서비스의 질과 양을 높여 생산성을 향상시켜 준다.[13] **예제 12.1**에 언급한 ICU 병원의 경우와 같이 환자의 치료과정에 사랑하는 가족이 참여함으로써 치료성과를 높이는 데 공헌할 뿐만 아니라 병원의 "일시적인 직원(partial employees)"으로 참

쉽게 바꿀 수 없다면, 전문가들은 "아니, 이런저런 이유로 바꾸지 않는 것이 좋아요"라고 말할 것이다." 고객은 "좋아요, 괜찮아요."라고 말하며 다음 단계로 넘어간다." – EduCo 클라이언트

- **옹호.** 고객사는 프로젝트에 대한 적극적인 옹호자 및 영업 사원을 제공한다.

  "프로젝트는 번거로웠다. 관여하지 않았고 소유권도 없다. 정말로 성공하고 싶어 하는 사람들이 없었더라면 "상사가 해야 한다고 말했기 때문에 이 일이 어떻게 되든 별로 신경 안 써"라고 말하고 싶었다. 일이 잘못되어도 상관없어 난 절대 안 쓸 거니까. "이런 것들이 복합적으로 작용했다고 생각한다. 첫째는 기득권을 가지고 있고, 왜 그것을 하고 있는지 알고 있는 사람들을 옹호자로 가지고 둘째는 지속적으로 관여하는 것이다." – AgCo 클라이언트

- **프로젝트 거버넌스 참여.** 고객은 정해진 목표를 향해 프로젝트 진행 상황을 모니터하는 데 적극적인 역할을 수행한다.

  "우리는 회의를 하고 행동 항목을 설정한다. 그들이 언제 완료되어야 하는지 말하고, 회의를 끝내기 전에 다음 회의를 정해서 모든 사람들이 자신에게 부여된 기대치가 무엇인지를 알 수 있도록 할 것이다." – Donor Co 클라이언트

- **개인적인 헌신.** 고객은 개인의 책임을 성실하게 수행함으로써 프로젝트의 성공에 대한 개인적인 의무감을 보여준다.

  "내가 제대로 한 일 중 하나는 그 일에 관여하는 것이었다고 생각한다. 하지만 내 입장에서는 힘들었다. 내가 해야 할 다른 일들로부터 시간을 빼앗겼기 때문이다. 하지만 만약 내가 이 프로젝트에 관여하지 않았다면, 우리가 생각하는 것만큼 성공적으로 세 개의 시스템을 구현했을지 모르겠다." – GovCo 고객

KIBS 기업의 과제는 고객이 이러한 방식에 참여하도록 보장하는 프로세스, 시스템 및 관행을 개발하는 것이다. 연구 결과에 따르면 KIBS 기업이 세 가지 요소 (1) 고객 선택성(client selectivity; 공급업체와 고객 간에 잘 맞는지 확인하기 위해 고객을 사전 선별), (2) 고객교육 및 사회화(행사 및 기대치를 설정하는 워크숍을 포함하여 협력 정신으로 관계를 시작함으로써 클라이언트가 팀의 일부라고 느끼게 함), (3) 프로젝트 리더십 및 고객 성과 평가(양쪽에 적합한 프로젝트 리더를 배치하고 관계 관리 능력 및 기술 역량에 대해 평가)를 잘 다룰 때, 긍정적인 공동창조행위가 가장 잘 발생한다. 연구는 서비스의 공동 창조자로서 비즈니스 고객의 중요성을 보여준다. 또한 서비스 가치가 양질의 공동 창조 행위 및 관련 비즈니스 관행에서 비롯되어 공급자 및 고객에게 동시에 전달될 수 있음을 보여준다.

자료 : L. A. Bettencourt, A. L. Ostrom, S. W. Brown, and R. I. Roundtree, "Client Co-Production in Knowledge-Intensive Business Services," *California Management Review* 44 (Summer 2002), pp. 100 – 128.

여하여 생산성을 높이고 있다.[14]

하지만 서비스 생산과정에 고객이 참여하는 것은 조직에 여러 가지 문제를 일으킨다. 고객이 생산제품의 양과 질에 영향을 줄 수 있기 때문에 어떤 전문가는 고객참여에 따른 불확실성을 줄이기 위해 제공시스템을 가능하면 고객참여와 독립시켜야 한다고 믿고 있다. 이러한 견해는 고객을 불확실의 원천으로서 보고 있기 때문이다. 즉, 그들이 원하는 시기를 알 수 없고 태도와 행위 또한 통제할 수 없기 때문이다. 이러한 주장의 결론은 고객의 참여나 접촉이 꼭 필요하지 않은 서비스는 고객으로부터 떨어져서 수행되어야 한다는 것이다. 고객과 서비스 생산시스템 사이에 직접적인 접촉이 적을수록 시스템이 효율적으로 운영될 가능성이 커진다.[15] 반면에 다른 전문가는 서비스를 받는 고객을 부분 직원으로 간주하고 고객의 참여를 극대화하는 서비스프로세스를 설계한다면 가장 능률적으로 서비스를 제공할 수 있다고 주장한다. 이러한 주장의 논리는 다음과 같다. 고객이 평소에 하지 않던 서비스와 관련된 활동을 배우려 하거나 이미 해왔던 활동을 좀 더 효과적으로 수행하는 교육을 받으려 한다면 조직의 생산성은 증가할 수 있다는 것이다.[16] 예컨대 수화물 체크인이나 셀프 티켓팅과 같은 많은 자

동화된 항공서비스의 도입은 직원들이 자동화서비스 이외의 다른 업무를 수행하게 함으로써 고객들에 대한 서비스프로세스의 속도를 증가시키려는 의도를 가진 것이다.[17] 이전에 직원들에 의해 수행되던 일을 고객이 대신함으로써 조직의 생산성이 증가하게 된 것이다.

업무를 고객에게 이전시켜 생산성을 증가시키려고 하는 기업의 예는 많다. 기업은 공동생산자(coproducer)로 고객을 참여시킴으로써 명백히 생산성 향상이라는 이득을 얻지만, 고객은 그들의 새로운 역할에 항상 호의적이거나 쉽게 수용하지 않을 수 있다. 특히 기업이 단순히 비용(bottom-line cost)을 절약하려는 목적으로 고객을 참여시키는 것으로 인지하는 경우에는 더욱 그렇다. 만일 고객이 공동생산(coproduction)에 참여하여도 그에 대한 명백한 이득(낮은 가격, 더 빠른 접근, 더 나은 품질)이 고객에게 돌아가지 않는다면 고객은 그들의 공동생산 역할에 화를 내고 저항할 것이며, 특히 기업에게 편익을 주기 위해 자신의 생산성이나 효율이 감소하는 경우에는 더욱 그러하다.[18] 유사하게 금융업의 고객과 직원을 대상으로 하여 고객참여의 효과를 탐색하기 위해 수행된 연구에서 밝혀졌듯이 직원도 생산과정에 고객이 참여하는 것에 대해 불편해 할 수 있다. 즉, 고객참여가 일반적으로 고객의 경험과 가치를 향상시키는 반면에, 추정하건데 표준업무절차에 방해가 되기 때문에 직원에게는 스트레스를 주고 있다는 것이다.[19]

품질, 만족 및 가치에 기여하는 공헌자로서의 고객

고객이 할 수 있는 또 하나의 역할은 고객만족이나 고객이 느끼는 서비스의 품질과 가치에 공헌을 하는 것이다. 고객은 자신이 서비스에 참여함으로써 조직의 생산성이 증가하는 것에는 별로 관심이 없으나 자신의 욕구가 충족되는지의 여부에 많은 관심을 가진다. 효과적인 고객참여는 고객이 원하는 편익을 추구하고 욕구가 충족될 가능성을 그만큼 증가시켜 준다. 특히, 의료, 교육, 체력단련, 체중조절 같은 서비스의 경우에는 고객의 참여에 의존하는 정도가 높다는 것을 알 수 있을 것이다.

가만히 앉아서 듣기만 하는 것이 아니라 학생들이 적극적으로 참여할수록 학습효과가 높아진다는 연구가 있다.[20] 의료에서도 마찬가지인데 환자가 의사의 처방과 식사습관의 변경을 받아들이지 않는다면 환자의 건강회복은 기대하기 어렵다.[21] 금융과 의료서비스를 대상으로 한 다른 연구에서는 고객이 참여한 효과적 공동창조는 서비스제공자에게 서비스품질에 대한 더 나은 인식, 증가된 복지, 더 높은 충성도를 가져다준다는 것을 밝혔다.[22] 효과적인 고객 참여와 공동창조는 기업거래 간(BtoB) 상황에서 마찬가지로 중요하다. 예컨대, 트럭운송과 운송택배 같은 기업 간(BtoB) 화물운송 서비스에서는 고객이 스스로 자신의 **불만족**을 초래하는 경우가 종종 있다. 포장을 잘못하여 물건이 파손되거나 재포장하는 데 시간이 걸려 늦게 배송되는 경우는 비효율적 공동창조를 보여준다. 예시 12.1에는 "지식 집약적 서비스 비즈니스"와 관련하여 기업 간 협업에 대한 보다 좋은 예가 설명되어 있다.

연구를 살펴보면 서비스의 상호작용에서 고객이 효과적으로 자신의 역할을 수행했다고 믿는 고객일수록 서비스에 더 만족한다고 한다. 은행서비스에 관한 연구에 의하면 서비스제공

예시 12.2 어떤 고객(A 또는 B)이 가장 만족할까?

각각의 시나리오에서 어느 고객(A 또는 B)이 더 만족하고, 더 좋은 품질과 가치를 제공받을까? 그 이유는 무엇일까?

시나리오 1 : 어느 주요 국제호텔

고객 A는 체크인한 후 바로 자기 방의 TV가 작동하지 않고 침대 위의 전구가 들어오지 않는다고 데스크에 전화를 하자, 호텔 직원은 TV와 전구를 새 것으로 교환해 주었다. 그런 후 호텔 측은 불편을 끼친 것에 대한 사과로 과일을 갖다 주었다. 고객 B는 그의 방에 있는 TV가 고장이고 침대에서 책을 읽을 수 없는 것을 체크아웃할 때까지 데스크에 말하지 않았다. 그러다가 체크인을 망설이고 있던 고객이 B의 불평을 우연히 듣게 된다.

시나리오 2 : 세무사무소

고객 A는 세금을 내는 데 필요한 모든 정보를 잘 관리하고 있어서 회계사가 요구한 정보를 건네주었다. 고객 B는 세금계산에 적절하지 않은 서류와 영수증이 꽉 들어찬 상자를 상자채로 회계사에게 건네주었다.

시나리오 3 : 런던에서 뉴욕으로 가는 비행기 탑승

승객 A는 DVD 플레이어와 읽을거리, 따뜻한 옷을 가지고 탔다. 또한 승객 A는 특별한 메뉴를 미리 주문했다. 승객 B는 빈손으로 탔는데, 이 승객은 승무원이 담요가 떨어졌다고 했을 때 화를 냈고, 또 잡지와 음식에 대해서도 불평을 했으며, 영화가 끝난 후 안절부절했다.

시나리오 4 : 사무실 빌딩을 리모델링하기 위해 건축가와 상담

고객 A는 고객과 그 안에서 일하는 모든 이에게 영향을 미칠 리모델링의 기초를 마련하기 위해 고객, 스태프, 관리자로 구성된 위원회를 만들었고, 여기에 건축가를 초빙했다. 이 위원회에서는 이미 기본적인 아이디어를 내놓았고 어떻게 해야 할지에 대해 스탭과 고객의 의견을 준비해 놓았다. 고객 B는 빌딩의 리모델링에 대해 결정하자마자 건축가를 초청했다. 설계위원회에서는 더 급한 일로 바쁜 두 명의 관리자가 있었는데, 이들은 자신들이 필요한지, 고객과 스탭은 사무실공간 설계에서 무엇을 선호하는지에 대해 알지 못했다.

에서 고객에게 다음과 같은 서비스 공헌과 관련된 질문을 하였다. **무엇을 했는가?**(은행 직원과 협력했다. 은행 직원에게 적절한 정보를 주었다), 그리고 **어떻게 했는가?**(은행 직원에게 우호적이다, 은행 직원을 예의 바르게 대했다)이다. 이 연구 결과, 질문에 좀 더 긍정적으로 대답한 응답자가 은행 서비스에 더 만족한 고객이었다.[23] 또 다른 연구에서는 서비스품질에 대한 고객의 지각이 참여수준이 높을수록 증가한다는 것을 알 수 있었다. 구체적으로 예를 들면, 클럽에 더 잘 참여하는 YMCA 회원의 경우 덜 참여하는 고객보다 그 클럽의 서비스품질을 더 높게 평가하였다.[24]

고객이 질문했을 때 서비스제공에 공헌하게 되는 것이고, 서비스실패를 불평할 때 만족에 책임을 지게 되는 것이다. 예시 12.2에 제시되어 있는 서비스 시나리오를 보자.[25] 네 가지 시나리오는 서비스의 품질과 고객만족에 영향을 미칠 수 있는 고객참여의 다양성을 설명하고 있다. 책임을 지는 고객과 고객이 참여하도록 격려하는 서비스제공자가 함께 높은 수준의 서비스를 창출해 낸다. 본 장의 세계적 추세 코너에서 소개하고 있는 스웨덴의 세계적인 가정용 가구 소매기업인 이케아는 어떻게 기업이 고객을 독창적으로 새로운 역할에 참여시키는지를 보여주는 좋은 예이다. "이케아는 고객으로 하여금 그들의 역할이 가치를 소비하는 것이 아니라 창조하는 것"이라는 점을 이해시키기를 원한다.[26]

이처럼 자신에게 제공되는 서비스의 품질을 향상시켜서 자신의 만족에 공헌할 뿐만 아니라 어떤 고객은 서비스 가치창조에 참여하는 것을 즐긴다. 이러한 고객은 서비스에 참여하는 것이 본능적으로 매력적이라고 생각한다.[27] 이들은 비행기표를 인터넷으로 구입하는 것을 즐

세계적 추세 이케아에서 전 세계의 고객은 그들 자신의 가치를 스스로 창조한다

스웨덴의 이케아는 1950년대의 소규모 우편 주문 가구업체에서 현재는 세계에서 가장 큰 가정용 가구 소매업체로 성장하였다. 2015년에는 전 세계 28개 이상의 국가, 300개가 넘는 점포에서 310억 유로 이상의 매출을 올렸다. 이 기업은 간단하면서 기능성이 있고 미완성된 디자인의 가구를 경쟁사보다 싸게 팔고 있다.

"DO-IT-YOURSELF"(DIY) 콘셉트

고객과의 관계가 바로 이케아의 괄목할 만한 성공의 열쇠이다. 이케아는 고객을 그들의 생산시스템으로 끌어들였다. 즉, 만약 고객이 제품의 조립이나 배달 같은 생산자와 소매상이 담당하던 일을 하겠다고 한다면 이케아는 상당히 저렴한 가격으로 잘 설계된 제품을 제공한다. 사실 이케아의 고객은 가치 제고에 실질적인 공헌을 하였다. 그들은 제조나 배달과정에 참여함으로써 자신을 위한 가치를 창조한 것이다.

이케아는 가치 창출 과정이 고객에게 쉽고, 재미있고, 즐거운 경험이 되도록 하고 있다. 판매점포는 기쁨 그 자체다. 상점은 고객들이 가구 배치를 보고, 가구를 살펴볼 수 있도록 실제처럼 꾸며놓은 방과 집을 포함하여 "영감을 불러일으키는 전시(inspirational display)"를 표방한다. 고객이 쇼핑을 편하게 할 수 있도록 아이들을 돌봐주며 필요한 사람을 위해 휠체어도 준비해 놓고 있다. 고객이 매장에 들어오면 매장지도, 줄자, 펜, 메모지 등을 주어 판매원이 하는 일을 직접 체험하게 한다. 일단 고객들이 선택하면, 그들은 이케아 창고에서 박스 포장되어 있는 가구를 찾고 그것을 차에 싣는다. 고객은 요금을 지불하고 직접 카트로 구입한 제품을 자신의 차로 운반한다. 가구가 큰 경우 필요하다면 루프 랙(roof rack)을 빌리거나 구매할 수 있다. 이렇게 고객이 직접 가구를 싣고 가져간다. 고객의 요구에 부응하기 위해, 이케아는 특정 가격대 이상의 제품에 대한 유료 배송, 조립, 설치 서비스를 제공한다.

글로벌 환경에 적응

이케아는 인쇄된 카탈로그뿐만 아니라 가구에 대한 자세한 내용을 웹사이트에서 여러 나라의 언어로 제공한다. 카탈로그와 더불어 이케아의 세계적인 성공의 또 다른 요인은 각 지역의 상점마다 고객의 욕구나 예산에 맞추는 전략을 추구한다. 예를 들어, 이케아가 처음 미국으로 진출했을 때, 경영진은 미국인들이 더 큰 술잔, 더 큰 침대, 더 많은 옷장 공간을 선호한다는 것을 빠르게 알아챘다.

반면, 중국 고객들은 수입의 대부분을 저축하고 있으며, 가격에 극단적으로 민감하다. 따라서 이케아는 세계에서 최초로 가장 낮은 가격(예를 들면, 바닥매트-1달러, 아이스크림-12센트)으로 입점하여 중국 고객들이 이케아로 방문하게끔 유도하였다. 가격 할인과 같은 과정을 통해, 이케아는 그들의 "모든 사람을 위한 가구" 포지셔닝 전략이 고객을 혼란시키고 있다는 것을 알아챘다. 이케아가 깨닫지 못한 것은 중국

기고, ATM이나 온라인을 통한 은행서비스 이용을 선호하며, 또한 이케아에서의 쇼핑을 즐긴다. 보통 한 시스템(예 : 주유소에서 주유하는 것)에서 셀프서비스를 선호하는 고객은 다른 시스템(예 : 비행기에서 짐을 스스로 옮기기, 룸서비스 대신 자판기 이용하기, ATM을 통해 여행자수표 구입)에서도 자신이 스스로 하려는 마음을 가진다. 할인이 되기 때문에 스스로 서비스를 이용하는 경우도 있지만, 편리하고 서비스를 통제할 수 있고, 제공시기를 정확히 할 수 있어 셀프서비스를 원하기도 한다.

재미있게도 서비스고객은 서비스의 공동창조에 참여하였기 때문에 서비스가 잘못되었을 경우 적어도 부분적으로라도 자신을 비난한다. 왜 나의 건강문제를 정확히 진단하는 데 그렇게 오래 걸렸나? 왜 우리 회사 카페테리아 음식서비스 계약에는 오류투성이인가? 우리가 미팅하려고 예약한 룸을 왜 우리가 도착했을 때 사용할 수 없었는가? 고객이 만약 부분적으로 혹은 전적으로 자신의 실패에 어느 정도의 책임이 있다고 생각할 때, 서비스 제공자에게 책임이 있고 또한 문제를 피할 수 있었다고 믿을 때보다는 불만족이 적어질 것이다.[28] 일련의 연구들은 **"셀프서비스 편견(self-service bias)"**의 존재를 확인하고 있다. 다시 말해서 서비스가 기대한 것보다 좋은 경우 참여가 높은 고객은 결과가 자신 덕분이라고 생각하고 참여하지 않은 고객보다 덜 만족한다는 것이다. 그러나 결과가 기대한 것보다 좋지 않은 경우 참여한 고객은 참여하지 않은 고객보다 서비스에 덜 불만족한다. 이는 참여한 고객이 자신의 잘못도

에서 이케아가 많은 사람들이 사고자 하는 열망을 가진 고급브랜드로 통용되고 있다는 것이었다. 이케아는 곧 타깃팅 전략을 수정하여 고급 브랜드 이미지를 유지하는 데 도움이 되게끔 젊은 중산층에 집중하기 시작하였다. 반응은 꽤 긍정적이어서, 중국에서 21개의 이케아 점포가 새롭게 열렸다. 2006년에 열었던 중국 매장은 스웨덴의 본사를 제외하고는 전 세계에서 가장 큰 이케아 매장이 되었다.

가격 차별화와 함께, 중국 매장의 점포 디자인은 중국 아파트 디자인을 반영하게끔 수정되었다. 대부분의 중국 아파트에 발코니가 있다는 점을 간파하고 발코니 가구와 디스플레이를 선보였다. 또 대부분의 중국 주방이 작다는 점을 착안하여 작은 주방 기구와 가구를 설치하였다. 그러나 이케아의 유명한 "DIY(Do It Yourself)"의 콘셉트는 중국에서도 역시 적용되었다. 또한 극소수의 중국 사람만이 자동차를 소유하고 있고, 대부분이 대중교통을 이용하는 중국에서는 다른 어떤 나라보다도 배달 서비스에 신경을 썼다. 중국은 노동력이 싸기 때문에 직접 가구를 조립하기보다 조립된 가구를 선호한다는 점도 감안하였다. 이케아는 DIY 전략을 포기하진 않았지만, 중국에서는 중국의 현실을 반영하여 중국 고객에 적합하도록 그 전략을 다소 유연하게 적용하고 있다.

이케아의 성공

이케아의 엄청난 성장의 원인은 고객이 사업시스템의 일부가 될 수 있다는 것을 깨달은 점과 고객이 전에 한 번도 경험하지 못했던 역할을 수행하게끔 한 것이다. 명확하게 정의된 고객의 새로운 역할과 이러한 역할을 재미있게 수행할 수 있도록 해준 아이디어가 그들 전략의 핵심이다. 이러한 과정을 통해 고객이 경험을 창조하게 하고 스스로 만족에 공헌하게 한다. 이케아의 재무적인 성공과 전 세계인의 수용은 계속되고 있다. 2015년에는 전년도 대비 11.2%의 성장을 달성하여 319억 유로의 매출을 달성하였고, 수익은 6.1% 증가하여 27억 유로를 달성하였고 매장 방문 수는 19억 명으로 2014년보다 21% 증가하였다.

자료 : http://www.ikea.com, August, 2011; B. Edvardsson and B. Enquist, "The IKEA Saga: How Service Culture Drives Service Strategy," *The Service Industries Journal* 22 (October 2002), pp. 153–186; P. M. Miller, "IKEA with Chinese Characteristics," *The China Business Review* (July/August 2004), pp. 36–38; M. Fong, "IKEA Hits Home in China," *The Wall Street Journal*, March 3, 2006, pp. B1; M. Wei, "In IKEA's China Stores, Loitering is Encouraged," *Bloomberg Businessweek*, October 28, 2010; Anonymous, "Business: The Secret of IKEA's Success," The Economist, February 26, 2011, pp. 67–68. V. Chu, "Couching Tiger Tames the Dragon," Business Today, July 21, 2013, www.businesstoday.in/story/how-ikea-adapted-its-strategies-to-expand-in-china/1/196322/.html; R. Milne, "Ikea Faces Cultural Challenge as Flat-Pack Empire Expands," *Financial* Times, November 28, 2013, www.ft.com/content/83389238-5819-11e3-82fc-00144feabdc0.

있다고 생각하기 때문이다.[29]

경쟁자로서의 고객

서비스고객의 세 번째 역할은 잠재적 경쟁자로서의 역할이다. 만약 셀프서비스 고객이 기업의 자원 내지는 부분 직원으로 간주될 수 있다면 그 고객은 어떤 경우에는 부분적으로 서비스를 수행하고, 어느 경우에는 전체적으로 서비스를 수행하기 때문에 서비스 제공자가 필요 없을 수 있다. 그렇기 때문에 고객은 어떤 의미에서 보면 서비스회사의 경쟁자인 것이다. 예컨대 아이 키우기, 집안 청소 및 유지관리, 자동차 수리와 같은 서비스를 직접 생산할 것인지(내부교환), 아니면 누군가에게서 서비스를 제공받을 것인지(외부교환)가 소비자에게는 고민거리(dilemma)이다.[30]

개인과 유사하게 내부와 외부교환에 대한 의사결정은 조직에서도 행해진다. 기업은 흔히 외부에서 급료지불이나 자료처리, 조사, 회계, 설비의 유지와 같은 서비스를 조달한다. 자신은 핵심사업에 집중하고, 다른 지원 서비스는 전문성을 가진 외부에 맡기는 것이 유리할 수 있다. 이와는 달리 기업은 서비스를 외부에서 구입하는 것을 중단하고 내부에서 직접 생산할 수도 있다.

가정이나 기업이 특별한 서비스를 자체에서 생산할 것인가 외부에서 조달할 것인가의 여부는 여러 가지 요인에 달렸다. **내부/외부교환**모델(internal/external exchange model)에 의하면 다음과 같은 요인에 달렸다고 한다.[31]

- **전문능력(expertise capacity)** : 내부에서 서비스를 생산할 가능성은 기업이 서비스를 생산하는 데 필요한 특별한 스킬이나 지식을 소유하고 있다면 증가할 것이다. 그러나 또 다른 자원과 시간이 있어야 하기 때문에 전문능력이 있다고 해서 반드시 내부에서 생산하는 것은 아니다. 기업이 흔히 전문능력을 가지고 있지만 외부업체가 더 잘하기 때문에 외주를 준다.
- **자원능력(resources capacity)** : 서비스를 내부에서 생산하기로 결정하려면, 기업이든 가정이든 사람, 공간, 자금, 설비, 원자재 등 생산에 필요한 자원을 가지고 있어야만 한다. 만약 내부에서 자원을 구할 수 없다면 외부교환의 가능성이 더 높다.
- **시간능력(time capacity)** : 시간 또한 내부/외부교환에 대한 의사결정에서 중요한 요소이다. 충분한 시간이 있는 기업과 가정은 시간 제약이 있는 조직에 비해 내부에서 서비스를 생산할 가능성이 높다.
- **경제적 보상(economic rewards)** : 특정 교환의 경제적 이해득실이 내부와 외부 대안을 선정하는 데 영향을 미친다. 두 대안의 금전적 비용이 의사결정을 흔들리게 하는 요인이다.
- **심적 보상(psychic rewards)** : 비경제적인 보상도 교환의사결정에 강력한 영향을 미친다. 심적 보상은 내적 · 외적 교환과 관련된 만족, 기쁨, 감사, 행복 등의 정도를 말한다.
- **신뢰(trust)** : 이런 상황에서의 신뢰란 기업이나 가정이 여러 교환 대안에서 갖는 신뢰나 확실성의 정도를 의미한다. 의사결정은 서비스를 생산하는 데 있어서 자기신뢰와 타인에 대한 신뢰에 의해 영향을 받는다.
- **통제(control)** : 기업이나 가정에서 교환의 결과나 과정을 통제하려는 욕망이 내부/외부의 선택에 영향을 준다. 과업을 많이 통제하려는 기업이나 가정은 내부교환을 할 가능성이 높다.

본 절에서 기억해야 할 중요한 것은 고객이 전적으로 혹은 부분적으로 서비스를 생산할 수 있다는 것이다. 그래서 고객은 생산자원이 될 수도 있고, 품질과 가치의 공동생산자가 될 수 있다는 것을 깨닫는 것 외에 잠재적 경쟁자가 될 수 있음을 깨달아야 한다.

셀프서비스 기술 – 고객참여의 최고점

셀프서비스기술(Self-Service Technologies, SST)은 서비스직원의 어떤 직접적인 관여나 상호작용 없이 전적으로 고객에 의해 생산되는 서비스이다. 기업에 의해 전적으로 생산되는 서비스부터 고객에 의해 전적으로 생산되는 서비스까지 서비스는 연속선을 이루는데, SST는 고객참여의 정도에서 최고점인 서비스이다. 이러한 연속선은 그림 12.1 에 설명되어 있는데 H&R 블록사의 세무작성 사례를 보여주고 있다. 연속선의 각 점은 세무대행 서비스라는 하나의 서비스를 여러 가지 형태로 창조 및 공동창조하는 방법을 설명하고 있다. 연속선 가장 오른쪽에는 세무사가 세무신고를 완벽하게 대행하며, 그 반대쪽 끝에는 고객이 모든 것을 다 수행하는 것을 보여준다. 여러 산업에서 서비스제공 대안을, 이러한 연속선에 완전기업생산에서 완전고객생산까지로 표현할 수 있다. 크리스천 그론루스(Christian Gronroos)와 동료들은 이 연속선과 "가치 창조 영역"에서 가치를 창조하는 다양한 방법을 언급했다. "가치 창조 영역"이란 공급업체가 공급자 영역에서 잠재적 가치를 창출하는 영역, 고객이 고객 영역에서 독립적으로 가치를 창조하는 영역, 두 사람이 공동으로 가치를 창조하는 공동영역을 모두 포함한다.[32]

새로운 SST의 확산

기술발전, 특히 인터넷의 발전은 그림 12.1 의 연속선에서 가장 왼쪽에 있는 셀프서비스를 다양한 영역에서 가능하도록 했다. SST가 잠재시장 규모의 확대, 고객만족의 증가, 경쟁우위의 확보, 비용절감과 효율성 달성 등이 가능하도록 한다는 시각이 확산됨에 따라 SST의 적용이 급속히 늘어나고 있다. 다음은 비록 일부이기는 하지만 고객이 할 수 있는 셀프서비스 기술의 목록이다.

- ATM
- 주유기에서 계산
- 공항 체크인
- 호텔 체크인과 체크아웃
- 자동화된 렌터카 대여
- 자동화된 법적 클레임 등록
- 온라인 자동차 면허시험
- 자동화된 베팅기(betting)
- 전자 혈압측정기
- 다양한 자판기(vending)
- 세금준비 소프트웨어
- 소매점에서의 셀프스캐닝(self-scanning)
- 온라인 뱅킹
- 온라인 자동차 등록
- 온라인 경매
- 온라인 집과 자동차 구매
- 자동화된 투자거래
- 온라인 보험
- 화물 추적
- 인터넷 쇼핑
- 상호작용적인 목소리응답 전화시스템
- 온라인 교육과 훈련

새로운 SST의 증가는 여러 가지 이유에서 발생하고 있다.[33] 오랜 기간 동안 기업은 값비싼 인적 서비스를 대신하여 기술기반의 자동화된 시스템으로 고객을 이동시킴으로써 비용을 절감하려는 유혹을 받아 왔다. 만약 비용절감이 SST 도입의 유일한 이유이고, 고객이 명백한

그림 12.1 서비스 생산 연속선[34]

H&R Block Tax Preparation Example

1. 고객은 H&R Block 웹사이트에서 팁과 도움을 받은 후 세금보고서를 스스로 작성하고 제출한다.
2. 고객은 H&R Block 웹사이트에서 팁과 도움말을 참조하고 H&R Block 소프트웨어를 구매 후 소프트웨어를 사용하여 온라인으로 세금을 신고한다.
3. 고객은 부분적으로 세금환급을 준비하고 H&R Block 세무 자문 담당자와 만나 검토를 마친 후 온라인으로 제출한다.
4. H&R Block 세무 자문 담당자와 고객과 만나 안내 및 조언을 제공한 후 고객이 H&R Block 소프트웨어를 사용하여 세금보고서를 작성하고 제출한다.
5. H&R Block 세무 자문 담당자는 고객을 만나 사무실에서 고객이 세금 신고서를 준비하도록 돕고 절차 완료에 대한 지침을 제공하고 고객이 파일을 제출한다.
6. H&R Block 세무 자문 담당자는 고객을 만나 세금 신고서를 작성하고 고객을 위해 제출하고 신고서 사본을 제공한다.

혜택을 보지 못한다면 SST는 실패할 것이다. 다시 말해 고객이 이러한 기업의 비용절감 전략을 꿰뚫어 볼 수 있고, 서비스에 대한 다른 대안이 있다면 SST를 채택하지 않을 것이다. 점차로 기업들은 고객요구에 기초하여 새로운 SST를 도입하고 있다. 예를 들면, 고객들은 온라인으로 정보나 서비스, 대안(options) 찾기를 점점 더 기대하고 있다. 고객들은 특정 기업의 온라인에서 그들이 원하는 것을 찾지 못한다면 경쟁기업을 선택하게 될 것이다. 이처럼 고객의 요구가 기업이 기술을 통해 서비스를 개발하고 제공하도록 만든다. 많은 기업들이 전통적인 경로를 통해서는 접근할 수 없었던 새로운 지리적, 사회경제적, 라이프스타일 시장을 열기 위해 SST를 개발하고 있다.

고객의 SST 수용

위에서 예시한 SST 중 일부인 ATM, 온라인 주문, 공항 체크인 등이 제공하는 편익(사용 용이성, 접근가능성, 편의성)은 고객이 소중히 여겼기 때문에 성공하였다. 비용절감과 수익증가 같은 기업의 편익은 SST의 성공으로 얻은 결과이다.[35] 또 다른 SST인 항공탑승권 발권 키오스크(kiosk), 온라인 호텔예약, 점포 셀프스캐닝 등은 고객에게 덜 받아들여진 예이다. 그림에서 보듯이 식료품 셀프스캐닝시스템(self-scanning system) 이용을 고객이 주저하는 이유는 기술에 대한 두려움, 다른 사람이 바라보는 시각에 대한 자신감결여, 인적 접촉에 대한 욕망 등 여러 가지 이유가 있으며, "상품 바코드를 스캐닝하는 것이나 포장"은 자신의 일이 아닌 점포의 업무로 간주하는 인식 때문이다.

고객이 새로운 기술을 이용하여 얻는 개인적 편익이 미미하거나, 그것을 사용할 능력이 없거나, 그들이 무엇을 해야 하는지 알지 못할 때 SST는 실패한다. 종종 새로운 SST를 수용하는 데는 전통적 행동을 상당히 변화시킬 필요가 있는데, 많은 사람들은 최소한 처음에는 그러한 변화를 주저한다. 고객의 SST 수용에 대한 연구에서 "고객의 준비상태(customer readiness)"가 고객이 새로운 셀프서비스 대안을 시도하는지를 결정하는 주요 요인이라는 것

고객은 자신이 구입한 상품을 스스로 계산하면서 서비스생산에 도움을 주고 있다.

을 발견하였다.[36] 고객준비상태는 개인적 모티베이션(motivation, 그것은 나를 위한 것인가?), 능력(ability, 나는 이 SST를 이용할 능력이 있는가?), 역할명확성(role clarity, 나는 내가 무엇을 해야 하는지 이해하고 있는가?)의 조합의 결과로 나타난다. 다른 경우에 고객들은 대체수단인 대인간(interpersonal) 서비스 제공과 비교하거나 SST가 제대로 설계되지 않아 이용하는 데 문제가 있을 때는 SST에 대해 가치를 발견하지 못한다.[37] 또 다른 연구에 의하면 고객들은 다른 대안을 제공하지 않은 상태에서 SST를 강제로 사용하고 있다고 느낄 때 부정적으로 반응할 수 있다는 것을 밝혔다. 어떤 선택이든 간에 고객을 도울 수 있는 지원책을 제공하거나 직원이 항상 도움을 줄 수 있을 때 SST에 대한 고객의 인식이 개선될 것이다.[38] 고객이 셀프서비스 기술을 채택하는 이유를 파악하기 위해 많은 연구가 수행되었다. 96개의 이전 연구 결과를 비교한 연구에 의하면, 인구 통계(예 : 연령, 교육)는 SST 채택의 좋은 예측 변수가 아니라고 결론내렸다. 오히려, SST의 사용 편의성과 유용성이 핵심 결정 요소이며, 앞서 언급되었던 인구 통계 요소(예 : 연령, 교육) 또한 영향을 미친다는 것을 연구하였다. 또한, SST 수용을 예측하는 요소는 SST의 유형과 국가 문화에 따라 다르다는 것을 발견하였다.[39]

SST의 성공적 도입

시장에서 성공한 셀프서비스 기술의 예로는 시스코시스템스, 아마존 등이 있다. 이 기업들은 고객들에게 명백한 편익을 제공하고, 그 편익은 대체 제공방식보다 더 잘 이해되고 평가되며, 기술을 이용하기 쉽고(user-friendly) 신뢰할 수 있기 때문에 성공할 수 있었다. 뿐만 아니라, 고객은 그들의 역할을 이해하고 그 기술을 사용할 수 있는 능력을 갖추었다.

전략적 관점에서 연구자들은 서비스제공방식으로 SST를 도입하려는 기업에게 다음과 같은 질문들을 던지는데, 매우 중요한 질문들이다.[40]

- 우리의 전략은 무엇인가? SST를 통해 우리가 얻고자 하는 것은 무엇인가(비용절감, 수익 증가, 경쟁우위)?
- SST를 통해 고객이 자신의 서비스를 생산함으로써 그들이 얻는 편익은 무엇인가? 고객은 이러한 편익들을 알고 있는가?
- 고객이 SST를 시용하게끔 어떻게 동기부여할 수 있는가? 고객은 그들의 역할을 이해하는가? 그들은 이러한 역할을 수행할 능력이 있는가?

- 우리 고객들은 "기술에 대한 준비(technology ready)"가 얼마나 되어 있는가?[41] 어떤 고객집단이 다른 사람들보다 그 기술을 이용할 준비가 되어 있는가?
- 고객이 더 많이 SST를 수용하도록 하기 위해 이들을 서비스기술시스템의 설계에 어떻게 관여시킬 수 있는가?
- 수용을 장려하기 위해 어떤 형태의 고객교육이 필요한가? 또 다른 인센티브가 필요한가?
- 피할 수 없는 SST 실패는 고객의 신임을 다시 찾기 위해 어떻게 처리해야 하는가?

고객참여를 높이는 전략

서비스제공과정에 대한 고객참여의 수준과 특성은 조직의 생산성, 경쟁자에 대비한 포지셔닝, 서비스품질, 고객만족에 영향을 줄 수 있는 전략적 결정이다. 본 절에서는 그림 12.2에 제시되어 있는 바와 같이 서비스생산과 공동창조과정에 고객을 효과적으로 참여시키는 전략들을 검토하기로 한다. 고객참여전략의 목표는 예상할 수 없는 고객의 행위에 대한 불확실성을 줄임과 동시에 고객만족과 생산성을 높이는 데 있다.

그림 12.2
고객참여를 높이는 전략

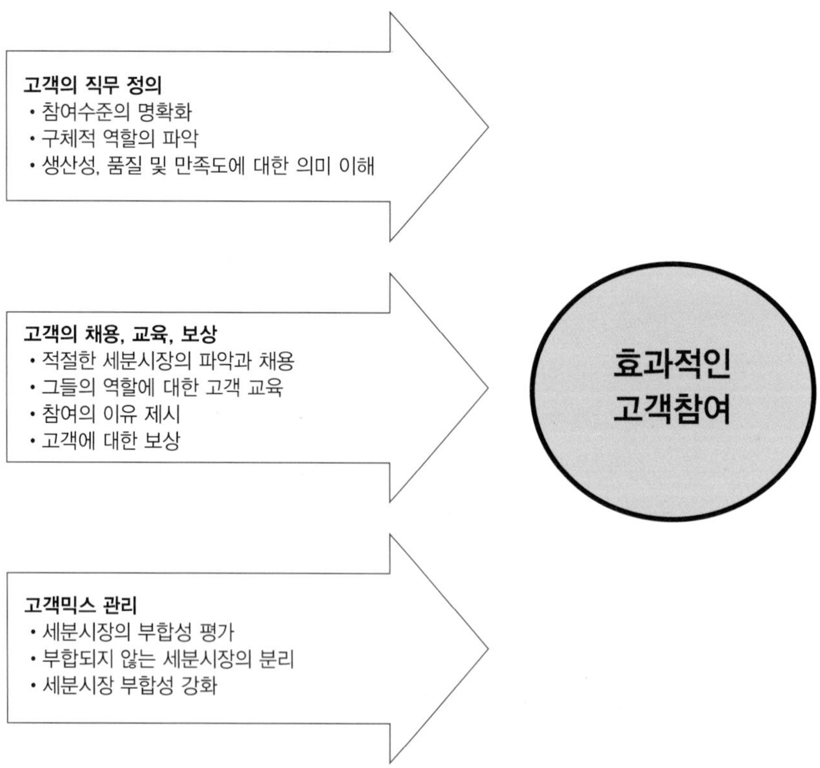

자료 : Adapted from M. L. Meuter and M. J. Bitner, "Self Service Technologies: Extending Service Frameworks and Iden-tifying Issues for Research," in *Marketing Theory and Applications*, ed. D. Grewal and C. Pechmann (American Marketing Association Winter Educators' Conference, 1998), pp. 12-19.

고객의 직무 정의

서비스를 공동창조하고 제공하는 과정에 고객의 참여를 유도하는 전략을 개발하려 할 때 조직은 먼저 어떤 참여유형이 고객에게 바람직한가, 고객이 할 수 있는 일은 무엇인가? 그리고 어떻게 고객에게 참여를 유도할까?의 3가지에 대한 해답을 결정해야 한다. 따라서 고객참여의 현재 수준을 파악하는 것이 시작이다.[42] 고객의 역할은 표 12.1에서 제시한 바와 같이 서비스의 특성에 따라 달라진다. 고객의 출석만(예 : 콘서트, 항공기 여행)을 필요로 하는 서비스가 있고, 노력 또는 정보의 투입을 고객에게 요구하는 서비스도 있으며(예 : 헤어 컷, 세금보고서), 서비스의 결과를 만들어 내는 데 동참할 것을 요구하는(예 : 건강프로그램, 셀프서비스컨설팅) 서비스도 있다. 어떤 경우의 서비스는 이베이, 페이스북, 그리고 온라인 소셜네트워킹서비스처럼 소비자가 함께 또 서로를 위하여 공동창조하는 것에 의존하기도 한다.

조직은 고객으로부터 좀 더 효과적인 참여를 원하지만, 현존하는 참여수준에 만족하는지도 파악해야 한다. 예컨대 저가 증권회사인 찰스슈왑은 고객이 자신의 자금을 투자결정하는 데 높게 참여하는 것으로 지금까지 포지셔닝해 왔고 또한 고객의 역할에 대하여 고객과 명확한 커뮤니케이션을 해왔다. 기업의 높은 고객관여에 관한 포지셔닝과 셀프서비스는 세월이 흘러도 일관되게 실행되었고, 아직도 고객의 실제적인 역할은 변하고 있다. 예를 들어 기술의 진보는 찰스슈왑 고객의 셀프서비스기술을 더욱 편리하게 해주었다.

이처럼 조직은 고객참여의 수준을 증가시킬 수 있다. 이것은 고객의 눈에 비친 서비스를 재포지셔닝하는 것이나 마찬가지다. 전문가들은 높은 수준의 참여는 전략적으로 다음과 같을 때 적합하다고 한다. 서비스의 생산과 제공이 분리될 수 없을 때, 고객과의 현장접촉으로 마케팅편익(교차판매, 애호도구축)이 증가될 수 있을 때, 직원이 제공하는 정보와 노동력을 고객이 보충할 수 있을 때 등이다.[43] 고객의 높은 참여수준은 고객 스스로가 많은 참여를 원하고 또 그 그것이 고객만족과 서비스성과의 향상을 가져올 때 권할만하다. 예를 들어, 의료서비스에서 제공자는 치료를 결정하는 데 있어서 좀 더 능동적인 고객참여를 유도하는 방법을 사용한다. 특히 인터넷과 다른 기술의 진보는 고객들이 자신의 건강과 웰빙을 책임지는 역할을 수행하는 데 도움을 주고 있다.

일단 바람직한 참여수준이 결정되면, 조직은 고객의 역할과 임무를 좀 더 명확하게 정의할 수 있다. 가능한 역할과 임무의 범위는 다음과 같다.

자신을 돕기(helping oneself)

많은 경우 조직은 서비스제공과정에서 고객의 능동적인 참여를 통하여 참여수준을 높이려 할 것이다. 이런 경우는 고객은 생산자원이 되고 직원이 지금까지 해오던 서비스를 직접 수행하게 된다. 스웨덴의 이케아나 찰스슈왑 같이 본 장에 언급한 많은 예들은 "자신을 돕기"와 관련이 있다. 이들 예에서 보면, 고객은 자신이 수행해야 할 특정 과업이 있다. 그 과업을 수행하면 기업의 생산성이 높아질 수 있고 고객의 가치, 품질, 만족이 증가할 수도 있다.

주목받는 기술 기술을 활용한 고객의 건강관리 참여

다양한 산업의 새로운 기술은 고객의 참여를 용이하게 한다. 예를 들어, 교육 분야의 새로운 기술은 학생들이 이메일, 토론게시판, 그룹채팅 세션, 온라인으로 제공되는 강의 자료를 통해 동료 학생들 혹은 교수들과 교류할 수 있도록 한다. 부동산 분야의 새로운 기술은 구매자들은 집을 미리 보고 방문하고 싶은 곳의 목록을 작성할 수 있으며, 모든 부동산을 찾기 위해 부동산 중개인에게 전적으로 의존할 필요가 없게 한다. 첨단기술산업의 비즈니스 고객은 종종 웹상에서 소통하여 서로 문제를 해결하거나 질문에 답변하는 등의 작업을 수행한다. 이 모든 예는 새로운 기술, 특히 인터넷이 어떻게 고객 참여를 쉽게 하고 고객 만족도를 높이는지 보여준다.

의료 분야에서의 고객참여 증가는 뚜렷하게 나타난다. 의료서비스는 대표적인 고객 고관여 서비스이다. 고객(환자)이 소통에 참여해야 하고 공급자와 고객의 공동창조가 필요하기 때문이다. 환자의 참여는 여러 단계로 이루어져 있으며 다시 건강을 되찾기 위해 환자는 다음을 수행해야 한다.

- 증상 및 건강 배경에 대한 정확한 정보를 제공한다.
- 상세한 질문에 답한다.
- 치료 과정을 결정하는 데 도움을 준다.
- 회복 및 예방을 위해 정해진 치료법을 따른다.

새로운 기술은 고객이 공동창조자의 역할을 수행하는 방식에 분명히 영향을 미치고 있다. 어떤 의미에서는 정보 권력이 소비자에게 넘어가고 있다. 온라인 건강관리의 변화추세는 "퓨 자선기금(Pew Charitable Trusts)"이 연구비를 지원하는 "퓨 인터넷(Pew Internet) 및 아메리칸 라이프 프로젝트(American Life Project)"의 연례 연구에서 잘 나타난다. 2012년을 기준으로 미국 인터넷 사용자의 72%, 즉 미국 전체 성인의 약 87%가 건강 정보를 찾기 위해 온라인에 접속한 것으로 나타났다. 이 비율은 온라인에서 요금을 지불하거나, 블로그를 읽거나, 인터넷을 이용하여 특정 요일에 주소나 전화번호를 조회하는 사용자 수와 비슷하다. 환자들은 특정 질병, 정신 건강, 영양 및 건강, 약물 및 약물 상호작용, 의사 및 병원에 대한 정보를 찾는다. 많은 사람들이 자신과 자신의 건강 상태에 대한 정보를 검색하며, 온라인 건강 정보 탐색자의 절반은 친구나 가족을 대신하여 정보를 검색한다. 사람들은 편리함, 정보의 풍부함, 그리고 익명으로 공부를 할 수 있다는 것 때문에 온라인으로 건강정보를 얻는 것을 좋아한다. 미국에서는 사람들이 건강 정보를 검색하기 위해 휴대전화를 사용하기 시작하였다. 2012년에는 휴대폰 소유자의 31%가 휴대전화를 이용하여 건강 관련 정보를 검색했다.

수천 개의 인터넷 사이트가 건강 관련 정보를 제공한다. 의료서비스 제공업체[Mayo Clinic(www.mayo.edu)]나 대형 약국[CVS Caremark(www.caremark.com)] 등이 정보를 제공하고 있다. 일부업체[WebMD(www.webmd.com) 및 Everyday Health(www.halth.com)]들은 의료 서비스 제공업체와의 제휴 없이 온라인으로만 운영되고 있다. 일부 유명 사이트는 미국 보건복지부(the U.S. Department of Health and Human Services, www.healthfinder.gov)와 국립의료도서관 및 국립보건원(www.medlineplus.gov) 등 정부 기관의 후원을 받는다. 많은 사이트들도 에이즈, 우울증, 당뇨병, 유방암과 같은 특정한 건강 상태에 대한 정보를 제공한다. Hospital Compare[www.medicare.gov/hospitalcompare)]와 같은 기관들은 환자들이 다양한 서비스와 건강 결과 기준에 따라 최적의 병원을 결정하도록 돕는다.

모든 의료 정보가 쉽게 얻을 수 있기 때문에, 질병 진단, 치료 옵션 평가 및 전반적인 치료 결정에 있어 의료 소비자는 능동적인 참여자로 변하고 있다. 충분한 정보를 가진 환자는 자신감 있게 질문을 하고 적절한 진단을 구한다. 경우에 따라 의사나 관련 기관에 이메일로 질문을 보내기도 한다. 인터넷상의 채팅 그룹, 게시판 및 전자 메일 목록에서 도움을 받기도 한다. 온라인에서 찾은 것에 위안을 받거나 때때로 겁을 먹기도 한다. 종종 검색 결과에 따라 건

다른 사람 돕기(helping others)

때때로 고객은 서비스를 받는 다른 사람의 도움을 요청받기도 한다. 어린이집에 처음 온 아이를 위해 원생 중 한 명을 그들의 친구로 지명할 수 있다. 실버타운에 오래 거주한 사람이 흔히 새로 입주한 사람을 위해 이러한 역할을 한다. 많은 대학이 멘토링프로그램(mentoring programs)을 시행하고 있기 때문에 학생들이 대학에 처음 들어왔을 때 비슷한 경험이 있는

강을 유지하기 위한 전반적인 방법을 바꾸기도 한다. 온라인 매체가 점점 더 중요한 역할을 하고 있지만 건강 전문가, 가족 및 친구의 중요성은 여전하며 온라인 매체는 이를 보완하는 역할을 한다.

자료 : "Health Fact Sheet," The Pew Internet Project, September 2012, www.pewinternet.org, accessed August 2016; https://medline-plus.gov, accessed August 2016.

학생을 짝으로 붙여주어 대학시스템에 적응하는 것을 도와준다. 많은 회원제 조직(예 : 헬스클럽, 교회, 사회조직) 등이 비공식적일지라도 현재의 회원들이 새로운 회원을 환영하고 편안하게 느끼도록 해주는 역할을 한다. 소셜미디어와 온라인 게임사이트 같은 환경에서는 서로 돕고 각자의 경험을 향상시키기 위해 고객에게 많은 의존을 한다. 이러한 역할은 조직을 위해 생산기능을 수행하는 것도 되지만 고객만족과 유지도 높인다. 조언자나 보조자로서 활동을 하다 보면 그 활동을 하는 본인도 영향을 받아서 조직에 대한 몰입도가 높아진다.

회사를 판촉하기(promoting the company)

경우에 따라 고객이 할 일, 즉 고객의 직무가 판매나 촉진일 수가 있다. 서비스 고객은 어떤 제공자를 선택할 것인가를 결정할 때 구전에 많이 의존한다. 그들은 광고나 다른 비인적 커뮤니케이션 도구보다는 서비스를 실제로 경험한 사람으로부터의 추천을 좀 더 편안하게 생각한다. 친구나 친척, 동료, 잘 아는 사람들로부터의 긍정적 추천은 긍정적 서비스 경험을 위한 출발이 된다. 많은 서비스 조직이 매우 창조적으로 현재 고객을 촉진자나 판매원으로 활용한다. 예를 들면, 치과는 "누가 당신을 우리 병원에 추천했죠?"라는 질문에 자주 언급되는 환자들을 데이터베이스화하여 그들에게 꽃, 캔디, 지역스포츠 이벤트의 티켓을 보내 추천을 독려할 수 있다. 온라인 리뷰, 페이스북(Facebook) 게시물, 트위터(Twitter)를 통한 홍보 및 기타 소셜 미디어는 고객이 특정 서비스 공급업체를 홍보하는 일반적인 방법이다.

개인차이 : 누구나 참여를 원하는 것은 아니다

고객의 직무를 정의할 때 모든 이가 참여를 원하는 것이 아니라는 사실을 명심하는 것이 중요하다.[44] 어떤 고객은 셀프서비스를 즐기지만 반면에 다른 고객은 전적으로 직원에게 의존하기를 원한다. 조직에 교육이나 훈련서비스를 제공하는 기업은 훈련 프로그램을 설계하고 직원에게 제공하는 데 고객이 참여하기를 원한다는 것을 알고 있다. 반면에 어떤 회사는 서비스설계와 제공을 전적으로 컨설팅 회사에 일임하고, 그들은 멀찌감치 떨어져 있는 것을 원할 수 있다. 의료 상황에서도 어떤 환자는 많은 정보를 원하고 또 자신의 진단과 치료결정에 자신이 참여하기를 원한다. 반면 다른 이들은 의사에게 치료에 관한 모든 것을 일임한다. 현재 거의 모든 서비스와 제품의 구매가 인터넷을 통해 이용 가능함에도 불구하고, 많은 고객들은 여전히 셀프서비스보다 사람과의 접촉이 높은 서비스제공을 선호한다.[45] 예를 들어 "인적 상호작용에 대한 욕구(need for human interaction)"가 높은 고객은 인터넷이나 자동전화시스템을 통해 제공되는 새로운 셀프서비스 대안을 덜 시도한다는 연구가 있다.[46] 이러한 선호의 차이 때문에 대부분의 기업은 세분시장에 맞게 서비스를 제공해야 할 필요가 있음을 알고 있다.

고객의 채용, 교육 및 보상

일단 고객의 직무가 명확하게 정의되면 서비스를 개발하는데 고객들이 그 역할을 어떻게 잘 수행하도록 할 것인지를 생각해야 한다. 어떤 의미에서 고객은 기업의 "'부분 직원"이기 때문에 제11장에서 논의한 직원관리방식으로 고객의 행동을 관리할 필요가 있다. 다음과 같은 조건일 때 고객은 직원들과 함께 서비스 생산과 공동창조에 쉽게 동참할 수 있다. (1) 고객이 그들의 직무와 또 이를 어떻게 해야 한다는 것을 알고 있을 때, (2) 기대된 대로 고객이 그들의 직무를 수행할 때, (3) 고객이 직무를 제대로 수행한 것에 대한 보상을 받을 때 등이다.[47] 이러

예시 12.3 에너지 절약을 위한 미국 전력 회사와 고객의 협력

새로운 기술을 통해 전력 회사는 고객과 직접 소통하며 혁신적인 도구와 정보를 제공한다. 이는 발전소에서 나오는 온실가스를 줄이고, 전기요금 상승을 늦추며, 고객의 비용도 절약하는 등 모든 이들에게 이득이 되는 결과를 가져온다. 설문지 조사에 따르면 미국 소비자들은 점점 더 개방적으로 변화하고 있으며, 전반적인 에너지 소비를 줄이고 있다. 또한 기후 변화와 걱정에 대처하기 위해 무언가를 할 용의가 있다. 새로운 에너지 절약 도구로는 온라인 계산기, 가정용 첨단 미터기, 시간대별 에너지 소비량을 보여주는 가정용 디스플레이, 스마트폰 애플리케이션, 원격제어장치, 선불 전기, 혁신적인 가격 책정 등이 있다.

미국 전역의 전력 회사들은 다양한 방식으로 실험을 진행하고 있다. 예를 들어, 캘리포니아 북부의 "퍼시픽 가스&전기(Pacific Gas & Electric)"는 고객의 에너지 소비가 온실가스 배출과 어떤 관련이 있는지를 보여주는 온라인 애플리케이션을 운영한다. 애플리케이션을 통해 고객은 그들의 에너지 소비행동의 변화가 어떻게 에너지와 오염을 줄이는지를 파악할 수 있다. 캘리포니아 남부에서는 고객들이 자발적으로 참여하여 전력회사가 최대 수요를 줄이기 위해 미리 정해진 시간에 에어컨을 끌 수 있도록 한다. 서던캘리포니아 에디슨(Southern California Edison)은 "절전의 날(Save Power Days)"이라는 프로그램을 운영한다. "절전의 날"은 주민들에게 미리 공지된다. 이 프로그램에 등록한 사람들이 연간 12~15일 동안 에너지 소비를 줄이면 최대 100달러까지 절약할 수 있다. 플로리다 파워&라이트(Florida Power & Light)는 중소기업 소유주들을 위한 프로그램을 운영하고 있다. 이 프로그램은 여러 장비에서 사용하는 에너지 사용량을 계산해 주고 가장 비싼 시간대를 알려준다.

또 다른 신기술에는 에너지 사용량과 비용을 실시간으로 파악할 수 있는 '가정용 전기모니터(home electricity monitor)'가 있다. 고객의 전자차단기 박스에 연결되는 이 장치는 디스플레이 장치에 정보를 전송할 수 있다. 이를 통해 고객은 다양한 전력 사용 장치의 비용이 얼마인지 알 수 있다. 한 얼리어답터(early adopter) 고객은 피자를 데우기 위해 전기 오븐을 켰을 때 에너지 소비량이 크게 증가한 것을 발견하였다. 토스터 오븐을 구입해 전자레인지와 토스터를 더 자주 사용하면서 그녀는 에너지 소비량과 전력 요금을 줄일 수 있었다. 마지막으로, DTE 에너지(DTE Energy)는 고객이 가정용 에너지 사용량을 무료로 추적할 수 있는 인사이트라는 스마트폰 애플리케이션을 개발하였다. 애플리케이션은 실시간으로 사용량을 추적하고 일일사용량을 제공한다. 또한 전기 및 가스 고객과 함께 작동하여 소비 패턴을 식별하고 필요에 따라 조정한다.

혁신적인 프로그램은 모두 고객의 수용, 참여 및 행동의 중요한 변화에 따른다. 혁신적인 프로그램이 성공하려면 소비자 교육에 대한 투자와 그들의 행동을 변화시킬 인센티브가 필요하다. 이 과정을 통해 고객은 자체 에너지 소비량을 모니터하고 에너지를 줄이기 위한 조치를 취함으로써 전력 회사의 "직원"이 된다. 결과적으로 에너지 회사의 비용 절감, 고객의 가격 절감, 전반적인 에너지 소비 감소, 대기 오염 개선 등의 혜택을 볼 수 있다.

자료 : R. Smith, "Letting the Power Company Control Your AC," *The Wall Street Journal*, July 10, 2007, p. D1+; R. Smith, "New Ways to Monitor Your Energy Use," *The Wall Street Journal*, July 19, 2007, p. D1+; R. Gold, "The Power of Knowledge: With New Monitors, Homeowners Can Keep Track of Their Electricity Use In Real Time," *The Wall Street Journal*, February 28, 2011, p. R7; www.sce.com, 2011; F. Witsil, "DTE App Gives Customers Insight into Power Usage," *Detroit Free Press*, October 24, 2015, http://www.freep.com/story/money/business/michigan/2015/10/24/dte-energy-app-insight/73932382/

한 조건이 충족될 때 조직은 고객참여에 따른 예상하기 어려운 품질, 고객의 참여시기 등에 관련된 불확실성을 줄일 수 있을 것이다. 경우에 따라 고객은 서비스를 생산하거나 공동으로 창조하는 데 필요한 사항에 대해 부담감을 느끼거나 부정적인 반응을 보일 수 있다. 만성 질환의 치료처럼 부정적인 서비스가 연장되는 것이 대표적인 사례이다.[48] 또한 고객들은 일부 DIY 서비스의 경우, 너무 많은 노력을 요구하는 등 그들에게 너무 과도한 역할을 부여한다고 생각한다. 이러한 경우에는 고객의 노력에 대한 가치를 강조하고 노력을 줄일 수 있는 보완적인 전략을 제공하는 데 초점을 맞춘 커뮤니케이션 전략이 효과적이다. 이 전략은 고객에게 많은 노력을 요구하는 부정적인 면을 상쇄할 수 있다.[49] 예시 12.3은 수도, 전기, 가스 산업이 고객의 노력에 보상을 지급함으로써 고객을 직원처럼 참여시키는 혁신적인 서비스를 보여준다. 이러한 계획들은 또한 환경을 보호하고 천연 자원을 보존함으로써 더 큰 공익에 기여한다.

예시 12.4 체중조절 기업인 웨이트 워처스사의 회원교육과 오리엔테이션

세계에서 가장 규모가 크고 성공한 체중조절 프로그램 제공기업인 웨이트 워처스(Weight Watchers)에 새로운 회원이 등록하면, 온라인플러스(OnlinePlus), 미팅(Meetings) 및 개인 코칭(Personal Coaching)이라는 3가지 프로그램 중에서 하나를 선택할 수 있다. 고객은 각 프로그램에서 기대할 수 있는 혜택과 고객으로서의 책임에 대해 철저하게 교육받는다. 예컨대, 웨이트 워처스 지역클럽의 새로운 회원이 3가지 프로그램 중 미팅(Meetings) 프로그램을 선택하면, 첫 번째 참가일에 프로그램에 대한 오리엔테이션과 "착수(Getting Started)" 패키지, 식습관–관리(food–tracking) 저널, 활동 측정기(activity calculators), 요리 및 외식 등에 대한 주간 가이드 등을 포함한 단계별 지침을 받게 된다. 신입회원은 다음 회의에 참석하기 전에 주간 회의, 회의에서 발생하는 일, 고객에게 기대되는 사항 등에 관해 설명하는 많은 오리엔테이션 정보를 온라인에서 찾을 수 있다. 오리엔테이션, 소책자, 식단과 운동 계획을 통해 조직은 회원들의 책임을 명확하게 정의하고 계획을 최대한 따르기 쉽게 운영하고 있다.

© NetPhotos/Alamy Stock Photo

적임고객의 채용(recruit the right customer)

기업은 고객을 교육하고 사회화하는 과정에 들어서기에 앞서 역할을 제대로 할만한 적임고객을 끌어들여야 한다. 고객에게 기대된 역할과 책임은 광고나 인적 판매, 기타 회사의 메시지를 통해 명확하게 전달해야 한다. 고객의 역할과 서비스제공 과정에서 고객에게 요구되는 것을 미리 보여줌으로써 고객은 거래를 해야 할지를 스스로 선택할 수 있다. 자기가 스스로 선택하게 되면 서비스품질을 높게 지각하고 고객참여로 인한 불확실성도 줄일 수 있다.

예컨대 일주일에 적어도 반나절은 부모가 참가하기를 요구하는 어린이집은 등록하기 전에 이 사실을 고객에게 공지할 필요가 있다. 어떤 가족에게는 이러한 수준의 참가가 가능하지 않거나 바람직하지 않아 아예 등록을 포기할 수 있기 때문이다. 어떤 경우이든 기대된 참여 수준은 역할을 기꺼이 수행할 고객을 유인하기 위해 고객에게 명확하게 전해져야 한다.[50]

고객의 교육과 훈련(educate and train customers to perform effectively)

고객은 그들의 역할을 효과적으로 수행할 수 있도록 교육받을, 즉 사회화될 필요가 있다. 사회화(socialization) 과정을 통해 서비스고객은 조직 가치를 존중하게 되고, 역할을 수행하는 데 필요한 능력을 개발하고, 자신에게 기대되는 것을 이해하고, 직원과 다른 고객과의 상호작용에 대한 지식과 스킬을 습득할 수 있다.[51] 고객교육 프로그램은 다양하다. 공식적인 교육 프로그램, 고객에게 제공되는 안내서, 서비스현장의 표시나 지시, 다른 고객이나 직원으로부터의 학습 등이 여기에 해당한다.

많은 서비스에서 서비스를 경험하기 전 제공과정으로부터 기대하는 것과 고객의 역할을 이해하는 데 도움을 주기 위해 고객지향적인 프로그램을 마련한다. 예시 12.4에서 보는 바와 같이, 고객이 체중조절 프로그램을 시작할 때는 첫 그룹미팅에서 고객의 책임을 이해시키고 프로그램을 소개한다.

고객교육은 고객의 역할이나 책임을 기술한 소책자(handbook)나 안내서를 이용하여 이루어질 수도 있다. 수많은 병원이 환자를 위한 책자를 개발하고 있는데, 이것은 직원의 매뉴얼에 비유될 수 있다. 이 책자에는 환자가 병원에 오기 전 무엇을 준비해야 하는지, 도착했을 때 어떻게 해야 하는지, 방문시간과 진료비 청구에 대한 내용 등이 수록되어 있다. 심지어 소책자에는 환자 가족의 임무나 역할까지도 기술되어 있다. 특히 암의 진단, 치료, 회복과 같이 복잡한 치료 상황에서는 환자에게 1:1 교육을 제공하고 시스템을 이용하여 지침을 내리며 또한 의사결정에 도움이 되도록 소위 "간호사 내비게이터(nurse navigator)" 혹은 "오케스트라 작곡가(orchestrator)"가 필요할 수도 있다.[52]

공식적인 훈련이나 소책자 정보는 보통 서비스경험 전에 미리 제공되지만, 경험하는 동안 고객의 사회화 과정을 도와주는 안내표시나 지시를 이용할 수도 있다. 접점에서 고객은 두 가지를 알고 있어야 한다. 하나는 **장소 오리엔테이션**("나는 지금 어디에 있지?", "여기서부터 저기까지 어떻게 가지?")이고 또 하나는 **기능 오리엔테이션**("이것을 어떻게 작동하지?", "내가 어떻게 하기를 원하지?")이다.[53] 각종 표식(signage)이나 시설배치가 고객이 이러한 질문에 답하는 것을 도와주며, 그들의 역할을 좀 더 효율적으로 수행할 수 있도록 도움을 준다. 오리엔테이션은 안전(비행기, 헬스클럽), 적절한 의상(레스토랑, 엔터테인먼트), 소음 수준(호텔, 교실, 극장)의 관리를 위해 고객의 행동을 정의한 규정(rules)일 수도 있다. 고객은 또한 다른 고객을 보거나 직원이 제공한 정보를 통해 자신에게 기대된 역할을 학습할 수도 있다. 고객들이 쉴 수 있게 하고, 음식을 즐기고, 방해받지 않게 하기 위해, 로스앤젤레스의 한 식당은 식당에 들어갈 때 휴대전화를 현관에 두고 온 손님들에게 총 요금의 5%를 할인해 주었다. 여기에는 자발적으로 참여가 이루어졌고, 약 40%의 고객들이 참여하였다.[54]

고객이 효과적으로 사회화되지 못하고 또한 교육도 받지 못하면 부적절한 고객의 행동으로 인해 고객, 직원, 그리고 조직 자체에 부정적인 성과를 가져와 기업이 위험에 빠질 수 있다.[55] 예를 들어, 상하이 디즈니 공식 오픈 전인 2016년에 상하이 시는 현지 고객들을 위한 에티켓 가이드를 발행하였다. 시 당국은 초대형 테마파크의 시범 개장 기간 동안 "미개한 행동"이 관찰된 후 6가지 규칙을 개발했다고 발표하였다. 가이드에서는 관광객들에게 쓰레기를 버리는 것, 난폭한 행동을 하는 것, 기물을 파손하는 것, 새치기하는 것, 경관을 훼손하는 것, 그리고 땅에 눕는 것과 같은 다른 무례한 행동들을 하지 말라고 경고하였다.[56]

고객의 공헌에 대한 보상(reward customers for their contributions)

고객은 어떤 역할을 수행함으로써 보상을 받게 된다면 그들은 역할을 좀 더 효율적으로 수행할 것이고, 적극적으로 참여할 것이다. 보상에는 제공과정에 대한 통제, 시간절약, 금전절약, 심리적 혹은 육체적 편익 등이 있다. 예컨대 회계법인은 회계사를 만나기 전에 몇 가지의 서류를 작성하라고 고객에게 요청한다. 요청된 역할을 수행하지 못하는 고객은 높은 서비스가격을 지불한다. 은행서비스를 스스로 수행하는 온라인 뱅킹 고객은 시간이나 거리에서 볼 때 시간을 절약할 수 있는 보상을 받는다. 의료에서도 그들의 역할을 효과적으로 수행한 환자는 좀 더 나은 건강과 빠른 회복으로 보상받는다. 항공사는 오랜 기간 동안 온라인으로 티켓을 주문한 승객이나 "특별웹할인(web specials)"을 이용한 고객에게 가격할인을 해주어 고객 참여에 대한 보상으로 금전적 인센티브를 제공해 왔다.

조직이 고객에게 제공하는 편익을 명확히 알려주지 못한다면 효과적인 참여를 통해 얻을 수 있는 보상이나 편익을 인식하지 못할 것이다. 다시 말해서 조직은 직원에게 성과에 따른 보상을 주듯이 고객에게도 성과에 따라 상응하는 편익이 있음을 명확히 할 필요가 있다. 조직은 또한 모든 고객이 같은 종류의 보상으로 동기부여되지는 않는다는 것을 알고 있어야 한다. 어떤 고객은 그들의 서비스를 효과적으로 수행함으로써 얻는 시간절약에 가치를 두는 반면, 다른 고객은 금전의 절약에 중점을 둔다. 어떤 고객은 서비스결과에 더 큰 의미를 둘지도 모른다.

고객믹스관리

고객은 서비스제공과 소비의 과정에서 흔히 서로 상호작용하기 때문에 서비스를 동시에 받는 고객믹스를 효과적으로 관리하는 것이 중요하다. 만약 레스토랑에서 저녁시간에 전혀 다른 두 종류의 서비스(예컨대, 파티를 원하는 싱글 대학생과 어린아이와 동행하여 조용한 분위기를 원하는 가족)를 원하는 고객에게 서비스를 제공해야 한다면 하나만 선택해야 한다. 물론 두 그룹을 분리시켜 앉힌 다음 상호 방해되지 않도록 할 수도 있고, 시간대를 달리하여 입장시킬 수도 있다. 서로 부합하지 않는 세분시장은 프로스포츠 이벤트를 관람하기 위해 아이와 함께 경기장을 방문한 가족에게 바로 옆의 술에 취한 고객이나 역겨운 고객이 큰소리치면서 불쾌함을 줄 때도 해당된다. 이러한 그룹 각각은 경험에 대한 목적이 매우 다르며 부합하기가 쉽지 않다. 유사하게 많은 대학이 소유하고 있는 골프코스에서도 성격이 다른 두 집단, 즉 젊은 대학생(게임규칙을 제대로 알지 못함, 적절한 장비와 의류를 갖추고 있지 않음, 큰소리를 지를 수도 있고 사려깊지 못함)과 골프규칙을 잘 알고 일반적으로 적절한 장비와 의류를 갖추고 있으며 플레잉할 때 매우 신중한 중장년층에게 구미를 맞추야 한다. 다시 말해 이 두 집단은 골프코스에서 경험하고자 하는 목적이 매우 다르며 명시되지 않은 규칙에 대한 이해수준도 매우 다르다.

다양하고 때로는 충돌하는 세분시장을 관리하는 절차를 **부합성 관리**(compatibility management)라고 하며, 다음과 같이 정의된다. 부합성 관리란 "먼저 서비스접점에 동질적인 소비자를 끌어들이고, 그런 다음 고객의 불만족을 최소화시키고 만족을 극대화시키는 방법으로 고객 대 고객의 접점과 물리적 환경을 적극적으로 관리하는 프로세스"이다.[57] 부합성 관리는 몇몇 산업(예 : 헬스클럽, 대중운송, 병원)에서는 매우 중요하고, 또 다른 산업에서는 덜 중요할 수 있다. 표 12.2는 부합성 관리의 중요성을 증가시킬 수 있는 7가지 특징을 열거하고 있다.

다양하고 때로는 갈등하는 세분시장을 관리하기 위해, 조직은 여러 가지 전략에 의존한다. 신중한 포지셔닝과 세분화전략으로 최대한 동질적인 고객집단을 유인하는 것이 첫 번째 접근방법이다. 이러한 방법은 리츠칼튼호텔에서 사용하는 방법인데 고급여행객이 주요한 표적시장이다. 리츠칼튼호텔은 시장에 고급이란 메시지를 전달하고 고객은 스스로 그 호텔로 찾아든다. 그러나 이런 상황에서조차도 갈등이 있을 수 있는데 컨벤션 목적으로 온 단체고객과 개인고객 간의 갈등이다. 두 번째 전략은 다음과 같은 사례에서 흔히 볼 수 있다. 부합하는 고객끼리 물리적으로 집단화하여 다른 고객과 덜 접촉하게 한다. 리츠칼튼은 개인고객과 분리된 곳에서 NBA 농구팀에게 서비스를 제공하거나 대규모 이벤트나 컨벤션을 개최한다. 고객부합성을 높이는 또 다른 전략은 흡연행동이나 의복제한과 같은 "고객행동수칙"을 마련하는 것이다. 행동에 대한 이런 수칙은 서비스업체만큼이나 다양할 수 있다. 오하이오주의 시다포인트(CedarPoint)나 킹스아일랜드(King's Island) 같은 많은 놀이공원에서는 오후 6시 이후에 입장하는 고객에게 특별가격을 제공하면서 유사한 고민에 직면하고 있다. 특별가격의 타깃고객은 전형적으로 가격에 민감한 십 대들이나 대학생들이다. 이런 경우 아침 일찍부터 아

표 12.2 부합하는 세분시장의 중요성을 증가시키는 서비스의 특성

특성	설명	예
고객들은 물리적으로서 근접해 있다.	물리적으로 가깝기 때문에 서로 영향을 주고 받으며 상대를 응시한다.	비행기 탑승 엔터테인먼트 스포츠 이벤트
고객 간에 대화가 오고 간다.	고객 간의 대화가 만족과 불만족의 원인이 될 수 있다.	풀서비스 레스토랑 칵테일 라운지 교육현장
고객이 많고 다양한 활동에 참여한다.	서비스시설이 동시에 여러 활동을 제공할 때 여러 활동 간에 충돌이 있을 수 있다.	대학 헬스클럽 리조트호텔
서비스시설이 상이한 고객믹스를 끌어들인다.	많은 서비스시설이 공공 대중에게 열려 있을 때 다양한 고객을 끌어들인다.	공원 대중교통 대학의 사회교육원
핵심서비스가 바로 부합성이다.	핵심서비스는 고객들 간의 부합성을 조절하고 유도하는 것이다.	빅브러더즈/빅시스터즈 체중조절 집단프로그램 정신건강 지원집단
고객이 경우에 따라 서비스를 기다려야 한다.	서비스를 받으며 줄을 서서 기다리는 것은 따분하고 화나는 일이다. 따분함과 스트레스는 다른 고객들에 의해 증가되거나 감소될 수 있다.	의료클리닉 관광명소 레스토랑
고객이 서로 시간과 공간을 공유할 것으로 미리 생각할 수 있다.	세분시장 간에 시간과 공간을 공유할 필요는 있지만, 공유에 대해 고객이 불안해하거나 시설제약으로 예상한 것보다 더 많이 공유해야 할 때 문제가 된다.	골프코스 병원 실버타운 비행기

자료 : Adapted from C. L. Martin, Dr C. A. Pranter, "Compatibility Management: Customer-to-Customer Relationships in Service Environments," *Journal of Services Marketing 3* (Summer 1989), pp. 5-15.

이들과 함께 방문한 가족이 이른 저녁까지 공원에서 즐긴다면 특별가격에 입장한 고객들과 겹치기 때문에 부합하지 않는 두 집단을 시간적으로 분리하는 가격전략을 실행해야 한다.

고객부합성을 제고하기 위한 또 다른 전략은 흡연을 규제하거나 드레스 코드(dress codes) 같은 "행동강령(codes of conduct)"을 이용하는 것이다. 명확하게 이러한 행위강령은 서비스 업체마다 각각 다르다. 마지막으로 "고객 대 고객"의 상호작용을 관찰하고 그 갈등에 민감하도록 직원을 교육시켜 세분화시장 간의 부합성을 높일 수 있다. 직원에게 어떤 서비스환경에서도 고객 간의 상호작용이 긍정적인 결과를 창조하도록 하는 능력을 교육할 필요가 있다.

요약

본 장은 서비스 가치의 제공, 창조와 공동창조과정에서 고객의 역할에 중점을 두고 있다. 서비스를 제공받는 고객과 서비스접점에 있는 다른 고객이 그들의 역할을 효과적으로 이행하지 못한다면 갭 3을 확장시키는 원인이 될 수 있다. 고객은 많은 이유로 갭 3을 넓힐 수 있다. 고객이 그들의 역할을 이해하지 못하는 경우, 고객이 그들의 역할을 수행하려 하지 않거나 할 수 없는 경우, 고객이 그들의 역할에 대한 보상을 받지 못하는 경우, 다른 고객이 방해하는 경우, 세분시장이 부합하지 않는 경우 등이다.

서비스가치창조 과정에서 고객을 관리하고 참여하도록 하는 것은 서비스기업의 중요한 과제이다. 제조업자는 제조과정에 고객이 참여하는 것에 관심이 없지만, 서비스의 경우 고객이 생산과정에 존재하고, 더 나아가 능동적으로 참여할 수도 있기 때문에, 서비스 경영자는 항상 이 문제에 직면하게 된다. 서비스공동창조와 생산과정, 그리고 제공과정의 참여자로서 고객은 이 장에서 논의한 세 가지의 주요 역할을 할 수 있다. 그들은 생산자원, 공헌자 및 경쟁자가 될 수 있다.

서비스성과에서 고객이 차지하는 중요성을 이해하고, 어떤 상황에서 고객이 해야 하는 역할을 파악함으로써 경영자는 고객참여를 높일 수 있는 전략을 개발할 수 있다. 본 장에서 논의된 전략은 다음과 같다. 고객의 역할과 직무의 정의, 바라는 수준으로 참여할 고객의 채용, 역할을 효과적으로 수행할 수 있도록 고객교육, 고객의 공헌에 대한 보상, 경험을 더 좋게 하기 위한 고객믹스의 관리 등이다. 이러한 전략을 수행함으로써 조직은 효과적이고 효율적으로 고객을 서비스제공에 참여하게 하여 성과 갭을 줄일 수 있다.

토의문제

1 자신의 경험에 비추어 성공적인 서비스제공에서 고객이 왜 중요한지를 논의해 보라.

2 왜 고객의 행동과 태도가 성과 갭을 야기시키는가? 자신이 이해하는 것을 보여주는 예를 들어 보라.

3 표 12.1을 사용하여 자신이 경험한 서비스가 고객참여도에 따라 어느 수준(고, 중, 저)에 속하는지 생각해보라. 각 예시에서 자신이 고객으로서 했던 것이 무엇인지 상세하게 설명해 보라. 자신의 참여도가 세 가지의 서비스 상황에서 어떻게 다른가?

4 다른 고객이 한 행동 때문에 만족도가 증가한 때를 생각해 보라. 일상적으로 발생하는 이 문제를 해결하기 위해 조직은 무엇을 할 수 있는가? 고객은 무엇을 하는가?

5 다른 고객이 한 행동으로 인해 자신의 만족도가 감소한 때를 생각해 보라. 조직이 무엇으로 이런 상황을 더욱 효과적으로 관리할 수 있을까? 무엇이 그러한 것을 가능하게 했는가?

6 기업의 생산자원(productive resource)으로서의 고객의 역할에 대해 논의하라. 자신이 이런 역할을 언제 수행해 보았는지 설명해 보라. 무엇을 자신이 했으며, 어떻게 느꼈는가? 이런 역할을 효과적으로 수행하도록 기업은 어떻게 도와주었는가? 만약 그렇게 했다면 어떻게 가능했는가?

7 서비스의 품질 및 만족의 공헌자(contributor)로서 고객의 역할에 대해 논의하라. 자신이 이런 역할을 언제 수행해 보았는지 설명해 보라. 무엇을 하였으며, 어떻게 느꼈는가? 이런 역할을 효과적으로 수행하는 데 기업은 어떻게 도와주었는가?

8 잠재경쟁자로서의 고객의 역할에 대해 논의해 보라. 서비스를 구입하지 않고 자신이 직접 서비스를 한 때를 설명해 보라. 왜 서비스를 스스로 하기로 했는가? 무엇 때문에 생각을 바꾸어 다른 사람에게서 서비스를 제공받았는가?

연습문제

1 고객이 상호 간에 영향을 미칠 수 있는 시설을 방문해 보라(예 : 테마공원, 위락시설, 리조트, 쇼핑몰, 레스토랑, 항공, 학교, 병원). 고객과의 인터뷰를 통해 다른 고객이 부정적으로 영향을 미친 경우와 긍정적으로 영향을 미친 경우를 관찰해 보라. 전체고객의 만족을 증가시키기 위해 상황을 어떻게 관리할 것인지에 대해 논의하라.

2 기업에서의 법률서비스, 급료산정, 유지보수 등의 서비스와 가정에서의 청소, 아이 돌보기, 애완동물 돌보기 등의 서비스를 외부에서 조달하기로 한 사람과 인터뷰를 해보라. 본 장에서 설명한 "내부 대 외부교환"의 기준을 사용하여 외부조달 의사결정을 분석하라.

3 높은 수준의 고객참여가 성공적인 서비스제공에서 필수적인 서비스가 무엇인지 생각해 보라(예 : 헬스클럽, 체중감량, 교육환경, 의료, 골프레슨, 온라인 소셜미디어). 효과적인 고객참여를 위해 서비스제공자가 사용하고 있는 전략이 무엇인지 서비스제 공자들과 인터뷰하여 알아보라.

4 동시에 여러 고객군이 서비스를 사용하는 서비스제공현장(극장, 골프코스, 리조트, 테마파크)을 방문하여 효과적으로 이들 세분시장을 관리하는 조직의 전략을 관찰하고 담당 매니저와 인터뷰하라. 본인이 책임을 맡는다면 무엇을 다르게 할 것인가?

5 아이프린트의 웹사이트(www.iPrint.com)를 방문하여 비슷한 서비스를 제공하는 페덱스의 Kinkos와 서비스제공과정을 비교해 보라. 또한 각 상황에서 고객의 역할을 비교하고 대조해 보라.

참고문헌

1 For more on value creation and cocreation see: C. Gronroos and P. Voima, "Critical Service Logic: Make Sense of Value Creation and Co–Creation," *Journal of the Academy of Marketing Science* 41 (March 2013), pp. 133–150; H. Saarijari, P. K. Kannan, and H. Kuusela, "Value Co–Creation: Theoretical Approaches and Practical Implications," *European Business Review* 25 (January 2013), pp. 6–19.

2 See B. Schneider and D. E. Bowen, *Winning the Service Game* (Boston: Harvard Business School Press, 1995), chap. 4; L. A. Bettencourt, "Customer Voluntary Performance: Customers as Partners in Service Delivery, *Journal of Retailing* 73 (Fall 1997), pp. 383–406; P. K. Mills and J. H. Morris, "Clients as 'Partial' Employees: Role Development in Client Participation," *Academy of Management Review* 11 (1986), pp. 726–735; C. H. Lovelock and R. F. Young, "Look to Customers to Increase Productivity," *Harvard Business Review* 57 (Summer 1979), pp. 9–20; A. R. Rodie and S. S. Kleine, "Customer Participation in Services Production and Delivery," in *Handbook of Services Marketing and Management*, ed. T. A. Swartz and D. Iacobucci (Thousand Oaks, CA: Sage, 2000), pp. 111–126; C. K. Prahalad and V. Ramaswamy, "Co–opting Customer Competence," *Harvard Business Review* 78 (January–February 2000), p. 7; and N. Bendapudi and R. P. Leone, "Psychological Implications of Customer Participation in Co–Production," *Journal of Marketing* 67 (January 2003), pp. 14–28; A. S. Gallan, C. B. Jarvis, S. W. Brown, and M. J. Bitner, "Customer Positivity and Participation in Services: An Empirical Test in a Health Care Context," *Journal of the Academy of Marketing Science* 41 (May 2013), pp. 338–356.

3 S. L. Vargo, and R. F. Lusch, "Evolving to a New Dominant Logic for Marketing," *Journal of Marketing* 68 (January 2004), pp. 1–17; R. F. Lusch, S. L. Vargo, and M O'Brien, "Competing through Service: Insights from Service–Dominant Logic," *Journal of Retailing* 83 (2007), pp. 5–18; Gronroos and Voima, "Critical Service Logic: Making Sense of Value Creation and Co–Creation"; S. L. Vargo and R. F. Lusch, "Institutions and Axioms: An Extension and Update of Service–Dominant Logic," *Journal of the Academy of Marketing Science* 44 (January 2016), pp. 5–23.

4 L. A. Bettencourt, S. W. Brown, A. L. Ostrom, and R. I. Roundtree, "Client Co–Production in Knowledge–Intensive Business Services," *California Management Review* 44 (Summer 2002), pp. 100–128.

5 See S. J. Grove and R. P. Fisk, "The Impact of Other Customers on Service Experiences: A Critical Incident Examination of 'Getting Along'," *Journal of Retailing* 73 (Spring 1997), pp. 63–85; C. I. Martin and C. A. Pranter, "Compatibility Management: Customer–to–Customer Relationships in Service Environments," *Journal of Services Marketing* 3 (Summer 1989), pp. 5–15; and R. Nicholls, "New Directions for Customer–to–Customer Interaction Research," *Journal of Services Marketing* 24 (2010), pp. 87–97.

6 Grove and Fisk, "The Impact of Other Customers on Service Experiences."

7 T. Schaefers, K. Wittkowski, S. Benoit, and R. Ferraro, "Contagious Effects of Customer

Misbehavior in Access-Based Services," *Journal of Service Research* 19 (February 2016), pp 3-21.

8 L. Landro, "ICUs' New Message: Welcome, Families," *The Wall Street Journal*, July 12, 2007, pp. A1+.

9 M. S. Rosenbaum and C. A. Massiah, "When Customers Receive Support from Other Customers," *Journal of Service Research* 9 (February 2007), pp. 257-270.

10 Grove and Fisk, "The Impact of Other Customers on Service Experiences."

11 K. Harris and S. Baron, "Consumer-to-Consumer Conversations in Service Settings," *Journal of Service Research* 6 (February 2004), pp. 287-303.

12 See P. K. Mills, R. B. Chase, and N. Margulies, "Motivating the Client/Employee System as a Service Production Strategy," *Academy of Management Review* 8 (1983), pp. 301-310; D. E. Bowen, "Managing Customers as Human Resources in Service Organizations," *Human Resource Management* 25 (1986), pp. 371-383; and Mills and Morris, "Clients as 'Partial' Employees."

13 Bettencourt, Brown, Ostrom, and Roundtree, "Client Co-Production in Knowledge-Intensive Business Services."

14 Landro, "ICUs' New Message."

15 R. B. Chase, "Where Does the Customer Fit in a Service Operation?" *Harvard Business Review 56* (November-December 1978), pp. 137-142.

16 Mills, Chase, and Margulies, "Motivating the Client/Employee System."

17 M. Adams, "Tech Takes Bigger Role in Air Services," *USA Today*, July 18, 2001, p. 1.

18 See M. Xue and P. T. Harker, "Customer Efficiency: Concept and Its Impact on E-Business Management," *Journal of Service Research* 4 (May 2002), pp. 253-267; and B. Kiviat, "The End of Customer Service," in "What's Next 2008," *Time Magazine*, March 13, 2008.

19 K. W. Chan, C. K. Yim, and S. S. K. Lam, "Is Customer Participation in Value Creation a Double-Edged Sword? Evidence from Professional Financial Services across Cultures," *Journal of Marketing* 74 (May 2010), pp. 48-64.

20 See D. W. Johnson, R. T. Johnson, and K. A. Smith, *Active Learning: Cooperation in the College Classroom* (Edina, MN: Interaction Book Company, 1991).

21 S. Dellande, M. C. Gilly, and J. L. Graham, "Gaining Compliance and Losing Weight: The Role of the Service Provider in Health Care Services," *Journal of Marketing* 68 (July 2004), pp. 78-91.

22 For research in this area see: S. Auh, S. J. Bell, C. S. McLeod, and E. Shih, "Co-Production and Customer Loyalty in Financial Services," *Journal of Retailing* 83 (2007), pp. 359-370; Gallan, Jarvis, Brown, and Bitner, "Customer Positivity and Participation in Services"; J. R. McColl-Kennedy, S. L. Vargo, T. S. Dagger, J. C. Sweeney, and Y. V. van Kasteren,

"Health Care Customer Value Cocreation Practice Styles," *Journal of Service Research* 15 (November 2012), pp. 370–389; J. C. Sweeney, T. S. Danaher, and J. R. McColl-Kennedy, "Customer Effort in Value Cocreation Activities: Improving Quality of Life and Behavioral Intentions of Health Care Customers," *Journal of Service Research* 18 (May 2015), pp. 318–335; M. Mende and J. van Doorne, "Coproduction of Transformative Services as a Pathway to Improved Consumer Well-Being: Findings from a Longitudinal Study on Financial Counseling," *Journal of Service Research* 18 (May 2015), pp. 351–368; M. Mende, M. L. Scott, M. J. Bitner, and A. L. Ostrom, "Activating Consumers for Better Service Coproduction Outcomes Through Eustress: The Interplay of Firm-Assigned Workload, Service Literacy, and Organizational Support," *Journal of Public Policy and Marketing* (forthcoming 2017).

23 S. W. Kelley, S. J. Skinner, and J. H. Donnelly Jr., "Organizational Socialization of Service Customers," *Journal of Business Research* 25 (1992), pp. 197–214.

24 C. Claycomb, C. A. Lengnick-Hall, and L. W. Inks, "The Customer as a Productive Resource: A Pilot Study and Strategic Implications," *Journal of Business Strategies* 18 (Spring 2001), pp. 47–69.

25 Several of the scenarios are adapted from C. Goodwin, "'I Can Do It Myself': Training the Service Consumer to Contribute to Service Productivity," *Journal of Services Marketing* 2 (Fall 1988), pp. 71–78.

26 R. Normann and R. Ramirez, "From Value Chain to Value Constellation: Designing Interactive Strategy," *Harvard Business Review* 71 (July–August 1993), pp. 65–77; www.ikea.com, 2011.

27 J. E. G. Bateson, "The Self-Service Customer—Empirical Findings," in *Emerging Perspectives in Services Marketing*, ed. L. L. Berry, G. L. Shostack, and G. D. Upah (Chicago: American Marketing Association, 1983), pp. 50–53.

28 V. S. Folkes, "Recent Attribution Research in Consumer Behavior: A Review and New Directions," *Journal of Consumer Research* 14 (March 1988), pp. 548–565; M. J. Bitner, "Evaluating Service Encounters: The Effects of Physical Surroundings and Employee Responses," *Journal of Marketing* 54 (April 1990), pp. 69–82.

29 See: Bendapudi and Leone, "Psychological Implications of Customer Participation in Co-Production"; S. Heidenreich, K. Wittkowski, M. Handrich, and T. Falk, "The Dark Side of Customer Co-Creation: Exploring the Consequences of Failed Co-Created Services," *Journal of the Academy of Marketing Science* 43 (2015), pp. 279–296.

30 R. F. Lusch, S. W. Brown, and G. J. Brunswick, "A General Framework for Explaining Internal vs. External Exchange," *Journal of the Academy of Marketing Science* 10 (Spring 1992), pp. 119–134.

31 Ibid.

32 Gronroos and Voima, "Critical Service Logic: Making Sense of Value Creation and Co-Creation."

33 See M. J. Bitner, A. L. Ostrom, and M. L. Meuter, "Implementing Successful Self-Service Technologies," *Academy of Management Executive* 16 (November 2002), pp. 96-109.

34 This figure is adapted from the original source that focused on retail gasoline services: M. L. Meuter and M.J. Bitner, "Self-Service Technologies: Extending Service Frameworks and Identifying Issues for Research," in *Marketing Theory and Applications*, ed. D. Grewal and C. Pechmann (American Marketing Association Winter Conference, 1998), pp. 12-19.

35 See P. Dabholkar, "Consumer Evaluations of New Technology-Based Self-Service Options: An Investigation of Alternative Models of Service Quality," *International Journal of Research in Marketing* 13 (1996), pp. 29-51; F. Davis, "User Acceptance of Information Technology: System Characteristics, User Perceptions and Behavioral Impact," *International Journal of Man-Machine Studies* 38 (1993), pp. 475-487; L. M. Bobbitt and P. A. Dabholkar, "Integrating Attitudinal Theories to Understand and Predict Use of Technology-Based Self-Service," *International Journal of Service Industry Management* 12 (2001), pp. 423-450; J. M. Curran, M. L. Meuter, and C. F. Surprenant, "Intentions to Use Self-Service Technologies: A Confluence of Multiple Attitudes," *Journal of Service Research* 5 (February 2003), pp. 209-224; and S. Al-Natour and I. Benbasat, "The Adoption and Use of IT Artifacts: A New Interaction-Centric Model for the Study of User-Artifact Relationships," *Journal of the Association for Information Systems* 10 (2009), pp. 661-685.

36 M. L. Meuter, M. J. Bitner, A. L. Ostrom, and S. W. Brown, "Choosing among Alternative Service Delivery Modes: An Investigation of Customer Trial of Self-Service Technologies," *Journal of Marketing* 69 (April 2005), pp. 61-83.

37 M. L. Meuter, A. L. Ostrom, R. I. Roundtree, and M. J. Bitner, "Self-Service Technologies: Understanding Customer Satisfaction with Technology-Based Service Encounters," *Journal of Marketing* 64 (July 2000), pp. 50-64.

38 M. J. Reinders, P. A. Dabholkar, and R. T. Frambach, "Consequences of Forcing Consumers to Use Technology-Based Self-Service," *Journal of Service Research* 11 (November 2008), pp. 107-123.

39 M. Blut, C. Wang, and K. Schoefer, "Factors Influencing the Acceptance of Self-Service Technologies: A Meta-Analysis," *Journal of Service Research* 19 (November 2016), pp. 396-416.

40 Meuter, Bitner, Ostrom, and Brown, "Choosing Among Alternative Service Delivery Modes"; see also Y. Moon and F. X. Frei, "Exploding the Self-Service Myth," *Harvard Business Review* 78 (May-June 2000), pp. 26-27; and Bitner, Ostrom, and Meuter, "Implementing Successful Self-Service Technologies."

41 A. Parasuraman and C. L. Colby, *Techno-Ready Marketing: How and Why Your*

Customers Adopt Technology (New York: The Free Press, 2001); A. Parasuraman and C. L. Colby, "An Updated and Streamlined Technology Readiness Index TRI 2.0," *Journal of Service Research* 18 (February 2015), pp. 59 – 74.

42 R. C. Ford and J. R. McColl-Kennedy, "Organizational Strategies for Filling the Customer Can-Do/Must-Do Gap," *Business Horizons* 58 (August 2015), pp. 459 – 468.

43 Bowen, "Managing Customers as Human Resources."

44 Bateson, "The Self-Service Customer."

45 J. Light, "With Customer Service, Real Person Trumps Text," *The Wall Street Journal*, April 25, 2011, p. B7.

46 Meuter, Bitner, Ostrom, and Brown, "Choosing among Alternative Service Delivery Modes."

47 Bowen, "Managing Customers as Human Resources"; Schneider and Bowen, *Winning the Service Game*, chap. 4; Meuter, Bitner, Ostrom, and Brown, "Choosing Among Alternative Service Delivery Modes"; Dellande, Gilly, and Graham, "Gaining Compliance and Losing Weight"; Ford and McColl-Kennedy, "Organizational Strategies for Filling the Customer Can-Do/Must-Do Gap."

48 J. Spanjol, A. S. Cui, C. Nakata, L. K. Sharp, S. Y. Crawford, Y. Xiao, and M. B. Watson-Manheim," Co-Production of Prolonged, Complex, and Negative Services: An Examination of Medication Adherence in Chronically Ill Individuals," *Journal of Service Research* 18 (August 2015), pp. 284 – 302.

49 T. Haumann, P. Gunturkun, L. M. Schons, and J. Wieseke, "Engaging Customers in Coproduction Processes: How Value-Enhancing and Intensity-Reducing Communication Strategies Mitigate the Negative Effects of Coproduction Intensity," *Journal of Marketing* 79 (November 2015), pp. 17 – 33.

50 S. Moeller, R. Ciuchita, D. Mahr, G. Odekerken-Schroder, and M. Fassnacht, "Uncovering Collaborative Value Creation Patterns and Establishing Corresponding Customer Roles," *Journal of Service Research* 16 (November 2013), pp. 471 – 487.

51 S. W. Kelley, J. H. Donnelly Jr., and S. J. Skinner, "Customer Participation in Service Production and Delivery," *Journal of Retailing* 66 (Fall 1990), pp. 315 – 335; Schneider and Bowen, *Winning the Service Game*, chap. 4; L. Guo, E. J. Arnould, T. W. Gruen, and C. Tang, "Socializing to Co-Produce: Pathways to Consumers' Financial Well-Being," *Journal of Service Research* 16 (November 2013), pp. 549 – 563; B. Dong, K. Sivakumar, K. R. Evans, and S. Zou, "Effect of Customer Participation on Service Outcomes: The Moderating Role of Participation Readiness," *Journal of Service Research* 18 (May 2015), pp. 160 – 176; Mende, Scott, Bitner, and Ostrom, "Activating Consumers for Better Service Coproduction Outcomes Through Eustress."

52 L. Landro, "When a Doctor Isn't Enough," *The Wall Street Journal*, August 16, 2011, p. D1; T. Salge, C. Breidbach, and D. Antons, "Seamless Service? On the Role and Impact of

Service Orchestrators," *Journal of Service Research* 19 (November 2016), pp. 458 – 476.

53 Bowen, "Managing Customers as Human Resources."

54 H. Hudson, "Eva Restaurant Cellphone Discount Gives Los Angeles Patrons 5 Percent Off For Surrendering Phone," *Huffington Post*, January 3, 2013, http://www.huffingtonpost.com/2013/01/03/eva-restaurant-cellphone-_n_2399274 .html, accessed August 6, 2016.

55 Ibid.; see also L. C. Harris and K. L. Reynolds, "The Consequences of Dysfunctional Customer Behavior," *Journal of Service Research* 6 (November 2003), pp. 144 – 161.

56 E. Yu, "Shanghai Issues Etiquette Guide for Disneyland Visitors," *CNN*, May 25, 2016, http://www.cnn.com/2016/05/25/travel/shanghai-disneyland-etiquette-guide/.

57 Martina and Pranter, "Compatibility Management."

Chapter 13

수요와 공급능력의 관리

본 장의 목적은 다음과 같다.

1. 공급능력이 제한된, 보관이 어려운 서비스기업이 당면한 문제를 설명한다.
2. 수요패턴의 다양성과 함께 시간, 인력, 장비, 시설 등의 제약을 설명한다.
3. (a) 수요를 공급능력에 맞추거나, (b) 공급능력을 수요에 맞추는 방식으로 수요와 공급을 조절하는 전략을 제시한다.
4. 공급능력의 활용, 가격책정, 시장세분화, 그리고 수익 간의 균형을 맞추는 산출률관리전략의 편익과 위험을 예시한다.
5. 공급능력과 수요가 일치하지 않을 때 대기시간을 관리하는 전략을 제시한다.

600개의 객실을 1년 365일 동안 어떻게 채울까?

미국의 대도시(metropolitan area) 중 12번째로 큰 애리조나주 스콧데일(Scottsdale)의 페니키안(Phoenician) 호텔은 인구 450만 명을 헤아리는 도시 중심부에 위치한 고급호텔 중 하나이다. 이 호텔은 그 서비스가 좋다고 언급이 되어 왔으며, 4회나 〈포브스 트래블(*Forbes Travel*)〉지의 the Five Star Award를 수상했다. 이 호텔은 600개 이상의 호화객실, 3개의 레스토랑, 7개의 멋진 풀장, 그리고 넓은 연회시설과 회의시설을 갖추고 있다.[1] 이들 레스토랑과 연회실은 1년 365일 밤낮으로 손님을 받을 수 있지만 그 수요는 들쑥날쑥하다. 여행성수기인 11월부터 4월 중순까지는 객실에 대한 수요가 많아 대체로 수용 가능한 인원을 웃돈다. 반면 5월 중순부터 9월까지의 여름 비수기 동안, 즉 기온이 화씨 100도(섭씨 38도)를 넘을 때는 객실에 대한 수요는 급감한다. 또한 이 호텔은 출장온 고객과 비즈니스 목적의 회의 참석자를 타깃으로 하기 때문에, 계절적 변동 외에 한 주 동안에도 수요 변동이 심한 편이다. 주요 표적고객인 비즈니스 여행객들은 대부분 주말 전에 떠나기 때문에 객실수요는 금요일과 토요일 저녁에 급감한다.

정점과 저점 사이의 수요를 보다 완만히 하기 위해 페니키안 호텔은 다양한 전략을 구사하고 있다. 예컨대, 비수기를 채우기 위해 비즈니스 컨퍼런스를 유치하려 1년 내내 노력한다. 또한 주말의 객실수요를 늘리기 위해 스포츠, 웨딩, 도심탈출패키지(gateway package) 등 다양한 이벤트를 제공하고 있다. 무더운 여름 비수기에는 매력적인 패키지상품을 개발하여 피닉스 도시권과 근교인 턱슨(Tucson)에 거주하는 사람들에게 호텔의 고급스러움을 경험하면서 여름주말을 보내도록 유도하고 있다. 과거에 있었던 패키지 중 특이한 것은 "요리 카운트다운(culinary countdown)" 프로그램을 사용할 수 있는 매력적인 가격의 호텔 숙박권이다. "요리 카운트다운(culinary countdown)"은 고객이 구내 레스토랑에서 3가지의 코스식사, 차 시식, 햄버거와 디저트를 즐길 수 있는 옵션을 제공하였다. 호텔은 또한 이러한 호캉스족("stay-cationer")을 유인하기 위해 특별 스파 이용권과 특가를 광고한다. 이처럼 지역주민에게 호텔을 이용하도록 함으로써 주말의 객실이용률을 높이고, 동시에 지역주민들은 성수기 동안 누리지 못한 즐거움을 경험하는 기회를 갖게 되는 것이다.

도심에 있는 대부분의 호텔들도 페니키안 호텔과 같이 주중 수요변동의 문제를 안고 있어, 이를 극복하기 위해 주말에 가족과 아이들을 유치하여 어느 정도 해결방안을 찾고 있다. 많은 맞벌이 부부들에게 있어 주말에 일상으로부터 탈출(weekend gateway)하는 것은 휴식일 뿐만 아니라 휴가로도 볼 수 있다. 이러한 추세에 맞추어 도심의 호텔들은 객실요금 할인, 어린이를 대상으로 하는 액티비티나 오락, 그리고 가족들이 안락하게 즐길 수 있는 환경을 마련하여 맞벌이 부부와 가족들에게 제공하고 있다. 예컨대 미국 여자아이들이 갖고 싶어 하는 인형 판매점인 아메리칸걸 플레이스(American Girl Place)에서 매우 가까운 곳에 위치하고 있는 롯데 뉴욕 팔레스호텔은 어린 딸이 있는 세대를 대상으로 아메리칸걸 플레이스 패키지를 제공하여 주말 수요를 증가시키려 한다. 비즈니스 목적이 아닌 고객을 대상으로 하는 이 패키지에서는 아메리칸걸 인형을 위한 여행용 침대가 무료로 제공되며, 인형을 위한 서비스를 추가로 신청할 수 있다.

스콧데일의 페니키안 호텔뿐만 아니라 그 외의 많은 호텔들도 객실, 레스토랑, 연회장 등의 호텔시설을 활용하는 것은 계절별, 주별, 그리고 심지어 일별로 수행되어야 할 과제일 수 있다. 수요관리 및 공급시설관리가 필요한 대표적인 산업으로 호텔업이 거론되는데, 사실 수많은 서비스 공급자들이 유사한 문제에 직면하고 있다. 예컨대, 세무회계사나 에어컨 보수업자들도 계절적 수요변동이라는 문제를 안고 있다. 통근열차나 음식점과 같은 서비스는 고객수요가 일별, 심지어는 시간별로 변동하는 문제를 안고 있다. 세무회계와 같은 특정 산업은 수요예측이 가능하다. 하지만 경영이나 기술컨설팅 같은 산업에서는 수요예측이 쉽지 않으며, 고객의 욕구나 비즈니스 사이클에 의해 변동이 심하다.

서비스시설의 과잉사용과 과소사용으로 인해 기업이 설계한 서비스표준을 고객에게 제대로 제공하지 못하는 갭 3이 초래될 수 있다. 즉, 서비스에 대한 수요가 최대용량을 초과할 때 직원들이나 시설에 지나친 부담을 주기 때문에 서비스품질은 저하될 수밖에 없다. 또한 어떤 고객은 서비스를 전혀 받지 못하고 돌아갈 수도 있다. 반면에 수요가 적은 시기 동안은 가격을 낮추거나 부가적인 서비스를 제거할 수밖에 없는데, 기업이 서비스특성과 고객 구성을 변화시켰을 때, 단골고객들이 기대하는 것을 제공하지 못하는 위험을 감수해야 한다. 예컨대, 주말 기간 동안 호텔에 머무르는 고령의 여행자들과 비즈니스를 목적으로 하는 고객그룹들은 가족단위로 온 어린아이들의 숙박을 싫어할 수 있다. 왜냐하면 이들로 인해 본래 그들이 기대한 서비스의 본질은 변화되기 때문이다. 예를 들면, 조용히 수영을 즐기는 어른들은 물놀이를 하는 아이들을 귀찮아할 수 있다.

본 장에서 우리는 공급능력이 제한된 서비스기업이 어떻게 하여 수요와 공급을 조절할 수 있는가에 초점을 둘 것이다. 서비스성과 갭은 다음과 같은 경우에 발생할 수 있다. 수요의 정점과 저점을 완만하게 만들지 못하거나, 자신들의 공급역량을 초과하여 사용하거나, 수요를 유지하기 위해 고객믹스를 무리하게 하거나, 수요를 완만히 하기 위해 지나치게 가격에 의존하는 경우 등이다. 본 장에서는 이러한 문제를 살펴보고, 이를 해결하기 위한 전략을 제안한다. 서비스조직에 있어서 공급능력을 어떻게 효과적으로 사용하는지가 핵심성공요인 중의 하나이다.

근본적인 문제 : 보관의 어려움

서비스의 수요 및 공급관리에서 근본문제는 보관의 어려움, 즉 재고를 보유하기 어렵다는 것이다. 제조업과는 달리, 서비스기업은 성수기를 대비하여 비수기에 생산한 것을 쌓아놓을 수 없다. 이러한 보관의 어려움은 서비스의 소멸성, 생산과 소비의 동시성이라는 근본적 특성에 기인한다. 예컨대, 고객에게 판매되지 않은 비행기 좌석은 재고로 보관할 수 없으며, 이후에 재판매될 수 없다. 그 비행기 좌석의 서비스제공 능력은 소멸되기 때문이다. 유사한 예로 변호사의 사용되지 않은 시간도 다음 날을 위해 저장할 수 없다. 뿐만 아니라 여분의 서비스를 한 장소에서 다른 장소로 운반하거나 한 사람에게서 다른 사람에게로 이전할 수도 없다. 즉, 스콧데일의 페니키안 호텔의 서비스를 고객이 없는 여름 동안 태평양 연안으로 운반하여 판매할 수도 없다는 것이다.

들쑥날쑥한 수요와 연관된 보관의 어려움은 **그림 13.1**에서 설명하듯이 다양한 잠재적 결과들을 야기한다.[2] **그림 13.1**에서 수평선은 서비스 공급능력을 나타내고, 곡선은 서비스에 대한 고객의 수요를 나타낸다. 많은 서비스 상황에서, 공급능력은 고정되어 있다. 따라서 공급능력은 특정 기간 동안에는 평평한 수평선으로 표현될 수 있다. 그러나 서비스에 대한 수요는 그림의 곡선처럼 변동이 심하다. **그림 13.1**의 제일 높은 곳에 있는 수평선은 최대활용인 최대공급능력(maximum capacity)을 나타낸다. 예를 들어, 이 수평선을 본 장의 도입 사례에 적용하면 스콧데일의 페니키아호텔 600개 객실에 해당한다. 이는 거대한 대학 풋볼경기장의 70,000개의 좌석을 나타내기도 한다. 객실과 좌석은 항상 동일하지만, 그것에 대한 수요는 변동이 심하다. 두 번째와 세 번째 수평선 사이의 구간은 공급능력의 적정활용인 적정공급능력(optimal capacity)을 나타낸다. 고객과 기업 모두의 시각에서 공급능력을 적정하게 활용하고 있는 것을 나타내며 적정활용과 최대활용의 차이는 본 장의 후반부에서 다시 논의된다. **그림 13.1**의 중간부분에는 공급능력과 수요의 다양한 조합으로부터 나올 수 있는 4가지 기본적인 시나리오를 표시해 놓았다.

1. **수요가 공급능력 초과** : 수요가 최대공급능력을 초과하는 상황인데, 이런 경우 어떤 고객들은 서비스를 받지 못하기 때문에 사업기회를 잃게 된다. 한편 서비스를 받은 고객도 사람

그림 13.1
공급능력과 수요변동

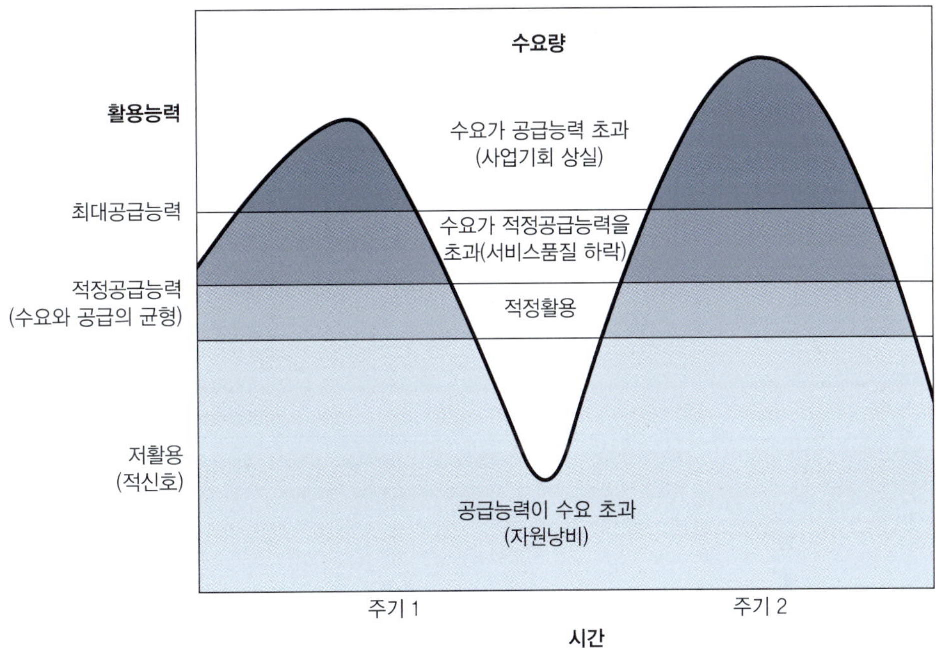

자료 : Lovelock, Christopher H.; Wirtz, Jochen, *Services Marketing*, 7th Edition, © 2011, chap 9, p. 230. Reprinted by permission of Pearson Education Inc., Upper Saddle River, NJ.

이 붐비거나 인원 및 시설 부족으로 인하여 그 품질이 약속한 수준에 미치지 못하여 불만을 가질 수 있다.

2. **수요가 적정공급능력을 초과** : 서비스를 받지 못하고 돌아가는 고객은 없지만 시설의 과도한 사용, 혼잡 혹은 업무과부화로 인해 서비스의 품질이 떨어질 수 있다.
3. **수요와 공급이 적정수준에서 균형(적정활용)** : 직원과 시설이 이상적인 수준에서 서비스를 제공한다. 직원 누구나 업무과부화가 없고 시설 또한 가동률이 적절히 유지되어, 고객은 지연 없이 양질의 서비스를 제공받을 수 있다.
4. **공급능력이 수요초과(저활용 : 적신호)** : 수요가 적정공급수준에 미치지 못한다. 인력, 장비 및 시설과 같은 생산자원이 제대로 활용되지 못해, 결과적으로 생산성 및 수익성 저하로 이어지게 된다. 이런 경우 고객 개인으로서는 시설을 충분히 활용할 수 있고, 기다리는 일도 없고, 직원들로부터 높은 관심을 받을 수 있기 때문에 고객 개인으로서는 탁월한 품질의 서비스를 받게 된다. 하지만 서비스품질이 다른 고객의 존재 여부에 의해 영향을 받는다면 고객은 실망할 수도 있다. 또한 손님이 적을 경우 질 낮은 서비스 제공자를 선택하지 않았나 하는 걱정을 할 수도 있다.

모든 기업이 공급 및 수요관리에서 같은 문제점을 안고 있는 것은 아니다. 문제의 심각성은 **"시간에 따른 수요변동의 정도"**와 **"공급의 제한 정도"**에 달려 있다(표 13.1 참조).[3] 예컨대, 병원, 운송업, 레스트랑 등은 수요변동의 정도가 큰 서비스산업인 반면, 보험업, 세탁소, 은

표 13.1
공급제한의 정도와 수요변동

공급제한의 정도	시간에 따른 수요변동의 정도	
	크다	작다
정점수요가 대체로 무리 없이 충족될 수 있다	1 전기 천연가스 경찰과 소방 인터넷서비스	2 보험 법률서비스 은행 세탁업
정점수요가 대체로 공급능력을 초과한다	3 회계와 세무 승객운송 호텔 레스토랑 병원응급실	4 셀 2에 속한 서비스이면서 공급능력이 불충분한 경우

자료 : C. H. Lovelock, "Classifying Services to Gain Strategic Marketing Insights," *Journal of Marketing* 47 (Summer 1983): 17. Reprinted by permission from the American Marketing Association.

행 등은 수요변동의 정도가 적은 편이다. 그리고 어떤 산업은 최고수요수준에 최대공급능력을 맞추어 설계되어 있는 반면(예 : 전기, 천연가스, 인터넷서비스), 최고수요가 대체로 최대공급능력을 초과하도록 설계된 서비스업도 있다(예 : 병원응급실, 풋볼경기장과 가까운 음식점, 대학교 근처의 호텔). 수요변동의 폭이 넓은 산업(표 13.1의 셀 1과 셀 4)과 이들 중 특히 정기적으로 수요가 공급을 초과하는 서비스업(셀 4)은 본 장에서 다루는 전략을 잘 이용하면 성공할 수 있을 것이다. 표 13.1의 셀 3에 있는 서비스업들은 규칙적인 패턴으로 발생하는 초과수요에 대응하기 위해 공급능력을 증대시키는 "일괄수정(one-time-fix)"(제9장에서 언급)이 필요하다. 표 13.1에서 보는 바와 같이 대부분의 서비스업을 수요와 공급의 본질에 따라 분류할 수 있다.

수요변동과 공급을 관리하는 효과적인 전략을 파악하기 위해, 먼저 공급능력의 제약조건과 기본적인 수요패턴을 명확하게 이해할 필요가 있다.

공급능력의 제약조건에 대한 이해

많은 기업에게 서비스공급능력은 제한되어 있다. 표 13.2에서 지적했듯이 공급능력을 제한하는 핵심요인들은 시간, 인력, 장비, 시설 및 이들의 조합(대부분의 경우)이라 할 수 있다.

시간, 인력, 장비, 시설

일부 서비스업의 경우 서비스생산을 제약하는 가장 근본적인 조건은 **시간**(time)이다. 예컨대, 변호사, 컨설턴트, 미용사, 수도(가스)배관공 및 심리상담자들은 기본적으로 자신의 시간을 판매한다. 같은 맥락에서, 서비스노동자가 일을 할 수 없거나 그들의 시간을 생산적으로

표 13.2
공급능력의 제한조건

제약조건의 본질	서비스 유형*
시간	법률, 컨설팅, 회계, 의료
인력	법률회사, 회계사무소, 컨설팅회사, 건강클리닉
장비	배달서비스, 통신, 네트워크서비스, 공공서비스, 헬스클럽
시설	호텔, 레스토랑, 병원, 공항, 학교, 극장, 교회

* 예로 소개하고 있는 서비스는 각 서비스 유형에 대한 가장 일반적인 제약조건을 보여준다. 실제로 나열된 서비스기업은 여러 제약조건에서 운영될 수 있다. 예를 들어, 법률 회사는 제한된 인력(너무 적은 수의 변호사)과 시설의 제약(사무 공간이 충분하지 않음)에서 동시에 운영될 수 있다.

사용하지 못한다면 이익은 감소할 것이다. 만약, 특정 시점에서 초과수요가 존재한다 할지라도 이를 충족시킬 만한 추가시간이 창출될 수 있는 것도 아니다. 그렇기 때문에 서비스 제공자의 측면에서 볼 때 시간은 제약조건이다.

많은 서비스 제공자를 고용하고 있는 기업의 관점에서 볼 때, **인력**(labor)으로 채용하고 있는 사람의 수나 수준이 공급능력의 주요 제약조건이 될 수 있다. 법률사무소, 대학, 컨설팅회사, 세무회계법인 및 보수관리업 등에 속한 직원들은 소유한 공급역량을 최대로 가동하고 있기 때문에 때때로 수요를 충족시키지 못하는 현실에 직면하게 될지도 모른다. 그러나 대부분의 수요가 서비스수요가 몰리는 시간에 발생하지 않아 초과수요가 항상 발생하는 것이 아니라면, 서비스 제공자를 추가로 고용하는 것이(경쟁적 인력시장에서 가능하지도 않지만) 반드시 바람직한 솔루션이라고 보기는 어렵다.

또한 **장비**(equipment)가 중요한 제약조건이 되는 경우도 있다. 트럭 혹은 항공 운송업에 있어서 서비스수요를 맞추는 데 필요한 트럭과 항공기는 공급능력 제약조건이 될 수 있다. 예컨대, UPS나 페덱스 및 기타 택배서비스 업체들은 성탄절 연휴기간 동안 이러한 문제에 직면하곤 한다. 또한 헬스클럽의 경우에도 이러한 제약을 받게 되는데, 특히 하루 중의 특정 시간대(출근 전, 점심시간, 일과 후)와 연중 특정 달에 수요가 집중하기 때문이다. 네트워크 서비스 제공자들은 통신의 주파수 대역폭(bandwidth), 서버, 스위치 등이 한정된 제약조건으로 나타나고 있다.

마지막으로 대부분의 서비스기업들이 한정된 **시설**(facilities)에 의해 제약을 받는다. 호텔은 판매할 수 있는 객실 수에 의해, 항공사는 항공기의 좌석 수에 의해, 교육기관은 강의실과 각 학급의 좌석 수에 의해, 음식점은 이용가능한 테이블과 좌석 수에 의해 제약을 받는다.

수요 및 공급의 문제를 해결하는 계획을 수립하는 첫 단계는 서비스공급의 주요한 제약조건을 이해하고 이러한 요인들이 결합하여 어떻게 영향을 미치는지를 이해하는 것이다.

공급능력의 적정활용 대 최대활용

공급능력 문제를 완전히 이해하기 위해서는 **적정활용**(optimal use)과 **최대활용**(maximal use)의 차이점을 이해하는 것이 중요하다. 그림 13.1에서 보는 바와 같이 적정과 최대공급능력이란 동일한 것이 아니다. 적정수준에서 활용한다고 하는 것은 자원을 완전히 이용하지만 무

© Doug Pensinger/Getty Images

스포츠나 다른 엔터테인먼트 현장에서 최대활용과 적정활용은 거의 비슷하다.

리하게 이용하는 것은 아니며, 고객이 적시에 양질의 서비스를 제공받고 있음을 의미한다. 한편 최대수준이란 서비스 이용 가능성의 절대적 한계를 나타낸다. 스포츠 행사의 경우에는 적정활용과 최대활용은 동일하다. 스포츠 행사의 오락적 가치는 관중이 모든 좌석을 채웠을 때 증대되며 이 팀의 수익성도 가장 커진다(위 사진 참조). 반면에 대학강의의 경우는 학생들로 모든 자리가 꽉 차는 것이 항상 바람직한 것은 아니다. 이런 경우에는 공급능력의 적정활용수준이 최대활용수준보다 낮다. 또 다른 경우 공급능력을 최대로 활용하는 대중음식점에서처럼 고객이 많이 기다려야 하기 때문에 불만을 초래할 수도 있다. 이와 같이 고객만족에서 볼 때, 음식점의 적정활용수준이 최대활용수준보다 낮을 것이다.

장비 및 시설이 제약조건인 경우에는 특정 시점에서의 최대공급능력은 분명하다. 헬스클럽의 체력단련기구의 수, 항공기의 좌석 수, 화물선의 짐칸 면적 등은 모두 일정하게 정해져 있다. 보틀링(bottling) 공장의 경우 생산라인에서 최대생산능력을 초과할 때, 병은 부서지기 시작하고 시스템은 정지된다. 이와 같이 많은 제조업 현장에서 장비나 시설의 최대공급능력을 초과함으로써 발생하는 문제를 파악하는 것은 상대적으로 쉬운 편이다.

제약조건이 시간이나 직원의 수일 경우에는 시설이나 장비보다 유연하기 때문에 최대공급능력을 구체화하기 어렵다. 서비스 제공자 개인의 최대공급능력을 초과하였을 경우 그 결과로 품질저하, 고객 불만족 및 직원의 이직이나 이탈 등의 현상이 나타날 수 있지만 직원조차도 이러한 결과를 즉시 파악하지 못한다. 한편 기업이 공간 같은 물리적 제한조건으로 인한 최대공급능력을 파악하는 것은 쉽지만, 인력의 최대공급능력이 어느 정도 되는지 파악하는 것은 매우 어렵다. 그 결과, 기업은 직원들이 퇴사하거나 건강문제에 직면할 때까지 직원들의 최대능력을 파악하지 못한 채 직원들에게 최대능력을 초과한 업무를 강요할 수도 있다. 컨설팅회사가 일을 하나씩 더 할당하여 직원들의 최대능력 이상으로 일을 부담케 하는 것이나, 건강관리부서(HMO)가 과도한 예약을 받아서 그 직원들과 의료진의 최대 역량수준을 넘게 만드는 일 등은 흔히 있을 수 있다. 품질의 저하, 고객 및 직원 불만족으로 인해 비용이 발생한다면 기업은 인적 역량의 적정 및 최대수준을 파악하는 것이 중요하다.

수요패턴

서비스산업의 수요변동을 관리하기 위해서는, 수요패턴을 명확히 이해하는 것이 필요하다. 왜 수요패턴의 변동이 발생하는가, 그리고 특정 시점에서 각 세분시장들의 수요가 어떻게 다른가 등을 이해해야 한다.[4]

수요패턴의 도표화

수요패턴을 이해하기 위해 단위시간 동안의 수요의 수준을 도표화할 필요가 있다. 우수한 고객정보시스템을 가지고 있는 조직의 경우 매우 정확하게 고객의 수요정보를 파악할 수 있을 것이다. 그렇지 않은 조직은 수작업으로 수요패턴을 도표화할 필요가 있다. 일별, 주별 그리고 월별로 수요수준을 추적하고, 만약 계절별로 변동폭이 큰 경우에는 적어도 전년도에 수집된 정보와 비교하여 도표화해야 한다. 음식점이나 의료기관에 있어서는 하루 중의 시간변동이 또한 의미가 있을 수 있다. 어떤 경우에는 수요패턴을 도표화하지 않고도 직관적으로 명확하게 파악할 수 있다. 그렇지 않은 경우에는 자료를 도표화하지 않으면 패턴 그 자체를 파악하지 못할 수도 있다.

예측 가능한 수요변동 주기

서비스 제공자가 고객의 수요수준을 도표화했을 때, 일별(시간에 따른 수요변동), 주별(일별 변동), 월별(일별 혹은 주별 변동) 또는 연도별(월 혹은 계절에 따른 변동)로 예측 가능한 주기를 발견할 수 있다. 어떤 경우는 예측 가능한 패턴이 모든 주기별로 발생할 수 있는데, 예컨대 외식산업이나 특히 계절별로 수요가 확연히 차이가 발생하는 관광지의 경우 월별, 주별, 일별 및 시간별로 변하는 수요를 예측할 수 있다. 유사한 예로 은행서비스의 수요도 시간별(가장 수요가 높은 점심시간과 영업의 마지막 시간 때), 요일별(주의 마지막 날과 한 주가 시작하는 날), 말일[사회보장수표(social security check)가 가장 많이 입금되는 날]에 따라 달라진다.

만약 예측 가능한 주기를 탐지할 수 있다면, 근본적인 원인을 파악해야 한다. 앞의 예에서 본 바와 같이 스콧데일에 있는 페니키안 호텔은 수요주기가 계절과 평일 및 공휴일에 따라 달라지는 것을 알 수 있다. 세무회계사들은 세금만기일이 됐을 때, 분기별과 연도별로 수요를 예측한다. 어린이와 가족단위를 주요 고객으로 하는 서비스는 학기 중간과 방학 동안의 변동에 의해 영향을 받을 수 있다. 소매, 세무서비스, 식당 및 관광서비스는 특정 연도, 특정 일자, 특정 시간에 수요가 최정점에 이르는 주기를 갖는다. 예측 가능한 패턴을 발견한다면, 일반적으로 하나 혹은 그 이상의 원인들을 파악할 수 있다.

예측하기 어려운(무작위) 수요변동

가끔 수요패턴이 무작위로(random) 나타나 예측하기 어려운 경우가 있다. 그러나 이러한 경우라도 종종 그 원인은 파악할 수 있다. 예컨대, 날씨의 변화는 여가, 쇼핑 혹은 유흥시설의 이용에 영향을 미칠 수 있다. 좋은 날씨는 일반적으로 놀이공원이 제공하는 서비스에 대한 수요를 증가시키지만, 반대로 영화관의 경우에는 좋은 날씨가 역효과를 가져다 주기도 한다. 왜냐하면 사람들은 일반적으로 날씨가 좋을 때는 실내를 별로 원하지 않기 때문이다. 더울 때나 추울 때나 상관없이 날씨가 좋지 않을 때는 자동차 서비스센터에 대한 수요가 증가하는 반면, 날씨가 온난한 경우에는 서비스센터에 대한 수요가 그렇게 많이 발생하지 않을 것이다. 먼 미래의 날씨를 예측하는 것은 불가능할지라도, 하루 혹은 이틀 후의 날씨를 고려해 수요를 예측하는 것은 가능할 수 있다. 개인의 건강과 관련된 사건들 또한 예측할 수 없는데 돌발적인 사고, 심장마비, 출산 등 모두가 병원서비스를 갑자기 필요로 하여 수요의 수준을 미리 결정할 수는 없다. 또한 홍수, 화재 및 태풍과 같은 자연재해는 보험, 통신 및 건강관리 서비스에 대한 요구를 극적으로 증대시킬 수 있다. 2015년 11월 파리가 경험했듯이 전쟁이나 테러가 발생했을 경우에도 예상하지 못한 서비스에 대한 수요가 폭발적으로 발생하기도 한다.

2011년 시리아 전쟁이 시작된 이후 200만 명 이상의 난민들이 터키 인근으로 이동하였다. 이동한 200만 명 중 약 35만 명이 난민촌에 정착한 반면, 나머지 사람들은 터키 전역의 도시 중심지로 흩어졌다. 많은 사람들이 유입되면서 터키는 사회복지, 주택, 교육 및 건강관리 등의 서비스에 대한 수요가 갑작스럽게 증가하게 되었다. 난민들은 다양한 이유(예를 들어, 즉각적인 치료가 필요한 전쟁으로 인한 외상성 부상, 정기적인 치료가 필요한 만성 질환, 질병의 확산을 막기 위한 백신 접종, 그리고 불안과 외상 후 스트레스 증후군을 겪고 있는 사람들을 위한 심리적 지원 등)로 보건 서비스가 필요하였다. 의료 서비스가 제공되지 못해, 많은 난민들은 그들이 필요로 하는 양질의 치료를 받지 못하고 있다.[5]

수요패턴을 예측할 수 있는 디즈니 같은 회사는 고객에게 서비스를 제공하기 위해 고객의 수요패턴 정보를 이용한다.

세분시장별 수요패턴

만약 어느 조직이 고객거래에 관해 상세한 기록을 가지고 있다면 세분시장별로 수요를 분석할 수 있으며 이를 통해 패턴들 내에 존재하는 또 하나의 패턴들을 알아낼 수도 있게 된다. 또한 어떤 세분시장에서는 수요가 예측 가능한 반면 또 다른 세분시장의 수요는 상대적으로 무작위적이라서 예측하기가 어렵다는 것을 분석을 통해 알아낼 수 있다. 예컨대, 은행의 경우 기업고객은 예측 가능한 시간에 방문하는 반면, 개인고객은 외관상 무작위적인 간격으로 은행을 방문한다. 의료기관의 경우 예약 없이 방문하거나(walk-in) "오늘 당장 진료를 원하는(care needed today)" 환자들이 월요일에 몰리는 경향이 있는데, 이들 중 몇몇은 주중 다른 요일에 진료를 받아도 괜찮은 사람들이다. 많은 자동차 서비스센터의 경우도 비슷한 패턴을 경험하게 된다. 즉 예약 없이 방문하는 고객은 월요일 아침에 방문하고 수리를 의뢰하는 경향이 있다. 이러한 패턴이 있다는 것을 알고 있을 경우, 의료기관들이나 자동차 서비스센터 등은 예약스케줄을 월요일을 제외한 다른 날에 주로 잡은 후, 월요일은 당일의 예약과 예약 없이 방문하는 외래환자들을 받을 수 있도록 만들어 놓는다.

공급능력과 수요를 일치시키는 전략

공급능력의 제약과 수요패턴을 이해하고 있는 조직은 수요와 공급을 일치시키는 전략을 개발하기 용이하다. 일치시키는 접근법에는 두 가지가 있다. 첫째는 수요변동을 완만히 하여 수요를 기존 공급능력에 맞추는 방식이다. 이 접근은 수요곡선의 정점과 저점(그림 13.1)을 바꾸어 가능한 한 수평적 공급능력에 일치시키는 것이다. 두 번째 방법은 공급능력을 수요변동에 맞추는 것이다. 이는 그림 13.1의 수평적인 공급능력을 수요곡선의 높낮이에 맞추는 것이다. 이러한 두 가지 전략은 다음에 자세하게 설명한다.

수요를 공급능력에 맞추기

이는 수요가 공급능력을 초과하는 기간 동안 고객이 수요가 낮은 기간을 이용하도록 유도함으로써 균형을 이루게 하는 전략이다. 어떤 고객은 이동이 가능하지만 또 다른 고객은 그렇지 못하여 문제가 있을 수 있다. 예컨대, 많은 출장 여행자들은 회사의 필요에 따라 움직이기 때문에 항공, 자동차 렌트 및 호텔서비스에 대한 수요를 이동시키기가 불가능할지 모르지만, 일반 여행자들은 어느 정도는 여행시기를 이동시킬 수 있다. 수용이 불가능한 고객과 불충분한 능력 때문에 이동이 불가능한 고객은 잃어버린 사업기회가 된다.

수요가 낮은 기간 동안, 조직은 수요를 증가시키고 그렇게 함으로써 공급능력을 생산적으로 활용하기 위해 보다 많은 상이한 고객들을 유인하려 할 것이다. 공급능력에 맞추기 위해 수요를 이동시키거나 증대시키는 다양한 방법은 그림 13.2와 다음 절에서 설명하는 내용에 잘 나타나 있다.

성수기의 수요를 감소시켜라

서비스 제공자의 공급능력에 수요를 맞추는 전략적 접근으로 고객수요가 가장 피크에 있을 때 수요를 감소시키는 것에 초점을 두는 것이다.

세계적 추세 변동이 심한 수요를 창의적으로 관리하는 시멕스

고객의 주문을 예측할 수 없고, 전체 고객 주문의 절반 이상이 종종 마지막 순간에 변경되고, 배송된 제품이 90분도 되지 않아 파손되는 비즈니스를 상상해 보았는가? 콘크리트 배달 사업이 그러하다. 멕시코의 몬테레이(Monterrey)에 본사를 두고 1906년에 설립된 시멕스(Cemex)는 매우 성공한 글로벌 기업이다. 이 회사는 직원 수가 44,000명 이상이고 5개 대륙 50개국에서 운영되며 연간 순매출액이 140억 달러를 넘는다.

그러나, 몇 년 전 두 명의 내부 컨설턴트가 시멕스의 사업을 조사했을 때, 그들은 시멘트 업계의 혼란스러운 상황에 놀랐다. 거친 날씨, 예측할 수 없는 교통, 종잡을 수 없이 자발적으로 출근하지 않는 노동자들, 부정기적인 정부의 건설현장점검 및 끊임없이 변화하는 고객의 주문 등은 혼란과 통제 불능의 비즈니스 환경을 만들었다. 당시 시멕스는 6개 지역연합공장을 통해 8,000그레이드(grades; 직각의 100분의 1에 해당하는 각도의 단위)의 콘크리트를 공급하여 관리가 매우 복잡한 시스템으로 운영되고 있었다. 시멕스는 고객을 통제하고, 고객이 주문을 준수하도록 요구했으며, 변경된 주문에 대해서는 벌금을 부과하면서 비즈니스를 운영하려 하였다. 시멕스의 노력으로 무작위적인 수요변동과 마지막 순간에 주문을 변경했던 고객의 요구를 효과적으로 극복하였다.

시멕스는 새로운 비즈니스 방법을 찾기 시작하였고, 페덱스(FedEx)와 텍사스주 휴스턴에 있는 911 응급구조센터로 아이디어를 요청하였다. 그 결과, 서비스에 대한 수요를 통제하는 대신 무작위적인 수요변동에 유연하게 대응할 수 있는 인력과 기술을 조직수준으로 개발하였다. 페덱스는 고객이 주문을 변경할 경우 불이익을 주지 않고, 원하는 시간에 언제, 어디서나 배송할 수 있도록 한다. 이러한 서비스는 수요와 일정을 추적하고 픽업 및 배송을 예약하는 정교한 정보시스템, 고객을 중요시하는 현장접점 직원들, 그리고 고객 중심의 기업문화를 통해 가능하다. 텍사스주 휴스턴에 있는 911 응급센터에서 시멕스는 긴급 의료 요청과 사고와 같은 무작위적인 수요변동도 충분히 파악하고 계획할 수 있다는 것을 배웠다. 페덱스와 911 응급센터가 한 것처럼 정점과 저점의 고객수요를 맞추기 위해 공급능력을 조정하였다. 기업의 제한된 공급능력을 맞추기 위해 고객의 수요를 조정해야 하는 방식과는 다른 방식이다.

페덱스와 911 응급센터의 수요변동을 처리하는 방식은 시멕스 팀에게 벤치마킹할 수 있는 방법을 제공하였다. 시멕스 팀은 멕시코로 돌아가 복잡한 시장상황을 인정하고 고객의 여건에 따라 비즈니스를 수행하기로 결정하였다. 즉, "Sincronizacion Dinamica de Operaciones"라는 이름의 동적동기화 운영프로젝트를 시작하였다. 이전 사업구역에

© Susana Gonzalez/Bloomberg/Getty Images

트럭이 다니면서 도시를 순회하기 시작한 것이다. 모든 차량의 위치, 방향, 속도를 추적할 수 있도록 GPS(Global Positioning System)에 연결된 송신기와 수신기를 트럭에 장착하였고, 운전기사에게 2년 동안의 중등교육 과정에 등록하도록 하여 조금 더 서비스 지향적인 마인드를 가지고 고객을 상대할 수 있도록 하였다.

페덱스의 보증서비스에 깊은 인상을 받은 시멕스는 "무료로 무제한 주문 변경이 가능한 당일 서비스"를 제공할 수 있도록 노력하였다. 정해진 배송 시간으로부터 20분 이내에 적재물이 도착하지 않을 경우, 구매자는 총 비용의 약 5%에 해당하는 입방 미터당 20페소("guarantia 20×20")를 돌려받았다.

시멕스는 업계의 혼란을 조정하고 통제하는 대신 수용하였다. 기술, 인력 및 시스템을 사용하여 제한된 공급능력을 고객의 변동하는 수요에 맞출 수 있었다. 그리고 마침내 승자가 되었다. 시멕스는 지속적으로 서비스신뢰도가 98%를 초과하는 보증된 서비스("20×20 guarantee")를 제공할 수 있었다.

오늘날, 시멕스가 고객에게 집중하고 있다는 것은 이 기업 웹사이트에 언급된 다음과 같은 회사의 약속에서 분명히 알 수 있다. "우리는 고객의 말을 경청하고 고객의 과제를 이해하며 가치 있는 솔루션을 제공함으로써 경쟁사와 차별화되는 긴밀한 고객 관계를 구축합니다."

자료 : T. Petzinger Jr., "This Promise Is Set in Concrete," *Fast Company*, April 1999, pp. 216-218; T. Petzinger Jr., *The New Pioneers* (New York: Simon & Schuster, 1999), pp. 91-93; updated with company information from the Cemex website, www.cemex.com, accessed June 28, 2016.

- **고객과의 의사소통** : 수요를 이동시키는 접근법은 고객에게 수요가 높은 시기를 알려줌으로써 다른 시간과 서비스를 이용할 수 있게 하여 붐비거나 서비스가 연기되는 것을 피할 수 있게 한다. 예컨대, 은행이나 우체국에서 가장 붐비는 시간이나, 주중에서 손님이

그림 13.2
수요를 공급능력에 맞추는 전략

성수기의 수요를 감소시켜라

- 바쁜 날과 시간을 알려줌
- 서비스 제공장소와 시간을 조정함
- 성수기가 아닌 시간 동안 사용하는 고객에게 인센티브 제공
- 단골고객이나 서비스를 시급히 받아야 하는 고객을 배려한 우선순위 선정
- 할인 없이 정상요금 징수

공급능력에 맞추어 수요를 증가시켜라

- 성수기를 알려주고 비수기 사용의 편익을 고객에게 교육
- 시설 사용방법을 다양화함
- 서비스제공물을 다양화함
- 가격차별화

가장 많은 날을 게시한다. 붐비는 시간과 대기시간을 고객에게 사전에 전달하는 것은 부수적인 편익을 가져올 수 있다. 많은 고객서비스 전화는 그들이 서비스를 받을 때까지 대략적으로 얼마나 기다려야 하는지 알려준다. 기다리는 것을 원하지 않는 사람들에게는 전화번호를 남기거나 혹은 빠른 서비스를 위해 기업의 웹사이트를 방문하라고 안내할 수 있다.

- **서비스 제공시간과 장소를 조정** : 어떤 기업은 고객의 수요를 바로 반영하기 위하여 서비스제공의 시간과 날짜를 조정하기도 한다. 오랫동안 미국 은행들은 주중에 "오전 10시에서 오후 3시까지(banker's hours)"만 영업을 해왔다. 이러한 영업시간은 고객이 선호하는 시간과 맞지 않음을 깨닫고 이제는 일찍 영업을 시작하며, 주중에는 대부분 6시까지 영업을 하고, 토요일에도 영업을 하면서 고객수요패턴을 잘 반영하고 있다. 또한 많은 은행들이 하이퍼마켓인 월마트나 마이어(Meijer)와 슈퍼마켓인 알버트슨(Albertson's)이나 크로거(Kroger)에 지점을 설치하고 고객들이 언제 어디서나 은행서비스를 받을 수 있도록 하고 있다. 온라인뱅킹 역시 수요를 지점으로부터 언제 어디서나 가능한 웹사이트로 옮겨왔다. 극장들 또한 사람들이 여가를 위하여 하루를 비워두는 주말이나 휴일에 낮 공연을 함으로써 고객일정에 편의를 도모하고 있다.
- **비수기(nonpeak time) 이용 시 고객에게 인센티브 제공** : 고객서비스가 집중되는 성수기의 수요를 이동시키기 위해, 일부 기업들은 고객에게 서비스 사용시간을 변경할 경우 인센티브를 제공해 독려하기도 한다. 미국 북부의 중서부 지역 주의 수영장에서는 9월이나 10월의 수영시즌 말기까지 서비스 구매와 사용을 연장하는 고객에게 무료 다이빙 보드나 프리히터(free heater) 그리고 큰 수영장(larger pool) 이용혜택 등의 추가적 서비스를 제공하고 있다. 수요가 낮은 시간에 필라테스(Pilates) 클래스를 제공하고 있는 헬스장에서는 수강생이 많지 않은 수업의 강점을 홍보하거나 코치와 고객 간의 지도시간을 늘리거나 또 수업시간을 25% 증가시키는 등의 서비스를 전개하고 있다.
- **우선순위 선정** : 서비스에 대한 수요는 많지만 능력에 한계가 있을 경우, 서비스 제공자는 먼저 단골고객이나 시급한 고객에게 우선권을 부여할 수 있다. 예를 들어, 세무법인

은 소득세의 납입기한 전에 예약 없이 처음 방문한 고객보다는 우수고객에게 서비스를 제공하는 것에 우선순위를 둘 수 있고, 응급센터도 가장 심각한 환자를 시작으로 우선순위 리스트를 정하여 서비스를 제공할 수 있다.

- **정규요금(full price) 청구** : 전통적으로 수요가 몰리는 시기에 기업은 일반적으로 할인 없이 정규요금을 청구한다. 항공사의 티켓 수요가 집중되는 시기는 추수감사절 휴일의 전후라고 할 수 있는데, 이때 대부분의 항공사는 정규요금을 지불하는 고객에게 먼저 좌석을 배정해 주고 그 시기에는 마일리지서비스의 사용을 금지하고 있다. 왜냐하면 이 시기는 수요가 매우 높기 때문에 디스카운트 티켓이나 공짜 티켓을 찾고 있는 고객들은 휴일 전후에 할인티켓을 구하기 어렵다는 것을 알게 된다. 고객의 수요가 몰리는 기간에 여행하기 위해 고객은 정규요금을 지불할 수밖에 없다.

공급능력에 맞추어 수요를 증가시켜라

서비스 제공자의 공급능력에 수요를 맞추는 또 하나의 접근은 최대활용능력보다 적은 수준에서 서비스가 운영될 경우 **서비스수요의 증가**에 초점을 두는 전략이다.

© Steve Bly/Getty Images

여름에는 많은 스키리조트들이 산악자전거를 즐기는 고객으로 타깃을 변경한다.

- **고객교육** : 기업이 수요가 증가하는 예상시간을 잘 파악하고 있다 할지라도, 고객은 그러한 시간을 잘 알지 못할 수 있는데, 광고나 판매문구를 이용하여 수요가 몰리지 않는 시기를 고객에게 알릴 수 있다. 전력회사의 경우, 전기수요가 낮은 시간을 고객에게 알려주어 세탁기나 전기를 많이 필요로 하는 기계의 사용을 유도한다. 판매촉진 캠페인을 이용하여 성수기 구매 또는 비수기 구매에 따라 고객에게 다른 서비스편익이 제공됨을 전달할 수 있다. 예건대, 에어컨 기업의 경우 기온이 높아지기 전인 이른 봄에 예방정비서비스를 받도록 고객에게 권유한다. 그렇게 함으로써 기업은 서비스직원들이 빨리 대응할 수 있고 고객들에게는 너무 늦기 전에 서비스를 제공받도록 하여 고객불안을 불식시키도록 한다.
- **시설 사용방법의 다양화** : 서비스시설의 사용방법을 변화시켜 수요를 창출하는 또 하나의 방법은 1년 중 계절에 따라, 주중 요일에 따라, 하루 중 시간에 따라 서비스제공물의 성격을 달리 하는 것이다. 예컨대 캐나다의 밴쿠버에 있는 스키 리조트인 휘슬러 마운틴(Whistler Mountain)은 스키가 불가능한 여름기간에

는 산악자전거를 타는 사람에게 슬로프를 대여하거나 간부수련회 및 연수프로그램을 위해 시설을 제공한다. LA에 있는 한 병원은 영화나 TV쇼에서 실감나는 병원 배경이 필요한 제작사들에게 병원의 시설을 대여해 준다. 영화관에서는 가끔 건물이 없는 교회의 일요일 기도회 장소나 주중의 비즈니스 모임을 위해 대여해 주기도 한다. 이러한 사례들은 어떻게 하면 기존 시설의 사용을 수요가 낮은 시기에 활용할 수 있는가에 대한 유용한 예이다.

- **서비스제공물의 다양화** : 시설 사용방법을 다양화하는 방법과 비슷한 전략으로 제공되는 서비스제공물의 본질을 변화시키기도 한다. 예컨대, 회계법인들은 연말부터 다음해 4월까지 세금납부준비 서비스에 초점을 맞추는데, 이 기간은 연방조세가 부과되는 시기이기 때문이다. 이 기간을 제외한 나머지 기간 동안은 감사나 컨설팅 활동에 초점을 맞춘다. 프로농구경기에서는 쿼터 간의 휴식시간에 매점에서의 음식에 대한 수요가 폭발적으로 증가한다. 그래서 많은 고객들은 줄을 서야 되기 때문에 경기를 보지 못하는 것에 대한 걱정으로 음식구매를 주저한다. 이러한 상황에 대응하여 많은 경기장의 직원들이 쉬는 시간에 관중석을 오가면서 주문을 미리 받고 좌석까지 배달해주고 있다. 맥도날드는 전 세계의 많은 대도시에서 수요를 증가시키기 위한 방법으로 배달서비스를 제공하고 있다.[6] 이러한 예는 기업의 자원에 변화를 주어 고객의 수요를 자연스럽게 이동시킨 사례라 할 수 있다.

  서비스제공물을 변화시키는 전략을 수행할 때는 조심해야 한다. 왜냐하면 새로운 제공물에 맞추어 다른 마케팅믹스변수(촉진, 가격책정 및 직원충원)들을 변경해야 하는 경우도 있기 때문이다. 이들 마케팅믹스가 제공물을 지원하도록 효과적으로 변경되지 않는다면 그 전략은 제대로 효과를 발휘하지 못할 것이기 때문이다. 만약 잘되었다 하더라도 그러한 변경으로 인해 고객의 눈에 비친 조직의 이미지에 혼동이 있을 수 있거나, 조직과 직원들이 전략적 초점을 상실하여 우왕좌왕할 수도 있기 때문이다.

- **가격차별화** : 수요가 낮은 기간에 흔히 쓰는 방법은 서비스의 가격을 할인하는 것이다. 이러한 전략은 가격을 낮추면 수요가 늘어 공급과 균형을 이룬다는 경제논리에 근거한 것이다. 그러나 이 전략이 효과적이려면 수요의 가격탄력성에 대한 명확한 이해가 있어야 한다. 예컨대, 출장여행자들은 즐기기 위해 여행하는 가족단위 여행자들보다 가격에 덜 민감하다. 스콧데일에 있는 페니키안 호텔의 경우, 수요가 낮은 여름비수기 동안에 가격을 인하하는 전략으로는 출장 여행자들로부터 큰 호응을 받지 못한다. 그러나 여름비수기의 저렴한 가격대는 수많은 가족단위 고객과 고급호텔에 가보고 싶지만 성수기 동안은 비싸서 못가는 지역 내 손님의 관심을 끌 수 있다.

  수요의 높낮이를 조절하기 위해 가격차별화를 과도하게 사용하는 것은 위험한 전략이 될 수 있다. 가격에 의존할 경우 고객은 그 낮은 가격에 익숙하여 다음에 그 서비스를 이용할 때도 동일한 조건을 기대할 수도 있다. 만약 고객과의 커뮤니케이션이 불명확하다면 고객은 할인에 대한 이유를 이해하지 못할 수 있으며 성수기에도 동일한 가격을 기대할 것이다. 이외에도 가격을 과도하게 사용하거나 가격만을 사용하여 수요를 관리하려다 보면 표적으로 삼고 있는 세분시장에서 벗어나 고객이 유치될 수 있어 조직의 이미지에 나쁜 영향을 미칠 수 있으며, 높은 가격을 지불한 그들이 공정하지 못한 대우를 받은 것으로 느낄 가능성이 있다.

공급능력을 수요에 맞추기

수요와 공급을 맞추는 두 번째 접근법은 공급능력을 조절하는 것이다. 이 방법의 근본적인 아이디어는 조절하고, 늘리고, 재조정하여(공급능력에 맞추어 수요를 이동시키기보다는) 수요에 맞도록 공급능력을 조절하는 것이다. 수요가 최고조에 이른 기간에 공급능력을 가능한 한 많이 늘리거나 확대시키려 한다. 반면 수요가 낮은 기간에는 공급능력을 축소시키려 애쓸 것이며 따라서 자원의 낭비를 막을 수 있다. 네 가지 기본적인 서비스자원(시간, 인력, 장비, 시설)을 조절하는 일반적인 전략이 다음에 논의될 것이다. 수요가 높거나 낮은 기간에 공급능력을 조절하는 구체적인 아이디어는 그림 13.3에 요약되어 있다. 종종 여러 상이한 전략들이 동시에 사용되는 경우도 있다.

일시적으로 공급능력을 확장하라

서비스공급능력을 일시적으로 수요에 맞도록 확장할 수 있다. 이는 새로운 자원을 추가하는 것이 아니라 인력, 시설 및 장비를 수요에 맞추어 더 열심히 더 오래 작동하도록 하는 것이다.

- 일시적인 인력, 시설 그리고 설비의 확장 : 수요를 수용하기 위해 일시적으로 서비스시간을 연장하는 것이 가능할 수 있다. 의료기관은 유행성 질병이 많은 기간 동안 업무를 연장하고, 소매업자들은 휴가 쇼핑기간 동안 영업을 연장하며, 회계사들은 세금납부일 이전까지 접수시간을 저녁 및 토요일까지 연장한다. 실제로, 많은 서비스조직은 직원들에게 수요의 절정기에 보다 더 많은 시간 동안 더 열심히 일할 것을 요청한다. 예컨대, 컨설팅 회사에서는 수요가 정점에 도달하는 기간 동안, 직원들에게 추가적인 프로젝트를 부여하고 더 오랜 시간 근무할 것을 요청한다. 또한 은행, 여행사, 음식점 및 텔레커뮤니

그림 13.3
공급능력을 수요에 맞추는 전략

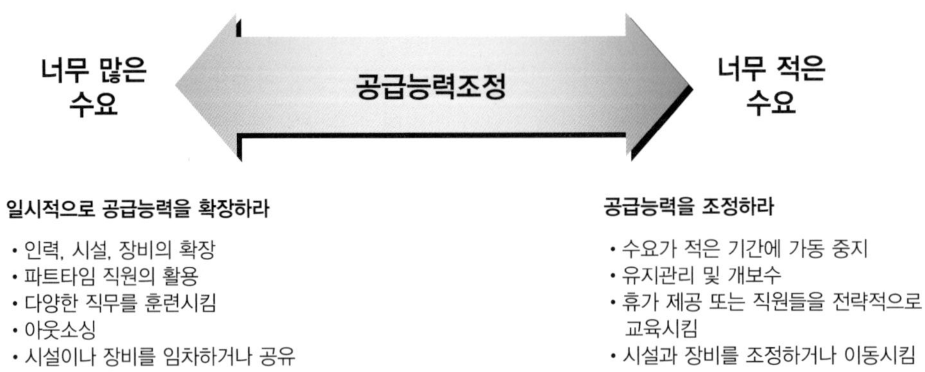

케이션 회사들은 평상시보다는 바쁜 기간 동안에 시간당 더 많은 고객에게 서비스를 제공할 것을 직원들에게 요구한다.

극장, 음식점, 연회시설 그리고 강의실 같은 시설들은 때때로 고객이 필요로 하는 테이블, 좌석 혹은 다른 시설을 일시적으로 늘린다. 교외 통근열차의 경우도 입석승객의 수로 시설을 "확장"할 수 있다. 유사하게 컴퓨터, 전력선 및 유지보수 장비들은 최고수요를 수용하기 위해 짧은 기간 동안 최대역량 이상으로 연장하여 사용할 수 있다.

"확장" 전략을 사용하는 경우, 자원이 마모되고 또한 너무 오래 지속될 경우 서비스품질이 오히려 떨어질 수 있음을 인식할 필요가 있다. 이러한 전략은 평상시의 노력을 넘어서서 작업한 인력들의 원기회복과 시설 및 장비의 유지보수를 위해서는 상대적으로 단기간 동안만 이용돼야 한다. 하지만, 특히 인력의 경우에는 어느 정도로 확대하면 무리한 결과가 발생하는지를 앞서 알아내기란 매우 어렵다.

- **파트타임 직원의 활용** : 이는 조직의 인적자원을 수요에 맞추어 재조정하는 것을 말한다. 소매업체는 주문이 쇄도하는 휴일에 파트타임 직원을 고용하며, 세무회계사들은 세금납부 기간 동안 임시 보조직원을 고용하며, 여행이나 리조트업체는 성수기에 임시직원을 고용한다. UPS는 연말 택배 수요 증가에 대비해 휴가를 요청한 직원이 많은 추수감사절부터 크리스마스 기간 동안 9만 명의 임시 고용직을 채용하는 업체로 알려져 있다.[7] 음식점은 종종 손님이 붐비는 식사시간대에 직원들에게 분할근무제(spilt shift, 예컨대 점심교대시간에 일을 하고, 몇 시간 동안 자리를 비웠다가, 붐비는 저녁식사시간에 다시 돌아옴)로 일할 것을 요구한다.
- **직원에게 다양한 작업을 훈련시킴** : 만약 직원이 다양한 분야에 걸쳐 훈련이 되어 있다면(cross-train), 순환근무가 가능하기 때문에 필요로 하는 곳에 유연하게 인력을 배치할 수 있다. 이를 통해 한편에서 과도한 업무에 시달리는 동안 또 다른 곳에서는 직원들이 제대로 활용되지 못하는 것을 피할 수 있어 전체 시스템의 효율성을 높일 수 있다. 많은 항공사들이 발권부터 필요하다면 화물이동 보조역할까지 순환배치할 수 있도록 직원을 다양하게 훈련시키고 있다. 일부 패스트푸드점에서는 바쁜 시간대에 10명이 한 가지 과업(예 : 감자튀김 튀기기)에만 종사하도록 하지만, 한가한 시간 동안은 각각 다양한 기능을 수행하면서 그 팀은 3명으로 줄어든다. 식료잡화점 또한 이러한 전략을 사용하는데, 대부분의 직원들이 계산대에서 계산하는 것부터 선반진열 및 식료품 운반까지 원하는 대로 이동할 수 있다.
- **아웃소싱** : 기업들은 그들이 감당할 수 없는 일시적인 수요의 정점이 있음을 알게 되면 전체 서비스에 대하여 아웃소싱을 선택할 수도 있다. 예를 들면, 최근에 많은 기업들은 기술지원, 웹 설계, 그리고 소프트웨어 관련 서비스에 대하여 그들의 욕구를 충실히 수행할 능력이 없음을 알게 되었다. 또한, 아리조나주의 병원들은 종종 겨울에 아리조나주를 방문하는 관광객과 독감시즌에 밀어닥칠 업무에 대비하여 보건인력 알선업체에 등록된 간호사를 3개월 정도 일시적으로 고용하기도 한다. 따라서, 이러한 기업들은 추가적

인 고용이나 훈련을 시도하기보다는, 일시적인 해결방안(때로는 장기적)으로 이러한 기능을 수행하는 특정 아웃소싱 기업을 찾는다.

- **시설 및 장비의 임차 및 공유** : 어떤 조직에서는 수요가 절정에 이른 기간 동안에 추가적인 장비 및 시설을 임차(rent)하는 것이 가장 바람직하다. 예컨대, 급송택배 서비스는 성수기인 연휴기간 동안 트럭을 임대하거나 리스를 한다. 1년 중 성수기 이외의 남은 기간 동안 활용하지 못하는 트럭을 구입한다는 것은 그리 좋은 생각이 아닐 것이다. 때때로 보완적인 수요패턴을 가지고 있는 조직들은 시설을 공유할 필요가 있다. 그 한 예로 교회를 들 수 있는데, 여러 교회가 주중에 그 시설을 몬테소리유치원(Montessori preschool)과 공유한다. 학교는 월요일에서 금요일까지 낮 동안만 시설을 필요로 하고, 교회는 저녁과 주말에 시설을 필요로 하기 때문에 가능하다. 다른 산업의 변동적인 수요를 충족시키기 위해 만들어진 총체적 산업(whole business)도 있다. 예를 들어, 어떤 기업은 지속적인 설비나 지원을 필요로 하지 않는 개인사업자들을 위해 일시적인 사무실이나 사무지원을 제공하기도 한다.

공급능력을 조정하라

이는 '수요추구(chase demand)' 전략으로 알려져 있다. 서비스자원을 창조적으로 재조정함으로써 수요곡선을 따라 갈 수 있다. 즉 인력, 시설 및 장비 등의 믹스를 조절하고 이들을 창조적으로 이용함으로써 수요패턴에 공급능력을 맞출 수 있다. 구체적인 전략은 다음과 같다.[8]

- **수요가 적은 기간에 가동중지** : 만약 성수기에 인력, 설비 그리고 시설 등을 최대공급능력에 맞추어 사용하였다면, 비수기에 일부 자원의 가동을 중지하는 것은 불가피하다. 예컨대, 온라인 뱅킹서비스의 경우 서비스제공 중지로 인한 불편을 최소화하기 위해 일요일 새벽(오전 4~6시까지)에 소프트웨어를 업그레이드하는 일정을 계획한다.
- **유지관리 및 개보수** : 거의 모든 서비스에 있어서 시설이나 장비 등은 정기적으로 유지관리 및 개보수를 할 필요가 있다. 그러한 계획은 비수기나 수요가 하락하고 있을 때 실행해야 한다. 예컨대, 대학교는 학생들의 방학기간 동안 강의실의 페인트칠이나 주차장의 선긋는 작업 등을 시행한다.
- **휴가를 제공하거나 전략적으로 직원교육을 시행** : 가장 필요할 때 직원을 확실하게 활용하기 위해, 비수기에는 직원에게 휴가를 제공하거나 직원교육을 실행해야 한다. 어떤 기업은 수요가 감소할 것이라는 것을 파악했을 때, 직원을 해고하여 공급능력을 수정한다. 인기 여행지에 있는 호텔들은 정기적으로 오프시즌 시에 직원을 해고한다. 사실, 직원들은 사전에 그러한 사실을 알고 있으며, 겨울에는 스키 리조트에서, 여름에는 해안가의 리조트에서 일하는 것을 즐기고 있다. 이러한 전략들을 통해 기업은 자원들이 가장 필요로 하는 시기에 이들을 최상의 상태로 구축하려고 노력한다.
- **시설과 장비를 조정하거나 이동** : 때때로 기존의 공급능력을 조정하거나(modify) 이동하

는 등의 창의적인 개선을 통해 수요변동에 맞출 수 있다. 호텔은 객실을 재구성하여 이 전략을 활용하는데, 사이에 문이 잠긴 두 개의 객실의 경우 수요가 많을 때에는 서로 다른 고객에게 판매하고 수요가 부진할 때에는 스위트룸으로 변경할 수 있다. 항공산업에서도 이러한 예를 볼 수 있다. "수요중심배차(demand driven dispatch)"라 불리는 방식을 이용하여 수시로 변동하는 시장수요에 따라 종종 항공기를 노선에 할당한다.[9] 이 전략은 수요에 대한 정확한 정보가 있어야 하고 좌석 수가 다른 항공기를 운항일정에 맞추어 빠르게 조정하는 능력이 성공의 관건이다. 보잉 787기종은 융통성이 높아 세 등급으로 나누어진 좌석을 다양하게 변경하는 데에 한 시간도 걸리지 않는다.[10] 이 항공기는 상이한 세분시장으로부터의 수요에 맞추기 위해 빠르게 수정될 수 있는데, 이는 본질적으로 수요에 적합한 공급능력을 구축하는 것이다. 또 다른 전략은 고객수요를 충족시킬 수 있는 새로운 지역으로 서비스를 이동시키거나 혹은 심지어 서비스를 고객이 있는 쪽으로 가져오는 것과 관련되어 있다. 모바일 트레이닝 설비, 도서관, 그리고 헌혈은 고객을 따라 물리적으로 움직이는 서비스의 사례이다.

수요와 공급능력을 결합하는 전략

많은 기업들은 마케팅지향의 수요관리 접근과 운영지향의 공급능력관리 접근을 결합한 다양한 전략을 사용한다. 공급능력 사용의 최대화, 고객만족, 그리고 수익성을 위한 전략의 최적조합을 이해하는 것은 다음과 같은 경우에 중요하다. 놀이시설, 레스토랑, 쇼핑센터를 갖고 있는 테마파크, 호텔, 쇼핑센터, 온천, 수영장, 레스토랑이 있는 휴가지 호텔타운(hotel vacation villages), 스키 슬로프, 체육시설, 레스토랑, 연회시설을 갖고 있는 리조트와 같이 한 시설 내에서 서비스를 무리지어 제공하는 경우에 쟁점이 되고 있다. 기업들은 품질과 수익성 측면에서 공급과 수요의 균형을 이루어야 하는 복잡한 문제에 직면해 있다. 본 장의 **전략적 통찰** 코너에서는 수요와 공급능력에 맞추어 자신들의 상품을 어떻게 최적화하는지에 대한 스키리조트의 시뮬레이션에 대해 설명한다.

산출률관리 : 공급능력의 활용, 가격책정, 시장세분화 및 재무적 수익의 균형화

산출률관리(yield management)란 공급능력이 제한된 서비스에서 수요와 공급을 맞추기 위해 사용하는 다소 섬세하고, 다양한 방법들을 칭하는 이름이다. 산출률관리 모형을 이용하면 특정 시점에서 가격, 세분시장 및 공급능력 사이에 최적 균형을 찾아낼 수 있다. 산출률관리(수익관리로 언급되기도 한다)의 목표는 제한된 공급능력으로 최고의 재무적 수익을 올리는 것이다. 특히 산출률관리는 산출 또는 수익을 최대화하기 위해 서비스 제공자의 고정된 서비스 가용능력(예 : 비행기 좌석, 호텔객실, 렌터카)을 다양한 잠재적 세분시장(예 : 출장자, 여행자)에 맞추어 할당하려는 시도를 일컫는다.[11]

전략적 통찰 수익증대를 위한 수요(마케팅)와 공급능력(운영) 결합전략

많은 상황에서 기업은 최적화와 수익극대화를 위해 다중수요 및 공급능력 관리전략을 동시에 사용한다. 각 전략에는 잠재적인 서비스품질, 고객충성도 및 수익성뿐만 아니라 비용도 수반되기 때문에 적절한 조합을 찾아내는 것이 복잡한 일이다.

스키 리조트에 관한 기존 연구들은 최적의 전략믹스를 예측하기 위해 운영과 마케팅 데이터를 정교한 모델로 결합하는 방식을 보여주었다. 스키 산업은 공급능력관리 분야에 재미있는 과제를 주고 있다. 이는 계절, 주간 및 일일 사용 패턴, 예측할 수 없는 날씨와 적설량, 리조트를 다양하게 사용하는 스키능력에 따른 세분시장, 인구변화 등에 따라 수요의 변동이 크기 때문이다. 대부분의 리조트는 면적과 주차를 제한하는 환경규제와 시설 확장 및 개선에 필요한 대규모 자본 투자로 인해 수용인원에 제약을 받고 있다. 더욱이 스키장 입장권 가격이 계속 상승하면서 고객의 기대감도 높아졌다.

유타 북부의 스키장 파우더밸리(PV, 가명)는 경쟁사들에 비해 5년 동안 지속적으로 시장점유율을 잃고 있었다. 시설 개선 부족과 경쟁사들의 마케팅 노력 증가가 점유율 하락의 원인으로 꼽혔다. 상황을 개선하기 위해 PV 관리자들은 비수기에 수요를 증가시키고 고객당 수익을 증가시키기 위한 마케팅 전략을 제안했다. 스키 경험을 개선하고 수요가 가장 많은 기간 동안 대기시간을 줄이기 위해 새로운 지형과 새롭고 더 빠른 스키 리프트를 만들자는 운영 전략도 제안되었다. 이러한 각 전략에는 관련 비용이 계산되었고, 총비용은 총기대수익보다 낮았다. 고객들이 선택할 수 있는 다양한 활동(예 : 레스토랑, 스키, 쇼핑)을 제공하는 것이 비용–수익 절충안을 더욱 복잡하게 만들었다.

PV와 함께 일하는 연구원들은 최적의 수익전략에 수요와 공급능력 관점을 모두 반영하는 일련의 통합접근법이 필요하다고 말했다. 리조트의 데이터를 사용하여 다음과 같은 전략이 고객 사용량, 대기시간 및 수익에 미치는 영향을 평가하는 정교한 시뮬레이션 모델을 구축했다.

- **가격 변동.** 비수기 스키 가격을 낮춰 수요를 평준화하려는 전략이다.
- **활용도가 낮은 서비스의 홍보.** 신규고객층을 유치하거나 기존 고객을 충분히 이용률이 낮은 서비스로 이동시키려는 홍보전략이다.
- **대기시간에 대한 정보 제공.** 이용률이 낮은 서비스로 고객을 일시적으로 이동시키기 위해 덜 붐비는 시간 또는 짧은 대기시간에 대한 정보를 제공하는 전략이다.
- **공급능력 확장.** 새로운 지형을 추가하거나 리프트 수를 늘리는 등 스키를 위한 추가 공급 능력에 대한 투자전략이다.
- **공급능력 업그레이드.** 기존 리프트를 개선하거나 교체하여 더 많은 스키어를 태우고 더 빨리 달릴 수 있는 전략이다.

연구자들은 시뮬레이션 모델의 입력요인으로 일일수요, 수요평활화 및 공급능력 확장 옵션, 각 리프트의 서비스 시간, 리조트 내 다양한 리프트의 흐름 패턴, 리프트 간 이동 시간, 고객 인식 및 고객 선택 데이터를 사용했다. 연구진은 마케팅과 운영 데이터를 종합해 현재의 고객 구성을 유지하고, 의자 2개를 새로 설치하고, 대기시간 정보를 제공하면 리조트의 수익을 극대화할 수 있음을 밝혀냈다. 기존 지형에서 보다 빠른 속도와 두 배의 좌석 수용력을 갖춘 새로운 의자 승강기를 추가하는 것이 새로운 지형으로 확장하는 것보다 수익성이 높은 접근 방식이었다. 시뮬레이션 모델은 경영진의 예측과 달리 가격차별화를 통해 수요를 평활하게 만드는 것이 실제로 수익을 크게 감소시킬 수 있음을 보여주었다. 모델 결과는 또한 투자의 우선순위를 제안하는 데 유용했다. 대기시간 전

비록 산출률관리를 실제로 하는 데는 복잡한 수학적 모형과 컴퓨터 프로그램이 필요하지만, 기본적으로 특정 측정기간 동안의 잠재수익 대비 실제수익의 비율로 측정한다.

$$\text{산출률} = \frac{\text{실제수익}}{\text{잠재수익}}$$

단, 실제수익 = 실제로 사용된 공급능력 × 평균실제가격

잠재수익 = 총공급능력 × 최대가격

광판에 대한 투자는 가장 비용이 적게 들었고 고객들에게는 가장 호평을 받은 개선사항이었으며 수익증대 효과도 가장 컸다. 적어도 하나의 의자 리프트 업그레이드는 두 번 째 우선순위였다.

수요와 공급능력의 균형을 맞추려면 복잡한 의사결정이 필요할 수 있다. 특히 전략에 상반된 목표가 있는 것처럼 보일 때 그 결과가 명확하지 않은 경우가 있다. 예를 들어, PV 시뮬레이션에서 더 많은 고객유치를 통한 수익증대라는 마케팅 목표는 리프트의 최적 대기시간을 제공한다는 운영 목표와 상반되었다. 스키 리조트 연구에 예시된 바와 같이, 기업은 마케팅 및 운영 데이터를 하나의 전체 모델로 결합하고 시뮬레이션 실험을 실행하여 최적의 결합 전략을 결정할 수 있다. 프로모델(ProModel)이라는 한 기업은 아메리칸익스프레스(American Express), 아메리칸 레드 크로스(American Red Cross), 디즈니랜드(Disneyland), 체이스뱅크(Chase Bank), 델타 에어라인(Delta Airlines), 젯블루(JetBlue), 메이요 클리닉(Mayo Clinic) 및 유피에스(UPS)와 같은 서비스 공급업체가 성공적으로 사용해 온 시뮬레이션과 유사한 시뮬레이션을 개발하였다. 2002년 동계 올림픽을 위한 솔트레이크 조직위원회도 비슷한 시뮬레이션을 사용하여 관중 흐름, 비상 계획 및 교통 시스템을 평가하고 성공적으로 최적화하였다. 그 이후 매년 하계와 동계 올림픽은 물론 각 월드컵 개최지에서도 시뮬레이션 프로그램을 이용해 자동차와 도보 등의 교통흐름과 대중교통 수요를 예측해 왔다. 물론 시뮬레이션 모델에 기초한 결정의 품질은 모델에 있는 가정의 정확성과 입력 데이터의 품질에 크게 좌우된다.

자료 : M. E. Pullman and G. Thompson, "Strategies for Integrating Capacity with Demand in Service Networks," *Journal of Service Research* 5 (February 2003), pp. 169–183; ProModel Corporation (www.promodel.com).

© Getty Images

스키 리조트의 수요와 공급능력을 관리하는 것은 매우 어려울 수 있다.

이 수식은 산출률이 가격과 사용된 공급능력의 함수라는 것을 나타낸다. 앞서 지적한 바와 같이 공급능력에는 제약조건이 있다. 그러므로 산출률이란 제한된 공급능력의 수익잠재력을 활용하는 정도를 측정한 것이다. 총공급능력과 최대가격이 변화될 수 없음을 가정하고, 실제로 사용된 공급능력이 증가하거나 또는 한정된 사용능력으로 좀 더 높은 가격을 받을 수 있다면 산출률은 1에 가까워진다. 예를 들어 항공사의 경우, 관리자는 제한된 사용능력을 채우기 위해 좀 더 많은 승객을 찾거나, 또는 제한된 공급능력에 좀 더 많은 비용을 지불하는 고객을 찾아 산출률을 늘리는 데 초점을 둔다. 실제로, 산출률관리 전문가는 상이한 세분시장

간에서 지속적으로 최대 수익을 올리기 위해 수용능력과 가격책정에 대해 관리하는 일을 한다. 예시 13.1은 호텔과 법률서비스의 2가지 서비스 유형에 관한 산출률 계산과 상쇄효과(trade-off)를 보여주고 있다.

산출률 관리시스템의 실행

본 장의 주목받는 기술 코너에서는 정보 기술이 효과적인 산출률관리 응용 프로그램을 지원하는 방법에 대한 몇 가지 사례를 설명한다. 산출률 관리시스템을 실행하려면, 현재 시장수요를 추정하는 방법뿐만 아니라 세분시장별 과거 수요패턴에 대한 상세한 데이터를 필요로 한다. 이러한 데이터는 수학적 프로그래밍 모델, 식역(threshold) 분석, 전문가시스템(expert system) 등의 각종 방법을 통해 특정 시점에서 제한된 역량을 최적으로 할당하는 데 사용된다.[12] 이렇게 할당된 객실, 좌석, 시간 혹은 기타 자원을 판매하도록 판매대리인이나 예약직원들에게 전달되고 때때로 이러한 할당은 한 번 결정되면, 고정적으로 되는 경우가 있다. 또 다른 경우 새로운 정보에 대응하여 주별로 혹은 심지어는 일별로 바꾸기도 한다. 판매되는 객실이나 좌석, 시간 혹은 다른 제한된 자원을 위한 표적으로써 판매대표자나 예약 스태프에게 알려질 수 있다. 종종 일단 결정되면 할당은 고정된 채 유지된다. 할당은 새로운 정보에 대한 반응으로 주별로 변하며 심지어 일별, 시간별로 변한다.

최근의 연구는 전통적인 산출률관리 접근이 다음과 같은 경우에 서비스기업에게 매우 적절한 것으로 판단된다고 보고한다.

1. 비교적 고정된 서비스역량을 보유하고 있을 경우
2. 소멸하기 쉬운 재고를 보유하고 있는 경우
3. 다양한 세분시장이나 고객을 보유하고 있고, 고객이 상이한 시간에 도착하거나 예약할 수 있는 경우
4. 낮은 한계매출비용(marginal sales costs)과 높은 한계역량변화비용(marginal capacity change costs)을 가지고 있는 경우
5. 제품이 사전에 판매되는 경우
6. 유동적인 수요가 있는 경우
7. 일찍 도착하거나, 예약한 고객들이 늦게 도착하거나 예약한 고객보다 가격에 민감한 경우[13]

위와 같은 조건이 존재할 경우 산출률관리 접근은 일반적으로 특정 기간에 생산되고 판매되는 서비스제공물의 최적조합을 구하기 위해 그리고 높은 기대수익을 달성하기 위한 가격을 결정할 때 사용된다. 이러한 조건은 항공사, 렌터카, 그리고 많은 호텔들에게 적합하다. 즉, 공급능력을 할당하기 위해 효과적 또는 광범위하게 산출률관리기법을 사용하는 산업에 적합하다. 다른 서비스(엔터테인먼트, 스포츠, 패션)에서 좀 더 높은 가격을 지불할 용의를 갖는 고객들은 제품을 나중에 구매하는 고객보다는 초기에 먼저 구매하는 고객일 것이다. 특

예시 13.1 간단한 산출률 계산 : 호텔과 법률서비스의 예시

실제 공급능력, 다른 세분시장에 부과되는 평균비용, 그리고 부과될 수 있는 최대가격을 파악하고 있다고 가정하면, 공급능력이 제한된 어떤 서비스에 대해서도 기초적인 산출률을 계산할 수 있다. 산출률은 1 혹은 100%의 숫자로 나타난다.

산출률=실제수익/잠재수익

여기서 우리는 두 개의 간단한 예시(200개의 방을 가진 호텔과 1주일에 40시간 일하는 변호사)를 통해 다양하게 가정된 가격과 사용 상황하에서의 산출률 계산을 보여줄 것이다. 비록 기업들이 산출률을 결정하기 위해 좀 더 복잡한 수학적 방법을 사용하지만, 기본적인 아이디어는 동일하다. 산출률관리의 목표는 조직의 공급능력에 대한 수익창출능력(revenue-generating capability)의 최대화이다.

1일 숙박하는 데 200달러인 객실을 200개 갖고 있는 호텔

잠재수익=$200×200개의 객실=1일당 $40,000

1. 가정 : 100달러의 할인된 가격으로 제공하여 모든 객실을 대여하는 경우

   산출률=($100×200개의 객실)/$40,000=50%

   이러한 비율에서, 호텔은 공급능력의 최대사용이 가능하나, 좋은 가격을 받을 수 없다.
2. 가정 : 가격민감도 때문에 원래의 가격으로 제공하여 40%의 객실만 대여하는 경우

   산출률=$200×80개의 객실/$40,000=40%

   이러한 상황에서 호텔은 객실당 가격을 최대로 받을 수 있으나, 상대적으로 높은 가격 때문에 적은 방이 대여되어 첫 번째 상황보다 낮은 산출률을 갖는다.
3. 가정 : 40%의 객실에 원래 가격을 부과한 후, 남아 있는 120개의 객실을 100달러의 할인된 가격에 제공하는 경우

   산출률=[($200×80)+($100×120)]/$40,000
   =$28,000/$40,000=70%

   가격의 민감도를 고려하고, 다른 객실이나 세분시장에 따라 다른 가격을 부과한 마지막 대안이 가장 높은 산출률을 보이고 있다.

일주일에 40시간 일하며 시간당 최대 200달러의 수임료를 받는 변호사

잠재수익=40시간×시간당 $200=일주일에 $8,000

1. 가정 : 시간당 200달러에 일할 수 있는 시간의 30%만 일하는 변호사

   산출률=$200×12시간/$8,000=30%

   이러한 경우, 변호사는 시간당 수익을 극대화하지만, 오직 12시간만 일한다.
2. 가정 : 시간당 100달러에 비영리 또는 정부 관련 고객을 위해 40시간 일한다.

   산출률=$100×40시간/$8,000=50%

   이 경우, 비록 일주일에 일할 수 있는 시간을 최대한 활용하지만, 상대적으로 낮은 시간당 수임료 때문에 산출률은 여전히 좋지 않다.
3. 가정 : 12시간은 원래 가격에 사기업 고객을 대상으로 일하고, 나머지 시간은 시간당 100달러에 비영리 또는 정부 관련 고객을 위해 일한다.

   산출률=[($200×12)+($100×28)]/$8,000
   =$5,200/$8,000=65%

   마찬가지로, 상이한 가격민감도를 사용하여 두 개의 다른 세분시장에 제공하는 것은 변호사 시간의 수익-산출능력(revenue-generating capability)을 최대화한다는 측면에서 가장 좋은 전략이다.

정한 퍼포먼스를 보기를 진정으로 원하는 사람들은 가능한 한 가장 빠르게 좌석을 예약한다. 초기 구매자들에게 가격할인을 하게 되면 이익은 줄어든다. 이런 상황에서 가격은 일반적으로 높게 시작하며, 그 후 공급능력을 채우기 위해 가격은 하락한다.

흥미롭게도 몇몇 항공사들은 이러한 전략들을 효과적으로 사용한다. 항공사들은 일찍 가격을 지불할 용의가 있는 고객들을 위해 좌석을 할인한 가격에 판매하기 시작하는데, 보통의 경우 레저 또는 여행중개상(discretionary travelers)들이 이런 일을 담당한다. 항공사는 제일 늦게 항공권을 구입하려고 하는 사람들에게 높은 가격을 요구하는데, 이들 대부분은 행선지나 스케줄 변경이 어려우며 가격에 덜 민감한 전형적인 비즈니스 고객들이다. 그러나 어떤

주목받는 기술 정보 및 기술이 이끄는 산출률관리 시스템

산출률관리는 새로운 개념이 아니다. 사실, 가장 효과적으로 공급능력을 사용하여 최대의 이익을 달성하는 산출률관리의 기본 아이디어는 이미 오래 전부터 존재해 왔다. 가격을 조정하여 수요를 바꾸는 공급능력 제한의 비즈니스 사례(주중 공연과 저녁 공연에 대해 다른 가격을 부과하는 극장, 주말과 가격이 다른 시외 열차, 야간 스키를 저렴하게 이용할 수 있는 스키 리조트, '트와일라잇' 저녁 특선이 있는 식당 등)는 찾기 쉬운 사례이다. 위의 전략은 가격을 주요 원동력으로 삼아 수요의 최고점과 최저점을 매끄럽게 하려는 시도이다.

항공사, 렌터카 회사, 호텔, 운송업자 등이 현재 사용하고 있는 기본가격 책정전략과 보다 정교한 산출률관리 방식의 차이는 산출률관리가 대규모 데이터베이스, 정교한 수학적 알고리즘 및 복잡한 분석에 근거하고 있다는 점이다. 산출률관리는 가격뿐만 아니라 세분시장, 세분시장 간 가격민감도, 수요시점 및 고객부문의 잠재적 수익성 모두를 동시에 고려한다. 새로운 형태의 산출률관리를 가능하게 하는 것은 그 기반이 되는 기술과 시스템이다. 다음은 일부 기업과 산업이 수행한 몇 가지 예이다.

아메리칸 에어라인

아메리칸 에어라인(American Airlines)은 최초의 선구자이며 여전히 산출률관리의 왕이다. 1970년대 중반 슈퍼세이버요금(Super Saver Fares)을 시작으로, 아메리칸 에어라인은 엄청나게 복잡한 운임 체계를 지원하기 위해 사브레(Sabre; 여행업계에 가장 오래되고 선도적인 기술을 제공하는 업체)가 개발한 시스템에 의존해 왔다. 미국 항공사는 가격 최적화, 대기자 명단 관리, 교통량 관리 등의 알고리즘이 포함된 모델 시스템을 사용해 모든 항공편의 좌석을 배정한다. 아메리칸 에어라인의 각 항공편의 좌석 수는 해당 항공편의 예측된 판매량과 지속적으로 비교된다. 판매량이 예측치를 밑돌면 좌석 블록이 높은 요금에서 낮은 요금으로 이동한다. 매출이 예상치를 초과하거나 그 이상일 경우 아무런 변경도 이루어지지 않는다. 아메리칸 에어라인이 역사적으로 밝힌 목표는 "올바른 가격에 올바른 고객에게 올바른 좌석을 판매하는 것"이었다.

에어 베를린

유럽의 대표적인 항공사 중 하나인 에어 베를린(Air Berlin)은 전 세계 130개 이상의 취항지에 비교적 저렴한 서비스를 제공하고 있으며 산출률 관리를 통해 승객 수익을 극대화한다. 산출률관리 과정은 비행 예정 출발일로부터 6~9개월 전에 시작된다. 에어 베를린은 종종 초기 좌석 블록을 가격에 민감한 고객들과 여행사들에게 "헤드라인 가격(역자 주 : headline price, 항공업계에서 사용되는 용어로 수없이 변하는 가격 중에 광고되고 리스트에 올라오는 가장 대표적인 가격을 의미한다)"으로 판매한다. 최초에 판매되지 않

경우에는 항공기 출발 직전에 할인된 가격에 판매되기도 하는데, 빈 좌석을 채우기 위해 인터넷을 통해 판매하는 경우이다. 프라이스라인닷컴(Priceline.com), 익스피디아닷컴(Expedia.com), 혹은 부킹닷컴(Booking.com)과 같은 기업들에 의해 제공되는 온라인경매와 서비스는 공급능력을 채우기 위해 출발이 임박한 시간에 제공되며, 종종 상당히 낮은 가격에 서비스를 구입할 수 있다.

산출률관리 이용에 따른 문제점과 위험

산출률관리 프로그램은 수익 향상에 상당한 도움이 된다. 그러나 비록 산출률관리가 수요와 공급을 일치시키는 문제를 위한 이상적인 해결책으로 보이기는 하지만, 위험이 없는 것은 아니다. 차별화된 공급능력의 할당과 가격결정을 통하여 재무적 이익의 극대화에 초점을 두면, 조직은 다음과 같은 문제에 봉착할 수 있다.[14]

은 좌석들은 에어 베를린의 산출률관리 기술을 통해 관리된다. 산출률관리시스템은 항공편이 발생하는 계절, 노선의 일반적 인기도, 현지 휴일 일정 및 다가오는 행사, 정확한 출발 시각 등을 고려한 방대한 데이터를 요구한다. 다른 항공사들과 마찬가지로 에어 베를린은 항공편 출발일이 가까워질수록 수시로 운임을 조정해 고객의 요구와 출발일까지 남은 시간을 반영한다. 그러나 에어 베를린은 비교적 짧은 노선에 중점을 두고 있기 때문에 모든 항공편에서 단일한 등급의 서비스만 제공하며 각 항공편은 편도 항공권 단위로 이용할 수 있다. 이 관행은 각 항공편이 자체적인 가격 관리를 받게 돼 에어 베를린은 출국 항공편과 귀국 항공편에서 승객들에게 각기 다른 운임을 부과할 수 있게 되었다. 각 항공편에 대한 프로필을 개발함으로써 에어 베를린의 산출률관리 기술은 항공기별, 지역별 승객 수익을 극대화하는 동시에 높은 승객부하계수(passenger load factors)를 유지하는 데 도움을 준다.

메리어트 호텔

호텔 업계도 산출률관리 개념을 받아들였고 메리어트 호텔(Marriott Hotels)이 선두 주자로 나섰다. 예를 들어 메리어트의 시스템은 호텔의 이윤을 하루가 아닌 일주일 전체에 걸쳐 극대화한다. 출장 여행객을 대상으로 하는 호텔에서는 주중이 성수기이다. 할인 없이 선착순으로 단순하게 호텔 객실을 매진시키기보다, 수익 관리시스템은 할인까지 고려하여 가격별, 체류기간별 숙박고객의 수요를 매일 검토하고 수정하면서 예측한다. 심지어 수익 관리시스템은 수요가 가장 많은 때에도 더 머무르고자 하는 고객의 경우까지도 고려하여 예측을 하게 된다. 옥토버페스트(Oktoberfest; 독일 바이에른 뮌헨주 개최 세계 최대 규모의 맥주 축제) 기간 동안 뮌헨 메리어트에서 시스템의 초기 테스트를 진행하였다. 일반적으로 이 피크 기간에는 할인을 제공하지 않는다. 다만 산출률 관리시스템은 성수기 전후에 장기 투숙하는 투숙객에 한해서 일부 객실을 할인해 줄 것을 권고했다. 이 기간 동안 일평균 요금은 11.7% 감소했지만 점유율은 20% 이상 증가했고 전체 수입은 12.3% 증가했다. 메리어트 호텔은 산출률관리 방식을 사용하여 연간 4억 달러의 추가 매출을 창출할 것으로 추산하고 있다.

자료 : The primary source for the American Airlines and Marriott discussions is R. G. Cross, *Revenue Management* (New York: Broadway Books, 1997). Other sources include "Dynamic Pricing at American Airlines," Business Quarterly 61 (Autumn 1996), p. 45; Air Berlin's website (www.airberlin.com), accessed June 28, 2016; and N. Templin, "Your Room Costs $250 . . . No! $200 . . . No," *The Wall Street Journal*, May 5, 1999, p. B1.

- **경쟁초점의 상실** : 산출률관리는 이윤극대화에 지나치게 초점을 두고 장기적으로 경쟁에서 우위를 점하게 하는 서비스 측면을 무시하는 결과를 초래할 수 있다.
- **고객의 소외감** : 만약 고객이 다른 사람들보다 서비스에 대해 더 높은 가격을 지불한다는 것을 알게 되고, 특히 그들이 그러한 이유를 이해하지 못하면, 그러한 가격결정은 불공평한 것으로 지각한다. 그러나 레스토랑 산업에서 이루어진 연구는 고객들이 하루 중 일정시간, 일주일 중 특정 요일, 그리고 테이블 위치에 따라 다른 요금이 부과된다는 정보를 인지하고, 특히 수요가 많은 시간이나 특정 좌석에 프리미엄 가격을 부여하는 것이라기보다는 덜 붐비는 시간에 가면 할인해 주는 것으로 가격차이를 인지하면 점차 공정하게 느낀다는 것이다.[15]
- **초과예약** : 산출률관리 프로그램을 효과적으로 작동시키는 데 있어 필수적인 초과예약(overbooking)으로 인해 적절하게 보상받지 못하고 희생된다면, 고객은 보다 더 소외될 것이다. 연구들은 수익관리(예 : 서비스 거절 및 서비스의 등급 하향)에서 부정적인 결과

를 경험한 고객들 중 특히 높은 가치를 가져다주는 고객(high-valued customer)들은 결과적으로 기업과의 거래를 줄이는 것으로 보고하고 있다.[16]

- **인센티브 및 보상시스템의 불일치** : 직원들은 산출률관리 시스템과 인센티브 구조가 맞지 않을 경우 산출률관리 시스템을 원망하게 된다. 예컨대, 많은 관리자들이 공급능력 활용 혹은 부과된 평균가격에 기초하여 보상을 받는 반면, 산출률관리는 이 두 가지 요소의 균형을 강조한다.
- **부적절한 산출률관리 담당조직** : 산출률관리가 가장 효과적으로 되기 위해서는 예약을 집중화해야만 한다. 항공사들 및 몇몇 대형 호텔체인들과 선박회사들은 그러한 집중화 시스템을 가지고 있는 반면, 보다 작은 회사들은 분권화된 예약시스템을 가지고 있어 산출률관리 시스템을 효과적으로 작동하기가 어렵다.

대기열(列)과 관련된 전략 : 수요와 공급능력이 일치하지 않을 경우

때때로 수요에 맞춰 공급능력을 관리하거나 그 반대로 하는 것이 불가능한 경우가 있다. 예컨대, 대부분의 의료기관에서 겨울에 독감이 유행하는 동안 수요절정기에 맞추어 시설과 내과의사들을 추가하는 것은 비용이 너무 많이 들기 때문에 실행 불가능하다. 그렇기 때문에 환자들은 대개 진료받기 위해 기다려야만 한다. 또한 수요를 예측하기가 거의 불가능에 가깝고 서비스능력은 고정적이라서 어쩔 수 없이 기다려야 하는 경우도 있다. 때때로 서비스를 제공하는 시간이 들쭉날쭉하여 기다려야 하는 경우도 발생할 수 있다. 예컨대, 비록 환자가 예약을 한 경우라도 어떤 고객은 그들에게 할당된 시간보다 더 오랫동안 진료를 받기 때문에 종종 기다리게 된다. 몇몇의 실제 사례에서 보면 공급능력과 수요의 잘못된 할당은 응급 의료상황에서는 위급상황에 처할 수 있다.

© Ryan McVay/Getty Images

고객만족은 서비스를 받기 위해 기다리는 시간의 양에 많은 영향을 받는다.

대부분의 서비스기업의 경우, 고객을 기다리게 하는 것은 어쩔 수 없는 현실일 수 있다. 기다림은 전화를 거는 것에서도 발생할 수 있다. 정보를 묻거나, 어떤 것을 주문하거나 혹은 불평을 하기 위해 전화를 걸 때, 고객은 수화기를 들고 기다린다. 은행, 우체국, 디즈니랜드, 혹은 내과병원에서와 같이 직접 줄을 서서 기다려야 하는 경우도 있다. 우편주문배달의 지연이나 관리자 책상 위의 우편물 적체에서 볼 수 있는 바와 같이 우편을 통한 서비스거래에서조차도 기다림이 발생할 수 있다.

현대사회처럼 바쁜 세상에서, 기다림(waiting)이란 대부분의 사람들이 잘 참을 수 있는 것이 아니다. 일하는 시간이 길어지고, 여가가 거의 없으며, 가족과 함께 하는 시간은 적어서 사람들의 시간에 대한 압박은 전보다 더 커졌다. 이러한 환경에서 고객은 기다리지 않는 효과적이고 빠른 서비스를 찾게 된다. 고객을 기다리게 하는 기업으로부터 고객은 떠나 가거나 적어도 불만족하게 된다.[17] 연구들은 고객충성도 측면에서 볼 때 대기시간 만족이 거의 서비스제공 만족과 동일할 정도의 주요 요인으로 보고 있다.[18] 이러한 불가피한 기다림을 효과적으로 다루기 위하여 조직은 다양한 전략을 이용하는데, 다음 절에서 언급하게 된다.

운영시스템 바꾸기

만약 고객이 거의 언제나 기다려야 한다면, 비효율성이 있다고 보고 이를 제거하기 위해 운영 프로세스를 분석하는 것이 필요하다. 메리어트(Marriott)호텔은 운영상의 개선, 즉 신속한 체크인을 하게 함으로써 손님이 이전에 경험한 기다림을 없앴다. 신용카드로 예약한 손님들은 호텔 프론트 데스크에서 줄을 서서 기다리지 않게 한 것이다. 이들을 대신해서 '고객서비스요원'이 체크인하고, 키를 받아들고 로비에 있는 사무대에서 서류처리를 하고, 그리고 나서 곧장 객실로 안내한다. 이렇게 하여 손님이 호텔 밖의 하차지점에서 객실까지 가는 데 3분 이하가 걸리도록 하였다.[19]

미국교통안전부(Department of Transportation Security Administration, TSA)는 "등록된 여행자 프로그램(TSA Pre✓®)"[20]을 통해 자주 여행을 하는 선택된 여행자를 우선적으로 처리하기 위한 정책을 제공한다. 이는 미국인 혹은 특정 항공기준에 부합하는 영구 거주자만이 신청할 수 있다. 시스템에 등록하고 광범위하게 배경을 조사하여 걸러진 후, 이 여행 프로그램의 자격을 획득한 여행자는 지정된 공항에서의 일반적인 보안검사를 받지 않고 지문이나 홍채검사 등의 보안검사만 받으면 된다. 이들도 역시 금속탐지검사나 그들 가방의 X-레이 검사를 받아야 하지만, 그들만의 고유 대기열이 있으며 무작위적으로 선택되는 추가적인 심사는 받지 않는다.

© Ryan McVay/Getty Images

서비스산업에서 대기(waiting)는 일반적인 현상이다.

줄을 세우는 것이 불가피할 경우 기업은 어떤 종류의 대기시스템을 사용할 것인가를 결정해야 된다. **대기모양**(queue configuration)이란 대기열의 수, 그 위치, 대기열의 공간적 필요, 그리고 이들이 고객 행동에 미치는 영향을 말한다.[21] 그림 13.4에서 볼 수 있는 것처럼, 몇몇 가능성이 존재한다. 다중대기열(multiple queue)의 경우, 고객은 서비스시설에 도착하여 어느 대기열에서 기다릴 것인가와 만약 다른 줄이 더 짧은

예시 13.2 응급실의 초과 수요 대처 : 병원 응급실의 공급능력 제약 및 초과 수요 관리

미국 전역의 5,000개 이상의 병원 응급실은 수요와 공급능력에 대한 문제에 아주 좋은 예시이다. 일반적인 응급실에서는 병실이 가득 차고, 복도가 대기 환자로 꽉 막힐 수 있다. 대기 시간은 15분에서 8시간 또는 10시간 사이여서, 앰뷸런스는 일상적으로 다른 병원을 찾기 위해 발길을 돌린다. 많은 전문가들은 이 문제가 의료분야의 국가적 위기라고 말하였다. 응급실은 병원의 앞문이고 많은 이들에게는 최후의 수단이다. 왜 과밀 문제가 전국적인 수준에 이르렀을까? 수요 증가와 심각한 공급능력 제약 등 많은 요인이 원인으로 등장한다.

서비스에 대한 수요 증가

응급실은 일정 부분 병원 성공의 희생양이다. 비상시 911에 전화하도록 촉구한 공공 보건 캠페인의 수십 년간의 노력은 성공적이었다. 사람들은 911에 전화하고 응급실에 실려 간다. 많은 경우, 정말로 생명을 위협하는 응급상황이 발생한다. 응급실에서 대기하고 있는 많은 사람들이 보험에 가입되어 있지 않다(2015년 현재 미국에서 3,600만 명 이상의 사람들이 보험에 가입되어 있지 않다). 응급실이 그들의 유일한 선택지이다. 법적으로 응급실은 이들을 돌봐야 한다. 하지만 무보험자와 생명이 위태로운 응급상황에 처한 사람들만 응급실에 몰려드는 것은 아니다. 보험환자들은 적시에 의사를 만나지 못할 수도 있으며, 응급실이 병원 침대에 가장 빨리 들어갈 수 있는 수단인 것도 알고 있다. 환자와 담당 의사가 비교적 빠르게 응급실에서 정교한 치료를 하고 있다는 사실도 인지하고 있다. 이러한 까닭에 응급실 서비스에 대한 수요가 증가하였다.

공급능력의 제약

단지 수요의 증가가 과밀을 야기하는 것은 아니다. 치명적인 공급능력의 부족과 제약 또한 문제를 일으킨다. 의사는 개인진료에서 예약이 초과되고, 대기하지 않으려는 환자는 응급실을 방문한다. 전문의가 부족하여 응급실에서 환자를 데려갈 수 없을 경우 환자의 대기시간은 늘어난다. 따라서 전문 진료를 기다리는 환자들이 필요 이상으로 응급실의 침대를 오래 차지하게 된다. 또 다른 매우 심각한 공급 제약은 병원의 병상 부족이다. 수년간 전국의 많은 병원이 재정적인 이유로 문을 닫았고, 이용 가능한 병상의 수도 줄어들었다. 응급실 환자는 침대가 필요하더라도 바로 침대를 얻을 수 없는 경우가 많아지고 대기시간이 늘어난다. 간호사가 심각하게 부족한 것도 문제이다. 간호사가 확인을 해야 병상을 채울 수 있다. 1990년대 들어 사람들이 더 돈벌이가 되는 직업을 선호하면서 간호 프로그램 등록이 급감하였다. 2015년 기준으로 등록된 간호사의 평균 연령은 45세에 육박하였다. 많은 병원들은 필요한 간호사 정원의 20% 정도 부족한 문제를 겪고 있다. 도우미(병원 청소)의 인력 부족도 한몫을 한다. 침대는 비어 있더라도 청소 및 재정비 전까지는 대기 중인 환자들은 사용할 수 없다. 일부 지역에서는 환자들이 응급실 시설을 사용할 수 없다. 일부 병원들은 상환율(reimbursement rates)이 낮아 응급실을 운영한 것이 수익성이 없다고 판단하고 사실상 응급실을 폐쇄하였다. 일부 지역에서는 인구 증가가 병원과 응급실 건설을 앞지르고 있다.

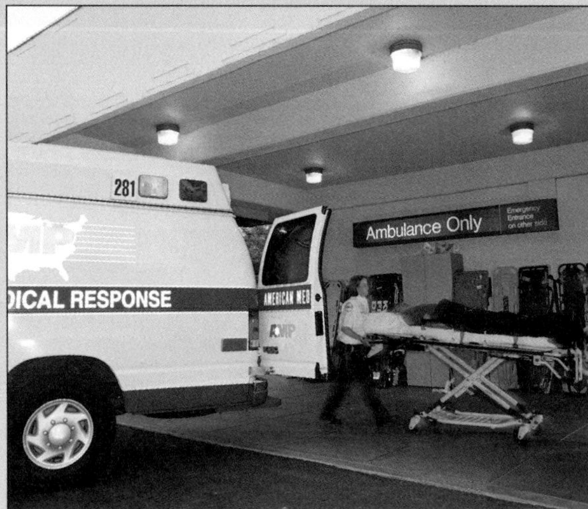

© Ryan McVay/Getty Images

고객만족은 서비스를 받기 위해 기다리는 시간의 양에 많은 영향을 받는다.

것으로 나타난다면 나중에라도 옮겨갈 것인가를 결정해야만 한다. 단일대기열(single queue)의 경우, 선착순의 원칙을 따르기 때문에 대기시간의 공정성은 모든 사람들에게 보장된다. 이 시스템은 또한 고객들이 기다리는 데 소요되는 전체 시간을 줄일 수 있다. 그러나 줄이 지나치게 길거나, 특정의 서비스 제공자를 선택할 기회가 없다고 지각한다면, 고객은 이곳을 떠날 수 있다. 마지막 대안은 번호부여(take a number)인데, 도착한 고객이 대기줄의 순서를 알도록 하기 위해 하나의 번호를 부여받는다. 그 장점은 단일대기열의 장점에다 고객이

병원의 대응

이러한 복잡한 문제를 해결하기 위해 병원은 몇 가지를 변화시켰다.

기술(technology)

부분적인 해결책은 환자를 응급실로 수용하는 프로세스를 원활하게 하고 병원 침대의 가용성을 추적하는 기술을 도입하는 것이다. 일부 웹 기반 시스템은 구급차를 수용 가능한 병원으로 재배치하는 데 사용된다. 다른 시스템은 호텔이 수십 년 동안 해왔던 것과 유사하게 침대가 비어 있는 시간과 청소되고 사용할 수 있는 시간을 정확히 파악하게 한다. 이는 응급실이 병실의 가용성을 추적하도록 도와준다. 병상에서 환자를 등록하기 위한 무선 시스템과 응급실에서 일어나는 모든 것을 추적하는 "레이더 화면(radar screen)"도 부분적인 해결책이다. 이 화면은 환자, 직원, 카트 및 장비를 추적하여 서비스 제공 프로세스를 보다 효율적이고 신속하게 수행하게 한다.

시스템 개선(systems improvements)

다른 병원에서는 환자를 세분화하였다. 전체 방문의 30~50%를 차지할 수 있는 경미한 응급환자를 처리하기 위한 병렬 "패스트트랙(fast track)" 프로세스를 개발하였다. "패스트트랙" 프로세스는 더 많은 시간과 특수 장비가 필요한 심각한 비상 상황과 따로 운영될 수 있다. 더 빠른 승인 프로세스도 구현되고 있다. 일부 병원에는 키오스크가 설치되어 있어 응급환자가 스스로 입원 수속을 하고 증상을 입력할 수 있다. 실제 응급상황이 아닌 환자(진정한 응급상황은 총상 또는 심각한 부상을 입은 교통사고 피해자 등)는 터치스크린을 사용하여 이름, 나이 및 기타 개인 정보를 입력한다. 키오스크에는 "통증" 또는 "발열 및/또는 오한"과 같은 선택할 수 있는 질병 목록이 표시된다. 또한, 통증이 발생하는 부위를 나타내는 신체 부위 목록이 표시된다. 환자의 문제가 시스템에 입력되면 간호사에게 접근할 수 있는 화면에 나타난다. 가슴 통증, 뇌졸중 증상 또는 기타 심각한 문제가 있는 사람이 우선이다.

또 다른 혁신은 환자가 기다리는 동안 직원이 일상적인 검사를 하게 하는 것이다. 후에 환자를 진찰하는 의사는 필요한 정보를 이미 가지고 있다. 이 솔루션은 대기시간 동안 "뭔가 진행되어야 한다(something to happen)"는 환자의 요구도 충족시킨다. 환자들이 기다리는 동안 다른 일을 할 수 있도록 호출기를 주는 것도 환자들이 긴 기다림에 대처할 수 있도록 돕는 방법이다.

공급능력의 증가(increasing capacity)

또 다른 해결책은 병원 및 직원 공급능력 문제를 해결하는 것이다. 일부 병원은 객실과 기타 시설을 추가하였다. 더 많은 응급치료센터들이 건립되어 응급실의 부담을 덜어주고 있다. 그러나 병원에 입원해야 하는 환자에게 수용인원을 늘리는 것만으로 모든 것이 해결되지는 않는다. 가장 중요한 문제 중 하나인 간호사 부족 문제를 해결해야 하지만 매우 어렵다. 각 병원들은 다른 병원에서 간호사를 스카웃하려고도 해왔고, 해외에서 대규모로 채용하려는 노력도 계속해 왔다. 그러나 급여와 근무환경을 더 매력적이게 만들어 간호 프로그램에 참여하는 사람들의 수를 증가시키는 것이 장기적으로는 해결책이다.

명백하게도 응급의료와 같은 서비스 환경에서 수요와 공급을 일치시키려는 고전적 딜레마에는 뿌리 깊은 다양한 원인들이 존재한다. 해결책은 또한 다방면으로 연구되었다. 개별 병원에서 해결책을 모색할 수도 있지만, 전체 의료 산업에서도 해결책을 모색해야 한다.

자료 : L. Landro, "ERs Now Turn to Technology to Help Deal with Over-capacity," *The Wall Street Journal*, July 13, 2001, p. B1; J. Snyder, "Curing the ER," *The Arizona Republic*, December 9, 2001, pp. D1+; N. Shute and M. B. Marcus, CODE BLUE "Crisis in the ER," *US News & World Report*, September 10, 2001, pp. 54-61; U.S. Census Bureau, @2008Nursing-ShortageFactSheet,@http://www.aacn.nche.edu/media/pdf/NrsgShort-ageFS.pdf,accessedDecember27,2010; J.Stengle, "ERKiosksLetPatients AvoidLongLines," Associated Press, September 13, 2007, http://www.gallup.com/poll/186047/uninsured-rate-third-quarter.aspx,accessed July12,2016.

이것저것 생각하고, 읽으며, 그리고 서로 대화할 수 있는 부가적인 편익이 추가된 것이다. 단점은 고객이 자신의 번호가 호명되었을 때 그것을 듣기 위하여 방심하지 않고 주의를 기울여야 한다는 점이다. 최근의 연구는 대기열의 길이나 기다림에 대한 지각된 비용이 대기열에서 고객이 기다릴 가능성에 영향을 주는 유일한 요인은 아니라는 것을 제시하고 있다. 일련의 실험이나 현장연구에 따르면, 고객 뒤에서 줄을 서는 고객의 수가 많을수록 그 고객은 서비스를 위해 대기할 가능성이 더 크다고 한다.[22]

그림 13.4
대기모양

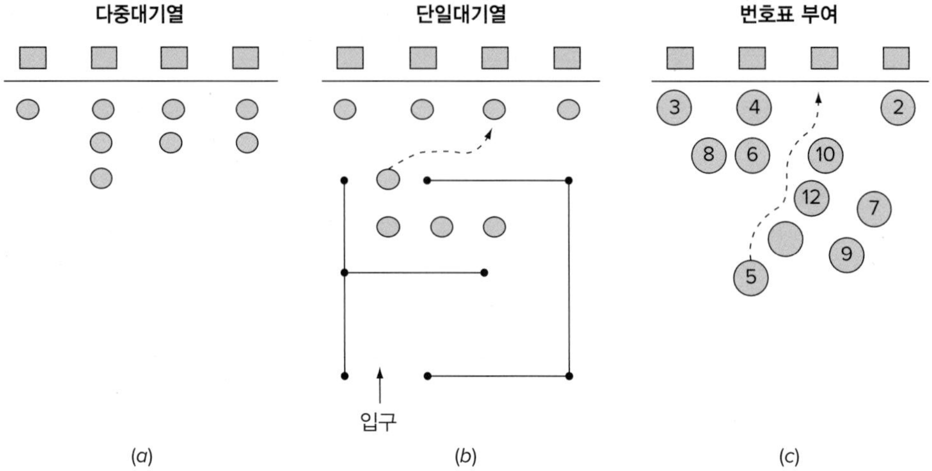

자료 : J. A. Fitzsimmons, M. J. Fitzsimmons, and S. K. Bordoloi, Service Management: Operations, Strategy, Information Technology, 8th ed. (New York: McGraw-Hill/Irwin, 2014), ch. 12, p. 345.

예약시스템 확립

기다림을 피할 수 없는 경우, 예약시스템으로 수요를 조절할 수 있다. 음식점, 운송회사, 극장, 내과병원, 그리고 기타 서비스 제공자들은 긴 기다림을 완화하기 위해 예약시스템을 이용한다. 캘리포니아주의 운전면허시험장은 고객이 시험장에 도착해 기다리는 시간을 줄이기 위해 인터넷예약시스템을 실시하고 있다. 예약시스템 속에 담긴 기본 생각은 고객이 도착했을 때 바로 서비스를 이용할 수 있게 한다는 것이다. 예약시스템은 단순히 기다리는 시간을 감소시키는 것을 넘어서, 수요를 덜 기다리는 시간대로 이동시키는 부수적인 편익도 있다. 그러나 예약시스템이 갖는 근본적인 한계는 "예약을 하고는 나타나지 않는 사람(no-shows)"이다. 불가피하게 예약하고도 나타나지 않는 고객이 있다는 것이다. 어떤 조직은 이러한 사람들의 과거 비율에 기초하여 자신들의 서비스능력을 초과하는 예약을 받음으로써 이러한 문제를 처리하고 있다. 만약 예측치들이 정확하다면, 초과예약은 좋은 해결책이 된다. 그러나 예측치가 부정확한 경우, 고객은 여전히 기다려야만 하며 어떤 때는 비행기 초과예약의 경우처럼, 서비스를 전혀 받지 못할 수도 있다. 초과예약의 희생자들은 이런 경우에 자신들의 불편에 대하여 보상을 받을 수 있다. 예약 후 나타나지 않는 사람들의 문제를 최소화하기 위하여, 어떤 기업(예를 들어 호텔, 항공사, 협회 및 연수 프로그램, 극장)은 일정한 시간 내에 나타나지 않거나 예약을 취소한 고객들에게 그 대가를 청구하기도 한다.

대기고객의 차별화

모든 고객이 서비스를 받기 위해 동일한 시간을 기다릴 필요는 없다. 욕구나 우선순위에 따라, 몇몇 조직은 고객을 차별화하여 어떤 사람들에게는 다른 사람들에 비해 짧게 기다리도록 한다. '대기열 원칙(queue discipline)'이라고 불리는 그러한 차별화는 서비스를 받을 다음 순서를 정하는 관리정책을 반영한다.[23] 대부분 선착순원칙을 택하지만 때때로 다음과 같은 원칙에 기초할 수도 있다.[24]

- **고객의 중요성** : 단골고객 혹은 기업에 큰 공헌을 하는 고객에게 차별화된 대기장소나 분리된 대기열을 제공함으로써 서비스에 있어서 우선권을 부여한다.
- **업무의 긴박성** : 매우 긴박한 요구를 가진 고객은 먼저 서비스를 제공받을 수 있다. 이는 병원 응급실에서 사용되는 원칙이다. 이는 또한 일상적인 유지가 아니라 고장난 에어컨을 우선적으로 보수하는 것과 같이 유지보수업자가 사용하는 원칙이다.
- **거래의 지속성** : 많은 경우에 보다 짧은 서비스는 '긴급경로(express lanes)'를 통해 우선권을 가질 수 있다. 그렇지 않고 별도의 시간이 필요할 것이라고 예상하는 경우, 이러한 고객의 전문적인 요구를 받아들일 수 있는 제공자에게 위탁될 수 있다.
- **프리미엄 가격의 지불** : 별도의 요금을 지불하는 고객(예컨대, 항공기의 일등석)들은 별도의 수속절차나 긴급시스템을 통하여 종종 우선권을 부여받는다. 미국의 대표적인 놀이공원인 식스 플래그(Six Flags)에서는 그룹 중 6명의 고객까지 1인당 45달러(입장요금 이외의 추가요금)로 플래시패스(Flashpass)를 구매할 수 있다. 플래시패스를 구매한 고객은 손바닥만한(palm-sized) 장치를 이용해 공원의 어디든 인기 있는 놀이기구를 즐길 수 있는데, 그 장치를 이용해 다른 인기 있는 놀이기구에 가상으로 줄을 서게 되는 혜택을 누릴 수 있다. 이 장치는 놀이기구를 이용할 차례가 돌아오기 10분 전에 고객에게 알려주고 고객은 별도의 입구를 통해 현장으로 가서 긴 시간을 기다리지 않고 놀이기구를 즐길 수 있기 때문에 많은 놀이기구를 장시간의 기다림 없이 이용할 수 있는 혜택을 준다. 골드 플래시패스의 경우, 25달러를 더 추가로 지불하면 고객은 줄을 서지 않고 놀이기구를 바로 탈 수 있다. 또한 70달러를 추가로 지불하여 플래티넘 패스를 구입하면 연속 2번 놀이기구를 탈 수 있도록 했다.[25] 최근에는 이러한 서비스의 변형인 큐스마트(Qsmart)가 개발되었는데, 휴대폰 이용자에게 가상대기열에 자신의 자리를 예약하고 대기열시간이 경과하면 알림을 받을 수 있도록 했다. 이러한 서비스를 사용하기 위해 고객은 추가요금을 지불하게 되는데 그렇게 함으로써 놀이기구에서 오랫동안 줄을 서서 기다리는 것을 피할 수 있다.[26]

기다림을 좀 더 즐겁게 만들기

심지어 고객이 기다려야만 할 때에도, 기업이 기다림을 어떻게 처리하느냐에 따라 어느 정도는 만족할 수도 있다. 물론 기다린 실제시간이 고객의 서비스경험에 대한 느낌에 영향을 미치겠지만 이것만이 중요한 것은 아니다. 고객이 기다리는 시간을 어떻게 느끼냐 하는 것이 중요하다. 기다림의 유형(예를 들면, 일상적인 대기인지 서비스의 지연으로 인한 대기인지) 또한 고객이 어떻게 행동할지에 영향을 미칠 수 있다.[27] 〈대기열에 대한 심리〉란 오래된 논문에서 데이비드 마이스터(David Maister)는 기다림과 관련된 몇 가지 원칙들을 제안하였는

데, 이들 각각은 조직이 어떻게 기다림을 보다 즐겁게 만들 수 있는가에 대해 많은 시사점을 던져주고 있다.[28]

무료한 시간은 무언가를 하는 시간보다 길게 느껴진다

고객은 무료한 시간을 보내는 경우 무언가 할 일이 있을 때보다 더 지루해 할 것이며 시간의 흐름에만 신경을 쓸 것이다. 기다리는 고객에게 무언가 할 일을 제공하는 것은 특히 그러한 활동이 편익이 있고 받아야 할 서비스와 어떤 관련이 있다면, 고객의 경험을 향상시킬 수 있으며 조직에게도 득이 될 것이다.[29] 음식점에서 기다리는 동안 메뉴판을 제공하는 것, 치과에서는 재미있는 읽을거리와 모니터에서 볼거리를 제공하는 것, 고객이 수화기를 들고 기다리는 동안 전화기로 오락프로그램들을 들을 수 있게 하는 것 등을 그 예로 들 수 있다.

프로세스 이전의 기다림이 프로세스 내의 기다림보다 길게 느껴진다

만약 기다리는 시간이 곧 받게 될 서비스와 관련된 활동들로 채워진다면, 고객은 서비스가 시작되었으며 자신들이 실제로 더 이상 기다리지 않는다는 것을 느끼게 된다. 이렇게 하면 고객이 서비스가 실제로 시작되었을 때 보다 잘 준비하게 돼 서비스 제공자도 편익을 얻을 수 있다. 내과 진료를 위하여 기다리는 동안 의료정보를 제공하는 것, 음식점에 앉아서 기다리는 동안 메뉴판을 읽는 것, 그리고 곧 받게 될 서비스 행사의 비디오를 시청하는 것 등은 모두 동시에 고객을 교육시키며 기다림에 대한 지각을 감소시키는 활동들이다.

음식점을 대상으로 한 연구에서 고객은 프로세스 이전 혹은 이후의 기다림보다 프로세스 내의 기다림에 대해 덜 부정적으로 반응한다는 것을 발견하였다. 즉, 프로세스 이전의 기다림은 비교적 전체적인 만족도에 영향을 미치는 중요한 요소라고 할 수 있다.[30] 다른 연구자들은 만약에 그 기다림이 일상적으로 느린 프로세스가 원인이라면, 프로세스 이전의 기다림이 가장 부정적인 영향을 미친다는 것을 발견했다.[31] 그러나 서비스실패로 인해 시간이 지연되면, 프로세스 이전의 기다림보다 프로세스 내의 기다림을 더 부정적으로 느끼는 것으로 나타났다. 그렇기 때문에 고객들이 프로세스 이전, 프로세스 내, 그리고 프로세스 후의 기다림을 어떻게 느끼냐 하는 것은 어느 정도 기다림의 원인에 의존하게 된다.

걱정은 기다림을 더 긴 것처럼 만든다

고객은 혹시 자신이 잊혀지지 않았나 하는 우려를 하고 얼마나 더 기다려야 할지를 모를 때 불안해하는데, 이러한 걱정(anxiety)은 기다림에 부정적인 영향을 미칠 수 있다. 또한 다중대기열(multiple-line)로 된 상황에서 고객은 줄을 잘못 선택한 것은 아닌지 걱정을 하게 된다. 조직은 기다려야만 하는 시간에 관한 정보를 제공할 수 있다. 이는 디즈니랜드사가 실제로 하고 있다. 테마공원에서 대기열을 따라 일정 간격마다 고객들에게 그곳에서부터 얼마나 더 기다려야 할지를 알려주는 표지판을 세워놓고 있다. 대기열이 하나이면 줄을 잘못 선택하지 않았나 하는 고객의 걱정을 완화시킬 수 있다. 또한 어느 누구도 등한시되지 않고 있다는 설명과 확신을 주는 것도 고객의 걱정을 완화시키는 데 공헌한다.

불확실한 기다림이 더 길게 느껴진다

걱정이란 고객이 얼마나 더 오랫동안 기다려야 하는지를 모르고 있을 경우 더 커지기 마련이다. 병원의 직원은 고객이 접수를 할 때 몇 사람이나 기다리고 있는지를 알려줌으로써 불확실성으로 인한 걱정을 제거한다. 어떤 고객은 자신이 직접 질문함으로써 이러한 불확실성을 제거하려 한다. 마이스터(Maister)는 불확실성의 역할에 대한 재미있는 예시를 "약속증후군(appointment syndrome)"이라고 제시한다.[32] 약속시간을 지키기 위해 일찍 도착한 고객은 비록 그들이 너무 일찍 도착했다 할지라도, 예정된 시간까지는 침착하게 기다릴 것이다. 그러나 일단 기대하였던 약속시간이 지나면, 고객은 점점 더 걱정을 하게 된다는 것이다. 약속시간 이전에는 기다리는 시간이 알려져 있지만 그 이후에는 기다려야 될 시간이 알려져 있지 않기 때문이다.

항공사에서 연구한 결과를 보면 기다림에 대한 불확실성이 증대할수록 고객은 더 화를 내게 되며 그에 비례해서 불만족은 증가한다고 한다.[33] 또 다른 연구는 고객에게 예상되는 기다려야 할 시간의 길이나 대기열에서 상대적인 위치에 대한 정보를 주는 것은 긍정적인 감정과 기다림에 대한 이해를 주며 그리고 결과적으로 서비스에 대한 좀 더 긍정적인 평가를 준다고 한다.[34]

설명되지 않은 기다림이 더 길게 느껴진다

고객이 기다림의 원인을 이해할 경우, 특히 그 기다림이 정당하다고 생각할 경우, 더 참을성 있고 덜 걱정하게 된다. 설명을 해주면 고객의 불확실성이 줄어들 뿐만 아니라 얼마나 더 기다려야 할지를 추정할 수 있게도 한다. 우리 동료 중 하나가 아이 때문에 소아과 의사의 진료를 받기 위해 기다리고 있었다. 그런데, 의사가 다른 병원에서 매우 위태로운 어린이를 집중해서 치료하는 관계로 병원 도착이 늦어지고 있다는 소식을 접했다. 대기하고 있던 부모들은 자기 아이를 위해서도 치료를 원했으나 상당한 기다림을 받아들여야 했다. 그러나 만약에 아무 설명도 없었다면 부모들은 아마도 의사가 골프로 인한 이른 아침의 여행 때문에 병원에 도착하지 못하고 있다고 생각했을 것이다. 기다리는 이유를 알지 못하는 고객은 무력감과 짜증을 느끼기 시작한다.

불공정한 기다림이 더 길게 느껴진다

고객은 자신보다 늦게 도착한 사람이 먼저 서비스를 제공받고 자신은 여전히 기다리고 있다고 지각할 때 기다림이 더 길다고 느낄 것이다. 대기장소에 어떤 명확한 규칙이 없이 서비스를 제공하는 경우 이러한 현상이 쉽게 발생한다. 선착순의 규칙에 따라 운영되는 대기열시스템은 지각된 불공정성(inequity)을 제거하는 것이 가장 바람직하다. 그러나 그 다음에 서비스를 제공받는 사람이 누구인지를 결정하는 것은 다른 접근법이 필요할지 모른다. 예컨대, 응급진료 상황인 경우 매우 심각한 질병이나 부상당한 환자가 먼저 진료를 받을 수 있다. 고객이 그러한 우선권을 이해할 수 있고 그러한 규칙이 명확히 전달될 때, 고객들은 기다림에 대해 공정하다고 보는 경향이 있고 기다림의 부정적 영향을 상당히 완화시킬 수 있는 것으로 밝혀졌다.[35]

가치가 높은 서비스일수록 기다림이 덜 길게 느껴진다

많은 구매를 하거나 높은 가치의 서비스를 기다리는 고객은 긴 기다림을 감수하며 조금 더 기다리는 것을 오히려 기대할지도 모른다. 예컨대, 변호사와의 상담을 기다리고 있는 고객은 15분의 기다림을 받아들이는 반면에, 편의점에서의 15분 대기에 대해서는 절대로 이해하지 못한다. 슈퍼마켓에서 식료 잡화류를 가득 채운 카트를 밀고 오는 고객은 몇 가지 품목만 가져와서 빨리 계산대를 빠져나가길 원하는 고객보다 일반적으로 더 오랫동안 기다릴 준비가 되어 있다. 그리고 비싼 레스토랑에서 식사할 경우가 불결한 대중음식점에서 식사하는 것보다 더 오래 기다려야 할 것으로 기대한다.

혼자 기다릴 때 더 길게 느껴진다

사람들은 혼자 기다릴 때보다 여럿이 함께 기다리는 경우에 더 오래 기다릴 수 있는데, 이는 모인 사람들 중 다른 구성원들이 제공하는 주의분산 때문이다. 또한 혼자서보다는 오히려 집단으로 기다리는 것을 더 편하게 생각한다.[36] 디즈니랜드에서나 팬들이 콘서트 티켓을 구하기 위해 긴 줄로 서서 기다리는 경우와 같이 낯선 고객들끼리 서로 이야기하면서 기다린다면 이는 사실상 즐거움이 되고 전체서비스 경험의 일부분이 되기도 한다.

요약

서비스기업은 제품을 보관할 능력이 없기 때문에, 공급능력의 효과적인 활용은 성공의 핵심이 될 수 있다. 사용되지 않은 시간, 인력, 시설 혹은 장비는 수익성을 악화시킨다. 예컨대 항공사, 값비싼 의료장비, 급여를 받는 변호사 및 내과의사들처럼 서비스공급능력에 거대한 투자가 따를 경우, 능력의 과소사용과 관련된 손실은 보다 더 두드러지게 나타나게 된다. 또한 과도하게 사용된 공급능력도 문제가 된다. 인력, 시설 및 장비가 적정 역량을 넘어서 사용될 경우 시간이 지남에 따라 소진된다. 인력은 외부로 빠져나갈 수 있으며, 시설은 낡게 되고, 장비는 고장이 난다. 고객의 관점에서 볼 때, 서비스품질 또한 저하된다. 그러므로 양질의 서비스를 제공하는 데 초점을 맞추는 조직의 경우, 적정수준에서 공급능력과 균형을 맞추려 한다.

근본적인 문제에 근거하여 본 장은 수요와 공급을 일치시키는 다양한 전략을 제시하고 있다. 기본적인 전략은 두 가지다. **수요전략**(공급에 맞춰 수요를 이동)과 **공급전략**(수요에 맞춰 공급역량을 변경)으로 수요와 공급을 맞추려 한다. 수요전략은 일정한 공급능력에 맞춰 수요를 성수기와 비수기로 선택하게 하려는 것인 반면, 공급전략은 수요의 성수기와 비수기에 맞춰 고정된 공급능력을 조정하거나, 유연하게 하거나, 혹은 확대하려고 하는 것이다. 기업은 종종 공급과 수요를 일치시키는 복잡한 문제를 해결하기 위하여 동시에 몇 가지 전략을 사용하기도 한다.

산출률관리는 공급능력의 활용, 가격책정, 시장세분화 및 재무적 수익성 사이의 균형을 맞추는 공급 및 수요관리의 정교한 기법으로서 제시되었다. 이 전략은 항공, 호텔, 해운, 렌트카와 수용능력이 제한되어 있는 산업들과 같이 이용예약이 미리 이루어지는 산업에서 이용되어지고 있다. 본질적으로 산출률관리는 기업으로 하여금 얼마의 가격에 자신들의 공급능력을 누구에게 판매하길 원하는지에 대해 월별, 주별, 일별 혹은 심지어 시간별로 의사결정을 하게 해준다.

본 장의 마지막 부분은 공급과 수요가 조정되는 것이 불가능한 상황에 대해 논의하고 있다. 이러한 경우 불가피하게 고객은 기다려야 한다. 고객의 기다림인 대기열을 효과적으로 관리하기 위한 전략은 다음과 같다. (1) 운영시스템을 바꾼다. (2) 예약시스템을 확립한다. (3) 대기하는 고객을 차별화한다. (4) 기다림을 즐겁거나 적어도 참을 수 있도록 한다.

토의문제

1 서비스조직의 보관능력이 왜 부족한가? 보관능력에서 자동차 제조업체와 유지보수 업체는 무엇이 다른지 비교하라.

2 그림 13.1 에 제시된 4가지 시나리오(초과수요, 수요가 적정공급능력을 초과, 수요와 공급이 균형, 공급초과)를 프로 농구게임에서 좌석을 판매하는 경우에 적용하여 각 시나리오별로 당면한 문제가 무엇인지 제시하라.

3 서비스조직이 당면한 네 가지 유형(시간, 인력, 장비, 설비)의 제약조건을 논의하고 각각의 예를 들라.

4 적정공급능력의 활용과 최대공급능력의 활용은 어떻게 다른가? 같거나 다른 예를 들라.

5 지방의 한 레스트랑과 들쭉날쭉하는 서비스를 택하여 수요의 밑바탕이 되는 패턴을 분석하고 그 이유도 알아보고 예측 가능한지도 따져 보라.

6 수요와 공급을 일치시키는 두 가지 전략을 설명하고 각각에 두 가지 예를 들라.

7 산출률관리란 무엇인가? 산출률관리전략을 채택하는 데 따르는 위험을 논의하라.

8 산출률관리를 브로드웨이극장, 컨설팅회사, 지하철 등의 관리에 어떻게 적용할 수 있는지 논의하라.

9 대기열관리의 4가지 전략을 설명하고 각각의 예를 들고 개인적인 경험에 비추어 볼 때 어느 전략이 가장 좋았는지 논의하라.

연습문제

1 공급능력은 제약돼 있고 수요는 들쭉날쭉하는 서비스조직을 택하여 매니저와 다음과 같은 내용을[(1) 공급능력의 제한, (2) 수요의 기본패턴, (3) 수요와 공급을 일치시키는 데 사용하는 전략] 인터뷰하고 조직이 사용할 수 있는 다른 전략을 제시하라.

2 콜로라도나 캐나다 밴프(Banff)의 스키리조트 매니저라고 생각하라. (1) 리조트에 발생할 수 있는 수요패턴을 분석하고 매니저로서 당신에게 발생할 수 있는 문제를 설명하라. 수요의 패턴은 예측 가능한가 무작위적인가? (2) 어떤 수요전략과 공급전략으로 수요의 정점과 저점을 완만하게 할 수 있는지를 설명하라.

3 인근의 대기해야만 하는 서비스조직을 선택하고, 조직을 위한 대기열 전략을 설계하라.

4 온라인 뱅킹의 선두주자인 웰스파고(Wells Fargo) 은행의 웹사이트(www.wellsfargo.com)를 방문하라. 어떠한 온라인 서비스를 은행이 현재 제공하고 있는가? 이러한 온라인서비스는 웰스파고가 그들 고객수요의 정점과 저점을 관리하도록 어떻게 돕고 있는가? ATM, 소매점포 내 지점, 그리고 다른 대안적인 제공전략을 좀 더 사용하도록 하는 전략이 어떻게 온라인 전략을 보완하는가?

참고문헌

1 The Phoenician website, www.thephoenician.com/, accessed July 12, 2016; The Lotte NY Palace website, www.lottenypalace.com/, accessed July 12, 2016.

2 C. Lovelock, "Getting the Most Out of Your Productive Capacity," in *Product Plus* (New York: McGraw-Hill, 1994), chap. 16.

3 C. H. Lovelock, "Classifying Services to Gain Strategic Marketing Insights," *Journal of Marketing* 47 (Summer 1983), pp. 9–20.

4. Portions of this section are based on C. H. Lovelock, "Strategies for Managing Capacity-Constrained Service Organizations," in *Managing Services: Marketing, Operations, and Human Resources*, 2nd ed. (Englewood Cliffs, NJ: Prentice Hall, 1992), pp. 154–168.

5 www.unhcr.org/517a5d589.html, accessed July 12, 2016.

6 M. Arndt, "Knock Knock, It's Your Big Mac," *BusinessWeek*, July 23, 2007, p. 36.

7 UPS Press Release from September 15, 2015, pressroom.ups.com/pressroom/ContentDetailsViewer.page?ConceptType=PressReleases&id=1442320318917-170, accessedJune28,2016.

8 Lovelock, "Getting the Most Out of Your Productive Capacity."

9 J. M. Feldman, "Matching Planes to Demand," Air Transport World 39 (December 2002), pp. 31–33; J. M. Feldman, "IT Systems Start to Converge," *Air Transport World* 37 (September 2000), pp. 78–81.

10 Boeing website, http://www.boeing.com, accessed July 12, 2016.

11 See J. A. Fitzsimmons, M. J. Fitzsimmons, and S. K. Bordoloi, *Service Management: Operations, Strategy, Information Technology*, 8th ed. (New York: McGraw-Hill/Irwin, 2014), pp. 314–320; S. E. Kimes, "Yield Management: A Tool for Capacity-Constrained Service Firms," *Journal of Operations Management* 8 (October 1989), pp. 348–363; S. E. Kimes and R. B. Chase, "The Strategic Levers of Yield Management," Journal of Service Research 1 (November 1998), pp. 156–166; and S. E. Kimes, "Revenue Management: A Retrospective," *Cornell Hotel and Restaurant Administration Quarterly* 44 (2003), pp. 131–138.

12 Kimes, "Yield Management."

13 R. Desiraji and S. M. Shugan, "Strategic Service Pricing and Yield Management," *Journal of Marketing* 63 (January 1999), pp. 44–56; Fitzsimmons, Fitzsimmons, and Bordoloi, *Service Management*, chap. 12, p. 345.

14 Kimes, "Yield Management."

15 S. E. Kimes and J. Wirtz, "Has Revenue Management Become Acceptable? Findings from an International Study on the Perceived Fairness of Rate Fences," *Journal of Service Research* 6 (November 2003), pp. 125–135.

16 F. v. Wangenheim and T. Bayón, "Behavioral Consequences of Overbooking Service Capacity," *Journal of Marketing* 71 (October 2007), pp. 36–47.

17 For research supporting the relationship between longer waits and decreased satisfaction, quality evaluations, and patronage intentions, see S. Taylor, "Waiting for Service: The Relationship between Delays and Evaluations of Service," *Journal of Marketing* 58 (April

1994), pp. 56–69; K. L. Katz, B. M. Larson, and R. C. Larson, "Prescription for the Waiting-in-Line Blues: Entertain, Enlighten, and Engage," *Sloan Management Review* 33 (Winter 1991), pp. 44–53; S. Taylor and J. D. Claxton, "Delays and the Dynamics of Service Evaluations," *Journal of the Academy of Marketing Science* 22 (Summer 1994), pp. 254–264; and D. Grewal, J. Baker, M. Levy, and G. B. Voss, "The Effects of Wait Expectations and Store Atmosphere on Patronage Intentions in Service-Intensive Retail Stores," *Journal of Retailing* 79 (Winter 2003), pp. 259–268; E. G. Miller,

B.E.Kahn,andM.F.Luce,"ConsumerWaitManagementStrategiesforNegativeServiceEvents:ACopingApproach,"Journal of Consumer Research 34 (February 2008), pp. 635–648.

18 F. Bielen and N. Demoulin, "Waiting Time Influence on the Satisfaction-Loyalty Relationshipin Services," *Managing Service Quality* 17 (2007), pp. 174–193.

19 R. Henkoff, "Finding, Training, and Keeping the Best Service Workers," *Fortune*, October 3, 1994, pp. 110–122.

20 TSA website, www.tsa.gov/tsa-precheck, accessed on June 29, 2016.

21 Fitzsimmons, Fitzsimmons, and Bordoloi, *Service Managemen*t, chap. 12.

22 R. Zhou and D. Soman, "Looking Back: Exploring the Psychology of Queuing and the Effect of the Number of People Behind," *Journal of Consumer Research* 29 (March 2003), pp. 517–530.

23 Fitzsimmons, Fitzsimmons, and Bordoloi, *Service Management*, chap. 12.

24 Lovelock, "Getting the Most Out of Your Productive Capacity."

25 For example, see the Six Flags website, https://www.sixflags.com/national/flash-pass,accessedJune29,2016.

26 Accesso website, http://accesso.com/solutions/loqueue/loqueue-qsmart, accessed December 22, 2016.

27 For an excellent review of the literature on customer perceptions of and reactions to various aspects of waiting time, see S. Taylor and G. Fullerton, "Waiting for Services: Perceptions Management of the Wait Experience," in *Handbook of Services Marketing and Management*, ed. T. A. Swartz and D. Iacobucci (Thousand Oaks, CA: Sage, 2000), pp. 171–189.

28 D. A. Maister, "The Psychology of Waiting Lines," in *The Service Encounter*, ed. J. A. Czepiel, M. R. Solomon, and C. F. Surprenant (Lexington, MA: Lexington Books, 1985), pp. 113–123. For an additional study on the psychology of customer waiting, see K. A. McGuire, S. E. Kimes, M. Lynn, M. Pullman, and R. C. Lloyd, "A Framework for Evaluating the Customer Wait Experience," *Journal of Service Management* 21 (2010), pp. 269–290.

29 S. Taylor, "The Effects of Filled Waiting Time and Service Provider Control over the Delay on Evaluations of Service," *Journal of the Academy of Marketing Science* 23 (Summer

1995), pp. 38–48.

30 R. L. Hensley and J. Sulek, "Customer Satisfaction with Waits in Multi–stage Services," *Managing Service Quality* 17 (2007), pp. 152–173.

31 M. K. Hui, M. V. Thakor, and R. Gill, "The Effect of Delay Type and Service Stage on Consumers' Reactions to Waiting," *Journal of Consumer Research* 24 (March 1998), pp. 469–479.

32 Maister, "The Psychology of Waiting Lines."

33 Taylor and Fullerton, "Waiting for Services."

34 M. K. Huiand D. K. Tse, "WhattoTellConsumersinWaitsofDifferentLengths:AnIntegrativeModel ofServiceEvaluation," *Journal of Marketing* 60 (April 1996), pp. 81–90.

35 C.M.Voorhees,J.Baker,B.L.Bourdeau,E.D.Brocato,andJ.J.CroninJr., "ItDepends:Moderatingthe RelationshipsamongPerceivedWaitingTime,Anger,andRegret," *Journal of Service Research* 12 (November 2009), pp. 138–155.

36 J.BakerandM.Cameron, "TheEffectsoftheServiceEnvironmentonAffectandConsumerPerceptio nofWaitingTime:AnIntegrativeReviewandResearchPropositions," *Journal of the Academy of Marketing Science* 24 (Fall 1996), pp.338–349.

Part 6

서비스약속 관리하기

아래 그림에 나타난 바와 같이, 네 번째 제공자 갭은 서비스제공과 서비스 제공자가 행하는 외부 커뮤니케이션과의 차이를 나타낸다. 매체광고, 판매원(sales force), 그리고 다른 커뮤니케이션을 통해 서비스기업에 의해 만들어지는 약속들은 잠재적으로 고객기대를 증가시키는데, 이러한 기대는 고객들이 서비스품질에 대비하여 평가하는 표준으로부터 제공된다. 약속실패는 4가지 이유에서 발생할 수 있다. 효과적이지 않은 약속, 운영과 마케팅 커뮤니케이션, 광고와 인적판매에서의 과다한 마케팅 사이의 불충분한 조정, 그리고 서비스대리점 간의 정책과 과정에 있어서의 차이 등이다.

제공자 갭 4 : 커뮤니케이션 갭

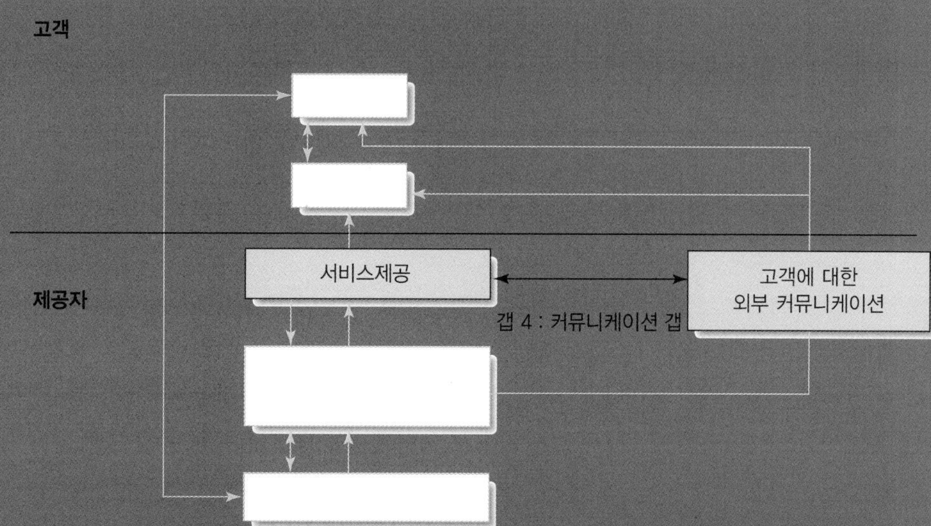

서비스기업에서, 서비스에 대한 커뮤니케이션과 실제 서비스제공과의 적합성(fit)은 필요하다. 제14장에서는 통합 서비스마케팅 커뮤니케이션(모든 서비스마케팅 조직의 내 · 외적 커뮤니케이션 경로의 주의 깊은 통합과 조직화)과 관련된 주제를 다룬다. 이 장은 왜 이러한 커뮤니케이션이 필요하며, 이를 어떻게 기업이 잘 실행할 수 있는지를 설명한다. 성공적인 기업의 커뮤니케이션은 마케팅과 운영에 대한 책임감이 있다. 마케팅은 정확하고 거짓 없이 실제 서비스접점에서 일어나는 것을 반영해야 하고, 운영은 커뮤니케이션에서 약속한 것을 제공해야 한다. 만약 커뮤니케이션이 현실적이지 않은 기대를 만든다면 실제 접점에서는 고객을 실망하게 할 것이다.

제15장에서는 서비스의 가격관리라는 약속관리와 관련된 또 다른 이슈를 다룬다. 포장소비재(그리고 심지어는 내구재)의 경우, 많은 고객들은 다른 경쟁 제품과 비교하여 가격이 정당한지를 판단할 수 있는 충분한 정보를 갖고 있다. 서비스의 경우, 고객들은 구매하고 소비하기 전에는 종종 어떤 내부 준거기준도 갖지 않는다. 서비스의 가격을 개발하기 위한 기술은 유형재의 가격보다 복잡한데, 가격책정을 위한 모든 접근은 서비스의 특별한 특성을 적응시켜야 한다.

요약하자면, 외부 커뮤니케이션(마케팅 커뮤니케이션이나 가격책정)은 서비스제공에 관한 고객기대의 증가를 발생시켜 커다란 고객 갭을 만들 수 있다. 기업은 서비스제공의 향상뿐만 아니라 과장된 약속이 높은 기대를 만들어 내지 않도록 고객에 대한 모든 커뮤니케이션을 관리해야 한다. 또한 고객의 기대가 그들이 서비스를 제공받은 후에 지각한 것과 동일하도록 가격에 의해 전달되는 메시지 또한 관리해야 한다.

Chapter 14

통합 서비스마케팅 커뮤니케이션

본 장의 목적은 다음과 같다.

1. 서비스마케팅 커뮤니케이션의 주요 쟁점에 대해 논의한다.
2. 통합 서비스마케팅 커뮤니케이션의 개념을 소개한다.
3. 서비스기업에서 마케팅 커뮤니케이션을 통합하기 위한 4가지 방법에 대해 논의한다.
4. 서비스 무형성관리, 약속관리, 고객기대관리, 고객교육, 내부커뮤니케이션관리를 위한 구체적인 전략을 제시한다.

세 가지 성공적인 교차-채널 통합서비스 마케팅캠페인

본 장에서는 30년 이상 기업 광고 캠페인의 필수 요소였던 통합 마케팅 커뮤니케이션을 설명한다. 통합 마케팅 커뮤니케이션(IMC)의 기본 개념은 모든 창작물, 미디어, 텔레비전, 라디오 및 인쇄물이 일관적이고 동일한 메시지를 전달하는 것이다. 디지털 및 소셜 마케팅이 등장하자, 통합 마케팅 커뮤니케이션이 더욱 복잡해졌다. 광고주가 비교적 제어가 가능한 전통적인 미디어를 소비자가 제어하는 새로운 미디어와 결합해야 했기 때문이다. 업계 전문가인 라이트 IMC의 토니 라이트(Tony Wright)에 따르면 (채널 간, 접속기기 간) 교차타게팅은 수익성 있는 마케팅 전략을 위한 가장 강력한 차별화 요소가 되었다. 그는 두 개의 서비스 캠페인(사우스웨스트 에어라인의 트랜스페어런시(Transfarency) 캠페인과 전설적인 前 뉴욕 양키스의 야구 선수 데릭 지터(Derek Jeter)의 은퇴를 기념하는 캠페인인 나이키의 RE2PECT 캠페인)을 2015년에 가장 성공적이었던 통합 캠페인으로 꼽았다. 다른 전문가는 도미노(Domino)의 이모티콘 캠페인을 최고로 생각한다.

사우스웨스트 항공의 트랜스페어런시 캠페인

오래 전부터 저렴한 요금으로 잘 알려진 사우스웨스트 항공은 최근 몇 년 동안 더 많은 경쟁에 직면하였다. 이로 인해 기업이 추구하는 가치를 전달하기가 어려워졌다. 사우스웨스트는 하늘에서의 최고의 가치라는 포지셔닝을 강조하기 위해 전통적(TV, 라디오, 인쇄물) 미디어와 디지털 미디어를 모두 사용하여 트랜스페어런시(Transfarency) 캠페인을 시작하였다. 캠페인은 스프릿 에어라인

(Spirit Airlines) 및 델타와 같은 경쟁사가 부과하는 숨겨진 항공사 수수료를 공개하는 소규모 웹사이트(microsite)를 통해 배포되었다. 사이트의 대화상자에서 방문자는 "수수료 또는 가짜(fee or fake)"라는 퀴즈를 풀 수 있었다. "수수료 또는 가짜" 퀴즈는 춤추는 사우스웨스트 에어라인 항공사의 조종사로 관심을 끌며 결국에는 경쟁업체가 청구한 수수료를 밝히는 데 성공하였다.

사이트는 또한 이용자가 사전에 선택된 단어를 선택하여 사우스웨스트항공으로 편지를 보낼 수 있도록 만들어졌다. 고객은 편지에서 다른 항공사에서 어떻게 대우 받았는지에 대해 불만을 제기할 수 있다. 사이트의 마지막 특징은 고객이 사우스웨스트 이외의 항공사를 이용할 때 수수료를 최소화할 수 있도록 도와주는 "수수료 해커(fee hacker)"였다. 많은 고객이 트위터 및 페이스북 등의 소셜미디어 사이트에서 사우스웨스트항공 트위터의 해시태그를 채택하고 자발적으로 항공사를 홍보하였다는 점에서 큰 성공을 거두었다. 캠페인은 소셜미디어 사이트에서 화제를 불러 일으켰고 입소문 효과를 보았다.[1]

1. 나이키의 RE2PECT 캠페인

스포츠계의 전설인 前 뉴욕 양키스의 유격수 데릭 지터가 2015 시즌을 끝으로 야구 은퇴 계획을 발표하였다. 그 때 나이키의 광고 대행사는 스포츠 영웅을 기리는 가장 기억에 남는 디지털 캠페인을 만들었다. #RE2PECT라는 해시태그와 함께 열정적인 영상을 배포하였다. 영상에서는 유명한 뉴요커(뉴욕 사람)들이 등장하여 모자를 만지면서 양키스에서의 지터의 업적에 경의를 표하고 있다. 대부분의 통합 마케팅 캠페인과 마찬가지로, 텔레비전, 인쇄물, 야외 및 디지털 미디어를 사용하여 지터의 메이저리그 마지막 시즌을 칭찬하였다.

이 캠페인은 4천4백만 명 이상의 개인들에게 온라인에서 전달되었고, 페이스북, 인스타그램, 트위터를 포함한 대부분의 소셜 미디어에서 유행하였다. 라이트(Wright)에 따르면, 이 비디오는 "다양한 소셜미디어 플랫폼에 올려진 팬들이 제작한 수많은 비디오에 영감을 주었고, 캠페인을 진정한 입소문(viral status)으로 이끌었다."[2]

2. 도미노의 #EasyOrder 피자 이모티콘 캠페인

도미노는 소비자가 간단한 이모티콘 트윗으로 피자를 주문하도록 장려하는 캠페인을 만들어 다른 회사보다 먼저 이모티콘을 활용할 수 있었다. 캠페인은 주문 프로세스의 단순화에 중점을 두던 과거 캠페인에 부합되었다. 고객들은 Dominos.com의 피자 프로필에 휴대폰 번호를 추가하여 서비스에 가입하는 것으로 복잡한 주문 작업을 쉽게 만들 수 있었다. 그 후, 피자 이모티콘을 문자로 보내는 것만으로 미리 프로그램된 "Easy Order"를 통해 주문할 수 있었다. 이 브랜드는 #EasyOrder 이모티콘를 통해 패스트푸드 배달업계 최초로 디지털 미디어를 효과적으로 이용한 업체로 자리매김했다. 링크덱스의 편집자인 펫 홍(Pat Hong)은 "작은 이모티콘들이 시대정신을 의미한다면, 도미노는 언젠가 오게 될 이모티콘 세상에 상당한 지분을 차지하게 되었다. 설사 그렇지 않더라도, 그들은 언제나 디지털 기회를 활용할 준비가 되어 있는 브랜드라는 것을 보여주었다"고 평했다.[3]

위의 예시들은 통합마케팅을 창의적으로 사용하는 방법을 보여준다. 디지털 미디어의 확산으로 명확하고 일관된 메시지가 그 어느 때보다 중요해지고 있다. 본 장에서 배우게 될 통합 서비스마케팅 커뮤니케이션은 전통적인 IMC 커뮤니케이션보다 더 복잡하다. 왜냐하면 통합 서비스마케팅 커뮤니케이션에는 직원, 서비스 환경 및 모든 "실시간" 상호 커뮤니케이션까지도 포함되기 때문이다.

기업이 약속한 서비스와 실제로 제공한 서비스 사이의 차이가 고객이 서비스품질을 낮게 지각하는 주요 요인이 된다. 고객의 기대는 기업이 통제할 수 있는 요인뿐만 아니라 통제할 수 없는 요인에 의해서도 형성된다. 구전 커뮤니케이션, 소셜미디어, 홍보(publicity), 고객이 만든 미디어(customer-generated media), 여러 가지 서비스 제공자에 대한 고객경험, 고객욕구 등은 고객기대에 영향을 미치는 기업이 좀처럼 통제하기 어려운 핵심요인들이다. 광고, 인적판매, 그리고 서비스직원에 의한 약속과 같이 통제 가능한 요인 역시 고객기대에 영향을 준다. 본 장에서 우리는 커뮤니케이션의 두 가지 요인을 다루지만 기업에 의해 더 영향을 받을 수 있는 통제가능한 요인에 초점을 더 맞출 것이다. 정확하고, 잘 조정되어 있고 또한 적절한 마케팅 커뮤니케이션은 고객이 서비스품질을 높은 수준으로 지각하게 하는 데 필수적인 요인이다.

서비스에 대한 기업의 마케팅 커뮤니케이션은 접점직원이 행하는 것을 약속하는 것이고, 기계가 물리적 제품을 만들어 내는 것처럼 사람의 행동을 표준화할 수 없기 때문에 기업이 커뮤니케이션으로 약속한 것과 실제로 제공한 서비스 사이의 불일치 가능성은 매우 높다. 조직 내부와 외부의 통합 마케팅 커뮤니케이션을 통해, 기업은 이러한 제공자 갭 4인 커뮤니케이션 갭의 크기를 최소화할 수 있다.

마케팅 커뮤니케이션에서 조정 혹은 통합의 필요성

오늘날의 마케팅 커뮤니케이션은 과거에 사용되던 것보다 더 복잡하다. 과거의 고객들은 한정된 정보원천, 일반적으로 TV나 신문과 같은 매스커뮤니케이션으로부터 재화나 서비스에 대한 정보를 입수했다. 한정된 정보원천으로 인해, 마케터들은 브랜드이미지와 약속을 쉽게 전달할 수 있었다. 그러나 재화와 서비스를 구매하는 오늘날의 소비자들은 좀 더 다양화된 마케팅 매체(웹사이트, 소셜미디어, 모바일광고, 블로그, 가상 커뮤니티, DM, 극장광고, e-메일 권유, 표적잡지, 다수의 판매촉진)를 통해 커뮤니케이션을 한다. 또한 서비스를 구매하는 소비자들은 서비스스케이프, 고객서비스 부서, 접점직원과의 대면을 통해 추가적인 커뮤니케이션을 한다. 이러한 서비스 상호작용을 통해 고객이 받는 정보는 다양성, 크기(volume), 그리고 복잡성에서 더 높다. 따라서, 외부 자원을 통제하지 못하는 기업은 모든 내부자원으로부터 창출되는 메시지를 고객에게 일관성 있게 전달하는 것이 서비스마케터들이 직면한 커다란 과제이다.

다양한 경로를 통해 정보를 전달하는 어떤 기업이라도 고객들이 통합된 메시지와 약속을 받고 있는지 확인할 필요가 있다. 다양한 경로에는 기업으로부터 직접 흘러나오는 마케팅 커뮤니케이션 메시지뿐만 아니라 직원들이 고객에게 보내는 개인적인 메시지도 포함된다. 그림 14.1은 제11장에서 설명한 서비스마케팅삼각형의 또 다른 버전이다. 이것은 서비스고객이 두 가지 형태의 커뮤니케이션의 표적임을 강조한다. 첫째, 외부마케팅 커뮤니케이션은 광고, 판

그림 14.1
커뮤니케이션과 서비스마케팅 삼각형

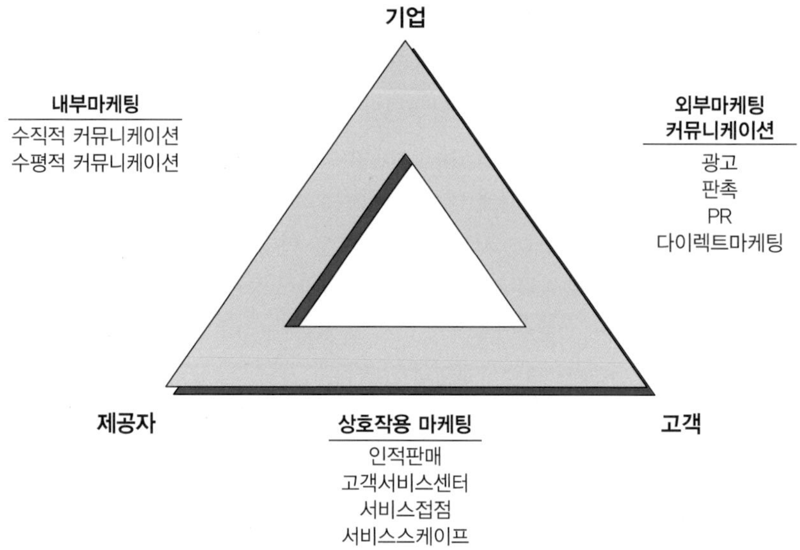

촉, PR, 다이렉트마케팅과 같은 전통적인 커뮤니케이션 경로이다. 둘째, 상호작용 마케팅 커뮤니케이션은 인적판매, 고객서비스센터, 서비스접점, 소셜미디어 그리고 서비스스케이프(제10장에서 설명)와 같은 상호작용 커뮤니케이션 경로이다. 서비스기업은 이러한 상호작용 메시지 간의 일치 및 외부 커뮤니케이션과의 일치를 확인해야 한다. 이렇게 하기 위해 삼각형의 세 번째 측면인 내부마케팅 커뮤니케이션이 잘 이루어져야 한다. 내부마케팅은 직원에게 주는 정보가 정확하고, 완전하고, 그리고 고객이 듣고 본 것과 일치하도록 관리하는 것이다.

통합 마케팅 커뮤니케이션은 기업 간(BtoB), 기업과 소비자 간(BtoC) 모두에서 필요성은 명백하다. 기업 간 상황에서 발생하는 문제는 서비스기업의 다양한 부문에서 고객을 응대하지만 내부적으로는 커뮤니케이션이 원활하지 못한데서 자주 발생한다. 예를 들어, IBM의 하드웨어, 소프트웨어, 서비스를 구매하는 대규모 고객을 생각해 보자. 만약 고객이 각기 다른 부서와 종업원을 상대해야 한다면, 기업은 소비자에게 일관된 메시지를 전달하기 위해 내부적으로 조정이 필요할 것이다. 그뿐 아니라, 각각의 내부 조직은 각기 다른 약속과 메시지를 담은 개별 프로모션의 커뮤니케이션을 가지고 있을 수 있다. 스스로의 경험에 비추어 서비스마케팅 커뮤니케이션이 통합되지 않았을 때 어떤 일이 발생했는지 생각해 보라. 서브웨이의 새로운 샌드위치처럼 서비스의 광고를 접하고 서브웨이 점포를 방문했는데 그 샌드위치를 구매할 수 없던 적이 있었는가? 카운터 직원이 샌드위치를 판매하지 못하는 이유를 말했는가? 심지어 해당 직원이 해당 제품이 광고되고 있는지, 다른 곳에서 구매할 수 있는지를 알고 있었는가? 우리 저자 중 한 명은 고객과 직원이 이러한 상황에 자주 직면하는 웨스트 코스트(West Coast) 은행을 컨설팅한 적이 있다. 은행의 마케팅 커뮤니케이션은 경쟁제품에 대응하기 위해 자주 그리고 빠르게 변화하고 있지만 은행 창구직원들은 신제품에 대한 교육을 광고에 맞추어 받지 못하고 있었다. 결과적으로, 고객들은 새로운 예금계좌를 개설하고 새이자율이 가능하다는 기대를 갖고 은행을 방문하지만, 직원들은 그러한 정보를 받은 적이 없기 때문에 당황하게 된 것이다.

웨스트 코스트의 사례는 통합 마케팅 커뮤니케이션이 여러 기업에서 도입하지 못하는 이유 중 하나를 보여준다. 흔히 다양한 유형의 마케팅 커뮤니케이션을 책임지는 부서가 다르다. 판매부서는 세일즈 커뮤니케이션을 개발하고 집행한다. 마케팅부서와 기업의 광고 에이전시는 광고를 준비하고 전달하며, 홍보부서는 PR을 책임진다. 또한 판매촉진, 다이렉트마케팅, 그리고 기업 웹사이트, 디지털 및 소셜미디어 커뮤니케이션을 책임지는 전문부서가 따로 있다. 인적자원관리부서는 서비스 상호작용을 하는 접점직원을 교육하고, 고객서비스부서가 책임을 지는 영역도 있다. 한 사람이 기업의 전체적인 커뮤니케이션전략에 책임을 지는 일은 거의 없으며, 대개는 자신이 맡은 일만 하지 다른 커뮤니케이션 책임자와 조정하지 않는다.

그러나 오늘날 **통합 마케팅 커뮤니케이션**(Integrated Marketing Communications, IMC) 개념을 수용하는 기업이 점차 늘어나고 있어, IMC로 외부마케팅 커뮤니케이션 채널들을 조심스럽게 통합하고 있다. 어느 한 마케팅부서장의 설명을 들어본다.

> 통합마케팅 커뮤니케이션은 모든 우리의 이미지와 메시지를 함께 연결하고 강화하여 시장에서 강력한 브랜드 아이덴티티를 만든다. IMC는 우리 기업의 모든 메시지, 포지셔닝, 이미지, 그리고 아이덴티티가 모든 수단에서 조정되는 것을 의미한다. 이는 우리의 PR이 전하는 메시지가 우리의 다이렉트 메일 커뮤니케이션과 일치하는 것을 의미하며, 우리의 광고가 웹사이트에서 '보고 느끼는 것(look and feel)'과 일치하는 것을 의미한다.[4]

본 장에서, 서비스는 재화보다 통합 마케팅 커뮤니케이션의 좀 더 복잡한 버전이 필요하다는 것을 제시한다. 외부 커뮤니케이션 채널 간의 조정은 재화나 서비스도 마찬가지이지만, 서비스에는 상호작용 커뮤니케이션과 외부 커뮤니케이션의 통합까지 요구되기 때문이다. 그렇게 하기 위해, 내부마케팅 커뮤니케이션에서 직원과 기업이 고객에게 커뮤니케이션하는 것이 일치하도록 관리해야 한다. 우리는 이것을 IMC의 좀 더 복잡한 버전으로 보고 **통합서비스마케팅 커뮤니케이션**(Integrated Services Marketing Communications, ISMC)이라 부른다. ISMC는 커뮤니케이션에 참여하는 모든 사람들이 마케팅전략과 고객에게 한 약속을 분명하게 이해할 것을 요구한다.

서비스 커뮤니케이션의 주요 쟁점

고객이 받게 되는 실제의 서비스제공물과 기업이 고객과 약속하는 커뮤니케이션의 불일치는 서비스품질에 대한 고객지각에 큰 영향을 미칠 수 있다. 이러한 서비스 커뮤니케이션의 쟁점과 관련한 요인들은 (1) 서비스의 무형성, (2) 서비스 약속 관리, (3) 고객기대관리, (4) 고객교육, (4) 내부마케팅 커뮤니케이션 등이다. 본 절에서는, 이러한 원인들로 인해 발생하는 문제점을 논의한 뒤에 그러한 문제점을 해결하는 데 유용한 전략들을 제시할 것이다.

서비스무형성

서비스는 대상이라기보다는 성과이기 때문에, 본질과 편익을 소비자에게 커뮤니케이션하기가 어렵다. 서비스의 무형성은 마케터와 소비자에게 마케팅 커뮤니케이션을 더 어렵게 한다. 서비스의 무형성의 본질은 소비자의 서비스 구매 전과 후 모두에서 문제를 발생시킨다. 서비스를 구매하기 전, 소비자들은 무엇을 구매할 것인지와 브랜드 환기, 그리고 서비스의 유형과 같은 것들을 고려하고 이해하는 데 어려움을 갖는다.[5] 또한 구매하는 동안에 소비자는 서비스들 간의 차이를 분명하게 알지 못하며, 구매 후에도 소비자는 그들의 서비스 경험을 평가하는 데 어려움을 느낀다.

바나리 미탈(Banwari Mittal)은 무형성을 다섯 부분으로 나누어 그것과 관련된 문제를 설명했는데, 각각은 서비스마케팅 커뮤니케이션에 시사점을 준다. 그는 무형성을 실체가 없는 존재, 추상성, 일반성, 조사 불가능성, 그리고 상상의 어려움으로 분류하고 있다.[6]

- **실체가 없는 존재**(incorporeal existence) : 서비스 제품은 물리적 물질로 만들어지지도 않고, 물리적 공간을 차지하지도 않는다. 단지 제공 메커니즘(지피루브 점포처럼)만이 공간을 차지하며, 서비스 그 자체(카서비스, 오일교환)는 공간을 차지하지 않는다. 이처럼 형체가 없어 눈에 보이는 재화와 비교해 고객에게 보여주기가 어렵다.
- **추상성**(abstractness) : 재무적 안전성이나 흥(fun), 건강과 같은 서비스의 편익은 대상과 직접적으로 관련되지 않으며, 눈으로 보이거나 이해하도록 만들기가 어렵다. 예를 들어, 비즈니스가 컨설팅을 필요로 할 때, 개념이 너무 모호해 그들이 추구하는 구체적 목표, 프로세스 또는 상품을 이해하지 못해 어디서부터 시작해야 할지 알지 못하는 경우가 종종 있다.
- **일반성**(generality) : 일반성은 대상, 사람, 사건, 혹은 성질(properties)을 의미하는 반면 구체성(specificity)은 특정 대상, 사람, 혹은 사건을 의미한다. 많은 서비스와 서비스 약속은 일반성(대단한 경험, 우수한 교육, 완전히 만족한 고객)으로 기술되어, 경쟁자와 차별화하기가 어렵다.
- **조사 불가능성**(nonsearchability) : 서비스는 성과이기 때문에, 구매과정에서 미리 보거나 면밀히 살펴볼 수 없다. 만약 우리가 의사, 에어컨 수리 기업, 개인 트레이너, 또는 가상의 어떤 서비스를 찾으려고 한다면, 특정 조건만 가지고는 식료품점에서 선반을 찾는 것처럼 쉽게 찾을 수 없다. 좀 더 상당한 노력이 필요하며 찾아낸 서비스가 무용지물일 수도 있다. 예를 들어, 고객이 배관공이 필요하여 인터넷에 떠도는 정보를 이용할 경우 여러 대안들을 충분히 구별하기가 쉽지 않다.

- **상상의 어려움**(mental impalpability) : 서비스는 복잡하고, 다차원적이며, 마음속에서 상상하기가 어렵다. 소비자가 이전에 접한 적이 없거나 친숙성 또는 지식이 없을 때, 서비스를 해석하기 어렵다. 당신은 아마도 처음으로 자동차보험을 구매할 때 이런 경험을 했을 것이다.

이러한 서비스무형성의 다섯 가지 측면은 소비자들로 하여금 그들의 구매를 더 불확실하게 느끼게 하고, 소비자들이 서비스를 구매하는 것을 더 위험하게 지각하게 하며, 더 적극적으로 찾아보고 선택하는 데 있어서 구전커뮤니케이션에 의존하게 한다.[7] 구전은 서비스 소비자에게 매우 설득적인 정보의 원천이지만, 서비스제공자의 통제하에 있지 않다.

서비스약속의 관리

기업의 영업사원, 광고, 서비스접점직원 등이 고객과 약속한 마케팅 커뮤니케이션에 실패할 때 심각한 문제가 발생하는데, 이러한 실패는 약속한 것의 부족에서 발생한다. 이러한 실패는 기업의 각 부서들이 고객에게 제시할 약속을 정확한 문구로 만드는 데 있어서 필요한 정보들이 부족하기 때문에 일어난다. 예를 들어, 기업 간 비즈니스의 경우 판매원은 흔히 현재 상황에서 제공할 수 없거나 정확히 언제 제공될지 모르는 서비스를 판매하곤 한다. 이러한 경향은 새로운 서비스사업에서 더욱 두드러진다. 또한 수요와 공급의 변동은 서비스의 공급이 어느 경우에는 가능하게 하고, 또 다른 경우에는 불가능한 상황이 발생하도록 하여 결과적으로 예측을 어렵게 한다. 사실 다수의 기업이 채택하고 있는 전통적인 기능적 구조하에서는, 서비스의 약속과 제공에 관해 내부적으로 커뮤니케이션하는 것이 어렵다.

고객기대의 관리

서비스에 대해 적절하고 정확하게 커뮤니케이션하는 일은 마케팅과 운영부서 모두의 책임이다. 즉, 마케팅은 실제로 서비스접점에서 일어나는 일들을 정확히 반영해야만 하며, 운영부서는 커뮤니케이션에서 약속한 사항을 반드시 제공해야 한다. 예컨대, 경영컨설팅 기업이 새로운 아이디어를 고객사에 제안하려 할 때, 마케팅 및 판매부서는 그 제안이 경쟁사와 대비해서 우월해 보이도록 충분한 흥미를 유도해야 한다. 그러나 서비스를 촉진하고 차별화하는 과정에서 일반적으로 수행할 수 있는 수준 이상으로 올라간 고객의 기대를 컨설턴트는 감당해 낼 수 없다. 만약 광고, 인적판매 또는 기타 외부 커뮤니케이션이 비현실적인 기대를 갖게 한다면, 실제로 서비스가 제공되는 접점에서 고객은 실망하게 될 것이다.

많은 제조기업과 서비스기업은 소비자에게 이전의 서비스가 더 이상 지속되지 않는다거나 더 높은 가격에 제공이 가능하다는 내용을 전달하여 소비자의 기대를 낮추려고 노력한다. 항공사들은 기내식을 더 이상 무료로 제공하지 않는다. 신용카드사들은 이자율이 높을 때 다양한 부가가치서비스를 제공하고 이자율이 떨어질 때 이러한 서비스를 철회한다. 의료보험회사는 가격이 오르는 동안에는 서비스를 줄이고, 병원 환자의 입원기간은 더 짧아지고 검진프로세스는 과거보다 더 간소해진다. 이러한 상황에서 다른 무엇보다도 소비자의 기대관리는 중요하다.

고객교육

서비스기업은 반드시 그들의 고객을 교육시켜야 한다. 고객이 서비스가 어떤 방식으로 제공되는지, 서비스제공과 관련해서 자신은 어떤 역할을 해야 하는지, 그리고 이전에는 결코 경험해 본 적이 없는 그 서비스를 어떻게 평가해야 하는지에 관하여 정확히 이해하고 있지 않다면, 고객은 불평할 것이다. 불평할 때는 그 원인을 자신이 아니라 기업 탓으로만 돌릴 것이다. 심지어 고객이 자신에 의해 유발된 실수와 문제로 인해 불만족한 경우라도 고객이탈로 이어지는 것을 볼 수 있다. 그러므로 기업은 고객을 교육시켜야 할 필요가 있는 것이다.

신뢰품질의 속성이 높은 서비스의 경우, 많은 고객이 그 서비스에 대한 평가기준을 이해하고 있지 못한다. 장기적인 의료처치나 처음으로 주택을 매입하는 것과 같은 고관여 서비스의 경우에서도 서비스 과정을 이해하고 예측하기가 어렵다. 처음으로 주택을 구입하는 고객이 그 구입과정에서 일어나는 주택 검사, 소유권 이전, 보험과 같은 복잡한 일련의 서비스[모기지, 오퍼와 카운터오퍼, 에스크로우(escrow, 조건부 날인증서)]와 같은 과정을 이해하고 있는 경우는 좀처럼 드물다. 고관여 서비스의 전문가나 서비스 제공자는 흔히 고객이 서비스제공과정의 단계에 대해서 잘 모르며 학습이 필요한 초보자라는 사실을 망각하곤 한다. 그들은 서비스 초기에 개략적인 설명이나 매뉴얼을 제공하는 것으로 고객을 교육시킬 수 있다고 생각하고 있다. 그러나 불행하게도 이것만으로는 충분치 못하여, 이로 인해 고객은 과정을 이해하지 못할 뿐만 아니라 서비스에 대한 가치를 평가하지 못하게 되고, 따라서 이탈하게 되는 것이다.

고객교육으로 편익을 얻을 수 있는 또 하나의 예는 제13장에서 논의된 바와 같이 수요와 공급을 맞추기가 어려운 서비스이다. 만약 고객이 수요가 최고로 몰리는 피크타임과 수요가 거의 없는 밸리(valley)타임을 모른다면, 어떤 때는 서비스가 몰리고 어떤 때는 서비스 설비가 쉬게 되는 결과를 초래하게 된다.

내부마케팅 커뮤니케이션

마케팅부서와 운영부서를 비롯한 여러 부서들은 서비스제공이라는 목표를 달성하기 위해 통합되어야 한다. 서비스기업이 행하는 광고나 인적판매는 서비스의 특성상 접점직원이 하는 일에 대한 약속이므로, 기업 내 여러 부서들 간에 빈번하고 효과적인 커뮤니케이션, 즉 수평적 커뮤니케이션이 중요하다. 만약 이러한 내부커뮤니케이션이 제대로 안 되면, 서비스품질에 대한 지각은 위험한 상태에 빠지게 된다. 만약 기업의 광고나 기타 약속이 운영부서의 의견을 반영하지 않고 개발된다면, 접점직원은 마케팅에서 추구하는 이미지에 걸맞는 서비스를 제공할 수 없을 것이다.

고품질의 서비스를 제공하기 위해서는 조직의 모든 부서를 조정하고 통합할 필요가 있다.

특히 마케팅(판매)부서와 접점직원(운영직원)들 간의 내부커뮤니케이션이 원활히 이루어질 필요가 있다. 인적자원관리부서와 마케팅부서 간에도 수평적 커뮤니케이션이 이루어져야 한다. 서비스가 고객에게 훌륭히 제공되기 위해서는 고객이 기대하는 것이 무엇인지를 직원들이 이해해야만 하며, 그러기 위해서는 동기부여가 필요하다. 마케팅이나 판매부서 직원들이 고객의 기대를 이해한다 하더라도 접점직원들에게 이러한 정보를 전달하고 이를 뒷받침해주지 않는다면, 고객과 서비스에 대해서 직원이 잘 몰라서 질 좋은 서비스를 제공할 수 없게 될 것이다.

탁월한 서비스를 제공하는 데 있어서 내부조정의 마지막 형태는 본사와 유통점 간에 정책과 절차를 일관성 있게 유지하는 것이다. 만약 서비스조직이 동일한 상호 아래 프랜차이즈 가맹점이나 직영점을 운영하고 있는 경우, 고객은 동일 상호의 유통점이라면 서비스수준이 유사할 것으로 기대한다. 만약 각 직영점이나 가맹점 관리자에게 절차와 정책면에서 상당한 자율권을 준다면, 고객은 여러 유통점들 간에 동일한 품질수준의 서비스를 받지 못할 수도 있다.

서비스약속과 서비스제공을 일치시키는 5가지 범주의 전략

그림 14.2는 앞서 기술했던 서비스 커뮤니케이션의 쟁점을 극복하기 위한 주요 접근법을 보여준다. 서비스제공의 목표는 약속된 것과 동일하거나 더 많이 제공하는 것이며, 서비스삼각형의 모든 면이 그렇게 될 수 있도록 관리하는 것이다.

그림 14.2
서비스 커뮤니케이션 경로를 극복하기 위한 다섯 가지 주요 접근법

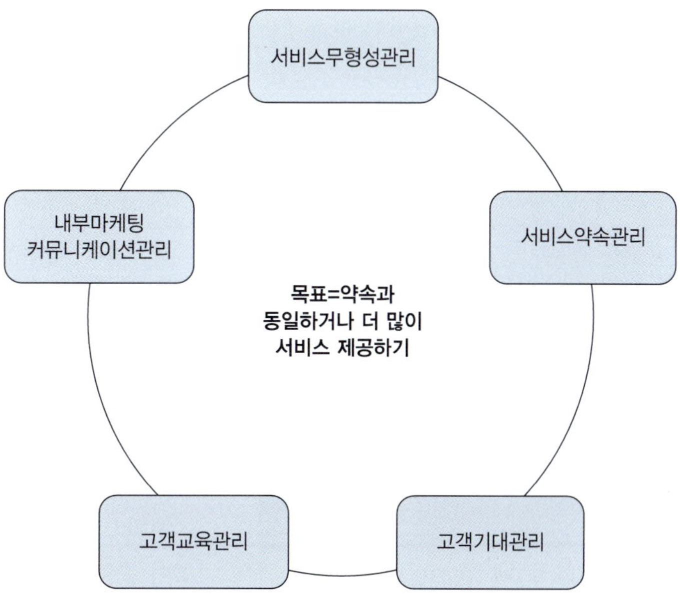

서비스무형성관리

서비스무형성을 관리하기 위한 접근법은 (1) 서비스 속성과 편익을 소비자에게 명확하게 커뮤니케이션하는 광고와 기타 커뮤니케이션전략 그리고 (2) 구전커뮤니케이션을 독려하도록 고안된 전략이 있다.

만약 서비스기업이 무형성 때문에 발생한 쟁점을 인식한다면, 그에 따른 보완전략을 선택하여 사용할 수 있을 것이다. 여기에서 논의할 개별 전략은 메시지를 극적이고 기억에 남도록 만드는 데 초점을 맞추었다.

- **서비스경험을 증명하기 위해 이야기를 사용하라.** 많은 서비스들은 경험중심적이다. 그래서 그것을 커뮤니케이션하는 데 매우 효과적인 접근법은 이야기 기반의 소구를 이용하는 것이다. 서비스속성 자체가 무형적이기 때문에 소비자에게 실제적이면서 긍정적인 경험을 서비스와 함께 제시하는 것이 서비스속성을 기술하는 것보다 일반적으로 더 효과적이다. 연구에 의하면 서비스카테고리에 비교적 낮은 친숙도를 가진 소비자는 서비스속성 기반의 소구보다 이야기에 기반한 소구를 선호한다고 한다. 더구나, 이야기의 상대적 강점은 경험하는 소비자가 슬픈 기분보다 즐거운 기분에 있을 때 좀 더 강화된다고 한다. 보험회사 스테이트 팜(State Farm)의 커뮤니케이션을 예로 들면, 어떤 사람이 스테이트 팜의 에이전트가 필요한 상황에서 단순히 "좋은 이웃처럼, 스테이트 팜이 가까이 있습니다"를 외치며 에이전트가 현장에 나타나 상황을 살피는 광고를 한다.
- **생생한 정보를 제시하라.** 효과적인 서비스마케팅 커뮤니케이션은 강렬하고 분명한 인상을 주며, 뚜렷한 심적 이미지를 만들어 준다. 생생한 정보를 사용하는 하나의 방법은 공포와 같은 강한 감정을 유발시키는 것인데, 이를 사용하는 것은 서비스의 무형성 정도가 매우 높고 복잡할 때 특히 바람직하다. 인쇄광고에서 생생함의 좋은 예는 흑인 대학생 연합기금(United Negro College Fund)의 광고인데 "무한한 잠재력"과 "성취기회"라는 추상적인 테마는 책으로 가득찬 마음의 사진에 의해 생생하게 그려졌다.

© Kristoffer Tripplaar/Alamy Stock Photo

상호작용적 심상이 트래블러스 보험회사의 우산에 나타나고 있다.

- **상호작용적 심상을 사용하라.** 생생함의 한 가지 유형은 상호적인 심상(imagery)이라고 불리는 것과 관련된다.[8] 심상(개념이나 관계를 가시화하는 것에 관련된 정신적인 사건으로 정의됨)은 서비스의 이름과 실제(fact)에 대한 회상을 높인다. 상호작용적인 이미지는 둘 혹은 그 이상의 항목(item)이 서로의 행동 안에서 통합되고, 이는 회상을 높이는 결과를 낳는다. 몇몇 서비스기업은 그들의 로고와 심벌을 그들이 종사하는 일에 관한 연상과 효과적으로

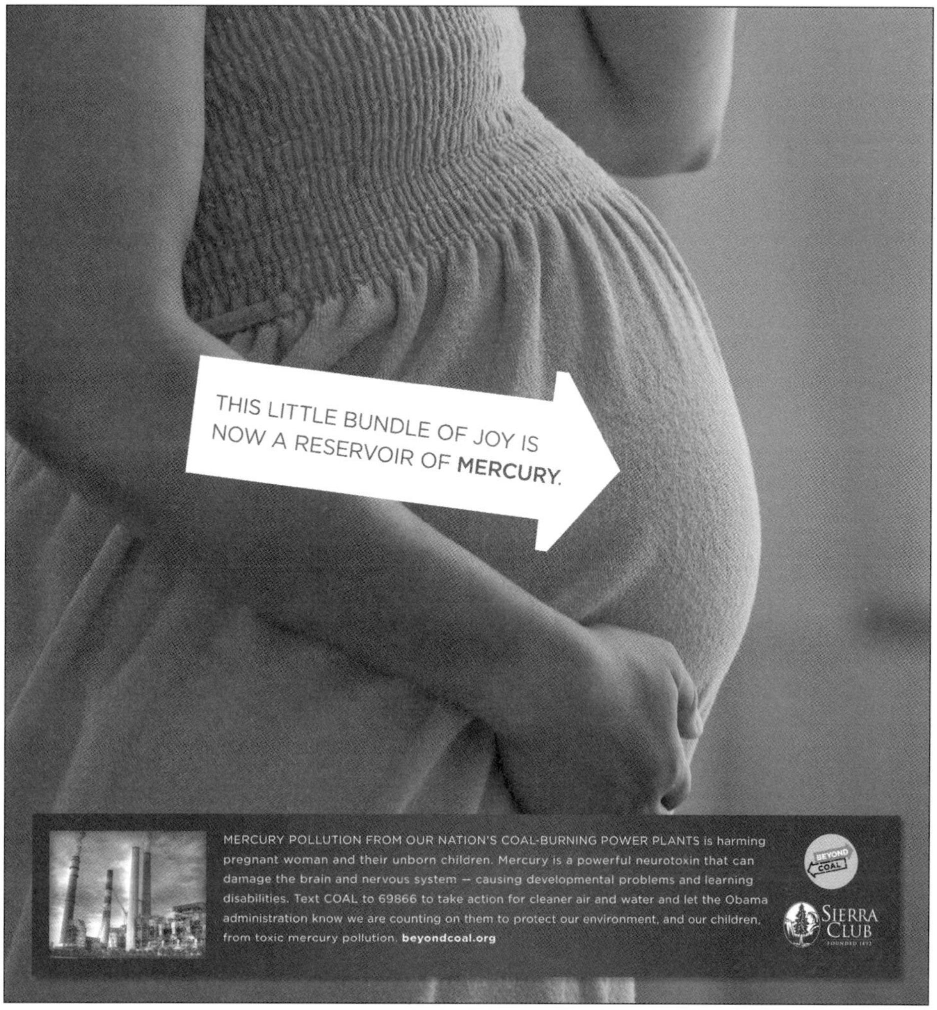

© Sierra Club

시에라클럽의 광고는 석탄공장에서 배출되는 수은공해의 위험을 유형적인 방법을 사용하여 제시하고 있다. 기업의 메시지를 전달하기 위해 아직 태어나지 않은 아이에게 초점을 맞추는 생생한 방법을 사용한다.

결합시키는데, 푸르덴셜보험의 심벌인 바위(rock)가 그러한 예이다. 바위의 이미지는 견고한데, 그것의 인상을 서비스기업으로 전이되도록 설계한다. 490페이지 사진은 손해보험을 제공하는 트래블러스 컴퍼니(The Travelers Companies Inc.)의 광고인데, 상호작용적 심상을 보여주고 있다. 우산은 보호와 안심시키는(reassurance) 것을 상징하기 때문에 보험회사를 표현하는 데 적절한 상징이다. 우산은 트래블러스의 광고에 1870년에 처음으로 등장한 것으로 알려져 있는데, 붉은 우산은 1959년에 공식적인 회사의 상표가 되었다. 사진의 광고는 2007년에 시티그룹(Citigroup)으로부터 상표를 재구매한 것으로, 시티그룹 또한 우산을 로고의 일부로 사용했다.

- **유형성에 초점을 맞춰라.** 광고가 서비스 커뮤니케이션의 유효성을 높이는 다른 방법은 서비스를 유형적인 특성과 관련시키는 것으로, 은행의 대리석 기둥이나 골드등급의 신

용카드를 보여주는 것과 같은 것이다.[9] 유형적인 것을 보여주는 것은 서비스의 본질과 품질에 대한 단서를 제공한다. 앞에 제시하고 있는 시에라클럽(Sierra Club)의 광고사진은 클럽이 소비자, 특히 아기들을 수은공해로부터 보호한다는 유형의 편익을 나타내주고 있다.

- **서비스를 유형화하기 위해 브랜드 아이콘을 사용하라.** 경쟁이 치열한 시장에서 서비스제품의 광고주들은 어떻게 경쟁적 차별화와 강한 브랜드 인지도를 얻어낼 것인가? 패스트푸드와 보험업계에서는 이에 대한 해결책의 한 방법으로 기업을 대표하고 쉽게 알아볼 수 있는 브랜드 아이콘을 창출하고, 브랜드 가시성을 만들어낸다. 가장 오래된 서비스 브랜드 아이콘 중의 하나는 로널드 맥도날드(Ronald Mcdonald)인데, 맥도날드와 어린이를 위한 자선단체인 로널드 맥도날드 하우스(Ronald Mcdonald House)를 대표하는 빨갛고 노란 광대이다. 광고 아이콘은 서비스가 복잡하고 이해하기 어려울 때 더 중요하다. 보험을 예로 들어보자. 아메리칸패밀리생명보험(American Family Life Insurance Company, Aflac)은 미국과 일본에서 자발적으로 가입하는 추가의료보험(supplemental insurance)을 판매하는 회사인데 잠재소비자들이 서비스 이름이 무엇인지를 요청하여 답을 해야만 하는 어려운 도전에 직면했다. 그래서 매우 강렬한 목소리로 기업명의 이니셜을 연결한 "Aflac(에이플락)"이라고 외치는 오리를 광고에 출연시켜 이러한 문제를 해결하려고 했다. 2000년에 소개된 오리는 CNBC 제이 레노(Jay Leno)가 진행하는 투나잇쇼와 토요일밤 생방송(Saturday Night Live)에 출연해 가시성을 창출했다. 아래 그림에서 볼 수 있는 가이코(GEICO) 보험회사의 TV 광고에서는 런던사투리(Cockney-speaking)를 사용하는 게코(Gecko)라는 이름을 가진 도마뱀이 출연한다. 가이코의 게코는 끈기 있으면서 항상 선행에 앞장서는 기업의 브랜드 이미지를 강화시켜 주는 역할을 하고 있으며, 고객들이 자동차보험을 가입할 때 끊임없이 돈을 절약하려는 욕구를 해결해주려고 한다. 가이코의 게코는 광고업계에서 큰 영향을 미쳤으며 미국인이 가장 좋아하는 광고 아이콘으로 선정되었다.

가이코의 게코는 광고 아이콘이다.

- **연상, 물리적 묘사, 증거자료, 가시화를 사용하라.** 레오날드 베리(Leonard Berry)와 테리 클락크(Terry Clark)는 유형화의 4가지 전략을 제안한다. 연상(association), 물리적 묘사(physical representation), 증거자료(documentation), 가시화(visualization)이다.[10] 연상이란 유형의 사람, 장소, 그리고 대상과 서비스를 연결하는 것이다. 물리적인 묘사는 직원, 건물, 시설과 같은 서비스의 유형적인 부분을 직간접적으로 보여주는 것이다. 증거자료는 객관적

인 데이터나 실제 정보를 두드러지게 보여주는 것을 의미한다. 가시화는 휴가를 맞은 사람들이 즐거운 시간을 보내는 것처럼, 서비스의 편익이나 품질의 생생한 상상적 사진이다. 광고의 상징(아이콘)도 유형적인 것으로 사용될 수 있다.

- **커뮤니케이션에 있어서 서비스직원을 주인공으로 하라.** 고객과 접촉하는 직원은 서비스의 유형적 묘사(tangible representation)이며 서비스광고를 위한 중요한 2차 청중이다.[11] 광고를 이용하여 실제 직원이 그들의 일을 하는 것을 내보내거나 그들이 제공하는 서비스를 설명하는 것은 1차 청중(고객)과 2차 청중(직원) 모두에게 효과적이다. 왜냐하면, 이러한 것은 직원에게 자신들이 중요한 사람이라는 것을 깨닫게 해주기 때문이다. 게다가 서비스를 잘 수행하는 직원이 마케팅 커뮤니케이션에 묘사될 때, 그들은 다른 직원 행동의 기준이 된다.

본 장의 앞부분에서, 서비스마케팅 커뮤니케이션의 5가지 쟁점을 살펴보았다. 예시 14.1에서, 미탈(Mitall)은 서비스광고에서 이러한 쟁점을 극복할 수 있는 전략을 설명하였다. 신중한 계획과 실행을 통해, 추상적인 것은 구체적 대상으로 만들어질 수 있고, 일반적인 것은 구체적인 것으로 될 수 있으며, 조사 불가능한 것도 조사될 수 있다. 그리고 머릿속으로 상상할 수 없는 것도 상상할 수 있다.

다른 소비자들의 추천이나 의견은 기업의 커뮤니케이션보다 거의 언제나 믿을 수 있다. 서비스는 경험적이고 신뢰품질 특성이 높기 때문에 제품보다 서비스를 구매할 때 구매 이전의 정보가 적은 관계로 소비자들은 전통적인 마케팅 채널보다 다른 사람들에게 의지하려는 경향이 있다. 서비스광고와 여러 유형의 프로모션은 유료 커뮤니케이션에 대한 투자를 확장하여 구전 커뮤니케이션을 창출할 수 있고 메시지의 신뢰성도 향상시킨다.

표 14.1 무형성의 특징에 맞는(match) 서비스 광고전략

무형성의 특징	광고전략	설명
무형적인 존재	물리적 표현	독특하고, 높은 품질을 나타내며, 올바른 연상을 만들 수 있는 서비스의 물리적인 요소를 보여줌
추상성	서비스소비 에피소드	일반적인 고객들이 서비스로부터 얻는 편익을 포착하고 전시하고 특정 사건을 환기시킴
일반성	시스템 증거자료	사실과 형상을 보여줌으로써 물리적 시스템 능력의 증거를 객관적으로 보여줌
	성과 증거자료	과거의 긍정적인 성과 통계치를 인용하고 증거로 보여줌
	서비스성과 에피소드	중요한 서비스 속성과 관련된 실제 서비스제공 사건의 생생한 이야기를 제시함
조사 불가능성	성과 증거자료	독립적으로 감사를 받은 성과를 인용
	소비 증거자료	고객의 추천을 수집하고 보여줌
상상의 어려움	서비스과정 에피소드	서비스 과정의 단계마다 생생한 증거자료를 보여줌
	예시역사 에피소드	특정 고객을 위해 기업이 무엇을 했는지 실제의 과거 예시를 보여줌

자료 : Adapted from B. Mittal, "The Advertising of Services: Meeting the Challenge of Intangibility," *Journal of Service Research* 2, no 1, August 1999, pp. 98–116.

전략적 통찰 모바일 광고 : 디지털의 미래로 가는 열쇠

와튼 연구원은 네 가지 모바일 기기의 특성을 언급하고 있다: (1) 한 명의 유저에게 귀속되어 있다; (2) 소비자는 거의 항상 어디에서나 소지하고 있다; (3) 기기에는 결제시스템을 가진 유통 채널이 설치되어 있어서, 언제라도 즉각적으로 소비할 수 있다; (4) 기기는 위치기반이며 사진, 비디오를 사용할 수 있어 상호작용에 매우 유리하다. 스마트 기기의 확대는 애플리케이션의 등장, 충성 프로그램(loyalty programs)의 활성화, 적정한 시간과 위치에 프로모션 실시 등 다양한 혜택을 제공한다.

이 특성들이 모바일 광고를 미래에 가장 강력한 커뮤니케이션 수단으로 만들었다. 더욱이 모바일 광고는 인터넷 방식보다 더욱 빠르게 성장하고 있다. 2019년까지 650억 달러 이상이 소비될 것으로 추산된다. 모바일은 거의 모든 디지털 광고의 4분의 3을 차지한다. 그러나 기업들은 디지털광고의 잠재적 · 전략적 영향에 대해서는 회의적이다. 이는 디지털 매체에 비용을 충분히 쓸 수도 없을 뿐 아니라 디지털 광고를 효율적으로 최적화하여 매체에 배분하기가 어렵기 때문이다. 모바일 광고를 장래성 있는 미래 먹거리로 발전시키기 위해 적절한 투자의 부족, 그리고 성공적인 광고를 제작하는 방법에 대한 전문적인 지식의 부족은 극복되어야 할 과제이다.

텍사스 A&M 대학의 연구진은 다음과 같은 의문들이 디지털 광고의 효과성을 극대화하기 위해 해결되어야 한다고 언급하였다.

- 모바일 프로모션의 종류와 기능은 무엇인가?
- 어떤 모바일 프로모션은 효과적이고 어떤 것은 아닌가?
- 소비자가 쇼핑할 때 모바일 프로모션을 사용하는가?
- 쇼핑할 때나 혹은 쇼핑하지 않을 때라도 소비자에게 영향을 주기 위해 마케터는 모바일 프로모션을 어떻게 사용해야 하는가?

이 질문에 대답하기 위해서 모바일 광고의 디자인까지도 고려해야 한다. 모바일 광고는 기존의 광고보다 작기 때문에 사이트를 단순하고 명확하게 만들어야 한다. 광고 전문가들은 모바일 문구가 화면에 50%를 차지해야 하며, 모바일 광고는 제언과 슬로건만 포함하고 있어야 한다고 이야기한다. 또한 브랜드는 모바일 광고 화면의 구석에 로고를 두어야 하며, 광고는 적어도 하나의 밝은 색상을 사용해야 하지만 세 개 이상을 사용하지 말아야 한다고 주장한다.

마케팅 연구자들은 모바일 광고의 새로운 측면을 조사하였고, 어떻게 최고의 효과를 가질 것인가에 대해서도 연구해 왔다. 쿠폰 환수율(redemption rate)에 대한 연구에 따르면 다양한 성향, 선호, 특성들[1. 상품이 실용적인 것(utilitarian)인지, 쾌락적인 것(hedonic)인지의 여부, 2. 상점까지의 거리, 3. 배달거리, 4. 스낵 같은 상품의 경우에는 유통기한, 5. 고객의 인지차이를 정확히 고려한 모바일 컨텐츠와 효과적인 메시지 등]이 서로 부합하는 사용자에게 쿠폰이 제공되었을 때, 모바일 쿠폰 환수율이 높다.

모바일 연구는 아직 제한적이지만 여러 가지 주제로 연구되고

- **버즈 또는 바이럴마케팅을 활용하라.** 버즈(Buzz)마케팅은 바이럴(Viral)마케팅이라고도 불리는데, 기업은 비용을 지불하지도 않았는데 소비자들이 제품에 대한 소문을 퍼트려 주는 행위를 말한다. 때때로 버즈마케팅은 단순히 소비자가 서비스의 열렬한 팬이기 때문에 일어나기도 하고 때로는 기업이 소비자에게 서비스나 제품을 살포(seeds)하기도 한다. 덴버를 기반으로 거의 600개의 지점을 가지고 있는 멕시코 프랜차이즈 음식점인 치포틀멕시칸그릴(Chipotle Mexican grill)은 광고를 피하는 대신 독특하면서 맛있는 음식에 대하여 소비자들이 퍼뜨리는 구전에 전적으로 의존하고 있다. 치포틀의 설립자인 스티븐 엘스(M. Steven Ells)의 주요 전략은 고객에게(만족한 고객도 포함) 음식을 샘플로 주거나 시식을 하도록 하는 것이다. 예를 들어, 2006년에 뉴욕의 맨해튼에 점포를 열었을 때 6,000명의 사람들에게 브리토를 나누어 주었다. 이는 35,000달러의 비용이 들었지만 이 전략을 통해 6,000명의 만족한 대변인(spokespeople)을 창출할 수 있었다.[12]
- **소셜미디어를 지렛대로 활용하라.** 트위터(Twitter), 유튜브(YouTube), 페이스북

있다. 예를 들어, 붐비는 지하철의 출퇴근 하는 사람들은 붐비지 않는 지하철에서 출퇴근하는 사람보다 모바일 기기로 물건을 구매할 확률이 2배가 될 것 이라고 밝힌 연구도 있다. 다른 연구는 모바일 기기의 디스플레이 광고는 실용적인 제품에 효과적이며, 이용자를 더욱 적극적으로 참여시키고 있다고 말하고 있다. 웹과 모바일 디스플레이 광고를 동시에 사용하는 것이 더 많은 클릭을 촉발시키고 소비자의 구입을 유도한다는 연구도 있다. 또한 SMS 광고가 높은 인지도, 강력한 브랜드 태도, 직접적인 행동 반응을 촉발시킨다는 연구도 있다.

최근에는 모바일 광고가 효과적일 수 있는 원인, 장소, 방법에 대한 다양한 질문들에 연구들이 진행 중이다. 각각의 연구들은 아직 전체를 규명하지 못하고 있지만 다음 몇 세대 내에 충분히 가능할 것이다. 이는 2019년까지 650억 달러로 성장할 모바일 광고 시장에는 중요한 것이다. 디지털 광고의 새로운 채널에 소비자가 어떻게 반응하는지, 기업이 어떻게 효율적으로 커뮤니케이션할 수 있는지에 대한 많은 것들이 계속 연구되어야 한다.

자료 : P. Chamikuttyl, "Wharton Professor David Bell on Brand Building in the Offline and Online World," *Your Story*, September 3, 2013; "Mobile Will Account for 72% of U.S. Digital Ad Spend by 2019," *eMarketer*, March 24, 2015, http://www.emarketer.com/Article/Mobile-Will-Account-72-of-US-Digital-Ad-Spend-by2019/1012258;V.Shankar,"MobileMarketing:TheWayForward,"*Journal of Interactive Marketing* 34 (2016); P. Levy, "Set Your Sites on Mobile," Marketing News, April 30, 2010; C. Heine, "Agencies and Cannes Judges Say Less is More for Mobile," *Ad Week*, June 17, 2013; M. Andrews, X. Luo, F. Zheng, and A. Ghose, "Mobile Ad Effectiveness: Hypercontextual Targeting with Crowded-ness," *Marketing Science*, April 16, 2015; B. Baker, Z. Fang, and X. Luo, "Hour-by-Hour Sales Impact of Mobile Advertising," accessed at SSRN 2439396; P. Danaher, M. Smith, K. Ranasinghe, and T. Danaher, "Where, When and How Long: Factors that Influence the Redemption of Mobile Phone Coupons," *Journal of Marketing Research* 52 (October, 2015); X. Luo, M. Andrews, F. Zheng, and C. Phang, "Mobile Targeting," Management Science, 2014; D. Grewal, Y. Bart, M. Spann, and P. Zubcsek, "Mobile Advertising: A Framework and Research Agenda," *Journal of Interactive Marketing* 34 (2016); M. Andrews, X. Luo, F. Zheng, and A. Ghose, "Mobile Ad Effectiveness: Hypercontextual Targeting with Crowdedness," *Marketing Science*, April 16, 2015; Y. Bart, A. Stephen, and M. Sarvary, "Which Products are Best Suited to Mobile Advertising? A Field Study of Mobile Display Advertising Effects on Consumer Attitudes and Intentions," *Journal of Marketing Research* 51 (2014); A. Ghose, S. Han, and H. Park, "Analyzing the Interdependence between Web and Mobile Advertising: A Randomized Field Experiment," working paper, New York University: Leonard N. Stern School of Business; P. Barsie and C. Strong, "Permission-Based Mobile Advertising," *Journal of Interactive Marketing* (2002).

(Facebook)과 같이 인터넷을 통하여 고객 간에 상호 커뮤니케이션을 할 수 있는 소셜미디어가 정보를 교환하는 하나의 방법으로 자리잡아가고 있다. 소셜미디어의 성장으로 소비자 구매행동의 많은 측면에 영향을 미쳤다. 미국의 인터넷마케팅 연구 기업으로 마케팅 자료와 서비스를 많은 인터넷 기업에게 제공하고 있는 컴스코어(comScore)의 조사에 따르면, 2009년도 연휴기간에 제품을 구매하는 데 있어서 28%의 소비자가 소셜미디어가 의사결정에 영향을 미쳤다고 응답했다.[13] 또 다른 연구에서는 61%의 소비자가 온라인상의 순위나 사용후기(review)에 의지하는 것으로 나타났다. 그리고 26%의 소비자는 온라인상에서 순위투표에 참여하거나 비평을 하는 것으로 나타났다.[14] 닐슨(Nielsen)의 연구에 따르면 56%의 소비자가 브랜드광고를 신뢰하는 데 반해, 90%의 소비자는 다른 소비자의 추천을 믿는 것으로 나타났다.[15] 소셜미디어가 기업에 의해 통제 가능하지는 않지만, 기업은 매체를 모니터할 수 있고, 소비자들의 의견과 추천을 이해해야만 한다. 기업들은 브랜드에 관한 온라인 커뮤니케이션을 추적하고, 모니터하며 분석할 수 있

는 정형화된 기법(formal method)과 정교한 기법(sophisticated technology)들을 개발했다. 닐슨의 버즈메트릭스(Nielsen Buzzmetrics)는 이러한 접근을 할 수 있는 혁신적인 도구로서 인터넷 커뮤니케이션의 수백만 회선을 끌어모아 소비자들이 브랜드를 어떻게 느끼고 있는지, 온라인상에서 얼마나 이야기되고 있는지, 논의되고 있는 이슈는 무엇인지, 마케팅이 고객에게 어떻게 보여지는지, 제공된 구전 커뮤니케이션에 영향을 미치도록 어떻게 노력해야 하는지 등에 관한 브랜드 정보를 수집한다. 이 서비스는 기업에게 이슈에 대한 실시간 경계(real-time alert)뿐만 아니라 산업규범과 기준을 알려주기도 한다.[16]

- **영향력 있는 사람에게 메시지를 전달하라.** 발전된 기술을 통해 기업은 온라인에서 영향력 있는 사람을 식별할 수 있다. 이러한 사람은 다른 사람보다 더 많은 연결 네트워크를 갖고 있으므로 서비스에 대해 다른 사람에게 영향을 줄 수 있는 능력이 더 많다. 연구자들과 리서치 기업들은 모두 구전커뮤니티에서 누가 중요한 인물인지를 파악할 수 있는 닐슨의 버즈메트릭(BuzzMetric) 접근법과 유사한 기술을 개발 중이다. 이러한 영향력 있는 소비자들이 파악될 경우 그들 개개인 모두 기업의 매출 향상에 근원(seeds)이 될 수 있는데, 그들에게는 서비스에 대한 정보를 주고, 특별 이벤트에 초대하며, 제품에 관한 커뮤니케이션을 장려하도록 할 수 있다.
- **유머러스하고, 설득력이 있으며 독특하기 때문에 이야기거리가 되는 광고를 만들어라.** 유머러스한 광고는 생생하게 기억에 남는다. 수년 간 가이코(GEICO)는 가장 유머러스한 서비스 광고를 개발해왔다. 대부분의 광고는 기업의 아이콘인 게코(Gecko)에 중점을 맞춘다. 물론 다른 캠페인 또한 재미있다. 각각의 캠페인은 재미있는 설정 및 캐릭터를 가진 다양한 콘텐츠 포인트를 강조한다. 예를 들어 가이코(GEICO)가 빠르게 성장하고 있다는 사실을 강조하기 위해 실험실 환경에서 "생명체(Life Forms)"라는 TV 광고를 제작하였다. 처음에 작은 플라스틱 상자에 담겨 있던 녹색 얼룩이 자라서 실험실의 과학자 중 한 명을 삼킨다. 가이코(GEICO)의 24/7(24시간 7일) 연중무휴를 알리기 위한 "More, More, More"라는 TV 광고는 두 명의 광대가 어린이 생일 파티에서 풍선을 불면서 24시간 일주일 연중무휴로 사용할 수 있는 가이코(GEICO)에 관해 이야기하는 유머러스한 장면을 포함하고 있다. TV 네트워크 HBO는 스트리밍 서비스를 위해 "어색한 가족 시청(awkward family viewing)"라는 유머러스한 광고를 만들었다. 광고에서는 부모와 함께 왕좌의 게임을 시청하는 두 명의 십 대가 등장하고, 엄마와 아빠는 복잡한 프로그램의 에피소드에 대해 계속 질문을 한다. 광고는 'HBO Go' 애플리케이션을 사용하면 부모님의 계속되는 성가신 질문에서 벗어나 직접 프로그램을 시청할 수 있다고 제안하면서 끝난다.
- **만족한 서비스고객을 커뮤니케이션의 주인공으로 하라.** 실제 고객이 등장하여 추천하는 광고는 사람들 사이의 개인적 커뮤니케이션을 시뮬레이션하여, 서비스의 이점을 전달할 수 있는 신뢰성 높은 방법이다.

2010년에 제록스(Xerox)는 매우 신뢰가 가면서 성공한 비즈니스 고객을 주인공으로 하는 추천광고 시리즈를 만들었다. 유튜브(YouTube)에서 "제록스광고 2010(Xerox commercial 2010)"을 검색하면 볼 수 있다.

- **직원들을 통해 구전을 창출하라.** 연구에 따르면 서비스경험을 통한 서비스만족만으로는 구전활동을 자극하기에는 충분치 않다. 그러나 소비자가 특정 종업원을 신뢰하면 긍정적 구전의 결과가 나타난다. 이 연구에서 신뢰는 직원과 고객관계에서 세 가지 측면의 결과로 나타나는데, 직원과 고객 간의 개인적 관계, 직원이 고객에게 보이는 관심, 직원과 고객의 친숙성이다.[17] 기업들은 서비스설계, 지원시스템, 종업원, 소비자에 초점을 맞춘 전략을 사용하여 신뢰로 이끌어 상호 대인 간의 유대(interpersonal bond)를 강화시킬 수 있다.[18] 실제 사례에서는 고객과 직원 간 상호작용의 기회가 풍부하도록 서비스환경이 설계되어야 함을 강조하고 있다. 즉, 소비자관계관리 소프트웨어와 같은 지원시스템을 사용하여 종업원들이 소비자의 특성을 기억할 수 있도록 돕고, 종업원들이 발생한 문제를 완벽하고 재빠르게 수정할 수 있도록 권한을 부여해야 한다.

서비스약속관리

제조업체의 경우 그 제품에 대해 약속을 하는 부서와 제공하는 부서가 서로 독립적으로 운영될 수 있다. 설계된 제품이 생산되고 그 다음 촉진과 판매를 위해 마케팅부서로 옮겨간다. 그러나 서비스인 경우는 사내 다른 직원이 제공하는 것을 판매 및 마케팅부서가 약속한다. 직원은 표준화가 될 수 없기 때문에, 고객과 약속을 하는 데 있어서 보다 많은 조정과 관리가 필요하다. 이러한 조정은 강한 서비스브랜드의 창출과 기업의 모든 마케팅 커뮤니케이션의 조정을 통해 달성될 수 있다.

강력한 서비스브랜드의 창출

서비스브랜딩의 전문가인 레오날드 베리(Leonard Berry)는 서비스기업에서 브랜딩은 특별한 역할을 한다고 강조하였다.

> 강력한 브랜드는 소비자로 하여금 무형의 제품을 더 잘 시각화하게 하고 이해하게 한다. 강력한 브랜드는 소비자들이 구매 이전에 평가하기가 어려운 속성을 가지고 있는 서비스제품에 대한 소비자의 지각된 금전적(monetary), 사회적(social), 안전(safety)위험을 줄여준다. 강력한 브랜드는 만져볼 옷감이나, 입어볼 바지, 세심히 살펴볼 수박이나 사과, 시운전할 자동차를 소비자에게 제공하지 못할 때의 제품판단의 대안이 된다.[19]

각 상품이 그 자체의 브랜드를 가지고 있는 제품의 브랜딩 상황과는 대조적으로, 서비스의 주요 브랜드는 기업 그 자체이다. 브랜드 창출의 초점은 기업의 인지(awareness), 의미(meaning), 자산(equity)에 있다. 예를 들어, 페덱스(FedEx), 디즈니월드(Disney World), 스타벅스(Starbucks), 페이스북(Facebook)과 같은 기업은 그들이 제공하는 개별적 서비스제품보다 기업에 대한 정보와 커뮤니케이션에 중점을 둔다.

그림 14.3은 강력한 서비스브랜드를 창출하는 데 있어 주요 요인들 간의 관계를 보여주는 것으로 베리(Berry)에 의해 개발된 서비스브랜딩 모델이다.[20] **제시 브랜드**(presented brand)는 기업이 인적, 비인적 채널을 통해 기업이 통제하고 확산시키는(disseminated) 브랜드 이미지의 일부분이다. 광고, 상표명, 웹사이트, 직원, 시설(facilities) 등과 서비스와 관련한 다른 모든 유형의 정보확산은 반드시 조정되고 통제되어야 한다. 이러한 메시지들이 소비자가 브랜드에 대한 회상과 재인, 즉 **브랜드 인지도**(brand awareness)를 만들어낸다. 브랜드 인지도의 정도가 더 높고 긍정적일수록 서비스기업이 가진 브랜드 이미지(또는 브랜드 자산)를 강하게 만들고 더 차별화시킨다. **기업과 함께하는 고객경험**(직원과의 상호작용 또는 기업행사 참여로 인한 상호작용)은 브랜드를 형상화하는 또 하나의 요소이며 다른 어떤 마케팅 메시지보다도 강력할 수 있다. 서비스는 아무리 효과적이고 통합된 광고를 고객에게 노출시키더라도 실제 경험이 고객에게 불균형적인 의미를 전할 수 있다.

세계에서 가장 강력한 서비스브랜드 중의 하나인 메이요클리닉(Mayo clinic)은 매체를 통한 프로모션을 피하고 환자의 경험을 통해서 조심스럽게 브랜드를 구축했다. 강한 핵심가치, 팀워크, 의사의 책임, 환자치료, 고도로 숙련된 스태프, 설비 모두가 메이요클리닉 치료모델(Mayo Clinic Model of Care)에 공헌했고, 환자의 경험은 의료서비스 기관으로서의 브랜드 강점(brand strength)을 지속시키는 데 충분했다. 특히, 메이요클리닉의 브랜드 인지도는 매체 프로모션을 사용하지 않았음에도 매우 강했다. 미국의 주요 의사결정자들을 대상으로 실시한 연구에서, 만약 심각한 건강상의 문제로 의료기관을 어디든 선택할 수 있다면 미국의 의료시설 중 어디를 택하겠느냐는 질문에 거의 27%가 메이요클리닉을 선택했으며, 9%가 차선책으로 선택하였다.[21] 다른 연구는 메이요클리닉 환자의 95%가 병원에서 그들이 경험한 긍정적인 경험과 메이요(Mayo) 브랜드에 대한 긍정적인 증거들을 다른 사람들에게 자발적으로 전하는 것으로 나타났다.[22]

그림 14.3은 또한 서비스브랜드를 형상화하는 두 개의 다른 요인을 보여준다. 첫째, **통제불가능한 외부브랜드 커뮤니케이션**(noncontrollable external brand communication)으로 기업이 영향력을 가하지 못하는 구전 커뮤니케이션이나 홍보(publicity)와 같은 정보를 포함한다. 위와 같은 커뮤니케이션의 원천은 고객이 믿을만하다고 생각하고 편향되지 않았다고 지각되기 때문에 매우 강력하다. 그러나, 서비스브랜드 자체에는 긍정적이거나 부정적인 영향을 모두 가지고 있다. 본 장의 다른 부분에서 다루겠지만 긍정적인 방법으로 구전 커뮤니케이션에 영향을 주는 방법을 기술할 것이다. 둘째, **브랜드 의미**(brand meaning)는 브랜드에 대한 고객연상(association)의 모음이다. 브랜드 의미는 대부분 고객의 경험에서 창출되지만, 기업이 제시한 브랜드와 외부커뮤니케이션에 의해서도 형성된다.

강력한 브랜드 의미를 바탕으로 성공한 서비스브랜드의 한 예는 보스턴 레드삭스(Boston Red Sox) 야구팀이다. 보스턴 레드삭스는 1918~2004년까지 월드시리즈에서 우승하지 못했

그림 14.3
사람을 통해 양질의 서비스를 제공하기 위한 인적자원관리전략

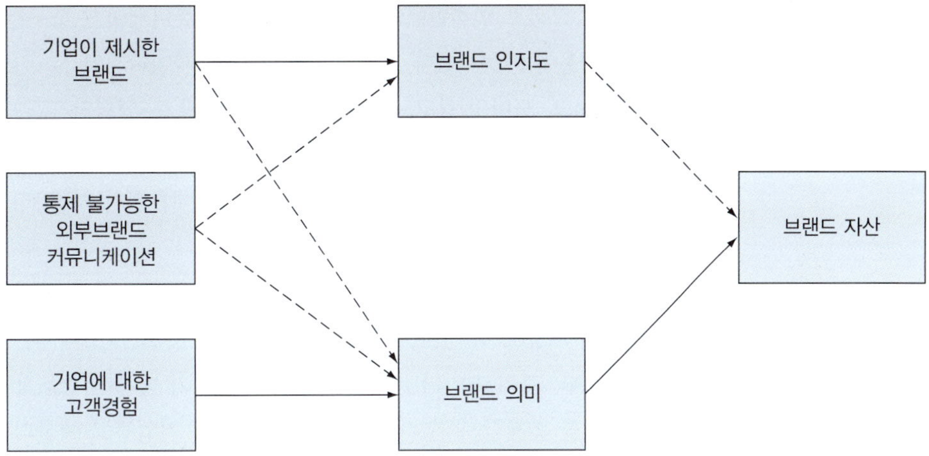

자료 : L. L. Berry, "Cultivating Service Brand Equity," *Journal of the Academy of Marketing Science* 28 (Winter 2000), pp. 128-137.

지만, 매우 성공적인 마케팅 전략과 세심한 관리(deliberate management)를 통해 팬들의 열광적인 충성도를 구축했다.[23] 사실상 전략의 모든 요소가 개인은 물론이고 커뮤니티 팬들에게 의미 있는 경험을 제공했다. 첫째, 구단관리자들은 주택과 선술집이 즐비한 보스턴시 한가운데 구장을 지어 팀의 팬커뮤니티를 형성했다. 구단 관리자들은 구장을 도시 중앙에 위치시켜 많은 경기에 팬들이 올 수 있도록 독려하였다. 둘째, 슈퍼스타에 초점을 맞추기보다는 구장인 펜웨이파크(Fenway Park) 자체를 강조해 인기선수가 떠나더라도 팀에 대한 열정이 식지 않도록 하였다. 이러한 접근방법의 일환으로 구단은 보스턴 지역의 전통이 된 독특한 좌측 팬스벽(left-field wal), 즉 "그린 몬스터(green monster)"를 만들었다. 셋째, 구단주와 관리자들은 승리하는 팀이 아닌 경쟁력이 있는 팀을 만들 것을 약속했고, 강한 팀이라는 메시지를 전달하기보다는 팬들의 기대를 확실하게 관리했다. 넷째, 소유주들은 "친근한 펜웨이파크(friendly Fenway park)"를 만들 것을 약속했고 경기가 있는 날에는 재미있는 이벤트를 기획했으며 모든 기념품 판매점에게는 강한 팬지향적 문화를 불어 넣었다. 마지막으로, 팀은 전통에 대한 팬의 욕구에 존경을 보였다. 지난 반세기가 넘는 기간 동안 동일한 유니폼, 로고, 경기 자체에 대한 초점 등은 여전히 그대로였다. 이러한 전략의 성공은 모든 경기에서 분명하게 나타났다. 2011년 5월에 보스턴 레드삭스는 657경기 연속 매진을 기록했는데, 메이저리그 역사상 최고기록이며, 2등의 기록보다 200경기를 앞서는 대기록이다.

외부 커뮤니케이션의 조정

어떤 기업에서도 브랜드 이미지를 관리하는 데 있어서 가장 중요한 것 중 하나이지만 아직 해결하지 못한 것에는 고객에게 정보를 보내는 모든 외부 커뮤니케이션 수단을 조정하는 것이 포함된다. 이러한 업무는 최근에 새로운 미디어의 출연과 확산으로 인한 주목할 만한 트렌드로 인해 점점 더 쟁점화되고 있다. 마케터들은 광고, 웹사이트, 세일즈 프로모션, PR, 직접마케팅, 그리고 인적판매와 같은 전통적인 커뮤니케이션 도구뿐만 아니라 새로운 형태의 미디어 사용이 가능해졌다. 소셜미디어, 디지털사이니지(digital signage)라고 불리는 전자 간판, 블로그, 모바일 광고, 여러 유형의 인터넷광고, 영화와 TV 프로그램의 PPL 사용 증가 등이 메시지 조정의 목표를 복잡하게 만들고 있다. 본 장의 세계적 추세 코너에서는 **마케팅 커뮤니케이션 믹스**의 많은 요소를 사용하는 버진 애틀랜틱 항공(Virgin Atlantic Airways)의 국제 캠페인을 소개한다.

광고(advertising)는 비인적 제시물(presentation)의 유료 형태이며, 이름을 밝힌 광고주가 기업의 제품을 촉진(promotion)하는 것이다. 주요 광고매체는 TV, 라디오, 신문, 잡지, 옥외 광고판, 그리고 인터넷이다. 광고는 유료이기 때문에 창조적인 소구(appeal), 배치, 그리고 시기를 통제할 수 있다. 현재 인터넷광고는 기업광고 예산의 많은 부분을 차지하고 있으며 전통적인 마케팅 수단과 동시에 실행해야 한다(주목받는 기술 참조). 마스터카드는 1997년부터 가격을 매길 수 없는 최고의 경험을 고객에게 제공하자는 "프라이슬리스(priceless)" 광고 캠페인을 진행하고 있다. 이 캠페인은 매우 성공적인데, 3~4개의 유형적인 항목(tangible items)과 가격을 나열한 다음 "돈으로 가치를 따질 수 없는(priceless)" 주요 고객의 편익을 소개하고 있다. 이 캠페인은 "매우 유연성 있고, 세계 어디에서나 적합성이 있을 뿐만 아니라 상이한 미디어, 상이한 유료채널, 상이한 시장에서도 적용할 수 있고" 동일한 브랜드 메시지를 전달하기 때문에 매우 강력한 통합캠페인의 예로 평가받고 있다. 세계 96개국 47개 언어로 볼 수 있는 이 캠페인은 강력한 브랜드 회상을 불러일으켰고, 미국마케팅협회가 가장 효과적인 마케팅 캠페인에 상을 수여하는 골드 에피(Gold Effie)상, 미국광고협회가 크리에이티브한 광고에 수여하는 애디(Addy)상, 그리고 국제광고협회가 높은 성취를 해야만 수여하는 크레스타(Cresta)상을 수상하였다.[24]

세일즈 프로모션(sales promotion)은 쿠폰, 프리미엄, 할인, 그리고 고객의 구매와 미디어에 대한 관심을 자극하는 다른 여타의 행위와 같은 단기적인 인센티브를 의미한다. 맥도날드, 버거킹, 그리고 웬디스를 포함한 패스트푸드산업은 유행하는 영화나 TV쇼와 연계하여 액션 피규어(action figures)와 같은 프리미엄 제품을 노출시킨다. 특히, 서비스광고와 엔터테인먼트의 협력판촉(joint promotion)의 성공적인 예시는 CKE 레스토랑의 칼스 주니어(Carl's Jr.)에 의해 만들어진 것이다. 그들은 TV의 시즌특집 등에 제공물을 잘 노출시켜 프로모션 효과를 30% 이상 끌어올렸다.[25]

PR(public relations)은 뉴스 매체와 관련된 홍보(publicity)나 커뮤니티 이벤트를 통해 호의적인 기업 이미지를 만드는 활동을 의미한다. 버진 애틀랜틱 항공(본 장의 세계적 추세 참조)의 설립자 리차드 브랜슨(Richard Branson)은 항공사 홍보를 통하여 명성을 얻은 사장이다. 항공사를 처음 창업할 당시 그는 "브리티시항공(British Airline)이나 다른 항공사와 경쟁하는 유일한 방법은 우리 스스로 나가서 우리 기업을 촉진하는 것이다"라고 주장했다.[26] 항공사 창업 이래 사람들의 이목을 집중시켜 성공한 홍보는 스피드 보트로 대서양 빨리 횡단하기, 열기구 타고 일본에서 캐나다로 비행한 후 대서양 횡단하기, 버진 항공 스튜어디스 유니폼을 비키니로 바꾸기, 그리고 욕조에서 사진 찍기 등을 기사화하는 것을 포함하고 있다.

다이렉트 마케팅(direct marketing)은 우편이나, 전화, 팩스, 이메일, 그리고 특정 소비자에게 직접적인 반응을 얻기 위한 커뮤니케이션 도구들과 관련된다. 아메리칸 익스프레스는 다이렉트 마케팅을 광범위하게 사용하고, 직원들과의 상호작용적인 메시지를 포함하여, 모든 다른 메시지를 잘 통합하는 것을 확실하게 잘 시행하고 있는 서비스기업이다. 아메리칸 익스프레스의 해외 광고 부서장은 다음과 같이 말하고 있다.

> 서비스브랜드는 광고만으로 만들어지지 않습니다. 사실 브랜드 자산의 많은 부분은 브랜드에 대한 소비자의 직접경험에서 비롯됩니다. 우리는 [관계마케팅 기업]과 협력하여 전화, 인터넷, 우편 등의 다이렉트 채널을 포함한 모든 직접채널을 통해 카드, 여행, 금융서비스 및 관계서비스와 같은 모든 제품과 서비스에서 우리 브랜드에 대한 소비자경험을 관리할 수 있도록 지원합니다.[27]

인적판매(personal selling)는 판매를 성사시키고, 고객관계를 구축하기 위해 기업의 대리인(representative)이 행하는 대면적(face-to-face)인 제시방법이다. 기업 간(BtoB) 상황에서 인적판매와 광고를 통합하는 한 가지 방법은 판매원이 고객에게 배포하는 광고물의 개발에 참여하는 것이다. 이러한 접근은 통합된 메시지를 만들 뿐만 아니라 기업이 만들어낸 약속을 판매원이 잘 이해하는 데도 도움이 된다.

고객기대관리

언제, 어떻게 서비스가 제공될 것인지에 대하여 정확하게 약속하는 것은 커뮤니케이션 갭을 줄이는 가장 중요한 방법이다. 다음에서는 소비자의 기대를 관리하는 가장 효과적인 전략들 중 현실적인 약속하기, 서비스보증, 선택대안, 층화된 가치 제공, 고객이 서비스를 평가하는 데 사용할 수 있는 커뮤니케이션 기준들을 살펴보고자 한다.

현실적인 약속을 하라

고객의 서비스에 대한 기대는 서비스품질에 대한 평가에 영향을 미친다. 즉, 고객의 기대가 높을수록, 고객에게 제공된 서비스가 고품질로 지각되도록 해야 한다. 결국 서비스제공에 대한 어떤 약속이라도 실제로 수행되었을 때만이 신뢰성을 확보할 수 있는 것이다. 그러므로 기업의 마케팅 또는 판매부서가 고객에게 약속을 하기 전에 서비스제공의 현재수준(예컨대, 서비스가 정확히 제공된 비율이나 발생된 문제의 횟수 및 비율)을 이해하는 것이 필수적이다. 서비스품질에 관한 커뮤니케이션이 적절하고 효과적이기 위해서는, 고객이 서비스접점에서 실제로 받을 수 있는 것을 정확히 반영해야 한다.

아마도 약속하기에서 가장 단순하고 중요한 점은 가능한 것을 약속해야 한다는 것이다.[28] 많은 기업들은 마케팅 커뮤니케이션을 통해 높은 품질의 서비스를 제공한다는 인식을 만들기를 희망하지만, 이러한 전략은 실제로 제공된 서비스가 광고에서 약속한 것과 다를 때는

세계적 추세 버진 애틀랜틱 항공

혁신, 품질 및 재미(a sense of fun) 등을 통해 세계적으로 알려진 브랜드명(brand name),
이것이 바로 우리가 버진(Virgin)과 함께 항상 열망하는 것입니다.

— 버진 애틀랜틱 항공 CEO 리차드 브랜슨(Richard Branson)

롤링 스톤즈(Rolling Stones), 자넷 잭슨(Janet Jackson), 그리고 휴먼리그(The Human League)와 같은 유명한 아티스트와 계약한 전설적인 음반사, 버진 레코드의 대표이사로 알려진 괴짜 사업가 리차드 브랜슨(Richard Branson)은 버진 애틀랜틱 항공(Virgin Atlantic Airway)이라고 불리는 신생 항공사를 1984년에 설립하면서 또 한 번 세계를 놀라게 했다. 그의 비전은 영국의 시장 선두주자인 브리티시항공(British Airways)에 도전하기 위해 고품질의 가성비 좋은 항공사를 만드는 것이었다. 설립 30년 후, 버진 애틀랜틱은 미국, 카리브해, 극동, 인도, 중국, 홍콩, 아프리카 등에 취항하고 있다. 설립 초기부터 버진 애틀랜틱 항공은 지속적으로, 그리고 강력한 인상을 심어주면서 성장했다. 버진 애틀랜틱 항공은 2015년 기준 영국의 개트윅(Gatwick), 히드로(Heathrow) 및 맨체스터(Manchester) 공항을 기반으로 하고 있으며, 런던의 히드로 공항에서 뉴욕[뉴왁(Newark) 및 JFK], 로스앤젤레스, 샌프란시스코, 워싱턴, 보스턴, 마이애미, 도쿄, 홍콩, 요하네스버그, 케이프타운, 상하이, 델리, 라고스, 밴쿠버, 두바이까지 장거리 비행서비스를 운영하고 있다.

모기업인 버진 그룹은 총 매출이 200억 달러를 넘는 혁신적인 글로벌 브랜드를 소유하고 있다. 29개국 200여 개 브랜드의 기업을 통해

© Chris Parypa Photography/ Shutterstock.com

메가스토어 음악 소매업, 도서 및 소프트웨어 출판, 영화 및 비디오 편집 시설, 클럽, 기차, 금융 자문 등을 운영하고 있다. 버진 애틀랜틱 항공의 브랜드 및 마케팅 캠페인은 성공적인 글로벌 커뮤니케이션이다. 전 세계적으로는 테마와 디자인에 통합된 유니버설 마케팅을 운영하며, 개별 지역에서는 각 지역에 맞는 개별 광고로 운영된다. 버진 애틀랜틱 항공의 공통적인 글로벌 마케팅 요소에는 브랜드 가치, 로고 및 독특한 항공기가 포함된다. 항공사의 브랜드 가치, 즉 "돌봄, 정직, 가치, 재미, 혁신"은 모든 커뮤니케이션과 전략에서 실행된다. 버진은 고객서비스와 저렴한 가격에 중점을 두고 있다. 또한 독창적인 서비스를 최초로 제공하는 기업이다. 예를 들어, 버진 항공사는 모든 좌석에 모

역효과를 낳는다. 다음 부분에서 논의할 전략과 함께 모든 서비스 커뮤니케이션은 가능한 것만을 약속해야 하며, 실제보다 더 매력적으로 보이려는 시도는 하지 말아야 한다.

서비스보증을 제공하라

제7장에서 논의했듯이, 비록 다수의 서비스기업이 서비스만족 보증프로그램을 묵시적으로 수행하고는 있지만, 그러한 서비스를 통해 기업이 실제로 이익을 얻으려면 기본적으로 고객이 보증이 존재한다는 사실을 알고 있고 그 보증이 확실히 제공될 것으로 믿어야만 한다.

선택대안을 제공하라

기대를 재조정하기 위한 한 가지 방법은 고객에게 시간이나 비용 같은 의미 있는 서비스 측면에 대한 선택권(option)을 제공하는 것이다. 예를 들어, 시간당 100달러를 부과하는 임상심리학자(clinical psychologist)는 고객에게 시간당 10달러의 가격인상 또는 1시간이 안 되는 시간에(예 : 50분) 요금할인이라는 두 대안 중 하나를 선택할 수 있도록 한다. 이러한 선택대

니터를 설치하고, 일등석에서 마사지와 미용 서비스를 제공하며, 비행기에 바로 도박 카지노를 설치한 최초의 항공사였다. 빨간색과 흰색의 꼬리 지느러미 모양의 항공사 로고는 TV, 언론, 잡지, 가격 프로모션, 옥외 포스터, 택시 등 전 세계 마케팅 커뮤니케이션 매체에 등장한다. 또 다른 이미지는 플라잉 레이디(flying lady)로, 스카프를 들고 있는 빨간 머리의 짧은 옷을 입은 여성을 그린 바르가스 그림이다. 독특한 비행기들을 가지고 있으며, 비행기 기체에는 플라잉 레이디가, 날개에는 빨간색, 보라색, 은색 금속의 세 가지 핵심 색상으로 표현된 "유니언 잭(Union Jacks, 영국 국기)"이 그려져 있다. 심지어 페인트 기술까지 독특하며, 이 기술은 진주 같은 광택을 내는 단단한 미네랄인 마이카(mica)를 기반으로 한다. 무지개 빛과 비행기의 생동감 넘치는 색채가 어우러져 항공기는 화려하고 낭만적이었던 1930년대의 추억을 불러일으킨다. 버진 애틀랜틱 항공은 글로벌 이미지를 유지하면서 브랜드 테마를 각 문화에 맞게 해석하게 만든다. 카리브해의 광고는 바나나로 독자들을 끌어들인다. 비록 텍스트와 소구(appeal)가 문화에 맞게 바뀌지만, 모든 국제 광고에는 동일한 버진 애틀랜틱 항공의 로고와 동일한 회사 색상이 포함된다.

항공사의 커뮤니케이션 캠페인은 수년 동안 많은 상을 수상했으며 최근 몇 년 동안 이 항공사는 다음과 같은 상을 수상했다.

- Data Storytelling Award, for the best real-time data (2015)
- Europe's leading airline to North America (2015)
- Silver Award in the Best Airline for Groups (2015)
- Wearable Technology Show (2014)
- Future Travel Experience Awards (2014)
- Travolution Award—best airline website as voted by consumers (2014)
- Winner of the coveted ORA Prix d'OR (top accolade) (2013)
- Best Leisure & Travel Website (2013)
- Commendation in BIMA Award for best website user experience (2013)
- Bronze Medal for best use of digital in the travel and leisure sector (2013)
- Travel Brand of the Year (2012)
- Campaign of the Year (2012)
- Best TV Commercial (2012)
- Best Press Campaign (Upper Class) (2012)
- Best Website (VSFlyinghub for global trade website) (2012)
- Best Brochure—Little Red Book—interactive online Flying Club brochure (2012)

기업의 사명(mission)은 버진 애틀랜틱 항공이 하는 모든 서비스에 간단하면서도 효과적인 초석을 제공한다. **"인간의 영혼을 끌어안고 날아가게 하라"**

자료 : www.virgin-atlantic.com

안을 이용해 고객은 시간과 비용 간의 상쇄효과를 고려하여 가장 유용한 방식을 선택할 수 있다. 고객이 스스로 선택권을 행사할 수 있음으로 해서 고객은 보다 현실적으로 서비스에 대한 기대를 할 수 있다.

이러한 전략은 산업재 서비스환경에서 "속도 대 품질"을 선택하게 하는 경우에 효과적이다. 시간에 우선순위를 두는 고객은 흔히 보고서나 제안서를 급히 원한다. 건축회사가 특정 프로젝트에 대하여 3일 이내로 10페이지 분량의 제안서를 제출하라는 요청을 받는다면, 그 회사는 2페이지 분량의 제안서를 3일 이내 또는 10페이지 분량의 제안서를 1주일 이내로 제공할 수 있다고 응답할 것이다. 고객이 후자의 선택대안을 선택한다는 것은 최종기한을 연장시킬 수 있다고 보았기 때문이다. 대부분의 산업재 서비스에서 속도는 필수적으로 중요한 요소이긴 하지만, 사업성과를 위협할 수도 있다. 만약 고객이 이러한 상쇄효과를 이해하고 선택을 하게 된다면, 각 선택대안에 대한 그들의 기대가 보다 현실적으로 형성되기 때문에 고객은 더욱 만족하게 될 것이다.

주목받는 기술 인터넷 전문가, 메리 미커가 예측하는 기업에서 가장 알아야 할 사항

메리 미커(Mary Meeker)는 실리콘밸리 벤처캐피털 기업인 클라이너 퍼킨스 코필드 앤 바이어스(KPCB)의 파트너이자 널리 존경받는 인터넷 분석가이다. 메리 미커는 1995년부터 매년 인터넷 동향을 발표해 왔다. 그녀는 모바일 비디오와 메시징 애플리케이션의 출현 등 많은 것을 맞춘 정확한 예측가로 알려져 있다. 미커의 미래전망은 2016년 6월 1일 캘리포니아 컨퍼런스에서 열린 213장의 슬라이드 프레젠테이션에서 공개되었다.

매년 가장 많이 찾는 통계는 미국 기반 인터넷 광고의 전반적인 성장률에 관한 것이다. 그녀는 인터넷 광고가 2014~2015년 사이에 5분의 1 증가했다고 보고했다. 증가의 대부분은 페이스북과 구글 두 회사가 이룬 것이며, 두 회사의 성장률은 미국 인터넷 광고 성장률의 76%를 차지한다. 페이스북과 구글은 광고주에게 매우 중요한 혜택(타깃팅 목적으로 구체적인 사용자 데이터를 제공하는 기능)을 다른 어떤 플랫폼보다 더 잘 제공하고 있다.

미커는 213장의 슬라이드 프리젠테이션에서 많은 주제를 다루고 수많은 통계를 발표했지만, 가장 설득력 있는 부분은 모바일, 음성 및 이미지에 관한 것이었다.

모바일 광고

모바일 광고는 2014년에 비해 2015년에 66%의 놀라운 성장률을 보인 반면 데스크톱 광고는 5% 증가에 그쳤다. 미커는 모바일 광고지출이 신문이나 TV와 같은 전통적인 미디어 지출에 비해 너무 낮다고 주장한다. 소비자들은 이제 인쇄 매체를 읽는 데 전체시간 중 4%만 사용하는 반면, 모바일 기기에는 25%, 인터넷 검색에는 22%의 시간을 사용한다. 그러나 미국 기업들은 예산의 16%를 인쇄 광고에 지출하고, 모바일에는 12%만 지출하고 있다. 모바일 소비율과 모바일 광고 지출 사이에 220억 달러의 차이가 난다.

미커는 모바일 기기에서 메시징 애플리케이션이 홈 스크린을 추월할 수 있다는 흥미로운 전망을 내 놓았다. 전체 사용자가 모바일에 사용하는 시간 중 80%는 페이스북, 왓츠앱, 크롬 등 3개의 애플리케이션에서 소비된다. 전 세계 모바일 사용자는 매일 12개의 애플리케이션만 사용한다. 메시징이 단순히 받는 것에서 시간이 지남에 따라 점점 유저가 직접 사용하고 표현하는 방식으로 변화하고 있다. 따라서 홈 화면에 메시징 애플리케이션이 있는 것이 합리적이다.

이미지 검색

미커는 또한 텍스트 검색이 점점 사라지고 있으며, 5년 후에는 전체 검색의 절반 이상이 이미지나 음성으로 검색될 것이라고 예측하고 있다. 사용자들이 스마트폰을 '스토리텔링, 공유, 메시징, 창의적 표현'에 사용하는 비중이 커졌기 때문이다. Z세대(2015년 당시 1~20세)가 이미지와 동영상을 많이 사용하는 것으로 알려져 있다. 그녀는 페이스북, 스냅챗, 인스타그램이 밀레니얼 세대를 끌어들이기 위한 선도적인 플랫폼이라고 확신하였다. 페이스북은 18~34세 사이의 사용자들이 매달 평균 1,000분 이상을 소비하는 등 가장 지배적인 위치를 차지하고 있다. 다음으로 인기 있는 플랫폼은 인스타그램과 스냅챗이었다.

매일 100억 개 이상의 짧은 동영상이 온라인에서 조회되고 있으며, 전파력이 강한 동영상은 그 어느 때보다 소비자들의 행동에 영향을 미치고 있다. 미커는 1억 5천만 회 이상의 조회 수를 기록한 "츄바카 맘(Chewbacca mom)" 비디오를 인용하였다. 콜스(Kohl's)가 비디오에서 단 두 번 언급되었지만 미국 iOS 애플리케이션 스토어에서 콜이 가장 많이 다운로드되었다는 것을 강조하였다. 현재는 많은 기기들이 발달하고 메모리, 컴퓨팅 성능 및 클라우드 저장소가 기하급수적으로 증가하고 있다. 사용자는 실시간 비디오와 상황별 정보를 원활하게 주석으로 달아 여러 플랫폼에서 배포할 수 있다.

음성 검색

현재 구글과 안드로이드에서 음성 검색이 전체 쿼리(queries, 질의)의 5분의 1을 차지한다. 구글의 음성 인식 소프트웨어는 90% 이상의 단어 정확도를 보유하고 있다. 미커는 음성은 손과 시력으로부터 자유롭기 때문에 큰 이점을 가지고 있다고 말한다. 예를 들어 인간은 분당 150개의 단어를 말할 수 있지만 분당 40개의 단어만 타이핑할 수 있다. 〈포브스〉의 작가 카렌(Kathleen)은 "미디어의 대화형 기능은 사용자에 대해 컴퓨터가 이해할 수 있도록 하며, 이를 바탕으로 컴퓨터는 개인 맞춤화된 경험을 제공한다"고 말한다.

미커는 음성 인식 정확도가 99%에 도달하면 사람들이 기기를 거의 사용하지 않고 음성장치를 사용하게 될 것이라고 예측한다. 또한 2015년 아이폰 판매가 정점을 찍은 가운데, 아마존 에코와 같은 음성 기반 기기가 인기를 끌 것으로 예측하였다.

자료 : Z. Brooke, "Meeker's 2016 Internet Trends Report Describes a Maturing Digital Industry," *American Marketing AssociationReport*, June 2, 2016; K. Chaykowski, "Five Highlights from Mary Meeker's 2016 Trends Report," *Forbes*, June 1, 2016, http://www.forbes.com/sites/kathleenchaykowski/2016/06/01/five-highlights-from-mary-meekers-2016-internet-trends-report/#36e318097dac; M. Meeker, "2016 Internet Trends," accessed at www.kpcb.com /InternetTrends.

계층화된 가치제공물을 만들어라

제조업체는 고객이 지각하는 가치에 상응하는 가격으로 다양한 버전의 제품을 제공하는 데 익숙하다. 외형적인 구성이 다양한 자동차의 가격은 비용 측면이라기보다는 고객이 "지각하는 가치"에 의해 결정된다. 그러므로 서비스에서 묶음화(bundling)를 활용할 수 있다.

신용카드 기업들은 "계층화된 가치의 제공물(tiered-value offerings)"을 제시하고 있다. 예컨대, 아메리칸 익스프레스는 다양한 수준의 신용카드서비스를 제공하고 있다. 즉, 전형적인 일반카드(green card)는 기본적인 서비스를 제공하고, 골드카드(gold card)는 추가적인 혜택을 제공하며, 플래티넘카드(platinum card)는 가장 많은 서비스를 제공한다. 계층화된 제공물은 기업에게 다음과 같은 두 가지 실익을 가져다 준다.

1. 서비스의 수준을 선택하는 책임을 고객에게 전가시킴으로써, 구체적인 서비스기대에 그들을 익숙해지게 한다.
2. 기업은 높은 수준의 서비스를 위해 기꺼이 고비용을 지불할 용의가 있는 고객들을 간단히 파악할 수 있다. 즉, 고객에게 기대를 정확히 형성하게 할 수 있는 기회는 구매시점에서 의사결정할 때 나타난다. 고객이 계약 이상의 지원을 요청한다면 고객으로 하여금 계약조건을 떠올리게 할 수 있다.

서비스 효과의 기준과 수준을 전달하라

때때로 기업은 고객의 서비스평가기준을 설정할 수 있다. 예컨대, 처음으로 시장조사 서비스를 구매한 기업고객을 생각해 보자. 시장조사는 전문서비스이며 신뢰품질의 특성을 갖기 때문에 고객이 품질에 대한 판단을 하기가 쉽지 않다. 심지어 이러한 유형의 서비스는 고객사가 그 서비스를 통해 획득하려는 목적에 따라 효과성(effectiveness)이 상이하게 나타날 수 있다. 이러한 상황에서 서비스 제공자는 서비스를 측정할 수 있는 기준을 고객에게 교육시킬 수 있게 된다. 신뢰할 만한 방법으로 고객을 교육하는 서비스 제공자는, 고객의 평가과정을 형성하는 데 있어서 유리하다.

예컨대, 다음과 같은 평가기준을 고객에게 제공하는 A라는 조사업체를 고려해 보자. (1) 낮은 가격은 낮은 품질을 의미하는 것이며, (2) 조사회사의 명성이 중요하고, (3) 대면(對面)인터뷰를 통해서 가장 정확한 정보를 얻을 수 있다. 위의 기준을 고객이 받아들인다면 고객은 이 기준에 따라 다른 모든 경쟁공급업체들을 평가할 것이다. 만약 다른 조사업체인 B가 고객을 제일 먼저 만나 다음과 같은 기준을 교육시켰다면 이야기는 달라질 것이다. (1) 명성이 높은 조사업체는 그 명성으로 인해 비싼 가격을 요구하나 이는 명성이 높기 때문이지 결코 그들의 기술이 뛰어난 것은 아니며, (2) 온라인인터뷰도 대면인터뷰만큼 효과가 있고, (3) 가격은 품질수준의 척도가 아니다.

이와 같은 접근법은 평가기준뿐만 아니라 서비스의 수준에도 적용될 수 있다. 만일 조사업체 B가 4일 이내에 자료분석의 결과를 제공할 수 있다고 고객에게 제안한다면, 이에 따라 다른 모든 공급업체에 대한 고객의 기대수준이 이 수준에 맞추어지게 될 것이다.

고객교육관리

제12장에서 논의된 바와 같이 많은 경우 서비스가 효과적으로 수행되기 위해서는 고객이 자신의 역할을 적절히 수행할 수 있어야 한다. 만약 고객이 이러한 역할을 제대로 수행하지 못하거나 망각한다면 불만족이 생길 것이다. 이런 이유로 고객에게 하는 커뮤니케이션 중에는 고객교육도 포함된다.

고객이 서비스프로세스를 준비할 수 있도록 하라

싱가포르항공을 이용하여 싱가포르에서 미국으로 귀국하려던 어떤 사람이 있었다. 싱가포르에서 미국으로 가는 비행기를 타려면 탑승 24시간 전에 예약을 확인해야만 하는데 이 사람은 그러한 항공사의 주의사항을 무시했다. 그가 귀국하기 위해 공항에 도착해 보니, 그 좌석은 이미 다른 승객에게 팔린 상태였다. 이 상황에서 우리는 각자의 견해에 따라 항공사 또는 고객 중 한쪽이 옳다고 주장할 수 있을 것이다. 그렇다면 고객이 자신의 역할을 충실히 수행하도록 하는 것은 누구의 책임인가?

기업이 고객으로 하여금 서비스프로세스를 준비하도록 함으로써 위와 같은 상황은 피할 수 있다. 심지어는 모든 단계에서 고객이 취해야 할 후속 행동에 대하여 고객을 준비시킬 필요가 있다. 산업재서비스에 해당하는 다음과 같은 예시는 이러한 전략을 상세히 설명해 준다.

경영컨설팅서비스의 고객은 마케팅 효과성, 동기부여된 인력 및 문화 변화(culture change) 등과 같은 무형적인 편익을 구매하는 것이다. 기업이 이러한 서비스를 구매한다는 사실은 일반적으로 이들 기업이 단독으로 그러한 과업을 어떻게 수행하는지 모른다는 것을 나타낸다. 그러므로 이러한 고객들 중 대다수가 프로젝트의 진행 정도를 어떻게 판단해야 하는지 모르고 있다. 경영컨설팅과 같은 복잡한 서비스환경에서, 효과적인 서비스 제공자는 고객에게 서비스프로세스를 준비시켜야 하며, 심지어 그 고객만을 위한 서비스를 창출해야 한다. 컨설팅 기업은 계약의 초기 단계에 전체 프로세스를 시간의 경과에 따라 중간 점검할 수 있는 체크 포인트를 설정하고, 프로젝트 완수를 위해 고객이 해야 할 일에 대한 목표를 정하도록 한다. 이 경우 고객은 프로젝트 경과에 따른 추이를 이해하고 있지 못하기 때문에, 컨설팅 기업은 목표설정 혹은 기준을 시간의 경과에 따라 설명할 필요가 있는 것이다.

성과가 표준과 기대에 부합했음을 확인시켜라

서비스 제공자가 제공한 서비스가 명백히 고객이 요구한대로 이루어졌다 할지라도 서비스가 제대로 완수됐다는 것을 고객에게 제대로 전달하지 못하는 경우가 종종 발생한다. 이러한 제공자는 고객의 요청대로 이루어진 자신의 서비스에 대해 고객에게 커뮤니케이션하지 않으면, 자신의 노력에 대해 제대로 평가를 받고 신용을 얻는 일에 실패하는 수가 있다. 이러한 결과는 다음의 조건 중 하나 이상의 상황하에서 발생한다.

- 고객이 서비스의 효과성을 평가하지 못할 때
- 서비스 구매의 의사결정자와 서비스사용자가 다른 사람일 때
- 서비스가 고객이 볼 수 없는 곳에서 수행될 때

일반적으로 고객이 경험부족, 또는 서비스 자체가 너무 기술적인 경우 서비스의 효과성을 평가하지 못하는 경우가 있다. 이런 경우에는 행위 자체가 고객이 이해하기에는 너무 복잡할 수 있기 때문에, 제공자는 고객의 관심사항에 부응하는 구체적인 활동을 전달하는 데 실패하기 쉽다. 이런 상황에서 서비스 제공자는 그 행위를 고객이 알아듣기 쉬운 용어로 바꾸어 설명하여 고객의 지각을 향상시킬 수가 있다. 예컨대, 법률 용어는 일반 사람이 알아듣기 어렵기 때문에 변호사는 고객이 이해하기 쉬운 용어로 서비스성과를 제공할 필요가 있다.

서비스구매의 의사결정자와 사용자가 다른 경우, 의사결정자와 사용자 사이의 만족도가 다른 경우가 흔하다. 예컨대, 정보기술 관련 제품과 서비스를 구매하는 한 기업을 고려해 보자. 의사결정자인 정보기술의 관리자 혹은 이와 유사한 직위에 있는 사람은 구매결정을 하고 서비스약속을 이해한다. 만일 사용자들이 구매 과정에 참여하지 않는다면 그들은 무엇이 약속되었는지 알지 못하여 불만족하게 될 것이다.

고객은 항상 자기가 서비스를 받는 이면에서 일어나는 일에는 무관심한 경향이 있다. 사실 대부분의 서비스는 고객의 눈에 보이는 접점 뒤에 눈에 보이지 않는 지원프로세스를 포함하고 있다. 예컨대, 내과 의사들은 종종 검진을 통해 질병 원인을 알아내기 위하여 진단검사를 요청한다. 이러한 검진결과가 충분치 않을 때 의사는 진단을 제대로 할 수가 없다. 많은 헤어스타일링 회사들은 커트, 퍼머 및 염색과 관련한 고객만족을 보증하고 있다. 그러나 고객이 이에 대하여 잘 알고 있다고 가정하기 때문에, 그들 중 소수만이 이러한 보증을 마케팅 커뮤니케이션으로 알리고 있을 뿐이다. 명시적으로 이러한 보증사실을 알리는 기업은 서비스품질에 대해 불확실하게 생각하는 고객들로부터 더 많은 호응을 받을 수 있다. 고객이 쉽게 이해하지 못하는 서비스를 이해할 수 있도록 서비스표준 혹은 서비스제공의 노력을 알리는 것은 고객이 서비스품질을 높게 지각하는 데 도움을 줄 수 있다.

판매 후 기대를 명확히 하라

서비스가 판매로부터 운영부서로의 이관(hand-off)을 포함할 때, 고객의 기대치를 명확히 하면 기업의 운영부서가 고객의 기대에 부응하는 데 도움이 된다. 판매부서는 회사가 제공할 수 있는 것을 현실적으로 전달하기보다, 최소한 판매시점까지 고객기대를 높여 목표를 달성하려 한다. 이러한 상황에서는 판매부서에서 운영부서로의 이관(hand-off)이 이루어진 즉시 고객과 약속한 내용을 명확히 함으로써 고객이 느끼게 될 미래의 실망감을 방지할 수 있다.

내부마케팅 커뮤니케이션관리

서비스약속을 제대로 제공하는 데 필요한 5번째 전략은 내부마케팅 커뮤니케이션을 관리하

는 것과 관련이 있다. 내부마케팅 커뮤니케이션은 수직적 그리고 수평적 커뮤니케이션을 모두 일컫는다. **수직적 커뮤니케이션**(vertical communication)은 경영자로부터 직원에게 전달되는 하향적(downward) 커뮤니케이션이거나, 직원으로부터 경영자에게로 전달되는 상향적(upward) 커뮤니케이션이다. **수평적 커뮤니케이션**(horizontal communication)은 조직 내부에서 기능적으로 분류된 부서(functional boundaries) 간에 이루어지는 커뮤니케이션이다. 세 번째 전략은 **내부브랜딩**(internal branding)인데, 기업 내부에 브랜드 판매하기 같은 다양한 전략들로 구성되어 있다. 그 다음에는 **효과적인 상향식 커뮤니케이션 창출하기, 후방의 사무 및 지원인력을 외부고객과 연결하기, 교차기능팀 만들기** 같은 전략을 다룰 것이다.

효과적인 수직적 커뮤니케이션을 만들어라

고객과 접촉하는 직원에게 적절한 정보, 툴, 그리고 스킬을 제공하는 기업은 그들로 하여금 성공적인 상호작용마케팅을 하도록 할 수 있다. 이러한 스킬들 중 일부는 제11장에서 논의한 직원 훈련과 다른 노력에 의해 습득되지만, **하향적 커뮤니케이션**을 통해서도 제공된다. 하향적 커뮤니케이션의 가장 중요한 형태는 기업의 뉴스레터, 잡지, 기업 TV 네트워크, 이메일, 브리핑, 비디오테이프, 내부촉진 캠페인, 인지 프로그램 등이다. 성공적인 하향커뮤니케이션의 핵심 중 하나는 외부 커뮤니케이션을 통해 고객에게 전달되는 모든 내용을 직원이 인지하고 있도록 유지 · 관리하는 것이다. 직원은 기업의 커뮤니케이션이 고객에게 전달되기 전에 검토해야 하며, 기업의 웹사이트, 우편(mailings), 그리고 직접판매(direct selling) 접근의 사용과 친근해져야 한다. 만약 이러한 수직적 커뮤니케이션이 시행되지 않는다면, 고객과 직원 모두 고통을 받는다. 고객은 그들이 기업의 외부마케팅을 통해 들은 내용과 동일한 메시지를 직원으로부터 제공받지 못할 것이며, 직원들은 자신이 충분한 교육을 받지 못했다고(uninformed) 느끼고 기업이 하는 일을 잘 알지도 못할 것이다. 고객에게는 외부 커뮤니케이션으로 전달되었으나 직원에게는 내부커뮤니케이션으로 전달하지 못한 것을 고객이 요청하게 되면 직원은 자신이 무식하고(uninformed), 무시당하고(left out), 속수무책(helpless)인 것처럼 느끼게 만든다.[29]

효과적인 수평적 커뮤니케이션을 만들어라

조직 내 부서 간 커뮤니케이션인 **수평적 커뮤니케이션**은 서비스제공에 있어서 일관된 노력을 활성화한다. 일반적으로 기업 내 부서에 따라 목표, 철학, 견해, 그리고 고객에 대한 관점이 다르기 때문에, 수평적 커뮤니케이션을 활성화하는 일은 매우 어려운 일이지만 달성됐을 때 돌아오는 보상도 그만큼 크다. 마케팅과 운영부서 간의 조정으로 서비스제공을 정확히 반영한 커뮤니케이션을 할 수 있게 되면, 고객기대와 실제 서비스제공 간의 격차는 줄어들게 될 것이다. 또한 마케팅과 인적자원관리부서 간의 노력을 통합하는 것은 직원들을 훌륭한 마케터로 키울 수 있게 한다. 재무와 마케팅부서 간의 조정은 서비스에 대한 고객의 평가를 정확히 반영하는 가격을 책정할 수 있게 한다. 이와 같이 서비스기업은 고객을 향해 일관된 메시지를 만들고 서비스 갭을 좁히기 위해 부서 간 조정이 필수적이라고 볼 수 있다.

효과적인 수평적 커뮤니케이션을 위한 한 가지 중요한 전략은 마케팅부서와 운영부서 간의 커뮤니케이션 채널을 개방하는 것이다. 예를 들어, 기업이 서비스접점을 설명하는 광고를 만들 때, 중요하게 고려해야 할 것은 서비스접점상황에서 실제로 고객이 경험하는 것을 정확하게 반영하는 것이다. 특히 기업이 마케팅 커뮤니케이션에서 약속한 서비스수준을 일관되게 제공할 수 없을 때, 고객이 서비스품질을 낮게 지각하게 된다. 광고와 서비스 제공자 간의 조정 및 의사전달은 고객의 기대와 일치하는 서비스제공을 하는 데 중요하다.

본 장의 앞부분에서 언급한 전략인 접점직원이 서비스를 수행하는 실제 모습이나 서비스 자체를 광고부서에 설명해주는 것 또한 광고내용과 실제 서비스접점상황을 조정하는 한 방식이 될 수 있다. 이러한 접점직원을 광고에서 표현하는 데 있어서 광고부서와 에이전트는 직원과 직접적인 상호작용으로 수평적 커뮤니케이션을 해야 한다. 광고에 등장하는 방식 외에 프리테스트를 보여주는 것과 같은 다른 방식으로 직원을 광고에 포함시키는 것도 유사한 편익을 얻을 수 있다.

수평적 커뮤니케이션의 또 다른 중요한 전략은 판매부서와 운영부서 간의 커뮤니케이션 채널을 개방하는 것이다. 이러한 목표를 달성하기 위한 방법은 공식적 · 비공식적으로 여러 가지 유형이 있을 수 있는데, 연간기획회의, 수련회, 편하게 토론하는 회의(retreats), 팀미팅, 워크숍 등을 통해 현재 회사가 당면한 문제를 명확히 하는 것이다. 각 부서의 목표, 그리고 타 부서의 제약사항들을 이해하는 것도 목표를 달성하기 위한 또 하나의 방법이다. 몇몇 기업들은 판매과정에서 약속된 것과 운영직원에 의해 제공되는 서비스를 일치시키는 데 발생하는 어려움을 서로 이해하고 해결하기 위하여 하루나 이틀 정도 양쪽 부서의 직원들이 만나는 "갭 워크숍(gap workshop)"을 열기도 한다.[30]

판매직원과 외부고객이 만나는 자리에 운영부서의 스태프를 참여시키는 것도 운영부서 직원이 판매원의 역할과 고객의 욕구를 더 쉽게 이해하게 하는 한 가지 전략이다. 이는 판매원을 통해서 고객의 요구를 여과시킨다기보다는 오히려 운영부서 직원이 직접 고객의 압력과 요구를 받게 만드는 것이다. 바람직한 모습으로는 운영부서 스태프들이 내부와 외부고객 모두를 만족시키는 것을 자신의 역할로 인식하여 판매부서 직원에게 보다 나은 서비스를 제공하는 것이다.

브랜드를 기업내부에 판매하라

기업 자신이 어떤 마케팅 커뮤니케이션을 하고 있는지 파악하는 것은 내부마케팅 커뮤니케이션의 한 측면이지만, 이것만으로 충분치 않다. 컨설턴트인 콜린 미첼(Colin Mitchell)은 기업의 브랜드와 브랜드 메시지를 직원들에게 마케팅하는 것의 중요성을 강조하고 이를 통해 고객들과 강한 유대를 가질 수 있다고 하였다.[31] 그는 생동감 있는 브랜드(brand alive)를 유지하기 위한 3가지 원칙을 제안했는데, 직원을 교육하고 격려할 적절한 시기를 선택하라, 내부마케팅과 외부마케팅을 연결하라, 직원에게 생동감 있는 브랜드를 전달하라이다. 직원들이 수행능력이 없거나 또는 너무 많은 변화를 한꺼번에 받아들일 의지가 없다면 직원을 교육하고 격려할 적절한 시기를 선택하는 것은 매우 중요하다. 따라서 기업은 직원이 브랜드에 대한 열정을 창출할 수 있을 때 기회를 명확하게 선택해야 한다.

내부마케팅과 외부마케팅의 연결은 경영진으로부터 듣는 것과 소비자에게 듣는 것이 동일할 필요가 있다는 의미이다. 만약 고객들이 자신들이 제공받는 서비스가 가장 중요하다고 접한 반면에 직원들은 원가의 절감이 더 중요하다는 지침을 접했다면, 직원들은 혼란을 느끼고 동시에 그 메시지를 실천하기가 어렵다. 커뮤니케이션의 두 유형을 하나로 하는 가장 좋은 방법은 소비자와 직원 모두를 타겟으로 하는 광고를 만드는 것이다. IBM은 두 타깃을 사로잡기 위해 〈월스트리트 저널〉에 매우 성공적인 e-비즈니스 광고물을 게재했는데, 이는 직원과 고객 모두에게 좋은 반응을 얻었다.

직원들에게 생동감 있는 브랜드를 전달하려면 직원과 기업 간의 강한 정서적 유대감을 형성해야 한다. 사우스웨스트항공은 편한 옷차림(비록 유니폼이지만), 지상과 기내에서 안내할 때 즉흥적인 애드립(ad-libbing)하기, 휴일에 체크인카운터 장식하기 등의 행위로 사우스웨스트항공의 브랜드를 생동감 있게 만들도록 독려하고 있다. 반면에 싱가포르항공은 우아함, 격식을 차린 의상, 조용한 어투, 아시아 음식의 강조를 통해 종업원들과의 유대를 형성하고 있다.

효과적인 상향식 커뮤니케이션을 창출하라

서비스약속과 서비스제공의 갭을 메우기 위해 상향커뮤니케이션 역시 필요하다. 직원은 서비스접점에 있기 때문에 무엇을 제공할 수 있고 없는지를 조직의 누구보다도 잘 파악하고 있다. 그들은 언제 서비스실패가 발생하는지, 그리고 종종 왜 발생하는지도 알고 있다. 직원으로부터 관리자까지 개방된 커뮤니케이션을 갖는 것은 서비스 문제가 발생하기 전에 방지할 수 있고, 문제가 발생했을 경우에도 그것을 최소화할 수 있다.

상호작용이나 측정을 통해 후방의 사무 및 지원인력을 외부고객과 연결하라

기업이 점점 더 고객 중심적으로 변해감에 따라, 현장 접점직원은 고객이 요구하는 것을 파악하는 향상된 기술을 개발한다. 이들은 외부고객에 대해 보다 많은 지식을 갖게 되고 고객과 공감하게 됨에 따라 고객만족이라는 내재적 보상을 경험하게 된다. 그러나 외부고객과 직접 상호작용하지 않는 후방의 사무 혹은 지원인력은 외부고객과 관계를 맺지 못하여 이러한 유대감을 놓치고 고객과 관련된 기술이나 보상을 얻지 못하게 된다.

기업은 후방에 있는 사무 및 지원부서 직원과 외부고객 간의 상호작용을 촉진시킬 수 있다. 예컨대, 미국에서 목재 및 종이 생산업체로 유명한 와이어하우저(Weyerhaeuser)는 직원을 고객의 공장으로 자주 보내 그들의 요구를 보다 잘 이해하도록 했다. 만약 실제 상호작용이 어렵거나 불가능한 경우는, 고객사에서 일어나는 구매와 소비과정을 비디오로 녹화하여 고객의 요구를 생생히 묘사하고, 고객의 기대가 무엇인지를 다른 직원에게 생생히 보여준다.

기업의 측정시스템이 확립된 경우 내부직원은 때때로 가치사슬상에서 자신 다음에 있는 내부고객을 위해 수행한 서비스에 대해 평가를 받게 된다. 이러한 접근법은 직원이 내부고객을 얼마나 잘 서비스하는가를 피드백하지만, 그들의 노력이 최종 고객에게 어떻게 영향을 미치고 있는지를 파악하여 동기부여나 보상에 사용하기에는 부족하다. 페덱스는 측정을 이용하여 내부직원과 외부고객을 연계한 회사 중 하나이다. 페덱스의 서비스품질지표(SQI)는 전체 회사의 서비스실패 횟수에 근거해 매일 산출된다. 내부직원에게 고객실패점을 명확하게 전달하기 위해 각 내부부서에 원인을 추적할 수 있는 연결측정지표를 개발했다. 예컨대, 회사의 정보기술부서는 SQI 측정치에 영향을 미쳤고 따라서 거기에 걸맞는 하위측정 지표를 개발했다.

교차기능팀을 만들어라

고객에게 보다 나은 서비스를 제공하기 위해 수평적 커뮤니케이션을 활성화시키는 또 다른 접근법은, 직원을 교차기능팀(cross-functional teams)에 참여시켜 업무를 최종고객의 요구사항에 맞추는 것이다. 예컨대 통신서비스 팀이 고객과의 상호작용을 개선하기 위해 작업하는 경우 컴퓨터기술자 또는 교육담당자와 같은 후방 사무직원이 팀의 일부가 될 수 있다. 교차기능팀을 통해 고객의 요구사항을 학습할 수 있으며 그들이 함께 달성해야 하는 계획을 직접 수립하고 기능 간 커뮤니케이션을 직접 하게 된다.

교차기능팀 접근법을 가장 잘 설명해 줄 수 있는 예가 광고대행사이다. 일반적으로 광고대행사에서 직접 광고주(고객)와 상호작용하는 직원은 AE(Account Executive)이다[종종 크리에이티브부서 직원에 의해 구애자(suit)라고 불린다]. AE는 일반적으로 광고주를 방문하고, 그들의 기대를 알아내며, 실제 작업을 수행하는 대행사 내의 다양한 부서(아트, 카피라이팅, 제작, 교섭, 그리고 매체구매)와 상호작용한다. 대행사 내 모든 기능은 전문화되어 있기 때문에 극단적인 경우, AE로부터 직접 그들 작업의 지시를 받는다. 교차기능팀 접근법은 모든 영역의 대표가 AE와 함께 고객과 만나도록 하고, 고객 및 고객의 욕구를 어떻게 다룰 것인가에 대해 논의한다. 팀의 각 구성원들은 자신의 기능과 관련하여 의견을 제시하고, 상호의견교환을 한다. 그렇게 하면 모든 구성원들은 다른 집단의 제약사항과 일정을 이해할 수 있게 되는 것이다.

요약

서비스제공과 외부 커뮤니케이션 사이의 불일치는 서비스품질에 대한 고객의 지각에 강한 영향을 미친다. 이번 장에서 우리는 이러한 불일치를 최소화하는 데 있어서 통합 서비스마케팅 커뮤니케이션의 역할과 필요성을 논의하였다. 우리는 서비스마케팅삼각형을 이용하여 외부와 상호작용 커뮤니케이션을 설명하고, 고객기대를 충족시키는 서비스제공을 위해 모든 커뮤니케이션의 조정이 필요하다는 것을 강조했다. 우리는 새로운 미디어의 출현과 관련한 어려움과 가능성도 강조하였다. 또한, 서비스마케팅 커뮤니케이션을 어렵게 하는 서비스무형성, 서비스약속관리, 고객기대관리, 고객교육, 내부마케팅 커뮤니케이션에 대해서 살펴보았다. 그런 다음에 이들과 관련하여 서비스마케팅 커뮤니케이션 문제를 각각 극복할 수 있는 전략을 다루었다. 서비스무형성을 관리하기 위해 구전커뮤니케이션을 극대화하는 방법뿐만 아니라 생생한 심상과 유형적 아이콘을 커뮤니케이션에 이용하라고 기술했다. 서비스약속을 관리하기 위해 강력한 서비스브랜드 구축, 서비스약속의 조정, 현실 가능한 약속하기, 서비스보증 등을 다루었다. 고객기대를 관리하기 위해서는 선택대안 제공, 계층화된 가치제공물 제공, 서비스효과의 기준과 표준전달, 비현실적인 기대와의 협상 등이 효과적일 수 있다고 제시했다. 고객교육을 향상시키기 위해서 고객이 서비스프로세스를 준비할 수 있도록 해주기, 성과가 표준과 기대에 부합되었음을 확인시키기, 판매 후에 기대를 명확히 하기, 고객이 서비스를 제공받는 최적의 시간 선택하기 등을 기술했다. 마지막으로 내부커뮤니케이션을 관리하기 위해 효과적인 수평적/수직적 마케팅 커뮤니케이션, 그리고 내부브랜딩에 대해서 살펴보았다.

토의문제

1 통합 서비스마케팅 커뮤니케이션을 제공하는 다른 서비스기업을 생각해 보라. 서비스기업의 웹사이트를 방문하여 광고와 커뮤니케이션 부분을 탐색해 보라. 그들은 호텔스닷컴(Hotels.com) 같은 기업처럼 서비스마케팅 커뮤니케이션을 잘 이해하고 통합이 잘 이루어졌는가? 그 이유는 무엇인가? 혹은 그렇지 않은가? 광고효과를 높이기 위해 무엇을 추가하고 변화시키고 제거해야 하는가?

2 자신이 생각하기에 본 장에서 논의한 커뮤니케이션 갭(제공자 갭 4)을 일으키는 주요 원인 중 기업 내에서 해결하기에 가장 쉬운 것은 어떤 것인가? 어떤 것이 해결하기에 가장 어려운가? 그 이유는 무엇인가?

3 통합 서비스마케팅 커뮤니케이션을 실행하기 위한 4개의 전략을 다시 생각해 보라. 모든 이러한 전략이 재화 중심의 기업에서도 적절한가? 어떤 기준이 재화 중심의 기업에 가장 중요한가? 어떠한 것이 서비스기업에 가장 중요한가? 재화 그리고 서비스기업에게 가장 중요한 전략 간에는 어떤 차이가 있는가?

4 지금까지 본 인터넷광고 중 가장 효과적인 것은 무엇인가? 왜 그렇게 생각하는가?

5 고객기대의 재조정에 대한 단락을 이용하여 강의실에서 학생들에게 제공되는 서비스의 양을 줄여야만 하는 교수의 입장에서 고객기대 재설정 단락을 이용하여 답하라. 이런 맥락에서 각 전략의 예를 들어라. 어떤 전략이 기대를 관리하는 데 있어 학생들에게 가장 잘 적용될 것 같은가? 그 이유는 무엇인가?

6 페이스북이나 유튜브 같은 소셜마케팅 미디어가 서비스기업에 왜 중요한가? 이는 재화 중심 기업에도 중요한 것인가?

7 고객이 만든 미디어를 지렛대(leverage)로 활용하기 위해 어떤 다른 전략을 제시할 수 있는가?

8 고객교육에서 설명한 4개의 전략 외에 다른 어떠한 전략을 더할 수 있는가? 서비스기업으로부터 어떠한 형태의 교육을 기대하는가? 당신이 받았던 충분한 교육의 기업 예를 제시하라. 어떠한 기업이 충분한 교육을 제공하지 못하였는가?

연습문제

1 구글의 웹사이트를 방문하여 "비즈니스 솔루션(Business Solution)" 탭을 선택하라. 이 곳은 구글이 제공하는 광고의 유형을 기술한 부분이다. 유튜브와 동일한가?("기업정보" 부문과 "광고" 부문 모두 방문해야 함). 이러한 광고의 유형을 살펴본 다음에 각각의 편익과 불편한 점을 기술하라. 당신이 광고주라면 광고의 유형 중 무엇을 이용하겠는가? 왜 그런 선택을 했는가?

2 신문이나 잡지로부터 효과적인 5개의 서비스광고를 찾아라. 본 장의 기준에 따라, 왜 그것이 효과적인지 확인하라. 기준항목을 사용하여 그것들을 비평하고, 그것들을 발전시킬 수 있는 방법을 논의하라.

참고문헌

1 T. Wright, "5 Examples of Print Advertising and Digital Marketing Integration Done Right Digital Advertising," *Search Engine Journal*, December 8, 2015.

2 P. Hong, "The 10 Most Memorable Marketing Campaigns of 2015 & Why They Were Special," October 2015, http://www.linkdex.com/en-us/inked/memorable-marketing-

campaigns–2015/.

3 Ibid.

4 P. G. Lindell, "You Need Integrated Attitude to Develop IMC," *Marketing News*, May 26, 1997, p. 5.

5 D. Legg and J. Baker, "Advertising Strategies for Service Firms," in *Add Value to Your Service*, ed. C. Suprenant (Chicago: American Marketing Association, 1987), pp. 163–168.

6 B. Mittal, "The Advertising of Services: Meeting the Challenge of Intangibility," *Journal of Service Research* 2 (August 1999), pp. 98–116.

7 H. S. Bansal and P. A. Voyer, "Word–of–Mouth Processes within a Services Purchase Decision Context," *Journal of Service Research* 3 (November 2000), pp. 166–177.

8 K. L. Alesandri, "Strategies That Influence Memory for Advertising Communications," in *Information Processing Research in Advertising*, ed. R. J. Harris (Hillsdale, NJ: Erlbaum, 1983).

9 L. L. Berry and T. Clark, "Four Ways to Make Services More Tangible," *Business*, October–December 1986, pp. 53–54.

10 www.geico.com; www.Aflac.com; "Who's Your Favorite Advertising Icon?" advertising insert, *New York Times*, September 20, 2004, p. 6.

11 Berry and Clark, "Four Ways to Make Services More Tangible."

12 W. R. George and L. L. Berry, "Guidelines for the Advertising of Services," *Business Horizons*, May–June 1981, pp. 52–56.

13 M. Arndt, "Burrito Buzz—and So Few Ads," *BusinessWeek*, March 12, 2007, pp. 84–85.

14 G. Fulgoni, "No Time to Lose for Online Retailers," comScore Inc. blog, accessed December 7, 2009.

15 "The 90/10 Split," www.emarketer.com, accessed May 28, 2011.

16 Cited in S. Gupta, K. Armstrong and Z. Clayton, "Social Media," *Harvard Business School*, February 15, 2011, from a study by The Nielsen Company, "Trust, Value, and Engagement in Advertising," July 2009, http://blog.nielsen.com/nielsenwire/wp–content/uploads/2009/07/trustin advertising0709.pdf, accessed January2010.

17 "VNU Brings Together BuzzMetrics, Intelliseek to Create Nielsen BuzzMetrics Service," www.prnewswire.com, September 25, 2006.

18 D. D. Gremler, K. P. Gwinner, and S. W. Brown, "Generating Positive Word–of–Mouth Communications through Customer–Employee Relationships," *International Journal of Service Industry Management* (January 2001), pp. 44–59.

19 Ibid, pp. 54–56.

20 L. L. Berry, "Cultivating Service Brand Equity," *Journal of the Academy of Marketing*

Science 28 (Winter 2000), pp. 128–137.

21 The figure and definitions contained in this section are all from Berry, "Cultivating Service Brand Equity."

22 L. L. Berry and K. D. Seltman, "Building a Strong Brand: Lessons from Mayo Clinic," *Business Horizons* 50 (2007), pp.199–209.

23 Ibid., p. 201.

24 G. Rifkin, "How the Red Sox Touch All the Branding Bases," strategy + business.com,accessedApril2007.

25 www.mastercardinternational.com2011.

26 Alice Z. Cuneo, "Sue Johenning," *Advertising Age*, September 27, 2004.

27 P. Denoyelle and J. Larreche, "Virgin Atlantic Airways—Ten Years Later," INSEAD Case, 1995.

28 D. E. Bell and D. M. Leavitt, "Bronner Slosberg Humphrey," *Harvard Business School Case 9–598–136*, 1998, p. 5.

29 L. L. Berry, V. A. Zeithaml, and A. Parasuraman, "Quality Counts in Services, Too," Business Horizons, May–June 1985, pp. 44–52.

30 V. A. Zeithaml, A. Parasuraman, and L. L. Berry, *Delivering Quality Service: Balancing Customer Perceptions and Expectations* (New York: The Free Press, 1990), p. 120.

31 C. Mitchell, "Selling the Brand Inside," *Harvard Business Review* 80 (January 2002), pp. 5–11.

Chapter 15

서비스의 가격책정

본 장의 목적은 다음과 같다.

1. 서비스가격이 제품가격과 다른 점 세 가지에 대해 논의한다.
2. 서비스가격책정과 제품가격책정의 주요 차이점을 명확히 한다.
3. 고객에게 가치가 어떤 의미인지 그리고 가치 측면에서 가격이 어떠한 역할을 하는지 보여준다.
4. 서비스가격책정을 위해 사용하는 전략을 기술한다.
5. 가격책정전략을 실행하는 예를 설명한다.

막대한 수익의 항공사, 소비자들을 당황하게 하는 항공요금

2015년에는 미국 항공사들이 수십 년 만에 가장 높은 수익을 얻었다. 낮은 연료가격, 경쟁감소 및 구조조정된 요금으로 인해 256억 달러의 수익을 기록하게 되었다. 2013년에 주요 항공사들은 승객들의 추가요금만으로 약 315억 달러의 수입을 올렸다. 기존의 항공티켓 발권의 경우, 고객들은 경쟁항공사의 티켓 가격을 쉽게 비교할 수 있었다. 항공권 가격은 기본비용에 세금이 추가되는 구조로 최종가격을 파악하기가 매우 용이했다. 그러나 오늘날은 모든 것이 예전과 다르다. 티켓 변경, 좌석선택, 프리미엄 좌석, 빠른 탑승 그리고 기내식 및 음료와 같은 다양한 서비스에 별도의 다양한 요금이 부과되면서 잠재고객들은 미리 항공기의 최종가격을 파악하기 쉽지 않다.

설상가상으로, 항공사들은 서비스에 대해 추가요금을 부과하거나 같은 서비스라도 항공사마다 금액을 다르게 부과한다. 따라서 회사 간 가격비교가 어렵다. 아홉 가지의 서비스[1. 수화물 서비스(기내 반입, 첫 번째 또는 두 번째 수화물 위탁 순서, 추가 수화물, 중량 초과 및 가방 크기 초과), 2. 티켓 변경 서비스, 3. 예약(전화, 직접) 서비스, 4. 동반자 없는 미성년자 서비스, 5. 애완동물 서비스, 6. 좌석선택 서비스, 7. 프리미엄 좌석 서비스, 8. 기내식/음료 서비스, 9. 담요/모포 서비스]가 있으며 요금은 항공사마다 다르다(자세한 내용은 본 장의 후반부에 언급되는 "항공사 요금가이드" 참조). 잠재고객은 지속적으로 업데이트되는 "최종가이드"를 참조하지 않는 한, 실제 요금을 찾고 비교하는 데 몇 시간이 걸릴 수도 있다. 실제 요금은 대부분 체크인하거나 실제로 탑승할 때까지 알 수 없다. 예를 들어, 프리미엄 좌석선택 서비스는 가격이 매우 다른데, 고객은 비용을 더 지불하거나 항공사의 마일리지를 이용하여 추가로 구입할 수 있다. 어떤 항공사는 좌석위치 서비스(예 : 비행기 앞쪽 선호)에 요금을 부과하기도 하고, 다른 항공사는 발을 뻗을 수 있는 공간이 추가된 좌석을 제공하고 돈을 더 받는다. 일등석과 비즈니스석도 가격이 천차만별이지만 일찍 탑승하는 서비스 또한 그렇다. 반려동물 서비스와 기내식 음료 서비스의 요금 차이가 너무 커서, 고객들은 가격을 비교하고 크게 당황한다.

사우스웨스트항공에서는 수화물에 대하여 추가요금을 부가하지 않기 때문에 그 자체로 차별적인 항공사가 되었으며, 항공사의 슬로건도 "백 플라이 프리(bags fly free)", 즉 "짐은 무료입니다"라는 슬로건을 가지고 있다. 이러한 가격 차별 요소들은 사우스웨스트의 저가항공 포지셔닝에 도움을 주며 승객들로부터는 호감을 얻게 된다. 반면에, 스피릿항공(Spirit Airline)은 기내에 가지고 들어가는 휴대용 짐에 요금을 청구한 미국 최초이자 유일한 항공사였기 때문에 저가항공사임에도 불구하고 고객들에게 좋지 않은 이미지를 심어주었다. 프론티어(Frontier)와 얼리전트(Allegiant)는 또한 기내 수하물 서비스에 비용을 청구하고 있으며, 청구되는 가격은 상당히 복잡하다. 각 항공사는 가장 저렴한 항공편을 찾는 고객을 유입시키기 위해 기본가격을 낮게 설정하였지만, 추가 서비스로 인해 각 항공편의 최종가격을 계산하려면 계산기가 필요하다. 실제로 스피릿항공은 웹사이트에 자체 "백오트론(Bag-o-Tron)"을 가지고 있어 승객이 여행 가방의 가격을 미리 계산할 수 있다.

개별 서비스에 대한 요금청구는 미국의 항공사들이 실시하고 있는 비교적 새로운 전략이다. 그러나 아일랜드의 더블린(Dublin)에 본사를 둔 저가항공사인 라이언항공(Ryanair)에게는 이미 일반적인 전략이다. 라이언항공은 수화물 서비스나 온라인 체크인 서비스와 같은 추가서비스에 저렴하지 않은 가격을 책정한다. 고객들은 라이언항공을 "구두쇠항공"(물 값은 미국항공사의 맥주 값과 비슷함) 혹은 "서비스마다 돈"(심지어 온라인으로 예약해도 추가비용이 청구됨)이라고 부른다. 항공요금은 저가이지만 모든 서비스를 이용하려면 비용이 든다. 실제로, 라이언항공은 휠체어를 한 번 사용한 고객에게 34달러를 청구하기도 했다. 항공사는 고객들에게만 요금을 청구하지는 않는다. 직원들도 자신의 유니폼을 구입하고 자신들이 구매한 펜을 고객에게 제공한다. 라이언항공 지주회사의 CEO는 자신의 철학을 분명히 말하였다. "당신은 고급스러움을 원하시나요? 그러면 다른 항공사로 가십시오."[1]

가격책정 전문가에 따르면 대부분의 서비스기업은 수요의 변화, 공급을 늘릴 수 있는 정도, 대체재의 가격, 가격과 판매량의 관계, 미래 대체재의 출현 가능성 등을 고려하지 않고 단순하고 생각 없이 가격을 책정한다고 한다.[2] 제품가격책정에 비해서 서비스가격책정이 왜 어려운가? 서비스의 경우에 어떤 접근방법이 적합한가?

본 장은 제품과 서비스는 가격책정에서 다음의 세 가지 차이점이 있다는 점에 근거하고 있다.

1. 고객의 서비스에 대한 준거가격이 부정확하거나 제한되어 있다.
2. 서비스고객에게는 금전적 가격만이 가격은 아니다.
3. 가격은 서비스품질을 나타내는 주요한 신호가 된다.

위와 같은 세 가지 차이점은 기업이 서비스가격을 책정하고 조정하는 전략을 수립하는 데 의미 있는 영향을 준다. 또한 본 장에서는 (1) 원가 중심, (2) 경쟁 중심, (3) 수요 중심의 가격책정에 대해서도 논의한다. 수요 중심의 가격책정에서 가장 중요한 것 중의 하나가 지각된 가치(perceived value)인데 이는 고객의 기대와 서비스제공물의 보조를 맞추기 위해 기업이 꼭 이해해야 한다. 이러한 이유 때문에 우리는 고객이 어떻게 가치를 정의하는지를 설명하고, 가치를 염두에 두고 가격책정전략을 논의하려 한다.

고객이 서비스가격을 재화가격과 다르게 생각하는 세 가지 이유

서비스에 대한 고객의 의사결정 시 가격은 어떤 역할을 하는가? 서비스특징을 비롯한 다른 요인과 비교해 볼 때 가격은 잠재구매자에게 얼마나 중요한가? 서비스기업은 가격책정이 어떻게 이루어지는지를 이해해야 하지만, 그러려면 먼저 고객이 가격과 가격의 변화를 어떻게 지각하는지를 이해해야 한다. 다음에 이어지는 세 개의 절에서 고객이 서비스를 지각하는 방법을 설명한다. 이들 내용은 효과적으로 가격책정을 하는 데 매우 중요하다.

서비스가격에 대한 고객의 지식

고객은 서비스를 선택하는 기준으로서 가격을 어느 정도나 사용하는가? 서비스원가에 대해 고객은 어느 정도나 알고 있는가? 이 질문에 대답하기 이전에 **예시 15.1**에 제시된 서비스가격 퀴즈를 보자. 제시된 각 서비스에 대한 가격을 기입할 수 있는가? 만약 기억을 더듬어 문제에 답할 수 있다면 그 서비스에 대한 내부 **준거가격**(reference price)을 가지고 있는 것이다. 준거가격이란 **제품이나 서비스에 대한 기억 속의 가격**인데, 가장 최근에 지불한 가격, 가장 자주 지불하는 가격, 혹은 유사한 제공물을 구입하기 위해 지불한 가격의 평균 등으로 구성된다.[3]

서비스에 대한 자신의 준거가격이 얼마나 정확한지를 알려면 집 가까운 곳에서 제공되는 이들 서비스의 실제가격과 비교해볼 필요가 있다. 만약 특별한 사람이 아니라면, 서비스가격에 대한 자신의 지식이 상당히 부정확하여 서비스에 대해 자신의 기억 속에 갖고 있는 준거가격이 제품에 대한 준거가격에 비해 정확하지 않음을 느낄 것이다. 많은 이유로 해서 이러한 차이가 생긴다.

서비스의 다양성이 지식을 제한한다

서비스는 무형이고, 공장에서 생산되지 않기 때문에 서비스기업은 그들이 제공하는 서비스를 다양하게 형상화할 수 있다. 얼마든지 다양하게 서비스를 제공할 수 있고, 따라서 가격구조가 복잡할 수 있다. 예컨대 생명보험에 가입할 때 비교 가능한 가격을 찾는 것이 얼마나 어려운지를 생각해 보라. 다양한 유형(예 : 전생애 대 일정기간), 특징(상이한 공제사항), 고객에 따른 차이(나이, 건강지수, 흡연 혹은 비흡연) 등으로 인해 동일한 특징과 동일한 가격으로 제공되는 보험은 거의 없다. 설혹 그렇더라도 전문가가 아니면 동일한지 아닌지의 여부를

예시 15.1 서비스가격에 대해 얼마나 알고 있습니까?

1. 자신이 살고 있는 동네에서 다음과 같은 서비스의 비용은 얼마나 되는지 적어 보시오.

치과 검진	________
종합병원 검진	________
음주운전 벌금에 대한 법률 자문	________
치아 교정	________
한 시간 동안의 집안청소	________
힐튼호텔 투숙료	________
이미용	________
오일교환과 윤활유	________

2. 만약 충치를 치료해야 한다면 다음 중 어느 경우를 선택하겠습니까?
   ① 치과의사 A : 비용은 75달러, 집에서 15마일 거리, 3주일 전에 예약해야 하고, 대기실에서 1시간 30분간 기다려야 함
   ② 치과의사 B : 비용은 100달러, 집에서 15마일 거리, 1주일 전에 예약해야 하고, 대기실에서 30분간 기다려야 함
   ③ 치과의사 C : 비용은 150달러, 직장에서 3마일 거리, 1주일 전에 예약해야 하고, 대기실에서 기다릴 필요 없음
   ④ 치과의사 D : 비용은 225달러, 직장에서 3마일 거리, 1주일 전에 예약해야 하고, 대기실에서 기다릴 필요 없음. 일산화질소를 사용하기 때문에 아프지 않음

알기가 어렵다. 프로그레시브(Progressive)와 같은 보험회사는 고객에게 경쟁력 있는 보험가격을 제공하는 전략을 구사한다.

의료검진 가격에 대한 질문에 어떻게 대답했는가? 만약 당신이 대부분의 소비자와 같다면, 준거가격을 기입하기 전에 보다 많은 정보를 원했을 것이다. 아마도 의사로부터 어떤 유형의 검진이 제공되는지를 알려고 했을 것이다. X-레이 촬영과 다른 검사테스트가 포함되는가? 어떤 유형의 테스트인가? 검진시간은 얼마나 걸리는가? 검진목적이 무엇인가? 만약 그 검진이 단순히 건강상태를 알기 위함이거나 결혼 전의 진단을 위한 것이라면, 의사는 간단한 병력을 조사하고 심장박동을 들어보고 혈압을 잴 것이다. 그러나 만약 그 검진이 당뇨병이나 고혈압과 같은 만성 질환을 검사하기 위한 것이라면 의사는 보다 정밀한 검사를 하려 할 것이다. 여기서 말하고자 하는 요점은 서비스 제공자들 간에는 매우 높은 수준의 다양성이 존재한다는 것이다. 모든 의사가 동일한 방법으로 검진하는 것은 아니다.

제공자들이 가격을 추정하려 하지 않는다

고객이 서비스에 대한 정확한 준거가격을 갖지 못하는 또 다른 이유는 많은 제공자들이 가격을 미리 계산할 수도 없고 또 하려고도 하지 않기 때문이다. 대부분의 의료 혹은 법률서비스를 생각해 보라. 법률 혹은 의료서비스 제공자들은 가능한 경우에도 가격을 미리 추산하려 하지 않는다. 근본적인 이유는 환자 혹은 고객의 상황을 사전에 완전히 조사하기 힘들고, 서비스제공과정(병원의 수술이나 법정소송 등과 같은)이 끝나기 전까지는 서비스가 어떤 내용을 포함하게 될지 알지 못하기 때문이다. 대부분의 병원들은 차지마스터(chargemasters)라고 불리는 진료비 일정을 미리 환자에게 제공하지 말아야 하며 환자의 사적인 정보의 기밀유지에 힘써야 한다고 주장한다.[4] 기업 대 기업의 거래상황에서 기업은 컨설팅이나 건설 등과 같은 복잡한 서비스에 입찰할 경우 가격추정을 한다. 하지만 소비자가 그렇게 한다는 것

은 어렵기 때문에 흔히 서비스의 최종가격에 대한 사전지식이 없이 구매하곤 한다.

개별 고객의 욕구가 다양하다

준거가격이 부정확할 수밖에 없는 또 다른 요인은 고객의 개인적인 욕구가 다양하기 때문이다. 미용사의 서비스가격은 머리의 길이, 헤어 커트의 유형, 컨디셔닝과 스타일링이 포함되었는지의 여부에 따라 다양하다. 따라서 만약 당신이 친구에게 특정 미용실의 가격을 물어보았다면 당신이 지불한 가격과 다를 수 있는 것이다. 같은 맥락에서 호텔 객실과 같은 단순한 서비스인 경우에도 방의 크기, 연중 시기, 방의 여유, 개인과 단체요율 등에 따라서 가격은 매우 다양하다. 이들 두 예는 매우 단순한 서비스인 경우에 해당한다. 이제 치과의사로부터의 치열교정 혹은 변호사의 법률조언과 같은 특이한 서비스구매를 생각해 보자. 이들 혹은 많은 다른 서비스에 있어서 고객이 다른 요구사항들을 가지고 있다는 것은 서비스의 가격책정에 강력한 역할을 한다.

수집해야 할 가격정보가 너무 많다

고객의 준거가격이 부정확한 또 다른 이유는 고객이 수집해야 할 정보가 너무 많다고 생각하기 때문이다. 제품의 경우 소매점에서 고객이 브랜드와 크기별로 가격을 비교할 수 있도록 제품을 범주별로 진열한다. 하지만 같은 매장에서 유사한 서비스를 진열하는 경우는 거의 없다. 만약 고객이 가격을 비교하고자 한다면(예 : 세탁소 등), 개별 매장을 방문하거나 전화를 해야 한다. 만약 소비자가 가격비교를 원하면(예 : 드라이클리닝), 그들은 직접 매장을 방문하거나 전화를 하며, 인터넷을 통해 적절한 가격을 찾아볼 것이다. 단순한 서비스를 위한 것일지라도, 이러한 것들은 소비자들에게는 지나친 과업일 수도 있는데 이는 **예시 15.1**에 잘 나타나 있다.

서비스가 조금 더 전문화되었을 경우 비용을 어느 정도 더 지불해야 하는지 파악하는 것은 더욱 어렵다. 결혼설계사(wedding planner), 경영자코치(executive coach), 가정보안시스템(home security system)으로부터 제공받는 흔치 않은 서비스에 대한 준거가격을 생각해 보자. 추정한 준거가격은 **예시 15.1**의 서비스가격 퀴즈에서 제시된 서비스들보다 불확실하고 부정확할 것으로 예상된다. 저자들은 상당한 검색을 하여 서비스별 가격차이를 조사한 결과, 아래와 같이 미국 시장의 서비스가격에 대해서 파악할 수 있었다(2016년 기준). 풀 서비스 결혼설계사 비용은 남부 지역에서는 2,000~3,000달러, 대도시 지역에서는 3,500~10,000달러 수준이다. 신부 컨설턴트 협회(Association of Bridal Consultants)에 따르면 평균 컨설턴트 비용은 북동부 지역에서 3,636달러, 남부 지역에서 2,635달러이며 전국은 평균적으로 3,262달러이다. 경영자코칭(executive coaching) 분야에서 가장 널리 알려진 셀파경영자코칭(Sherpa Executive Coaching) 협회는 정기적으로 회원들의 서비스가격을 설문으로 조사한다. 리포트에 따르면, 교육되는 기술 수준과 유형에 따라 시간당 200~3,500달러까지 수수료가 천차만별이며, 고급 기술 및 임원 그룹의 가격도 시간당 500~725달러에 이른다. 미국과 캐나다의 행동 및 리더십 코치 500명을 대상으로 한 협회의 최근 조사에 따르면, 모든 수준과 기술에 대한 대부분의 요금이 시간당 220~340달러 정도로 형성된다고 한다. 가정용 보안 시스템의 경우, 너무 다양한 요소들(예를 들어, 주택 크기, 설치 대 모니터링 비용, 카메라, 윈도우 알람, CO_2 알람, 공급자의 유형 등)이 구매에 영향을 끼치기 때문에 미국 소비자 리뷰업체인 앤지리스트(Angie's List)조차 가격을 추정할 수 없다고 한다.[5]

고객이 서비스에 대하여 부정확한 준거가격을 갖고 있다는 사실은 몇 가지 중요한 실무적 의미를 갖는다. 촉진가격(쿠폰 제시 혹은 특별가격 등)은 일반적으로 가격 기준점이 존재하지 않는 서비스에서는 일반제품에 비해 덜 효과적일 수 있다는 것이다. 그렇기 때문에, 아마도 서비스제품 광고에서는 일반 제품광고에 비해 가격이 등장하지 않는다. 만약 촉진가격(미용실에서 50달러에 특별 퍼머를 제공한다는 광고 등) 광고가 단 한 사람의 고객에게만 노출되었더라도 그 촉진가격은 고객의 기준가격(anchor price)이 되어 미래에 퍼머를 할 경우 정상가격인 75달러가 비싸다고 인식할 수 있기 때문에 촉진가격은 문제를 발생시킬 수 있다.

정확한 준거가격이 없기 때문에 고객이 자주 구매하지 않는 서비스에 대한 실제가격(actual price)을 알리는 광고는 일부 서비스에 대한 고객의 과장된 가격기대와 불확실성을 감소시킬 수 있을 것이다. 예컨대 단순한 조사에 대한 가격을 알리는 마케팅조사기관의 광고(한 프로젝트당 10,000달러 등)는 조사연구비에 친숙하지 않은 기업고객들에게 정보를 줄 수 있고, 따라서 비용을 추측할 수 있게도 해준다. 광고에서 가격을 제시함으로써 기업은 독자들에게 기준가격을 제공하게 되고, 독자들이 고가격의 공포에서 벗어나게 해준다.

가격은 가시적이지 않다

고객의 준거가격이 형성되려면 가격이 가시적이어야 한다. 많은 서비스의 경우, 특히 금융서비스인 경우, 대부분의 고객은 단지 수익률에 대해서만 알고 있을 뿐 그들이 지불하는 비용(가격)에 대해서는 알지 못한다. 고객은 단지 가격이 가시화되어 있는 금융상품(예 : 공채, 보험기간)에 대해서만 비용을 인식했다. 증권과 일생 동안의 보험, 연금 등과 같이 가격이 가시적이지 않은 경우에는 고객은 자신이 무엇을 얼마만큼 부담했는지를 알지 못한다. 신용카드 수수료는 소비자의 지출에 의해 책정되지만, 소비자들은 나중에 이자율을 보고 놀라곤 한다. 컴파운딩(coumpounding, 복리기준 이자계산방법)이나 늦게 지불한 대가로 인한 높은 이자율 상승 같은 기타 금융제도들은 구매가 이루어진 후에도 비용에 영향을 미치지 않는다.

위에서 논의된 모든 이유로 인하여 많은 고객이 어떤 서비스를 받은 후까지도 가격을 전혀 파악하지 못함을 알 수 있다. 물론 사고나 질병 같은 응급상황에서는 비용을 전혀 고려하지 않고 구매결정을 한다. 만약 구매 이전에 고객에게 비용이 알려져 있지 않다면 가격은 일반제품처럼 구매의 핵심 기준이 될 수 없다.

비금전비용의 역할

최근 들어 경제학자들은 소비자가 제품과 서비스를 얻기 위해 희생하는 것이 금전적인 가격

(monetary price)만은 아님을 알게 되었다. 수요는 금전적인 가격만이 아니라 다른 비용에 의해서도 영향을 받는다. 비금전적인 비용이란 고객이 서비스를 구매하고 사용할 때 지각하는 여러 가지 다른 희생을 총칭한 것이다. 어떤 서비스를 구매 혹은 재구매하려 할 때 시간비용(time costs), 탐색비용(search costs), 심리적 비용(psychic costs) 등이 흔히 고려되고, 때로는 금전적인 가격보다 더 중요할 수도 있다.

시간비용

대부분의 서비스에는 고객이 직접 참여하기 때문에 고객이 서비스 제공자와 접촉하는 시간뿐만 아니라 대기시간도 포함하여 많은 시간비용(time costs)이 소요된다. 의사를 만나거나 음악회 또는 야구게임을 보는 데 들어가는 투자를 생각해 보자. 이들 서비스를 받기 위해 돈을 지불하는 것뿐만 아니라 시간도 소모하고 있는 것이다. 시간은 다양한 방법으로 서비스를 제공받기 위한 일종의 희생이다. 즉, 서비스 제공자들이 고객의 수나 각 고객이 서비스를 제공받는 시간을 완전히 통제할 수 없기 때문에 어쩔 수 없이 기다려야 한다. 미국의료협회에 따르면 내과의사의 진료를 받기 위해서는 평균 24분이 소요된다고 한다.[6] 제품을 구입하기 위해 기다리는 시간에 비해 서비스의 대기시간은 사실 언제나 길고 예측이 어렵다. 또한 고객은 흔히 예약해 놓고 상당히 기다려야 한다(앞의 서비스가격 퀴즈에서 치과의사 A에서는 3주를 기다려야 하는 반면, 치과의사 D에서는 단지 1주일만 기다리면 되었다). 이처럼 사실 우리 모두는 서비스를 제공받기 위해 대기시간(waiting time)을 소모하고 있는 것이다.

탐색비용

자신이 원하는 서비스를 검색하고 그중에서 하나를 선택하기 위해 들이는 노력인 탐색비용(search costs) 또한 유형제품에 비해 서비스의 경우에 더 높다. 서비스가격은 고객이 쇼핑하면서 조사할 수 있도록 서비스시설의 진열대에 전시되는 경우가 거의 없다. 따라서 이러한 가격은 흔히 그 서비스를 경험하기로 결정한 후에야 비로소 알게 된다. 예컨대, 서비스가격 퀴즈에서 1시간 동안의 집안청소에 대한 비용을 얼마나 잘 추정할 수 있었나? 학생으로서 당신은 정기적으로 집안청소 용역을 구매해 보지 않았을 것이고, 그 어떤 소매점에서도 1시간 동안의 집안청소 가격이 제시된 것을 보지 못했을 것이다. 탐색비용을 증가시키는 또 다른 요인은 각 서비스 시설(보험이나 금융서비스에서 브로커들이 개입하는 경우 제외)이 일반적으로 서비스 제품의 "브랜드"를 하나만 제공한다는 것이다. 따라서 고객이 여러 제공자에 관한 정보를 얻기 위해서는 초기에 몇 개의 회사와 접촉해야만 하기 때문에 탐색비용이 더 들어가는 것이다. 일부 서비스(여행과 호텔 등)를 위한 가격비교는 인터넷을 통해 용이해졌고 탐색비용을 낮췄다. 예를 들어, 오비츠(Orbitz)와 트레블로시티(Trevelocity)는 소비자가 다수의 항공사(사우스웨스트항공은 예약서비스에 참여하지 않았음), 호텔, 렌터카를 검색할 수 있도록 한다. 그러나 본 장 초반에 여러 번 설명했듯이, 항공사의 부가적인 수수료 때문에 비행기의 최종운임을 찾기 어렵게 하고 있다.

편의비용

또한 서비스에는 편의비용(convenience costs)이 따른다. 만약 고객이 서비스를 받기 위해 이동해야 한다면 비용이 발생하게 될 것이고, 노인들처럼 이동이 어려울수록 비용은 그만큼 커진다. 더구나 만약 서비스제공 시간이 고객이 좋아하는 시간과 일치하지 않는다면 고객은 자신의 일정을 서비스회사의 일정에 맞추어야 한다. 그리고 만약 소비자가 서비스를 제공받을 준비를 하는 데 시간과 노력을 기울여야 한다면(해충퇴치제 살포 준비를 위해 부엌 찬장의 모든 음식들을 옮겨 놓아야 하는 등) 추가적인 희생을 치르게 된다.

심리적 비용

가장 고생스러운 비금전적 비용은 바로 어떤 서비스를 받기 위해 지불해야 하는 심리적 비용(psychological costs)이다. 이해하지 못한 데서 따르는 두려움(보험), 거절에 대한 두려움(은행대출), 불확실성에 대한 두려움(고비용의 두려움을 포함) 등 이러한 모든 것들이 고객이 서비스를 구매하고 사용할 때 치르는 희생으로 심리적 비용을 구성한다. 모든 변화는(심지어 긍정적인 변화라 할지라도) 서비스를 구매하는 소비자들에게 심리적 비용을 초래한다. 식료품점의 셀프계산(self-checkout)대는 소비자들이 긴 줄을 피할 수 있게 하지만 사용하는 소비자들의 기대에 부응하지는 못한다. 많은 소비자들은 셀프계산대 사용이 혼란스럽고 어쩔 때는 쩔절매기도(frustrating) 하며, 빨리 지나갈 수 없을 때는 당황한다.

비금전비용 줄이기

이러한 희생의 원천들이 주는 실무적 의미는 다음과 같다. 첫째, 서비스기업은 시간비용을 비롯한 다른 비용을 줄임으로써 금전가격을 높일 수 있다. 예컨대 서비스마케터는 서비스를 다른 활동에 편입시킴으로써 시간비용과 편의비용에 대한 지각을 줄일 수 있다(편의점에서 수표를 바꾸어주고, 우표를 판매하고, 제품과 함께 커피도 판매하는 등). 둘째, 고객은 다른 비금전비용을 피하기 위해 기꺼이 비용을 지불하려 할 것이다. 많은 고객은 제품과 서비스를 직접 점포에 가서 제공받기보다는 물건(음식점 식사 또는 침실가구를 포함)을 집으로 배달하기 위해 기꺼이 추가비용을 지불한다. 고객에게 배달비용을 따로 부과하지 않는 아마존 프라임의 성공은 이러한 문제에 대한 증거이다. 또한 일부 고객은 보다 빠른 수속과 계산을 위해(렌트카 업체인 허츠 #1 클럽에 가입하는 등), 사무실에서의 대기시간을 줄이기 위해(예컨대, 공무원과의 약속 시 프리미엄 가격을 부담하면 바쁜 공무원을 아침 일찍 나오게 해서 고객이 기다릴 필요가 없음), 자신이 일을 직접 하는 것을 피하기 위해(예컨대, 렌터카를 반납하기 전에 기름을 직접 주입하지 않으려고 갤런당 1 혹은 1.5배 정도의 비용을 더 지불하는 경우) 프리미엄 가격을 지불하기도 한다. 만약 주어진 서비스에서 시간비용 혹은 다른 비용이 중요하다면, 그 회사의 광고는 금전적 절약보다는 이러한 비용의 절약을 효과적으로 강조해야 한다.

많은 서비스가 시간을 절약하게 하는 상품으로 고객에게 "시간"을 구매하도록 한다. 집안 청소 서비스, 잔디관리, 아기 돌보기, 개인쇼핑 서비스, 온라인뱅킹, 식료품 배달, 도색, 카펫 청소 등 이러한 서비스들은 고객의 자유시간을 확보해주는 것이고, 그렇게 함으로써 효과적으로 판로가 확보되는 것이다. 고객으로 하여금 시간을 구입하도록 하는 서비스는 바쁜 고객에게는 금전적인 가치가 된다.

서비스품질의 지표로서의 가격

가격책정에서 흥미로운 것 중의 하나는 구매자가 가격을 서비스원가와 서비스품질의 지표로 사용하는 경향이 있다는 것이다. 그렇기 때문에 가격은 매력변수임과 동시에 배척변수(repellent)이기도 하다.[7] 고객이 품질의 지표로 가격을 사용하는 것은 다른 정보를 이용할 수 있느냐의 여부에 달려 있다. 서비스품질 단서를 알기가 쉽고, 브랜드가 회사의 명성을 입증해주고 혹은 광고수준이 그 브랜드에 대한 회사의 신념을 잘 전달하고 있는 경우, 고객은 가격 대신에 그러한 단서들을 선호할 것이다. 그러나 다른 경우, 품질을 확인하기가 어렵거나 어떤 서비스군 내에서 품질과 가격이 상당히 다를 경우 고객은 가격이 품질에 대한 최상의 지표라고 믿을 것이다. 고객이 서비스를 구매할 때 흔히 겪는 상황들이다.[8] 품질의 지표로서 가격에 대한 의존이 커지는 또 다른 요인은 서비스 구매 시에 위험이 수반되는 경우이다. 의료서비스나 경영컨설팅과 같이 위험이 높은 상황에서 고객은 가격이 품질을 대신하는 것으로 생각할 것이다.

고객들은 품질의 단서로 가격에 의존하고, 가격은 품질에 대한 고객의 기대를 설정하기 때문에 서비스가격은 신중하게 결정되어야 한다. 가격은 비용을 충당하고 경쟁자들과 대항할 수 있어야 할 뿐만 아니라 적절한 품질신호를 담아낼 수 있어야 한다. 너무 낮게 책정된 가격은 서비스품질에 대한 추론을 부적절하게 할 우려가 있으며, 너무 높게 책정된 가격은 제공되는 서비스가 감당하기 어려운 기대치를 갖게 할 수 있다.

서비스가격책정에 대한 접근

본 장에서 우리는 마케팅원론 시간에 가격책정에 대해 학습한 것을 반복하기보다는 서비스가격과 가격책정방법이 고객과 회사의 관점에서 서로 다름을 강조하고자 한다. 우리는 이 차이점을 가격책정에서 전형적으로 이용되는 (1) 원가 중심, (2) 경쟁 중심, (3) 수요 중심이란 세 가지 가격책정방식으로 설명하고자 한다. 그림 15.1에 나타난 바와 같이 이들은 제품가격을 책정할 때 사용하는 방식과 같지만, 서비스에 적용한 것이 다를 따름이다. 가격 결정 시 어느 정도는 이 세 가지 요인 모두를 고려해야 하기 때문에 이 그림은 상호 관련된 구조를 보여준다. 다음에서 각 방식에 근거한 가격책정에 대해 설명하고, 이들 방법을 서비스가격책정에 이용하였을 때의 차이점을 논의하고자 한다. 그림 15.1은 이러한 차이점을 요약한 것이다.

그림 15.1
세 가지 기초적인 가격책정방식과 이것들을 서비스에 적용하는 데 따르는 문제점

문제점
1. 소기업은 따라가기 힘들 수 있다.
2. 서비스는 이질적이라 비교하기 어렵다.
3. 가격이 고객가치를 반영하지 못할 수도 있다.

문제점
1. 원가를 추적하기 어렵다.
2. 노무비는 자재비보다 가격책정이 어렵다.
3. 원가와 지각가치가 일치하지 않는다.

문제점
1. 금전가격을 비금전비용의 가치가 반영되도록 조정해야 한다.
2. 서비스원가를 고객이 알기 어렵기 때문에 가격이 의사결정의 중심요소가 아닐 수 있다.

원가 중심 가격책정

원가 중심 가격책정(cost-based pricing)의 경우, 먼저 원자재와 노무비로 직접비용을 산정하고, 여기에 간접비용과 이익을 추가해서 가격을 산정한다. 이 방법은 공공서비스, 하청, 도매, 광고 등의 산업에서 널리 쓰이는 방법이다. 원가에 기초한 가격책정의 기본공식은 다음과 같다.

$$직접비용 + 간접비용 + 이익마진 = 가격$$

직접비에는 서비스와 관련된 재료비와 노무비가 포함되고, 간접비에는 고정비의 일부분이 포함되며, 이익마진은 총비용(직접+간접)의 백분율을 말한다.

원가 중심 가격책정의 문제점

원가 중심 서비스가격책정을 할 때 서비스이기 때문에 독특한 것이 무엇인가? 첫째, 투입단위를 계산하기가 어렵다는 것이다.[9] 요컨대 서비스산업의 경우, 특히 다양한 서비스가 제공될 때, 원가추적이나 계산이 어렵다는 것이다. 수표발행, 저축, 예금계좌관리 등을 하는 은행에서 서비스에 대한 비용을 계산하기 위해 창구 직원이 시간을 얼마나 투입하는지 계산하는 것이 얼마나 어려운지를 생각해 보라. 둘째, 원가의 주된 구성요소가 원자재가 아니라 직원의 시간이기 때문에 사람마다 시간가치가 달라 계산하거나 추정하기가 쉽지 않다. 원가에 기초한 가격 결정 시 직면하게 되는 어려움 중의 하나는 서비스의 구매단위를 규정하는 것이다. 따라서 제품가격책정 시 흔히 사용하는 개념인 **단위당 가격**이란 매우 모호하다. 이러한 이유로 해서 많은 서비스가 산출단위보다는 투입단위로 판매되고 있다. 예컨대 컨설팅, 엔지니어링, 건축, 최면요법, 개인지도 등과 같은 대부분의 전문서비스는 시간단위로 판매된다.

또 다른 어려움은 실제로 투입되는 서비스원가가 고객에 대한 서비스의 가치를 잘 반영하지 못할 수 있다는 것이다. 동네의 양복점에서 350달러짜리 숙녀복 재킷을 수선하는 데 10달러를 받고, 또한 14달러짜리 운동복 바지를 수선하는 데도 10달러를 받는다. 재단사의 논리는 두 가지 일 모두 동일한 시간이 소요된다는 것이다. 그는 고객이 비싼 숙녀복 재킷에 대해서는 보다 높은 가격을 지불하려 할 것이고, 그렇게 할 때 오히려 더 행복해질 수 있으며, 운동복 바지에 대해서는 10달러가 너무 비싸다고 생각할 수 있다는 것을 간과하고 있다.

원가 중심 가격책정의 예

원가 중심 가격책정(cost-plus pricing)은 원가를 계산하고 마진(markup)을 추가하는 것이 가장 흔한 접근법이다. 제품가격책정에서 이 방법은 매우 간단하다. 그러나 서비스산업의 경우 원가의 추적이나 규명이 어렵기 때문에 이 방법은 복잡하다. 그렇기 때문에 이 접근법은 전형적으로 건설, 엔지니어링, 광고 등과 같이 원가를 미리 추정할 수 있는 산업에서 사용된다. 건설이나 엔지니어링에서 가격은 고객이 요구하는 서비스의 명세에 의해 결정된다. 석재, 목재 등을 포함하는 서비스의 구성요소들과 전문가와 미숙련가를 모두 포함하는 노동력의 원가와 마진에 대한 지식을 이용하여 회사는 가격을 추정하고 고객에게 최종 서비스에 대한 가격을 제시한다. 큰 프로젝트인 경우 서비스가 제공되는 동안에 원가가 바뀌어 추정치보다 높아질 가능성이 있기 때문에 또한 고려된다.

행위별 수가제(fee for service)란 전문직에서 사용하는 가격책정전략이다. 행위별 수가제에는 서비스를 제공하는 데 들어가는 시간의 원가가 포함된다. 전문직 중에서도 컨설턴트, 심리학자, 회계사, 변호사는 그들의 서비스에 대해 시간당 요금을 매긴다.

1900년대 초에 들어서 변호사는 서비스를 제공하는 시간을 고려하지 않고 일정 요금을 고객에게 요구하는 것이 일반적이었다. 1970년대에 와서야 법률회사는 고객에게도 책임을 지우고, 조직내부 예산시스템 때문에 시간별로 요금을 매기기 시작하였다. 이러한 접근법이 안고 있는 가장 어려운 일 중의 하나는 공판기록을 하는 것이 전문가에게는 매우 지루한 일이라는 것이다. 변호사와 회계사는 그들이 고객을 대하는 시간을 기록해야 했고, 종종 초과된 10분까지도 기록해야 했다. 이러한 이유로 해서 이 방법이 효율성을 개선시키지 못하고, 때때로 변호사의 전문성을 무시하기도 한다는 이유로(경험이 많은 변호사는 초보 변호사보다 더 많은 것을 해낼 수 있는데 요금계산은 이러한 점을 반영하지 않는다) 비판을 받았다. 고객 또한 바가지 씌운 계산서를 두려워했고, 이를 감사하기 시작했다. 그럼에도 불구하고 이 산업에서는 시간당 요금을 매기는 방법이 주류로 쓰이고 있다.[10]

경쟁 중심 가격책정

이 방법은 동일한 산업이나 시장 내의 다른 기업이 부과하는 가격에 초점을 두는 것이다. 경쟁 중심 가격책정(competition-based pricing)은 항상 다른 기업이 부과하는 동일한 가격을 청구하는 것이 아니라 다른 기업의 가격을 자사 가격책정의 기준점(anchor)으로 사용하는 것을 말한다. 이 방법은 다음 두 가지 상황에서 주로 사용된다. (1) 세탁업처럼 공급자들 간에 서비스가 표준화되어 있을 때, (2) 렌터카 산업처럼 소수의 대규모 서비스 제공자가 존재하는 과점 상황인 경우이다. 서비스제공 시의 어려움으로 인해 제품산업보다는 서비스산업에서 경쟁 중심 가격책정을 하기가 쉽지 않다.

경쟁 중심 가격책정의 문제점

일반적으로 제품을 판매하는 기업에서 사용하고 있는 경쟁 중심 가격책정은 서비스기업에 적용하기는 어려울 수 있다. 소규모 서비스기업은 대기업 서비스제품의 가격만큼 높은 요금을 부과하지 못하기 때문에 사업에서 생존하기에 충분한 높은 마진을 얻지 못할 수 있다. 작은 기업의 서비스제품 가격은 대규모 서비스기업들의 서비스제품 가격과 동일하게 요구하는 것이 어려울지 모른다. 따라서, 사업에서 살아남기에 충분한 높은 마진을 얻지 못할 수 있다. 동네 많은 서비스업(세탁소, 소매점, 세무회계, 기타)은 대규모의 체인점과 경쟁할 수 있는 낮은 가격으로 서비스를 제공할 수밖에 없어 마진이 박한 것이 현실이다.

더구나 서비스 공급자들 간의 이질성이 이 방법을 복잡하게 한다. 예컨대 은행은 다양한 유형의 금융상품과 서비스를 제공한다. 경쟁은행이 개인계좌의 서비스 유형과 원가에 차이를 가져오고 그리고 충분한 이익과 수익을 가져다 줄 수 있도록 가격을 어떻게 결정하는지를 파악하는 것은 어려울 수 있다. ATM의 추가요금과 같이 은행이 제공하는 표준화된 서비스만이 가격경쟁 측면에서 은행은 편익을 얻을 수 있다. 2007년에 뱅크오브아메리카(Bank of America)는 다른 은행 고객의 인출수수료를 3달러로 인상한다고 발표하였다. 그러나 시티, 체이스, 와코비아, 웰스파고와 같은 다른 은행들은 즉각적으로 요금을 인상하지 않고 경쟁자의 가격인상에 대한 견해를 밝혔다.[11]

경쟁 중심 가격책정의 예

가격신호현상(price signaling)은 독과점시장(판매자가 집중된 시장)에서 나타난다. 이런 시장에서는 가격을 낮춤으로써 얻게 되는 이점을 상쇄시키려 경쟁사 간에 가격을 맞춘다. 항공산업에서 가격신호현상의 한 예를 볼 수 있다. 한 경쟁자가 노선의 가격을 낮추면 거의 동시에 다른 경쟁자들도 가격을 낮춘다.

시장대응 가격책정(going-rate pricing)은 시장 리더의 가격에 따라 가격을 책정하는 것이다. 렌터카 산업에서 이 기법을 잘 볼 수 있다. 또한 렌터카 시장이 대규모 기업들에 의해 지배되기 때문에 가격신호현상을 보여주는 예이기도 하다. 렌터카 산업에서는 수년 동안 허츠(Hertz)에서 설정한 가격에 다른 경쟁기업들이 보조를 맞추어 왔다. 허츠가 "더이상 주행거

전략적 통찰 항공사의 가격 변동으로 인한 전략적 기회 제공

본 장의 도입 사례에서는 항공사들 간의 다양한 가격 부과현상을 설명하였다. 항공사들은 더 이상 기본가격에 세금을 더하는 간단한 가격정책을 실시하지 않고, 대신 다양한 서비스에 비용을 부과하여 차별화된 가격으로 서로 경쟁한다. 가격차이 정책으로 기업들이 매출과 수익을 창출하고 경쟁자들 사이에서 입지를 굳힐 수 있다. 얼리전트(Allegiant), 프론티어(Frontier), 스피릿(Spirit)과 같은 항공사는 최저 기본가격을 제공하고 시장에서 최저가 서비스의 포지셔닝 전략을 취하고 있다. 하지만 음료 서비스(스피릿)와 콜센터 예약 서비스(얼리전트) 등 사실상 모든 부가서비스에 추가 요금을 부과하고 있다. 수화물 무게, 좌석 우선권, 조기탑승(얼리 체크인) 등 고객이 원하는 부가적인 서비스에 추가요금을 부과하여 수익을 창출하고 있다. 반면 사우스웨스트는 미국 항공사 중 유일하게 기내, 1차, 2차 가방 요금을 받지 않아 경쟁사들 사이에서 두각을 나타내고 있다. 아메리칸, 델타, 유나이티드와 같은 대형 항공사들은 상용고객 우대프로그램(frequent flyer programs)을 가지고 있으며, 이 프로그램은 레드카펫, 조기탑승 및 공항 내 라운지 이용을 보상으로 제공한다.

앞서 언급한 가이드에서 다섯 개의 항공사가 사용하는 전략이 무엇인지 살펴보자. 항공사들은 저렴한 가격, 높은 서비스, 충성도 및 그 외 방법에 초점을 맞추고 있는가? 포지셔닝 전략을 구분하려면 가격을 잘 살펴봐야 한다. 광고와 비행노선과 같은 다른 마케팅 변수들도 항공사의 포지셔닝에 역할을 하지만, 가격정책이 업계의 경쟁력을 결정하는 가장 중요한 요소가 될 것이다.

자료 : Smarter Travel accessed and continually updated at www.smartertravel.com/blogs/today-in-travel/airline-fees-the-ultimate-guide.html?id=2623262.

리에 따른 요금은 받지 않는다"는 내용의 새로운 가격결정안을 내놓자 다른 경쟁 기업들도 주행거리가 아닌 다른 변수를 고려하는 정책을 따랐다. 그 변수란 기본요금, 자동차의 크기와 유형, 1일(24시간) 또는 주간요금, 하차요금(drop-off charge, 사용 후 대여한 도시에 반납하느냐 또는 다른 도시에 반납하느냐의 여부에 따른 요금) 등을 포함한다. 지방마다 그 지방의 시장가격(going-rate)에 맞게 가격을 책정하기 때문에 종종 같은 주의 인접한 도시 간에도 요금이 다를 수 있다.

수요 중심 가격책정

앞서 논의한 가격책정에 대한 두 가지 접근방법은 고객보다는 기업과 경쟁자에 기초한 방식이다. 두 방법 모두 고객이 준거가격을 갖고 있지 않을 수 있고, 비금전가격에 민감할 수 있으며, 가격에 근거하여 품질을 판단할 수 있다는 것을 고려하고 있지 않다. 가격책정에는 이들 모든 요인이 고려될 수 있고, 고려되어야 한다. 가격책정의 세 번째 방법은 수요에 기초한 가격책정으로 고객의 가치지각과 부합하는 가격결정을 말한다. 즉 가격은 제공되는 서비스에 대해 고객이 얼마나 지불하려고 하는지에 근거하여 책정된다.

수요 중심 가격책정의 문제점

수요 중심 가격책정(demand-based pricing)에서 서비스가격책정이 일반 제품가격책정과 다른 주요 차이점 중 하나는 금전비용과 편익이 고객의 지각된 가치를 계산하는 데 고려된다는 점이다. 서비스를 제공받는 데 시간비용, 불편비용, 심리적 비용, 탐색비용이 든다면 금전

세계적 추세 전 세계의 독특한 팁과 가격

팁 주기

코넬 대학의 한 전문 연구팀은 팁 문화에 대한 흥미로운 사실을 밝혀냈다. 그것은 팁을 주는 관습은 지위와 위신을 중요시하는 나라에서 더 널리 퍼져 있다는 것이다. 마이클 린(Michael Lynn)은 인정과 존경을 덜 중요시하는 국가에서는 팁을 받는 서비스업 종사자의 수가 상대적으로 적다는 것을 발견하였다. "팁은 실제로 눈에 띄는 소비의 한 형태입니다. 우리는 지위를 중요시하기 때문에 더 많은 사람들에게 팁을 줍니다. 미국인들은 인정과 존경을 중요시하며, 서비스 종사자들에게 팁을 줄 때 우리는 인정을 받고 존경을 받습니다."

팁 문화의 차이를 보여주는 하나의 척도는 팁을 받는 서비스업 종사자가 속한 직업군의 수이다. 미국은 약 35개의 직업군에서 팁을 받아 1위를 차지하고 있다. 인정과 존경을 중시하는 다른 나라들도 서비스업 종사자들에게 팁을 준다. 여기에는 스페인(29개), 캐나다(25개), 인도(25개), 이탈리아(24개)가 포함된다. 반면 덴마크와 스웨덴에서는 팁을 받는 종사자가 속한 직업군의 수가 10개 미만이다. 이 국가들이 인정과 존중을 덜 중요하게 생각한다는 것을 의미한다.

팁을 주는 문화는 말레이시아, 일본, 오만, 뉴질랜드, 사모아, 싱가포르, 대한민국, 태국, 아랍에미레이트, 베트남을 포함한 많은 나라에서는 없다.

소매점과 웹사이트에서 여행용품을 판매하는 마젤란스(Magellan's)는 다음과 같은 일반적인 지역별 팁주기를 가이드로 제공하고 있다.

- 아시아 및 태평양 지역에서는 팁을 주는 것이 모욕적인 행위로 간주될 수 있다.
- 유럽에서는 많은 호텔과 레스토랑이 계산서에 봉사료를 추가하기 때문에 추가 팁이 필요하지 않다.
- 중동과 아프리카에서는 팁이 모욕적으로 보이지는 않지만 줄 필요는 없다.
- 중남미 지역의 대부분의 레스토랑과 호텔은 서비스 요금을 추가하므로 추가 팁이 필요하지 않다.

국가별 팁 주기

세계적으로 매우 유명한 여행전문지인 〈컨데 나스트 트래블러(*Condé Nast Traveler*)〉는 2015년에 다음과 같은 구체적인 팁 주기의 가이드를 발표하였다.

국가	음식 서빙	가이드	운전기사
이집트(Egypt)	팁은 계산서에 포함, 5~10%를 최종요금에 추가할 것	1인당 하루 20달러	10~15%
모로코(Morocco)	10%, 그러나 계산서에 포함되었는지 확인할 것	하루 20달러	다음 디르함 노트를 반올림(round up)
브라질(Brazil)	필요 없음	하루 종일 20~50달러	반올림
캐나다(Canada)	15~20%	하루 10~15달러	10~15%
멕시코(Mexico)	10~15% 현금	하루 100~200페소	1일당 200~300페소
중국(China)	10%	하루 400~500루피	통상적으로 가이드비에 포함
스페인(Spain)	7~13%	1인당 하루 30유로	15유로

값을 매길 수 없는 것

특별한 수요지향가격정책(demand-oriented pricing)을 사용했던 런던의 레스토랑 '저스트 어라운드 더 코너(Just Around the Corner)'는 오랜 기간 동안 성공적으로 운영하다가 문을 닫았다. 이 식당에서 고객은 식사가 가치 있다고 느끼면 얼마든지 팁으로 줄 수 있다. 이 정책은 1986년에 시작된 이후 매우 성공적이었다. 대부분의 손님들은 음식점이 정한 가격보다 더 많은 식사비를 지불하였다. 창립자에 따르면, 그곳은 세계 최초로 가격이 없는 프랑스 음식 레스토랑이었다. 손님들은 식사가 가치 있다고 생각하는 만큼 돈을 지불하였다. 그는 식당의 저녁 식사가 극도로 높은 수준을 만족시키면서 심지어 멋지게 보이기까지 할 것이라고 믿었고, 그의 신념은 옳았다. 설립자이자 주인인 마이클 바소스(Michael Vasos)는 "나는 이 레스토랑에서 내가 운영하는 다른 네 곳의 어느 식당보다 더 많은 돈을 번다"고 말하였다. 그는 손님들이 관대하여 식당의 정책이 성공하였다고 생각한다. 하지만, 다른 사람들은 영국인들이 그들의 보편적인 감정(타인을 당황하게 하는 것을 꺼리는 것) 때문에 가격을 적게 지불하지 못하였다고 말하였다.

독일(Perlin · Forum), 오스트리아(Der Winer Deewan), 아일랜드(Seva Cafe), 인도(Indus Valley and Lentil as Anything), 일본(Annalakshmi)의 식당들도 '저스트 어라운드 더 코너'와 동일하게 "원하는 대로 지불하는(pay as you prefer)" 관행을 따르고 있다. 사실상 식당은 부엌이나 식당에서 돕기만 하면서 저녁 식사를 하는 사람이 원하는 만큼 가격을 지불하게 한다.

국제적으로도 흥미로운 가격책정 관행이 존재한다. 러시아와 우크라이나의 치페르블라트(Tsiferblat) 레스토랑에서는 손님들이 먹는 양이 아니라 레스토랑에서 보낸 시간에 대해서만 비용을 지불한다. 오스트리아에 있는 재팬 그릴하우스(Japan Grillhaus)와 와푸(Wafu)라는 레스토랑은 더욱 독특한데, 손님들이 음식을 다 먹지 않으면 벌금을 낸다. 스페인의 El Tintero II에서는 요리가 정해진 가격이 아니라 경매로 판매된다.

자료 : Tim Murphy and Condé Nast Traveler editors, "Etiquette 101: Your Guide to Tipping around the World," http://www.cntraveler.com/stories/2008-11-11/etiquette-101-tipping-guide; "Study Examines Tipping," Hotel and Motel Management, March 17, 1997, p. 14; "Just Around the Corner," accessed June 19, 2016 at http://www.whichtable.com/JustAroundtheCorner-restaurant.asp; "Unusual International Restaurant Practices," accessed June 19, 2016 at http://restoran.us/trivia/unusual.htm.

가격은 이를 보상하는 쪽으로 조정되어야 한다. 그리고 서비스가 시간과 탐색비용을 절감해준다면 고객은 기꺼이 높은 금전가격을 지불하려 할 것이다. 문제는 서비스에 포함되는 각각의 비금전적인 측면들에 대한 고객의 가치를 산정하는 것이다.

이 방법으로 서비스와 제품의 가격을 책정할 때 차이가 나는 또 다른 이유는 고객이 서비스원가에 대한 정보를 파악하기가 어려워 금전가격이 제품 구매 시에 비해 서비스 선택 시에 보다 뚜렷하지 않고 덜 중요한 요인이 된다는 것이다.

지각가치의 네 가지 의미

기업이 서비스가격을 책정하는 가장 적절한 방법 중 하나는 서비스에 대해 고객이 지각하는 가치(perceived value)를 근거로 가격을 책정하는 것이다. 서비스마케터는 다음과 같은 질문을 스스로 해볼 필요가 있다. 소비자에게 가치는 무엇을 의미하는가? 서비스에 적절한 가격을 부과하기 위해 지각된 가치를 어떻게 돈으로 환산할 것인가? 소비자 간에 가치의 의미가 유사한가? 가치지각은 어떻게 영향을 받는가? 수요 중심 가격책정을 완전히 이해하기 위해서는 고객에게 가치가 무엇을 의미하는지 완전히 이해해야 한다.

이것은 간단한 작업이 아니다. 소비자가 가치를 언급할 때, 수많은 다른 방법으로 이 용어를 사용하며, 수많은 속성이나 구성요소를 갖는 것으로 사용한다. 심지어 단일 서비스범주 안에서도 가치를 구성하는 것은 개인적이고 특유하다. 그림 15.2에서 볼 수 있듯이 고객은 가치를 4가지 방법으로 정의한다.

1. 가치란 낮은 가격이다.
2. 가치란 제품이나 서비스에서 내가 원하는 모든 것이다.
3. 가치란 내가 지불한 가격 대신에 내가 받는 품질이다.
4. 가치란 내가 주는 모든 것 대신에 내가 받는 모든 것이다.[12]

각각의 정의를 보다 자세히 살펴보기로 한다.

그림 15.2
가치에 대한 고객의 4가지 정의

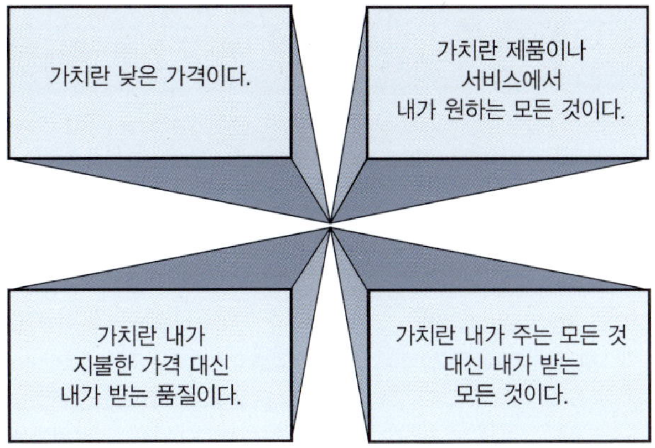

가치란 낮은 가격이다. 가치를 낮은 가격이라고 말하는 소비자들은 그들이 가치를 지각할 때 포기해야 하는 금액이 가장 중요한 요소임을 암시하고 있다. 이러한 소비자들이 대표적으로 사용하는 말은 다음과 같다.

세탁소에 대하여 : "가치는 최저가를 의미한다."
카펫 청소에 대하여 : "세일 중의 가격이 바로 가치이다."
패스트푸드점에 대하여 : "내가 쿠폰을 사용할 수 있을 때 서비스가 가치 있다고 느낀다."
항공여행에 대하여 : "항공권이 할인될 때 가치가 있다고 느낀다."[13]

가치란 제품이나 서비스에서 내가 원하는 모든 것이다. 일부 소비자는 포기되는 돈에 초점을 두기보다는 서비스나 제품으로부터 받는 혜택을 가장 중요한 가치의 구성요소로 강조한다. 이러한 가치 정의에서는 소비자가 원하는 품질이나 기능에 비해 가격은 덜 중요하다. 예컨대 통신산업에서 비즈니스 고객은 가치를 시스템의 신뢰성에 두고 있고, 전화라인의 안전성과 기밀성에 대해 비용을 기꺼이 지불하려고 한다. 이들 비즈니스 고객은 다음과 같은 말로써 가치를 설명한다.

MBA 학위에 대하여 : "가치는 내가 받을 수 있는 최고의 교육이다."
의료서비스에 대하여 : "가치는 고품질이다."
사회적 모임에 대하여 : "가치는 내 친구들과 가족에게 내가 좋게 보이는 것이다."
록음악이나 컨트리음악 콘서트에 대하여 : "가치는 최고의 공연이다."
허니문을 위한 호텔 객실에 대하여 : "가치는 온수욕조가 갖추어진 호화로운 객실이다."

가치란 내가 지불한 가격 대신에 내가 받는 품질이다. 또 소비자는 가치를 그들이 포기한 돈과 그들이 받는 품질과의 상쇄관계로 본다.

주목받는 기술 인터넷에서의 동적가격책정; 수요와 공급에 근거한 가격조정

인터넷을 통해 항공권을 구매할 때, 구매하려 했던 항공권 가격이 4시간 후에 100달러나 높아진 것을 경험한 적이 있는가? 이것이 동적가격책정(dynamic pricing)이다. 동적가격책정 시스템에서는 수요와 공급의 변화에 따라 가격이 빠르게 변한다. 몇몇 여행객들은 원래의 낮은 가격으로 항공권을 구입했을 수도 있다. 초기에는 낮은 가격에 책정함으로써 항공사들은 재고를 줄이고, 남은 좌석들은 더 높은 가격에 파는 모험을 할 수도 있다.

실시간 가격책정 방식인 동적가격은 제품 또는 서비스의 비용을 매우 유연하게 설정한다. 인터넷을 통해 재화나 서비스를 판매하는 기업은 시장 수요에 영향을 미치는 다양한 요인에 대응해 가격을 조정한다. 데이터를 수집하고 알고리즘을 이용하는 소프트웨어인 가격책정 봇(pricing bots)은 고객의 위치, 시간, 요일, 수요 수준 및 경쟁업체의 가격에 따라 가격을 조정한다.

흔히 경매와 여러 형태의 온라인 입찰과 같은 방식은 공급망(supply chain)의 마지막 부분인 소비자 접점에서 흔히 사용된다. 이는 항공사 좌석과 같이 잉여 재고나 소멸되기 쉬운 서비스를 해결하기 위해서이다. 동적가격책정으로 기업은 초과공급 상황이나 생산이 중단된 제품(discontinued products)에서 큰 수익을 창출할 수 있었다. 기업들은 재고를 중개업자에게 넘기기도 하였다.

경매 : 이베이 및 1,500개 경쟁업체

온라인 경매는 고객이 원하는 상품을 두고 서로 경쟁하며 원하는 만큼 지불하기 때문에 동적가격책정 방식이다. 1995년 이베이는 인터넷 경매를 개척하였고, 현재는 1,500개 이상의 웹사이트가 개인 간 온라인 거래를 제공하고 있다. 선두주자인 이베이는 매일 수천 개의 새로운 경매 아이템을 제공하고 있는데, 2015년에는 235억 달러의 수익을 보고하였다. 이베이는 소비자 대 소비자 거래에 초점을 맞추고 있지만, 유비드(uBid.com)는 B2C 제조사들을 위한 위탁판매소 역할을 한다. 1997년에 설립된 유비드는 소비자와 기업에게 도매보다 저렴한 가격으로 선도적인 제조업체의 제품을 제공한다. 대부분의 유비드 경매는 1달러부터 시작되며 동적으로 가격이 결정된다.

역경매

역경매는 구매자 측면에서 사용된다. 소비자들은 최저 입찰가를 볼 수 있지만 구매자나 판매자의 신원은 알 수 없다. 판매자의 브랜드나 신원은 구매자가 제시한 입찰가격을 판매자가 수락한 경우에만 드러난다. 구매자에게 유리한 점은 가격을 추측할 필요가 없고 다른 곳에서 제공하는 것과 동일한 제품, 서비스를 큰 폭의 할인가격으로 구입할 수 있다는 점이다. 구매자는 판매자의 등급을 볼 수 있더라도, 판매자가 누구인지, 서비스 결과가 어떻게 될지에 대한 확신은 없다. 예를 들어, 프라이스라인을 사용한다면 구매자는 원하는 비행 날짜와 시간을 얻지 못할 수도 있다. 더욱이 구매자에게 서비스의 혜택의 일부분이 제한되기도 한다.

휴가를 위한 호텔에 대하여 : "가치란 가격이 첫 번째이고, 품질이 두 번째다."

비즈니스 여행을 위한 호텔에 대하여 : "가치란 고품질 브랜드의 최저가격이다."

컴퓨터 서비스 계약에 대하여 : "가치는 품질과 같다. 아니다–가치란 저렴한 품질이 아니다."

가치란 내가 주는 모든 것 대신 내가 받는 모든 것이다. 마지막으로 어떤 소비자는 가치를 설명할 때 모든 희생요소(돈, 시간, 노력)뿐만 아니라 그들이 받는 모든 편익을 고려한다.

가사서비스에 대하여 : "가치란 내가 지불한 가격에 대한 대가로 얼마나 많은 방들이 깨끗해졌는지이다."

미용실에 대하여 : "가치란 내가 지불한 비용과 시간에 대한 대가로 내가 받는 외모이다."

경영자 교육에 대하여 : "가치란 가능한 한 짧은 시간 내에 좋은 교육경험을 받는 것이다."

단체 구매 : 라쿠텐(RAKUTEN)

그룹구매 사이트는 판매자를 위해 수요를 집계한다. 사이트들은 장거리 및 휴대폰 서비스, 자동차 및 정기 생명보험, 주택담보대출 등에 단체 요금을 책정하고 제공한다. 이러한 형태의 동적가격책정의 배경에는 제품을 구매하려는 사람의 수가 많을수록 가격이 낮아진다는 개념이 깔려 있다. 판매자는 일반적으로 구매자 수에 따라 판매되는 제품의 가격을 버킷으로 나눈다. 예를 들어, [0~10명]의 구매자의 단체요금이 각 개인당 100달러라면, [10~20명]의 구매자의 단체요금은 각 개인당 95달러가 된다. 보통 관심 있는 구매자들이 친구나 친척들을 불러 모아 더 싼 가격의 단체요금을 적용받기 때문에 입소문이 아주 중요하다. 판매자는 서비스 또는 가격 정보 바로 옆에 "친구초대" 아이콘을 배치하여 초대를 유도한다. 동적가격책정의 장점은 입찰자가 많아질수록 가격이 낮아지고 입찰 시 정확한 서비스와 사양을 구매자에게 알려준다는 것이다.

동적가격책정과 요식업계

요식업계는 하루 중 시간대별로 메뉴 가격을 변경함으로써 탄력적 동적가격책정 정책을 실시하고 있다. 특히, 2~6시 사이의 오후나 늦은 저녁과 같이 혼잡하지 않은 시간에 식사하는 사람들의 방문을 유도하기 위해 동적가격책정 정책을 실시한다. 레스토랑은 여유로운 시간에 손님을 늘리기 위해 '총 15~30% 할인' 같은 할인 정책을 펴기도 한다. 일반적으로 레스토랑은 "다이닝 애그리게이터(dining aggregator)" 같은 사이트를 주로 이용한다. "다이닝 애그리게이터"는 동적가격을 제공하려는 지역의 모든 레스토랑에 대한 정보를 수집하고 조정하는 사이트이다. 샐리 매가 운영하는 유프러미스닷컴(Upromise.com)은 1만 개 이상의 레스토랑에 대해 최대 8%의 보상을 제공한다. 유프러미스닷컴은 요리의 평균가격 정보, 포인트를 사용할 수 있는 요일정보, 레스토랑의 유형을 보여주는 검색 가능한 데이타베이스를 가지고 있다. 이 밖에도 레스토랑닷컴(Restaurant.com; 18,000개 레스토랑에서 "1+1" 거래 또는 일정 비율 할인 제공), 그루폰(Groupon), 리빙소셜(LivingSocial)과 같은 프로모션 거래 전문 사이트(DealGator)나 수백 개의 다른 할인 업체가 포함된 위치별 및 키워드별 검색을 제공하는 웹사이트도 있다.

자료 : https://finance.yahoo.com/quote/ebay/financials?ltr=1; M. Rouse, "Dynamic Pricing," 2015, accessed at http://whatis.techtarget.com/definition/dynamic-pricing; A. Sekar, "Five Websites that Save 10% or More on Dining Out," *NerdWallet*, September 16, 2013, https://www.nerdwallet.com/blog/shopping/restaurant-deals-5-websites-save-10-dining/; S. Toto, "Buy.com Gets Acquired By Japanese E-Commerce Giant Rakuten For $250 Million," *TechCrunch*, May 20, 2010, https://techcrunch.com/2010/05/20/buy-com-gets-acquired-by-japanese-e-commerce-giant-rakuten-for-250-million; T. Demos, "Exactly What is a Dutch Auction?" *Wall Street Journal*, July 21, 2012.

가치에 대한 소비자의 4가지 표현들을 경제학에서의 효용개념과 일치하는 하나의 정의로 표현할 수 있다: **지각된 가치**(perceived value)**란 주고받는 것에 대한 지각에 근거하여 서비스의 효용을 소비자가 전반적으로 평가하는 것**이다. "받는 것"은 "주는 것"과 마찬가지로 사람마다 다르지만(예컨대 양, 고품질, 편의성을 원하는 사람이 다를 수 있고, 금전적 지출만 고려하는 사람이 있고 시간과 노력을 "주는 것"에 포함시키는 사람이 있다는 것이다) 결론은 가치란 주는(give) 요소와 받는(get) 요소 간의 상쇄관계를 나타낸다. 소비자는 최소지불가격이 아니라, 지각된 가치에 근거하여 구매결정을 한다. 이러한 정의는 서비스가격을 책정할 때 계량화되어야 하는 요소를 식별하기 위한 첫 번째 단계이다.

지각된 가치를 서비스가격책정에 산입(算入)

서비스에 대해 특정 가격을 지불하려는 의지는 총가치에 대한 구매자의 지각에서 나온다. 특정 서비스제공에 대한 고객의 지각된 가치를 적절한 가격으로 환산시키기 위해서 마케터는 수

많은 질문에 답해야 한다. 서비스가 제공하는 편익은 무엇인가? 각각의 편익은 얼마나 중요한가? 어떤 서비스로부터 고객이 제공받는 편익의 가치는 얼마나 될까? 가격이 어느 정도이면 잠재구매자가 경제적으로 수용할 수 있을까? 어떤 상황에서 고객이 서비스를 구입하는가?

기업이 해야 할 일(때로는 어려운 일) 중 가장 중요한 것은 기업의 서비스가 고객에게 제공하는 가치를 측정하는 것이다.[14] 고객 개인마다 성향, 서비스에 대한 지식, 구매력, 지불능력 등이 다르기 때문에 가치는 소비자마다 다르게 지각될 것이다. 소비자의 가치가 무엇인가(그가 지불하는 것이 무엇인가가 아닌)라는 이러한 유형의 가격책정은 모든 가격책정의 기초를 이룬다.

서비스가 소매 소비자에게 제공될 때, 흔히 서비스 제공자는 각 개인에게 그들이 원하는 속성의 묶음을 정확히 제공할 수 없다고 판단한다. 그러나 그들은 세분시장에 적합한 하나 혹은 그 이상의 속성묶음들을 찾으려고 노력한다. 반대로 개별 고객이 대규모일 때(기업고객, 대규모로 구매하는 소매고객) 기업은 각 고객에게 개별 묶음 서비스를 제공할 가치를 발견할 수도 있다.

서비스마케터의 복잡하고 어려운 과업 중의 하나는 국제적으로 가격을 책정하는 것이다. 만약 서비스마케터가 지각된 가치에 근거하여 가격을 설정하고, 만약 지각된 가치와 지불의도가 나라마다 다르다면, 서비스마케터는 동일한 서비스를 나라별로 다른 가격으로 제공해야 할 것이다.

네 가지 가치정의와 연결된 가격책정

본 절에서는 특히 네 가지 가치정의에 적합한 서비스가격 접근전략을 살펴볼 것이다. 예시 15.2는 가격책정에 대한 전략을 제시한다.

고객이 "가치란 낮은 가격이다"라고 여길 때의 가격책정전략

고객의 가치개념에서 금전가격이 가장 중요한 결정요소일 때, 기업은 주로 가격에 중점을 둔다. 이러한 초점은 품질수준과 내재적 속성이 언제나 가치와 무관하다는 것을 의미하는 것은 아니고, 단지 금전가격이 지배적인 중요성을 갖는다는 것을 의미한다. 가치에 대한 이러한 정의하에서 서비스가격을 책정하기 위해 마케터는 이 범주에 속하는 고객이 서비스의 객관적 가격을 어느 정도나 알고 있는지, 다양한 가격을 어떻게 해석하는지, 어느 정도의 희생으로 생각하는지를 이해해야 한다. 뿐만 아니라 서비스제공자는 구매액수의 상대적인 크기, 과거 가격변경의 빈도, 서비스의 수용 가능한 가격의 범위 등을 파악하고 있어야 최상의 이해를 할 수 있다. 고객이 가치를 낮은 가격으로 규정할 때의 특정 가격책정방법에는 할인, 단수가격책정, 일치가격책정, 침투가격책정 등이 있다(그림 15.3 참조).

예시 15.2 모듈식 서비스가격책정과 서비스계층화를 이용한 지각된 가치의 가격책정

서비스의 가격책정이 재화의 가격책정보다 더 어려운 이유는 서비스의 단위가 재화의 단위보다 더 다양하고 구별하기 어렵기 때문이다. 자동차, 청바지, 우유 1갤런, 전자레인지과 같은 상품 단위는 정의하기가 쉽다. 서비스 단위는 다양한 구성요소로 판매되기 때문에 더 어렵다. 예를 들어 정보 서비스는 분, 웹 페이지, 파일(온라인 음악 구매 시), 검색(잡지 기사 검색 및 구매 시) 등의 단위로 판매된다. 담당 의사의 서비스는 방문 기간 및 유형, 수행된 검사, 주입된 주사 및 엑스레이 등의 단위로 판매된다. 케이블 TV는 월별[기본요금, HBO 및 쇼타임(showtime)의 경우 프리미엄 요금 지불], 임대 장비 유형(디지털 비디오 레코더, 리모컨, 디지털 케이블 박스) 및 영화단위(회당 유료 영화)별로 판매된다. 복잡한 가격 책정 서비스를 처리하는 한 가지 방식은 모듈식 서비스를 개발하는 것이다.

이 장에서 설명한 바와 같이, 고객이 서비스의 가치를 인식하는 것에 맞춰 서비스의 가격을 책정하는 것은 어려운 일이다. 최근 몇 년간 인기를 얻고 있는 방식은 모듈식 서비스가격책정 및 서비스계층화이다.

모듈식 서비스가격책정

모듈식 서비스가격책정에는 우선 공급자의 기본 및 부가가치 서비스를 가격책정을 위한 구성요소로 식별하는 작업이 필요하다. 모듈을 만들기 위해, 회사는 먼저 고객의 요구를 충족시킬 수 있는 전체 서비스 범위와 고객의 전체 지불범위를 정의한다. 모듈식 가격책정을 위해 기업은 다음 사항이 필요하다.

1. 각 서비스별로 이용 가능한 가격
2. 쉬운 규칙을 사용하여 가격과 서비스를 결합할 수 있는 능력
3. 고객이 동일한 서비스에 대해 두 번 지불하지 않도록 서비스 요소 간의 중복 최소화

모듈식 가격책정이 개발되고 있는 한 분야는 디지털, 인쇄 및 모바일 구독을 묶는 출판물(예 : 〈월스트리트 저널〉, 〈스포츠 일러스트레이티드〉, 〈뉴욕타임스〉)이다. 출판물에서는 디지털, 온라인, 태블릿 및 모바일 형식의 고객지각가치를 파악하려 한다. 가격 모델은 인쇄물에 요금이 부과되고 디지털 콘텐츠가 공짜로 제공되던 지난 몇 년 동안과는 크게 달라졌다. 출판업계들은 이제 오늘날의 소비자가 인쇄물보다 디지털 콘텐츠를 더 소중하게 여기고 있다는 것을 알고 있다. 이렇게 바뀐 가치관에 맞춰 가격을 책정하고 있다. 출판사들은 인쇄 전용에서 인쇄물과 디지털의 결합된 제품으로의 변화를 꾀하고 있다. 하지만, 광고주들이 디지털 광고보다 인쇄 광고를 위해 훨씬 더 많은 돈을 지불하려 하기 때문에 미디어 회사들은 여전히 인쇄 구독자를 유지하려고 노력하고 있다.

이상적이기는 하지만 모듈식 가격책정 프레임워크의 각 구성요소는 해당 서비스의 가치에 대한 고객의 인식과 일치하는 가격을 책정한다. 고객은 구성요소를 개별적으로 선택하여 묶음서비스(번들)로 결합할 수 있다. 현재 상당히 발전된 모듈식 출판물 가격책정에도 불구하고 각 출판물들은 다른 방식을 가지고 있어, 고객이 혼란스러워 한다는 문제점이 있다.

서비스계층화

때로는 좋은 모듈식 가격책정조차도 너무 복잡해질 수 있기 때문에 가격을 제시할 수 있는 간단한 방법이 필요하다. 일반적으로 가격을 책정할 때 버전닝(versioning, 어떤 제품을 개발했을 경우 적당히 기능에 제한을 두고 고기능 버전부터 저기능 버전까지 여러 개의 버전을 만들어 각각 가격 차이를 두는 마케팅 전략)하는 방식을 서비스계층화라고 한다. 서비스계층화는 각 세분시장이 원하는 가격대와 묶음서비스(번들)에 부여한 가치에 해당하는 가격을 책정하는 과정을 포함하고 있다. 예를 들어 케이블 서비스기업은 일반적으로 함께 원하는 서비스 구성요소에 해당하는 서비스 계층을 제공한다. 고객은 묶음서비스를 구매할 때 서비스 개별 비용에서 할인을 받는다.

일반적으로 서비스계층화는 고객이 원하는 것과 지불용의에 맞는 가격을 빠르고 간단하게 맞출 수 있도록 한다. 각 계층은 개별 서비스에 비해 할인된 가격을 제공하기 때문에 고객은 계층 중 하나라도 선택하면 혜택을 얻는다. 기업은 일반적으로 개별 서비스를 제공할 때보다 계층별로 판매할 때 고객들이 더 많은 서비스를 구매하기 때문에 혜택을 얻는다. 케이블 서비스 기업의 예를 들어 보자. 기본채널만 가진 케이블 서비스는 저렴한 가격의 낮은 계층의 예이다. 반면 확장 케이블을 이용하는 고객은 HBO, 쇼타임, 골프 채널과 같은 프리미엄 채널을 추가하고 추가 비용을 지불한다. 가장 높은 가격대의 계층에는 모든 케이블 채널과 DVR이 포함된다.

모듈식 가격책정 및 서비스계층화를 통해 기업은 각 고객에게 고유한 서비스 묶음을 생성하지 않고도 모든 서비스 부분의 매출을 극대화할 수 있다.

자료 : Elizabeth Wasserman, "How to Price Business Services," Inc. Magazine, accessed online at www.inc.com/guides/price-your-services.html, June 15, 2016. R. Docters, M. Reopel, J. Sun, and S. Tanny, "Capturing the Unique Value of Services: Why Pricing of Services Is Different," *Journal of Business Strategy* 25, no. 2 (2004), pp. 23–28; R. Adams, "Many Formats, One Price: More Publications Begin Bundling Their Digital, Print, and Mobile Subscriptions," *The Wall Street Journal*, May 16, 2011, p. B4.

그림 15.3
고객이 "가치란 낮은 가격이다"라고 여길 때의 가격책정전략

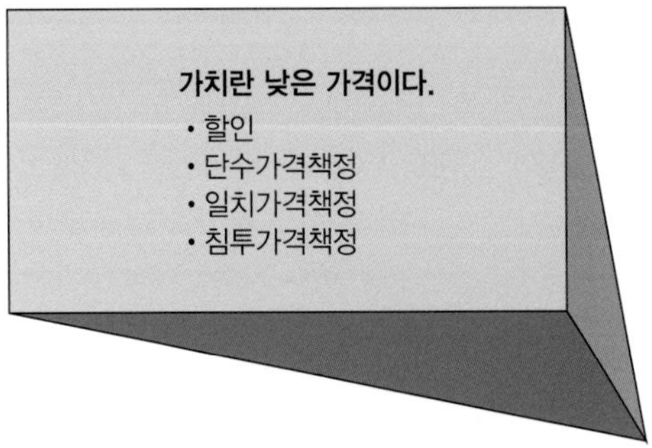

할인

서비스 제공자는 가격에 민감한 구매자에게 그들이 가치를 받고 있음을 알리기 위해 할인(discounting)을 제공한다. 가장 널리 알려진 할인서비스는 그루폰(Groupon, 미국의 전자상거래 회사로 단체할인 방식을 이용하여 인기상품과 서비스를 보통 50~90%까지 대폭 할인해서 제공), 리빙소셜(Living Social, 미국의 소셜커머스 기업), 앤지리스트(Angie's List, 미국 서비스회사들의 고객리뷰를 제공하는 기업)와 계속 증가하고 있는 가운데 경쟁이 치열해지고 있는 온라인 기업들이 있다. 이와 같은 온라인 기업들은(그루폰이 최초로 서비스를 시작한 기업임) 이메일, 페이스북, 트위터를 통해 소비자에게 매일 쿠폰을 제공한다. 할인쿠폰은 보통 음식점, 세탁소, 스파, 배관, 주택검사, 호텔과 같은 지역 기업에서 사용할 수 있는 것을 제공한다. 소비자들은 거래를 요청하고 매진될 때까지 입찰할 수 있다. 온라인 기업은 판매된 쿠폰의 최대 50% 정도의 수익을 얻는다.

단수가격책정

이것은 서비스가격을 정확한 금액보다 약간 낮게 책정함으로써 낮은 가격으로 구매한다고 지각하도록 하는 방법이다. 세탁소에서는 셔츠 드라이클리닝에 대해 3.00달러보다는 2.98달러를 받고, 헬스클럽에서는 매월 34달러가 아닌 33.90달러를 받으며, 미용실에서는 10.00달러가 아닌 9.50달러를 받는다. 단수가격책정(odd pricing)은 할인과 세일이라는 느낌으로 "낮은 가격이 바로 가치"라고 여기는 고객에게 소구하는 방법이다.

일치가격책정

이는 고객의 가격민감도를 이용하여 서비스의 수요를 가격으로 조절하는 방법이다. 세금준비, 여객수송, 호텔, 영화 등과 같은 서비스의 수요는 성수기 등 시간에 따라 달라진다. 이러한 산업에서는 언제나 이익을 낼 수 있는 가격을 책정하기가 어렵다. 그러나 가격책정은 수요곡선을 완만하게 하여 수요와 공급이 일치하도록 하는 역할을 할 수 있다. 제13장에서 논의된 것처럼 시간별 차이, 장소별 차이, 구매량별 차이 및 인센티브 차이 등이 일치가격책정(syncro pricing)에 속한다.

장소별 차이(place differentials)는 고객이 위치에 민감하게 반응하는 서비스에서 사용된다. 음악회에서의 맨 앞줄, 축구장에서의 50야드 라인, 테니스나 야구에서의 중앙 쪽, 관광지 호텔의 바다 쪽 객실 등이 모두가 고객에게 의미가 있어 높은 가격에도 수요가 형성되는 장소별 차이를 잘 보여주고 있다.

시간별 차이(time differentials)는 서비스가 소비되는 시기나 시간에 따라 가격이 달라지는 것을 말한다. 저녁 11시 이후의 전화서비스, 주말의 병원 입원실, 토요일 저녁의 항공티켓, 비수기의 온천탕 등이 여유 있는 기간을 반영한 가격의 차이를 잘 보여준다. 비수기 때 낮은 가격으로 제공함으로써 서비스회사는 수요를 완화시킬 수도 있고 이익을 증가시킬 수도 있다.

구매량별 차이(quantity differentials)는 보통 대량구매(volume purchasing)에 대해 제공되는 가격인하이다. 이 가격결정구조를 통해 서비스기업은 서비스에 대한 미래수요를 예측할 수 있다. 태닝(tanning)이나 얼굴 미용의 쿠폰이 있는 소책자를 사는 사람, 공공 교량 통행료 회수권을 다량 구입하는 사람, 또는 라디오나 TV 광고에 나온 패키지 상품을 구입하는 사람은 모두 미래 서비스를 약속함으로써 가격인센티브를 받게 되는 것을 말한다. 항공사, 호텔, 렌터카의 단체할인 등도 구매량별 차이를 잘 보여주는 예이다.

인센티브 차이(differentials as incentives)는 새로운 고객 혹은 현재의 고객에게 낮은 가격을 제시함으로써 이들을 단골고객으로 만들기 위한 것이다. 일부 전문가들(변호사, 치과의사, 전기전문가, 심지어는 일부 내과의사들까지도)은 직접 나서서 고가격 서비스에 관한 두려움과 불확실성을 극복하기 위해 무료상담을 해준다. 또 다른 회사는 단골고객에게 할인을 해주거나 비수기에 장려금을 주는 등의 방법으로 사용을 유도하고 있다. 스포츠팀들은 스포츠이벤트에 참여하고 싶지만 높은 가격을 지불하려 하지 않는 고객을 유인하는 방법으로 인센티브 차이를 사용하고 있다. "모든 구매자들에게 차별적인 가격을 적용해야 한다"고 주장한 NBA 농구팀 피닉스 선즈(Phoenix Suns)는 프리미엄 좌석 값을 26% 올리고, 일반좌석을 31% 낮추며, 10달러의 티켓을 500개 추가했다. 수익은 6% 증가했으며, 다른 세분시장의 좀 더 많은 팬들이 구매하게 되면서 게임을 관람하는 관중 수가 증가했다.[15]

침투가격책정

침투가격책정(penetration pricing)은 새로운 서비스의 시용구매나 폭넓은 사용을 유도하기 위해 낮은 가격으로 출시되는 전략을 말한다. 이 전략은 다음과 같은 때 적합하다. (1) 서비스의 매출량이 가격에 매우 민감할 때, 특히 도입 초기단계, (2) 대규모 작업으로 인하여 단위당 비용면에서 규모의 경제 달성이 가능할 때, (3) 서비스의 도입 직후 강한 잠재경쟁자의 위협에 직면하고 있을 때, (4) 이 서비스를 얻기 위하여 높은 가격을 기꺼이 지불하려는 구매자층이 없을 때 등이다.[16] 이러한 가격책정에서의 문제는 회사가 다음에 정상적으로 인상된 가격을 책정했을 때 문제가 야기될 수 있다는 것이다. 고객이 훗날의 정상적인 가격이 수용가능한 가격의 범위를 넘어선다고 생각할 정도로 낮은 가격으로 침투하지 않도록 주의해야 한다.

고객이 "가치란 제품이나 서비스에서 내가 원하는 모든 것이다"라고 여길 때의 가격책정전략

고객이 서비스의 구성요소 중 "얻는 것(get)"에 주로 관심이 있을 때, 금전가격은 주된 관심사가 아니다. 주어진 서비스가 가지고 있는 바람직한 고유 속성이 많을수록 해당 서비스의 가치가 높아지고 마케터가 설정할 수 있는 가격도 높아진다. 그림 15.4는 적절한 가격책정전략을 보여준다.

품위가격책정

이 방식은 고품질이나 지위에 기반한 서비스를 제공하는 서비스마케터들이 행하는 수요에 기초한 가격책정방식의 특수한 형태이다. 레스토랑, 헬스클럽, 항공사, 호텔 등과 같은 서비스 분야에서 호화로움을 추구하는 대상에 대하여 고가격이 매겨진다. 예를 들어 신중하게 서비스를 제공해야 할 호텔 투숙객을 위해 많은 호텔체인들은 고급 편의시설을 추가로 제공하고 고가의 호화 객실을 제공한다. 일부 리츠칼튼호텔은 이러한 높은 가격의 객실에 샌드위치와 샐러드 같은 무료점심을 제공한다.[17] 이러한 서비스제공 기업의 일부 고객은 서비스가 품위나 품질이미지를 나타내기 때문에 실제로 가치가 높다고 생각할 수도 있다. 사람들은 좌석이나 숙박시설에 있어서 특혜를 받고 남다른 특별한 혜택을 누릴 권리가 부여되기 때문에 고가의 서비스를 구매하기를 선호한다. 품위가격책정(prestige pricing) 방식에서는 보다 비싼 서비스가 품질이나 품격을 반영하는 데보다 가치가 있기 때문에 실제로 가격이 인상됨에 따라 실제로 수요가 증가할 수도 있다.

초기고가격책정

초기고가격책정(skimming pricing)은 새로운 서비스가 고가로 출시되는 것을 말하는데, 과거의 서비스를 훨씬 뛰어넘는 주요한 개선이 있을 때 효과적인 방법이다. 이 상태에서 많은 고객은 서비스의 가격보다는 그 서비스를 획득하는 데에 더욱 관심을 기울이며, 서비스 제공자들로 하여금 기꺼이 고가격을 지불하려 하는 고객을 선점하게 해준다. 보톡스주사, 레이저 지방흡입술과 같은 노화 방지 관련 서비스는 높은 가격에 출시되었는데 그 결과 가격이 하락

그림 15.4
고객이 "가치란 제품이나 서비스에서 내가 원하는 모든 것이다"라고 여길 때의 가격책정전략

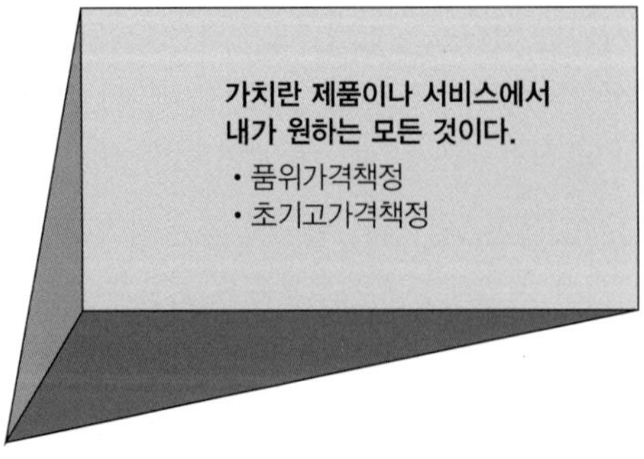

할 때까지 기다리기보다는 고비용을 기꺼이 지불할 의사가 있는 소비자들이 초기에 고가의 서비스를 이용하였다.

고객이 "가치란 내가 지불한 가격 대신에 내가 받는 품질이다"라고 여길 때의 가격책정전략

일부 고객은 품질과 금전적인 가격 모두를 주로 고려한다. 마케터의 임무는 고객(혹은 세분시장고객)에게 있어 **품질**이 의미하는 바가 무엇인지를 이해하는 것이며, 가격수준과 품질수준을 일치시키는 것이다. 구체적인 전략은 그림 15.5에 나타나 있다.

가치가격책정

폭넓게 사용되는 **가치가격책정**(value pricing)이란 "보다 적은 손실로 보다 많은 이익을 보는 것"을 의미한다. 즉, 쓸모없는 서비스를 최대한 줄여 값싸게 제공하는 것을 말한다. 타코벨은 0.59달러짜리 가치메뉴(value menu)로 가치가격책정을 선도했었다. 매출이 2년 만에 50% 증가하여 24억 달러가 되자 맥도날드와 버거킹도 가치가격책정 방법을 채택하였다. 타코벨에서는 타코와 브리또를 계속해서 1달러 미만으로 판매되도록 하고 체인점에서 보다 쉽고 빨리 만들 수 있도록 하기 위해 메뉴의 형태를 변경해 왔다. 이 장의 서두에 언급한 사우스웨스트항공 또한 빈번한 출발, 우호적이며 재미있는 사원, 정시도착 등의 서비스 묶음에 대해 낮은 가격으로 가치가격책정을 시도했다. 이 항공사는 핵심적 서비스와 더불어 낮은 운임을 일관되게 제공하고 있다.

세분시장가격책정

서비스마케터는 고객집단별로 제공하는 서비스의 원가에 차이가 없더라도, 서비스품질을 상이하게 지각하는 고객집단 간에 상이한 가격을 매기는 방법이 있다. **세분시장가격책정**(market segmentation pricing) 방법은 세분시장마다 수요의 가격탄력성이 다르고 요구하는 품질수준도 다르다는 전제에 기초하고 있다.

일부 서비스마케터는 일부 고객이 제시된 가격을 지불하기가 어렵다고 보고 고객범주별

그림 15.5
고객이 "가치란 내가 지불한 가격 대신에 내가 받는 품질이다"라고 여길 때의 가격책정전략

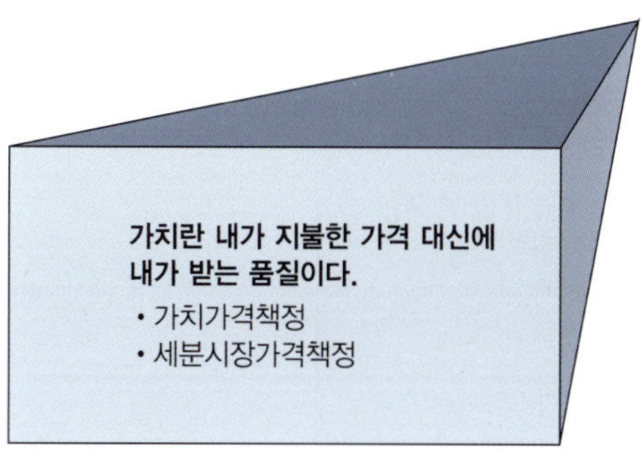

(client category)로 다른 가격을 매긴다. 대학가에 위치한 헬스클럽은 학생들이 제값(full price)을 지불할 능력에 한계가 있음을 인정하기 때문에 학생회원증을 발행하여 싸게 이용할 수 있게 하고 있다. 학생회원증을 낮은 가격으로 발행하면서 특히 가장 사용이 많은 시간에는 사용시간을 줄이도록 조건을 제시할 수 있다. 같은 맥락에서 제값을 지불하기 어려운 노인을 위한 회원증을 발급하고, 이들을 제값을 지불한 대부분의 회원들이 근무하는 시간인 낮 시간 동안 그 클럽을 이용하도록 할 수 있다.

기업들은 모든 세분고객이 가장 낮은 가격의 가장 기본적인 서비스수준을 원하는 것이 아니라는 것을 파악하였기 때문에 서비스수준(service version)에 따라 시장세분화를 도모한다. 세분고객이 충분히 선호할 만한 속성들의 묶음을 파악할 수 있을 때, 그 묶음에 대해 더욱 높은 가격을 부과할 수 있다. 상이한 시장집단에게는 소구하는 가격과 서비스포인트를 반영한 서비스묶음을 만들어 낼 수 있다. 예컨대 호텔은 기본요금으로 표준 객실을 제공하지만, 객실과 관련한 편의시설과 유형을 결합하여 접객(concierge) 수준, 저쿠지(jacuzzis, 기포식 목욕탕), Wi-Fi, 추가침대 및 좌석 공간에 대해 더 많은 비용을 지불할 의사가 있는 고객을 유치할 수 있다.

고객이 "가치란 내가 주는 모든 것 대신에 내가 받는 모든 것이다"라고 여길 때의 가격책정전략

몇몇 고객은 단지 그들이 받은 편익만이 아니라 그들이 투입한 시간, 돈, 그리고 노력도 포함하여 가치를 정의한다. 그림 15.6은 이런 상황에서의 가격책정전략을 보여준다.

가격프레이밍(price framing)

많은 고객이 서비스에 대한 정확한 준거가격을 갖고 있지 않기 때문에 서비스 마케터는 제품 마케터보다 소비자에 대한 가격정보를 아마 더 조직화하려 할 것이고, 그것을 고객이 어떻게 보는지를 알고자 할 것이다. 소비자는 핵심서비스를 비교 판단할 수 있는 기준가격을 알려고 한다. 만약 고객이 기준가격(anchor price)을 받아들인다면 서비스 패키지와 그 가격을 호의를 가지고 받아들일 것이다. 그루폰(Groupon), 리빙소셜(Living Social)을 비롯한 많은 온라

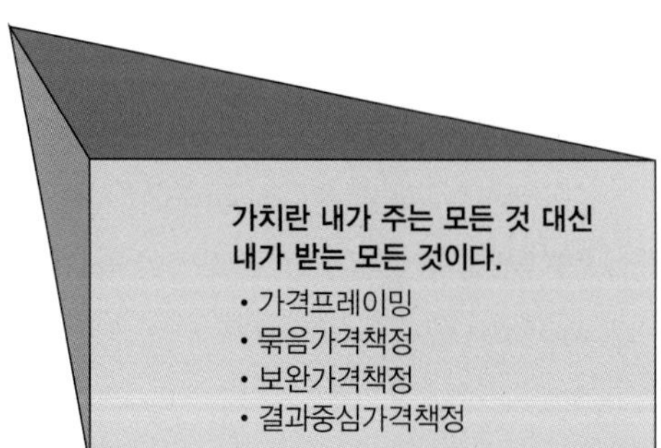

그림 15.6
고객이 "가치란 내가 주는 모든 것 대신에 내가 받는 모든 것이다"라고 여길 때의 가격책정전략

인 쿠폰 사이트는 소비자들로 하여금 제안된 제품의 실제가격뿐만 아니라 할인된 가격 또한 공개한다. 앞서 언급한 바와 같이 소비자들은, 특히 배관 및 배수구 청소, 압력세척 같은 주택수리 서비스의 준거가격을 알지 못한다. 실제가격을 제공하는 방식은 그루폰 같은 곳에서 제품을 구매할 경우 소비자들이 받는 가치를 알게 해준다.

묶음가격책정(price bundling)

어떤 서비스는 다른 서비스와 결합하여 보다 효과적으로 소비된다. 다른 서비스란 제품을 지원하는 서비스, 예컨대 보증기간 연장, 교육, 신속한 배달 등도 포함된다. 소비자들이 상호 연결된 서비스패키지를 원할 때 묶음가격은 적절한 전략이 된다. 개별적으로보다는 그룹 단위로 판매되고 가격이 책정되는 것을 의미하는 묶음화(bundling)는 소비자와 서비스기업 양자에 이익을 가져다 준다. 소비자는 그들의 구매와 지불을 단순화한 묶음을 찾고, 서비스기업은 자사의 서비스계열에 대한 수요를 자극할 수 있다. 그렇게 해서 전체적으로 운영비를 절감할 수 있다.[18] 또한 묶음화는 소비자가 개별적으로 구매할 때보다 적은 비용으로 지불할 수 있도록 해주어 가치를 높이는 데도 기여한다.

묶음가격의 효과는 고객이나 세분시장이 지각하는 가치의 묶음을 서비스기업이 얼마나 잘 이해하는지와 이들 서비스 간의 수요의 상호보완성에 달려 있다. 또는 묶음가격의 효과는 기업의 관점에서 서비스를 정확하게 선택하느냐에도 달려 있다. 전체 매출의 증대가 회사의 목적이므로 묶음화를 통해 이미 대규모 매출을 올리고 서비스를 할인하고, 매출이 작아 손실을 내고 있는 서비스를 묶어 매출을 늘리도록 서비스 품목을 선정해야 한다.

보완가격책정

상호 관련성이 높은 서비스는 **보완가격책정**(complementary pricing)을 사용하여 활용할 수 있다. 이 방식은 종속가격(captive pricing), 이중요율가격(two-part pricing), 미끼가격(loss leadership) 등 세 가지가 연관된 전략을 포함한다.[19] **종속가격**은 기본적인 서비스와 제품을 제공하고 서비스를 지속적으로 사용하도록 주변 서비스나 소모품을 제공하는 것을 말한다. 이 상황에서 기업은 기본 서비스요금의 일부를 주변기기에 이전할 수 있다. 예컨대 케이블서비스는 흔히 매우 낮은 수준으로 설치가격을 낮추고는 수익 감소를 보상하기 위해 주변 서비스에 부담시킨다. 서비스기업의 경우 종속가격을 서비스 기업의 입장에서는 **이중요율가격**이라고 부른다. 왜냐하면 서비스가격이 고정 요금과 변동 사용요금으로 나누어지기 때문이다. 이러한 가격책정방식은 전화서비스, 헬스클럽, 임대와 같은 상업서비스에서도 그 예를 찾을 수 있다. **미끼가격**은 전형적으로 소매점포에서 사용되는 용어로 제공자가 특별히 많은 고객을 유인하기 위해 친숙한 서비스를 저렴한 가격으로 제공하고 다른 서비스에는 고가격을 매기는 방법이다. 예를 들어, 세탁소에서 남성셔츠 세탁을 저가에 제공하고 다른 의류들은 더 높은 가격을 지불하도록 하는 것이다.

결과중심가격책정

결과가 매우 중요하지만 불확실한 서비스산업에서 가치와 가장 관계가 많은 것은 서비스의 결과이다. 예컨대 개인상해 법률소송에서 고객은 서비스 마무리에서 받게 될 '해결'이란 서비스를 높게 평가한다. 세무회계에서 고객은 비용절감에 가치를 두고, 직업학교의 경우 학생은 졸업 후 취업에 가장 큰 가치를 둔다. 헐리우드 스타에 대해서 제작사들은 높은 흥행에 가치를 둔다. 이런저런 경우에 적합한 가격책정전략은 서비스의 결과에 기초해서 가격을 책정하는 것이다.

결과에 기초한 가격책정방법 중 가장 잘 알려진 예는 변호사들이 사용하는 **상황가격책정**(contingency pricing)이다. 상황가격책정은 개인적 상해나 기타 소비자 분쟁사고에 부과되는 요금책정방식이다. 이 방법에서 변호사는 사건이 해결되기 전에는 비용이나 보수를 받지 않고, 해결된 후 고객이 받은 돈의 일정비율만을 받는다. 따라서 고객에 도움이 되는 결과가 나와야만 보상을 받게 된다. 고객의 입장에서 보면 법률회사와의 관계가 친숙하지 않고 때로는 두렵기까지 하기 때문에 이러한 가격책정은 의미가 있다. 예컨대 수년이 걸리는 분쟁의 경우 높은 수임료가 몹시 걱정된다. 상황가격책정을 이용하면, 고객은 어떤 결과를 받을 때까지는 요금을 지불할 필요가 없다는 확신을 갖게 돼 다소 위안이 된다. 상황가격책정의 여러 예에서 보듯이 서비스의 경제적 가치는 서비스가 행해지기 이전에는 결정되기 어려워 제공자들은 가치를 구매자에게 제공하는 데 대한 보상과 위험공유에 따른 보상으로 가격을 산출한다.

결과중심가격책정(results-based pricing)은 온라인의 "클릭당 지불(pay-per-click)" 광고산업에서 명확하게 설명된다. 즉, 기업은 예상 시청자를 보유한 미디어를 이용하기보다는 기업광고에 실제로 반응한 사람의 숫자에 기초하여 광고비를 받는 구글이나 야후의 광고를 구매한다. 일부 PR 기업도 매체 노출에 따라 고정 수수료를 지불하는 방식에서 결과중심가격책정으로 이동했다. 예를 들어, 전통적인 PR 기업인 페이퍼클립(Pay PerClip)은 아주 구체적인 결과에 근거해 수수료를 책정하는데, 만약 소규모의 시장(small-market) 신문에 언급되면 750달러를 부과한다.

서비스가격책정을 위한 수수료 방법에서는 대행사가 가장 높은 가격이나 요금을 찾아냈을 때 가장 높은 보상을 받게 된다. 대행사는 그들의 고객을 위해 가장 낮은 가격이나 요금을 회피하려는 근본적인 동기가 있는 것 같다.

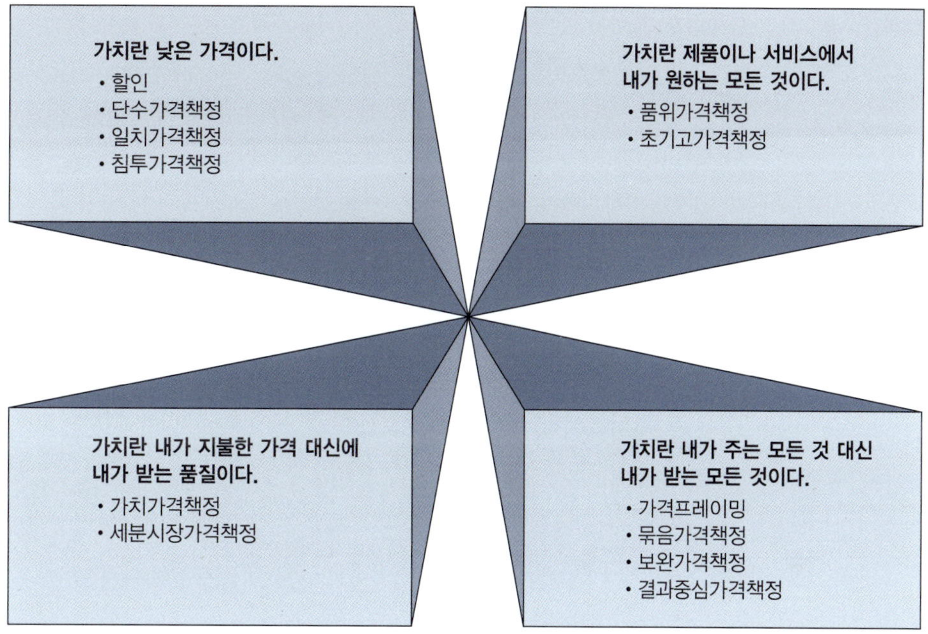

그림 15.7
4가지의 가치에 대한 고객의 정의에 따른 서비스가격책정전략의 요약

요약

본 장은 서비스와 제품의 가격책정에 대한 세 가지 주요한 고객평가의 차이점에서 출발했다. (1) 고객은 흔히 서비스에 대해 부적절하고 제한된 준거가격을 가지고 있다. (2) 서비스에서 가격은 품질을 알리는 주요 신호이다. (3) 서비스고객에 있어서 금전적 가격만이 유일한 관련 가격이 아니다. 이러한 세 가지 차이점은 기업이 서비스가격을 책정하고 조정하기 위해 사용하는 전략에 커다란 영향을 미친다. 본 장은 (1) 원가 중심, (2) 경쟁 중심, (3) 수요 중심의 가격책정을 비롯한 일반적인 가격책정방식에 대해 논의하고 있다. 논의의 핵심은 이 각각의 구조와 이를 실행하는 데 따르는 특별한 어려움이다.

본 장은 또한 가치에 대한 고객의 지각을 정의하고, 각 정의에 부합하는 적절한 가격책정 전략을 제시하고 있다. 그림 15.7은 이러한 정의와 전략을 요약하고 있다. 4가지 가치정의는 다음과 같다. (1) 가치란 낮은 가격이다. (2) 가치란 제품이나 서비스에서 내가 원하는 모든 것이다. (3) 가치란 내가 지불한 가격 대신에 내가 받는 품질이다. (4) 가치란 내가 주는 모든 것 대신에 내가 받는 모든 것이다.

토의문제

1 가격책정의 세 가지 방법(원가 중심, 경쟁 중심, 수요 중심) 중 어느 방법이 고객에게 가장 공평한가? 그 이유는 무엇인가?

2 서비스에 대한 가격책정 시 세 가지 방법 모두를 동시에 사용할 수 있는가? 있다고 한다면 그렇게 가격이 책정되는 서비스를 열거해 보라.

3 어떤 서비스에 대한 준거가격을 가지고 있는가? 준거가격이 없는 서비스와 있는 서비스의 차이점은 무엇인가?

4 가격이 품질의 신호라고 생각되는 세 가지 서비스의 이름을 나열하라. 높게 책정된 서비스와 낮게 책정된 서비스 간에 정말로 차이가 있다고 믿는가? 믿는 이유와 믿지 않는 이유에 대해서도 설명하라.

5 다음과 같은 서비스에 포함된 비금전비용을 설명하라. 의지를 갖게 하는 심리치료, 자동차렌트, 헬스클럽 가입, 알레르기의 진단과 치료, 경영자 교육프로그램에 참여, 생명보험 가입 등이다.

6 네 가지 고객가치 정의에 대한 구체적인 가격책정전략을 살펴보라. 어느 전략이 다른 가치정의와 함께 사용될 수 있고 적응될 수 있는가?

연습문제

1 자신이 준거가격을 가지고 있지 않는 다섯 가지 서비스를 열거하라. 자신을 이들 중 두 서비스의 서비스 제공자의 역할에 놓고 가격책정전략을 개발하라. 고객이 가지고 있는 가치정의를 설명하고, 그것에 부합하는 전략을 개발하라.

2 그 다음 주에 다섯 가지 서비스에 대한 가격리스트를 찾아내 어떤 방식으로 가격을 책정했는지를 확인하라. 만약 이 장에서 설명한 접근방식 중 어디에도 속하지 않는다면 그것을 어떻게 설명하며, 무엇이라고 부를 것인가?

3 자신을 사립대학 이사장이라고 간주하고 학생들에게 어필할 수 있는 가격 · 가치패키지를 준비해 보라. 그러한 가격 · 가치패키지를 개발하게 된 접근방식을 설명하고 기존의 대학제공물과 어떻게 다른지 알아보라.

4 프라이스라인(Priceline.com)의 사이트를 방문하라. 그리고 그들의 운영방식을 숙지하라. 다음으로 오비츠(Orbitz)와 트레블로시티(Travelocity) 사이트를 방문한 후 그들이 운영하는 방식을 비교해 보라. 프라이스라인, 오비츠, 트레블로시티를 사용함에 있어서 각각의 장점은 무엇이고 상쇄(trade-offs)되는 점은 무엇인가?

참고문헌

1 "Ultimate Guide to Airline Fees," *Smarter Travel*, www.smartertravel.com/blog/today-in-travel/airline-fees-the-ultimate-guide.html?id=2623262,accessedJuly2016;B.Jansen,"AirlinestoReportBlowoutProfitsAmidLowGasPrices,HigherFees," *USA Today*, January 12, 2016, p. B1; R. Seaney, "Airline Fees Make Comparison Shopping a Nightmare," *USA Today*, June 14, 2016, http://www.usatoday.com/story/travel/columnist/seaney/2016/06/14/airline-fees/85827430/; T. Wu, "Why Airlines Want to Make You Suffer," *The New Yorker*, December 26, 2014; S. McCartney, "Airlines Go Back to Boarding School to Move Fliers onto Planes Faster," *The Wall Street Journal*, July 21, 2011, p. D1.

2 K. Monroe, "The Pricing of Services," Handbook of Services Marketing, ed. C. A. Congram and M. L. Friedman (New York: AMACOM, 1989), pp. 20 – 31.

3 Ibid.

4 W. Woellert, "How Much Is That Brain Scan?" *BusinessWeek*, November 8, 2004, p. 94.

5 K. Santana, *Wedding Planner's Handbook*, self-published book available online at http://www.theweddingplannerbook.com/wedding-planners-handbook, 2015; http://www.bridges-ec.com/faqs/a2-what-are-the-usual-fees-for-executive-coaching-/; G. Kelly, "How Much Does it Cost to Install a Home Security System?" Angie's List, October 14, 2015, https://www.angieslist.com/articles/how-much-does-it-cost-install-home-security-system.htm.

6 E. Cohen, "Would Your Doctor Pay for Wasted Time?" www.cnn.com, accessed August 13, 2011.

7 Monroe, "The Pricing of Services."

8 V. A. Zeithaml, "The Acquisition, Meaning, and Use of Price Information by Consumers of Professional Services," in *Marketing Theory: Philosophy of Science Perspectives*, ed. R. Bush and S. Hunt (Chicago: American Marketing Association, 1982), pp. 237 – 241.

9 C. H. Lovelock, "Understanding Costs and Developing Pricing Strategies," *Services Marketing* (New York: Prentice Hall, 1991), pp. 236 – 246.

10 A. Stevens, "Firms Try More Lucrative Ways of Charging for Legal Services," *The Wall Street Journal*, November 25, 1994, pp. B1ff.

11 K. Chu, "Bank of America Raises ATM Surcharge," *USA Today* September 13, 2007, p. 2A.

12 V. A. Zeithaml, "Consumer Perceptions of Price, Quality, and Value: A Means-End Model and Synthesis of Evidence," *Journal of Marketing* 52 (July 1988), pp.2 – 22.

13 All comments from these four sections are based on those from Zeithaml, "Consumer Perceptions," pp. 13 – 14.

14 B. Donan, "Set Price Metrics Parallel to Value Proposition," *Marketing News*, April 1, 2007, p. 6.

15 G. Boeck, "Teams Woo Fans with Cheaper Seats," *USA Today*, August 31, 2004, p.3C.

16 Monroe, "The Pricing of Services."

17 B. DeLollis, "Hotels Take Pampering to Next Level on Club Floors," *USA Today*, June 19, 2007, p. 3B.

18 Monroe, "The Pricing of Services."

19 G. J. Tellis, "Beyond the Many Faces of Price: An Integration of Pricing Strategies," *Journal of Marketing* 50 (October 1986), pp. 146 – 160.

Part 7

서비스품질과 이익

Chapter 16 서비스품질의 재무적 · 경제적 효과

본서의 마지막인 제7부에서는 경영자들이 지난 25년간에 걸쳐 숙고해온 서비스에 대한 가장 중요한 의문들 중 하나에 대해 설명한다. 그 의문은 바로 "훌륭한 서비스가 기업에 수익을 가져다 주는가?"라는 것이다. 이 물음에 답하기 위해 실제로 우리는 기업과 협력하여 연구해 왔다. 우리는 그 관계가 어떻게 작동하는지에 대해 우리의 고유한 모델을 제시하고 같은 기업에서의 관계의 예를 제공한다. 우리의 모델은 서비스품질이 어떻게 공격적 효과(새로운 고객의 유치)와 방어적 효과(기존 고객의 유지)를 가지는지 보여줄 것이다.

우리는 또한 본 장에서 몇 가지 중요한 성과 모델에 대하여 논한다. 서비스품질수익률(Return On Service Quality, ROSQ)은 기업이 서비스활동에 대한 투자수익률을 측정할 수 있게 해주는 모델링 방법론이다. 고객자산은 서비스에 대한 투자를 다른 마케팅활동과 비교하는 ROSQ 방법이 확장된 것이다. 균형성과는 재무, 고객, 운영, 그리고 혁신 측정치를 포함하는 복합적 기업요소를 포함하는 방법이다. 균형성과는 기업이 고객관점(제4장, 제9장), 직원관점(제11장), 그리고 혁신 및 새로운 서비스관점(제8장)의 성과를 측정할 수 있도록 한다. 따라서, 제16장에서는 서비스제공(provision)에 기초한 측정이슈를 통합하고, 서비스가 재무적으로 측정 가능한 것임을 증명하기 위해 기업이 사용할 수 있는 방법을 제공한다. 이러한 모델들은 기업이 서비스 탁월성(service excellence)에 투자함으로써 얻게 되는 수익을 보다 정확하게 이해하는 데 도움을 준다.

Chapter **16**

서비스품질의 재무적·경제적 효과

본 장의 목적은 다음과 같다.

1. 서비스품질이 이익에 미치는 직접적인 효과를 검토한다.
2. 서비스품질이 신규고객 획득에 미치는 효과를 알아본다.
3. 고객유지에 있어서 서비스품질의 역할을 평가한다.
4. 전체 서비스품질의 원동력, 고객유지 및 수익성 간의 관계에 대해 논의한다.
5. 재무적 측정치 이외의 측정치에 전략적인 초점을 맞추도록 해주는 균형성과표에 대해 논의한다.

서비스에 대한 가장 핵심적인 전략적 질문 중 하나는 서비스가 기업의 재무 및 경제적 성과에 미치는 영향에 관련된 것이다. 이 질문에 대한 답을 찾기 위해서는 서비스 및 관련 개념을 측정하는 방법을 알아내야 한다. 서비스지표는 실증적으로 수익, 이익 및 성장과 같은 재정적 및 경제적 측정지표와 비교가 가능하다. 수년간 많은 측정지표가 개발되고 사용되었다. 그중 일부는 본서의 제4장과 제5장에서 소개되었고, 나머지는 본 장에서 설명된다. 기업들은 만족도, 고객 충성도 및 순추천고객지수(net promoter score) 같은 인지지표를 측정하고 관리해 왔다. 또한 인지지표와 재무지표의 관계를 이해하려고 상당한 시간과 비용을 투자하였다. 안타깝게도 서비스지표는 재무지표와 상관관계가 높지 않다.

더 유망한 지표는 티모시 케이닝햄(Timothy Keiningham), 러잔 액소이(Lerzan Aksoy) 및 동료들에 의해 고안된 "지갑점유율"이다. 지갑점유율(share of wallet)은 한 소비자의 전체 지출 중에서 특정 서비스에 대한 지출이 차지하는 비중을 말한다. 고객은 기업의 서비스에 매우 만족하면 기꺼이 다른 사람에게 추천할 것이다. 하지만, 고객이 경쟁업체를 더 선호한다면 기업의 매출이 감소할 수도 있다. 단순히 만족도를 높이기 위해 변화를 주었다고 해서 매출에 반드시 도움이 되는 것은 아니다. 전통적인 측정지표는 충분히 쓸모가 있지만, 이 척도만으로는 경쟁업체를 이기는 방법을 알아낼 수 없다. 연구진은 17,000명 이상의 소비자를 대상으로 2년 동안 12개 이상의 산업과 9개국의 소비를 조사하였다. 만족도와 충성도를 포함시킨 다양한 질문을 통해, "높은 상관관계"를 발견하였다.[1] 소비자는 카테고리 내 다른 서비스와 비교하여 해당 서비스에 상대적인 순위를 할당하는 경향이 있다. 이 방식은 '지갑할당규칙(wallet allocation rule)'이라고 불리는 단순하지만 알려지지 않았던 공식에 근거하여 지갑점유율을 예측한다. 기업 간 그리고 산업 간 조사에서, 브랜드의 지갑할당규칙과 재무결과 간의 상관관계가 꽤 높게 나타났다. 이는 이전 방식(서비스지표와 재무지표 간의 관계)보다 훨씬 높은 것으로 나타났다. 더욱이 이 규칙은 조사된 모든 산업과 국가에서 유효하게 나타난 것이다. 결과적으로, 지갑할당규칙 공식은 매우 간단하지만, 과학적이다.

$$\text{지갑점유율} = \left(\frac{1-\text{순위}}{(\text{브랜드 수}+1)}\right) \times \left(\frac{2}{\text{브랜드 수}}\right)$$

여기서,

순위=같은 범주 내 경쟁 브랜드와 비교하여 고객이 특정 브랜드에 할당하는 상대적 순위

브랜드 수=고객이 해당 범주에서 이용한 브랜드 총수

지갑할당규칙은 소비자가 이용하는 서비스 범주 내의 브랜드 수와 순위를 모두 고려한다. 기업의 서비스가 고객의 첫 번째 선택인가? 두 번째인가? 그리고 고객이 해당 범주에서 이용하는 서비스는 몇 가지인가? 이러한 것들이 모두 고려된다. 브랜드 수와 순위를 알기 때문에 기업은 명확하게 지갑점유율을 예측할 수 있다. 전통적인 척도가 지갑점유율과 다르게 나타나는 이유는 서비스 만족도와 서비스품질의 결정요인이 유사하며, 결정요인이 변화한다고 하더라도 경쟁업체에 비해 기업의 순위가 반드시 개선되지는 않기 때문이다. 그러나 지갑점유율의 결정요인은 다르다. 이는 지갑점유율이 모든 경쟁사를 고려하고 특정 서비스에 돈을 쓰는 이유를 예측하기 때문이다. 기업이 순위가 높아진다는 것은 지갑점유율이 높아진다는 것을 의미한다. 그렇다면 기업은 어떻게 지갑점유율을 높일 수 있을까?

1. 지갑할당규칙에 따라 고객이 이용하는 각 경쟁사의 지갑점유율을 계산한다.
2. 고객 중 몇 명이 각각의 경쟁업체를 사용하는지 파악한다.
3. 고객으로부터 각각의 경쟁업체에 전달되는 수익을 계산한다.
4. 지갑점유율을 개선할 수 있는 방법의 우선순위를 정한다. 고객이 경쟁업체를 선택하는 이유를 해결하고 우리 서비스를 이용하게 만드는 비용을 예측한다. 각 전략의 비용과 수익을 비교하는 잠재적 재무 수익률을 계산한다.[2]

전통적 측정지표와 달리 지갑할당규칙이 해결한 전략적 문제는 다음과 같다. (1) 경영자는 경쟁을 고려하지 않고 기업을 평가할 수 없다. (2) 고객이 평가하는 순위는 중요하다. (3) 동등한 순위는 지갑점유율을 계산하는 데 고려하지 않는다. (4) 고객이 특정브랜드를 더 많이 사용할수록 경쟁자들의 잠재적 기회는 낮아진다는 것이다.

실제 모든 기업들은 서비스에 대한 신규투자의 성과와 원금회수 여부를 확인하고 모니터할 수 있는 증거와 도구들을 원한다. 많은 경영자들은 여전히 서비스와 서비스품질을 수익의 공헌자라기보다는 비용으로 보고 있는데, 그 이유는 서비스품질과 수익의 상관관계를 밝히기 어렵기 때문이기도 하다. 서비스품질의 재무적 영향력에 대한 고민은 광고와 매출의 상관관계에 대한 오랜 탐색과 동일한 경우라고 할 수 있다. 광고의 효과와 마찬가지로 서비스품질의

성과는 누적되기 때문에, 상관관계에 대한 증거는 즉시 혹은 투자 직후에 바로 나타나지 않는다. 그리고 광고와 마찬가지로, 서비스품질은 가격책정, 광고, 효율성, 그리고 이미지 등과 같이 수익에 영향을 미치는 많은 변수 중 하나에 불과하다. 더구나 서비스품질에 대한 지출만으로 성과를 보장하지 못한다. 왜냐하면 전략과 실행이 함께 고려되어야 하기 때문이다.

그러나 최근에 연구자들과 경영자들은 서비스품질과 이익 사이의 관계를 이해하기 위해 노력하고 있으며 그 관계를 지지하는 강력한 증거들을 발견해 왔다. 예를 들어 한 연구는 서비스품질이 수익확대와 비용절감을 통해 이익으로 연결되는 과정을 설명하고 있다. 이 연구는 경영자들이 직면하는 다음과 같은 공통적인 딜레마를 논의하고 있다: '효율성과 비용감소에 초점을 둔 프로그램의 사용을 통해 비용을 줄일 수 있는가?', '고객서비스, 고객만족, 고객유지에 대한 투자를 통해 수익을 창출할 수 있는가?'의 두 가지를 논의하고 있다.[3] 이 연구는 기업의 수익성과 주당 수익 자료를 이용하여, 높은 품질수익률(return on quality)이 비용절감, 수익확대, 혹은 두 변수의 상호작용을 통해 발생하는지 연구했다. 연구의 결과는 수익확대에 중점을 둔 기업의 품질수익률이, 비용감소나 수익확대와 비용감소를 함께 추구한 다른 기업에 비해 높게 나타난 것으로 밝혀졌다.[4]

경영자들은 서비스품질과 이익 사이의 관계는 직접적이지도 간단하지도 않다는 사실 역시 깨닫기 시작하였다. 서비스품질은 기업의 많은 경제적 요인에 영향을 주는데, 이들 중 일부는 전통적인 마케팅영역에서 다루지 않았던 변수들을 통해 이익을 이끌어 낸다. 예를 들어, 일부접근법은 서비스품질의 재무적인 효과를 비용절감이나 생산성 향상으로 표현하기도 한다. 이러한 관계에는 마케팅 조사가 고객이 주목하고 가치를 두는 서비스 개선사항을 식별하는 데 사용된다는 점에서만 마케팅과 관련된 운영 문제가 포함된다.

보다 최근에, 다른 유형의 증거가 서비스품질과 이익 사이의 관계를 설명하는 데 사용될 수 있게 되었다. 본 장의 전체 목표는 최근의 증거를 종합하고 이를 통해 서비스품질과 이익 간의 관계를 확인하는 것이다. 각 절에서는 증거를 평가하고 최근에 각 주제에 대해 알려진 것이 무엇인지 확인한다. 본 장은 이러한 주제의 모든 변수를 연결하는 개념적인 틀로 구성되어 있다.

서비스품질과 수익성 : 직접적인 관계

그림 16.1은 본 장의 핵심에 대한 근본적인 질문을 나타낸다. 서비스가 수익에 어떻게 영향을 미치는가? 경영자들은 서비스품질이 핵심적인 경쟁전략으로 떠올랐던 1980년대에 이러한 문제에 처음 관심을 갖게 되었다. 페덱스와 디즈니 같은 선도적 서비스기업들의 최고경영자는 보다 나은 서비스가 좀 더 향상된 재무적 성공을 가져올 것이라는 그들의 직관을 신뢰하고 있었다. 재무적 성과에 대한 공식적인 증거도 없이, 그들은 서비스를 향상시키기 위해 자원을 투입하였는데, 이 단순한 믿음으로 인하여 많은 보상을 받았다. 1990년대에, 경쟁우위

그림 16.1
서비스품질과 이익 사이의 직접적인 관계

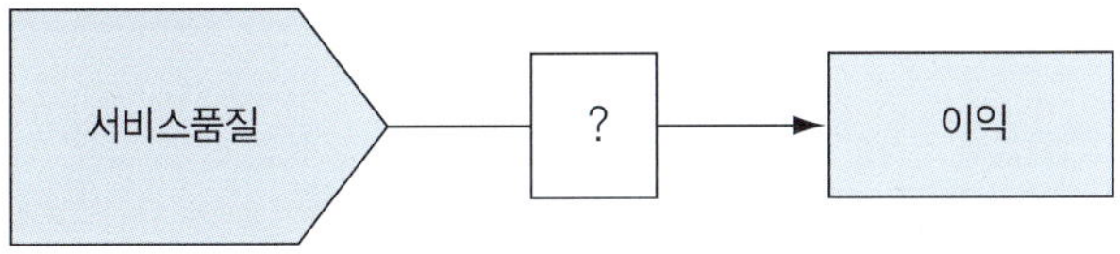

와 이익을 위해 서비스품질을 사용하는 전략은 GE나 IBM과 같이 전향적 사고(forward-thinking)를 하는 제조업체와 IT 기업에서 사용하였다. 그러나 다른 기업의 최고경영자는 재무적 타당성에 대한 믿을 만한 증거를 기다리며, 서비스품질에 대한 투자를 주저하였다.

초기의 증거들은 미국회계감사원(General Accounting Office, U.S GAO)의 조사에서 나타나는데, GAO는 말콤볼드리지 대상의 수상자나 최종 후보까지 오른 기업을 대상으로 하여 품질의 재무적 효과에 대한 믿음의 근거를 밝히고자 했다. GAO는 이러한 최상의 서비스품질을 가진 기업이 시장점유율, 직원당 매출, 매출액수익률(return on sales), 그리고 자산수익률(return on asset) 부분에서 다른 기업에 비해 우수함을 발견했다. 수상했거나 최종 후보에 오른 22개 기업들의 응답에 기초하여 GAO는 34~40개의 재무적 변수가 긍정적인 성과 개선을 보인 반면, 단지 6개의 항목만이 부정적이거나 중립적임을 밝혔다.[5] 그 후에는 보다 엄격한 연구로부터 얻은 증거들이 서비스품질의 긍정적 효과를 보여주고 있다. 한 연구에서는 불평회복시스템이 재무적으로 유리한 영향을 미치는 것으로 나타났다.[6] 또 다른 연구는 환자의 만족과 병원의 수익성 사이에 긍정적이며 유의적인 관계가 있음을 밝혔다.[7] 재무성과의 정의에 주가수익률(stock returns)을 포함하도록 확장한 또 다른 연구에서는 광고비 지출과 투자수익률의 효과를 일정수준으로 통제하더라도 고객의 품질지각 변화와 주가수익률 사이에 상당한 긍정적 연관성이 있음을 밝혔다. 예시 16.1은 고객만족, 서비스품질 및 재무적 성과 사이의 연관성에 대해 다루고 있다. 이 정보는 고객만족과 서비스품질의 개선이 재무적 수익을 창출한다는 사실을 입증하기 때문에 매우 유용하다.

예시 16.1에서 설명했듯이, 20년 넘게 많은 연구들이 고객 만족은 기업수익, 주가, 주주 가치 및 시장부가가치를 창출한다는 사실을 입증하였다. 미시간대학과 미국품질협회는 공동으로 고객만족지수(ACSI)를 개발하였고, 이를 기반으로 많은 연구들이 고객 만족도와 재무성과의 연관관계를 밝혀왔다. ACSI는 미국 경제 전반(www.theacsi.org)의 소비자 만족도를 [0~100점] 척도로 측정하는 경제지표이다.[8] ACSI와 기업의 재무성과 간의 관계에 대한 연구는 지속되었고, 일관되게 고객 만족도의 개선이 기업의 재무성과에 중요하고 긍정적인 영향을 미친다는 것을 입증해 왔다. 예를 들어, 40개 산업분야에 걸쳐 〈포춘〉지 선정 500대 기업 중 200개를 대상으로 실시한 한 종합연구 결과, ACSI의 1% 변화는 기업성과 지표 중 하나인 토빈의 큐(Tobin's q, 유형자산의 대체원가에 대한 기업의 시장가치 비율)로 측정된 기업가치의 1.016%의 변동과 연관성이 있음을 밝혀냈다. 이는 고객만족도가 1% 향상되면 약 2억 7,500만 달러의 기업 가치가 상승한다는 것을 의미한다.[9] 비슷한 다른 연구는 ACSI가 1포인트(1-point) 증가하면 다음 해에 기업의 순영업현금이 5,500만 달러 증가하고 현금흐름 변

예시 16.1 고객만족도, 서비스품질 및 기업성과

고객만족도, 서비스품질 및 기업성과 간의 연관성을 조사한 20년간의 연구를 검토한 결과 많은 연구들은 몇 가지 중요한 결과를 반복적으로 언급하였다. 일부 연구는 명시적으로 서비스품질이 재무성과에 영향을 끼치는 것으로 생각한 반면, 다른 연구는 서비스품질은 고객 만족에 영향을 주는 결정요인으로 가정하고, 전반적인 고객만족도가 재무성과에 영향을 끼치는 것에 초점을 둔다. 제4장에서 설명한 바와 같이, 고객만족은 서비스품질보다 더 광범위한 개념이다. 하지만, 서비스품질은 거의 모든 유형의 산업에서 고객만족을 이끄는 중요한 요인이다. 결과적으로 두 개념은 모두 본 장에 적합하다.

검토한 연구들은 재무성과를 측정하기 위해 이익, 주가, 기업가치(토빈의 q, 유형자산의 대체원가에 대한 기업의 시장가치 비율), 자산수익률(ROA), 투자수익률(ROI), 비정상적 수익률, 현금흐름 등 다양한 측정지표를 사용했다. 다음은 연구논문들을 검토하여 도출한 일반화된 결론이다.

일반화된 결론 1 : 고객만족도의 향상은 기업의 재무성과에 중요하고 긍정적인 영향을 미친다.

많은 연구들이 고객만족도와 수익성 사이의 강한 연관성이 있음을 보여준다. 이를 위해 앤더슨(Anderson), 포넬(Fornell) 및 마즈반처릴(Mazvancheryl)은 40개 업종에 걸쳐 〈포춘〉지 선정 500대 기업 중 200개 기업을 대상으로 포괄적인 연구를 실시하였다. ACSI의 1%([0~100] 척도로 측정된 미국고객만족지수)의 변화는 토빈의 큐(Tobin의 q)로 측정된 기업가치의 1.016% 변동과 관련이 있음을 보여주었다. 이것은 기업의 만족도가 1% 향상되면 회사의 가치가 약 2억 7,500만 달러 상승할 수 있음을 의미한다. 그루카(Gruca)와 레고(Rego)의 연구 결과에 따르면 ACSI가 1포인트 증가하면 기업의 순영업현금흐름이 5,500만 달러 증가하고 현금흐름 변동성이 4% 감소하는 것으로 나타났다.

전국 호텔 체인의 약 8,000명의 고객 데이터를 사용한 서비스산업 연구에서는 서비스품질에 대한 투자수익률(예 : 청결도)은 거의 45%에 달하는 것으로 나타났다. 다른 연구에서는 만족도가 1점(7점 척도) 개선되면 투자수익률(ROA)이 0.59% 증가한 것으로 나타났다. 1981~1991년 기간 동안 68개 업종, 106개 기업의 데이터를 이용한 연구는 고객서비스 증가를 언급한 뉴스보도로 인해 평균 0.46%의 비정상적 누적수익(시장가치로는 1,700만 달러)이 발생했다는 것을 발견하였다.

종합적으로, 이러한 연구들은 고객 만족이 기업성과에 강력하고 긍정적인 영향을 미치고 있음을 보여준다. 또한 ACSI가 1%만 변경되면 2억 4,000만 달러에서 2억 7,500만 달러의 기업가치 향상된다고 대략적으로 벤치마크 지표를 제시한다. 요약하자면, 일반화된 결론 1은 기업에게 고객 만족도를 높이기 위해 많은 비용을 지출해야 한다는 강력한 지침을 내린다.

일반화된 결론 2 : 만족도와 기업성과 사이의 관계는 비대칭적이다.

비대칭적 관계는 고객만족도의 증가가 항상 고객만족도의 감소와 같은 정도로 기업성과에 영향을 미치지는 않는다는 것을 의미한다. 예를 들어 앤더슨(Anderson)과 미탈(Mittal)의 연구에 따르면 만족도가 1% 증가하면 ROI가 2.37% 증가하는 반면, 만족도가 1% 감소하면 ROI가 5.08% 감소하는 것으로 나타났다(첨부 그림 참조). 네이어(Nayyar)의 연구는 고객 서비스에 대한 긍정적인 뉴스는 복합연이율(CAR) 약 0.46%의 증가를 가져온 반면, 고객 서비스 감소에 대한 뉴스는 약 0.22%의 감소를 가져왔다는 것을 발견하였다. 앤더슨과 미탈의 또 다른 연구에 따르면 만족도가 하락하면 만족도가 상승하는 것보다 ROI에 미치는 영향이 두 배 더 커진다. 반면, 네이어의 연구에서는 고객 서비스에 대한 부정적인 뉴스가 긍정적인 뉴스에 비해 CAR에 미치는 영향은 절반에 불과하다는 것을 발견하였다.

일반화된 결론 3 : 만족–수익성 관계의 정도는 산업별로 다르고 같은 산업이라도 기업마다 다르다.

고객만족도, 서비스품질 및 수익성 간의 관계의 정도는 업종별로 다르다. 이트너(Itner)와 라아커(Larcker)의 연구에서 관계의 정도는 내구재과 비내구재 제조산업보다 서비스산업에서 더 강한 것으로 나타났다. 이 연구에서 ACSI는 내구재과 비내구재 제조기업의 기업가치에 긍

동성이 4% 감소하는 것을 밝혀냈다.[10] 또한 ACSI의 기준지표 한 단위 증가가 2억 4,000만 달러의 시장가치증가로 이어진다는 연구 결과는 앞선 연구들의 주장을 뒷받침하고 있다.[11] 전국 호텔체인의 약 8,000명 고객의 데이터를 이용한 서비스 산업연구는 서비스 품질에 대한 투자수익률은 평균적으로 44.6%라고 기록하고 있다.[12] 종합적으로 판단하면 고객만족도는 기업성과에 유의하고 긍정적인 영향을 끼친다. 그러나 본 장의 시작에서 언급한 바와 같

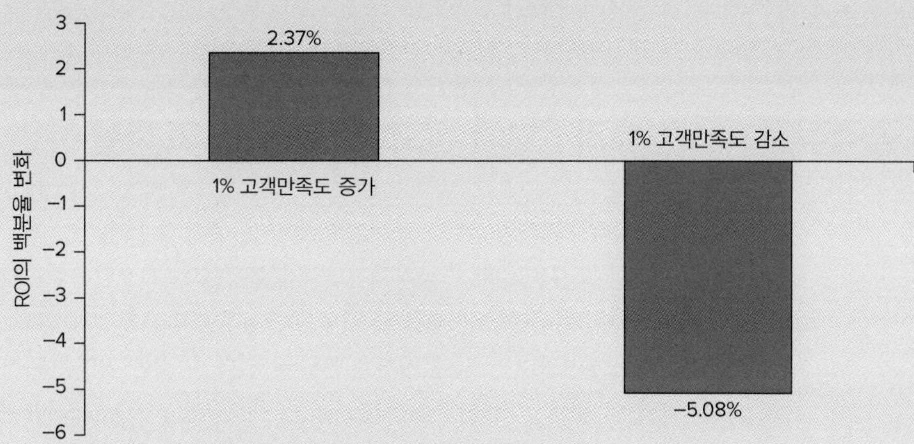

고객만족과 ROI의 비대칭적인 관계(125개의 스웨덴 기업을 근거로 함)

자료 : E. Anderson and V. Mittal, "Strengthening the Satisfaction–Profit Chain," *Journal of Service Research* 3 (2000), pp. 107–120.

정적인 영향을 미치지만, 그 관계는 통계적으로 유의하지 않다고 결론을 내렸다. 반면 운송, 유틸리티 및 통신회사의 기업가치에 통계적으로 유의한 긍정적인 영향을 미쳤다. 소매업자들에게는 만족–수익성 관계가 부정적으로 나타났다. 앤더슨(Anderson)의 다른 연구에 따르면 상품 분야보다 서비스 분야에서 고객만족도와 생산성(특히 노동 생산성)에는 상충관계(trade–off)가 더 많이 존재한다. 고객만족도와 생산성이 동시에 1% 증가하면 상품의 ROI는 0.365% 증가하지만 서비스의 ROI는 0.22%만 증가한다.

앤더슨은 만족도가 1% 변화하면 기업가치(Tobin's q)가 평균 1.016% 정도 변한다는 것도 발견하였다. 백화점은 2.8% 정도, 할인점은 −0.3% 정도까지 영향력의 범위는 다양하다. 앤더슨과 미탈의 연구에 따르면 결정요인으로써 개별 산업의 특성은 기업성장의 35%와 기업변동성의 54%를 설명한다. 고객만족도가 기업의 성장에 미치는 영향력은 저관여제품, 일상제품, 그리고 자주 구매하는 제품(예 : 맥주 및 패스트푸드) 등에서 가장 큰 것으로 나타났다.

위의 연구결과를 요약하면 많은 것을 알 수 있다. 물론 기업들은 더 많은 것을 알고 싶어 한다. 고객만족, 서비스품질, 재무성과 간의 관계에 대한 연구는 고객만족과 서비스품질에 투자하는 것이 유리하다는 것을 말해 주고 있다. 결론적으로 서비스품질과 고객만족에 투자를 해야 하며, 투자하지 않는 기업은 도태된다.

자료 : S. Gupta and V. Zeithaml, "Customer Metrics and Their Impact on Financial Performance," *Marketing Science* 25 (November–December2006),pp.718–739;E.Anderson,C.Fornell,andS. Mazvancheryl,"CustomerSatisfactionandShareholderValue," *Journal of Marketing* 68 (2004), pp. 172–185; C. Ittner and D. Larcker,"AreNon–FinancialMeasuresLeadingIndicatorsofFinancialPerformance?AnAnalysisofCustomer–Satisfaction,"Journal of AccountingResearch 36, no. 3, (1998), pp. 1–35; R. Rust, A. Zahorik, andT.Keiningham,"ReturnonQuality(ROQ):MakingService QualityFinanciallyAccountable,"*Journal of Marketing* 59 (1995) pp.58–70; TS.Grucaand L. L .Rego, "Customer Satisfaction ,Cash Flowand Shareholder Value," *Journal of Marketing* 69 (2005), pp. 115–130; E. Anderson and V. Mittal, "Strengthening the Satisfaction–Profit Chain," *Journal of Service Research* 3 (2000), pp. 107–120; P. Nayyar, "Stock Market Reactions to Customer Service Changes," *Strategic Management Journal* 16, no. 1 (1995), pp. 39–53.

이, 기존의 연구가 통계적으로 유의한 관계를 밝혔다고 해서 반드시 현실에서 서비스만족이 기업에게 재무적인 성공을 보장하는 것은 아니다. 통계적으로는 약한 상관관계가 존재하기 때문에 연구결과가 반드시 현실에 적용되는 것은 아니다. 넓은 수준에서 서비스품질, 고객만족, 그리고 기업성과 간에 전반적으로 서로 관련이 있는지에 대한 일반적인 의문들이 있지만, 개별 기업들과 연구자들은 이러한 관계의 특정 요인들에 대한 의문들에 보다 초점을 두고 있다. 예를 들어 서비스품질이 고객의 획득에 어떠한 역할을 하는가? 서비스품질이 기업의 기존 고객의 유지에 어떻게 공헌하는가?

서비스의 공격적인 마케팅효과 : 보다 많고 좀 더 나은 고객을 유인

서비스품질은 **공격적인 마케팅**(offensive marketing)을 통해 좀 더 많은, 그리고 좀 더 나은 고객을 유인하는 데 도움을 준다.[13] 공격적인 효과(그림 16.2)는 시장점유율, 평판, 그리고 가격 프리미엄과 관련된다. 서비스가 좋을 때 기업은 긍정적인 명성을 얻게 되고, 이를 통해 높은 시장점유율과 경쟁사보다 더 높은 가격을 받을 수 있다. 이러한 이익은 여러 기업을 대상으로 다년간에 걸쳐 행해진 PIMS(Profit Impact of Marketing Strategy)라 불리는 연구에서도 입증되고 있다. PIMS 연구는 탁월한 서비스를 제공하는 기업이 평균 이상의 MS(시장성장점유율) 성장을 누리는 것을 보여 주고 있으며, 서비스품질이 비용과 재작업을 줄이고 시장점유율과 프리미엄 가격을 누리게 하여 이익에 영향을 미치고 있다는 것을 보여 주고 있다.[14] 또한 서비스품질에서 상위 5위권에 드는 기업은 경쟁자보다 평균 8% 정도의 가격 프리미엄을 누리고 있는 것으로 밝혀졌다.[15]

시장점유율에 대한 서비스의 영향을 증명하기 위해, 연구자들은 품질과 시장점유율 간의 경로에 대해 그들의 견해를 설명하였다. 즉, 만족한 소비자가 호의적인 구전을 퍼뜨리고, 이것이 신규고객을 끌어들이며, 따라서 보다 높은 시장점유율을 가져온다고 주장한다. 또한, 연구자들은 충분한 품질로 커뮤니케이션을 뒷받침하지 못하는, 즉 충분한 품질이 뒷받침되지 않은 광고를 통한 서비스우수성은 시장점유율을 증가시키지 못한다고 주장한다.[16]

서비스의 방어적인 마케팅효과 : 고객유지

기업이 이미 갖고 있는 고객을 유지하려는 것을 **방어적인 마케팅**(defensive marketing)이라 부른다.[17] 연구자와 컨설팅 기업은 지난 20년 동안 기존고객의 재무적인 영향을 연구하여 증

그림 16.2
서비스품질이 이익에 미치는 공격적 마케팅효과

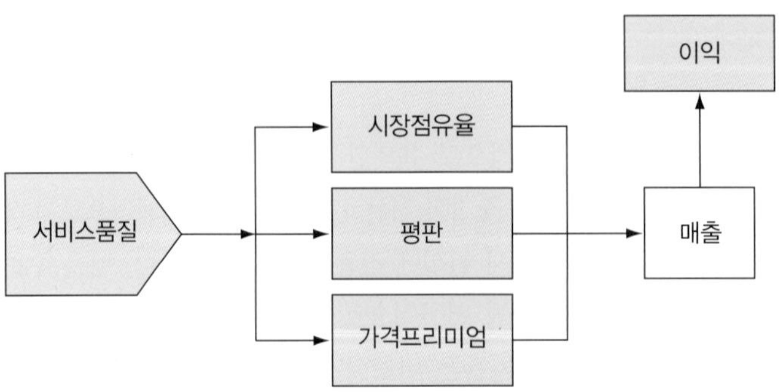

명하고 측정하였다. 고객이탈(customer defection)은 기업에게 비용이 들도록 하는데, 왜냐하면 잃어버린 고객은 새로운 고객으로 반드시 대체되어야 하고, 새로운 고객을 끌어들이는 데에는 값비싼 대가를 치러야 하기 때문이다. 새로운 고객을 끌어들이는 데는 높은 비용이 따른다. 초기 관계설정에 따른 운영비 지출뿐만 아니라 광고, 판촉, 판매비용 등이 포함되기 때문이다. 신규고객은 대개 고객으로 확보된 후에도 일정기간 수익성이 없을 수 있다. 예컨대, 보험산업의 경우 계약 후 3년 내지 4년까지는 판매비용만큼의 이익을 거두어들일 수 없다. 또한 다른 기업으로부터 고객을 끌어올 경우 비용은 더 크기 마련이다.

일반적으로 현재의 고객을 유지하는 기간이 길수록 조직의 수익성은 좋아지게 된다.

> 기업에 오래 머물러 있는 고객은 그 기업에 매년 더 높은 이익을 가져다 준다. 이러한 원칙은 거의 모든 사업영역에 동일하게 적용된다. 즉, 기업이 고객을 오래 유지할수록 보다 많은 돈을 벌 수 있다는 것이다.[18]

예를 들어, 한 연구에서는 금융서비스 기업의 내부 기록을 사용하여 이 질문을 조사하였다. 연구원들은 서비스품질-이익 사슬(제11장에서 설명됨)을 테스트하고 고객만족도, 서비스품질 및 지갑점유율과 고객유지 및 고객수익성 간의 연관성을 조사하였다. 가장 주목할 만한 사실은 지갑점유율 수준에 따라 고객수익성이 달라지고 지갑점유율과 수익성 간의 관계는 시간에 따라 달라진다는 것이다. 서비스품질과 수익성 간의 관계에 대한 보다 심도깊은 이야기는 이 장에 걸쳐 계속되지만, 그 연관관계가 직접적이거나 명확하게 밝혀지지 않는 경우도 있다.

이탈고객(lost customers)에 대한 연구는 서비스의 방어적인 마케팅효과를 조사하였다. 과거에 수행된 연구와는 달리, 한 연구에서는 방어적 효과를 조사하는 전통적인 방법론은 새로운 서비스를 포함하고 있는 시장에 적합하지 않을 수 있다고 밝혔다. 이는 잠재고객 획득에 영향을 미칠 수 있는 사회적 효과(예 : 입소문 및 모방)를 포함하지 않았기 때문이다. 이탈고객이 기업의 수익성에 미치는 영향은 (a) 고객이 경쟁회사로 떠나든지, 아니면 서비스 이용을 전면 중단하는지, (b) 언제 고객이 서비스 이용을 중단하는지(기존 연구에서 종종 간과되던 요인)에 따라 달라질 수 있다. 연구결과는 제품 수명주기에 걸쳐 이탈고객의 가치가 어떻게 변화하는지 보여준다. 초기수용자(early adopter)를 잃는 것이 후기수용자(later adopter)를 잃는 것보다 훨씬 더 많은 비용을 필요로 한다.[19]

그림 16.3에서처럼 기업이 고객을 유지시킴으로써 벌어들이는 수익은 네 가지 원천으로부터 발생한다. 비용절감, 구매량 증대, 가격 프리미엄, 그리고 구전효과이다. 본 절은 이들 원천에 대한 많은 연구증거들을 제시한다.

비용절감

일반적으로 새로운 고객을 끌어오는 데 드는 비용은 기존고객을 유지하는 것에 비해 약 다섯

그림 16.3
서비스품질이 이익에 미치는 방어적 마케팅효과

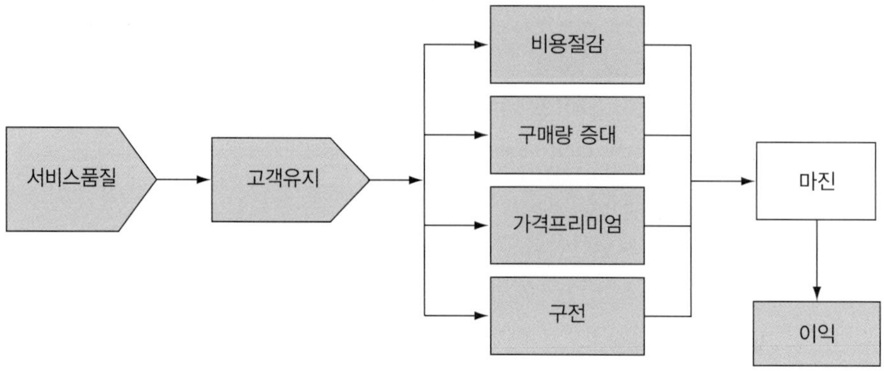

배가 든다고 한다. 이러한 상관관계에 초점을 맞추고 있는 컨설턴트들은 고객이탈률이 시장 점유율이나 규모의 경제, 단위비용, 그 밖에 경쟁우위와 관련된 요인들보다 기업의 이익에 더 큰 영향을 미친다고 주장한다.[20] 또한 산업에 따라서 기존고객을 5%만 더 유지시킬 수 있으면, 이익을 적게는 25%에서 많게는 85%까지 증가시킬 수 있다고 한다.

서비스품질이 비용절감에 기여한다는 것과 관련하여 다음과 같은 사실을 고려해 볼 수 있다:

- "우리가 가장 품질이 좋은 날은 가장 낮은 운영비용이 드는 날이다."[페덱스 창립자이자 회장, 프레드 스미스(Fred Smith)]
- "처음에 일을 제대로 하지 않았을 때 발생하는 비용은 수익의 25~30%를 차지했다."[데이비드 콜리치오(David F. Colicchio), 휴렛패커드][21]
- 고객유지에 대한 연구를 전문으로 하는 컨설팅 기업인 베인 앤 컴퍼니(Bain and Company)는 생명보험 사업에서 1년간 고객유지율을 5%씩만 증가시키더라도 비용이 18% 정도 감소될 것으로 추산한다.

연구 결과들은 비용절감과 서비스품질 향상과의 관계가 있다는 것을 확인하고 있다. 예를 들어, 한 연구는 1,135개의 홀리데이 인(Holiday Inn) 프랜차이즈 호텔의 3년간의 서비스품질과 운영성과 데이터 간의 관계를 조사하였다. 연구목적은 서비스품질, 운영성과 및 비용 간의 관계를 살펴보는 것이었다. 외관, 객실, 그리고 객실의 욕실에 하나라도 품질 결함이 있는 호텔은 결함이 하나도 없는 호텔보다 일일가용 객실당 수익(RevPAR)이 약 2.80달러 낮았다. 서비스 품질이 수익성에 큰 영향을 미치는 산업에서 호텔은 고품질 기준을 유지함으로써 보다 성공적으로 운영하고 비용을 절감할 수 있음을 시사한다.

구매량 증대

기업의 서비스에 만족한 고객은 해당 서비스구매를 늘리고 그 종류도 늘려 소비총액 중에서 그 기업이 차지하는 비율을 증가시키려 한다. 예컨대, 증권회사의 서비스에 만족한 고객은 가능하다면 좀 더 많은 돈을 투자하려 한다. 유사하게 은행의 수표서비스에 만족한 고객은 같은 은행에 계좌를 개설하려 하고, 그 은행의 대출서비스도 이용하려 할 것이다.

가격 프리미엄

특정 산업에서 서비스품질을 선도하는 기업들은 그들의 경쟁자보다 높은 가격을 부과한다. 페덱스는 심야에 배송하는 서비스로 UPS(U. S. Postal Service)보다 더 많은 고객을 유치하고, 렌터카 업체인 허츠는 에이비스(Avis)보다 더 비싼 가격으로 차를 렌트해 주며, 리츠칼튼 호텔에 숙박하려면 하얏트호텔보다 더 비싼 가격을 받아들여야 한다. 그러므로 높은 서비스품질의 제공은 종종 가격인상만큼 수익을 낼 수 있는 전략이다.

구전커뮤니케이션 효과

구전커뮤니케이션은 다른 정보원천에 비해 신뢰성이 높으므로 다른 기업에서 서비스를 제공받는 고객을 끌어 올 수 있는 가장 좋은 유형의 촉진이다. 구전효과의 재무적인 가치는 신규 고객으로부터 얻는 이익뿐만 아니라 촉진비용의 절감 등으로 나타난다. 연구자들은 고객생애가치(customer lifetime value) 모델을 개발해 왔는데, **추천가치**(referral value)라고 불리는 이 모델들은 각기 다른 세분시장의 소비자에 대한 구전커뮤니케이션의 금전적 가치를 파악할 수 있다.[22] 예시 16.2에서 설명하는 바와 같이 많은 기업들은 현재 구전의 정도를 고객충성도의 주요 지표로 활용하고 있다.

한 조사 연구는 기업들이 구전커뮤니케이션을 통한 새로운 고객을 확보하기 위해 추천 마케팅 캠페인을 어떻게 적극적으로 사용하고 있는지 조사했다. 이 연구는 고객추천가치(Customer Referral Value, CRV)를 평가하기 위해 고객의 실제 과거 추천행동을 이용하여 추천의 가치를 계산하는 방법을 사용했다. 고객생애가치(Customer Lifetime Value, CLV) 및 고객추천가치 점수에 기반하여 가장 유망한 고객을 타깃팅하는 효과적인 방법을 밝혀냈다. 구전의 가치를 입증하면서, 고객생애가치 및 고객추천가치 점수를 모두 사용하여 수익성을 극대화할 수 있다는 것을 확인할 수 있었다.[23]

구전커뮤니케이션은 높은 수준의 경험품실(서비스품실의 평가를 위해 고객이 반드시 경험을 해야만 하는 것)과 신뢰품질(서비스를 제공받은 이후라 할지라도 고객이 그 서비스의 품질을 판단할 수 없는 것)의 서비스에서 특히 중요하다.[24]

예시 16.3에서 보는 바와 같이 방어적인 마케팅효과에 대한 많은 질문들이 아직도 남아 있다. 비록 연구들이 오랫동안 이루어져 왔지만, 연구자들과 기업들은 서비스품질의 방어적 마케팅효과를 보다 완벽히 입증하기 위해 제기되는 의문을 지속적으로 해결해야 한다.

예시 16.2 구전커뮤니케이션과 고객측정 : 순추천지수

고객만족도, 서비스품질, 충성도 및 고객유지율과 같은 다양한 고객측정 방법이 기업의 재무성과를 예측하는 데 사용되었다. 최근 몇 년 동안 인기를 끌었지만 논란이 되고 있는 지표는 순추천지수이다. 고객충성도 전문가인 프레드릭 라이첼드(Frederick Reichheld)가 개발한 이 점수는 다른 어떤 지표보다도 구전이 기업 성장과 재무성과를 가장 잘 예측한다는 생각을 기반으로 한다.

점수는 '친구나 동료에게 우리 기업을 추천해주시겠습니까?'라는 설문조사 질문에 근거하고 있다. 순추천지수를 얻기 위해 기업은 소비자에게 회사를 추천할 가능성을 10점 만점 척도로 묻는다. 그리고 '추천자'(9점 또는 10점 만점)의 비율에서 '비추천자'(6점 미만)의 비율을 뺀다.

세계적인 대기업의 임원들은 순추천지수가 "기업의 성장능력을 보여주는 가장 신뢰할 수 있는 단일지표"라는 라이첼드의 주장에 동의한다. GE(General Electric), 아메리칸 익스프레스(American Express), 마이크로소프트(Microsoft), 인튜잇(Intuit) 및 프로그레스(The Progressive Corporation)는 순추천지수를 채택하였다. 순추천지수는 단순하기 때문에 인기가 많다. 최고 경영진은 고객 측정지표와 적용방법이 점차 복잡해져서 오랫동안 혼란스러워하고 있었다. 단순하게 하나의 숫자(순추천지수)에만 집중한다는 아이디어는 매력적이다. 순추천지수는 또한 직관적이다. 고객이 회사나 서비스를 충분히 다른 사람에게 추천할 수 있을 정도로 좋아한다면 이는 단순히 만족하기보다는 더 강한 유대감을 갖고 있다는 징표이다. 순추천지수는 기업을 위한 "마법의 숫자(magic number)"가 되었다.

기업은 순추천지수를 어떻게 평가할까?

여전히 많은 기업은 비추천고객의 수가 추천고객의 수보다 많다. 이 때문에, 많은 기업들의 순추천지수는 5~10%에 불과하다. 설상가상으로 많은 기업과 산업은 음수의(부정적인) 순추천지수(끊임없이 비추천 고객이 등장한다는 것을 의미)를 가지고 있다. 반면 어떤 기업들은 아주 뛰어나다. 위의 표는 스타급 회사들의 예를 보여 주고 있다.

산업별 순추천지수(NPS® Scores by Industry)

산업	기업	순추천지수
중개 및 투자	뱅가드(Vanguard)	59%
은행	USAA	75%
신용카드	디스커버 앤 아메리칸 익스프레스(Discover and American Express)	52%
보험	USAA	75%
식료품	트레이더 조 (Trader Joe's)	62%
백화점	코스트코(Costco)	72%
온라인 쇼핑	아마존(Amazon)	71%
온라인 여행	트립어드바이져(Trip Advisor), 에어비앤비(Airbnb)	50% (38%)
항공사	젯블루(JetBlue)	75%
소프트웨어 & 애플리케이션	터보택스(TurboTax)	52%
공유 자동차	우버(Uber)	37%
TV 엔터테인먼트	넷플릭스(Netflix)	50%

자료 : Satmetrix 2015 Net Promoter Study of US Consumers.

지각된 서비스품질과 구매의도

제4장에서 우리는 고객만족과 서비스품질, 그리고 구매 증가 간의 관계를 조명해 보았다. 여기서부터는 이러한 관계를 지지하는 보다 많은 연구와 이론적인 근거를 제시한다. 예를 들어, 제록스의 연구원들은 설립 초기에 실시한 고객만족 연구에서 만족과 구매의도 관계에 대한 강력한 통찰을 제공했다. 초기에, 이 기업은 만족한 고객에 집중하였는데, 이들은 5점 만점의 만족척도에서 4나 5를 표시한 사람들을 만족한 고객으로 보았다. 자료의 주의 깊은 분석을 통해, 제록스에 5점을 준 고객은 4점을 준 고객보다 제록스 제품에 대해 6배 높은 구매의도를 가진다는 것을 발견했다. 또한 5점에 체크한 고객의 확실한 구매와 이로 인한 수익성

논란 : 순추천지수는 우월한가, 적절한가, 아니면 완전한가?

경영진이 순추천지수를 수용하고 있는 가운데, 연구자 및 충성도 전문가들은 순추천지수의 우수성, 적합성 및 완전성에 의문을 제기한다. 예를 들어, 한 연구자는 구전커뮤니케이션이 다른 요인들(손실고객 줄이기, 교차판매 및 범주점유율 확대를 통한 고객 유입 증가)보다 기업 성장을 위한 더 좋은 원동력인지에 대한 의문을 제기했다. 과연 구전커뮤니케이션을 높이기 위해 추진되는 전략이 수익성 있는 신규고객을 확보하기 위한 전략보다 더 강력한 성장 동력인가?

또 다른 주요 관심사는 구전커뮤니케이션이 어느 정도까지 제품과 서비스의 적합한 목표가 될 수 있을까이다. 소비자들은 일부 제품과 서비스에 대해 강렬한 느낌을 받는다. 이러한 감정이 구전을 일으킨다. 서비스(예 : 레스토랑, 휴가, 엔터테인먼트), 패션 및 새로운 전자제품은 추천할 가치가 있는 제품이다. 그러나 대다수의 제품과 서비스는 고객이 추천할 만큼 흥미롭지는 않다. 체온계의 예를 들어 보자. 실용적인 관점에서 볼 때, 체온계는 사람의 체온을 측정하여 하나의 숫자로 표현하며 사람의 건강에 대한 신호를 제공한다. 마법의 숫자이지만, 열이 나는 사람의 문제를 진단하지도 않고, 치료방법을 설명해줄 수도 없다. 즉, 기업은 후속조사를 진행하여야 수행 가능한 전략을 개발할 수 있다. 순추천지수를 이용한 전략이 실행 가능하려면, 기업은 고객이 기업에 대해 기대하고 인식하는 바를 식별하기 위해 다른 질문(예 : 이 교과서의 제5장에서 설명한 질문)도 포함하는 조합을 추적해야 한다.

라이첼드의 연구 결과는 다른 연구자들에 의해 시험대에 올랐다. 한 충성도 전문가 팀은 21개 기업의 2~3년간 데이터와 15,500건의 면접 자료를 이용해 순추천지수를 계산하는 방식을 검증하였다. 라이첼드의 결과와 똑같을 것이라고 예상했지만, 결과는 달랐다. 더욱이 그 결과를 미국 고객만족도 지수(ACSI)와 비교했을 때 순추천지수가 ACSI에 비해 뚜렷히 뛰어나지도 않음을 발견하였다. 많은 연구들에서 구전커뮤니케이션과 기업 성장 사이에는 강한 상관관계를 밝혔지만, 인과관계를 확신할 수 없었다.

결론

고객충성도 전문가 티모시 케이닝햄(Timothy Keiningham)은 하나의 마법의 숫자(순추천지수를 포함하여)로 충성도를 측정할 수 있다는 의견을 받아들이지 않았다.

"최고의 아이디어조차 보편적으로 타당하지 않을 수 있다. 그랬다면 모두가 이용하였을 것이고 이미 유명해졌을 것이다. 고객의 충성도를 가장 잘 설명할 수 있는 요인이 무엇인지 알고 이를 바탕으로 모델링해야 한다. 즉, 충성도와 비충성도의 원인은 무엇인가? 이런 방식을 고려하면, 당신이 속한 산업의 성장 동력은 여러 가지 요인들의 복합요소이기 때문에 하나의 마법 숫자는 없다는 것을 깨달을 것이다."

자료 : F. Reichheld and R. Markey, "The Ultimate Question 2.0: How Net Promoter Companies Thrive in a Customer Driven World," *Harvard Business School Press*, 2011; D. Grisaffe, "Guru Misses the Mark with 'One Number' Fallacy," www.netpromter.com, accessed 2011; www.creatingloyalty.com/story.cfm?article_id=656, accessed September 2007; T. Keiningham, B. Cooil, T. Andreassen, and L. Aksoy, "A Longitudinal Examination of Net Promoter and Firm Revenue Growth," *Journal of Marketing* (July 2007), pp. 39–51; http://blog.satmetrix.com/2015-consumer-nps-benchmarks-study-part-iii-entertainment-telecom, accessed July 19, 2016; N. Morgan, L. L. Rego, "The Value of Different Customer Satisfaction and Loyalty Metrics in Predicting Business Performance," *Marketing Science*, May–June 2008.

때문에 4나 5에 체크한 사람보다 5에 체크한 사람에게 기업이 더 초점을 두도록 하였다.[25] 고객만족에서 "**최상위층**(top box)"의 점수를 받는 것의 중요성은 그림 16.4에 나타나 있다. 타프월드와이드사(TARP Worlwide Inc.)는 전 세계 8,000여 명의 고객을 대상으로 한 10개의 연구들 간에 유사한 결과를 발견하였다. 연구결과에 의하면 "매우 만족(만족에 있어 최상위층에 있는 고객)"이라고 응답한 고객의 96%는 같은 회사의 제품을 "반드시 재구매할 것이다"라고 응답했고, "다소 만족"이라고 응답한 고객의 경우 52%로 그 응답이 하락하며, "중립 혹은 매우 불만족"으로 응답한 고객이 반드시 재구매할 확률은 오직 7%로 급락한다.[26]

고객만족과 서비스품질이 구매 외에 고객의 다른 행동의도에 영향을 미친다는 증거 역시 존재한다. 다른 행동의도란 기업 칭찬, 다른 기업보다 그 기업을 더 선호, 구매량 증가, 프리

예시 16.3 방어적 마케팅에 대해 답변을 원하는 질문 5가지

마케팅 관리자들은 본 장에서 논의된 주제를 이제 막 이해하기 시작하였다. 서비스품질/수익성 관계에 대하여 예시 16.4 에서는 마케팅 관리자와 연구자가 가장 알고 싶어 하는 질문이 목록으로 제시되어 있다. 다음은 마케팅 관리자들이 구체적으로 묻고 있는 질문들에 대한 아이디어를 제공하기 위해 방어적 마케팅에 대한 다양한 주제에 대해 상세히 설명한다.

1. 충성 고객이란 무엇인가?

고객 충성도는 고객이 느끼는 감정 또는 행동으로 측정된다. 고객이 재화나 서비스를 계속 사용하려는 것을 충성도가 높은 것으로 간단히 정의할 수 있다. 고객이 세탁기나 전화 서비스를 계속 사용할 경우 충성도가 높은 것으로 간주된다. 일부 제품 및 서비스에서는 고객 충성도를 정의하는 것이 쉽지 않다. 레스토랑에 대한 충성도의 정의는 무엇인가: 항상 그곳에서 먹거나, 다른 레스토랑보다 더 많이 먹거나, 또는 주어진 기간 동안 적어도 한 번은 그곳에서 먹는 것이 충성도인가? 이러한 질문들은 회사 경영자들이 매우 관심을 갖고 있는 "지갑점유율"이라는 개념의 인기가 높아지고 있음을 보여준다. 지갑점유율(share of wallet)은 한 소비자의 전체 지출 중에서 특정 서비스에 대한 지출이 차지하는 비중을 말한다. 충성도는 제품에 대한 고객의 소속감이나 의무감의 관점에서 정의할 수도 있다. 일부 기업은 그들의 "사도(apostles)"로 유명하며, "사도"들은 기업에 대한 관심이 매우 높아서 개선을 위해 제안을 하고 끊임없이 다른 사람들에게 기업의 좋은 점을 설교한다. 이것이 충성도를 정의하는 가장 좋은 방법인가?

2. 방어적 마케팅에서 서비스의 역할은 무엇인가?

적절한 가격의 제품 품질은 고객 유지에 중요한 요소이다. 다만 품질과 가격은 모두 모방될 수 있다. 서비스는 고객 유지에 (중요한 역할이 아닐지라도) 중요한 역할을 한다. 지속적으로 좋은 서비스를 제공하는 것은 모방하기 쉽지 않다. 따라서, 우수한 서비스는 고객 관계를 굳건히 하는 원동력이 될 수 있다. 방어적 마케팅에서 서비스품질이 정확히 얼마나 중요한가? 서비스가 가격과 같은 다른 고객유지전략과 효율성 면에서 비교가 되는가? 현재까지 고객 유지에 영향을 미치는 모든 결정요인들을 통합적으로 고려하고, 결정 변수들의 상대적 중요성을 조사한 연구는 없다.

3. 고객을 유지하려면 어떤 수준의 서비스 제공이 필요한가?

고객을 유지하기 위해 서비스품질에 얼마나 많은 비용을 지출해야 하는가? 이 질문에 대한 답을 얻기 위해 초기에 활발하게 논의되었지만 결론을 내리지는 못하였다. 예를 들어, 한 컨설턴트는 만족도가 특정 임계값(threshold)을 넘을 때 재구매 충성도가 빠르게 올라갈 것이라 제안하였다. 만족도가 특정 임계값 아래로 떨어지면 고객 충성도도 마찬가지로 빠르게 감소할 것이다. 두 임계치 사이에서 그는 충성심이 상대적으로 평탄하게 변화가 없다고 믿었다. 제3장에서 논의한 자료는 다른 방식으로 예측한다. 제3장에서 논의한 허용 범위에는 기업이 기대치를 충족하는 범위가 명시되어 있다. 이 프레임은 기업이 원하는 서비스 수준에 도달할 때까지 서비스를 지속적으로 개선해야 함을 시사한다. 이 가설은 허용오차범위와 고객유지율이 양(+)의 기울기 관계를 가지고 있음을 의미한다.

4. 고객 유지에 있어 가장 중요한 서비스 측면은 무엇인가?

대부분의 기업은 서비스가 다방면으로 이루어져 있다는 사실을 인식하고 있다. 기업은 물론 고객유지를 위한 (서비스의) 구체적인 요소를 파악하기를 원한다.

5. 이탈 발생 가능성이 높은 고객을 어떻게 식별할 수 있는가?

기업은 고객의 이탈을 탐지할 수 있을 만큼 대응력이 뛰어난 전략을 수립하고 실행하는 데 어려움을 겪고 있다. 이탈 가능성이 있는 고객을 구분하고 평가하여 이익이 된다면 유지시키는 시스템을 개발해야 한다. 일부 컨설턴트들은 이탈 가능성이 있는 세 가지 고객 그룹(1. 계정을 폐쇄하고 경쟁업체로 사업을 이전하는 고객, 2. 사업의 일부를 다른 회사로 이전하는 고객, 3. 실제로 많이 구매하지만 총 지출에서 구매 비중이 적은 고객)에 집중해야 한다고 조언한다. 첫 번째 그룹이 가장 식별하기 쉽고 세 번째 그룹이 식별하기 가장 어렵다. 부정적인 서비스 경험을 가진 모든 고객, 신규고객, 매우 경쟁적인 시장에 있는 기업의 고객들은 취약할 수 있다. 이탈가능 고객을 조기에 발견하는 경보시스템 개발은 기업에게 아주 중요하다.

자료 : V. A. Zeithaml, "Service Quality, Profitability and the Economic Worth of Customers," *Journal of the Academy of Marketing Science*, January 2000.

미엄 가격에 기꺼이 지불 등이다. 그림 16.5 는 이러한 것들의 관계들을 보여 준다. 초기 증거들의 대부분은 행동의도의 특정 형태를 조사하거나 과거의 고객관계를 연장하기보다는 재구매의도만으로 전체적인 편익을 고찰하였다. 스웨덴 고객만족지표를 사용한 또 다른 연구는 실질적인 모든 제품범주에 걸쳐 지수에 의해 공표된 구매의도와 만족이 강한 상관관계가 있

그림 16.4
최상위 점수, 재구매의도, 추천의도

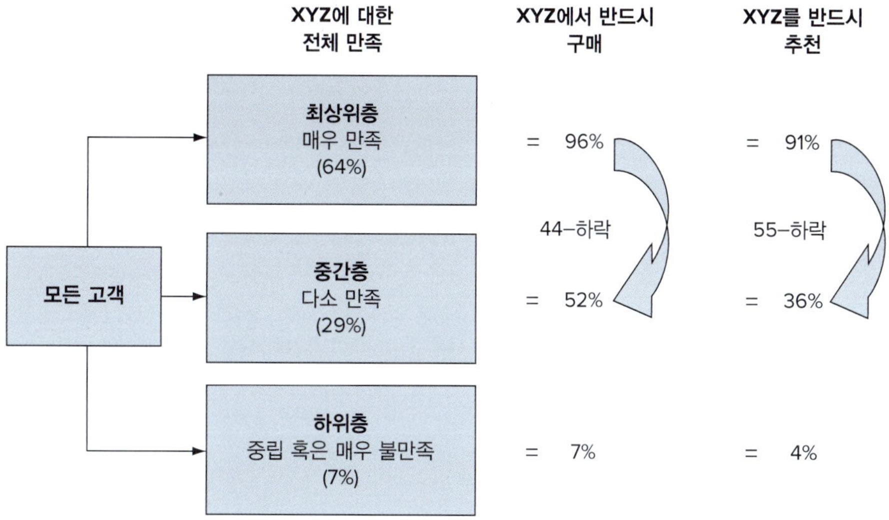

음을 발견하였다.[27]

연구들은 서비스품질과 조금 더 구체적인 행동의도 간의 관계를 발견하고 있다. 대학생과 관련된 한 연구는, 학교에 대한 호평, 졸업생의 모교기부 계획에 대한 서약, 채용 시 학교인재 추천과 같이 대학에 전략적으로 중요한 행동의도와 서비스품질 사이에 강력한 관계가 있음을 발견했다.[28] 더욱 포괄적인 또 다른 연구는 지각된 서비스품질로부터 영향을 받을 것 같은 13개의 특정 행동의도(예를 들면 기업에 대한 긍정적인 구전, 기업의 충성고객으로 남기, 그리고 기업에게 더 많은 돈을 지출)로 구성된 실험을 실시했다. 13개 측정치는 서비스품질의 고객지각과 유의적인 상관관계가 존재했다.[29] 개별 기업들 역시 선택된 행동의도에 대한 서비스품질의 영향을 모니터해 왔다. 도요타는 그들의 자동차를 재구매할 의도에 대해서 조사했는데, 긍정적인 구매경험이 있는 경우에는 37%에서 45%로, 긍정적인 서비스 경험이 있는 경우에는 37%에서 79%로, 그리고 긍정적인 구매경험과 서비스경험이 모두 있는 경우에는 37%에서 91%로 상승한다는 것을 발견했다.[30]

그림 16.5
행동의도와 행동에 대한 서비스의 효과

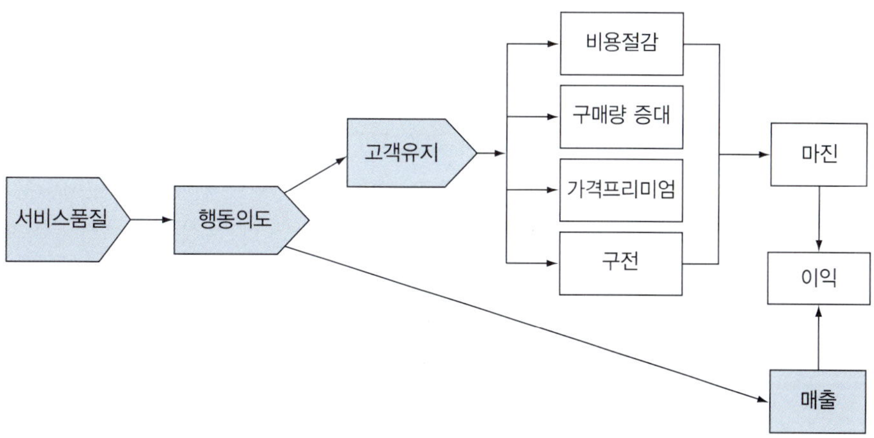

예시 16.4 서비스품질과 고객의 경제적 가치 : 기업은 여전히 더 알기를 원한다

주제	핵심질문
서비스품질과 수익성 : 직접적인 관계	1. 이익에 대한 서비스품질의 영향을 파악하기 위해 어떤 방법론이 개발되는 것이 필요한가? 2. 일관성, 타당성, 신뢰성에서 볼 때 어떠한 측정치가 서비스품질과 수익성의 관계를 알아보는 데 적합한가? 3. 서비스품질과 수익성의 관계는 산업 간, 국가 간, 사업영역 간(서비스 기업 대 재화 기업, 산업재 기업 대 소비재 기업)에 다른가? 4. 서비스품질과 수익성을 조절하는 변수는 무엇인가? 5. 수익성에 영향을 주기 위해 서비스에 적절한 지출 수준은 어느 정도인가?
서비스품질의 공격적인 효과	1. 평판을 통한 공격적인 효과를 얻기 위해 서비스품질에 어느 정도 지출하는 것이 적절한가? 2. 공격적인 효과를 얻기 위해 광고지출이 효과적인가? 서비스품질에 대한 지출이 효과적인가? 3. 공격적인 효과를 얻기 위해 어떠한 방법으로 기업이 고객에게 높은 서비스품질의 신호를 보낼 수 있는가?
서비스품질의 방어적인 효과	1. 애호고객이란 무엇인가? 2. 방어적인 마케팅에서 서비스의 역할은 무엇인가? 3. 효과성 측면에서 가격과 같은 다른 고객유지전략과 비교해서 서비스품질은 어떠한가? 4. 어떤 수준의 서비스제공이 고객유지에 필요한가? 5. 유지고객 구전커뮤니케이션 효과를 어떻게 측정할 수 있는가? 6. 서비스의 어떠한 측면이 고객유지에 가장 중요한가? 7. 이탈하려는 고객을 어떻게 파악할 수 있는가?
서비스품질, 행동의도, 그리고 이익	1. 서비스에서 고객의 구매의도와 최초구매의 관계는 어떠한가? 2. 서비스에서 행동의도와 재구매의 관계는 어떠한가? 3. 서비스품질과 행동변화의 관계는 서비스품질 정도에 따라 다른가?
서비스품질의 핵심원동력, 고객유지, 이익	1. 어떠한 서비스접점이 서비스품질에 가장 중요한가? 2. 각 서비스접점의 핵심원동력은 무엇인가? 3. 서비스품질, 구매, 유지, 그리고 이익에 영향을 주기 위해 어디에 투자해야 하는가? 4. 서비스품질의 핵심원동력이 행동의도, 고객유지, 이익의 핵심원동력과 같은가?

서비스품질의 핵심원동력, 고객유지, 그리고 이익

전체서비스품질과 수익성 간의 관계를 이해하는 것도 중요하지만, 수익성과 가장 관련이 높은 서비스품질의 구체적인 원동력(drivers)을 확인하는 것이 아마도 경영자에게 더욱 유용할 것이다(그림 16.6 참조). 그렇게 하는 것은 서비스품질의 어떤 측면을 변화시켜 관계에 영향을 줄 것인지, 그리고 어떤 측면에 투자할 것인지를 기업이 이해하는 데 도움을 줄 것이다.

이러한 주제에 대한 대부분의 증거는 고객유지 혹은 수익성과 같은 재무적인 성과보다는 전체서비스품질, 고객만족, 그리고 구매의도에 대한 서비스의 구체적인 특성(응답성, 신뢰성, 확신성, 유형성)을 조사함으로써 얻는다. 지금까지 본서에서 논의한 바와 같이 서비스는 고객지각의 다양한 차원으로 구성되어 있고, 또한 기술 및 과정 개선과 같은 다양한 기업전략과 관련되어 있다. 전체서비스품질 혹은 고객만족에 대한 서비스 차원의 상대적 중요도를 탐구한 연구의 대부분이 신뢰성이 가장 중요하다고 확인하고 있다. 그러나 다른 연구는 고객화를 비롯한 다른 요인들의 중요성을 입증하고 있다. 왜냐하면 전략에 따라 자원을 투입하는

그림 16.6
서비스품질의 핵심원동력, 고객유지, 이익의 관계

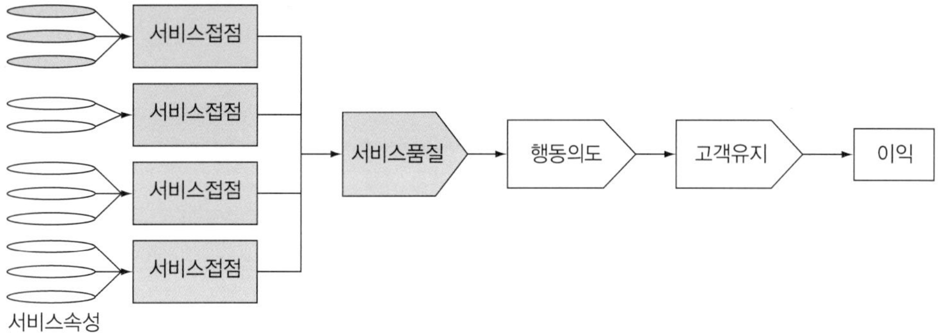

차원과 속성이 다르기 때문이다.[31]

몇몇 기업과 연구자들은 전체서비스품질 혹은 고객만족에 대한 특정 서비스접점의 효과와 서비스접점 내에서의 특정 행동의 효과를 관찰해 왔다. 메리어트호텔은 어떠한 서비스요인이 고객충성도에 가장 공헌하는지 파악하기 위해 포괄적인 고객조사를 실시하였다. 그들은 가장 중요한 5개의 속성 중 4개가 고객이 호텔에 투숙하는 초기 10분에 작용한다는 것을 발견했다. 여기에는 도착 시 빠른 응대, 체크인, 호텔 객실출입 등이 포함된다. 다른 기업은 초기 서비스접점에서 발생한 문제나 실수가 특별히 중요하다는 것을 발견했는데, 왜냐하면 초기접점의 실패는 각각의 연속된 접점에서 불만족에 대한 위험을 크게 하는 결과를 낳기 때문이다. IBM은 판매접점이 가장 중요함을 발견하였는데, 대부분의 경우 판매직원과의 상호작용이 나머지 서비스접점에 기대를 형성하게 해주기 때문이다.

주로 운영 및 관리 문헌들을 기반으로 문제를 보는 또 다른 방법은, 수익성과 같은 재무적 측정치에 대한 조직 내의 다른 서비스프로그램 및 관리접근 방식의 영향에 대한 조사이다. 고객중심 접근방식의 측정은 전략적 통찰 부분에서 자세히 설명되어 있다.

효과적인 비재무적 성과측정

60개 기업에서 수행된 현장조사와 297명의 고위 간부(senior executives)의 설문에 의하면, 많은 기업들이 정확한 비재무적 측정에 대해 식별하지도 못하고 실행하지도 못한다고 한다.[32] 어떤 은행과 관련된 한 예에서 만족에 대한 조사를 직접 방문하는 지점고객(모든 고객이라기보다는 전화나 ATM을 통해 은행을 이용하는 고객을 대상으로 함)에 한정하여 실시한 연구를 보면, 많은 지점 관리자들이 그들의 고객만족점수를 높이기 위해 음식과 음료를 무료로 제공하는 정책을 실시한다고 한다. 이 연구의 책임자들에 의하면 기업들은 4가지의 큰 실수를 하고 있다.

1. **측정항목과 전략을 연결하지 않음.** 기업은 추적할 수 있는 수백 가지의 비재무적 측정항목을 쉽게 식별할 수 있지만, 전략의 가장 중요한 원동력을 식별하기 위한 분석 역시 필요하다. 성공적인 기업은 원동력과 전략적 성공 사이의 인과관계를 나타내 주는 도구인 가치원

전략적 통찰 고객자산 및 마케팅 수익률 : 기업의 전략적, 고객 중심적 관점에 부합하는 지표

마케팅에서는 1960년대 이후 고객 중심적 관점이 분명히 드러났다. 이후 마케팅 이론과 실무는 점차 고객 중심적이 되었다. 예를 들어, 마케팅은 최근 단기적인 거래를 덜 강조하고 장기적인 고객 관계에 더 집중하고 있다. 이는 수 세기 동안 세계 주요 경제국들이 상품 부문에서 서비스 부문으로 산업 환경의 변화를 겪었기 때문이다.

서비스는 관계 기반인 경향이 있다. 경제의 구조적 변화는 기업-고객 관계와 고객에 대한 더 많은 관심을 야기했다. 고객 중심적 관점은 고객가치와 고객의 목소리 등 마케팅 개념과 지표에 반영되고 있다. 예를 들어, 제품 중심 개념인 브랜드자산보다 점차 고객 중심의 개념인 고객자산(기업의 모든 고객을 고려한 고객생애가치 현가의 총합으로 정의)이 중요시되고 있다.

고객자산은 기업이 보유하고 있는 고객의 생애가치를 합산하여 구할 수 있다. 빠르게 변화하는 산업에서는 제품은 거래 후에는 관계에서 사라지지만 고객은 남아 있다. 따라서 고객과 고객자산은 브랜드와 브랜드자산보다 더 중요할 수 있다. 다만 현재의 관행과 측정지표들은 아직 이러한 변화를 완전히 반영하지 못하고 있다. 제품 중심적 사고에서 고객 중심적 사고로의 전환은 제품기반 측정체계에서 고객기반 측정체계로의 동반적 변화가 필요하다.

전략적 프레임워크에서 고객자산 활용

일반적인 마케팅 관리자 또는 마케팅 지향적인 CEO가 직면한 문제(예를 들면, 일반브랜드를 어떻게 관리해야 하는가? 고객은 서비스 및 서비스품질 변화에 어떻게 대응할 것인가? 가격을 올려야 하는가? 현재 고객과의 관계를 강화하는 가장 좋은 방법은 무엇인가? 어디에 노력을 집중해야 할까?)를 고려해보자. 고객생애가치 또는 고객자산을 계산하는 것이 첫 단계이다. 더 중요한 단계는 고객생애가치를 이용하여 아이디어와 전략을 평가하고 테스트하는 것이다. 기본적으로 고객과의 관계를 구축하는 전략은 유지율, 추천율, 판매량, 직접비용 및 마케팅비용 등의 5가지 기본 요소에 영향을 미칠 수 있다.

롤랜드 러스트(Roland Rust), 발레리 자이타믈(Valarie Zeithaml), 케이 레몬(Kay Lemon)과 같은 연구진은 고객자산을 기반으로 한 접근법을 개발하였다. 모델은 오른쪽 그림에 자세하게 제시되어 있다. 고객자산은 최종적으로 고객을 조직의 중심에 두는 마케팅전략이며 동시에 기업전략이다. 더 중요한 것은 고객의 가치를 높이는 전략이다. 연구진은 고객자산(가치자산, 브랜드 자산, 관계자산)의 원동력을 밝히고, 이러한 원동력이 어떻게 독립적으로, 그리고 함께 작동하여 고객자산을 성장시키는지를 설명한다. 서비스전략은 가치자산과 관계자산에서 두드러진다. 이러한 각 원동력 내에는 기업이 전체 고객자산을 높일 수 있는 구체적인 전략행동("요인")이 있다.

고객자산이 중요한 이유는 무엇인가?

대부분의 기업에서, 고객자산은 기업의 장기적 가치를 결정하는 가장 중요한 요소이다. 고객자산은 기업의 전체 가치(예 : 물리적 자산, 지적 재산, 연구 및 개발 역량 등)를 설명할 수는 없다. 현재 고객은 미래 수익과 이익의 가장 신뢰할 수 있는 원천을 제공하며 마케팅 전략의 초점을 제공한다.

고객자산은 장기적인 성공의 열쇠이다. 고객자산을 성장시키고 관리하는 방법은 복잡하여 이해하기 쉽지 않다. 고객자산의 증가가 가장 중요하다. 고객자산의 증가를 가져오는 방안을 잘 수행하면 경쟁우위를 확보할 수 있다.

고객자산을 사용한 마케팅 수익률 계산

본 장의 첫 부분에서는 품질수익률(return on quality)을 설명하였

동력지도(value drivers maps)를 사용한다. 그림 16.7은 주주가치의 핵심원동력을 이해하기 위해 성공적인 패스트푸드체인에 의해 개발된 인과모델을 보여준다. 오른쪽의 요인들은 왼쪽의 개념을 이끌어 내는 가장 중요한 것으로 확인되었으며, 개념의 순서는 위에서 아래쪽으로 재무적 성과(지속적인 수익성과 주주가치)를 낳는 기업전략 선정과 스태핑(staffing) 같은 인력계획이 직원만족과 고객만족을 거쳐 재무적 성과로 연결되는 것을 보여준다. 이 연구에 따르면 설문에 응답한 기업 중 30% 미만의 기업이 이 인과(casual)모델 접근법을 사용한다고 한다.

고객자산 모델

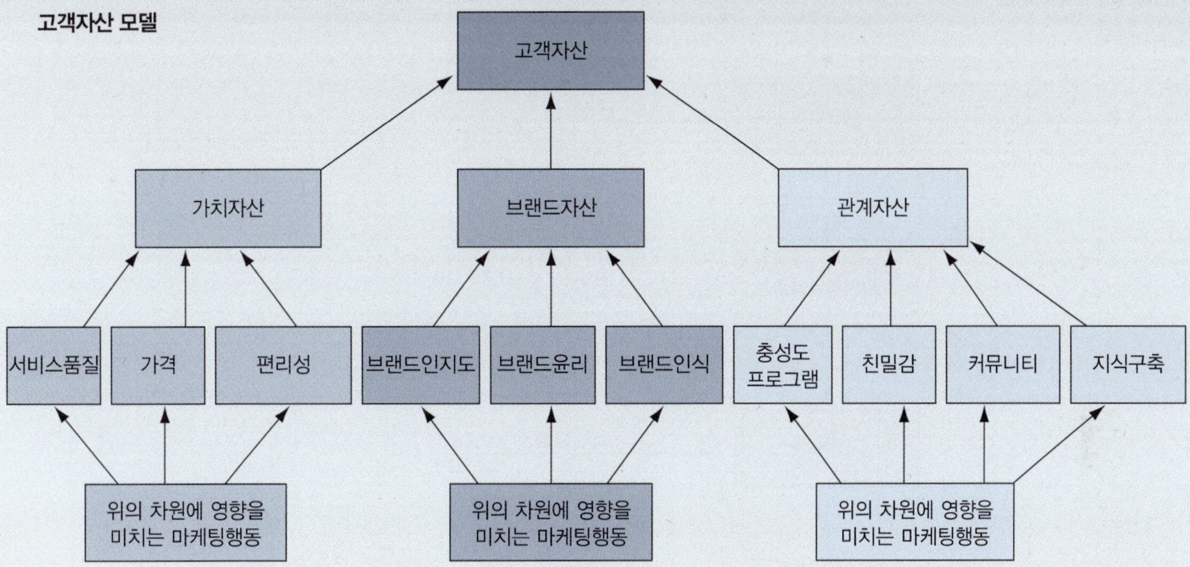

다. 품질수익률은 기업이 품질투자를 통해 가장 큰 효과를 얻을 수 있는 방법이다. 마케팅에서 일반적인 형태는 마케팅 수익률(Return on Marketing, ROM)이다. 마케팅 수익률을 통해 기업은 경쟁하는 모든 마케팅전략을 살펴보고 예상 재무수익률을 기반으로 마케팅 행동을 조정할 수 있다. 이 접근 방식은 각 기업으로 하여금 서비스품질이 재무적 수익에 미치는 영향을 검토할 수 있게 한다. 또한 서비스품질의 영향을 브랜딩, 가격 변동 및 기타 모든 마케팅전략의 영향과 비교할 수 있게 한다. 기업은 고객자산 모델을 이용하여 가장 큰 영향력이 있는 결정요인을 분석한다. 수익결정요인의 성과를 경쟁사의 수익결정요인과 비교하고, 요인개선을 통한 투자수익률을 예측한다. 이 프레임은 마케팅 투자수익률의 가상평가(what-if evaluation)를 가능하게 한다. 가상평가는 고객인식의 구체적인 변화를 감안하고 품질수익률, 광고수익률, 충성도 프로그램 수익률, 기업 시민권(corporate citizenship, 사회에 대한 기업의 책임) 수익률 등의 지표도 포함시킬 수 있다. 이러한 접근 방식을 통해 기업은 가장 큰 수익을 창출하는 마케팅전략에 집중할 수 있다.

자료 : R. Rust, K. Lemon, and V. Zeithaml, "Return on Marketing: Using Customer Equity to Focus Marketing Strategy," *Journal of Marketing* 68 (January 2004), p. 109; R. Rust, V. Zeithaml, and K. Lemon, Driving Customer Equity (New York: The Free Press, 2000).

2. **연계(linking)의 타당성 없음.** 연구에 참여한 기업의 21%만이 비재무적 측정치가 재무적 성과로 이어진다는 것을 확인했다. 대신 많은 기업들은 각각의 범주에서 측정해야 하는 것을 결정하고 결코 범주와 연결시키지 않았다. 많은 관리자들은 연관성을 검증하기 위해 분석을 하는 대신에 그 관계가 자명하다고(self-evident) 믿었다. 일반적으로 기업이 그들의 모든 자료를 통합하여 범주 간의 관계를 조사하는 것이 중요하다.
3. **올바른 성과목표를 설정하지 않음.** 기업들은 종종 너무 높은 성과의 개선을 목표로 한다. 모든 고객을 100% 만족시키는 것은 이상적인 목표이지만, 많은 기업들이 만족을 약간 개

그림 16.7
가장 중요한 측정치 : 패스트푸드기업에서 성과의 중요한 원동력과 주주가치를 가져오는 개념

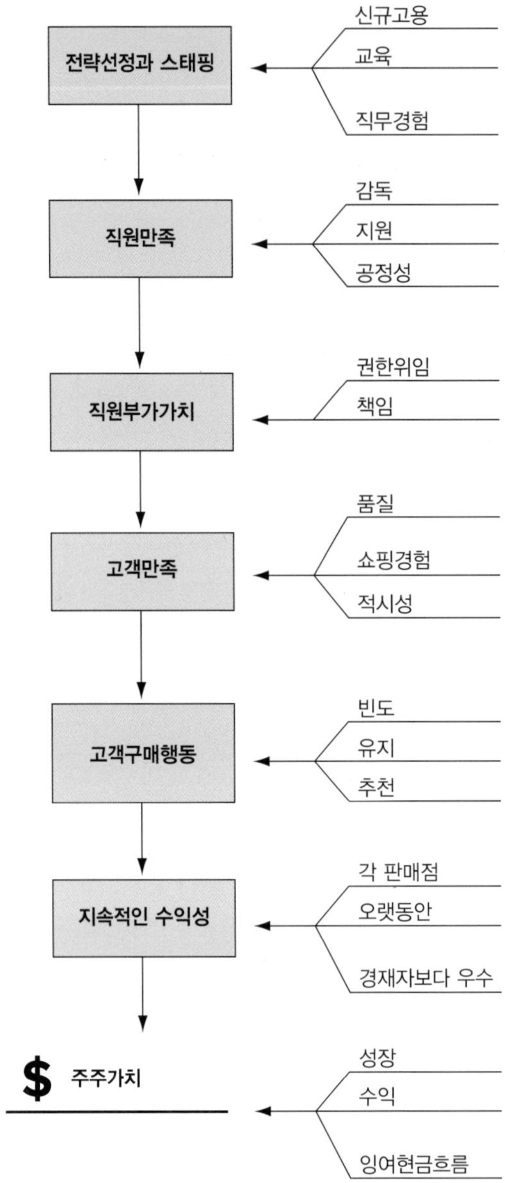

자료 : Christopher D. Ittner and David F. Larcker, "Coming Up Short on Nonfinancial Performance Measurement," *Harvard Business Review* 81 (November 2003), pp. 88–95.

선시키기 위해 너무 많은 자원을 지출한다. 연구자들은 100% 고객만족을 목적으로 하는 통신 기업을 대상으로 진행한 연구에서 100% 만족한 고객이 80% 만족한 고객보다 돈을 더 많이 사용하는 것은 아니기 때문에 자원을 낭비하고 있다는 것을 밝혔다.[33]

4. **부정확한 측정.** 기업은 통계적 타당성과 신뢰성을 갖춘 측정치를 이용할 필요가 있다. 기업은 하나 혹은 두 개의 간단한 측정항목으로 복잡한 현상을 측정할 수 없고, 고객만족과 같은 개념을 측정하기 위해 일관되지 않는 방법을 사용할 수도 없다. 기업이 접하게 되는

주목받는 기술 신기술을 통한 비용효율적인 우수한 서비스

전 세계 기업들은 생산성 향상, 프로세스 효율성 향상 및 시스템 혁신을 통해 수익 향상을 위한 방안을 면밀히 검토하고 있다. 수익 개선에 효과적인 접근법으로는 서비스 시스템의 낭비 감소, 서비스 행동의 표준화, 고객이 서비스에 더 많이 참여하도록 서비스 경계의 이동, 개인접점 및 노동력을 대체하는 기술개발 등이 있다. 서비스를 보다 효율적으로 만들어 수익성을 높이는 데 신기술이 사용된 몇 가지 사례를 소개한다.

로봇으로 작동되는 요거트 키오스크

전통적인 소매점이 냉동 요거트를 배달하려면 큰 비용을 감당해야 한다. 그래서 고객이 직접 요구르트의 양과 토핑을 결정하는 요거트 가게가 등장했다. 새로운 유형의 가게는 비용을 절약하고 맞춤 제작을 할 수 있다. 여러분은 아직 로봇으로 작동되는 자동 요거트 키오스크를 모를 것이다. 냉동 요거트 키오스크를 콘셉트로 하는 로보퓨젼(Robofusion)의 사장인 앨런 존스는 자동화된 요거트 시장은 비즈니스 잠재력이 있다고 주장한다. 이것이 그가 화학 회사를 그만두고 로봇으로 제공되는 요거트 가게를 설립하는 모험을 추구한 이유이다.

로보퓨젼 키오스크는 로봇 팔을 이용하여 요거트와 아이스크림을 나눠주고 토핑을 얹은 뒤 회전식 플랫폼을 통해 고객에게 전달한다. 터치스크린 사용자 인터페이스를 통해 고객은 3~6달러 사이에 판매되는 맞춤화된 제품을 선택한다.

예전에는 전 세계에 37대의 로보퓨젼 키오스크만이 배치되었다. 현재는 싱가포르, 브라질, 터키, 호주, 두바이, 아랍에미리트 등에 있으며 사우디와 멕시코로의 진출 계획이 있다.

로보퓨젼의 경쟁 제품은 라이스 앤 아이비(Reis & Irvy)의 자동 냉동 요거트 키오스크이며, 고객은 이를 통해 완벽하게 원하는 맞춤형 제품을 만들 수 있다. 심지어 키오스크를 편의점, 공항, 학교, 심지어 기업 사무실에도 설치할 수 있다. 이 기계를 사용하기 위해 소비자들은 냉동 요거트의 크기와 스타일을 선택하기만 하면 된다. 소비자들은 9가지 다른 맛 옵션과 다양한 토핑 중에서 선택할 수 있다. 소비자가 돈을 내는 동안 기계는 사용자 맞춤형 요거트를 만든다. 이 과정은 번거롭지도 않고 에너지 효율적이다. 또한 전통적인 냉동 요거트 가게보다 에너지를 90% 적게 사용한다.

테크-간호사, 루이즈

병원에서 가장 높은 비용 중 하나는 연간 440만 명에 달하는 예방 가능한 (30일간의) 재입원으로부터 발생한다. 재입원은 환자가 약물치료 및 가정진료에 대한 병원 지침을 준수하지 않은 것이 주된 원인이다. 심장마비(19.9%), 심부전(24.7%), 폐렴(18.3%), 순환계 질환(10.4%)이 가장 높은 것으로 나타났다. 환자가 병원의 지침을 확실하게 이해하도록 만든 새로운 방법 중 하나는 루이즈(Louise)라는 이름을 가진 가상 간호사이다. 보스턴 대학 메디컬 센터가 개발한 루이즈는 컴퓨터 화면에서 환자에게 의료 지침을 설명하는 애니메이션 캐릭터이다. 루이즈는 주의 깊고 완벽하게 재택 간호에 대한 지침을 준다. 노트북에서 루이즈는 환자의 침대 옆으로 휠체어를 타고 이동하며 퇴원 패킷을 검토한다. 종이 사본을 살펴보기도 한다. 환자는 터치스크린을 사용하여 질문을 한다. 2008년 한 연구에서 루이즈는 재입원을 30% 줄였음을 밝혔다. 더욱이 가상 퇴원 시스템은 30분의 시간을 자동화하여 간호사의 시간을 절약하였다.

자료 : L. Landro, "Don't Come Back, Hospitals Say," *The Wall Street Journal*, June 7, 2011; Agency for Healthcare Research and Quality 2011, hospitalcompare.gov, accessed August 2011; N. Gagliordi, "Robot-Powered Kiosks Seek Yogurt Domination," *Kiosk Marketplace*, February 26, 2014, http://www.kioskmarketplace.com/articles/robot-powered-kiosks-seek-frozen-yogurt-domination/;K.Pendrell,"ThisMachineCreatesCustomYogurtCreationsonDemand,"Trend Hunter, March 11, 2016, http://www.trendhunter.com/trends/automated-frozen-yogurt.

다른 문제는 리더십이나 혁신과 같은 중요한 요소들의 정성적인 결과를 측정하기 위해 정량적인 측정치를 이용하려 한다는 것이다.

균형성과표(balanced scorecard)를 만들어내는 것 그 자체만으로 저절로 성과가 개선되지는 않는다. 만약 이러한 4가지 문제를 고려하지 않은 채 균형성과표를 사용한다면 기업은 편익을 얻지 못할 것이다.

세계적 추세 전 세계 고객 만족도 측정

미국 고객만족도지수(ACSI)는 1994년에 세 개의 연구진 그룹(미시간 대학의 연구진, 위스콘신주 밀워키에 있는 미국 품질협회, 미시간주 앤아버에 있는 CFI 그룹)에 의해 만들어졌다. ACSI 모델은 1989년 스웨덴에서 처음 구현된 스웨덴 고객만족도지수(Swedish Customer Satisfaction Barometer, SCSB) 모델에서 파생되었다. ACSI 유한회사 및 CFI 그룹의 회장 클래스 포넬(Claes Fornell)은 두 가지 버전(스웨덴 버전과 미국 버전)으로 모델과 방법론을 개발하였다.

미국 고객만족도지수(ACSI)는 전 세계적으로 빠르게 채택되었다. ACSI의 국제 라이선스 프로그램인 Global CSISM에는 기업 연구진들, 품질협회, 대학 등이 개발자로 참여하게 된다. 유럽의 13개국은 EPSI(Extended Performance Satisfaction Index)를 이용하여 자국 경제에 맞는 고객만족도지수를 만들어냈다. 아시아, 남미, 중동 또한 글로벌 CSISM을 활용해 자국 경제에 맞는 고객만족도지수를 만들어냈다.

ACSI 웹사이트에 따르면 인도네시아는 아시아에서 가장 최근에 면허를 취득하였고, 2011년 가을에 처음으로 만족도지수를 발표하였다. 도미니카 공화국은 2010년 자국 최초의 고객만족도 지수인 INSAC를 출시하였고, 향후 몇 년 동안 더 많은 산업을 추가하려 한다. 영국 고객만족도지수(NCSI-UK)는 2007년에 시작되었다. 영국 가정에 서비스를 제공하는 광범위한 범주의 16개 산업을 측정하고 있다.

터키, 멕시코, 대한민국, 스웨덴, 콜롬비아, 바베이도스, 싱가포르 또한 ACSI를 채택하였다. 싱가포르 고객 만족도 지수(CSISG)는 2008년에 출범하였다. 싱가포르 경영대학 서비스 우수 연구소(The Institute of Service Excellence, Singapore Management University)의 캐롤라인 림(Caroline Lim) 소장은 "ACSI는 1994년부터 미국 경제의 고객만족도를 실질적으로 표준화한 척도였다"라고 말하였다. CSISG는 "국내총생산(GDP)과 같은 경제 생산량의 전통적인 측정방법론을 보완하여 싱가포르 경제를 보다 총체적인 관점에서 보기 위해" 동일하게 입증되고 신뢰성 있는 방법론을 이용하여 개발되었다.

다른 국가들도 ACSI 기반 모델로 만족도를 측정하고 있다. 이러한 추세가 계속된다면, 국제적으로 범용적인 고객만족도 측정시스템을 만들 수도 있다. 공통적인 방법론을 사용하기 때문에 국가 간 만족도 측정이 가능하고 비교 또한 가능하다. 대부분의 경제체계가 아직 범용적인 방법을 사용하여 고객 만족도를 측정하지 않기 때문에 국제적으로 범용적인 고객만족도 측정시스템을 만들 수 있을지는 아직 확정적으로 대답할 수 없다. 최근의 연구는 다음과 같은 흥미로운 국가 간 만족도의 결정요인을 밝히고 있다.

- 자기표현이 자유로운 사회의 소비자들은 생존에 더 큰 가치를 두는 사회보다 고객만족도가 높다.
- 문해율(literacy rate), 무역의 자유, 그리고 비즈니스의 자유는 고객만족도에 긍정적인 영향을 미친다.
- 1인당 국내총생산은 고객만족도에 부정적인 영향을 미친다.

자료 : www.theacsi.org/index.php?option=com_content&view=article&id=219&Item=278; F. V. Morgeson III, S. Mithas, T. L. Keiningham, and L. Aksoy, "An Investigation of the Cross-National Determinants of Customer Satisfaction," *Journal of the Academy of Marketing Science* 39 (April 2011), pp. 198-215.

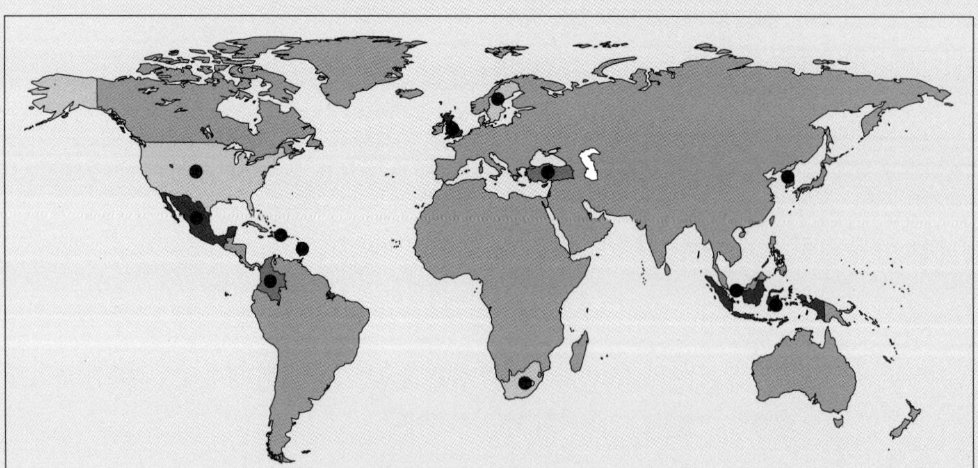

자료 : American Customer Satisfaction Index website.

요약

본 장은 5개의 부문으로 나뉘는데, 5개 전 부문에서 그 증거를 평가하고 서비스와 수익성 사이의 관계에 관해 현재 알려진 것을 확인했다. 본 장은 이러한 주제에 있어서 모든 변수를 연결하기 위한 개념적 프레임워크를 사용한다. (1) 서비스품질과 이익의 직접적인 관계, (2) 서비스품질의 공격적 효과, 새로운 고객을 창출하는 능력, (3) 서비스품질의 방어적 효과, 기존 고객을 유지하는 능력, (4) 서비스품질과 구매의도 사이의 관계, (5) 서비스품질의 원동력, 고객유지, 수익의 관계다. 서비스품질, 수익성, 그리고 고객의 경제적 가치에 대한 괄목할 만한 진보는 지난 10년간 이루어져 왔지만, 많은 경영자들은 아직도 서비스 투자 의사결정에 도움이 되는 많은 질문에 대한 답을 얻지 못하고 있다. 본 장은 또한 순추천자지수(net promoter score)와 같은 충성도 측정과 고객자산모델(cusmomer equity model)을 이용한 마케팅 순이익률(return on marketing)을 측정하기 위한 접근을 논의했다. 기업성과를 측정하는 균형성과표 접근의 논의로 끝을 맺는데, 이는 기업성과의 모든 측면을 측정하기 위한 전략적 접근을 제공한다.

토의문제

1 기업에서 경영자들이 서비스품질에 대한 투자와 수익성의 관계를 이해하는 데 왜 어려움을 갖는가?

2 ROSQ 모델이란 무엇인가? 그리고 이것은 미국 기업들에게 어떤 의미가 있는가?

3 오늘날, 많은 기업들이 서비스는 수익창출 수단이라기보다는 비용이라고 믿고 있다. 왜 이들이 이러한 시각을 갖게 되었는가? 반대적인 관점에서 어떤 주장을 할 수 있는가?

4 공격적인 마케팅효과와 방어적인 마케팅효과의 차이는 무엇인가? 서비스품질은 이들 각각에 어떻게 영향을 미치는가?

5 방어적 마케팅효과에서 수익의 주 원천은 무엇인가?

6 공격적 마케팅효과에서 수익의 주 원천은 무엇인가?

7 어떻게 균형성과표가 본 장에 나타난 정보를 이해하고 증명하는 데 도움을 줄 수 있는가? 서비스품질과 이익의 관계를 다룬 본 장의 5가지 내용 중 어떤 것이 이를 설명할 수 있는가?

연습문제

1 인터넷상에서, 순추천자지수(net promoter score)의 공식 사이트를 찾아라. 사이트의 링크를 이용하여 척도에 대한 다른 연구자의 의견을 보고, 이 논문들에서 논의하고 있는 장점과 단점들의 목록을 작성하라. 만약 당신이 CEO라면, 성장률을 예측하기 위해 “당신이 필요한 유일한 수치(only number you need)”인 이 척도를 사용할 것인가? 그 이유는 무엇인가?

2 지역의 기업을 인터뷰하고 그들의 재무성과의 핵심원동력이 무엇인지 확인해 보라. 기업의 핵심 서비스원동력은 무엇인가? 기업은 이러한 서비스원동력이 이익과 관계되는지 알고 있는가?

3 당신이 고객으로서 혹은 직원으로서 친근한 서비스산업(예 : 패스트푸드)이나 기업(예 : 맥도날드)을 정하고, 균형성과표를 만들어라. 그리고 성과를 측정하는 데 쓰일 수 있는 운영, 고객, 재무, 그리고 학습의 측정항목을 기술하라.

참고문헌

1 Sources for the Chapter Opener: R. T. Rust, A. J. Zahorik, and T. L. Keiningham, *Return on Quality* (Chicago: Probus, 1994); R. T. Rust, C. Moorman, and P. R. Dickson, “Getting Return on Quality: Revenue Expansion, Cost Reduction, or Both,” *Journal of Marketing* 66 (October 2002), pp. 7–24 ; R. T. Rust and T. S. Chung, “Marketing Models of Service and Relationships,” *Marketing Science* 25 (November–December 2006), pp. 560–580; T. L. Keiningham, L. Aksoy, A. Buoye, and B. Cooil, “Customer Loyalty Isn’t Enough. Grow Your Share of Wallet,” *Harvard Business Review*, October 2011; T. Keiningham, L. Aksoy, L. Williams, and A. Buoye, *The Wallet Allocation Rule* (Hoboken, NJ: Wiley, 2015).

2 Ibid., p. 31.

3 R. T. Rust, C. Moorman, and P. R. Dickson, “Getting Return on Quality: Revenue Expansion, Cost Reduction, or Both?” *Journal of Marketing* 66 (October 2002), pp. 7–24.

4 Ibid.

5 *Management Practice, U.S. Companies Improve Performance through Quality Efforts*, Report

No. GAO/NSIAD–91–190 (Washington, DC: U.S. General Accounting Office, 1992).

6 R. Rust, B. Subramanian, and M. Wells, "Making Complaints a Management Tool," *Marketing Management* 3 (1993), pp. 40 – 45. R. Rust, Roland, C. Moorman, and G. Bhalla, "Rethinking Marketing," *Harvard Business Review*, January–February 2010; R. Rust, V. Zeithaml, and K. Lemon, "Customer–Centered Brand Management," *Harvard Business Review*, September 2004; S. Gupta and D. Lehmann, *Managing Customers as Investments*, Wharton School Publishing, 2005.

7 E. Nelson, R. T. Rust, A. Zahorik, R. L. Rose, P. Batalden, and B. Siemanski, "Do Patient Perceptions of Quality Relate to Hospital Financial Performance?" *Journal of Healthcare Marketing* 12 (December 1992), pp. 1 – 13.

8 www.theacsi.org, website for the American Customer Satisfaction Index, University of Michigan, Ann Arbor, Michigan.

9 E. Anderson, C. Fornell, and S. Mazvancheryl, "Customer Satisfaction and Shareholder Value," *Journal of Marketing* 68 (October 2004), pp. 172 – 185.

10 T. S. Gruca and L. L. Rego, "Customer Satisfaction, Cash Flow and Shareholder Value," *Journal of Marketing* 69 (July 2005), pp. 115 – 130.

11 C. Ittner and D. Larcker, "Are Non–Financial Measures Leading Indicators of Financial Performance? An Analysis of Customer Satisfaction," *Journal of Accounting Research* 36 (1998), pp. 1 – 35.

12 R. Rust, A. Zahorik, and T. Keiningham, "Return on Quality (ROQ): Making Service Quality Financially Accountable," *Journal of Marketing* 59 (April 1995), pp.58 – 70.

13 C. Fornell and B. Wernerfelt, "Defensive Marketing Strategy by Customer Complaint Management: A Theoretical Analysis," *Journal of Marketing Research* 24 (November 1987), pp. 337 – 346; see also C. Fornell and B. Wernerfelt, "A Model for Customer Complaint Management," *Marketing Science* 7 (Summer 1988), pp. 271 – 286.

14 B. Gale, "Monitoring Customer Satisfaction and Market–Perceived Quality," *American Marketing Association Worth Repeating Series*, no. 922CS01 (Chicago: American Marketing Association, 1992).

15 Ibid.

16 R. E. Kordupleski, R. T. Rust, and A. J. Zahorik, "Why Improving Quality Doesn't Improve Quality (or Whatever Happened to Marketing?)," *California Management Review* 35 (Spring 1993), pp. 82 – 95.

17 Fornell and Wernerfelt, "Defensive Marketing Strategy by Customer Complaint Management"; Fornell and Wernerfelt, "A Model for Customer Complaint Management."

18 F. Reichheld and E. Sasser, "Zero Defections: Quality Comes to Services," *Harvard Business Review* 68 (September – October 1990), p. 106.

19 J. Hogan, K. Lemon, and B. Libai, "What Is the True Value of a Lost Customer?" *Journal of Service Research* 5, 2003.

20 Ibid., p. 105.

21 D. F. Colicchio, regional quality manager, Hewlett-Packard Company, personal communication.

22 V. Kumar, J. A. Petersen, and R. P. Leone, "How Valuable Is Word of Mouth?" *Harvard Business Review* 85 (October 2007), pp. 139-146.

23 V. Kumar, J. A. Petersen, and R. P. Leone, "Driving Profitability by Encouraging Customer Referrals: Who, When, and How," *Journal of Marketing*, September 2010.

24 R. Hallowell, "Word-of-Mouth Referral," *Harvard Business School Module Note*, 2002.

25 J. L. Heskett, W. E. Sasser Jr., and L. A. Schlesinger, The Service Profit Chain (New York: The Free Press, 1997).

26 Information provided by TARP Worldwide Inc., August 2007.

27 E. W. Anderson and M. Sullivan, "The Antecedents and Consequences of Customer Satisfaction for Firms," *Marketing Science* 12 (Spring 1992), pp. 125-143.

28 W. Boulding, R. Staelin, A. Kalra, and V. A. Zeithaml, "Conceptualizing and Testing a Dynamic Process Model of Service Quality," report no. 92-121, Marketing Science Institute, 1992.

29 V. A. Zeithaml, L. L. Berry, and A. Parasuraman, "The Behavioral Consequences of Service Quality," *Journal of Marketing* 60 (April 1996), pp. 31-46.

30 J. P. McLaughlin, "Ensuring Customer Satisfaction Is a Strategic Issue, Not Just an Operational One," presentation at the AIC Customer Satisfaction Measurement Conference, Chicago, December 6-7, 1993.

31 Paul, Michael, Thorsten Hennig-Thurau, Dwayne D. Gremler, Kevin P. Gwinner, and Caroline Wiertz (2009), "Toward a Theory of Repeated Purchase Drivers for Consumer Services," *Journal of the Academy of Marketing Science*, 37 (2), 215-237.

32 The material in this section comes from C. D. Ittner and D. F. Larcker, "Coming Up Short on Nonfinancial Performance Measurement," *Harvard Business Review* 81 (November 2003), pp. 88-95.

33 Ibid., p. 92.

찾아보기

ㅅ

ㅇ

ㅈ

ㅊ

ㅌ

ㅍ

ㅎ

역자 소개

배일현(baeih@omail.uhs.ac.kr)

협성대학교 경영대학 유통경영학과 교수

홍익대학교 경영학사
홍익대학교 대학원 경영학 석사(마케팅)
홍익대학교 대학원 경영학 박사(마케팅)
(현) 한국상품학회 회장(2021~2022)
(현) 한국유통경영학회, 한국물류학회, 세계한류학회 부회장
제19대 국회 한류연구회 자문위원
협성대학교 산학협력단장, 기획처장, 학생복지처장, 경력개발원장 역임
미국 Centenary University, New Jersey 방문교수

대표 저서

『세일즈맨 기살리기』, 『2023년 생존가능대학』, 『상품학』

김원겸(wkkim@pcu.ac.kr)

배재대학교 경영대학 경영학과 교수

한국외국어대학교 대학원 경영학 석사(마케팅)
한국외국어대학교 대학원 경영학 박사(마케팅)
(현) 한국유통학회, 한국유통경영학회, 한국상품학회 부회장
미국 Delaware State University 방문교수

대표 저서

『마케팅의 이해와 활용』, 『사례중심의 소비자행동』, 『중국 비즈니스문화의 이해』,
『세계의 전통시장, 전통시장 속의 세계 Ⅰ(미국), Ⅱ(캐나다)』

윤호정(hjan335@sejong.ac.kr)

세종대학교 경영대학 마케팅 교수

서울대학교 경영학사
Stanford University 통계학 석사(통계학)
Texas A&M University 경영학 석사(마케팅)
Purdue University, Ph.D.(마케팅)
한국마케팅학회 이사, 한국벤처창업학회 이사, 한국상품학회 상임이사
세종대학교 빅데이터 MBA 주임교수 역임

대표 저서

『마케팅조사』

감 수

전인수(jjeoninsu@gmail.com)

(현) 녹색소비자연대전국협의회 이사장
(현) 한국녹색구매네트워크 대표
(현) 한국마케팅협회 고문
(현) 학교법인 효청학원 사외이사

주요 경력

홍익대학교 경영대학 교수
홍익대학교 경영대학원 원장
홍익대학교 교수협의회 회장

대표 저서

『새로 쓰는 마케팅』, 『철학으로 본 앙트러프러너십』
『비즈니스 상상력』, 『개념설계의 시대』, 『문화마케팅』, 『예술마케팅』

7판
ZEITHAML
서비스마케팅

2022년 2월 18일 7판 1쇄 인쇄
2022년 2월 28일 7판 1쇄 발행

지은이 Valarie A. Zeithaml, Mary Jo Bitner, Dwayne D. Gremler
역자 배일현, 김원겸, 윤호정
감수 전인수
펴낸이 류원식
펴낸곳 교문사

편집팀장 김경수
책임편집 성혜진
표지디자인 신나리
본문편집 다함

주소 (10881) 경기도 파주시 문발로 116(문발동 536-2)
전화 031-955-6111~4 | **팩스** 031-955-0955
등록 1968. 10. 28. 제406-2006-000035호
홈페이지 www.gyomoon.com | **E-mail** genie@gyomoon.com
ISBN 978-89-363-2325-7 (93320)
값 34,000원